UTB **3663**

Eine Arbeitsgemeinschaft der Verlage

Böhlau Verlag · Wien · Köln · Weimar
Verlag Barbara Budrich · Opladen · Toronto
facultas.wuv · Wien
Wilhelm Fink · München
A. Francke Verlag · Tübingen und Basel
Haupt Verlag · Bern
Verlag Julius Klinkhardt · Bad Heilbrunn
Mohr Siebeck · Tübingen
Nomos Verlagsgesellschaft · Baden Baden
Ernst Reinhardt Verlag · München · Basel
Ferdinand Schöningh · Paderborn · München · Wien · Zürich
Eugen Ulmer Verlag · Stuttgart
UVK Verlagsgesellschaft · Konstanz, mit UVK / Lucius · München
Vandenhoeck & Ruprecht · Göttingen · Bristol
vdf Hochschulverlag AG an der ETH Zürich

Texte zur Umwelt des Neuen Testaments

herausgegeben von
Jens Schröter und Jürgen K. Zangenberg

Mohr Siebeck

1. Auflage 1959
2. Auflage 1991 (erweiterte deutsche Ausgabe)
3. Auflage 2013 (gänzlich neu bearbeitete Auflage der von Charles Kingsley Barrett begründeten und von Claus-Jürgen Thornton fortgeführten Sammlung)

ISBN 978-3-8252-3663-2 (UTB Band 3663)

Online-Angebote oder elektronische Ausgaben sind erhältlich unter *www.utb-shop.de*.

Die Deutsche Nationalbibliothek verzeichnet diese Publikation in der Deutschen Nationalbibliografie; detaillierte bibliografische Daten sind im Internet über *http://dnb.dnb.de* abrufbar.

Das Buch wurde von Martin Fischer in Tübingen aus der Minion Pro und Frutiger gesetzt und von Hubert & Co. in Göttingen auf alterungsbeständiges Werkdruckpapier gedruckt und gebunden.

In memoriam

Charles Kingsley Barrett
(4. Mai 1917–26. August 2011)

et

Carsten Colpe
(19. Juli 1929–24. November 2009)

Vorwort

Mit der vorliegenden Quellensammlung wird die Tradition eines Werkes aufgenommen, das im Verlag Mohr Siebeck vor über 50 Jahren zum ersten Mal publiziert wurde. Im Jahr 1956 veröffentlichte der renommierte britische Neutestamentler Charles Kingsley Barrett eine Sammlung von hebräischen, aramäischen, griechischen, lateinischen, koptischen und mandäischen Texten in englischer Übersetzung, die Theologiestudierenden die Welt des Neuen Testaments erschließen sollte. Eine zweite Auflage des englischen Titels folgte 1986. Bereits 1959 hatte Carsten Colpe das Werk unter dem Titel »Die Umwelt des Neuen Testaments« ins Deutsche übersetzt und im Verlag Mohr Siebeck drucken lassen. Diese Ausgabe wurde dann etliche Jahre später von Claus-Jürgen Thornton, unter Rückgriff auf die inzwischen bearbeitete und stark erweiterte englische Fassung, 1991 unter dem Titel »Texte zur Umwelt des Neuen Testaments« in der Reihe der Universitäts-Taschenbücher (UTB) ediert. Das Werk ist auf diese Weise sowohl in der englischen als auch in der deutschen Ausgabe zum wichtigen Hilfsmittel mehrerer Generationen von Studierenden geworden. Inzwischen ist es jedoch seit etlichen Jahren vergriffen. Für eine Neuauflage erschien es sinnvoll, Konzept und Textauswahl angesichts des aktuellen Forschungsstandes grundlegend zu überarbeiten, ohne dabei den Charakter des ehrwürdigen Vorläufers aufzugeben. Der nunmehr in einer Neubearbeitung vorgelegte Band weiß sich deshalb der umfassenden historischen und philologischen Kenntnisse des großen Durhamer Gelehrten ebenso in Dankbarkeit verpflichtet wie derjenigen seines im Jahr 2009 verstorbenen Berliner Kollegen, deren Andenken wir den Band widmen.

Die vorgelegte Textsammlung hat – wie bereits ihre Vorgänger – das Ziel, durch die Dokumentation im Umfeld des Neuen Testaments entstandener Texte in deutscher Übersetzung die literarischen, kulturellen, religiösen und sozialen Kontexte des frühen Christentums vor Augen zu führen. Die Sammlung will auf diese Weise dazu anregen, sich mit den Texten selbst, wenn möglich in ihren Originalsprachen, zu befassen. Es wurde deshalb auf Kommentierungen der Herausgeber verzichtet, um stattdessen den Raum für selbständige Entdeckungen an den Texten, ihren Beziehungen untereinander sowie zum frühen Christentum zu eröffnen. Die thematischen Einleitungen zu den einzelnen Kapiteln sowie die gelegentlich eingestreuten Informationskästen bieten einige Hintergrundinformationen und Hinweise auf Literatur zur Weiterarbeit. Der Schwerpunkt liegt jedoch auf den Texten selbst, zu deren Studium – und damit zu Entdeckungsreisen in die Welt des Judentums der hellenistisch-römischen Zeit, der griechisch-römischen Antike und des entstehenden Christentums – der Band einladen möchte.

Die Herausgeber haben dankbar von analogen Werken im Bereich der Altertumswissenschaften profitiert. Mit dem hier gewählten Blick auf die Welt des frühen Christentums und das Neue Testament war zugleich ein spezifisches Kriterium für die Textauswahl gegeben, das der Sammlung ihr eigenes Profil verleiht. Damit tritt das breite Spektrum vor Augen, dem die Texte des frühen Christentums entstammen und das in gemeinsamer Unternehmung derjenigen Disziplinen zu erforschen ist, die sich mit dem Studium der griechisch-römischen, jüdischen und christlichen Antike befassen. Der Band soll deshalb nicht zuletzt dazu anregen, sich in umfassender Weise der Welt des frühen Christentums zu widmen.

Vielfältiger Dank ist denjenigen abzustatten, die zum Entstehen des Buches beigetragen haben. Zu nennen sind zunächst die studentischen Mitarbeiter und Mitarbeiterinnen in Leipzig, Berlin und Leiden, die mit großem Enthusiasmus an der Auswahl der Quellen und ihrer elektronischen Bereitstellung mitgewirkt, Anregungen für die Informationskästen gegeben, Texte redigiert und das entstehende Werk mehrfach Korrektur gelesen haben. Namentlich genannt seien Lisa Fuchs, Mandy Rabe, Friedemann Holmer, Maaike Langerak und Roelien Smit. Von ihren Fragen und Anregungen aus studentischer Perspektive hat das Buch ebenso profitiert wie von der Erprobung einzelner seiner Teile in Lehrveranstaltungen.

Die wissenschaftlichen und studentischen Mitarbeiterinnen in Berlin haben anschließend daran gearbeitet, das Manuskript in eine publikationsfähige Form zu bringen und viele Arbeiten im Umfeld der Vorbereitung seiner Drucklegung erledigt. Ein großer Dank geht deshalb an Christine Jacobi, Deborah Jacobs, Friederike Kunath, Ines Luthe und Juliane Schnapka.

In der Endphase der Entstehung des Buches hat Sophie Kottsieper in vorbildlicher Weise das Manuskript betreut und in eine druckfertige Form gebracht, tatkräftig unterstützt von Christine Jacobi, Konrad Schwarz und Friederike Haller. Allen Genannten sei ausdrücklich für ihr Engagement und ihren Einsatz für das Buch gedankt.

Für die Gewährung eines finanziellen Zuschusses danken wir der Gertrud-und-Alexander-Böhlig-Stiftung.

Ein Dank geht schließlich an den Verlag Mohr Siebeck, insonderheit seinen Cheflektor für Theologie und Judaistik, Herrn Dr. Henning Ziebritzki, der dem Projekt von Anfang an aufgeschlossen gegenüberstand und es bis zu seiner Drucklegung mit großer Freundlichkeit und Kompetenz begleitet hat.

Mai 2012

Jens Schröter (Berlin)
Jürgen K. Zangenberg (Leiden / NL)

Inhaltsübersicht

Vorwort VII

Kapitel I: Historische Entwicklungen 1

Einführung 1

A. Die Geschichte des hellenistisch-römischen Zeitalters von Alexander dem Großen bis zu Hadrian 2

B. Die Geschichte des Judentums in hellenistisch-römischer Zeit 45

Kapitel II: Rechtliche, wirtschaftliche und soziale Verhältnisse 121

Einführung 121

A. Politik, Recht, Ökonomie 121

B. Kultur und Alltagsleben 163

C. Das Judentum im Römischen Reich 206

Kapitel III: Philosophie 223

Einführung 223

A. Platon und der Mittelplatonismus 225

B. Die Aristoteliker und die philosophische Skepsis 251

C. Epikur und seine Schule 266

D. Die Stoa 279

E. Pythagoreische Philosophie und Ethik 295

Kapitel IV: Griechisch-römische Religiosität 308

Einführung 308

A. Götter und Gottesvorstellungen 310

B. Tempel und Kult 332

C. Volksfrömmigkeit 344

D. Herrscher- und Kaiserkult 397

E. Mysterienreligionen 411

Kapitel V: Jüdische Religion in hellenistischer Zeit 432

Einführung 432

A. Der eine Gott und sein Volk 435

B. Geschichte, Kult und Aussehen des Zweiten Tempels 455

C. Kalender, Opfer und Feste 472

D. Frömmigkeit im Alltag 476

E. Gruppen und Strömungen im palästinischen Judentum 509

F. Zukunftserwartungen 568

G. Theologie und Frömmigkeit des Diasporajudentums 603

H. Das entstehende rabbinische Judentum 628

Kapitel VI: Gnosis 685

Einführung 685

»Das Zeugnis der Wahrheit« 692

A. Valentin und der Valentinianismus 692

B. Sethianismus 712

C. Mani und Manichäismus 726

D. Mandäische Texte 732

E. Corpus Hermeticum 744

F. Jesus in gnostischen Texten 748

Inhaltsverzeichnis

Vorwort VI

Kapitel I: Historische Entwicklungen 1

Einführung 1

A. Die Geschichte des hellenistisch-römischen Zeitalters von Alexander dem Großen bis zu Hadrian 2

1. Alexander der Große und seine unmittelbaren Nachfolger 2
Die Legende vom Besuch Alexanders in Jerusalem 2
Ein Orakel gegen Alexander 5

2. Die Ptolemäer und Seleukiden 6
Massendeportation nach Eroberung Palästinas durch Ptolemaios 6
Hymnus auf Demetrios Poliorketes 6
Judenfreundliche Erlasse Antiochus III. 6
Unterdrückung des Judentums durch Antiochus IV. 8

3. Die römische Republik 9
Ein Orakel über Caesar 9

4. Augustus 10
Die Kindheit des Augustus 10
Octavian erhält den Namen Augustus 12
Augusteische Restitution 13
Lob des Augustus aus jüdischem Mund 14
Kultlied zur Säkularfeier 16
Tod und Himmelfahrt des Augustus 18
Vergöttlichung des Augustus nach dem Frieden mit den Parthern 22

5. Tiberius 22
Der Charakter des Tiberius 22
Die harte Religionspolitik des Tiberius 23
Senatsbeschluss gegen Juden 23

6. Gaius Caligula 23
Die Selbstvergöttlichung Caligulas 23
Das Religionsprogramm des Caligula 26
Kaisereid auf Caligula 28

7. Claudius 28
Innenpolitische Maßnahmen des Claudius 28

8. Nero 29
Die Verfolgung der römischen Christen nach dem Brand Roms 29
Die Verfolgung der stadtrömischen Christen unter Nero 30
Die Verfolgung der Christen nach einer spätantiken Quelle 31

Der Tod Neros ... 31
Ein angeblicher Nero tritt in Achaia und Asia auf ... 32
Polemik gegen Nero ... 32
Ein Orakel über Nero ... 33

9. **Vespasian** ... 34
Vespasian tritt das Kommando in Judäa an ... 34
Herrschaftsantritt Vespasians und Befreiung des Josephus ... 35
Rückkehr des siegreichen Vespasian nach Rom ... 36

10. **Titus** ... 36
Orakel über Titus und die Zerstörung Jerusalems ... 36
Titus und Königin Berenike ... 36

11. **Domitian** ... 37
Die dekadent-arrogante Herrschaft des Domitian ... 37
Die Kehrseite der Pax Romana: Calgacus klagt die Römer an ... 37
Mordtaten Domitians ... 39

12. **Trajan** ... 40
Das Ende der Diktatur des Domitian und der Aufstieg Trajans ... 40
Verhöre gegen Christen unter Plinius in Bithynien ... 42

13. **Hadrian** ... 43
Hadrians Reisetätigkeit im Osten ab 128 n. Chr. ... 43
Verbot der Beschneidung und Ausbruch des Aufstands ... 44

B. Die Geschichte des Judentums in hellenistisch-römischer Zeit ... 45

1. **Das Judentum in Palästina** ... 45

a) **Beschreibungen Palästinas** ... 45
Galiläa ... 45
Jericho und das Tote Meer ... 46
Hebron als Ort Abrahams ... 49
Visionäre Beschreibung Jerusalems ... 49
Die Enden der Erde im Osten ... 49

b) **Das 2. und 1. Jahrhundert v. Chr.** ... 50
Antiochus IV. und Matthias ... 51
Pompeius erobert Jerusalem und ordnet Judäa neu ... 52

c) **Herodes der Große** ... 54
Die konstruierte Abstammung des Herodes ... 54
Herodes als »Halbjude« ... 54
Das Mordregime des Herodes in prophetischem Geschichtsrückblick ... 56
Herodes' Bildungseifer nach Nikolaos von Damaskus ... 56
Bauten und Persönlichkeit des Herodes ... 57
Herodes wird vom Senat zum König in Judäa erklärt ... 60
Dankinschrift an Herodes den Großen ... 61
Herodes beteiligt sich am Bau des Zeus-Tempels in Athen ... 61
Tituli Picti (»Etiketten«) ... 61
Samaria wird von Herodes ausgebaut und erhält Namen und Verfassung 61
Mordtaten des Herodes nach Macrobius ... 62
Vollstreckung des Testaments des Herodes durch Augustus ... 62

d) Die nachherodianische Epoche bis 66 ... 63
Das Königshaus von Adiabene und Jerusalem ... 63
Weiheinschrift an Herodes Antipas ... 65
Die Eroberungen des Pompeius ... 65
Coponius als erster Statthalter der Provinz Judäa und Judas Galiläus ... 65
Episoden aus der Regierung des Pilatus ... 65
Pontius Pilatus weiht das Tiberieum in Caesarea ... 67
Vergleich zwischen der Herrschaft des Herodes und Agrippas I. ... 67
Josephus über Johannes den Täufer ... 68
Josephus über Jesus, den Christus (Testimonium Flavianum) ... 68
Josephus über Jakobus, den Bruder Jesu ... 69
Unruhen unter Cumanus beim Passafest ... 69
Schmähfeiern nach dem Tod des Agrippa in Sebaste und Caesarea ... 70

e) Der Jüdische Krieg 66–73 ... 71
Der offene Ausbruch des Krieges ... 71
Münzen des 1. Aufstands ... 71
Pogrome gegen Juden in Skythopolis und Damaskus ... 74
Auseinandersetzungen zwischen Juden und Griechen in Caesarea ... 74
Pogrome gegen Juden in nichtjüdischen Städten ... 75
Gefangennahme und Zukunftsvorhersage des Josephus ... 75
Tyrannei der Zeloten und Idumäer ... 77
Klage des Josephus über den Fall der Stadt ... 77
Massenweise Kreuzigungen ... 78
Hunger in der Stadt und Fälle von Kannibalismus ... 78
Zerstörung des Tempels ... 80
Vorzeichen der Tempelzerstörung, Auftreten des Jesus bar Anania ... 82
Der letzte Tag Jerusalems. Exkurs über Herkunft und Sitten der Juden ... 84
Übergabe der Tempelgeräte an Titus ... 88
Das Siegesopfer des Titus ... 89
Der Triumphzug des Titus in Rom nach dem Fall Jerusalems ... 89

f) Paganes Palästina ... 92
Ein Heiligtum auf dem Karmel ... 92
Das Orakel des Josephus über Vespasian ... 93
Die Levante in den Augen eines Römers ... 93

2. Das Diasporajudentum ... 95

a) Allgemeine Gegebenheiten ... 95
Ausbreitung der Juden ... 95
Dekret zur freien Religionsausübung für Juden, die Freunde Roms ... 97
Befreiung der Juden vom Militärdienst ... 97
Projüdische Maßnahmen des Volkes von Pergamon ... 98
Beschluss von Halikarnassos zur Religionsfreiheit für Juden ... 99
Unterstützung beim Bau einer Synagoge und der koscheren Ernährung ... 99

b) Ägypten ... 100
Der Vorwurf des Apion, die Juden würden einen Griechen verzehren ... 100
Der jüdische Ethnarchos von Alexandria ... 100
Das alexandrinische Pogrom des Jahres 38 n. Chr. ... 101

Anweisung des Claudius an die Alexandriner nach dem Pogrom 38 n. Chr. 103
Das Ende des Ältestenrats von Alexandria durch Flaccus 104
Archive jüdischer Synagogengemeinden 104
Die berühmte Synagoge von Alexandria 105
c) Übrige Regionen 105
Ausweisung von Juden aus Rom im Jahr 139 v. Chr. 105
Weite Verbreitung jüdischer Sitten nach Seneca 105
Jüdische Kolonisten in Kleinasien 106
3. Die Entwicklung des Judentums nach 70 107
a) Die Epoche zwischen 70 und 132 107
Flavische Inschriften aus Rom nach dem Krieg 107
Soziale Unruhen in Alexandria und Cyrene nach dem Jüdischen Krieg ... 110
Der Aufstand in Ägypten gegen Trajan 110
b) Der Bar Kochba-Krieg (132–135/6) 111
Der Bar-Kochba-Aufstand 111
Möglicher Hinweis auf den Bar-Kochba-Aufstand 114
Texte aus der judäischen Wüste 114

Kapitel II: Rechtliche, wirtschaftliche und soziale Verhältnisse 121

Einführung 121

A. Politik, Recht, Ökonomie 121
1. Struktur und Ideologie der Macht 121
Die interne Einteilung des Reiches unter Augustus 121
Die Kunst der Provinzverwaltung 122
Lob der Herrschaft Roms 122
Der Ruhm römischer Freiheit 122
Das römische Reich – ein soziales Paradies 123
Das römische Reich – ein Friedensreich für alle Menschen 124
Rom ist bestimmt zu herrschen 125
Eine Herrschaft ohne Grenzen 126
Der Feldherr Cerialis preist die römische Herrschaft 126
Der Britannierfürst Calgacus klagt Rom an 126
Meilensteine: Zeugnis römischen Straßenbaus nach dem Jüdischen Krieg .. 127
2. Rechtsverhältnisse 127
a) Zum römischen Bürgerrecht 127
Der grundsätzliche Unterschied zwischen den Menschen 127
Verleihung des Bürgerrechts an einen Provinzialen 128
Bitte um Verleihung des Bürgerrechts an einen Peregrinen 129
Stadtrömische Juden mit römischem Bürgerrecht 130
Römisches Bürgerrecht und Lateinkenntnisse 130
Von römischen Bürgern wird kein tributum eingezogen 130
Appellation an den Kaiser (Lex Iulia de vi publica) 130
Übergriff des Gessius Florus gegen Juden mit römischem Bürgerrecht ... 131

Galba lässt einen römischen Bürger kreuzigen . . . 131
Strafe für Gewalt gegen römische Bürger . . . 131
Spott über die freizügige Bürgerrechtspolitik des Claudius . . . 132
Lob des römischen Bürgerrechts . . . 132
b) Sklaverei . . . 132
Was sind Sklaven? . . . 132
Zwei Arten von Sklaven: Aufseher und Arbeiter . . . 133
Gewalt des Herrn über Sklaven und Verbot von Grausamkeit . . . 133
Wann ist ein Mensch ein Sklave? . . . 133
Massenhafte Versklavung nach der Eroberung Jerusalems . . . 133
Lieber Tod statt Sklaverei . . . 134
Freiwilliger Eintritt in die Sklaverei . . . 134
Sklavenverkauf . . . 134
Kindererziehung durch Sklaven . . . 135
Sklaven unter den Mitgliedern eines collegiums . . . 135
Auch ein Sklave ist ein Mensch . . . 136
Sklaven machen mit Erlaubnis ihres Herrn ihr Testament . . . 136
Erniedrigung und Ausbeutung von Sklaven . . . 137
Willkürliche Strafe gegen Sklaven . . . 138
Sklavenflucht . . . 138
Marke für einen Sklaven oder einen Hund an einem Halsreif . . . 138
Freilassung und Freigelassene . . . 138
Ämterkauf und Reichtum eines Freigelassenen . . . 139
c) Texte zur Kreuzigung . . . 139
Kreuzigung eines verbrecherischen Sklaven . . . 139
Römische Bürger sind vor Kreuzigung geschützt . . . 140
Philo über die Praxis der Kreuzigung . . . 140
3. Ökonomische Verhältnisse . . . 140
a) Reich und Arm . . . 140
Alle Reichtümer kommen nach Rom . . . 140
Warnung an Arme . . . 142
Tagelöhner . . . 142
Eine schmachvolle Karriere . . . 142
Grabinschrift eines Großhändlers aus Ascalon . . . 143
Die Einheit aus Patriziern und Plebejern; die Leibmetapher nach Livius . . . 143
b) Arbeit und Muße . . . 144
Auf einer Sonnenuhr aus Herculaneum . . . 144
»Natürliche« und »unnatürliche« Beschäftigungen . . . 144
Papyrusherstellung und Buchkunst . . . 146
Lob des Bauernstands . . . 148
Für wen pflanzt der Bauer? . . . 150
Muße und ländlicher Luxus der römischen Elite . . . 150
c) Preise, Steuern und Abgaben . . . 155
Liste mit Preisen für Grundnahrungsmittel aus Pompeii . . . 155
Einkaufs- bzw. Abrechnungsliste . . . 155
Dialog zwischen einem Reisenden und einer Wirtin . . . 155

Cicero gibt seinem Bruder Quintus Ratschläge in Sachen Finanzverwaltung ... 155
Versteigerung der Steuerpacht durch Ptolemäus an den Tobiaden Joseph 156
Verkauf der Biersteuer für ein Dorf ... 157
Rat des Tiberius: Bei Steuern nicht übertreiben ... 157
4. Militär ... 158
Die Einteilung des Militärs unter Augustus ... 158
Die römische Kriegsmaschine in Aktion ... 158
Militärdiplom aus der Provinz Judaea von 90 n. Chr. ... 161
Die Verbundenheit der Soldaten mit ihrem Feldherrn ... 161
Die andere Seite der Medaille: Strapazen und Gefahren der Soldaten ... 162

B. Kultur und Alltagsleben ... 163
1. Städte im Römischen Reich ... 163
Ehreninschrift der Stadt Neapolis für Prokonsul und Statthalter Pompeius Falco ... 163
Flavius Iuncus, ein Bürger aus Neapolis, macht Karriere ... 163
2. Öffentliches und gesellschaftliches Leben ... 164
a) Die legendäre Gründung der Stadt Rom ... 165
b) Bauten ... 167
Zur Symbolik von Tempelbauten ... 167
Über die ideale Lage der Tempel ... 169
Von der Anlage der Altäre ... 169
Von der Anlage der Theater ... 169
3. Privates und familiäres Leben ... 171
a) Kinder ... 171
Kinder als Unterpfand der Zukunft ... 171
Grabinschrift eines kleinen Mädchens ... 172
Tod eines Kindes ... 172
Trauer um zerstörte Hoffnungen beim Tod des Sohnes ... 172
Der vorzeitige Tod der Tochter ... 174
Plinius trauert um die Tochter seines Freundes ... 175
Kinderlos Gestorbene ... 176
Die Kindererziehung der Alten als Vorbild ... 176
Aussetzung oder Tötung von Neugeborenen ... 176
Ablehnung von Kindstötung ... 177
Ablehnung von Aussetzung ... 177
b) Frauen und Männer ... 178
Gute und schlechte Eheverbindungen ... 178
Ehekrach zwischen Trimalchio und Fortunata ... 178
Unrecht gegenüber Frauen ... 178
Trauerrede auf eine vorbildliche Ehefrau ... 179
Die Frau soll sich ganz dem Mann anpassen ... 182
Die Frau soll keine eigenen Freunde haben ... 182
Besser Heiraten! ... 182
Vorbildliche Frauen auf Grabinschriften ... 182

Abstinenz und eheliche Treue 183
Mehrfache Heirat auf einer Inschrift aus Portus bei Rom 184
c) **Gastmähler und Vereine** 184
Das Königsmahl der Nabatäer 184
Octavianus' geheime Tischgesellschaft 184
Einladung zum Tisch des Serapis 185
Vereine sind gesetzlich erlaubt 185
Statuten des Vereins der Diana- und Antinoos-Verehrer aus Lanuvium . . . 185
Opfer und Festschmaus gehören zusammen 186
Folgen eines verweigerten Gastmahls im Traum 186
d) **Ehre und Schande, Gastfreundschaft, Freundschaft und Liebe** 186
Ehre 186
Anständig und Unanständig 187
Demonstration von Rangunterschieden bei den Persern 188
Grundarten von Fremden 188
Der Gastfreund ist wie ein Bruder 189
Ausgaben für einen Gastfreund sind eigentlich Gewinn 189
Wann ein Gast lästig wird 189
Tadel für verletzte Gastfreundschaft 190
Die Gastfreundlichkeit der armen Greisin Hekale 190
Über die Freundschaft 190
Liebe 191
e) **Alter** 191
Verschiedener Umgang mit dem Alter 191
Das Alter als Zeit der Ernte 193
Tod eines Arztes in gesegnetem Alter 194
Wie man im Alter »jung« bleibt 194
Das Alter als Weg zum Tod 195
f) **Tod und Begräbnis** 198
Bestattungsbestimmungen 198
Begräbnis eines reichen Römers 198
Das Grab als »Haus der Freiheit« 199
Der Tod als Schlaf 200
Der Tod als Ende aller Mühsal 200
Nachleben eines toten Helden in der Erinnerung 201
Lebensweisheiten angesichts des sicheren Todes 201
Gespenster und Untote 201
Trauer wandelt sich in neue Liebe: Die Witwe von Ephesus 203
Visionen aufgrund höchster Erregung bei einem Todesfall 205

C. **Das Judentum im Römischen Reich** 206
1. **Geschichte und Status der römischen Provinz Syrien / Judäa** 206
Eine Steuerschätzung unter Augustus in Syrien 206
Ein Statthalter aus konsularischem Rang in Judäa 207
2. **Rechtliche und soziale Stellung der Juden** 207
Augustus bestätigt die Privilegien der Juden in Asia und Cyrene 207

Öffnung städtischer Ämter für Juden ... 208
Juden sind vom Militärdienst befreit ... 208
Die »Judensteuer« und der fiscus Iudaicus ... 209
Münze des Kaisers Nerva aus dem Jahr 96 zum fiscus Iudaicus ... 209
3. Verhältnisse zwischen Juden und Nichtjuden ... 210
a) Wirkung des Judentums auf Heiden ... 210
Salomo als Magier in der Medicina Plinii ... 210
Cicero über die Tempelsteuer der Juden ... 210
Varro über den bildlosen Kult der Juden ... 210
Varros Auffassung vom jüdischen Monotheismus ... 211
Die Abstammung der Juden nach Pompeius Trogus ... 211
Kritische Sicht gegenüber jüdischer Ethik bei Diogenes von Oinoanda ... 213
Kritik an den jüdischen Sitten ... 213
Angeblicher jüdischer Kannibalismus ... 214
Verteidigung des Judentums gegen Verleumdungen ... 214
Jüdische Ethik aus der Sicht von Tacitus ... 215
b) Nichtjuden in der Sicht von Juden ... 215
Rabbi Eliezer und Rabbi Josua über die Heiden ... 215
Attraktivität jüdischen Lebens für Nichtjuden ... 215
Appell zur Konversion ... 216
Polemik gegen den ägyptischen Polytheismus ... 216
Lob des Proselyten ... 217
Josephus über Thukydides ... 218
Appell an die Griechen ... 218
Abraham als Sternenkundiger, erster Monotheist und König ... 218
Abraham als Gegner des Götzenkults ... 219
Die Konversion Ägyptens ... 220
4. Die sogenannten »Gottesfürchtigen« ... 220
Juden, Proselyten und Gottesfürchtige in der Synagoge von Aphrodisias (ca. 3. Jh. n. Chr.) ... 220
Theaterinschrift aus Milet ... 222
Poppaea interveniert zugunsten einer jüdischen Gesandtschaft ... 222

Kapitel III: Philosophie ... 223

Einführung ... 223

A. Platon und der Mittelplatonismus ... 225
1. Platon ... 225
Timaios über den Demiurgen und sein Werk ... 225
Das Höhlengleichnis ... 227
Sokrates über die Seele ... 231
2. Mittelplatonismus ... 235
Apuleius über die Dämonen als Vermittler bei Sokrates ... 235
Die Dämonen als Wächter über die menschliche Seele ... 237

Apuleius über die Götterlehre Platons ... 237
Apuleius über die menschliche Seele nach Platon ... 238
Apuleius: Platons Lehre vom glücklichem Leben und Sterben des Weisen ... 238
Origenes über Gottes Offenbarungen an Weise am Beispiel Platons ... 239
Kelsos über die philosophische Lehre vom Weg der Wahrheit ... 240
Albinos über Arten und Funktion der Platonischen Dialoge ... 240
Plutarch über die Seele ... 241
Plutarch über Aberglauben, Atheismus und Frömmigkeit ... 242
Plutarch über die späte Strafe der Gottheit ... 243
Philo von Alexandria über die Schöpfung ... 244
Die Welt der Ideen als göttliches Muster der Welt ... 245
Gottes Gnade als Grund und Ordnungsprinzip der Welt ... 245
Der menschliche Geist als wahres Ebenbild Gottes ... 246
(Weibliche) Sinnlichkeit als Gefahr für den (männlichen) Geist ... 247
Die Blindheit der Sinne ... 247
Geschlechterspezifische Kleidung ... 247
Menschen als Wesen der Erde, des Himmels, Gottes ... 248
Weibische, sinnliche, schlechte Gewohnheit (Sarah als positives Beispiel) ... 248
Skeptischer Exkurs über die Erkenntnis ... 249
Über Gott und seine Logoi ... 249
Hinauf- und herabsteigende Seelen ... 250
Seelen – Allegorische Auslegung der Himmelsleiter (Gen 28,12) ... 250

B. Die Aristoteliker und die philosophische Skepsis ... 251
1. Aristoteles, der Peripatos und die philosophische Skepsis ... 251
a) Logik ... 252
Syllogismen und sicheres Wissen ... 252
Kategorien (Seinsaussagen) ... 252
b) Metaphysik ... 253
Metaphysik als Wissenschaft vom Sein im Ganzen ... 253
Prämissen und Prinzipien ... 253
Hylemorphismus I (Verhältnis von Materie und Form) ... 253
Hylemorphismus II ... 254
Das Prinzip Bewegung und der unbewegte Beweger ... 254
Die Seele als Ursache und Prinzip des lebenden Körpers ... 255
Die Vernunft ist leidensunfähig ... 257
Handlungen, Ziele und Endzweck bei Menschen und anderen Wesen ... 258
c) Ethik ... 258
Über das rechte Maß als Tugend ... 258
Über Handlungen, Ziele und das höchste Gut ... 259
Glück und dessen Verwirklichung in der Philosophie ... 260
Der richtige Maßstab für den Umgang mit Gütern ... 261
Der Staat als von der Natur vorgegebene Größe ... 262
2. Skepsis ... 262
Sextus Empiricus über die pyrrhonische Skepsis ... 263
Bericht des Aristokles über den Pyrrhonschüler Timon ... 266

C. Epikur und seine Schule ... 266
1. Epikur ... 266
Epikur – Brief an Menoikeus ... 266
Epikur – Brief an Herodot ... 272
Aus den »Hauptlehren« Epikurs ... 272
Epikurs Weisungen ... 273
2. Die Schule Epikurs ... 273
a) Ciceros Kritik an Epikur ... 273
Die Absurdität der epikureischen Verachtung körperlicher Schmerzen ... 273
Epikurs Unfähigkeit in der Logik und sein empirischer Wirklichkeitszugang 274
Die Lust als offensichtliches und höchstes Gut bei Epikur ... 275
Unklarheiten in der epikureischen Begriffsbestimmung der Lust ... 276
b) Lukrez über Epikur ... 277
Preis Epikurs ... 277
Der ewige Kreislauf des Lebens (Epikureischer Materialismus) ... 277
c) Diogenes von Oinoanda über Epikur ... 278
d) Laktanz über Epikur ... 278
Epikur bestreitet angesichts der Ungerechtigkeit die Vorsehung ... 278
Eine berühmte Frage zum Theodizeeproblem (Epikur?) ... 279

D. Die Stoa ... 279
1. Alles ist eins – Zum göttlichen Logos ... 280
Dion von Prusa über den Philosophen ... 280
Die wunderbare Einheit und Vernunft der Welt ... 281
Fragmente Heraklits über den Logos ... 282
Zeushymnus des Kleanthes ... 282
Seneca über Gott als die allgegenwärtige Weltvernunft ... 283
Gott im Menschen und der göttliche Ursprung der Seele ... 285
Seneca über den Logos spermatikos ... 286
Dion von Prusa über die Neuschöpfung der Welt ... 286
Epiktet – Was ist Gottes wahres Wesen? ... 288
2. Ethik ... 289
Ratschläge Epiktets ... 289
Die Allgegenwart göttlicher Mächte und die Einheit des Seins ... 290
Seneca über die Torheit, sich vor dem Blitz und vor dem Tod zu fürchten ... 291
Seneca über den Tod als Freiheit ... 291
Vom glücklichen Leben ... 292
Eine Allegorie des Lebens: Die Bildtafel des Kebes ... 294

E. Pythagoreische Philosophie und Ethik ... 295
1. Die pythagoreische Lehre von der Seelenwanderung ... 295
Herodot über den Ursprung der Idee von der Unsterblichkeit der Seele ... 295
Kurze Erwähnung der pythagoreischen Seelenwanderung ... 297
Pythagoras über die Seelenwanderung ... 297
Pagane Opferkritik aufgrund der Seelenwanderungsvorstellung ... 297
Der ewige Kreislauf und Wechsel der Elemente ... 298

2. Anthropologie der Pythagoreer ... 298
Die Entwicklung des Lebens und der Aufbau der Seele ... 298
3. Pythagoreische Zahlenlehre ... 299
Das pythagoreische Zahlensystem: Zahlen als Grundprinzip des Seins ... 300
Die Monade als Ursprung der Zahlen, der Elemente und der Welt ... 300
4. Ethische Anschauungen Pythagoras' und seiner Schüler ... 301
Antiker Vegetarismus bei den Pythagoreern ... 301
Speisegebote, Selbstbeobachtung, Harmonie und Reinheit ... 301
Das rechte Maß, Lebensstufen und die Freundschaft ... 302
Die Exklusivität pythagoreischer Lehrsätze und seine Symbolsprüche ... 303
Die Warnung vor der Lust und der rechte Umgang mit den Begierden ... 304
Verantwortlicher Umgang mit Sexualität, Zeugung und Erziehung ... 304
Aufforderung zur Zeugung von Nachkommen ... 306
Pythagoreische Weisheiten und Lebensregeln ... 306
Sinn und Nutzen der Religion und der Verehrung der Götter ... 306
Pythagoreische Lernethik ... 307

Kapitel IV: Griechisch-römische Religiosität ... 308

Einführung ... 308

A. Götter und Gottesvorstellungen ... 310
1. Griechische Gottesvorstellungen ... 310
Die Bitte der Thetis an Zeus für Achilleus ... 310
Nachtruhe der Götter ... 312
Der Götterrat ... 312
Athenes Eingreifen im Krieg ... 313
Hera und Athene bei Zeus ... 313
Der unselige Kampf mit den Göttern ... 314
Poseidon klagt über ausbleibendes Opfer ... 314
Rede des Zeus zu allen Göttern ... 315
Zeus – mächtig vor allen ... 316
Warnung an Athene vor dem Kampf mit Zeus ... 316
Liebschaften des Zeus ... 317
Götterschlacht ... 318
Entstehung der Götter (Theogonie) ... 319
Herodot über die Herkunft der Götternamen ... 324
Herodot über das Geheimnis der Götterherkunft ... 325
Ode auf Zeus ... 325
Vierzehnte olympische Ode ... 325
2. Römische Gottesvorstellungen ... 327
Die Götterversammlung ... 327
Der Richterspruch des Tiresias und seine Folgen ... 329
Die Völker verehren dieselben Götter unter verschiedenen Namen ... 329

B. Tempel und Kult 332
1. Heilige Stätten 332
Die Clitumnus-Quelle 332
Der heilige Hain am Aventin in der Nähe von Rom 333
Die Gallio-Inschrift in Delphi 334
2. Frömmigkeit 334
Religionsentwicklung, Kultkritik und die echte Gottesfrage 334
Abschiedstrauer 335
Die Vogelschau und ihre Bedeutung für Rom damals und heute 336
Die Freveltaten des Verres gegen die Ceres in Henna 338
3. Orakel 339
Das Krankenorakel am Demeterheiligtum 339
Die Herkunft der Orakel 339
Die ägyptische Herkunft der kultischen Feste 340
Plinius über sein Augurenamt 340
4. Opfer 341
Opfer 341
Der Ursprung der Fett- und Knochenopfer 341
Die Heiligtümer in Athen 342
Heiligtümer und Kulte um Korinth 342
Das Stieropfer am Dionysostempel 343
Das Ahnenopfer des Aeneas zum einjährigen Todestag des Vaters 343

C. Volksfrömmigkeit 344
1. Wunder und Heilungen 344
a) Heilungsberichte aus Epidauros 344
Pausanias beschreibt die Heilstätte Epidauros 344
Die Heilungsinschriften von Epidauros 346
Hermodikos von Lampsakos 346
b) Apollonios von Tyana 349
Apollonios und der Pestdämon 349
Heilung eines besessenen Jungen durch einen Drohbrief 350
Weitere Heilungen des Apollonios 350
c) Der Philosoph Jamblich über Pythagoras 351
Pythagoras: Ein weiterer Wundertäter? 351
d) Satire über einen »Wundertäter« 351
Der Lügenprophet Alexandros 351
e) Exorzismen 353
Ein Dämonenaustreiber aus Palästina 353
Jüdischer Exorzismus: Die Dämonenaustreibung des Eleazar 353
2. Magie 354
a) Zauberanleitungen: Dämonenbeschwörungen und -austreibungen 354
Anweisungen zur Austreibung von Dämonen 354
Eine Dämonenbeschwörung 354
Beschaffung eines Parhedros 355

b) **Heilungs- und Liebeszauber** ... 356
Des Damon und Alphesiboeus Wettstreit ... 356
Heilungszauber für Ausrenkungen und Brüche ... 356
c) **Schadenszauber** ... 357
Zauber zur Schädigung der Gegner vor Gericht ... 357
Zauber zur Lähmung gegnerischer Pferde und Lenker im Pferderennen ... 357
d) **Der Zauberei angeklagt** ... 358
Die Geschichte des erfolgreichen (Zauber?-)Bauern Furius Cresimus ... 358
Die Verteidigungsrede des Apuleius gegen den Vorwurf der Magie ... 358
Grabinschrift des Jungen Jucundus – Die Angst vor der Magie ... 360
3. **Drei Himmelfahrtsgeschichten** ... 360
Die Himmelfahrt des Romulus ... 361
Lukian – Der Tod des Peregrinos ... 361
Tod des Apollonios nach Philostratos ... 362
4. **Hauskult** ... 363
Cicero über das eigene Haus als Ort privater Götterverehrung ... 363
Ein Hausgott (Lar familiaris) stellt sich vor ... 363
5. **Vereine** ... 363
Philo über Vereine in Alexandria ... 363
Einrichtung einer Handwerkergilde ... 364
Stiftung eines Vereins zum Zweck des Totengedächtnisses ... 364
Begräbnisverein von Lanuvium ... 370
Der Verein zur Verehrung des Zeus Hypsistos ... 373
Der satirische Außenblick: Das Christentum als Verein? ... 374
6. **Feste** ... 376
Ovids Festkalender: Feste im Juni ... 376
Ovids Festkalender: Feste im Februar ... 377
Die Hauptformen der Religionsausübung ... 379
Freilassung von Verbrechern beim Götterfest ... 380
7. **Jenseitsvorstellungen** ... 380
Die Insel der Seligen ... 380
Sokrates' Argument für den Fortbestand der Seele nach dem Tod ... 381
Die Reise der Seele nach dem Tod in die Unterwelt und zurück ... 381
Odysseus Reise in die Welt der Toten ... 382
Eine »naturwissenschaftliche« Jenseitslehre der Antike ... 384
Der doppelte Ausgang der Seelenwanderung nach dem Tod ... 385
Die Fahrt des Aeneas durch die Unterwelt ... 385
8. **Grabinschriften** ... 389
Grab eines Sohnes, Rom, 1. Jh. ... 389
Grab der Helvia Prima, Benevent ... 390
Grab der Marcana Vera, Sarsina ... 390
Brixen-Brixia, verschollen ... 390
Grab eines Unbekannten I, Cadix-Gades ... 390
Grab eines Unbekannten II, Rom, jetzt Neapel, 2. Jh. n. Chr. ... 390
Grab des Veteranen T. Cissonius, Antiochia (Pisidien), 1. Jh. n. Chr. ... 390
Grab des Tiberius Claudius Secundus, Rom, handschriftlich überliefert ... 390

Sicca, Nordafrika ... 391
Grab für Grablose, Rhodos, jetzt Brit. Museum ... 391
Verschiedene Grabinschriften, alle Rom ... 391
9. Traumdeutung ... 391
Traumdeutungen des Artemidor ... 392
10. Götterstatuen ... 395
Das Wesen der Götter als eine dem Menschen angeborene Idee ... 395
Warum es die unzureichenden Standbilder der göttlichen Elemente gibt ... 396

D. Herrscher- und Kaiserkult ... 397
1. Ein Hymnus zur Geburt eines Kaisers ... 397
Deutung des neuen Weltjahres ... 397
Kaiserverehrung als Erfindung der Römer ... 399
2. Feste, Spiele und Opfer für den Kaiser ... 399
Festordnung der peloponnesischen Gemeinde Gytheion ... 400
Opferbestimmungen in Oinoanda ... 401
Antiker Festkalender und die Feste zu Ehren der Kaiser ... 402
Brief Kaiser Valerians aus Antiochia am 18.1.255 ... 402
Edikt des Prokonsul Asiae Paullus Persicus für Ephesus ... 402
3. Der Kaisereid ... 403
Plinius berichtet über den feierlichen Kaisereid zum Amtsantritt Trajans ... 403
Poetische Epistel von Horaz an Kaiser Augustus ... 404
4. Kaiser: Göttliche Menschen oder menschliche Götter? ... 404
Der Eid von Assos ... 404
Der König als bestes Abbild der Gottheit ... 404
Der König als Gott des städtischen Mikrokosmos ... 405
Der König als Stellvertreter und Werkzeug Gottes auf Erden ... 405
Die Kaiserstatuen als Abbilder des göttlichen Cäsaren ... 405
Neros Evangelium für die Griechen ... 405
5. Zum Tod des Kaisers Augustus ... 406
Frühere Zeichen der zukünftigen Vergöttlichung von Augustus ... 406
Tod und Vermächtnis des Kaisers Augustus ... 406
Inschriften aus dem Vereinslokal der Presbyteroi von Metropolis in Ionien ... 406
6. Satire über den Herrscherkult: ein Kaiser im »Himmel« ... 408
Der Tod des Claudius und seine Ankunft im Himmel ... 408
Das Votum des Augustus gegen die Vergöttlichung des Claudius ... 409
Feier zum Tod des Claudius ... 410

E. Mysterienreligionen ... 411
1. Gerüchte und Polemik über Mysterienkulte ... 411
Anfänge der Dionysos-Mysterien und deren Anschuldigung ... 411
Polemische Beschreibung der Hohepriesterweihe im Mysterienkult ... 412
Die schändliche List der Ide und der missbrauchte Isiskult ... 414
2. Die mythischen Ursprünge der Mysterien ... 415
Homerischer Hymnus auf Demeter ... 415
Plutarch über Isis und Osiris ... 417

Die Lehre der Isis, ihre Verehrung und ihre Macht 421
Hymne an Dionysos Bassareus am Dreijahrsfeste 422
3. Das Verbot eines Mysterienkultes 422
Senatsbeschluss über die Bakchanalien vom Jahre 185 v. Chr. 422
4. Texte von Eingeweihten 423
Die Statuten der Athener Iobakchen 423
Grabinschrift aus Doxato bei Philippi 426
Einladungen zu Götzenopfermählern 426
Justin über die dem Abendmahl ähnlichen Mysterienkulte der Dämonen . . . 427
Kultverein des Dionysos für mehrere griechische Götter 427
Initiationsritus im Isiskult 428

Kapitel V: Jüdische Religion in hellenistisch-römischer Zeit 432

Einführung 432

A. Der eine Gott und sein Volk 435
Die Schöpfungsgeschichte nach Targum Pseudo-Jonathan 435
Die Einzigkeit Gottes 437
Die Einzigkeit Gottes und die Verirrung der Götzendiener 439
Adams Sohn Seth 439
Israel als Gottesvolk 440
Der Charakter des Gottesvolks 441
Preis des Gottesvolks 441
Bewahrung des Gottesvolks 442
Geschichtsüberblick: Abfall und Umkehr des Volkes 443
Die »noachidischen Gebote« 444
Warnung vor Götzenkult 446
Die Bindung Isaaks (עקדה – *Aqedah*) 446
Die Gabe des Gesetzes als kosmisches Ereignis 447
Der Gesetzgeber Mose 448
Der Umgang der Juden mit den heiligen Schriften 448
Verteidigung des Gesetzes zur Zeit des Statthalters Cumanus 449
Das Loblied Deboras: Kampf der Gestirne für Israel 450
Die Bilderlosigkeit und das Sterben für das »Gesetz der Väter« 450
Mose hat den Staat zur Gottesherrschaft gemacht 451
Die Lage des Landes Israel und die Eigenheit seiner Bewohner 452
Hinzutritt zum Judentum als Neuschöpfung 452
Josephus bewahrt Flüchtlinge vor Zwangskonversion 453
Der Magier Aod 453
Dämonen 454

B. Geschichte, Kult und Aussehen des Zweiten Tempels 455
Abraham bindet Isaak (עקדה – *Aqedah*) nach Targum Pseudo-Jonathan 455
Die Weihung des ersten Tempels 459

Eine detaillierte Beschreibung des Tempels und seines Kults . . . 460
Grundlegende Renovierung des Tempels unter Herodes . . . 462
Beschreibung des Tempels und des Kults . . . 466
Die Gewänder der Tempelpriester . . . 466
Kosmologische Assoziationen beim Tempelinventar . . . 467
Sammlungen für den Tempel in der Diaspora . . . 468
Stiftung für den Jerusalemer Tempel . . . 469
Warninschrift am Tempel . . . 469
Gebet des Hohenpriesters am Yom Kipur . . . 469
Kosmologisierung des Tempels . . . 470
Sicherung der genealogischen Reinheit der Priester . . . 471
Bewahrung der Heiligkeit des Heiligtums . . . 472

C. Kalender, Opfer und Feste . . . 472
Der 364-Tage-Kalender . . . 472
Opferanordnungen Abrahams . . . 473
Das Passah . . . 475
Aufruhr beim Passahfest unter Archelaos . . . 476

D. Frömmigkeit im Alltag . . . 476
1. Beschneidung . . . 476
Abraham wird beschnitten und beschneidet Ismael . . . 476
Beschneidung als Charakteristikum der Juden . . . 478
Beschneidung als Kastration . . . 478
Beschneidung als Charakteristikum der Juden und Verbindung zu den Ägyptern . . . 478
Menophilus verbirgt seine Beschneidung . . . 478
2. Sabbat . . . 479
Sabbatgebote . . . 479
Der Sabbat als Tag von Versammlungen . . . 480
3. Speisegesetze . . . 480
Vorsetzen von Schweinefleisch bei der Verfolgung in Alexandria . . . 480
Verzicht auf Schweinefleisch nach Sextus Empiricus . . . 481
4. Rein und Unrein . . . 481
Unreine Gegenstände . . . 481
Wiederherstellung der kultischen Reinheit . . . 481
5. Hochzeit und Scheidung . . . 481
Ehebruch, Inzucht und Fremdverheiratung . . . 481
Josephus lässt sich von seiner Frau scheiden und heiratet erneut . . . 482
6. Die Synagoge . . . 483
a) In Palästina . . . 483
Theodotus-Inschrift . . . 483
b) In der Diaspora . . . 483
Stifterinschrift einer Synagoge aus Krokodilopolis (246–221 v. Chr.) . . . 483
Proklamation einer Synagoge als Asylort . . . 483
Stifterliste aus Berenike/Benghazi (55/56 n. Chr.) . . . 483

Reparatur der Synagoge aus Akmoneia ... 485
Freilassungsurkunden von Sklaven aus dem Schwarzmeergebiet ... 486
Stifterinschrift der Synagoge von Stobi ... 486
Gottesdienst in der Synagoge ... 486
Synagoge als Unheilszeichen im Traum ... 488
7. Gebete ... 488
Gebet Abrahams um Rettung vor den Götzen ... 488
Dankgebet Davids ... 488
Psalm Davids für Saul als Beschwörung ... 489
Hymnus der Aseneth ... 489
Sündenbekenntnis der Aseneth und Lob der Umkehr ... 493
Grabstein der Heraklea mit Fluch ... 494
Gebetsvorschriften ... 494
Gebetsvorbereitungen ... 495
Rabbinische Tagesgebete ... 495
Gebetsandacht ... 497
Das Achtzehngebet (שמנה עשרה – *Shemoneh Esreh*) ... 497
Kaddisch ... 498
Hanina ben-Dosa und das Gebet über Kranke ... 499
Hymnus an Gott ... 499
8. Bestattung ... 500
Pflicht zur Totenpflege im Judentum ... 500
Inschrift vom Grab der Sippe Hesir im Kidrontal ... 502
Inschrift aus dem Grab des Jason ... 502
Inschrift aus einem Grab in Jerusalem (Giv'at ha-Mivtar) ... 502
Inschrift auf dem Ossuar des Nikanor ... 502
Aufschriften auf Ossuaren aus Jerusalem ... 502
Auf einem Sarkophag aus dem Grab der Königin Helena von Adiabene ... 503
Aufschrift auf einem Ossuar aus Jericho ... 503
Grabinschrift (Epithalamion) der Arsinoë aus Leontopolis ... 503
Kaiserliches Edikt über die Unverletzlichkeit von Grabstätten ... 503
Tod und Bestattung Adams ... 504
Überführung und Bestattung des Herodes ... 506
Die Maße eines Felsgrabes ... 507
Gräber außerhalb der Stadt ... 507
Die ordentliche Totenpflege auf gesonderten Friedhöfen ... 507
Die Verunreinigung durch einen Toten ... 507
Hinrichtung und Bestattung von Hochverrätern ... 508
Beschreibung des Makkabäergrabs von Mode[c]in ... 508
Das Grab der Helena von Adiabene ... 508
Beschreibung des Grabs der Helena von Adiabene bei Pausanias ... 509

E. Gruppen und Strömungen im palästinischen Judentum ... 509
1. Die Pharisäer ... 509
Die Pharisäer als jüdische Philosophenschule ... 509
Die Tugend und der Einfluss der Pharisäer ... 510
Die familiäre Abkunft und der Werdegang des Josephus ... 510

2. Die Sadduzäer ... 511
Die Sadduzäer als jüdische Philosophenschule ... 511
3. Die Essener ... 512
Die Essener als Vorbilder für »Heiligkeit« ... 512
Die Ἐσσαῖοι als Vorbild für gemeinschaftliches Leben ... 515
Judas der Essener ... 516
Die Beschreibung der Essener nach Josephus ... 517
Die Essener als Beispiel für glückverheißendes Leben ... 522
4. Die Samaritaner ... 522
Ein Summarium über die Bewohner des Nordreichs ... 522
Die Gründung des samaritanischen Heiligtums auf dem Garizim ... 525
Die Samarier unter Antiochus IV. Epiphanes ... 526
Ein Anschlag auf den Jerusalemer Tempel ... 527
Pilatus schlägt Unruhen bei den Samaritanern nieder ... 527
Unruhen zwischen Galiläern und Samariern ... 528
Die Eroberung Samariens und des Garizim durch die Römer ... 529
Inschriften aus Delos ... 530
Samaritanische Inschriften vom Garizim ... 530
Grabinschrift der Samarierin Ammia aus Athen ... 530
5. Zeloten und andere religiös motivierte Aufrührer ... 531
Die »vierte Philosophie« ... 531
Nach dem Tod des Herodes stürzt Judäa ins Chaos ... 531
Felix geht gegen Räuber, Sikarier, Aufrührer und Wundertäter vor ... 533
Der Zelotenführer Menahem, Sohn von Judas dem Galiläer ... 534
Ein Betrüger namens Theudas ... 535
Josephus weist den Aufständischen die Schuld am Untergang Jerusalems zu 536
Zeloten in Masada und zusammenfassende Anklage des Josephus ... 536
6. Texte aus den Höhlen bei Qumran ... 538
a) Aus der »Damaskusschrift« ... 540
Der »Rest des Bundes« ... 540
Die »Bekehrten Israels« ... 541
Einhaltung des Sabbat ... 542
b) Aus der »Gemeinderegel« ... 543
Die Taufe mit dem Heiligen Geist ... 543
Der Mensch und die Geister der Wahrheit und des Frevels ... 543
Ordnung für den »Rat der Gemeinschaft« ... 544
Gebet eines Frommen und sein Gehorsam gegen Gott ... 544
Gebet der Hoffnung auf Gottes gnadenreiche Gerechtigkeit ... 545
c) Aus der »Gemeinschaftsregel« ... 546
Das messianische Mahl ... 546
d) Aus der »Hymnenrolle« ... 547
Hymnus eines Gerechten im Angesicht der Feinde ... 547
Hymnus eines von Gott Erwählten inmitten endzeitlicher Verwirrung ... 547
Hymnus eines von Gott Gelehrten über Anfechtung und Hoffnung ... 548
Hymnus auf Gottes Erbarmen, seine Wahrheit und Größe ... 549

e) Aus der »Kriegsrolle« ... 549
Bestimmungen für den Krieg ... 549
Aufruf zu unerschrockenem Kampf in der Hoffnung auf Gottes Hilfe ... 550
Gott und seine Heerscharen kämpfen auf der Seite der Gerechten ... 551
Aufruf zur Stärke, weil Gott seinen Erwählten Hilfe schickt ... 551
f) Aus dem Habakukkommentar ... 552
Die Abtrünnigen und die Kittäer als neue Chaldäer ... 552
Gott legt das Gericht in die Hand seiner gesetzestreuen Erwählten ... 552
Die »letzte Zeit« zieht sich nach Gottes Willen in die Länge ... 553
Der Gerechte aus Glauben, die gottlosen Priester und die Kittäer ... 553
Die Greueltaten des gottlosen Priesters und die Götzenbilder der Völker . 554
g) Weitere Texte aus Qumran ... 554
Die »Kupferrolle« ... 554
Der kommende Prophet ... 556
Jahwe wird ein Haus bauen ... 556
Ein Kommentar zu Ps 37,8–11 ... 557
Ein astrologisch-physiognomischer Text ... 557
Deutung von Vorgängen aus der Zeit Antiochus IV. ... 558
Liturgische Verfluchung ... 558
Aus 4QMMT ... 558
Die Auferstehung der Toten nach »Zweiter Ezechiel« (4Q385) ... 559
Aus den Sabbatliedern ... 560
Hymnisches Lobgedicht (»Barki Nafschi«) ... 562
Messianische Apokalypse ... 563
Gebet um Errettung ... 564
Akrostichisches Loblied an Zion ... 565
Hymne an den Schöpfer ... 566
Die vielen geistgewirkten Werke Davids ... 566
Ein nichtkanonischer Davidspsalm ... 567

F. Zukunftserwartungen ... 568
1. Zukunftsdeutung und individuelle Eschatologie ... 568
Der Priester Josephus als Zukunftsdeuter ... 568
Josephus' Plädoyer gegen Selbstmord ... 569
Jenseitshoffnung in einer Rede des Titus nach Josephus ... 570
Der Tod als Befreiung in der zweiten Rede des Eleazar auf Masada ... 571
Der Tod Abrahams ... 574
2. Eschatologie ... 576
Vision Henochs vom Gericht über Gottlose und Heil für die Erwählten ... 576
Der Fall der Engel und das Gericht ... 577
Kosmologische Vision ... 579
Doppeltes Gericht ... 580
Das Gericht des Menschensohns ... 581
Auferstehung der Toten ... 582
Die Gerechten im ewigen Licht ... 583
Kosmische Eide, die den Bestand der Welt sichern ... 583

Der Menschensohn ... 584
Vision Gottes und des Menschensohns ... 584
Vision der Errichtung des messianischen Königtums ... 585
Die Wochenapokalypse ... 586
Die Schöpfung lehrt Furcht vor Gott ... 588
Gott enthüllt sein Geheimnis an Noah: Die Gematrie des Gottesnamens ... 588
Der Tag des Gerichts ... 589
Das eschatologische Königreich ... 589
Israels Erwählung und Gericht ... 590
Das Gericht ... 591
Keine Fürbitte im Gericht ... 592
Esras Vision vom Adler ... 592
Der Mann aus dem Meer ... 594
Endzeitliches Szenario ... 594
Wolkenapokalypse ... 596
Endgericht als Verwandlung ... 597
Die Vernichtung der Gottlosen I ... 597
Die Vernichtung der Gottlosen II ... 599

G. Theologie und Frömmigkeit des Diasporajudentums ... 603
1. Die Septuaginta ... 603
Die Erstellung der Septuaginta nach dem Aristeasbrief ... 603
Die Übersetzung des Gesetzes nach Philo ... 605
2. Der Tempel von Leontopolis ... 607
Die Geschichte des Tempels ... 607
3. Philo von Alexandria ... 609
a) Hermeneutik und Gotteserkenntnis bei Philo ... 609
Die buchstäbliche und die verborgene Bedeutung der Schrift ... 609
Der Weg der Allegorie ... 610
Über die Schriftauslegung der Therapeuten ... 611
Der unsichtbare Sinn und der offene Wortlaut ... 611
Der verborgene Sinn der Schrift ... 612
Nur das Auge der Seele nimmt Gottes Erscheinung wahr ... 612
b) Die Logosvorstellung Philos ... 614
Der göttliche Logos und seine Mittlerstellung ... 614
Der Logos als der »zweite Gott« ... 615
c) Philos Schöpfungstheologie ... 616
Das Weltall und die Gestirne sind keine Götter ... 616
Das Gesetz des Mose und die kosmische Ordnung sind in Harmonie ... 616
d) Die großen Glaubensgestalten und ihre Bedeutung ... 617
Adam, der erste Mensch ... 617
Abraham, Vorbild der Proselyten und Gründer des Gottesvolks ... 618
Mose, der perfekte Gesetzgeber und sein Gesetz ... 620
Die grundlegenden Lehren des Mose ... 621
Der Tod des Mose ... 621

e) Überlegungen Philos zur Weisheit ... 622
Der Weise als Idealfigur und Dolmetscher Gottes ... 622
Weisheit als körperzehrende Übung ... 623
f) Philos Eschatologie ... 623
Philos Vorstellung von der Endzeit ... 623
Israel als Beispiel für endzeitliche Vergebung ... 625
4. Pseudo-Phokylides ... 627
Die Ethik des Pseudo-Phokylides ... 627

H. Das entstehende rabbinische Judentum ... 628
1. Selbstverständnis und Personen ... 628
Die Kette der Überlieferung ... 628
Disput zwischen »Sadduzäern« und »Pharisäern« ... 631
Die Wirkung der Tempelzerstörung ... 631
Honi, der Kreiszieher, ein rabbinischer Wundertäter ... 632
Der 9. Ab ... 632
Die »Männer der Tora« und das Kommen des Messias ... 633
Hillel als vorbildlich geduldiger Toralehrer ... 634
2. Das Gesetz und seine Auslegung ... 635
a) Gesetz und Gerechtigkeit ... 635
Das Lob der Tora ... 635
»Viel Tora – viel Leben« ... 636
Das Joch der Tora ... 636
Wie viele Personen zum Studium der Tora nötig sind ... 636
Das geeignete Lebensalter zum Studium ... 636
Die Mühe des Torastudiums ... 637
Die Regeln des Rabbi ben-Azzai ... 637
Das ganze Gesetz auf einem Bein ... 637
Für das Studium der Tora gibt es kein Maß ... 638
Der Vorrang des Toralehrers gegenüber dem Vater ... 638
Die Tora als Geschenk Gottes an Israel ... 638
b) Hermeneutik ... 638
Die Auslegungsregeln Hillel des Älteren ... 638
Begründung aus Bibel und Halakha ... 639
Ein ständiges Leben in Buße ... 639
Dokumentation der Minderheitsentscheidungen ... 640
c) Reinheit, Unreinheit und rituelle Tauchbäder ... 640
Die Quellen der Unreinheit ... 640
Abstufungen von Reinheit ... 641
Unreine Tongefäße ... 641
Totenunreinheit ... 642
Unreinheit verschiedener Frauen ... 642
Unreinheit der Hände durch heilige Schriften ... 643
Wie man einen Aussätzigen für rein oder unrein erklärt ... 643
Reinigung eines Aussätzigen ... 644
Taugliche und untaugliche Tauchbäder ... 645
40 Sea Wasser ... 645

d) **Beschneidung** ... 645
Beschneidung und Sabbat ... 645
Segenssprüche bei der Beschneidung ... 645
Das Lob der Beschneidung ... 646
Erziehungspflichten ... 646
e) **Ehe- und Familienrecht** ... 646
Wie man eine Ehe schließt und sie wieder auflöst ... 646
Ein Mann darf nicht mit zwei Frauen allein sein ... 647
Die eheliche Pflicht ... 647
Die Pflicht zur Fortpflanzung ... 647
Gründe für eine Scheidung ... 648
Der Scheidebrief ... 648
Die Arbeiten einer Frau ... 648
Die väterliche Gewalt über die Tochter ... 649
f) **Tod und Bestattung** ... 649
Herrichten des Toten vor der Bestattung ... 649
Die Trauerfeier ... 649
Unterhalt und Begräbnis für eine Witwe ... 650
g) **Strafrecht** ... 650
Die Sitzordnung im Sanhedrin ... 650
Die Mitgliederzahl des Sanhedrin ... 651
Das Gericht des Hohen Rates ... 651
Der Zeitpunkt der Urteilsverkündung ... 651
Die Qualifikation zum Richter ... 651
Der Wert eines Menschenlebens ... 651
Der Vollzug der Steinigung ... 652
Das »Hängen« ... 653
Die Bestattung Hingerichteter ... 653
Die vier gerichtlichen Todesarten ... 653
Verbrechen, die mit Steinigung geahndet werden ... 654
Die Geißelstrafe ... 654
h) **Privatrecht** ... 654
Sklaverei ... 654
Auszahlung des Arbeitslohns ... 655
i) **Weitere Einzelbestimmungen** ... 655
Zum Ansehen von verschiedenen Berufen ... 655
Die Armenfürsorge ... 655
Die Grundregel der Verzehntung ... 656
Nicht Fleisch mit Milch kochen ... 656
3. **Das Land** ... 656
Tabus in der Viehzucht ... 656
Die Gültigkeit des Gebotes im Land ... 657
4. **Feste** ... 657
a) **Tempelkult** ... 657
Die Schlachtung des Lammes zu Tagesbeginn ... 657
Die Morgengebete der Priester ... 661

Das morgendliche Öffnen der Tempeltore ... 661
Die Psalmen der Wochentage ... 662
Die Tempelsteuer ... 662
Die Verwendung der Tempelsteuer ... 662
Verpflichtung zur Wallfahrt ... 663
Das Tünchen der Altarsteine ... 663
Der Priester, der in Unreinheit amtiert ... 663
Die 24 Abgaben für Priester ... 663
Die Aufseher im Tempel ... 664
Opferbüchsen im Tempel ... 664
Schaubrote ... 665
b) Sabbat ... 665
Die am Sabbat verbotenen Arbeiten ... 665
Was ein Mann am Vorabend des Sabbat sagen muss ... 665
Der Sabbat ist Israel gegeben, nicht Israel dem Sabbat ... 666
c) Passah ... 666
Passahopfer im Tempel ... 666
Häusliche Passahfeier ... 667
d) Das Wochenfest ... 668
e) Laubhüttenfest ... 669
Festbetrieb ... 669
f) Der Versöhnungstag (Jom Kippur) ... 670
Die zwei Böcke des Versöhnungstags ... 670
Der Bock, der weggebracht wird ... 671
Die Schriftlesung am Versöhnungstag ... 672
Das Fasten am Versöhnungstag ... 672
Sünde und Versöhnung ... 673
5. Theologie: der Mensch, der Messias, die Zukunft ... 673
Was ist der Mensch? ... 673
Der Vorzug der zukünftigen Welt ... 673
Vier Arten von Menschen ... 674
Den Willen des Vaters tun ... 674
Die Präexistenz des Messias ... 674
Wer erhält Anteil an der zukünftigen Welt? ... 676
Der Messias im Targum Jesaja ... 676
Der Gottesknecht von Jesaja 52,13–53,12 im Targum Jonathan ... 678
6. Beispiele für »Außenseiter« und zweifelhafte Gruppen ... 679
Der »Genosse« (חבר – *haber*) und der »Gesetzesunkundige« (עם הארץ – *»Volk des Landes«*) ... 679
Wer gehört zum עם הארץ – *Am-Haaretz*? ... 680
Das gemeine Volk (עם הארץ – *Am-Haaretz*) ... 680
Der Fremdling ... 681
Was man wissen muss, wenn man Proselyt werden will ... 682
Samaritaner ... 683
Zeloten ... 683
Fremdkult (עבודה זרה – *Awoda Zara*) ... 683
Zöllner ... 684

Kapitel VI: Gnosis ... 685

Einführung ... 685

»Das Zeugnis der Wahrheit« ... 692
Der wahre Gläubige ... 692

A. Valentin und der Valentinianismus ... 692
1. Fragmente Valentins ... 693
a) Clemens von Alexandria ... 693
b) Hippolyt von Rom ... 694
2. Der Valentinianismus ... 694
a) Ptolemäus ... 695
Irenäus über Ptolemäus ... 695
Brief des Ptolemäus an Flora ... 696
b) Markos, der Magier ... 697
Irenäus über den Magier Markos ... 697
Der »homerische Helm des Hades« ... 698
Die Zahlensymbolik des Markos Magos ... 699
c) Herakleon ... 701
Der Logos als Schöpfer ... 702
Interpretation des Herakleon von Joh 1,26 f ... 703
Interpretation des Herakleon von Joh 1,29 ... 703
Das Reich des Demiurgen (Joh 4,46–53) ... 703
3. Texte aus Nag Hammadi ... 705
a) Tractatus Tripartitus ... 705
Über den Vater ... 705
Über den Logos ... 705
Über die geistige Gattung ... 706
Über die Erlösung ... 707
b) Das Evangelium nach Philippus ... 707
Heiden sterben nicht ... 708
Die Erlösung durch den Christus ... 708
Texte zu verschiedenen Themen ... 708
Die zwei Bäume des Paradieses und ihre Folgen ... 709
Salbung ist besser als Taufe ... 710
Der Unfall der Schöpfung, der Blutkelch und das lebendige Wasser ... 710
Die Erkenntnis der Wahrheit macht frei ... 710
Befreiung von unfreiwilliger und freiwilliger Sklaverei ... 710
Jünger Gottes teilen jedem die richtige Speise zu ... 711
Die Beschneidung als Vernichtung des Fleisches ... 711
c) Valentinianische Abhandlung ... 711
Anhang: Liturgische Stücke – B. Lehrstück zur Ersten Taufe ... 711

B. Sethianismus 712
1. Irenäus 712
Jaldabaoth hält sich für den einzigen Gott 712
Die Prounikos 713
2. »Sethianische« Texte aus Nag Hammadi 714
a) Das Apokryphon des Johannes 715
Der Sohn: Zeugung, liturgischer Dienst und Salbung 715
Jaldabaoth vergewaltigt Eva und zeugt Jave (Kain) und Eloim (Abel) 716
b) Die Hypostase der Archonten 717
Sophias eigenmächtiges Werk 717
Samaels Hochmut und Fall 717
c) Das heilige Buch des großen unsichtbaren Geistes (»Das ägyptische Evangelium«) 718
Die vier Erleuchter 718
Seth und sein Same 718
Seths Sendung 719
Abfassungsnotiz 719
d) Die Apokalypse des Adam 720
Die Nachkommen Seths werden gerettet 720
Die Nachkommen Seths haben die »Erkenntnis« 720
e) Zostrianus 721
Sethianisches »Vaterunser« 721
f) Allogenes 721
Das Dreikräftige und die Seinsklassen 721
Belehrung über den Unerkennbaren 721
3. Das Judasevangelium 722
a) Irenäus über das Judasevangelium 722
b) Aus dem Judasevangelium 722
Vorspruch und Einleitung 723
Erster Tag 723
Zweiter Tag 724
Ein weiterer Tag 724
Jesus lehrt Judas über die Schöpfung 725

C. Mani und Manichäismus 726
1. Kölner Mani-Kodex 726
Baraies der Lehrer 726
2. Kephalaia 728
Die früheren Religionsstifter: Jesus, Zarathustra, Buddha 728
Über das Kommen des Apostels 729

D. Mandäische Texte 732
Der Lichtkönig 732
Welt der Lichtwesen 733
Das höchste Wesen 733

1. Schöpfung 734
Dualistische Kosmogonievorstellung 734
Die Wortschöpfung Ptahils 736
2. Finsterniswelt 736
Der Finsterniskönig 736
Die Finsternis und ihr Untergang 737
3. Soteriologie 738
Der Gesandte des Lichts 739
Die aufsteigende Seele am Wachthaus der Verfluchten 742
4. Kult 743
Aufforderung zu Taufe und Mahl des Sündenerlasses 743
Taufformel 743
5. Mahnung 743
Verhalten der Erleuchteten in der Welt 743

E. Corpus Hermeticum 744
Hermes Trismegistos: Poimandres 744
Allein in Gott ist das Gute, sonst aber nirgendwo 745
Geheimes Gespräch des Hermes Trismegistos mit seinem Sohn Tat in der Wüste: Über die Wiedergeburt und die Aufforderung zum Schweigen 746

F. Jesus in gnostischen Texten 748
1. Das Evangelium nach Thomas 748
2. Die Apokalypse des Petrus 751
3. Melchisedek 752
4. Die dreigestaltige Protennoia 753
5. Das Evangelium nach Maria 755
Abschließende Anordnungen Jesu 755
Jesu Weggang und Marias Trost 755
Maria übermittelt Worte Jesu 755
Gespräche unter den Jüngerinnen und Jüngern und Abschluss 756

Literaturverzeichnis 757
Verlagsnachweise 777
Abbildungsnachweise 787
Stellenregister 789
Namens- und Sachregister 808

Kapitel I: Historische Entwicklungen

Einführung

Die Eroberungszüge Alexanders des Großen beendeten die Herrschaft der Perser und der letzten Pharaonen und öffneten die exotische Welt des Orients von Ägypten über Syrien, Mesopotamien, das Kaukasusgebiet, Zentralasien bis an die Grenze Indiens für westliche Einflüsse. Neben den neuen, nach dem Tode Alexanders etablierten griechischstämmigen Dynastien der Ptolemäer als Nachfolger einheimischer ägyptischer Potentaten und der Seleukiden, die weite Teile des ehemaligen Perserreiches übernahmen, orientierten sich auch indigene Herrscher wie in Baktrien, Nordwestindien, Arabien, Nordafrika und nicht zuletzt Judäa in unterschiedlicher Weise an westlicher, griechischer Kultur und verbanden sie in geschickter Weise mit einheimischen Traditionen. Handel und Verkehr sorgten dafür, dass griechisches Gedankengut in noch nicht gekannter Weise mobil wurde und in Dialog mit fremden Regionen treten konnte. Zugleich ermöglichten es dieselben Handelsverbindungen, dass östliche Kultureinflüsse, Kunst, Religion und nicht zuletzt die sie tragenden Menschen im Westen heimisch wurden und die griechische Kultur veränderten. Das antike Judentum und frühe Christentum entwickelten sich somit in einer Welt großer intellektueller Mobilität, in der eine Vielzahl von Kulturen miteinander in Kontakt und Konflikt lag.

Die folgenden Texte im ersten Teil A geben Einblick in die historischen Rahmenbedingungen dieser Entwicklung, wollen und können aber nicht in Konkurrenz treten mit bewährten Quellensammlungen zur antiken Geschichte oder deren Einzelaspekten. Die hier präsentierten Texte gehen kurz ein auf die legendäre Figur Alexanders, die Diadochen und die Herrschaft der ersten römischen Kaiser bis Hadrian. Dabei zeigt sich nicht nur immer wieder exemplarisch, wie eng Herrschaft und Ideologie miteinander verbunden waren, deutlich werden soll insbesondere, welche Spuren einzelne Herrscher in der Geschichte und Literatur des Judentums hinterlassen haben. Es versteht sich von selbst, dass bei der Lektüre der hier im Kapitel »Geschichte« versammelten Quellen ebenso die Einleitungen und Texte zur »Gesellschaft« (Kapitel II) hinzugezogen werden müssen wie auch solche, die der Praktikabilität halber dem Bereich »Philosophie« (Kapitel III) oder »Religion« zugeschlagen wurden (Kapitel IV und V).

Naturgemäß bildet die Geschichte des palästinischen Judentums, das in ganz unterschiedlicher Weise immer wieder mit dem Schicksal und der Politik Roms verbunden war, einen eigenen Schwerpunkt in der vorliegenden Sammlung (Teil B 1). Der Frage, wie antike Autoren ihren Lesern bestimmte Regionen Palästinas präsentiert haben, folgt ein Durchgang durch wichtige Epochen des palästinischen Judentums: die sogenannte »Verfolgung« unter Antiochus IV. Epiphanes, die Makkabäerzeit, die herodianische Dynastie, das Zeitalter der

Prokuratoren und den ersten Aufstand des palästinischen Judentums gegen Rom. Die Quellen zur Entstehung und zum Leben in der Diaspora (Teil B 2) dokumentieren die Dynamik, aber auch die kulturellen und rechtlichen Schwierigkeiten, unter denen sich das Judentum in der mediterranen Welt versucht hat zu inkulturieren. Quellen zu den Verhältnissen nach der Katastrophe von 70 n. Chr. dokumentieren deren Verarbeitung durch die neue Dynastie der Flavier sowie den Weg zum zweiten blutigen Aufstand (Teil B 3).

Weiterführende Literatur

Barclay, J., Jews in the Mediterranean Diaspora. From Alexander to Trajan (323 B.C.E.–117 C.E.), Edinburgh 1996.
Goodman, M., Rome and Jerusalem. The Clash of Ancient Civilizations, London 2007.
Haag, E., Das hellenistische Zeitalter. Israel und die Bibel im 4. bis 1. Jahrhundert v. Chr., Stuttgart 2003 (BE 9).
Noethlichs, K. L., Das Judentum und der römische Staat. Minderheitenpolitik im antiken Rom, Darmstadt 1996.
Stegemann, W., Jesus und seine Zeit, Stuttgart 2010 (BE 10).

A. Die Geschichte des hellenistisch-römischen Zeitalters von Alexander dem Großen bis zu Hadrian

1. Alexander der Große und seine unmittelbaren Nachfolger

Die Legende vom Besuch Alexanders in Jerusalem

[329] Als er [*scil.* der Hohepriester Jaddus] nun erfuhr, dass Alexander nicht mehr weit von der Stadt entfernt sei, zog er mit den Priestern und der Menge der Bürger hinaus vor die Stadt und bis zu einem Ort namens Safin, um ihm einen feierlichem Empfang zu bereiten, der sich von allen anderen Völkern unterscheidet. Dieser Name bedeutet auf Griechisch so viel wie »Warte«, denn von dort aus kann man Jerusalem und den Tempel überblicken. [330] Die Phönikier und Chaldäer, die dem König folgten, dachten bei sich, dass er ihnen in seinem Zorn nun erlauben würde, die Stadt zu plündern und den Hohepriester elendiglich umzubringen. Doch es geschah das gerade Gegenteil. [331] Als nämlich Alexander noch aus der Ferne die Menge in ihren weißen Kleidern erblickte, die Priester in ihren Byssusgewändern und den Hohepriester im Gewand aus Hyazinth und Gold, dem Kopfbund und der goldenen Brustplatte, auf welcher der Name Gottes eingraviert war, ging er ihnen allein entgegen, warf sich vor dem Namen in den Staub und begrüßte den Hohepriester zuerst. [332] Als die Juden Alexander wie aus einem Munde begrüßten und ihn umringten, gerieten die Könige von Syrien und die übrigen in Erstaunen und glaubten, der König sei seiner Sinne nicht mehr mächtig. [333] Allein Parmenion schritt auf Alexander zu und fragte ihn, weshalb er sich vor dem Hohepriester der Juden in den Staub

Alexander der Große – Person und Mythos

Alexander III., der später den Beinamen »der Große« erhielt, war zunächst König von Makedonien, eines relativ unbedeutenden Kleinstaates auf der Balkanhalbinsel. Ihm gelang es jedoch alsbald die Grenzen des Reiches seines Vaters durch den sogenannten Alexanderzug bis weit in den Osten auszudehnen. Er gelangte dabei bis an den indischen Subkontinent. Die Öffnung des Ostens war ein Novum in der Antike und trug wesentlich zu Alexanders legendärem Ruf bei. Noch nie zuvor war jemand so weit in den Orient vorgedrungen.

Alexander löste nicht nur das Achämenidenreich ab. Der persische Satrap Mazaeus, der sich nach Babylon zurückgezogen hatte, übergab die Stadt an Alexander, der sich zum »König von Asien« ausrufen ließ. Alexander stieß auch das Tor nach Ägypten auf, ließ sich in das Orakel des Ammon in der Oase Siwa einweihen und wurde zu einem Modell für die kulturelle Symbiose zwischen orientalischen und griechisch-westlichen Kulturelementen. Wo immer Alexander auftauchte, entstanden Städte mit seinem Namen, die bedeutendste davon war Alexandria in Ägypten.

Der Persienfeldzug führte ihn auf dem Weg nach Ägypten auch durch Palästina. Nach Josephus (Jüdische Altertümer 11,317–345) besuchte Alexander dabei Jerusalem und gewährte den Juden allerlei Privilegien gegenüber den Samaritanern, da er ihrem Gott alles zu verdanken hätte. Aufgrund ihrer antisamaritanischen Tendenz wird die Historizität der Stelle jedoch gemeinhin angezweifelt.

Alexander hatte wohl kaum Interesse am palästinischen Hinterland jenseits der Küstenebene, die Passage spricht eher für den Wunsch jüdischer Kreise, ebenfalls teilhaben zu können am Glanz des legendären Makedonen (vgl. auch die Häufigkeit des Namens Alexander bei antiken Juden, bYoma 69 a).

Eine negative Darstellung Alexanders findet sich demgegenüber im jüdischen dritten Buch der sibyllinischen Orakel (Sibyllinische Weissagungen 3,389–414). Das Orakel geht eventuell auf ein älteres paganes, anti-hellenistisches Orakel zurück, das von einem jüdischen Sammler adaptiert wurde.

Nach der Eroberung des gesamten Perserreichs fasste Alexander im Jahr 326 v. Chr. den Entschluss, sein Reich noch weiter nach

1 Alexander im Schlachtgetümmel, Detail der sogenannten »Alexanderschlacht«.

Osten auszudehnen. Indien, das neue Ziel, war für die Griechen ein halblegendäres Land, über das sie kaum etwas wussten. Kurz vor der Überquerung des Hyphasis (heute Beas) meuterte das demoralisierte Heer Alexanders jedoch und zwang ihn zur Umkehr. Alexander kehrte schließlich nach Babylonien zurück – während er einen Feldzug nach Arabien vorbereitete, angeblich weil die Araber ihn nicht als Gott anerkannten (Aristobulus bei Strabon 16,1,11.) – wo er durch eine Krankheit im Jahr 323 starb.

Da Alexander keinen legitimen Thronfolger hatte, wurde sein gigantisches Reich zum Zankapfel seiner Feldherren und Nachfolger (den Diadochen). Im Verlauf der Diadochenkriege kam es zur Aufteilung des Reichs und zur Gründung der Diadochenreiche: dem der Antigoniden in Makedonien, dem der Seleukiden in Vorderasien und dem der Ptolemäer in Ägypten.

Aufgrund seiner militärischen Erfolge wurde das Leben Alexanders des Großen (Ἀλέξανδρος ὁ Μέγας) zu einem beliebten Motiv in der Literatur und Kunst, wohingegen seine Beurteilung – vor allem die seiner Motive für den Eroberungszug und der Nachhaltigkeit seiner Eroberungen – in der modernen Forschung – und bereits in der Antike – umstritten ist. Mit seinem Regierungsantritt im Jahr 336 v. Chr. wird der Beginn des Hellenismus verbunden.

Die Aufzeichnungen über Alexander, die im Original verlorenen Ἀλεξάνδρου πράξεις (»Die Taten Alexanders«), stammen hauptsächlich von dessen Hofhistoriker Kallisthenes und reichen bis zum Jahr 330 v. Chr. Er schildert die Märsche und Siege Alexanders und feierte ihn mit homerischen Anklängen als Heros und – nach dem Zug zu Ammon – als Sohn des Zeus-Ammon. Alle weiteren Berichte und Biografien (z. B. des Plutarch, Curtius Rufus oder Arrianos) sind keine Primärquellen. Bis ins Mittelalter kursierten angebliche Alexanderbiographien, die seine Taten roman- und märchenhaft verherrlichen. Als historische Quelle sind sie jedoch von geringem Wert. Diese Texte werden unter dem Begriff »Alexanderroman« zusammengefasst.

Weiterführende Literatur

Barceló, P., Alexander der Große, Darmstadt 2007.

Demandt, A., Alexander der Große. Leben und Legende, München 2009.

Engels, J., Philipp II. und Alexander der Große, Darmstadt 2006.

Gehrke, H.-J., Geschichte des Hellenismus, 4. Aufl. München 2008.

Döpp, S., Alexander in spätlateinischer Literatur, Göttinger Forum für Altertumswissenschaft 2 (1999), 193–216.

Nagel, T., Alexander der Große in der frühislamischen Volksliteratur, Walldorf 1978.

werfe, wenn doch alle anderen Menschen sich vor ihm in den Staub werfen. Er erwiderte: »Nicht vor ihm habe ich mich niedergeworfen, sondern vor dem Gott, für den er die Ehre hat als Priester zu dienen. [334] Denn er war es, den ich im Traum gesehen habe in dem Gewand, das er nun trägt, als ich in Dion in Makedonien war. Und als ich mit mir selbst in Gedanken war, wie ich die Macht über Asia gewinnen könne, drängte er mich nicht zu warten, sondern mutig hinüber zu schreiten, denn er selbst würde mein Heer führen und das Reich der Perser in meine Gewalt geben. [335] Da ich noch keinen anderen Menschen in einem solchen Gewand gesehen habe, erinnerte ich mich bei seinem Anblick sogleich an den Traum und seine Aufforderung, und ich glaube jetzt, dass ich meinen Kriegszug auf Gottes Geheiß unternehme und daher den Darius besiegen, die Macht der Perser vernichten und alle meine Absichten verwirklichen werde.« [336] Als er dies zu Parmenion gesagt hatte, reichte er dem Hohepriester die rechte Hand und betrat die Stadt, wobei die Juden neben ihm her liefen. Dann

stieg er zum Tempel hinauf, opferte Gott nach des Hohepriesters Anweisung und erwies diesem wie den Priestern die höchsten Ehrenbezeugungen. [337] Als man ihm nun das Buch Daniel zeigte, in dem vorausgesagt war, dass ein Grieche das Reich der Perser zerstören werde, glaubte er, dass er selbst der Angedeutete sei, und entließ voll Freude das Volk für den Moment. Am folgenden Tag aber rief er sie wieder zusammen und befahl ihnen, so viele Geschenke zu verlangen, wie sie wollten. [338] Als nun der Hohepriester darum bat, nach den väterlichen Gesetzen leben zu dürfen, in jedem siebenten Jahre von den Abgaben befreit zu sein, gewährte er dies alles. Und als man ihn weiter bat, er möge auch den Juden in Babylon und Medien gestatten, nach ihrem Gesetze zu leben, bewilligte er das ebenfalls. [339] Dann erklärte er der Menge, wenn welche von ihnen mit ihm zu Felde ziehen wollten und dabei ihren väterlichen Gebräuchen treu bleiben und danach leben wollten, so sei er bereit, sie zu nehmen. Viele traten voll Begeisterung seinem Heer bei.
Josephus, Jüdische Altertümer 11,329–339 (EÜ nach Marcus, LCL 326, S. 472–479).

Ein Orakel gegen Alexander

Aber Makedonien wird schweres Leid gebären für Asien,
für Europa aber wird als größter Schmerz emporsprießen ein falscher Abkömmling
aus dem Geschlecht der Kroniden, von einer Sklavenlinie.
Jener wird sogar Babylon erbauen, die feste Stadt,
und sie, die allen Landes, das die Sonne beschaut,
Herrin genannt wurde, wird durch schlimme Verblendung zugrundegehen,
wobei sie kein Gesetz für die viel herumgetriebenen Spätgeborenen hat.
Es wird einstmals auch unversehens auf den fruchtbaren Boden Asiens kommen
ein Mann, der auf seinen Schultern ein purpurnes Gewand trägt,
wild, fern der Gerechtigkeit, einer Flamme gleich; denn es erweckte ihn
vormals der Blitz. Doch ein übles Joch wird ganz Asien ertragen,
viel Mord(blut) wird der Boden trinken, wie vom Regen benetzt.
Aber es wird völlig verschwinden, und der Hades wird dafür sorgen.
Deren Geschlecht er selbst vernichten will,
aus deren Geschlecht wird sein Stamm vernichtet werden.
Eine einzige Wurzel gibt er, die ein Menschenverderber abhauen wird,
aus zehn Hörnern; neben dieser Pflanze wird er eine andere pflanzen.
Er wird den kriegerischen Erzeuger des purpurnen Geschlechts abhauen
und wird selbst von den Söhnen, die kriegerische Einmütigkeit zeigen,
vernichtet; und dann wird das daneben aufsprießende Horn herrschen.
Sibyllinische Weissagungen 3,381–400 (Merkel, JSHRZ 5.8, S. 1094f).

2. Die Ptolemäer und Seleukiden

Massendeportation nach Eroberung Palästinas durch Ptolemaios

[7] Ptolemaios aber nahm im Bergland Judäas und in den Orten in der Umgebung von Jerusalem, in Samarien und auf dem Garizim viele Menschen gefangen, führte sie nach Ägypten und siedelte sie dort an.
Josephus, Jüdische Altertümer 12,7 (EÜ nach Marcus, LCL 365, S. 4f).

Hymnus auf Demetrios Poliorketes

Wie sind die größten unter den Göttern und die liebsten in der Stadt gegenwärtig! Denn hierher führte Demeter und Demetrios zusammen der glückliche Augenblick. Und sie kommt, um die erhabenen Mysterien der Kore zu feiern, er aber ist heiter, wie es der Gott sein muss, schön und lachend gegenwärtig. Etwas Erhabenes bringt ihr zur Erscheinung, die Freunde alle im Kreis, in der Mitte er selbst, ähnlich als wären die Freunde die Sterne, die Sonne aber jener. O du, des stärksten Gottes Poseidon Sohn und der Aphrodite, sei gegrüßt! Andere Götter sind nämlich entweder weit entfernt oder haben keine Ohren oder existieren nicht oder achten nicht auf uns, auch nicht ein einziges Mal; dich aber sehen wir gegenwärtig anwesend, nicht aus Holz, auch nicht aus Stein, sondern echt. So beten wir denn zu dir: Zunächst schaffe Frieden, Liebster, der Herr bist ja du.
Effe, Hellenismus, S. 170–173 FGr Hist 76F13 (Görgemanns, Bd. 4).

Judenfreundliche Erlasse Antiochus III.

[137] Wir wollen aber zurückkehren zum Hauptthema unseres Berichtes und zitieren dazu zunächst die Briefe des Königs Antiochos.

[138] »König Antiochus dem Ptolemaios zum Gruß. Nachdem die Juden sofort als wir ihr Land betraten, uns gegenüber Treue bewiesen haben und uns, als wir die Stadt (*scil.* Jerusalem) besucht hatten, glänzend aufgenommen haben und uns mit ihrem Ältestenrat entgegengegangen sind und unseren Soldaten und Elefanten eine Fülle an Verpflegung zur Verfügung gestellt hatten und auch die ägyptische Besatzung der Festung Akra gemeinsam mit uns hinausgeworfen haben, [139] erachten wir es für angemessen, sie dafür zu entschädigen und ihre Stadt wiederherzustellen, die durch die Umstände des Krieges zerstört wurde, und sie wieder zu bevölkern, indem man die Zerstreuten wieder zu ihr hin zusammenführt. [140] Zuerst haben wir beschlossen, ihnen wegen ihrer Frömmigkeit eine Lieferung Opfertiere, Wein, Öl und Weihrauch im Wert von 20.000 Stück Silber für die Opfer zur Verfügung zu stellen, und heilige *artabai* von Feinmehl gemäß ihrem einheimischen Gesetz, und 1460 *medimnoi* Weizen und 375 *medimnoi* Salz. [141] Und es ist mein Wille, dass ihnen diese Dinge überbracht werden, wie ich es befohlen habe, und dass die Arbeit am Tempel vollendet wird, an den Hallen und was auch anderes gebaut werden muss. Das

Ptolemäer und Seleukiden in Palästina

Nach dem Tod Alexanders (323 v. Chr. in Babylon) zerfiel sein Reich. Da er keinen legitimen Erben hatte, traten statt der Angehörigen des bisherigen makedonischen Königsgeschlechts Alexanders Feldherren dessen Nachfolge an (daher der Name »Diadochen«). Im Laufe der folgenden Diadochenkriege 321–281 v. Chr. kam es zur Aufteilung des Reiches, wovon sich drei Teile, benannt nach ihrem jeweiligen Anführer, als beständig erweisen sollten: Das Reich der Antigoniden in Makedonien (bis 148 v. Chr.), das der Seleukiden in Vorderasien (bis 64 v. Chr.) und das der Ptolemäer in Ägypten (bis 30 v. Chr.).

Aufgrund seiner strategischen Lage zwischen Ägypten und Vorderasien/Mesopotamien blieb Palästina ständiger Zankapfel zwischen Ptolemäern und Seleukiden. Mehrmals wechselte die Region den Besitzer: 301 v. Chr. geriet Palästina durch Ptolemaios I. Soter (305–282 v. Chr.) unter ägyptische Kontrolle und blieb als Teil der Provinz Phönizien und Coele-Syrien bis 200 v. Chr. unter ptolemäischer Herrschaft, als es nach der verlorenen Schlacht am Paneion an die Seleukiden unter Antiochus III. fiel.

Unter den Ptolemäern konnte sich das Judentum zumeist unbehelligt entwickeln. In Palästina regierten die Ptolemäer durch lokale priesterliche Eliten (Tobiaden, Oniaden!) und waren an gesicherten Steuereinnahmen interessiert. Die jüdische Diaspora wuchs, in Alexandria wurden unter Ptolemaios I. die ersten jüdischen Kriegsgefangenen als Kolonisten angesiedelt, später gefolgt von jüdischen Händlern, Söldnern oder freien Siedlern. Mit den Ptolemäern hielt zum ersten Mal in breitem Maße hellenistische Kultur Einzug in Palästina: lokale Eliten adaptierten hellenistische Architektur, Lebensweise und Sprache, mehr und mehr auch imitiert von unteren Schichten. Zugleich sicherten Militärkolonien und Städtegründungen ptolemäische Präsenz in Palästina (Ptolemais/Akko, Philadelphia/Rabbat Amon, Philoteria am See Gennesaret). Intern war das Land analog zur Verwaltung in Ägypten in Distrikte bis hinunter zum kleinsten Dorf aufgeteilt. Hellenistische Wirtschaftsweise und politische Einflussnahme führten zu sozialen Spannungen, zugleich jedoch auch zum ersten Schritt einer kulturellen Integration Palästinas in die breitere Mittelmeerwelt. Die Zenon-Papyri (ca. 250 v. Chr.) gewähren wertvolle Einblicke in Verwaltung und Wirtschaft.

Im Vergleich zu den Ptolemäern scheinen die Seleukiden nach der Übernahme Palästinas eine weitaus straffere Verwaltung eingeführt zu haben. Hellenistischer Einfluss verstärkte die internen Unterschiede innerhalb der lokalen jüdischen Elite. Während jüdische Quellen Antiochus III. noch als judenfreundlich rühmen, verschlechterte sich das Verhältnis unter dessen Nachfolger Antiochus IV. Epiphanes (175–164 v. Chr.). Unter Druck durch militärische Niederlagen gegen Ptolemäer und Römer, versuchte Antiochus IV. direktere Kontrolle über Palästina zu erreichen. Er gründete eine loyale Kolonie in Jerusalem (»Antiochia-in-Hierosolyma«) und griff aktiv in die Besetzung des Hohepriesteramts ein. 169 und 168 v. Chr. wurde der Jerusalemer Tempel geplündert, judenfeindliche Maßnahmen sollten die Funktion des Jerusalemer Tempels als dem Zeus geweihtes Reichsheiligtum festigen. Das Danielbuch und die Makkabäerbücher sprechen in diesem Kontext vom »Greuelbild der Verwüstung« (Dan 9,27; 11,31; 12,11; 1Makk 1,57; 6,7). In dieser Zeit tauchten auch zum ersten Mal Vorwürfe gegen das Judentum auf, wie der des Kannibalismus oder, dass sie einen Eselskopf verehren würden. Im Jahre 166 v. Chr. brach der Makkabäeraufstand aus. Durch militärische Erfolge der Makkabäer und interne Thronwirren verloren die Seleukiden in der Folge immer mehr die Kontrolle über Palästina, bis sich die Juden im Jahr 142 v. Chr. für frei erklärten (s. Infokasten »Hasmonäer«, S. 52 f).

Weiterführende Literatur

Bringmann, K., Hellenistische Reform und Religionsverfolgung, Göttingen 1983.

Gehrke, H.-J., Geschichte des Hellenismus, 4. Aufl. München 2008.

Haag, E., Das hellenistische Zeitalter. Israel und die Bibel im 4. bis 1. Jahrhundert v. Chr., Stuttgart 2003 (BE 9).

Hengel, M., Judentum und Hellenismus. Studien zu ihrer Begegnung unter besonderer Berücksichtigung Palästinas bis zur Mitte des 2. Jh. v. Chr., 3. Aufl. Tübingen 1988 (WUNT 10).

Ders., Jerusalem als jüdische und hellenistische Stadt, in: B. Funk (Hg.), Hellenismus. Beiträge zur Erforschung von Akkulturation und politischer Ordnung in den Staaten des hellenistischen Zeitalters, Tübingen 1996, 269–306.

Bauholz soll aus Judäa selbst bereitgestellt werden und von den anderen Völkern und aus Libanon, ohne dass Zölle entrichtet werden sollen. Genauso soll mit den anderen Materialien geschehen, die nötig sind, damit die Reparatur des Tempels noch prächtiger wird. [142] Alle aus dem Volk sollen regiert werden nach den väterlichen Gesetzen, und der Ältestenrat und die Priester und die Schriftgelehrten des Heiligtums und die Tempelsänger sollen befreit sein von der Kopfsteuer, der Kranzabgabe und der Salzsteuer. [143] Damit die Stadt noch schneller wiederhergestellt wird, gewähre ich sowohl den jetzigen Bewohnern und denen, die vor dem Monat Hyperberetaios zurückkehren, Steuerbefreiung für drei Jahre. [144] Wir werden sie auch in Zukunft von einem Drittel ihrer Steuer befreien, damit ihr Nachteil ausgeglichen wird. Die aber aus der Stadt geraubt wurden und Sklaven sind, lassen wir frei zusammen mit deren Kindern und befehlen, dass ihnen ihr Besitz zurückgegeben wird.«

[145] Und aus Ehrfurcht vor dem Tempel veröffentlichte er auch einen Erlass im ganzen Königreich mit folgendem Wortlaut:

»Keinem Fremden soll es gestattet sein, in den Bezirk des Heiligtums einzutreten, der den Juden verboten ist, außer denen, denen die gewohnte Reinheit zueigen ist gemäß dem väterlichen Gesetz. [146] Und niemand soll Fleisch von Pferden, Maultieren, wilden oder zahmen Eseln, von Leoparden, Füchsen oder Hasen in die Stadt bringen. Nur die althergebrachten Opfertiere, mit denen man Gott versöhnlich stimmen muss, sollen sie verwenden dürfen. Wer auch nur gegen eine dieser Bestimmungen verstößt, soll eine Buße von dreitausend Silberdrachmen an den Priester bezahlen.«
Josephus, Jüdische Altertümer 12,137–146 (EÜ nach Marcus, LCL 365, S. 67–76).

Unterdrückung des Judentums durch Antiochus IV.

[1] Als König Antiochus, sagt Diodoros, die Stadt Jerusalem belagerte, hielten die Juden eine gewisse Zeit lang aus, aber als alle ihre Vorräte erschöpft waren, sahen sie sich gezwungen, um Waffenstillstand nachzusuchen. Nun aber riet die Mehrheit der Freunde dem König, die Stadt mit Gewalt zu nehmen und das Volk der Juden mit Stumpf und Stiel auszurotten, denn dies sei das einzige aller Völker, das Gemeinschaft mit jeglichem anderen Volk meidet und auf alle Menschen wie auf Feinde herabblickt. Sie hoben ferner hervor, dass die Vorfahren der Juden aus ganz Ägypten vertrieben worden seien wie Menschen, die gottlos seien und von den Göttern verachtet werden. [2] Denn wie bei einer Säuberung des Landes wurden alle Menschen mit weißen oder leprösen Flecken auf ihren Körpern zusammengeführt und über die Grenze hinweg getrieben, als ob sie unter einem

Fluch standen. Die Flüchtlinge nahmen das Land um Jerusalem herum in Besitz und machten, nachdem sie sich als Volk der Juden konstituiert hatten, ihrem Hass gegen das Menschengeschlecht zu einer regelrechten Tradition, und führten auf dieser Grundlage höchst fremdartige Gesetze ein: mit keinem anderen Volk Tischgemeinschaft zu pflegen noch ihnen gegenüber irgend ein Wohlwollen zu zeigen. [3] Seine Freunde erinnerten Antiochus auch an die Feindschaft, die seine Vorfahren in der Vergangenheit für dieses Volk empfanden. Als Antiochus, genannt Epiphanes, gegen die Juden vorging, war er in das innerste Heiligtum des Tempels der Gottheit vorgedrungen, wo dem Gesetz nach nur der Priester eintreten durfte. Als er dort ein steinernes Standbild eines sehr bärtigen Mannes auf einem Esel sitzend fand, ein Buch in der Hand haltend, nahm er an, es sei ein Bild des Moses, des Gründers Jerusalems und Stifter des Volkes, des Mannes darüberhinaus, der den Juden ihre menschenfeindlichen und gesetzwidrigen Sitten gegeben hatte. Und weil Epiphanes über solchen Hass gegen alle Menschheit entsetzt war, strebte er mit aller Kraft danach, diese Gesetze zu vernichten. [4] Dementsprechend opferte er vor dem Standbild des Gründers und vor dem unter freiem Himmel befindlichen Altar des Gottes eine große Sau und goss deren Blut darüber. Dann, als er das Fleisch zubereitet hatte, befahl er, dass ihre heiligen Bücher, die die fremdenfeindlichen Gesetze enthielten, mit der Brühe des Fleisches besprenkelt werden sollen; und dass die Lampe, die sie als unsterblich bezeichnen und die ununterbrochen im Tempel brennt, ausgelöscht werden soll; und dass der Hohepriester und die übrigen Juden gezwungen werden sollen, von dem Fleisch zu essen. [5] Nachdem sie all dies in Erinnerung gerufen hatten, nötigten die Freunde den Antiochus, mit diesem Volk endgültig den Garaus zu machen, oder, wenn aber nicht, zumindest ihre Gesetze abzuschaffen und sie zu zwingen, ihre Lebensweise zu ändern. Weil der König aber ein großherziger und höchst kultivierter Mensch ist, nahm er Geiseln, wies die Vorwürfe gegen die Juden aber zurück, nachdem er den fälligen Tribut eingetrieben und die Mauern Jerusalems geschleift hatte.

Diodorus Siculus, Historische Bibliothek 34–35,1,1–5 (EÜ nach Stern, Bd. 1, Nr. 63, S. 181–185).

3. Die römische Republik

Ein Orakel über Caesar

Aber wenn viele alsdann über Rom, das blühende, herrschen,
keineswegs aus Glücklichen ausgewählte Männer, vielmehr Tyrannen,
die über Tausende und Myriaden die Herrschaft erlangten,
dann werden sie der Versammlungen Herren, welche Gesetz sind,
und als gewaltige Konsuln voll Neid alle Tage gebieten.
Und als letzter von ihnen wird herrschen, der von der Zehnzahl
hat einen Namen, doch wird er zu Boden fallen, die Glieder

streckend [von feindlicher Hand getroffen im schrecklichen Kriege].
Und die Söhne von Rom selbst werden mit eigenen Händen ihn tragen,
ihn beerdigen fromm und ihm aufschütten ein Denkmal,
um seiner Freundschaft willen, die Gunst im Gedächtnis bewahrend.
Aber wenn dann endlich gefolgt den Jahren das Ende der Zeiten
und du zweimal dreihundert und zweimal zehn Jahre erfüllt hast,
seit die Herrschaft geführt dein Ahnherr, vom Tiere gesäuget,
dann wird nicht Diktator mehr sein, dem die Herrschaft bemessen,
sondern der Herrscher wird dann ein König, ein gottgleicher Mann sein.
Sibyllinische Weissagungen 11,261–276 (Gauger, S. 218f).

4. Augustus

Die Kindheit des Augustus

[1] Da wir in unserer Darstellung an diesem Punkt angelangt sind, dürfte es nicht vom Zusammenhang wegführen, hier einzuflechten, was sich am Tag vor seiner Geburt, an seinem Geburtstag und am Tag danach ereignet hat, auf Grund dessen man seine künftige Größe und sein fortwährendes Glück erhoffen und erkennen konnte.

[2] Als in Velitrae in alter Zeit in einen Teil der Stadtmauer der Blitz eingeschlagen hatte, hatte man die Antwort erhalten, einst werde sich ein Bürger dieser Stadt zum Herrn der Welt machen. Im Vertrauen auf diese Prophezeiung hatten die Bürger von Velitrae gleich damals und auch später recht häufig mit dem römischen Volk Krieg geführt, der fast bis zu ihrem Untergang gegangen war. Es musste erst viel Zeit ins Land gehen, da wurde ihnen aus den Vorgängen klar, dass jenes Zeichen von damals auf die Macht des Augustus hingewiesen hatte.

[3] Aus der Feder des Iulius Marathus stammt folgende Nachricht: wenige Monate vor seiner Geburt habe sich mitten in Rom ein Wunderzeichen ereignet, durch das kundgetan wurde, die Natur drohe, dem römischen Volk einen König hervorzubringen. Das schreckte den Senat auf, und er beschloss, dass kein Junge, der in dem betreffenden Jahr auf die Welt komme, großgezogen werden dürfe. Diejenigen, deren Frauen schwanger waren, hätten dafür gesorgt, dass der Senatsbeschluss nicht in Kraft trete; denn jeder bezog ja die Hoffnung eines solchen Sohnes auf sich.

[4] In den »Untersuchungen über Gott und göttliche Dinge« (»Theologumena«) des Asklepiades aus Mendes lese ich: Als Atia um Mitternacht zu einem feierlichen Gottesdienst des Apollo gekommen war und man ihre Sänfte im Tempel abgestellt hatte, sei sie, während die übrigen Frauen bereits schliefen, auch eingenickt. Plötzlich sei eine Schlange zu ihr gekrochen, wenig später habe diese sie wieder verlassen; aufgewacht habe sie sich gereinigt, wie wenn sie mit ihrem Mann zusammen gewesen wäre. Und im gleichen Moment habe sich auf

ihrem Körper ein Mal gezeigt, so ungefähr vom Aussehen einer Schlange, die man aufgemalt hat, und das habe sich niemals mehr entfernen lassen, so dass sie seitdem nie mehr in öffentliche Bäder gegangen sei. Augustus sei im zehnten Monat danach geboren worden und deswegen für einen Sohn des Apollo gehalten worden. Bevor sie niederkam, träumte Atia, das, was sie in sich trug, werde zu den Sternen getragen und breite sich über Himmel und Erde in ihrer ganzen Ausdehnung aus. Und auch der Vater Octavius träumte, aus Atias Schoß komme das strahlende Licht der Sonne hervor.

[5] An dem Tag, als er geboren wurde, verhandelte man im Senat über die Verschwörung des Catilina, und Octavius kam wegen der Niederkunft seiner Frau zu spät zur Sitzung; an diesem Tag ist es nun geschehen, es ist allen bekannt und jeder weiß es, dass P. Nigidius, als er den Grund für das Zuspätkommen herausbekommen und auch die Geburtsstunde in Erfahrung gebracht hatte, behauptet hat, es sei der Herr der Welt geboren. Als später Octavius durch die entlegenen Landstriche Thrakiens ein Heer führte und im Hain des Liber Pater die feierlichen Handlungen der Barbaren nach seinem Sohn befragte, wurde von den Priestern dasselbe behauptet, weil aus dem Wein, den man über die Altäre gegossen hatte, eine Flamme so hoch herausschoss, dass sie über den Giebel des Tempels bis zum Himmel hochgestiegen sei. Einzig und allein Alexander dem Großen sei genau an diesen Altären, als er ein Opfer darbrachte, ein ähnliches Wunderzeichen zuteil geworden. [6] Und auch in der unmittelbar darauf folgenden Nacht schien es ihm, als sehe er seinen Sohn in übermenschlicher Größe mit Blitz und Zepter, im Prunkgewand des Iuppiter Optimus Maximus und mit einer Strahlenkrone, oben auf einem mit Lorbeer bekränzten Wagen, den zweimal sechs strahlendweiße Pferde zogen. Als er noch ein ganz kleines Kind war, hatte ihn – das kann man noch bei C. Drusus nachlesen – seine Amme abends an einem Ort im Parterre in seine Wiege gelegt; am nächsten Morgen aber war er nicht mehr da, da hat man lange nach ihm gesucht und ihn schließlich im höchsten Zimmer eines Turmes gefunden, wo er der aufgehenden Sonne zugewandt lag.

[7] Als er zu sprechen anfing, befahl er auf dem Landgut seines Großvaters nahe der Stadt den Fröschen, die dort durch die Fügung des Schicksals Lärm machten, mit dem Gequake aufzuhören, und seitdem sollen dort die Frösche nicht mehr quaken, so heißt es. Als er beim vierten Meilenstein der Kampanischen Straße in einem Wald frühstückte, riss ihm ein Adler aus heiterem Himmel das Brot aus der Hand und glitt, nachdem er damit bis zum höchsten Punkt aufgestiegen war, sanft herab und gab es ihm wieder unversehens zurück.

[8] Q. Catulus träumte in den der Einweihung des Kapitols folgenden zwei Nächten folgendes: Iuppiter Optimus Maximus habe einen von mehreren Jungen, die um den Altar herum spielten, beiseite genommen und ihm das Siegel des römischen Staates, das er in der Hand trug, zurück in den Schoß gelegt; und in der darauf folgenden Nacht sah er denselben Jungen auf dem Schoß des Kapitolinischen Iuppiter, und als er befohlen habe, ihn herunterzuziehen, wurde er durch die Warnung des Gottes daran gehindert, mit der Feststellung, der Junge

werde zum Schutz des Staates erzogen. Und als ihm am nächsten Tag Augustus begegnet sei, habe er ihn, obwohl er ihn sonst noch nie kennengelernt hatte, ganz verwundert angeschaut und gesagt, er sehe dem Jungen wie aus dem Gesicht geschnitten ähnlich, von dem er geträumt habe. Einige erzählen den ersten der beiden Träume des Catulus anders, nämlich in folgender Version: Iuppiter habe, als mehrere Jungen von ihm einen Vormund verlangten, auf einen von ihnen gezeigt, dem sie alle ihre Wünsche vortragen sollten, und er habe seine Finger geküsst, diesen Kuss habe Iuppiter erwidert, indem er den Kuss von seinen Fingern auf den Mund nahm.

[9] Als M. Cicero einmal C. Caesar auf das Kapitol begleitete, erzählte er seinen Freunden so ganz nebenher von seinem Traum der vorausgegangenen Nacht: Ein Junge von edlem Aussehen sei an einer goldenen Kette vom Himmel herabgelassen worden, sei an der Tür des Kapitols stehen geblieben, und Iuppiter habe ihm eine Geißel übergeben. Da erblickte er plötzlich den Augustus, den die meisten bis dahin noch nicht kennengelernt hatten und den sein Onkel Caesar zum Opfer hatte hinzukommen lassen, und er versicherte, er sei der Junge, dessen Bild ihm während des Schlafes erschienen sei.
Sueton, Augustus 94,1–9 (Martinet, S. 294–301).

Octavian erhält den Namen Augustus

[32] Zu mir nahmen bittend Zuflucht die Partherkönige Tiridates und später Phraates (V.), der Sohn des Königs Phraates (IV.), die Könige der Meder Artasvasdes, von Adiabene Artaxares, von Britannien Dumnobellaunus und Ticommius, der Sugambrer Maelo, und … rus von den Macomannen, die zur suebischen Völkerfamilie gehören. Der Partherkönig Phraates (IV.), der Sohn des Orodes, hat alle seine Söhne und Enkel zu mir nach Italien geschickt, nicht weil er im Krieg überwunden worden war, sondern weil er sich um unsere Freundschaft mit dem Unterpfand seiner Kinder bewerben wollte. Auch viele andere Völker haben während meiner Regierung die Redlichkeit des römischen Volkes in Erfahrung bringen können, obwohl sie zuvor mit dem römischen Volk keinerlei Gesandtschafts- oder Freundschaftsverhältnis gepflegt hatten.

[34] In meinem sechsten und siebten Konsulat (28 und 27 v. Chr.), nachdem ich den Bürgerkriegen ein Ende gesetzt hatte, habe ich, der ich mit Zustimmung der Allgemeinheit zur höchsten Gewalt gelangt war, den Staat aus meinem Machtbereich wieder der freien Entscheidung des Senats und des römischen Volkes übertragen. Für dieses mein Verdienst wurde ich auf Senatsbeschluss »Augustus« genannt, die Türpfosten meines Hauses wurden öffentlich mit Lorbeer geschmückt, der Bürgerkranz über meinem Tor angebracht sowie ein goldener Schild in der Curia Iulia aufgehängt, den mir Senat und Volk widmeten ob meiner Tapferkeit, Milde, Gerechtigkeit und Pflichttreue, wie die auf diesem Schild angebrachte Inschrift bezeugt. Seit dieser Zeit überrage ich zwar alle an Einfluss und Ansehen, Macht aber besaß ich hinfort nicht mehr als diejenigen, die auch ich als Kollegen im Amt habe.

[35] Als ich meinen dreizehnten Konsulat bekleidete (2 v. Chr.), nannte mich der Senat, der Ritterstand und das gesamte Römische Volk einhellig »Vater des Vaterlandes«, und man beschloss eine entsprechende Inschrift im Vorraum meines Hauses anzubringen sowie in der Curia Iulia und im Augustusforum unter der Quadriga, die mir dort auf Senatsbeschluss aufgestellt worden war. Da ich dies niederschreibe, befinde ich mich in meinem sechsundsiebzigsten Lebensjahr.

1. Die Gesamtsumme des Geldes, welches er der Staatskasse, dem römischen Volk beziehungsweise den entlassenen Soldaten zuwendete, betrug sechshundert Millionen Denare.

2. An neuen Bauten ließ er errichten die Tempel des Mars, des Iuppiter Tonans und Feretrius, für Apollo, den Divus Iulius, Quirinus, Minerva, Iuno Regina, Iuppiter Libertas, für die Laren, die göttlichen Penaten, für Iuventas, die Magna Mater; das Lupercal, das Pulvinar beim Circus, die Curia mit dem Chalcidicum, das Augustusforum, die Basilika Iulia, das Marcellustheater, die Porticus Octavia und den Hain für die Caesares jenseits des Tiber.

3. Wiederhergestellt hat er das Kapitol und sakrale Bauwerke, zweiundachtzig an der Zahl, das Theater des Pompeius, Wasserleitungen und die Via Flaminia.

4. Die Aufwendungen, die er für szenische Aufführungen und Gladiatorenspiele, Athletendarbietungen, Tierhetzen und eine Seeschlacht machte, sowie die Geldbeträge, die er Städten, Gemeinden und Siedlungen gab, welche durch Erdbeben oder Brandkatastrophen vernichtet worden waren, oder die er einzeln an Freunde und Senatoren verteilte, deren Vermögen er damit wiederherstellte, sind nicht zu berechnen.

Monumentum Ancyranum 17,32.34.35 plus Zusätze 1–4 (Weber, S. 40–43).

Augusteische Restitution

[30,2] Heiligtümer, die wegen ihres Alters eingestürzt oder einem Feuer zum Opfer gefallen waren, ließ er wieder aufbauen und stattete sie wie auch die übrigen mit ansehnlichen Geschenken aus; so steuerte er für die Cella des Iuppiter Capitolinus sechzehntausend Pfund Gold, Edelsteine und Perlen im Werte von fünfhundert Millionen Sesterzen durch eine einzige Schenkung bei. [31,1] Erst nach dem Tode des Lepidus übernahm er das Amt des Pontifex Maximus; zu dessen Lebzeiten hatte er es nie übers Herz gebracht, ihm dieses Amt zu nehmen; jetzt ließ er alles, was es an Weissagebüchern gab, sowohl solche auf Griechisch als auf Latein, bei denen die Quelle überhaupt nicht bekannt oder nicht genügend sicher war, massenweise von überallher zusammentragen. Dabei kamen mehr als zwei Millionen zusammen. Er ließ sie verbrennen, lediglich die Sibyllinischen Bücher behielt er zurück, aber auch diese nur, nachdem er sie hatte ausdünnen lassen. Er bewahrte sie in zwei vergoldeten Bücherschränken unter dem Sockel des Palatinischen Apollo auf. [2] Der Göttliche Iulius hatte das Kalenderwesen in Ordnung gebracht, dann aber war man nachlässig gewesen, und so war dessen kalendarische Regelung ganz aus den Fugen geraten. Augustus brachte in

Caesars Kalender wieder das System, das sich bewährt hatte. Als er den Kalender regulierte, erhielt der Monat Sextilis seinen Beinamen; diesen Monat zog er dem September, in dem er geboren war, vor, weil er im August zum ersten Mal Konsul geworden war und bedeutende Siege errungen hatte. [3] Die Zahl und das Ansehen der Priesterstellen vergrößerte er, aber auch deren Einkünfte, insbesondere die der Vestalischen Jungfrauen. Als einmal an die Stelle einer verstorbenen eine neue Priesterin gewählt werden musste und viele Leute ihm um den Bart gingen, dass nicht ihre Töchter an der Auslosung teilzunehmen bräuchten, versprach er unter Eid, dass er, falls eine seiner Enkeltöchter das Mindestalter hätte, sie selbst dafür vorschlagen werde. [4] Auch von den alten Bräuchen belebte er den einen oder anderen wieder neu, der im Laufe der Zeit schon ganz außer Gebrauch gekommen war, wie zum Beispiel das Augurium für das Wohl des Staates, das Amt des Iuppiterpriesters, das Lupercalienfest, die Jahrhundertspiele und das Kompitalienfest. Beim Lupercalienfest verbot er jungen Männern, die noch keinen Bart hatten, am Festlauf teilzunehmen; er erließ auch ein Verbot für Jugendliche beiderlei Geschlechts, an den Hundertjahrfeiern in der Nacht ein Schauspiel zu besuchen, es sei denn, sie wären in Begleitung eines älteren Verwandten. Ferner erließ er die Verordnung, dass zweimal im Jahr an den Straßenkreuzungen die Schutzgottheiten der Verstorbenen mit Frühlings- und Sommerblumen geschmückt werden sollten.
Sueton, Augustus 30,2–31,4 (Martinet, S. 194–197).

Lob des Augustus aus jüdischem Mund

[144] Denn Inseln lagen mit Ländern des Festlandes im Kampf um die Vorherrschaft und umgekehrt, beide unter Römern als militärischen und politischen Führern, die die Angesehensten im öffentlichen Leben waren. Ein andermal wieder stritten die großen Erdteile um die Vorherrschaft im Imperium, Asien gegen Europa und Europa gegen Asien. Von den Enden der Erde erhoben sich europäische und asiatische Völker und lieferten sich schwere Kämpfe zu Lande und zu Wasser an allen Ecken der Erde und des Meeres. Und so wäre beinahe das gesamte Menschengeschlecht vernichtet im Morden gegeneinander bis zur völligen Auslöschung, wäre nicht ein Mann gewesen, ein Princeps, der Augustus, den man eigentlich »der Welt Unheilwehrer« nennen müsste. [145] Das ist der Caesar, der die von überall her heranrasenden Stürme zur Ruhe brachte, der die Krankheiten, die bei Hellenen und Barbaren verbreitet waren, heilte, die von Süden und Osten herab stiegen, sich bis zum Westen und Norden ausbreiteten und Elend über die angrenzenden Länder und Meere ausstreuten. [146] Das ist er, der die Fesseln nicht nur lockerte, sondern sprengte, die die Erde eng und drückend umschlungen hielten. Das ist er, der die offenen Überfälle und versteckten Kämpfe von Räubern beendete, das ist er, der das Meer von den Piratenschiffen säuberte und es mit Frachtschiffen füllte. [147] Das ist er, der für die Freiheit aller Städte eintrat, der Unordnung in Ordnung wandelte, der alle rauen und tierähnlichen Stämme zu zahmen und friedlichen umformte,

der Griechenland um viele Griechenländer vergrößerte, das nichtgriechische Gebiet aber in seinen wichtigsten Teilen hellenisierte, der Friedenswächter, der gerechte Verteiler der jedem zukommenden Gaben, der ohne Vorbehalt weithin Geschenke seiner Huld darbot, der nie mit guten und edlen Taten sein ganzes Leben lang geizte […]

[150] Solches bezeugen Tempel, Torbauten, Tempelvorhallen und Säulengänge. So viele Städte, ob sie neue oder alte großartige Prachtbauten enthalten, sie treten an Schönheit und Größe hinter den Tempeln für den Caesar zurück, und besonders in unserem Alexandria. [151] Denn es gibt kein solches Heiligtum wie das sogenannte *Augusteum*, ein Tempel des Caesar Epibaterios, des Schutzherrn der Matrosen, errichtet auf der höchsten Erhebung, von großer Ausdehnung und weithin sichtbar gegenüber den Buchten mit vorzüglichen Landeplätzen. Er ist wie nirgendwo sonst angefüllt mit Weihgaben, rundherum überladen mit Gemälden, Standbildern, und Gegenständen in Silber und Gold. Der heilige Bezirk umfasst ausgedehnte Hallen, Bibliotheken, Klubräume, Parks, Tempeltore und Tempelvorbauten, Höfe, freie Plätze, mit allen Dingen zu kostbarstem Schmuck ausgestattet, ein Hort der Hoffnung auf Schutz den Seefahrern aus- und einlaufender Schiffe.

[152] Obwohl man also genug Veranlassung hatte und sich mit allen Menschen darin eins wusste, änderte man dennoch nichts an den Synagogen und beachtete überall die jüdische Tradition in jeder Hinsicht. Oder übersah man irgend ein Zeichen von Ehrerbietung, die man dem Kaiser schuldete? Welcher gesund denkende Mensch wollte das behaupten? Weswegen enthielt man ihm denn diese Ehre vor? [153] Ich will es rückhaltlos sagen: Man kannte des Kaisers Fürsorge und wusste, dass er sich um die Erhaltung der alten Sitten überall genauso bemühte, wie bei denen der Römer, dass er ferner seine Ehrungen annahm, nicht um in eigener Selbstüberschätzung bei einzelnen Volksgruppen Bräuche zu zerstören, sondern nur in Verbindung mit der Größe seines überlegenen Principats, das durch solche Ansichten natürlich an Achtung gewann. [154] Der deutlichste Beweis aber dafür, dass ihm jegliche Überheblichkeit und Eitelkeit angesichts übertriebener Ehrungen abging, liegt darin, dass er es ablehnte, sich jemals als Gott ansprechen zu lassen, verärgert war, wenn man ihn so anredete, und den Juden beipflichtete, deren religiös begründete Abscheu vor solchen Versuchen er genau kannte. [155] Wie äußerte sich nun seine Anerkennung? Es war ihm wohlbekannt, dass der große Stadtteil Roms jenseits des Tiber von Juden besetzt und besiedelt war, die Mehrzahl von ihnen Freigelassene und römische Bürger. Denn als Kriegsgefangene waren sie nach Italien gebracht und von ihren Besitzern freigelassen worden, ohne sie zu zwingen, ihre überlieferten Gewohnheiten aufzugeben. [156] So war es Augustus bekannt, dass sie Synagogen besaßen und sich in ihnen versammelten, besonders am heiligen Sabbat, wenn sie öffentlich in der Philosophie ihrer Väter unterwiesen werden. Er wusste aber auch, dass sie fromme Gaben sammelten von ihren Erstlingsopfern und sie durch Leute, die die Opfer überbrachten, nach Jerusalem sandten. [157] Trotzdem vertrieb er sie nicht aus Rom und entzog ihnen nicht das rö-

mische Staatsbürgerrecht, weil sie auch ihre jüdische Nationalität hochhielten. Er traf auch keine Änderungen gegen ihre Synagogen, hinderte sie nicht, sich in ihnen zu versammeln, um ihre Gesetze auszulegen, und legte dem Einziehen ihrer Opfergaben nichts in den Weg. Vielmehr zeigte er eine solche Ehrfurcht vor unserer Lebensart, dass er sozusagen mit seiner ganzen Familie unser Heiligtum mit kostbaren Weihgeschenken ausstatten ließ. Dazu hatte er befohlen, zeitlich unbegrenzt jeden Tag fortlaufend ganze Brandopfer auf seine eigenen Kosten darzubringen, als Spende für den höchsten Gott. Sie werden noch bis heute vollzogen und in alle Zeit vollzogen werden, ein Denkmal wahrhaft kaiserlicher Haltung. [158] Darüber hinaus schloss er auch bei den monatlich in Rom stattfindenden Spendenverteilungen, bei denen jeder Angehörige der Plebs der Reihe nach Geld oder Korn erhält, die Juden niemals von dieser Vergünstigung aus. Wenn aber die Verteilung an einem bevorstehenden Sabbat geschehen sollte, wo das Verbot des Nehmens und Gebens oder überhaupt einer alltäglichen Verrichtung, besonders aber des Umgangs mit Geld, für die Juden besteht, mussten die Verteilungsbeamten bei den Juden ihren Anteil an der allgemeinen Wohltätigkeit bis zum folgenden Tage zurücklegen.

[159] Deshalb hütete sich die Allgemeinheit überall, mochte sie auch von Hause aus den Juden nicht wohlgesinnt sein, irgend eines der jüdischen Gesetze anzutasten, um es zu zerstören. So war es tatsächlich auch unter Tiberius trotz der Unruhen in Italien, als Seianus zu seinem Vorstoß ansetzte.

Philo, Gesandtschaft an Gajus 144–147 und 150f. (Cohn, Bd. 7, S. 212f und 214–216).

Kultlied zur Säkularfeier

Phöbus und du, Herrin des Walds, Diana,
Du, des Himmels leuchtende Zier, verehrt auf
Ewig, gebt uns, was wir erflehn in dieser
Heiligen Stunde,

Da, Sibyllas Spruche getreu, erkorne
Mädchen und unschuldige Knaben allen
Göttern, die da schirmen die sieben Hügel,
Singen ein Loblied.

Nährer Sol, der du mit dem Strahlenwagen
Bringst den Tag und nimmst, in dem steten Wechsel
Ewig gleich, mögst Größeres als die Stadt du
Nimmer erblicken!

Die du sanft zum Lichte die reife Frucht führst,
Ilithyia oder Lucina oder,
Wenn du also willst, Genitalis, komm und
Schirme die Mütter!

Göttin, lass uns Kinder erblühn und gib dem
Spruch der Väter über den Bund des Weibes
Froh Gedeihn und über des Kindersegens
Ehegesetze,

Dass nach elf Jahrzehnten, wenn dann der Kreis der
Zeit erfüllt, dir sicher Gesang und Spiele
Sich erneun, drei festliche Tage, gleich viel
Volkreiche Nächte.

Und ihr, wahrheitsingende Schwestern, Parzen, –
Was ihr einmal spracht und der Dinge Ausgang
Unverrückt einst zeige – verknüpft der Zukunft
Glück mit Vergangnem:

Reich an Vieh und Früchten soll Mutter Erde
Mit der Ähre kränzen der Ceres Stirne;
Jovis Luft und heilsames Nass erquicke
Nährend das Wachstum!

Mild und huldvoll lege den Bogen nieder,
Gott Apoll, und höre das Flehn der Knaben!
Luna, du, zweihörnige Sternenfürstin,
Höre die Mädchen!

Seid ihr Romas Gründer und war es Trojas
Kriegerschar, die eurem Geheiß gehorsam
Stadt und Herd einst ließ und zum Tuskerstrand fuhr
Sicheren Laufes,

Der gefahrlos mitten durch Trojas Flammen
Freien Weg der fromme Aeneas bahnte
Nach der Heimat Fall, um ihr mehr zu geben,
Als sie zurückließ:

O, so gebt, ihr Götter, gelehrger Jugend
Reinen Sinn und Ruhe dem stillen Alter,
Gebt Gedeihn und Kinder und alles Schöne
Romulus' Volke!

Und wofür euch opfert die weißen Stiere
Venus' und Anchises' erlauchter Sprößling,
Das erlang' er, Sieger dem Gegner, schonend
Gegen Besiegte;

Seinem Arm, allmächtig zu Land und Meer, und
Albas Beilen beugt sich nun scheu der Meder;
Skythen, jüngst noch trotzig, und Inder holen
Seine Bescheide;

Und schon wagt auch Frieden und Treu und Ehre
Und der Vorzeit Zucht und vergessne Tugend
Sich zurück; glückspendend erscheint mit vollem
Horne der Segen.

Der die Zukunft schaut und im Glanz des Bogens
Strahlt, der neun Camenen erkorner Liebling,
Dessen Kunst heilbringend des Leibes kranke
Glieder erleichtert,

Phöbus lässt, wenn zum Palatin er huldvoll
Niederschaut, Roms Macht und das Glück Italiens
Auf ein neu Jahrhundert von Jahr zu Jahr stets
Schöner erblühen;

Die da thront auf Algidus' Höhen
und dem Aventin, Diana, vernimmt der Fünfzehn
Flehn und leiht ein gnädiges Ohr der Kinder
Frommem Gebete.

Dass dies Jovis Wille und aller Götter,
Nehm' ich heim als frohe, gewisse Hoffnung,
Ich, Apollos Lob und Dianens kundig
Singender Festchor.
Horaz, Carmen Saeculare (Färber, S. 218–223).

Tod und Himmelfahrt des Augustus

[97,1] Auch sein Tod, über den ich im folgenden sprechen werde, und seine Aufnahme unter die Götter nach seinem Tod sind durch unverkennbare und augenscheinliche Zeichen vorher angekündigt worden. Als er auf dem Marsfeld vor dem zahlreich versammelten Volk das Reinigungsopfer verrichtete, flog ein Adler mehrmals um ihn herum, flog in den Tempel, der in der Nähe stand, und setzte sich oberhalb des Namens Agrippa in der Höhe des ersten Buchstabens. Als er das bemerkte, ließ er seinen Kollegen Tiberius die Gelübde sprechen, von denen die Sitte vorsah, dass sie für eine folgende Amtsperiode geleistet wurden. Denn Augustus weigerte sich, Gelübde, obwohl sie bereits schriftlich vor ihm lagen, zu leisten, die er nicht mehr werde einlösen können. [2] Fast zur gleichen Zeit verschwand durch einen Blitzschlag aus der Inschrift am Sockel seiner Statue der erste Buchstabe seines Namens. Er erhielt die Antwort, er habe nur noch hundert Tage zu leben, denn diese Zahl bedeutet das C, und er werde unter die Götter aufgenommen werden, weil aesar, das ist der verbliebene Teil des Namens Caesar, in der etruskischen Sprache Gott heiße.

[3] Also wollte er den Tiberius nach Illyrien entsenden und ihn bis Benevent begleiten; doch da ließen ihn die Leute, die ständig Einspruch einlegten, und die Prozessflut nicht fort; da rief er aus – dieser Ausspruch wurde später auch mit

zu den Hinweisen auf sein Ende genommen –, er werde nicht länger hiernach in Rom sein, wenn ihn auch alles zurückhalte. Und dann machte er sich auf die Reise und kam bis nach Astura; als er von dort entgegen seiner Gewohnheit bei Nacht mit dem Schiff ablegte, um den günstigen Wind zu nutzen, zog er sich einen Durchfall zu, das war der Anlass seiner Erkrankung. [98,1] Dann segelte er an den Küsten Kampaniens und der benachbarten Inseln vorbei, nahm sich sogar vier Tage Zeit, sich auf Capri von allem zurückzuziehen und ganz entspannt ohne Geschäftigkeit und bei ungetrübter Laune diese Zeit zu genießen.

[2] Als er gerade an der Bucht von Puteoli vorbeisegelte, haben ihn Passagiere und Seeleute von einem Schiff aus Alexandria, das eben erst eingelaufen war, in weißen Gewändern, mit Kränzen auf den Häuptern und Weihrauch opfernd mit Glückwünschen und besonderen Lobliedern überschüttet: durch ihn lebten sie, durch ihn führen sie zur See, durch ihn genössen sie Freiheit und Wohlstand. Diese Begegnung machte ihn in vollstem Sinne des Wortes aufgeräumt, und er verteilte an seine Begleiter vierzig Goldstücke und verlangte von jedem von ihnen Eid und Garantie, den gespendeten Betrag für nichts anderes als für den Kauf alexandrinischer Waren auszugeben. [3] Aber auch an den übrigen Tagen, die nun folgten, verteilte er neben anderen kleinen Geschenken auch Togen und Mäntel; daran war die Bedingung geknüpft, dass die Römer sich griechisch, die Griechen sich römisch kleideten und sich auch entsprechend ausdrückten. Er sah auch ständig jungen Griechen beim Training zu, die in Vereinen Mitglied waren, von denen es auf Capri bis zu seiner Zeit noch eine ganze Reihe gab, die einer alten Ordnung gemäß überlebt hatten. Er veranstaltete für sie sogar ein Festessen, bei dem er persönlich anwesend war, und erlaubte, nein er forderte es von ihnen, ganz ungebunden zu schäkern und sich um das Obst, die Zukost und was sonst noch da war von dem, was der Kaiser unter das Volk zu werfen pflegte, zu reißen. Kurzum, er ließ nichts aus, was ihn heiter stimmen konnte.

[4] Eine Insel in der Nachbarschaft von Capri nannte er Apragopolis und zwar nach dem Müßiggang einiger Leute aus seinem Gefolge, die sich dorthin zurückgezogen hatten. Aber er hatte die Angewohnheit, einen seiner Lieblinge namens Masgabas Ktistes zu rufen, so als sei er der Gründer der Insel. Als er von seinem Speisezimmer aus sah, dass das Grab dieses Masgabas, der vor einem Jahr gestorben war, von einer großen Menschenmenge mit vielen Fackeln besucht wurde, trug er folgenden Vers, den er in diesem Moment gedichtet hatte, laut vernehmlich vor:

»Des Gründers Grabmal sehe ich im Feuerschein.«

Und er wandte sich an Thrasyllos, einen Begleiter des Tiberius, der ihm gegenüberlag, und fragte ihn, der von allem nichts wusste, von welchem Dichter seiner Meinung nach der Vers stamme; der war unsicher, also ließ er noch einen Vers folgen:

»Siehst du mit Fackeln Masgaba verehrt?«

und fragte ihn auch hier nach dem Dichter. Als der nichts anderes antworten konnte, als dass die Verse, von wem sie auch immer stammten, sehr gut seien, lachte er laut auf und scherzte ganz ausgelassen. [5] Bald darauf setzte er nach

Neapel über, obwohl er damals immer noch von seinen Darmbeschwerden schwach war und es mit der Krankheit auf und ab ging. Und auch die gymnischen Spiele, die alle fünf Jahre ihm zu Ehren veranstaltet wurden, schaute er sich dennoch bis zu Ende an und begab sich mit Tiberius zu dem Ziel, das er sich gesetzt hatte. Aber auf der Rückreise verschlechterte sich sein Gesundheitszustand, und in Nola musste er sich schließlich niederlegen; Tiberius ließ er von seiner Reise zurückrufen und führte mit ihm ein Gespräch ohne Zuhörer; danach befasste er sich mit keinem wichtigeren Geschäft mehr.

[99,1] Am letzten Tag seines Lebens fragte er immer wieder, ob seinetwegen im Reich bereits Aufruhr herrsche, bat um einen Spiegel, ließ sich sein Haar kämmen und die einfallenden Wangen zurechtmachen und erkundigte sich bei den Freunden, die er zu sich vorgelassen hatte, ob sie den Eindruck hätten, er habe das Possenspiel des Lebens trefflich bis zum Ende gespielt, und fügte dann die übliche Schlussformel hinzu:

> »Wenn euch das Ganze wohl gefallen hat, so klatscht Beifall, und gebt mir alle als Freunde das Geleit.«

Dann schickte er alle fort; und während er die aus Rom Ankommenden noch nach dem Befinden der kranken Tochter des Drusus fragte, verschied er plötzlich unter den letzten Küssen Livias mit den Worten:

> »Livia, gedenke stets unseres gemeinsamen Lebens und lebe wohl!«

Er durfte einen leichten Tod sterben, so wie er ihn sich immer gewünscht hatte. [2] Denn fast immer, wenn er gehört hatte, dass jemand schnell ohne Qualen verstorben war, bat er für sich und die Seinen um eine ähnliche »Euthanasie« – denn dieses Wort verwendete auch er gewöhnlich. Er zeigte nur ein einziges Mal ein Zeichen von Geistesabwesenheit, bevor er verstarb, als er plötzlich erschreckt auffuhr und klagte, er werde von vierzig jungen Männern fortgeschleppt. Auch das war eher eine Vorahnung als ein Nachlassen seines Verstandes, weil ja genau vierzig Soldaten seiner Leibgarde seinen Leichnam hinaustrugen. [100,1] Augustus starb in demselben Zimmer, in dem sein Vater Octavius gestorben war, als die beiden Sextus, nämlich Pompeius und Appuleius, Konsuln waren, am 19. August in der neunten Stunde, fünfunddreißig Tage vor seinem sechsundsiebzigsten Geburtstag.

[2] Seinen Leichnam trugen die Stadträte der Munizipien und Koloniestädte von Nola bis Bovillae, und zwar wegen der Jahreszeit bei Nacht, während sie am Tage in der Basilika oder in dem Haupttempel der jeweiligen Stadt aufbewahrt wurde. Von Bovillae an übernahmen Angehörige des Ritterstandes die Leiche und trugen sie nach Rom und bahrten sie in der Vorhalle seines Hauses auf. Im Senat entbrannte in dem Bemühen um eine prachtvolle Ausrichtung der Beisetzungsfeierlichkeiten und darum, dem Andenken des Toten Ehre zu erweisen, ein regelrechter Wettstreit, so dass es so weit ging, dass unter vielem anderen einige Senatoren den Antrag stellten, der Leichenzug solle durch das Triumphtor ziehen, dabei solle das Bild der Siegesgöttin vorangetragen werden, das im Rathaus stehe, und Kinder beiderlei Geschlechts aus den vornehmsten Familien sollten das Trauerlied singen. Andere beantragten, am Tage des Begräbnisses solle man die

goldenen Ringe ablegen und eiserne anstecken. Einige schlugen vor, die Priester der obersten Kollegien sollten die Gebeine aufsammeln. [3] Einer empfahl, den Namen des Monats August auf den September zu übertragen, weil Augustus in diesem geboren, in jenem gestorben sei. Ein anderer war der Meinung, man solle den ganzen Zeitraum vom Tag seiner Geburt bis zu seinem Todestag das Augusteische Zeitalter nennen und es so in den Kalender aufnehmen. Den Ehrungen aber hat man das rechte Maß gesetzt und nur zwei Preisreden gehalten: die eine hielt Tiberius vor dem Tempel des göttlichen Iulius, die andere Drusus, der Sohn des Tiberius, vorn auf der alten Rednerbühne, und Senatoren trugen den Leichnam auf ihren Schultern zum Marsfeld, dort wurde er verbrannt. [4] Und da gab es auch einen Mann vom Rang eines Praetors, der schwor, dass er gesehen habe, wie das Abbild des Verbrannten in den Himmel aufgestiegen sei. Die sterblichen Überreste sammelten die vornehmsten Angehörigen des Ritterstandes in der Tunika, ohne Gürtel und barfüßig auf und setzten sie im Mausoleum bei. Diesen Bau hatte er zwischen der Via Flaminia und dem Tiberufer in seinem sechsten Konsulat errichtet und Parkanlagen und Alleen rundherum anlegen lassen; schon damals hatte er diese dem Volk zur Nutznießung freigegeben.

[101,1] Sein Testament hatte er am dritten April in dem Jahr, als L. Plancus und C. Silius Konsuln waren, also ein Jahr und vier Monate, bevor er starb, gemacht und in zwei Ausfertigungen, die zum Teil von seiner Hand, zum Teil von der Hand der Freigelassenen Polybios und Hilarion stammen, bei den Vestalischen Jungfrauen hinterlegt. Dieses Testament händigten die Priesterinnen zusammen mit drei weiteren, auf gleiche Weise gesiegelten Schriftrollen aus. Alle diese Schriftstücke wurden im Senat geöffnet und verlesen. [2] Als Haupterben setzte er Tiberius mit sieben Zwölfteln und Livia mit einem Drittel ein; er verfügte, dass beide seinen Namen tragen mussten. Als Erben zweiten Grades bestimmte er Drusus, den Sohn des Tiberius, mit einem Drittel des letzten Zwölftels, und den Rest davon erbten Germanicus und seine drei Kinder männlichen Geschlechts. Erben dritten Grades waren seine Verwandten und zahlreiche Freunde. Dem römischen Volk vermachte er vierzig Millionen Sesterzen, den Tribus dreieinhalb Millionen, den Praetorianern pro Mann tausend Sesterzen, jedem Soldaten der städtischen Kohorten fünfhundert und den Legionssoldaten pro Kopf dreihundert Sesterzen. Diese Summe – so verfügte er – musste bar ausgezahlt werden, denn er hatte sie stets in der kaiserlichen Kasse zurückgelegt und für die Barauszahlung zur Verfügung gehabt. [3] Die übrigen Legate vermachte er in unterschiedlicher Höhe, einige kamen auf zwanzigtausend Sesterze. Er setzte für ihre Auszahlung eine Frist von einem Jahr, als Entschuldigung führte er die geringe Höhe seines Vermögens an; er gestand auch frei heraus ein, dass auf seine Erben nur hundertfünfzig Millionen kämen, obwohl er doch in den vergangenen zwanzig Jahren vierzehnhundert Millionen testamentarisch von Freunden vermacht bekommen habe. Doch er habe fast die ganze Summe und dazu noch die zwei Erbschaften von Seiten seines Vaters und alle anderen Erbschaften zum Wohl des Staates aufgewendet. Seine Tochter Iulia und die gleichnamige Enkelin verbot er nach ihrem Tod in seinem Grabmal beizusetzen. [4] Von den drei

Schriftrollen erhielt die eine die Anweisungen für seine Bestattung, die zweite einen Katalog seiner Taten, dieser sollte in erzerne Tafeln eingraviert werden, die vor dem Mausoleum aufgestellt werden sollten, die dritte eine statistische Übersicht über das gesamte Reich: wie viele Soldaten überall unter Waffen standen, wieviel Geld in der öffentlichen und in der kaiserlichen Kasse war und was an Steuergeldern noch rückständig war. Hinzugesetzt hat er auch noch die Namen der Freigelassenen und Sklaven, von denen man Rechenschaft fordern könne.
Sueton, Augustus 97,1–101,4 (Martinet, S. 306–319).

Vergöttlichung des Augustus nach dem Frieden mit den Parthern

[64] So herrschte überall sicherer und beständiger Friede oder vertragliche Einigung des gesamten Menschengeschlechts, und endlich wagte es Caesar Augustus im siebenhundersten Jahr seit der Gründung der Stadt, den Ianustempel zu schließen, der zweimal vor ihm geschlossen worden war, einmal unter König Numa, ein zweites Mal, nachdem zum ersten Mal Karthago besiegt worden war. [65] Von dort wandte er sich dem Frieden zu. Er züchtigte die Generation, die sich jedem beliebigen Laster zuneigte und in Verschwendung schwamm, mit vielen schweren und strengen Gesetzen. Wegen dieser zahlreichen und bedeutenden Taten wurde er zum ewiglichen Imperator und zum Vater des Vaterlandes [*imperator perpetuus et pater patriae*] ernannt. [66] Es wurde sogar im Senat verhandelt, ob er, da er ja das Reich begründet habe, Romulus genannt werden sollte; der Titel »Augustus« schien jedoch geheiligter und ehrerbietiger, so dass ihm bereits damals, als er noch auf der Erde weilte, unter eben diesem Namen und Ehrentitel eine göttliche Herkunft zugeschrieben wurde.
Florus, Römische Geschichte 2,34,64–66 (Laser, S. 280f).

5. Tiberius

Der Charakter des Tiberius

[1] Sein Vater war Nero; beiderseits entstammte er dem claudischen Geschlecht, obwohl seine Mutter in die livische und später in die julische Familie durch Adoption übergetreten war. Seine Lebensschicksale waren von frühester Kindheit an wechselvoll; denn nachdem er seinem geächteten Vater in die Verbannung gefolgt war, musste er, seitdem er in das Haus des Augustus als Stiefsohn gekommen war, mit vielen Nebenbuhlern kämpfen, solange Marcellus und Agrippa, später die Caesaren Gaius und Lucius am Leben waren; auch sein Bruder Drusus genoss das Glück größerer Beliebtheit bei den Bürgern. [2] Aber in die bedenklichste Lage geriet er, als er Iulia zur Frau erhielt, da er die Sittenlosigkeit seiner Gattin ertragen oder aber sich von ihr lossagen musste. Dann aus Rhodos zurückgekehrt, nahm er zwölf Jahre lang seinen Platz in dem kinderlosen Palast des Princeps ein und hatte anschließend die Alleinherrschaft über das römische Reich fast 23 Jahre inne. [3] Auch sein Charakter war in den

einzelnen Zeitabschnitten verschieden: untadelig waren Lebenswandel und Ruf, solange er Privatmann oder in einer Stellung als Befehlshaber unter Augustus war; undurchschaubar und verschlagen zeigte er sich in der Vorspiegelung von Tugenden, solange Germanicus und Drusus noch lebten; ebenso vereinigten sich Gutes und Böses zu Lebzeiten seiner Mutter in ihm; abscheulich durch seine Grausamkeit, wusste er doch seine Ausschweifungen zu verstecken, solange er Seianus liebte oder fürchtete: zuletzt stürzte er sich zugleich in Bluttaten und Lasterhaftigkeit, seitdem er Schamgefühl und Furcht beiseite geschoben hatte und nur mehr seiner angeborenen Natur folgte.
Tacitus, Annalen 6,51,1–3 (Heller, S. 448–551).

Die harte Religionspolitik des Tiberius

[36] Auswärtige Religionen, die ägyptischen und jüdischen Riten unterdrückte er. Er zwang die unbeugsamen Anhänger solcher Afterreligionen, ihre religiösen Gewänder und alle Opfergerätschaften zu verbrennen. Die jüdische Jugend stationierte er unter dem Vorwand, dass sie beim Militär Dienst zu tun hätte, in Provinzen mit recht ungesundem Klima. Den Rest eben dieses Volkes und solche Leute, die ähnlichen Riten anhingen, wies er aus der Stadt, wobei er ihnen ewig dauernde Knechtschaft androhte, wenn sie ihm nicht gehorchten. Auch die Astrologen jagte er aus der Stadt, doch wenn sie ihn inständig anflehten und versprachen, dieser Kunst den Rücken zu kehren, hatte er Nachsicht mit ihnen.
Sueton, Tiberius 36 (Martinet, S. 376–379).

Senatsbeschluss gegen Juden

[4] Man verhandelte auch über die Beseitigung der ägyptischen und jüdischen Kulte, und es erging ein Senatsbeschluss, dass 4000 Freigelassene, die von diesem Aberglauben angesteckt waren, soweit sie dem Alter nach tauglich waren, auf die Insel Sardinien verbracht werden sollten, um dort dem Räuberunwesen Einhalt zu tun – und falls sie durch das ungesunde Klima zugrunde gingen, seien sie ein geringer Verlust; die übrigen sollten Italien verlassen, wenn sie nicht bis zu einem bestimmten Termin ihren gottlosen Bräuchen entsagt hätten.
Tacitus, Annalen 2,85,4 (Heller, S. 201).

6. Gaius Caligula

Die Selbstvergöttlichung Caligulas

[74] So hatte er [*scil.* Gaius Caligula] also die drei genannten Kraftproben hinter sich gebracht, mit Vertretern aus den drei wichtigsten gesellschaftlichen Gliederungen, zwei von ihnen aus seiner Vaterstadt, nämlich aus dem Senatoren- und dem Ritterstand, dem dritten aus seiner eigenen Verwandtschaft. Daher dachte er, jetzt, da er Herr über die Stärksten und Mächtigsten geworden sei,

habe er allen anderen grausigste Furcht eingeflößt, [75] mit dem Mord an Silanus den Senatoren – stand er doch keinem im Senat im Range nach –, mit dem Mord an Macro den Rittern – denn der war eine Art Chorführer unter ihnen geworden und stand auf den höchsten Stufen von Ehre und Ansehen –, mir dem Mord aber an seinem Vetter und Mitthronerben allen seinen Blutsverwandten. Da hielt er es nicht länger für angemessen, in den Grenzen menschlicher Natur zu bleiben, sondern überschritt sie und verlangte, man müsse ihn für einen Gott halten. [76] Und am Anfang dieser Wahnvorstellung soll er folgende Gedankengänge gebraucht haben: Die Herdenführer vierbeiniger Lebewesen, Rinder-, Ziegen- und Schafhirten, sind weder Rinder, noch Ziegen, noch Schafe, sondern Menschen, vom Schicksal ausgestattet mit höherer Bestimmung und Anlage. Genauso muss man auch bei mir als dem Herdenführer der bedeutendsten Herde, der des Menschengeschlechts, im Unterschied zu dieser mein Wesen für nicht menschenartig halten, vielmehr im Besitz einer höheren, göttlichen Bestimmung sehen. [77] Solche verschrobene Ansicht hatte der Narr tief seinem Denken eingeprägt und trug in sich eine dem Mythos entstammende phantastische Vorstellung, als wäre sie die unumstößliche Wahrheit. Und sobald er erst Mut bekam und es wagte, seine gottfernste Vergottung der Masse vorzutragen, versuchte er sich auch an den daraus folgenden und dem angemessenen Handlungen und schritt wie auf einer Treppe allmählich nach oben voran. [78] Zuerst begann er sich mit den sogenannten Halbgöttern zu vergleichen, dem Dionysos, dem Herakles und den Dioskuren, und machte sich über den Trophonios, Amphiaraos, Amphilochos und ähnliche Gestalten mitsamt ihren Orakeln und Kulten lustig, wenn er sie mit seiner eigenen Kraft verglich. [79] Darauf wechselte er wie im Theater immer wieder sein Kostüm. Einmal erschien er mit Löwenfell und Keule, beides vergoldet, wenn er sich als Herakles, ein andermal eine Filzkappe auf dem Kopf, wenn er sich wie die Dioskuren verkleidete. Manchmal putzte er sich auch mit Efeu, Thyrsosstab und Pantherfell in einen Dionysos aus. [80] Damit wollte er den Unterschied zu den Halbgöttern ausdrücken, der darin lag: Jeder von ihnen hatte seine eigenen Ehrungen und keinen Anspruch auf die der übrigen. Er selbst aber wollte sich die Ehrungen aller zusammen, ja mehr noch, deren Träger selbst mit eifersüchtiger Gier aneignen. Dabei verwandelte er sich nicht in einen der dreileibigen Geryones, um mit der Häufung seiner Leiber die Betrachter irre zu führen, sondern, was am widersinnigsten war, er verwandelte und veränderte seines Einzelleibes Beschaffenheit in vielerlei Gestalten nach Art des ägyptischen Proteus, wie ihn Homer eingeführt hat, in seinen Verwandlungen jeder Art in die Elemente und in die Tiere und Pflanzen, die den Elementen entsprießen. [81] Wozu jedoch hattest Du äußerliche Kennzeichen nötig, mit denen man gewöhnlich die Bilder der genannten Gottheiten ausstaffiert? Du hättest ihren Verdiensten nacheifern sollen. Herakles nahm härteste, für alle Menschen hilfreiche Kämpfe auf sich und säuberte Land und Meer, um die schädlichen und zerstörerischen Wesen in jedem von beiden Elementen zu vernichten. [82] Dionysos züchtete den Weinstock und gewann ein Getränk aus ihm, das Köstlichste und zugleich das Wohltuendste für Seele und Leib. Der

Seele gibt es Frohsinn, lässt sie die Sorgen vergessen und auf Gutes hoffen. Den Leib aber macht es gesünder, kräftiger und geschmeidiger. [83] Auch gibt es persönlich jedem Menschen Schwung zu Höherem, lässt vielköpfige Familien und Sippen ihr ernstes und mühevolles Dasein zur Form eines zwanglosen und heiteren Lebenswandels ändern, beschert allen Städten, hellenischen und nicht-hellenischen, eine Folge von Tafelfreuden, Lustbarkeiten, Festen und Feiern. Denn aller genannten Gaben Geber ist der Wein. [84] Weiter die Dioskuren. Von ihnen berichtet die Sage, sie hätten sich gemeinsam in die Unsterblichkeit geteilt. Denn während der eine sterblich, der andere unsterblich war, hielt der des besseren Loses Gewürdigte es nicht für anständig, selbstsüchtig zu handeln, anstatt herzliche Verbundenheit mit seinem Bruder zu zeigen. [85] Denn er stellte sich die unendliche Zeitlosigkeit vor und überlegte sich, dass er immer leben, sein Bruder aber immer sein würde und dass er mit seiner Unsterblichkeit unsterbliche Trauer um seinen Bruder empfangen würde. So brachte er einen wunderbaren Austausch großartig zustande. Er mischte sich selbst Sterblichkeit, seinem Bruder aber Unsterblichkeit bei und beseitigte die Ungleichheit, die Quelle des Unrechts, durch die Gleichheit, den Ursprung des Rechts […]

[93] Gaius' Wahnsinn, seine verrückte und abartige Sucht, nahmen solches Ausmaß an, dass er begann, sich über die Halbgötter zu erheben, noch höher zu steigen und sich an Kulte von Gottheiten heranzumachen, die man für größer und von rein göttlicher Herkunft hält, des Hermes, des Apoll und des Ares. Zuerst wollte er Hermes sein. Er bekleidete sich mit Heroldstab, Flügelschuhen und Mäntelchen und stellte grotesk Ordnung inmitten von Unordnung, Folgerichtigkeit in Verworrenheit, Vernunft in Wahnsinn zur Schau. [95] Darauf legte er, wenn er es für angebracht hielt, diese Attribute ab, verwandelte sein Äußeres und verkleidete sich in Apoll. Er umgab sein Haupt mit einer Strahlenkrone, ergriff mit der Linken Bogen und Pfeile und streckte in der Rechten die Grazien vor, als ob er guten Gaben bereitwillig darreichen und ihnen den Ehrenplatz auf der rechten Hand geben, den Strafen aber in zweiter Linie den minderwertigen Platz auf der linken Hand zuteilen müsste. [96] Und geschulte Chöre standen sofort bereit und sangen Päane auf ihn, sie hatten ihn eben noch Bakchos, Eueios und Lyaios genannt und ihn mit Hymnen verehrt, als er in die dionysische Verkleidung geschlüpft war. [97] Öfters zog er sich einen Panzer an, kam schwertumgürtet mit Helm und Schild zum Vorschein und ließ sich als Ares anrufen. Und rechts und links rückten zugleich die Anhänger des sonderbaren neuen Ares vor, ein Haufe von Mördern und Henkern, als seine Helfershelfer ihm zu Diensten, wenn er nach Mord lechzte und nach Menschenblut dürstete. [98] Die Augenzeugen solcher Auftritte waren von deren Ungereimtheit überrascht und fragten sich verwundert: »Wie kann einer, der das Gegenteil zu den Wesen tut, deren Ehren gleichwertig zu sein, er beansprucht, es für unnötig erachten, ihre edlen Eigenschaften anzunehmen, während er sich mit ihren Abzeichen in jedes verkleidet?« Und doch sind diese Anhängsel und Schmuckstücke den Bildern und Statuen von Göttern beigefügt zum symbolischen Ausdruck der Wohltaten, die die Verehrten dem Menschengeschlecht gewähren. [99] So bindet sich

Hermes Flügelschuhe unter. Zu welchem Zwecke geschieht das? Doch nur dazu, weil er als Deuter und Verkünder göttlicher Befehle, Aufgaben, die ihm seinen Namen geben, als Bote des Guten blitzschnell zu Fuß sein, ja in dringlicher Hast unverzüglich davonfliegen muss. Verkünder des Schlechten nämlich will kein Gott und auch kein vernünftiger Mensch sein. Denn gute und nützliche Nachrichten soll man schnell mitteilen, wie umgekehrt misstönende nur zögernd, falls man nicht ermächtigt ist, sie zu verheimlichen. [100] Weiter ergreift er einen Heroldstab als Zeichen gütlichen Übereinkommens. Denn Kriege lassen sich durch friedensstiftende Herolde aufschieben und beenden. Kriege aber, die gnadenlos einen Herold ausschließen, schaffen unendliche Leiden für Angreifer und Verteidiger. [101] Doch Gaius, zu welchem Nutzen ergriff er die Flügelschuhe? Wollte er, dass sich die Kunde verwünschter und grauenvoller Taten – er hätte sie verheimlichen sollen – mit Windseile überallhin tönend verbreitete? Wozu brauchte es da aber blitzschneller Fortbewegung? Ohne sich vom Platz zu rühren, ließ er unsäglich Böses wie aus unversiegenden Quellen auf alle Teile der Welt herabregnen. [102] Wozu braucht er den Heroldstab, der nie etwas Friedliches sprach oder tat, sondern jedes Haus und jede Stadt mit Bürgerkriegen erfüllte, auf griechischem und nichtgriechischem Boden? Soll er doch die Rolle eines Hermes ablegen und sich von dem unpassenden Namen feierlich lossagen, der Schwindler unter falschem Namen!

Philo, Gesandtschaft an Gajus 74–85 und 93–102 (Cohn, Bd. 7, S. 194–197 und 199–201).

Das Religionsprogramm des Caligula

[184] Kaiser Gaius forderte das Schicksal in ungeheuerlicher Weise heraus: er wollte als Gott gelten und so angeredet werden; er beraubte die Spitze des Staates ihrer besten Männer und ließ schließlich seine Gottlosigkeit auch auf Judäa übergreifen. [185] Er sandte Petronius mit einem Heer nach Jerusalem und gab den Befehl, im Tempel Standbilder von ihm aufzustellen; falls die Juden das nicht zulassen wollten, solle er alle, die Widerstand leisten, töten und das ganze übrige Volk in die Sklaverei verkaufen. [186] Gott aber blieben diese Befehle nicht gleichgültig. Petronius marschierte bereits mit drei Legionen und vielen syrischen Hilfstruppen von Antiochien gegen Judäa heran. [187] Bei den Juden schenkte der eine Teil den Kriegsgerüchten keinen Glauben, die aber doch daran glaubten, waren völlig ratlos, wie man sich verteidigen solle. Bald aber packte die Furcht das ganze Volk, als nämlich das Heer in Ptolemais anlangte […]

[192] Die Juden versammelten sich mit Weib und Kind in der Ebene von Ptolemais und baten Petronius inständig zunächst für die väterlichen Gesetze und dann erst für sich selbst. Im Blick auf ihre große Zahl und ihr Flehen gab er nach, ließ die Standbilder und die Truppen in Ptolemais zurück, [193] reiste nach Galiläa und rief das Volk und alle Vornehmen nach Tiberias zusammen. Dort stellte er ihnen die Macht Roms und die Drohungen des Kaisers vor Augen und versuchte, ihnen zu zeigen, dass ihr Begehren unsinnig sei; [194] hätten doch alle unterworfenen Völkerschaften in ihren Städten mit den anderen Götterstatuen auch

Kaiserbilder aufgestellt, sie allein leisteten dagegen Widerstand, und dies komme fast einem Aufstand gleich, der obendrein mit frevelhaftem Sinn verbunden ist.

[195] Sie trugen ihm nun das Gesetz und die von den Vätern überkommenen Sitten vor, dass es ihnen nach göttlicher Satzung verboten sei, ein Gottesbild, geschweige denn das Bild eines Menschen aufzustellen, und zwar gelte dies nicht allein im Tempel, sondern an jedem beliebigen Platz des Landes. Petronius antwortete: »Aber auch ich muss doch das Gesetz meines Herrn achten, denn wenn ich es übertrete und euch schone, habe ich mit Recht den Tod zu erwarten. Der mit euch Krieg führen wird, ist der, der mich gesandt hat, nicht ich; denn auch ich stehe, wie ihr, unter Befehl.« [196] Darauf begann die Menge zu rufen: »Wir sind bereit, für das Gesetz zu leiden.« Petronius brachte ihre Rufe zum Schweigen und fragte: »So wollt ihr also mit dem Kaiser Krieg beginnen?« [197] Die Juden gaben zur Antwort: »Wir opfern für den Kaiser und das Volk der Römer zwei Mal am Tage; will er aber darauf bestehen, die Bildsäulen aufzustellen, so muss er zuvor das ganze jüdische Volk als Opfer darbringen. Wir halten uns samt unseren Frauen und Kindern zur Niedermetzelung bereit.« [198] Darauf ergriff Petronius Staunen und Mitleid zugleich, als er die unüberbietbare Gottesfurcht der Männer und ihre todesmutige Entschlossenheit sah. Schließlich gingen sie ohne Ergebnis auseinander.

[199] Während der folgenden Tage versammelte er die Angesehenen in großer Zahl für sich, und in öffentlicher Versammlung auch das Volk. Dort gab er gute Ermahnungen und Ratschläge, mehr freilich drohte er, indem er ihnen die römische Macht, die Wutanfälle Gaius' und die eigene Zwangslage vor Augen führte. [200] Als die keinem Überredungsversuch nachgaben, und er sah, dass das Land in der Gefahr war, ohne Saat zu bleiben, denn zur Zeit der Aussaat hatte das Volk schon 50 Tage untätig bei ihm zugebracht, [201] da versammelte er sie nochmals zum Abschluss und sagte: »Die Gefahr zu tragen ist eher meiner Sache: Entweder gelingt es mir, mit Gottes Hilfe den Kaiser zu überreden, dann freue ich mich, mit euch zusammen gerettet zu werden, oder aber er gerät in Zorn, dann bin ich bereit, mein Leben für so viele Menschen hinzugeben.« Er entließ die Menge, die viele Segenswünsche für ihn hatte, übernahm sein Heer und kehrte mit ihm von Ptolemais nach Antiochien zurück. [202] Dort gab er sofort dem Kaiser Bericht über den Verlauf seiner judäischen Unternehmung und über die flehentlichen Bitten des Volkes: Wolle er nicht außer den Bewohnern auch noch das Land verlieren, so sei es notwendig, dass die Juden ihr Gesetz halten und den Befehl des Kaisers außer Acht lassen. [203] Gaius antwortete auf diesen Schreiben ziemlich ungnädig und bedrohte den Petronius mit dem Tode, weil er seine Befehle nur so zögernd ausführe. Aber der Zufall wollte es, dass die Überbringer dieses Briefes drei Monate durch Winterstürme während der Seereise aufgehalten wurden, während andere, die den Tod Gaius' meldeten, gute Fahrt hatten. So erhielt Petronius den Brief mit der Todesnachricht 27 Tage früher als das Schreiben, das die Drohungen gegen ihn enthielt.

Josephus, Jüdischer Krieg 2,184–187 und 192–203 (Michel/Bauernfeind, Bd. 1, S. 219–221).

Kaisereid auf Caligula (vgl. IV D3)

Unter Gaius Ummidius Durmius Quadratus, Statthalter des Imperator Gaius Caesar, des Siegers über die Germanen. Der Eid von Aritium. Aus freien Stücken (schwöre ich), dass ich ein Feind derjenigen sein werde, die ich als Feinde des Gaius Caesar, des Siegers über die Germanen, erkannt habe, und wenn jemand ihm oder seinem Wohlergehen Gefahr bringt oder bringen wird, so werde ich nicht ruhen, diesen mit Waffengewalt und vernichtendem Krieg zu Lande und zu Wasser zu verfolgen, bis er die (gerechte) Strafe erlitten hat; und weder mich (selbst) noch meine Kinder werde ich höher achten als sein [*scil.* Caligulas] Wohlergehen. Wenn ich wissentlich den Schwur breche oder brechen werde, sollen mich und meine Kinder Juppiter, der Beste und Größte, und der vergöttlichte Augustus sowie alle anderen unsterblichen Götter heimatlos machen und mich meiner Gesundheit und jeglichen Vermögens berauben. Am 5. Tag vor den Iden des Mai in der alten Stadt Aritium, im Konsulat(sjahr) des Cnaeus Acerronius Proculus (und) des Gaius Petronius Pontius Nigrinus [11. Mai 37], unter den (städtischen) Beamten Vegetus, Sohn des Tallicus, und des [*hier bricht die Inschrift ab*].
CIL I² 581 (Schumacher, Nr. 18, S. 88–90).

7. Claudius

Innenpolitische Maßnahmen des Claudius

[1] Folgende Laufbahnordnung für Ritter im Militärdienst schuf er: Nach einer Kohorte sollte ein Ritter eine Reiterabteilung kommandieren, danach sollte er in die Stellung eines Legionstribunen weiterrücken. Er führte neue Soldstufen ein und so etwas wie Dienst auf dem Papier, man spricht von einer Abteilung der Leute, die überzählig waren; dort taten Leute Dienst, ohne anwesend zu sein und nur dem Titel nach. In einem Beschluss des Senats ließ er sogar Soldaten verbieten, zur Begrüßung das Haus eines Senators zu betreten. Freigelassenen, die sich so verhielten, als seien sie römische Ritter, konfiszierte er ihr Vermögen, solche, die sich undankbar zeigten und über die sich ihre Patrone beklagten, erklärte er wieder zu Sklaven, und ihren Anwälten teilte er mit, er werde nicht mehr die Appellationsinstanz für sie gegen ihre eigenen Freigelassenen sein.

[2] Als gewisse Leute Sklaven, die krank und dem Ende nahe waren, auf der Insel des Äskulap aussetzten, weil es ihnen zuwider ging, diesen zu helfen, setzte er fest, dass alle, die man aussetze, freie Leute seien und nicht wieder unter die Gewalt ihres Herrn kämen, sollten sie wieder zu Kräften kommen; sollte aber einer es vorziehen, einen Sklaven zu töten als ihn auszusetzen, werde der wie ein Mörder belangt. Reisende warnte er in einem Edikt, durch die Städte Italiens anders als entweder zu Fuß oder im Tragsessel oder in der Sänfte zu reisen. In Puteoli und Ostia stationierte er je eine Kohorte, die die Aufgabe hatte, Feuersbrünste zu verhindern.

[3] Leuten vom Rechtsstand eines Ausländers verbot er, sich römische Namen, Geschlechternamen versteht sich, zuzulegen. Diejenigen, die sich das römische Bürgerrecht anmaßten, ließ er auf dem Gelände am Esquilin mit dem Beil hinrichten. Die Provinzen Achaia und Makedonien, die Tiberius in seine Verwaltung übernommen hatte, gab er an den Senat zurück. Den Lykiern nahm er wegen ihrer inneren Streitereien, die geeignet waren, den Untergang herbeizuführen, ihre Freiheit; die Rhodier erhielten ihre Freiheit zurück, weil sie ihre alten Vergehen bereuten. Den Bewohnern von Troja als den Ahnherren des römischen Volkes erließ er die Tributzahlungen für alle Zeiten; vorher hatte er einen alten Brief in griechischer Sprache vorgelesen, in welchem Senat und Volk von Rom dem König Seleukos erst dann Freundschaft und ein Bündnis versprachen, wenn er ihre Blutsverwandten in Troja von jeglichen Abgaben befreie.

[4] Die Juden, die sich von Chrestos ständig zu Unruhen anstiften ließen, vertrieb er aus Rom. Den Gesandten der Germanen erlaubte er auf der Orchestra zu sitzen; dazu hatte er sich durch ihre Unbefangenheit und ihre Beherztheit hinreißen lassen, denn als sie bemerkt hatten, dass Parther und Armenier dort saßen, wo auch die Senatoren ihre Plätze hatten, waren auch sie, obwohl sie dorthin geleitet worden waren, wo das Volk saß, einfach mir nichts dir nichts zu diesen Plätzen hingegangen. Als Erklärung sagten sie, sie stünden diesen Leuten an Tapferkeit und Rechtsstellung in nichts nach.

[5] Die religiösen Gebräuche der Druiden mit ihrem grauenvollen, barbarischen Charakter verbot er bei den Galliern ganz und gar; an ihnen teilzunehmen war zur Zeit des Augustus nur römischen Bürgern untersagt gewesen. Den Eleusinischen Mysterienkult hingegen versuchte er sogar von Attika nach Rom zu holen; auf seine Veranlassung hin sollte auch auf Sizilien der Tempel der Venus vom Eryx, der aus Altersschwäche zusammengestürzt war, aus der Kasse des römischen Volkes wieder aufgebaut werden. Mit Königen schloss er Bündnisse auf dem Forum, dabei opferte er ein Schwein und sprach die alte Gebetsformel der Fetialen. Während seiner gesamten Regierungszeit, zumindest während eines großen Teils davon, traf er solche und andere Maßnahmen weniger nach seinen persönlichen Entscheidungen als vielmehr nach dem Gutdünken seiner Frauen und Freigelassenen; er war in den meisten Fällen bei allen Gelegenheiten ein solcher Herrscher, wie er ihnen ins Konzept passte und wie sie ihn haben wollten.
Sueton, Claudius 25,1–5 (Martinet, S. 588–593).

8. Nero

Die Verfolgung der römischen Christen nach dem Brand Roms

[1] Diese fürsorglichen Vorkehrungen waren jedenfalls das Ergebnis menschlicher Planung. Dann suchte man nach Sühnemitteln für die Götter und befragte die sibyllinischen Bücher. Nach ihrer Weisung wurden Gebete an Volcanus, Ceres und Proserpina gerichtet, und Iuno wurde durch die Matronen versöhnt,

zuerst auf dem Kapitol, dann an der nächstgelegenen Stelle des Meeres: mit dem dort geschöpften Wasser besprengte man Tempel und Götterbild; auch feierten Frauen, deren Ehemänner noch lebten, Speiseopfer und nächtliche Feste. [2] Aber nicht durch menschliche Hilfeleistung, nicht durch die Spenden des Kaisers oder die Maßnahmen zur Beschwichtigung der Götter ließ sich das böse Gerücht unterdrücken, man glaubte vielmehr fest daran: befohlen worden sei der Brand. Daher schob Nero, um dem Gerede ein Ende zu machen, andere als Schuldige vor und belegte die mit den ausgesuchtesten Strafen, die, wegen ihrer Schandtaten verhasst, vom Volk Chrestianer genannt wurden. [3] Der Mann, von dem sich dieser Name herleitet, Christus, war unter der Herrschaft des Tiberius auf Veranlassung des Prokurators Pontius Pilatus hingerichtet worden; und für den Augenblick unterdrückt, brach der unheilvolle Aberglaube wieder hervor; nicht nur in Judäa, dem Ursprungsland dieses Übels, sondern auch in Rom, wo aus der ganzen Welt alle Greuel und Scheußlichkeiten zusammenströmen und gefeiert werden. [4] So verhaftete man zunächst diejenigen, die ein Geständnis ablegten, dann wurde auf ihre Anzeige hin eine ungeheuere Menge nicht so sehr des Verbrechens der Brandstiftung als einer hasserfüllten Einstellung gegenüber dem Menschengeschlecht schuldig gesprochen. Und als sie in den Tod gingen, trieb man noch seinen Spott mit ihnen in der Weise, dass sie, in die Felle wilder Tiere gehüllt, von Hunden zerfleischt umkamen oder, ans Kreuz geschlagen und zum Feuertod bestimmt, sobald sich der Tag neigte, als nächtliche Beleuchtung verbrannt wurden. [5] Seinen Park hatte Nero für dieses Schauspiel zur Verfügung gestellt und gab zugleich ein Circusspiel, bei dem er sich in der Tracht eines Wagenlenkers unters Volk mischte oder sich auf einen Rennwagen stellte. Daraus entwickelte sich Mitgefühl, wenngleich gegenüber Schuldigen, die die härtesten Strafen verdient hätten: denn man glaubte, nicht dem öffentlichen Interesse, sondern der Grausamkeit eines einzelnen würden sie geopfert.
Tacitus, Annalen 4,44,1–5 (Heller, S. 748–751).

Die Verfolgung der stadtrömischen Christen unter Nero

[1] Die Gebäude der Stadt sollten einen neuen Grundriss erhalten, hatte er sich ausgedacht, und zwar sollten vor den Miet- und Privathäusern Säulengänge gebaut werden, von deren Dächern aus Brände leichter bekämpft werden könnten. Deren Bau finanzierte er aus eigener Tasche. Er hatte sich sogar einmal überlegt, die Stadtmauern bis nach Ostia vorzubauen und das Meer von dort mit Hilfe eines Kanals in die Altstadt zu leiten.

[2] Während seiner Regierung ging man gegen vieles mit strengen Strafen und Zurechtweisungen vor, und vieles wurde neu geregelt: Aufwendungen für Luxus unterlagen restriktiven Vorschriften; öffentliche Mahlzeiten wurden zur Verteilung von Lebensmittelrationen; es erging ein Verbot, in Garküchen Gekochtes zu verkaufen, ausgenommen waren Hülsenfrüchte und Gemüse, während bis dahin Speisen aller Art angeboten wurden. Ganz schwer setzte man den Christen mit Martern zu; dieser Menschenschlag hing einem neuartigen und schädlichen

Aberglauben an. Verboten wurden auch die Belustigungen der Rennfahrer, die sich das Recht anmaßten, sich überall herumzutreiben und dabei die Leute zu hintergehen und zu bestehlen; das hatte sich so eingebürgert, weil man es hatte geschehen lassen. Pantomime und ihr Anhang wurden zur gleichen Zeit in die Verbannung geschickt.
Sueton, Nero 16,1–2 (Martinet, S. 650–653).

Die Verfolgung der Christen nach einer spätantiken Quelle

[29] Inzwischen, als die Zahl der Christen schon sehr groß war, geschah es, dass Rom von einer Feuersbrunst heimgesucht wurde. Nero stand bei Antium. Nichtsdestoweniger wandte sich in der Meinung aller der Vorwurf der Brandschatzung gegen den Kaiser, und man glaubte, dass er damit den Ruhm eines Erneuerers der Stadt erstrebt habe. Nero konnte es mit keiner Maßnahme verhindern, dass man die Feuersbrunst für von ihm befohlen hielt. Schließlich wandte er den Vorwurf gegen die Christen, und die grausamsten Verhöre wurden gegen Unschuldige durchgeführt; ja, man erdachte sogar neue Todesarten, so dass sie in die Felle wilder Tiere eingehüllt und von Bluthunden zerrissen wurden. Viele wurden ans Kreuz genagelt oder verbrannt. Eine große Zahl wurde dafür aufgespart, bei Tagesende als Fackeln während der Nacht verbrannt zu werden. Dies war der Beginn der Greuel gegen Christen. Danach wurden Gesetze zum Verbot dieser Religion erlassen, und es wurde durch Edikte öffentlich für ungesetzlich erklärt, ein Christ zu sein. Damals wurden Paulus und Petrus zum Tode verurteilt: Dem einen wurde mit dem Schwert das Haupt abgeschlagen, Petrus wurde ans Kreuz genagelt.
Sulpicius Severus, Chronik 2,29 (Barrett / Thornton, S. 17f).

Der Tod Neros

[1] Er starb in seinem zweiunddreißigsten Lebensjahr, an dem Tag, an dem er einst Octavia ermordet hatte. Und die Freude über seinen Tod war so groß, dass das Volk mit Freiheitsmützen auf dem Kopf durch die ganze Stadt lief. Und doch gab es Leute, die sein Grab noch lange Zeit mit Frühlings- und Sommerblumen schmückten und bald Statuen, die ihn im Amtsgewand darstellten, auf der Rednertribüne aufstellten, bald seine Edikte bekanntmachten, so als lebe er noch oder werde in Kürze zum großen Verderben seiner Feinde wiederkommen. [2] Als der Partherkönig Vologaeses eine Gesandtschaft an den Senat schickte, um einen Bündnisvertrag zu erneuern, äußerte er von ganzer Seele die Bitte, das Andenken Neros zu pflegen. Und überhaupt, als zwanzig Jahre später, ich war damals ein junger Mann, jemand, dessen Herkunft im Dunkeln lag, auftrat und von sich behauptete, er sei Nero, da hatte dieser Name für die Parther etwas so Einnehmendes, dass sie diesen Nero gewaltig unterstützten und ihn nur mit Mühe den Römern überstellten.
Sueton, Nero 57,1–2 (Martinet, S. 730f).

Ein angeblicher Nero tritt in Achaia und Asia auf

[8] In dieser Zeit gerieten Achaia und Asien in einen freilich unbegründeten Schrecken durch die Vermutung, dass mit Neros Kommen zu rechnen sei; es liefen nämlich verschiedenartige Gerüchte über seinen Tod um, weshalb immer mehr Leute davon fabelten und auch daran glaubten, dass er noch lebe. Auf die Schicksale und Unternehmungen der übrigen Pseudo-Neros werde ich im weiteren Verlauf meiner Darstellung zu sprechen kommen. Diesmal handelte es sich um einen Sklaven aus dem Pontus oder nach anderer Überlieferung um einen Freigelassenen aus Italien, der etwas vom Zitherspiel und Gesang verstand und dadurch, abgesehen von der Ähnlichkeit im Gesichtsausdruck, bei seinem Täuschungsmanöver leichter Glauben fand. Er wusste, Deserteure, die sich in ihrer Mittellosigkeit umhertrieben und die er durch gewaltige Versprechungen betörte, an sich zu ziehen und ging dann in See; durch schwere Stürme nach der Insel Cythnus verschlagen, brachte er auch manche der aus dem Osten auf Urlaub gehenden Soldaten auf seine Seite oder ließ sie im Fall ihrer Weigerung hinrichten, plünderte ferner Handelsleute aus und rüstete jeweils die kräftigsten unter den Sklaven mit Waffen aus [...] In der Folge griff der Schrecken noch weiter um sich; vielfach geriet man bei der häufigen Erwähnung von Neros Namen in starke Aufregung, zumal Verlangen nach einem Umsturz und Unzufriedenheit mit der augenblicklichen Lage die Leute beherrschten. Das von Tag zu Tag weiter um sich greifende Gerede löste schließlich ein Zufall in nichts auf.

[9] Galba hatte die beiden Provinzen Galatien und Pamphylien dem Calpurnius Asprenas zur Verwaltung übertragen. Als Weggeleit erhielt er aus der misenischen Flotte zwei Dreiruderer, mit denen er die Insel Cythnus anlief. Da kamen auch schon Abgeordnete, die im Namen »Neros« die Kapitäne der Dreiruderer holten. Mit absichtlich aufgesetzter Trauermiene und an die Treue »seiner einstigen Soldaten« appellierend, bat sie Pseudo-Nero, ihn nach Syrien oder Ägypten zu bringen. Schwankend oder auch aus List versicherten die Kapitäne, sie müssten sich erst mit der Mannschaft besprechen; im Fall allgemeiner Bereitschaft würden sie wiederkommen. Die ganze Geschichte wurde jedoch dem Asprenas getreulich berichtet, auf dessen Anordnung man das Schiff mit Beschlag belegte und ihn selbst, unbekümmert um die Feststellung seiner Persönlichkeit, tötete. Sein Kopf, an dem die Augen, das Haar, die wilde Miene auffielen, wurde nach Kleinasien und von da nach Rom gebracht.

Tacitus, Historien 2,8f (Borst, S. 136–139); vgl. die Parallele in Cassius Dio, Römische Geschichte 66,19,3 = Epitome des Zonaras.

Polemik gegen Nero

Beweine auch du, Korinth, das für dich (bestimmte) Verderben!
Denn wenn die drei Schwestern, die Moirai, mit gedrehten Fäden
gesponnen haben, ihn, der mit List zum Gestade des Isthmus flieht,
hoch durch die Luft herbeiführen werden, bis alle ihn sehen,
der einst den Felsen aushauen ließ mit gehärtetem Eisen,

(dann) wird er auch dein Land verderben und schlagen, wie es vorbestimmt ist.
Denn diesem hat Gott Mut gegeben, so dass er tut,
was kein früher von allen Königen (tat);
zuerst wird er mit der Sichel die Wurzeln von drei Häuptern
herausziehen und gibt sie andern zu kosten,
so dass sie essen das Fleisch der Eltern des unheiligen Königs.
Denn allen Menschen ist Mord und Schrecknis beschieden
wegen der großen Stadt und des gerechten Volkes,
das immerfort erhalten wird, das die Vorhersehung besonders beschirmte […]

In der letzten Zeit um das Ende des Mondes wird
ein die Welt durchrasender, trugvoller und von Hinterhältigkeit (bestimmter) Krieg sein.
Es wird aber von den Enden der Erde der muttermörderische Mann kommen,
flüchtig und im Geist scharfes erwägend,
welcher die ganze Erde niederwerfen und alles bezwingen wird,
und er wird in allem klüger als alle Menschen denken,
und die (Stadt), um deretwillen er zugrundeging, wird er sofort einnehmen,
und er wird viele Männer und große Tyrannen vernichten
und alle anzünden, wie es niemals ein anderer tat,
die Gefallenen wiederum wird er aus Eifer wieder aufrichten.
Es wird vom Westen her ein großer Krieg für die Menschen kommen,
Blut wird fließen vom Hügel herab bis zu den tiefen Flüssen.
Auf die Ebenen Makedoniens wird träufeln der Zorn,
bringt Hilfe dem Volke, dem König aber Verderben.
Und dann wird ein winterlicher Wind über die Erde wehen,
und die Ebene wird abermals mit schrecklichem Krieg erfüllt werden.
Denn Feuer wird aus den himmlichen Regionen auf die Menschen regnen,
Feuer und Blut, Wasser, Blitzstrahl, Dunkel, Nacht am Himmel,
und Verderben im Krieg und beim Morden Nebel.
Alle wird er zugleich vernichten, Könige und hervorragende Männer.
Und so wird dann das beklagenswerte Verderben des Krieges aufhören,
und niemand wird mehr mit Schwertern kämpfen noch mit Eisen,
noch mit Geschossen selbst, die wiederum nicht erlaubt sind.
Frieden wird das weise Volk haben, das verlassen war,
welches das Böse erprobt hatte, damit es später erfreut würde.
Sibyllinische Weissagungen 5,214–227.361–385 (Merkel, JSHRZ 5.8, S. 1124–1127.1130f).

Ein Orakel über Nero

Es wird aber auch für Solyma der schlimme Sturm des Krieges kommen
von Italien her; er wird den großen Tempel Gottes plündern,
wenn sie im Vertrauen auf die Torheit die Frömmigkeit
wegwerfen werden und schreckliche Morde vor dem Tempel vollführen.

Und dann wird von Italien ein großer König wie ein Entlaufender
fliehen über den Euphratstrom, verschwunden, verschollen,
wenn er die Schuld eines schrecklichen Mordes an der Mutter
gewagt haben wird und vieles andere, seiner bösen Hand folgend.
Viele aber werden um den Thron herum den Boden Roms mit Blut beflecken,
wenn jener geflohen ist über die Grenzen des Partherlandes.

Hellas, das dreimal unglückliche, werden die Dichter beklagen,
wenn von Italien her den Landrücken des Isthmus zerschlägt
des großen Roms großer König, der göttergleiche Mann,
den, so heißt es, Zeus selbst erzeugte und die Herrin Hera,
der mit musischem Klang honigsüße Lieder
beifallheischend vortrug, aber viele zugrunderichtete zusammen mit einer elenden Mutter.
Der furchtbare und schamlose Herrscher wird aus Babylon fliehen,
den alle Sterblichen und (besonders) die Vortrefflichen hassen.
Denn er hat viele zugrundegerichtet und Hand an den Mutterleib gelegt,
gegen seine Gattinnen gesündigt und stammte aus schändlichen Verhältnissen.
Er wird zu den Medern und zu den Königen der Perser kommen,
diese hat er zuerst gewünscht und ihnen Ruhm gebracht,
und lauert mit diesen Schurken gegen ein wahrhaftiges Volk;
er hat den gottgebauten Tempel eingenommen und die Bürger verbrannt,
die Leute, die hinaufzogen, die ich zu Recht besungen habe.
Bei seinem Erscheinen wurde die ganze Schöpfung erschüttert,
und Könige gingen zugrunde, und die, bei denen die Herrschaft blieb,
vernichteten die große Stadt und das gerechte Volk.
Sibyllinische Weissagungen 4,115–124 und 5,137–154 (Merkel, JSHRZ 5.8, S. 1113.1121 f).

9. Vespasian

Vespasian tritt das Kommando in Judäa an

[5] Im ganzen Orient war die alte, sich immer noch hartnäckig haltende Meinung verbreitet gewesen, dass man sich nach einem Schicksalsspruch von Iudäa aus zu eben dieser Zeit der Weltherrschaft bemächtigen werde. Dies war über einen römischen Kaiser geweissagt worden, wie es ja der spätere Verlauf der Ereignisse voll und ganz bestätigt hat; die Juden bezogen den Spruch jedoch auf sich und machten einen Aufstand. Sie ermordeten den Statthalter, beraubten ferner den Konsularlegaten von Syrien, als er zu Hilfe eilte, des Legionsadlers und schlugen ihn in die Flucht. Da es, um diesen Aufstand niederzuschlagen, eines größeren Heeres und eines entschlossenen Führers bedürfte, dem man gleichwohl eine so große Aufgabe voll und ganz übertragen konnte, wählte man

gerade ihn, weil ja einerseits sein energisches Auftreten erprobt war und man andererseits von ihm keineswegs etwas zu befürchten hatte, da er von niederer Herkunft und sein Name unbedeutend war. [6] Also verstärkte man die Truppen um zwei Legionen, acht Alen und zehn Kohorten und machte den ältesten Sohn zu einem der Legaten. Sobald er seine Provinz betrat, zog er die Aufmerksamkeit auch der Nachbarprovinzen auf sich, und die Disziplin im Lager wurde sofort in Ordnung gebracht; in etliche Gefechte zog er so beherzt, dass er bei der Belagerung eines Kastells von einem Stein am Knie getroffen wurde und etliche Pfeile in seinem Schild staken.
Sueton, Vespasian 4,5–6 (Martinet, S. 832f).

Herrschaftsantritt Vespasians und Befreiung des Josephus

[622] Da nun aber an allen Orten das Glück nach Vespasians Wunsch viel Boden gewann, und die Lage sich größtenteils zu seinen Gunsten entwickelte, drängte sich diesem der Gedanke auf, dass er nicht ohne göttliche Voraussicht den Oberbefehl habe gewinnen können, sondern dass eine gerechte Entscheidung des Geschicks ihm die Weltherrschaft zugewandt habe. [623] Neben anderen Vorzeichen – überall waren ihm viele zugefallen, die ihm die Führung im Staate voraus verkündigten – erinnerte er sich auch an die Worte des Josephus, der es gewagt hatte, ihn noch zu Lebzeiten Neros als Kaiser anzusprechen. [624] Er war darüber betroffen, dass dieser Mann noch als ein Gefesselter bei ihm weilte, bestellte den Mucianus nebst den anderen Offizieren und Freunden zu sich und legte ihnen zunächst das tatkräftige Handeln des Josephus dar und wie man sich seinetwegen bei der Belagerung Jotapatas hatte abmühen müssen. [625] Dann sprach er von dessen Weissagungen, die er damals selbst als bloße aus der Furcht geborene Erdichtung beargwöhnt habe, deren göttliche Herkunft nun aber von der Zeit und den Tatsachen ganz offen erwiesen worden sei. Er stellte fest: [626] »Es wäre schändlich, wenn der Mann, der mir die Kaiserwürde vorhergesagt und dabei als Organ der Stimme Gottes gesprochen hat, noch immer die Stellung eines Kriegsgefangenen einnehmen und das Los eines Gefesselten tragen müsste.« Er ließ den Josephus vor sich kommen und befahl, man solle ihn seiner Bande entledigen. [627] Während nun angesichts dieser einem Fremdstämmigen gewährten Belohnung den Offizieren lediglich der Gedanke kam, dass auch sie auf glänzende Ehrungen hoffen dürften, sagte der an der Seite des Vaters stehende Titus: [628] »Vater, die Gerechtigkeit erfordert es, dass mit den Ketten auch die Schmach von Josephus genommen wird. Er ist nämlich, wenn wir seine Fesseln nicht nur lösen, sondern zerschlagen, einem Manne gleichgestellt, der überhaupt nicht gefangen war«. So wird nämlich bei denen verfahren, die zu Unrecht in Ketten gelegt worden sind. [629] Diesem Vorschlag wurde zugestimmt, und es trat einer vor, der die Kette mit einem Beile abschlug. So erlangte nun Josephus als Lohn für seine Vorhersage den Vollbesitz der bürgerlichen Rechte und kam in den Ruf eines Mannes, der zuverlässig von der Zukunft künden konnte.
Josephus, Jüdischer Krieg 4,622–629 (Michel / Bauernfeind, Bd. 2.1, S. 99).

Rückkehr des siegreichen Vespasian nach Rom

[70] Als aber sein Nahen gemeldet und sein sanftes Wesen jedem einzelnen gegenüber von den Vorausgeeilten gerühmt wurde, da wollte ihn die übrige Bevölkerung, Frauen und Kinder, empfangen, wo er vorüber kam. [71] Die Milde seines Angesichts und sein sanfter Ausdruck begeisterten alle, an denen er vorüber kam, zu den verschiedensten Zurufen: »Wohltäter«, »Heilbringer« und »einzig würdiger Herrscher Roms«; die ganze Stadt war übrigens wie ein Tempel angefüllt mit Kränzen und Räucherwerk. [72] Nur mit Mühe konnte er in der Menge, die sich um ihn drängte, zu seinem Platz gelangen, wo er den Hausgöttern Dankopfer für seine Ankunft brachte. [73] Unterdessen hatte sich das Volk den Festgelagen zugewandt: Nach Stämmen, Geschlechtern und Nachbarschaften ließen sie sich zu dem öffentlichen Festmahl nieder, bei dem man mit Trankopfern die Götter anflehte, dass Vespasian dem römischen Reich noch eine lange Zeit erhalten und seinen Kindern und seiner ferneren Nachkommenschaft die Herrschaft unbestritten bewahrt bliebe. [74] Nach diesem begeisterten Empfang Vespasians durch die Stadt Rom nahm der Wohlstand sofort einen großen Aufschwung.
Josephus, Jüdischer Krieg 7,70–74 (Michel / Bauernfeind, Bd. 2.2, S. 88–91).

10. Titus

Orakel über Titus und die Zerstörung Jerusalems

Aber nach Syrien kommt ein Fürst aus Rom, der verbrennen
wird Jerusalems Tempel und viele Juden vernichten
und verderben das große Land mit geräumigen Straßen.
Sibyllinische Weissagungen 4,125–127 (Gauger, S. 119–121).

Titus und Königin Berenike

[1] Außer seiner Grausamkeit beargwöhnte man an ihm auch seinen Hang zur Verschwendung, weil er doch bis Mitternacht gerade mit den extravagantesten seiner Vertrauten die Trinkgelage ausdehnte. Nicht weniger wurde sein Hang zur Ausschweifung wegen ganzer Scharen von Lustknaben und Eunuchen und seiner beispiellosen Liebe zur Königin Berenike beargwöhnt, der er sogar die Heirat versprochen hatte […] Doch dieser schlechte Ruf wandte sich für ihn zum Guten […] [2] Berenike schickte er sofort aus Rom fort, unfreiwillig und auch gegen ihren Willen […]
Sueton, Titus 7,1f (Martinet, S. 872–875).

11. Domitian

Die dekadent-arrogante Herrschaft des Domitian

[12,3] Von Jugend an war Domitian keineswegs leutselig, er war sogar dreist und maßlos in Wort und Tat. Als Caenis, die Beischläferin seines Vaters, aus Istrien zurückkehrte und sie ihm wie üblich einen Kuss geben wollte, hielt er ihr nur die Hand hin. Als er sich darüber aufregte, dass selbst der Schwiegersohn seines Bruders weiß gekleidete Diener hatte, rief er aus: »Niemals frommt Vielherrschaft dem Volk.«

[13,1] Als er aber die erste Stelle im Staat erlangt hatte, hat er sich nicht zurückgehalten, im Senat immer wieder zu behaupten, er habe sowohl seinem Vater als auch seinem Bruder die Herrschaft übertragen, die beiden aber hätten sie ihm zurückgegeben, ferner bekannt zu machen, als er nach der Scheidung seine Frau wieder zurückholte, sie sei auf seinen Göttersitz zurückgerufen. Und er hörte es gern, dass man ihm im Amphitheater am Tag, an dem er eine öffentliche Speisung veranstaltete, zurief: »Unserem Herrn und unserer Herrin, Glück!« Aber als bei einem Wettstreit auf dem Kapitol alle einstimmig baten, den Palfurius Sura, der einst aus dem Senat ausgestoßen worden war, wieder aufzunehmen – er war damals im Wettstreit der Redner mit einem Siegeskranz bekränzt worden –, da fand er es nicht nötig zu antworten, nur durch den Ruf des Herolds ließ er Schweigen anordnen. [2] Er zeigte sich von gleicher Arroganz, als er eine Verfügung im Namen seiner Prokuratoren diktierte; er begann nämlich so: »Unser Herr und Gott befiehlt, dass Folgendes zu geschehen habe«. Seitdem war es üblich, dass man ihn sogar in Briefen und im Gespräch so nannte. Auf dem Kapitol durften nur goldene und silberne Statuen aufgestellt werden. Sie mussten auch ein bestimmtes Gewicht haben. Er ließ in allen Regionen der Stadt so viele riesige verdeckte Durchgänge und Triumphbögen bauen, dass man auf einem in griechischen Buchstaben geschrieben hat: »Es ist genug«. [3] Siebzehnmal war er Konsul, so oft wie keiner vor ihm. Die sieben mittleren Konsulate bekleidete er ohne Unterbrechung, alle hat er nur formell ausgeübt und keines länger als bis zum 1. Mai, die meisten nur bis zum 13. Januar. Nach zwei Triumphen nahm er den Beinamen Germanicus an und benannte die Monate September und Oktober nach seinen Namen in Germanicus und Domitianus um, weil er in dem einen die Herrschaft übernommen hatte und in dem anderen geboren war.

Sueton, Domitian 12,3–13,3 (Martinet, S. 908–913); das vorangegangene Stück zur »Judensteuer« findet sich in Kap. II, S. 209.

Die Kehrseite der Pax Romana: Calgacus klagt die Römer an

[29,3] Denn die Britannier waren durch den Ausgang der Schlacht im vorigen Jahre durchaus nicht mutlos gemacht, vielmehr sahen sie nunmehr Rache oder Versklavung vor sich; endlich hatten sie auch gelernt, gemeinsame Gefahr durch einträchtiges Zusammenhalten abzuwehren: durch Gesandtschaften und Bündnisse hatten sie die Streitkräfte aller Stämme aufgeboten. [4] Schon sah man

über dreißigtausend Bewaffnete, und noch immer strömten die gesamte junge Mannschaft und die im Alter noch frisch und jung Gebliebenen zusammen, berühmte Krieger, stolz auf ihre Auszeichnungen; da soll einer, der unter mehreren Führern durch Tapferkeit und vornehme Herkunft hervorragte, Calgacus mit Namen, vor der versammelten Menge, die den Kampf forderte, folgende Ansprache gehalten haben:

[30,1] »Sooft ich die Ursachen dieses Krieges und unsere Notlage betrachte, habe ich die sichere Zuversicht, es werde der heutige Tag und eure Einmütigkeit für ganz Britannien der Anfang der Freiheit sein; denn alle seid ihr zusammengekommen; ihr kennt nicht die Knechtschaft; kein Land mehr gibt es hinter uns, ja nicht einmal das Meer ist sicher, da uns die römische Flotte bedroht. In dieser Lage sind Kampf und Waffen, die den Tapferen ehren, auch für Feige der zuverlässigste Schutz. [2] Die früheren Kämpfe, in denen mit wechselndem Glück gegen die Römer gefochten wurde, ließen von unseres Armes Kraft noch Hilfe erhoffen; denn wir sind die Edelsten von ganz Britannien, wohnen deshalb im Innersten des Landes und haben noch keiner Sklaven Küste erblickt, und deshalb sind selbst unsere Augen von der Berührung mit der Gewaltherrschaft ungetrübt geblieben. [3] Uns, die Letzten der Erde und der Freiheit, hat die Abgeschiedenheit und der Nimbus unserer Berühmtheit bis auf den heutigen Tag geschützt: jetzt aber liegt die äußerste Grenze Britanniens offen da, und alles Unbekannte gilt als großartig; jenseits von uns gibt es kein Volk mehr, nichts als Meereswogen und Klippen, und gefährlicher als diese die Römer, deren Überheblichkeit man vergeblich durch Unterwürfigkeit und loyales Verhalten zu entgehen meint. [4] Diese Räuber der Welt durchwühlen, nachdem sich ihren Verwüstungen kein Land mehr bietet, selbst das Meer; wenn der Feind reich ist, sind sie habgierig, wenn er arm ist, ruhmsüchtig; nicht der Orient, nicht der Okzident hat sie gesättigt; als einzige von allen begehren sie Reichtum und Armut in gleicher Gier. Plündern, Morden, Rauben nennen sie mit falschem Namen Herrschaft, und wo sie eine Öde schaffen, heißen sie es Frieden.

[31,1] Kinder und Angehörige sind für jeden nach dem Willen der Natur das Teuerste; sie werden uns durch Aushebungen entrissen, um anderswo Sklavendienste zu tun; Frauen und Schwestern, auch wenn sie des Feindes Begierde entgingen, werden von solchen geschändet, die sich Freunde und Gäste nennen. Hab und Gut werden zu Steuern, der Jahresertrag der Felder zur Getreideabgabe, unsere Leiber aber und Hände beim Bau von Straßen durch Wälder und Sümpfe unter Schlägen und Beschimpfungen zerschunden. [2] Zur Knechtschaft geborene Sklaven kommen einmal zum Verkauf und werden dann von ihren Herren ernährt; Britannien kauft täglich seine Knechtschaft aufs neue und nährt sie täglich selbst. Und wie bei dem Gesinde der zuletzt Hinzugekommene der Sklaven sogar von den anderen verspottet wird, so sind auch wir in dieser alten Sklavenschaft der Welt als die Letzten und Wertlosen zur Vernichtung bestimmt; denn wir haben keine Felder, keine Bergwerke, keine Häfen, für deren Betrieb man uns erhalten müsste. [3] Zudem sind Tapferkeit und unbeugsamer Sinn der Unterworfenen bei den Herrschenden nicht erwünscht; und gerade

unsere weite Entfernung und Abgeschiedenheit ist, je nachhaltiger sie schützt, desto verdächtiger. So fasset doch endlich alle Mut, da die Hoffnung auf Gnade entschwunden ist, ihr, denen das Leben, und ihr, denen der Ruhm das teuerste ist. [4] Die Briganten haben unter Führung einer Frau die römische Bürgerkolonie niedergebrannt, das Lager erobert, und wenn sie der Erfolg nicht sorglos gemacht, hätten sie das Joch abschütteln können; wir aber sind ungeschwächt und unbezwungen und haben die Waffen ergriffen, um frei zu werden, nicht um uns reumütig zu unterwerfen. Gleich beim ersten Zusammentreffen wollen wir zeigen, was für Männer Caledonien noch für sich bereit gehalten hat.

[32,1] Oder glaubt ihr, die Römer seien im Kriege so tapfer wie im Frieden zügellos? Unsere Meinungsverschiedenheiten und ewige Zweitracht sind es, durch die sie berühmt wurden, die Schwächen ihrer Feinde legen sie als Ruhmestaten ihres Heeres aus. Dieses Heer, aus den verschiedensten Volksstämmen zusammengewürfelt, hält der Erfolg zusammen, und ebenso werden es Misserfolge zerstreuen, es sei denn, ihr seid der Meinung, dass Gallier, Germanen und – ich schäme mich, es auszusprechen – sehr viele Britannier, die fremden Herren mit ihrem Blute dienen und die doch länger ihre Feinde als ihre Sklaven waren, durch treue Zuneigung an sie gefesselt sind. [2] Furcht und Schrecken sind es, schwache Bande der Liebe; wenn man sie löst, werden die, die zu fürchten aufhörten, zu hassen anfangen. Jeglicher Ansporn zum Siege ist auf unserer Seite; die Römer aber feuert keine Gattin an, kein Vorwurf der Eltern wird den Flüchtigen treffen; sehr viele von ihnen haben kein Vaterland oder ein anderes als Italien. Gering an Zahl, furchtsam aus Unkenntnis sind sie; darin der Himmel selbst, das Meer, die Wälder, alles ist ihnen unbekannt, wohin ihr Blick sich wendet; eingeschlossen gleichsam und gefesselt haben sie die Götter in eure Hand gegeben. [3] Nicht schrecke euch der bloße Schein, nicht der Glanz des Goldes und Silbers, das nicht schützt noch verwundet. Mitten im feindlichen Heere werden wir unsere Kampfscharen finden: die Britannier werden erkennen, dass es um ihr Schicksal geht, die Gallier sich ihrer früheren Freiheit erinnern, und die anderen Germanen werden die Römer genauso im Stich lassen, wie die Usiper sie unlängst verlassen haben. Sonst gibt es nichts, was uns schrecken könnte: leer sind die Kastelle, von alten Leuten bewohnt die römischen Bürgerkolonien, schwach und voll Zwietracht die Landstädte, da in ihnen die einen widerwillig gehorchen und die anderen ungerecht herrschen. [4] Hier dagegen ist ein Feldherr, hier ein Heer; dort Steuern, Bergwerksarbeit und die anderen Bußen für Sklaven; auf diesem Schlachtfeld wird es sich entscheiden, ob wir das bis in alle Ewigkeit ertragen oder augenblicklich Rache nehmen wollen. Wenn ihr daher jetzt in die Schlacht zieht, denkt an eure Vorfahren und an eure Nachkommen.«
Tacitus, Agricola 29,3–32,4 (Till, S. 40–45).

Mordtaten Domitians

Zu dieser Zeit wurde die Straße von Sinuessa nach Puteoli mit Steinen gepflastert. Und im gleichen Jahr ließ Domitian neben vielen anderen den Konsul

Flavius Clemens hinrichten, obwohl er sein Vetter war und Flavia Domitilla, ebenfalls eine Verwandte des Kaisers, zur Frau hatte. Beiden wurde Atheismus zum Vorwurf gemacht, weshalb auch viele andere, die sich in jüdische Lebensformen hineintreiben ließen, Verurteilung erfuhren. Einige von ihnen wurden hingerichtet, andere nur ihres Vermögens beraubt; Domitilla musste lediglich in die Verbannung nach Pandataria gehen. Den Glabrio hingegen, Trajans früheren Mitkonsul, ließ er töten; gegen ihn war neben den gleichen Anschuldigungen, wie sie auch die Mehrzahl der anderen trafen, vor allem ins Feld geführt worden, dass er als Gladiator mit wilden Tieren gekämpft habe. Sein dabei bewiesener Mut hatte ihm vor allem den Groll des Kaisers eingetragen, der ihn deshalb beneidete. Domitian hatte nämlich Glabrio während dessen Konsulats auf sein Albanergut eingeladen, um den sogenannten Juvenalien beizuwohnen, und ihn bei dieser Gelegenheit genötigt, einen großen Löwen zu erlegen. Und Glabrio blieb nicht nur völlig unverletzt, sondern tötete auch noch das Tier mit einem wohlgezielten Streich.
Cassius Dio, Epitome 67,14,1–3 (Veh, Bd. 5, S. 185f).

12. Trajan

Das Ende der Diktatur des Domitian und der Aufstieg Trajans

[4,1] Nun verlangt aber ein Beschluss des Senats meinen Gehorsam, der zu Nutz und Frommen des Staates festgelegt hat, es sollten aus dem Munde des Konsuls und in der Form einer Danksagung gute Principes zu hören bekommen, was sie wirklich leisten, schlechte dagegen, was sie eigentlich leisten müssten. [2] Das bedeutet für mich in dieser Stunde eine feierliche, bindende Verpflichtung, und zwar um so mehr, als unser Vater Danksagungen einzelner Privatpersonen ausdrücklich untersagt und wohl auch gegen offizielle Danksagungen Einspruch erheben würde, falls es überhaupt für ihn in Frage käme, sein Verbot gegen einen Befehl des Senats zu setzen.

[3] Beidemal, Caesar Augustus, handelst du maßvoll-bescheiden: wenn du an anderen Orten Danksagungen nicht zulässest, hier aber sie erlaubst. Denn diese Ehre erweisest du dir nicht selbst, sondern denen, die Dank sagen. Du gibst nur ungern liebevollem Drängen nach, und Zwang besteht nicht für uns, deine Gaben zu preisen, sondern für dich, uns zuzuhören.

[4] Schon oft, Senatoren, habe ich im Stillen überdacht, von welcher Art und welcher Größe derjenige sein sollte, der durch seinen Wink und sein Geheiß über Meere und Länder, Krieg und Frieden gebietet. Indes, sooft ich mir einen Princeps auszumalen versuchte, der zu Recht über die gleiche Machtfülle verfügte wie die unsterblichen Götter, es gelang mir doch niemals, auch nur das Wunschbild eines Mannes zu entwerfen, das dem geglichen hätte, den wir hier vor uns sehen. [5] So mancher Held glänzte im Krieg, aber im Frieden verblasste sein Ruhm; umgekehrt brachte einen anderen die Toga zu Ehren, nicht aber die

Waffe des Soldaten; dieser hat sich Respekt zu verschaffen gesucht, aber durch ein Schreckensregiment, jener Zuneigung, aber durch Selbsterniedrigung; der eine hat das Ansehen, das er im Privatleben erworben hatte, als Amtsträger verspielt, der andere den Ruhm seines öffentlichen Wirkens als Privatmann untergraben. Schließlich hat es bislang noch keinen gegeben, dessen Tugenden nicht durch Verquickung mit Lastern beeinträchtigt wurden.

[6] Doch zu welch harmonischer Ergänzung sind in der Person unseres Princeps alle ruhmvollen, glorreichen Eigenschaften vereint! Sein heiterer, offener Sinn schadet nicht seinem Ernst, seine Schlichtheit nicht seiner Würde, seine Menschlichkeit nicht seiner Hoheit. [7] Dazu sein kraftvoller, hoher Wuchs, sein edles Haupt und würdevolles Antlitz, dazu die ungeminderte Vollkraft der Jahre und sein Haar, das – nicht ohne Zutun der Götter –, um den majestätischen Eindruck zu erhöhen, schon jetzt im bezeichnenden Schmuck des Alters prangt! Zeigt sich darin nicht, für alle sichtbar, der echte Princeps?

[5,1] Ja, so musste der Mann sein, der die Herrschaft auf Erden übernahm nicht durch Bürgerkriege und bewaffnete Unterdrückung des Staates, sondern im Frieden, durch Adoption und dank himmlischer Mächte, die endlich sich umstimmen ließen. [2] Oder musste etwa kein Unterschied bestehen zwischen einem Kaiser, den Menschen, und einem, den Götter erhoben hatten? Was diese Götter von dir dachten, Caesar Augustus, und wie gewogen sie dir waren, wurde gleich bei deiner Abreise zum Heer offenkundig, und zwar durch ein außergewöhnliches Zeichen.

[3] Denn bei früheren Malen hat, auf besondere Anfrage hin, entweder reichlich strömendes Opferblut oder günstiger Vogelflug den neuen Princeps verkündigt. Anders bei dir: als du der Sitte gemäß zum Kapitol emporstiegst, schlug dir das Rufen der Bürger, wenn auch ganz ohne Absicht, so entgegen, als wärest du schon der Princeps. [4] Denn dort umlagerte eine Volksmenge die Schwelle des Tempels, und als für deinen Einzug das Portal sich öffnete, da grüßten alle den Gott – so meinte man damals – mit dem Zuruf »Imperator«; doch, wie die Zukunft erwies, galt das dir. Und genauso wurde von allen das Zeichen aufgenommen. [5] Nur du selbst wolltest es nicht verstehen; du lehntest es ab, Imperator zu sein, und diese Ablehnung war ein Beweis dafür, dass du ein guter Imperator sein würdest. [6] Also musstest du genötigt werden. Nötigen konnte dich freilich nur eine Lage, in der das Vaterland in Gefahr schwebte und der Staat ins Schwanken geriet; warst du doch fest entschlossen, die Lenkung des Reiches nur dann zu übernehmen, wenn es um seine Rettung ginge. [7] Und das, so glaube ich fest, war der eigentliche Grund jener Empörung und der Erhebung in der Praetorianerkaserne: es bedurfte einer schlimmen Gewalttat und eines großen Erschreckens, um deine Bescheidenheit zu überwinden. [8] So wie nach Sturm und Unwetter heiteres Wetter und ruhige See doppelt willkommen sind, so war, meine ich, jener Aufstand dazu bestimmt, die Dankbarkeit zu erhöhen für den Frieden, den du wiederhergestellt hast.

[9] Unsere Menschennatur unterliegt dem Gesetz des Wechsels. Glück verkehrt sich in Widrigkeit, aus Widrigkeit entsteht neues Glück. In beiden Fällen

lässt ein Gott die Anfänge im Dunkeln, und sehr oft verbirgt sich das, was zum Guten oder zum Bösen führt, unter dem Anschein des Gegenteils.
Plinius (d. Jüngere), Panegyrikos 4,1–5,9 (Kühn, S. 18–23).

Verhöre gegen Christen unter Plinius in Bithynien

[96,1] Plinius an Kaiser Trajan:

Ich habe es mir zur Regel gemacht, o Herr, Dir alles vorzutragen, worüber ich im Zweifel bin. Wer könnte mir ja in meiner Unschlüssigkeit besser die Richtung weisen oder mich in meiner Unwissenheit belehren?

An Verhandlungen gegen Christen habe ich noch niemals teilgenommen. Daher weiß ich nicht Bescheid über Art und Ausmaß der üblichen Bestrafung wie auch der Untersuchung. [2] Auch bin ich über folgendes ziemlich im Zweifel: Macht das Alter einen Unterschied? Sind ganz junge Leute nicht anders zu behandeln als ältere? Erhält der Reuige Verzeihung, oder nützt es einem, der einmal Christ war, nichts, wenn er abschwört? Wird schon der Name an sich bestraft auch ohne Verbrechen, oder werden die mit dem Namen verbundenen Verbrechen bestraft? Einstweilen bin ich bei den Leuten, die mir als angebliche Christen angezeigt wurden, folgendermaßen verfahren. [3] Ich habe sie gefragt, ob sie Christen seien. Die Geständigen fragte ich unter Androhung der Todesstrafe ein zweites und ein drittes Mal. Diejenigen, die hartnäckig darauf beharrten, ließ ich zur Hinrichtung abführen. Denn darüber bestand für mich kein Zweifel: Was es auch sein mochte, das sie zu gestehen hatten – ihr Starrsinn und ihre trotzige Verstocktheit verdienten auf jeden Fall Bestrafung. [4] Es gab noch andere von ähnlichem Fanatismus, die ich, da sie römische Bürger waren, zur Überstellung nach Rom vorgemerkt habe.

Als später im Lauf der Untersuchung, wie das allgemein so ist, die Anklage immer weitere Kreise zog, ergaben sich unterschiedliche Fälle. [5] Mir wurde eine anonyme Klageschrift mit zahlreichen Namen zugestellt. Da gab es nun welche, die leugneten, Christen zu sein oder jemals gewesen zu sein. Sie riefen, meinem Beispiel folgend, die Götter an und opferten Deiner Statue, die ich mit den Götterbildern zusammen zu diesem Zweck hatte herbeibringen lassen, Weihrauch und Wein. Außerdem lästerten sie Christus, und zu all dem lassen sich, so heißt es, wahre Christen nicht zwingen. Diese Leute also glaubte ich freilassen zu müssen. [6] Andere in dieser Anzeige Genannte bezeichneten sich zunächst als Christen, dann widerriefen sie aber. Sie seien es zwar gewesen, hätten sich jedoch wieder abgewandt, einige vor drei, andere vor noch mehr Jahren, manch einer sogar vor 20 Jahren. Auch diese bezeugten alle Deiner Statue und den Götterbildern ihre Verehrung und fluchten Christus. [7] Sie versicherten aber, ihre ganze Schuld oder ihr Irrtum habe in folgendem bestanden: Gewöhnlich seien sie an einem bestimmten Tag vor Sonnenaufgang zusammengekommen und hätten Christus als ihrem Gott einen Wechselgesang gesungen. Durch einen feierlichen Eid hätten sie sich nicht etwa zu irgendeinem Verbrechen verpflichtet, sondern dazu, keinen Diebstahl, keinen Raub und keinen Ehebruch zu begehen, kein gegebenes Wort zu brechen, kein zur Verwahrung anvertrautes Gut abzuleugnen. Danach seien sie ihrer Gewohnheit gemäß auseinandergegangen und dann wieder zusammen gekommen, um Speise zu sich zu nehmen, jedoch ganz gewöhnliche und harmlose. Dies letztere aber hätten sie nicht mehr getan seit meinem Edikt, in dem ich Deinen Anordnungen zufolge Vereinigungen aller Art verboten hätte. [8] Umso notwendiger erschien es mir, von zwei Mägden, die als Diakonissen bezeichnet wurden, durch ein Geständnis auch auf der Folter die Wahrheit zu erfahren. Ich fand aber nichts anderes als einen verworrenen, maßlosen Aberglauben.

[9] Daher habe ich die Verhandlung vertagt und wende mich nun an Dich, um Deinen Rat einzuholen. Die Sache scheint mir nämlich einer Anfrage wert zu sein, vor allem wegen der Zahl der Angeklagten. Viele Menschen jeden Alters und Standes, ja beiderlei Geschlechts, sind angeklagt oder werden es noch. Nicht nur über die Städte, sondern auch über die Dörfer und das flache Land hat sich die Seuche dieses bösen Aberglaubens ausgebreitet. Sie lässt sich aber doch wohl noch eindämmen und beheben. [10] Es steht jedenfalls fest, dass man allmählich wieder die fast schon verödeten Tempel besucht und die lange unterlassenen feierlichen Opfer darbringt. Auch wird wieder Opferfleisch verkauft, für das sich bisher nur äußerst selten ein Käufer fand. Daraus lässt sich leicht ersehen, welch große Zahl von Menschen man auf den rechten Weg bringen kann, wenn man ihrer Reue stattgibt.

[97,1] Trajan an Plinius:

Bei Deinem Vorgehen gegen Personen, die Dir als Christen angezeigt worden sind, hast Du, mein lieber Secundus, den richtigen Weg eingeschlagen. Es lässt sich nämlich insgesamt überhaupt nichts festlegen, was gleichsam als Richtschnur dienen könnte. [2] Aufspüren soll man sie nicht. Wenn sie aber vor Gericht gestellt und überführt sind, dann sind sie zu bestrafen. Dabei gilt jedoch folgendes: Wer leugnet, Christ zu sein und dies durch die Tat beweist, also durch ein Opfer vor unseren Göttern, der soll aufgrund seiner Reue Verzeihung erhalten, mag sein Vorleben auch noch so verdächtig sein. Anonyme Anklageschriften aber dürfen bei keiner Straftat Berücksichtigung finden. Denn das gäbe ein äußerst schlechtes Beispiel und entspräche nicht dem Geist unseres Zeitalters.

Plinius (d. Jüngere), Briefe 10,96,1–97,2 (Giebel, S. 106–113).

13. Hadrian

Hadrians Reisetätigkeit im Osten ab 128 n. Chr.

[5] Kaum je ein Kaiser durchreiste so viele Länder mit solcher Geschwindigkeit. [6] Nachdem er schließlich aus Afrika nach Rom zurückgekehrt war, machte er sich sofort nach dem Orient auf und reiste nach Athen. Hier weihte er die öffentlichen Bauten, die er bei den Athenern begonnen hatte, wie etwa den Tempel des

Olympischen Iuppiter und einen Altar für sich selbst, genauso weihte er auch, als er auf der Reise durch Asia war, Tempel auf seinen Namen.
Scriptores Historiae Augustae, Hadrianus 13,5–6 (EÜ nach Magie, Bd. 1, S. 40–43).

Jede Provinz, die Hadrian auf seinen Reisen besuchte, ehrte den Kaiser mit Münzen, so auch Judäa. Drei Typen sind bekannt: Zwei gehören dem »Provinz-Typ« an, dessen Rückseite zwei Szenen zeigt. Einmal steht der Kaiser rechts mit zum Gruß erhobener Hand, links steht die personifizierte Provinz Judäa opfernd neben einem Altar. Zwei nackte Knaben begrüßen den Kaiser mit Palmzweigen, einer sucht Schutz unter Judäas Gewand. Aufschriften nennen Senatus Consultum und IVDAEA.

Der zweite »Provinz-Typ« zeigt den in Toga gewandeten Kaiser, wie er der knienden Judäa die Hand reicht. Auch hier grüßen nackte Knaben mit Palmzweigen.

Der dritte Typ entspricht den »Adventus-Typ«, auf dem der Kaiser eine Personifikation der Provinz begrüßt, die gerade ein Opfer darbringt. Eine Umschrift benennt das Geschehen: ADVENTVI AVGusti IVDAEAE (anlässlich der Ankunft des Erhabenen in Judäa).

Die Vorderseite aller drei Typen ist jeweils dem Porträt des Kaisers mit offizieller Titulatur vorbehalten.

2 Münze »Adventus Augusti«

Verbot der Beschneidung und Ausbruch des Aufstands

[2] In dieser Zeit begannen auch die Juden mit Krieg, weil ihnen verboten wurde ihre Genitalien zu verstümmeln. [3] Als er auf dem Mons Casius opferte, den er des Nachts bestiegen hatte, um den Sonnenaufgang zu betrachten, braute sich ein Sturm zusammen, und ein Blitz schlug herab und tötete sowohl das Opfertier als auch den Opferdiener.
Scriptores Historiae Augustae, Hadrianus 14,2–3 (EÜ nach Magie, Bd. 1, S. 42–45).

B. Die Geschichte des Judentums in hellenistisch-römischer Zeit

1. Das Judentum in Palästina

a) Beschreibungen Palästinas

Galiläa

[35] Galiläa zerfällt in zwei Teile, das sogenannte obere und untere Galiläa, es wird eingeschlossen von Phönizien und Syrien und hat nach Westen zu als Grenze die Stadt und den Bezirk Ptolemais sowie den Karmel, das Gebirge, das einst zu Galiläa gehörte, jetzt aber tyrisch ist. [36] Am Karmel liegt Gaba, die »Reiterstadt« – so nannte man sie, weil Reiter, die vom König Herodes entlassen waren, sich dort angesiedelt hatten. [37] Im Süden erstreckt sich das Gebiet von Samaria und Skythopolis bis zum Flusslauf des Jordan; nach Osten zu wird Galiläa durch die Bezirke von Hippos, Gadara und der Gaulanitis begrenzt, dort beginnt auch das Königreich Agrippas. [38] Die Nordgrenze Galiläas dagegen bilden Tyrus und das dazugehörige Gebiet. Das sogenannte Untergaliläa

Flavius Josephus

Für viele Perioden und Ereignisse der Geschichte des Judentums während des Zweiten Tempels ist Josephus die ausführlichste, ja oft einzige Quelle. Geboren im Jahr 36/37 n. Chr. als Mitglied der priesterlichen Elite von Jerusalem unter dem Namen Josef ben-Mattityahu, wurde er vom Hohen Rat als Befehlshaber nach Galiläa abkommandiert und versuchte weitgehend erfolglos den Widerstand gegen die Römer zu organisieren. Im Jahre 67 wurde er gefangen genommen, erhielt aber 69 die Freiheit, weil er Vespasian die Kaiserwürde vorausgesagt hatte. Im Jahr 71 folgte er Vespasian nach Rom, nahm den Familiennamen seines Gönners an und schrieb unter kaiserlichem Patronat zunächst zwischen 75 und 79 eine apologetisch ausgerichtete Darstellung des Jüdischen Krieges (»Bellum Iudaicum«) in aramäischer Sprache, dann auf Griechisch. Um 93/4 folgte eine breit angelegte Universalgeschichte des Judentums von der Schöpfung bis zum Jahr 66 n. Chr. (»Antiquitates Iudaicae«), wenig später seine »Vita«, in der Josephus seine Rolle im Krieg verteidigt und sich als umsichtigen Politiker präsentiert. Die Apologie »Contra Apionem« setzt sich mit antijüdischer Polemik des alexandrinischen Grammatikers Apion auseinander und gibt dabei in vielfältiger Weise Einblick in Theologie und Praxis des Judentums, deren philosophischen und moralischen Wert Josephus herausstreicht. Für seine Werke verwendet Josephus ein breites Spektrum von Quellen von der Septuginta bis zu außergriechischen Autoren. Kurz nach 100 starb er in Rom.

Weiterführende Literatur

Mason, S., Flavius Josephus und das Neue Testament, Tübingen 2000.

Vogel, M., Flavius Josephus, NTAK I/2 (2004), 90–93.

Edmondson, J. / Mason S. / Rives, J. (Hgg.), Flavius Josephus and Flavian Rome, Oxford 2005.

Rodgers, Z. (Hg.), Making History. Josephus and Historical Method, Leiden 2007 (JSJ.S 110).

Böttrich, C. / Herzer, J. / Reiprich, T. (Hgg.), Josephus und das Neue Testament. Wechselseitige Wahrnehmungen. II. Internationales Symposium zum Corpus-Judaeo-Hellenisticum 25.–28. Mai 2006, Greifswald, Tübingen 2007 (WUNT 209).

erstreckt sich der Länge nach von Tiberias bis Chabulon, das dem Küstengebiet von Ptolemais benachbart ist, [39] in seiner Breite reicht es von dem in der großen Ebene gelegenen Dorf Exaloth bis Bersabe, wo auch Obergaliläa seinen Anfang nimmt und sich bis zu dem Dorf Baka erstreckt, das an das tyrische Gebiet angrenzt. [40] In seiner Längsausdehnung reicht es von Thella, einem Dorf, das in der Nähe des Jordan liegt, bis Meroth.

[41] Obgleich diese beiden Teile im Umfang so begrenzt und von so vielen fremden Völkern umgeben sind, hatten sie doch bisher jedem Angriffsversuch widerstanden. [42] Denn die Galiläer sind von früher Jugend an kriegerisch und seit je her zahlreich; weder Feigheit bei seinen Männern noch Männermangel hatten jemals das Land bedroht. Ist es doch in seiner ganzen Ausdehnung fruchtbar und reich an Viehweiden, dazu auch mit Bäumen aller Art bepflanzt, sodass von einer Ergiebigkeit auch derjenige ermutigt wird, der sonst keine Freude an der Landarbeit findet. [43] Das ganze Land wurde darum auch von seinen Bewohnern ausnahmslos angebaut, und kein Teil liegt brach, aber auch die Städte sind zahlreich, und die Bevölkerung in den Dörfern ist wegen des fruchtbaren Bodens überall beträchtlich, sodass auch das kleinste Dorf mindestens 15 000 Einwohner hatte.

Josephus, Jüdischer Krieg 3,35–43 (Michel / Bauernfeind, Bd. 1, S. 320–321).

Jericho und das Tote Meer

[453] Jericho liegt in einer Ebene, aber am Fuß eines kahlen und unfruchtbaren Gebirgszugs von beträchtlicher Länge. Dieser erstreckt sich nach Norden hin bis in die Gegend von Skythopolis, nach Süden bis zum Lande von Sodom und den äußersten Grenzen des Asphaltsees. [454] Er ist durchweg zerrissen und unbewohnt, weil dort nichts gedeiht. Diesem Gebirgszug gegenüber liegt den Jordan entlang ein zweiter, der im Norden bei Julias beginnt und sich dann parallel zum ersten nach Süden bis Gomorra erstreckt, welches an Petra in Arabien angrenzt. Dazu gehört auch der sogenannte »Eisenberg«, der bis ins Moabiterland hineinreicht. [455] Die Landschaft zwischen den beiden Gebirgszügen heißt »die große Ebene« und erstreckt sich von dem Dorf Ginnabris bis zum Asphaltsee. [456] Ihre Länge beträgt 1200 Stadien, ihre Breite 120; sie wird in der Mitte vom Jordan durchschnitten und enthält zwei Seen von recht verschiedener Natur, den Asphaltsee und den See von Tiberias. Das Wasser des ersten ist salzig und bringt kein Leben hervor, das Wasser des Sees von Tiberias aber ist lebenfördernd. [457] Zur Sommerzeit ist diese Ebene ganz ausgebrannt und verbreitet wegen der starken Trockenheit um sich eine ungesunde Luft. [458] Denn abgesehen vom Jordan ist sie völlig wasserlos; und daher kommt es auch, dass an den Ufern die Palmenhaine üppig aufsprossen und außerordentlich reich tragen, während die weiter entfernten kümmerlicher sind.

[459] Freilich befindet sich in der Nähe von Jericho eine reichlich fließende und für die Bewässerung der Felder sehr geeignete Quelle; sie sprudelt bei der alten Stadt hervor, die Jesus, der Sohn des Nave, der Feldherr der Hebräer, als

erste unter den Städten des kanaanäischen Landes mit der Waffe in der Hand eroberte. [460] Von dieser Quelle wird erzählt, sie habe in alter Zeit nicht nur den Früchten der Erde und der Bäume, sondern auch der Leibesfrucht der Frauen Eintrag getan, sie habe überhaupt auf alle eine krankheitsfördernde und verderbenbringende Wirkung gehabt, bis sie von einem Propheten Elisa ihrer unheilvollen Kraft beraubt und in das Gegenteil, eine sehr gesunde und Leben fördernde Quelle, verwandelt wurde. Dieser, Schüler und Nachfolger des Elia, [461] war von den Einwohnern Jerichos gastlich aufgenommen und darüber hinaus außerordentlich freundlich behandelt worden; dafür vergalt er ihnen und dem ganzen Land mit einer ewig bleibenden Wohltat. [462] Er trat nämlich an die Quelle und warf in den Strudel ein mit Salz gefülltes Tongefäß, dann hob er seine gerechte Rechte zum Himmel und goss besänftigende Trankopfer auf der Erde. Dies bat er, den Strudel zu mildern und ihm süßere Wasseradern zu öffnen, [463] den Himmel aber, dem Strudel fruchtbarere Lüfte beizumischen und den Bewohnern dieser Gegend sowohl reiche Ernten als auch Kindersegen zu schenken und es für sie an dem in beider Hinsicht lebenzeugenden Wasser so lange nicht fehlen zu lassen, als sie gerechte Menschen verblieben. [464] Diese Gebete begleitete er mit allerlei sachkundig ausgeführten Handlungen und verwandelte so die Natur der Quelle: das Wasser, das bis dahin für diese Leute Kinderlosigkeit und Hunger verursacht hatte, wurde zu einem Spender von Kindersegen und reiche Nahrung. [465] Denn es besitzt eine solche Kraft für die Bewässerung des Bodens, dass es selbst bei einer kurzen Benetzung des Landes heilsamer wirkt als anderes Wasser, das bis zur völligen Durchtränkung des Bodens stehen bleibt. [466] Darüber hinaus ist der Nutzen von anderem Wasser, selbst wenn man reichlich davon Gebrauch macht, gering; [467] diese Quelle dagegen liefert, auch wenn man sie sparsam benutzt, reichen Ertrag. Tatsächlich bewässert sie mehr Land als alle anderen, denn sie deckt ein Gebiet von 70 Stadien Länge und 20 Breite, und nährt darin besonders schöne und dicht stehende Gärten. [468] Von den bewässerten Dattelpalmen gibt es viele an Geschmack und Heilkraft verschiedene Arten. Werden die fettesten von den Datteln mit den Füßen zertreten, so liefern sie auch eine reichliche Menge Honig, kaum geringwertiger als der sonstige Honig. [469] Übrigens gibt diese Gegend auch Bienen ihre Nahrung; dort bildet sich ferner der Saft der Balsamstaude, des wertvollsten der einheimischen Erzeugnisse, dann die Kyprosblume und der Myrobalanos, so dass man nicht fehlgehen würde, wenn man diesen Ort, an dem sie seltensten und schönsten Pflanzen so reichlich wachsen, als göttlich bezeichnete. [470] Denn auch hinsichtlich der sonst dort wachsenden Früchte lässt sich schwerlich eine Gegend auf Erden finden, die mit dieser verglichen werden könnte; so vielfältig gibt ihre Boden zurück, was man in ihn eingesenkt hat. [471] Die Ursache dafür scheint mir in der Wärme der Luft und der Kraft des Wassers zu liegen: während die erstere die Pflanzen zum Leben hervorlockt und weithin verbreitet, lässt die Feuchtigkeit eine jede fest Wurzel fassen und gewährt ihr die Widerstandskraft, in der Sommerhitze durchzuhalten, ist doch dieser Landstrich so glühend heiß, dass kaum jemand aus dem Hause zu treten wagt. [472] Das Wasser aber, das man vor Sonnenuntergang schöpft und dann der freien Luft aussetzt, wird ganz kalt und nimmt so eine seiner Umgebung genau entgegengesetzte Eigenart an. Umgekehrt wird es im Winter lau und ist für Leute, die darin baden, sehr angenehm. [473] Auch ist dann die Witterung so milde, dass die Bewohner dieser Gegend linnene Gewänder tragen, wenn es im übrigen Land Judäa schneit. [474] Diese Entfernung nach Jerusalem beträgt 150 Stadien, die zum Jordan 60; dabei ist das bis nach Jerusalem sich erstreckende Gebiet menschenleer und felsig, der Landstrich bis zum Jordan und zum Asphaltsee zwar flacher und tiefer gelegen, jedoch ebenfalls unbewohnt und unfruchtbar. [475] Aber nun ist von Jericho, diesem so überaus gesegneten Fleck Erde, genug berichtet.

[476] Ich halte es für wert, auch über die Beschaffenheit des Asphaltsees zu berichten. Dessen Wasser ist, wie ich schon erwähnt habe, zwar bitter und ohne lebenschaffende Kraft, bringt aber wegen seines Auftriebs auch die schwersten Gegenstände, die man hineingeworfen hat, wieder an die Oberfläche; in die Tiefe zu tauchen ist selbst dann nicht einfach, wenn man sich sehr anstrengt. [477] Tatsächlich geschah es, als Vespasian, um diesen Sachverhalt zu erforschen, zum See gekommen war und einige des Schwimmens unkundige Leute mit auf den Rücken gebundenen Händen in das tiefe Wasser hatte werfen lassen, dass alle an der Oberfläche schwammen, als ob sie von einem Windstoß nach oben gerissen worden seien. [478] Außerdem ist der Wechsel der Farbe wunderbar. Denn dreimal täglich ändert das Wasser sein Aussehen und leuchtet beim Einfallen der Sonnenstrahlen auf verschiedene Weise zurück. [479] Und was nun den Asphalt anlangt, so schwemmt der See an vielen Stellen davon schwarze Klumpen herauf; diese treiben an der Oberfläche und sind nach Gestalt und Größe Stieren ohne Kopf ähnlich. [480] Die an dem See beschäftigten Arbeiter rudern heran, fassen die fest zusammen gebackene Masse und ziehen sie in die Boote. Hat man diese gefüllt, so ist es jedoch schwer, die Ladung vom Schiff abzulösen, denn das Fahrzeug hängt wegen die Zähigkeit seiner Fracht so lange eng mit dieser zusammen, bis man den Asphalt mit Hilfe von Menstruationsblut der Frauen und Urin abtrennt; diesen allein gibt er nach. [481] Er ist nicht nur zur Abdichtung von Schiffen, sondern auch zur Heilung von körperlichen Leiden brauchbar; tatsächlich wird er vielen Arzneien beigemischt. [482] Die Länge des Sees beträgt 580 Stadien, wie er sich denn nach Zoar in Arabien erstreckt, seine Breite 150 Stadien. [483] An den See grenzt die Landschaft von Sodom an, in alter Zeit eine glückliche Gegend wegen ihre Früchte und des Reichtums in allen ihren Städten, jetzt aber völlig vom Feuer zerstört. [484] Man erzählt, sie sei wegen der Gottlosigkeit ihrer Bewohner von Blitzschlägen in Brand gesetzt worden. In der Tat gibt es jetzt noch Spuren des göttlichen Feuers, auch kann man die Schatten von fünf Städten sehen. Ferner wird in den Früchten immer wieder Asche erzeugt: diese haben zwar eine äußere Schale, die der essbarer Früchte gleicht, pflückt man sie aber, so lösen sie sich in den Händen in Rauch und Asche auf. [485] Insoweit werden die Sagen über die Gegend von Sodom durch den Augenschein bestätigt.

Josephus, Jüdischer Krieg 4,453–485 (Michel / Bauernfeind, Bd. 2.1, S. 72–79).

Hebron als Ort Abrahams

[530] Wie die Einheimischen behaupten, ist Hebron nicht nur älter als jede andere Stadt dieser Gegend, sondern auch als Memphis in Ägypten; man berechnet das Alter von Hebron auf 2300 Jahre. [531] Ferner berichtet man, Hebron habe Abraham, dem Stammvater der Juden, nach seiner Wanderung aus Mesopotamien als Wohnsitz gedient, und dessen Nachkommen seien von dort aus nach Ägypten gezogen. [532] Deren Grabmäler werden heute noch in diesem Städtchen gezeigt; sie bestehen ganz aus schönem Marmor und sind prachtvoll ausgearbeitet. [533] Sechs Stadien von der Stadt entfernt zeigt man eine ungeheuer große Terebinthe und erzählt, dieser Baum habe dort seit der Weltschöpfung bis zur Gegenwart dauernd gestanden.
Josephus, Jüdischer Krieg 4,530–533 (Michel / Bauernfeind, Bd. 2.1, S. 84f).

Visionäre Beschreibung Jerusalems

[26,1] Von dort ging ich zu der Mitte der Erde, und ich sah einen gesegneten, fruchtbaren Ort, <wo es Bäume gab> mit treibenden Zweigen, und sie sprossten aus einem abgehauenen Baum. [2] Und dort sah ich einen heiligen Berg, und unterhalb des Berges ein Wasser, östlich davon, und sein Lauf (zog ich) nach Süden hin. [3] Und ich sah in Richtung Osten einen anderen Berg, höher als jener und zwischen ihnen eine Schlucht, tief, aber ohne Breite, und auch in ihr floss Wasser längs des Berges hin. [4] Und westlich von ihm (war) ein anderer Berg, niedriger als er, ja ohne Höhe, und eine Schlucht war unterhalb von ihm zwischen ihnen, und eine andere tiefe und trockene Schlucht (lag) zum Ende dieser drei (Berge) hin. [5] Und alle Schluchten waren tief, aber ohne Breite, von hartem Felsen, und Bäume waren <nicht> auf ihnen gepflanzt. [6] Und ich wunderte mich über das Felsgestein und wunderte mich über die Schlucht, ja ich wunderte mich sehr.
Äthiopischer Henoch 26 (Uhlig, JSHRZ 5.6, S. 562f).

Die Enden der Erde im Osten

[33,1] Und von dort ging ich bis an die Enden der Erde, und ich sah dort große Tiere, eins vom anderen verschieden, und auch Vögel, verschieden nach Gestalt, Schönheit und Stimme, eins vom anderen verschieden. [2] Und östlich von jenen Toren sah ich die Enden der Erde, worauf der Himmel ruht, und die Tore des Himmels offen. [3] Und ich sah, wie die Sterne des Himmels hervorkamen, und ich zählte die Tore, aus denen sie herausgingen, und schrieb alle ihre Ausgänge auf, von jedem einzelnen (besonders) nach ihrer Zahl und ihren Namen, nach ihrer Verbindung, ihrer Position, ihrer Zeit und ihren Monaten, wie (es) mir der heilige Engel Uriel, der bei mir (war), zeigte. [4] Alles zeigte er mit und schrieb es mir auf, und auch ihre Namen schrieb er mir auf, ihre Gesetze und ihre Ansammlungen.
Äthiopischer Henoch 33 (Uhlig, JSHRZ 5.6, S. 569).

b) Das 2. und 1. Jahrhundert v. Chr.

Die Dynastie der Makkabäer / Hasmonäer

Im Jahre 167 v. Chr. setzte sich Mattathias, Bewohner der Landstadt Modeᶜin und Nachkomme der priesterlichen Familie Jehojarib (1Chr 24,7; Neh 11,10; 1Makk 2,1) an die Spitze des Aufstands frommer jüdischer Kreise gegen die Politik Antiochus IV. Epiphanes' und dessen Sympathisanten unter der hellenisierten Oberschicht Jerusalems (siehe oben die Texte unter Punkt A 2). Die Geschichte der Regierung der Nachkommen des Mattathias, dessen Beiname **Makkabaios** (dt. Hammer) die schnellen militärischen Erfolge spiegelt, ist ein gutes Beispiel für die soziale und kulturelle Entwicklung Judäas in der späthellenistischen Zeit insgesamt. Der Dynastiename geht zurück auf den von einem Ortsnamen (Haschmona) abgeleiteten Beinamen des Urgroßvaters Asamonaeus (Josephus, Jüdische Altertümer 12,263) und fand breiten literarischen Niederschlag v. a. in 1/2Makk; Josephus, Jüdischer Krieg 1; Jüdische Altertümer 12–14. Mit den Hasmonäern und der anschließenden herodianischen Epoche erlangte Judäa für eine gewisse Zeit wieder weitgehende politische Eigenständigkeit. Was als Widerstandsbewegung jedoch gegen allzu großen hellenistischen Einfluss auf die traditionelle jüdische Religiosität begann (vgl. die programmatische Wiedereinweihung des Tempels 1Makk 4,36–54, Hanukkafest), setzte durch Dynastiebildung, Hofhaltung, Söldnerwesen, Einverleibung weiter von Nichtjuden bewohnter Gebiete, Architektur und materielle Kultur starke Hellenisierungstendenzen in Gang, an deren Ende Judäa trotz seiner relativen kulturellen Eingenständigkeit ein fester Teil der griechisch-römischen Mittelmeerwelt geworden war.

Die Eroberung Jerusalems, der Abzug der Seleukiden samt Verzicht auf Steuern (Josephus, Jüdischer Krieg 1,53; Jüdische Altertümer 13,211) und eine geschickte Bündnispolitik vor allem mit der aufstrebenden römischen Republik (1Makk 12,1–23) sorgten dafür, dass die Hasmonäer immer mehr politischen Spielraum erhielten und dass im Jahre 142 v. Chr. »endlich das Joch der Heiden von Juda genommen wurde« (1Makk 13,41 f). Während die Mattathias-Söhne Judas Makkabaeus (165–160 v. Chr.) und Jonathan (160–142 v. Chr.) noch als charismatische Heerführer auf der Basis von militärischem Erfolg gegen die wankenden Seleukiden und der Zustimmung des Volkes ihre Macht ausübten, wurde mit der Ernennung des jüngeren Bruders Simon (142–135 v. Chr.) zum Hohenpriester im Jahre 140 v. Chr. und dessen Nachfolge durch seinen Sohn Johannes Hyrcanus (135–104 v. Chr.) der erste Schritt zur Etablierung einer Dynastie getan. Als Hoherpriester ließ Johannes eigene Münzen schlagen (mit althebräischer Aufschrift wie z. B. »Johanan – Hoherpriester und Anführer der Gemeinschaft der Juden«) und erweiterte das Herrschaftsgebiet gegen Ptolemäer und Seleukiden. Er eroberte Samarien, sicherte weite Teile des Ostjordanlandes, (Peräa), annektierte und kolonisierte Galiläa und den westlichen Golan und unterwarf griechische Städte an Küste und Binnenland (Josephus, Jüdische Altertümer 13,254–258.275–283), all dies legitimiert durch den Kampf gegen Nicht-Juden und religiöse Konkurrenten nach dem Vorbild des davidischen Großreichs.

Die volle Verbindung zwischen sakralem Priestertum und charismatischem Herrschertum wurde geschaffen, als Johannes' Sohn Alexander Jannaeus (103–76 v. Chr.) nach der kurzen Herrschaft des Judas Aristobulos (104–103 v. Chr.) an die Regierung kam und nun auch offiziell den Königstitel annahm. Sowohl Aristobulos als auch Jannaeus setzten die expansive Politik ihres Vaters fort (z. B. die Zwangs-Konversion der Idumäer Josephus, Jüdische Altertümer 13,318) und begannen ihre Reiche mit Palästen (Jericho) und Festungen (Masada) auszubauen. Viele Menschen sahen die Regierung der Hasmonäer als Schrifterfüllung an, obwohl es keine genuine priesterliche oder biblische Legitimation ihrer Herrschaft gab. Andere stellten sich gegen die wachsende Hellenisierung und den sakralen Anspruch dynastischer Machtpolitik, worauf vor allem Jannaeus mit brutaler Unterdrückung antwortete (Verfolgung der Pharisäer, Josephus, Jüdische Altertümer 13,383).

Die Verbindung zwischen traditioneller Priesterschaft und hellenistischem Königtum musste erst aufgegeben werden, als Jannaeus' Frau Salome Alexandra an die Macht kam (76–67 v. Chr.) und ihr älterer Sohn Aristobulos das Priesteramt übernahm. Obwohl vom Talmud wegen ihrer Pharisäerfreundlichkeit in positiven Farben geschildert, markierte Alexandras Regierung den Anfang vom Ende der Hasmonäer. Streitigkeiten zwischen den Söhnen Aristobulos II. (67–63 v. Chr.) und Hyrkanos II. (63–43 v. Chr.), der Aufstieg des »starken Mannes aus Idumäa« Antipatros, Vater des Herodes, und wachsender Druck von außen durch immer massivere Eingriffe Roms in die Politik des Orients nahmen dem Reich den Bewegungsspielraum, der die Voraussetzung für sein Entstehen gewesen war. Pompeius' Eroberung Jerusalems im Jahre 63 v. Chr. und die Entweihung des Tempels bedeutete nicht nur das Ende der Eigenstaatlichkeit, sondern hatten traumatische Wirkung auf das Selbstverständnis des palästinischen Judentums weit darüber hinaus (vgl. PsSal 17). Aristobulos wurde als Gefangener nach Rom gebracht, während Hyrkanus weiterhin das Amt des Hohepriesters ausführen durfte. Er verlor jedoch den Königstitel und wurde als **Ethnarch** Herrscher von Roms Gnaden. In den Wirren des römischen Bürgerkriegs und dank der Hilfe der Parther erlangte Mattathias Antigonos für kurze Zeit den Thron (40–37 v. Chr.), wurde aber von Herodes, den noch Caesar als Statthalter von Galiläa eingesetzt hatte, abgesetzt. Nach der Eroberung Jerusalems im Jahre 37 v. Chr. wurde dieser vom Senat zum König in Judäa ernannt. Herodes hielt durch die Heirat mit der letzten Hasmonäerprinzessin Mariamme am Mythos der Hasmonäer fest.

Weiterführende Literatur

Bar-Kochva, B., Judas Maccabaeus. The Jewish Struggle against the Seleucids, Cambridge 1989.

Dabrowa, E., The Hasmoneans and their State. A Study in History, Ideology and the Institutions, Krakau 2010.

Haag, E., Das Hellenistische Zeitalter. Israel und die Bibel im 4. bis 1. Jahrhundert v. Chr., Stuttgart 2003 (BE 9).

Mendels, D., The Rise and Fall of Jewish Nationalism, New York u.a. 1992.

Sasse, M., Geschichte Israels in der Zeit des Zweiten Tempels, Neukirchen-Vluyn 2004.

Antiochus IV. und Matthias

[34] Antiochus hatte noch nicht genug an der unverhofften Einnahme der Stadt, an den Plünderungen und an dem gewaltigen Blutbad, nein, auf Grund seiner zügellosen Leidenschaft und in Erinnerung an das, was er bei der Belagerung durchgemacht hatte, wollte er die Juden zwingen, unter Hintansetzung der Ordnungen der Väter ihre Kinder unbeschnitten zu lassen und Schweine auf dem Altar zu opfern. [35] Dagegen verweigerten sie allesamt den Gehorsam; es wurden deshalb die Angesehensten hingeschlachtet. Und Bakchides, der von Antiochus gesandte Befehlshaber der Besatzungstruppen, der neben seiner angeborenen Grausamkeit noch unter dem Einfluss der gottlosen Anweisungen stand, ließ sich keinen noch so maßlosen Frevel entgehen; Mann für Mann folterte er die Oberschicht und führte der Stadt öffentlich Tag für Tag ihre Niederlage vor Augen, bis er durch das Übermaß an Untaten die Gequälten zum Wagnis des Widerstandes aufreizte.

[36] So trat denn Matthias, Sohn des Hasmonäus, einer von den Priestern aus dem Dorfe, das Modeïn heißt, unter Angebot seines Hausstandes – denn er hatte fünf Söhne – zum Streit an und tötete Bakchides durch Dolchstöße. Er zog sich zwar sogleich aus Furcht von der Stärke der Besatzung ins Gebirge zurück; [37] als sich ihm dann aber viele aus dem Volk anschlossen, fasste er von neuem Mut. Er kam herab, ließ sich mit den Heerführern des Antiochus in eine Schlacht ein, besiegte sie und vertrieb sie aus Judäa. Er kam aber durch gütiges Geschick zu Macht, und wegen der Befreiung von den Fremdlingen wurde er Herrscher durch freien Entschluss der anderen. Bei seinem Tode hinterließ er die Herrschaft dem Judas, dem ältesten seiner Söhne.

[38] Der aber zog in der Annahme, dass Antiochus nicht ruhig bleiben werde, die einheimischen Streitkräfte zusammen; mit den Römern schloss er als erster Freundschaft, und als Epiphanes wiederum in das Land einfiel, warf er ihn mit kräftigem Schlag zurück. [39] In der Hochstimmung des Erfolges stürzte er sich auf die Besatzung in der Stadt, denn sie war noch nicht ausgehoben. Er warf sie aus der oberen Stadt und drängte die Soldaten in der unteren zusammen. Dieser Teil der Stadt heißt Akra. Er bemächtigte sich des Tempels und ließ dann das ganze Gelände reinigen und ummauern; die gottesdienstlichen Geräte ließ er neu herstellen und führte sie in das Heiligtum ein, weil die früheren verunreinigt waren; er ließ einen anderen Altar bauen und nahm die Darbringung des Opfers wieder auf. [40] Gerade als die Stadt wieder ihren heiligen Charakter empfangen hatte, starb Antiochus; doch wurde sein Sohn Antiochus Erbe seines Reiches und der Feindschaft die Juden.

[41] Er zog also 50 000 Mann zu Fuß, ungefähr 5 000 Reiter und 80 Elefanten zusammen und drang in Judäa bis ins Bergland vor. Er nahm die kleine Stadt Bethzur; an dem Ort aber, der Bethzacharja heißt, wo nur ein enger Pass ist, trat ihm Judas mit der Streitmacht entgegen. [42] Bevor die Schlachtreihen in Berührung kamen, fasste Eleazar, der Bruder des Judas, den höchsten Elefanten, der mit einem hohen Turm und einer vergoldeten Brustwehr ausgerüstet war, ins Auge. Er nahm an, dass Antiochus auf ihm sei; deswegen lief er seinen Leuten weit voraus, schlug sich durch den Haufen der Soldaten durch und drang bis zu dem Elefanten vor. [43] Zu erreichen vermochte er den vermeintlichen König wegen der Höhe nicht, doch stieß er das Tier mit dem Schwert in den Bauch und streckte es über seinem eigenen Leib zu Boden, wurde erdrückt und fand so den Tod. Mehr hatte er dabei nicht getan, als eine große Tat versucht zu haben, wobei er sein Leben hinter dem Ruhm zurücktreten ließ.
Josephus, Jüdischer Krieg 1,34–43 (Michel/Bauernfeind, Bd. 1, S. 10–13).

Pompeius erobert Jerusalem und ordnet Judäa neu

[148] Damals gleich, während die Römer vielerlei Ungemach durchzustehen hatten, war Pompeius im ganzen über die Standhaftigkeit der Juden erstaunt und ganz besonders darüber, dass sie nichts von ihrem Gottesdienst wegließen, den sie mitten unter den Geschossen zu halten auf sich nahmen. Denn als ob tiefer

Friede die Stadt bedecke, wurden die täglichen Schlachtopfer und die heiligen Darbietungen und jede Dienstleistung aufs Genaueste Gott zu Ehren vollbracht; ja, nicht einmal bei der Eroberung selbst ließen sie, rings um den Altar vom Tode ereilt, von dem ab, was die für jeden einzelnen Tag gebotenen Bestimmungen des Gesetzes zum Gottesdienst fordern. [149] Im dritten Monat der Belagerung nämlich drangen die Römer, nachdem sie mit Mühe einen der Türme zerstört hatten, in das Heiligtum ein. Der erste, der die Mauer zu überschreiten wagte, war Sullas Sohn, Faustus Cornelius, und nach ihm drangen zwei Centurionen, Furius und Fabius, ein. Es folgte jedem seine Schar; sie umfassten überall das Heiligtum und töteten die Einen auf der Flucht zum Tempel, die Anderen nach kurzer Verteidigung.

[150] Da verharrten viele Priester, ob sie auch die Feinde mit dem Schwert in der Hand auf sich zukommen sahen, ruhig bei dem Gottesdienst; beim Ausgießen des Trankopfers wurden sie hingeschlachtet und bei der Darbringung des Räucherwerkes, und so achteten sie ihre Rettung geringer als den Gottesdienst. Sehr viele wurden aber von den Widersachern im eigenen Volk getötet, und von den Abhängen stürzten sich Ungezählte selbst hinab. Einige zündeten auch die Gebäude an der Mauer an, wahnsinnig wegen ihrer Hilflosigkeit, und wurden mit verbrannt. [151] Von den Juden kamen 12 000 ums Leben, bei den Römern gab es nur ganz wenig Tote, aber Verwundete in größerer Anzahl.

[152] Nichts aber traf unter den Nöten damals das Volk so sehr wie die Tatsache, dass das bis dahin nie gesehene Heiligtum von den Fremden bloßgelegt wurde: Pompeius ging mitsamt seiner Umgebung in den Tempel ein, wohin einzugehen heiliges Recht nur dem Hohepriester gestattet; er betrachtete, was darin war, Leuchter samt Lampen, Tisch und Opferschalen und Räuchergefäße, alles ganz voll von Gold, große Vorräte an Räucherwerk und den heiligen Schatz, an 2 000 Talente. [153] Weder diesen noch etwas anderes von den heiligen Kostbarkeiten rührte er jedoch an; im Gegenteil, er gebot am ersten Tag nach der Eroberung den am Tempel Bediensteten, das Heiligtum zu reinigen und die gewohnten Opfer darzubringen. Er setzte auch Hyrkanos wieder zum Hohenpriester ein, weil er sich bei der Belagerung im Allgemeinen als sehr bereitwillig erwiesen und weil er das Landvolk, das drauf und dran war, dem Aristobulos bewaffneten Beistand zu leisten, davon abgebracht hatte. Infolgedessen machte er das Volk, wie es einem guten Feldherrn zusteht, mehr durch Gunst als durch Furcht ergeben. [154] Unter den Gefangenen war auch der Schwiegervater des Aristobulos; dieser war auch sein Oheim. Die mit der Schuld am Kriege am stärksten Belasteten bestrafte er mit dem Tod durchs Beil; den Faustus und die anderen, die mit ihm tapfer gekämpft hatten, ehrte er durch glänzende Auszeichnungen; dem Land und den Einwohnern von Jerusalem legte er einen Tribut auf.

[155] Er nahm dem Volk auch die Städte in Coelesyrien, die sie erobert hatten, fort, unterstellte sie dem dort eingesetzten Befehlshaber der Römer und schränkte sie in ihre eigenen Grenzen ein. Ferner baute er das von den Juden zerstörte Gadara wieder auf und erwies damit einem Gadarener unter seinen Freigelassenen, Demetrius, eine Gunst. [156] Er befreite aber von ihnen auch die

Städte im Binnenland, die sie nicht vorher zerstört hatten, Hippos, Skythopolis und Pella, Samaria, Jamnia, Marisa, Azotos und Arethusa, gleicherweise auch die Küstenstädte Gaza, Joppe, Dora und die vormals Stratonsturm genannte, die aber später von König Herodes mit glänzenden Bauten neu angelegt und in Caesarea umbenannt wurde. [157] Diese alle gab er ihren rechtmäßigen Bürgern zurück und schlug sie zur syrischen Provinz. Er übergab diese samt Judäa und das Gebiet bis nach Ägypten und zum Euphrat dem Scaurus zur Verwaltung und beließ ihm zwei Legionen; er selbst aber eilte durch Cizilien nach Rom und nahm Aristobulos als Kriegsgefangenen sowie seine Familie mit.
Josephus, Jüdischer Krieg 1,148–157 (Michel/Bauernfeind, Bd. 1, S. 38–43).

c) Herodes der Große

Die konstruierte Abstammung des Herodes

[11] Die leiblichen Verwandten des Erlösers haben auch noch, sei es rühmend, sei es einfach erzählend, auf jeden Fall wahrheitsgemäß, folgendes überliefert. Nachdem idumäische Räuber die Stadt Askalon in Palästina überfallen und aus dem Götzentempel des Apollo, welcher an der Stadtmauer lag, den Antipater, den Sohn des Götzendieners Herodes, mit der übrigen Beute in Gefangenschaft geschleppt hatten, wurde Antipater infolge der Unfähigkeit des Priesters, für seinen Sohn Lösegeld zu zahlen, in den Sitten der Idumäer erzogen und befreundete sich später mit dem jüdischen Hohepriester Hyrkanus […]

[13] Die bis zu jener Zeit in den Archiven aufbewahrten Aufzeichnungen der Geschlechter der Hebräer und derjenigen, welche auf Proselyten wie auf Achior, den Ammoniter, oder auf Ruth, die Moabiterin, zurückführten, sowie derjenigen, welche sich mit solchen vermischt hatten, die gleichzeitig aus Ägypten eingewandert waren, ließ Herodes verbrennen, da das Geschlecht der Israeliten zu ihm keinerlei Beziehung hatte und ihn das Bewusstsein seiner niederen Herkunft ärgerte. Er glaubte nämlich als Edelgeborener zu erscheinen, wenn auch andere nicht die Möglichkeit hätten, aus den öffentlichen Urkunden nachzuweisen, dass sie von den Patriarchen oder Prosleyten oder den sogenannten Fremdlingen, den Mischlingen, abstammten.
Julius Africanus in Euseb, Kirchengeschichte 1,7,11.13 (Kraft, S. 101f).

Herodes als »Halbjude«

[402] Herodes aber befahl, rings um die Stadtmauer herum bekannt zu machen, dass er zum Heile des Volkes und zur Rettung der Stadt gekommen sei und nicht einmal seinen erklärten Feinden etwas zuleide tun wollte, vielmehr bereit sei, selbst seinen erbittertsten Gegnern Vergessenheit für die gegen ihn begangenen Verfehlungen zuzusichern. [403] Antigonos aber erwiderte auf die Botschaft des Herodes hin dem Silo und dem römischen Heer, dass es ihrer eigenen Gerechtigkeit zuwiderlaufen würde, wenn sie Herodes die Königswürde verliehen, da er ja ein einfacher Mann sei und ein Idumäer, das heißt ein Halbjude, während es

Herodes, geboren um 70 v. Chr., stammte aus einer idumäisch-aristokratischen Familie, die zwei Generationen zuvor zum Judentum konvertiert war. Seine Mutter Kypros war Araberin.

Sein Vater Antipater hatte eine einflussreiche Position am Hof des Hasmonäerkönigs Hyrkanos II. und sorgte als loyaler Verbündeter Roms tatkräftig für den Aufstieg seines Sohnes. Nach der Ermordung seines Vaters im Jahr 42 und dem Erstarken der Hasmonäer (Antigonos) dank der Parther 40 v. Chr. floh Herodes aus Judäa nach Rom und wurde dort vom Senat zum »König in Judäa« gekrönt. Zwei Jahre dauerte es, bis er mit Hilfe seiner Schutzmacht Jerusalem erobern und alle Rivalen ausschalten konnte. So unverbrüchlich seine Loyalität zu Rom ist (die ihn 31 v. Chr. den Machtwechsel von Antonius und Cleopatra zu Octavianus überleben lässt), so groß ist das Misstrauen gegen die Hasmonäerfamilie, in die er durch seine Eheschließung mit Mariamne aus Gründen der Herrschaftslegitimation nach Innen eingeheiratet hatte. Zahlreiche Mitglieder der Familie, einschließlich eigener Kinder, fielen Herodes zum Opfer und steigerten Misstrauen und Verfolgungswahn zusätzlich.

Die Herrschaft des Herodes wird meist in drei Phasen unterteilt. Nach der Konsolidierung der Macht zwischen 37 und 27 v. Chr. erreichte sie bis ca. 13 v. Chr. ihren Höhepunkt. Als »Freund der Römer« (Φιλορωχμαῖος) zugleich typischer hellenistischer Monarch ging er mit höchster Energie an die Errichtung von zum Teil spektakulären Infrastruktur- und Repräsentationsbauten, die zugleich das wirtschaftliche Potential des Reiches dokumentieren: Caesarea Maritima mit seinem Hafen Sebastos, Sebaste in Samarien, die Paläste von Jericho und Jerusalem, Festungen wie in Masada, Herodion oder Machairous wie auch der Ausbau des Tempels in Jerusalem lassen den hohen Stand herodianischer Baukunst erkennen. So sehr Herodes eingebunden war in das augusteische Herrschaftssystem im Osten, so sehr handelt er als Patron im Sinne hellenistischer Herrscherideologie. Herodes dankt Augustus seine Gunst mit Stiftungen im In- und Ausland, Besuchen in Rom und der loyalen Erfüllung politischer Aufgaben im Gefüge des östlichen Reichsteils. Gekrönt wird diese Harmonie durch den Besuch des Marcus Vipsanius Agrippa im Jahre 15 v. Chr. Insgesamt führte die herodianische Epoche zur Hellenisierung der judäischen Gesellschaft und trug so maßgeblich zur Entstehung einer eigenen jüdischen materiellen Kultur bei. Die letzte Phase von Herodes' Regierung zwischen 13 und 4 v. Chr. war gekennzeichnet durch Intrigen und wahnhaftes Misstrauen sowie externe Krisen. Schwer erkrankt starb Herodes im Jahr 4 v. Chr., nicht jedoch ohne zuvor einige der ursprünglich als Nachfolger vorgesehenen Söhne wegen Hochverrats hinrichten zu lassen.

Weiterführende Literatur

Vogel, M., Herodes. König der Juden, Freund der Römer, Leipzig 2002 (Biblische Gestalten 5).

Netzer, E., The Architecture of Herod, the Great Builder, Tübingen 2006 (TSAJ 117).

Rocca, S., Herod's Judaea. A Mediterranean State in the Classical World, Tübingen 2008 (TSAJ 122).

Jacobson, D.M. / Kokkinos, N. (Hgg.), Herod and Augustus. Papers Presented at the IJS Conference, 21st–23rd June 2005, Leiden / Boston 2009 (IJS Studies in Judaica 6).

doch geboten sei, sie jemandem von (königlichem) Geschlecht anzutragen, wie es bei ihnen Sitte sei. [404] Und selbst wenn sie ihm [*scil.* Antigonos] nun zürnten und entschlossen seien, ihm das Königtum wieder zu nehmen, weil er sie von den Parthern empfangen habe, so gebe es doch viele in seiner Familie, die das Königtum gesetzmäßig empfangen könnten, da sie sich nichts gegen die Römer

haben zu schulden kommen lassen und Priester sind und ihnen daher Unrecht geschehe, wenn man ihnen diese Würde vorenthalte.
Josephus, Jüdische Altertümer 14,402–404 (EÜ nach Marcus, LCL 365, S. 657–660).

Das Mordregime des Herodes in prophetischem Geschichtsrückblick

[1] Dann werden sich Könige als Herrscher über sie erheben, und man wird sie zu Hohenpriestern Gottes berufen; (doch) sie werden Gottlosigkeit verüben vom Allerheiligsten aus. [2] Und es folgt ihnen ein frecher König, der nicht aus dem Geschlecht der Priester stammen wird, ein verwegener und gottloser Mensch; und er wird sie richten, wie sie es verdienen. [3] Er wird ihre Oberen mit dem Schwert zerschmettern, und er wird sie an geheimen Orten <auslöschen>, damit niemand weiß, wo ihre Leiber sind. [4] Er wird die Alten und die Jungen umbringen und keine Schonung üben. [5] Dann wird sie drückende Furcht vor ihm in ihrem Lande überkommen. [6] Und er wird Gericht unter ihnen halten wie die Ägypter unter ihnen getan haben, 34 Jahre lang, und er wird sie bestrafen. [7] Und er wird Söhne zeugen, die in seiner Nachfolge kürzere Zeit <herrschen werden>. [8] In ihre <Gebiete> werden <Kohorten> kommen und des Abendlands mächtiger König, <der> sie erobern wird. [9] Und sie werden sie in Gefangenschaft führen, und einen Teil ihres Tempels wird er mit Feuer verbrennen, einige um ihre Ansiedlung herum kreuzigen.
Himmelfahrt des Mose 6,1–9 (Brandenburger, JSHRZ 5.2, S. 73 f).

Herodes' Bildungseifer nach Nikolaos von Damaskus

Als Herodes seine Liebe zur Philosophie wieder aufgab, wie das gewöhnlich geschieht bei Menschen in öffentlichen Ämtern wegen der Fülle an Dingen, die sie ablenken, gewann er wieder Interesse an Rhetorik und drängte Nikolaos dazu, zusammen mit ihm rhetorische Übungen abzuhalten, und sie übten gemeinsam Rhetorik. Zudem war er von der Liebe zur Geschichte ergriffen. Nikolaos pries dieses Fachgebiet und betonte, dass es für einen Staatsmann höchst geeignet sei und es auch für einen König nützlich wäre, um die Taten und Leistungen der früheren Geschlechter zu kennen. Herodes, der sich mit Eifer anschickte, dieses Thema zu studieren, veranlasste auch Nikolaos, sich mit Geschichte zu beschäftigen. Dieser wandte sich mit Elan diesem Vorhaben zu und sammelte Material zur gesamten Geschichte, arbeitete unvergleichlich härter als andere Menschen und vollendete das Projekt nach langer, mühevoller Zeit. Er pflegte zu sagen, dass falls Eurystheus diese Aufgabe dem Herakles angetragen hätte, sie ihn völlig aufgerieben hätte. Dann nahm Herodes Nikolaos mit auf dasselbe Schiff, als er nach Rom segelte um Caesar zu treffen, und sie philosophierten zusammen.
Nikolaos von Damaskus, De vita sua bei Konstantinos Porphyrogenetos, Excerpta de Virtutibus et Vitiis 1 (EÜ nach Stern, Bd. 1, Nr. 96, S. 248 f).

Bauten und Persönlichkeit des Herodes

[1,403] Aber nicht durch Gebäude allein hat er Gedächtnis und Namen jener Männer in steinernen Lettern Dauer verliehen, sein Streben nach Ehre bezog auch ganze Städte in dies Interesse ein. So befestigte er in Samarien eine Stadt mit einer sehr schönen, zwanzig Stadien langen Ringmauer und brachte 6000 Ansiedler dorthin; er teilte ihnen fruchtbarstes Land zu, errichtete inmitten der Neugründung einen mächtigen Tempel und weihte den umgebenden Tempelbezirk von drei Halbstadien dem Caesar. Die Stadt nannte er Sebaste. Ihren Einwohnern aber gewährte er ein ausgezeichnetes Bürgerrecht.

[404] Außerdem errichtete er, als der Caesar ihn mit weiterem Gebietszuwachs beschenkte, ihm dort auch einen Tempel aus weißem Marmor, und zwar bei den Jordanquellen; der Ort heißt Paneion. [405] Dort erhebt sich ein Berggipfel zu unendlicher Höhe; neben der Schlucht am Fuße des Berges aber öffnet sich eine dunkle Grotte, in der ein Steilhang zu einer unermesslichen Tiefe voll stehenden Wassers abbricht, und wenn man ein Lot hinabsenkt, um auf den Grund zu kommen, so reicht doch keine Länge aus. [406] An den Ausläufern der Höhle treten die Quellen hervor, und dort ist, wie einige meinen, der Ursprung des Jordans. Eine genaue Beschreibung aber werden wir im Folgenden geben.

[407] Der König baute auch in Jericho zwischen Kyprosburg und dem früheren Königspalast einen anderen, besseren und für Besuch wirtlicher eingerichteten und nannte ihn nach dem Namen seiner Freunde (Caesar und Agrippa). Kurz gesagt: er ließ keinen irgendwie geeigneten Platz seines Reiches ohne ein Zeichen der Ehre Caesars. Nachdem er in seinem Stammland überall Tempel errichtet hatte, überschüttete er auch die ihm unterstellten Gebiete mit Beweisen der Ehrung für Caesar Augustus und errichtete in vielen Städten Caesareen.

[408] Er schenkte seine Beachtung auch einer Stadt am Gestade, Stratonsturm mit Namen, die freilich ziemlich im Rückgang begriffen, aber wegen ihrer günstigen Lage geeignet war, seine ehrgeizigen Pläne Gestalt werden zu lassen. Er baute sie ganz aus weißen Steinen wieder auf und schmückte sie mit einem glänzenden Königspalast; darin zeigte sich besonders sein natürlicher Hochsinn. [409] Denn zwischen Dora und Joppe, zwischen denen die Stadt liegt, war damals die ganze Küste hafenlos, so dass jeder, der an der phönizischen Küste entlang nach Ägypten segelte, das Schwanken in der offenen See auf sich nehmen musste wegen der Bedrohung durch den Westwind, der, wenn er auch nur mäßig weht, die Wogen derartig gegen die Felsen wirft, dass die zurücklaufenden Wellen das Meer hoch aufpeitschen. [410] Aber der König besiegte die Natur durch Aufwand und Ehrgeiz und legte einen Hafen an, der größer war als der Piräus, in seinen Einbuchtungen aber weitere tiefe Ankerplätze.

[411] Obwohl er überaus widriges Gelände hatte, setzte er seine ganze Tatkraft gegen die Schwierigkeit ein, sodass die Festigkeit der Anlage durch das Meer nicht zu zerstören war und seine ausgeglichene Schönheit die angewandte Mühe verbarg. Für den Hafen legte er die Größe, die wir oben genannt haben, fest und ließ 20 Ellen tief Steine ins Meer hinab, von denen die meisten 50 Fuß lang, 9 Fuß

tief und 10 Fuß breit waren, einige aber auch noch größer. [412] Als der Bau bis zur Wasseroberfläche gediehen war, legte er die aus dem Wasser hervorragende Mauer in einer Breite von rund 200 Fuß an. Davon war ein Vorbau von 100 Fuß zum Brechen der Wellen bestimmt und wurde deshalb Prokymia (= »Wellenstrand«) genannt, der übrige Teil diente als Unterbau für die steinerne Mauer, die den Hafen umschloss. Diese war mit hohen Türmen versehen, von denen die bedeutendste und schönste nach dem Stiefsohn des Caesar Drusium hieß.

[413] Zahlreiche Gewölbe dienten zur Aufnahme der Besatzungen der eingelaufenen Schiffe und die Ringmauer davor als breite Uferstraße für die an Land Gehenden. Die Einfahrt des Hafens liegt nach Norden, denn der Nordwind ist an dieser Stelle der angenehmste. An der Einfahrt befanden sich auf jeder Seite drei überlebensgroße Standbilder, aufgebaut auf Säulen, von denen die beim Einlaufen links gelegenen ein derber Turm trug, die rechts befindlichen Statuen auf zwei miteinander verbundenen geraden Blöcken ruhten, die höher waren als der gegenüberliegende Turm. [414] Die an den Hafen angrenzenden Häuser waren auch aus weißem Stein, und die Straßen der Stadt liefen auf den Hafen zu, im gleichen Abstand voneinander angelegt. Und der Hafeneinfahrt gegenüber stand auf einem Hügel ein durch Schönheit und Größe ausgezeichneter Tempel des Caesar; darin befand sich eine gewaltige Bildsäule des Caesar, die ihrem Vorbild, dem Zeus in Olympia, nichts nachgab, und eine zweite der Roma, der Hera von Argos gleich. Er brachte die Stadt dem ihm unterstellten Gebiet zu Nutz und Frommen dar, den Hafen den an jener Küste fahrenden Seeleuten, dem Caesar aber die Ehre der ganzen Gründung; er nannte sie darum auch »Caesarea«.

[415] Die restlichen Anlagen, Amphitheater, Theater und Marktplätze errichtete er würdig des kaiserlichen Namens. Er stiftete für jedes fünfte Jahr Kampfspiele und nannte sie ebenfalls nach dem Kaiser. Als erster setzte er selbst zur Zeit der 192. Olympiade erhebliche Preise aus, sodass nicht nur die Sieger, sondern auch die Inhaber der zweiten und dritten Plätze die königliche Freigebigkeit erfuhren. [416] Er baute auch die Stadt Anthedon am Meer, die im Krieg zerstört war, wieder auf und nannte sie Agrippeum; aus überschwänglichem Wohlwollen gegen seine Freunde ließ er sogar dessen Namen in das Tor am Tempel einmeißeln, das er selbst hatte erbauen lassen.

[417] Seinen Eltern war er in echter Liebe, wie nur einer, zugetan. So gründete er zum Gedächtnis an seinen Vater in der schönsten Ebene seines Reiches eine Stadt, reich an Flüssen und Bäumen, die er Antipatris nannte. Die Burg oberhalb Jerichos legte er als eine als Stärke und Schönheit ausgezeichnete Festung an und weihte sie seiner Mutter, indem er ihr den Namen Kypros gab. [418] Seinem Bruder Phasael weihte er den nach ihm genannten Turm in Jerusalem, über dessen Aussehen und großzügige Maße wir in der Folge berichten werden. Und eine andere Stadt gründete er an dem Talweg von Jericho nach Norden und nannte sie Phasaelis.

[419] Nachdem er so die Verwandten und Freunde verewigt hatte, vernachlässigte er auch nicht das Gedächtnis seiner selbst, sondern baute im Gebirge nach Arabien zu eine Festung und nannte sie nach sich Herodeion. Den künst-

lich in der Gestalt einer weiblichen Brust angelegten Hügel, der 60 Stadien von Jerusalem entfernt war, nannte er ebenso und rüstete ihn noch kostbarer aus. [420] Er umgab die Spitze nämlich mit runden Türmen und errichtet innerhalb der Mauern so kostbare königliche Paläste, dass nicht nur das Innere der Gebäude einen glänzenden Anblick bot, sondern auch die Außermauern, Zinnen und Dächer mit verschwenderischem Reichtum überschüttet waren. Von fern leitete er mit großen Kosten reichlich Wasser heran und legte den Aufgang mit 200 Stufen aus schneeweißem Marmor an. Denn der Hügel war außerordentlich hoch und dabei ganz von Menschenhand aufgeworfen. [421] Er errichtete ferner am Fuß auch noch andere Palastbauten, die für den Bedarf der Hofhaltung und die Unterbringung der Freunde Raum hatten, sodass die Feste in Anbetracht ihrer vollständigen Ausstattung den Eindruck einer Stadt machte, in Anbetracht ihrer Ausdehnung aber nur den einer königlichen Schlossanlage.

[422] Nach so vielen Gründungen erwies er auch zahlreichen auswärtigen Städten seine Hochherzigkeit. Den Städten Tripolis, Damaskus und Ptolemais errichtete er Gymnasien, Byblos eine Stadtmauer, Berytos und Tyrus Hallen, Säulengänge und Marktplätze, Sidon und Damaskus sogar Theater, Laodicea am Meer eine Wasserleitung, Askalon Bäder und kostbare Brunnen, dazu noch Kolonnaden von bewundernswerter Kunstfertigkeit und Größe; [423] einigen aber schenkte er Haine und Rasenplätze. Viele Städte empfingen aus seiner Hand Land, als wenn sie Teile seines Königsreiches wären. Anderen Städten stiftete er dauernde Aufsichtsämter für alljährliche Wettspiele, wobei er dann, wie in Kos, [424] auch Einkünfte für die Siegerauszeichnung sicherstellte, damit es daran niemals fehle. Getreide aber gewährte er vollends allen Bedürftigen, der Insel Rhodos spendete er wieder und wieder Mittel zum Aufbau ihrer Schifffahrt, [425] auch baute er dort das vom Feuer zerstörte pythische Heiligtum auf seine Kosten schöner wieder auf. Was müssen noch die Geschenke an die Lykier und die Bewohner von Samos erwähnt werden oder seine Großzügigkeit gegen ganz Ionien, wo nur jemand in Not war? Sind nicht Athen und Lakedämon, Nikopolis und Pergamon in Mysien voll von den Weihgeschenken des Herodes? Hat er nicht die Hauptstraße im syrischen Antiochien, die wegen ihres Schmutzes gemieden wurde, in einer Länge von 20 Stadien mit poliertem Marmor belegt und mit einer Säulenhalle von gleicher Länge zum Schutz gegen Regen versehen?

[426] Diese Geschenke, so könnte man sagen, berührten nur die damit bedachten Völker, die Gabe an Elis aber betraf nicht nur ganz allgemein Griechenland, sondern den gesamten bewohnten Erdkreis, zu dem ja der Glanz der Olympischen Spiele durchdringt. [427] Als er nun sah, dass diese Spiele ganz in Auflösung begriffen waren und dass das letzte Stück vom alten Hellas versank, da übernahm er nicht nur das Amt des Kampfrichters in jenem Spieljahr, in das seine Seereise nach Rom fiel, sondern er stiftete auch Einkünfte für dauernde Zeiten, damit die Erinnerung an ihn wachbleibe, die zugleich die regelmäßige Einrichtung von Spielen nicht vergessen ließ. Es wäre endlos, die Schulden und Steuern aufzuzählen, die er übernahm; [428] zum Beispiel erleichterte er den Einwohnern von Phasaelis und Balanea und den Kleinstädten von Cilicien die

jährlichen Abgaben. Ein erhebliches Hemmnis für seine Freigebigkeit bildete dabei die Sorge, nicht den Anschein zu erwecken, als sei er besonders beneidenswert oder als führe er etwas im Schilde, wenn er den Städten mehr Wohltaten erwies als ihre eigenen Besitzer.

[429] Er verfügte über einen Leib, der seiner Seele entsprach; stets war er ein ausgezeichneter Jäger, dabei kam ihm seine Fertigkeit im Reiten in hohem Maße zustatten. So erlegte er einmal an einem einzigen Tage vierzig Stück Wild. Das Land hegt ja auch Schweine, vor allem aber ist es an Hirschen und Wildeseln reich. Als Krieger war er unüberwindlich. [430] Auch schon bei den Wettspielen waren viele betroffen, wenn sie ihn sahen, wie sicher er den Speer warf und wie glücklich er als Bogenschütze sein Ziel traf. Zu den Vorzügen des Leibes und der Seele kam hinzu, dass er immer Glück hatte; denn selten unterlag er im Krieg, und schuld an seinen Niederlagen war nicht er selber, sondern der Verrat weniger Leute oder die Voreiligkeit seiner Soldaten.
Josephus, Jüdischer Krieg 1,403–430 (Michel / Bauernfeind, Bd. 1, S. 106–115).

Herodes wird vom Senat zum König in Judäa erklärt

[282] Den Antonius ergriff angesichts dieser Wendung Mitleid; in Erinnerung an die Gastfreundschaft, die ihn mit Antipater verband, vor allem aber auch wegen der persönlichen Tüchtigkeit des anwesenden Bittstellers entschloss er sich nunmehr, den zum König der Juden einzusetzen, den er selber früher zum Tetrarchen gemacht hatte. Es bestimmte ihn aber nicht weniger als das Wohlwollen gegen Herodes der Gegensatz zu Antigonos; denn diesen musste er ja wohl als einen Aufständischen und einen Feind der Römer ansehen. [283] Den Caesar, [*scil.* Octavian] fand er noch bereitwilliger als Antonius, da er sich an die Feldzüge des Antipater erinnerte, die er in Ägypten an der Seite seines eigenen Vaters durchgestanden hatte, an die Gastfreundschaft und an das unbeschränkte Wohlwollen; vor allem sah er auch die Tatkraft des Herodes selbst. [284] Er berief den Senat, in dem Messala und nach ihm Artratinus den Herodes vorstellten, von den trefflichen Taten seines Vaters und von seiner eigenen Gesinnung gegen die Römer berichteten; sie traten zugleich auch den Nachweis an, dass Antigonos Feind des römischen Volkes sei, und zwar nicht nur deshalb, weil er einst so schnell wie möglich Streit mit Rom angezettelt hatte, sondern auch deshalb, weil er jetzt mit Hilfe der Parther die Herrscherstellung angetreten habe, ohne nach den Römern zu fragen. Darauf entstand Unruhe im Senat, und als Antonius auftrat und erklärte, im Blick auf den Partherkrieg sei es vorteilhaft, wenn Herodes die Königswürde habe, da stimmten alle zu. [285] Nach Schluss der Senatssitzung gingen Antonius und Caesar gemeinsam heraus und nahmen dabei Herodes in die Mitte. An der Spitze des Zuges schritten mit den anderen Behörden die Konsuln, um zu opfern und den Beschluss im Kapitol zu hinterlegen. Antonius gab dem Herodes am ersten Tage seiner Königswürde ein Essen.
Josephus, Jüdischer Krieg, 1,282–285 (Michel / Bauernfeind, Bd. 1, S. 74f).

Dankinschrift an Herodes den Großen

Athen, 37–27 v. Chr.
Das Vol[k]
An König Herodes, Freund
der Römer, um der Wohltaten
willen und der guten Gesinnung ihm [*scil.* dem Volk] gegenüber
EÜ nach Noy, IJO Bd. 1, S. 163 f.

Herodes beteiligt sich am Bau des Zeus-Tempels in Athen

[60] Befreundete und verbündete Könige (*reges amici atque socii*), und zwar jeder in seinem Reich, haben Städte gegründet, die den Namen Caesarea erhielten; und alle haben gemeinsam beschlossen, den Tempel des Olympischen Zeus in Athen, dessen Bau schon vor langer Zeit begonnen worden war, auf gemeinsame Kosten vollenden zu lassen und ihn dem Genius des Augustus zu weihen. Und oft verließen sie ihre Reiche und machten nicht nur in Rom, sondern auch, wenn er Reisen durch die Provinzen unternahm, täglich Höflichkeitsbesuche, und dabei trugen sie die Toga, ohne königliche Abzeichen, so wie es Klienten zu tun pflegen.
Sueton, Augustus 60 (Schmitz, S. 96 f).

Tituli Picti (»Etiketten«)

einer Lieferung Wein, die Herodes im Jahre 19 v. Chr. auf Masada einlagerte:
C.SENTIO.SATVR.COS.
PHILONIAN.DE.L.LAEN.
REG(i).HEROD(i).IVDAIC(o)
Im Konsulat des Gaius Sentius Saturninus
Philonianum [*scil.* eine exzellente Weinsorte] vom Gut des Lucius Laenius
Für Herodes, den judäischen König
Masada 2, Nr. 804–813 (Cotton / Geiger, S. 149–155).

Samaria wird von Herodes ausgebaut und erhält Namen und Verfassung

[296] Als er damals nach Samaria kam, um es zu befestigen, sorgte er dafür, dass sich viele von denen, die für ihn während der Kriege als Bundesgenossen gekämpft hatten, und viele der Nachbarn sich dort niederließen, einerseits aus Ehrgeiz, eine Stadt mit eigener Hand neu zu errichten, die früher nicht zu den bedeutendsten gehört hatte, umso mehr jedoch, weil der ehrgeizige Plan zur persönlichen Sicherheit ersonnen wurde. Er änderte also ihren Namen, nannte sie Sebaste, wies ihr das Beste des umliegenden Landes für die Bürger zu, damit sie sogleich nach ihrer Ankunft in Wohlstand leben konnten. [297] Dann umgab er die Stadt mit einer starken Mauer, wobei er geschickt die Abschüssigkeit des Geländes nutzte, um sie unzugänglich zu machen. Er bezog ein Gebiet ein, das an Größe zwar nicht wie das erste war, sondern immerhin noch in nichts hinter

dem der berühmtesten Städte zurückstand, zwanzig Stadien nämlich waren es. [298] Darinnen weihte er in der Mitte einen Bezirk von drei Halbstadien, der mannigfaltig ausgeschmückt war und errichtete darin einen Tempel mit der Schönheit und Größe der berühmtesten. Er schmückte alle Teile der Stadt prächtig aus und machte sie, im Wissen um die Notwendigkeit der Sicherheit, durch die Unzugänglichkeit der äußeren Mauern zu einer bedeutenden Festung. Es erschien ihm passend, den Nachkommen damit ein Denkmal seiner Kultur und Schönheitsliebe zu hinterlassen.
Josephus, Jüdische Altertümer 15,296–298 (EÜ nach Marcus, LCL 410, S. 140–143).

Mordtaten des Herodes nach Macrobius

Als Augustus hörte, dass sich unter den Jungen unter zwei Jahren, die Herodes, der König der Juden, in Syrien hatte töten lassen, auch sein eigener befand, rief er aus: »Es ist besser bei Herodes ein Schwein zu sein als sein Sohn«.
Macrobius, Saturnalia 2,4,11 (Stern, Bd. 2, Nr. 543, S. 665).

Vollstreckung des Testaments des Herodes durch Augustus

[93] Nachdem der Kaiser so beide Teile gehört hatte, entließ er die Ratsversammlung. Wenige Tage später übergab er dem Archelaos die Hälfte des Königreiches mit der Amtsbezeichnung Ethnarch, [94] er versprach ihm aber auch den Königstitel, wenn er sich bewähre; die andere Hälfte teilte er in zwei Tetrarchien und übergab sie zwei weiteren Söhnen des Herodes, die eine dem Philippus, die andere dem Antipas, der mit Archelaos den Rechtsstreit um die Königsherrschaft geführt hatte. [95] Unter die Herrschaft des Antipas kamen Peräa und Galiläa, mit einem Einkommen von 200 Talenten; Batanea, Trachonitis, Auranitis und gewisse Teile der Herrschaft des Zenon, die Gebiete um Innano mit einem Einkommen von 100 Talenten wurden Philippus unterstellt. [96] Zur Ethnarchie des Archelaos gehörte Idumäa, ganz Judäa und Samaria, letzterem wurde der vierte Teil der Steuern erlassen als Anerkennung dafür, dass es nicht mit den anderen Gebieten am Aufstand teilgenommen hatte. [97] Weiter erhielt er die Herrschaft über die Städte Stratonsturm, Sebaste, Joppe und Jerusalem; die hellenistischen Städte Gaza, Gadara und Hippos hatte nämlich der Kaiser vom Gebiet des Herodes abgetrennt und Syrien zugeteilt. Die Einkünfte des dem Archelaos übergebenen Landes betrugen 400 Talente. [98] Salome wurde, abgesehen von dem, was der König ihr testamentarisch vermacht hatte, mit der Herrschaft über Jamnia, Azotos und Phasaelis betraut, der Kaiser schenkte ihr außerdem noch den Palast in Askalon. Aus dem ganzen Besitz bezog sie ein Einkommen von 60 Talenten; der Kaiser unterstellte jedoch ihr Gebiet dem Herrschaftsbereich des Archelaos. [99] Von den übrigen Nachkommen des Herodes erhielt jeder den Anteil, der ihm im Testament vermacht worden war. Zwei noch unverheirateten Töchtern des Herodes schenkte der Kaiser außerdem noch 500 000 Silberdenare und verheiratete sie mit den Söhnen des Pheroras. [100] Nach der Regelung der Besitz-

verhältnisse verteilte er unter sie auch das ihm selbst von Herodes zugedachte Geschenk von 1000 Talenten; für sich selbst suchte er nur einige unbedeutende Schmucksachen zur ehrenvollen Erinnerung an den Abgeschiedenen aus.
Josephus, Jüdischer Krieg 2,93–100 (Michel / Bauernfeind, Bd. 1, S. 198–201).

d) Die nachherodianische Epoche bis 66

Das Königshaus von Adiabene und Jerusalem

[17] Um diese Zeit veränderten Helena, die Königin der Adiabener, und ihr Sohn Izates ihre Lebensweise hin zu den Bräuchen der Juden, und zwar aus folgendem Grund: [18] Monobazus, der König der Adiabener, der den Beinamen Bazaeus hatte, von Liebe zu seiner Schwester Helena gefangen, nahm sie als Ehefrau und sie wurde schwanger von ihm. Als er einmal neben ihr schlief und seine Hand auf den Leib seiner Frau legte, schien es ihm als hörte er eine Stimme, die ihm gebot, sie wieder von ihrem Bauch zu entfernen, um das Baby nicht zu erdrücken, das durch Gottes Vorsehung einen guten Beginn hatte und auch einem glücklichen Ende entgegen gehe. [19] Beunruhigt durch die Stimme wachte er sofort auf und erzählte dies seiner Gattin. Und er nannte seinen Sohn Izates [...]

[34] Zu der Zeit nun, als Izates sich in Charax Spasini aufgehalten hatte, besuchte ein gewisser jüdischer Kaufmann mit Namen Ananias die Frauen des Königs und unterwies sie Gott zu verehren, wie es der Tradition der Juden entspricht. [35] Durch ihre Vermittlung wurde er auch Izates zur Kenntnis gebracht und es gelang ihm, ebenso ihn zu gewinnen mit ihrer Hilfe. Als Izates von seinem Vater nach Adiabene gerufen wurde, begleitete ihn Ananias auf seine dringende Bitte hin. Inzwischen war auch Helena von einem anderen Juden unterrichtet worden und war zu ihren Gesetzen übergetreten [...]

[38] Als Izates erfuhr, wie sehr seine Mutter an den jüdischen Gebräuchen Gefallen gefunden hatte, wollte auch er rasch sich dazu bekehren. Weil er aber glaubte, dass man nicht wirklich ein Jude sein kann, wenn er nicht beschnitten sei, war er bereit, dies zu tun. [39] Als seine Mutter dies erfuhr, versuchte sie ihn zu hindern, indem sie ihm sagte, dass er sich damit in Gefahr bringe: er sei schließlich König, und wenn seine Untertanen erfuhren, dass er fremden und ausländischen Sitten anhänge, würde das große Uneinigkeit hervorrufen, und sie würden nicht zulassen, dass ein Jude über sie herrsche. [40] Dies sagte sie und versuchte ihn mit allen Mitteln zu hindern. Er aber trug Ananias diese Worte zu. Dieser stimmte der Mutter zu und drohte sogar, dass er, wenn er Izates nicht umstimmen könnte, ihn und das Land verlassen würde. [41] Er fürchte nämlich, sagte er, dass er sich Bestrafung zuziehe, wenn die Sache allgemein bekannt würde, als ob er selbst daran schuld sei, denn er hatte den König in unschicklichen Werken unterrichtet. Der König könne, sagte er, Gott ohne Beschneidung anbeten, wenn er sich nur entschieden hätte, den Traditionen der Juden mit Eifer zu folgen. Dies nämlich sei wichtiger als beschnitten zu sein. [42] Er teilte ihm weiterhin mit, dass Gott selbst ihm vergeben würde, wenn er, gehindert durch die Zwangslage und durch die Furcht vor den Untertanen,

dieses Werk nicht vollziehe. Der König ließ sich damals durch diese Worte überzeugen. [43] Danach aber – der König hatte seinen Wunsch noch nicht ganz aufgegeben – kam ein anderer Jude namens Eleazar aus Galiläa, der dafür bekannt war, dass er die Traditionen sehr genau nahm, und drängte ihn, das Werk zu vollziehen. [44] Als er nämlich zu ihm hinein kam, um ihn zu begrüßen, und ihn bei der Lektüre des Gesetzes des Mose antraf, sagte er: »In deiner Unwissenheit, König, begehst du die größte Sünde gegen die Gesetze und dadurch gegen Gott. Denn du sollst sie nicht allein lesen, sondern – und mehr noch – das tun, was durch sie befohlen ist. [45] Wie lange noch willst du unbeschnitten bleiben? Wenn du das dies betreffende Gesetz noch nicht gelesen hast, lies es jetzt, damit du siehst, was für eine Gottlosigkeit du begehst.« [46] Als der König dies hörte, verzögerte er die Tat nicht mehr, zog sich zurück in eine andere Wohnung und rief den Arzt zu sich und ließ vollziehen, was befohlen war. Dann sandte er nach seiner Mutter und Ananias und zeigte ihnen, dass er das Werk getan hatte. [47] Sofort ergriff diese Schrecken und Furcht über alle Maßen, dass der König, sollte bewiesen werden, dass er das Werk getan hatte, in Gefahr gerate den Thron zu verlieren, denn die Untertanen würden es nicht zulassen von einem Mann regiert zu werden, der ein Nacheiferer fremder Sitten ist, und dass sie selbst in Gefahr kämen, da man ihnen die Schuld dafür geben würde. [48] Es war aber Gott selbst, der verhinderte, dass sich ihre Ängste bewahrheiteten. Denn obwohl Izates und seine Kinder oft der Vernichtung anheim zu fallen drohten, bewahrte sie Gott und rettete sie immer wieder aus auswegloser Lage. Gott zeigte dadurch überdeutlich, dass die, die ihre Augen auf ihn richten und sich nur auf ihn verlassen, die Frucht ihrer Frömmigkeit nicht verlieren werden. Davon aber werden wir später berichten.

[49] Helena, die Mutter des Königs sah, dass Friede herrschte in ihrem Königreich und dass es ihrem Sohn wohlerging und er von allen bewundert wurde, sogar von den fremden Völkern, wegen der Klugheit, die Gott ihm geschenkt hatte. Da hegte sie den Wunsch, in die Stadt Jerusalem zu gehen, um sich am bei allen Menschen weithin berühmten Tempel Gottes niederzuwerfen und Dankopfer darzubringen. Sie fragte ihren Sohn um Erlaubnis. [50] Izates war hoch erfreut über die Bitte der Mutter und gewährte sie gerne, machte aufwendige Vorbereitungen für die Reise und gab ihr eine überaus große Summe Geld. Sie ging hinab in die Stadt Jerusalem, wobei ihr Sohn sie ein großes Stück begleitet hatte. [51] Ihre Ankunft erwies sich als äußerst vorteilhaft für die Jerusalemer, denn zur dieser Zeit wurde die Stadt durch eine Hungersnot heimgesucht und viele kamen um aus Mangel an Geld, um sich das Notwendige zu kaufen. Königin Helena schickte einige ihrer Diener nach Alexandria, um für viel Geld Getreide zu kaufen, andere nach Zypern, um eine Ladung getrocknete Feigen mit zu bringen. [52] Ihre Diener kamen rasch zurück mit diesen Vorräten, die sie dann verteilte. Sie erwarb sich für ihre Wohltätigkeit großen Ruhm, der für immer in unserem ganzen Volk bekannt bleiben wird. [53] Als ihr Sohn Izates von der Hungersnot hörte, sandte er ebenfalls eine große Summe Geld zu den Ersten der Jerusalemer. Die Verteilung dieser Güter an die Bedürftigen rettete

viele aus ihrer höchst bedrückenden Notlage. Was diese Könige aber noch an Wohltaten für unsere Stadt getan haben, werden wir später mitteilen.
Josephus, Jüdische Altertümer 20,17–19.34f.38–53 (EÜ nach Feldman, LCL 456, S. 10–13.18–31).

Weiheinschrift an Herodes Antipas

Delos (4–39 n. Chr.)
Das Volk der Athener und die, die auf der Insel [*scil.* Delos] wohnen, (ehren) den Tetrarchen Herodes, den Sohn des Königs Herodes, für seine Tugend und seinen guten Willen ihnen gegenüber, (und) weihten dem Apollo […] nun […] zur Zeit des Epimeletes der Insel Apollonios Sohn des Apollonios aus Rhamnous […]
EÜ nach Noy, IJO Bd. 1, S. 234f.

Die Eroberungen des Pompeius

[114] Pompeius hatte in ein und demselben Krieg die Räuberhöhlen gesäubert, den größten König gestürzt und abgesehen vom pontischen Krieg sich in siegreichen Schlachten mit Kolchern, Albanern, Iberern, Armeniern, Medern, Arabern, Juden und anderen Völkern des Orients gemessen. Dadurch schob er die römische Reichsgrenze bis Ägypten vor.
Appian, Mithridatische Kriege 114 (Veh, Bd. 1, S. 411f).

Coponius als erster Statthalter der Provinz Judäa und Judas Galiläus

[117] Das Gebiet des Archelaos wurde in eine Provinz umgewandelt, und als Prokurator wurde Coponius, ein Mann aus römischem Ritterstand, entsandt. Er empfing vom Kaiser obrigkeitliche Gewalt einschließlich des Rechts, die Todesstrafe zu verhängen. [118] Während seiner Amtszeit verleitete ein Mann aus Galiläa mit Namen Judas die Einwohner der soeben genannten Provinz zum Abfall, indem er es für einen Frevel erklärte, wenn sie bei der Steuerzahlung an die Römer bleiben und nach Gott irgendwelche sterbliche Gebieter auf sich nehmen würden. Es war aber dieser Mann Wanderredner einer eigenen Sekte, der den anderen Juden in nichts glich.
Josephus, Jüdischer Krieg 2,117–118 (Michel/Bauernfeind, Bd. 1, S. 204f).

Episoden aus der Regierung des Pilatus

[169] Als Pilatus von Tiberius nach Judäa gesandt worden war, ließ er die Kaiserbilder, die »Feldzeichen« genannt werden, nachts verhüllt nach Jerusalem hineinbringen. [170] Am kommenden Tag rief dies bei den Juden eine sehr große Unruhe hervor; die in die Nähe der Zeichen kamen, wurden durch den Anblick zutiefst bestürzt, waren sie doch überzeugt, ihre Gesetze würden mit Füßen getreten, denn diese verbieten es, dass in der Stadt ein Bildnis aufgestellt wird. Auf die Erbitterung der Stadtbevölkerung hin strömte auch noch das Landvolk in großen Scharen zusammen. [171] Man machte sich nun zu

Der rechtliche Status Iudaeas zur Zeit Jesu

In seinem Testament verfügte Herodes, dass sein Reich unter seinen Söhnen Archelaos (Kernland Judäa und Samarien), Herodes Antipas (Galiläa und Peräa) und Philippus (Trachonitis und Gaulanitis) aufgeteilt würde, des Weiteren wurde seine Schwester Salome u. a. mit Geld und der Stadt Askalon bedacht. Da nach der Sichtweise Roms **Iudaea** bereits seit dem frühen 1., wenn nicht seit dem 2. Jh. v. Chr., zum **imperium** gehörte (so Shatzman), wurde das Testament erst durch die Bestätigung des Augustus rechtskräftig. Augustus akzeptierte die Verfügungen des Herodes weitgehend, verweigerte den Söhnen aber den Königstitel.

Als Archelaos wegen Unfähigkeit im Jahr 6 n. Chr. von Augustus abgesetzt und nach Vienna (Vienne) in Gallien verbannt wurde, traten **Iudaea** und **Samaria** unter direkte Kontrolle Roms und wurden als eigener Verwaltungsbezirk mit Namen **Iudaea** der **provincia Syria** (Hauptstadt Antiochia) zugeschlagen. Obwohl die Terminologie der Amtsträger bei Josephus und Tacitus uneinheitlich ist, kann mit Werner Eck das Folgende festgehalten werden: Bis zum Ausbruch des Jüdischen Krieges 66 n. Chr. wurde **Iudaea** von Caesarea Maritima aus von einem **praefectus** aus dem Ritterstand verwaltet (siehe unten die Pilatus-Inschrift), blieb Syria unterstellt und kann zu dieser Zeit noch nicht als eigentliche Provinz betrachtet werden, noch war der **praefectus Iudaeae** Statthalter im strikten Sinn, sondern blieb Beauftragter des **legatus Augusti** der **provincia Syria** und war im Rahmen seines Auftrags für die Aufrechterhaltung der öffentlichen Ordnung und die Kapitalgerichtsbarkeit seinem Vorgesetzten gegenüber (und eben nicht direkt dem Kaiser oder dem Senat) verantwortlich. Ferner kann man annehmen, dass **Iudaea** steuerlich weiterhin **Syria** unterstellt blieb, d.h., dass die Befugnisse des Finanzprokurators von **Syria** auf das neu hinzugeschlagene Gebiet **Iudaea** ausgedehnt, nicht jedoch dem **praefectus Iudaeae** übertragen wurden. Die berühmte, in Lk 2,1–3 erwähnte Steuerschätzung hat somit nichts mit der Einrichtung **Iudaea**s als eigene Provinz zu tun, sondern betraf ganz **Syria** und wurde vom syrischen Finanzprokurator deswegen auch in **Iudaea** durchgeführt (siehe die Quirinius-Inschrift). Das System eines quasi-selbständig verwalteten Unterbezirks einer Provinz impliziert keinesfalls einen Sondercharakter **Iudaea**s, sondern wurde auch in anderen Reichsteilen angewandt. Offensichtlich kehrte Rom nach dem Intermezzo unter Agrippa I. (41–44 n. Chr.) wieder zum früheren System zurück (Tacitus, Annalen 12,23,1).

Erst die Entsendung des Konsulars Titus Flavius Vespasianus durch Nero im Jahre 68 mit drei Legionen zur Niederschlagung des Aufstands führte zur Abtrennung **Iudaea**s von **Syria** und zur Etablierung als eigenständige Provinz, die hinfort von einem senatorischen **legatus Augusti pro praetore** und einem ritterlichen Finanzprokurator verwaltet wurde. Eine Intervention des syrischen Legaten war damit nicht mehr nötig. Mit dieser Aufwertung war auch die Stationierung von zunächst einer (**Legio X Fretensis**), dann möglicherweise unter Trajan einer zweiten Legion (**Legio VI Ferrata**) verbunden. Statthaltersitz blieb Caesarea Maritima. Erst nach der Katastrophe von 70 war **Iudaea** also eine »normale« römische Provinz geworden.

Weiterführende Literatur

Cotton, H. M., Some Aspects of the Roman Administration of Judaea / Syria-Palestina, in: Eck, W. / Müller-Luckner, E. (Hgg.), Lokale Autonomie und römische Ordnungsmacht in den kaiserzeitlichen Provinzen vom 1. bis 3. Jahrhundert, München 1999, 75–91.

Eck, W., Rom und Judaea. Fünf Vorträge zur römischen Herrschaft in Palaestina, Tübingen 2007.

Shatzman, Y., The Integration of Judaea into the Roman Empire (1999), 49–84 (SCI 18).

Pilatus nach Caesarea auf und bat ihn inständig, die Zeichen aus Jerusalem zu entfernen und ihre väterlichen Gesetze unangetastet zu lassen. Pilatus weigerte sich, darauf warfen sie sich rings um seinen Palast auf ihr Angesicht und verharrten 5 Tage und ebensoviele Nächte in dieser Haltung, ohne von der Stelle zu weichen.

[172] Tags darauf setzte sich Pilatus in der großen Rennbahn auf seinen Richtstuhl und ließ das Volk herbeirufen, als wolle er ihm dort Antwort geben; er gab aber den Soldaten verabredungsgemäß ein Zeichen, die Juden mit der Waffe in der Hand zu umzingeln. [173] Der unerwartete Anblick der dreifachen Schlachtreihe, die sie umstellte, machte die Juden starr vor Entsetzen; Pilatus aber drohte, sie zusammenhauen zu lassen, wenn sie die Kaiserbilder nicht dulden wollten und gab den Soldaten schon einen Wink, die Schwerter blank zu ziehen. [174] Die Juden aber warfen sich wie auf Verabredung hin dichtgedrängt auf den Boden, boten ihren Nacken dar und schrieen, sie seien eher bereit zu sterben, als dass sie die väterlichen Gesetze überträten. Zutiefst erstaunt über die Glut ihrer Frömmigkeit gab Pilatus den Befehl, die Feldzeichen sofort aus Jerusalem zu entfernen.

[175] Einige Zeit später gab er den Anlass zu neuer Unruhe, da er den Tempelschatz, der Korban genannt wird, für eine Wasserleitung verbrauchte; man führte aber das Wasser aus einer Entfernung von 400 Stadien heran. Die Menge war darüber sehr erbost, und als Pilatus nach Jerusalem kam, drängte sie sich schreiend und schimpfend um seinen Richterstuhl. [176] Pilatus hatte diese Unruhe der Juden im voraus vermutet und eine Anzahl von Soldaten, zwar bewaffnet, aber als Zivilisten verkleidet, unter die Menge gemischt und ihnen den Befehl gegeben, vom Schwert keinen Gebraudt zu machen, die Schreier aber mit Knüppeln zu bearbeiten. Nun gab er vom Richterstuhl her das verabredete Zeichen; [177] als es aber plötzlich Schläge hagelte, gingen viele Juden unter den Streichen zugrunde, viele andere aber wurden auf der Flucht von ihren eigenen Landsleuten niedergetreten. Erschreckt über das Schicksal der Getöteten verstummte das Volk.
Josephus, Jüdischer Krieg 2,169–177 (Michel / Bauernfeind, Bd. 1, S. 214–217).

Pontius Pilatus weiht das Tiberieum in Caesarea

[Für die Seeleute] hat Pontius Pilatus, Präfekt von Judaea, (den Leuchtturm) »Tiberieum« wiederherstellen lassen.
ICaes 43 (Eck, Rom und Judaea, S. 17f Anm. 30).

Vergleich zwischen der Herrschaft des Herodes und Agrippas I.

[328] König Agrippa war von Natur aus höchst freigebig und wohltätig in seinen Geschenken und strebte mit seiner ganzen Ehre danach, großherzig gegenüber Heiden zu sein, und indem er riesige Summen ausgab, erhob er sich zu hohem Ansehen. Dadurch, dass er es genoss, wohltätig zu sein, und sich daran freute, in Ruhm zu leben, unterschied er sich grundlegend von Herodes, der vor ihm

König war. [329] Dieser besaß einen schlechten Charakter, war unersättlich im Strafen und unversöhnlich gegenüber allem, was er hasste. Man war sich darüber einig, dass ihm die Griechen mehr lagen als die Juden. Er schmückte die Städte der Fremdstämmigen feierlich durch die Stiftung von Geld, Bädern oder Theatern, errichtete an dem einen Ort Tempel, an dem anderen Säulenhallen, während er keine einzige Stadt der Juden auch nur mit einer kleinen Reparatur ehrte oder mit einer Stiftung, die es wert wäre erwähnt zu werden. [330] Agrippas Charakter aber war freundlich und er war ein Wohltäter zu allen in gleichem Maße. Den Fremdvölkern gegenüber war er menschenfreundlich und erwies auch ihnen seine Freundesgunst, zu den Volksgenossen war er entsprechend hilfsbereiter und mitfühlender. [331] Er wohnte gerne und lange in Jerusalem und hielt sich ohne Tadel an die väterlichen Traditionen. Er verhielt sich in allem rein, und es verging kein Tag ohne das vorgeschriebene Opfer.
Josephus, Jüdische Altertümer 19,328–331 (EÜ nach Feldman, LCL 433, S. 367–370).

Josephus über Johannes den Täufer

[116] Einigen der Juden aber schien es, als sei das Heer des Herodes von Gott vernichtet worden, womit er diesen gerechterweise hatte büßen lassen für Johannes, den so genannten Täufer.

[117] Diesen nämlich tötete Herodes, obwohl er ein guter Mann war und den Juden, wenn sie nach der Tugend lebten und Gerechtigkeit gegeneinander und Frömmigkeit gegenüber Gott übten, befahl, zur Taufe zu kommen. Denn so schien ihm [*scil.* Gott] die Taufe tatsächlich annehmbar zu sein, wenn sie sie nicht als Abbitte für irgendwelche Sünden praktizierten, sondern zur Reinigung des Leibes, zumal ja auch die Seele durch Gerechtigkeit bereits vorher gereinigt sei. [118] Weil aber die anderen sich (*scil.* ihm) zuwandten und sie aufs Äußerste vom Hören der Worte erhoben wurden, fürchtete Herodes, es könne sein übergroßer Einfluss die Menschen zu einer Art Rebellion führen – denn sie schienen alles seinem Rat gemäß zu tun – und hielt es darum für viel besser, ihm, bevor eine Neuerung durch ihn geschehe, zuvorzukommen und ihn hinzurichten, als nach geschehenem Umsturz in Not zu geraten und (*scil.* sein Zögern) zu bereuen.

[119] So wurde er denn [*scil.* Johannes] gefesselt und nach Machärus – die bereits erwähnte Festung – geschickt und dort getötet. Bei den Juden aber herrschte die Meinung, dass der Untergang über das Heer als Rache für jenen geschah, denn Gott wollte Herodes Schaden zufügen.
Josephus, Jüdische Altertümer 18,116–119 (EÜ).

Josephus über Jesus, den Christus (*Testimonium Flavianum*)

[63] Zu dieser Zeit lebte Jesus, ein weiser Mann, wenn man ihn denn einen Menschen nennen darf. Er vollbrachte nämlich unglaubliche Werke und war Lehrer der Menschen, die die Wahrheit mit Lust aufnahmen. Er zog sowohl viele

Juden als auch viele aus dem Heidentum an sich. Dieser war der Christus. [64] Und obwohl Pilatus ihn auf Betreiben der bei uns vornehmsten Männer zum Kreuzestod verurteilte, ließen diejenigen, die ihn von Beginn an geliebt hatten, nicht von ihm ab. Denn am dritten Tag erschien er ihnen wieder lebend, wie dies und tausend andere wunderbare Dinge göttliche Propheten über ihn vorhergesagt hatten. Und bis auf den heutigen Tag besteht der Stamm der Christen, die sich nach ihm nennen, fort.
Josephus, Jüdische Altertümer 18,63f (EÜ).

Josephus über Jakobus, den Bruder Jesu

[200] Da Ananos aber so beschaffen war, glaubte er, da Festus nun gestorben, Albinus aber noch auf dem Weg war, den günstigen Zeitpunkt ausnützen zu müssen und versammelte die Richter des Synhedrion, brachte vor sie den Bruder Jesu, des sogenannten Christus, Jakobus hieß er, und noch einige andere. Er beschuldigte sie, sie hätten das Gesetz übertreten und ließ sie zur Steinigung verurteilen. [201] Diejenigen, die als die kultiviertesten Bewohner der Stadt golten und die, die es mit dem Gesetz genau nahmen, trugen daran sehr schwer und sandten insgeheim Boten zum König (Agrippa) und forderten ihn auf, an Ananos die Weisung zu schicken, so etwas nie mehr zu tun; er hatte ja schon beim erstem Mal nicht korrekt gehandelt.
Josephus, Jüdische Altertümer 20,200f (EÜ nach Feldman, LCL 456, S. 105–108).

Unruhen unter Cumanus beim Passafest

[223] Nach dem Tode des Herodes, des Herrschers von Chalkis setzte Claudius Agrippa, den Sohn des Agrippa, in die Herrschaft des Onkels ein. Für den übrigen Teil der Provinz folgte in der Statthalterschaft auf Alexander Cumanus, unter dem Unruhen ausbrachen und das Blutvergießen bei den Juden erneut einsetzte. [224] Als sich nämlich die Menge zum Fest der ungesäuerten Brote in Jerusalem versammelt und die römische Kohorte auf dem Dach der Säulenhalle um das Heiligtum Aufstellung genommen hatte – an den Festtagen bewachen sie immer in voller Bewaffnung das versammelte Volk, damit es keinen Aufstand beginne –, da erhob ein Soldat sein Gewand, bückte sich und kehrte in unanständiger Weise den Juden das Gesäß zu, zugleich gab er einen Laut von sich, der dieser Haltung entsprach. [225] Darüber geriet das ganze Volk in hellen Zorn und forderte mit Geschrei von Cumanus die Bestrafung des Soldaten; einige junge Männer, die zu wenig beherrscht waren und andere aus dem Volk, die von Natur zum Aufstand neigten, schritten zum Kampf, hoben Steine auf und begannen, auf die Soldaten zu werfen. [226] Cumanus fürchtete nun, das ganze Volk wolle ihn angreifen; er ließ daher noch mehr Schwerbewaffnete anrücken. Als sich diese in die Hallen ergossen, befiel die Juden ein unwiderstehliches Erschrecken; sie wandten sich um und versuchten, aus dem Heiligtum in die Stadt zu fliehen. [227] Die Gewalt der sich an den Ausgängen zusammendrängenden Masse war so groß, dass sie

sich untereinander niedertraten und erdrückten, wobei 30 000 getötet wurden. So brachte das Fest Trauer über das ganze Volk und Totenklage in jede Familie.
Josephus, Jüdischer Krieg 2,223–227 (Michel / Bauernfeind, Bd. 1, S. 227).

Schmähfeiern nach dem Tod des Agrippa in Sebaste und Caesarea

[356] Als nun bekannt wurde, dass Agrippa aus dem Leben geschieden war, hatten die Bewohner von Caesarea und Sebaste seine Wohltaten bald vergessen und verhielten sich auf äußerst abscheuliche Weise. [357] Denn sie stießen Schmähungen gegen den Verschiedenen aus, zu anstößig um sie wiederzugeben. Alle, die gerade unter Waffen standen – sehr zahlreich waren sie –, gingen nach Haus, raubten die Bildnisse der Töchter des Königs, trugen sie einmütig zu den Bordellen und stellten sie auf den Dächern auf und trieben auf so unsäglich schamlose Weise ihren Mutwillen mit ihnen, dass man es hier nicht berichten kann. [358] Dazu noch legten sie sich bekränzt und gesalbt zum allgemeinen Festmahl auf den alleröffentlichsten Plätzen nieder und spendeten dem Charon Trankopfer und riefen sich gegenseitig Trinksprüche auf das Ableben des Königs zu. [359] Darin benahmen sie sich nicht nur gegenüber Agrippa höchst undankbar, der ihnen auf vielfältige Weise sein Wohlwollen bewiesen hatte, sondern auch dessen Großvater Herodes; jener hatte ja ihre Städte gegründet und Häfen und Tempel mit beträchtlichen eigenem Aufwand errichten lassen. [360] Agrippa, der Sohn des Verstorbenen, befand sich zu dieser Zeit in Rom und wurde bei Kaiser Claudius erzogen. [361] Als der Kaiser aber erfuhr, dass Agrippa gestorben sei und die Bewohner von Caesarea und Sebaste sich so voll Frevel gegen ihn benommen hätten, trauerte er sehr über ihn, zürnte aber gegen die, die so undankbar waren […]

[364] Er beschloss vor allem anderen, Fadus zu senden, um die Bewohner von Caesarea und Sebaste wegen ihrer Übergriffe gegen den Entschlafenen und wegen der Unbeherrschtheit gegenüber dessen noch lebenden Töchtern zu züchtigen [365] und die Schwadron der Caesarener und Sebastener und die fünf Kohorten nach Pontus zu verlegen, damit sie dort ihren Militärdienst ableisteten und aus den in Syrien stehenden römischen Legionen eine ebensolche Zahl von Soldaten auszuwählen, um deren Platz einzunehmen. [366] Die Soldaten wurden jedoch nicht abkommandiert wie befohlen war; sie hatten nämlich eine Abordnung gesandt, die Claudius gnädig stimmte und erreichte, dass sie in Judäa bleiben durften. Diese Leute wurden später zur Ursache des größten Unglücks für die Juden, indem sie die Saat des Krieges gegen Florus auswarfen. Darum, wie wir in Kürze berichten werden, versetzte sie Vespasianus nach der Thronbesteigung aus der Provinz.
Josephus, Jüdische Altertümer 19,356–361.364–366 (EÜ nach Feldman, LCL 433, S. 383–388).

e) Der Jüdische Krieg 66–73

Der offene Ausbruch des Krieges

[408] In jener Zeit rotteten sich diejenigen, die am meisten zum Kriege drängten, zusammen, zogen vor eine Burg namens Masada, nahmen sie durch Handstreich, machten die römische Besatzung nieder und legten eine andere aus ihren eigenen Reihen hinein. [409] Gleichzeitig gelang es auch dem damaligen Tempelhauptmann Eleazar, Sohn des Hohenpriesters Ananjas, einem verwegenen jungen Mann, die im Tempel diensttuenden Hohenpriester zu überreden, sie sollten von Nichtjuden keine Gaben oder Opfer mehr annehmen. Damit war der Grund zum Krieg gegen die Römer gelegt; denn so verwarfen sie das für diese und den Kaiser dargebrachte Opfer. [410] Obgleich nun die Hohenpriester und die angesehenen Bürger dringend ermahnten, das gewohnte Opfer für die Herr-

Münzen des 1. Aufstands

Der Erste Jüdische Aufstand gegen Rom (66–73/4 n. Chr.)

Kaum ein anderer militärischer Konflikt der Antike ist so gut dokumentiert wie der Aufstand, der im Jahr 66 n. Chr. in Palästina gegen Rom ausbrach. Die literarische Überlieferung, die vor allem in den 7 Büchern von Josephus (»Jüdischer Krieg«) und einer langen, aber unvollständigen Passage in Tacitus' »Historien« besteht, wird ergänzt durch archäologische, numismatische, epigrafische und papyrologische Daten.

Josephus liefert eine Reihe von Gründen für den Ausbruch der Revolte. Demnach begann der Aufstand im Jahr 66 in Caesarea, nachdem einige ortsansässige Griechen die jüdische Bevölkerung provozierten, indem sie vor einer Synagoge Vögel opferten. Zwar kam es zu Auseinandersetzungen zwischen Juden und Griechen, aber die römische Administration schritt vorerst nicht ein, was militanten Kreisen auf beiden Seiten Raum zur Entfaltung gab. Als der Statthalter Gessius Florus (64–66) Jerusalem verließ, gewannen radikale Kreise die Oberhand, machten die römische Garnison nieder und beendeten das tägliche Opfer für den Kaiser. Dies war für Rom das Signal offener Rebellion. Als weitere Gründe nennt Josephus die Ignoranz der Römer gegenüber der jüdischen Religion und

3 und 4 Eine Shekelmünze aus den Jahren 68/69 n. Chr. Inschrift auf der Vorderseite: »Shekel Israels«, Rückseite: »Jerusalem, die Heilige«

soziale Spannungen innerhalb der jüdischen Bevölkerung, vor allem der Elite: während zahlreiche Juden der griechisch-römischen Kultur zugetan waren und eine nun gut 200 Jahre währende Periode der Kooperation zwischen Judäa und Rom fortsetzten wollten, wehrten sich andere Gruppen zumeist aus religiösen Gründen gegen den kulturellen, sozialen, politischen und wirtschaftlichen **Einfluss fremder Kultur**. Manche davon griffen zu offener Gewalt und verübten Attentate auf Römer (Zeloten).

Wirklich plausibel erscheint jedoch nur ein Zusammenspiel aus den genannten Faktoren. Zwischen 44 und 66 n. Chr. hatte die Provinz sieben verschiedene Prokuratoren, wovon die meisten wenig Verständnis für lokale Verhältnisse in Judäa hatten, sodass es immer wieder zu kleineren Aufständen kam und radikale Gruppierungen mehr und mehr Zulauf bekamen.

Nachdem Vermittlungsversuche **Agrippas II.** gescheitert und die Intervention des syrischen Legaten Cestius Gallus in einem Desaster geendet war (eine ganze Legion wurde vernichtet, die Ausrüstung ging verloren), war Judäa unter Kontrolle einer innerlich vielfältigen, aber ideologisch sehr profilierten **Aufstandsbewegung**. Münzen propagierten die »Freiheit Zions«, die »Erlösung Zions« oder »Jerusalem ist heilig« und trugen jüdische religiöse Symbole. Da ein weiterer Vorstoß Roms nur eine Frage der Zeit war, besetzten die Aufständischen offengelassene Befestigungen und bauten Galiläa unter **Flavius Josephus** als Verteidigungszone aus.

In der Zwischenzeit ernannte **Nero** den erfahrenen General **Titus Flavius Vespasianus** zum Oberbefehlshaber einer gewaltigen Invasionsarmee aus gut 60.000 Soldaten. Bereits Ende 67 war Galiläa wieder unter Kontrolle, in Jerusalem brachen blutige Rivalitäten unter den Aufständischen aus, die mit der Machtergreifung des radikalen Anführers Johannes von Gischala endete. Vespasian wartete ab, zog aber nach Rom, nachdem er durch seine Truppen nach dem Tod des Nero am 1. Juli 69 als Kaiser ausgerufen war, und überließ die Niederschlagung des Aufstandes seinem Sohn Titus.

Die Flavier brauchten nun einen Prestigesieg, eroberten ein Widerstandsnest nach dem anderen und schlossen **Jerusalem** im April des Jahres 70 ein. Die Verhältnisse in der belagerten und mit Flüchtlingen überfüllten Stadt waren katastrophal: Hunger, Krankheit und Bandenkämpfe zwischen Johannes von Gischala, Simon Bar-Giora und Eleazar setzten der Bevölkerung schwer zu. Im Sommer brachen die Belagerer von Norden in die Stadt ein und eroberten in schweren Kämpfen ein Stadtviertel nach dem anderen. Im August / September wurde der Tempelvorhof eingenommen und der **Tempel** fiel den Flammen zum Opfer; erst Wochen später war die Stadt vollständig in römischer Hand. Tausende Menschen wurden umgebracht, noch mehr gingen in Gefangenschaft. Rom wandelte Judäa zur **senatorischen Provinz** um und stationierte eine Legion im eroberten Jerusalem. Veteranen wurden im Land angesiedelt. Die letzten Zeloten zogen sich in die Wüstenfestung **Masada** zurück, wo sie nach Josephus Massenselbstmord begingen, anstatt sich in römische Kriegsgefangenschaft zu begeben. Mit dem verlorenen Krieg und dem Verlust des Tempels verschwanden auch die meisten der vielfältigen jüdischen Gruppierungen aus der Zeit des Zweiten Tempels. Schließlich konnten sich nur das Christentum und das rabbinische Judentum als vom Tempel unabhängige Bewegungen behaupten.

Weiterführende Literatur

Goodmann, M., The Ruling Class of Judea. The Origins of the Jewish Revolt against Rome, A. D. 66–70, Cambridge 1987.

Ders., Rome and Jerusalem. The Clash of Ancient Civilizations, London 2007.

Berlin, A. M. / Overman, J.A. (Hgg.), The First Jewish Revolt. Archaeology, History and Ideology, London / New York 2002.

Kuhnen, H.-P. / Unruh, F. / Riemer, E. (Hgg.), Mit Thora und Todesmut. Judäa im Widerstand gegern die Römer von Herodes bis Bar-Kochba, Stuttgart 1994.

scher nicht fallenzulassen, gaben diese Priester doch nicht nach, einerseits weil sie auf ihre zahlenmäßige Überlegenheit vertrauten – denn der aktivste Teil der Unzufriedenen hatte sich auf ihre Seite geschlagen –, vor allem aber, weil sie sich nach dem Tempelhauptmann Eleazar richteten.

[411] Nun traten die einflussreichsten Bürger mit den Hohenpriestern und den bedeutenden Pharisäern zusammen, um angesichts eines Unglücks, das jetzt nicht mehr gutzumachen war, über die Lage des Staatswesens zu beraten. Sie beschlossen, einen letzten Versuch mit einer Ansprache an die Aufständischen zu machen und versammelten darum das Volk vor der ehernen Pforte, die sich am inneren Heiligtum gegen Sonnenaufgang befand. [412] Zunächst zeigten sie nachdrücklich ihren Unwillen über den wahnwitzigen Versuch eines Abfalls, dass man auf diese Weise das Vaterland in einen Krieg hineinstürze, dann deckten sie die Unsinnigkeit des von den Aufrührern vorgebrachten Vorwandes auf und betonten, dass schon ihre Vorfahren den Tempel vor allem mit Hilfe von Fremden geschmückt und Weihgeschenke von Nichtjuden stets angenommen hätten. [413] Nicht allein, dass sie niemals jemanden am Opfer gehindert hätten – das sei ja ganz und gar gottlos –, sondern sie hätten auch die Weihgaben ringsum am Tempel angebracht, wo sie allgemein sichtbar seien und so lange Zeit überdauert hätten. [414] Sie aber wollten jetzt die Kriegsmacht der Römer herausfordern und sich um den Krieg mit jenen geradezu bemühen, indem sie neue Gottesdienstregeln einführten. Abgesehen von der Gefahr bringe es die Stadt in den Ruf der Gottlosigkeit, wenn allein bei den Juden ein Fremder weder opfern noch anbeten dürfe. [415] Wenn einer dieses Gesetz im Hinblick auf einen gewöhnlichen Bürger vorschlüge, dann würden sie unwillig werden, weil damit die Unmenschlichkeit gesetzlich verankert würde, jetzt aber, da man die Römer und den Kaiser außerhalb des Rechts stelle, gingen sie großzügig darüber hinweg. [416] Es sei zu befürchten, dass ihnen, die jetzt die Opfer für Kaiser und Reich verwerfen, auch die Opfer für sie selbst unmöglich gemacht würden und die Stadt außerhalb des Reichsrechts gestellt würde, es sei denn, dass sie noch rechtzeitig Vernunft annähmen, die Opfer von neuem darbrächten und so den Frevel wieder gutmachten, bevor die Kunde davon den Betroffenen zu Ohren gekommen wäre.

[417] Noch während der Ansprache ließen sie die Priester vortreten, die Kenner der alten Überlieferungen waren; diese erklärten, dass alle Vorfahren von Fremdstämmigen Opfer angenommen hätten. Doch keiner der Empörungslustigen kümmerte sich darum; die diensttuenden Priester, die den Grund zum Krieg gelegt hatten, waren schon überhaupt nicht erschienen. [418] Da nun die Oberen des Volkes einsahen, dass sich die Aufstandsbewegung von ihrer Seite schwerlich mehr unterdrücken ließe und dass die von den Römern drohende Gefahr sich zuerst über ihnen selbst entlade, suchten sie sich vom Verdacht der Urheberschaft freizumachen und sandten zwei Gesandtschaften, die eine zu Florus unter Leitung Simons, des Sohnes des Ananias, die andere zu Agrippa; in ihr befanden sich als angesehene Männer Saulus, Antipas und Kostobar, die mit dem König verwandt waren. [419] Sie baten die beiden Führer, doch mit Heeresmacht

zur Stadt heraufzuziehen und den Aufstand niederzuschlagen, bevor er ihnen über den Kopf wüchse. [420] Für Florus war das eine ausgesuchte Freudenbotschaft, und da er den festen Vorsatz hegte, den Krieg auflodern zu lassen, gab er den Gesandten überhaupt keine Antwort. [421] Agrippa aber sorgte sich in gleicher Weise um die Aufständischen und um die, gegen die der Krieg gerichtet war; er wollte einesteils den Römern die Juden als Untertanen erhalten, andererseits den Juden Heiligtum und Hauptstadt retten, im übrigen wusste er genau, dass ihm der Aufstand keinen Vorteil bringen könnte. So sandte er 2000 Reiter aus dem Hauran, Batanäa und Trachonitis unter dem Reiterobersten Darius und dem Feldherrn Philippus, dem Sohn des Jakimos, dem Volk zur Hilfe.
Josephus, Jüdischer Krieg 2,408–421 (Michel / Bauernfeind, Bd. 1, S. 262–267).

Pogrome gegen Juden in Skythopolis und Damaskus

[25] Die Bewohner der Städte rings um Syrien ergriffen die bei ihnen ansässigen Juden und töteten sie samt Frauen und Kindern, obwohl sie ihnen gar nichts vorzuwerfen hatten; denn sie hatten weder irgendeine Absicht gehegt, von den Römern abzufallen, noch einen feindlichen und hinterlistigen Gedanken gegen die Syrer selbst. [26] Die Skythopoliten aber begingen das bei weitem Gottloseste und Gesetzesloseste: Denn als feindliche Juden von außen sie überfielen, nötigten sie die bei ihnen lebenden Juden, gegen die Stammesgenossen die Waffen zu erheben, was für uns ein Frevel ist; und mit ihnen gemeinsam begannen sie den Kampf und besiegten die Angreifer; nach dem Sieg aber vergaßen sie gänzlich die Treue gegen die Mitbewohner und Mitstreiter und machten sie nieder, viele Tausende. [27] Ebenso erging es auch den Juden, die in Damaskus wohnten.
Josephus, Aus meinem Leben 25–27 a (Schreckenberg, S. 32 f).

Auseinandersetzungen zwischen Juden und Griechen in Caesarea

[266] Unruhen anderer Art entstanden um Caesarea, wo sich die dort ansässigen Juden gegen die syrische Einwohnerschaft erhoben. Sie stellten nämlich den Anspruch, die Stadt gehöre ihnen, da der Gründer Jude gewesen sei; damit war der König Herodes gemeint. Die Gegenseite gab zwar die Erbauung durch einen Juden zu, behauptete aber, die Stadt gehöre den Hellenen, denn wenn er sie für die Juden bestimmt hätte, dann hätte er keine Bildsäulen und Tempel darin errichtet. [267] Darüber ging der Kampf hin und her. Bald aber entwickelte sich der Streit zu einer bewaffneten Auseinandersetzung, und täglich lieferten sich die Heißsporne auf beiden Seiten blutige Gefechte. Denn die Ältesten der Juden waren nicht in der Lage, die Aufrührer auf ihrer Seite zurückzuhalten, und die Hellenen hielten es für eine Schande, hinter den Juden zurückzustehen. [268] Diese hatten einen Vorteil in ihrem Reichtum und ihrer Körperkraft, der hellenische Teil dagegen durch Hilfe der Soldaten. Denn die Mehrzahl der dort stehenden römischen Truppen war in Syrien ausgehoben worden und auf Grund der Stammverwandtschaft zur Hilfe bereit. [269] Den Behörden lag nun sehr daran, die Unruhen niederzuhalten, und sie ließen die Streitlustigen

immer wieder verhaften und mit Geißelung und mit Gefängnis bestrafen. Die Leiden der Verhafteten riefen bei den Übrigen in keiner Weise Mäßigung oder Furcht hervor, sondern peitschten sie nur noch mehr dazu an, sich zu empören. [270] Als die Juden wieder einmal die Oberhand gewonnen hatten, kam Felix persönlich auf den Marktplatz und befahl ihnen in drohendem Ton, sich zurückzuziehen. Als sie nicht gehorchten, ließ er die Soldaten einrücken und eine große Anzahl Juden töten, deren Besitz auf der Stelle geraubt wurde. Da der Aufstand fortdauerte, suchte sich Felix von beiden Seiten die Angesehensten heraus und sandte sie als eine Gesandtschaft zu Nero, damit sie ihren Rechtshandel dort weiter ausfechten konnten.
Josephus, Jüdischer Krieg 2,266–270 (Michel / Bauernfeind, Bd. 1, S. 235).

Pogrome gegen Juden in nichtjüdischen Städten

[477] Auf das Blutbad von Skythopolis hin gingen auch die übrigen Städte mit Gewalt gegen die bei ihnen wohnenden Juden vor; die Leute von Askalon töteten 2500, die von Ptolemais 2000, sie setzten auch nicht wenige gefangen. [478] Die Tyrer brachten viele ums Leben, den größten Teil der Juden aber nahmen sie gefangen und bewachten sie streng; ebenso räumten die Bewohner von Hippos und Gadara die Tatkräftigeren aus dem Wege und hielten die Eingeschüchterten unter Bewachung. Ähnlich handelten auch die übrigen Städte Syriens, je nachdem aus Judenhass oder Judenfurcht. [479] Allein die Antiochener, Sidonier und Apameer schonten die bei ihnen wohnenden jüdischen Minderheiten und gestatteten nicht, dass man Juden tötete oder gefangennahm, vielleicht deshalb, weil sie auf Grund der eigenen Überzahl jüdische Unruhen nicht glaubten befürchten zu müssen, noch mehr aber, wie mir scheint, aus Mitleid gegen Menschen, bei denen sie keinerlei Neigung zu Unruhen wahrnehmen konnten. [480] Die Gerasener endlich taten den Juden, die bei ihnen blieben, nichts zuleide und geleiteten die, welche die Stadt zu verlassen wünschten, bis an die Grenze.
Josephus, Jüdischer Krieg 2,477–480 (Michel / Bauernfeind, Bd. 1, S. 276–279).

Gefangennahme und Zukunftsvorhersage des Josephus

[392] Nachdem er [*scil.* Josephus] so dem Krieg mit den Römern und dem mit den eigenen Leuten entronnen war, wurde er von Nikanor zu Vespasian geführt. [393] Die Römer liefen alle zusammen, um ihn zu betrachten, und von der Menge, die sich um den Feldherrn drängte, erhob sich ein verschiedenstimmiger Lärm: Die einen freuten sich über dessen Gefangennahme, andere stießen Drohungen aus, wieder andere drängten sich herzu, ihn nahe zu sehen. [394] Die weiter Entfernten schrieen, man solle den Feind hinrichten, die Näherstehenden aber wurden von der Erinnerung an seine Taten bewegt und auch von dem Erschrecken über den raschen Wechsel des Schicksals; [395] bei den Offizieren gab es keinen, der nicht, selbst wenn er vorher über ihn erbittert war, bei seinem Anblick weich gestimmt worden wäre. [396] Mehr als die anderen wurde Titus vor allem von der Ausdauer des Josephus im Unglück ergriffen und

auch vom Mitleid mit seiner Jugend. Wenn er sich vergegenwärtigte, wie jener gekämpft hatte, und sah, wie er jetzt in die Hand der Feinde gefallen war, kam ihm der Gedanke an die große Macht des Geschicks, an den schnellen Umschlag des Kriegsglücks und an die Unsicherheit aller menschlichen Dinge. [397] Dazu bewog er damals schon die meisten anderen zu ähnlichen Gefühlen und zum Mitleid mit Josephus; vor allem gab auch seine Fürsprache bei dem Vater den Ausschlag für die Rettung. [398] Freilich befahl Vespasian, ihn mit besonderer Sorgfalt zu bewachen, da er ihn gleich darauf zu Nero schicken wollte.

[399] Als Josephus davon gehört hatte, ließ er ihm sagen, dass er etwas mit ihm allein zu besprechen wünsche. Dieser hieß alle anderen außer seinem Sohn Titus und zwei Freunden hinausgehen; [400] darauf sagte Josephus: »Du glaubst, Vespasian, in Josephus lediglich einen Kriegsgefangenen in die Hand bekommen zu haben, ich komme aber zu dir als Künder großer Ereignisse. Denn wäre ich nicht von Gott gesandt, so hätte ich gewusst, was das Gesetz der Juden bestimmt und wie es einem Feldherrn zu sterben geziemt. [401] Zu Nero willst du mich schicken? Wozu denn? Werden denn die Nachfolger Neros bis zu deinem Regierungsantritt lange an der Herrschaft bleiben? Du, Vespasian, wirst Kaiser und Alleinherrscher, sowohl du wie dieser dein Sohn. [402] Lass mich jetzt nur noch fester fesseln und für dich selbst aufbewahren, denn du, Caesar, wirst nicht nur mein Herr sein, sondern der über Erde und Meer und das ganze Menschengeschlecht. Ich bitte aber um eine noch schärfere Bewachung, damit du mich bestrafen kannst, wenn ich die Sache Gottes leichtfertig behandle.« [403] Man merkte es dem Vespasian an, dass er diesen Worten im ersten Augenblick nicht glaubte, denn er hatte den Verdacht, dass Josephus diese Finte zur Rettung seines Lebens ersonnen habe; [404] allmählich aber gewann doch ein zuversichtlicheres Urteil bei ihm die Oberhand, da Gott selbst ihm bereits Gedanken an die Thronbesteigung eingab und durch andere Vorzeichen die kommende Herrschaft ankündigte. [405] Dass Josephus mit seinen Vorhersagen zuverlässig war, stellte sich für Vespasian auch in anderen Fällen heraus: denn einer seiner Freunde, der bei der geheimen Unterredung zugegen war, äußerte seine Verwunderung darüber, dass Josephus weder den Bewohnern Jotapatas den Fall ihrer Stadt, noch sich selbst die eigene Gefangennahme vorausgesagt habe. Sei dies nicht der Fall, so müsse man das alles für leeres Geschwätz eines Menschen halten, der das Zorngewitter von seinem Haupt ablenken wolle. [406] Daraufhin bemerkte Josephus, er habe in der Tat den Bewohnern Jotapatas vorausgesagt, dass sie nach 47 Tagen in die Hand des Feindes fallen würden und dass er selbst von den Römern lebendig gefangen werde. [407] Nachdem sich Vespasian unter der Hand bei den Kriegsgefangenen danach erkundigt hatte und die Aussage als wahr bestätigt fand, begann er nunmehr, immer stärker an die Wahrheit der Weissagungen, die ihn selbst betrafen, zu glauben. [408] Bewachung und Fesseln erließ er dem Josephus allerdings nicht, beschenkte ihn aber mit einem Gewand und anderen Kostbarkeiten und behandelte ihn weiterhin freundlich und ehrenvoll. Diese Auszeichnung hatte Josephus in besonderem Maße dem Titus zu verdanken.

Josephus, Jüdischer Krieg 3,392–408 (Michel / Bauernfeind, Bd. 1, S. 374–379).

Tyrannei der Zeloten und Idumäer

[326] Nach ihrer Ermordung fielen die Zeloten und die Scharen der Idumäer das Volk an, als wäre es eine Herde unreiner Tiere, und schlachteten es hin. [327] Die gewöhnlichen Leute wurden niedergemetzelt, wo man sie gerade fasste. Edle und Junge dagegen verhaftete man und warf sie ins Gefängnis, wobei man ihre Hinrichtung aufschob, weil man hoffte, sie könnten sich ihrer Partei anschließen. [328] Aber keiner schenkte ihnen Gehör, vielmehr zogen es alle vor, zu sterben, anstatt sich auf die Seite dieser Verbrecher und damit gegen die Sache des Vaterlandes zu stellen. [329] Für ihre Weigerung mussten sie schreckliche Misshandlungen erdulden: sie wurden gegeißelt und gefoltert, und erst wenn ihr Leib den Marterwerkzeugen nicht mehr gewachsen war, gab man ihnen mit dem Schwert den Gnadenstoß. [330] Die bei Tag Verhafteten wurden bei Nacht hingerichtet, ihre Leichen schaffte man weg und warf sie auf die Straße, um für andere Gefangene Raum zu gewinnen. [331] So sehr war das Volk vom Schrecken gelähmt, dass niemand es wagte, einen ihm nahestehenden Toten öffentlich zu beweinen oder zu begraben; nur hinter verschlossenen Türen vergoss man für sie heimliche Tränen, und wenn man sie beseufzte, sah man sich vorher um, ob keiner der Gegner es höre. [332] Denn wer trauerte, erlitt sofort das gleiche Schicksal wie der Betrauerte selbst. Nachts nahm man mit beiden Händen ein wenig Staub und warf ihn über die Leichen; bei Tag trauten sich dies nur die Verwegenen zu. [333] 12 000 junge adlige Männer gingen auf diese Weise zugrunde.
Josephus, Jüdischer Krieg 4,326–333 (Michel / Bauernfeind, Bd. 2.1, S. 52–55).

Klage des Josephus über den Fall der Stadt

[15] Obwohl nämlich die Aufständischen in ihrer Raserei vor keinem Frevel zurückschreckten, ließen sie doch die Menschen, die ein Opfer darbringen wollten, ein: freilich mit Äußerungen des Argwohns und unter Aufsicht die Einheimischen, während sie die Fremden genau untersuchten. Selbst wenn es ihnen an den Eingängen gelang, die Grausamkeit der Bewacher durch Bitten zu entwaffnen, wurden sie dann gerade unnötige Opfer des inneren Zwists. [16] Denn die von den Wurfmaschinen geschleuderten Geschosse flogen dank ihrer Wucht bis zum Altar und zum Tempelgebäude und trafen die Priester samt den Opfernden. [17] Und viele, die von den Enden der Erde zu diesem weltberühmten und allen Menschen heiligen Ort herbeigeeilt waren, fielen selbst noch vor ihren Opfertieren und benetzten mit ihrem eigenen Blut den bei allen Griechen und Barbaren verehrten Altar. [18] Mit den Leichen der Einheimischen lagen die von Fremden, mit denen von Priestern die von Laien durcheinander gemengt zusammen, und das Blut von mancherlei Erschlagenen bildete Lachen in den Vorhöfen Gottes. [19] Hast du denn, unglücklichste aller Städte, ein solches Leid von den Römern erfahren, welche bei dir Einzug hielten, um dich durch Feuer von den Greueln zu reinigen, mit denen die Einheimischen dich befleckt hatten? Denn du warst nicht mehr Gottes Stadt noch konntest du es länger bleiben, nachdem du zum Totenfeld deiner Hausgenossen geworden warst und

den Tempel zum Massengrab der Opfer eines Bürgerkriegs gemacht hattest! Du könntest freilich wieder bessere Tage sehen, wenn du jemals Gott, der dich verheeren ließ, versöhnen wolltest. [20] Aber die leidenschaftlichen Gefühle müssen zugunsten des Gesetzes der Geschichtsschreibung unterdrückt werden, da hier nicht der Ort für persönliche Wehklagen, sondern für den Bericht über die geschichtlichen Tatsachen ist. Deshalb will ich den weiteren Verlauf der Ereignisse des Aufstandes schildern.
Josephus, Jüdischer Krieg 5,15–20 (Michel / Bauernfeind, Bd. 2.1, S. 109).

Massenweise Kreuzigungen

[448] Es waren jetzt auch einige bewaffnete Aufständische dabei, die mit den geraubten Vorräten nicht mehr auskamen, meistens aber waren es arme Leute aus dem Volk, die nur die Angst um ihre Angehörigen vom Überlaufen zurückhielt. Sie konnten ja nicht hoffen, den Aufständischen zu entgehen, wenn sie sich mit Weib und Kind davonmachten; [449] die Ihrigen aber zurückzulassen, damit diese an ihrer Statt von den Räubern abgeschlachtet würden, das brachten sie auch nicht übers Herz. Nur der Hunger verlieh ihnen den Mut, sich hinauszuwagen, und hatten sie auch die Stadt unbemerkt verlassen, war es immer noch nicht sicher, ob sie nicht den Feinden in die Hände fielen. Wenn sie aber gefasst wurden, wehrten sie sich gewöhnlich aus ihrer Notlage heraus. Da es ihnen nach einem Kampf schon zu spät zu sein schien, noch um Gnade zu flehen, wurden sie folglich gegeißelt und mit Misshandlungen jeder Art vor Ihrem Tod gefoltert, um dann schließlich der Mauer gegenüber gekreuzigt zu werden. [450] Freilich war Titus für dies jammervolles Schicksal nicht blind, zumal an jenem Tag 500 oder mehr Gefangene eingebracht wurden; doch andererseits erkannte er auch, dass man vorsichtigerweise diese mit Gewalt Ergriffenen nicht einfach freilassen könnte. Eine solche Menge aber bewachen zu lassen, bedeutete eigentlich, die Wächter bewachen zu lassen. Der Hauptgrund aber, warum er die Kreuzigungen nicht untersagte, war in Wirklichkeit noch ein anderer: er hoffte, dass dieser Anblick vielleicht die Juden zur Übergabe veranlassen könnte, da sie das gleiche Schicksal zu erwarten häten, wenn sie sich nicht ergeben wollten. [451] Die Soldaten aber trieben voller Wut und Hass ihren Spott mit den Gefangenen, indem sie jeden in einer anderen Stellung ans Kreuz nagelten, und bald fehlte es an Platz für die Kreuze und an Kreuzen für die Leiber, so viele waren es.
Josephus, Jüdischer Krieg 5,448–451 (Michel / Bauernfeind, Bd. 2.1, S. 178–181).

Hunger in der Stadt und Fälle von Kannibalismus

[193] Die Menschen in der Stadt gingen dem Hungertode entgegen. In unzählbarer Menge kamen sie um, und es widerfuhr ihnen unbeschreibliches Elend. [194] In jedem Hause gab es nämlich einen Kampf, wenn irgendwo noch etwas zum Vorschein kam, das auch nur von ferne wie etwas Essbares aussah, und mit den Fäusten gingen die engsten Freunde aufeinander los und rissen dem anderen die erbärmlichen Reste weg, mit denen er noch sein Leben fristete. [195]

Selbst den Sterbenden glaubte man nicht, dass sie nichts mehr hätten, vielmehr durchsuchten die Räuber auch die Menschen, die in den letzten Zügen lagen, ob nicht das Sterben nur ein Vorwand sei und einer dabei noch Nahrungsmittel in der Busenfalte trug. [196] Vor Hunger sperrten sie den Mund weit auf, wie tollwütige Hunde; sie irrten umher, begaben sich hierhin und dorthin, stürmten wie Betrunkene in die Türen und drangen in ihrer Hilflosigkeit in dieselben Häuser zwei oder drei Mal in einer Stunde ein. [197] Alles brachte die Not ihnen zwischen die Zähne, und sogar solche Dinge, die nicht einmal den unreinsten der unvernünftigen Tiere zuträglich sind, lasen sie zusammen und brachten es fertig, sie zu verzehren. [198] So verschmähten sie schließlich nicht einmal Leibgurte und Schuhwerk, und von ihren Schilden zogen sie die Lederhäute ab und kauten darauf herum. Als Nahrung diente einigen auch ein Büschel altes Heu; manche sammelten nämlich Fasern und verkauften das kleinste Gewicht um vier attische Drachmen. [199] Und wozu muss ich von der Schamlosigkeit berichten, zu der der Hunger die Menschen gegenüber leblosen Dingen trieb? Ich möchte vielmehr dazu übergehen, ein Werk des Hungers zu berichten, wie es weder bei Griechen noch bei Barbaren je bezeugt worden ist. Schauder erfasst einen beim Erzählen und wer es hört, kann es nicht glauben. [200] Und ich für meinen Teil hätte gern diesen Vorfall übergangen, um nicht den späteren Geschlechtern als Erzähler von unglaubhaften Geschichten zu erscheinen, wenn ich nicht unter meinen eigenen Zeitgenossen unzählige Zeugen hätte. Andererseits könnte ich meiner Vaterstadt wohl nur einen recht kühlen Dank abstatten, wenn ich nicht einmal in der Erzählung dem getreu bliebe, was sie in Wirklichkeit hat erleiden müssen.

[201] Es handelt sich um eine Frau von den Bewohnern des Gebietes jenseits des Jordan mit dem Namen Maria; ihr Vater hieß Eleazar, sie stammte aus dem Dorfe Bethezuba (dies bedeutet: »Haus des Ysops«) und genoss wegen ihrer Abstammung und wegen ihres Reichtums besonderes Ansehen. Mit der übrigen Menge hatte sie sich nach Jerusalem geflüchtet und die Belagerung miterlebt. [202] Einen Teil ihres Besitzes, soweit sie ihn hatte zusammenpacken und aus Peräa in die Stadt mitbringen können, hatten ihr die Tyrannen geraubt; die noch übriggebliebenen Kostbarkeiten und was überhaupt noch an Nahrung entdeckt wurde, nahmen die Lanzenträger ihr weg, die Tag für Tag bei ihr eindrangen. [203] Eine furchtbare Erregung bemächtigte sich der Frau; oft genug beschimpfte und verfluchte sie die Plünderer und versuchte, sie so gegen sich aufzureizen. [204] Aber niemand wollte, weder aus Zorn noch aus Mitleid, ihrem Leben ein Ende machen. Sie selber wurde es überdrüssig, das bisschen Nahrung nur für andere ausfindig zu machen, und tatsächlich war auch nirgends mehr etwas zu finden. Der Hunger drang ihr dabei in Herz und Hirn, und mehr noch als der Hunger entflammte sie die Wut. Zu ihrer Not nahm sie noch den Zorn als Ratgeber hinzu und wandte sich gegen die Natur. Sie packte ihr Kind, sie hatte nämlich einen Knaben, der noch nicht entwöhnt war, und rief: [205] »Du unglückliches Kind: auf welches Schicksal hin soll ich dich noch erhalten, wo doch Krieg und Hunger und Aufruhr herrschen? [206] Bei den Römern ist Sklaverei

unser Los, wenn wir überhaupt unter ihrer Herrschaft am Leben bleiben. Doch schneller als die Knechtschaft ist der Hunger, und die Aufrührer sind noch schlimmer als beide. [207] Auf denn, werde zu einer Speise für mich, für die Aufrührer zu einem Rachegeist, zu einer Kunde für die Lebenden, die allein noch fehlt, wenn man all das Unglück der Juden recht schildern wollte.« [208] Mit diesen Worten tötete sie ihren Sohn, dann briet sie ihn und aß ihn zur Hälfte auf, deckte das übrige zu und verwahrte es. [209] Sogleich waren die Aufrührer zur Stelle, und als sie den fluchwürdigen Bratendunst rochen, drohten sie der Frau, falls sie ihnen nicht zeigte, was sie da zubereitet hätte, sie augenblicklich niederzustechen. Darauf sagt sie, sie habe ihnen noch ein gutes Stück aufbewahrt und nahm die Decke von den Resten ihres Kindes. [210] Da packte jene doch Schauer und Entsetzen; bei diesem Anblick standen sie wie zu Eis erstarrt. Aber sie sprach: »Mein leibliches Kind ist dies, und meine Tat! Esst nur, ich habe doch auch gegessen. [211] Seid nicht weicher als eine Frau und habt nicht noch mehr Mitgefühl als eine Mutter! Wenn ihr aber so fromm seid und vor meinem Opfer zurückschreckt, nun, dann habe ich eben schon für euch gegessen, und der Rest soll mir auch noch bleiben!« [212] Daraufhin verließen jene zitternd das Haus. Dies eine Mal wurden sie doch etwas ängstlich und überließen der Mutter diese Speise, wenn auch nur ungern. Sehr bald war die ganze Stadt voll von der Nachricht über diesen Greuel. Ein jeder zitterte, da er sich die Schreckenstat so vor Augen stellte, als hätte er sie selbst verübt. [213] Die Hungernden hatten es jetzt eilig mit dem Sterben, und glücklich pries man die Menschen, die schon zu einem früheren Zeitpunkt dahingegangen waren: bevor sie solche schlimmen Dinge gehört und gesehen hatten.
Josephus, Jüdischer Krieg 6,193–213 (Michel / Bauernfeind, Bd. 2.2, S. 34–37).

Zerstörung des Tempels

[249] Titus zog indessen wieder auf die Antonia zurück. Er war entschlossen, sich bei Anbruch des nächsten Tages [*scil.* 11. Ab] mit seiner gesamten Heeresmacht auf die Feinde zu werfen und den Tempel ringsherum einzuschließen. [250] Diesen hatte Gott jedoch schon längst zum Feuer verurteilt, und in den Umläufen der Zeiten war jetzt der schicksalhaft bestimmte Tag herbeigekommen, nämlich der 10. des Monats Loos, an welchem der Tempel auch schon ehemals vom König der Babylonier in Brand gesteckt worden war. [251] Dass der Tempel in Flammen aufging, war diesmal freilich von den Juden selbst veranlasst und verschuldet. Als Titus nämlich zurückgewichen war und die Aufrührer ein wenig ausgeruht hatten, fielen sie wieder über die Römer her [*scil.* 10. Ab], und es kam zu einem Gefecht zwischen den Tempelwachen und den im inneren Tempelbezirk mit Löscharbeiten beschäftigten Römern. Dabei schlugen diese die Juden in die Flucht und blieben ihnen bis ans Tempelgebäude auf den Fersen. [252] Hier geschah es nun, dass einer von den Soldaten, ohne einen Befehl abzuwarten und ohne vor solch einem Unternehmen zurück zu schrecken, aus einem übermenschlichen Antrieb heraus ein Stück aus dem lodernden Brande

ergriff: er ließ sich von einem anderen Soldaten emporheben und schleuderte das Feuer zum goldenen Fenster hinein, durch welches man von der Nordseite her in die Räume rings um das Tempelhaus gelangen konnte. [253] Als nun die Flamme emporschoss, erhoben die Juden ein Geschrei, das diesem schrecklichen Unglück durchaus entsprach. Sie liefen zusammen, um dem Feuer zu wehren, und nahmen dabei weder Rücksicht auf ihr eigenes Leben noch sparten sie ihre Kräfte, schwand doch jetzt gerade das dahin, wofür sie vorher all ihre Wachsamkeit aufgeboten hatten.

[254] Ein Soldat lief zu Titus und brachte ihm die Nachricht. Jener wollte sich gerade in seinem Zelt vom Kampf ausruhen; nun sprang er auf und lief, so wie er war, zum Tempel, um dem Feuer zu wehren. [255] Gleich hinter ihm folgten auch sämtliche Offiziere, und nach diesen wiederum die aufgescheuchten Legionen. Dabei entstand ein Schreien und Lärmen, wie es eben die ungeordnete Bewegung einer solchen Truppenmasse mit sich brachte. [256] Zwar versuchte der Caesar jetzt mit Rufen und Gebärden, den kämpfenden Soldaten anzuzeigen, dass sie das Feuer löschen sollten, jedoch vernahmen sie sein Rufen nicht, weil ihre Ohren von einem noch lauteren Geschrei voll waren, und auf seine Handbewegungen achteten sie nicht, da die einen vom Kämpfen, die anderen aber von ihrer Erbitterung ganz und gar eingenommen waren. [257] Die Angriffswut der hereinbrechenden Legionen war weder durch Ermahnungen noch durch Drohungen aufzuhalten; den Oberbefehl führte bei allen jetzt die Wut. Dabei stießen sie an den Eingängen so hart aufeinander, dass viele von ihren eigenen Leuten niedergetreten wurden, viele stürzten auch in die noch heißen und rauchenden Trümmer der Hallen und erlitten das Schicksal der unterliegenden Feinde. [258] Die Soldaten, die in die Nähe des Tempels kamen, stellten sich so, als ob sie die Befehle des Caesars nicht einmal hörten, und riefen noch dazu ihre Vordermänner auf, den Brand in den Tempel zu werfen. [259] Für die Aufrührer gab es jetzt keine Möglichkeit mehr, das Unglück abzuwenden; allenthalben wurden die Juden niedergemetzelt und in die Flucht geschlagen. Zum größten Teil aber waren es schwache Leute aus dem Volk, die überhaupt keine Waffen trugen, die jetzt in die Hand der Feinde gerieten und auf der Stelle abgeschlachtet wurden. In großer Menge häuften sich die Toten um den Brandopferaltar, Blut floss in Strömen von den Stufen des Tempels, gefolgt von den hinabgleitenden Leibern der weiter oberhalb Getöteten.

[260] Als der Caesar aber die Angriffswut seiner Soldaten, die von leidenschaftlicher Raserei erfüllt waren, nicht mehr zurückzuhalten imstande war, und nun auch das Feuer die Oberhand bekam, da trat er zusammen mit seinen Offizieren ins Innere; er beschaute sich das Heilige des Tempels und was sich in ihm befand, – alles war noch viel erhabener als sein Ruf bei den Fremden, und doch stand es dem nicht nach, was ihm die Einheimischen an Ruhm und Glanz zusprachen. [261] Da nun die Flammen noch an keiner Stelle nach innen gedrungen waren, sondern erst die ringsum das Tempelgebäude liegenden Gemächer verheerten, glaubte Titus – was ja auch der tatsächlichen Lage entsprach – man könne das Bauwerk noch vor den Flammen retten. [262] Er eilte

also nach draußen, versuchte, durch persönliche Ermahnungen die Soldaten zum Löschen des Feuers zu veranlassen, und befahl dann noch dem Liberalius, einem Centurio von den ihn umgebenden Speerträgern, mit Stockschlägen diejenigen in Schach zu halten, die den Anordnungen des Caesars nicht gehorchten. [263] Aber mächtiger als die Scheu vor dem Caesar und die Furcht vor dem Centurio, der sich ihnen in den Weg stellte, lebten in ihnen jetzt die Wut, der Hass gegen die Juden und eine überwallende Kampfesgier. [264] Den großen Haufen jedoch trieb die Aussicht auf Raub; waren diese Soldaten doch fest davon überzeugt, dass das Tempelinnere ganz voll sein müsse von Schätzen, da sie ihn ja schon von außen mit Goldarbeiten eingefasst sahen. [265] Als der Caesar nun gerade nach draußen geeilt war, um die Soldaten aufzuhalten, legte einer von den Römern, die schon ins Innere vorgedrungen waren, in der Dunkelheit in aller Eile Feuer an die Angeln des Tores. [266] Als dann plötzlich vom Tempelinneren her die Flamme aufleuchtete, mussten sich auch die Offiziere zusammen mit dem Caesar zurückziehen; jetzt machte auch niemand mehr den Versuch, die Soldaten draußen an der weiteren Brandstiftung zu hindern. Auf diese Weise ging also das Tempelgebäude wider den Willen des Caesars in Flammen auf.

[267] Man muss gewiss um ein solches Bauwerk sehr trauern; es war ja von allen Bauten, von denen wir aus Berichten oder eigener Anschauung Kenntnis haben, das Wunderbarste; zunächst wegen seiner Bauart und Größe, dann aber auch wegen seiner Kostbarkeit in jeder Einzelheit und wegen der Erhabenheit seiner heiligen Räume. Doch wird man überreichen Trost finden in dem Gedanken, dass Werke und Stätten der Menschen dem Verhängnis ebensowenig entrinnen können wie lebende Wesen. [268] Man muss sich jedoch sehr über die Genauigkeit im Umlauf der Zeiten wundern, die in diesem Schicksal zu erkennen ist: Passte es doch, wie im schon erwähnt habe, den Monat und sogar den gleichen Tag ab, an welchem der Tempel einstmals von den Babyloniern in Brand gesetzt worden war. [269] Von seiner ersten Gründung, die durch den König Salomo erfolgt war, bis zu seiner jetzigen Zerstörung, die in das zweite Regierungsjahr Vespasians fiel, ergeben sich 1130 Jahre, 7 Monate und 15 Tage, [270] von der zweiten Gründung, die Haggai im 2. Jahre des Königs Kyros vollzog, bis zur Eroberung unter Vespasian 639 Jahre und 45 Tage.
Josephus, Jüdischer Krieg 6,249–270 (Michel/Bauernfeind, Bd. 2.2, S. 34–37).

Vorzeichen der Tempelzerstörung, Auftreten des Jesus bar Anania

[296] Nach dem Fest, gar nicht viele Tage später, am 21. des Monats Artemisios [*scil.* 8. Juni], zeigte sich eine unheimliche, kaum glaubliche Erscheinung. [297] Das, was ich zu berichten habe, könnte, so glaube ich, wohl als Aufschneiderei erscheinen, wenn es nicht auch durch Augenzeugen berichtet worden wäre und die nachfolgenden Leiden den Zeichen angemessen gewesen wären. [298] Vor Sonnenaufgang nämlich zeigten sich im ganzen Lande Lufterscheinungen, Wagen und bewaffnete Heerscharen, die durch die Wolken stoben und die Städte umzingelten. [299] Als an dem Fest, das Pfingsten genannt wird, die Priester

nachts in den inneren Tempelbezirk kamen, um nach ihrer Gewohnheit ihren heiligen Dienst zu verrichten, hätten sie, wie sie sagen, zuerst eine Bewegung und ein Getöse wahrgenommen, danach aber einen vielfältigen Ruf: »Lasst uns von hier fortziehen!« [300] Furchtbarer aber als diese Dinge war folgendes: Vier Jahre vor dem Krieg, als die Stadt noch im höchsten Maße Frieden und Wohlstand genoss, kam nämlich ein gewisser Jesus, Sohn des Ananias, ein ungebildeter Mann vom Lande zu dem Fest, bei dem es Sitte ist, dass alle Gott eine Hütte bauen, in das Heiligtum und begann unvermittelt zu rufen: [301] »Eine Stimme vom Aufgang, eine Stimme vom Niedergang, eine Stimme von den vier Winden, eine Stimme über Jerusalem und den Tempel, eine Stimme über Bräutigam und Braut, eine Stimme über das ganze Volk!« So ging er in allen Gassen umher und schrie Tag und Nacht. [302] Einige angesehene Bürger, die sich über das Unglücksgeschrei ärgerten, nahmen ihn fest und misshandelten ihn mit vielen Schlägen. Er aber gab keinen Laut von sich, weder zu seiner Verteidigung noch eigens gegen die, die ihn schlugen, sondern stieß beharrlich weiter dieselben Rufe aus wie zuvor. [303] Da glaubten die Obersten, was ja auch zutraf, dass den Mann eine übermenschliche Macht treibe und führten ihn zu dem Landpfleger, den die Römer damals eingesetzt hatten. [304] Dort wurde er bis auf die Knochen durch Peitschenhiebe zerfleischt, aber er flehte nicht und weinte auch nicht, sondern mit dem jammervollsten Ton, den er seiner Stimme geben konnte, antwortete er auf jeden Schlag: »Wehe dir, Jerusalem!« [305] Als aber Albinus – denn das war der Landpfleger – fragte, wer er sei, woher er komme und weshalb er ein solches Geschrei vollführe, antwortete er darauf nicht das geringste, sondern fuhr fort, über die Stadt zu klagen und ließ nicht ab, bis Albinus urteilte, dass er wahnsinnig sei und ihn laufen ließ. [306] In der Zeit bis zum Kriege aber näherte er sich keinem der Bürger, noch sah man ihn mit jemandem sprechen, sondern Tag für Tag rief er, als ob er ein Gebet eingelernt hätte, seine Klage: »Wehe, wehe dir Jerusalem!« [307] Er aber fluchte keinem von denen, die ihn schlugen, obwohl es täglich vorkam, noch segnete er die, die ihm Nahrung gaben – eine einzige Antwort nur hatte er für alle, jenes unselige Rufen. [308] Am meisten aber schrie er an den Festtagen, und das tat er sieben Jahre und fünf Monate lang ohne Unterbrechung – seine Stimme stumpfte nicht ab, noch wurde er müde, bis er zur Zeit der Belagerung zur Ruhe kam, als er seinen Ruf zur Tat werden sah. Denn als er auf seinem Rundgang von der Mauer herab gellend rief: [309] »Und noch einmal wehe der Stadt und dem Volk und dem Tempel!«, da setzte er zum Schluss hinzu: »und wehe auch mir!«, denn ein Stein schnellte aus der Wurfmaschine und traf ihn, so dass er auf der Stelle tot war und, noch jene Weherufe auf den Lippen, seinen Geist aufgab.

[310] Wenn man das bedenkt, so findet man, dass Gott zwar für die Menschen sorgt und ihrem Geschlecht auf mannigfaltige Weise die Rettung vorher bezeichnet, sie aber infolge von Unverstand und selbst verschuldetem Elend zugrunde gehen. [311] So haben ja die Juden auch das Heiligtum nach der Zerstörung der Antonia viereckig gemacht, obwohl sie in den Gottessprüchen eine Aufzeichnung hatten, dass die Stadt und der Tempel erobert würden, wenn das

Heiligtum die Form eines Vierecks bekäme. [312] Was sie aber am meisten zum Krieg aufstachelte, war eine zweideutige Weissagung, die sich ebenfalls in den heiligen Schriften fand, dass in jener Zeit einer aus ihrem Land über die bewohnte Erde herrschen werde. [313] Dies bezogen sie auf einen aus ihrem Volk, und viele Weise täuschten sich in ihrem Urteil. Der Gottesspruch zeigt vielmehr die Herrscherwürde des Vespasian an, der in Judäa zum Kaiser ausgerufen wurde. [314] Aber es ist ja den Menschen nicht möglich, dem Verhängnis zu entrinnen, auch wenn sie es voraussehen. [315] Die Juden aber deuteten manche Vorzeichen auf eine freudige Erfüllung ihrer Wünsche, andere missachteten sie, bis sie durch die Eroberung der Vaterstadt und ihr eigenes Verderben des Unverstandes überführt wurden.
Josephus, Jüdischer Krieg, 6,296–315 (Michel/Bauernfeind, Bd. 2.2, S. 52–55).

Der letzte Tag Jerusalems. Exkurs über Herkunft und Sitten der Juden

[1,1] Zu Beginn eben dieses Jahres entfaltete Caesar Titus, der von seinem Vater zur Niederwerfung Judäas ausersehen war und der sich auch schon zu der Zeit, da beide noch im Privatstand lebten, militärisch ausgezeichnet hatte, nunmehr eine größere und ruhmvollere Tätigkeit, wobei Provinzen und Heere wie im Wetteifer miteinander für ihn eintraten […] [3] Drei Legionen, die 5., 10. und 15., lauter altgediente Soldaten Vespasians, fand er in Judäa vor. Mit dieser vereinigte er die 12. Legion aus Syrien und die aus Alexandria hergeholten Zweiundzwanziger und Dreier. Seine Begleitung bildeten 20 bundesgenössische Kohorten und acht Reiterschwadronen, dazu die Könige Agrippa und Sohämus und Hilfsvölker des Königs Antiochus, auch eine wackere und – gehässig wie Nachbarn gewöhnlich sind – judenfeindliche Araberschar, schließlich noch viele Leute aus Rom und Italien, die die persönliche Hoffnung hergelockt hatte, den noch nicht in Beschlag genommenen Fürsten vorweg für sich zu gewinnen. Mit diesen Truppen rückte er, alles auskundschaftend und zum Entscheidungskampf bereit, in wohlgeordnetem Heereszug ins feindliche Gebiet und schlug nicht weit von Jerusalem sein Lager auf.

[2,1] Da ich nun den letzten Tag dieser vielgenannten Stadt schildern möchte, erscheint es mir angemessen, erst ihre Anfangsgeschichte aufzuzeigen. Wie berichtet wird, sollen die Juden die Insel Kreta fluchtartig verlassen und das Küstengebiet Libyens besiedelt haben, angeblich in der Zeit, da der von Jupiter vertriebene Saturn sein Regiment aufgab. Einen Beleg sucht man in ihrem Namen: Auf Kreta sei nämlich der berühmte Berg Ida, und die an seinem Fuß wohnenden Idäer bezeichne man in einer fremdartigen Dehnung des Namens als Judäer. [2] Einige berichten, während der Herrschaft der Isis habe sich die in Ägypten vorhandene Bevölkerung unter Führung eines Hierosolymus und Juda in die Nachbarländer entleert. Nach weitverbreiteter Ansicht handelt es sich um Nachkommen der Äthiopier, die zur Zeit des Königs Kepheus durch Furcht und Hass zum Wechsel ihrer Wohnsitze genötigt worden seien. [3] Eine weitere Überlieferung sagt, dass assyrische Einwanderer, ein Volk auf der Suche nach

Ackerland, sich eines Stückes von Ägypten bemächtigt, späterhin aber eigene Städte, die Hebräerlande sowie das nahe an Syrien liegende Gebiet besiedelt hätten. Wieder andere erkennen den Juden einen rühmlichen Ursprung zu: Die Solymer, ein in Homers Gedichten gefeierter Stamm, hätten die von ihnen gegründete Hauptstadt nach ihrem eigenen Namen als Hierosolyma bezeichnet.

[3,1] Die meisten Autoren teilen die Annahme, dass bei dem Ausbruch einer über Ägypten sich verbreitenden, den ganzen Körper entstellenden Seuche der König Bocchoris sich an das Hammon-Orakel mit der Bitte um ein Heilmittel gewandt und dort die Weisung erhalten habe, er solle sein Reich einer Säuberung unterziehen und dabei dieses Geschlecht als gottverhasst in andere Länder abschieben. So habe man denn die Leute zusammengesucht und gesammelt. Wie man sie dann in Einöden ihrem Schicksal überließ, da habe, während die übrigen wie stumpfsinnig vor sich hin weinten, Moses, einer der Ausgewiesenen, sie aufgefordert, keinesfalls auf ein Eingreifen der Götter oder auf Menschenhilfe zu warten, da sie ja von diesen und jenen verlassen seien; sie sollten vielmehr, angesichts der himmlischen Führung, unter der sie stünden, auf sich selber vertrauen; dieser himmlische Beistand sei es in erster Linie, wodurch sie das gegenwärtige Elend überwinden würden. Man stimmte bei und trat, aller Dinge unkundig, aufs Geratewohl den Marsch an. [2] Es setzte ihnen damals aber nichts so zu wie der Mangel an Wasser. Schon waren sie, der Erschöpfung nahe, überall auf den Gefilden rings hingesunken, als eine Herde Wildesel von ihrem Weideplatz zu einer waldbeschatteten Schlucht hinüberwechselte. Moses folgte ihr und entdeckte, was er bei dem grasreichen Boden schon vermutet hatte, reichliche Wasseradern. Dies war eine rechte Erquickung für die Leute, und so konnten sie einen Dauermarsch von sechs Tagen zurücklegen und am siebten Tag nach Vertreibung der bisherigen Bewohner das Land besetzen, in dem sie dann ihre Hauptstadt anlegten und den Tempel weihten.

[4,1] Um sich des Volkes für die Zukunft zu versichern, führte Moses neue religiöse Bräuche ein, die mit den sonst auf der Welt üblichen im Widerspruch standen. Dort bei den Juden ist alles unheilig, was bei uns heilig ist; andererseits ist bei ihnen gestattet, was wir als Greuel betrachten. Im Allerheiligsten stellten sie das Weihebild eines der Tiere auf, die ihnen den erlösenden Weg aus Irrsal und Verschmachtung gewiesen hatten; dabei wurde wie zum Hohn auf Hammon ein Widder geschlachtet. Auch Stieropfer bringen sie dar, da ja die Ägypter den Apis verehren. Des Genusses von Schweinefleisch enthalten sich die Juden in Erinnerung an die einstige Heimsuchung; war doch über sie selbst seinerseits der schreckliche Aussatz gekommen, von dem dieses Tier befallen zu werden pflegt. [2] Zeugnis von ihrer einstigen langen Hungersnot gibt noch jetzt ihr häufiges Fasten, und zum Beweis dafür, dass sie einmal Feldfrüchte rauben mussten, hält man am Genuss des ohne Sauerteig bereiteten jüdischen Brotes fest. Jeweils den siebten Tag zur Ruhe zu bestimmen, sagte ihnen angeblich deshalb zu, weil dieser Tag das Ende ihrer Mühsal gebracht habe. Dass sie weiterhin auch jedes siebte Jahr dem Müßiggang weihten, soll von ihrer Freude am Nichtstun herrühren. [3] Nach anderer Ansicht wird damit dem Saturn eine Ehre erwiesen, sei es, weil die

Idäer, die der Überlieferung zufolge zu der gleichen Zeit wie Saturn vertrieben wurden und die die Stammväter des Judenvolks sind, die Anfänge seines Kultes lehrten, vielleicht auch, weil von den sieben Gestirnen, von denen die Menschen gelenkt werden, der Saturnstern sich im höchsten Kreis und mit vorzüglichem Einfluss bewegt; überdies sei es ja den meisten Himmelskörpern eigen, sich in der Vollendung ihrer Laufbahn nach der Siebenzahl zu richten.

[5,1] Die erwähnten Gebräuche, woher sie auch immer stammen mögen, rechtfertigt ihr hohes Alter; die übrigen Einrichtungen, verwerflich und abscheulich wie sie sind, setzten sich eben wegen ihrer Verkehrtheit durch. Gerade die schlechtesten Elemente waren es nämlich, die ihren heimischen Glauben schmählich aufgaben und Tempelsteuern sowie sonstige Spenden dort anhäuften, wodurch sich die Macht der Juden gewaltig hob. Das kam auch daher, weil in den Kreisen der Juden unerschütterlich treuer Zusammenhalt und hilfsbereites Mitleid herrschen, während allen anderen Menschen gegenüber feindseliger Hass hervortritt. [2] Beim Essen, beim Schlafen halten sie auf strenge Trennung und kennen trotz der starken Neigung der Volksart zur Sinnlichkeit keinen Geschlechtsverkehr mit Frauen anderer Rassen; unter ihnen selbst ist nichts verboten. Die Beschneidung haben sie als ein besonderes Unterscheidungsmerkmal bei sich eingeführt. Wer zu ihrem Kult übertritt, hält sich auch an diesen Brauch; auch wird den Proselyten zu allererst das Gebot beigebracht, die Götter zu verachten, das Vaterland zu verleugnen, ihre Eltern, Kinder und Geschwister gering zu schätzen. [3] Doch ist den Juden sehr an Bevölkerungszuwachs gelegen; selbst von den nachgeborenen Kindern eines zu töten, ist in ihren Augen eine Sünde. Und sie halten die Seelen der im Kampf oder durch Hinrichtung Umgekommenen für unsterblich; daher rühren ihre Liebe zur Fortpflanzung und gleichzeitig ihre Todesverachtung. Nach der Sitte der Ägypter setzen sie die Leichen lieber bei, als dass sie sie verbrennen, und sie haben so mit jenen denselben Totenkult und dieselbe Auffassung von der Unterwelt, während sie sich in ihren Vorstellungen wesentlich von ihnen unterscheiden. [4] Die Ägypter verehren eine ganze Menge von Tieren, auch zusammengesetzte Gestalten, die Juden aber haben einen rein geistigen Gottesbegriff und kennen nur *ein* göttliches Wesen. Als gottlos betrachten sie jeden, der nach menschlichem Gleichnis Götterbilder aus irdischem Stoff gestaltet; das ihnen vorschwebende höchste, die Zeiten überdauernde Wesen ist nach ihrer Ansicht nicht darstellbar, auch keinem Untergang verfallen. Daher stellen sie in ihren Städten keine Götterbilder auf, erst recht nicht in ihren Tempeln. [5] Eine solche Huldigung wird keinem König zuteil, kein Caesar wird so geehrt. Weil aber ihre Priester gelegentlich mit Pauken Musik machten, sich mit Efeu bekränzten, auch ein goldener Rebstock sich im Tempel fand, so glaubten einige an eine Verehrung des Pater Liber, des Bezwingers des Morgenlandes. Dazu aber wollen die Bräuche nicht passen; denn die von dem Gott Liber eingeführten Zeremonien sind festlich und fröhlich, die Art der Juden aber abgeschmackt und schäbig […]

[9,1] Als erster Römer bezwang die Juden Cn. Pompeius, der nach Siegerrecht auch den Tempel betrat. Seitdem verbreitete sich die Kunde, dass kein Götterbild

drinnen war, dass es sich also um einen leeren Raum und um eine Geheimnistuerei handelte, hinter der nichts weiter stecke. Die Mauern Jerusalems wurden damals geschleift, das Heiligtum blieb erhalten […]

[11,1] So schlug er [*scil.* Vespasian] denn, wie erwähnt, vor den Mauern Jerusalems sein Lager auf und ließ seine kampfbereiten Legionen sehen. Die Juden entfalteten ihre Schlachtlinie unmittelbar unter den Außenmauern, um bei glücklichem Verlauf der Sache weiter vorzurücken, im Falle einer Niederlage aber eine Zuflucht bereit zu haben. Die mit leichten Hilfskohorten gegen die Juden vorgeschickte Reiterei kämpfte ohne entscheidenden Erfolg. Bald darauf aber mussten sich die Feinde zurückziehen, lieferten freilich in den folgenden Tagen noch so manches Gefecht vor den Toren, bis sie schließlich infolge dauernder Verluste hinter die Mauern gedrängt wurden. [2] Die Römer schickten sich zum Sturm an; sie hielten es nämlich für ihrer unwürdig, die Aushungerung ihrer Feinde abzuwarten. Daher wollten sie lieber alle Gefahr auf sich nehmen, die einen aus wirklicher Tapferkeit, viele auch nur aus Übermut und aus Verlangen nach reichem Beutegewinn. Dem Titus selbst standen Rom, die seiner dort wartende Machtstellung sowie die dortigen Vergnügungsmöglichkeiten vor Augen; kam Jerusalem nicht gleich zu Fall, so schien dies ihn davon abzuhalten. [3] Die hochgelegene Stadt war jedoch durch Schanzwerke auf massivem Unterbau gesichert, die selbst zum Schutz eines in der Ebene gelegenen Platzes gut ausgereicht hätten. Um zwei gewaltig aufragende Hügel zog sich nämlich ein Kranz von Mauern, die, kunstfertig angelegt, schräg vor- bzw. einwärts springende Winkel bildeten, so dass die anstürmenden von der Flanke her im Schussfeld lagen. Nach außen fielen die Felspartien senkrecht ab. Dazu erhoben sich, wundervoll anzuschauen, da, wo der Berg es ermöglichte, Türme bis zu einer Höhe von 60 Fuß, bei Abdachungen bis zu 120 Fuß, die beim Anblick aus der Ferne als gleichhoch erschienen. Außerdem zog sich drinnen eine Mauer um die Königsburg. Von auffallender Höhe war der Antonius-Turm, der von Herodes zu Ehren des M. Antonius so benannt worden war.

[12,1] Der Tempel war burgartig angelegt, auch hatte er für sich besondere Schutzmauern, die eine ungewöhnlich mühselige Schanzarbeit erfordert hatten. Selbst die den Tempel umgebenden Säulengänge bildeten ein vorzügliches Bollwerk. Es gab da eine nie versiegende Quelle, unterirdische künstliche Höhlen im Berggelände, Fischbehälter und zur Aufbewahrung des Regenwassers dienende Zisternen. [2] Die Erbauer der Stadt hatten es richtig geahnt, dass es bei dem Gegensatz der Sitten immer wieder zu Kriegen kommen werde. Daher war alles von vornherein zum Schutz gegen eine auch noch so lange Belagerung vorgesehen. Überdies hatten den Einwohnern die Furcht, die sie bei der Eroberung durch Pompeius ausgestanden hatten, und die damals gemachten praktischen Erfahrungen allerhand gute Winke gegeben. Außerdem hatten sie sich wie das bei der unter Claudius herrschenden Habsucht möglich war, das Befestigungsrecht erkauft und errichteten mitten im Frieden Mauern wie für den Kriegsfall. Durch das zahlreich zusammenströmende Gesindel und infolge der Zerstörung anderer Städte vermehrte sich die Volksmenge, flüchteten sich doch gerade die

verbissensten Leute dahin, die sich umso aufrührerischer gebärdeten. [3] Da gab es eines Tages drei Anführer und ebenso viele Heerhaufen: Die äußerste, weitläufigste Mauer war von Simon besetzt, die Mittelstadt von Joannes, den Tempel aber hatte Eleazar gesichert. Die Stärke des Joannes und Simon beruhte auf der Zahl und Ausrüstung ihrer Anhänger, die Eleazars auf seiner Stellung. Bei den zwischen ihnen entbrannten Gefechten aber kam es zu Hinterlist und zu Brandstiftung, wobei eine große Menge Getreide in Flammen aufging. [4] Später ordnete Joannes einige seiner Leute ab, angeblich zum Opfern, tatsächlich aber zur Ermordung des Eleazar und seiner Mannschaft, wobei er sich auch des Tempels bemächtigte. Somit zerfiel die Bevölkerung nur noch in zwei Parteien. Schließlich rief bei Annäherung der Römer der Krieg mit den auswärtigen Feinden die innere Einigkeit hervor.

[13,1] Zeichen und Wunder waren geschehen, deren Entsühnung durch Schlachtopfer und Gelübde nach Ansicht des dem Aberglauben ergebenen, echter Religion abholden Volkes jedoch nicht erlaubt ist. Man sah, wie am Himmel Heere zusammenstießen, Waffen funkelten, sah den Tempel aufleuchten vom plötzlichen Feuerschein der Wolken. Auf einmal sprangen die Pforten des Heiligtums auf, und es erscholl übermenschlich laut der Ruf, die Götter zögen aus. Zugleich vernahm man ein gewaltiges Getöse wie von einem Auszug. [2] Dies alles aber legte nur der eine und andere als furchterregend aus, die Mehrzahl war überzeugt von dem in den alten priesterlichen Aufzeichnungen enthaltenen Wort, dass zu eben dieser Zeit das Morgenland erstarke und dass man von Judäa aus sich der Weltherrschaft bemächtigen werde. Dieser rätselhafte Ausdruck hatte auf Vespasian und Titus hingedeutet, die Volksmenge aber legte menschlicher Begehrlichkeit entsprechend diese so hochwichtige Weissagungen zu ihren Gunsten aus und ließ sich nicht einmal durch allerhand Misserfolge zur Anerkennung der Wahrheit bekehren. Die Zahl der Belagerten, allen Lebensaltern angehörig, männlichen und weiblichen Geschlechts, betrug angeblich 600.000. Waffen hatte jeder, der Waffen tragen konnte, und die Menge der Wagemutigen war unverhältnismäßig groß. Männer und Frauen zeigten die gleiche Verbissenheit und hatten bei dem Gedanken an eine zwangsweise Verlegung ihrer Wohnsitze größere Furcht vor dem Leben als vor dem Tod. Gegen diese Stadt und dieses Volk beschloss Caesar Titus, da ja das Gelände Sturmangriffe und Handstreiche nicht zuließ, mit Schanzwehren und Schutzdächern vorzugehen. Die einzelnen Aufgaben wurden unter den Legionen verteilt. Vorerst herrschte Kampfesruhe, bis alles hergerichtet war, was man für die Einnahme von Städten in alter Zeit erfunden oder neuerdings hergestellt hatte.

[*Der Bericht des Tacitus bricht hier ab*].

Tacitus, Historien 5,1–5.9.11–13 (Borst, S. 510–519.522f.526–531).

Übergabe der Tempelgeräte an Titus

[387] In diesen Tagen nun kam auch einer von den Priestern hervor, ein Sohn des Thebuti, mit Namen Jesus, dem der Caesar eidlich Schonung zugesichert

hatte unter der Bedingung, dass er einige von den heiligen Schätzen übergebe. [388] Er lieferte aus der Wand des Tempels zwei Leuchter aus, die den im Tempel befindlichen ähnlich waren, dazu auch Tische, Mischgefäße und Schalen, alle ganz aus Gold und massiv gearbeitet. [389] Zugleich übergab er die Vorhänge, die Gewänder der Hohenpriester, die mit Edelsteinen besetzt waren, und viele andere zum Priesterdienst benötigten Geräte. [390] Es wurde auch der Tempelschatzmeister Phineas gefangengenommen; dieser zeigte nun die Gewänder und Gürtel der Priester, außerdem viel Purpur und Scharlach, was zur Ausbesserung des Vorhanges benötigt und aufbewahrt wurde. Dazu lieferte er viel Zimt, Kasia und eine Menge anderer Gewürze aus, welche vermischt täglich Gott als Rauchopfer dargebracht wurden. [391] Von ihm wurden nun noch viele andere Kostbarkeiten übergeben und nicht wenig heiliger Schmuck. Titus gewährte ihm dafür die gleiche Nachsicht wie den Überläufern, obwohl er mit Gewalt gefangengenommen war.
Josephus, Jüdischer Krieg 6,387–391 (Michel / Bauernfeind, Bd. 2.2, S. 64–67).

Das Siegesopfer des Titus

[13] Sogleich ließ er einige Beauftragte die Namen derer vorlesen, die irgendetwas Hervorragendes im Krieg geleistet hatten. [14] Als sie nun herantraten, zeichnete er sie öffentlich aus, indem er sie bei Namen nannte, und freute sich, als ob es seine eigenen Erfolge gewesen wären. Er setzte ihnen goldene Kränze auf, verlieh ihnen goldene Halsketten, kleine goldene Speere, aus Silber gefertigte Feldzeichen und ließ jeden einen Rang aufrücken. [15] Abgesehen davon verteilte er ihnen aus der Siegesbeute Silber, Gold und Kleider, aber auch einen reichlichen Anteil aus dem übrigen Plünderungsgut. [16] Als alle ausgezeichnet waren, so wie er es für richtig hielt, erflehte er den Segen der Götter über das gesamte Heer, stieg unter stürmischer Beglückwünschung von der Tribüne herab und wandte sich den Siegesopfern zu. Eine Menge von Stieren stand schon bei den Altären; diese ließ er alle schlachten und das Fleisch dem Heer zum Siegesmahl verteilen. [17] Er selbst feierte das Siegesfest mit den Offizieren drei Tage lang und entließ dann die fremden Truppen, wohin es ihnen beliebte.
Josephus, Jüdischer Krieg 7,13–17 (Michel / Bauernfeind, Bd. 2.2, 80 f).

Der Triumphzug des Titus in Rom nach dem Fall Jerusalems

[123] Es war noch dunkle Nacht, als bereits das ganze Heer in Reih und Glied unter seinen Offizieren ausgerückt war und um die Tore stand, und zwar nicht um die des oberen Palastes, sondern um die in der Nähe des Isistempels, [124] denn dort hatten die Feldherren während jener Nacht geruht. Als die Morgenröte gerade aufging, traten Vespasian und Titus heraus. Sie waren schon mit Lorbeer bekränzt, aber noch mit den herkömmlichen Purpurgewändern angetan und begaben sich so zu den Hallen der Octavia. [125] Dort erwarteten nämlich der Senat, die Spitzen der Behörden und die Vornehmsten aus dem ritterlichen Stand ihre Ankunft. [126] Vor den Säulenhallen aber war eine Bühne aufgebaut,

auf der elfenbeinerne Sessel für sie bereitstanden. Auf diese schritten sie zu und setzten sich nieder, worauf das Heer sofort in jauchzenden Beifall ausbrach und ihnen alle Soldaten in vielstimmigem Chor ihr Heldentum rühmend bezeugten. Auch die Soldaten trugen übrigens keine Waffen, sondern waren mit Seidengewändern bekleidet und mit Lorbeer bekränzt. [127] Nachdem nun Vespasian ihre Huldigungen entgegengenommen hatte und sie immer noch nicht mit dem Beifall aufhören wollten, gab er ihnen das Zeichen zu schweigen. [128] Da trat dann allerseits eine tiefe Stille ein, und Vespasian erhob sich, verhüllte sich mit dem Überwurf seines Gewandes das Haupt fast ganz und verrichtete die vorgeschriebenen Gebete; ebenso betete auch Titus. [129] Nach dem Gebet wandte sich nun Vespasian mit einer kurzen Ansprache an die ganze Versammlung und entließ dann die Soldaten zu dem Morgenimbiss, der ihnen bei dieser Gelegenheit herkömmlicherweise von den Imperatoren bereitgestellt wurde. [130] Er selbst entfernte sich zu dem Tore, durch das schon seit alten Zeiten die Triumphzüge geleitet wurden, woher es auch seinen Namen bekommen hat. Hier nahmen die Fürsten noch vorher eine Stärkung zu sich. [131] Danach legten sie die Gewänder des Triumphes an, opferten den Göttern, deren Standbilder neben dem Tore errichtet waren, und gaben endlich den Befehl zum Aufbruch für den Triumphzug; und zwar ließen sie ihn seinen Weg durch die Theater nehmen, um den Volksscharen die Sicht zu erleichtern.

[132] Man ist außerstande, die Vielzahl jener Sehenswürdigkeiten und die Pracht aller jener nur erdenklichen Gegenstände nach Gebühr zu schildern, seien es nun Kunstwerke, Luxusgegenstände oder Naturseltenheiten. [133] Fast alles Staunenswerte und Kostbare nämlich, was begüterte Menschen jeweils nur zum Teil in ihren Besitz gebracht hatten und was bei jedem Volke verschiedenartig war, wurde an jenem Tage zusammengetragen, um die Größe des römischen Reiches zu veranschaulichen. [134] Denn die vielen Geräte aus Silber, Gold und Elfenbein in den mannigfaltigsten Formen nahmen sich nicht sosehr als Teile eines Festzuges aus, sondern flossen, so möchte man sagen, einem ununterbrochenen Strome gleich dahin: es folgten Gewebe vom seltensten Purpur und solche, die nach babylonischer Art mit bis ins Einzelne durchgearbeiteten Darstellungen bestickt waren. [135] Auch funkelnde Edelsteine, teils in goldene Kronen eingelassen, teils andersartig verarbeitet, wurden in einer solchen Menge vorübergetragen, dass jeder die bisherige Annahme, es handle sich dabei doch um seltene Kostbarkeiten, als Irrtum erklären musste. [136] Auch Statuen der bei ihnen verehrten Götter von erstaunlicher Größe, künstlerisch hervorragend gearbeitet und alle ohne Ausnahme aus kostbarem Material, wurden vorbeigetragen. Außerdem wurden Tiere der verschiedensten Gattungen im Zuge mitgeführt, jedes mit dem ihm zukommenden Schmuck versehen. [137] Selbst die vielen Träger all der Kostbarkeiten waren mit purpurnen, golddurchwirkten Gewändern bekleidet; die zum Geleit des Festzuges Auserwählten aber trugen einen besonders erlesenen und überwältigenden Schmuck. [138] Sogar an der Schar der Gefangenen vermisste das Auge nicht den Schmuck, denn hier sollte die Pracht und Schönheit der Kleidung die unangenehmen Eindrücke körper-

licher Misshandlung dem Blick der Zuschauer entziehen. [139] Das meiste Staunen aber erregte der Aufbau der getragenen Schaugerüste; [140] ihre Größe rief nämlich für die Sicherheit der Ladung die Befürchtung wach, sie könnten zusammenstürzen. Unter ihnen gab es nämlich viele von drei und vier Stockwerken; dabei konnte sich der Zuschauer über die Pracht der Ausstattung nur mit Erschütterung freuen. [141] Es waren nämlich viele Gerüste mit golddurchwirkten Geweben umwickelt und an allen waren goldene und elfenbeinerne Kunstwerke befestigt. [142] Vom Krieg selbst aber wurde durch viele Nachbildungen ein eindrückliches Bild seiner immer wieder wechselnden Gestalt gegeben. [143] Da konnte man sehen, wie gesegnete Landstriche verwüstet wurden, wie sämtliche Schlachtreihen der Feinde dahinsanken; man sah die einen auf der Flucht, die anderen auf dem Weg in die Gefangenschaft, das Zusammenbrechen gewaltig hoher Mauern unter dem Ansturm der Belagerungsmaschinen, die Zerstörung der Widerstandskraft der Festungen und die Einnahme stark bemannter Stadtmauern von oben her. [144] Weiter konnte man sehen, wie sich das Heer in die Stadt ergoss, überall Tod verbreitend; dargestellt waren auch Gruppen wehrloser Menschen, die mit erhobenen Händen um Gnade flehten, Heiligtümer, die man gerade in Brand gesteckt hatte, und Häuser, die über ihren Bewohnern zusammenstürzten. [145] Dann, nach vielen Bildern der Verwüstung und Trostlosigkeit, folgten Darstellungen von Flüssen. Diese durchzogen aber nicht bebaute Felder, auch spendeten sie keine Labsal für Menschen oder Vieh, sie strömten vielmehr durch noch ringsum brennendes Land – denn alle diese Leiden hatten sich die Juden, als sie sich auf diesen Krieg einließen, zugezogen. [146] Die künstlerische Ausgestaltung und die Großartigkeit der Gerüste führte die Ereignisse denen, die sie nicht gesehen hatten, so lebendig vor Augen, als wären sie selbst dabeigewesen. [147] Auf jedem Gerüst hatte man dem Befehlshaber der jeweiligen eroberten Stadt in derselben Verfassung, in der er in Gefangenschaft geraten war, seinen Platz angewiesen. Es folgte eine Reihe von Schiffen. [148] Als Beute nunmehr wurde das übrige haufenweise vorbeigetragen; unter allem zeichnete sich das am meisten aus, was man im Tempel in Jerusalem genommen hatte: ein viele Talente schwerer goldener Tisch und ein ebenfalls aus Gold gefertigter Leuchter, in seiner Ausführung aber ganz verschieden von der Art, wie sie bei uns gewohnt ist. [149] Mitten aus dem Sockel ragte nämlich ein Schaft empor, der nach Art des Dreizacks in dünne, nebeneinander stehende Äste verlief; jeder dieser Äste trug an seiner Spitze eine aus Erz getriebene Lampe. Es waren deren sieben, um die von den Juden der Siebenzahl entgegengebrachte Hochschätzung zu veranschaulichen. [150] Als Abschluss der Beutestücke wurde das Gesetz [*scil.* die Torarolle] der Juden vorbeigetragen. [151] Außerdem zogen viele Männer mit Statuen der Siegesgöttin vorüber, die alle aus Gold und Elfenbein angefertigt waren. [152] Danach zog als erster Vespasian vorbei, und Titus folgte ihm, während Domitian daneben ritt – er selbst mit glänzendem Schmuck ausgestattet – auf einem Ross, das der Bewunderung wert war.

[153] Das Ziel des Festzuges war der Platz beim Tempel des Juppiter Capitolinus; dort angelangt, hielt man an. Es war nämlich eine alte, von den Vätern

ererbte Sitte, an dieser Stelle zu warten, bis ein Bote den Tod des feindlichen Feldherrn meldete. [154] In diesem Fall war es Simon, der Sohn des Giora, der soeben den Triumphzug als Gefangener hatte mitmachen müssen; jetzt wurde er, einen Strick um den Hals, unter ständigen Misshandlungen von seinen Henkern auf den Platz oberhalb des Forums geschleift, wo nach römischem Recht die zum Tode verurteilten Verbrecher hingerichtet wurden. [155] Als nun sein Tod gemeldet wurde, brachen alle in lauten Jubel aus, und die Triumphatoren begannen mit den Opfern. Nachdem sie diese mit den vorgeschriebenen Gebeten unter günstigen Vorzeichen vollendet hatten, begaben sie sich in den Palast. [156] Sie baten ihrerseits einige Festteilnehmer zur Tafel, während für alle übrigen zu Hause Festmahlzeiten zubereitet waren. [157] Denn diesen Tag feierte die Stadt Rom als Siegesfest für den Feldzug gegen die Feinde, darüber hinaus als Ende ihrer inneren Wirren und als Anfang der Hoffnungen, die man auf eine glückliche Zukunft setzte.

[158] Nachdem die Feierlichkeiten des Triumphs vorüber waren, und Vespasian die Lage im römischen Imperium vollkommen gesichert hatte, beschloss er, der Friedensgöttin einen Tempelbezirk auszubauen; überraschend schnell war er vollendet, und seine Ausführung übertraf alle menschlichen Erwartungen. [159] Er setzte einen phantastischen Aufwand von Reichtum ein und schmückte außerdem den Bau mit Werken der Malerei und Bildhauerkunst aus, die in alter Zeit geschaffen worden waren. [160] In diesem Tempel wurde alles gesammelt und aufgestellt. Früher mussten die Leute zu dessen Besichtigung durch die ganze Welt reisen, wenn sie sehen wollten, was bis dahin an diesem und jenem Ort verstreut lag. [161] Hierhin ließ er auch die goldenen Weihegeräte aus dem Heiligtum der Juden bringen, auf die er stolz war. [162] Ihre Torarolle und die purpurnen Vorhänge des Allerheiligsten befahl er im Palast niederzulegen und zu bewachen.

Josephus, Jüdischer Krieg 7,123–162 (Michel / Bauernfeind, Bd. 2.2, S. 98–105).

f) Paganes Palästina

Ein Heiligtum auf dem Karmel

[1] Nach Mucians Rede drängten sich auch die übrigen herzhafter heran, redeten Vespasian fest zu und berichteten von Seheraussprüchen und Konstellationen der Gestirne. Tatsächlich war Vespasian nicht unbeeinflusst von solchem Aberglauben, wie er ja auch in der Folge als Lenker des Reiches einen gewissen Seleucus, einen Astrologen, als Ratgeber und Wahrsager ganz offen bei sich hatte. [… 2 …] Anfangs hatte man den Eindruck, als hätten der Empfang der Triumphehrenzeichen, das Konsulat, der glänzende Sieg über Judäa die Glaubwürdigkeit jenes Vorzeichens vollauf bestätigt; wie Vespasian aber dies alles erlangt hatte, da glaubte er immer mehr, es sei ihm eigentlich die Regentschaft prophezeit. [3] Zwischen Judäa und Syrien liegt der Karmel; so heißt der Berg und seine Schutzgottheit. Für diese gibt es nach Überlieferung der Vorfahren weder ein Bild noch einen Tempel, sondern nur einen Altar, an dem man seine Verehrung

der Gottheit darbringt. Als Vespasian dort opferte und seine geheimen Hoffnungen im Herzen erwog, sagte nach wiederholter Besichtigung der Eingeweide der Priester Basilides zu ihm: »Was du auch immer vorhast, Vespasian, sei es den Bau eines Palastes, sei es die Erweiterung deines Landbesitzes, sei es die Vermehrung deiner Dienerschaft; beschieden sind dir ein großer Wohnsitz, ein weitumgrenztes Gebiet, eine Menge Leute.« [4] Diese etwas rätselhaften Worte hatte das Gerücht sofort aufgegriffen und wusste sie jetzt auch zu deuten; es gab nichts, was stärker im Volksmund umging.
Tacitus, Historien 2,78,1–4 (Borst, S. 224–227). Vgl. folgenden Text.

Das Orakel des Josephus über Vespasian

[6] In Iudäa befragte er das Orakel des Gottes vom Karmel. Die Orakelsprüche machten ihn sehr zuversichtlich, insofern sie zu versprechen schienen, dass ihm das gelingen werde, was er sich in den Kopf setze und plane, mochte es auch noch so Bedeutendes sein. Und Josephus, einer von den vornehmen Gefangenen, versicherte zuversichtlich und sehr entschieden, als man ihn in Fesseln legte, dass er genau von diesem Mann in Kürze befreit werde, dann aber sei er bereits Kaiser. Auch aus der Stadt wurden Vorzeichen gemeldet: Nero sei in den letzten Tagen im Traum eingegeben worden, er solle den Wagen des Iuppiter Optimus Maximus aus seinem Heiligtum ins Haus des Vespasian und von dort in den Zirkus geleiten.
Sueton, Vespasian 5,6 (Martinet, S. 836f).

Die Levante in den Augen eines Römers

[66] Daneben nimmt Syrien die Küste ein, einst das größte aller Länder und mit sehr vielen Namen bezeichnet. Denn dort, wo es an die Araber grenzt, wird es Palästina genannt, auch Iudäa oder Koile, dann Phoinikien, und weiter innen liegt das Gebiet von Damaskos. [… 67 …] Diejenigen, welche genauer einteilen, wollen, dass Phoinikien von Syrien umschlossen ist, dass Syrien eine Meeresküste habe, von der Idumäa und Judäa ein Teil sein solle, und dass erst dann Phoinikien und Syrien kommen. Das ganze davor liegende Meer heißt das Phoinikische. Der Stamm der Phoiniker selbst steht in großem Ansehen durch die Erfindung von Schrift, Sternkunde, Navigation und Kriegskunst.

[68] Von Pelusion an folgen das Lager des Chabiras, der Berg Kasios, das Heiligtum des Zeus Kasios, das Grabmal des Pompeius Magnus und Ostrakine. Arabien endet 65 Meilen von Pelusion entfernt. Dann fängt Idumäa an und Palästina dort, wo der Sirbonische See hervorbricht, dessen Umfang einige mit 150 Meilen angegeben haben. Herodot verlegte ihn an den Berg Kasios, jetzt ist er ein mäßig großer Sumpf. Es folgen die Städte Rhinokolura und im Inneren Rhaphea, Gaza und im Inneren Anthedon, der Berg Argaris; das Gebiet entlang der Küste heißt Samaria; es folgen die freie Stadt Askalon, Azotos, die beiden Iamneia, das eine im Inneren. [69] Iope, eine Stadt der Phoiniker, älter als die Überschwemmung der Länder, wie sie meinen, liegt auf einem Hügel, wo ein

Felsen vorspringt, auf der man die Spuren der Fesseln der Andromeda zeigt. Dort wird die sagenumwobene Keto verehrt. Weiterhin folgen Apollonia, der Turm des Straton, auch das von König Herodes gegründete Kaisareia, jetzt die von Kaiser Vespasianus angelegte Kolonie Prima Flavia, der Grenzort Palästinas, 189 Meilen von der Grenze Arabiens entfernt. Hierauf folgt Phoinikien; im Inneren aber liegen die Städte Samarias Neapolis, das früher Mamortha hieß, Sebaste auf einem Berg und Gamala auf einem noch höheren.

[70] Oberhalb von Idumäa und Samaria breitet sich Judäa in die Länge und Breite aus. Dessen an Syrien grenzender Teil heißt Galiläa, der Arabien und Ägypten zunächstliegende aber Peräa, das von rauen Bergen durchzogen und durch den Fluss Jordan von den anderen Teilen Judäas getrennt wird. Das übrige Judäa wird in zehn Toparchien eingeteilt, welche wir der Reihe nach aufführen werden: die mit Palmwäldern bepflanzte und von Quellen bewässerte von Hierikus, Emmaus, Lydda, die von Iope, die von Akrabata, die von Gophana, die von Thamna, die von Betholeptepha und Oreine, in der Hierosolyma lag, bei weitem die berühmteste Stadt des Morgenlandes, nicht nur von Judäa, und das Herodeion mit der bedeutenden Stadt gleichen Namens.

[71] Der Fluss Jordan entspringt aus der Quelle Paneas, die Caesarea, von dem wir noch sprechen werden, den Beinamen gab. Der Fluss ist anmutig und, soweit es die Beschaffenheit des Bodens erlaubt, gewunden; den Anwohnern bietet er sich dar, als ob er widerwillig dem von Natur aus abscheulichen Asphaltsee zustrebe, von dem er schließlich verschlungen wird und der sein vortreffliches Wasser durch die Vermischung mit dem übelriechenden verdirbt. Sobald daher die Gestalt der Täler die erste Gelegenheit bietet, ergießt er sich in einen See, den mehrere Genesara nennen, mit einer Länge von 16 und einer Breite von sechs Meilen, umgeben von lieblichen Städten, im Osten von Iulias und Hippos, im Süden von Tarichäa – mit diesem Namen bezeichnen manche auch den See –, im Westen von Tiberias, heilbringend durch warmes Wasser.

[72] Der Asphaltsee erzeugt nichts außer Erdpech, woher er auch seinen Namen hat. Er nimmt keinen Tierkörper auf, Stiere und Kamele treiben an der Oberfläche; daher entstand das Gerücht, dass in ihm nichts versinke. In der Länge erstreckt er sich über 100 Meilen, mit seiner größten Breite füllt er 75, mit der geringsten 6 Meilen aus. Im Osten berührt ihn das von Nomaden bewohnte Arabien, im Süden Machairus, einst die zweite befestigte Stadt Iudäas nach Hierosolyma. An derselben Seite ist die warme Quelle Kallirhoe von besonderer Heilwirkung, die schon mit ihrem Namen den Ruhm des Wassers anzeigt.

[73] Im Westen weichen die Essener von den Küsten zurück, soweit diese ungesund sind, ein einsamer und auf dem ganzen Erdkreis von allen anderen merkwürdiger Stamm, ohne jede Frau, jeder Wollust abhold, ohne Geld und nur in Gesellschaft von Palmen. Er erneuert sich gleichmäßig Tag für Tag durch die Menge der Neuankömmlinge, da viele dorthin wandern, die das Schicksal durch seine Stürme als Lebensmüde veranlasst, ihre Sitten anzunehmen. So besteht ein Stamm, bei dem niemand geboren wird, über Jahrhunderte fort, was unglaublich scheint. So fruchtbar ist für jene der Lebensüberdruss anderer! Unterhalb von

ihnen lag die Stadt Engada, die zweite nach Hierosolyma hinsichtlich der Fruchtbarkeit und wegen der Palmenhaine, jetzt ist sie ebenfalls ein Schutthaufen. Darauf folgt die Festung Masada auf einem Felsen, selbst auch nicht weit vom Asphaltsee. Und bis hierher reicht Iudäa.

[74] Damit ist an der Seite Syriens das Gebiet der Dekapolis verbunden, (benannt) nach der Zahl der Städte, bei der aber nicht alle übereinstimmen. Zuerst (nennen sie) jedoch Damaskos, das durch den bei der Bewässerung erschöpften Fluss Chrysorrhoas fruchtbar ist, sodann Philadelpheia und Raphana, die alle nach Arabien hin liegen, ferner Skythopolis, früher Nysa, nach der von Vater Liber begrabenen Amme von den dort angesiedelten Skythen (benannt), Gadara mit dem vorbeifließenden Hieromix, Dion, das wasserreiche Pella, Garasa und Kanatha. Dazwischen und rund um die Städte liegen Tetrarchien, jede einem Königreiche gleich, und sie werden auch als Königreiche gezählt: Trachonitis, Paneas, in welcher Paneas mit der oben erwähnten Quelle liegt, Abila, Arka, Ampeloessa und Gabe.
Plinius (d. Ältere), Naturkunde 5,66–74 (Winkler, Bd. 4, S. 52–59).

2. Das Diasporajudentum

a) Allgemeine Gegebenheiten

Ausbreitung der Juden

[43] Was tat nun Ägyptens Präfekt? Er wusste, dass in Alexandria und im ganzen Land zwei Gruppen von Menschen wohnen: wir und jene, und dass nicht weniger als eine Million Juden in der Stadt und im Lande von der Senke nach Libyen hin bis an die Ränder Äthiopiens lebten. (Er wusste auch), dass es ein Angriff gegen alle wäre und es keinen Gewinn brächte, an heimischen Gepflogenheiten zu rütteln. Alles das schob er jedoch beiseite; er lässt (die Bilder) aufstellen, obwohl er tausenderlei Nützliches wie ein Herrscher hätte befehlen oder wie ein Freund hätte raten können.

[44] Da er sich aber ganz auf die Seite der Verbrecher stellte, hielt er es auch für richtig, mit Hilfe seiner größeren Macht den Aufstand zu schüren, indem er den Untaten dauernd neue hinzufügte, und für seinen Teil füllte er die – so muss man fast sagen – ganze Welt mit Feindschaft gegen ein Volk. [45] Wenn nämlich das Gerücht von der Entweihung der Synagogen von Alexandria ausging, musste es sich sofort über die Gaue Ägyptens verbreiten; von Ägypten würde es nach Osten zu den Völkern des Orients vordringen, von dem Küstengebiet und der Mareia, wo Libyen anfängt, nach Sonnenuntergang und zu den Völkern des Westens. Denn da es so viele Juden gibt, reicht ein einziges Land für sie nicht aus. [46] Deswegen wohnen sie in den meisten und reichsten Ländern Europas und Asiens, auf Inseln und auf dem Festland, und als Mittelpunkt betrachten sie die Heilige Stadt, wo der heilige Tempel des höchsten Gottes steht. Was sie aber von

Die jüdische Diaspora

Der Begriff Diaspora (griech. διασπορά, »Zerstreuung«) bezeichnet das jüdische Leben außerhalb Palästinas. Gründe für die Diaspora waren neben Verschleppungen im Krieg und der Vertreibung der Juden, etwa aus Palästina nach dem Ersten oder dem Bar Kochba-Aufstand, vor allem wirtschaftliche Faktoren.

Im dritten Buch der Sibyllinischen Orakel, das vermutlich zwischen dem ersten vorchristlichen und dem 1. nachchristlichen Jh. in der Diaspora entstand, prophezeit die Sibylle den Juden, dass »jedes Land und jede See voll von ihnen« sein wird (Sibyllinische Weissagungen 3,271). Die jüdische Diaspora ist jedoch auch und vor allem durch diverse weitere schriftliche Zeugen wie Strabo, Philo, die Apostelgeschichte, Cicero und Josephus belegt. Alle diese Autoren erwähnen diverse Diasporagemeinden im Mittelmeerraum.

Die bedeutendsten jüdischen Zentren der Antike, in denen Juden in unterschiedlichen Formen der Selbstverwaltung und mit dem Recht auf die Ausübung ihres Religionsgesetzes lebten, waren Babylonien und Ägypten. Weitere bedeutende Diaspora-Zentren waren Nordafrika, Zypern, Syrien, Kleinasien, die küstennahen Inseln Chios, Samos u. a., schließlich auch Griechenland und Rom.

So geht die Diaspora bereits auf das **babylonische Exil** im 6. vorchristlichen Jh. zurück. Nach dem Untergang der hellenistischen Diaspora und der Vertreibung der Juden aus Jerusalem wurde Babylon zum religiösen und kulturellen Mittelpunkt des Judentums. Hier entstand der babylonische Talmud, der vermutlich erst im 6. Jh. seine Endredaktion erfuhr. Die **ägyptische Diaspora** reicht vermutlich ebenfalls bis in die alttestamentliche Zeit zurück. Das Alte Testament selbst belegt den Umstand, dass man in Dürrezeiten oftmals aus Palästina nach Ägypten abwanderte. Laut Philo (Gegen Flaccus 43) zählte die ägyptische Diaspora eine Million Menschen. Ihr Zentrum war Alexandria, wo der Legende nach im 3. vorchristlichen Jh. die Septuaginta, die griechische Übersetzung des Alten Testaments, entstand.

Laut Josephus war **Syrien** die Region mit der größten jüdischen Bevölkerung. Antiochia war in dieser Hinsicht besonders bekannt. Seleukus I. hatte dort Juden angesiedelt und ihnen das Bürgerrecht gegeben (Josephus, Jüdische Altertümer 3,119). Vermutlich gehen diverse jüdische Gemeinden im Mittelmeerraum auf die Diadochenherrschaft zurück.

Die jüdische Diaspora im Mittelmeerraum profitierte vor allem von der Pax Romana. Die Quellen sprechen zudem von einigen Privilegien (z. B. der Befreiung vom Militärdienst) der kleinasiatischen Juden unter Augustus. Erst im Zuge des jüdischen Kriegs sind Auseinandersetzungen zwischen Juden und Paganen in der Diaspora belegt. In den Jahren 115–117 n. Chr. kam es in Nordafrika, der Kyrenaika, Ägypten, Zypern und Teilen Syriens zu Aufständen, die zum Untergang des ägyptischen Diaspora-Judentums führten.

Mit den römischen Legionen kamen vermutlich auch die ersten Juden nach West- und Mitteleuropa.

Weiterführende Literatur

Barclay, J. M. G., Jews in the Mediterranean Diaspora from Alexander to Trajan (323 B.C.E.–117 C.E.), Edinburgh 1996.

Collins, J. J., Between Athens and Jerusalem. Jewish Identity in the Hellenistic Diaspora, Grand Rapids 2000.

Gruen, E., Diaspora. Jews Amidst Greeks and Romans, Cambridge / Mass. 2004.

Goodman, M., Jews in a Graeco-Roman World, Oxford 1998.

Rutgers, L. V., The Hidden Heritage of Diaspora Judaism, Leuven 1998.

ihren Vätern, Groß- und Urgroßvätern und den Voreltern noch weiter hinauf als Wohnsitz übernommen haben, das halten die einzelnen für ihr Vaterland, wenn sie dort geboren und aufgewachsen sind; in einige Gebiete kamen sie auch als Kolonisten gleich bei deren Besiedlung, den Gründern zu Gefallen. [47] Jetzt aber musste man fürchten, dass der Judenhass sich von Alexandria ausbreitete und die jüdischen Mitbürger überall von denen bedroht wurden, die gegen ihre Gotteshäuser und ihre Tradition vorgingen. [48] Sie aber wollten nicht bis zum äußersten ruhig bleiben, obwohl sie von Natur durchaus friedlich sind. Aber alle Menschen setzen im Kampf um die Erhaltung ihrer Sitten sogar das Leben aufs Spiel, die Juden verloren als einzige unter der Sonne zugleich mit ihren Gotteshäusern ihre Achtung vor den Wohltätern und hätten das mit vieltausendfachem Tod bezahlt. Denn so fehlten ihnen heilige Orte, an denen sie ihre Dankbarkeit zeigen konnten.
Philo, Gegen Flaccus 43–48 (Cohn, Bd. 7, S. 138f).

Dekret zur freien Religionsausübung für Juden, die Freunde Roms

[213] Iulius Gaius, Praetor, Consul der Römer, an die Beamten, den Rat und das Volk von Parion zum Gruß. Die Juden in Delos und einige der jüdischen Mitbewohner sind in Gegenwart eurer Gesandten bei mir vorstellig geworden und haben angezeigt, dass ihr durch Verordnungen sie hindert, ihre väterlichen Gebräuche und ihre heiligen Riten zu vollziehen. [214] Es hat mein Missfallen erregt, dass man solche Bestimmungen gegen unsere Freunde und Bundesgenossen erlässt und man ihnen verbietet, nach ihren Gebräuchen zu leben und Geld zu gemeinsamen Mähler und heiligen Riten beizutragen. Dies zu tun ist ihnen ja nicht einmal in Rom untersagt. [215] Denn während Gaius Caesar, unser Praetor (und) Consul, durch Edikt religiösen Gemeinschaften verboten hat sich in der Stadt zu versammeln, hat er es allein diesen weder verboten, Geld zu sammeln noch Mahlgemeinschaften abzuhalten. [216] Gleichermaßen verbiete ich nun religiöse Gemeinschaften, allein diesen gestatte ich gemäß der väterlichen Gebräuche und Gesetze zusammen zu kommen und zu feierlich zu speisen. Falls ihr aber Bestimmungen gegen unsere Freunde und Bundesgenossen erlassen habt, sollt ihr gut daran tun, diese zu widerrufen wegen ihrer Tugendhaftigkeit und ihres Wohlwollen uns gegenüber.
Josephus, Jüdische Altertümer 14,213–216 (EÜ nach Marcus, LCL 365, S. 559–562).

Befreiung der Juden vom Militärdienst

[223–224] *Publius Dolabella schrieb an den Magistrat von Ephesus, der Hauptstadt Asias, über die Juden:* [225] »Unter dem Prytanen Artemon, am ersten Tag des Monats Lenaion. Dolabella, der Imperator an den Magistrat, den Rat und das Volk von Ephesus zum Gruß. [226] Alexander, Sohn des Theodorus, Gesandter des Hyrkanus, des Sohnes Alexanders, Hohepriester und Ethnarch der Juden, hat mir mitgeteilt, dass seine Landsleute am Kriegsdienst nicht teilnehmen können,

weil sie am Sabbat weder Waffen tragen, noch marschieren dürften, noch sich ihre väterlichen und gewohnten Speisen verschaffen könnten. [227] Wie die Statthalter vor mir, gewähre auch ich ihnen also Befreiung vom Militärdienst und gestatte ihnen, die väterlichen Gebräuche anzuwenden, um der heiligen und ehrwürdigen Riten willen zusammenzukommen, wie es ihrem Recht entspricht, und zur Ausführung der Bestimmungen für die Opfer. Ich will, dass ihr dies jeder einzelnen Stadt so schreibt«.
Josephus, Jüdische Altertümer 14,223–227 (EÜ nach Marcus, LCL 365, S. 567f).

Projüdische Maßnahmen des Volkes von Pergamon

[247] Beschluss des Volkes von Pergamon. »Als Kratippos Prytane war, am ersten des Monats Daisios, ein Beschluss der Strategen. Weil die Römer in Gefolge der Wege ihrer Vorfahren die gefahrvolle Sorge für die Sicherheit aller Menschen auf sich genommen haben und voll Ehrgeiz sich mühen, ihre Freunde und Bundesgenossen in einen Zustand des Glücks und festen Friedens zu stellen, [248] haben das Volk der Juden und Hyrcanus, ihr Hoherpriester, als Gesandte zu ihnen geschickt den Straton, Sohn des Theodotos, den Apollonios, Sohn des Alexander, den Aineias, Sohn des Antipater, Aristoboulos, Sohn des Amyntos [249] (und) Sosipater, Sohn des Philippus, ehrwürdige und erlauchte Männer, und sind vorstellig geworden in bezug auf bestimmte Angelegenheiten. Daraufhin hat der Senat Beschlüsse gefasst betreffs der Angelegenheiten, über die sie gesprochen haben, wonach König Antiochos, Sohn des Antiochos, den Juden, den Bundesgenossen der Römer, keinen Schaden zufügen soll; und dass er die Festungen, die Häfen, das Land und was immer er auch ihnen weggenommen habe, zurückzugeben habe, und dass es ihnen erlaubt sei, Güter von ihren Häfen auszuführen; [250] und dass kein König oder Volk, die vom Gebiet der Juden Güter ausführen wollen, unbesteuert bleiben soll außer Ptolemaios, König von Alexandria, weil er unser Bundesgenosse und Freund ist; und dass die Garnison in Joppe evakuiert werden soll, wie sie es erbeten hatten. [251] Lucius Pettius, ein ehrwürdiger und erlauchter Mann, hat unseren Rat angewiesen, dass wir dafür sorgen, dass all dies auch so geschieht wie der Senat es beschlossen hat, und dass wir für die sichere Heimkehr der Gesandtschaft vorsorgen müssen. [252] Wir haben auch Theodoros aufgenommen in den Rat und die Volksversammlung und haben den Brief und den Beschluss des Senats von ihm angenommen; und als er mit großem Ernst eine Rede vor uns gehalten hatte und die Tugend und Großherzigkeit des Hyrkanos herausgestellt hatte, [253] und dass er der Menschheit in allem Wohltaten erweise und besonders denen, die zu ihm um Hilfe kommen, deponierten wir die Dokumente in unserem öffentlichen Archiv und fassten den Beschluss, dass wir von uns aus gemäß dem Beschluss des Senats alles für die Juden tun werden, die ja Bundesgenossen der Römer sind. [254] Als Theodoros uns den Brief übergab, bat er unsere Strategen, dass sie eine Kopie des Beschlusses an Hyrkanos schickten und Gesandte, die ihm die Ernsthaftigkeit unseres Volkes deutlich machen und ihn auffordern sollen, die Freundschaft uns

gegenüber zu bewahren und zu vertiefen, und dass er stets Grund von Gutem sein sollte, [255] wie er auch eine gebührende Gegenleistung zurückerhalten werde, und auch eingedenk der Zeiten Abrahams, der der Vater aller Hebräer ist, als unsere Vorfahren ihre Freunde waren, wie man es in den öffentlichen Dokumenten finden kann.«
Josephus, Jüdische Altertümer 14,247–255 (EÜ nach Marcus, LCL 365, S. 580–585).

Beschluss von Halikarnassos zur Religionsfreiheit für Juden

[256] Beschluss der Bewohner von Halikarnassos: »Während des Priestertums des Memnon Sohn des Aristeides und durch Adoption des Euonymos, am … ten Tag des Monats Anthesterion beschloss das Volk betreffs des Antrags des Marcus Alexander wie folgt: [257] Da wir zu jeder Zeit höchste Ehrfurcht hatten vor dem Göttlichen, folgen wir dem römischen Volk, Wohltäter aller Menschen, und dem, was sie über die Freundschaft und Bundestreue der Juden gegenüber der Stadt Rom geschrieben haben, (wird beschlossen,) dass ihnen ihre heiligen Riten für Gott und die überlieferten Feste und die Zusammenkünfte weiter gestattet seien. [258] Wir haben auch beschlossen, dass diejenigen Männer und Frauen der Juden, die den Sabbat halten und das Heilige gemäß den jüdischen Gesetzen bezahlen wollen (dies dürfen), und dass sie am Meer ihre Gebetshäuser bauen (dürfen) gemäß der väterlichen Sitte. Wenn aber einer (sie) hindert, sei es Amtsträger oder Privatmann, soll er diesem Bußgeld unterworfen werden und er schuldet es der Stadt.«
Josephus, Jüdische Altertümer 14,256–258 (EÜ nach Marcus, LCL 365, S. 584–587).

Unterstützung beim Bau einer Synagoge und der koscheren Ernährung

[259] Beschluss der Bewohner von Sardes. »Der Rat und das Volk von Sardes haben auf Antrag der Strategen beschlossen: Da die in unserer Stadt ansässigen jüdischen Bürger vom Volk stets zahlreiche und große Wohltaten empfangen haben und nun vor Rat und Volk getreten sind und gefordert haben, [260] dass – nachdem vom Senat und Volk von Rom ihre Gesetze und ihre Freiheit ja bereits wiederhergestellt waren – sie gemäß ihrer anerkannten Gebräuche zusammenkommen, gemeinsam leben über sich gegenseitig richten dürfen, man ihnen auch einen Platz geben möge, an dem sie sich mit Frauen und Kindern versammeln und Gott ihre väterlichen Gebete und Opfer darbringen können, [261] beschlossen der Rat und das Volk ihnen zu gestatten, an vorher festgesetzten Tagen zusammen zu kommen, um zu tun, was immer ihre Gesetze vorschrieben; und auch dass von den Strategen für sie ein Ort abgegrenzt werden soll als Wohnsitz und ihre Behausung, der ihnen als geeignet für diesen Zweck erscheine; und auch dass den Marktbeamten der Stadt aufgetragen sei zu sorgen, dass auch das für sie zur Ernährung Geeignete (in die Stadt) eingeführt werden soll.«
Josephus, Jüdische Altertümer 14,259–261 (EÜ nach Marcus, LCL 365, S. 586–589).

b) Ägypten

Der Vorwurf des Apion, die Juden würden einen Griechen verzehren

[89] Er [*scil.* Apion] bringt auch noch eine andere für uns äußerst beleidigende Fabel vor […] [91] Er sagt nämlich, Antiochus habe im Tempel ein Ruhebett gefunden, auf dem ein Mensch lag. Vor diesem habe ein mit Leckerbissen von Seefisch und Geflügel besetzter kleiner Tisch gestanden, worüber der König in Erstaunen geraten sei. [92] Alsbald nun sei der Mensch ehrfurchtsvoll dem Könige zu Füßen gesunken, als wenn dieser ihm die größte Hilfe gewähren könne, und habe ihn mit ausgestreckter Hand um Befreiung angefleht. Antiochus habe ihn dann aufgefordert, sich zu setzen und zu sagen, wer er sei, weshalb er hier sich befinde und was die Speisen zu bedeuten hätten, worauf er seufzend und weinend seine Not mit folgenden Worten geklagt habe: [93] Er sei ein Grieche, und während er, um sich seinen Lebensunterhalt zu verdienen, die Provinz durchzogen habe, sei er plötzlich von wildfremden Menschen ergriffen, in einen Tempel geschleppt und hier eingesperrt worden; nie bekomme er jemanden zu sehen, doch werde er mit allen möglichen Leckerbissen gemästet. [94] Anfangs hätten diese unerwarteten Wohltaten ihm Freude bereitet, später aber habe er Verdacht geschöpft und sei dann in Stumpfsinn verfallen; zuletzt habe er einen näher herankommenden Diener gefragt und von ihm erfahren, dass es ein geheimes Gesetz der Juden gäbe, dem zuliebe er genährt werde, und sie täten das jedes Jahr zu einer bestimmten Zeit. [95] Sie fingen nämlich einen fremden Griechen auf, mästeten ihn ein Jahr lang, führten ihn dann in einen gewissen Wald, schlachteten ihn, opferten seinen Leib unter herkömmlichen, feierlichen Zeremonien, genössen etwas von seinen Eingeweiden und schwüren bei der Opferung des Griechen einen Eid, dessen Landsleute zu hassen; schließlich würfen sie die Überreste des Unglücklichen in eine Grube. [96] Der Gefangene habe dann hinzugefügt, dass ihm nur noch wenige Tage beschieden seien, und den König gebeten, ihn aus seiner schrecklichen Lage zu befreien, einmal aus Ehrfurcht gegen die Götter der Griechen, und dann auch um durch seine Rettung die hinterlistigen Anschläge der Juden zunichte zu machen.
Josephus, Gegen Apion 2,89.91–96 (Clementz, S. 642f).

Der jüdische Ethnarchos von Alexandria

[117] In jedem Fall richteten die Juden in Ägypten eine eigenständige Bürgerschaft (*κατοικία)* ein, und ein großer Teil der Stadt Alexandria wurde für dieses Volk reserviert. Ein Ethnarchos steht über ihnen, der die Gemeinschaft verwaltet, Rechtssachen entscheidet und sich um Verträge und Regierungsangelegenheiten kümmert, gerade so als wäre er der Anführer eines unabhängigen Staates. [118] In Ägypten aber hat dieses Volk eine so große Macht, weil die Juden zu Beginn Ägypter waren und weil die, die das Land verlassen haben, sich ganz in der Nähe niederließen. Nach Kyrenaia zog das Volk hinüber, weil dieses Land an das Reich

der Ägypter grenzt wie auch Judäa – vielmehr letzteres früher noch zu jenem Reich gehört hatte. Strabon selbst sagt dies.
Strabon in Josephus, Jüdische Altertümer 14,117f (EÜ nach Marcus, LCL 365, S. 508–511).

Das alexandrinische Pogrom des Jahres 38 n. Chr.

Die Verspottung des Carabas
[36] Da lebte ein Geisteskranker namens Carabas, dessen Leiden nicht in tierischer Wildheit ausbrach (dieses kennt kein Pardon für die Patienten selbst und diejenigen, die ihnen nahe kommen). Seine Krankheit verlief ruhiger und sanfter. Er brachte Tag und Nacht unbekleidet auf den Straßen zu und scheute weder Hitze noch Frost, Kinder und müßige Burschen trieben ihr Spiel mit ihm. [37] Die nahmen den unglücklichen Menschen mit ins Gymnasium und stellten ihn auf einen erhöhten Platz, wo er allen sichtbar war; sie stülpen ihm ein Blütenbüschel von Papyrus als Krone auf den Kopf und umhüllen seinen Körper mit einer Matte als Mantel; anstatt eines Szepters gibt ihm einer ein kurzes Stück einheimischen Papyrus, das er am Wegrand gesehen und abgerissen hatte. [38] Und als er nun wie bei Bühnenpossen die Zeichen der Herrschaft trug und zum König geschmückt war, stellten sich junge Leute mit Stöcken auf den Schultern wie Lanzenträger rechts und links als Leibwache auf. Dann traten andere vor ihn hin, teils als wollten sie ihm huldigen, teils wie um einen Prozess zu führen, teils als suchten sie in öffentlichen Angelegenheiten seinen Rat. [39] Dann brach die ringsum stehende Menge in ein unsinniges Geschrei aus: »Marin«, riefen sie – so wird angeblich bei den Syrern der Herrscher genannt; denn sie wussten, dass Agrippa ein Syrer war und über einen großen Teil Syriens herrschte. [40] Als Flaccus das hörte und erst recht, als er das sah, hätte er den Geisteskranken festnehmen und einschließen müssen, damit die Frevler ihn nicht zum Anlass nähmen, gegen die Besseren ausfällig zu werden; er hätte aber auch die Täter bestrafen müssen, weil sie einen König und Freund des Kaisers, der vom Senat der Römer durch den Prätorenrang geehrt worden war, mit Taten und Worten öffentlich und hinterrücks verhöhnten – statt dessen jagte er sie weder fort, noch hielt er es für notwendig, ihnen Einhalt zu gebieten: er gewährte den böswillig hassenden Frevlern sogar Straffreiheit und ließ ihnen freie Hand, indem er tat, als sähe er nicht, was er sah, und hörte nicht, was er hörte.

Caligula wird hineingezogen
[41] Das merkte der Pöbel: nicht die friedliche, loyale Menge, sondern die alles mit Lärm und Verwirrung zu erfüllen gewohnt waren, weil sie überall beteiligt sein wollen und sich einem unnützen Leben hingeben, gewohnheitsmäßiger Nichtstuerei und Faulheit – einer leidigen Sache! Die also strömten frühmorgens ins Theater (den Flaccus hatten sie ja schon vorher für einen jämmerlichen Preis gekauft, den der jederzeit feile Ehrgeizling zum Schaden für sich selbst und die öffentliche Sicherheit auch genommen hatte), und nun schrieen sie wie aus

einem Munde, in den Synagogen sollten (Kaiser-)bilder aufgestellt werden. [42] Damit verlangten sie einen unerhörten, beispiellosen Bruch des Gesetzes. Das wussten sie auch in ihrem Scharfsinn für das Böse. Aber so ziehen sie geschickt die Person des Kaisers mit hinein und haben damit ihn zum Vorwand, an dem nicht die geringste Ungesetzlichkeit haften darf.

Flaccus' Angriff gegen die Juden

[44] Da er sich aber ganz auf die Seite der Verbrecher stellte, hielt er es auch für richtig, mit Hilfe seiner größeren Macht den Aufstand zu schüren, indem er den Untaten dauernd neue hinzufügte, und für seinen Teil füllte er die – so muss man fast sagen – ganze Welt mit Feindschaft gegen ein Volk. [45] Wenn nämlich das Gerücht von der Entweihung der Synagogen von Alexandria ausging, musste es sich sofort über die Gaue Ägyptens verbreiten; von Ägypten würde es nach Osten zu den Völkern des Orients vordringen, von dem Küstengebiet und der Mareia, wo Libyen anfängt, nach Sonnenuntergang und zu den Völkern des Westens. Denn da es so viele Juden gibt, reicht ein einziges Land für sie nicht aus. [46] Deswegen wohnen sie in den meisten und reichsten Ländern Europas und Asiens, auf Inseln und auf dem Festland, und als Mittelpunkt betrachten sie die Heilige Stadt, wo der heilige Tempel des höchsten Gottes steht. Was sie aber von ihren Vätern, Groß- und Urgroßvätern und den Voreltern noch weiter hinauf als Wohnsitz übernommen haben, das halten die einzelnen für ihr Vaterland, wenn sie dort geboren und aufgewachsen sind; in einige Gebiete kamen sie auch als Kolonisten gleich bei deren Besiedlung, den Gründern zu Gefallen [47] Jetzt aber musste man fürchten, dass der Judenhass sich von Alexandria ausbreitete und die jüdischen Mitbürger überall von denen bedroht wurden, die gegen ihre Gotteshäuser und ihre Tradition vorgingen. [48] Sie aber wollten nicht bis zum äußersten ruhig bleiben, obwohl sie von Natur durchaus friedlich sind. Aber alle Menschen setzen im Kampf um die Erhaltung ihrer Sitten sogar das Leben aufs Spiel, die Juden verloren als einzige unter der Sonne zugleich mit ihren Gotteshäusern ihre Achtung vor den Wohltätern und hätten das mit vieltausendfachem Tod bezahlt. Denn so fehlten ihnen heilige Orte, an denen sie ihre Dankbarkeit zeigen konnten […]

[53] Da Flaccus nun die Synagogen wegnahm und ihnen nicht einmal ihren Namen ließ, schien ihm der Angriff gegen unsere Gesetze auf gutem Weg, und er wandte sich einer neuen Aufgabe zu, nämlich unsere Gemeinschaft: zu zerstören. Die Vätersitten, unsere einzige Lebensgrundlage, sollten beseitigt werden wie auch unser Anteil an politischen Rechten, damit uns das äußerste Unglück träfe, ohne dass wir ein Halteseil zu unserer Sicherheit fassen könnten. [54] Wenige Tage später veröffentlicht er nämlich einen Erlass, in dem er uns als Fremde und Ausländer anprangerte und uns ohne Prozess und ohne uns zu Worte kommen zu lassen verurteilte. – Was könnte Gewaltherrschaft deutlicher beweisen als das? Flaccus wurde in einer Person zu allem: Ankläger, (Prozess-)gegner, Zeuge, Richter, Vollzieher der Strafe. Dann fügte er den beiden früheren (Verbrechen)

noch ein drittes hinzu, indem er denen, die es wollten, erlaubte, die Juden auszuplündern wie bei der Einnahme einer Stadt.

[55] Was fangen jene mit der Erlaubnis an? Die Stadt hat fünf, nach den ersten Buchstaben des Alphabets benannte Bezirke. Von diesen hießen zwei auch »die Jüdischen«, weil dort die meisten Juden leben; aber auch in den anderen Bezirken verstreut wohnen nicht wenige. Also, was taten sie? Sie vertrieben die Juden aus vier Bezirken und drängten sie in einem engen Quartier eines einzigen Bezirkes zusammen. [56] Da ihrer so viele waren, ergossen sie sich, nachdem man ihnen alles Eigentum geraubt hatte, an die Küsten, zu den Abfallhaufen und den Grabstätten. Jene aber stürmten die verlassenen Häuser, machten sich ans Plündern und verteilten ihre Beute wie im Krieg; niemand verhinderte, dass sie auch die Werkstätten der Juden aufbrachen, die zum Zeichen der Trauer für Drusilla verschlossen waren. Alles, was sie dort fanden – und auch das war recht viel, – brachten sie fort, trugen es mitten auf den Marktplatz und verschacherten das fremde Gut, als gehöre es ihnen. [57] Härter als die Beraubung lastete das Nichtstun, nachdem die Geschäftsleute ihre Läden verlassen hatten und keiner, war er nun Bauer, Schiffseigner, Kaufmann oder Handwerker, seinem Beruf nachgehen durfte. So machte sich von zwei Seiten aus die Armut breit: sie kam von der Plünderung, durch die man an einen Tag seines Eigentums beraubt und mittellos wurde, und weil man mit seiner gewohnten Tätigkeit nichts erwerben durfte.

Philo, Gegen Flaccus 36–48.53–57 (Cohn, Bd. 7, S. 137–141).

Anweisung des Claudius an die Alexandriner nach dem Pogrom 38 n. Chr.

[73] *(Kol.* IV*)* Was jedoch die Unruhen und Aufstände – oder eher, wenn man die Wahrheit sagen soll, [74] den Krieg – gegen die Juden betrifft: Wer dafür die Verantwortlichen waren, das wollte ich dennoch nicht im Einzelnen ermitteln; [75] obwohl bei der Gegenüberstellung (mit euren Gegnern) eure Gesandten und [76] besonders Dionysios, der Sohn des Theon, mit großem Eifer eure Sache vertraten; [77] jedoch hege ich gegen die, die den Konflikt erneuert haben, [78] bei mir einen unversöhnlichen Zorn.

[79] Ich sage euch ein für allemal, dass ich, wenn ihr nicht mit dieser verderblichen [80] und eigensinnigen Feindschaft gegeneinander aufhört, dazu gezwungen sein werde, [81] euch zu zeigen, wie ein an sich wohlwollender Fürst sein kann, wenn man ihn zu gerechtem Zorn reizt.

[82] Deshalb beschwöre ich euch jetzt noch einmal, dass die Alexandriner sich [83] geduldig und freundlich gegenüber den Juden betragen sollen, [84] die dieselbe Stadt seit langer Zeit bewohnen, [Kol. V, 85] und keine der von ihnen befolgten Riten zur Verehrung [86] Gottes schmähen, sondern sie ihre Gebräuche wie zu den Zeiten [87] des göttlichen Augustus befolgen lassen, welche ich, [88] nachdem ich beide Seiten angehört, ebenfalls bestätigt habe.

Den Juden aber [89] befehle ich ausdrücklich, nicht mehr auf Privilegien, als sie früher [90] besaßen, hinzuarbeiten, und in Zukunft [91] keine zwei besonderen Gesandtschaften mehr auszusenden, als ob sie in einer anderen Stadt wohnten, [92] etwas, was noch nie vorgekommen ist; und sich nicht in die Wettspiele der [93] Gymnasiarchen und die Kosmetien einzudrängen, wo sie doch ihre eigenen [94] (Privilegien) auszunützen und zusätzlich eine große Menge von Vorteilen [95] in einer fremden Stadt (ἐν ἀλλοτρίᾳ πόλει) genießen, und nicht [96] neue Juden herbeizuziehen oder hineinzulassen, die von Syrien oder Ägypten [97] herbeischiffen, woraufhin ich gezwungen wäre, größeren Verdacht zu [98] schöpfen. Im anderen Falle will ich sie [99] mit allen Mitteln vertreiben als Erreger einer allgemeinen [100] Krankheit für die ganze Welt.

Wenn ihr [101] von diesen Dingen ablasst und in gegenseitiger Nachsicht [102] und Freundlichkeit miteinander leben wollt, [103] will ich meinerseits die wohlwollendste Fürsorge für die Stadt walten zu lassen, [104] ganz wie sie mir durch das Haus meiner Vorfahren wie ein Erbe zu Eigen ist.
CPJ II 153,73–104 (Schimanowski, S. 246–249).

Das Ende des Ältestenrats von Alexandria durch Flaccus

[73] Nachdem er wie ein Einbrecher alles in Stücke geschlagen und keinen Teil jüdischen Lebens unberührt gelassen hatte in seiner grenzenlosen Feindschaft, ersann dieser Vollbringer mächtiger Taten und Erfinder neuer Ungerechtigkeiten, ebendieser Flaccus, eine fürchterliche und noch nie dagewesene Art des Angriffs. [74] Unser Retter und Wohltäter Augustus hatte einen Rat der Ältesten (γερουσία) ernannt, um Sorge für die Belange der Juden zu tragen nach dem Tod des Genarchen. Er vollbrachte das durch schriftliche Anweisungen an Magius Maximus, als jener zum zweiten Male das Amt des Präfekten von Alexandria und des Landes antrat. Nachdem er 38 Mitglieder unseres Rates verhaftet hatte, die man in ihren Häusern auffand, ordnete er an, dass sie unverzüglich gefesselt würden. Dann richtete er eine feine Prozession aus und führte direkt über den Marktplatz zum Theater – alte Männer in Fesseln, ihre Arme auf dem Rücken gefesselt, einige mit Riemen, andere mit eisernen Ketten: ein bejammernswerter und ganz und gar unwürdiger Anblick. [75] Dort mussten sie, damit ihre Schmach recht deutlich werde, vor ihren sitzenden Gegnern stehen. Flaccus lässt alle entkleiden und schmählich mit den Geißeln züchtigen, mit denen man gewöhnlich die schlimmsten Verbrecher erniedrigt. So starben die einen noch unter den Schlägen und wurden gleich hinausgeschafft, die anderen lagen sehr lange krank und verzweifelten an ihrem Aufkommen.
Philo, Gegen Flaccus 73–75 (EÜ nach Gerschmann in Cohn, Bd. 7, S. 144).

Archive jüdischer Synagogengemeinden

13 v. Chr.

An Protarchos. Von Dionysia, der Tochter des Ariston, mit ihrem Vormund, ihrer Mutter Bruder, Agathinos Sohn des Philotas, und von Alexander Sohn von Neiokodemos. Bezüglich der strittigen Angelegenheit räumt Dionysia ein, dass sie gebührend von Alexander 100 Silberdrachmen von den 200 empfangen hat,

die Theodoros, der verstorbene Bruder des Alexander, ihr vererbt hat in Übereinstimmung mit dem Testament, das er im Archiv der Juden hinterlegt hat […]
EÜ nach Tcherikover, CPJ II, Nr. 143.

Die berühmte Synagoge von Alexandria

[4,6] Rabbi Jehuda sagte: Jeder, der die Doppelsäulenhalle von Alexandria nicht gesehen hat, hat eine große Herrlichkeit Israels sein Leben lang nicht gesehen. In der Art einer großen Basilika war sie, eine Säulenhalle innerhalb einer (zweiten) Säulenhalle. Manchmal waren in ihr doppelt so viel (Menschen versammelt) wie aus Ägypten auszogen, und 71 goldene Stühle waren in ihr, entsprechend den 71 Ältesten, und jeder einzelne war (mit einem Kostenaufwand) von 25 Myriaden hergestellt. Und ein hölzernes Podium war in der Mitte, und der Synagogendiener stand auf dem Vorsprung und hatte ein Tuch in seiner Hand. Nahm (ein)er die (Torarolle), um (aus ihr vor)zulesen, winkte (jen)er mit dem Tuch und alles Volk respondierte: »Amen«. Auf jeden einzelnen Lobspruch hin winkte er mit dem Tuch und alles Volk respondierte: »Amen«. Und man saß nicht in Unordnung durcheinander, sondern die Goldschmiede für sich und die Silberschmiede für sich und die Grobschmiede für sich und die (gewöhnlichen) Weber für sich und die tarsischen Kunstweber für sich, damit wenn ein Fremder kam, er sich seinem Handwerk anschlösse, und von da kam ihm (dann auch) sein Lebensunterhalt zu.
tSuk 4,6 (Mayer, Bd. 2.5, S. 48f).

c) Übrige Regionen

Ausweisung von Juden aus Rom im Jahr 139 v. Chr.

Im Jahr des Konsulats des P. Popilius Laenas und Lucius Calpurnius befahl Cnaeus Cornelius Hispalus, *praetor peregrinus*, mit einem Edikt, dass die Chaldäer innerhalb von zehn Tagen Rom und Italien verlassen müssten, da sie durch eine irrtümliche Auslegung der Sterne schwächliche und leichtgläubige Geister verwirrt und aus ihren Lügen Gewinn gezogen hatten. Derselbe Prätor zwang die Juden, die die römischen Sitten mit dem Kult des Jupiter Sabazios zu verseuchen versuchten, in ihre Heimat (Häuser) zurückzukehren.
Valerius Maximus, Denkwürdige Taten und Worte 1,3,3 (EÜ nach Stern, Bd. 1.5. 358, Nr. 147b).

Weite Verbreitung jüdischer Sitten nach Seneca

Unter anderen abergläubischen Bräuchen der Staatstheologie tadelt Seneca auch die heiligen Einrichtungen der Juden, vor allem ihre Sabbatfeier, und betont, wie unnütz es sei, dass sie durch Einschiebung eines allwöchentlichen Ruhetages fast den siebten Teil ihres Lebens durch Müßiggang verlören und viele dringende Geschäfte dadurch Schade litten […] Wo er […] von den Juden handelt, schreibt er: »Indessen hat die Lebensweise dieses schändlichen Volkes solchen Einfluss

gewonnen, dass sie in fast allen Ländern Eingang gefunden hat. Die Besiegten haben den Siegern Gesetze gegeben.« Man spürt, wie er sich wundert, wenn er dies sagt, und ohne zu wissen, was hier nach Gottes Willen vor sich ging.
Seneca, De superstitione bei Augustinus, Vom Gottesstaat 6,11 (Thimme, S. 313).

Jüdische Kolonisten in Kleinasien

[147] Er [*scil.* Antiochos III.] schrieb und bezeugte unsere Frömmigkeit und Treue, als er von Aufruhr in Phrygien und Lydien erfuhr, während er sich in den oberen Satrapien aufhielt. Er befahl seinen Strategen Zeuxis, einen seiner liebsten Freunde, eine Anzahl der Unsrigen aus Babylon nach Phrygien zu schicken. Er schrieb Folgendes: [148] » König Antiochos seinem Vater Zeuxis zum Gruß. Wenn du wohlauf bist, geht es mir auch gut; ich selbst bin auch bei bester Gesundheit. [149] Als ich vom Aufruhr in Lydien und Phrygien erfuhr und erkannte, dass dies von mir große Aufmerksamkeit erfordert, und mich mit meinen Freunden beraten hatte, was zu tun sei, beschloss ich zweitausend jüdische Familien mit ihrem Besitz aus Mesopotamien und Babylon in die Festungen und wichtigsten Orte umzusiedeln. [150] Ich bin nämlich davon überzeugt, dass sie aufrichtige Wächter unserer Belange sein werden wegen ihrer Frömmigkeit gegenüber Gott und ich weiß, dass sie von den Vorfahren ein gutes Zeugnis über ihre Treue haben und ihre Bereitschaft zu tun, was ihnen befohlen wird. Ich will also, obwohl es vielleicht lästig ist damit umzugehen, dass sie umsiedeln und, da ich es versprochen habe, ihre eigenen Gesetze befolgen dürfen. [151] Und wenn du sie zu den erwähnten Orten geführt hast, wirst du jedem einen Platz zum Bau eines Hauses geben, und Land für Ackerbau und Weinbau, und du wirst ihnen Freiheit gewähren von den Abgaben für die Früchte der Erde für zehn Jahre. [152] Bis sie aber von der Erde Früchte empfangen können, soll man ihnen Getreide zuweisen, um ihre Sklaven zu ernähren. Auch den zum (öffentlichen) Nutzen tätigen Dienern soll das Nötige gegeben werden, damit sie, wenn sie durch uns Menschenfreundlichkeit erleben, sich noch bereitwilliger für unsere Angelegenheiten einsetzen. [153] Und mache dir über dieses Volk nach Vermögen Gedanken, dass es von niemandem belästigt werde«.
Josephus, Jüdische Altertümer 12,147–153 (EÜ nach Marcus, LCL 365, S. 76–79).

3. Die Entwicklung des Judentums nach 70

a) Die Epoche zwischen 70 und 132

Flavische Inschriften aus Rom nach dem Krieg

Colosseum:
I[mp(erator)] T(itus) CAES(ar) VESPASI[anus Aug(ustus)]
AMPHITHEATRV[M NOVVM ?]
[ex] MANVBI(i)S (*vac.*) F[ieri iussit ?]

Imperator Titus Caesar Vespasianus Augustus hat das Neue Amphitheater aus der Kriegsbeute errichten lassen.
CIL VI 40454 a = AE 1995, 111 b (EÜ nach Alföldy, Bauinschrift).

Circus Maximus:
Die Inschrift, die auf dem bis mindestens ins 9. Jh. vorhandenen zweiten Titusbogen am Südende des Circus Maximus angebracht war, ist heute nur noch durch die Kopie des Anonymus Einsiedlenis erhalten.

Senatus Populusq(ue) Romanus / Imp(eratori) Tito Caesari divi Vespasiani f(ilio) Vespasian[o] Augusto / pontif(ici) max(imo), trib(unicia) pot(estate) X, imp(eratori) XVII, [c]o(n)s(uli) VIII, p(atri) p(atriae), principi suo / quod praeceptis patr[is] consiliisq(ue) et auspiciis gentem / Iudaeorum domuit et urbem Hierusolymam omnibus ante / se ducibus, regibus, gentibus aut frustra petitam aut / omnino intemptatam delevit.

Der Senat und das Volk von Rom dem Imperator Titus Caesar, des vergöttlichten Vespasianus Sohn, Vespasianus Augustus, dem Oberpriester, zum zehnten Male mit tribunizischer Gewalt, zum 17. Male Imperator, zum 8. Male Consul, dem Vater des Vaterlandes, seinem Kaiser, weil er nach den väterlichen Anweisungen, Beratungen und Vorzeichen das Volk der Juden bezwungen und die Stadt Jerusalem zerstört hat, was von allen Fürsten, Königen und Völkern vor ihm entweder vergeblich erstrebt oder gänzlich unversucht geblieben ist.
CIL VI 944 = ILS 264 (EÜ nach Walser, S. 87 f).

Inschrift auf Titusbogen
SENATVS / POPVLVSQVE ROMANVS / DIVO TITO DIVI VESPASIANI F(ilio) / VESPASIANO AVGVSTO

Der Senat und das Volk von Rom dem vergöttlichten Titus, des vergöttlichten Vespasianus Sohn, Vespasianus Augustus
CIL VI 945 = ILS 265. EÜ*

---

* Zu allen drei Inschriften vgl. Millar, F., Last Year in Jerusalem. Monuments of the Jewish War in Rome, in: Edmondson, J. / Mason, S. / Rives, J. (Hgg.), Flavius Josephus and Flavian Rome, Oxford 2005, 101–128.

5 Der Tempel der vergöttlichten Vespasian und Titus auf dem Forum Romanum (Vordergrund).

Das flavische Rom und der jüdische Krieg

Nach der Schreckensherrschaft Neros, den Wirren des Vierkaiserjahres (68/69) und der Bedrohung an den Grenzen durch Aufstände in **Gallia / Germania** (Bataveraufstand) und **Judaea** stabilisierte sich die Lage erst mit der Ausrufung des Titus Flavius Vespasianus durch die Legionen Syriens und des Balkans im Juni des Jahres 69 (vom Senat bestätigt am 20.12.69). Die alte, durch Julius Caesar und Augustus gestiftete julisch-claudische Dynastie aber war erloschen, Vespasianus sowie sein Sohn Titus strebten nun nach Verstetigung und Legitimierung ihrer durch militärisches Charisma gegründeten Herrschaft. Der Sieg über Konkurrenten und äußere Feinde blieb eine wichtige Legitimationsgrundlage der Flavier, daneben aber knüpften sie dezidiert an altrömische Ideale und solche des Prinzipats an.

Neben persönlicher Stilisierung (»Sparsamkeit«) und administrativen Maßnahmen

6 IVDEA CAPTA Münze Vespasians (RIC 424)

fand die neue Herrscherideologie natürlich in Bauten, vor allem in Rom, monumentalen Ausdruck. Das Templum Vespasiani et Titi am Westende des Forum Romanum unweit der Curia und der Arcus Titi an dessen östlichem Abschluss (fertiggestellt zu Beginn der Regierung Domitians) setzten unübersehbare Akzente im Herzen Roms, die Erweiterung des Forums nach Norden mit dem Templum bzw. Forum Pacis (fertiggestellt im Jahr 75) unterstrich den Herrschaftsanspruch der Flavier zusätzlich.

Eine besondere Rolle bei all diesen Maßnahmen spielte die **Eroberung Jerusalems**. Besonders berühmt sind natürlich die IVDAEA CAPTA-Münzen, die die Flavier über Jahre hinweg in unterschiedlichen Formen hatten prägen lassen. Der Triumphzug des Titus war auf dem ihm geweihten Bogen abgebildet, die Kriegsbeute wurde ins Templum Pacis überführt und dort zur Schau gestellt, die Stiftung des Amphitheatrum Novum (»Colosseum«) auf dem Grundstück der Domus Aurea des verhassten Nero wurde aus der Kriegsbeute (ex manubiis) finanziert, wie eine Inschrift verkündete. Auf einem zweiten Titusbogen am Südende des Circus Maximus wurde eine ähnliche Inschrift angebracht. So sehr also Rom seine zerstörerischen Spuren in Jerusalem hinterlassen hat, so sehr hat die Niederlage Judäas zum Glanz des flavischen Rom beigetragen.

Weiterführende Literatur

Alföldy, G., Eine Bauinschrift aus dem Colosseum, ZPE 109 (1995), 195–221.

Boyle, A.J. / Dominik, W.J. (Hgg.), Flavian Rome. Culture, Image, Text, Leiden / Boston 2003.

Feldman, L.H., Financing the Colosseum, BAR 27/4 (2001), 20–31.60f.

Knell, H., Bescheidung, Fortschritt und Macht in Bauprogrammen flavischer Kaiser, in: ders., Bauprogramme römischer Kaiser, Mainz 2004, 125–167.

Meneghini, R. / Valenzani, R.S., I Fori Imperiali. Gli scavi del Commune di Roma (1991–2007), Rom 2007.

Millar, F., Last Year in Jerusalem. Monuments of the Jewish War in Rome, in: Edmondson, J. / Mason, S. / Rives, J. (Hgg.), Flavius Josephus and Flavian Rome, Oxford 2005, 101–128.

7 Titusbogen-Relief

Soziale Unruhen in Alexandria und Cyrene nach dem Jüdischen Krieg

[437] Indessen griff der Wahnsinn der Sikarier geradezu wie eine Krankheit auch auf die Städte in Kyrene über. Es war nämlich ein gewisser Jonathan, ein sehr übler Mensch, von Beruf Weber, dorthin gekommen. [438] Er verleitete nicht wenige unter den Armen, ihm anzuhängen. Mit dem Versprechen, ihnen Wunder und Erscheinungen zu zeigen, führte er sie hinaus in die Wüste. [439] Noch war den meisten diese Unternehmung und der Schwindel verborgen, als bereits die dem Ansehen nach hervorragendsten Juden in Kyrene seinen Auszug und sein Vorhaben dem Statthalter der libyschen Pentapolis, Catull, meldeten. [440] Der aber schickte Reiterei und Fußvolk aus und bemächtigte sich leicht der wehrlosen Menge. Ein großer Teil kam sogleich unter den Händen der Römer um, während einige lebendig gefangengenommen und zu Catull abgeführt wurden. Der Führer des Anschlags, Jonathan, entkam damals. [441] Aber nach langem und sehr sorgfältigem Suchen im ganzen Lande wurde er gefasst. Vor den Statthalter geführt, schaffte er es jedoch, sich der Strafe zu entziehen. Er gab aber dabei dem Catull Anstoß zu rechtlosem Handeln. [442] Verleumderisch behauptete Jonathan nämlich, dass gerade die reichsten Juden ihn in dem Anschlag unterwiesen hätten.
Josephus, Jüdischer Krieg 7,437–442 (Michel / Bauernfeind, Bd. 2.2, S. 152–155).

Der Aufstand in Ägypten gegen Trajan

[1] Die Juden aber gerieten durch stets neue Unglücksfälle in immer größere Not. Als der Kaiser das 18. Jahr seiner Regierung angetreten hatte, erhob sich ein neuer Aufstand der Juden, der sie viele Leute kostete. [2] In Alexandrien wie in dem übrigen Ägypten und auch in Cyrene ließen sie sich, von einem bösen, revolutionären Geiste ergriffen, dazu herbei sich gegen ihre griechischen Mitbürger zu erheben. Da sie den Aufstand weithin ausdehnten, entfachten sie im folgenden Jahre, während Lupus Statthalter von ganz Ägypten war, einen nicht unbedeutenden Krieg. [3] Im ersten Treffen siegten die Juden über die Griechen, welche nach Alexandrien flohen, wo sie die daselbst wohnenden Juden gefangen nahmen und niedermachten. Die Juden in Cyrenaika fuhren, obwohl sie von den alexandrinischen Juden keine militärische Unterstützung mehr zu erwarten hatten, fort, unter Führung des Lukuas Ägypten zu plündern und seine Fluren zu verwüsten. Der Kaiser entsandte daher gegen sie den Marcius Turbo mit Fußsoldaten, Kriegsschiffen und auch Reiterei. [4] Dieser führte in zahlreichen Gefechten einen langwierigen, mühsamen Krieg und vernichtete zu Zehntausenden die cyrenischen Juden, aber auch ägyptische Juden, die sich ihrem König Lukuas angeschlossen hatten. [5] Da der Kaiser befürchtete, es möchten sich auch die Juden Mesopotamiens gegen die Mitwohnenden erheben, befahl er dem Lusius Quietus, die Provinz von diesen Leuten zu reinigen. Dieser rüstete und vernichtete eine sehr große Anzahl der dortigen Juden. Zur Belohnung für diese

Tat erhob ihn der Kaiser zum Statthalter von Judäa. Griechische Schriftsteller, welche die gleiche Zeit behandeln, berichten diese Ereignisse in gleicher Weise. *Euseb, Kirchengeschichte 4,2,1–5 (Kraft, S. 195f).*

b) Der Bar Kochba-Krieg (132–135/6)

Der Bar-Kochba-Aufstand

[9] Hadrian reiste von einer Provinz zur anderen, besuchte unterschiedliche Regionen und Städte und inspizierte alle Garnisonen und Lager […] Er drillte die Soldaten für jegliche Art von Kampf, belobigte die einen und tadelte die anderen, und lehrte sie alles, was sie tun sollten. Und damit sie Nutzen davon zogen, wenn sie ihn beobachteten, führte er überall ein äußerst bescheidenes Leben […] [10] Er baute auch Theater und hielt Spiele ab, als er von Stadt zu Stadt reiste, verzichtete aber auf allen königlichen Pomp […] Als er nach Griechenland kam, betrachtete er die Mysterien.

[11] Danach zog er durch Judäa nach Ägypten und opferte dem Pompeius, über den er angeblich folgenden Vers gesprochen haben soll: »Welch ein seltsamer Mangel eines Grabes für einen, der an Tempeln schwelgt!« Und er stellte das Monument wieder her, das in Trümmer gefallen war […]

[12] In Jerusalem erbaute er eine Stadt an der Stelle derjenigen, die bis auf die Grundmauern verwüstet war, und nannte sie Ailia Capitolina, und an der Stelle des Tempels des Gottes errichtete er einen neuen Tempel für Zeus. Dies brachte einen Krieg in Gang von nicht geringem Ausmaß noch kurzer Dauer. Denn die Juden machten eine gewaltige Sache daraus, dass Fremdlinge in ihrer Stadt angesiedelt würden und fremde Heiligtümer dort erbaut würden. So lange Hadrian aber in Ägypten und Syrien ganz in ihrer Nähe war, hielten sie Ruhe, allein dass sie die Waffen, die sie abliefern sollten, absichtlich in so schlechter Qualität herstellten, dass die Römer sie zurückwiesen und sie diese selbst in Gebrauch nehmen konnten. Als er aber weiter weg zog, widersetzten sie sich offen. Natürlich wagten sie nicht, den Römern in offener Feldschlacht entgegenzutreten, sondern besetzten die vorteilhaften Positionen im Lande und befestigten diese mit unterirdischen Verstecken und Mauern, um so Rückzugsorte zu haben, wenn sie unter Druck gerieten, und dort unter der Erde unbehelligt beisammen sein können. Die unterirdischen Wege versahen sie von oben regelmäßig mit Luftschächten, um Luft und Licht einzulassen.

[13] Zu Beginn beachteten die Römer sie nicht. Bald aber war ganz Judäa in Aufruhr getreten und Juden von überall im Land erhoben sich und rotteten sich zusammen, vollbrachten allerlei Übeltaten gegen die Römer sowohl insgeheim als auch ganz offen. Viele andere aus fremden Völkern schlossen sich ihnen an aus Gier nach Gewinn, und der ganze Erdkreis – so möchte man fast sagen – befand sich in Aufruhr darüber. Da endlich schickte Hadrian seine besten Feldherrn gegen sie ins Feld. Der erste von ihnen war Iulius Severus, der aus Britannien, wo er Statthalter war, gegen die Juden in Marsch gesetzt wurde. Severus ließ sich unter keinen Umständen darauf ein, die Feinde direkt anzugreifen, denn er

Der Bar-Kochba-Aufstand

Nur gut zwei Generationen nach dem Ersten Jüdischen Krieg, der im Jahr 70 mit der Zerstörung des Tempels und der Verwüstung des Landes geendet war, brach ein weiterer, für Rom und das palästinische Judentum mindestens ebenso verlustreicher Aufstand aus. Aufgrund der viel fragmentarischeren Quellenlage sind Ursache und Verlauf des Krieges weitaus weniger deutlich zu rekonstruieren. Statt der umfangreichen Werke des Josephus im Falle des Ersten sind wir beim zweiten Aufstand auf ein mittelalterliches Exzerpt aus dem Geschichtswerk des Cassius Dio, Bemerkungen in der **Historia Augusta** sowie einigen oft stark gefärbten Passagen der frühchristlichen und rabbinischen Literatur angewiesen. Hinzu kommen in letzter Zeit zunehmend numismatische, epigraphische, archäologische und papyrologische Quellen jüdischer und römischer Provenienz hinzu, die zum Teil einzigartige Einblicke in die Ereignisse von hoher Authentizität ermöglichen.

Allgemein geht man davon aus, dass der Aufstand im Sommer 132 unter der Statthalterschaft des Quintus Tineius Rufus im Zuge der großen Orientreise Hadrians zwischen 129 und 132 ausgebrochen ist, vermutlich als Reaktion auf die anlässlich des Besuches in Judäa im Jahr 130 geplante oder die in Angriff genommene Gründung der Colonia Aelia Capitolina an der Stelle des seit 70 als Legionsstandort genutzten Jerusalem. Eine weitere Rolle könnten Versuche gespielt haben, pagane Vorurteile gegen Juden in rechtliche Bestimmungen umzusetzen (Ausdehnung des Kastrationsverbots Hadrians von 120 auf die jüdische Beschneidung?). Der neue Name Jerusalems, eine Hommage an das kaiserliche Haus und die kapitolinische Trias, dokumentiert jedenfalls den durch und durch heidnischen Charakter der Gründung, den Teile der jüdischen Bevölkerung als offene Provokation empfunden haben müssen.

Die Aufständischen scheinen schnell weite Teile Süd- und Zentraljudäas unter ihre Kontrolle gebracht zu haben, wobei zeitweise auch Gebiete in der Provincia Arabia am Ostufer des Toten Meers (Babatha-Archiv) und Galiläas (Funde aus Wadi Hamam) betroffen gewesen sein dürften. Unsicher bleibt, ob größere Städte den Aufständischen zugefallen sind, besonders umstritten ist dies im Fall Jerusalems.

Anführer des Aufstands war ein gewisser Simon bar-Kos(i)ba (geschrieben mit **samekh**), der sich in Briefen (Papyri aus der Judäischen Wüste) als »Fürst Israels« bezeichnet. Wohl auf Betreiben von Rabbi Aqiba wurde der Name in Simon bar-Kochba (mit **chet**: »Sternensohn«) unter Anspielung auf Num 24,17 verändert. Rabbinische, durch den Namen Rabbi Eliezers autorisierte Texte lassen erkennen, dass dieser Anspruch keineswegs

8 und 9 Zwei Sus-Münze Bar-Kochbas mit palaeohebräischer Inschrift. Vorderseite: »Für die Freiheit Jerusalems«; Rückseite: »Zweites Jahr der Freiheit Israels«. Gemeinfrei.

allgemein akzeptiert war. Münzen mit der Fassade des Tempels, heiligen Objekten (Lulav, Etrog) und in althebräischer Schrift verfassten Parolen (»für die Freiheit Zions« u.ä.) geben Motive und Ziele des Aufstands wieder.

Der Krieg wurde mit äußerster Härte geführt, was auf jüdischer Seite durch zahlreiche unterirdische Verstecke in Siedlungen und Belege für systematisches Aushungern von Flüchtlingen am Toten Meer, sowie auf römischer Seite durch ungewöhnlich hohe Verluste an Soldaten dokumentiert wird. Nach langen Kämpfen konnte Hadrian nur mithilfe seiner besten Generäle Sextus Iulius Nepos (Nachfolger des Rufus), Haterius Nepos (Statthalter der Provincia Arabia) und Iulius Severus die Oberhand gewinnen und das für Rom strategisch so wichtige Judäa sichern. Bar-Kochba kam in der Entscheidungsschlacht auf dem Hügel von Bittir südwestlich von Jerusalem im Jahr 135 um, der Aufstand war gescheitert. Judäa wurde fortan **Syria Palaestina** genannt, der Ausbau von Aelia Capitolina wurde vollendet, das palästinische Judentum hatte seine Unabhängigkeit auf Jahrhunderte verloren. Auch Bar-Kochbas Namen veränderte man ein zweites Mal: aus dem »Sternensohn« wurde der »Lügensohn« (Bar-Koziba mit **zajin**). Sehr wahrscheinlich steht die monumentale Inschrift von Tel Shalem im Zusammenhang mit Siegesfeiern des römischen Militärs wohl im Frühjahr 136.

Die Auswirkungen des Aufstandes auf das palästinische Judentum waren katastrophal (Verwüstungen, Bevölkerungsverlust), die Folgen für das Christentum bleiben undeutlich. Kirchenväter lehnten den Anspruch Bar-Kochbas ab und sahen die erneute Verwüstung Judäas als Strafe Gottes. Zu vermuten ist, dass – ähnlich wie beim ersten Aufstand – mögliche Sanktionen gegen Juden auch Judenchristen trafen. Denkbar ist, dass dadurch die Auseinanderentwicklung von Juden- und Heidenchristentum einen weiteren Schub erhalten hat.

Weiterführende Literatur

Schäfer, P. (Hg.), The Bar Kokhba War reconsidered. New perspectives on the Second Jewish Revolt against Rome, Tübingen 2003.

Ders., Der Bar Kokhba-Aufstand. Studien zum zweiten jüdischen Krieg gegen Rom, Tübingen 1981.

Eck, W., The Bar Kokhba Revolt. The Roman Point of View, Journal of Roman Studies 89 (1999), 76–89.

Yadin, Y. (Hg.), The Documents from the Bar Kokhba Period in the Cave of Letters. Israel Exploration Society, Jerusalem 2002.

Eck, W., Rom herausfordern. Bar Kochba im Kampf gegen das Imperium Romanum. Das Bild des Bar Kochba-Aufstandes im Spiegel der neuen epigrafischen Überlieferung, Rom 2007.

Yadin, Y., The Finds from the Bar Kokhba Period of Letters, Jerusalem 1963.

Lewis, N. / Yadin, Y. / Greenfield, J.C. (Hgg.), The Documents from the Bar Kokhba Period in the Cave of Letters. Greek Papyri, Aramaic and Nabatean Signatures and Subscriptions, Jerusalem 1989.

Yadin, Y. / Greenfield, J.C. / Yardeni, A. / Levine, B.A. (Hgg.), The Documents from the Bar Kokhba Period in the Cave of Letters. Hebrew, Aramaic and Nabatean-Aramaic Papyri, Jerusalem 2002.

sah ihre große Anzahl und ihre Verzweiflung. Vielmehr fing er kleinere Gruppen ab, dank der Anzahl seiner Soldaten und Offiziere, vernichtete ihre Nahrung und schnitt sie davon ab und kam so, freilich sehr langsam, in die Lage, mit stets weniger Gefahr sie niederzuwerfen, auszubluten und zu vernichten. Wenige von ihnen überlebten. [14] Fünfzig ihrer bedeutendsten Befestigungen und 985 ihrer berühmtesten Dörfer wurden dem Erdboden gleichgemacht. 580.000 Männer wurden bei den verschiedenen bewaffneten Einfällen und Schlachten erschlagen, und die Anzahl derer, die durch Hunger, Krankheit und Feuer umkamen, war

unermesslich. So wurde fast ganz Judäa verwüstet, wie ihnen das schon vor dem Krieg vorausgesagt wurde. Das Grabmal des Salomon nämlich, das sie als verehrungswürdig ansehen, brach von allein in sich zusammen und viele Wölfe und Hyänen fielen heulend in ihre Städte ein. Auch viele von den Römern gingen im Krieg zugrunde. Darum gebrauchte Hadrian, als er an den Senat schrieb, auch nicht die für Kaiser übliche Eröffnung: »Wenn ihr und Eure Kinder wohlauf sind, ist es gut. Ich und die Legionen sind wohlauf.«
Cassius Dio, Römische Geschichte 69,9–14 (Auswahl) (EÜ nach Cary, LCL 176, S. 440–451).

Möglicher Hinweis auf den Bar-Kochba-Aufstand

Senat und Volk von Rom errichten dieses Monument zu Ehren von Imperator Caesar, Sohn des vergöttlichten Trajanus Parthicus, Enkel des vergöttlichten Nerva, den Oberpriester, der die Gewalt eines Volkstribunen zum 20. (?) Mal innehat, der zweimal als Sieger akklamiert wurde, der dreimal Konsul war, den Vater des Vaterlandes, weil er mit höchstem Kampfeseifer sein Heer gesandt, selbst die größten Feldherren übertroffen und so Syria Palaestina vom Feind befreit hat.
CIL VI 974 = 40524 (Eck, Rom, S. 141, Anm. 63).

Texte aus der judäischen Wüste

Brief von Schim'on Bar-Kosiba (135?)
[1] (*col. I*) Von Schim'on, Sohn des Kosiba an die Männer von En-Gedi, [2] an Mesabala und an Yehonatan Sohn des Ba'yan: Friede. Ihr lasst es euch gut gehen, essend und trinkend vom Eigentum des Hauses [4] Israel, aber zeigend keine Sorge für eure Brüder in keiner Weise. [5] Und (bezüglich) der Boote, die sie an eurem Ort inspiziert haben, habt ihr nicht das Geringste [6] getan. Euch sei aber mitgeteilt, dass euer Fall durch mich beurteilt wird. Und bezüglich der Früchte, [7] die bei euch sind – ihr sollt sie vorsichtig behandeln, und ihr sollt sie schnell [8] ausladen aus dem Boot, das bei euch ist, und (das) im Hafen (ist). Ihr sollt […]
(*col. II*) […]
PYadin 49 (EÜ nach Cotton aus Yadin, S. 279–286).

Brief von Schim'on Bar-Kosiba (zw. 132–135)
[1] (*col. I*) Schim'on Sohn des Kosiba, der Fürst über Israel, [2] an Yehonatan und an Mesabala: Friede! Ihr seid (beauftragt) zu untersuchen [3] und (zu) beschlagnahmen den Weizen, den er hinab gebracht (*oder:* geplündert?) hat, (nämlich) Hannin [4] Sohn des Yishma'el, und davon zu mir zu bringen, (gewogen) genau [5] ein Se'ah. Und setzt sie unter Bewachung, [6] denn man fand, dass sie gestohlen waren. Und wenn ihr nicht dementsprechend [7] handelt, (wisst,) dass an euch Bestrafung [8] vollzogen werden wird. Und den gewissen Mann – ihr sollt ihn mir überbringen [9] unter Bewachung.

[10] (*col. II*) Und jeder Mann aus Teko'a, der bei euch gefunden [11] wird – brennt die Häuser, in denen sie wohnen, [12] nieder, und an euch werde ich Bestrafung [13] vollziehen. Und Yehoshua' [14] Sohn des Palmyreners, sollt ihr gefangen nehmen und [15] unter Bewachung zu mir schicken. Und unterlasst nicht, [16] das Schwert an euch zu nehmen, das an ihm ist. Schickt es (mit)!

[17] Schemu'el Sohn des Ammi (hat das geschrieben).

PYadin 54 (EÜ nach Cotton aus Yadin, S. 305–311).

Vorbereitungen für Sukkot (135/136)

[1] (*erste Hand*) Soumaios an Jonathes (Sohn des) [2] Beianos und an Ma[3] sabala zum Gruss. [4] Da ich euch Agrippa [5] geschickt habe, [6] schickt mir eiligst [7] Zweige und Zitronen [8] so viel ihr könnt, [9] zum Lager der Ju[10] den und tut nicht [11] anders. Geschrieben aber [12] wurde (*scil.* dieser Brief) auf Griechisch, [13] weil wir nicht [14] Hebräisch [15] schreiben können. Lasst ihn [16] (*scil.* Agrippa) ganz schnell gehen [17] wegen des Festes [18] und handelt nicht [19] anders.

[20] (*zweite Hand*) Soumaios, [21] leb wohl.

PYadin 52 (EÜ nach Cotton aus Yadin, S. 351–362).

Darlehen auf Hypothek (6. Mai 124)

(*Äußerer Text*) [1] Unter dem Konsulat des Manius Acilius Glabrio und des Torquatus Tebanianus am Tag vor den Nonen des Mai, in En-Gedi, des Kaisers (unseres) Herrn. Judas, Sohn des Khthousion aus En-Gedi an Magonius Valens, *centurio* der *cohors I miliaria Thracum*, zum Gruß. Ich bestätige, dass ich erhalten habe und dir schulde als [15] Darlehen sechzig Denare von tyrischem Silber, was fünfzehn *stateres* wert ist, in Form einer Hypothek auf den Hof in En-Gedi, der meinem Vater Eleazar Khthousion gehört, wofür ich vom erwähnten Eleazar Vollmacht erhalten habe, auf ihn eine Hypothek aufzunehmen und ihn zu belehnen. Die Anlieger des besagten Hofs sind: im Osten das Lager und Jesus Sohn des Mandron, im Westen das Lager und die Werkstatt meines Vaters Eleazar, im Süden ein Markt und Simon Sohn des Matthäus, im Norden eine Straße und das Hauptquartier des Lagers. Dieses Geld werde ich an dich [20] zurückzahlen an den Kalenden des Januar im selben Jahr während des erwähnten Konsulats, und die Zinsen für den erwähnten Betrag werde ich monatlich bei dir abliefern in der Höhe von einem Denar je hundert Denar im Monat. Falls ich dir nicht zurückzahle am angegebenen Termin wie oben geschrieben, hast du das Recht in Besitz zu nehmen, zu gebrauchen, zu verkaufen und zu verwalten die besagte Hypothek ohne [… Einspruch? …], und das Recht einzufordern sowohl von mir als auch auf alles Eigentum überall von meinem Vater Eleazar. Sowohl alles, was wir erworben haben, und das, was wir in Zukunft hinzu erwerben werden, wird dir zur Verfügung stehen, deinem Vertreter und jeder anderen Person, die dieses Dokument gesetzlich vorweist durch [25] dich oder für dich, wenn er gültig vorgeht in welcher Art auch immer derjenige dies wählt, der den Vorgang in Gang setzt, wobei das Pfand, das ich dir gegeben habe, in Kraft bleibt.

Übersetzung: Ich, Judas Sohn des Eleazar Khthousion [...] habe eine Hypothek [30] aufgenommen gemäß den oben erwähnten Bedingungen [...] Dies wurde geschrieben von Justinus.

(*Auf der Rückseite individuelle Unterschriften*)
Gaius Julius Procles
Kallaios Sohn des Johannes, Zeuge
Onesimos Sohn des Ian[...], Zeuge
Johannes Sohn des [...]os, Zeuge
[35] Josef Sohn des Sai[.]os, Zeuge
Simon Sohn des Simon, Zeuge
Theodoros Sohn des [...]os, Zeuge

PYadin 11 (EÜ nach Lewis, S. 41–46).

Beschwerde Babathas (11./12. Oktober 125)
(*Äußerer Text*) [14] Im neunten Jahr des Imperator Trajanus Hadrianus Caesar Augustus, unter dem Konsulat des Marcus Valerius [15] Asiaticus zum zweiten Mal und des Titius Aquilinus vier Tage vor den Iden des Oktober und gemäß der Zeitrechung der Provinz Arabia Jahr 20 am 24. des Monats Hyperberetaios genannt Thesrei, in Maoza, Distrikt Zoara, legte Babatha Tochter des Simon Sohn des Menachem vor den anwesenden Zeugen Beschwerde ein gegen Johannes Sohn des Josef Eglas und Abdoobdas Sohn des Ellouthos, Vormunde ihres verwaisten Sohnes Jesus Sohn des Jesus, durch den Rat von Petra ernannte Vormunde des besagten Waisen, [20] und sagte in Anwesenheit der besagten Vormunde:

Weil ihr meinem verwaisten Sohn nicht großzügig Geld zur Unterstützung gegeben habt, das angemessen war den Einnahmen aus den Zinsen auf sein Geld und den Rest seines Grundstücks, und angemessen besonders einem Lebensstil, der ihm gebührt – und ihr tragt für ihn als Zinsen auf das Geld nur einen Halbdenar je hundert Denare pro Monat bei, wie auch ich ein Grundstück habe gleich in Wert mit dem Geld des Waisen, das ihr habt. Ich habe daher schon früher Beschwerde eingelegt, damit ihr euch entschließt, [25] mir das Geld zu geben mit der Sicherheit aus einer Hypothek auf mein Grundstück, wobei ich Zinsen auf das Geld zahle in Höhe eines Denars und eines halben je hundert Denare, wodurch mein Sohn in vortrefflicher Weise aufgezogen werden kann, dank dieser höchst gesegneten Zeiten der Statthalterschaft des Julius Julianus, unseres Statthalters, von den ich, Babatha, den besagten Johannes zitiert habe, einen der Vormünder des Waisen, weil er sich geweigert hatte, das geeignete Unterhaltsgeld zu bezahlen. Falls nicht, soll diese Beschwerde [30] dienen als urkundlicher Beweis, dass ihr euch schadlos haltet am Geld des Waisen, wenn ihr gebt [...]

Babatha beurkundet wie gesagt die Beschwerde durch ihren Vormund in dieser Sache, Judas Sohn des Khthousion, der anwesend war und unterzeichnet hat. (*Zweite Hand:*) Ich, Babatha Tochter des Simon habe urkundlich Beschwerde eingelegt durch meinen Vormund Judas Sohn des Khthousion gegen Johannes Sohn des Eglas und Abdoobodas Sohn des Ellouthas, Vormunde meines verwaisten Sohnes Jesus gemäß des zuvor erwähnten Bedingungen. Ich, Elazar Sohn des Elazar, schrieb für sie [35] auf ihre Bitte hin, denn sie kann nicht schreiben. (*Lücke*)

(*Erste Hand:*) Und es waren sieben Zeugen zur Hand.

(*Dritte Hand, aramäisch:*) Yehudah Sohn des Khthousion, »Herr« der Babatha: in meiner Anwesenheit bestätigte Babatha alles, was oben geschrieben ist. Yehuda schrieb das.

(*Vierte Hand, nabatäisch:*) Abd-Obdath Sohn des Ellouthas: In meiner Anwesenheit und in der Anwesenheit von Yohana, meines Begleiters, Sohn des Egla, wurde dieses Dokument geschrieben gemäß dem, was oben geschrieben ist. Abd-Obdath schrieb das.

(*Fünfte Hand, aramäisch:*) Yehohanan Sohn des Aleks durch die Hand von Yehosef, seinen Sohn

(*Erste Hand, griechisch:*) Der Schreiber dieses [*scil.* Dokuments] [ist] Theënas Sohn des Simon, *librarius*

(*auf der Rückseite individuelle Unterschriften*)

[…]

[40] […]

[…] Sohn des […], Zeuge

(*griechisch:*) Thaddäus Sohn des Thaddäus, Zeuge

(*nabatäisch:*) Josef Sohn des Hananiah

(*nabatäisch:*) Toma Sohn des Schim'on, Zeuge

(*nabatäisch:*) Yeshua Sohn des Yeshua, Zeuge

PYadin 15 (EÜ nach Lewis, S. 58–64).

Deklarierung von Land zur Steuererklärung (2. und 4. Dezember 127)

Bestätigte exakte Kopie einer Deklaration von Grundbesitz, die in der hiesigen Basilika ausgehängt ist und es folgt hiernach:

[5] Unter der Regierung des *Imperator Caesar divi Trajani Parthici filius divi Nervae nepos Trajanus Hadrianus Augustus pontifex maximus tribuniciae potestatis XII consul III* und im Konsulat des Marcus Gavius Gallicanus und Titus Atilius Rufus Titianus vier Tage vor den Nonen des Dezember und gemäß der Zeitrechnung der neuen Provinz Arabia Jahr 22 am 16. des Monats Apellaios, in der Stadt Rabbat-Moab. Weil eine Steuererhebung durchgeführt wird von Titus Aninius Sextius Florentinus *legatus Augusti pro praetore*, lasse ich, Babatha Tochter des Simon aus Maoza im Distrikt Zoara der Verwaltungsregion Petra, wohnhaft auf meinem eigenen privaten Grundstück im erwähnten Maoza, alles registrieren, was ich besitze (in Anwesenheit meines Vormunds Judanes Sohn des Eleazar aus dem Dorf En-Gedi im Distrikt Jericho in Judäa, wohnhaft auf seinem eigenen Grundstück im erwähnten Maoza): innerhalb der Grenzen von Maoza eine Dattelplantage genannt Algiphiamma, die Fläche der Aussaat beträgt ein *saton* drei *kaboi* [*scil.* ca. 20 Liter] Gerste, zu bezahlen als Steuer in syrischen und gemischten Datteln fünfzehn *sata*, in »geschlitzten« zehn *sata*, und als Kronsteuer eine »schwarze« und dreißig Sechzigstel, Anlieger sind eine Straße und das Meer;

innerhalb der Grenzen von Maoza eine Palmenplantage genannt Algiphiamma, die Fläche zur Aussaat beträgt einen *kabos* Gerste, zu bezahlen als Steuer den halben Teil des Ertrages eines jeden Jahres, Anlieger sind das Parfum(?)-Landgut unseres Herrn des Caesars und das Meer; innerhalb der Grenzen von Maoza eine Dattelplantage genannt Bagalgala, die Fläche der Aussaat beträgt drei *sata* Gerste, zu bezahlen als Steuer in Datteln von syrischer und Na'aran-Art ein *koros*, »geschlitzte« ein *koros* und als Kronsteuer drei »schwarze« und dreißig Sechzigstel, Anlieger sind die Erben des Thaios Sohn des Sabakas und Iamit (Sohn / Tochter?) des Manthanthes; innerhalb der Grenzen von Maoza eine Dattelplantage genannt Bet-Pha'araia, die Fläche der Aussaat beträgt zwanzig *sata* Gerste, zu bezahlen als Steuer in Datteln von syrischer und Na'aran-Art drei *kaboi*, »geschlitzte« zwei *koroi* und als Kronsteuer acht »schwarze« und fünfundvierzig Sechzigstel, Anlieger sind Tamar Tochter des Thamous und eine Straße.

Übersetzung der Bestätigung: Ich, Babatha Tochter des Simon, schwöre beim *genius* unseres Herrn des Caesars, dass ich mit gutem Gewissen deklariert habe wie es oben aufgeschrieben ist. Ich, Judanes Sohn des Eleazar fungierte als Vormund und habe für sie geschrieben.

(*Zweite Hand:*) Übersetzung der Empfangsbestätigung des Präfekten: Ich, Priscus, Präfekt der Kavallerie, empfing (dies) am Tag vor den Nonen des Dezember im Konsulat von Gallicanus und Titianus.

(*Auf der Rückseite fünf individuelle Unterschriften in Nabatäisch:*)
'Abdu Son des Muqimu, Zeuge
Manthanta Sohn des Amru, Zeuge
'Awdel Sohn des […], Zeuge
Yohana Sohn des 'Abd-'Obodat Makhoutha, Zeuge
Schahru Sohn des […], Zeuge
(*Am rechten Rand in Aramäisch:*) Babatha

PYadin 16 (EÜ nach Lewis, S. 65–70).

Ehevertrag (124 n. Chr.)
(*Recto*) [1] Im siebten Regierungsjahr des Imperators Trajanus Hadrianus Caesar Augustus im Konsulat von Manius Acilius Glabrio und Bellicius Torquatus am 14. vor den Kalenden des November [2] am 15. Dystros, in Bet-Bassai […]io[…] k[…] der Toparchie Herodion. Es ist festgesetzt und beschlossen worden durch Eleaios, (Sohn) des Simon, aus dem Dorf Galoda bei Aqraba, [3] wohnhaft im Dorf Bet-Ardai bei Gofna in Hinsicht auf Salome Tochter des Johannes Galgoula, welche vorher mit demselben Elaios verheiratet war. Nachdem sich vorher zugetragen hat, dass derselbe Elaios (*sic!*) [4] Sohn des Simon sich getrennt hat und verstoßen hat Salome Tochter des Johannes Galgoula […] des ehelichen Zusammenlebens in Liebe, ist nunmehr derselbe Elaios Sohn des Simon einverstanden, [5] sich von neuem zu vereinigen und zurückzunehmen dieselbe Salome Tochter des Johannes Galgoula als Ehefrau mit einer Mitgift von 200 Denaren, das sind 50 Tyrier, von welcher (Summe) [6] derselbe Elaios Sohn des Simon anerkannt hat, dass sie (ihm) zugezählt ist […] die besagten 200 Denare

aus dem Titel der Mitgift von Seiten der Salome Tochter des Johannes Galgoula [...] [7] [...] Salome Tochter des Johannes Galgoula gegenüber demselben Eleaios Sohn des Simon [...] [8] und gegenüber seinen Gütern. Wenn [...] und von ihren Kindern, welche sie hat und welche sie haben wird [9] von ihm, Söhne und Töchter, welche [...] welche sie von ihm haben wird, werden ernährt und gekleidet werden aus dem [10] Vermögen desselben Eleaios [...] Wenn derselbe Eleaios Sohn des Simon sterben sollte vor derselben [11] Salome, oder wenn sie [...] Salome aus dem Vermögen [...] die [12] besagten 200 Denare, welche die Mitgift betreffen. Wenn Salome Tochter des Johannes Galgoula sterben sollte vor demselben Eleaios, die Söhne [13] welche sie haben wird von ihm [...] werden erben die Mitgift der Salome [...] außer ihrem Teil [14] der väterlichen Erbschaft [...] mit ihren Halbbrüdern. Wenn [...] [15] Elaios Sohn des Simon [...] [16] Das Recht der Vollstreckung steht derselben Salome Tochter des Johannes Galgoula zu und jedem anderen, welcher ihrerseits oder an Stelle der Salome (diesen Vertrag) beibringt bei dem [...] gegen [17] Eleaios Sohn des Simon ihren Mann und gegen seine Güter, diejenigen die er besitzt und diejenigen welche er erwerben wird [...] insofern als [18] der Vollstrecker wählen kann; dieser Vertrag ist gültig [...] überreicht gültig [...]

[19] Im siebten Regierungsjahr des Imperators Trajanus Hadrianus Caesar [...] [20] und Bellicius Torquatus am 14. vor den Kalenden [...] [21] der Toparchie Herodion. Es ist festgesetzt und beschlossen worden durch [...] [22] bei Aqraba, wohnhaft in dem Dorf Bet-Ardai bei Gofna [...]
PMur 115 (Koffmahn, S. 126–129).

Scheidebrief (71 n. Chr.)
(*Recto*) [1] Am ersten Marcheschwan des Jahres sechs in Masada. [2] Ich gebe dich frei und verstoße dich nach meinem eigenen Belieben, heute, ich [Yehosef [3] Sohn des N.], Yehosef Sohn des Naqsan aus [...]ah, wohnhaft in Masada, dich Mariam Tochter des Yehonatan aus Ha-Nablata, wohnhaft [5] in Masada, die du vorher meine Frau warst, so dass du [6] frei bist für deine Person wegzugehen und die Frau jedes [7] jüdischen Mannes werden kannst, den du willst. Und nun: hier ist meinerseits die Urkunde der Verstoßung [8] und der Scheidebrief; die Hochzeitssumme übergebe ich dir und alles Zerstörte [9] und Beschädigte und [...] (werde ich zurückerstatten) wie es rechtens ist; [10] und ich werde in Vierteln auszahlen. Und wenn du es verlangen wirst, werde ich dir das Dokument ersetzen, sofern (ich) noch lebe. [12–25 Kopie des Textes für *scriptio exterior*]

(*Verso*) [26] Yehosef Sohn des Naq[san], in eigener Sache

[27] Eliazar Sohn des Malkah, Zeuge

[28] Yehosef Sohn des Malkah, Zeuge

[29] Eleazar Sohn des Chananah, Zeuge

PMur 19 (Koffmahn, S. 148 f).

Rabbi Aqiba und Bar-Kochba

»Ich sehe ihn, doch nicht jetzt, ich schaue ihn, doch nicht nahe;
Es tritt hervor ein Stern aus Jakob und ersteht ein Stern aus Israel
Und es durchbohrt die Seiten Moabs und zerschmettert alle Söhne Seths« (Num 24,17)
Rabbi Schimon ben Jochai hat gelehrt:
Mein Lehrer Aqiba hat erforscht:
»Es tritt hervor ein Stern aus Jakob« (Num 24,17) – »Es tritt hervor Koseva aus Jakob«.
Als Rabbi Aqiba Bar Koseva erblickte, sprach er:
Dies ist der König Messias!
Da sprach Rabbi Jochanan ben Torta zu ihm:
Aqiba, Gras wird aus deinem Backenknochen sprossen, und noch immer wird der Davidssohn nicht kommen!

Talmud Yerushalmi Taan 4,8/68 d (Lehnard, S. 309).

Kapitel II: Rechtliche, wirtschaftliche und soziale Verhältnisse

Einführung

Die in »Politik, Recht und Ökonomie« [Teil A des Kapitels] gesammelten Texte geben einen knappen Einblick in die Gestaltung und Legitimation von Herrschaft durch römische Autoritäten und dokumentieren unterschiedliche Reaktionen auf diese. Der enge Zusammenhang zwischen Herrschaft, Sozialstruktur und Religion wird nicht nur in der ideologischen Überhöhung des römischen Anspruchs auf Weltherrschaft, sondern selbst in Fragen der Architektur und Stadtplanung immer wieder deutlich. Sklaverei, Kreuzigungsstrafe und die komplizierte Thematik des römischen Bürgerrechts erhalten besondere Aufmerksamkeit.

»Kultur und Alltagsleben« [Teil B des Kapitels] werden anhand diverser Texte zu Städtebau, privatem und öffentlichem Leben, Frauen und Männern sowie zum römischen Militär erläutert. Stimmen zu Rollen und Werten innerhalb der Familie sowie zu Reichtum und Armut, Arbeit und Muße und Tod und Bestattung rühren dabei an Themen, die auch im frühen Christentum immer wieder diskutiert wurden.

Der letzte Abschnitt widmet sich der Stellung des Judentums innerhalb der römischen Welt. Auch hier stehen rechtliche Themen nicht selten in enger Verbindung zu Vorurteilen als »typisch jüdisch« wahrgenommener Verhaltensweisen.

Mehr noch als in anderen Kapiteln kann es hier nur um Schlaglichter gehen, deren Tiefenschärfe sich dem Benutzer erst bei der Konsultation von Texten aus anderen Teilen dieser Quellensammlung erschließt.

A. Politik, Recht, Ökonomie

1. Struktur und Ideologie der Macht

Die interne Einteilung des Reiches unter Augustus

[47] Die bedeutenderen Provinzen und solche, die nicht leicht und auch nicht sicher zu verwalten gewesen wären durch jährlich wechselnde Beamte, übernahm er selbst, die übrigen überließ er Prokonsuln, die durch Los bestellt wurden. Und dennoch hat er den Rang einiger Provinzen geändert und stattete den meisten beider Verwaltungsarten recht häufig seinen Besuch ab. Einigen Städten, die mit Rom verbündet waren, aber wegen der Freiheit, die sich die Einwohner nahmen, leicht in den Untergang stürzen würden, nahm er ihre Freiheit; anderen, die ihre Verschuldung drückte, half er wieder auf die Beine; andere, die ein Erdbeben

vollkommen zerstört hatte, baute er wieder neu auf; andere, die Verdienste gegen das römische Volk vorweisen konnten, beschenkte er mit dem latinischen oder dem vollen Bürgerrecht […]

[48] Königreiche, die er auf Grund des Kriegsrechts unter seine Macht gebracht hatte, gab er mit wenigen Ausnahmen genau an diejenigen zurück, denen er sie weggenommen hatte, oder gab sie an auswärtige Herrscher. Verbündete Könige band er auch untereinander durch wechselseitige verwandtschaftliche Beziehungen eng zusammen. Er war gleich dazu bereit, jede verwandtschaftliche und freundschaftliche Beziehung zu vermitteln und zu fördern. Und um alle war er so besorgt, als wenn sie Glieder und Teile des Reiches wären. Thronfolgern, die zu jung oder geistesschwach waren, stellte er sogar einen Vormund an die Seite, bis sie alt genug oder wieder zu Verstande gekommen waren; und die Kinder der meisten Fürsten ließ er mit seinen eigenen erziehen und unterrichten.
Sueton, Augustus 47 f (Martinet, S. 228–231).

Die Kunst der Provinzverwaltung

Es ist schwieriger, Provinzen zu halten als einzurichten; mit Streitkräften werden sie eingerichtet, durch das Recht in Besitz gehalten.
Florus, Römische Geschichte 2,30,29 (Laser, S. 270 f).

Lob der Herrschaft Roms

[30] Für alle ist überall eure Herrschaft gleich. Diejenigen, welche in den Bergen leben, sind noch friedlicher als die Bewohner der tiefsten Täler und leisten keinen Widerstand mehr, und die Menschen in den reichen Ebenen, sowohl die Kolonisten als auch die Bewohner des Landes, bestellen für euch das Feld. Es gibt keinen Unterschied mehr zwischen Insel und Festland; alle zeigen sich ruhig und gehorsam, wie wenn nur ein einziges zusammenhängendes Land und ein Volk vorhanden wären.
Aelius Aristides, Romrede 30 (Klein, S. 24 f).

Der Ruhm römischer Freiheit

[36] Von allen, die jemals ein Reich besaßen, herrscht ihr allein über Menschen, die frei sind […] Nicht wie die Hausangehörigen irgendeinem Herrn gehorchen, dem sie zur Knechtschaft übergeben wurden und der selbst nicht frei ist, gehorchen euch die Völker, im Gegenteil, wie die Bürger in den einzelnen Städten, so regiert auch ihr auf dem ganzen Erdkreis wie in einer einzigen Stadt und ernennt eure Statthalter gleichsam aufgrund ordentlicher Wahlen, damit sie eure Untertanen schützen und für sie sorgen, nicht damit sie sie knechten. Deshalb macht ein Statthalter dem nächsten Platz, wenn seine Amtszeit abgelaufen ist, und nicht leicht wird es der Fall sein, dass einer seinem Nachfolger noch begegnet. So weit ist er entfernt, sich darüber zu streiten, als ob die Provinz sein persönlicher Besitz sei.

[37] Bei Appellationsprozessen wie bei der Berufung von »Demenangehörigen« an das Gericht zeigen diejenigen, welche die Klage angenommen haben, eine nicht geringere Furcht vor einem Urteil als diejenigen, welche sie erheben. Deshalb kann man sagen, dass jetzt die Menschen von den zu ihnen geschickten Beamten nur so weit beherrscht werden, als sie selbst damit einverstanden sind. [38] Sind dies nicht Vorzüge, welche über jede Demokratie hinausgehen? Dort ist es nicht möglich, nach einem Urteil, das in der Stadt gesprochen wurde, an einen anderen Ort und zu anderen Richtern zu gehen, sondern man muss sich mit dem abfinden, was beschlossen wurde, außer es handelt sich um eine kleine Stadt, so dass fremde Richter nötig sind, unter eurer Herrschaft aber braucht sich keiner zufrieden zu geben, wenn er ohne Verschulden verurteilt wurde, oder auch zu ärgern, wenn er als Ankläger keinen Erfolg hatte und besiegt wurde. Es bleibt ja noch ein anderer machtvoller Richter, dem niemals irgendein Rechtsanspruch verborgen bleibt.

[39] Hier gibt es eine umfassende und rühmliche Gleichheit des Geringen mit dem Mächtigen, des Unbekannten mit dem Bekannten, des Bedürftigen mit dem Reichen, des Einfachen mit dem Adligen, und es trifft auf diesen Richter und Lenker das zu, was Hesiod sagt: »Leicht macht er mächtig, leicht wirft er den Mächtigen zurück« (Hesiod, Werke und Tage 5). Ihn lenkt die Gerechtigkeit wie ein Schiff der Wind, der auch den Reichen nicht mehr begünstigt und geleitet und den Armen weniger, sondern jedem in gleicher Weise nützt, auf wen er immer trifft.

Aelius Aristides, Romrede 36–39 (Klein, S. 26–29).

Das römische Reich – ein soziales Paradies

[65] Neid tritt nicht auf in eurem Reich, denn ihr habt selbst damit angefangen, den Neid auszuschalten, da ihr alles allen zugänglich gemacht und es den mächtigen Männern erlaubt habt, weniger beherrscht zu werden als abwechselnd selbst zu herrschen. Es gibt auch keinen Hass bei denen, welche hinter jenen zurückstehen; denn weil es nur eine gemeinsame staatliche Ordnung gibt, gleichwie in einer einzigen Stadt, ist es natürlich, dass eure Statthalter so regieren, als seien sie nicht über Fremde, sondern über Landsleute gesetzt. Außerdem hat die gesamte breite Masse, welche in dieser Ordnung lebt, Sicherheit vor ihren eigenen Amtsträgern [… *Textlücke* …]; aber unverzüglich werden diese euer Zorn und eure Strafe treffen, wenn sie es wagen, etwas in gesetzloser Weise zu verändern.

[66] So sind die bestehenden Verhältnisse naturgemäß sowohl für die Armen als auch für die Reichen befriedigend und nützlich, und eine andere Art zu leben gibt es nicht. So hat sich eine einzige Harmonie staatlicher Ordnung entwickelt, die alle einschließt, und was früher offensichtlich nicht zusammentreffen konnte, hat er sich unter euch vereinigt: Ihr seid fähig, zugleich die Macht über ein Reich, und dazu über ein gewaltiges, auszuüben und es nicht ohne Menschenfreundlichkeit zu beherrschen.

[67] So sind die Städte frei von Besatzungen, Kohorten und Reiterabteilungen genügen zur Beaufsichtigung ganzer Provinzen, und nicht einmal jene sind in größerer Menge auf die Städte der einzelnen Stämme verteilt, sondern sie leben entsprechend der übrigen Bevölkerung verstreut im Land, so dass viele der Provinzen gar nicht wissen, wo ihre Besatzung steht. Wenn aber irgendwo eine Stadt wegen ihrer übermäßigen Größe aus eigener Kraft die Ordnung nicht aufrechterhalten konnte, so habt ihr auch dieser die Leute, die sie regieren und schützen sollen, nicht vorenthalten. So kommt es nämlich, dass alle ihre Abgaben lieber an euch zahlen, als manche sie von anderen eintreiben würden – und dies zu Recht [...]

[68] Herrschen ist nämlich nicht vorteilhaft für diejenigen, welche dazu keine Fähigkeit besitzen, von Besseren beherrscht zu werden. Dies ist, wie man sagt, der zweite Weg zu segeln; von euch aber wurde jetzt bewiesen, dass es sogar der erste ist. Alle halten daher unablässig an euch fest und wünschen wohl ebenso wenig, sich von euch zu trennen, wie die Seeleute von ihrem Steuermann. Wie die Fledermäuse in ihren Höhlen aneinander und an Steine festgeklammert hängen, so hängen alle an euch, erfüllt von großer Furcht und Sorge, es könnte einer aus diesem Schwarm herausfallen, und sie ängstigen sich wohl mehr, dass ihr sie verlasst, als dass sie selbst euch verlassen könnten.

[69] Statt um die Herrschaft und um den ersten Rang zu streiten, wodurch sämtliche Kriege in früheren Zeiten ausbrachen, führen die einen ein höchst angenehmes und ruhiges Leben, das einem geräuschlos dahin fließenden Wasser ähnlich ist, glücklich, von Mühen und Leiden befreit zu sein, und erfüllt von Reue, dass sie vergeblich um Schattenbilder kämpften. Die anderen wissen nicht einmal, welche Herrschaft sie einst hatten, und erinnern sich auch nicht daran. Ganz wie im Mythos des Pamphyliers, oder andernfalls im Mythos Platons, lagen die Städte infolge ihres gegenseitigen Haders und ihrer Unruhe schon gleichsam auf dem Scheiterhaufen, dann aber erhielten sie eine gemeinsame Führung und lebten plötzlich auf [...] [70] An Kriege, auch ob es sie jemals gegeben hat, glaubt man nicht mehr, allein Erzählungen darüber werden von den meisten wie Mythen aufgenommen. Wenn aber einmal irgendwo an den Grenzen Kämpfe aufflammten, wie es in einem unermesslich großen Reich natürlich ist angesichts der Tollheit der Daker, der misslichen Lage der Libyer oder des Elends der Völker am Roten Meer, die unfähig sind, die Segnungen der Gegenwart zu genießen, dann verschwanden die Kriege rasch wieder ganz wie Mythen, und auch die Erzählungen über sie.

Aelius Aristides, Romrede 65–70 (Klein, S. 40–43).

Das römische Reich – ein Friedensreich für alle Menschen

[97] Wie bei einem Festtag hat der ganze Erdkreis sein altes Gewand, das Eisen, abgelegt und sich dem Schmuck und sämtlichen Freuden zugewandt, um sie zu genießen. Jeder andere Streit ist den Städten fremd geworden, sie alle beherrscht nur dieser eine Ehrgeiz, dass jede von ihnen möglichst schön und

einladend erscheine. Überall gibt es Gymnasien, Brunnen, Vorhallen, Tempel, Werkstätten und Schulen. Mit einem klugen Vergleich könnte man sagen, dass der am Anfang gleichsam kranke Erdkreis gesund geworden ist. [98] Niemals hört der Strom der Geschenke auf, welcher von eurer Seite diesen zufließt, und es ist unmöglich, herauszufinden, wer mehr bekommen hat, da eure Menschenfreundlichkeit gegenüber allen gleich ist. [99] Städte strahlen nun in Glanz und Anmut, und die ganze Erde ist wie ein paradiesischer Garten geschmückt. Rauchwolken aus den Ebenen und Feuersignale von Freund und Feind sind verschwunden, als hätte sie ein Wind davongetragen, jenseits von Land und Meer. An ihre Stelle sind anmutige Schauspiele aller Art und Wettkämpfe in unbegrenzter Zahl getreten. So hören die Festversammlungen gleich wie ein heiliges, nie erlöschendes Feuer nicht mehr auf, sie gehen bald zu diesen, bald zu jenen, und ständig wird irgendwo gefeiert; denn allen geht es so, dass dies zu Recht geschieht. Daher verdienen allein diejenigen Mitleid, die außerhalb eures Reiches wohnen, wenn es irgendwo noch welche gibt, weil sie von solchen Wohltaten ausgeschlossen sind.

[100] Ja, das von jedem gebrauchte Wort, dass die Erde die Mutter aller und das für alle gemeinsame Vaterland sei, wurde durch euch aufs beste bewiesen. Jetzt ist es sowohl dem Griechen wie dem Barbaren möglich, mit oder ohne Habe ohne Schwierigkeit zu reisen, wohin er will, gerade als ob er von einer Heimatstadt in eine andere zöge. Es schrecken ihn weder die »Kilikischen Tore« noch die schmale und sandige Durchgangsstraße durch das Land der Araber nach Ägypten, nicht unwegsame Gebirge, nicht unermesslich große Flüsse und nicht wilde Barbarenstämme, sondern es bedeutet Sicherheit genug, ein Römer zu sein oder vielmehr einer von denen, die unter eurer Herrschaft leben. [101] Was Homer sagte, »aber die Erde ist allen Menschen gemeinsam« (Ilias 15,193), wurde von euch tatsächlich wahr gemacht. Ihr habt den ganzen Erdkreis vermessen, Flüsse überspannt mit Brücken verschiedener Art, Berge durchstochen, um Fahrwege anzulegen, in menschenleeren Gegenden Poststationen eingerichtet und überall eine kultivierte und geordnete Lebensweise eingeführt. Deshalb meine ich, dass das Leben vor Triptolemos, wie man es annimmt, dem Leben vor eurer Zeit entsprach, hart, ländlich und wenig verschieden von dem, welches ein Bergbewohner führt, dass aber das gesittete Leben in unserer Zeit von der Stadt der Athener seinen Ausgang nahm, jedoch von euch erst dauerhaft begründet wurde; denn als die Zweiten seid ihr die Besseren, wie man so sagt.
Aelius Aristides, Romrede 97–101 (Klein, S. 58–61).

Rom ist bestimmt zu herrschen

Weicher werden aus Erz einst andere atmend' Gebilde
treiben – ich glaube es –, formen lebendige Züge aus Marmor,
führen gewandter das Wort vor Gericht und zeichnen des Himmels
Bahnen genau mit dem Stab und künden steigende Sterne:
du aber, Römer, gedenk – so wirst du leisten dein Wesen –

Völker kraft Amtes zu lenken und Ordnung zu stiften dem Frieden,
Unterworfne zu schonen und nieder zu kämpfen Empörer!
Vergil, Aeneis 6,847–853 (Götte, S. 268f).

Eine Herrschaft ohne Grenzen

Prangend umhüllt vom gelblichen Fell seiner Amme, der Wölfin,
führt dann Romulus weiter den Stamm: die Mauern der Marsstadt
baut er auf und nennt nach seinem Namen die Römer.
Diesen setze ich [*scil.* Iuppiter] weder in Raum noch Zeit eine Grenze,
endlos' Reich habe ich ihnen verliehen; selbst Iuno, die Harte,
die mit Furcht jetzt Meer und Land und Himmel ermattet,
wird zum Besseren lenken den Sinn, wird mit mir die Römer
hegen, die Herren der Welt, das Volk im Gewande der Toga […]
Herrlichen Ursprungs geht hervor der trojanische Caesar,
der sein Reich mit dem Weltmeer begrenzt, seinen Ruhm mit den Sternen,
Julius, denn vom großen Iulus ward ihm der Name.
Ihn wirst im Himmel du einst, wenn er kommt mit des Orients Beute,
sorglos empfangen: Auch er wird einst in Gelübden gerufen.
Krieg wird ruhn und die Welt, die verrohte, neigt sich zur Milde.
Vergil, Aeneis 1,275–291 (Götte, S. 20–23).

Der Feldherr Cerialis preist die römische Herrschaft

[1] Despotie und Kriege hat es in Gallien immer gegeben, bis ihr in unsere Rechtsordnung eintratet. Wir haben, sooft wir auch gereizt wurden, von dem Recht des Siegers nur insoweit Gebrauch gemacht, dass wir euch nicht mehr aufbürdeten, als was zum Schutz des Friedens diente. Es kann nämlich Ruhe unter den Völkern nicht bestehen ohne Waffenmacht, Waffenmacht nicht ohne Soldzahlung, Soldzahlung nicht ohne Tribute (*tributa*). Alles Übrige haben wir gemeinsam. Ihr selbst befehligt gar nicht selten unsere Legionen, ihr selbst verwaltet hier und sonstwo Provinzen. Nichts ist euch vorenthalten oder verschlossen.
Tacitus, Historien 4,74,1 (Borst, S. 490f).

Der Britannierfürst Calgacus klagt Rom an

[30,4] Diese Räuber der Welt durchwühlen, nachdem sich ihren Verwüstungen kein Land mehr bietet, selbst das Meer; wenn der Feind reich ist, sind sie habgierig, wenn er arm ist, ruhmsüchtig; nicht der Orient, nicht der Okzident hat sie gesättigt; als einzige von allen begehren sie Reichtum und Armut in gleicher Gier. Plündern, Morden, Rauben nennen sie mit falschem Namen Herrschaft (*imperium*), und wo sie eine Öde schaffen, heißen sie es Frieden (*pax*).

[31,1] Kinder und Angehörige sind nach dem Willen der Natur das Teuerste; sie werden uns durch Aushebungen entrissen, um anderswo Sklavendienst zu tun; Frauen und Schwestern, auch wenn sie des Feindes Begierde entgingen, werden von solchen geschändet, die sich Freunde und Gäste (*amici et hospites*) nennen. Hab und Gut werden zu Steuern (*tributum*), der Jahresertrag der Felder zur Getreideabgabe, unsere Leiber aber und Hände beim Bau von Straßen durch Wälder und Sümpfe unter Schlägen und Beschimpfungen zerschunden. [2] Zur Knechtschaft geborene Sklaven kommen einmal zum Verkauf und werden dann von ihren Herren ernährt; Britannien kauft täglich seine Knechtschaft aufs Neue und nährt sie täglich selbst.
Tacitus, Agricola 30,4–31,2 (Till, 42 f).

Meilensteine: Zeugnis römischen Straßenbaus nach dem Jüdischen Krieg

a) Der früheste Meilenstein (69 n. Chr.)
Imperator Caesar Vespasianus Augustus hat unter der Leitung des Marcus Ulpius Traianus, des Legaten der Legio X Fretensis (diesen Meilenstein errichten lassen). Meile 34.
Eck, Rom, S. 76 = AE 1977, 829.

b) Der erste Meilenstein außerhalb von Jerusalem unter Lucilius Bassus
Imperator Caesar Vespasianus Augustus und Imperator Titus Caesar, Sohn des Vespasianus Augustus, (haben) unter L[---] ihrem Statthalter im prätorischen Rang (den Meilenstein aufstellen lassen). Die Legio X Fretensis (hat die Arbeit durchgeführt). Meile I.
Eck, Rom, S. 78, Anm. 39 = AE 2003, 1810.

2. Rechtsverhältnisse

a) Zum römischen Bürgerrecht

Der grundsätzliche Unterschied zwischen den Menschen

[9] Der hauptsächliche Unterschied im Personenrecht ist dieser: Alle Menschen sind entweder Freie oder Sklaven. [10] Wiederum: Die einen Freien sind Freigeborene, die anderen Freigelassene. [11] Freigeborene sind die, die frei geboren wurden, Freigelassene die, die aus rechtmäßiger Sklaverei frei gelassen sind. [12] Wiederum: Es gibt drei Arten von Freigelassenen, denn sie sind entweder römische Bürger, Bürger latinischen Rechts oder Unfreie, die sich im Krieg ergeben haben […]
[55] Ebenso: In unserer Gewalt sind unsere Kinder, die wir in rechtmäßigen Ehen hervorgebracht haben. Dieses Recht ist allein römischen Bürgern zu Eigen, kaum andere Menschen gibt es, die solch große Gewalt über ihre Kinder haben, die wir haben.
Gaius, Institutiones 1,9–12 und 55, (EÜ nach Gordon, 18–47).

Römisches Bürgerrecht
Das römische Recht unterschied grundsätzlich Freie und Unfreie (Sklaven), wobei erstere wiederum je nach Herkunft und lokalen Rechtssystemen recht unterschiedlichen Status haben konnten, an welchen jeweils bestimmte Pflichten und Privilegien gebunden waren. Bürger im eigentlichen Sinn waren allein die römischen Bürger (**cives Romanus**). Sie allein hatten das aktive und passive Wahlrecht für Magistrate der Stadt Rom, das volle Ehe-, Erb- und Vertragsrecht, besondere rechtliche Privilegien (Anspruch auf ein ordentliches Gerichtsverfahren bei Anklage, Recht auf eigene Verteidigung, Immunität vor lokalen Gesetzen einschließlich lokaler Steuern, Appellationsrecht an den Kaiser, Schutz vor bestimmten entehrenden Strafen) sowie die Garantie, dass ihr Status als cives Romanus überall im Reich galt und sie als ordentliches Oberhaupt einer Familie diesen Status an ihre rechtmäßigen Nachkommen weitergeben durften. Die Pflicht des Vollbürgers, im Gegenzug auch zur Verteidigung des Landes beizutragen, wurde bereits gegen Ende der Republik immer mehr abgeschwächt.

Neben echten römischen Bürgern existierten freie Bürger anderer Städte (z. B. Alexandrias oder Athens), die lokalen Gesetzen und höheren Steuern unterworfen waren und nicht die Privilegien eines cives Romanus genossen, sowie die Masse der Provinzbevölkerung (peregrini), für die der Statthalter rechtlich zuständig war und die weitaus schlechtere Aufstiegschancen hatte. Insofern konnten an ein und demselben Ort durchaus Menschen mit völlig unterschiedlichem Rechtsstatus wohnen, wie sich auch die Wohnorte selbst hinsichtlich ihres Status unterschieden.

Römischer Bürger wurde man in der Regel durch Geburt, dann immer mehr auch durch individuelle (z. B. Angehörige verdienter Familien einer Provinz / Stadt) oder korporative Verleihung (z. B. Auxiliarsoldaten bei ehrenvoller Entlassung) durch den Kaiser. Voraussetzung für die Verleihung waren ein bestimmtes Vermögen oder für Rom wichtige Dienste. Historische Entwicklungen der politischen Wirklichkeit im Laufe der Republik und der Kaiserzeit sorgten dafür, dass sich auch die Rechtswirklichkeit veränderte. So besaß etwa das dem römischen Bürgerrecht untergeordnete latinische Recht große Bedeutung bei der Integration der latinischen Stämme Italiens in der frühen Republik, hatte diese in der Kaiserzeit jedoch weitgehend verloren. Immer wieder setzten römische Herrscher das Bürgerrecht als bewusstes Mittel der Festigung der eigenen Herrschaft und Romanisierung ein, wobei oft ein heikler Mittelweg zwischen der Bestätigung des Status der traditionellen Eliten und der Integration und Beteiligung neuer, durch das Wachstum des Reiches hinzugekommener Eliten ins Reich beschritten werden musste. Auf diesem Wege gelangten viele Angehörige der provinzialen Elite in den engsten Kreis römischer Herrschaft (Senat, Kaisertum).

Als Kaiser Caracalla im Jahre 212 allen Freien im Reich das römische Bürgerrecht verlieh (**constitutio Antoniniana**), diente dieser Schritt eher der Verbreiterung der staatstragenden Schicht und deren Heranziehung für Aufgaben und Lasten des Staates und hatte kaum noch etwas mit der Privilegierung zu tun, die ein solcher Schritt zu Beginn der Kaiserzeit bedeutet haben würde.

Verleihung des Bürgerrechts an einen Provinzialen

Inschrift aus Celeia, Noricum

Caius Iulius Vepo, persönlich mit dem römischen Bürgerrecht und der Steuerfreiheit (*donatus civitate Romana viritim et inmunitate*) vom vergöttlichten Augustus beschenkt, hat dieses (Grabmal) zu Lebzeiten für sich, für seine Gattin Boniata, Tochter des Antonius, und die Seinen errichtet.

ILS 1977 (EÜ nach Dessau, S. 387).

Bitte um Verleihung des Bürgerrechts an einen Peregrinen

C. Plinius an Kaiser Trajan

[5,1] Herr, im vergangenen Jahr habe ich, von einer schweren, nahezu lebensgefährlichen Krankheit heimgesucht, einen Masseur hinzugezogen. Diesem Masseur kann ich angemessenen Dank für seine Besorgnis und seinen Eifer nur mit Hilfe deiner Huld abstatten. Deshalb bitte ich dich, ihm das römische Bürgerrecht zu verleihen. [2] Er ist nämlich Peregrine, von einer Peregrinen freigelassen. Er selbst heißt Harpocras, seine Gebieterin war Thermuthis, Frau des Theon, die schon seit langem tot ist.

Desgleichen bitte ich dich, zwei Freigelassene der Antonia Maximilla, einer Dame von Rang und Stand, Hedia und Antonia Hermeris, das quiritische Recht zu verleihen; ich bitte dich darum auf Wunsch ihrer Gebieterin.

C. Plinius an Kaiser Trajan

[6,1] Ich danke dir, Herr, dass du den Freigelassenen der mir befreundeten Dame das quiritische Recht und meinem Masseur Hapocras das römische Bürgerrecht unverzüglich bewilligt hast. Als ich aber, deiner Verfügung gemäß, sein Alter und Vermögen angab, wurde ich von kompetenter Seite darauf hingewiesen, dass ich für ihn als Ägypter vorerst das alexandrinische Bürgerrecht, dann erst das römische hätte beantragen müssen. [2] Ich glaubte jedoch, zwischen Ägyptern und sonstigen Peregrinen bestehe kein Unterschied, und hatte mich deshalb damit begnügt, dir mitzuteilen, dass er von einer Peregrinen freigelassen worden und seine Gebieterin schon längst gestorben sei. Diese meine Unwissenheit bedaure ich durchaus nicht, führt sie doch dazu, dass ich mich dir für denselben Mann mehr als einmal verpflichtet fühlen darf.

[3] Um auf gesetzmäßige Weise in den Genuss deiner Wohltat zu kommen, bitte ich dich also, ihm sowohl das alexandrinische wie auch das römische Bürgerrecht zu verleihen. Sein Lebensalter und sein Vermögen habe ich, damit dein Gnadenakt nicht wieder Verzögerung erleidet, deinen Freigelassenen angegeben, an die du mich verwiesen hattest.

Trajan an Plinius

[7,1] Das alexandrinische Bürgerrecht verleihe ich gemäß dem Brauch meiner Eltern grundsätzlich nur in Ausnahmefällen. Da du aber für deinen Masseur Harpocras bereits das römische Bürgerrecht erlangt hast, kann ich es nicht über mich gewinnen, dir nicht auch diese Bitte zu gewähren. Du wirst mir nur noch angeben müssen, aus welchem Gau er ist, damit ich dein Schreiben an meinen Freund Pompeius Planta, den Präfekten von Ägypten, zustellen kann.

Plinius an Kaiser Trajan

[10,1] Ich kann nicht in Worte fassen, Herr, welche Freude du mir mit deinem Schreiben bereitet hast, aus dem ich ersehe, dass du meinem Masseur auch das alexandrinische Bürgerrecht bewilligt hast, obwohl du es gemäß dem Brauch

deiner Vorgänger grundsätzlich nur in Ausnahmefällen gewährst. Hier teile ich dir mit, dass Harpocras dem memphitischen Gau angehört. [2] Ich bitte dich also, huldreichster Kaiser, mir das versprochene Schreiben an deinen Freund Pompeius Planta, den Präfekten von Ägypten, zuzustellen.

Im Begriffe, dir entgegen zu reisen, um möglichst bald, o Herr, in den Genuss der Freude über deine Rückkehr zu kommen, bitte ich dich, mir zu gestatten, dir recht weit entgegen eilen zu dürfen.
Plinius (d. Jüngere), Briefe 10,5–7 und 10 (Kasten, S. 562–568f).

Stadtrömische Juden mit römischem Bürgerrecht

[155] Es war ihm [*scil.* Caius Caligula] wohlbekannt, dass der große Stadtteil Roms jenseits des Tiber von Juden besetzt und besiedelt war, die Mehrzahl von ihnen Freigelassene und römische Bürger. Denn als Kriegsgefangene waren sie nach Italien gebracht und von ihren Besitzern freigelassen worden, ohne sie zu zwingen, ihre überlieferten Gewohnheiten aufzugeben […] [157] Trotzdem vertrieb er sie nicht aus Rom und entzog ihnen nicht das römische Stadtbürgerrecht, obwohl sie auch ihre jüdische Nationalität noch hielten.
Philo, Gesandtschaft an Gaius 155.157 (Cohn, Bd. 7, S. 215f).

Römisches Bürgerrecht und Lateinkenntnisse

[16,1] Er [*scil.* Claudius] übernahm auch die Zensur; seit Plancus und Paulus hatte es lange Zeit keinen Zensor mehr gegeben; aber auch in diesem Amt war er ungerecht und wankelmütig und unberechenbar […] [2] Einen Mann, der sehr angesehen war und in der Provinz Griechenland eine hohe Stellung innehatte, aber kein Wort Latein sprach, strich er nicht nur aus der Liste der Richter, sondern nahm ihm auch noch das Bürgerrecht. Er wollte es nämlich nicht zulassen, dass jemand in einer anderen Sprache als einer, so gut als er es eben vermochte, Rechenschaft über sein Leben ablege; dabei ließ er auch keinen Patron zu.
Sueton, Claudius 16,1–2 (Martinet, S. 570f).

Von römischen Bürgern wird kein *tributum* eingezogen

Als er [*scil.* Augustus] dann selbst in der Stadt eintraf, versammelte er nach Vätersitte das Volk außerhalb des *Pomeriums*, berichtete über seine Taten, lehnte einige der ihm zuerkannten Ehren ab und erließ die in den Listen vorgetragene Steuer sowie alle Beträge, die dem Staat sonst noch für die Zeit vor dem Bürgerkrieg geschuldet wurden.
Cassius Dio, Römische Geschichte 49,15, 3 (Veh, Bd. 5, S. 279).

Appellation an den Kaiser (*Lex Iulia de vi publica*)

Durch die *Lex Iulia de vi publica* wird jeder verurteilt, der mit irgendeiner Amtsbefugnis ausgestattet einen römischen Bürger, der früher an das Volk und nun an den Kaiser appelliert hat, getötet oder veranlasst hat, ihn zu töten, ihn gefoltert,

ihn gegeißelt, verurteilt, der befohlen hat, ihn in öffentlichen Fesseln abzuführen. Als Strafe in dieser Sache wird für *humiliores* der Tod, für *honestiores* Deportation auf eine Insel angewandt.
Julius Paulus Prudentissimus, Sentenzen 5,26,1f (Erlemann, S. 89).

Übergriff des Gessius Florus gegen Juden mit römischem Bürgerrecht

[305] Daraufhin wurde Florus nur noch mehr erzürnt und schrie seinen Soldaten zu, sie sollten den so genannten »Oberen Markt« ausplündern und umbringen, wer ihnen in die Hände fiele. Als diese bei all ihrer eigenen Beutegier auch noch den Befehl ihres Statthalters entgegennehmen konnten, plünderten sie nicht nur dort, wohin sie geschickt waren, sie drangen vielmehr auch in alle Häuser ein und töteten deren Bewohner. [306] Man floh durch die engen Gassen; wer eingeholt wurde, fand den Tod. Die Soldaten raubten auf jede mögliche Weise und brachten viele friedliche Bürger, die sie ergriffen hatten, vor Florus. Dieser ließ sie schmählich geißeln und daraufhin kreuzigen. [307] Die Gesamtzahl derer, die an jenem Tag ums Leben kamen, betrug einschließlich Frauen und Kinder – denn auch vor dem Kindesalter machte man nicht Halt – ungefähr 630. [308] Was das Unglück erschwerte, war die bis dahin unbekannte Grausamkeit der Römer; denn Florus vollbrachte damals, was vor ihm keiner gewagt hatte: Er ließ Männer von ritterlichem Stand vor seinem Richterstuhl geißeln und ans Kreuz nageln, die zwar ihrer Abstammung nach Juden waren, aber eine römische Würde (*axioma*) bekleideten.
Josephus, Jüdischer Krieg 2,305–308 (Michel / Bauernfeind, Bd. 1, S. 242f).

Galba lässt einen römischen Bürger kreuzigen

[9,1] Acht Jahre lang verwaltete Galba die Provinz [*scil. Hispania*], ließ dabei aber keine klare Linie erkennen. Anfangs war er streng und energisch und schoss bei der Ahndung von Vergehen weit über das Ziel hinaus. Einem Geldwechsler, der sich bei seinen Geldgeschäften Gaunereien erlaubt hatte, ließ er zum Beispiel die Hände abhacken und sie auf seinen Wechseltisch nageln, und einen Vormund ließ er ans Kreuz schlagen, weil er sein Mündel, dem er zum Beierben bestimmt war, vergiftet hatte. Als der sich auf die Gesetze berief und den Beweis erbrachte, dass er römischer Bürger sei, gab Galba den Befehl, um ihm die Strafe doch etwas zu erleichtern, indem er ihm einen gewissen Trost und etwas Ehre zukommen ließ, das Kreuz auszutauschen und für ihn eines aufzustellen, das viel höher war als das der anderen und das man geweißt hatte.
Sueton, Galba 9,1 (Martinet, S. 746f).

Strafe für Gewalt gegen römische Bürger

[3] Allen Einwohnern von Kyzikos, die sich manches unter Anwendung von Gewalt gegen römische Bürger herausgenommen hatten, nahm er die Freiheit, die sie sich durch Verdienste im Krieg gegen Mithridates erworben hatten.
Sueton, Tiberius 37,3 (Martinet, S. 380f).

Spott über die freizügige Bürgerrechtspolitik des Claudius

[1] Da nahm Mercurius, der ja schon immer am Talent dieses Mannes Gefallen gefunden hatte, eine der drei Parzen zur Seite und sagte: »Wie kannst du, grausames Weib, den armen Teufel sich so quälen lassen? Soll ihm, der sich so lange geschunden hat, wirklich niemals ein Abgang beschieden sein? Vierundsechzig Jahre sind es jetzt, dass er mit seiner Seele ringt. Warum bist du ihm und seinem Staat so böse? [2] Lass nun die Astrologen endlich einmal die Wahrheit prophezeien, die ihn, seit er Kaiser geworden ist, jedes Jahr und jeden Monat erneut zu Grabe tragen […]«

[3] Clotho aber wandte ein: »Ich wollte ihm weiß Gott noch ein bisschen Zeit geben, bis er die paar Leutchen, die noch übrig sind, auch noch mit dem Bürgerrecht beschenkt hätte« – Claudius hatte nämlich beschlossen, alle Griechen, Spanier und Britannier zusammen als römische Vollbürger in der Toga zu sehen.
Seneca, Apocolocyntosis 3,1–3 (Bauer, S. 6–9).

Lob des römischen Bürgerrechts

[59] Die bei weitem größte Aufmerksamkeit und Bewunderung verdient jedoch die Erhabenheit eures Bürgerrechts und der Gesinnung, die ihr damit verbindet. Es gibt wohl nichts, was insgesamt damit verglichen werden könnte. Ihr habt nämlich sämtliche Untertanen eures Reiches – wenn ich das sage, habe ich den ganzen Erdkreis gemeint – in zwei Gruppen eingeteilt und überall die Gebildeten, Edlen und Mächtigen zu Bürgern gemacht oder auch ganz und gar zu euren Verwandten, die übrigen Reichsbewohner gelten euch als Untertanen und Beherrschte.

[60] Weder das Meer noch eine dazwischen liegende Ländermasse bilden ein Hindernis, römischer Bürger zu sein, und weder Asien noch Europa macht hierin einen Unterschied. Allen stehen alle Wege offen. Keiner ist ein Fremder, der sich eines Amtes oder einer Vertrauensstellung würdig erzeigt, im Gegenteil, auf der Welt hat sich unter einem Mann, dem besten Herrscher und Lenker, eine allgemeine Demokratie herausgebildet. Alle strömen wie auf einem gemeinsamen Markt zusammen, ein jeder, um das zu erlangen, was ihm gebührt.
Aelius Aristides, Romrede 59f (Klein, S. 36–39).

b) Sklaverei

Was sind Sklaven?

Nach bürgerlichem Recht (*ius civile*) gelten Sklaven nicht als Personen; dies betrifft aber nicht auch das Naturrecht (*ius naturale*), weil danach alle Menschen gleich sind.
Ulpian, Digesten 50,17,32 (Eck, Sklaven, Nr. 2, S. 4)

Zwei Arten von Sklaven: Aufseher und Arbeiter

Erstes und notwendigstes der Besitztümer ist das Wertvollste und Ranghöchste. Und dies ist ja der Mensch. Deshalb muss man zuerst tüchtige Sklaven anschaffen.

Es gibt nun zwei Arten von Sklaven, den Aufseher (ἐπίτροπος) und den Arbeiter (ἐργάτης). Weil wir sehen, dass bestimmte Erziehungsweisen die jungen Sklaven in bestimmter Weise prägen, muss man, nachdem man sie angeschafft hat, diejenigen aufziehen und ausbilden, denen man die freieren Aufgaben auftragen muss. Beim Umgang mit den Sklaven soll man es so halten, dass man ihnen keine Frechheiten nachsieht und nicht die Zügel schleifen lässt, und den Freieren soll man Anerkennung zuteil werden lassen, den Arbeitern aber reichlich Nahrung.
Ps-Aristoteles, Oikonomikos 44 a23–31 (Victor, S. 95–99).

Gewalt des Herrn über Sklaven und Verbot von Grausamkeit

[52] Sklaven befinden sich also in der Gewalt (*potestas*) ihrer Herren. Diese Gewalt resultiert aus dem (ungeschriebenen) Völkerrecht: Denn unterschiedslos bei allen Völkern kann man feststellen, dass Herren Gewalt über Leben und Tod ihrer Sklaven haben; und alles, was durch einen Sklaven erworben wird, wird für den Herrn erworben. [53] Heute aber ist weder römischen Bürgern noch irgendwem sonst gestattet, maß- und grundlos seine Sklaven grausam zu behandeln.
Gaius, Institutiones 1,52–53 (Eck, Sklaven, Nr. 1, S. 4).

Wann ist ein Mensch ein Sklave?

Sie beendeten die Diskussion über den bestimmten Mann und seine Sklaverei und betrachteten die Frage, wer denn überhaupt ein Sklave sei: Und es schien ihnen, dass wenn jemand Besitz erlangt über einen Menschen, in der strikten Bedeutung des Wortes, wie bei jedem einzelnen Teil seines Besitzes oder bei Vieh, so dass er das Recht hat, ihn zu gebrauchen, wofür er auch will, dann heißt dieser Mann zu Recht und ist in Wirklichkeit auch der Sklave des Mannes, in dessen Besitz er gekommen ist.
Dion von Prusa, Reden 15,24 (EÜ nach Cohoon, LCL 339, S. 164f).

Massenhafte Versklavung nach der Eroberung Jerusalems

[414] Als die Soldaten vom Töten bereits ermüdeten, jedoch noch eine große Menge Überlebender zum Vorschein kam, befahl der Caesar [*scil.* Titus], nur die Bewaffneten und die aktiv Widerstand Leistenden zu töten, die übrige Menge aber lebend gefangen zu nehmen. [415] Über diese Befehle hinaus machten die Soldaten alte und schwache Leute nieder, brauchbare Leute im besten Alter aber trieben sie in den Tempelbereich zusammen und sperrten sie in den ummauerten Vorhof der Frauen. [416] Als Wächter setzte der Caesar einen Freigelassenen ein,

ferner Fronto aus der Zahl seiner Freunde, der für jeden Gefangenen die angemessene Behandlung festlegen sollte. [417] Dieser ließ sämtliche Rebellen und Räuber, die sich gegenseitig denunzierten, hinrichten, von den jungen Leuten sonderte er die körperlich Größten und Ansehnlichsten aus und sparte sie auf für den Triumphzug. [418] Von der übrigen Menge schickte er die Gefangenen, die älter waren als 17 Jahre, in die ägyptischen Bergwerke und Steinbrüche, die meisten aber verteilte Titus als Geschenke auf die Provinzen, wo sie in den Amphitheatern durch Schwert und wilde Tiere umkommen sollten. [419] Gefangene unter 17 Jahren verkaufte er. Von ihnen verhungerten während der Tage, an denen Fronto seine Entscheidungen traf, 11.000 insgesamt, einige, weil sie von den Wächtern aus Hass keine Nahrung zugeteilt erhielten, andere, weil sie das Zugeteilte nicht annahmen. Zudem mangelte es an Getreide für eine solche Menschenmenge. [420] Die Gesamtzahl der Gefangenen während der vollen Kriegsdauer betrug 97.000, die der Toten während der gesamten Belagerung 1,1 Millionen.
Josephus, Jüdischer Krieg 6,414–420 (Eck, Sklaven, Nr. 5, S. 5f).

Lieber Tod statt Sklaverei

[363] Als sie allein zurück gelassen waren, zündeten einige von ihnen ihre eigenen Häuser an, damit nichts darin übrig bleibe, das der Feind als Beute rauben könnte. Andere machten ihre Kinder und Frauen mit ihren eigenen Händen nieder, so gehorchten sie dem Bedürfnis, sie von der Sklaverei durch die Feinde zu bewahren.
Josephus, Jüdische Altertümer 13,363 vgl. 14,429 (EÜ nach Marcus, LCL 365, S. 408f).

Freiwilliger Eintritt in die Sklaverei

Wer angesichts einer äußersten Notlage oder (um seine Familie) zu ernähren seine Söhne verkauft, greift damit nicht in deren Personenstatus als Freigeborene ein. Für einen Freien nämlich gibt es keinen Preis. Ferner können Kinder nicht von ihrem Vater als Pfand oder Sicherheit gestellt werden. Ein Gläubiger, der das wissentlich zulässt, wird verbannt. Ihre Dienste können gleichwohl vermietet werden.
Julius Paulus Prudentissimus, Sentenzen 5,1,1 (Eck, Sklaven, Nr. 30, S. 18).

Sklavenverkauf

[Im 20. Jahr] des Imperator Caesar Marcus Aurelius Parthicus maximus Britannicus maximus Pius Augustus, am 8. Artemisios / Phamenoth [*scil.* 04. März 212], in der Stadt Oxyrhynchos, vor Dorotheon und seinem Kollegen, den Geschäftsführern im Büro der Marktmeister (ἀγορανόμοι). Lucius Valerius Severus, auch Melas genannt, etwa 44 Jahre alt, mit einer Narbe am mittleren Teil der Nase, hat von Statoria Philoxena, etwa 50 Jahre alt, mit einer Narbe am rechten Handgelenk, ohne Rechtsvertreter, da sie nach Rechtsordnung der

Römer das Kinderrecht in Anspruch nimmt, […] auf der Straße den ihr gehörenden, von ihrer Sklavin Isidora hausgeborenen Sklaven Thonis gekauft, der auch Epagathos heißt, etwa 19 Jahre alt, leicht schielend, mit einer Narbe an der Stirn; dieser wurde vom Gaustrategen Didymos im laufenden Monat einer Überprüfung (ἀνάκρισις) unterzogen, auf die Anträge auf Überprüfung hin, die der Käufer an ihn gerichtet hat; hierüber erhielt derselbe Käufer bei ihm ein Dokument mit dem Siegel des Strategen in einfacher Ausfertigung; er hat darauf sofort von Statoria Philoxena den Sklaven Thonis erhalten, der auch Epagathos heißt, so, wie er ist, unreklamierbar, außer bei Epilepsie und Eviktion [*scil.* »die nachträgliche gerichtliche Beanspruchung von Eigentumsrechten an einer verkauften Sache gegen den Käufer, sofern sie dem Verkäufer nicht oder nicht vollständig gehörte«, vgl. Eck / Heinrichs, 31]; die als Kaufpreis für denselben Sklaven Thonis oder auch Epagathos vereinbarten 1.600 Silberdrachmen in kaiserlicher Münze hat Statoria Philoxena sofort vom Käufer Severus oder auch Melas in voller Höhe erhalten. Es verkauft und garantiert für denselben Sklaven Statoria Philoxena wie vorstehend auf derselben Straße […]
POxy 2777 mit BL 8,262 (Eck, Sklaven, Nr. 52, S. 38–40).

Kindererziehung durch Sklaven

[4] Vor allem sollte die Sprache der Ammen fehlerfrei sein; wenn es sich einrichten ließe, so wünschte sich Chrysippos für diese Aufgabe Philosophinnen, wollte aber jedenfalls, dass nach Möglichkeit die jeweils besten ausgewählt würden. Natürlich muss man bei ihnen zunächst auf den Charakter sehen, doch sollten sie zudem korrekt sprechen […] [8] Bei Erziehern (*paedagogi*) halte ich darüber hinaus für das Wichtigste, dass sie gebildet sind oder zumindest wissen, wenn sie es nicht sind. Es gibt nichts Schlimmeres als Leute, die, wenn sie nur ein wenig über die Anfangsgründe hinausgelangt sind, eine falsche Überzeugung von ihrem Wissen angenommen haben.
Quintilian, Ausbildung des Redners 1,1,4–5.8 (Eck, Sklaven, Nr. 74, S. 58f).

Heute aber wird ein Kind gleich nach seiner Geburt irgendeiner griechischen Sklavin anvertraut, dieser ein beliebiger Sklave zur Seite gestellt, der meist sogar der Nutzloseste von allen ist und zu keiner anspruchsvolleren Aufgabe taugt. Durch beider Fabeleien und Irrtümer werden die noch ganz jungen und bildsamen Charaktere geformt, und niemand im ganzen Haus gibt Acht, was er vor dem Herrn, der noch ein Kind ist, sagt oder tut.
Tacitus, Dialog 29,1 (Eck, Sklaven, Nr. 75, S. 59f).

Sklaven unter den Mitgliedern eines *collegiums*

Zusammengestellt aus Personal einer kaiserlichen Villa bei Antium, vom Jahr 43 n. Chr.

[43] Im Konsulatsjahr des Tiberius Claudius Caesar Augustus (zum dritten Mal) und des Lucius Vitellius, zum zweiten Mal. Zelus, kaiserlicher (Sklave),

Leinenweber; Claudius Atimetus, Bibliothekar; Lysimachus, Tempelwart, in der Villa von Antium geborener Sklave; Princeps, Briefbote; Tantalus, Gärtner.
Eck, Sklaven, Nr. 139, S. 102f = CIL X 6638.

Auch ein Sklave ist ein Mensch

[1] Mit Vergnügen habe ich von Leuten, die von dir kommen, erfahren, dass du mit deinen Sklaven auf freundschaftlichem Fuß stehst: das passt zu deiner Klugheit und zu deiner Bildung. »Sklaven sind sie!« Nein, vielmehr Menschen. »Sklaven sind sie!« Nein, vielmehr Hausgenossen (*contubernales*). »Sklaven sind sie!« Nein, vielmehr Freunde niedrigen Standes. »Sklaven sind sie!« Nein, vielmehr Mitsklaven, wenn du bedenkst, dass sich das Geschick gleich viel gegen beide Gruppen herausnehmen darf. [2] Daher lache ich über diese Leute da, die es für eine Schande halten, mit ihren Sklaven zusammen zu speisen […]

[10] Willst du bedenken, dass der, den du deinen Sklaven nennst, aus den gleichen Keimen entstanden ist, sich des gleichen Himmels erfreut, ebenso atmet, ebenso lebt, ebenso stirbt (wie du)! Genauso kannst du ihn als Freigeborenen ansehen wie er dich als Sklave.

Nach der Niederlage des Varus hat das Geschick viele Männer von glänzender Herkunft, die sich aufgrund ihres Militärdienstes den senatorischen Rang erhofften, tief fallen lassen: Den einen von ihnen machte es zum Hirten, den anderen zum Wächter einer Hütte. Verachte nun einen Menschen, der sich zufällig in einer Lage befindet, in die du, noch während du ihn verachtest, hinein geraten kannst […]

[12] Ich will mich nicht auf ein unerschöpfliches Thema einlassen und den Umgang mit Sklaven erörtern, gegen die wir höchst anmaßend, grausam und beleidigend sind. Dies jedenfalls ist mein oberstes Gebot: Lebe so mit einem Tieferstehenden, wie du möchtest, dass ein Höhergestellter mit dir lebe! […] [13] Verkehre mit dem Sklaven gutmütig, ja sogar entgegenkommend, und lass ihn auch am Gespräch, an der Beratung, am geselligen Beisammensein teilnehmen!
Seneca, Briefe 47,1f.10.12f (Loretto, S. 24–31).

Sklaven machen mit Erlaubnis ihres Herrn ihr Testament

C. Plinius grüßt seinen Paternus

[1] Krankheiten, ja, Todesfälle unter meinem Gesinde, und zwar von noch ganz jungen Leuten, haben mich hart betroffen. Zwei Trostgründe habe ich, die den tiefen Schmerz nicht aufwiegen, aber immerhin Trostgründe: einmal die Leichtigkeit der Freilassung – ich meine, sie nicht gänzlich vor der Zeit verloren zu haben, wenn ich sie als schon Freigelassene verloren habe –, zum anderen, dass ich auch meinen Sklaven gestatte, eine Art Testament zu machen, und mich dann an dieses halte, als wäre es rechtskräftig. [2] Sie verfügen und erbitten darin, was ihnen beliebt, ich nehme es als einen Auftrag und führe ihn aus. Sie verteilen, schenken, hinterlassen, selbstverständlich innerhalb des Hauswesens, denn für Sklaven ist das Hauswesen gewissermaßen der Staat (*res publica*) und so-

zusagen ihre Gemeinde (*civitas*). Gewiss beruhige ich mich bei diesen tröstlichen Gedanken; aber eben diese menschliche Regung, die mich dazu gebracht hat, das zu gestatten, macht mich weich und schwach.

[4] Trotzdem möchte ich deshalb doch nicht hartherziger werden. Ich weiß wohl, andere betrachten derartige Unglücksfälle nur als Vermögensverlust und dünken sich damit groß und weise. Ob sie groß und weise sind, weiß ich nicht; Menschen sind sie jedenfalls nicht. Denn menschlich ist es, sich zu grämen, zu leiden, doch auch, sich dagegen zu wehren und sich trösten zu lassen, nicht aber, keines Trostes zu bedürfen.

[5] Doch habe ich darüber vielleicht mehr gesagt, als ich sollte, indessen weniger, als ich wollte. Denn auch im Schmerz liegt eine Art Wohlgefühl, zumal, wenn man sich an der Brust eines Freundes ausweinen kann, bei dem man für seine Tränen Verständnis und Nachsicht findet.

Leb' wohl!

Plinius (d. Jüngere), Briefe 8,16 (Kasten, S. 468–471).

Erniedrigung und Ausbeutung von Sklaven

[5] Dann prahlt man mit einem ähnlich arroganten Sprichwort: So viele Feinde habe man wie Sklaven. Wir haben sie nicht zu Feinden, wir machen sie dazu. Andere Grausamkeiten, Unmenschlichkeiten lasse ich beiseite, dass wir sie nämlich nicht wie Menschen (behandeln), sondern sie wie Arbeitstiere missbrauchen. Haben wir uns zum Mahl gelagert, so wischt einer Ausgespucktes auf, unter die Speiseliege niedergebeugt sammelt ein anderer die Relikte der Betrunkenen auf. […] [7] Ein anderer ringt als Mundschenk, weibisch herausgeputzt, mit seinem Alter: Dem Knabenalter kann er nicht entfliehen, er wird zurückgezerrt, schon im Soldatenalter ist er doch noch glatt, mit rasierten oder vollends ausgezupften Haaren, und er wacht die ganze Nacht hindurch, die er zwischen Trunken- und Lüsternheit seines Herrn teilt, und im Schlafzimmer ein Mann, während des Gastmahls ein Knabe ist. [8] Ein anderer, dem die Einschätzung der Gäste übertragen ist, hat die ganze Zeit über dazustehen, eine unglückliche Aufgabe, und wartet ab, wen Schmeichelei und Maßlosigkeit der Kehle oder der Zunge für den nächsten Tag empfiehlt. Rechne hinzu die Kücheneinkäufer, die eine feine Kenntnis von Gaumen ihres Herrn haben, die die Delikatessen kennen, deren Geschmack ihn entzückt, deren Anblick ihn erfreut, deren Neuartigkeit seinen Überdruss überwinden kann, wogegen er infolge häufigen Genusses bereits Widerwillen empfindet, worauf er gerade heute Appetit hat. Mit all diesen Sklaven einmal zu speisen, erträgt er nicht, erachtet es als Minderung seiner Hoheit, mit seinen Sklaven am gleichen Tisch Platz zu nehmen. Ihr Götter wisst es besser! Wie viele von ihnen hat er zu Herren!

Seneca, Briefe 47,5.7f (Eck, Sklaven, Nr. 155, S. 112f).

Willkürliche Strafe gegen Sklaven

»Lass für den Sklaven ein Kreuz errichten.« »Mit welchen Verbrechen verdiente der Sklave denn seine Hinrichtung? Welchen Zeugen gibt es? Wer hat ihn denunziert? Höre: Geht es um den Tod eines Menschen, ist kein Zögern zu lang.« »Du Trottel, also ist ein Sklave ein Mensch? Nichts mag er verbrochen haben, gleich viel: Ich will es so, befehle es, mein Wille sei dir Grund genug.« Also befiehlt sie ihrem Mann.
Seneca, Epistulae 47,5.7f (Eck, Sklaven, Nr. 160, S. 116f).

Sklavenflucht

[11] Ist ein *bona fide* erworbener Sklave entlaufen und hat er diesen Fehler bereits früher gezeigt, so wird sein früherer Herr gezwungen, nicht nur den Kaufpreis dem jetzigen Eigentümer zu erstatten, sondern auch alles, was er bei seiner Flucht gestohlen hat. [12] Lässt sich der Nachweis einer früheren Flucht gerichtlich nicht erbringen, so ist den Aussagen des Sklaven Glauben zu schenken: Er wird ja, wie allgemein angenommen, gegen sich selbst vernommen, nicht zugunsten oder zu Lasten seines Herrn.
Julius Paulus Prudentissimus, Sentenzen 2,17,11–12 (Eck, Sklaven, Nr. 181, S. 128).

Marke für einen Sklaven oder einen Hund an einem Halsreif

Ich bin geflohen, halte mich fest! Wenn du mich zurück bringst zu meinem Herrn Zoninus, sollst Du einen Solidus bekommen.
CIL XV 7194 (Friggeri, S. 158).

Freilassung und Freigelassene

Wer persönlich folgende drei Bedingungen erfüllt: Er muss älter sein als 30 Jahre, nach quiritischem Recht Eigentum seines Herrn gewesen sein und die Freiheit erlangt haben durch eine rechtlich definierte Freilassung in der gesetzlich vorgeschriebenen Form – durch Berührung mit der *vindicta*, durch Eintragung in die Bürgerliste oder aufgrund testamentarischer Verfügung –, der wird römischer Bürger. Fehlt aber eine dieser Bedingungen, so wird er Latiner.
Gaius, Institutiones 1,17 (Eck, Sklaven, Nr. 269, S. 178f).

[5] Die Ärzte haben ihn umgebracht, oder eher noch ein böser Geist; ein Arzt ist nämlich nichts anderes als Seelentröstung. [6] Er hatte aber ein schönes Begräbnis, samt Paradebett mit gutem Zubehör. Beklagt wurde er erstklassig – er hatte einige Leute freigelassen –, selbst wenn seine Frau ihm nur Krokodilstränen nachweinte […]
Petronius, Satiren 42,5–6 (Eck, Sklaven, Nr. 333, S. 216).

[134] In der Folgezeit haben wir viele Leute kennen gelernt, die aus der Sklaverei entlassen noch reicher waren als Crassus, gleich drei unter Claudius, noch nicht

lange zurück: Callistus, Pallas und Narcissus. [135] Lässt man die beiseite, als seien sie immer noch übermächtig, so verfügte im Konsulatsjahr des Gaius Asinius Gallus und des Gaius Marcius Censorinus [*scil.* 8 v. Chr.], am 27. Januar, Gaius Caecilius Isidorus, der Freigelassene des Gaius, in seinem Testament, ungeachtet seiner großen Verluste im Bürgerkrieg hinterlasse er an Sklaven 4116, an Joch Ochsen 3600, an sonstigem Vieh 257.000 Stück, an Bargeld 60 Millionen Sesterzen, und für sein Begräbnis bestimmte er 1 Million Sesterzen.
Plinius (d. Ältere), Naturkunde 33,134–135 (Eck, Sklaven, Nr. 342, S. 225).

Abschnitt aus dem Testament des kaiserlichen Freigelassenen Publius Aelius Onesimus: Wenngleich ich der Gemeinde der Nakolenser, meiner Heimatgemeinde, die mir überaus zugetan ist, sehr viel verdanke, so möchte ich, angesichts des geringen Umfangs meines kleinen Vermögens, dass ihr nur 200.000 Sesterzen ausgehändigt werden, unter der Bedingung, dass dieses Geld nach Ermessen des Cornelius […]inus und des Cornelius Hesychus ausgeliehen wird; was an Zinsen einkommt, sollen sie während der nächsten drei Jahre der Getreidekasse anweisen, damit davon jährlich, im jeweils möglichen Umfang, Getreide gekauft werden kann. Und nach Ablauf der drei Jahre möchte ich, dass Zinsen aus dem gesamten Kapital Jahr für Jahr unter meine Mitbürger verteilt werden, nach Überprüfung der Bürgerliste (jeweils), am glückverheißenden Geburtstag unseres Herrn Traianus Hadrianus. Allerdings wünsche ich, dass die Hälfte jenes Zinsaufkommens für Geschenke an die Bürgergemeinde (*sportula*) verwendet wird, derart, dass die Hälfte am Festtag jener [*scil.* Spiele?], die […]*idia* heißen, ausgezahlt werden soll […]
CIL III 6998 (Eck, Sklaven, Nr. 343, S. 225f).

Ämterkauf und Reichtum eines Freigelassenen

Aus Assisi, 1. Jh.
Publius Decimius Eros Merula, Freigelassener des Publius, klinischer Arzt, Chirurg, Augenarzt, Sevir Augustalis. Für seine Freilassung zahlte er 50.000 Sesterzen, für das Sevirat 2000 Sesterzen an die Gemeindekasse; für die Aufstellung von Statuen im Tempel des Herkules stiftete er 30.000 Sesterzen, für die Pflasterung von Straßen 37.000 Sesterzen zugunsten der Gemeindekasse. Am Tage vor seinem Tod hinterließ er an Vermögen (mehr als) 500.000 Sesterzen.
CIL IX 5400 (Schumacher, Nr. 212, S. 274f).

c) Texte zur Kreuzigung

Kreuzigung eines verbrecherischen Sklaven

Grabstein aus Amyzon, nicht später als 2. Jh. v. Chr.
[1] Demetrius, Sohn des Pankrates
Demetrius, beweint von allen, den süßer Schlaf gefangen hielt und der nektarreiche Trank des Bromios, erschlagen durch die Hand eines Sklaven und in einem

großen Feuer [5] zusammen verbrannt mit dem Haus. Ich kam in den Hades, während mein Vater, Geschwister und betagte Mutter nur Knochen und Asche in ihren Schoß gelegt bekamen. Denjenigen aber, der mir dies angetan hat, kreuzigten meine Mitbürger bei lebendigem Leib für die wilden Tiere und Vögel.
EÜ nach Llewelyn, S. 1–3.

Römische Bürger sind vor Kreuzigung geschützt

[170] Es ist eine Missetat, einen römischen Bürger zu fesseln, ein Verbrechen, ihn auszupeitschen, geradezu ein Meuchelmord, ihn zu töten: Wie soll ich erst seine Kreuzigung nennen? Man kann eine solche Gräueltat gar nicht mit einem wirklich angemessenen Ausdruck bezeichnen.
Cicero, Reden gegen Verres 5,170 (Fuhrmann, Bd. 2, 594f).

Philo über die Praxis der Kreuzigung

[83] Ich habe auch schon von solchen gehört, die gekreuzigt wurden, die man aber, weil solche Feiertage bevorstanden, vom Kreuz abnahm und den Verwandten gab, damit sie ein würdiges Begräbnis erhielten, wie es Brauch ist. Denn auch die Toten sollten vom Geburtstag des Kaisers einen Vorteil haben und zugleich die Heiligkeit des Festes gewahrt werden. [84] Flaccus aber ließ die am Kreuz Gestorbenen nicht abnehmen und befahl, auch die Lebenden zu kreuzigen, denen die Festzeit einen kurzen, wenn auch nicht unbegrenzten Strafaufschub bot, nicht allerdings den Straferlass schlechthin. Und dies tat er nach der schmählichen Geißelung mitten im Theater und nach der Folterung durch Feuer und Eisen. [85] Diese Vorstellung war sogar genau eingeteilt. Was es zuerst, bis zur dritten oder vierten Stunde am Vormittag zu sehen gab, waren Juden: gegeißelt, aufgehängt, aufs Rad geflochten, mitten durch die *Orchestra* zu Tode geschleift. Nach dieser schönen Darbietung gab es Tänzer, Schauspieler, Musikanten und allerlei andere ergötzliche Theaterwettkämpfe.
Philo, Gegen Flaccus, 83–85 (Cohn, Bd. 7, S. 146).

3. Ökonomische Verhältnisse

a) Reich und Arm

Alle Reichtümer kommen nach Rom

[10] Euer Besitz fällt zusammen mit dem Weg der Sonne, und es ist nur euer Land, das sie auf ihrer Bahn bescheint. Keine Meeresklippen und weder die Chelidonischen noch die Kyaneischen Inseln bilden die Grenze eures Reiches, auch nicht die Strecke, die ein Pferd an einem Tag bis zum Meer zurücklegt. Ihr regiert auch nicht innerhalb festgelegter Grenzen, noch bestimmt ein anderer, wie weit ihr herrschen dürft. Das Meer, das sich in der Mitte des Erdkreises wie ein Gürtel ausdehnt, bildet zugleich die Mitte eures Reiches. [11] Ringsherum

Stände und Schichten im alten Rom
Die Zugehörigkeit zu einer bestimmten Schicht spielte eine wichtige Rolle im Leben der Römer. Die römische Gesellschaft war hierarchisch aufgebaut. Als Freie geborene römische Bürger gehörten je nach Abstammung und Besitzverhältnissen verschiedenen Klassen an. Die Gesellschaft Roms gliederte sich in Patrizier (lat. **patres** »Väter, Vorfahren«), Plebejer und Unfreie, wobei letztere kein Bürgerrecht besaßen. Die Patrizier stellten die gesellschaftliche und meist auch politische Oberklasse im antiken Rom dar. Sie nahmen für sich in Anspruch, direkte Abkömmlinge von Romulus, dem legendären Gründer Roms, und seinen Getreuen zu sein. Die Plebejer (lat. **plebs** »Menge, Volk«) verkörperten in der römischen Republik das einfache Volk, das nicht dem alten Adel, den Patriziern, angehörte. Es bestand vor allem aus Bauern und Handwerkern. Plebejer galten als Römer und standen nach den so gennanten Ständekämpfen (ca. 500–287 v. Chr.) unter dem Schutz des römischen Rechts. Eheschließungen zwischen Patriziern und Plebejern waren ursprünglich verboten. Dies änderte sich jedoch im Jahr 287 v. Chr., als die Ständekämpfe beigelegt wurden, nachdem die Plebejer der Überlieferung nach drei Mal aus der Stadt ausgezogen waren und sie somit lahm legten (Livius, a. u. c. 2,32,5–12). Die Plebejer erlangten im Lauf der Zeit das Recht, ein Amt zu bekleiden, das Mischehenverbot wurde aufgehoben und das Amt des Volkstribun als Sachwalter der Plebejer eingerichtet. Der Unterschied zwischen Patriziern und Plebejern wurde dadurch abgemildert. In der Zeit der späten Republik verschob sich die Bedeutung des Wortes Plebs. Der Begriff diente nun der sozialen Differenzierung aller Bürger unterhalb des Senatoren- und Ritterstands.

Einst die staatstragende Bevölkerungsschicht, verschwanden die alten Patrizierfamilien durch die Wirren des Bürgerkriegs weitgehend. In den folgenden Jahrhunderten etablierte sich eine neue Führungsschicht durch kaiserliche Protektion, Beamtenlaufbahn und Militärdienst.

Zusätzlich wurde durch den **Zensus** die römische Bürgerschaft in sechs weitere komplexe Klassen, die sich erneut nach dem jeweiligen Vermögen ergaben, geteilt. Die reichsten Bürger waren die Senatoren; ihnen folgten die **equites**, der Ritterstand. Nach drei weiteren Klassen bildeten schließlich die **proletarii** die letzte Schicht, die über keinerlei Besitz verfügte. Doch zwei Drittel der römischen Bevölkerung bildeten zeitweise die Sklaven (**servi**), die meistens Nachkommen von Kriegsgefangenen waren. Ein Sklave war der Besitz seines Herren, doch war es ihm möglich, einen anderen Sklaven zu heiraten. Ihre Kinder waren ebenfalls Unfreie. Freigelassene Sklaven (**liberti**) konnten das Bürgerrecht erlangen.

erstrecken sich »gewaltig in gewaltiger Ausdehnung« die Festländer, welche euch stets reichlich mit dem versorgen, was es in ihnen gibt (Homer, Ilias 16,776). Herbeigeschafft wird aus jedem Land und jedem Meer, was immer die Jahreszeiten wachsen lassen und alle Länder, Flüsse und Seen sowie die Künste der Griechen und Barbaren hervorbringen. Wenn jemand das alles sehen will, so muss er entweder den gesamten Erdkreis bereisen, um es auf solche Weise anzuschauen, oder in diese Stadt [*scil.* Rom] kommen. Was nämlich bei den einzelnen Völkern wächst und hergestellt wird, ist notwendigerweise hier stets vorhanden, und zwar im Überfluss. So zahllos sind die Lastschiffe, die hier eintreffen und alle Waren aus allen Ländern von jedem Frühjahr bis zu jeder Wende im Spätherbst befördern, dass die Stadt wie ein gemeinsamer Handelsplatz der ganzen Welt erscheint. [12] Schiffsladungen aus Indien, ja – wenn man will – sogar aus dem »glücklichen Arabien«, kann man in solchen Mengen sehen, dass

man vermuten könnte, für die Menschen dort seien fortan nur kahle Bäume übrig geblieben, und sie müssten hierher kommen, um ihre eigenen Erzeugnisse zurück zu fordern, wenn sie etwas davon bräuchten. Man kann wiederum beobachten, wie babylonische Gewänder und Schmuckstücke aus dem noch weiter entfernten Barbarenland in viel größerer Zahl und leichter hierher gelangen, als wenn es nötig wäre, von Naxos oder Kythnos nach Athen zu fahren und Waren dorthin zu bringen. Eure Getreideländer aber sind Ägypten, Sizilien und der kultivierte Teil von Afrika. [13] Das Ein- und Auslaufen der Schiffe hört niemals auf, so dass man sich nicht nur über den Hafen, sondern sogar über das Meer wundern muss, dass es, wenn überhaupt, für die Lastschiffe noch ausreicht. Und was Hesiod von den Grenzen des Ozeans sagte, dass es nämlich einen Ort gebe, wo alle Wasser zu einem Anfang und zu einem Ende ineinander strömen (Theogonie 738–741), gerade so kommt auch alles hier zusammen. Handel, Schifffahrt, Ackerbau, Metallveredelung, Künste, wie viele es auch gibt und gegeben hat, geben wird und auf der Erde wächst. Was man hier nicht sieht, zählt nicht zu dem, was existiert hat oder existiert. Deshalb ist es nicht leicht, zu entscheiden, was größer ist, die Überlegenheit der Stadt gegenüber den Städten, die es jetzt gibt, oder die Überlegenheit des Reiches gegenüber den Reichen, die es jemals gegeben hat.
Aelius Aristides, Romrede 10–13 (Klein, S. 12–15).

Warnung an Arme

Ich verabscheue die Armen. Wer irgendetwas gratis haben will, ist ein Einfaltspinsel. Er soll Geld geben und seine Einkäufe mitnehmen.
Weeber, Römische Graffiti-Szene, Nr. 539, S. 155.

Tagelöhner

Für die Tagelöhner Brot für einen Denar.
Weeber, Römische Graffiti-Szene, Nr. 543, S. 156.
Seit dem 19. März haben wir den Tagelohn ausstehen.
Weeber, Römische Graffiti-Szene, Nr. 544, S. 156.

Eine schmachvolle Karriere

Nachdem du acht Mal gescheitert bist, bleibt dir übrig, 16 Mal zu scheitern. Du hast auf Wirt gemacht, du hast auf Geschirrverkäufer gemacht, du hast auf Wurstwaren gemacht, du hast auf Bäcker gemacht. Du bist Bauer gewesen. Du hast Kleinbronzen verhökert und bist Trödler gewesen. Jetzt stellst du kleine Flaschen her. Wenn du Fotzenlecker wirst, hast Du beruflich alles erreicht.
Weeber, Römische Graffiti-Szene, Nr. 543 und 549, S. 157.

Grabinschrift eines Großhändlers aus Ascalon

1.–3. Jh. n. Chr.
Zur Erinnerung an Gaius Comisius Memor, Schiffseigner im Verband derer, die für den Staat Transporte übernehmen [*naucleri de oeco poreuticorum*].
AE 2001, 1969 (Eck, Rom, S. 183).

Die Einheit aus Patriziern und Plebejern; die Leibmetapher nach Livius

[5] Ein ungeheurer Schrecken herrschte in der Stadt, und einer hatte Angst vor dem anderen. Die von ihren Leuten zurückgelassenen Plebejer fürchteten eine Gewalttätigkeit der Patrizier; die Patrizier fürchteten die in der Stadt zurückgebliebenen Plebejer und wussten nicht, ob sie lieber wollten, dass sie blieben oder dass sie weggingen. [6] Wie lange aber werde die Menge, die weg gezogen sei, ruhig bleiben? Was werde denn geschehen, wenn in der Zwischenzeit ein Krieg von außen hereinbreche? [7] Sie glaubten, dass wirklich nur eine Hoffnung bleibe: die Eintracht der Bürger (*concordia civium*); die müsse in der Bürgerschaft um jeden Preis wiederhergestellt werden.

[8] Daher beschlossen sie, Menenius Agrippa als Unterhändler zu den Plebejern zu schicken, einen beredten Mann, der auch den Plebejern lieb war, weil seine Ahnen Plebejer gewesen waren. Er wurde ins Lager geschickt und soll dort in der damaligen altertümlichen und schlichten Art zu reden nichts anderes getan haben, als dass er folgende Geschichte erzählte: [9] Zu der Zeit, als im Menschen nicht wie jetzt alles im Einklang miteinander war, sondern von den einzelnen Gliedern jedes für sich überlegte und für sich redete, hätten sich die übrigen Körperteile darüber geärgert, dass durch ihre Fürsorge, durch ihre Mühe und Dienstleistung alles für den Bauch getan werde, dass der Bauch aber in der Mitte ruhig bleibe und nichts anderes tue, als sich der dargebotenen Genüsse zu erfreuen. [10] Sie hätten sich daher verschworen, die Hände sollten keine Speise mehr zum Munde führen, der Mund solle, was ihm dargeboten werde, nicht mehr aufnehmen und die Zähne sollten nicht mehr kauen. Indem sie in diesem Zorn den Bauch durch Hunger zähmen wollten, habe zugleich die Glieder selbst und den ganzen Körper schlimmste Entkräftung befallen. [11] Da sei dann klar geworden, dass auch der Bauch eifrig seinen Dienst tue und dass er nicht mehr ernährt werde als dass er ernähre, indem er das Blut, von dem wir leben und stark sind, gleichmäßig auf die Adern verteilt, in alle Teile des Körpers zurückströmen lasse, nachdem er durch die Verdauung der Nahrung seine Kraft erhalten habe. [12] Indem Agrippa dann einen Vergleich anstellte, wie ähnlich der innere Aufruhr des Körpers dem Zorn der Plebs gegen die Patrizier sei, habe er die Menschen umgestimmt.
Livius, Römische Geschichte 2,32,5–12 (Hillen, Bd. 1, S. 232–235).

b) Arbeit und Muße

Auf einer Sonnenuhr aus Herculaneum

1, 2, 3, 4, 5, 6, 7, 8, 9, 10
Sechs Stunden Arbeit genügen; die folgenden Stunden des Tages rufen mit deutlicher Schrift »Lebe!« den Sterblichen zu.
Pfohl, 161, S. 168.

»Natürliche« und »unnatürliche« Beschäftigungen

[43 a25] Erste Beschäftigung mit Besitz ist eine, die in Einklang mit der Natur steht. Naturgemäß sind nun in erster Linie die Landwirtschaft und in zweiter Linie alle die Beschäftigungen, die ihren Gewinn von der Erde nehmen, wie z. B. der Bergbau und andere der Art. Die Landwirtschaft aber am meisten, weil sie gerecht ist. Denn sie nimmt ihren Gewinn nicht von den Menschen, weder von Freiwilligen, wie der Handel und die Tätigkeiten, die mit Lohnabhängigen zu tun haben, noch von Unfreiwilligen, wie die kriegerischen Tätigkeiten. [43 a30] Ferner beschäftigt sie sich auch mit dem Erwerb von naturgemäßen Dingen. [43 b1] Denn von Natur aus bekommen alle ihre Nahrung von der Mutter, so auch die Menschen von der Erde. Darüber hinaus trägt sie auch viel zur Tapferkeit (ἀνδρεία) bei. Denn sie ist nicht wie die handwerklichen Tätigkeiten, die die Körper untauglich machen, sondern sie macht fähig, [43 b5] im Freien zu leben und Anstrengungen zu ertragen, dazu im Kampf gegen die Feinde Gefahren auf sich zu nehmen.
Ps-Aristoteles, Oikonomikos 43 a25–43 b7 (Victor, S. 90).

[1] Vor allem muss ich davor warnen, den Verwalter aus denjenigen Sklaven zu nehmen, die durch körperliche Schönheit gefallen haben, nicht einmal aus dem Kreis derer, die städtische und verfeinerte Tätigkeiten ausgeübt haben. [2] Es ist das eine leichtfertige, schläfrige Sorte von Sklaven, gewohnt an Nichtstun und an Vergnügungen des Sportfelds, des Zirkus, der Theater, des Würfelspiels, der Schenken und Bordelle, und ständig träumen sie von solchem Unsinn; bringt ein solcher Sklave dergleichen in den Bereich des ländlichen Lebens mit, so erleidet der Herr Schaden, weniger an dem betreffenden Sklaven selbst, als an seinem gesamten (ländlichen) Besitz. Wählen muss man vielmehr jemanden, der von Kind auf zu landwirtschaftlichen Arbeiten gestählt und durch vielfältige Erfahrung ausgewiesen ist. Findet sich niemand, der diesen Ansprüchen genügt, so soll der Verwalter aus dem Kreis derer genommen werden, die sich in harter Sklavenarbeit bewährt haben. [3] Er sollte über das erste Jugendalter hinaus sein, sofern er nur nicht bereits am Rand des Greisenalters steht: Das eine – das Jugendalter – darf nicht die Autorität im Befehlen mindern, da ja Ältere es für unvereinbar mit ihrer Würde halten, einem Jüngelchen zu gehorchen; das andere – das Greisenalter – darf nicht durch die äußerst arbeitsreiche Aufgabe überfordert werden. Der Verwalter soll also in mittlerem Alter stehen und im

Vollbesitz seiner Kräfte sein, erfahren in der Landwirtschaft oder doch daran sehr interessiert, um möglichst rasch hinzu zu lernen. Denn in unserem Metier geht es nicht an, dass einer befiehlt, ein anderer (ihn) belehrt. [4] Niemand kann nämlich in sachgemäßer Weise eine Arbeit verlangen, wenn er erst von seinem Untergebenen erfahren muss, was zu tun ist oder wie. Die Aufgabe kann auch ein Analphabet hinreichend wahrnehmen, nur muss er ein vorzügliches Gedächtnis haben. Ein solcher Verwalter, so behauptet Cornelius Celsus, bringe seinem Herrn häufiger bares Geld als das Rechnungsbuch, weil er selbst nicht schreiben und insofern weniger die Abrechnungen verfälschen könne bzw. sich wegen der Mitwisserschaft scheue, dies durch einen anderen tun zu lassen. [5] Ungeachtet dessen aber, wer Verwalter wird, sollte man ihm eine Frau im *contubernium* zuweisen, die ihn mäßigt, dagegen in bestimmten Angelegenheiten unterstützt. Auch ist ihm einzuschärfen, dass er keine engere Beziehung mit einem Hauszugehörigen unterhält und noch viel weniger mit jemandem von außerhalb. Allerdings mag er jemanden, den er als beständig fleißig und tatkräftig in der Erledigung von Arbeiten kennen gelernt hat, an einem Festtag ehrenhalber an seinen Tisch laden. Opfer darf er nicht darbringen, außer auf Geheiß seines Herrn. [6] Eingeweideschauern und Wahrsagerinnen, zwei Typen von Menschen, die im leeren Aberglauben ungebildeten Gemütern Ausgaben und dann auch Straftaten abnötigen, soll er keinen Zugang gewähren, noch soll er die Stadt oder irgendwelche Wochenmärkte kennen lernen, außer zum Verkauf oder Kauf von Waren, die in seinen Aufgabenkreis gehören. [7] Denn »ein Verwalter darf« nach Catos Formulierung »kein Spaziergänger sein« (*De agri cultura* 5,2), noch das (ihm anvertraute) Gebiet verlassen, außer um eine Anbaumethode hinzuzulernen, aber auch das nur, wenn sich eine Möglichkeit in unmittelbarer Nachbarschaft bietet, so dass er auf seinem Verwaltungsgut (wohnen) bleiben kann. Dass Pfade und neue Rainwege auf dem Ackerland entstehen, soll er nicht zulassen, noch soll er einen Gast aufnehmen, ausgenommen einen Freund oder Angehörigen seines Herrn. [8] Wie er hiervon abzuhalten ist, so soll er umgekehrt angehalten werden, für Geräte und eiserne Werkzeuge zu sorgen: Er soll den an der Sklavenzahl gemessen doppelten Bedarf gebrauchsfertig verwahren, so dass man nichts beim Nachbarn zu leihen braucht, denn so entsteht ein größerer Verlust an Sklavenarbeit, als die Anschaffungskosten für diese Geräte ausmachen.

[9] Sein Sklavenpersonal soll er mehr zweckmäßig als elegant ausstatten und kleiden, sorgfältig gewappnet gegen Wind, Kälte und Regen; hiergegen schützen langärmelige Fell- und Lederjacken, Kleider aus vernähten Stoffresten oder Kapuzenmäntel. Hält man sich hieran, so ist kein Tag so unerträglich, dass nicht irgendeine Arbeit unter freiem Himmel geleistet werden könnte. [10] Und nicht nur soll er in praktischer Landarbeit bewandert sein, sondern auch im Rahmen der bei einem Sklaven zu erwartenden Anlagen geistig befähigt, damit er weder zu nachgiebig noch zu rücksichtslos seine Weisungen erteilt und stets einige von den Besseren begünstigt, umgekehrt auch die weniger Guten mit Rücksicht behandelt, so dass die Sklaven eher seine Strenge fürchten als seine Grausamkeit verabscheuen. Das ist realisierbar, wenn er es vorzieht, seine Untergebenen

zu beaufsichtigen, damit sie sich nicht vergehen, anstatt es durch seine Nachlässigkeit dahin kommen zu lassen, sie für Vergehen bestrafen zu müssen. [11] Es gibt aber keine bessere Überwachung, selbst für den größten Nichtsnutz, als Einforderung von Leistung, gerechte Zuteilung der Arbeitspensen und Allgegenwart des Verwalters. So nämlich werden auch die Vorarbeiter der einzelnen Aufgabenbereiche fleißig ihre Obliegenheiten erfüllen, und die Übrigen werden als Folge ihrer Erschöpfung nach getaner Arbeit ruhig sein und eher an Schlaf als an Vergnügungen denken. [12] Ließe sich doch jener alten, gleichwohl vorzüglichen Praxis, die heute außer Gebrauch gekommen ist, wieder Geltung verschaffen, wonach (der Verwalter) keinen Mitsklaven irgendwie für persönliche Dienste in Anspruch nehmen darf, außer in Belangen des Herrn, ferner seine Mahlzeiten im Beisein des Sklavenpersonals einnimmt, und zwar nichts anderes, als den anderen vorgesetzt wird. So nämlich wird er Sorge tragen, dass auch das Brot sorgfältig gebacken und das Übrige bekömmlich zubereitet wird. Das Gebiet des Landguts zu verlassen, soll er nur solchen Sklaven gestatten, die er selbst geschickt hat, das aber nur tun im Fall einer unabweisbaren Notwendigkeit. [13] Er soll keine Geschäfte im eigenen Interesse tätigen und das Geld seines Herrn nicht in Tiere oder andere Handelsobjekte investieren. Solche Aktivitäten beanspruchen ungebührlich die Aufmerksamkeit des Verwalters und lassen niemals zu, dass er die Bilanzen seines Herrn gegenüber seinen eigenen abschließt; verlangt der Herr dann eine Zahlung, so weist er Sachwerte statt Geld vor. Insgesamt aber muss man ihn vor allem dahin bringen, dass er sich nicht einbildet, Dinge zu verstehen, von denen er nichts weiß, und stets bemüht ist, hinzu zu lernen, was er noch nicht weiß.

Columella, De re rustica 1,8,1–13 (Eck, Sklaven, Nr. 119, S. 84–89).

Papyrusherstellung und Buchkunst

[21/68] Noch nicht haben wir die Sumpfpflanzen und die an den Flüssen wachsenden Sträucher behandelt; bevor wir jedoch Ägypten verlassen, soll auch über die Beschaffenheit der Papyrusstaude gesprochen werden, denn der Gebrauch des Papiers ist von größter Bedeutung für die menschliche Kultur, sicherlich für das Wissen von der Vergangenheit.

[69] Auch das Papier ist, wie Marcus Varro berichtet, infolge des Sieges Alexanders des Großen erfunden worden, und zwar nach der Gründung von Alexandria in Ägypten. Vorher sei es nicht in Gebrauch gewesen: Zuerst habe man auf Palmblätter, dann auf den Bast gewisser Bäume geschrieben. Später habe man angefangen, öffentliche Urkunden auf bleiernen Schriftrollen und dann auch private auf Leinwand und Wachstafeln auszufertigen. Dass nämlich Schreibtafeln schon vor der Zeit des Trojanischen Krieges gebraucht wurden, finden wir bei Homer; als er aber darüber berichtete, war das heutige Ägypten, wie man einsehen kann, wo doch jegliche Papyrusstaude im Gau von Sebennytos und von Sais wächst, nicht einmal vorhanden, sondern wurde erst später vom Nil angeschwemmt; [70] denn nach seiner Angabe lag ja von der Insel Pharos, die jetzt

durch eine Brücke mit Alexandria verbunden ist, das Festland für einen Segler eine Tag- und Nachtfahrt entfernt. Dass bald darauf durch den Wetteifer der Könige Ptolemaios und Eumenes um ihre Bibliotheken zu Pergamon das Pergament erfunden wurde, nachdem Ptolemaios das Papier zurückgehalten hatte, berichtet derselbe Varro. Später war die Verwendung des Schreibmaterials, auf dem die Unvergänglichkeit der Menschen beruht, uneingeschränkt.

[22/71] Die Papyrusstaude also wächst an sumpfigen Stellen Ägyptens oder in stehenden Gewässern des Nils, wo die Überschwemmung Teiche bildet, die nicht über zwei Fuß tief sind; die Wurzel hat die Dichte eines Armes und wächst schräg, der Stängel ist dreieckig und wächst nicht höher als zehn Ellen zu einer dünnen Spitze, wie ein Thyrsosstab den oberen Teil einschließend, der aber keinen Samen oder sonst einen Wert hat, als dass man mit der Blüte die Götterbilder bekränzt.

[72] Die Wurzeln werden von den Einheimischen als Holz gebraucht, nicht nur zum Brennen, sondern auch zur Herstellung anderer nützlicher Gefäße. Aus der Papyrusstaude selbst flechten sie Boote und aus dem Bast Segel und Matten, sogar auch Kleider, ferner Decken und Stricke. Sie kauen die Pflanze auch roh und gekocht, wobei man aber nur den Saft schluckt […]

[23/74] Man stellt daraus das Papier her, indem man die Pflanze mit einer Nadel in sehr dünne, aber möglichst breite Häute trennt. Die beste Beschaffenheit weist die mittlere Lage auf, dann die anderen in der Reihenfolge der Abtrennung. Hieratisches Papier hieß ehemals das nur für religiöse Bücher bestimmte, das dann aus Schmeichelei den Namen des Augustus erhielt, wie das Zweitbeste nach seiner Gemahlin Livia benannt wurde; so stieg das hieratische zum dritten Rang herunter […] [76] Das emporitische nämlich kann man nicht zum Beschreiben verwenden, sondern es dient nur zu Umschlägen für anderes Papier und zum Verpacken von Waren, weshalb es auch seinen Namen nach den Kaufleuten [ἔμποροι] trägt […]

[77] Alles Papier wird auf einer mit Nilwasser befeuchteten Tafel bereitet: Die trübe Flüssigkeit hat die Wirkung eines Leimes. Zuerst klebt man die Streifen auf der Rückseite in der ganzen Länge des Papyros, soweit möglich, in gerader Richtung auf die Tafel, nachdem man auf beiden Seiten die überstehenden Enden entfernt hat, und vollendet dann durch quergelegte Streifen die Schichtfolge. Nun kommt alles unter die Presse, und man trocknet die Bogen an der Sonne und verbindet sie miteinander, indem man immer mit den besten beginnt und mit den schlechtesten aufhört. Niemals enthält eine Rolle mehr als zwanzig Bogen.

[24/78] In der Breite besteht ein großer Unterschied: Bei den besten Papieren beträgt sie 13 Finger, beim hieratischen zwei weniger; das Papier des Fannius hat zehn Finger und das amphitheatritische einen Finger weniger, noch weniger das saitische, das dem Hammer nicht genügt; denn das schmale emporitische ist nicht über sechs Finger breit. Außerdem berücksichtigt man am Papier die Feinheit, Dichte, Weiße und Glätte […]

[25/81] Die rauen Stellen des Papiers glättet man mit einem Zahn oder einer Muschel, die Schrift aber bleibt dort nicht von Dauer. Infolge der Glättung saugt das Papier weniger auf, glänzt aber mehr. Die zu Beginn unbekümmert beigegebene Feuchtigkeit schlägt oft wieder hervor; dies zeigt sich bei der Bearbeitung mit dem Hammer oder auch durch den Geruch, wenn zu nachlässig verfahren wurde […]

[26/82] Der gewöhnliche Kleister wird aus allerfeinstem Mehl in siedendem Wasser bereitet, dem man sehr wenig Essig zusetzt; denn der Leim der Werkleute und das Gummi sind zu spröde. Ein sorgfältigeres Verfahren besteht darin, die weichen Krumen von gesäuertem Brot in siedendem Wasser durchzuseihen: Auf diese Art ist die dazwischen liegende Kleisterschicht am geringsten, und die Geschmeidigkeit des Papiers ist noch besser als bei Verwendung von Nilwasser. Jeder Kleister soll aber weder älter sein als einen Tag noch jünger. Danach wird das Papier mit dem Hammer dünn geschlagen und mit Kleister überstrichen und wiederum, da es sich zusammenzieht, von den Runzeln befreit und mit dem Hammer gedehnt.

[83] Durch diese Bearbeitung erhalten wohl die Schriftdenkmäler lange Dauer. Fast zweihundert Jahre alte Schriften von der Hand des Tiberius und des Gaius Gracchus habe ich bei Pomponius Secundus, dem gefeierten Dichter und Bürger, gesehen; die Handschriften Ciceros, des göttlichen Augustus und Vergils aber sehen wir heute noch häufig.
Plinius (d. Ältere), Naturkunde 13,21(68)–26(83) (Winkler, S. 138–149).

Lob des Bauernstands

[15,51] Ich komme nun auf die Freuden des Bauernstandes zu sprechen, die für mich ein unglaubliches Vergnügen bedeuten: Ihnen steht kein noch so hohes Alter im Weg und sie haben, wie ich glaube, mit dem Leben eines Weisen am meisten Verwandtes. Geschäftspartner der Landleute ist ja die Erde, die nie einem Gebot widerstrebt und nie ohne Zinsen zurückgibt, was sie empfangen hat; manchmal freilich ist der Zins der geringere, meist jedoch der größere Teil. Indessen: Mich erfreut nicht nur der Ertrag, sondern auch die schöpferische Kraft der Erde an sich. Hat sie in ihrem aufgeweichten und durchgearbeiteten Inneren die Saat empfangen, so hält sie sie zuerst in Dunkelheit umhüllt (*occaecatum*), wovon die *occatio* (Eineggen) kommt, die dies bewirkt; hat sie aber dann den Samen in enger Umschließung durch ihren Dunst erwärmt, so lässt sie ihn aufspringen und lockt das hervorsprießende Grün heraus, das dann, gestützt durch die Fasern der Wurzeln, allmählich heranwächst, sich in einem knotigen Halm emporrichtet, um sich nunmehr – gleichsam zur Reife kommend – mit Hüllen zu umschließen; ist die Pflanze dann aus diesen hervorgebrochen, so lässt sie die in regelmäßige Ähren geschichtete Frucht herauswachsen und schützt sich gegen die Schnäbel kleinerer Vögel mit einem Kranz von Grannen. [52] Was soll ich erst die Entstehung. das Pflanzen und Wachsen der Weinstöcke erwähnen? Es ist eine Freude, an der ich nie genug haben kann – ihr sollt ruhig erfahren, was mir in meinem hohen Alter Erholung und Freude bietet. Ich übergehe nämlich nun die eigentliche Kraft, die alle Pflanzen aus der Erde treibt; sie ist so stark, dass sie aus

dem kleinen Feigen- oder Weinbeerkern oder aus den kleinsten Samenkörnern der übrigen Früchte oder Gewächse die mächtigen Stämme und Äste hervorkommen läßt, die Setzlinge, Stecklinge, Reiser, Wurzelschösslinge und Ableger, erwecken sie nicht in jedem Beschauer Freude und Bewunderung? Die Weinrebe nun ist zwar von Natur aus nicht fähig, sich aufzurichten, und fällt, wenn man ihr keinen Halt gibt, zur Erde, aber sie klammert sich dennoch, um sich aufzurichten, mit ihren Ranken – wie mit Händen – an alles, was sie findet; will sie sich dann in vielfachen und wirren Windungen dahinschlängeln, dann greift der Bauer zu seiner Kunst, beschneidet den Weinstock mit der Hippe und hindert ihn so, durch Austriebe zu verholzen und allzu weit nach allen Seiten zu wuchern. [53] So bildet sich dann, wenn der Frühling einsetzt, an den Teilen, die man beim Beschneiden stehen ließ, sozusagen an den Gelenken der Reiser, das sogenannte »Auge«, aus dem dann die Traube ans Licht sprießt; Erdfeuchtigkeit und Sonnenwärme lassen sie größer und größer werden; anfangs schmeckt sie sehr herb, später aber, wenn sie herangereift ist, bekommt sie den süßen Geschmack; von Weinlaub umhüllt, wird ihr nie zu kühl, andererseits findet sie Schutz vor allzu starker Sonnenglut. Ist sie nicht die erquickendste Freude für den Genuss, sodann aber auch die schönste Augenweide, die es gibt? Aber – wie schon vorhin gesagt – bei ihr ist es nicht nur der Nutzen, der mich erfreut, sondern auch ihr Anbau und ihre natürliche Beschaffenheit an sich, die in schöner Ordnung aufgestellten Stützen, das Ziehen der obersten Enden, das Festbinden und das Fortpflanzen der Stöcke und bei den Reisern teils das erwähnte Beschneiden, teils auch der Entschluss, sie wachsen zu lassen. Was soll ich hier noch das Bewässern, das Durcharbeiten und Umgraben des Bodens anführen, wodurch die Erde noch viel fruchtbarer wird? Was soll ich vom Nutzen des Düngens sprechen? [54] Ich habe das ja alles in meinem Buch über die Landwirtschaft behandelt; der wohlunterrichtete Hesiod hat auch nicht ein Wort darüber verloren, obschon er über den Landbau schrieb. Homer dagegen, der, wie ich glaube, viele Jahrhunderte vorher lebte, lässt Laertes sein Feld bebauen und düngen, um mit dieser Arbeit die Sehnsucht nach seinem Sohn zu lindern. Aber nicht bloß die Saatfelder, Wiesen, Weinberge und Baumpflanzungen machen die Landwirtschaft zu einer solchen Freude, sondern auch die Gemüse- und Obstgärten, besonders aber die Viehweiden, die Bienenvölker und die bunte Vielfalt alles Blühenden. Und nicht nur das Anbauen ist so schön, sondern auch das Pfropfen, die geschickteste Erfindung, die in der Landwirtschaft gemacht worden ist.

[16,55] Ich könnte hier noch sehr viel Amüsantes besprechen, was die Landwirtschaft zu bieten hat, aber ich denke mir, schon das Gesagte ist allzu ausführlich gewesen; ihr werdet mir das aber nachsehen, da ich einerseits in meiner Begeisterung für das Landleben so weit gegangen bin, andererseits aber auch alte Leute von Natur aus allzu redselig sind – ich führe das an, damit es nicht so aussieht, als wollte ich das Alter von allen Fehlern freisprechen […] [56] Doch ich wende mich jetzt wieder den Bauern zu, um bei meiner Person zu bleiben. Auf dem Lande lebten früher Senatoren, d. h. »die Alten«. Jedenfalls wurde dem Lucius Quinctius Cincinnatus beim Pflügen die Nachricht überbracht, dass er Dikta-

tor geworden war; auf Anweisung dieses Diktators überrumpelte der Reiteroberst Gaius Servilius Ahala den nach Alleinherrschaft trachtenden Spurius Maelius und räumte ihn aus dem Weg. Auch Curius und manche anderen alten Männer wurden gewöhnlich aus ihren Landhäusern in den Senat geholt; daher kommt es, dass die, die sie zur Sitzung luden, den Namen »Überlandboten« bekamen. War nun etwa das Alter dieser Männer, die in der Landwirtschaft ihre Entspannung suchten, beklagenswert? Ich jedenfalls glaube, dass es wohl keine Form gibt, das Alter glücklicher zu verbringen, nicht nur im Hinblick auf den Wirkungskreis – weil ja die Landwirtschaft für alle Menschen gesund ist –, sondern auch bezüglich der schon erwähnten Freuden und des reichlichen Überflusses an all den Gütern, die zur Lebenshaltung der Menschen und zum Dienst an den Göttern gehören – ich möchte mich ja auch, da doch schon mancher darauf wartet, mit der Sinneslust wieder aussöhnen! Stets hat ein tüchtiger, fleißiger Gutsherr Wein- und Ölkeller und auch die Speisekammer voll, sein ganzes Landhaus ist mit allem reich versorgt, da gibt es Schweine, Ziegen, Lämmer, Hühner, Milch, Käse und Honig in Fülle. Sodann nennt der Bauer selbst den Garten die zweite Speckseite. Nebenbeschäftigungen wie Vogelfang und Jagd geben dem ganzen Landleben noch einen besonderen Reiz. Wozu soll ich noch weitere Worte verlieren, über das Grün der Wiesen, die gefällige Ordnung der Baumreihen oder die Schönheit der Wein- und Ölplantagen? Um es kurz zu machen: Gut bebautes Land ist das Ergiebigste, aber auch vom Anblick her das Schönste, was es gibt. Sich daran zu erfreuen, hindert das hohe Alter nicht nur nicht, sondern es lädt sogar auf jede Weise lockend dazu ein. Denn wo könnte man sich als alter Mensch, sei es in der Sonne oder am Herdfeuer, besser erwärmen, wo könnte man sich im Schatten oder im Bad gesünder abkühlen als auf dem Lande?
Cicero, Cato 15,51–16,56 (Faltner, S. 64–75).

Für wen pflanzt der Bauer?

Jeder Bauer, mag er auch noch so alt sein, kann einem auf die Frage, für wen er pflanze, ohne Bedenken antworten: »Den unsterblichen Göttern zuliebe, deren Wunsch es war, dass ich diesen meinen Besitz von den Vorfahren ererben, aber auch an meine Nachkommen weitergeben sollte.«
Cicero, Cato 7,25 (Faltner, S. 33).

Muße und ländlicher Luxus der römischen Elite

C. Plinius grüßt seinen Fundanus
[9,1] Sonderbar! Betrachtet man einen Tag in der Stadt für sich allein, geht die Rechnung auf oder scheint doch aufzugehen; nimmt man mehrere zusammen, stimmt sie nicht. [2] Fragst du jemanden: »Was hast du heute getan?«, antwortet er: »Ich habe einer feierlichen Mündigkeitserklärung beigewohnt, habe eine Verlobungsfeier oder Hochzeit besucht, jemand hat mich zur Unterzeichnung eines Testaments, ein anderer um Vertretung vor Gericht, ein dritter um ein Gutachten gebeten.« [3] Was an dem einen Tage, an dem du es getan hast, unvermeidlich

gewesen zu sein scheint, das erscheint dir, wenn du bedenkst, dass du es Tag für Tag getan hast, unwesentlich, und besonders, wenn du dich in die Einsamkeit zurückgezogen hast. Dann nämlich kommt es dir zu Bewusstsein: Wie viele Tage habe ich doch mit so öden Dingen vertan!

[4] Mir ergeht es so, seit ich auf meinem *Laurentinum* bin und etwas lese oder schreibe oder mich der Pflege des Leibes widme, der den Geist stützt und rege hält. [5] Ich höre nichts und sage nichts, was ich hinterher bereuen könnte; niemand reißt vor meinen Ohren jemanden mit widerwärtigem Klatsch herunter, und ich tadle niemanden, höchstens mich selbst, wenn es mit dem Schreiben nicht gehen will; keine Hoffnung, keine Befürchtung regt mich auf, kein dummes Gerede beunruhigt mich; ich unterhalte mich allein mit mir und meinen Büchern. [6] O du echtes, ungetrübtes Leben, du süßer, ehrbarer Müßiggang, schöner fast als alle Tätigkeit! Und du, mein Meer, mein Strand, mein wahrer, heimlicher Musenhof! Wie viele Gedanken gebt ihr mir ein, wie viele Worte vermittelt ihr mir!

[7] Darum verlass auch du das Getriebe dort, dies nutzlose Herumrennen, diese läppischen Strapazen, sobald sich eine Gelegenheit dazu bietet, und überlass dich den Studien oder dem Müßiggang. Denn wie unser Atilius ebenso geistvoll wie witzig sagt: Müßigsein *(otiosum esse)* ist besser als Nichtstun (*nihil agere*).

Leb' wohl!

Plinius (d. Jüngere), Briefe 1,9 (Kasten, 24–27).

C. Plinius grüßt seinen Gallus

[17,1] Du wunderst dich, warum mein *Laurentinum* oder, wenn es dir so lieber ist, mein *Laurens* mir so viel Freude macht. Du wirst dich nicht weiter wundern, wenn du von der Anmut dieses Landsitzes hörst, von der günstigen Lage, von dem ausgedehnten Strande.

[2] Er ist nur 17 Meilen von der Stadt entfernt, so dass man nach Erledigung seiner Obliegenheiten, wenn des Tages Mühe und Arbeit hinter einem liegt, dort übernachten kann. Man ist nicht auf einen Weg angewiesen; sowohl die *Via Laurentina* wie auch die *Ostiensis* führt dorthin, aber die *Laurentina* muss man beim 14., die *Ostiensis* beim 11. Meilenstein verlassen. In beiden Fällen kommt man dann auf einen teilweise sandigen Weg, zu Wagen ziemlich beschwerlich und langweilig, für den Reiter kurz und angenehm. [3] Links und rechts ein wechselndes Panorama, denn bald wird der Weg durch vorspringende Waldungen eingeengt, bald verbreitert und weitet er sich zu ausgedehnten Weiden; dort sieht man viele Schafherden, viele Pferdekoppeln und Rinderpferche; die Tiere, durch den Winter von den Bergen herab getrieben, gedeihen in dem fetten Gras und der lauen Frühlingsluft.

[4] Das Landhaus ist für seinen Zweck ziemlich geräumig und in der Unterhaltung nicht kostspielig. Zunächst betritt man eine einfache, doch nicht ärmliche Halle, dann kommen in Form eines D gebogene Arkaden, die einen kleinen, hübschen Hofraum einfassen. Sie bilden einen vortrefflichen Zufluchtsort bei schlechtem Wetter, denn sie sind durch Glasfenster und mehr noch durch das

vorspringende Dach geschützt. [5] Mitten gegenüber befindet sich ein freundliches Empfangszimmer, anschließend ein recht hübscher Speiseraum, der bis an den Strand vorspringt, und wenn der Südwest das Meer aufwühlt, wird er von den Ausläufern der bereits gebrochenen Wogen bespült. Ringsum hat er Flügeltüren oder ebenso hohe Fenster und gewährt somit nach links und rechts und vorn Ausblick sozusagen auf drei Meere; nach hinten blickt er auf das Empfangszimmer, Arkaden, Hofraum, wieder Arkaden, dann auf die Vorhalle, auf Wälder und die Berge in der Ferne.

[6] Links von diesem Speiseraum, ein wenig zurücktretend, ist ein geräumiges Wohnzimmer, daran anschließend ein zweites kleineres, das durch das eine Fenster die Morgensonne hereinlässt, mit dem andern das Abendrot festhält. [7] Auf dieser Seite schaut man auch auf das Meer zu seinen Füßen, zwar aus größerer Entfernung, dafür aber ungestörter. Dies Wohnzimmer bildet mit dem vorspringenden Speiseraum einen Winkel, der die direkten Sonnenstrahlen wie in einem Brennspiegel auffängt. Dies ist der Winteraufenthalt, dies auch der Turnplatz für meine Leute; hier schweigen alle Winde außer denen, die Regenwolken heraufführen und den heiteren Himmel beziehen, ehe sie dem Aufenthalt dort ein Ende machen. [8] An diesen Winkel grenzt ein Zimmer in Form einer *Apsis.* das mit allen seinen Fenstern dem Lauf der Sonne folgt. In seine Wand ist ein Schrank, eine Art Bücherregal, eingelassen, das Bücher enthält, die nicht oberflächlicher Lektüre, sondern ernstem Studium dienen sollen. [9] Diesem Zimmer ist eine Schlafkammer angegliedert, durch einen Korridor von ihm getrennt, der, unterkellert und mit Heizraum versehen, die zuströmende Heißluft wohl temperiert hierhin und dorthin verteilt und weiterleitet. Die übrigen Räume dieses Traktes sind der Benutzung durch die Sklaven und Freigelassenen vorbehalten, meist so sauber gehalten, dass man dort Gäste empfangen könnte. [10] Auf der anderen Seite ist ein sehr geschmackvoll eingerichtetes Zimmer, sodann ein großes Schlaf- oder kleines Speisezimmer, wie man will, das im hellen Glanz der Sonne und des Meeres strahlt; dahinter ein Gemach mit einem Vorzimmer, dank seiner Höhe für den Sommer, dank seiner geschützten Lage für den Winter geeignet; es ist nämlich allen Winden entzogen. Mit diesem Gemach ist ein weiteres, ebenfalls mit einem Vorzimmer, durch eine gemeinsame Wand verbunden. [11] Es folgt das weite, geräumige Kaltwasserbad, aus dessen einander gegenüberliegenden Wänden zwei Becken im Bogen herausspringen, völlig ausreichend, wenn man bedenkt, dass das Meer in der Nähe ist. Anschließend das Salbzimmer, die Zentralheizung, der Heizraum für das Bad, dann zwei Kabinen, eher geschmackvoll als luxuriös eingerichtet; damit verbunden ein herrliches Warmbad, aus dem man beim Baden aufs Meer blickt; [12] nicht weit davon ein Ballspielplatz, der im Hochsommer erst Sonne erhält, wenn der Tag schon zur Neige geht. Hier erhebt sich ein Turmbau, mit zwei Zimmern im Erdgeschoss und ebenso vielen im Obergeschoss; außerdem birgt er ein Speisezimmer mit Ausblick auf das weite Meer, den lang gestreckten Strand und reizende Landhäuser. [13] Da ist auch noch ein zweiter Turmbau. Darin befindet sich ein Wohnzimmer, in welchem die Sonne auf- und untergeht, dahinter eine

geräumige Weinkammer und ein Speicher, darunter ein Speisezimmer, das, auch wenn das Meer außer Rand und Band ist, nur sein Tosen und Brausen hören lässt, und auch dies nur gedämpft und sich verlierend. Es blickt auf einen Garten und eine diesen Garten begrenzende Promenade.

[14] Die Promenade ist mit Buchsbaum oder, wo der Buchsbaum nicht anwächst, mit Rosmarin eingefasst, denn Buchsbaum gedeiht prächtig nur im Schutze von Gebäuden; unter freiem Himmel, dem Winde ausgesetzt und unter den, wenn auch weit herkommenden, Spritzern des Meeres verdorrt er. [15] Längs der Innenseite der Promenade läuft ein junger, schattiger Weinlaubengang, auch für bloße Füße weich und nachgebend. Der Garten ist dicht bepflanzt mit Maulbeerbäumen und Feigen, Gewächse, die auf dem Boden dort besonders gut gedeihen, während er anderen ziemlich missgünstig ist. Dies Panorama, das das dem Meere abgewandte Speisezimmer genießt, ist nicht weniger reizvoll als der Blick auf das Meer. Nach hinten schließen sich zwei Gemächer an, unter deren Fenstern die Vorhalle des Landhauses und ein weiterer üppiger Küchengarten liegen.

[16] Von diesem Gebäudekomplex ausgehend, erstreckt sich eine gedeckte Wandelhalle, die beinahe die Ausmaße eines städtischen Bauwerks hat. Fenster auf beiden Seiten, nach dem Meere hin mehr, auf der Gartenseite weniger, immer eins gegenüber zweien. Diese stehen bei heiterem, windstillem Wetter ohne Schaden offen, wenn es von links oder rechts weht, nur auf der windgeschützten Seite.

[17] Vor der Wandelhalle ist eine veilchenüberduftete Terrasse. Die Wandelhalle reflektiert und steigert so die Wärme der einfallenden Sonnenstrahlen, und wie sie die Sonne auffängt, so hemmt und vertreibt sie den Nordwind, und so warm es an der Vorderseite ist, so frisch ist es hinten. Ebenso gebietet sie dem Südwest Einhalt und bricht und entkräftet somit die Winde aus entgegengesetzten Richtungen, den einen auf dieser, den andern auf jener Seite.

[18] Diese Annehmlichkeit gewährt sie im Winter, noch größere im Sommer, denn dann legt sie vormittags auf die Terrasse, nachmittags auf den nächstliegenden Teil der Promenade und des Gartens wohltuenden Schatten, der, je nach dem der Tag zu- oder abnimmt, bald länger, bald kürzer hier- und dorthin fällt. [19] Die Wandelhalle selbst hat dann am wenigsten Sonne, wenn diese am heißesten auf ihrem Dache liegt. Überdies lässt sie, wenn die Fenster geöffnet sind, die lauen Westwinde ein und gewährt ihnen Durchzug, so dass sie nie lästig wird durch dumpfe, stehende Luft.

[20] Am oberen Ende der Terrasse und weiterhin der Wandelhalle und des Gartens steht ein Gartenpavillon, meine stille Liebe, ja, wirklich Liebe! Ich selbst habe ihn gebaut. In ihm befindet sich ein Sonnenbad mit Ausblick hier auf die Terrasse, dort aufs Meer und beiderseits auf die Sonne, so dann ein Wohnraum, aus dem man durch die Flügeltüren in die Wandelhalle, durchs Fenster aufs Meer blickt. [21] In der Mitte der gegenüberliegenden Wand springt sehr hübsch eine Veranda vor, die sich durch Vor- und Zurückschieben von Glaswänden und Vorhängen mit dem Wohnraum verbinden oder sich von ihm trennen lässt. Sie enthält ein Sofa und zwei Sessel; zu Füßen hat man das Meer, im Rücken Landhäuser,

zu Häupten Waldungen; diese drei Landschaftsbilder scheidet und vereinigt sie mit ihren drei Fenstern. [22] Anstoßend ein Raum für die Nacht und den Schlaf. Hier merkt man nichts von den Stimmen der Dienerschaft, nichts vom Rauschen des Meeres, nichts vom Toben der Stürme, sieht nicht das Leuchten der Blitze, nicht einmal das Tageslicht, außer wenn man die Fenster öffnet. Diese tiefe, heimliche Stille erklärt sich daraus, dass ein dazwischen liegender Korridor die Wände des Schlafgemachs vom Garten trennt und mit seinem Leerraum jeden Laut verschluckt. [23] Angefügt an den Schlafraum ist ein winziger Heizraum, der vermittels einer schmalen Klappe die aufsteigende Wärme je nach Bedarf ausstrahlt oder zurückhält. Dahinter ein Zimmer mit einem Vorraum, das nach der Sonne zu liegt und diese gleich bei ihrem Aufgang einfängt und über den Mittag hinaus zwar schräg einfallend, aber eben doch behält.

[24] Wenn ich mich in diesen Pavillon zurückgezogen habe, meine ich sogar von meinem Landhaus weit entfernt zu sein, und habe besonders während der Saturnalien rechte Freude an ihm, wenn die übrigen Teile des Hauses von der Ungebundenheit der Tage und dem Festtrubel widerhallen, denn weder störe ich die Belustigungen meiner Leute noch sie meine Studien.

[25] All diesen Vorzügen, diesen Annehmlichkeiten fehlt nur eins: ein Springbrunnen. Brunnen oder vielmehr Quellen gibt es, denn das Grundwasser steht sehr hoch. Überhaupt ist es sonderbar mit der Beschaffenheit dieser Uferlandschaft: Wo immer man den Boden aufgräbt, steht das Wasser bereit und quillt einem entgegen, und zwar reines, trotz der Nähe des Meeres nicht einmal leicht brackiges Wasser.

[26] Holz liefern die nahen Waldungen in hinlänglicher Menge, den sonstigen Bedarf deckt die Kolonie Ostia. Einem anspruchslosen Manne genügt auch das Dorf, von dem mich nur ein Landsitz trennt. Dort gibt es drei öffentliche Badeanstalten, eine große Annehmlichkeit, falls etwa überraschendes Eintreffen oder nur kurzes Verweilen das Anheizen des Bades im Hause widerrät.

[27] Die Küste schmücken in lieblicher Abwechslung die Baulichkeiten von Landhäusern, hier zusammenhängend, dort einzeln stehend, die wie viele Städte aussehen, magst du dich auf dem Meere oder unmittelbar am Ufer befinden. Am Strande ist es bei anhaltender Windstille bisweilen ganz angenehm, öfter aber bei starker Brandung auch recht ungemütlich. [28] Das Meer ist nicht eben reich an kostbaren Fischen, wirft aber immerhin Schollen und vorzügliche Krabben aus. Mein Gut liefert jedoch auch binnenländische Erzeugnisse, besonders Milch, denn dort sammelt sich das Vieh von den Weiden, wenn es Wasser und Schatten sucht.

[29] Glaubst du jetzt, dass ich guten Grund habe, diese Abgeschiedenheit zu hegen, zu pflegen und zu lieben? Du bist und bleibst ein unverbesserlicher Städter, wenn dich jetzt nicht danach verlangt. Ach, wäre es doch so, damit all diesen schönen Gaben meines Gütchens das Zusammensein mit dir den größten Reiz verliehe!

Leb' wohl!

Plinius (d. Jüngere), Briefe 2,17 (Kasten, 106–117).

c) Preise, Steuern und Abgaben

Liste mit Preisen für Grundnahrungsmittel aus Pompeii

Brot für 2 As, Fleisch für 3 As, Öl für 1 As, [?] für 4 As, Wein für 1 ½ As, Käse für 1 ½, [?], Wein für 1 ½ As, am 11. Tag vor den Kalenden habe ich habe ich 1 [Denar?] erhalten.

Wein für 1 As, Schweinefleisch für 1 As, Käse für 1 ½ As, des Licius Gavus 8 ½ As, Wein 1 ½ As, Fleisch für 1 As, Wein für 1 As.

Weeber, Römische Graffiti-Szene, Nr. 530, S. 151.

Einkaufs- bzw. Abrechnungsliste

8. Tag vor den Iden: Käse für 1 [As], Brot: 8, Öl: 3, ein: 3
7. Tag vor den Iden: Brot: 8, Öl 5, Zwiebeln: 5, Topf [für Brei]: 1, Brot für den Sklaven: 2, Wein: 2
6. Tag vor den Iden: Brot: 8, für den Sklaven Brot: 4, Speltgraupen: 3
5. Tag vor den Iden: Wein für den [Tier-]Bändiger: 1 Denar, Brot 8, Wein 2, Käse 2
4. Tag vor den Iden: 10, Brot: 2, Spezielles für die Frau [?]: 8, Weizen: 1 Denar, 1 [As], Rindfleisch: 1, Datteln: 1, Weihrauch: 1, Käse: 2, Würstchen: 1, Weichkäse: 4, Öl: 7, gespart [?]: Gebirgs[?]: 1 Denar, Öl: 1 Denar 9 [As], Brot: 4, Käse: 4, Lauch: 1, für die Schüssel: 1, Krüge: 9
3. Tag vor den Iden: Brot: 2, Brot für den Sklaven: 2
Vortag der Iden: für den Sklaven Brot: 2, einfaches Brot: 2, Lauch: 1
An den Iden: Brot: 2, einfaches Brot: 2, Öl: 5, Speltgraupen: 3, für den Bändiger Fischchen: 2

Weeber, Römische Graffiti-Szene, Nr. 531, S. 152.

Dialog zwischen einem Reisenden und einer Wirtin

Auf der Grabinschrift der Wirtsleute Lucius Caldius Eroticus und Fannia Voluptas, 1. Jh. aus Aesernia / Süditalien

Wirtin, lass uns abrechnen!
Du hast einen *sextarius* Wein und Brot für ein As, Essen zwei Asse.
In Ordnung.
Ein Mädchen für acht Asse.
Auch das ist in Ordnung.
Heu für das Maultier für zwei Asse.
Dieses Maultier wird mich noch ruinieren!
CIL IX 2689 / ILS 7478 (Carroll, S. 150).

Cicero gibt seinem Bruder Quintus Ratschläge in Sachen Finanzverwaltung

[33] Wieviel Verbitterung der Fall der Steuerpächter (*publicani*) bei den Provinzialen auslöst, habe ich von Mitbürgern erfahren, die sich neulich, als es in Italien

um die Aufhebung der Hafenzölle ging, nicht so sehr über die Zollgebühren als vielmehr über einige Übergriffe der Zöllner beklagten. Daher weiß ich nur zu gut, in welcher Situation sich die Provinzbewohner in den entferntesten Landstrichen befinden, wenn ich schon in Italien unsere Landsleute habe jammern hören. Hier so zu verfahren, dass man sowohl die Staatspächter (*publicani*) – zumal angesichts ungünstiger Pachtverträge – zufrieden stellt als auch eine Ausbeutung der Provinzialen verhindert, dies scheint nur eine übermenschlich tüchtige Persönlichkeit leisten zu können, d. h. jemand wie du.

Doch zunächst einmal dürfen die Griechen das, was die größte Härte ist, nämlich tributpflichtig zu sein (*vectigales*), nicht für so hart halten, weil sie ja, auch als sie noch nicht der Herrschaft des römischen Volkes unterstanden, aufgrund eigener Einrichtungen ebenfalls Steuern zahlen mussten. Gegen die Bezeichnung »Staatspächter« (*publicani*) können sie aber nichts haben, da sie selbst ohne Staatspächter nicht in der Lage waren, die Steuer, die Sulla gleichmäßig auf sie verteilt hatte, zu entrichten. Die Griechen verfahren jedoch beim Eintreiben von Steuern (*vectigalia*) nicht sanfter als unsere Staatspächter. […] Daher dürfen die Leute, die stets tributpflichtig waren, vor dem Wort »Staatspächter« nicht zurückscheuen […]

[34] Gleichzeitig möge Asien noch bedenken, dass es nicht vom Unheil eines auswärtigen Krieges oder innenpolitischer Zwistigkeiten verschont geblieben wäre, wenn es nicht unter römischem Oberbefehl stünde. Weil sich aber diese Schutzherrschaft (*imperium*) nicht ohne die Leistung von Abgaben überhaupt nicht aufrecht erhalten ließe, mag sich die Provinz doch in aller Gelassenheit für einen Teil ihrer Erträge immerwährenden Frieden und ein ruhiges Leben erkaufen (*pacem sempiternam redimat atque otium*).
Cicero, An Quintus 1,33f (Blank-Sangmeister, S. 34–37).

Versteigerung der Steuerpacht durch Ptolemäus an den Tobiaden Joseph

[175] Am Tage der Steuerverpachtung boten nun die Vornehmsten jeder Stadt auf die Steuern derselben. 8000 Talente waren schon auf die Abgaben von Syrien, Phönikien, Judäa und Samarien geboten worden, [176] als Joseph hinzukam und den Bietern Vorwürfe darüber machte, dass sie so wenig für die Steuern geben wollten, während er versprach, dass er, was ihn betreffe, dem König diese Summe geben werde und dem König das Vermögen derer überstellen werde, die seinem Hause gegenüber in Verzug geraten sind. Denn dieses Recht wurde zusammen mit der Steuerpacht verkauft. [177] Darauf antwortete der König, der ihn voll Wohlgefallen reden hörte, dass er den Verkauf der Steuerpacht an ihn bestätige, da es wahrscheinlich sei, dass er sein Vermögen vermehren würde […]

[180] Joseph erbat sich sodann vom König Hilfe, um diejenigen, welche die Abgaben verweigern würden, zwingen zu können. Darauf stellte ihm der König 2000 Fußsoldaten zur Verfügung. Dann lieh sich Joseph von den Freunden des Königs zu Alexandrien 500 Talente und brach nach Syrien auf. [181] Als er nach Askalon kam und von den Bewohnern der Stadt die Steuern forderte, ver-

weigerten diese nicht bloß die Zahlung, sondern schmähten ihn obendrein noch. Joseph ließ darauf fast 20 ihrer Vornehmen verhaften und hinrichten, ihr Vermögen aber, das fast 1000 Talente betrug, sandte er an den König und erstattete sogleich Bericht über diesen Vorfall.
Josephus, Jüdische Altertümer 13,175–177.180f (Szaivert / Wolters, S. 128f mit Ergänzung aus Marcus, LCL 365, S. 92f).

Verkauf der Biersteuer für ein Dorf

Abschrift einer amtlichen Bekanntmachung [προγράμμα]. Herakleides, στρατηγός des arsinoitischen Gaus, Bezirk von Themistos.

Gellius Bassus, der Allervornehmste ἐπιστρατηγός, hatte mir geschrieben, damit ich statt Gaius Antonius Gallicus, der ja wegen seines hohen Alters gebrechlich ist, jemanden anderen für die Aufsicht ernenne, für die sich Gallicus zuständig erklärt. Er wurde ernannt durch die κωμογραμματεῖς des Bezirks und für Dörfer, die selbst keine κωμογραμματεῖς haben, durch die πρεσβύτεροι an Stelle der κωμογραμματεῖς Apion Sohn des Ammonios, Enkel des Mysthes aus dem Viertel Chenoboskion zur Aufsicht für den Verkauf der Biersteuer für das Dorf Theadelphia.

Wir beauftragen ihn, treu und sorgfältig die Aufsicht auszuüben und die Rechnungen für mich und für die, denen es etwas angeht, zu archivieren während der verbleibenden Tage dieses Jahres und für das kommende Jahr 21 des Herrn Hadrianus Caesar […] anstelle des Gallicus den Auftrag zu Ende zu bringen. Ich habe unterschrieben.

Jahr 20 des Imperator Caesar Traianus Hadrianus Augustus, Mesore.

Ich, Sarapion […] Diener, habe das πρόγραμμα angeschlagen und archiviert. Jahr 20 des Imperator Caesar Traianus Hadrianus [Augustus], Mesore am 2. der Schalttage.
EÜ von Kolumne II des Papyrus SB XVI 12504, 135/6 n. Chr. (Llewelyn, S. 63f).

Rat des Tiberius: Bei Steuern nicht übertreiben

Den Statthaltern, die ihm eine Erhöhung der Steuern in den Provinzen vorgeschlagen hatten, schrieb Tiberius zurück: Ein guter Hirte darf seine Schafe wohl scheren, aber ihnen nicht die Haut abziehen.
Sueton, Tiberius 32,2 (Szaivert / Wolters, S. 133).

Weiterführende Literatur

Eck, W. / Heinrichs, J. (Hgg.), Sklaven und Freigelassene in der Gesellschaft der Römischen Kaiserzeit, Darmstadt 1993.

Alföldy, G., Römische Sozialgeschichte, Wiesbaden [3]1984.

Eder, W., Who Rules? Power and Participation in Athens and Rom, in: Molho, A. / Raaflaub, K. / Emlen, J. (Hgg.), City States in Classical Antiquity, Ann Arbor 1992, 169–196.

4. Militär

Die Einteilung des Militärs unter Augustus

[1] Von seinen Truppen verteilte er die Legionen und Hilfstruppen auf die einzelnen Provinzen; eine Flotte stationierte er in Misenum, eine andere in Ravenna zum Schutze des Adriatischen und Tyrrhenischen Meeres. Den verbleibenden Rest bestimmte er teils zum Schutz für die Stadt, zum Teil zu seinem eigenen Schutz […]

[2] Alle, die als Soldat Dienst taten, gleich wo sie stationiert waren, verpflichtete er zu einer festgesetzten Dienstzeit und zu einem festgelegten Sold; klar geregelt waren, nach den abgestuften Dienstgraden, die Dauer des Militärdienstes und die Vorrechte nach der Entlassung, damit die Soldaten weder wegen der langen Dienstjahre, noch weil sie nach ihrer Entlassung Not litten, zu Aufständen aufgewiegelt werden könnten. Und damit für alle Zeiten und auch ohne in Schwierigkeiten zu kommen die Kosten für ihren Unterhalt und ihre Pension gedeckt seien, richtete er eine Militärkasse auf der Grundlage von neu eingeführten Steuern ein.
Sueton, Augustus 49,1–2 (Martinet, S. 230–233).

Die römische Kriegsmaschine in Aktion

[70] Schon darin kann man die vorausschauende Klugheit der Römer bewundern, dass sie ihren Tross nicht nur für die Dienstleistungen des täglichen Lebens ausbildeten, sondern auch zur Verwendung im Krieg. [71] Betrachtet man aber darüber hinaus ihren ganzen Heeresaufbau, so wird man erkennen, dass sie dieses gewaltige Reich ihrer Tatkraft zu verdanken haben, nicht aber einem Geschenk des Schicksals. [72] Denn bei ihnen beginnt die Waffenausbildung nicht erst mit dem Krieg, und sie rühren ihre Hände nicht allein dann, wenn die Not drängt, nachdem sie in der Friedenszeit untätig gewesen waren; vielmehr lassen sie bei ihrer Waffenübung, gerade so, als ob sie mit den Waffen aufgewachsen seien, weder eine Unterbrechung eintreten, noch warten sie dabei erst bedrohliche Zeiten ab. [73] Ihre militärischen Übungen zeigen eine Schlagkraft, die in keiner Weise hinter dem Ernstfall zurücksteht, sondern der einzelne Soldat übt sich jeden Tag mit ganzem Eifer, als sei er im Krieg. [74] Darum können sie die Schlachten so erstaunlich leicht durchstehen, vermag doch weder eine Verwirrung ihre gewohnte Schlachtreihe aufzulösen, noch bringt sie Furcht aus der Fassung, auch den Anstrengungen erliegen sie nicht. Das hat zur Folge, dass sie stets mit Sicherheit über einen Gegner, der ihnen darin nicht gleichkommt, siegen. [75] Nicht zu Unrecht könnte man sagen, ihre Übungen seien Schlachten ohne Blutvergießen, und ihre Schlachten blutige Übungen. Denn auch durch einen plötzlichen Überfall vermag sie ein Gegner nicht leicht zu überwinden; [76] denn wo sie auch immer in feindliches Gebiet einmarschiert sind, nehmen sie keine Schlacht an, bevor sie nicht ein befestigtes Lager aufgeschlagen haben. [77] Sie legen dieses nicht beliebig und in ungleichmäßiger Gestalt an, auch ar-

beiten daran nicht alle planlos durcheinander, sondern der Boden wird, falls er uneben sein sollte, eingeebnet und ein viereckiges Lager abmessen. [78] Es folgt dem Heer auch eine Menge von Handwerkern mit den nötigen Bauwerkzeugen.

[79] Die Innenfläche des Lagers wird nach Zeltreihen eingeteilt, die äußere Umwallung macht den Eindruck einer Mauer und ist in regelmäßigen Abständen mit Türmen versehen. [80] Auf die Wälle zwischen den Türmen stellen sie die Schnellwurfmaschinen, Flachschleudermaschinen und schwere Steinwerfer, überhaupt Wurfgeräte jeder Art, alle schon schussbereit. [81] Sie errichten vier Tore, auf jeder Seite des Lagerwalls eines; diese gewähren den Lasttieren einen leichten Zugang und sind auch für Ausfälle, falls solche nötig werden, groß genug. [82] Gleichmäßige Straßenzüge durchschneiden das Innere des Lagers, und der Mitte zu schlägt man die Zelte der höchsten Offiziere auf; wieder genau mitten zwischen diesen befindet sich das Feldherrenzelt, einem Tempel vergleichbar. [83] Es bietet sich ein Anblick, als wäre eine Stadt wie aus dem Nichts entstanden mit einem Marktplatz, einem Viertel für Handwerker und mit Gerichtsstühlen für Hauptleute und Obersten, wo sie bei etwa entstehenden Streitigkeiten Recht sprechen können. [84] Dank der Zahl und des Könnens der schanzenden Soldaten wächst der Wall und alles, was er umschließt, ehe man es gedacht, aus dem Boden. Im Notfall wird auch auf der Außenseite ein Graben gezogen, der vier Ellen tief und ebenso breit ist.

[85] Hat man die Verschanzungen fertig gestellt, so nehmen die Soldaten abteilungsweise in Ruhe und Ordnung ihre Lagerplätze ein. Auch alles andere geschieht bei ihnen in straffer Zucht und mit Genauigkeit. Das Holztragen, die Versorgung mit Lebensmitteln und das Wasserholen werden, so oft es nötig ist, nach einer festen Einteilung von den dazu bestimmten Leuten ausgeführt. [86] Es ist auch dem Einzelnen nicht freigestellt, Hauptmahlzeit oder Frühstück dann einzunehmen, wenn es ihm gefällt; Schlafenszeit, Nachtwachen und Wecken zeigen Trompetensignale an, nichts geschieht ohne Befehl. [87] An jedem Morgen versammeln sich die Soldaten vor ihren Hauptleuten, um sie zu begrüßen, ebenso diese vor ihren Obersten, welche sich ihrerseits mit allen höheren Offizieren zum Oberbefehlshaber begeben. [88] Dieser gibt ihnen, wie immer, die Losung und dazu weitere Befehle, die sie ihren Untergebenen übermitteln. Auch in der Schlacht folgen sie derselben Ordnung, sie führen rasch Wendungen durch, um dort, wo immer es auch nötig sei, anzugreifen, auch ziehen sie sich auf Rückzugssignale hin in geschlossener Ordnung zurück.

[89] Wenn das Lager verlassen werden soll, gibt die Trompete das Signal dazu. Keiner bleibt dann untätig, unmittelbar auf das Zeichen hin brechen sie die Zelte ab, und alles wird für den Abmarsch vorbereitet. [90] Ein zweites Trompetensignal befiehlt allen, sich fertig zu machen. Die Soldaten beladen eilig die Maulesel und die übrigen Lasttiere mit dem Gepäck, dann stellen sie sich wie Wettläufer vor den Schranken auf, zum Abmarsch bereit. Schon wird das Lager in Brand gesteckt, da die Römer es am gleichen Ort leicht wieder anlegen können, es aber niemals den Feinden von Nutzen sein darf. [91] Ähnlich kündigt ein drittes Trompetensignal den Abmarsch an und fordert alle, die aus irgendeinem Grunde

noch nicht bereit sind, auf, sich zu beeilen; denn keiner darf in Reih und Glied fehlen. [92] Der Herold, der zur Rechten des Heerführers seinen Platz hat, fragt die Soldaten dreimal in ihrer Muttersprache, ob sie kampfbereit seien. Diese antworten ebenso oft mit kräftigen und begeisterten Rufen, sie seien bereit; manchmal kommen sie sogar der Frage zuvor und erheben, von kriegerischem Geist erfüllt, mit lauten Zurufen die Rechte.

[93] Nun rücken die Soldaten aus und marschieren alle wortlos und in Ordnung dahin, jeder behält seinen Platz in Reih und Glied genau wie im Kampfe selbst. Die Fußtruppen sind durch Brustpanzer und Helm geschützt, jeder trägt auf beiden Seiten eine Hieb- und Stichwaffe: [94] Das Schwert an der Linken ist wesentlich länger, der Dolch an der rechten Seite ist nämlich nur spannenlang. [95] Die ausgewählten Fußsoldaten, die den Schutz des Feldherrn bilden, tragen Lanze und Rundschild, die gewöhnlichen Linientruppen Speer und Langschild, dazu eine Säge und einen Korb, Spaten und Axt, Riemen, Krummesser und Handschellen sowie schließlich für drei Tage Proviant. So fehlt nicht viel daran, dass der Fußsoldat ebenso bepackt ist wie die Maultiere. [96] Die Reiter dagegen haben ein großes Schwert auf der rechten Seite und in der Hand einen langen Spieß, der Schild hängt schräg an der Seite des Pferdes und in einem Köcher stecken drei oder noch mehr Speere wurfbereit, mit breiter Spitze, aber auch nicht kürzer als eine Stoßlanze. Helm und Brustpanzer haben alle in gleicher Weise wie die Fußsoldaten. [97] Die ausgewählten Reiter um den Feldherrn schließlich unterscheiden sich in ihrer Bewaffnung durch nichts von den Reitern in den gewöhnlichen Abteilungen. An der Spitze marschiert immer die durch das Los bestimmte Legion.

[98] Das ist die Marsch- und Lagerordnung der Römer sowie das Wesen der verschiedenen Waffengattungen. Im Kampf geschieht nichts ohne vorherige Beratung oder aus dem Stehgreif, stets geht die Überlegung der Tat voraus; was aber einmal für richtig erfunden wurde, bringt man auch zur Ausführung. [99] Darum begehen sie auch selten Fehler; wenn sie aber einmal einen Rückschlag erleiden, können sie ihn leicht wieder gutmachen. [100] Sie schätzen daher das Misslingen vorbedachter Unternehmungen höher ein als Erfolge, die das trügerische Glück schenkt, da ein unverdienter Vorteil zur Unvorsichtigkeit verführe, während die Berechnung – wenn sie auch einmal fehlgehen sollte – doch eine heilsame Vorsicht erwecke, solche Missgeschicke künftig zu vermeiden. [101] Bei den Erfolgen, die von selbst eintreten, ist ja der Empfänger überhaupt nicht beteiligt, während bei Unglücksfällen, die trotz aller Berechnung eintreten, doch der Trost bleibe, dass man zuvor sachgemäß überlegt habe.

[102] Sie stärken so durch ihre Waffenübungen nicht nur ihre Körper, sondern auch ihre seelische Verfassung. Ebenso dient die Furcht ihrer militärischen Erziehung, denn ihre Gesetze bestrafen nicht nur die Fahnenflucht, sondern selbst geringe Nachlässigkeiten mit dem Tode. [103] Noch mehr aber sind ihre Feldherren zu fürchten; nur durch die Ehrungen für verdiente Soldaten können sie den Anschein der Grausamkeit gegen die Opfer von Bestrafungen vermeiden. [104] Dieser so strenge Gehorsam gegenüber den Feldherren hat zur Folge, dass

das ganze Heer in Friedenszeiten eine glänzende Ordnung besitzt und in der Schlacht einen einzigen geschlossenen Truppenkörper bildet [105] – so fest sind ihre Schlachtreihen, ihre Schwenkungen exakt, ihre Aufmerksamkeit scharf auf die Befehle und ihr Blick auf die Feldzeichen gerichtet, die Hände aber bereit zur Tat. [106] Daher sind sie stets rasch im Handeln, kommen aber nicht so schnell in die Lage, selbst leiden zu müssen. Wo sie einmal standen, sind sie weder der Übermacht, noch Kriegslisten, noch dem schwierigen Gelände erlegen, ja, nicht einmal der Macht des Schicksals, denn die Gewissheit, zu siegen, ist bei ihnen stärker als das Schicksal selbst. [107] Ist es noch ein Wunder, wenn bei einem Volk, wo die Überlegung so den Kampf beherrscht, und ein so schlagfertiges Heer die vorgefassten Beschlüsse ausführt, die Grenzen seiner Herrschaft bis zum Euphrat im Osten, zum Ozean im Westen, im Süden bis zu dem fruchtbarsten Teil Libyens, im Norden bis zu Donau und Rhein reimen? Man muss doch wohl sagen, dass dieser Besitz für seine Herren noch zu gering ist.

[108] Dies alles habe ich nicht in der Absicht erzählt, um die Römer zu loben, vielmehr um die Besiegten zu trösten und zur Warnung für die Empörungslustigen. [109] Vielleicht könnte die Kenntnis der römischen Kriegführung auch denen unter den Freunden alles Edlen, die sie bisher noch nicht kannten, von Nutzen sein.
Josephus, Jüdischer Krieg 3,70–109 (Michel / Bauernfeind, Bd. 1, S. 326–333).

Militärdiplom aus der Provinz Judaea von 90 n. Chr.

Imperator Caesar Domitianus Augustus Germanicus, Sohn des vergöttlichten Vespasianus, Pontifex Maximus, Inhaber der tibunizischen Gewalt im neunten Jahr, 21 Mal ausgerufen zum Imperator, immerwährender Zensor, 15 Mal Konsul, Vater des Vaterlandes, [gewährt] denen, die als Kavalleristen und Infanteristen gedient haben in zwei Alen und sieben Kohorten, die da heißen: I Thracum Mauretana, Veterana Gaetulorum, I Augusta Lusitanorum, I Damascena Armeniaca, I milliaria sagittariorum, I Thracum, II Thracum, II Cantabrorum, III Callaecorum Bracaraugustanorum, und stationiert waren in Judaea unter dem Kommando des Titus Pomponius Bassus, nachdem sie nach Vollendung von 25 Jahren militärischem Dienst ehrenvoll entlassen wurden und deren Namen unten aufgeschrieben sind – ihnen, ihren Kindern [und ihren Nachkommen das Bürgerrecht (*civitas*) und das Recht gesetzlicher Ehe (*conubium*) mit der Frau, die sie zu der Zeit hatten, als das Bürgerrecht gewährt wurde, oder denen, die ehelos sind, mit der Frau und nur einer Frau, die sie später heiraten werden].
Cotton / Eck / Isaac, S. 17–31.

Die Verbundenheit der Soldaten mit ihrem Feldherrn

[104,3] Zu diesem Zeitpunkt wurde ich [*scil.* der Autor Velleius Paterculus], nachdem ich zuvor Tribun gewesen war, Soldat im Heer des Tiberius Caesar. Sogleich nach seiner Adoption wurde ich mit ihm als Befehlshaber der Reiterei (*praefectus equitum*) nach Germanien geschickt, und zwar als Nachfolger meines

Vaters in diesem Amt. So wurde ich, als Präfekt wie als Legat, neun Jahre hindurch Zuschauer bei seinen über menschliches Maß hinausgehenden Taten, ja im Rahmen meiner bescheidenen Fähigkeiten sogar Mithelfer. Ich glaube, man wird als sterblicher Mensch ein solches Schauspiel, wie ich es genießen konnte, kein zweites Mal erleben: Im bevölkerungsreichsten Teil Italiens und überall im Gebiet der gallischen Provinzen wollten alle ihren alten Feldherrn wiedersehen, der durch seine Verdienste und Tugenden schon Caesar war, bevor er offiziell diesen Namen erhielt, und dabei gratulierten sie sich selber mehr als ihm. [4] Die Freudentränen der Soldaten bei seinem Anblick, der Eifer und die unglaubliche, ausgelassene Freude, ihn wieder begrüßen zu können, dazu ihre Begierde, seine Hand zu fassen, wobei sie sich nicht zurückhalten konnten, hinzuzufügen: »Sehen wir dich wieder, Imperator? Haben wir dich heil und gesund wieder?« Und weiter: »Ich bin mit dir in Armenien gewesen, Imperator! – Und ich in Rätien! – Ich bin von dir bei den Vindelikern ausgezeichnet worden! – Ich in Pannonien, ich in Germanien!« Das alles lässt sich in Wahrheit mit Worten nicht ausdrücken, ja, man kann es vielleicht kaum glauben.
Velleius Paterculus, Römische Geschichte 2,104,3f (Giebel, S. 220–223).

Die andere Seite der Medaille: Strapazen und Gefahren der Soldaten

[16,3] Da war im Lager ein gewisser Percennius, ehemals Führer der Theaterclaqueure, dann gemeiner Soldat, frech in seinen Reden und durch seine Bühnentätigkeit geübt, Menschenmassen aufzuhetzen. Er wiegelte die unerfahrenen Leute, die besorgt waren, wie denn nach Augustus die Lage der Soldaten sein würde, allmählich in nächtlichen Gesprächen auf, oder versammelte, wenn sich der Tag zum Abend neigte und die anständigeren Soldaten sich zurückgezogen hatten, gerade die verworfensten Elemente um sich.

[17,1] Schließlich, als sich auch noch andere Helfershelfer zum Aufruhr gefunden hatten, fragte er in einer Art Heeresversammlung, warum sie eigentlich den wenigen Zenturionen, den noch weniger zahlreichen Tribunen nach Sklavenart gehorchten. Wann würden sie es wagen, Abhilfe zu verlangen, wenn sie nicht den neuen, noch unsicheren Princeps mit Bitten oder auch mit Waffengewalt angingen? [2] Hinreichend habe man so viele Jahre aus Feigheit den Fehler gemacht, dass sie 30 oder 40 Dienstjahre als alte Männer und die meisten mit einem durch Verwundung verstümmelten Körper ertrügen. [3] Nicht einmal für die Entlassenen gebe es ein Ende des Dienstes, vielmehr müssten sie, in der Reserve stehend, unter einem anderen Namen die gleichen Strapazen erdulden. Und wenn einer in so vielen Wechselfällen mit dem Leben davon gekommen sei, dann könne er immer noch in entlegene Länder verschleppt werden, wo sie unter der Bezeichnung Ackerland den Morastboden von Sümpfen oder ödes Berggelände erhielten. [4] Fürwahr, der Kriegsdienst sei an sich schwer und bringe nichts ein: Auf 10 As den Tag werde Leben eingeschätzt; davon müsse man Kleidung, Waffen, Zelte bezahlen, davon den Schutz vor der Grausamkeit der Zenturionen und Dienstbefreiung erkaufen. Dagegen wahrhaftig Schläge

und Wunden, harte Winter und qualvolle Sommer, grausamer Krieg oder aber Friede ohne Gewinn: das sei von Dauer. [5] Und keine andere Abhilfe gebe es, als wenn man den Kriegsdienst nur unter bestimmten Bedingungen antrete: dass jeder einen Denar am Tag verdiene, dass das 16. Jahr das Ende des Dienstes mit sich bringe, dass sie nicht darüber hinaus unter den Fahnen gehalten würden, sondern die Abfindung noch im gleichen Lager in Geld ausgezahlt werde. [6] Nähmen etwa die Prätorianerkohorten, die zwei Denare täglich bekämen und die nach 16 Jahren ihren Familien wieder gegeben würden, mehr Gefahren auf sich? Er habe nichts gegen den städtischen Wachdienst: *Sie* jedoch müssten unter wilden Völkern stets dem Feinde von ihren Zelten aus ins Auge blicken!
Tacitus, Annalen 1,16,3–17,6 (Heller, S. 38–41).

B. Kultur und Alltagsleben

1. Städte im Römischen Reich

Ehreninschrift der Stadt Neapolis für Prokonsul und Statthalter Pompeius Falco

Traianisch-hadrianisch, aus Ephesus
(*Griechisch*) Rat und Volk von Flavia Neapolis in Samarien ehren Quintus Roscius Murena Coelius Pompeius Falco – er war *legatus Augusti pro praetore* von Lycia-Pamphylia und von Judaea und von Moesia und von Britannia und hat viele andere hohe Ämter verwaltet – nunmehr Prokonsul von Asia – als Retter und Wohltäter (σωτῆρα καὶ εὐεργέτην) durch ihre Abgesandten und Beauftragten Flavius Iuncus und Ulpius Proclus (mit einer Statue).
Eck, Rom, S. 237f.

Flavius Iuncus, ein Bürger aus Neapolis, macht Karriere

Erste Jahrzehnte des 2. Jh. n. Chr., aus Ephesus. Laut Eck handelt es sich bei Flavius Iuncus um dieselbe Person, die auch in der vorangegangenen Inschrift erwähnt ist.
(*Latein*) Den Titus Flavius Iuncus ehren die Vorgesetzten und Briefzusteller und Reiter, die im kaiserlichen Dienst (in Ephesus) tätig sind. Er [*scil.* Iuncus] war Kommandeur der ersten Kohorte der Pannonier, Tribun der fünften Doppelkohorte römischer Bürger, Tribun bei der Legio X Fretensis, Kommandeur der Reitereinheit der Gallier mit dem Beinamen *veterana*; er war von Imperator Traianus während des Partherkrieges mit einer silbernen Lanze und mit einer Mauerkrone ausgezeichnet worden; er amtierte als Prokurator von Cilicia und Cyprus, er war Helfer des Präfekten von Ägypten in Gerichtsangelegenheiten und (schließlich) Prokurator der Provinz Asia.
Eck, Rom, S. 239f.

2. Öffentliches und gesellschaftliches Leben

Elemente einer römischen Stadt

Römische Städte sind ein regional, rechtlich und strukturell ungemein vielfältiges Phänomen. Römischer Städtebau war, wie auch der Straßenbau, sowohl eine militärisch-politische als auch eine ideologische Absicherungsmaßnahme. Während die Landwirtschaft die ökonomische Grundlage des Reiches bildete, waren Städte und die dort angesiedelte Elite der Gesellschaft die Träger römischer Kultur und Verwaltung. Die zivilisatorische Macht Roms wurde vor allem in der Gründung von Städten deutlich (siehe auch oben die Texte von Aelius Aristides). Städte verkörperten ökonomische und verwaltungstechnische Zentren der umliegenden Region, sowohl als Außenposten Roms im eroberten Terrain (Romanisierung) als auch als kulturelle Konstanten innerhalb der jeweiligen Region. Rechtlich unterschieden die Römer mehrere Stufen des Begriffes »Stadt«, wobei vor allem im Osten lokale Rechtssysteme und Bezeichnungen oftmals weiter bestanden. Den höchsten Status besaßen die **coloniae**; als »Klein-Rom außerhalb von Rom« waren sie administrativ und steuerlich weitgehend Kopien stadtrömischer Gegebenheiten und wurden maßgeblich von römischen Bürgern bewohnt (im Osten z. B. Philippi und ab 135 Jerusalem / Colonia Aelia Capitolina). Dies brachte in der Regel besondere Aufgaben in Verwaltung und Herrschaftssicherung mit sich. Die Anzahl der **coloniae** im Osten war relativ gering, keinesfalls besaßen die großen Städte des Ostens wie Alexandria automatisch diesen Status.

Neben den **coloniae** existierte im Römischen Reich eine große Anzahl regionaler Zentren mit beschränkter Selbstverwaltung durch lokale Eliten. Im Westen oft **municipia** genannt, fungierten diese als Hauptorte einer meist ethnisch definierten **civitas**. Im Osten übten größere Städte ihre traditionelle Funktion meist ohne Veränderung weiter aus, da die Römer bewährte Verwaltungsstrukturen so weit möglich beibehielten und sich zu Nutze machten. In Ephesus und Athen entstanden so neben den Altstadtkernen ausgedehnte Neustädte. In Karthago wurde dagegen auf den Ruinen der alten Siedlung ein völlig neues, urbanes Zentrum angelegt. Städte gewährten ihren freien Bürgern ein eigenes Bürgerrecht (Eintragung in Bürgerlisten), das von der römischen Verwaltung anerkannt war, aber einen geringeren Status hatte als das römische Bürgerrecht (siehe Infokästchen »Römisches Bürgerrecht«, S. 128).

Die »Gründung« einer Stadt konnte auf vielfältige Weise geschehen. Sehr häufig wurden bereits bestehende Orte in ihrem rechtlichen Status gehoben (Gewährung von Steuerprivilegien, einer Stadtverfassung, kaiserlichen Stiftungen etc.) und dadurch – oft unter gleichzeitiger Veränderung ihres Namens – »neu gegründet«. Meist war damit auch die Ansiedlung neuer Bürger (Kolonisten, Veteranen) verbunden, die eine Neudefinition des rechtlichen Status dieses Ortes erforderten.

Wirkliche Neugründungen von Städten sind jedoch eher selten und gehen meist auf militärische Vorgänger zurück, die im Zuge der Romanisierung ehemaligen Militärgebietes nun an die zivile Verwaltung übergeben werden sollten. Ohne die Zustimmung und Unterstützung römischer Autoritäten war die Neugründung einer Stadt nicht denkbar. Ursachen für die Gründung einer Stadt waren politisch-militärische bzw. ökonomische Überlegungen wie z. B. Grenzlage, Kreuzung wichtiger Straßen oder ein natürlicher Fluss- bzw. Seehafen. Soweit möglich, nahm man auch Rücksicht auf die lokale Topographie, so dass kaum eine römische Stadt der anderen glich. In jedem Fall war die Gründung einer Stadt ein religiös bedeutsames Ereignis, bei dem der Schutz der Götter für die rituell umgrenzte Stadt (vgl. in Rom das **pomerium**) angefleht wurde. Man bot ihnen Behausungen in der Stadt an (Tempel), und der jeweilige Herrscher konnte sich als göttlich legitimierter Wohltäter präsentieren.

In der Frühzeit des Imperiums präsentierten sich auch Klientelkönige in hellenistisch-orientalischer Manier als Städtegründer als Ausdruck der Loyalität gegenüber Rom und ihrem kaiserlichen Herrn. Ein besonders gutes Beispiel dafür ist Herodes (siehe Infokästchen und Texte in ---).Einer Städtegründung ging die Vermessung des Landes (**centuriatio, limitatio**) voraus, da der Stadt zugleich das umliegende Land rechtlich unterstellt wurde, welches ihren (neuen) Bewohnern in Form von Parzellen zugewiesen wurde (oftmals zum Nachteil der bisherigen Bewohner). Die ursprünglich dem Militärwesen entlehnten Prinzipien der römischen Landvermessung beeinflussten natürlich auch das Aussehen der neuen Gründung: eine ursprünglich quadratische, später zum Teil ins Rechteck vergrößerte, oft ummauerte Fläche, wurde von zwei sich exakt im Mittelpunkt der Siedlung rechtwinklig kreuzenden Straßenachsen (**cardo** und **decumanus**) durchzogen. In der Regel führten vier Tore in eine Stadt. Im Zentrum, am Schnittpunkt von **decumanus** und **cardo**, war, als Kult- und Verwaltungsort, das **Forum** angesiedelt. Es bildete den merkantilen und administrativen Mittelpunkt der römischen Stadt und entsprach als großer Freiplatz mit rahmender Bebauung grundsätzlich der ἀγορά griechischer Städte. Vorbild waren Lage sowie bauliche und funktionale Entwicklung des **Forum Romanum** an der Kreuzung von **Via Sacra** und **Vicus Tuscus** in Rom. Größere Städte verfügten meist über mehrere **Fora**.

Innerhalb der Stadtviertel war die Schwerpunktsetzung nach Funktionsbereichen die Regel. So wurde auf eine Durchmischung der Wohnviertel mit Unterhaltungsarchitektur wie Theater, Thermen und Palaistren Wert gelegt. Das Amphitheater, als potentieller Unruheherd, wurde gern an den Rand der Stadt verlegt (so z. B. in Pompeii).

Aquädukte erlaubten es, Städte nicht in unmittelbarer Nähe zu Wasserquellen bauen zu müssen, da Wasser so aus bis zu 50 km Entfernung herbeigeschafft werden konnte. Während der langen Phase der **pax Romana** waren Befestigungen nicht nötig, erst ab dem 3. Jh. n. Chr. wurden Städte im Osten vermehrt mit einer Mauer geschützt.

a) Die legendäre Gründung der Stadt Rom

[11] Nachdem Romulus seinen Bruder mit seinen Erziehern auf dem Platze Remonia begraben hatte, setzte er den Bau der Stadt fort, ließ aber vorher Männer aus Etrurien kommen, die ihn, wie bei Mysterien, unterrichten und alles nach gewissen heiligen Gebräuchen und Vorschriften anordnen mussten. Es wurde nämlich auf dem jetzigen *Comitium* eine runde Grube gemacht und in diese Erstlinge von allen Dingen, deren Gebrauch entweder das Gesetz erlaubt oder die Natur notwendig macht, gelegt. Zuletzt warf jeder eine Hand voll Erde, die er aus dem Lande, woher er gekommen war, mitgebracht hatte, hinein und rührte alles durcheinander. Eine solche Grube heißt bei den Römern, ebenso wie das ganze Weltgebäude, *mundus* [*scil.* Welt]. Hierauf beschrieb man um sie, wie um den Mittelpunkt eines Zirkels, den Umfang der Stadt. Der Erbauer befestigt an einem Pflug eine eiserne Pflugschar, spannt einen Ochsen und eine Kuh daran und zieht in eigener Person eine tiefe Furche um jene Grenzlinie. Einige gehen hinterdrein, deren Aufgabe es ist, die vom Pfluge aufwärts geworfenen Erdschollen wieder einwärts zu kehren und keine außerhalb liegen zu lassen. Durch diese Linie bestimmt man den Umfang der Mauer, und sie wird mit Ausstoßung zweier Buchstaben *pomerium*, das heißt der Raum hinter oder nach der Mauer, genannt [*scil.* eine Volksetymologie auf Basis von *post murum*]. Wo man

ein Tor einzusetzen gedenkt, nimmt man die Pflugschar ab und hebt den Pflug darüber weg, um einen Zwischenraum zu lassen. Aus dieser Ursache hält man die ganze Mauer, die Tore ausgenommen, für heilig; sollten aber auch die Tore für heilig gehalten werden, so musste man religiöse Skrupel haben, Dinge, die zwar notwendig, aber nicht rein sind, durch sie ein- und auszuführen.

[12] Es wird allgemein angenommen, dass der Anfang zur Erbauung der Stadt Rom am 21. April gemacht wurde; die Römer halten diesen Tag für den Geburtstag ihrer Stadt und feiern ihn als ein Fest. Anfänglich opferten sie, wie man sagt, an diesem Tag nichts Lebendiges, sondern hielten es für ihre Pflicht, den der Entstehung des Vaterlandes gewidmeten Tag rein und unbefleckt vom Blut zu erhalten. Es ist jedoch schon vor Roms Erbauung an diesem Tage ein Hirtenfest gefeiert worden, welches *palilia* hieß. Jetzt treffen zwar die römischen Neumonde nicht mit den griechischen überein; doch behauptet man, dass der Tag, an welchem Romulus die Stadt zu bauen angefangen hat, der 30. Tag des entsprechenden griechischen Monats gewesen sei, und dass an diesem eine Sonnenfinsternis war, eben die, von der man glaubt. dass sie auch der Epiker Antimachos von Teos kannte und die im dritten Jahr der sechsten Olympiade eingetreten sein soll [*scil.* im Jahre 753 v. Chr.].

Zu den Zeiten des Philosophen Varro, der unter allen Römern die meisten historischen Werke geschrieben hat, lebte Tarrutius, sein Freund, sonst auch ein Philosoph und Mathematiker, der aber auch zu seinem Vergnügen sich mit Horoskopen abgab und darin für sehr geschickt gehalten wurde. Diesem gab Varro auf, aus den Begebenheiten und Schicksalen, die man von Romulus erzählt, den Tag und die Stunde der Geburt dieses Mannes zu berechnen, nach der Art, wie geometrische Probleme gelöst werden; denn es sei wohl ein und dieselbe Kunst, aus der angegebenen Geburtszeit eines Menschen dessen Leben vorherzusagen und aus den gegebenen Lebensumständen die Geburtszeit ausfindig zu machen. Tarrutius führte diesen Auftrag aus, und nachdem er die Schicksale und Taten des Mannes sowie seine Lebenszeit und Todesart genau erwogen und alle diese Umstände miteinander verglichen hatte, erklärte er dreist und mit größter Zuversicht, die Empfängnis des Romulus sei geschehen im ersten Jahre der zweiten Olympiade, am 23. Tage des ägyptischen Monats Chöak, in der dritten Stunde, da eben die Sonne total verfinstert worden; die wirkliche Geburt sei erfolgt am 21. Tage des Monats Thoth, gegen Sonnenaufgang, Rom aber sei von ihm erbaut worden am neunten Tage des Monats Pharmuthi, zwischen der zweiten und dritten Stunde. Man glaubt nämlich, dass das Schicksal einer Stadt so wie das Schicksal eines Menschen seine bestimmte Zeit habe, die durch die Vergleichung des ersten Ursprungs mit der Konstellation sich herausbringen lasse. Doch vielleicht werden derlei Dinge durch ihre Neuheit und Außergewöhnlichkeit die Leser mehr anziehen, als sie diesen durch das Mythenhafte lästig werden.

[13] Das erste, was Romulus nach Erbauung der Stadt vornahm, war, dass er alle Mannschaft, die Waffen tragen konnte, in Abteilungen einteilte, deren jede aus 3000 Mann Fußvolk und 300 Reitern bestand. Eine solche Schar hieß *legio*, weil die Wehrtüchtigen aus allen auserlesen waren. Die Übrigen betrachtete er

als die Gemeinde, und das gesamte Volk bekam den Namen *populus*. Hierauf machte er 100 der Angesehensten zu Ratsherren und nannte sie selbst »Patrizier«, ihre Versammlung aber *senatus*. Das Wort *senatus* bedeutet unstreitig soviel wie »Versammlung der Alten«; aber warum die Ratsherren »Patrizier« genannt worden, darüber sind die Meinungen verschieden. Einige sagen, weil sie Väter [*scil. patres*] rechtmäßiger Kinder waren; andere, weil sie ihre eigenen Väter angeben konnten, ein Vorzug, den nur wenige von denen, die als erste in die Stadt zusammenflossen, hatten. Noch andere leiten diese Benennung von dem Worte *patrocinium* ab, welches noch jetzt »Schutz und Schirm« bedeutet, und glauben dabei, dass ein gewisser Patron, der mit Euandros in diese Gegend gekommen war, besonders den Geringeren Schutz und Beistand geleistet und dadurch dieser Sache seinen Namen hinterlassen habe. Das Wahrscheinlichste ist wohl, dass ihnen Romulus diesen Namen gegeben hat, teils weil er es für die Pflicht der Vornehmsten und Mächtigsten hielt, sich der Geringeren mit Sorgfalt und Achtsamkeit anzunehmen, teils auch um die anderen zu belehren, dass sie sich vor den Mächtigeren nicht fürchten, noch über ihre Vorzüge neidisch sein, sondern sich mit Zutrauen an sie wenden und sie als Väter ansehen und verehren sollten […]

Außer diesen ehrenvollen Namen, wodurch er zwischen Senat und Volk einen Unterschied machte, bediente er sich noch eines anderen, um die Vornehmen von den Gemeinen abzusondern. Er nannte nämlich jene *patroni*, das ist »Schutzherren«, diese aber *clientes*, das ist »Schutzgenossen«, und flößte ihnen dadurch eine bewundernswürdige wechselseitige Zuneigung ein, die der Grund vieler wichtiger Rechte und Pflichten geworden ist. Die Patrone erklärten ihren Klienten die Gesetze, standen ihnen in Prozessen bei und waren in allen Fällen ihre Ratgeber und Beschützer; die Klienten hingegen dienten den Patronen und erwiesen ihnen nicht bloße Ehre, sondern unterstützten sie auch, wenn sie arm waren, bei der Ausstattung ihrer Töchter oder bei der Bezahlung ihrer Schulden. Kein Gesetz, keine Obrigkeit konnte einen Patron zwingen, gegen seinen Klienten oder diesen, gegen jenen Zeugnis abzulegen. Alle diese Rechtsverhältnisse haben lange Zeit gegolten; nur wurde es in der Folge für schimpflich und unedel gehalten, dass die Mächtigen von den Geringen Geld nahmen. Soviel von dieser Sache.

Plutarch, Romulus 8,11–13 (Kaltwasser, S. 73–75).

b) Bauten

Zur Symbolik von Tempelbauten

[1] Die Formgebung der Tempel beruht auf Symmetrie, an deren Gesetze sich die Architekten peinlichst genau halten müssen. Diese aber wird von der Proportion erzeugt, die die Griechen ἀναλογία nennen. Proportion liegt vor, wenn den Gliedern am ganzen Bau und dem Gesamtbau ein berechneter Teil (*modulus*) als gemeinsames Grundmaß zu Grunde gelegt ist. Aus ihr ergibt sich das System der Symmetrien. Denn kein Tempel kann ohne Symmetrie und Proportion

eine vernünftige Formgebung haben, wenn seine Glieder nicht in einem bestimmten Verhältnis zueinander stehen, wie die Glieder eines wohlgeformten Menschen. [2] Den Körper des Menschen hat nämlich die Natur so geformt, dass das Gesicht vom Kinn bis zum oberen Ende der Stirn und dem untersten Rande des Haarschopfes 1/10 beträgt, die Handfläche von der Handwurzel bis zur Spitze des Mittelfingers ebensoviel, der Kopf vom Kinn bis zum höchsten Punkt des Scheitels 1/8, von dem oberen Ende der Brust mit dem untersten Ende des Nackens bis zu dem untersten Haaransatz 1/6, von der Mitte der Brust bis zum höchsten Scheitelpunkt 1/4. Vom unteren Teil des Kinns aber bis zu den Nasenlöchern ist der dritte Teil der Länge des Gesichts selbst, ebensoviel die Nase von den Nasenlöchern bis zur Mitte der Linie der Augenbrauen. Von dieser Linie bis zum Haaransatz wird die Stirn gebildet, ebenfalls 1/3. Der Fuß aber ist 1/6 der Körperhöhe, der Vorderarm 1/4, die Brust ebenfalls 1/4. Auch die übrigen Glieder haben ihre eigenen Proportionen der Symmetrie, durch deren Beachtung auch die berühmten Maler und Bildhauer großen und unbegrenzten Ruhm erlangt haben.

[3] In ähnlicher Weise aber müssen auch die Glieder der Tempel eine Symmetrie haben, die von ihren einzelnen Teilen her der Gesamtsumme der ganzen Größe genau entspricht. Ferner ist natürlicherweise der Mittelpunkt des Körpers der Nabel. Liegt nämlich ein Mensch mit gespreizten Armen und Beinen auf dem Rücken, und setzt man die Zirkelspitze an der Stelle des Nabels ein und schlägt einen Kreis, dann werden von dem Kreis die Fingerspitzen beider Hände und die Zehenspitzen berührt. Ebenso wie sich am Körper ein Kreis ergibt, wird sich auch die Figur des Quadrats an ihm finden. Wenn man nämlich von den Fußsohlen bis zum Scheitel Maß nimmt und wendet dieses Maß auf die ausgestreckten Hände an, so wird sich die gleiche Breite und Höhe ergeben wie bei Flächen, die nach dem Winkelmaß quadratisch angelegt sind. [4] Wenn also die Natur den menschlichen Körper so zusammengesetzt hat, dass seine Glieder in den Proportionen seiner Gesamtgestalt entsprechen, scheinen die Alten mit gutem Recht bestimmt zu haben, dass auch bei der Ausführung von Bauwerken diese ein genaues symmetrisches Maßverhältnis der einzelnen Glieder zur Gesamterscheinung haben. Als sie also bei solchen Bauwerken Vorschriften über die Formgebung überlieferten, (taten sie es) ganz besonders beim Tempelbau, da dieser Bauwerke Vorzüge und Mängel auf ewige Zeit Bestand zu haben pflegen […]

[9] Wenn man sich also darüber einig ist, dass die Zahlenordnung von den Gliedern des Menschen hergeleitet ist und dass zwischen den einzelnen Gliedern und der Gesamterscheinung des Körpers eine entsprechende, auf einem Grundmaß beruhende Symmetrie besteht, bleibt nur übrig, dass wir denjenigen Anerkennung zollen, die beim Bau der Tempel der unsterblichen Götter die Glieder ihrer Bauwerke so geordnet haben, dass mit Hilfe von Proportion und Symmetrie deren Gliederungen im Einzelnen wie im Ganzen zu einander passend geschaffen wurden.

Vitruv, Architektur 3,1,1–4.9 (Fensterbusch, S. 136–143).

Über die ideale Lage der Tempel

[1] Die Himmelsrichtungen, nach denen die Tempel der unsterblichen Götter ausgerichtet sein müssen, werden so zu bestimmen sein: Wenn kein Grund im Wege steht und man freie Hand hat, soll der Tempel und das Götterbild, das in der *Cella* aufgestellt ist, nach Westen gerichtet sein, damit diejenigen, die sich zum Opfer oder zu gottesdienstlichen Handlungen dem Altar nahen, nach Osten und zum Götterbild, das im Tempel steht, blicken und so, wenn sie Gelübde auf sich nehmen, zugleich nach Osten und zu den Götterbildern selbst blicken, die vom Osten her die Bittflehenden und Opfernden anzublicken scheinen, weil, wie es scheint, alle Altäre der Götter zur aufgehenden Sonne gerichtet sein müssen. [2] Wenn aber die örtliche Beschaffenheit das nicht zulässt, dann muss die Festlegung dieser Richtungen so geändert werden, dass ein möglichst großer Teil der Stadt von den Tempeln der Götter aus übersehen wird. Ferner: Wenn ein Tempel entlang von Flüssen gebaut wird, so wie in Ägypten am Nil, muss er, wie es scheint, zu den Flussufern gerichtet sein. Ähnlich sollen die Göttertempel, wenn sie an öffentlichen Straßen stehen, so ausgerichtet sein, dass die Vorübergehenden sie beachten und beim Anblick ihre Ehrerbietung erweisen können.
Vitruv, Architektur 4,5,1–2 (Fensterbusch, S. 188–191).

Von der Anlage der Altäre

[1] Die Altäre müssen nach Osten zu gerichtet und immer niedriger gebaut sein als die Götterbilder, die im Tempel stehen, damit die Betenden und Opfernden zur Gottheit emporblickend durch ungleiche Höhen in die richtige Stellung gebracht werden, wie sie dem Gott angemessen ist, den jeder gerade verehrt. Ihre Höhe aber muss so bestimmt werden, dass dem Jupiter und allen Himmlischen möglichst hohe Altäre errichtet werden, der Vesta, der Erde und dem Meere niedrige. So werden nach diesen Methoden geeignete Formgebungen bei der Planung entwickelt werden.
Vitruv, Architektur 4,9,1 (Fensterbusch, S. 200f).

Von der Anlage der Theater

[1] Nach der Anlage des Marktes muss man für das Anschauen der Spiele an den Festtagen der unsterblichen Götter einen möglichst gesunden Platz für das Theater aussuchen nach den Grundsätzen, wie sie im ersten Buch über die Auswahl eines gesunden Platzes beim Stadtmauerbau verzeichnet sind. Denn die Männer, die mit ihren Frauen und Kindern ununterbrochen dasitzen, werden durch die Freude (am Spiel) gefesselt, und ihre Körper, die infolge der Spannung bewegungslos sind, haben offene Poren, in die der Luftzug eindringt, der, wenn er aus sumpfigen oder anderen ungesunden Gegenden kommt, in ihre Körper schädliche Dünste eindringen lässt. Wenn daher der Platz für das Theater mit Sorgfalt ausgewählt wird, werden die gesundheitsschädigenden Einflüsse vermieden. [2] Aber auch dafür muss man sorgen, dass der Sitzraum nicht den Ein-

flüssen von Süden her ausgesetzt ist. Wenn nämlich die Sonne dessen Halbrund erfüllt, dann wird die Luft, die durch das Halbrund eingeschlossen ist und keine Möglichkeit hat, zu zirkulieren, dadurch, dass sie im Halbrund bleibt, heiß, und glühend heiß brennt sie und kocht sie aus den Körpern die Feuchtigkeit heraus und entzieht sie. Deshalb muss man ganz besonders Stellen meiden, die durch diese Einflüsse gesundheitsschädlich sind, und muss gesunde Stellen aussuchen [...] [5] Auch muss man sorgfältig darauf achten, dass der Ort nicht dumpftönend ist, sondern der Ton sich in ihm möglichst klar verbreiten kann. Dies aber wird so geschehen können, wenn ein Ort ausgewählt ist, wo der Ton nicht durch Widerhall behindert wird. [6] Der Schall aber ist ein fließender Hauch von Luft, infolge der Berührung (des Gehörsinns) für das Ohr wahrnehmbar. Er bewegt sich in unbegrenzten Kreislinien, wie wenn, nachdem in ein stehendes Gewässer ein Stein geworfen ist, unzählige Wellenkreise entstehen, die vom Mittelpunkt aus wachsen und sich möglichst weit fortpflanzen, wenn nicht die Enge des Ortes sie stört oder irgendein Hindernis nicht zulässt, dass die Kreislinien der Wellen auslaufen. Also, wenn die ersten Wellenkreise durch Hindernisse gestört werden, dann wenden sie sich zurück und bringen die Kreislinien der folgenden Wellen in Unordnung. [7] In genau der gleichen Weise bringt die Stimme kreisförmig sich ausbreitende Bewegungen in der Luft hervor, aber im Wasser bewegen sich die Kreislinien nur horizontal, der Ton aber breitet sich weiter in der Ebene aus, steigt aber auch Schritt für Schritt in die Höhe. Wie es also im Wasser bei den Beschreibungen der Wellenkreise ist, so ist es auch beim Schall: Wenn kein Hindernis die erste Welle stört, dann zerstört diese nicht die zweite, auch nicht die folgenden, sondern ohne Widerhall gelangen alle zu den Ohren derer, die ganz unten, und derer, die ganz oben sitzen. [8] Also haben die alten Baumeister, den Fußstapfen der Natur nachgehend, durch Untersuchungen über das Steigen des Schalls den Stufenbau der Theatersitzräume geschaffen und mit Hilfe mathematischer Berechnung und der Theorie des Klanges zu erreichen gesucht, dass jedes Wort, das auf der Bühne gesprochen wird, klarer und einschmeichelnder zu den Ohren der Zuschauer gelangt. Wie man nämlich Musikinstrumente mit Blättchen aus Metall oder Resonanzböden aus Horn herstellt, um einen hellen Klang der Saiten zu erzielen, so sind von den alten Baumeistern mit Hilfe der Harmonielehre Einrichtungen der Sitzräume festgelegt, um die Stimme zu verstärken.

Vitruv, Architektur 5,3,1–2.5–8 (Fensterbusch, S. 212–215).

Weiterführende Literatur

Bauer, F.A., Stadt, Platz und Denkmal in der Spätantike, Mainz 1996.

Brown, F.E., Cosa. The Making of a Roman Town, Michigan 1980, 31–46.

Lorenz, Th., Römische Städte, Darmstadt 1987.

Barton, I.M. (Hg.), Roman Public Buildings, Exeter 1989.

Owens, E.J., The City in the Greek and Roman World, London / New York 1991.

Schubert, Ch., Land und Raum in der römischen Republik, Darmstadt 1996.

Zangenberg, J.K. / Van de Zande, D., Art. Urbanization, in: Hezser, C. (Hg.), The Oxford Handbook of Jewish Daily Life in Roman Palestine, Oxford 2010, 165–188.

3. Privates und familiäres Leben

a) Kinder

Kinder in der Antike

Die Zeugung von Kindern galt in der Antike als eigentlicher Zweck der Ehe und als Pflicht eines jeden guten Bürgers. Medizinische Texte bezeugen freilich das Wissen um die gesundheitlichen Risiken für Kind und Mutter in der Geburts- und Säuglingsphase. Die Kindesaussetzung (griech. ἔκθεσις; lat. **expositio / oblatio**) war eine Methode der antiken Familienplanung. Besonders häufig oder gar regelmäßig sollen Kinder mit körperlichen Defekten ausgesetzt bzw. getötet worden sein. Weitere Gründe waren soziale Not sowie un- oder außereheliche Geburt. Jüdische und christliche Quellen lehnen diese Praxis und die Kindstötung strikt ab. Die Kindersterblichkeit war hoch, statistisch gesehen erreichte nur jedes zweite Kind das fünfte Lebensjahr. Nach der Geburt fanden eine Reinigung des Hauses und die Annahme des Kindes durch den κύριος bzw. **pater familias** als Zeichen der Versöhnung mit den Göttern statt. Die spätere Namensgebung und Registrierung dokumentieren die rechtliche Anerkennung des Kindes.

Neben der Mutter und den Geschwistern hatten Kinder in der Säuglings- und Kleinkindphase auch zu anderen Personen des Haushalts intensiven Kontakt, in reicheren Familien etwa zu den (meist unfreien) Ammen sowie den **paedagogi** und anderem Dienstpersonal, in ärmeren Familien zu weiteren Verwandten, Nachbarn und deren Kindern. Kinderarbeit war weit verbreitet, oft kam es deshalb bereits in frühen Lebensjahren zu körperlichen Schäden. Spielzeug war nicht nur wohlhabenden Kindern vorbehalten, beliebt waren Haustiere, Puppen, Rasseln, Jo-Jos, Reifen oder Spielsteine. Kinderdarstellungen und Spielszenen auf Grabsteinen entstammen aber weitgehend der Elite und zeichnen Kinder oft in der Rolle, die ihnen als Erwachsene zugedacht werden würde. Antike Erziehungstheorien versuchten, bereits die Spielphase in den Dienst der Erziehung zu stellen. Grabinschriften und literarische Nachrufe auf verstorbene Kinder vermitteln viel von den Erwartungen der Eltern hinsichtlich der Rollen, die die Verstorbenen als Erwachsene hätten erfüllen sollen.

Die Kleindkindphase endete mit dem Beginn des außerhäuslichen Unterrichts oder der ἀγωγή für Jungen. In Griechenland und Rom begann eine häusliche, teils auch außerhäusliche Ausbildung für Mädchen im Alter von etwa sieben Jahren.

Für den Fortbestand der Sklaverei war die Geburt von Sklavenkindern von großer Bedeutung (**verna**: im Haus geborener Sklave). Der Lebenslauf dieser Sklavenkinder war dabei vor allem abhängig von der sozialen Stellung und den Vorstellungen ihrer Herren.

Kinder als Unterpfand der Zukunft

Ein gewissenhafter Landmann wird Bäume setzen, deren Frucht er selbst nie sehen wird, ein großer Mann aber soll nicht Gesetze, Einrichtungen, einen Staat stiften? Was bedeuten Zeugung von Kindern, Ausbreitung des Namens, Adoption von Söhnen, sorgfältige Testamente, was selbst die Denkmäler der Gräber, was die Ehreninschriften anderes, als dass wir auch das Zukünftige im Sinn haben?

Cicero, Gespräche in Tusculum 1,31 (Büchner, S. 34f).

Grabinschrift eines kleinen Mädchens

Telesphoris und ihr Gatte, die Eltern, an ihre süßeste, kleine Tochter. Man muss (den Tod des) süßen Mädchens beklagen. Ach, wärst Du nie geboren worden, um so geliebt zu werden! Und dennoch war bestimmt bei deiner Geburt, dass du schon bald von uns genommen werden würdest, zum großen Schmerz deiner Eltern. Sie lebte ein halbes Jahr und acht Tage. Die Rose blühte und verwelkte bald.
CIL XIII 7113 und Carroll, S. 198.

Tod eines Kindes

Griechische Versinschrift aus Smyrna, 1. Hälfte 2. Jh. v. Chr.
[1] Mit schmeichelndem Schwatzen unterhieltest du deine Eltern, wie lieblich zwitscherte dein Mäulchen darauf los. [3] Doch mit zwei Jahren schon nahm dich der gefühllose Hades weg vom Schoß deiner Mutter, süße Nikopolis. Gruß dir, mein Kind, leicht möge die Erde deinen Leib umhüllen, dich, einst des Sarapion kräftiger Spross.
EÜ nach Peek, Griechische Grabgedichte, Nr. 228, S. 146f.

Trauer um zerstörte Hoffnungen beim Tod des Sohnes

[2] Denn ihn, mit dem ich die höchsten Pläne hatte und auf den ich die einzige Hoffnung meines Alters setzte, habe ich verloren, und wieder habe ich den Schmerz, verwaist und verlassen zu sein. [3] Was soll ich jetzt noch tun? Soll ich es noch glauben, zu etwas nütze zu sein, da die Götter gegen mich sind? Denn so geschah es ja auch damals, als ich mein Buch über die Gründe des Verfalls der Redekunst herausbrachte: Auch damals, als ich schon am Schreiben war, wurde ich von einem ähnlichen Schicksalsschlag getroffen. Ja, so wäre es das Beste, das Unglückswerk und alles, was mir noch von meinen unseligen literarischen Arbeiten geblieben ist, oben auf den Scheiterhaufen zu werfen, dessen Flammen mir zu früh mein Herzensblut verzehren, statt dieses gottlose Weiterleben noch mit neuen Aufgaben zu belasten. [4] Denn welcher gute Vater könnte es verstehen, wenn ich noch weiter meine Studien betreibe? Und wird er nicht diese Härte und Festigkeit meines Geistes hassen, wenn ich meine Stimme zu etwas anderem gebrauche, als sie gegen die Götter zu erheben, ich, der Letzte aller Meinen? Soll ich Zeugnis geben dafür, dass es keine Vorsehung gibt, die auf die Erde herabschaut – wenn schon nicht durch mein eigenes Unglück, dem freilich nichts vorzuwerfen ist als die Tatsache, dass ich noch lebe, so doch gewiss durch das Unglück jener, die die harte Todesstrafe jedenfalls unverdient getroffen hat: War mir doch schon vorher ihre Mutter entrissen worden, sie, für die es, nachdem sie noch vor Vollendung ihres 19. Lebensjahres zwei Söhne geboren hatte, so hart die Schicksalsmächte zupackten, die sie hinwegrafften, ein Glück war, hinzuscheiden. [5] Ich war auch schon durch dies eine Unglück so mitgenommen, dass mich kein Schicksal mehr hätte glücklich machen können. War sie doch mit aller Tugend ausgestattet, wie sie Frauen ziemt, und bereitete so durch ihr

Hinscheiden ihrem Gatten unstillbaren Schmerz. Sie stand zudem noch in der vollen Jugendblüte – zumal gemessen an meinem Lebensalter –, so dass ich auch sie zu denen zählen kann, die mir den Schmerz zugefügt haben, verwaist zu sein.

[6] Immerhin waren die Kinder noch da, an denen ich meine Freude hatte. Und war es auch unrecht, dass ich noch gesund war, während sie vor mir sterben musste – mochte sie es selbst auch immer so wünschen! –, den schlimmsten Martern ist sie doch durch ihr jähes Hinscheiden entronnen: Mir entriss mein jüngerer Sohn, gerade fünf Jahre alt, zunächst das eine meiner Lebenslichter. [7] Ich bin nicht ehrgeizig im Unglück und will die Gründe für meine Tränen nicht übertreiben: Hätte ich doch ein Mittel, sie zu verhindern! Doch wie könnte ich leugnen, welch liebliches Gesichtchen, welch reizendes Geplauder, welche Geistesfunken, welch ruhige und – was man in dem Ausmaß, wie ich weiß, kaum glauben kann – dabei gründliche Wesensart er erkennen ließ? Auch jedes fremde Kind von solcher Art würde man liebhaben müssen! [8] Darin aber bestand die Tücke des Schicksals, um mich noch stärker zu quälen, dass er zu mir am liebsten war, mich lieber hatte als seine Kinderfrauen, seine Großmutter, die ihn erzog, als alle, mit denen Kinder in solchem Alter sich zu beschäftigen pflegen. [9] Deshalb bin ich dem Schmerz, den ich durch ihre gute, über jedes Lob erhabene Mutter wenige Monate zuvor empfangen hatte, dankbar. Denn geringer wiegen die Tränen, die ich im eigenen Namen vergoss, als die Freude, die ich in ihrem Namen empfinden durfte (darüber, dass sie diesen Kummer nicht durchzumachen brauchte)! Meine einzige Hoffnung und Freude, an der ich mich danach noch aufrichten konnte, war mein Quintilian. Und er konnte genügen zum Troste; [10] denn nicht Knospen, wie der Jüngere, hatte er gezeigt, sondern, als er ins zehnte Jahr kam, schon richtige, deutlich erkennbare Früchte (seines Talents). Ich schwöre bei meinem Elend, bei dem Bewusstsein des Unsegens, der an mir haftet, bei den Manen meiner Toten, deren göttlichem Walten mein Schmerz dient, in ihm solche geistigen Anlagen erkannt zu haben, nicht nur beim Erfassen der einzelnen Fächer, wobei ich in meiner vieljährigen Erfahrung nichts Hervorragenderes kennen gelernt habe, und beim Studium, zu dem es bei ihm schon damals, wie seine Lehrer wissen, keines Zwanges bedurfte, sondern auch die höchste Bravheit, Frömmigkeit, Gesittung und edle Denkart, so dass man schon daher gleich einen solchen Blitzschlag hätte fürchten können; denn die Beobachtung hat man ja schon oft genug gemacht, dass die Frühreife auch schneller dahingeht und es eine Art Neid gibt, der die großen Hoffnungen zerpflückt, damit unser Glück nicht über das hinauswächst, was dem Menschen beschieden ist. [11] Auch alle die Glücksgaben besaß er ja, eine angenehme helle Stimme, ein freundliches Gesicht und in jeder der beiden Sprachen eine so treffende Wiedergabe aller Laute, als wäre er gerade für sie geboren. Doch das waren noch Zukunftshoffnungen. Voll ausgeprägt zeigte er schon einen starken Willen, Lebensernst und Kraft, die er den Schmerzen und ängstlichen Regungen entgegensetzte. Denn mit welchem Mut, zur Verwunderung der Ärzte, ertrug er die acht Monate seiner Krankheit! Wie hat er mich noch getröstet, als es zu Ende ging! Wie hatte er noch mit letzter Kraft, uns schon fast entrückt, als sein

Geist schon in die Ferne schweifte, seine Gedanken nur noch bei seinen Studien! [12] Ich habe gesehen, wie deine Augen brachen – o meine eitlen Hoffnungen! –, wie dein Atem aushauchte! Habe ich es vermocht, deinen kalten, bleichen Leib zu umfassen, deinen letzten Hauch in mich aufzunehmen und doch weiter aus dem vollen Strom der Lebensluft zu schöpfen? Würdig dieser Martern, die ich durchmache, würdig auch dieser Gedanken! [13] (Ist's denn wahr) habe ich dich verloren, dem durch die kürzlich erfolgte Adoption alle Aussichten auf den konsularischen Rang des Vaters offen standen, der einem Oheim im Range eines Praetors zum Schwiegersohn bestimmt war, dich, den Anwärter für den Rednerglanz, den schon dein Großvater besessen, ich dein Erzeuger, der nur noch lebt, um zu büßen. Und wenn auch nicht meine Lust am Leben, so doch meine Geduld, es zu ertragen, soll das Opfer sein, das ich mit dem darbringe, was mir noch an Jahren bleibt. Denn vergebens schieben wir die Schuld für all unser Unglück auf das Schicksal. Nur eigene Schuld ist's, wenn der Schmerz lange währt.

[14] Doch wir leben, und einen Grund zu leben gilt es zu suchen. Und so muss man den großen Geistern Glauben schenken, die in der Beschäftigung mit geistiger Arbeit den einzigen Trost im Unglück sahen. Wenn sich erst einmal der Sturm, der mich bedrängt, in mir so weit beruhigt hat, dass sich in all der Trauer wieder ein anderer Gedanke fassen lässt, wird es mein gutes Recht sein, für die Versäumnisse um Nachsicht zu bitten. Denn wer wird sich da über einen Aufschub der Arbeit verwundern, wo viel mehr zu verwundern ist, dass sie nicht abgebrochen wird? [15] Wenn dann etwas weniger gelungen erscheint als das, was wir noch unter weniger schwerer seelischer Bedrückung begonnen hatten, so mag man es dem wiederholten Eingriff des Schicksals anrechnen, der, was wir noch irgend an bescheidener Begabung besaßen, wenn nicht erstickt, so doch geschwächt hat. Doch auch deshalb wollen wir uns nur trotziger aufrichten; denn so schwer es uns fällt, das Schicksal zu ertragen, so leicht nun, es zu verachten; denn nichts hat es sich noch gegen mich aufgespart und hat mir durch mein Elend eine zwar unselige, dafür aber um so größere Sicherheit beschert.
Quintilian, Ausbildung des Redners 2–15 (Rahn, Bd. 1, S. 708–711).

Der vorzeitige Tod der Tochter

Griechische Inschrift in Distichen aus Karanis / Ägypten, 3.–2. Jh. v. Chr.
[1] Was nützt es, für Kinder sich abzumühen, wozu an sie vor allem zu denken, wenn wir nicht Zeus zum Richter erhalten, sondern Hades? [3] Denn zweimal zehn Jahre hat der Vater mich gepflegt, aber nicht gelangte ich schließlich zu der Brautkammer hochzeitlichem Bett, [5] nicht kam mein Leib unter den Vorhang der Brautstatt, nicht umlärmte die Nacht durch die Gespielen die aus Zeder gefügte Doppeltür. [7] Dahin ist mein jungfräulicher Liebreiz. Weh über jene Moira, die mir ach ein bitteres Los zugeworfen hat! [9] Vergeblich haben mir die Brüste der zärtlich besorgten Mutter den Quell ihrer Milch gespendet: ich konnte ihnen den Dank für treue Sorge im Alter nicht erstatten. [11] Hätte ich wenigstens im Tode dem Vater ein Kind hinterlassen, dass er nicht ewig in nie

endendem Schmerz meiner gedenken müsste! [13] Weint um Lysande, ihr Gespielinnen, das Mädchen, dem Eudemos und Philonike zu vergeblichem Leben das Dasein geschenkt! [15] Die ihr zu meinem Grab kommt, laut flehe ich euch an: klagt um meine vor der Zeit geschwundene hochzeitlose Jugend!
EÜ nach Peek, Griechische Grabgedichte, Nr. 163, S. 112f.

Plinius trauert um die Tochter seines Freundes

C. Plinius grüßt seinen Marcellinus
[1] In tiefer Trauer schreibe ich dir dies, denn die jüngste Tochter unsres Fundanus ist gestorben. Nie habe ich etwas Reizenderes, Liebenswerteres gesehen als dieses Mädchen, das ein längeres Leben, ja beinahe Unsterblichkeit verdient hätte.

[2] Sie war noch nicht ganz 14 Jahre alt und besaß doch schon die Klugheit einer alten Dame, die Würde einer reifen Frau und trotzdem mädchenhaften Charme verbunden mit jungfräulicher Scheu. [3] Wie hing sie am Halse ihres Vaters! Wie lieb und sittsam umarmte sie uns, die väterlichen Freunde! Wie achtete sie ihre Bedienerinnen, ihre Erzieher, ihre Lehrer, jeden entsprechend seiner Stellung! Wie eifrig, wie verständnisvoll las sie, wie maßvoll und gelassen spielte sie! Wie gleichmütig, wie geduldig, wie standhaft ertrug sie ihre Krankheit!

[4] Sie gehorchte den Ärzten, sprach ihrer Schwester, ihrem Vater Mut zu, hielt sich selbst, von den Kräften des Körpers verlassen, durch die Spannung des Geistes aufrecht. [5] Und diese Spannkraft blieb ihr bis zuletzt erhalten, wurde auch nicht durch die lange Dauer ihrer Krankheit oder Furcht vor dem Tode gebrochen, womit sie uns noch mehr und bedrückendere Gründe hinterließ, sie zu vermissen und zu betrauern. [6] Welch ein trostloser, herber Todesfall, betrüblicher noch durch den Zeitpunkt ihres Todes als den Tod selbst. Schon war sie mit einem trefflichen Manne verlobt, schon der Tag der Hochzeit festgesetzt, wir schon eingeladen; diese Freude, in welch tiefen Schmerz hat sie sich verwandelt!

[7] Ich kann nicht in Worte fassen, wie tief in der Seele ich mich getroffen fühlte, als ich hörte, wie Fundanus selbst den Auftrag gab – der Schmerz treibt ja viele, bedauernswerte Blüten –, was er für Kleider, Perlen und Edelsteine hatte auswerfen wollen, solle jetzt für Weihrauch, Salben und Räucherwerk verwendet werden. [8] Er ist sonst ein aufgeklärter, vernünftiger Mann – hat er sich doch von Jugend an den edleren Künsten und Wissenschaften gewidmet –, aber jetzt weist er alles oft Gehörte und Gesagte von sich, schlägt alle andern Tugenden in den Wind und gibt sich ganz der Kindesliebe hin. [9] Du wirst es ihm nicht verargen, wirst auch Verständnis dafür haben, wenn du bedenkst, was er verloren hat. Er hat eine Tochter verloren, die charakterlich nicht weniger als in Gesichtszügen und Mienenspiel sein Ebenbild war und dem Vater in jeder Beziehung erstaunlich ähnelte.

[10] Wenn du also wegen seiner nur zu verständlichen Trauer an ihn schreibst, dann gib Acht, dass dein Trost nicht gleichsam zurechtweisend und allzu forsch erscheint, sondern zart und freundlich. Dass das leichter bei ihm Eingang findet,

dazu wird die inzwischen verstrichene Zeit das Beste tun. [11] Denn wie eine noch frische Wunde vor der Hand des Arztes schaudert, dann sie sich gefallen lässt und sogar nach ihr verlangt, so weist frischer Seelenschmerz alle Tröstungen zunächst weit von sich, bald aber sehnt er sie herbei und beruhigt sich, wenn sie sanft an ihn herangetragen werden.

Leb' wohl!

Plinius (d. Jüngere), Briefe 5,16 (Kasten, S. 290–295).

Kinderlos Gestorbene

Griechische Inschrift in Distichen aus Milet, 3. Jh. v. Chr.

[1] Tränen des Jammers vergoss über dich, Polydamantis, der Vater, als du in der Toten dunklen Nachen stiegst. [3] Und nicht hast du dem lieben Vater junge Kinder auf die Knie gesetzt, einst eines schlimmen Alters Pfleger zu sein. [5] Nein, eine dunkle Wolke hat die schönen Räume, Lethe, dein Gesicht mit ihrem Mantel beschattet. [7] Schmerz und Tränen hinterließest du der alten Mutter und dem Gatten: Laut klagt er, sieht er sein leeres Haus.

EÜ nach Peek, Griechische Grabgedichte, Nr. 195, S. 130–133.

Die Kindererziehung der Alten als Vorbild

[28,4] Denn einst wurde eines jeden Sohn, von einer keuschen Mutter geboren, nicht im Kämmerlein einer gekauften Amme, sondern im Schoß und an der Brust seiner Mutter aufgezogen, deren vornehmliche Auszeichnung es war, das Haus zu hüten und für die Kinder da zu sein. Es wurde aber eine ältere Verwandte ausgewählt, deren erprobtem und vortrefflichen Charakter die gesamte Nachkommenschaft derselben Familie anvertraut wurde; in ihrer Gegenwart war es unstatthaft, etwas zu sagen, was schändlich, oder etwas zu tun, was unehrenhaft erschien. [5] Und nicht allein ihre Interessen und Beschäftigungen, sondern auch die Erholung und das Spiel der Kinder beaufsichtigte sie mit einer gewissen Würde und Scheu […] [6] Die Zucht und Strenge führte dazu, dass die ernsthafte, lautere und von keinen Verkehrtheiten entstellte Natur jedes Einzelnen sogleich mit ganzem Herzen sittlich wertvolle Fertigkeiten in sich aufnahm, und hatte er sich dem Militärdienst, der Rechtswissenschaft oder der Beschäftigung mit der Redekunst zugewandt, so betrieb er das allein und sog es vollkommen in sich ein.

Tacitus, Dialog 28,4–6 (Klose, S. 60f).

Aussetzung oder Tötung von Neugeborenen

Als erstes verpflichtete er [*scil.* Romulus, der legendäre Gründer der Stadt Rom] die Bewohner, alle ihre männlichen Kinder und von den weiblichen die Erstgeborenen aufzuziehen und kein neugeborenes Kind unter drei Jahren zu töten, außer wenn es von Geburt an gebrechlich oder eine Missgeburt war. Ein solches Kind auszusetzen verbot er den Eltern nicht, wenn sie es zuvor den fünf nächs-

ten Nachbarn zeigten und diese ebenfalls zustimmten. Für diejenigen, die dem Gesetze nicht gehorchten, legte er verschiedene Strafen fest und er zog auch die Hälfte ihres Besitzes ein.
Dionysios v. Halikarnassos, Römische Altertümer 2,15,2 (Tuor-Kurth, S. 53).

Ablehnung von Kindstötung

762 Aber treibt euer Herz in der Brust zur Eile an!
763 Hüte dich vor Ehebruch und vor den gesetzlosen Kulten; diene dem Lebendigen!
764 Hüte dich vor Ehebruch und vor dem gesetzwidrigen Verkehr mit dem Mann!
765 Ziehe deine Nachkommenschaft an Kindern auf und töte sie nicht;
766 denn der Unsterbliche wird dem zürnen, der in diesen Dingen sündigt.
Sibyllinische Weissagungen 3,762–766 (Merkel, JSHRZ 5.8, S. 1106).

Ablehnung von Aussetzung

Durch diese Vorschrift ist gleichzeitig auch ein anderes größeres (Unrecht) untersagt, die Aussetzung von Kindern – ein Frevel, der bei zahlreichen anderen Völkern infolge ihrer angeborenen Menschenfeindschaft gang und gäbe geworden ist. Denn wenn man schon mit der Frucht, die noch nicht im festgesetzten Kreislauf der Zeit ausgetragen ist, fürsorglich umgehen muss, damit ihr kein Schaden durch einen Aufschlag widerfahre, um wie viel mehr muss man für das ausgereifte Kind sorgen, das gleichsam in eine von Menschen bewohnte (ferne) Ansiedlung hinaus gesandt wird, damit es teilnehme an den Gaben der Natur, die sie aus Erde, Wasser, Luft und Himmel uns sendet? Denn sie vergönnt uns den Anblick der himmlischen Wesen und die Herrschaft und Gewalt über die irdischen Dinge und bietet allen Sinnes alles im Überfluss, dem Geiste aber, ihrem Großkönige, manches durch Vermittlung dieser seiner Diener, nämlich alles sinnlich Wahrnehmbare, anderes ohne sie, nämlich alles, was durch das Denken erfassbar ist. Wenn also die Eltern ihre Kinder so vieler Güter berauben und ihnen nicht zugleich mit dem Leben auch Anteil an jenen geben, so sollen sie wissen, dass sie die Gesetze der Natur aufheben, und sich selbst der schlimmsten Sünde bezichtigen, der Wollust, des Menschenhasses, des Totschlags und – was der schlimmste Frevel ist – des Kindermordes.
Philo, Über die Einzelgesetze 3,110–113 (Cohn, Bd. 2, S. 218–219).

Weiterführende Literatur

Bradley, K., Discovering the Roman Family, New York 1991.
Dixon, S., The Roman Family, Baltimore / London 1992.
Wiedemann, Th., Adults and Children in the Roman Empire, London 1989.
Rawson, B., Children and Childhood, Oxford 2005.
Rawson, B. (Hg.), Marriage, Divorce and Children in Ancient Rome, Canberra / Oxford 1996.
Hübner, U., Spiele und Spielzeug im antiken Palästina, Fribourg / Göttingen 1992 (OBO 121).
Müller, P., In der Mitte der Gemeinde. Kinder im Neuen Testament, Neukirchen 1992.
Backe-Dahmen, A., Die Welt der Kinder in der Antike, Mainz 2008.

b) Frauen und Männer

Gute und schlechte Eheverbindungen

[27] [Es] gilt nämlich die Ehe als die schönste, die mit einer Frau aus einem reicheren und mächtigeren Hause geschlossen wird, und man glaubt, sie bringe dem Manne Ansehen und Lust zugleich. Als nächstbeste gilt die Ehe mit einer Frau aus etwa gleichgestelltem Hause. Die Ehe mit einer Frau aus geringerem Hause aber hält man für einen großen Verlust an Ansehen und für ganz nutzlos.
Xenophon, Hieron 1,27 (Strauss, S. 12).

Ehekrach zwischen Trimalchio und Fortunata

[74,8] Im Folgenden geriet unsere Heiterkeit zum ersten Mal ins Wanken; denn als ein nicht unhübscher Bursche unter den neuen Dienern eingetreten war, fiel Trimalchio über ihn her und begann, ihn ausgiebig zu küssen. [9] So begann Fortunata, um den Satz »Gleiches Recht für alle!« als gültig zu erweisen, auf Trimalchio zu schimpfen und ihn mit »Unflat« und »Schandkerl« zu titulieren, »der seine Geilheit nicht beherrschen« könne. [10] Am Ende setzte sie sogar hinzu: »Du Hund!« – Trimalchio auf der anderen Seite nahm die Schelte übel und schleuderte Fortunata einen Becher ins Gesicht. [11] Sie brüllte, als hätte sie ein Auge verloren, und schlug sich die bebenden Hände vor das Gesicht. [12] Auch Scintilla geriet in Bestürzung und legte schützend ihren Arm um die Zitternde. Damit nicht genug, hielt ihr auch ein Bursche dienstfertig ein kühles Wasserkrüglein an die Wange, über das sich Fortunata mit ausbrechendem Jammern und Weinen hinlehnte. [13] Auf der anderen Seite sagte Trimalchio: »Wie haben wir's denn? Die Bänkelsängerin erinnert sich nicht? Bei der Sklavenschau habe ich sie aufgelesen, zum Menschen unter Menschen gemacht. Doch sie bläht sich auf wie ein Frosch und spuckt sich nicht in den Busen, ein Klotz, keine Frau […] [14] So wahr ich möchte, dass mein Schutzgeist mir gewogen ist: ich will es dahin bringen, dass sie stille ist, die Kommissstiefel-Kassandra […] [17] Und damit du auf der Stelle merkst, was du dir eingebrockt hast: Habinnas, ich verfüge, dass du kein Standbild von ihr auf meinem Grabmal anbringst, damit ich wenigstens als Leiche keine Streitereien habe. Nicht doch: Damit sie weiß, dass ich zuschlagen kann, verfüge ich, dass sie meine Leiche nicht küssen darf.«
Petronius, Satiren 74,8–17 (Müller / Ehlers, S. 148–153).

Unrecht gegenüber Frauen

Zuerst nun Gesetze in Bezug auf die Frau, und dass man kein Unrecht tun soll. Denn so wird einem auch selbst kein Unrecht angetan. Dies empfiehlt das geschriebene und ungeschriebene Gesetz, wie die Pythagoreer sagen, dass man ihr als einer Bittflehenden und vom Herde Geleiteten keineswegs Unrecht tun darf.

Unrecht aber von Seiten des Mannes sind die intimen Beziehungen, die er außerhalb des Hauses hat. Hinsichtlich der geschlechtlichen Beziehungen soll man es so halten, dass man weder etwas entbehrt und auch nicht, dass man,

Die Frau in der Antike
Antike Kosmogonien beschreiben die Schöpfung der Welt im Allgemeinen als den Akt einer männlichen und einer weiblichen Gottheit. Das Zusammenwirken weiblicher und männlicher Kräfte gewährleistet die Herstellung der kosmischen und sozialen Ordnung. Dieses Bild spiegelt sich auch im Kult wider, denn es gab Kulte, die allein Frauen oder Männern vorbehalten waren. Zwar hatten Frauen in der archaischen und klassischen Zeit keine politischen Ämter inne, jedoch war die Übernahme von Priesterämtern weit verbreitet, was ihnen Privilegien, z. B. Ehrenplätze bei Festveranstaltungen und Anteile am Opfertier, verschaffte. An der Volksversammlung nahmen Frauen im antiken Gemeinwesen jedoch nicht teil. Mit der Monopolisierung der politischen Herrschaft in Rom und zuvor in Griechenland trat das dynastische Element in den Vordergrund, so dass sich für die weiblichen Angehörigen eines Herrscherhauses neue Felder der öffentlichen Repräsentation eröffneten.

Innerhalb des Haushaltes nahmen Frauen eine wichtige und autoritative Position – in erster Linie in ihrer Rolle als Mutter – ein. In Rom, anders als in Griechenland, nahmen sie außerdem an Gastmählern und Empfängen teil.

Frauenarbeit war, zumindest in den unteren Schichten, nicht unbekannt, obwohl oft auch Sklavinnen dafür eingesetzt wurden. Frauen betätigten sich oft in der häuslichen Textilherstellung oder arbeiteten – vor allem in sozialen Notlagen – als Ammen.

Als wichtige Tugenden der griechischen Frau galten Besonnenheit (σωφροσύνη) und Einfachheit (ἀφελεῖα). Das Ideal der römischen **matrona** bildeten Keuschheit (**castitas**) und die Treue zu ihrem Gatten (**pudicitia**). In Griechenland wie in Rom besaßen Frauen der Oberschicht erkennbares Statusbewusstsein. So gehörten das Tragen von Schmuck und die Begleitung durch Dienerinnen zum öffentlichen Bild.

Ebenfalls ist belegt, dass sich hoch gebildete Frauen als Dichterinnen betätigten (Sappho, Sulpicia). Einige Schriften römischer Autorinnen aus der Zeit des 2. Jahrhunderts v. Chr. bis zum frühen 2. Jahrhundert n. Chr. sind ebenfalls erhalten. Darunter finden sich Elegien, Gedichte und Briefe.

Ein wesentliches Element der römischen und griechischen Gesellschaft war die Ehe, die grundsätzlich monogam war. Die Heirat bedeutete den Übergang von einem οἶκος bzw. **domus** zum anderen, d.h. aus der Gewalt des Vaters in die des Ehemannes. Zweck der Ehe waren die Zeugung legitimer Nachfahren und die Bewahrung des familiären Besitzes. Ehe- und erbrechtliche Regularien sorgten dafür, dass die Ehefrau vor der Willkür ihres Ehemannes geschützt war. Im Falle einer Scheidung kehrte die Frau in den Haushalt ihres Vaters bzw. Vormundes zurück.

voneinander getrennt, unfähig ist, zu verzichten, sondern dass man sie daran gewöhnt, zufrieden zu sein, ob der Mann anwesend ist oder nicht.
Ps-Aristoteles, Oikonomikos 44 a7–15 (Victor, S. 93–96).

Trauerrede auf eine vorbildliche Ehefrau

[1,27–29] Selten sind so langjährige Ehen beendet erst durch Tod, nicht schon durch Scheidung auseinander gerissen: Beschieden war es uns, dass sie ohne Zwist annähernd 41 Jahre währte. Hätte nur unser alter Bund durch mein Los seine Veränderung erfahren! Dass durch dieses Los den Älteren das Schicksal ereilt, wäre gerechter gewesen.

[30–36] Warum soll ich an deine häuslichen Tugenden erinnern, deine Züchtigkeit, deine Nachgiebigkeit, deine Freundlichkeit, deine Umgänglichkeit, deine Handarbeit, deine Hingabe an den Glauben ohne Aberglauben, deine unauffällige Kleidung, deine bescheidene Lebensführung? Warum soll ich von deiner Liebe zur Familie, deiner Anhänglichkeit, sprechen, weil du meine Mutter in gleicher Weise wie deine Eltern umhegtest, dich ihr mit keiner anderen Einstellung widmetest als den Deinen, deine übrigen unzähligen Verdienste mit allen auf deinen guten Ruf achtenden Ehefrauen teiltest? Besondere sind es, die ich als deine in Anspruch nehme, und nur wenige Frauen gerieten in ähnliche Lagen, dass sie solches erlitten und geleistet hätten. Dass dies nur selten vorkommt, dafür hat ein gnädiges Geschick gesorgt.

[37–41] All dein Erbe, das wir von deinen Eltern empfingen, haben wir gemeinsam gewissenhaft gehütet. Du warst nämlich nicht darauf bedacht, dir anzueignen, was du mir vollständig überließest. Die Pflichten teilten wir in der Weise auf, dass ich die Verantwortung für dein Vermögen trug und du die Aufsicht über meines auf dich nahmst. Vieles will ich über diesen Punkt auslassen, um mich nicht an deinen persönlichen Verdiensten zu beteiligen. Genügen soll es mir, von deiner Denkweise Kenntnis gegeben zu haben […]

[2,25–30] Nachdem die Welt befriedet, das Gemeinwesen wiederhergestellt war, waren uns ruhige und glückliche Zeiten vergönnt. Unser Wunsch waren Kinder, die uns das Geschick schon ziemlich lange vorenthalten hatte. Wenn das Schicksal, dem üblichen Gang folgend, gestattet hätte, dass sich unser Wunsch erfüllte, was hätte uns beiden dann noch gefehlt? – Es nahm einen anderen Verlauf, begann, unserer Hoffnung ein Ende zu setzen. Was du deswegen unternahmst und welche Wege du zu beschreiten versuchtest, will ich auslassen – so auffallend und bemerkenswert es bei manchen Frauen vielleicht sein mag, bei dir war es, verglichen mit deinen übrigen Leistungen, nicht im geringsten erstaunlich.

[31–39] Als du an deiner Fruchtbarkeit zweifeltest und dich über mein kinderloses Dasein grämtest, sprachst du, um mir zu ersparen, dass ich, wenn ich dich als Ehefrau behielte, die Hoffnung auf Kinder aufgäbe und darüber unglücklich wäre, von Scheidung: Das Haus würdest du räumen, um es einer anderen, fruchtbaren Frau zu überlassen. Dies in keiner anderen Absicht, als dass du mir im Geiste unserer bekannten Eintracht selbst eine standesgemäße und passende Verbindung suchtest und verschafftest sowie erklärtest, die künftigen Kinder würden gehalten, als gehörten sie uns gemeinsam und stammten sie von dir. Auch würdest du unser Erbe, das bisher gemeinsames Vermögen gewesen war, nicht teilen, sondern es in meiner Verfügung und, wenn ich wollte, in deiner Verwaltung belassen. Nichts würdest du haben, was dir vorbehalten und mir entzogen wäre, nur würdest du mir fortan die Dienste und Zuneigung einer Schwester oder Schwiegermutter erweisen.

[40–43] Ich muss gestehen, ich geriet so sehr in Wallung, dass ich den Verstand verlor, war über dein Vorhaben so entsetzt, dass ich mich kaum wieder fasste. Uns mit dem Gedanken an Trennung zu tragen, bevor uns das Schicksal sein Gesetz aufzwänge – wie konnte dir etwas in den Sinn kommen, wodurch du zu meinen Lebzeiten aufhören würdest, meine Gattin zu sein, während du mir, als ich schon fast aus dem Leben verbannt war, unverbrüchlich treu geblieben warst!

[44–47] Wie hätte mir der Wunsch oder die Notwendigkeit, Kinder zu haben, so viel bedeuten sollen, dass ich deswegen die Treue verworfen, Sicheres mit Ungewissem getauscht hätte! Doch wozu weitere Worte? Du gabst mir nach, bist bei mir geblieben. Ich hätte dir nämlich nicht nachgeben können ohne Schande für mich und gemeinsames Leid.

[48–50] Was aber ist rühmlicher für dich, als mir zuliebe den Plan gefasst zu haben, dass ich, wenn ich schon nicht von dir Kinder haben könne, sie wenigstens dank dir hätte und du mir aus Sorge, du werdest keine gebären, eine fruchtbare Ehe mit einer anderen verschafftest?

[51–53] Hätte nur unsere Ehe, soweit es unser beider Alter gestattete, so lange fortdauern können, bis ich als der Ältere – dies wäre gerechter gewesen – zu Grabe getragen worden wäre und du mir den letzten Dienst erwiesen hättest! Ich nämlich käme, überlebtest du mich, aus dem kinderlosen Dasein heraus, hattest du mir doch die fehlende Tochter ersetzt.

[54–55] Vor mir ereilt hat dich das Schicksal. Übertragen hast du mir die Trauer aus Sehnsucht nach dir und mir keine Kinder hinterlassen, die mich Unglücklichen umsorgen könnten. Ausrichten will auch ich meine Gedanken auf deine Entscheidungen.

[56–57] Alle deine wohlerwogenen Vorschriften sollen hinter den Preisungen zu deinem Lob zurücktreten, dass ich darin Trost finde, um nicht zu sehr zu vermissen, was der Unvergänglichkeit zum Gedenken überantwortet ist.

[58–62] Die Früchte deines Lebens werden mir nicht verloren gehen. Wenn mir dein bleibender Ruhm vor Augen tritt, möchte ich, gefestigt in meiner Zuversicht wie auch belehrt durch deine Verfügungen, dem Schicksal trotzen – das mir nicht alles entriss, sondern zuließ, dass sich mit meinen Preisungen die Erinnerung an dich verstärkt. Doch meine ruhige Verfassung habe ich mit dir verloren. Wenn ich daran denke, wie du meine Gefahren erspähtest und abwehrtest, werde ich von meinem Unglück überwältigt und kann meinem Versprechen nicht treu bleiben.

[63–66] Der natürliche Schmerz entwindet mir die Kraft zur Selbstbeherrschung. In Gram versinke ich und finde mein Gleichgewicht bei keiner der beiden Betrachtungen, aus denen ich Lebensmut zu schöpfen suchte: Wenn ich mir meine einstigen Erlebnisse vergegenwärtige und die künftigen Ereignisse bedenke, verzage ich. Nun, da ich einen so starken und so großartigen Rückhalt eingebüßt habe, komme ich mir, wenn ich deinen bleibenden Ruhm betrachte, so vor, als sei ich nicht so sehr dazu, diesen Verlust gefasst zu ertragen, als vielmehr zu Sehnsucht und Trauer aufgespart.

[67–68] Beschließen will ich diesen Nachruf mit den Worten, dass du alles verdient hast, mir es aber nicht vergönnt war, dir alles zu geben. Als Richtschnur hatte ich deine Weisungen. Was darüber hinaus in meine freie Entscheidung gelegt ist, will ich tun.

[69] Dass dich deine göttlichen Manen ruhen lassen und so behüten, wünsche ich.

Lob der Turia 1,27–41 und 2,25–69 (Flach, S. 66–72).

Die Frau soll sich ganz dem Mann anpassen

Wie ein mit Gold und Edelsteinen geschmückter Spiegel wertlos ist, wenn er nicht die Gestalt treu wiedergibt, so nützt auch eine reiche Frau nichts, wenn sie nicht ihr Leben dem Manne angleicht und ihr Wesen ihm anpasst. Denn wenn ein Spiegel von einem vergnügten Menschen ein verdrießliches, von einem ärgerlichen und verdrossenen, aber ein heiteres und die Zähne lächelnd entblößendes Bild zeigt, dann ist er fehlerhaft und schlecht; so ist auch eine Frau schlecht und ungehörig, die, wenn der Mann zu Scherz und Fröhlichkeit bereit ist, finster blickt, aber scherzt und lacht, wenn er ernst ist. Wie aber die Geometer sagen, dass Linien und Ebenen sich nicht selbst bewegen, so darf die Frau kein eigenes Empfindungsleben haben, sondern muss sich mit dem Manne in Ernst und Scherz, Besinnung und Gelächter teilen.
Plutarch, Moralia 139F-140A (Sieveking, S. 14f).

Die Frau soll keine eigenen Freunde haben

Eigene Freunde darf die Frau nicht haben, sondern nur die des Mannes gemeinsam mit ihm; die ersten und größten Freunde aber sind die Götter. Deshalb muss auch die Ehefrau nur die Götter, an die der Mann glaubt, verehren und anerkennen, aber überflüssigem Gottesdienst und ausländischem Aberglauben die Tür verschließen. Denn kein Gott nimmt verstohlene und heimliche Opfer von einem Weibe gnädig an.
Plutarch, Moralia 140D (Sieveking, S. 16f).

Besser Heiraten!

[1] Vor einer aus vielen gebildeten Männern bestehenden Zuhörerschaft wurde die Rede des Metellus Numidicus, eines ernsthaften und beredten Mannes, verlesen; während seiner Amtszeit als Zensor hatte er diese Rede über das Heiraten vor dem Volk gehalten, weil er es dazu ermuntern wollte, die Ehe einzugehen. [2] In dieser Rede steht Folgendes geschrieben: »Wenn wir ohne Ehefrauen auskommen könnten, meine Mitbürger, würden wir alle auch gern auf die Unannehmlichkeit der Ehe verzichten; doch da es die Natur so eingerichtet hat, dass man mit den Frauen zwar nicht besonders bequem, ohne sie aber überhaupt nicht leben kann, muss man wohl mehr auf die Fortdauer des Staatswohles als auf das eigene kurze Vergnügen bedacht sein.«
Gellius, Attische Nächte 1,6,1f (Blank-Sangmeister, Römische Frauen, 84f).

Vorbildliche Frauen auf Grabinschriften

2. Jh. v. Chr
Fremdling, was ich sage, ist kurz; bleib' stehen und lies:
Hier ist das nicht schöne Grab einer schönen Frau.
Mit Namen nannten die Eltern sie Claudia.

Ihren Gatten hat sie von ganzem Herzen geliebt.
Zwei Kinder brachte sie zur Welt: Eines von beiden
lässt sie auf Erden zurück, eines unter der Erde beigesetzt.
Ihre Rede war anmutig, ihr Gang indes gefällig.
Sie hütete das Haus, spann Wolle. Ich bin zu Ende, geh!
CIL VI 15346 (Blank-Sangmeister, Römische Frauen, 34f).

Hier ruht Aufidia Severina, mit zweitem Namen Florentia, die zweimal 15 Jahre gelebt hat. In keuscher Treue liebte sie immer das eheliche Lager; sie trank nicht, war keine Ehebrecherin, war einfach, freundlich, nur ihrem Gatten ergeben und kannte keinen anderen. Seiner lieben, unvergleichlichen, einzigen Gefährtin machte Basileus das, von dem er wünschte, dass sie es machte.
CIL VI 34060 (Blank-Sangmeister, Römische Frauen, 36f).

Postumia Matronilla
Sie war eine unvergleichliche Gattin, gute Mutter, überaus liebevolle Großmutter, züchtig, fromm, fleißig, brav, energisch, wachsam, besorgt; sie war nur einmal verheiratet, teilte nur mit einem das Lager; sie war eine Frau voller Tatkraft und Verlässlichkeit.
ILS 8444, Thelepte, Numidien (Blank-Sangmeister, Römische Frauen, S. 36f).

Abstinenz und eheliche Treue

[1] Die Autoren, die über die Lebensweise und Sitten des römischen Volkes geschrieben haben, behaupten, die Frauen hätten in Rom und in Latium ein enthaltsames Leben geführt, d. h., sie hätten sich stets des Weines, der in der alten Sprache »(berauschender) Most« genannt wurde, enthalten; und es sei üblich gewesen, dass sie ihren Verwandten einen Kuss geben mussten, um sich zu verraten; der Geruch sollte sie überführen, falls sie Wein getrunken hätten. [2] Dem Vernehmen nach tranken sie aber gewöhnlich Tresterwein, Wein aus Trockenbeeren, Likörwein und andere süß schmeckende Getränke dieser Art. Auch dies ist jedenfalls in den von mir genannten Büchern verbreitet worden. [3] Marcus Cato jedoch berichtet, dass die Frauen nicht nur verurteilt, sondern auch von einem Richter bestraft wurden, und zwar für das Weintrinken genauso streng, wie wenn sie Unzucht und Ehebruch begangen hätten.

[4] Ich habe hier Äußerungen aus Marcus Catos Rede mit der Überschrift »Über die Mitgift« notiert, in der auch geschrieben steht, dass die Ehemänner das Recht hatten, ihre beim Ehebruch ertappten Frauen zu töten. »Ein Mann vertritt«, sagt er, »wenn er die Scheidung eingereicht hat, seiner Frau gegenüber als Richter die Stelle des Zensors; er hat offenbar die unumschränkte Gewalt, falls sich seine Frau einer ungebührlichen und schimpflichen Tat schuldig gemacht hat; sie wird bestraft, wenn sie Wein getrunken hat; wenn sie mit einem anderen Mann Unzucht begangen hat, wird sie verurteilt.« [5] Über das Recht, sie zu töten, ist indes Folgendes geschrieben: »Wenn du deine Frau beim Ehebruch

ertappen solltest, könntest du sie ohne Richter ungestraft töten; jene aber dürfte es nicht wagen, dich auch nur mit dem Finger zu berühren, wenn du die Ehe brechen oder zum Ehebruch verführt werden solltest, und sie hat auch nicht das Recht dazu«.
Gellius, Attische Nächte 10,23,1–5 (Blank-Sangmeister, Römische Frauen, S. 28–31).

Mehrfache Heirat auf einer Inschrift aus Portus bei Rom

Lucius Mindius Dius errichtete dies für sich und seine unvergleichliche Ehefrau (*coniugi*) Genucia Tryphaena, mit der er 24 Jahre und drei Monate lebte, und für seine Frau (*marita*) Lucceia Ianuaria, und für Annia Laveria, seine allerbeste Gefährtin (*contubernali suae sanctissimae*), und für seine männlichen und weiblichen Freigelassenen und deren Nachkommen. Dieses Grab darf nicht an einen Erben übergehen. (Das Grabgrundstück misst) 30 Fuß an der Vorderseite, 31 Fuß in der Breite.
Carroll, S. 191f.

Weiterführende Literatur

Schmitt-Pantel, P. (Hg.), Geschichte der Frauen. Bd. 1 Antike, Frankfurt/New York 1993.
Dettenhofer, M.H. (Hg.), Reine Männersache? Frauen in Männerdomänen der antiken Welt, Wien/Köln/Weimar 1994.
Fantham, E. u.a. (Hgg.), Women in the Classical World. Image and Text, Oxford/New York 1994.
Gardner, J.F., Women in Roman Law and Society, Bloomington 1986.
D'Ambra, E., Roman Women, Cambridge 2007.
Pomeroy, S.B., Women in Hellenistic Egypt from Alexander to Cleopatra, Detroit 1990.
Rowlandson, J. (Hg.), Women and Society in Greek and Roman Egypt, Cambridge 1998.
Cantarella, E., Pandora's Daughters. The Role and Status in Greek and Roman Antiquities, Baltimore/London [4]1993.

c) Gastmähler und Vereine (vgl. auch IV C5)

Das Königsmahl der Nabatäer

Da sie nur wenige Sklaven haben, werden sie meist von ihren Mitbürgern bedient, oder voneinander oder von sich selbst, sodass diese Sitte selbst ihre Könige mit einschließt. Sie bereiten ihre Gastmähler in Gruppen zu 13 Personen, und für jedes Bankett haben sie zwei Musikantinnen. Der König nennt viele prachtvolle Trinkgefäße sein eigen, aber niemand trinkt mehr als elf Becher, jedes Mal mit einem anderen goldenen Gefäß. Der König ist so dem Volk zugewandt, dass er nicht nur sich selbst bedient, sondern zuweilen daneben auch den Rest der Gäste, wenn er an der Reihe ist.
Strabo, Geographie 14,4,26 (EÜ nach Jones, LCL 241, S. 366–369).

Octavianus' geheime Tischgesellschaft

Auch eine geheime Tischgesellschaft, die bei ihm zu Hause stattfand, und die man allgemein Zwölfer-Tafel zu nennen pflegte, war Stadtgespräch; in dieser

Runde sollen die Gäste Göttern und Göttinnen an Haltung und Aufzug gleich bei Tische gelegen sein, und er selbst im Aufzug des Apollo.
Sueton, Augustus 70 (Martinet, S. 260f).

Einladung zum Tisch des Serapis

2. Jh. n. Chr.
Chairemon lädt dich ein zum Essen zum Tisch des Herrn (κύριος) Serapis im Serapeion morgen, den 15. ab 9 Uhr.
POxy I 110 (Berger / Colpe, Textbuch, S. 243).

Vereine sind gesetzlich erlaubt

5. Jh. v. Chr. Rom
Den Vereinsmitgliedern (*sodalibus*) gab das Zwölftafelgesetz das Recht, sich eine beliebige Satzung zu geben, wenn sie nur nicht damit die öffentlichen Rechtsbestimmungen verletzen.
Tafel 8,27 des Zwölftafelgesetzes (Düll, S. 54f).

Statuten des Vereins der Diana- und Antinoos-Verehrer aus Lanuvium

Aus Lanuvium 136 n. Chr.

[1] Grundsätzlich ist festgelegt, dass jeder, der in diesen Verein eintreten will, als Eintrittsgeld 100 Sesterzen und eine Amphora guten Weins zu zahlen hat, desgleichen als monatlichen Beitrag fünf As.

[2] Ebenso ist festgelegt, dass jeder, der in sechs aufeinander folgenden Monaten den Beitrag nicht gezahlt hat und plötzlich stirbt, kein Sterbegeld erhalten soll, auch wenn er ein Testament gemacht hat.

[3] Ebenso ist festgelegt: Für jedes verstorbene Mitglied unserer Körperschaft werden aus der Kasse 300 Sesterzen gezahlt, wovon 50 Sesterzen als Begräbnisgeld abgehen, die am Scheiterhaufen verteilt werden; das Leichenbegängnis muss aber zu Fuß erfolgen […]

[6] Ebenso ist festgelegt: Jeder, der aus irgendeinem Grunde Selbstmord begeht, soll kein Sterbegeld erhalten.

[7] Ebenso ist festgelegt: Jeder Sklave aus dem Verein, der frei geworden ist, muss eine Amphora guten Weins zahlen.

[8] Ebenso ist festgelegt: Jeder, der für ein Jahr nach der Reihenfolge der Mitgliederliste »Magister« für die Ausrichtung der Mahlzeiten ist, aber seinen Verpflichtungen nicht nachkommt, soll an die Kasse 30 Sesterzen bezahlen […]

[9] Die Ordnung der Festmahlzeiten:

am 8. vor den Iden des März die Geburt des Vaters Caesennius […]

am 5. vor den Kalenden des Dezember die Geburt des Antinous;

an den Iden des August die Geburt der Diana und die Stiftung des Vereins,

am 13. vor den Kalenden des September die Geburt des Silvanus, des Bruders des Caesannius, am 1. vor den Nonen […] die Geburt der Mutter Cornelia Procula,

am 19. vor den Kalenden des Januar die Geburt des Stifters und Patrons Caesennius Rufus.

[10] Die Magister für die Mahlzeiten, die nach der Reihenfolge der Mitgliederliste, jeweils vier an der Zahl, eingesetzt sind, müssen liefern: einige Amphoren guten Weins, ferner pro Kopf ein Brot zu zwei As, vier Sardellen, ein Speisepolster, warmes Wasser und Bedienung.

[11] Ebenso ist festgelegt, dass jeder, der in diesem Verein zum Fünfjahresamt gewählt wird, für die Dauer seiner Amtszeit von den regelmäßigen Beiträgen befreit sein und bei allen Geldverteilungen das Doppelte erhalten soll. Ebenso ist festgelegt, dass der Schreiber und der Bote, die gleichfalls von Beiträgen frei sind, bei jeder Geldverteilung das Anderthalbfache erhalten sollen.

[12] Ebenso ist festgelegt, dass jeder, der das Fünfjahresamt tadellos geführt hat, ehrenhalber bei jeder Verteilung das Anderthalbfache erhält, wie man denn auch erwartet, dass er im Übrigen ordnungsgemäß seinen Beitrag bezahlt.

[13] Ebenso ist festgelegt: Wenn jemand etwas klagen oder vorbringen will, so soll er es im Konvent vorbringen, damit wir an den Feiertagen ruhig und heiter schmausen können.
Leipoldt-Grundmann, Bd. 2, S. 79f.

Opfer und Festschmaus gehören zusammen

Welches Opfer ist den Göttern wohlgefällig ohne die Teilnahme am Festschmaus?
Dion von Prusa, Reden 3,97 (EÜ nach Cohoon, LCL 257, Bd. 1, S. 148f).

Folgen eines verweigerten Gastmahls im Traum

Es träumte jemand, seine Genossen und Bruderschaftsmitglieder träten plötzlich an ihn heran und sagten ihm: »Nimm uns auf und bewirte uns!« Er aber entgegnete: »Ich habe keinen Pfennig und nichts im Haus, um euch etwas vorzusetzen.«. Dann habe er sie fortgewiesen. Am folgenden Tag erlitt er Schiffbruch, geriet in äußerste Lebensgefahr und wurde nur mit Mühe und Not gerettet, wobei das Traumerlebnis ganz natürlich und folgerichtig sich an ihm erfüllte. Denn es ist allgemeine Sitte, dass die Genossen nach einem Begräbnis in das Haus des Verstorbenen gehen und dort speisen; die Aufnahme aber erfolgt im Namen des Toten als Dank für die ihm von den Genossen erwiesene letzte Ehre. Einen Schiffbruch erlitt er, weil er sie aus Geldnot abgewiesen hatte.
Artemidor, Traumbuch 5,82 (Brackertz, S. 342).

d) Ehre und Schande, Gastfreundschaft, Freundschaft und Liebe

Ehre

[1] Die Ehre (τιμή) ist etwas ganz Großes, da im Streben nach ihr die Menschen sich jeder Mühe unterziehen und jede Gefahr bestehen. [2] Auch ihr, scheint es, stürzt euch trotz der vielen Unannehmlichkeiten, die die Tyrannis nach deinen

Worten mit sich bringt, ohne Bedenken auf sie, damit ihr geehrt werdet und damit euch alle ohne Widerspruch bei allen Aufträgen zu Diensten stehen, damit alle auf euch schauen, sich vor euch von ihren Sitzen erheben und euch auf der Straße Platz machen und damit euch alle jeweils Anwesenden mit Wort und Tat Ehre erweisen; denn so verhalten sich ja die Beherrschten den Tyrannen gegenüber und auch einem anderen, den sie jeweils ehren.

[3] Und gerade dadurch scheint mir, Hieron, der Mensch sich von den übrigen Lebewesen zu unterscheiden, dass er nach Ehre strebt. Denn an Essen und Trinken, Schlafen und Liebesgenuss haben anscheinend alle Lebewesen gleichermaßen Freude. Der Ehrgeiz aber ist weder dem unvernünftigen Lebewesen noch allen Menschen von der Natur gegeben. Die aber, denen ein leidenschaftliches Verlangen nach Ehre und Lob von der Natur gegeben ist, die sind es, die sich am meisten vom Vieh unterscheiden und die als Männer gelten, nicht mehr bloß als Menschen. [4] […] Denn es scheint ja keine menschliche Freude näher an die Gottheit heranzureichen als die Freude über die Ehren.
Xenophon, Hieron 7,2–4 (Strauss, S. 21f).

Anständig und Unanständig

[3] Falls man denen nun beibringen kann, dass die Begriffe von Anständig (*honesta*) und Unanständig (*turpia*) nicht bei allen Völkern identisch sind, sondern dass sich der Wertmaßstab [jeweils] nach dem Althergebrachten (*maiorum institutis*) richtet, werden sie aufhören, sich zu wundern, dass ich bei der Darstellung der Qualitäten der Griechen auch deren Normen zugrunde gelegt habe. [4] Beispielsweise war es für Kimon, einen äußerst illustren Bürger Athens, durchaus keine Schande, mit seiner Halbschwester verheiratet zu sein, da dies in seiner Heimat der Brauch war. Für unser Moralempfinden dagegen ist es ein furchtbares Delikt. Auf Kreta bringt es jungen Männern Ehre ein, möglichst viele Lovers gehabt zu haben. In Sparta ist jede Witwe, selbst die vornehmste, für Geld dazu bereit, bei einem Mahl als Unterhalterin zu fungieren. [5] In fast ganz Griechenland galt es als Auszeichnung, bei den Olympischen Spielen als Sieger aufzutreten, und sich vor dem Volk zu produzieren, bedeutete für niemanden in diesen Ländern etwas Ehrenrühriges. Bei uns haftet all dem der Ruch des Schandhaften oder Unfeinen und Unanständigen an (*partim infamia, partim humilia atque ab honestate remota*). [6] Auf der anderen Seite erlauben unsere Sitten sehr Vieles, was bei jenen in Verruf stand. Welcher Römer schämt sich zum Beispiel, seine Frau zu einem Bankett mitzunehmen? Oder bei wem hält sich die Hausherrin (*mater familias*) nicht im zugänglichsten Teil der Wohnung auf, wo die Besucher kommen und gehen? [7] Ganz anders in Griechenland, wo man die Frau außer bei einem Essen mit Angehörigen zur Tafel nicht zulässt und in den inneren Teil des Hauses verbannt, den sogenannten Frauentrakt (*gynaeconitis*), den nur enge Verwandte betreten dürfen.
Cornelius Nepos, Biographien berühmter Männer, Vorwort 3–7 (Krafft / Olef-Krafft, S. 4–7).

Demonstration von Rangunterschieden bei den Persern

[134,1] Wenn sich zwei auf der Straße treffen, kann man an ihrem Gruß erkennen, ob beide gleichen Ranges sind. Statt sich gegenseitig anzureden, küssen sie sich auf den Mund. Ist einer ein wenig geringeren Standes, küssen sie sich auf die Wangen. Bei großem Standesunterschied fällt der Geringere nieder und verehrt den Höherstehenden durch Fußfall (προσκύνησις).

[2] Die nächsten Nachbarn genießen – nach ihnen selbst – das größte Ansehen von allen; dann kommen die entfernteren. Danach ehren sie die anderen, schrittweise abwärts. Am wenigsten gelten ihnen die Völker, die am entferntesten wohnen. Sie sind eben der Überzeugung, sie selbst seien die weitaus besten von allen Menschen, die andern hielten es entsprechend ihrer Entfernung mit der Tüchtigkeit, die von ihnen fernsten aber seien die geringsten.
Herodot, Historien 1,134 (Feix, Bd. 1, S. 128–131).

Grundarten von Fremden

[952 d] Wer also eine Reise ins Ausland unternimmt, soll sie nach diesen Vorschriften unternehmen und diese genannten Eigenschaften besitzen. Hiernach aber gilt es, den fremden Besucher freundlich zu empfangen. Nun gibt es vier Arten von Fremden, die eine Berücksichtigung verdienen.

Der erste und regelmäßig wiederkehrende Besucher ist der, [952 e] der uns zumeist im Sommer seinen gewohnten Besuch abstattet wie die durchziehenden Vögel; auch von diesen Fremden kommen ja die meisten geradezu wie auf Flügeln in der guten Jahreszeit über das Meer in die fremden Städte geflogen, um des Gewinns wegen Handel zu treiben. Diesen Besucher sollen die eigens dazu bestellten Beamten auf den Marktplätzen, in den Häfen und in öffentlichen Gebäuden außerhalb der Stadt in deren Nähe aufnehmen, wobei sie darauf zu achten haben, dass keiner von solchen Fremden irgendeine Neuerung einführt; auch sollen sie ihre Rechtsgeschäfte in angemessener Weise regeln, [953 a] wobei sie nur soweit unbedingt erforderlich, jedoch möglichst selten mit ihnen in Verkehr treten sollen.

Der zweite Besucher ist ein Beobachter im eigentlichen Sinn, nämlich ein Zuschauer, der mit den Augen, aber auch mit den Ohren den musischen Darbietungen folgt. Für jeden solchen Gast müssen neben den Heiligtümern Herbergen zur gastlichen Aufnahme hergerichtet sein; auch müssen die Priester und die Tempeldiener für solche Gäste sorgen und sie verpflegen, bis sie schließlich, nachdem sie eine angemessene Zeit bei uns verweilt und das gesehen und gehört haben, weswegen sie gekommen waren, wieder abreisen, ohne einen Schaden verursacht oder erlitten zu haben. [953 b] Richter für sie sollen die Priester sein, falls jemand einem von ihnen oder einer von ihnen einem anderen Unrecht zufügt, dessen Streitwert innerhalb von fünfzig Drachmen liegt; falls aber eine schwere Klage erhoben wird, so soll die richterliche Entscheidung in solchen Fällen bei den Marktaufsehern liegen.

Als dritten Fremden gilt es denjenigen, der in staatlichem Auftrag aus einem anderen Land kommt, auf Kosten des Staates aufzunehmen. Diesen dürfen nur Strategen, Hipparchen und Taxiarchen bei sich beherbergen; für die Bewirtung solcher Leute hat unter Mitwirkung der Prytanen [953 c] ausschließlich der zu sorgen, bei dem einer dieser Fremden als Gast Wohnung nimmt.

Der vierte Besucher – falls überhaupt jemals ein solcher zu uns kommt – ist ein seltener Gast; sollte aber wirklich einmal einer als Gegenstück zu den von uns ausgesandten Beobachtern aus einem anderen Land zu uns kommen, so darf er erstens nicht jünger als 50 Jahre sein; ferner muss er die Absicht haben, etwas Schönes zu sehen, das die Einrichtungen in den anderen Staaten an Schönheit übertrifft, oder auch einem anderen Staat etwas Ähnliches zu zeigen. Ein solcher Besucher soll allezeit ohne besondere [953 d] Einladung vor den Türen der Reichen und Weisen erscheinen, da er ja selber ein solcher ist […]

Nach diesen Gesetzen also soll man alle fremden Männer und Frauen aus einem anderen Land aufnehmen und die eigenen Bürger aussenden, um dadurch Zeus, [953 e] den Hort der Fremden, zu ehren, anstatt durch bestimmte Mahlzeiten und Opfer, wie das heute die Kinder des Nils tun, oder durch grausame Erlasse die Fremden zu vertreiben.
Platon, Gesetze 952 d–953 e (Schöpsdau, S. 458–461).

Der Gastfreund ist wie ein Bruder

[541] Nicht mehr spiele der Sänger, wir wollen uns *alle* ergötzen,
Wirte und Gast zugleich; denn dann ist es tausendmal schöner!
Tun wir doch alles zuliebe dem ehrfurchtgebietenden Gastfreund,
geben Geleit und liebe Geschenke und schenken aus Liebe.
[545] Gleich einem Bruder wird ja der Schützling, der Fremdling, gewertet,
kann eines Mannes Verstand auch nur wenig begreifen.
Homer, Odyssee 8,541–545 (Weiher, S. 222 f).

Ausgaben für einen Gastfreund sind eigentlich Gewinn

[672] Du Narr!
Denn bei einer schlechten Frau spricht man von Aufwand und beim Feind,
doch beim lieben Gast und Freund ist, was man dransetzt, Gewinn,
[675] und was man beim Kultus ausgibt, ist dem weisen Mann Profit.
Dank den Göttern hab ich Mittel, dich bei mir als Gast zu sehn:
Iss und trink, sei frohen Mutes mit mir und lad dir Frohsinn auf!
Frei ist ja mein Haus, und frei bin ich! Will leben für mich selbst!
Plautus, Der glorreiche Hauptmann 672–678 (Rau, S. 62 f).

Wann ein Gast lästig wird

[741] Denn es kann kein Gast ja so bei einem Freund sein zu Besuch,
dass er nicht nach einem Bleiben von drei Tagen lästig würd';

bleibt er aber gar zehn Tage, gibt's 'ne Ilias von Zank:
Hat der Herr auch nichts dagegen, murren seine Sklaven doch.
Plautus, Der glorreiche Hauptmann 741–744 (Rau, S. 66f).

Tadel für verletzte Gastfreundschaft

[483] »Nein, Antinoos, dies war nicht schön, dieser Wurf auf den armen Bettler.
Verwünschter du! Wenn ein Gott es, ein Himmlischer wäre!
[485] Götter geh'n ja doch auch durch die Städte, in manchen Gestalten.
Kommen sie, sehen sie dann aus als wären sie Fremde vom Ausland,
prüfen indessen der Menschen Stolz und ihr rechtliches Wesen.«
Homer, Odyssee 17,483–487 (Weiher, S. 480f).

Die Gastfreundlichkeit der armen Greisin Hekale

Inhaltsangabe der Hekale: Eine Frau aus Akte wohnte einst im Hügelland des Erechtheus. – Theseus, dem Anschlag Medeas entronnen, wurde von seinem Vater Aigeus sorgfältig behütet, da der junge Mann ganz plötzlich erst aus Troizen zu ihm gekommen war, der ihn nicht erwartet hatte. Er wollte aber gegen den Stier, der das Gebiet um Marathon verwüstete, ausziehen, um ihn zu überwältigen, und da man ihn davon abzuhalten suchte, verließ er heimlich das Haus und ging gegen Abend davon. Plötzlich brach ein Gewitter los; da bemerkte er am Fuße eines Berghangs das Häuschen der Hekale, einer alten Frau, und wurde dort gastlich aufgenommen. Im Morgengrauen aufgestanden, ging er in die betreffende Gegend; nach der Überwältigung des Stieres ging er zu Hekale zurück. Als er sie jedoch plötzlich tot vorfindet, trauert er, dass er sich in seiner Hoffnung getäuscht hatte; was er ihr aber zugedacht hatte als Dank für ihre Gastfreundlichkeit, das erfüllte er, indem er einen Demos (δῆμος) einrichtete, den er nach ihr benannte, und er errichtete ein Heiligtum des Zeus Hekaleios.
Zusammenfassung des berühmten Epyllion des Kallimachos von Kyrene nach der Suda (Asper, S. 274f).

Über die Freundschaft

Wir wollen nun das starke und kräftige Band der Freundschaft betrachten, das in keinerlei Hinsicht schwächer als das des Blutes, sondern sogar zuverlässiger und haltbarer ist; denn das Los der Geburt schafft die Blutsbande, sie sind also ein Werk des Zufalls, Freundschaft aber wird freiwillig geschlossen und gründet auf einer echten Entscheidung jedes Beteiligten. Daher kann man sich ohne Tadel schneller von einem Verwandten als von einem Freund abwenden, weil die eine Trennung nicht unbedingt dem Vorwurf der Unbilligkeit ausgesetzt ist, der anderen aber in jedem Fall Leichtfertigkeit zur Last gelegt wird. Da nämlich das Leben eines Menschen, das durch keine Freundschaft gesichert ist, einsam verläuft, darf man die notwendige Stütze nicht unüberlegt wählen und darf sie auch nicht, wenn man sich einmal aufrichtig für sie entschieden hat,

missachten. Wahrhaft treue Freunde aber erkennt man am besten im Unglück: Dann entspringt alles, was für den anderen getan wird, dem unerschütterlichen Wohlwollen. Freundschaftsdienste, die man einem Glücklichen erweist, entstammen überwiegend dem Wunsch, zu schmeicheln, nicht der Zuneigung, und sind immerhin verdächtig, mehr zu wollen als zu geben. Hinzu kommt, dass sich Menschen, denen das Glück nicht hold ist, in stärkerem Maße das Engagement ihrer Freunde wünschen, sei es, um Hilfe, sei es, um Trost zu erfahren; denn erfreuliche und günstige Verhältnisse bedürfen, da sie ja göttliche Unterstützung genießen, weniger der menschlichen. Das Gedenken der Nachwelt interessiert sich also stärker für die Namen derer, die ihre Freunde im Unglück nicht verließen, als für die, die einem glücklich verlaufenden Leben ihr Geleit gaben. Niemand redet von Sardanapals Freunden, Orestes aber ist durch seinen Freund Pylades fast berühmter als durch seinen Vater Agamemnon, weil die Freundschaft der Erstgenannten in gemeinschaftlichen Vergnügungen und Schwelgereien dahin schwand, die Kameradschaft der Letztgenannten jedoch, die sich in einer schwierigen und gefährlichen Lage bewährte, ihren Glanz durch die gemeinsame Erfahrung von Elend und Leid bekam.
Valerius Maximus, Denkwürdige Taten und Worte 4,7 (Blank-Sangmeister, S. 118–121).

Liebe

[2] Wird ein Mensch von anderen geliebt, so sehen ihn die, welche ihn lieben, gern um sich und tun ihm gern Gutes; sie sehnen sich nach ihm während seiner Abwesenheit und empfangen ihn bei seiner Rückkehr mit größter Freude; sie freuen sich mit ihm über seine Erfolge und helfen ihm gemeinsam, wenn sie sehen, dass er irgendwo Misserfolg hat. [3] Auch den Staaten ist es bekanntlich nicht entgangen, dass die Liebe (φιλία) das größte und erfreulichste Gut für die Menschen ist; jedenfalls darf man allein die Ehebrecher in vielen Staaten ungestraft töten, offensichtlich deshalb, weil man sie für die Zerstörer der Liebe der Frauen zu ihren Männern hält. [4] Denn wenn eine Frau vergewaltigt worden ist, hält ihr Mann sie darum nichtsdestoweniger in Ehren, immer vorausgesetzt, dass ihre Liebe offenbar ungetrübt weiter besteht. [5] Geliebt zu werden halte ich persönlich für ein so großes Gut, dass ich glaube, es fallen dem, der geliebt wird, tatsächlich von selbst alle Güter von Göttern und Menschen zu.
Xenophon, Hieron 3,2–5 (Strauss, S. 52–55).

e) Alter

Verschiedener Umgang mit dem Alter

[7] *Cato:* […] Oft habe ich ja schon die Klagen meiner Altersgenossen mit angehört – ein altes Sprichwort sagt ja: »Gleich und gleich gesellt sich gern!« –, ich habe gehört, worüber Gaius Salinator, worüber Spurius Albinus, ehemalige Konsuln, etwa in meinem Alter, immer wieder klagten: Dass sie die Sinnesfreuden

Alte Menschen in der Antike
Obwohl die durchschnittliche Lebenserwartung eines Menschen in der Antike bei ca. 35 Jahren lag, kannten antike Gesellschaften genügend Hochbetagte, um sich auch kulturell und literarisch mit dem Alter auseinander zu setzen. Für antike Autoren liegt das hohe Alter zwischen 50 und 60 Jahren. Die unterschiedliche Bedeutung des Alters für Männer und Frauen hat Plinius hervorgehoben: Während der Mann im Alter weiterhin seine Zeugungsfähigkeit behält, können Frauen dagegen nach dem 50. Lebensjahr nicht mehr gebären.

Alte Menschen galten vorwiegend als **Traditionsträger und autoritative Stützen** der Gesellschaft. In der Literatur wird das Alter seit Homer zumeist für seine Weisheit hoch geachtet. Platon empfiehlt daher ein Alter von 50 Jahren für die Übernahme hoher Ämter. Die Wertschätzung des Alters in Rom beruht auf der starken gesellschaftlichen und politischen Stellung des Familienvaters (**pater familias**). Er ist nicht nur Familienoberhaupt, sondern repräsentiert in der republikanischen Zeit, sofern er Mitglied der Oberschicht ist, auch die politische Herrschaft als Mitglied des Senats. Die ursprüngliche Bezeichnung der Senatsmitglieder als **patres** weist auf das Alter der Senatoren hin. Weisheit und Erfahrung des Alters werden als ein die Stabilität und die Traditionen der **res publica** wahrender Faktor angesehen, wohingegen Aufstände und Verschwörung zumeist der Jugend angerechnet werden. Cicero und Plutarch vertreten daher die These, man solle sich im Alter der Politik widmen, da man erst in dieser Lebensphase über die entsprechenden Fähigkeiten verfüge. Cicero betont zudem, dass man das Alter in Würde verleben und froh über das Nachlassen der Begierden sein soll.

Zugleich aber wird am Alter die **Zerbrechlichkeit menschlichen Lebens** exemplarisch sichtbar. Für Hesiod ist das Alter eine Last. Weit verbreitet war die Angst, im Alter unversorgt zu bleiben und in Armut vegetieren zu müssen. In Komödien und besonders in Satiren aus der Kaiserzeit wurden alte Männer und Frauen häufig karikiert, wobei besonders die sexuelle Begierde alter Menschen plakativ in den Vordergrund gerückt wurde. In oft drastischer Weise beschreiben hellenistische Plastiken den Verfall des menschlichen Körpers im Alter (z. B. »Die betrunkene Alte«).

Dem ausgeprägten Interesse am Alter steht das geringe Interesse an Kindheit und Jugend gegenüber. Dieser Umstand hängt sicherlich mit der vergleichsweise geringen Lebenserwartung in der Antike zusammen. Alter in der Antike war somit Segen und Fluch zugleich.

entbehren müssten, ohne die, wie sie meinten, das Leben kein Leben sei; dann wieder: dass sie bei denen nichts mehr gälten, von denen sie vorher stets geachtet worden seien. Diese Leute haben aber doch offensichtlich mit ihrer Klage am Ziel vorbeigeschossen. Wäre nämlich das Alter schuld, so müssten doch ich und alle anderen älteren Leute die gleichen Erfahrungen machen; ich kenne jedoch eine ganze Anzahl von solchen älteren Menschen, die über ihr Alter nicht klagten: Sie waren geradezu froh, von den Fesseln der sinnlichen Lust befreit zu sein, und sie wurden von ihrer Umgebung durchaus geachtet. Nein, nein! Schuld an allen derartigen Klagen hat der Charakter des Menschen, nicht das Alter. Wer nämlich im Alter anspruchslos, leutselig und freundlich ist, der kann es ganz gut aushalten. Misslaune jedoch und unfreundliches Wesen machen das Leben zur Qual, ganz gleich, wie alt man ist.

[8] *Laelius:* Es ist, wie du sagst, Cato. Aber es könnte einer einwenden, dir komme das Alter nur deswegen erträglicher vor, weil du eben ein einflussreicher, wohlhabender und angesehener Mann seiest – ein Glück, das nicht jedem beschieden sei.

Cato: Das ist allerdings ein wichtiger Gesichtspunkt, Laelius; aber keinesfalls beruht darauf alles. Themistokles hat z. B., wie man sagt, einem Seriphier, der ihm im Streit vorhielt, er habe nicht durch seinen eigenen Ruhm, sondern nur durch den seiner Vaterstadt solchen Glanz erreicht, zur Antwort gegeben: »Bei Gott! So wenig ich als Seriphier je hätte berühmt werden können, so wenig du als Athener!« Ebenso kann man auch in Bezug auf das Alter argumentieren: Herrscht größte Not, dann ist das Alter nicht einmal für einen Weisen erträglich; der Tor jedoch kann alles im Überfluss haben und wird doch das Alter nur als schwere Bürde empfinden.

[9] Kurz: Die besten Waffen gegen die Beschwerden des Alters, Scipio und Laelius, sind die Wissenschaften und die praktische Verwirklichung sittlicher Werte. Sie trägt, wenn man sie in jedem Lebensalter gepflegt hat, nach einem langen und reichen Leben herrliche Früchte, nicht nur aus dem Grunde, weil sie uns immer, selbst im letzten Augenblick des Lebens noch, möglich ist (und das ist doch schon ein sehr großer Gewinn!), sondern auch deswegen, weil das Bewusstsein, sittlich gut gelebt, und die Erinnerung, viele schöne Leistungen vollbracht zu haben, größte Freude bedeutet.

[4,10] Ich habe in meiner Jugend Quintus Maximus, den alten Mann, den, der Tarent zurückerobert hat, wie einen Altersgenossen geliebt; denn dieser Mann besaß würdevollen Ernst, gepaart mit aufgeräumter Heiterkeit, und das Alter hatte seinen Charakter nicht verändert; er war freilich noch nicht gar so hochbetagt, als ich ihn damals schätzen lernte, aber doch schon in vorgerückten Jahren.
Cicero, Cato 3,7–4,10 (Faltner, S. 12–17).

Das Alter als Zeit der Ernte

[70] Eine kurze Lebenszeit ist nämlich lange genug, um sittlich gut und anständig zu leben. Ist sie aber doch länger geworden, dann braucht man dies ebenso wenig zu bedauern, wie ein Bauer es bedauert, dass auf den lieblichen Frühling Sommer und Herbst gefolgt sind. Der Frühling ist ja sozusagen ein Bild für die Jugend, er weist hin auf die kommenden Früchte, die übrigen Jahreszeiten sind für das Abschneiden und Ernten der Früchte da. [71] Die Ernte aber, die man im Alter hat, ist, wie ich schon oft sagte, eine reiche Erinnerung an all das Gute, das man früher geschaffen hat. Unter das Gute aber ist all das zu rechnen, was menschlichem Wesen gemäß ist. Ist es aber nun nicht völlig menschlichem Wesen gemäß, dass alte Menschen sterben müssen? Widerfährt es jungen Menschen, so ist dies durchaus gegen die menschliche Natur, die sich dann aufbäumt. Daher kommt mir der Tod junger Leute vor wie das Ersticken eines gewaltigen Feuers mit einer Flut von Wasser; sterben aber alte Leute, so kommt gleichsam ein Feuer, das sich aufgezehrt hat, von selbst, ohne Gewalt, zum Erlöschen; und wie das Obst nur mit Mühe von den Bäumen abgepflückt werden kann, solange es noch grün ist, dagegen aber abfällt, sobald es zeitig und ausgereift ist, so nimmt jungen Leuten nur Gewalt, alten Menschen dagegen ihre Reife das Leben fort.

Auf diese Reife freue ich mich so sehr, dass ich, je näher ich dem Tode komme, glaube, gleichsam »Land in Sicht« zu haben und endlich nach langer Seefahrt in einen Hafen zu gelangen.
Cicero, Cato 19,70 f (Faltner, S. 86–89).

Tod eines Arztes in gesegnetem Alter

Griechische Inschrift in Distichen vom Kerameikos in Athen (Mitte 3. Jh. v. Chr.)
[1] Gäbe es für einen Arzt Freiheit vom Tode, nie wäre der alte Philon, der alle Heilmittel wusste, je in die Erde hinab gestiegen. [3] Doch, soweit das einem Menschen erreichbar ist, gelangte er zu des Alters äußerster Grenze, ohne sich je mit einer Krankheit Bürde schleppen zu müssen. [5] So mag denn einer wohl glücklich preisen, was der Tote hier erreicht hat, gesegnet im Alter, ein edler Mann.
Peek, Griechische Grabgedichte 215, S. 142 f.

Wie man im Alter »jung« bleibt

[11,36] Man soll jedoch nicht nur den Körper stärken, sondern noch viel mehr die Denkkraft, den Geist. Denn auch die Geisteskräfte schwinden im hohen Alter, falls man nicht, wie bei einer Lampe, Öl nachträufelt. Körperlich wird man durch laufende Überanstrengung schwerfällig, der Geist aber wird nur dadurch frisch erhalten, dass man ihn betätigt. Denn mit den Greisen, die Caecilius als »lächerliche alte Trottel« bezeichnet, meint er leichtgläubige, vergessliche, energielose Menschen und denkt dabei an Fehler, die nicht den Alten schlechthin, sondern nur den untätigen, trägen und verschlafenen alten Menschen eigen sind. Frechheit und hemmungslose Leidenschaft gibt es mehr bei den Jungen als bei den Alten, und doch nicht bei allen Jungen, sondern nur bei den Minderwertigen. Dementsprechend ist auch die so genannte »senile Verblödung« – man sagt in einem solchen Fall: Er ist nicht mehr ganz richtig im Kopf – nicht bei allen alten Leuten festzustellen, sondern nur bei denen. die sich gehen lassen.

[37] Vier kräftige Söhne, fünf Töchter, eine Menge Bediensteter und Klienten verstand Appius zu beherrschen, obwohl er nicht nur alt, sondern sogar blind war; er hielt eben seinen Geist stets angespannt wie einen Bogen, machte nie schlapp und ließ sich vom Alter nichts anhaben. Er behauptete nicht nur sein Ansehen, sondern auch die tatsächliche Herrschaft über seine Leute. Es fürchteten ihn die Sklaven, mit ehrfürchtiger Scheu begegneten ihm seine Kinder: Alle aber hatten ihn lieb; in seinem Hause herrschte Zucht, und ihr zufolge die Sitte unserer Väter.

[38] Achtung gebietend ist nämlich das Greisenalter nur dann, wenn ein alter Mensch sich selbst zu schützen weiß, wenn er sein Recht behauptet, wenn er sich in keines anderen Gewalt verkauft, wenn er bis zum letzten Atemzug Herr ist über seine Leute. Denn wie ich den jungen Mann loben muss, der schon etwas von der Reife des Alters an sich hat, so gefällt mir auch ein alter Mensch, wenn er noch einen Rest jugendlicher Frische zeigt; wer dies zum Ziele hat, der kann

wohl körperlich altern, geistig nie. Ich habe zur Zeit das siebente Buch meiner »Origines« in Arbeit: Alle historischen Denkwürdigkeiten trage ich zusammen; gerade jetzt arbeite ich alle Reden aus, die ich in Aufsehen erregenden Prozessen als Anwalt gehalten habe; ich behandle das Recht der *Auguren*, der *Pontifices*, und das bürgerliche Recht; ich beschäftige mich auch viel mit der griechischen Literatur; nach der Weise der Pythagoreer überdenke ich, um mein Gedächtnis zu üben, jeden Abend alles, was ich tagsüber gesprochen, gehört und getan habe. *Cicero, Cato 11,36–38 (Faltner, S. 46–49).*

Das Alter als Weg zum Tod

[21,77] Ich glaube mir nämlich erlauben zu dürfen, euch meine eigene Ansicht über den Tod vorzutragen; denn ich meine, dass sich diesbezüglich mein Blick umso mehr schärft, je näher ich dem Tode bin. Ich glaube daran, mein Scipio und du, mein Gaius Laelius, dass eure Väter, jene berühmten und mir so eng befreundeten Männer, noch leben, und zwar das Leben, das allein die Bezeichnung »Leben« verdient. Denn solange wir im Organismus dieses unseres Körpers gefangen sind, können wir sozusagen nicht heraus und haben eine schwere Aufgabe zu bestehen; die Seele nämlich, die himmlischen Ursprungs ist, wurde von ihrem erhabenen Wohnsitz verdrängt und gleichsam auf die Erde herab genötigt, an einen Ort, der geradezu der Gegenpol ihres göttlichen, unsterblichen Wesens ist. Aber ich glaube daran, dass die unsterblichen Götter die Seelen deswegen in menschliche Körper verpflanzt haben, damit es Wesen gibt, die die Länder in der richtigen Ordnung halten, indem sie aus ihrer betrachtenden Schau der himmlischen Ordnung heraus es dieser durch ein maßvolles und nach festen Grundsätzen ausgerichtetes Leben gleich zu tun suchen. Aber nicht nur meine eigene, von der Vernunft geleitete Forschung führte mich zu dieser Überzeugung, sondern auch das hochberühmte Ansehen der größten Philosophen.

[78] Wie ich hörte, haben Pythagoras und die Pythagoreer – man könnte sie fast unsere Landsleute nennen, da sie ja seinerzeit die »italischen« Philosophen hießen – stets daran festgehalten, dass unsere Seelen der göttlichen Weltseele entnommen sind. Außerdem bekam ich berichtet, was Sokrates – nach Apollons Orakel doch der Weiseste von allen – am letzten Tag seines Lebens über die Unsterblichkeit der Seele ausgeführt haben soll. Kurz, Folgendes ist es, was ich aus voller Überzeugung vertrete: Bei der erstaunlichen Schnelligkeit des menschlichen Geistes, bei seinem starken Erinnerungsvermögen an Vergangenes und seinem weiten Blick in die Zukunft, bei seinen zahlreichen Fertigkeiten und umfangreichen Kenntnissen, bei den vielen Erfindungen, die er schon gemacht hat, kann dieses Wesen, das doch so vieles umfasst, unmöglich sterblich sein. Da weiterhin die Seele stets in Bewegung ist, aber keine äußere Ursache dieser Bewegung kennt, weil sie sich selbst bewegt, wird sie auch kein Ende dieser Bewegung finden, da sie sich niemals selbst verlassen wird. Ferner ist die Seele meiner Überzeugung nach auch nicht teilbar, da ihr Wesen homogen ist, ohne Beimischung von Elementen, die ihm ungleich oder unähnlich wären; ist sie aber

nun nicht teilbar, dann kann sie auch nicht vergehen. Ein starker Beweis dafür, dass die Menschen bereits vor ihrer Geburt das meiste wussten, ist für mich auch die Tatsache, dass sie als Kinder, beim Erlernen schwieriger Fertigkeiten, Unzähliges so rasch auffassen, dass sie es offensichtlich nicht jetzt erst begreifen, sondern es aus tiefer Erinnerung schon kennen. So etwa steht es bei Platon.

[22,79] Bei Xenophon aber läßt sich Kyros der Ältere in seiner Sterbestunde mit folgenden Worten vernehmen: »Meine liebsten Söhne, glaubt nicht, dass ich, wenn ich euch verlassen habe, nirgends mehr oder nicht mehr sein werde. Ihr konntet meine Seele ja auch nicht sehen, solange ich bei euch war, ihr erkanntet lediglich an meinem Tun, dass sie in diesem Körper drin sein musste. Glaubt daher, auch wenn ihr sie nicht sehen werdet, dass sie ebenso noch weiter da ist!« [80] Es würden aber auch berühmten Männern nach ihrem Tode nicht laufend Ehrenbezeugungen erwiesen, wenn nicht gerade ihre Seelen etwas auslösten, wodurch wir sie in längerem Andenken behielten. Ich jedenfalls konnte nie dazu gebracht werden, zu glauben, dass die Seele während ihres Aufenthalts im sterblichen Leib lebe, nach dem Verlassen dieses Leibes aber sterbe; aber auch nicht, dass die Seele mit dem Verlassen des verstandeslosen Leibes ihre Geisteskraft einbüße; ich glaube vielmehr, dass sie dann erst die wahre Weisheit erlangt, wenn sie durch die Befreiung von jeglicher materieller Beimischung völlig rein und geläutert wird. Auch sieht man doch, wenn der Mensch nach dem Tode zerfällt, ganz eindeutig, wohin seine übrigen Bestandteile verschwinden: Sie gehen alle dorthin, woher sie ursprünglich kamen; die Seele aber ist der einzige Teil, den man nicht sieht, weder vor dem Tode noch nachher. Weiterhin wisst ihr aber doch auch, dass nichts dem Tode so ähnlich ist wie der Schlaf. [81] Nun bezeugt aber die Seele im Schlaf in ganz besonderer Weise ihre göttliche Abkunft: Denn in diesem Zustand völliger Entspannung sieht sie vielfach in die Zukunft. Daraus aber erhellt der Zustand, in dem sie sich befinden wird, wenn sie sich von den Fesseln des Körpers gänzlich freigemacht hat. »Daher sollt ihr mich nun«, sagte Kyros, »wenn dem wirklich so ist, in Zukunft wie einen Gott verehren; vergeht aber die Seele zusammen mit dem Leib, so werdet ihr doch aus Ehrfurcht vor den Göttern, die all das Schöne hier auf Erden erhalten und regieren, mein Andenken liebevoll und unantastbar bewahren«. So jedenfalls sprach Kyros vor seinem Tod. Wir aber wollen, wenn es euch recht ist, den Blick jetzt wieder auf uns richten.

[23,82] Niemand, Scipio, wird mich überzeugen können. dass dein Vater Paullus oder deine beiden Großväter Paullus und Africanus, oder der Vater oder der Oheim des Africanus, oder die vielen hervorragenden Männer, die aufzuzählen müßig wäre, so Großes im Hinblick auf ihr Andenken bei der Nachwelt gewagt hätten, wenn sie nicht erkannt hätten, dass eine Verbindung der Nachwelt zu ihnen möglich ist. Oder meinst du – um auch von meiner Person nach Art alter Männer etwas Rühmliches zu sagen –, ich hätte so große Mühen bei Tag und bei Nacht, im Frieden wie im Krieg, auf mich genommen, wenn ich glaubte, die Grenzen meines Ruhmes seien dieselben wie die meines Lebens? Wäre es denn dann nicht viel besser gewesen, mein Leben fern von der Politik, in Ruhe und ohne angestrengte Tätigkeit ablaufen zu lassen? Aber meine Seele richtete

sich irgendwie empor und blickte stets auf die Nachwelt, mit einem Gefühl, als ob sie dann erst »leben« würde, wenn sie das Leben hinter sich gebracht habe. Wäre nun die Unsterblichkeit der Seelen nicht wahr, dann trachtete auch nicht die Seele des Menschen, je edler er ist, umso mehr nach unsterblichem Ruhm.

[83] Wie steht es nun mit der Tatsache, dass gerade die Weisesten beim Sterben den größten Gleichmut zeigen, die Dümmsten aber vor dem Tod am meisten zittern? Gilt euch das nicht als ein Beweis dafür, dass die Seele, die mehr und weiter sieht, auch sieht, dass sie in eine bessere Welt übergeht, dass der Kurzsichtige dies aber nicht erkennt? Ich jedenfalls gerate in Verzückung und Begeisterung durch mein Verlangen, eure von mir so hochgeschätzten Väter zu sehen. Mich verlangt es aber nicht nur, mit denen zusammen zu treffen, die ich selbst kennen lernte, sondern auch mit jenen Männern, von denen ich gehört, gelesen und auch selbst geschrieben habe. Wenn ich einmal dorthin unterwegs bin, dürfte man mich nicht so leicht zurückholen oder »wieder aufkochen« können wie einen Pelias. Und wollte mir ein Gott die Gnade schenken, aus diesem meinem Alter heraus wieder Kind zu werden und in der Wiege zu wimmern, so würde ich mich wohl gar sehr weigern und keineswegs willens sein, nach vollendetem Rennen mich vom Ziel wieder an den Start zurückweisen zu lassen.

[84] Was hat denn das Leben Angenehmes zu bieten? Ist es nicht eher Mühseliges? Aber mag es ruhig seine angenehmen Seiten haben – so gibt es doch sicherlich auch ein »Genug«, einen Punkt, an dem das Maß voll ist. Es widerstrebt mir nämlich, das Leben zu bejammern, wie es schon viele, noch dazu gelehrte Leute getan haben; auch reut es mich nicht, gelebt zu haben; denn mein Leben war so, dass ich glauben darf, nicht umsonst auf die Welt gekommen zu sein. Und ich scheide aus ihm wie aus einer Herberge, nicht wie aus meinem eigentlichen Wohnhaus. Denn die Natur hat uns hier nur eine Einkehr zum Verweilen beschert, nicht einen ständigen Wohnsitz.

Wie herrlich wird der Tag, an dem ich in jene göttliche Versammlung und Gesellschaft der Seelen eingehen werde, um das Gewühle und unschöne Durcheinander hier auf Erden zu verlassen! Ich werde nämlich nicht nur zu den vorhin genannten Männern gelangen, sondern auch zu meinem Cato – für mich gab es ja keinen besseren Menschen, keinen lieberen Sohn! Seinen Leichnam habe ich eingeäschert, ein Dienst, den umgekehrt eigentlich er mir hätte erweisen müssen; seine Seele aber hat mich nicht verlassen, sondern ist, den Blick auf mich zurück gerichtet, bestimmt an jenen Ort entschwunden, an den auch ich selbst, wie er sehen musste, gelangen soll. Es sah so aus, als würde ich den Schicksalsschlag, der mich damals traf, mit starkem Herzen ertragen – aber nicht, weil ich ihn gelassen hingenommen hätte; vielmehr tröstete ich mich selbst mit dem Glauben, dass diese unsere schmerzliche Trennung nicht lange dauern würde.

[85] Das alles ist es, Scipio – und darüber musst du dich ja, wie du sagtest, mit Laelius immer wieder wundern –, was mir das Alter leicht macht, und zwar nicht nur nicht beschwerlich, sondern sogar angenehm. Nehmen wir nun an, ich täusche mich, wenn ich an die Unsterblichkeit der menschlichen Seelen glaube, so täusche ich mich gerne und will mir diesen Irrtum, der mir im Leben Freude

spendet, auch nicht gewaltsam nehmen lassen; hört nun nach dem Tode – es gibt da einige unbedeutende Philosophen, die das glauben – mein Bewusstsein auf, dann brauche ich aber auch nicht zu befürchten, die toten Philosophen könnten diesen meinen Irrtum belächeln. Sei es drum, dass wir auch nicht unsterblich sein werden, so ist es doch für den Menschen wünschenswert, dass sein Lebenslicht, wenn es an der Zeit ist, ausgeblasen wird. Denn die Natur hat, wie allem anderen, so auch dem Leben ein Maß bestimmt. Das Greisenalter ist, wie bei einem Schauspiel, des Lebens letzter Akt. Hier schlapp zu machen, sollten wir vermeiden, zumal wir ja die Erfüllung (*satietas*) haben.
Cicero, Cato 21,77–23,85 (Faltner, S. 94–107).

Weiterführende Literatur

Falkner, Th. M. / de Luce, J. (Hgg.), Old Age in Greek and Latin Literature, New York 1989.
Gnilka, Chr., s. v. Greisenalter, in: RAC 12, 1983, 995–1094.
Bradley, K. R., Discovering the Roman Family, New York 1992.
Brandt, H., Wird auch silbern mein Haar. Eine Geschichte des Alters in der Antike, Darmstadt 2003.
Landschaftsverband Rheinland (Hg.), Alter in der Antike. Die Blüte des Alters aber ist die Weisheit. Katalog zur Ausstellung im LVR-LandesMuseum Bonn 25.2.2009–7.6.2009, Mainz 2009.

f) Tod und Begräbnis (vgl. auch IV C8)

Bestattungsbestimmungen

Begräbnis eines reichen Römers

[53,1] Denn wenn bei ihnen einer von den *Nobiles* stirbt, wird er im Leichenzug ganz feierlich zu den sogenannten Schiffsschnäbeln [*scil.* die Rednertribüne] aufs *Forum* gebracht, meist aufrecht sitzend und deutlich sichtbar, selten liegend. [2] Während das ganze Volk ringsum steht, steigt jemand auf die *Rostra* – wenn ein erwachsener Sohn hinterblieben und anwesend ist, dieser; wenn nicht, ein anderer aus dem Geschlecht – und hält eine Rede über die Tugenden des Verstorbenen und die Taten, die er während seines Lebens vollbracht hat. [3] Dadurch erinnert sich die Menge wieder und stellt sich das Vergangene erneut vor Augen, und zwar nicht nur die, welche bei den Taten dabei waren, sondern auch die Nichtbeteiligten, und sie werden so sehr von Mitgefühl ergriffen, daß der Todesfall als ein Verlust nicht nur für die Leidtragenden, sondern für das ganze Volk erscheint.

[4] Wenn sie ihn dann beigesetzt und die Bestattungszeremonien vollzogen haben, stellen sie das Bild des Verstorbenen in einem tempelartigen Gehäuse aus Holz an dem Platz im Hause auf, wo man es am besten sehen kann. (5) Das Bild ist eine Maske, die in ihrer Form und Farbe dem Antlitz des Toten in hohem Maße ähnlich ist. [6] Bei Opferfesten, die der Staat veranstaltet, öffnen sie die Gehäuse und schmücken diese Bilder prächtig, und wenn ein angesehenes Glied der Familie gestorben ist, führen sie sie im Leichenzug mit und setzen sie denen auf, die ihrer Größe und Statur nach dem betreffenden Verstorbenen besonders

ähnlich zu sein scheinen. [7] Diese Leute tragen dann auch noch, wenn der Verstorbene Konsul oder Prätor gewesen ist, Kleider mit einem Purpursaum, wenn er Zensor gewesen ist, rein purpurne, und wenn er einen Triumph gefeiert oder gleichwertige Taten vollbracht hat, tragen sie goldgestickte Kleider. [8] Diese eben genannten Leute fahren nun auf Wagen; vorweg werden Rutenbündel, Beile und die übrigen Amtsinsignien getragen entsprechend dem Rang, den der Verstorbene im Staate eingenommen hat. [9] Wenn sie zu der *Rostra* gekommen sind, nehmen alle nacheinander auf elfenbeinernen Sesseln Platz. Ein junger Mann, der nach Ruhm strebt und Sinn für das Bedeutende hat, kann nicht leicht ein schöneres Schauspiel sehen. [10] Wen würde es nämlich nicht beeindrucken, die Bilder von Männern, die wegen ihrer Vollkommenheit berühmt sind, alle zusammen gleichsam als Menschen mit Leib und Seele zu sehen? Welches Schauspiel erschiene schöner?

[54,1] Wenn der Redner seine Rede über den, der beigesetzt werden soll, beendet hat, beginnt er, über die anderen, deren Masken da sind, zu sprechen, indem er mit den Ältesten anfängt, und erwähnt die Erfolge und Taten eines jeden. [2] Während so der Ruhm, den die bedeutenden Männer durch ihre Vorzüge erlangt haben, immer wieder erneuert wird, wird der Ruhm derer, die etwas Bedeutendes geleistet haben, unsterblich gemacht, und das Ansehen derer, die dem Vaterland gute Dienste erwiesen haben, wird dem Volk bekannt und der Nachwelt weitergegeben. [3] Vor allem werden die jungen Leute dazu angespornt, alles für das Gemeinwesen auf sich zu nehmen, um sich den Ruhm zu erwerben, der bedeutenden Männern folgt.
Polybios, Historien 6,53,1–54,3 (Eisen, S. 63f).

5. Jh. v. Chr. Rom
Einen Toten darf man in der Stadt weder begraben noch in ein Brandgrab bringen.
Tafel 10,1 des Zwölftafelgesetzes (Düll, S. 56f).

5. Jh. v. Chr. Rom
Von einem Toten soll man nicht die Gebeine sammeln und danach noch eine besondere Leichenfeier veranstalten.
Tafel 10,5 a des Zwölftafelgesetzes (Düll, S. 58f).

Das Grab als »Haus der Freiheit«

Auf einem Sarkophag aus Sidyma / Lykien, 1./2. Jh. n. Chr.
[1] Mensch, der ich bin, habe auch ich geduldigen Herzens über des ganzen, leicht hingelebten Lebens schließliches Ende nachgedacht: [3] wohin sich des Lebendigen Spur verliert und was denn vom Körper übrig bleiben wird, wenn der Odem daraus entwichen ist. [5] Deswegen habe ich mir von kundiger Steinmetzhand dies Behältnis hier anfertigen lassen, damit der Leib auch dann noch dauere, wenn er zu Staub geworden ist. [7] Nur dies eine Mal habe ich bei dem,

1 Relief aus Amiternum
Leichenzug eines vornehmen Römers mit Klageweibern, Musikanten und dem Verstorbenen auf einer Bahre (aus Amiternum, spätrepublikanische Zeit).

was das Leben zu bieten hat, in nichts gespart für mich und meine Gattin, die ehrwürdige Nannis: [9] Uns, die wir in einträchtiger Ehe ein einiges Leben geführt, habe ich in Gestalt des Grabes ein Haus der Freiheit in Würde und Anstand errichtet, [11] euch Nachgeborenen des Lebens Wege weisend. – Aus den Versanfängen entnimm, wem das Denkmal gehört.
Peek, Griechische Grabgedichte 280, S. 166f.

Der Tod als Schlaf

Von einem Grabpfeiler aus Tomis / Thrakien, 2./3. Jh. n. Chr.
[1] Einen festen Schlaf schläft Eros; im Totenreich gibt es kein Sehnen mehr und keine Liebe bei den Abgeschiedenen, [3] sondern der Tote liegt da wie ein Stein, der fest in der Erde steht, wenn sein Blut und sein zarter Leib sich aufgelöst haben. [5] Deswegen, solange du dies beides noch besitzt, greife du selber nach des Lebens edlem Ruhm, genieße alle Güter dieser Zeit, solange du noch Liebe und Verlangen in dir verspürst.

[7] Aus Wasser und Erde und Luft bestand ich dereinst. Aber jetzt, wo ich tot daliege, gab ich ein jedes einem jeden zurück. [9] Allen steht dies bevor. Was soll ich mehr noch sagen: woher er kam, dahin löste sich der Leib wieder auf, wie er dahinschwand.
Peek, Griechische Grabgedichte 452, S. 264f.

Der Tod als Ende aller Mühsal

Gerahmte Marmortafel aus Gophna nördlich von Jerusalem 2./3. Jh. n. Chr.
[1] Die Wohnung eines runzligen Mütterchens siehst du vor dir, in der sie zur Ruhe gekommen ist nach aller Mühsal. Der Sohn hat sie gebaut und ihr als Weihgabe gestiftet, [3] letzte, süße Mühe für uns Menschen, und als Denkmal ihres Ruhmes. Oh, als froh begrüßter Hafen muss solche Wohnung den Lebenden erscheinen. [5] Denn wer in mir wohnt, der ist für immer fertig mit seinen

Mühen und Sorgen, und wenn du mich ansiehst, so muss ich dir viel erfreulicher vorkommen als dein eigenes Leben. [7] Alle erwartet ein Ende, ein Schweigen. Gemeinsam sind Reichtum und Armut bei mir, für alle bin ich gleich. [9] Wenn du diese Schriftzeichen auf der Tafel hier gelesen hast, so wisse: Solchermaßen ist der Moiren Absicht und Ziel. [11] Dein ist das Grab, Niko. Des Erbauers Namen wirst du aus den Versanfängen auf dem Stein sogleich erfahren. Geh deines Weges.
Peek, Griechische Grabgedichte 274, S. 164f.

Nachleben eines toten Helden in der Erinnerung

Griechische Inschrift in Distichen aus Stratos (3.–2. Jh. v. Chr.)
[1] Der Ruhm der Tüchtigkeit (ἀρετή) leuchtet auch den Toten noch; denn die ungezählten Kampfpreise, die sie vermöge ihrer Taten aus siegreicher Lanzenschlacht heimgebracht haben, überdauern die Zeit. [3] Nicht trügerisch ist solcher Worte Rede ausgegossen, sondern das Bild aus Erz sagt allen vernehmlich: »Dies ist Pantaleon, des Agemas Sohn.« [5] Sosandros hat es gestiftet und für Pantaleon aufstellen lassen, der Vorsteher des schönen Gymnasion der Junioren. [7] Deswegen denn, Dämon (δαίμων), gib Gedeihen dem Mann – denn das ist rechtens –, indem du seinen Namen berühmt machst, und vergönne, dass sein Leben die Ziele erreiche, die ihm am Herzen liegen.
Peek, Griechische Grabgedichte 213, S. 140f.

Lebensweisheiten angesichts des sicheren Todes

Inschrift aus Kios
Trinke, esse, schwelge, liebe,
hier unten ist Finsternis!
Freut euch, Vorbeiziehende!
Übersetzung Luz in Peres, S. 177.

Griechische Inschrift aus Ostia, 2. Jh. n. Chr.
Kurz ist das Leben, aber lang die Lebenszeit unter der Erde, die wir Sterblichen mit unserem Ende antreten.
Alle haben Teil an dem Schicksal, zu gewinnen gottgewirktes Los,
in welcher Gestalt es auch immer trifft.
Pfohl, 25, S. 29.

Gespenster und Untote

C. Plinius grüßt seinen Sura:
Die Muße gibt mir die Möglichkeit, etwas zu lernen, und dir, mich zu belehren. Also: ich möchte gar zu gerne wissen, ob du glaubst, dass es Gespenster gibt und dass sie eine eigene Gestalt und irgendeine Wirksamkeit haben oder leere, eitle Gebilde sind und nur in unsrer Furcht Gestalt gewinnen.

[2] Ich glaube an ihre Existenz, und dazu bestimmt mich vornehmlich, was, wie ich höre, Curtius Rufus passiert ist. Noch unbekannt und in dürftigen Verhältnissen lebend, befand er sich im Gefolge des Statthalters von Afrika. Eines Tages ging er gegen Abend in einer Wandelhalle spazieren. Da trat ihm eine weibliche Gestalt von übernatürlicher Größe und Schönheit entgegen; betroffen hörte er sie sagen, sie sei Afrika und kenne die Zukunft; er werde nach Rom gehen, dort zu Ehrenstellen emporsteigen, dann als Statthalter nach Afrika zurückkehren und dort sterben. Alles ist eingetroffen! [3] Als er in Karthago landete und aus dem Schiffe stieg, soll ihm überdies dieselbe Gestalt am Ufer erschienen sein. Jedenfalls erkrankte er bald, und von der Vergangenheit auf die Zukunft, vom Glück aufs Unglück schließend, ließ er alle Hoffnung auf Genesung fahren, während alle seine Angehörigen nicht daran zweifelten.

[4] Ist nicht auch folgende Geschichte, die ich dir erzählen will, wie ich sie gehört habe, ebenso grausig und ebenso wunderbar? [5] Da war in Athen ein weitläufiges, geräumiges, aber verrufenes, Unheil bringendes Haus. In der Stille der Nacht hörte man Eisen klirren, und wenn man schärfer hinhörte, Ketten rasseln, zuerst in der Ferne, dann ganz in der Nähe. Schließlich erschien ein Gespenst, ein alter Mann, abgemagert und von Schmutz starrend, mit langem Bart und struppigen Haaren; an den Beinen trug er Fußfesseln, an den Händen Ketten, die er schüttelte. [6] Infolgedessen durchwachten die Bewohner aus Angst trostlose, grausige Nächte; die Schlaflosigkeit führte zu Krankheiten und bei zunehmender Angst zum Tode. Denn auch bei Tage war das Gespenst zwar verschwunden, gaukelte aber in ihrer Phantasie vor ihren Augen, und die Angst hielt länger vor als deren Ursache. Schließlich wurde das Haus aufgegeben, zur Verödung verdammt und gänzlich jenem Unhold überlassen; immerhin wurde es ausgeboten, falls es jemand in Unkenntnis jener Schrecknisse kaufen oder mieten wollte.

[7] Da kommt der Philosoph Athenodor nach Athen, liest den Anschlag, fragt nach dem Preise, und da er ihm verdächtig niedrig vorkommt, forscht er nach, erfährt alles und mietet das Haus trotzdem, ja, nun erst recht.

Als es Abend wird, lässt er sich im vorderen Teil des Hauses ein Lager bereiten, lässt sich Schreibtafel, Griffel und Lampe bringen; seine Leute schickt er alle in die inneren Gemächer, er selbst konzentriert Geist, Augen und Hand aufs Schreiben, damit ihm sein Gehirn nicht unbeschäftigt die Trugbilder vorspiegele, von denen er gehört hatte, und ihm unbegründete Furcht einjage.

[8] Anfangs wie überall nächtliche Stille, dann Klirren von Eisen, Rasseln von Ketten. Er hebt nicht die Augen, legt den Griffel nicht aus der Hand, fasst sich ein Herz und zwingt sich, nicht hinzuhören. Da verstärkt sich das Getöse, kommt näher und ist bereits wie an der Schwelle, wie innerhalb der Schwelle zu hören. Er blickt auf, sieht und erkennt die Gestalt, wie man sie ihm beschrieben hat. [9] Sie steht da und winkt mit dem Finger, als wollte sie ihn zu sich rufen. Er dagegen gibt ihr mit der Hand ein Zeichen, einen Augenblick zu warten, wendet sich wieder der Schreibtafel und dem Griffel zu. Da rasselt sie zu Häupten des Schreibenden mit den Ketten. Als er hinblickt, winkt sie wieder genau wie eben, und jetzt nimmt er unverzüglich die Lampe und folgt ihr.

[10] Langsamen Schrittes, wie von den Ketten beschwert, schreitet das Gespenst voran. Als es in den Hofraum des Hauses einbiegt, verflüchtigt es sich plötzlich und lässt seinen Begleiter allein. Der rupft Gras und Blätter zusammen und bezeichnet damit die Stelle.

[11] Folgenden Tags geht er zu den Behörden und bittet, an der bezeichneten Stelle nachgraben zu lassen. Man findet in Ketten verstrickte Knochen, die der im Laufe der Zeit durch die Einwirkung des Erdreichs verweste Leichnam nackt und zerfressen übrig gelassen hatte; man sammelt sie und setzt sie auf Staatskosten bei. Nachdem so die Manen gebührend Ruhe gefunden hatten, blieb das Haus fortan von ihnen verschont.

[12] Diese Geschichte muss ich den Leuten glauben, die sich dafür verbürgen. Für folgendes kann ich selbst mich andern gegenüber verbürgen. Ich habe einen nicht ganz ungebildeten Freigelassenen. Mit dem schlief sein jüngerer Bruder zusammen in einem Bett. Dieser Junge hatte einen Traum. Jemand setzte sich an sein Lager, näherte sich mit einer Schere seinem Kopfe und schnitt ihm sogar die Haare vom Scheitel. Als es Tag wurde, fand man ihn um den Scheitel geschoren und die Haare rings herumliegend.

[13] Gar nicht lange danach bestätigte ein zweiter, ähnlicher Vorfall den früheren. Einer meiner jungen Sklaven schlief zusammen mit mehreren anderen im Pagenzimmer. Da kamen zwei Gestalten in weißen Gewändern durchs Fenster – so erzählt er –, schoren ihn, während er im Bette lag, und verschwanden dann auf dem Wege, auf dem sie gekommen waren. Auch ihn fand man bei Tage geschoren und die Haare rings verstreut.

[14] Es erfolgte nichts Besonderes, außer vielleicht, dass ich nicht angeklagt wurde, was gewiss geschehen wäre, wenn Domitian, unter dessen Regierung dies passierte, länger gelebt hätte. Denn unter seinen Papieren fand sich eine von Carus eingereichte Klageschrift gegen mich. Da es nun Sitte ist, dass Angeklagte ihr Haar wild wachsen lassen, könnte man auf den Gedanken kommen, dass die abgeschnittenen Haare meiner Leute die Abwendung der mir drohenden Gefahr bedeuteten.

[15] Ich bitte dich also, biete all deine Gelehrsamkeit auf! Die Sache verdient es, lange und gründlich bedacht zu werden, und auch ich verdiene es doch wohl, dass du mir von deinem Wissen abgibst. [16] Meinetwegen kannst du dabei auch, wie es deine Art ist, das Für und Wider erörtern, nur entscheide dich klipp und klar so oder so und lass mich nicht in Unruhe und Ungewissheit, denn ich habe dich um Auskunft gebeten, um nicht länger zweifeln zu müssen.

Leb' wohl!

Plinius (d. Jüngere), Briefe 7,27 (Kasten, S. 413–416).

Trauer wandelt sich in neue Liebe: Die Witwe von Ephesus

[111,1] Es war einmal eine Dame in Ephesus, deren Sittsamkeit in so hohem Rufe stand, dass selbst Frauen aus den Nachbarländern sich aufmachten, sie anzustaunen. [2] Als diese nun ihren Mann zu Grabe tragen musste, war es ihr zu

wenig, nach gewöhnlichem Brauch der Leiche mit aufgelösten Haaren zu folgen oder vor aller Augen die entblößte Brust zu schlagen: In der Gruft sogar folgte sie dem Dahingeschiedenen, und als die Leiche nach griechischer Sitte in einer Katakombe beigesetzt war, ging sie daran, sie zu bewachen und zu beweinen ohne Unterlass bei Tag und Nacht. [3] In solchem Harm wollte sie sich zu Tode hungern, und nicht Eltern, nicht Verwandte vermochten sie wegzubringen; Amtspersonen zogen schließlich unverrichteter Dinge ab, und unter allgemeiner Rührung über solch einzigartiges Vorbild brachte die Frau schon den fünften Tag ohne Nahrung zu. [4] Der Ärmsten leistete eine treu ergebene Dienerin Gesellschaft, die ebenso Tränen für die Trauernde hatte wie sie immer, wenn die im Grabe aufgestellte Lampe ausgehen wollte, nachgoss. [5] Daher gab es in der ganzen Stadt nur eine Stimme: Ein so leuchtendes Vorbild wahrer Sittsamkeit und Liebe sei noch nicht dagewesen, das bekannte jedermann, gleich welchen Standes.

Unterdessen ließ der Statthalter der Provinz Räuber ans Kreuz schlagen, in der Nähe jener Behausung, wo die Dame den frischen Leichnam beweinte. [6] Als nun in der nächsten Nacht der Soldat, der die Kreuze bewachte, damit niemand eine Leiche zur Beisetzung abnehme, inmitten der Gräber deutlich genug ein Licht schimmern sah, und Wehklagen hörte, verlangte es ihn in nur allzu menschlicher Neugier zu wissen, wer dort am Werke sei und was er überhaupt treibe. [7] Er stieg daher in die Gruft hinab, und als er eine wunderschöne Frau erblickte, blieb er zuerst wie vor einem Gespenst und höllischen Blendwerk verdutzt stehen. [8] Wie er darauf hier die Leiche liegen sah, dort Tränen und ein von Nägeln zerfurchtes Antlitz gewahrte, schloss er denn auf den wahren Sachverhalt: dass hier ein Weib den Verlust eines geliebten Mannes nicht verwinden könne. Da brachte er seine Ration ins Grab herbei und begann der Trauernden zuzureden: Sie solle nicht mit nutzloser Klage ihre Brust zerreißen; alle erwarte das gleiche Ende und die gleiche Ruhestätte – und womit man sonst ein schwärendes Herz zur Heilung ruft. [9] Aber der Trost des Unbekannten erschütterte sie nur, so dass sie noch heftiger ihre Brust zerschlug, sich die Haare ausraufte und über die daliegende Leiche breitete. [10] Doch der Soldat räumte das Feld nicht, sondern sprach ihr von neuem zu und versuchte, dem Frauenzimmer Essen zu reichen, bis die Dienerin sich vom Duft des Weines betören ließ und erst selber auf die freundliche Einladung willenlos die Hand hinstreckte, dann, erquickt von Speis und Trank, bei ihrer hartnäckigen Gebieterin zum Sturm ansetzte und sagte:

> [11] »Was soll dir das nützen, wenn du dich mit Hunger aufreibst, wenn du dich lebendig begräbst, wenn du, ehe es das Schicksal so will und deine Stunde schlägt, dein Leben hinwirfst? [12] Nach solchen Opfern, meinst du, fragen die Toten in des Abgrunds Nacht? Willst nicht du ins Leben zurückkehren? Nicht mit dem Irrtum des weiblichen Geschlechts aufräumen, als dürfe man nicht so lange wie möglich die Freuden des Daseins genießen? Die Leiche selbst, wie sie da liegt, muss dir Mahnung sein, zu leben.«

[13] Niemand hört es ungern, wenn man ihn entweder zu essen oder doch zu leben nötigt. So ließ die Frau, von mehrtägigem Fasten ausgedörrt wie sie war,

ihre Hartnäckigkeit zerknicken und aß sich nicht weniger gierig satt als ihre Dienerin, die vorher unterlegen war.

[112,1] Nun weiß man, welche Versuchung zumeist einen Menschen anzukommen pflegt, wenn er satt ist. Mit eben der Liebenswürdigkeit, mit der er bei der Dame die Lust zum Leben durchgesetzt hatte, attackierte der Soldat auch ihre Sittsamkeit. [2] Und ihren keuschen Augen schien der junge Mann nicht reizlos oder ungewandt, dazu legte sich die Dienerin ins Mittel und sagte einmal ums andere:

»Und einer Neigung willst du widerstreben,
für die dein Herz so mächtig spricht?«

Wozu noch mehr Worte? Auch diesen Körperteil ließ die Frau nicht länger fasten, und die Überredungskunst des Soldaten triumphierte auf beiden Fronten. [3] Also lagen sie beieinander, nicht nur in jener Nacht, in der sie Hochzeit feierten, sondern auch am folgenden und dritten Tage; die Tür der Gruft hatten sie wohlweislich zugesperrt, damit jedermann, der als Freund oder Fremder zum Grabe käme, glauben sollte, die sittsamste aller Gattinnen habe über der Leiche ihres Mannes den Geist aufgegeben. [4] Nun hatte dieser Soldat sein Entzücken ebenso an der Schönheit der Frau wie an dem Geheimnis, kaufte zusammen, was er sich an guten Dingen leisten konnte, und trug es gleich beim Anbruch der Nacht in das Grab. [5] Wie daher die Eltern eines der Gekreuzigten merkten, dass der Postendienst weniger genau genommen wurde, hängten sie den Mann nachts ab und erwiesen ihm die letzte Ehre. [6] So wurde der Soldat geprellt, als er sich verlag. Wie er aber am nächsten Tag eines der Kreuze ohne Leiche sieht, bekommt er Angst um seinen Kopf und setzt der Frau den Vorfall auseinander; und er wolle den Richterspruch nicht abwarten, sondern selber seine Fahrlässigkeit mit dem Schwerte richten; sie möge ihm nur einen Platz zum Sterben gönnen und die verhängnisvolle Gruft dem Freund und dem Mann gemeinsam einräumen. [7] Die Frau besaß nicht weniger Mitleid als Sittsamkeit und sagte: »Nein, das verhüte Gott, dass ich zu gleicher Zeit die zwei Menschen, die mir die liebsten sind, als zwei Leichen sehen muss. Lieber will ich den Toten darangeben als den Lebendigen umbringen.« [8] Gesagt, getan: Sie lässt die Leiche ihres Gatten aus dem Sarg heben und an jenes Kreuz schlagen, das leer stand. Der Soldat zog aus dem genialen Einfall der klügsten aller Frauen seinen Nutzen, und am nächsten Tage fragten sich die Leute, wie wohl der Tote auf das Kreuz gelangt sei.

Petronius, Satiren 111–113 (Müller / Ehlers, S. 240–247).

Visionen aufgrund höchster Erregung bei einem Todesfall

[27] Deshalb sollten wir bei dem, was der Wahrheit gleichen soll, auch selbst in unseren Leidenschaften denen gleichen, die wirkliche Leidenschaften durchmachen, und unsere Rede sollte aus einer Gemütsstimmung hervorgehen, wie wir sie auch bei dem Richter zu erzeugen wünschen. Oder wird etwa der Richter Schmerz empfinden, der mir, während ich zu diesem Zweck rede, keinen Schmerz anhört? Wird er in Zorn geraten, wenn der Redner selbst, der ihn zum Zorn an-

stachelt, nichts bieten will, was dem entspricht, was er fordert? Seine Tränen einem Mann verschenken, der trockenen Auges seinen Fall vorträgt? Ganz unmöglich! [28] Nur Feuer kann einen Brand entfachen, nur Feuchtigkeit uns durchnässen, und nichts kann auf anderes abfärben, wenn es selbst die betreffende Farbe nicht hat. Das erste ist es also, dass bei uns selbst die Regungen stark sind, die bei dem Richter stark sein sollen, und wir uns selbst ergreifen lassen, ehe wir Ergriffenheit zu erregen versuchen. [29] Aber wie ist es möglich, sich ergreifen zu lassen? Die Gemütsbewegungen stehen doch nicht in unserer Gewalt! Auch hiervon will ich zu sprechen versuchen. Jeder, der das, was die Griechen φαντασία nennen – wir könnten *visiones* (Phantasiebilder) dafür sagen –, wodurch die Bilder abwesender Dinge (*imagines rerum absentium*) so im Geiste vergegenwärtigt werden, dass wir sie scheinbar vor Augen sehen und sie wie leibhaftig vor uns haben: Jeder also, der diese Erscheinung gut erfasst hat, wird in den Gefühlswirkungen am stärksten sein. [30] Manche nennen den εὐφαντάσιστος (phantasievoll), der sich Dinge, Stimmen und Vorgänge am wirklichkeitsgetreuesten vorstellen kann, und das kann uns, wenn wir wollen, leicht gelingen. Umgeben uns doch schon in Zeiten der Muße, wenn wir unerfüllten Hoffnungen nachhängen und gleichsam am hellen Tage träumen, solche Phantasiebilder so lebhaft, als ob wir auf Reisen wären, zu Schiffe führen, in der Schlacht stünden, zum Volke redeten oder über Reichtümer, die wir nicht besitzen, verfügten, und das alles nicht nur in Gedanken, sondern wirklich täten. Sollen wir aus dieser Schwäche nicht einen geistigen Gewinn machen? [31] Ich habe Klage zu führen, ein Mann sei erschlagen. Kann ich da nicht all das, was dabei, als es wirklich geschah, vermutlich vorgefallen ist, vor Augen haben? Wird nicht plötzlich der Mörder hervorbrechen? Nicht das Opfer voll Angst aufschrecken? Wird es schreien, bitten oder fliehen? Werde ich nicht den Schlag fallen, das Opfer zusammenbrechen sehen? Wird sich nicht sein Blut, seine Blässe, sein Stöhnen und schließlich sein letzter Todesseufzer meinem Herzen tief einprägen?
Quintilian, Ausbildung des Redners 6,2,27–31 (Rahn, Bd. 2, S. 708–711).

C. Das Judentum im Römischen Reich

1. Geschichte und Status der römischen Provinz Syrien / Judäa

Eine Steuerschätzung unter Augustus in Syrien

Quintus Aemilius Secundus, Sohn eines Quintus, zugehörig zur Tribus Palatina; im Heer des vergöttlichten Augustus wurde er unter P. Sulpicius Quirinius, dem Legaten Caesars in Syrien, mit Auszeichnungen geehrt; er war Kommandeur der Cohors I Augusta, Kommandeur der Cohors II Classica; er hat ferner auf Befehl des Quirinius (beim *census*) die Bevölkerung der Stadt Apamea erfasst und zwar 117.000 Bürger.
Dessau 2683 (Eck, Rom, S. 38, Anm. 78).

2 Vespasians Siegermünze

Recto: IMP CAES VESPASIAN AVG P M TRIB COS III
Verso: IUDAEA CAPTA S C

Recto: Imperator Caesar Vespasianus Augustus, oberster Priester, mit tribunizischer Gewalt, zum dritten Male Konsul
Verso: Judäa ist erobert! – Auf Senatsbeschluss.
RIC Vespasian 424.

Ein Statthalter aus konsularischem Rang in Judäa

Zwischen 117 und 120 n. Chr.
Für Lucius Cossonius, den Sohn eines Lucius aus der Tribus Stellatina, Gallus Vecilius Crispinus Mansuanius Marcellus Numisius Sabinus. Er war Konsul, Mitglied des Siebenmännerkollegiums zur Durchführung von Göttermahlzeiten (*VII viri epulonum*), Statthalter des Kaisers Hadrianus Augustus im Rang eines Prätors in der Provinz Judaea […]
Eck, Rom, S. 114, Anm. 17.

2. Rechtliche und soziale Stellung der Juden

Augustus bestätigt die Privilegien der Juden in Asia und Cyrene

[160] Die Juden in Asia und im kyrenischen Libyen wurden von den Städten schlecht behandelt, obwohl ihnen die Könige zuvor gleiche bürgerliche Rechte (ἰσονομία) garantiert hatten. Zu dieser Zeit verfolgten die Griechen sie [*scil.* die Juden], indem sie ihnen ihre heiligen Gelder wegnahmen und sie in ihren privaten Angelegenheiten schädigten. [161] Da sie so schlimm leiden mussten und weil sie kein Ende der Menschenfeindschaft der Griechen finden konnten, sandten sie darüber Boten zu Caesar [*scil.* Augustus]. Er aber gewährte ihnen

dieselbe Steuergleichheit (ἰσοτέλεια) und schrieb an die Provinzbeamten Briefe, von denen wir hier Abschriften anführen als Zeugnis für die Haltung, die unsere früheren Herrscher uns gegenüber hatten:

[162] »Caesar Augustus Pontifex Maximus mit tribunizischer Gewalt ordnet Folgendes an: Da sich das jüdische Volk nicht nur gegenwärtig, sondern auch in der Vergangenheit – besonders zur Zeit meines Vaters, des Imperator Caesar, – dem römischen Volk gegenüber als freundschaftlich gesonnen erwiesen hat, wie auch ihr Hohepriester Hyrcanus, [163] haben ich und mein Rat unter Eid beschlossen mit der Zustimmung des römischen Volkes, dass die Juden ihren eigenen Gebräuchen in Übereinstimmung mit dem Gesetz ihrer Väter folgen dürfen, genauso wie sie ihnen folgten zur Zeit des Hyrcanus, des Hohepriesters des Höchsten Gottes (ἀρχιερέως τοῦ θεοῦ ὑψίστου), und dass ihre heiligen Güter unverletzlich bleiben sollen und hinauf nach Jerusalem geschickt und den Schatzmeistern in Jerusalem ausgehändigt werden können, und dass sie nicht am Sabbat vor Gericht zu erscheinen brauchen oder am Tag der Vorbereitung (παρασκευή) nach der neunten Stunde. [164] Und falls jemand gefangen wird, weil er ihre heiligen Bücher oder ihre heiligen Güter aus einer Synagoge (ἐκ τῆς σαββατείου) oder einem Schrein (ἀνδρῶνος) gestohlen hat, soll er als Frevler angesehen werden und sein Vermögen eingezogen werden zugunsten der Staatskasse der Römer. [165] […] Wenn jemand irgendeine dieser Anweisungen missachtet, soll er schwerste Strafen erleiden.« Dies wurde eingeschrieben auf einer Säule im Tempel Caesars.

Josephus, Jüdische Altertümer 16,160–165 (EÜ nach Marcus, LCL 410, S. 270–275).

Öffnung städtischer Ämter für Juden

Denen, die dem jüdischen Aberglauben folgen, gestatteten die vergöttlichten Severus und Antoninus (196–211 n. Chr.), die magistratischen Ämter zu übernehmen; allerdings legten sie ihnen auch alle Pflichten (daraus) auf, soweit diese nicht mit ihrem Aberglauben kollidierten.

Ulpian, Digesten 50,2,3,3 (Eck, Rom, S. 234, Anm. 86).

Juden sind vom Militärdienst befreit

[228] Dies also waren die Gunsterweise, die Dolabella unserem Volk gewährte, als Hyrcanus einen Boten zu ihm sandte. Und der Consul Lucius Lentulus verkündete: »Die Juden, die römische Bürger sind und jüdische Sitten folgen und sie in Ephesus praktizieren, entließ ich aus dem Militärdienst vor dem Tribunal am zwölften Tag vor den Kalenden des Oktober während des Konsulats des Lucius Lentulus und Gaius Marcellus [*scil.* 19. September 49 v. Chr.] wegen ihres Aberglaubens.

Josephus, Jüdische Altertümer 14,228 (EÜ nach Marcus, LCL 365, S. 568–571).

Die »Judensteuer« und der *fiscus Iudaicus*

[1] In einem fort brachte er die Besitztümer von Lebenden und Toten an sich, ganz gleich wer anklagte und welche Klagen erhoben wurden. Es reichte schon hin, irgendeine Tat oder ein Wort gegen die Majestät des Kaisers jemandem vorzuhalten. [2] Es wurden die Erbschaften wildfremder Personen eingezogen, zumal wenn es einen gab, der sagte, er habe den Verstorbenen vor seinem Tode sagen hören, dass der Kaiser erben solle. Besonders hart wurde die Judensteuer (*Iudaicus fiscus*) eingetrieben. Zu ihrer Zahlung wurden diejenigen herangezogen, die entweder wie Juden lebten, ohne sich dazu zu bekennen, oder jene, welche die ihrem Volke auferlegten Zahlungen nicht geleistet hatten, da sie ihre Herkunft verheimlichten. Ich erinnere mich, dass ich als ganz junger Mann dabei war, als von einem Prokurator und seinen zahlreich versammelten Ratgebern bei einem 90-Jährigen nachgeprüft wurde, ob er beschnitten sei.
Sueton, Domitian 12,1–2 (Martinet, S. 908–911).

[218] Außerdem legte er den Juden, wo immer sie sich aufhalten mochten, eine Kopfsteuer (φόρος) auf. Jährlich hatten sie zwei Drachmen an das Kapitol zu errichten, entsprechend der Steuer, die sie vorher an den Jerusalemer Tempel zahlten.
Josephus, Jüdischer Krieg 7,218 (Michel/Bauernfeind, Bd. 2.2, S. 114f).

[2] So wurde denn Jerusalem gerade am Tage des Saturn zerstört, den die Juden auch heutzutage noch aufs Höchste verehren. Von jenem Zeitpunkte an wurde bestimmt, dass die Juden, sofern sie weiterhin an ihren altüberkommenen Sitten festhielten, jährlich zwei Denare dem Juppiter Capitolinus als Steuer zu bezahlen hätten.
Cassius Dio, Epitome 65,7,2 (Veh, Bd. 5, S. 145).

Münze des Kaisers Nerva aus dem Jahr 96 zum *fiscus Iudaicus*

3 Münze des Kaisers Nerva

Recto: IMP NERVA CAES AVG P M TR P COS II PP
Verso: FISCI IVDAICI CALVMNIA SVBLATA S C

Recto: Imperator Nerva Caesar Augustus, oberster Priester, mit tribunizischer Gewalt, zum zweiten Male Konsul, Vater des Vaterlandes
Verso: Die Ungerechtigkeiten der Judensteuer sind abgestellt! – Auf Senatsbeschluss
RIC II 58.

3. Verhältnisse zwischen Juden und Nichtjuden

a) Wirkung des Judentums auf Heiden

Salomo als Magier in der Medicina Plinii

Du musst auf ein jungfräuliches Papier, das die Person, die an der Krankheit leidet, an ihrem rechten Arm tragen muss, folgendes schreiben: »Weiche zurück von diesem Caius Seius, Tertiana, Salomo verfolgt dich.«
Medicina Plinii 3,15,7 (EÜ nach Stern, Bd. 2, Nr. 535, S. 650).

Cicero über die Tempelsteuer der Juden

[66] Jetzt folgt die leidige Geschichte von dem Gold der Juden. Das ist natürlich der Grund, weshalb die Sache des Flaccus in der Nähe der aurelischen Stufen verhandelt wird; wegen dieses Anklagepunktes hast du dich um diesen Platz und die Clique dort bemüht, Laelius: Du weißt, wie stark sie ist, wie sie zusammenhält und welche Rolle sie bei Versammlungen spielt. Ich werde mit gedämpfter Stimme sprechen, sodass mich nur die Richter verstehen können; es fehlt ja nicht an Leuten, die dieses Gesindel gegen mich und alle Rechtschaffenen aufhetzen möchten – ich werde ihrer Bereitschaft, das zu tun, keine weitere Nahrung geben.

[67] Jahr für Jahr wird regelmäßig auf Rechnung der Juden Gold aus Italien und allen unseren Provinzen nach Jerusalem ausgeführt: Flaccus untersagte in einem Erlass die Ausfuhr aus Asien. Wer könnte diese Maßnahme nicht uneingeschränkt gutheißen, ihr Richter? Dass kein Gold ausgeführt werden dürfe, hat der Senat schon oft – in früheren Jahren zumal während meines Konsulats – mit größtem Nachdruck festgestellt. Diesem fremdartigen Aberglauben die Stirn zu bieten, zeigte Festigkeit; um der öffentlichen Ordnung Willen auf den jüdischen, in den Versammlungen nicht selten zügellosen Haufen keine Rücksicht zu nehmen, bewies einen ausgeprägten Sinn für Würde.
Cicero, Für Flaccus 66f (Fuhrmann, Bd. 5, 1978, S. 130f).

Varro über den bildlosen Kult der Juden

[31] Varro sagt auch, dass die alten Römer mehr als 170 Jahre lang die Götter ohne Bilder verehrt hätten. »Wenn dies bis in unsere Tage so fortgesetzt worden

wäre«, sagte er, »würden die Götter mit mehr Hingabe verehrt«. Zum Beweis für diesen Satz führt er, unter anderem, das jüdische Volk an. Er zögert nicht, diese Erörterung damit abzuschließen, dass er sagt, dass diejenigen, die als Erste Bilder der Götter für die Völker aufgestellt haben, die Ehrfurcht in den Städten verringert und den Irrtum vergrößert hätten, denn er war klug genug um zu begreifen, dass Götter in Form unsinniger Bilder leicht verachtet werden können.
Varro, Res Divinae in Augustinus, Vom Gottesstaat 4,31 (EÜ nach Stern, Bd. 1, Nr. 72 a, S. 209).

Varros Auffassung vom jüdischen Monotheismus

[30] Ihr Varro aber – einen gelehrteren Mann können sie nicht vorweisen – glaubte, dass der Gott der Juden Jupiter sei und behauptete, es mache keinen Unterschied, mit welchem Namen er benannt würde, solange man darunter denselben Sachverhalt verstehe. Ich glaube, er tat dies aus ehrfürchtigem Schauder vor dessen unbegreiflicher Hoheit. Als er erkannte, dass die Juden einen höchsten Gott verehren, konnte er nicht anders, als anzunehmen, dass dieser eben Jupiter sei, weil ja die Römer bekanntlich nichts als höher verehren denn Jupiter, was am Capitolium offen und deutlich erkennbar ist, und ihn für den König aller Götter halten.
Varro, Res Divinae in Augustinus, De Consensu Evangelistarum 1,22,30 (EÜ nach Stern, Bd. 1, Nr. 72 b, S. 209 f).

Die Abstammung der Juden nach Pompeius Trogus

[36,2] Ihren Ursprung haben die Juden in Damaszena, der edelsten Gemeinde Syriens, woher auch die assyrischen Könige ihr Geschlecht, nämlich von der Königin Semiramis, herleiten. Der Name wurde dieser Stadt beigelegt von dem König Damaskus, zu dessen Ehren die Syrer das Grab seiner Gemahlin Atarathe als einen Tempel verehrten, welche von da an bei ihnen als Göttin in höchsten Ehren stand. Nach Damaskus war zuerst Azelus König, bald darauf Adores, Abrahames und Israhel. Jedoch war Israhel mit zehn Söhnen gesegnet und stand darum in höherem Ansehen als seine Vorgänger. Deshalb teilte er sein Volk in zehn Königtümer und übergab diese an seine Söhne; und er nannte sie alle nach dem Namen des Juda, der nach der Teilung gestorben war, Juden, und befahl, dass dessen Andenken von allen in Ehren gehalten werde, da ja auch sein Anteil allen zugutegekommen war. Der Jüngste unter den Brüdern war Joseph; aber aus Furcht vor seinen hervorragenden Geistesgaben entführten ihn seine Brüder und verkauften ihn an reisende Kaufleute. Von diesen wurde er nach Ägypten verschleppt. Mit seinem anstelligen Kopf lernte er dort die Künste der Zauberei und machte sich dadurch beim König über die Maßen beliebt. Denn er war äußerst kundig in allen Vorzeichen und begründete als erster die Deutung von Träumen, und vor allem vom göttlichen und menschlichen Recht schien ihm nichts unbekannt zu sein, so dass er sogar eine Unfruchtbarkeit der Äcker viele Jahre im Voraus kommen sah; da wäre dann ganz Ägypten an Hunger zugrunde

gegangen, wenn nicht auf sein Anraten der König ein Gebot hätte ergehen lassen, dass viele Jahre hindurch Feldfrüchte aufgespeichert werden sollten. Und überhaupt legte er solch wunderbare Proben seiner Weisheit ab, dass sie nicht von einem Menschen, sondern von einem Gott herzukommen schienen. Er hatte einen Sohn, der hieß Moyses, welchen neben dem Erbteil der Wissenschaft seines Vaters auch die Schönheit der Gestalt empfahl. Aber als nun die Ägypter von Krätze und Hautflechte befallen wurden, vertrieben sie auf Weisung eines Orakels, damit nicht noch mehr von dieser Seuche angesteckt würden, diesen Joseph zusammen mit den Befallenen über die Grenzen Ägyptens. Er aber, zum Führer der Verbannten eingesetzt, stahl beim Auszug aus Ägypten die heiligen Geräte der Ägypter und nahm sie mit; als jedoch die Ägypter sie mit Waffen zurückzuholen suchten, wurden sie durch Sturm und Unwetter zur Umkehr gezwungen. So kehrt also Moyses nach Damaszena in seine alte Heimat zurück und setzt sich schließlich auf dem Berge Sinai fest. Aber sieben Tage war er mit seinem Volke hungernd durch die Wüsten von Arabien gezogen, bis er endlich gänzlich erschöpft dort ankam, und deshalb weihte er den siebenten Tag, den er nach der Weise des Volkes Sabbat nannte, für alle Zeiten dem Fasten, weil dieser Tag ihrem Hunger und Umherirren ein Ende gemacht hatte. Und weil sie dessen gedachten, dass sie aus Furcht vor Ansteckung aus Ägypten waren vertrieben worden, beschlossen sie, um nicht noch einmal aus gleicher Ursache bei den anderen Einwohnern missliebig zu werden, das Zusammenleben mit Fremden überhaupt zu vermeiden; was dann, zunächst rein praktisch begründet, allmählich in den Rang eines religiösen Gebotes aufrückte. Nach Moyses wurde auch sein Sohn Arruas zum Priester für den ägyptischen Kult, und bald danach zum König gewählt. Und allezeit ist es von da an Brauch bei den Juden gewesen, dass sie dieselben Männer zugleich zu Königen und Priestern hatten, durch deren mit religiöser Würde untermischte Gerechtigkeit dieses Gemeinwesen in geradezu unglaublicher Weise erstarkte.

[3] Reichtum wuchs diesem Volk zu durch die Einnahmen aus dem Saft eines Balsambaumes, der nur in dieser Gegend wächst. Es gibt dort nämlich ein Tal, welches von einer geschlossenen Bergkette wie von einer Mauer gleich einem Kriegslager umgeben ist – die Fläche des Ortes macht zweihundert Morgen aus; sein Name ist Aricus. Darin befindet sich ein Wald, bemerkenswert sowohl durch Fruchtbarkeit ebenso wie durch Lieblichkeit, mannigfaltig aus Dattelpalmen und Balsambäumen bestehend. Die Balsambäume haben eine ähnliche Gestalt wie die Kienholzföhre, nur dass sie von niedrigem Wuchs sind und nach der Art von Rebenzeilen gehegt werden. Diese also schwitzen in einer bestimmten Jahreszeit Balsam aus. Aber nicht weniger bemerkenswert als die Fruchtbarkeit der Örtlichkeit ist ihr mildes, gemäßigtes Klima; denn während im Übrigen auf dem ganzen Erdkreis nirgends die Sonne glühender brennt als in dieser Gegend, ist es gerade an dieser Stelle durch das Wehen linder Lüfte ständig wie in einem schattigen Winkel. In diesem Bereich ist auch ein breiter See, der wegen der Größe und völligen Bewegungslosigkeit seines Gewässers »Totes Meer« genannt wird. Denn weder gerät er durch Stürme in Bewegung, da das Erdpech, durch

welches das ganze Wasser zähflüssig gemacht wird, jedem Luftwirbel widersteht, noch ist er mit Schiffen befahrbar, weil alle leblosen Gegenstände darin in die Tiefe versinken, auch trägt er keinerlei Material aus Holz, es wäre denn zuvor mit Alaunsalz imprägniert worden.
Justin, Epitome 36, 2–3 (Seel, S. 401–403).

Kritische Sicht gegenüber jüdischer Ethik bei Diogenes von Oinoanda

Der Beweis dafür, dass die Ungerechten keine großen Strafen zu fürchten scheinen und sogar keine Angst vor erlaubtem Totschlag (?) haben, ist Folgendes: Wenn sie nämlich furchtsam wären, würden sie kein Unrecht tun. Was aber die anderen Menschen angeht, so glaube ich, dass es sich mit den Weisen so verhält: Sie sind nicht, das sagt die Vernunft, gerecht wegen der Götter, sondern weil sie richtig denken und wegen der Ansichten, die sie betreffs mancher Dinge haben, vor allem über die Schmerzen und den Tod: Immer und überall tun die Menschen Unrecht wegen der Furcht oder der Lust. Was aber das gemeine Volk angeht, so ist es gerecht – sofern es überhaupt gerecht ist – wegen der Gesetze und der ihnen von diesen drohenden Strafen. Aber selbst wenn einige unter ihnen wegen der Götter gewissenhaft sein sollten und nicht wegen der Gesetze, so sind das wenige. Kaum zwei oder drei werden in großen Abschnitten der Massen gefunden, und auch die handeln nicht mit Konstanz gerecht: sie sind nämlich nicht sicher überzeugt von der Vorsehung. Ein starker Beweis dafür, dass die Götter nichts vermögen, um Verbrechen abzuwehren, sind die Völker der Juden und Ägypter: Sie fürchten nämlich von allen die Götter am meisten (δεισιδαιμονέστατοι), sind aber von allen am verworfensten (μιαρότατοι).
EÜ nach Noy, IJO Bd. 2, S. 472–480.

Kritik an den jüdischen Sitten

Manche, denen ein den Sabbat ehrender Vater zuteilwurde,
beten nichts an außer den Wolken und der Gottheit des Himmels,
glauben, von menschlichem Fleisch unterscheide sich nicht das eines Schweines,
dessen sich der Vater enthielt, und lassen bald auch ihre Vorhaut beschneiden.
Gewohnt aber, die römischen Gesetze gering zu schätzen,
lernen sie das jüdische Recht genau, beachten und fürchten es,
ganz wie Moses es ihnen in geheimer Rolle überlieferte:
niemandem die Wege zu zeigen außer dem Anhänger desselben Kults,
allein die Beschnittenen hin zur gesuchten Quelle zu führen.
Doch liegt die Schuld beim Vater, der an jedem siebten Tag
müßig war und keinen Teil des Geschäftslebens anrührte.
Juvenal, Satiren 14,96–106 (Adamietz, S. 283).

Angeblicher jüdischer Kannibalismus

Damokritus, ein Historiker. Er schrieb ein Werk über Taktik in zwei Büchern, und ein Werk »Über die Juden«. Im letzteren behauptet er, dass sie einen goldenen Eselkopf anbeteten und dass sie in jedem siebten Jahr einen Fremden fingen und opferten. Sie töteten ihn, indem sie sein Fleisch in kleine Stücke rissen.
Damokritus, Über die Juden (EÜ nach Stern, Bd. 2, Nr. 247, S. 530f).

Verteidigung des Judentums gegen Verleumdungen

[79] Wundern aber muss ich mich auch über die, welche ihm zu seinen Ausfällen Veranlassung gegeben haben, nämlich Poseidonios und Apollonios Molon; denn auch sie fragen im Tone des Vorwurfs, weshalb wir nicht dieselben Götter wie andere verehren. Dabei glauben sie keine Unehrerbietigkeit zu begehen, wenn sie sich mit Lügen abgeben und über unseren Tempel widersinnige Lästerungen vorbringen, während es doch für gebildete Menschen die größte Schande ist, auf irgendeine Weise zu lügen und vollends über den weltbekannten, so unendlich heiligen Tempel.

[80] In diesem Heiligtum, erfrecht sich Apion zu behaupten, hätten die Juden einen Eselkopf aufgestellt; den beteten sie an, und ihm gelte der ganze Gottesdienst. Derselbe, versichert er, sei abhanden gekommen, als Antiochus Epiphanes den Tempel plünderte, wobei er jenen aus Gold gefertigten, ungemein wertvollen Kopf gefunden habe. [81] Darauf antworte ich zunächst: Selbst wenn etwas Derartiges bei uns vorhanden gewesen wäre, hätte der Ägypter kein Recht, uns deshalb zu schelten, da ein Esel nicht geringer ist als Böcke und andere Tiere, die bei ihnen für Götter gehalten werden. [82] Merkt er übrigens nicht, wie die Tatsachen seine ungeheuerliche Lüge zu Schanden machen? Wir haben nämlich immer die gleichen Gesetze, bei denen wir unerschütterlich beharren. Und obwohl nun unsere Hauptstadt, wie so viele andere, von mancher Drangsal heimgesucht wurde und (Antiochus) der Gott, Pompeius Magnus, Licianus Crassus und jüngst noch der Cäsar Titus als Sieger im Kampfe sich des Tempels bemächtigten, fanden sie nichts dergleichen, sondern die reinste Gottesverehrung, über die wir freilich vor anderen nichts aussagen dürfen. [83] Antiochus hatte übrigens keinen stichhaltigen Grund zur Plünderung des Tempels, vielmehr trieb ihn dazu seine Geldnot; denn er war kein Feind, sondern griff uns, seine Bundesgenossen und Freunde, an, und auch er fand nichts darin, worüber man hätte spotten können. [84] Dies bezeugen auch viele ehrenwerte Geschichtsschreiber: Polybius von Megalopolis, Strabo von Kappadokien, Nikolaus von Damaskus, Timagenes, Kastor der Chronist und Apollodor; sie alle sagen, Antiochus habe, weil es ihm an Geld mangelte, das Bündnis mit den Juden gebrochen und den mit Gold und Silber gefüllten Tempel geplündert. [85] Das hätte Apion bedenken sollen; doch er hat eben das Herz eines Esels und die Unverschämtheit eines Hundes, der ja bei ihnen verehrt wird. Ein anderer Grund, weshalb er so gelogen haben sollte, ist nicht denkbar.
Josephus, Gegen Apion 2, 79–85 (Clementz, S. 640f).

Jüdische Ethik aus der Sicht von Tacitus

Dennoch wird für die Vermehrung der Menge Sorge getragen. Denn wie sie es für Frevel halten, irgendeinen von den Spätgeborenen zu töten, so glauben sie auch, dass die Seelen der in der Schlacht oder durch Hinrichtung Gefallenen unsterblich ist. Daher ihre Liebe zur Geschlechtsfortpflanzung und ihre Todesverachtung.
Tacitus, Historien 5,5,3 (EÜ nach Stern, Bd. 2, Nr. 281, S. 26).

b) Nichtjuden in der Sicht von Juden

Rabbi Eliezer und Rabbi Josua über die Heiden

Rabbi Eliezer sagte: »Alle Völker werden keinen Anteil an der kommenden Welt haben, denn es heißt: *die Gottlosen sollen zur Hölle fahren, und alle Nationen, die Gott vergessen.* (Ps 9,17) Die *Gottlosen sollen zur Hölle fahren* – das sind die Gottlosen von Israel.« Rabbi Josua sagte zu ihm: »Hätte der Vers gelautet *die Gottlosen sollen zur Hölle fahren, und alle Nationen*, und hätte er hier aufgehört, dann hätte ich dir zugestimmt. Weil er aber fortgesetzt wird mit *die Gott vergessen*, bedeutet das, dass es rechtschaffene Leute unter den Nationen gibt, die einen Anteil an der kommenden Welt haben werden.«
TSan 13,2 (EÜ nach Neusner, S. 238).

Attraktivität jüdischen Lebens für Nichtjuden

[41] Daher wird auch noch heute bis auf den heutigen Tag alljährlich ein Fest und eine Festversammlung auf der Insel Pharos abgehalten, zu der nicht bloß Juden, sondern auch andere in sehr großer Menge hinüberfahren, um den Ort zu verherrlichen, an dem zum ersten Male das Licht dieser Übersetzung erstrahlte, und um der Gottheit Dank für alte, stets jung bleibende Wohltat darzubringen. [42] Nach den Gebeten und den Danksagungen veranstalten die einen in Zelten, die sie am Gestade aufgeschlagen haben, die anderen, in dem Sand am Strande sich lagernd, unter freiem Himmel mit Angehörigen und Freunden ein Festmahl und halten zu dieser Zeit das Gestade für prächtiger als die prächtigste Ausstattung in Palästen. [43] So erweisen sich die Gesetze als eifrig begehrt und geschätzt bei allen Gemeinen und Vornehmen, und dies obwohl seit langer Zeit das Volk nicht glücklich ist; gewöhnlich pflegen ja die Vorzüge derer, die sich nicht im Glücke befinden, irgendwie in den Schatten zu treten. [44] Wenn aber erst für dieses Volk der Beginn eines glänzenderen Loses einträte, wie groß würde da wohl erst der Zuwachs sein? Die anderen würden wohl alle, meine ich, ihre eigenen Sitten aufgeben und den väterlichen Gebräuchen von Herzen absagen und sich ausschließlich zur Wertschätzung dieser Gesetze bekehren. Denn mit dem Glück des Volkes werden gleichzeitig seine Gesetze durch ihren Glanz die anderen, wie die Sonne bei ihrem Aufgang die Sterne, verdunkeln.
Philo, Über das Leben Moses 2,41–44 (Cohn, Bd. 1, S. 307).

Appell zur Konversion

Aber du listenreicher Sterblicher, zögere nicht säumig,
sondern kehre um, bekehre dich und versöhne Gott!
Opfere Gott Hekatomben von Stieren und auch von
erstgeborenen Lämmern und Ziegen zu regelmäßig wiederkehrenden Zeiten.
Aber suche ihn zu versöhnen, den unsterblichen Gott, ob er etwa Erbarmen mit dir hat.
Er allein ist unser Gott und es existiert kein anderer.
Ehre die Gerechtigkeit und bedränge niemanden;
denn das befiehlt der Unsterbliche den elenden Sterblichen.
Aber du hüte dich vor dem Zorn des großen Gottes,
wenn für alle Sterblichen das Ende in Gestalt der Pest
kommt und sie eine furchtbare Strafe zu erleiden haben.
Sibyllinische Weissagungen 3,624–634 (Merkel, JSHRZ 5.8, S. 1102).

Polemik gegen den ägyptischen Polytheismus

[76] Keiner also, der eine Seele besitzt, möge einem unbeseelten Ding göttliche Verehrung erweisen, denn es ist geradezu widersinnig, wenn die Geschöpfe der Natur sich göttlicher Verehrung der von Menschenhand verfertigten Gegenstände zuwenden. Die Ägypter aber trifft zu dem allgemeinen Vorwurf gegen jedes Land noch ein ganz besonderer: Denn außer Schnitzbildern und Bildsäulen haben sie gar noch vernunftlose Tiere in die Götterverehrung eingeführt, Stiere, Widder und Ziegenböcke, und von jedem eine Wunderfabel hinzugedichtet. [77] Indessen, die Verehrung dieser Tiere hat vielleicht noch einen Sinn, denn sie sind doch die zahmsten und für das Leben (der Menschen) nützlichsten Tiere. Der Pflugstier reißt Furchen zur Zeit der Aussaat und ist dann wieder das geeignetste Tier zum Dreschen, wenn die Frucht gereinigt werden soll. Der Widder liefert die schönste Schutzhülle, das Gewand; denn unbekleidet ginge der Körper leicht zugrunde, entweder durch übermäßige Hitze oder durch Kälte, in dem einen Falle durch Sonnenbrand, in den anderen durch die empfindliche Abkühlung der Luft. [78] Nun aber gehen sie noch weiter und ehren auch ungezähmte Tiere und unter diesen die Wildesten und Unbändigsten, wie Löwen und Krokodile und von Kriechtieren die giftige Aspis, mit Tempeln und Hainen, mit Opfern, Festversammlungen, Festaufzügen und ähnlichen Dingen. Beide Gebiete nämlich, Erde und Wasser, die den Menschen von Gott zum Gebrauch gegeben sind, durchsuchen sie nach den wildesten Tieren und fanden unter den Landtieren kein Bösartigeres als den Löwen und unter den Wassertieren kein Grausameres als das Krokodil; diesen also erweisen sie göttliche Ehren. [79] Und viele andere Tiere, wie Hunde, Katzen, Wölfe, von Geflügeltieren Ibis und Habicht, endlich Fische, entweder ganz oder Teile von ihnen, haben sie vergöttert. Was aber kann lächerlicher sein als dieses? [80] Natürlich müssen Fremde, die zum ersten Male nach Ägypten kommen, solange sie den in diesem Lande heimischen Wahn noch nicht in ihre eigene Seele gepflanzt haben, sich zu Tode lachen; die aber eine

rechte Bildung genossen haben, sind entsetzt darüber, dass man so unwürdigen Dingen ernste Verehrung bezeigt. Sie beklagen die Menschen, die das tun, und halten sie, wie es sich gehört, für noch elender als die Gegenstände, die sie verehren, in die sie gleichsam ihre Seele haben übergehen lassen, sodass sie gleich Tieren in Menschengestalt umherzugehen scheinen. [81] Deshalb verbannte Gott aus dem heiligen Gesetz jede derartige Vergötterung und forderte zur Verehrung des wahrhaft seienden Gottes auf, nicht weil er für sich Ehre brauchte – denn der sich selbst vollauf Genügende bedurfte eines anderen nicht –, sondern weil er das Menschengeschlecht, das sonst leicht auf unwegsamen Pfaden in die Irre geht, auf einen sicheren Weg führen wollte, damit es der Natur folge und dadurch das edelste Ziel erreiche, nämlich die Erkenntnis des wahrhaft Seienden, der da ist das erste und vollkommenste Gut, von dem wie von einer Quelle der Welt und dem, was in ihr ist, das Gute im einzelnen gespendet wird.
Philo, Über den Dekalog 76–80 (Cohn, Bd. 1, S. 387–388).

Lob des Proselyten

[102] Wie er aber für die Volksgenossen gesetzliche Anordnungen getroffen hat, so muss man nach seiner Ansicht auch alle Fürsorge auch den fremden Zuwanderern [*scil.* Proselyten] angedeihen lassen, die ihre Blutsverwandtschaft, ihr Vaterland, ihre Sitten, ihre Heiligtümer, die Bildsäulen ihrer Götter und ihre Verehrung aufgegeben und eine herrliche Übersiedlung vollzogen haben von den mythischen Gebilden weg zur offenkundigen Wahrheit und zur Verehrung des einen und wirklich seienden Gottes. [103] Er befiehlt also den Volksgenossen, die Proselyten zu lieben, nicht nur wie Freunde und Verwandte, sondern wie sich selbst (Lev 19,33–34; Dtn 10,19), in leiblicher wie in seelischer Hinsicht, in leiblicher dadurch, dass man sie soweit als möglich an allem teilnehmen lässt, in geistiger, indem man Freud und Leid mit ihnen teilt, so dass in geteilten Gliedern *ein* Wesen enthalten zu sein scheint, da das gemeinsame Gefühl füreinander sie verbindet und gleichsam zusammenwachsen lässt. [104] Ich brauche gar nicht zu sprechen von Speise und Trank und Kleidung und allen anderen notwendigen Lebensbedürfnissen, die den Proselyten nach dem Gesetz von den Einheimischen gewährt werden sollen; denn dies folgt alles von selbst aus der von Wohlwollen erfüllten gesetzlichen Vorschrift, dass man den Proselyten ebenso lieben soll wie sich selbst.

[181] Ist es doch eine schöne und heilsame Tat, die tückische Herrschaft des Lasters abzuschütteln und sich unumwunden der Tugend zuzuwenden; auch müssen, wie in der Sonne der Schatten dem Körper folgt, mit der Verehrung des seienden Gottes die anderen Tugenden aufs engste verbunden sein. [182] Die Proselyten werden ja sogleich besonnen, enthaltsam, bescheiden, sanft, brav, menschenfreundlich, ernst, gerecht, hochherzig, wahrheitsliebend, erhaben über Schätze und Vergnügungen; und umgekehrt kann man wahrnehmen, wie die von unseren heiligen Gesetzen Abgefallenen zügellos, schamlos, ungerecht, leichtfertig, niedrig gesinnt, streitsüchtig, Lügner und Meineidige werden, die

ihre Freiheit für eine Speise, für Wein, für Leckerbissen, für eine schöne Gestalt verkaufen würden, um leibliche oder wollüstige Genüsse zu erhalten, die am Ende die schwersten Schädigungen des Körpers und der Seele herbeiführen.
Philo, Über die Tugenden 102–104.181–182 (Cohn, Bd. 2, S. 344–345, 365).

Josephus über Thukydides

Und warum soll man über die unbedeutenderen Ereignisse in den (einzelnen) Städten sprechen? Wo doch (sogar) bezüglich des persischen Feldzuges und der Ereignisse innerhalb desselben die angesehenen (Historiker) sich widersprechen; selbst Thukydides wird an vielen Stellen von einigen Lesern als Lügner bezeichnet, obgleich er als der sorgfältigste Geschichtsschreiber seiner Zeit gilt.
Josephus, Gegen Apion 1,18 (Labow, S. 22–23).

Appell an die Griechen

Aber du, unglückliches Hellas, hör' auf, hochmütig zu denken,
flehe den großmütigen Unsterblichen an und hüte dich:
Sende nicht dein unbesonnenes Volk gegen diese Stadt,
welches nicht aus dem heiligen Land des Großen ist […]
Aber treibt euer Herz in der Brust zur Eile an
und entflieht den gesetzlosen Kulten; diene dem Lebendigen!
Hüte dich vor Ehebruch und vor dem gesetzwidrigen Verkehr mit dem Mann!
Ziehe deine Nachkommenschaft an Kindern auf und töte sie nicht;
denn der Unsterbliche wird dem zürnen, der in diesen Dingen sündigt.
Sibyllinische Weissagungen 3,732–735 und 762–766 (Merkel, JSHRZ 5.8, S. 1105–1107).

Abraham als Sternenkundiger, erster Monotheist und König

[154] Weil Abram keinen rechtmäßigen Nachkommen hatte, adoptierte er Lot, den Sohn seines Bruders Aranos und Bruder seiner Frau Sarra und verließ Chaldäa im Alter von 75 Jahren, nachdem ihn Gott aufgefordert hatte, nach Kanaan zu gehen. Dort nahm er Wohnung und hinterließ (das Land) seinen Nachkommen. Er war außerordentlich im Begreifen aller Dinge, überzeugend bei seinen Zuhörern und fehlerlos bei dem, was er vermutete. [155] Darum begann er auch damit, höhere Gedanken über die Tugend als andere zu entwickeln und beschloss, die Meinung über Gott, die bei allen im Umlauf war, grundlegend zu erneuern und zu verändern. Er wagte als erster zu erklären, dass Gott, der Schöpfer des Alls, einer ist und dass jedes (andere Wesen), das zum Glück beiträgt, dazu auf Anordnung dessen (*scil.* des Schöpfers) instand ist und nicht durch eigene innewohnende Kraft. [156] Dies schloss er aus den Veränderungen, denen Erde und Meer unterworfen sind, und aus den Bahnen von Sonne und Mond und aller anderen (Körper), die am Himmel ihren Lauf nehmen. Denn, so sagte er, besäßen diese (Körper) eigene Kraft, dann hätten sie jeweils selbst

für ihren Platz in der harmonischen Ordnung gesorgt. Da ihnen dies aber fehlt, ist deutlich, dass sie nicht zu unserem gemeinsamen Nutzen zusammenarbeiten gemäß ihrer eigenen Kraft, sondern aktiv werden durch die Stärke dessen, der das Kommando führt, und dem allein man zu Recht Ehre und Dank entgegenbringt. [157] Als nun die Chaldäer und die anderen Mesopotamier deswegen einen Aufruhr gegen ihn begannen, hielt er es für besser, nach dem Willen und mit der Hilfe Gottes auszuwandern, und nahm das Land Kanaan ein. Nachdem er sich daselbst niedergelassen hatte, baute er einen Altar und brachte Gott Opfer dar.

[158] Berossus erwähnt unseren Vater Abram, allerdings ohne seinen Namen zu nennen: »Während der zehnten Generation nach der Flut gab es bei den Chaldäern einen rechtschaffenen und großen Mann, der erfahren in der Kenntnis des Himmels«. [159] Hekataios tat mehr, als ihn nur zu erwähnen, er hinterließ ein Buch, das er über ihn verfasst hatte. Nikolaus von Damaskus schreibt im vierten Buch seiner »Geschichte« folgendes: »Abram herrschte als König (in Damaskus), nachdem er als Eroberer mit seinem Heer aus dem Land jenseits von Babylon gekommen war, das Land der Chaldäer heißt. [160] Nach nur kurzer Zeit verließ er dieses Land mit seinem Volk und zog in das Land, das damals Kanaan, heute aber Judäa genannt wird, ließ sich dort nieder mit seinen zahlreichen Nachkommen, über deren Geschichte ich in einem anderen Buch berichten werde. Der Name Abrams wird noch heute im Damaszenerland gefeiert, und man zeigt ein Dorf, das nach ihm ›Abrahams Behausung‹ benannt wurde.«
Josephus, Jüdische Altertümer 1,154–160 (EÜ nach Thackeray, LCL 242, S. 75–78).

Abraham als Gegner des Götzenkults

[1] Und es geschah in der sechsten Jahrwoche, in ihrem siebenten Jahr, da redete Abraham zu seinem Vater, indem er sagte: »Vater!« Und er sagte: »Siehe, ich, mein Sohn.« [2] Und er sagte: »Welche Hilfe und Vorteil sind uns von diesen Götzen, die du verehrst und vor denen du niederfällst? [3] Denn in ihnen ist kein Geist. Denn sie sind stumm, und ein Irrtum des Herzens sind sie. Verehrt sie nicht! [4] Verehrt den Gott des Himmels, der Regen und Tau herabsteigen lässt auf die Erde und der alles auf der Erde macht und alles geschaffen hat durch sein Wort! Und alles Leben ist von seinem Antlitz. [5] Weshalb verehrt ihr die, in denen kein Geist ist? Denn Werke von Händen sind sie, und auf euren Schultern tragt ihr sie. Und euch wird keine Hilfe von ihnen sein, sondern große Schande denen, die sie gemacht haben, und Irrtum des Herzens denen, die sie verehren. Und nun, Vater, verehrt sie nicht!« [6] Und er sagte zu ihm: »Auch ich weiß es, mein Sohn. Was soll ich machen [mit] dem Volk, welche mir befohlen haben, vor ihnen zu dienen? [7] Und wenn ich ihnen die Wahrheit erzähle, werden sie mich töten. Denn ihnen folgt ihre Seele bei ihnen, dass sie sie verehren und sie loben. Schweige mein Sohn, nicht sollen sie dich töten!« [8] Und er erzählte diese Rede bei seinen beiden Brüdern. Und sie wurden zornig über ihn, und sie brachten ihn zum Schweigen.
Jubiläen 12,1–8 (Berger, JSHRZ 2.3, S. 391f).

Die Konversion Ägyptens

Isis, du dreimal unsel'ge, allein an den Wassern des Nilstroms,
du verbleibst an des Acherons Strom eine stumme Mänade.
und das Gedenken an dich auf der ganzen Erde verschwindet.
Du Serapis, belastet mit viel unbehauenen Steinen,
liegst als gewaltige Leiche im dreimal unsel'gen Ägypten.
Wer in Ägypten nach dir Verlangen getragen, sie werden
dich bitter beweinen, den ew'gen Gott jetzt in ihr Herz aufgenommen,
deine Nichtigkeit jetzt erkennen, die dich als Gott einst gepriesen.
Und von den Priestern wird ein in Leinen Gekleideter sprechen:
»Auf, wir bauen dem Herrn, dem wahren, ein herrliches Haus und
ändern das von den Ahnen ererbte schreckliche Brauchtum,
deswegen weil sie Götzen, sei'n sie aus Stein und aus Ton,
Umzüge und Opfer brachten, erkennen nicht ihren Irrtum.
Lasst uns im Herzen bekehren und preisen den ewigen Herrgott,
ihn, den Erzeuger selbst, der von Ewigkeit immer gewesen,
ihn, den Beherrscher des Alls, den wahren Herrscher und König,
ihn, den Lebenserhalter, den Donn'rer, den mächtigen, ewigen Gott!« In Ägypten
entsteht nun ein großer und herrlicher Tempel,
opfern wird dort das Volk, das Gott sich selber erwählte.
Doch solange sie Gott in dem heiligen Haine verehren, wird er Geschlecht zu
Geschlecht so lange am Leben erhalten.
Wenn Äthiopen einst der Triballer schamlose Stämme
lassen und in Ägypten verbleiben, das Land zu bepflügen,
dann wird ihr Frevel beginnen, damit auch das Spät're geschehe;
denn sie zerstören den Tempel, den großen, im Lande Ägypten.
Aber auf Erden wird Gott entsetzlichen Groll ihnen senden,
dass er alle die Bösen und sämtliche Frevler vernichtet.
Keine Schonung wird mehr in jenem Land sich finden,
weil sie nicht haben bewahrt, was Gott ihnen ehedem auftrug.
Sibyllinische Weissagungen 5,484–511 (Gauger, S. 152–155).

4. Die sogenannten »Gottesfürchtigen«

Juden, Proselyten und Gottesfürchtige in der Synagoge von Aphrodisias (ca. 4. Jh. n. Chr.)

A: Gott (ist) der Helfer der Imbissinhaber (?). Die unten aufgeführten Mitglieder der Vereinigung der Wissensliebenden, die auch (bekannt sind als die, die) Segen auf alle herab rufen, errichteten der Menge zur Befreiung von Trauer aus eigenen Mitteln ein Grabmal: Jael, der Vorsteher, mit (seinem) Sohn Josua, dem Archon; Theodotos, der Hofbeamte, mit (seinem) Sohn Hilarianos; Samuel, der Leiter der Vereinigung, Proselyt; Ioses, Sohn des Jesseos; Benjamin, der Psalmensänger; Judas, der Milde; Ioses, Proselyt; Sabbatios Sohn des Amachios; Emmonios, Gottesfürchtiger; Antoninos, Gottesfürchtiger; Samuel Sohn des Politianos; Joseph Sohn des Eusebios, Proselyt; und Judas Sohn des Theodoros; und Antipeos Sohn des Hermes; und Sabathios, der Duftende; [[und Samuel, der Gesandte; Priester]].

Am Rand: Samuel, Gesandter, aus Perge.

B: [...] Sohn des Serapion; [...] Sohn des Zenon; Zenon, Sohn des Jakob; Manases Sohn des Joph; Judas Sohn des Eusebios; Heortasios Sohn des Kallikarpos; Biotikos; Judas Sohn des Amphianos; Eugenios, Goldschmied; Praoilios; Judas Sohn des Praoilios; Rufus; Oxycholios d. Ä.; Amantios Sohn des Charinos; Myrtilos; Jako, Schäfer; Severus; Euodos; Jason Sohn des Euodos; Eusabbathios, Gemüsehändler; Anysios; Eusabbathios, Fremder; Milon; Oxycholios d. J.; Diogenes; Eusabbathios Sohn des Diogenes; Iudas Sohn des Paulus; Theophilos; Iakob, auch Apellion genannt; Zacharias, Kaufmann; Leontios Sohn des Leontios; Gemellos; Iudas Sohn des Acholios; Damonikos; Eutarkios Sohn des Judas; Ioseph Sohn des Philer[...]; Eusabbathios Sohn des Eugenios; Kyrillos; Eutychios, Bronzeschmied; Ioseph, Zuckerbäcker; Ruben, Zuckerbäcker; Iudas Sohn des Hortasios; Eutychios, Geflügelhändler; Iudas, auch Zosi[...] genannt; Zenon, Trödler; Ammianus, Futterhändler; Aelianus Sohn des Aelianus; Aelianus auch Samuel genannt; Philanthos; Gorgonios Sohn des Oxycholios; Heortasios Sohn des Achilleus; Eusabbathios Sohn des Oxycholios; Paregorios; Heortasios Sohn des Zotikos; Symeon Sohn des Zen[...].

Und die folgenden Gottesfürchtigen: Zenon, Ratsherr; Tertyllos, Ratsherr; Diogenes, Ratsherr; Onesimos, Ratsherr; Zenon Sohn des Longianus, Ratsherr; Antipeos, Ratsherr; Antiochos, Ratsherr; Romanus, Ratsherr; Aponerios, Ratsherr; Eupithios, Purpurfärber; Strategios; Xanthos; Xanthos Sohn des Xanthos; Aponerios Sohn des Aponerios; Hypsikles Sohn des Mel[...]; Polychronios Sohn des Xanthos; Athenion Sohn des Aelianus; Kallimorphos Sohn des Sohn des Kal[...]; Iounbalos; Tychikos Sohn des Tychikos; Glegorios Sohn des Tychikos; Polychronios, Geschossmacher; Chrysippos; Gorgonios, Bronzeschmied; Tatianus Sohn des Oxycholios; Apellas Sohn des Hegemoneus; Valerianus, Tafelmacher; Eusabbathios Sohn des Hedychrous; Manicius Sohn des Attas; Hortasios, Bildhauer; Brabeus; Claudianus Sohn des Kal[...]; Alexandros Sohn des Py[...]; Appianos Sohn des Leu[...]; Adolios, Wurstmacher; Zotikos, Armreifmacher; Zotikos, Tänzer; Eupithios Sohn des Eupithios; Patricius, Bronzeschmied; Elpidianos, Athlet; Hedychrous; Eutropios Sohn des Hedychrous; Kallinikos; Valerianus, Kassenwart; Heuretos Sohn des Athenagoras; Paramonos, Maler; Eutychianos, Gerber; Prokopios, Geldwechsler; Prounikios, Gerber; Stratonikos, Gerber; Athenagoras, Zimmermann; Meliton Sohn des Amazonius.
EÜ nach Ameling, IJO, Bd. 2, S. 75f.

Theaterinschrift aus Milet

Platz der Juden, die auch Gottesfürchtige heißen.
CIJ II 748 (Deissmann, S. 391).

Poppaea interveniert zugunsten einer jüdischen Gesandtschaft

[194] Als Festus [*scil.* der Statthalter Judaeas] ihrem Ansinnen nachgab, schickten sie die zehn Vornehmsten von ihnen sowie den Hohepriester Ismael und Helkias, den Bewacher des Tempelschatzes, zu Nero. [195] Nach der sorgfältigen Anhörung akzeptierte Nero, was sie getan hatten [*scil.* den Bau einer Mauer nahe am Tempel], und erlaubte zudem, das Bauwerk so zu lassen, wie es war. Darin tat er seiner Frau Poppaea einen Gefallen, die ja Gott verehrte (θεοσεβής γάρ ἦν) und sich für die Juden [*scil.* bei Nero] eingesetzt hatte.
Josephus, Jüdische Altertümer 20,194f (EÜ nach Feldman, LCL 456, S. 104f).

Kapitel III: Philosophie

Einführung

Die klassische griechische Philosophie wird, nach Anfängen bei den sogenannten Vorsokratikern, maßgeblich durch die großen Entwürfe von Platon und Aristoteles bestimmt. Sokrates, der häufig als der eigentliche Begründer der griechischen Philosophie gilt (daher die Bezeichnung »Vorsokratiker« für die Philosophen vor ihm), hat dagegen keine eigenen Werke verfasst. Seine Lehren sind vielmehr in den (vor allem frühen) Dialogen Platons verarbeitet worden, weshalb sich Platons eigene Philosophie nicht zuletzt als Weiterentwicklung sokratischer Gedanken auffassen lässt. Die philosophischen Systeme Platons und Aristoteles' wurden dann in deren Schulen – der Akademie und dem Peripatos – gepflegt und weiterentwickelt.

Daneben steht die von Pythagoras begründete Richtung, die ganz eigene Merkmale aufweist. Pythagoras lebte im 6. vorchristlichen Jahrhundert, also mehr als 100 Jahre vor Platon und Aristoteles, und entwickelte umfassende, offenbar stark mit religiösen Zügen durchsetzte Lehren auf verschiedenen Gebieten (u. a. Mathematik und Musik). Die Anhänger des Pythagoras galten bereits in der Antike als ideale Gemeinschaft, die als Vorbild für andere Schulen und Vereinigungen diente.

In hellenistischer Zeit (also etwa ab dem 3. vorchristlichen Jahrhundert) entstanden sodann unter veränderten politischen und geistesgeschichtlichen Konstellationen neue philosophische Strömungen. Dabei handelt es sich im Wesentlichen um die Schule Epikurs (den sogenannten Kepos), die Skepsis sowie die Stoa.

In der römischen Kaiserzeit wurden die philosophischen Systeme der großen Schulgründer in neuer Weise aufgenommen und transformiert: die Philosophie Platons durch den sogenannten Mittelplatonismus, der Aristotelismus durch Andronikos von Rhodos, der Pythagoreismus durch die Neupythagoreer, die Schule Epikurs durch Philodemos und Lukrez, die Stoa durch Seneca und Epiktet. Zwischen den verschiedenen Strömungen bestehen dabei vielfache Berührungen und Überschneidungen. Größere Breitenwirkung ist der Schule Epikurs sowie der Stoa beschieden, wobei letztere enge Beziehungen zum Kynismus aufweist. Es ist daher kein Zufall, dass Lukas Epikureer und Stoiker als Dialogpartner des Paulus bei seinem Auftreten in Athen erwähnt (Apg 17,18).

Die Frage, ob urchristliche Autoren direkt auf pagane philosophische Gedanken zurückgegriffen haben oder diese bereits durch das hellenistische Judentum vermittelt waren, wird unterschiedlich beantwortet. Grundsätzlich ist dabei zu berücksichtigen, dass die Septuaginta und das hellenistische Judentum den Denkhorizont für das Urchristentum bildeten und diejenigen Traditionen enthielten, die für die Interpretation von Person und Wirken Jesu Christi maßgeblich wurden. Das schließt allerdings nicht aus, dass philosophische Gedanken und Motive aus der griechisch-römischen Tradition auch ohne ihre vorherige Rezeption in hellenistisch-jüdischen Texten im Urchristentum aufgenommen werden konnten. In einigen Fällen ist dies sogar die näherliegende Erklärung.

Das zeitgenössische philosophische Denken bildet demnach für die Interpretation des Wirkens und Geschicks Jesu Christi und das Reden über Gott im Urchristentum einen wichtigen Bezugsrahmen. Zwar ist bei den Autoren des Neuen Testaments keine unmittelbare Kenntnis paganer Autoren nachzuweisen – die einzige Ausnahme bildet Lukas, der Paulus in seiner Rede auf dem Areopag in Athen das Zitat eines heidnischen Dichters in den Mund legt (Apg 17,28) –, gleichwohl spielen philosophische Gedanken zur Theologie, Kosmologie und Ethik eine wichtige Rolle bei der Entstehung der christlichen Theologie. Besonders deutlich tritt das bei Paulus und in den deuteropaulinischen Briefen, dem Hebräerbrief sowie bei Lukas vor Augen.

Zu beachten ist dabei, dass das Urchristentum seine Traditionen und Texte in griechischer Sprache formulierte und schon von daher eine Affinität zu griechischem Denken gegeben war. Des Weiteren wandte sich die christliche Mission von Anfang an auch an die nicht-christliche Welt und war deshalb genötigt, seine Botschaft im Kontext der Verstehensvoraussetzungen nicht-christlicher Adressaten zu artikulieren. Dabei wurden auch Motive und Begriffe der nicht-jüdischen Umwelt aufgenommen und vom Glauben an Jesus Christus her inhaltlich neu bestimmt. Die Anfänge dieses Prozesses sind im Neuen Testament zu beobachten. Im 2. und 3. Jahrhundert setzten sich dann frühchristliche Theologen wie Clemens, Origenes und Tertullian explizit mit dem Verhältnis des christlichen Glaubens zur heidnischen Philosophie auseinander. Auf eigene Weise werden christliches und philosophisches Gedankengut in den zur Gnosis gerechneten Texten miteinander in Beziehung gesetzt (vgl. dazu Kapitel VI).

Im Folgenden werden wichtige philosophische Denktraditionen der griechisch-römischen Antike anhand ausgewählter Texte vorgestellt, um auf diese Weise die antike Philosophie als einen wesentlichen geistesgeschichtlichen Horizont der Entstehung des Christentums vor Augen zu führen.

Weiterführende Literatur

Burkard, F.-P. u. a., dtv-Atlas Philosophie, 14. Aufl. München 2009.

Detel, W., Grundkurs Philosophie (5 Bde.), Ditzingen 2007.

Höffe, O., Kleine Geschichte der Philosophie, 2. Aufl. München 2008.

Ders., Klassiker der Philosophie (2 Bde.), München 2008.

Hossenfelder, M., Antike Glückslehren. Kynismus und Kyrenaismus, Stoa, Epikureismus und Skepsis (Quellen in deutscher Übersetzung mit Einführungen), Stuttgart 1996.

A. Platon und der Mittelplatonismus

1. Platon

Timaios über den Demiurgen und sein Werk

[28] Für Gewordenes stellen wir des Weiteren die Behauptung auf: Es muss aufgrund einer bestimmten Ursache ins Werden geraten sein. Den Erzeuger und Vater dieses Ganzen aufzufinden, ist viel Arbeit, und hat man ihn gefunden, ihn dann allen vorzustellen, ist unmöglich. [29] Folgendes wollen wir nur bezüglich der Welt noch einmal prüfen: Auf welches von den Vorbildern hin hat der Baumeister sie hergestellt, im Hinblick auf das immer gleich und genauso sich Verhaltende oder im Hinblick auf das Gewordene? – Wenn denn nun diese Weltordnung wohl gelungen ist und der Weltbildner gut, so ist klar: Er hat auf das Immerseiende gesehen. Wenn andererseits – was niemandem auszusprechen erlaubt ist! –, dann auf das Gewordene. Jedem ist mithin klar, dass er auf das Immerwährende hingesehen hat; die Welt ist nämlich das Bestgelungene von allem, was je ward, er seinerseits ist die edelste der Ursachen. Ist sie demnach so ins Werden getreten, so ist sie auf das durch Vernunft und Denken Erfassbare und immer sich gleich Verhaltende hin gebildet. – Dieses zugrunde gelegt, liegt nun jede Notwendigkeit vor, dass diese Weltordnung ein Abbild von etwas ist. Nun ist bei allem das wichtigste, am naturgegebenen Anfang zu beginnen. Man muss also bei Abbild und seinem Vorbild folgende Bestimmung treffen: Die Erklärungen sind mit den Gegenständen, deren Dolmetscher sie sind, eben auch verwandt. Daraus folgt, die von Bleibendem, Beständigem, mit Vernunft Einsehbarem sind selbst bleibend, unumstößlich – soweit das überhaupt geht und Reden unwiderlegbar sein dürfen und unbesiegbar, dürfen sie es da an nichts fehlen lassen –; auf der anderen Seite, die von solchem, was auf jenes hin zwar abgeglichen, doch eben ein Abbild ist, sind selbst nur wahrscheinlich, eben ihrem Gegenstand entsprechend […]

Der **Demiurg** (eigentlich: einer, der sich auf eine Sache versteht, ein Kunstfertiger), ist im Timaios Bezeichnung für Gott, der den Kosmos nach einem bestimmten Modell »herstellt«. Er bedient sich dazu des »Bauplans« der überirdischen Ideen. Diese sind der wahrnehmbaren Welt als unvergängliche Urbilder vorgeordnet und können nicht aus den sinnlich wahrnehmbaren Gegenständen, sondern nur mittels der Vernunft erkannt werden.

Die Ideenlehre ist für Platons Denken von zentraler Bedeutung und begegnet an verschiedenen Stellen seiner Dialoge. Sie liegt auch seiner Erkenntnistheorie zugrunde: Die wahrnehmbare Gestalt eines Gegenstands ist die äußerliche, wandelbare Erscheinung seiner Idee. Wahre Erkenntnis bedeutet deshalb, nicht bei der äußeren Erscheinung stehen zu bleiben, sondern mittels des Verstandes zu ihrer Idee vorzudringen. Ermöglicht wird das dadurch, dass der Mensch vor seiner Geburt die Ideen geschaut hat. Erkenntnis ist nach Platon also ein Sich-Erinnern an diese Schau.

1 Bildnis des Platon
Kopf des Platon, römische Kopie. Das Original war bald nach dem Tod (348 v. Chr.) in der Akademie aufgestellt worden.

2 Statuette des Sokrates
Kopf des Sokrates (um 470–399 v. Chr.). Römische Kopie eines griechischen Originals, das vom Bildhauer Lysipp um 320 v. Chr. gefertigt wurde.

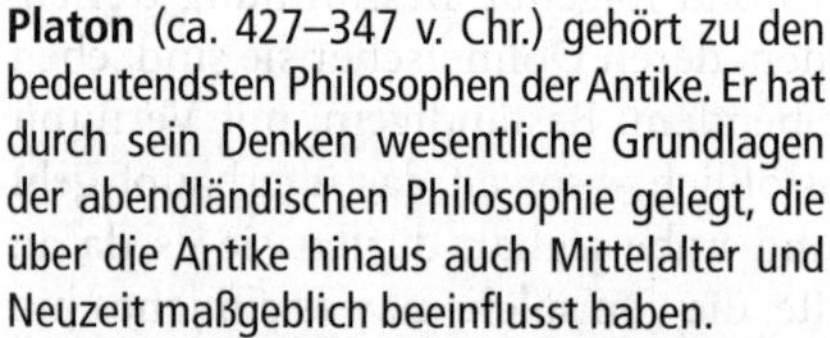

Platon (ca. 427–347 v. Chr.) gehört zu den bedeutendsten Philosophen der Antike. Er hat durch sein Denken wesentliche Grundlagen der abendländischen Philosophie gelegt, die über die Antike hinaus auch Mittelalter und Neuzeit maßgeblich beeinflusst haben.

Platon gründete am Rande Athens die nach dem Hain des Akademos als **Akademeia** bezeichnete Philosophenschule, in der seine Lehren tradiert und weiterentwickelt wurden. Zu den Schülern Platons gehörte u. a. Aristoteles, der neben Platon wohl einflussreichste Philosoph der griechischen Antike.

Platons Werke sind als Dialoge verfasst, in denen verschiedene Personen über die Erkenntnis der Wahrheit und das Gute diskutieren. Eine herausragende Rolle kommt dabei Sokrates zu, dessen Philosophie von Platon aufgenommen und weiterentwickelt wurde. Neben den Dialogen sind auch einige Briefe unter dem Namen Platons erhalten, deren Echtheit allerdings in einigen Fällen umstritten ist.

Inhalt des Timaios, eines der späteren Dialoge Platons, aus dem der folgende Text stammt, ist die Erschaffung des Kosmos sowie seine Ordnung nach dem Vorbild der Ideenwelt durch den Demiurgen.

Weiterführende Literatur

Bordt, M., Platon, Freiburg (u. a.) 1999.
Erler, M., Platon, München 2006.
Ders., Kleines Werklexikon Platon, Stuttgart 2007.
Halfwassen, J., Aufstieg zum Einen. Untersuchungen zu Platon und Plotin, Stuttgart 1992.

Sprechen wir also davon, aus welchem Grunde der Zusammenfügende das Reich des Werdens, eben dieses All, hergestellt hat. Gut war er selbst, ein Gütiger empfindet aber niemals über irgendetwas in irgendeiner Form Neid. Da ihm derlei völlig fremd war, wollte er, dass alles ihm selbst möglichst ähnlich werde. [30] Wenn man dies als eigentlichsten Anfangsgrund der Entstehung der Weltordnung von bedächtigen Männern erzählt bekommt, ist dies das Richtigste, was man vernehmen kann. Es wollte der Gott, dass alles gut, schlecht aber nach Möglichkeit nichts sein sollte: so also hat er, nachdem er alles, was sichtbar war, übernahm als etwas, das nicht in Ruhe sich befand, sondern in Bewegung ohne Takt und Regel, es in die Reihe gebracht aus der Regellosigkeit; er meinte nämlich, dass dies in jeder Beziehung besser sei als das andere. Nun war es nie Göttergesetz und ist es auch nicht, dass ein Bestes etwas anderes bewirken könne als ein Bestgelungenes. Überlegend fand er nun, dass von allen natürlicherweise sichtbaren Dingen kein vernunftloses, alles in allem genommen, je ein besser gelungenes Werk wäre als eines, das Vernunft hat; Vernunft aber könne ohne Seele bei keinem Ding sich einfinden. Aufgrund dieser Überlegung fügte er Vernunft also der Seele ein, Seele in Körper und baute so das Ganze zusammen, auf dass er somit das von Natur bestgelungene und edelste Werk verfertigt hätte. Gemäß der Wahrscheinlichkeitserklärung muss man folglich sagen: Diese geordnete Welt ist als ein beseeltes und in Wahrheit vernunftbegabtes Wesen aufgrund der Vorsorge des Gottes entstanden.
Platon, Timaios 28 c–30 b (Zekl, S. 30–33).

Das Höhlengleichnis

Sokrates: [514 a] Und nun vergleiche Bildung und Unbildung in unserer Natur mit folgendem Zustand. Stelle dir Menschen vor in einer unterirdischen, höhlenartigen Wohnstätte mit lang nach aufwärts gestrecktem Eingang, entsprechend der Ausdehnung der Höhle. Von Kind auf sind sie in dieser Höhle festgebannt mit Fesseln an Schenkeln und Hals; sie bleiben also immer an der nämlichen Stelle und [514 b] sehen nur geradeaus vor sich hin, denn durch die Fesseln werden sie gehindert, ihren Kopf herumzubewegen. Von oben her aber aus der Ferne leuchtet hinter ihnen das Licht eines Feuers. Zwischen dem Feuer aber und den Gefesselten läuft oben ein Weg hin, dem entlang eine niedrige Mauer errichtet ist ähnlich der Schranke, die die Puppenspieler vor den Zuschauern errichten, um über sie weg ihre Kunststücke zu zeigen.
Glaukon: Das steht mir alles vor Augen.
S: Längs dieser Mauer – so musst du es dir nun weiter vorstellen – tragen Menschen [514 c] allerlei Geräte vorbei, die über die Mauer hinausragen, Statuen [515 a] verschiedenster Art aus Stein und Holz von Menschen und anderen Lebewesen, wobei, wie begreiflich, die Vorübertragenden teils reden, teils schweigen.
G: Ein sonderbares Bild, das du da vorführst, und sonderbare Gefangene.
S: Sie gleichen uns. Können denn zunächst solche Gefesselte von sich selbst und voneinander etwas anderes gesehen haben als die Schatten, die von dem Feuer auf die ihnen gegenüberliegende Wand der Höhle geworfen werden?

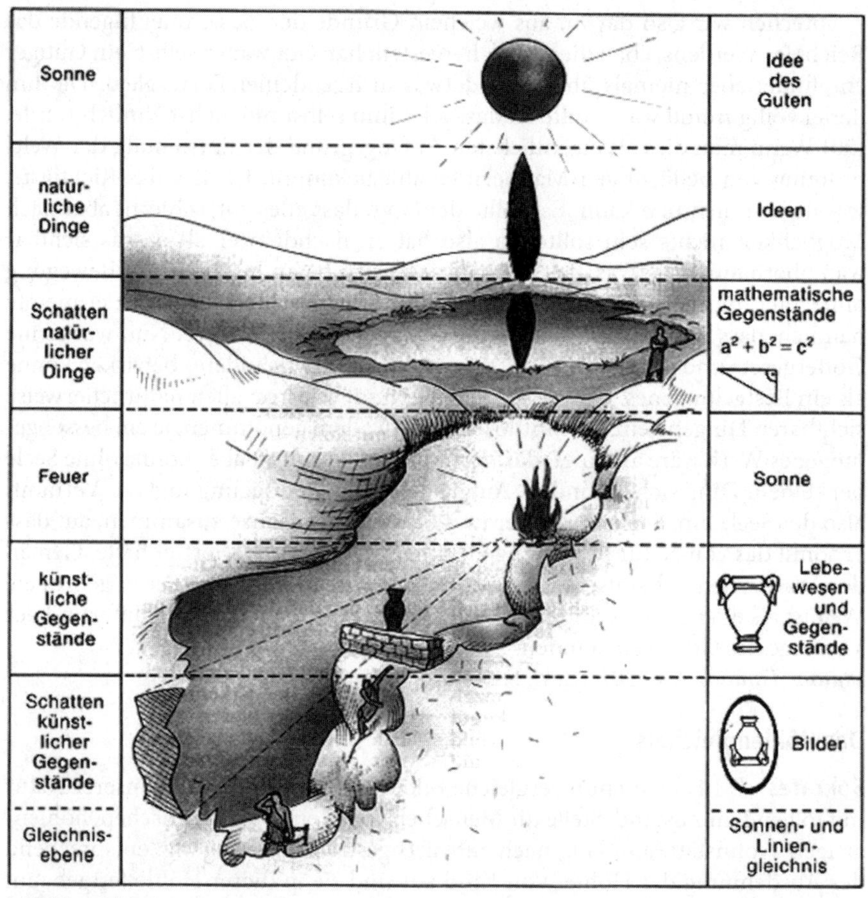

3 Höhlengleichnis

Das Höhlengleichnis aus dem siebten Buch der **Politeia** gehört zu den berühmtesten Texten Platons. Es ist Bestandteil eines Dialoges zwischen Sokrates und Glaukon, einem älteren Bruder Platons, der gelegentlich in seinen Schriften auftaucht.

Im Höhlengleichnis geht es um das Verhältnis der wahrnehmbaren Dinge zu ihren eigentlichen Ursachen. Die in einer Höhle gefesselten Menschen sehen nur die Schatten der Dinge, die hinter ihnen vorbei getragen werden, nicht aber die Dinge selbst. Würde einer der Gefangenen befreit und mit der Kunde von den Ursachen der Schatten zu den Gefangenen zurückkehren, würden sie ihm nicht glauben, sondern ihn womöglich sogar ermorden.

Mit diesem Gleichnis macht Platon deutlich, dass sich die Menschen für gewöhnlich damit begnügen, die Abbilder der Dinge zu kennen, ihren Ursachen dagegen nicht auf den Grund gehen. Sie wehren sich sogar dagegen, wenn ihnen einer die Augen für das wahrhaft Seiende öffnen will. Darin kann evtl. eine Anspielung auf den Tod des Sokrates gesehen werden.

Weiterführende Literatur

Blum, W., Höhlengleichnisse. Thema mit Variationen, Bielefeld 2004.

G: Wie wäre das möglich, wenn sie ihr Leben lang den Kopf [515 b] unbeweglich halten müssen?
S: Und ferner: gilt von den vorüber getragenen Gegenständen nicht dasselbe?
G: Was denn sonst?
S: Wenn sie nun miteinander reden könnten, glaubst du nicht, dass sie der Meinung wären, die Benennungen, die sie dabei verwenden, kämen den Dingen zu, die sie unmittelbar vor sich sehen?
G: Notwendig.
S: Ferner: wenn der Kerker auch einen Widerhall von der gegenüberliegenden Wand her ermöglichte, meinst du da, wenn einer der Vorübergehenden gerade etwas sagte, sie würden dann die gehörten Worte einem anderen zulegen als dem jeweils vorüber ziehenden Schatten?
G: Nein, beim Zeus.
S: [515 c] Durchweg also würden diese Gefangenen nichts anderes für wahr halten als die Schatten der künstlichen Gegenstände.
G: Notwendig.
S: Nun betrachte den Hergang ihrer Lösung von den Banden und ihrer Heilung von dem Unverstand, wie er sich gestalten würde, wenn sich Folgendes naturgemäß mit ihnen zutrüge: wenn einer von ihnen aus den Fesseln befreit und genötigt würde, plötzlich aufzustehen, den Hals umzuwenden, sich in Bewegung zu setzen und nach dem Licht emporzublicken und alles dies nur unter Schmerzen verrichten könnte und geblendet von dem Glanz nicht imstande wäre, jene Dinge zu erkennen, deren Schatten er [515 d] vorher sah, was, glaubst du wohl, würde er sagen, wenn man ihn versicherte, er hätte damals lauter Nichtigkeiten gesehen, jetzt aber sei er dem Seienden näher gerückt und auf Dinge hingewandt, denen mehr Sein zukäme, und sehe deshalb richtiger? Wenn man zudem noch ihn auf jedes der vorüber ziehenden Dinge hinwiese und ihn nötigte, auf die Frage zu antworten, was es sei? Meinst du da nicht, er werde weder aus noch ein wissen und glauben, das vordem Geschaute sei wirklicher als das, was man ihm jetzt zeige?
G: Weitaus.
S: [515 e] Und wenn man ihn nun zwänge, seinen Blick auf das Licht selbst zu richten, so würden ihn doch seine Augen schmerzen, er würde sich abwenden und wieder jenen Dingen zustreben, die er anschauen kann, und diese würde er doch für tatsächlich gewisser halten als die, die man ihm zeigte?
G: Ja.
S: Wenn man ihn nun aber von dort gewaltsam durch den holperigen und steilen Aufgang aufwärts schleppte und nicht eher ruhte, als bis man ihn an das Licht der Sonne gebracht hätte, würde er diese Gewaltsamkeit nicht schmerzlich empfinden [516 a] und sich dagegen sträuben? Und wenn er an das Licht käme, dann würde er, völlig geblendet von dem Glanz, von alledem, was ihm jetzt als das Wahre angegeben wird, überhaupt nichts zu erkennen vermögen?
G: Nein, wenigstens für den Augenblick nicht.

S: Er würde sich also erst daran gewöhnen müssen, wenn es ihm gelingen soll, die Dinge da oben zu schauen. Zuerst würde er wohl am leichtesten die Schatten erkennen, darauf die Abbilder der Menschen und der übrigen Dinge im Wasser, später dann die Gegenstände selbst; in der Folge würde er dann zunächst bei Nacht die Erscheinungen am Himmel und den Himmel selbst betrachten und das Licht der [516 b] Sterne und des Mondes anschauen. Das wird ihm leichter fallen, als wenn er bei Tage die Sonne und das Sonnenlicht ansehen sollte.
G: Gewiss.
S: Zuletzt dann, denke ich, wird er imstande sein, die Sonne, nicht etwa bloß ihre Spiegelbilder im Wasser oder sonst irgendwo, sondern sie selbst in voller Wirklichkeit an ihrer eigenen Stelle zu schauen und ihre Beschaffenheit zu betrachten.
G: Notwendig.
S: Und dann würde er schlussfolgernd erkennen, dass sie es ist, der wir die Jahreszeiten und die Jahresumläufe verdanken, und dass sie über allem waltet, [516 c] was in der sichtbaren Welt sich befindet, und in gewissem Sinne auch die Urheberin all jener Erscheinungen ist, die sie vordem schauten.
G: Offenbar würde er in solcher Reihenfolge zu dieser Einsicht gelangen.
S: Wie nun? Meinst du nicht, er würde in der Erinnerung an seine erste Wohnstätte, an seine dortige Weisheit und an seine damaligen Mitgefangenen sich nun glücklich preisen wegen dieser Veränderung, jene dagegen bemitleiden?
G: Sicherlich.
S: Wenn es damals aber unter ihnen gewisse Ehrungen, Lobpreisungen und Auszeichnungen gab für den, der die vorüberziehenden Schatten am schärfsten wahrnahm und sich am besten zu erinnern wusste, welche von ihnen gewöhnlich eher, welche später und [516 d] welche gleichzeitig vorüberwandelten, und auf Grund dessen am sichersten zu erraten verstand, was danach sich einstellen werde, glaubst du etwa, dass er sich danach zurücksehnen und die bei ihnen durch Ehren und Macht Ausgezeichneten beneiden werde? Oder wird er nicht vielmehr nach Homer das harte Los wählen, viel lieber »einem anderen, einem unbegüterten Manne um Lohn dienen zu wollen«, und lieber alles andere über sich ergehen lassen, als im Banne jener Trugmeinungen zu stehen und ein Leben jener Art zu führen?
G: [516 e] Ja, ich denke, er würde lieber alles andere über sich ergehen lassen als auf jene Weise leben.
S: Und nun bedenke auch noch Folgendes. Wenn ein solcher wieder hinabstiege in die Höhle und dort wieder seinen alten Platz einnähme, würden dann seine Augen nicht förmlich eingetaucht werden in Finsternis, wenn er plötzlich aus der Sonne dort anlangte?
G: Gewiss.
S: Wenn er nun wieder, bei noch anhaltender Trübung des Blicks, mit jenen ewig Gefesselten wetteifern müsste in der Deutung jener Schattenbilder, [517 a] ehe noch seine Augen sich der jetzigen Lage wieder völlig angepasst haben – und

die Gewöhnung daran dürfte eine ziemlich erhebliche Zeit fordern –, würde er sich da nicht lächerlich machen? Würde es nicht von ihm heißen, sein Aufstieg nach oben sei schuld daran, dass er mit verdorbenen Augen wiedergekehrt sei, und schon der bloße Versuch, nach oben zu gelangen, sei verwerflich? Und wenn sie den, der es etwa versuchte, sie zu entfesseln und hinaufzuführen, irgendwie in ihre Hand bekommen und umbringen könnten, so würden sie ihn doch auch umbringen?

G: Sicherlich.

S: Dieses Gleichnis nun, mein lieber Glaukon, [517 b] musst du seinem vollen Umfang nach mit den vorhergehenden Erörterungen in Verbindung bringen: die durch den Gesichtssinn uns erscheinende Welt setze der Wohnung im Gefängnis gleich, den Lichtschein des Feuers aber in ihr der Kraft der Sonne. Den Aufstieg nach oben aber und die Betrachtung der oberen Welt musst du der Erhebung der Seele in das Reich des nur geistig Erkennbaren vergleichen, wenn du eine richtige Vorstellung von meiner Meinung bekommen willst, da du sie ja zu hören begehrst. Gott mag wissen, ob sie richtig ist. Was sich mir also als richtig darstellt, ist dies: in dem Bereich des Denkbaren zeigt sich zuletzt und schwer erkennbar die [517 c] Idee des Guten; hat sie sich aber einmal gezeigt, so muss man schlussfolgern, dass sie für alle die Urheberin alles Rechten und Schönen ist, da sie im Bereich des Sichtbaren das Licht und dessen Herrn (die Sonne) erzeugt, im Bereich des Denkbaren aber selbst als Herrscherin waltend uns zu Wahrheit und Vernunft verhilft. Daher muss also diese Idee erkannt haben, wer einsichtig handeln will, sei es in persönlichen oder in öffentlichen Angelegenheiten […]
Platon, Staat 7,514a–517c (Apelt, Staat, S. 268–272).

Das Höhlengleichnis folgt dem Sonnen- sowie dem Liniengleichnis. In den drei Gleichnissen entwickelt Platon die **Lehre von der Erkenntnis des Wahren und Guten.** Erkenntnistheorie und Ethik hängen dabei eng miteinander zusammen. Die Sonne steht als Sinnbild für das Gute. Sie verleiht dem, was gesehen wird, das Vermögen, gesehen zu werden, sowie Werden und Wachstum, ohne selbst ein Werden zu sein. In gleicher Weise vermittelt das Gute den Dingen Wahrheit und Sein und damit die Möglichkeit des Erkanntwerdens. Im Blick auf die Seele bedeutet das: Wenn sie sich darauf richtet, was vom Licht der Wahrheit und des Seienden erleuchtet wird, gelangt sie zu wahrhafter Erkenntnis.

Sokrates über die Seele

[245 c] […] Alles was Seele ist, ist unsterblich. Denn das von sich aus Bewegte ist unsterblich. Was aber nur ein anderes Ding bewegt und von einem anderen bewegt wird, bei dem hört das Leben auf, wie die Bewegung bei ihm aufhört. Nur eben was sich selbst bewegt hört, weil es sich selbst nie verlässt, niemals auf bewegt zu sein, und dies ist auch für alles andere was bewegt wird Quelle und Anfang der Bewegung. [245 d] Was Anfang ist, ist unentstanden. Denn aus ihm muss notwendig alles Entstehende entstehen, nicht aber er aus irgendetwas. Denn wenn der Anfang aus etwas entstünde, hätten wir ein Entstehen nicht aus dem Anfang. Da er unentstanden ist, so muss er notwendig auch unvergänglich sein.

Denn geht der Anfang zugrunde, so wird weder er selbst je entstehen aus irgendetwas noch anderes aus ihm, wenn ja doch alles aus dem Anfang entstehen muss. So ist denn Anfang der Bewegung das sich selbst Bewegende. Dieses aber kann unmöglich zugrunde gehen oder entstehen, sonst müsste der ganze Himmel und die ganze [245 e] Entwicklung der Welt zusammenstürzen und zum Stillstand kommen, um niemals wieder einen Anstoß zu erhalten zur Bewegung und zum Entstehen. Wenn nun offenbar das von sich selbst Bewegte unsterblich ist, so wird man unbedenklich gerade darin das Wesen und die Begriffsbestimmung der Seele suchen dürfen. Denn jeder Körper der seine Bewegung von außen erhält, ist seelenlos, aber einer, der sie von innen erhält, aus sich selbst, ist beseelt: dies eben ist die Natur der Seele. Verhält sich das wirklich so und ist also das sich selbst [246 a] Bewegende nichts anderes als Seele, dann dürfte die Seele mit Notwendigkeit unentstanden und unsterblich sein. Das genügt bezüglich ihrer Unsterblichkeit.

Bezüglich ihrer Erscheinungsform aber mag folgendes ausgesprochen werden. Die Beschreibung ihres wirklichen Wesens erforderte durchaus göttliche Fähigkeiten und wäre umständlich; eine bildliche Veranschaulichung jedoch mag Menschen in kürzerer Ausführung gelingen: machen wir damit den Versuch. Verglichen soll sie werden der zusammengewachsenen Kraft eines geflügelten Wagengespanns und seines Lenkers. Die Rosse der Götter sind wie deren Lenker sämtlich edel und aus edlem Stamm; [246 b] dagegen bei den andern haben wir verwickelte Verhältnisse. Fürs erste ist es ein Zwiegespann, das unser Führer zu lenken hat, und dann ist von seinen Rossen nur das eine schön und edel und aus entsprechender Zucht, das andere aber von entgegen gesetzter Zucht und Beschaffenheit. So ist denn mit Notwendigkeit bei uns die Lenkung schwierig und verdrießlich. Woher kommt es nun aber, dass man von Wesen sterblichen und unsterblichen Lebens spricht? Das wollen wir zu erklären suchen. Jegliche Seele nimmt sich jegliches Unbeseelten an und durchwandelt den ganzen Himmel bald in diese, bald in jene Form eingehend. Ist eine vollkommen [246 c] und mit unversehrten Schwingen, so zieht sie auf erhabener Bahn und durchwaltet den ganzen Weltenraum; aber die ihre Schwingen gebrochen hat, treibt dahin, bis sie irgendwo eine sichere Stätte findet. Dort setzt sie sich dann fest und nimmt einen irdischen Leib an, der sich selbst zu bewegen scheint um ihrer Kraft willen; und nun heißt das Ganze, die Seele samt dem ihr verwachsenen Leib ein lebendes Wesen, und zwar mit der Nebenbezeichnung des Sterblichen: von solchen Wesen als unsterblichen zu reden, haben wir nicht den mindesten zureichenden Verstandesgrund: nur mit der Phantasie bilden wir die Vorstellung eines [246 d] Gottes als eines solchen unsterblichen Wesens von Seele und Leib, die wir für alle Ewigkeit miteinander verwachsen denken, ohne dass wir dergleichen gesehen oder in klaren Gedanken uns vorgestellt hätten. Doch damit mag es sich verhalten wie es Gott gefällt, und auch nur so soll davon geredet werden. Aber die Ursache für die Einbuße der Schwingen, die der Seele ausfallen, wollen wir ins Auge fassen. Es geht damit etwa so:

Die natürliche Kraft der Schwinge hebt das Schwere und führt es empor zur Wohnung des Göttergeschlechts. Von allem Körperlichen hat jene am meisten

Verwandtschaft zum Göttlichen. Das Göttliche ist [246 e] schön, weise, gut und hat alle vorzüglichen Eigenschaften. Durch diese erhält das Gefieder der Seele hauptsächlich seine Nahrung und Kraft, während es durch Hässliches, Schlechtes und die anderen Mängel geschwächt und verderbt wird. Der große Gebieter im Himmel nun, Zeus, fährt voraus, seinen geflügelten Wagen lenkend, indem er alles ordnet und für alles sorgt; ihm folgt ein Heer von Göttern und Dämonen, [247 a] in elf Rotten geordnet: Hestia allein bleibt zurück im Hause der Götter. Dagegen die anderen Götter alle, die in die Zahl der zwölfe eingereiht sind, ziehen in der Ordnung, die jedem gewiesen ist, als Scharenführer dahin. Da gibt es nun manches beseligende Schauen auf den Straßen innerhalb des Himmels, die das Geschlecht der seligen Götter wandelt, indem jeder tut was ihm obliegt. Und es folgt wer immer will und kann. Denn der Neid steht außerhalb des göttlichen Reigens. Wenn sie nun aber zum Schmaus und zur Erquickung gehen wollen, halten sie steil [247 b] empor zur Höhe der Himmelswölbung. Die Gespanne der Götter nun, die im Gleichgewicht und wohl in den Zügeln gehalten sind, fahren leicht dahin, die andern aber nur mühsam. Denn das mit Schlechtigkeit behaftete Ross drückt, wenn es von seinem Lenker nicht gut gezogen worden ist, mit schwerer Wucht gegen die Erde nieder. Da hat denn die Seele mit äußerster Kraftanstrengung den ernstesten Kampf zu führen. Die sogenannten unsterblichen Seelen übrigens fahren, wenn sie auf der Höhe angelangt sind, hinaus und betreten den Rücken des [247 c] Himmelsgewölbes; hier stehend führt sie der Umschwung herum, sie aber schauen was außerhalb des Himmels ist.

Was indes den überhimmlischen Ort betrifft, so hat ihn weder bisher hienieden ein Dichter würdig besungen, noch wird das je geschehen. Es verhält sich aber damit so. Versuchen wenigstens muss man es, was wahr ist zu sagen, insbesondere wenn man von der Wahrheit reden will. Das farb- und gestaltlose und untastbare Sein, das wirklich ist, lässt sich allein von dem Geist, dem Steuermann der Seele, erschauen; um dasselbe wohnt an diesem Ort das Geschlecht des wahren Wissens. [247 d] Der göttliche Verstand nun, der mit Geist und reinem Wissen sich nährt, und der einer jeden Seele, der es vergönnt ist aufzunehmen was für sie passt, indem sie nach langer Zeit einmal wieder das Sein erschaut, findet seine Befriedigung und erhält Nahrung und Wonne aus dem Anblick der Wahrheit, bis der Umschwung im Kreis auf denselben Punkt zurückgekehrt ist. Während der Umdrehung aber betrachtet er die Gerechtigkeit selbst, betrachtet die Mäßigung und das Wissen: nicht jenes, dem ein Entstehen anhaftet, [247 e] noch das anders ist, wenn es ein anderes von den Dingen zum Gegenstand hat, die wir jetzt als seiend bezeichnen; sondern das wirkliche Wissen, dessen Gegenstand das wirkliche Sein ist. Ebenso schaut die Seele sich die anderen wirklichen Wesenheiten an und erlabt sich an ihnen; dann taucht sie wieder ein in das Innere des Himmels und kommt nach Hause. Hierauf führt der Wagenlenker seine Rosse an die Krippe, wirft ihnen Ambrosia vor und tränkt sie dazu mit Nektar.

[248 a] Während dies das Leben der Götter ist, gilt Folgendes für die übrigen Seelen: Die am besten einem Gotte folgt und sich angleicht, erhebt sich mit dem Kopf ihres Lenkers in den jenseitigen Raum und macht so die Rundfahrt mit,

indem sie, gestört von ihren Rossen, mühsam das Seiende betrachtet; eine andere erhebt sich bald, bald taucht sie wieder unter und, indem die Rosse ihren Willen durchsetzen, gewahrt sie das eine, das andere nicht. Die übrigen verlangen wohl alle nach oben und ziehen hinterdrein, aber ihre Kraft ist zu schwach und so bleiben sie bei der Rundfahrt unter der Oberfläche, indem sie einander treten und stoßen, jede bemüht, [248 b] der anderen vorauszukommen. Da gibt es nun Verwirrung und Wetteifer und Kampfschweiß im höchsten Maße, wobei denn durch Schuld der Lenker viele Gespanne erlahmen, viele schwer an den Flügeln beschädigt werden. Und alle ziehen sie unter vieler Mühseligkeit ab, ohne der Schau des Seienden teilhaftig geworden zu sein; und dann nähren sie sich mit dem Futter der Vorstellungswelt. Der Grund aber des vielen Eifers im Suchen nach dem Gefilde der Wahrheit ist der, dass auf der [248 c] Weide dort für den besten Teil der Seele die angemessene Nahrung sprießt und der Wuchs der Schwingen, auf denen die Seele sich erhebt, dadurch befördert wird und dass als Satzung der Adrasteia gilt, es solle die Seele, die im Gefolge eines Gottes etwas von der Wahrheit geschaut hat, bis zum nächsten Umzuge frei bleiben von Leid, und wenn sie das immer erreichen könne, so solle sie immer von Schaden verschont sein. Wenn sie aber, zu schwach um nachzukommen, nichts erschaue und, infolge Missgeschicks mit Vergesslichkeit und Schlechtigkeit erfüllt und beschwert, die Schwingen sich zerstoße und zur Erde niederstürze, dann ist es Gesetz, [248 d] dass sie bei der ersten Geburt zwar noch nicht in den werdenden Leib eines Tieres eingepflanzt werde, aber in den Keim eines Menschen: die welche am meisten erschaut hat in den eines dereinstigen Freundes der Weisheit oder der Schönheit oder eines Dieners der Musen und des Eros; die zweite in den eines gesetzestreuen oder kriegs- oder herrschertüchtigen Königs; die dritte eines guten Staatsmanns oder auch wohl eines guten Haushalters oder Geschäftsmannes; die vierte eines die Anstrengung liebenden Turners oder tüchtigen Vertreters der ärztlichen Körperpflege; die fünfte, um das Leben eines Sehers [248 e] oder eines Weihepriesters zu führen; der sechsten wird das Leben eines Dichters oder sonst etwa eines nachahmenden Künstlers angemessen sein; der siebenten, das eines Handwerkers oder Bauern; der achten eines Sophisten oder Volksschmeichlers; der neunten eines Tyrannen.

Und für sie alle gilt, dass wer sein Leben gerecht führt bis ans Ende, ein besseres Los erlangt, wer ungerecht, ein schlechteres. An den Ort ihrer Herkunft selbst nämlich kehrt die einzelne Seele nicht wieder zurück binnen 10000 Jahren: [249 a] denn es wachsen ihr keine Schwingen vor so langer Zeit – mit Ausnahme der Seele dessen, der ehrlich nach Weisheit gestrebt oder unter dem Streben nach Weisheit der Liebe zur Jugend gelebt hat. Solche Seelen bekommen im dritten 1000jährigen Umzug, wenn sie dreimal hintereinander dieses Leben sich gewählt haben, ihre Schwingen und kehren im 3000sten Jahre heim. Die andern dagegen unterliegen, wenn sie das erste Leben geendet haben, einem Gericht. Nach dessen Spruch kommt ein Teil von ihnen nach den unterirdischen Strafplätzen, um dort seine Buße zu leiden; zum Teil werden sie durch das Urteil an einen Ort des Himmels, der Schwere entledigt, erhoben und leben dort so,

wie sie es verdient durch das Leben, [249 b] das sie in Menschengestalt geführt haben. Im 1000sten Jahre aber gelangen beide Abteilungen zur Erlosung und Wahl des zweiten Lebens und jede wählt sich nach ihrem Willen. Jetzt gelangt eine Menschenseele wohl auch zu tierischem Lebensstand und wer früher Mensch war aus solchem wieder zu menschlichem Dasein. Nur eine Seele, die niemals die Wahrheit geschaut hat, wird nicht in diese Bildung eingehen. Denn der Mensch muss das, was in begrifflich-allgemeiner Form bezeichnet wird, als die Zusammenfassung vieler sinnlicher Einzelwahrnehmungen [249 c] zur gedankenmäßigen Einheit verstehen. Und dieses Verständnis besteht in Wiedererinnerung an die Dinge dort, die unsere Seele einstmals schaute, da sie im Gefolge ihres Gottes dahinziehend über das hinausblickte, was wir jetzt als seiend bezeichnen und in das wirkliche Sein emportauchte. Darum eben wachsen verdientermaßen allein der Seele des Weisheit Suchenden Flügel; denn er weilt nach Vermögen immer mit seiner Erinnerung bei jenen Dingen, bei denen sein Gott verweilt, um eben Gott zu sein. Nur ein Mann, der solche Erinnerungsbilder richtig benützt, indem er stets die vollendende Kraft vollkommener Weihen auf sich wirken lässt, wird wirklich vollkommen. Wenn er dann die Bahn [249 d] menschlicher Bestrebungen verlässt und zum Göttlichen sich hält, so wird er von den Leuten gescholten, als wäre er verrückt; denn dass er gottbegeistert ist, merken die Leute nicht […]
Platon, Phaidros 245 c–249 d (Apelt, Dialoge, S. 57–63).

2. Mittelplatonismus

Als Mittelplatonismus wird seit dem frühen 20. Jahrhundert eine Wiederbelebung platonischer Gedanken bezeichnet, die im 1. Jh. v. Chr. einsetzte und bis ins 3. Jh. n. Chr. andauerte. Zu den wichtigsten Vertretern des Mittelplatonismus gehören **Philo von Alexandria, Plutarch von Chaironeia, Apuleius von Madauros und Albinus.** Sie nannten sich Platoniker (nicht Akademiker), was deutlich macht, dass sie ihre Platonrezeption nicht als Fortsetzung der Tradition der Akademie auffassten.

Der Mittelplatonismus ist kein einheitliches Phänomen. Vielmehr werden verschiedene Aufnahmen platonischer Gedanken in dem genannten Zeitraum unter diesem Begriff subsumiert, die sich an etlichen Punkten durchaus voneinander unterscheiden. Als Gemeinsamkeit lässt sich die Orientierung an den metaphysischen Lehren Platons feststellen: die Rückführung des Kosmos auf erste Prinzipien, die Ideenlehre sowie die Unterscheidung von vergänglicher Materie und unsterblicher Seele. Grundlegend ist die Überzeugung, hinter der Vielfalt der Phänomene sei **»das Eine« als absolutes, transzendentes Prinzip** wirksam. Für die Begegnung platonischen Denkens mit christlicher Theologie stellt die Rezeption Platons im Mittelplatonismus eine wichtige Voraussetzung dar.

Apuleius über die Dämonen als Vermittler bei Sokrates

Bereits Platon hatte die Dämonen (δαίμονες) als eigene Gruppe überirdischer Wesen von den Göttern unterschieden. Eine besondere Rolle spielt dabei das persönliche δαιμόνιον des Sokrates als dessen übernatürliche Stimme. Über dieses handelte neben Platon auch

Xenophon, ein weiterer Schüler des Sokrates. Möglicherweise existierten noch weitere, nicht erhaltene Zeugnisse aus dem Kreis der Sokrates-Schüler.

In Anknüpfung hieran beschäftigten sich verschiedene mittelplatonische Philosophen mit dem Dämon des Sokrates. So existieren neben der Schrift des Apuleius »Über den Gott des Sokrates« eine weitere von Plutarch sowie zwei Reden von Maximos von Tyros zu diesem Thema.

Die Dämonen spielen bei Apuleius darüber hinaus als Mittlerwesen zwischen Göttern und Menschen eine wichtige Rolle. Sie sind also eine Art untergeordneter Gottheiten, die nach Apuleius in der Luft wohnen und stets gute Wesen sind.

[6] »Nicht in dem Maße« – denn Platon mag durch meinen Mund für seine Ansicht sprechen – »nicht in dem Maße«, sagt er, »sind die Götter nach meiner Lehre von uns geschieden und uns entfremdet, dass ich der Ansicht wäre, nicht einmal unsere Gelübde gelangten zu ihnen. Denn ich habe sie nicht von der Sorge um die Angelegenheiten der Menschen, sondern nur von der Berührung (mit ihnen) geschieden. Im übrigen aber gibt es gewisse mittlere göttliche Mächte, deren Aufenthaltsort in der Mitte zwischen dem Äther ganz oben und den Erdregionen ganz unten in dem dort befindlichen Raum der Luft liegt, durch deren Vermittlung unsere Wünsche und Verdienste zu ihnen (= den Göttern) gelangen.« Diese bezeichnen die Griechen mit dem Begriff Dämonen, Boten zwischen den Bewohnern der Erde und denen des Himmels für die Gebete von hier unten und die Gaben von dort oben, die – hin und her – von hier die Bitten, von dort die Unterstützungen überbringen nach Art von Dolmetschern und Heilsboten zwischen beiden Seiten. Durch eben diese, so behauptet Platon im Symposion, werden alle Weisungen, all die verschiedenen Wunderwerke der Magier und alle Arten von Voraussagen gelenkt. Denn jeder einzelne aus ihrer Schar hat eine eigene Aufgabe und sorgt, so wie ihm ein Wirkungsbereich zugewiesen worden ist, entweder für das Zustandekommen von Träumen oder für das Anbringen der Einschnitte an den (dem Haruspex* vorliegenden) Eingeweiden oder für die Lenkung des Fluges der günstig fliegenden Vögel oder für die Abrichtung der Laute der Weissagungsvögel oder für die Inspiration der Seher oder für das Schleudern von Blitzen oder für das Leuchten von Wolken und für alles Übrige vollends, wodurch wir die Zukunft erkennen. Das alles, so muss man annehmen, geschieht durch den Willen, die Macht und die Autorität der Himmelsgötter, doch durch den Gehorsam, die Mühe und die Dienstleistung der Dämonen.

[7] Denn deren Aufgabe, Tätigkeit und Sorge ist es, dass Träume dem Hannibal den Verlust eines Auges androhen, dass die Eingeweideschau dem Flaminius die Gefahr einer Niederlage voraussagt, dass die Vogelschau dem Attius Navius das Wunder des Schleifsteins ankündigt; ebenso dass manchen Menschen Zeichen für eine künftige Königsherrschaft vorhergehen, so wie Tarquinius Priscus durch einen Adler auf seinem Hut beschattet, Servius Tullius vom Kopf aus durch eine Flamme erleuchtet wird; schließlich alle Voraussagen der Wahrsager, die Sühn-

* Die Haruspices waren römische Priester, die aus der Eingeweideschau von Opfertieren den Willen der Götter vorherzusagen hatten.

opfer der Etrusker, die Opfer an den Orten, die von einem Blitz getroffen worden sind, die Verse der Sibyllen. Um alle diese Angelegenheiten kümmern sich, wie gesagt, gewisse Mächte in der Mitte zwischen den Menschen und den Göttern. Denn es wäre ja wohl der Erhabenheit der himmlischen Götter nicht angemessen, dass irgendeiner von ihnen dem Hannibal das Traumgebilde ausmalt oder für Flaminius die Eingeweide eines Opfertieres runzelig macht oder für Attius Navius einen Vogel dahinsegeln lässt oder für die Sibylle Schicksalssprüche in Verse kleidet oder dem Tarquinius den Hut rauben, jedoch wiederbringen, dem Servius aber den Scheitel entflammen, jedoch nicht verbrennen möchte.
Apuleius, Über den Gott des Sokrates 6–7 (Baltes, S. 56–59).

Die Dämonen als Wächter über die menschliche Seele

[16] […] Daher sollt ihr alle, die ihr diese göttliche Lehre Platons in meiner Auslegung hört, eure Seelen in der Weise für alles Handeln und Denken formen [(aus)bilden], dass euch bewusst ist, dass der Mensch vor diesen Wächtern nichts geheim halten kann, weder in seiner Seele noch außerhalb, ohne dass jener an allem aufmerksam Anteil nimmt, alles wahrnimmt, alles durchschaut, nach Art des Gewissens unmittelbar im Innersten der Seele weilt. Wenn dieser private Wächter, von dem ich spreche, dieser persönliche Vorgesetzte, dieser heimische Hüter, dieser eigene Vormund, dieser intimste Anwalt, dieser ständige Beobachter, dieser unentrinnbare Mitwisser, dieser unzertrennliche Zeuge, dieser Missbilliger des Bösen, dieser Billiger des Guten in gehöriger Weise beachtet, mit Eifer erkannt, fromm verehrt wird, so wie er von Sokrates in Gerechtigkeit und Uneigennützigkeit verehrt worden ist, dann ist er in Unsicherheiten ein weitblickender Fürsorger, in Ungewissheiten ein Warner, in Gefahren ein Beschützer, in Nöten ein Helfer, der dir bald durch Träume, bald durch Vorzeichen, bald vielleicht auch, wenn die Lage es erfordert, persönlich Übles abwenden, Gutes begünstigen, Niedriges erheben, Schwankendes stützen, Dunkles aufhellen, Günstiges lenken, Ungünstiges verbessern kann.
Apuleius, Über den Gott des Sokrates 16 (Baltes, S. 74f).

Apuleius über die Götterlehre Platons

[11] […] Drei Arten von Göttern nennt Platon, von denen die erste jener eine, alleinige und höchste, weltjenseitige, unkörperliche Gott ist, den wir weiter oben als den Vater und Baumeister dieses göttlichen Erdkreises dargestellt haben; eine andere Gattung ist die, welcher die Sterne und die anderen Gottheiten angehören, die wir Himmelsbewohner nennen; die dritte haben die, welche die alten Römer die »mittelsten« nennen, weil sie gemäß ihrer Eigenart, aber auch nach ihrem Sitz und ihrer Macht niedriger als die höchsten Götter sind, größer aber als die Natur der Menschen.
Apuleius, Platon 1,11 (Siniscalco, S. 35f).

Apuleius über die menschliche Seele nach Platon

[13] Daher lehrt Platon, die Seele sei die Herrin des Körpers. Da er nun aber drei Teile der Seele annimmt, sagt er, der vernunftbestimmte Teil, nämlich der beste Teil des Geistes, habe seinen Sitz im Scheitelpunkt des Kopfes; der zornbestimmte Teil aber sei weit von der Vernunft entfernt in das Herz als Wohnsitz gelegt worden und gehorche ihr, um zur rechten Zeit der Weisheit zu entsprechen; die Begierde und das Verlangen, der letzte Teil des Geistes, habe die unteren Teile des Bauches als eine Art Küche und verborgene Kloake zum Sitz, Schlupfwinkel der Liederlichkeit und der Zügellosigkeit; dieser Teil aber scheine deshalb weiter von der Weisheit entfernt zu sein, damit nicht die Vernunft, die von oben über das Wohl des Ganzen befinden soll, durch eine ihr ungünstige Nachbarschaft hinsichtlich der Nützlichkeit ihrer Gedanken getrübt werde.

Der ganze Mensch nämlich ruhe in Kopf und Antlitz; denn die Klugheit und alle Sinne seien nirgendwo anders als in diesem Teil des Körpers enthalten. Die anderen Glieder dienten und seien dem Kopf unterworfen, ließen ihm die Speisen und anderes zukommen, trügen ihn auch hocherhoben als Herrn und Gebieter und sicherten seine Vorsorge gegen Gefahren.

Die Hilfsmittel aber, mit denen die Sinne zum Wahrnehmen und Unterscheiden der Eigenschaften (der Dinge) versehen sind, seien vor dem königlichen Sitz des Kopfes angebracht, und zwar unter den Augen der Vernunft, um so die Wahrheit des Erkennens und der Wahrnehmung zu unterstützen.
Apuleius, Platon 1,13 (Siniscalco, S. 37–40).

Apuleius: Platons Lehre vom glücklichem Leben und Sterben des Weisen

Apuleius' Schrift über Platon ist eine aus mittelplatonischer Perspektive verfasste Darstellung von Leben und Lehre Platons.*

[23] […] Nun erscheint aber (*scil.* nach der Lehre Platons) derjenige allen als glücklich, der einerseits genug an Gütern hat und andererseits weiß, wie er sich von Lastern freihalten kann. Die eine Art des Glücks liegt vor, wenn wir mit der Gegenwart unseres Geistes das überwachen, was wir tun; eine andere dann, wenn zur Vollkommenheit des Lebens nichts fehlt und wir mit der Betrachtung selbst zufrieden sind. Die Quelle beider Arten des Glücks aber entspringt der Tugend. Und zum Schmuck des inneren Heiligtums, d.h. der Tugend, brauchen wir keine Stützen, die dem, was wir für gut halten, äußerlich sind. Für das im alltäglichen Leben Notwendige ist die Pflege des Körpers und die Sorge für die zum Lebensunterhalt dienlichen Mittel, die von außen kommen, erforderlich. Dies muss aber so geschehen, dass diese [äußerlichen Angelegenheiten] durch die Tugend besser werden und sich durch ihre Zustimmung mit den Vorzügen des Glücks verbinden, ohne welches sie keineswegs für gut zu halten sind. Und

* Zu Apuleius vgl. S. 358.

es ist nicht ungereimt, dass allein die Tugend ganz glücklich machen kann, da man ohne sie auch in den anderen förderlichen Dingen kein Glück finden kann. Wir nennen jedenfalls den Weisen einen Gefolgsmann und Nachahmer Gottes und glauben, dass er dem Gott folgt: das nämlich besagt das Wort ἕπου θεῷ. Er muss nicht nur während seines Lebens den Göttern Würdiges tun und nicht das, was ihrer Erhabenheit missfällt, sondern auch dann, wenn er [im Sterben] den Körper verlässt, darf er nichts gegen den Willen des Gottes tun: denn wenn er auch die Möglichkeit seines eigenen Tods in der Hand hat – obwohl er weiß, dass er, wenn er einmal das Irdische verlassen hat, Besseres erlangen wird –, so wird er seinen Tod dennoch nicht herbeiführen, wenn nicht das göttliche Gesetz bestimmt hat, dass dies notwendig erlitten werden müsse. Wenn auch die Auszeichnungen des vergangenen Lebens seinen Tod ehren, so muss dieser noch ehrenvoller und von gutem Nachruhm sein. Wenn er, ohne Sorge um das Leben der Nachwelt, seiner Seele den Weg zur Unsterblichkeit zu gehen erlaubt, so freut er sich im voraus darauf, dass sie, weil er fromm gelebt hat, die Orte der Seligen bewohnen wird, den Reigen der Götter und Halbgötter beigesellt.
Apuleius, Platon 2,23 (Siniscalco, S. 85f).

Origenes über Gottes Offenbarungen an Weise am Beispiel Platons

In seiner Schrift **Gegen Kelsos** (ca. 248 n. Chr.) setzt sich Origenes (ca. 185–254 n. Chr.) mit den Vorwürfen des heidnischen Philosophen Kelsos gegen das Christentum auseinander. Es handelt sich dabei in gewisser Hinsicht um eine »innerplatonische« Auseinandersetzung, denn sowohl Kelsos als auch Origenes argumentieren auf der Basis platonischer Philosophie. Origenes kann deshalb – wie auch der etwas früher wirkende Clemens von Alexandria – als »christlicher Platoniker« bezeichnet werden. Die Schrift des Kelsos mit dem Titel **Wahre Lehre** (Ἀληθὴς Λόγος) ist selbst nicht erhalten und kann nur aus ihrer Widerlegung durch Origenes teilweise rekonstruiert werden. In dieser legt Origenes dar, dass das Christentum keine minderwertige, »barbarische« Religion ist, sondern die Verehrung des einzigen und wahren Gottes lehrt und damit auch philosophischen Wahrheitsansprüchen genügt.

[3] »Demnach sollen weise Männer des Altertums den Menschen, die sie verstehen können, (von uns) vor Augen gestellt werden; und so soll denn auch Plato, der Sohn des Ariston, in einem seiner Briefe deutlich das Wesen des höchsten Gutes dartun und sagen, das höchste Gut lasse sich durchaus nicht mit Worten beschreiben, sondern werde durch lange Übung erworben und plötzlich in der Seele entflammt wie ein von überspringendem Feuer angezündetes Licht.« Diese Worte haben auch wir vernommen und stimmen ihnen zu, da sie schön gesagt sind; denn *Gott hat ihnen* dies und alle andern trefflichen Aussprüche *offenbart* (Röm 1,19) […]
Origenes, Gegen Kelsos 6,3 (Koetschau, S. 78f).

Kelsos über die philosophische Lehre vom Weg der Wahrheit

[42] Kelsos verweist uns dann an »Plato«, der nach seiner Meinung »ein noch tüchtigerer Lehrer« über Gott und göttliche Dinge ist, indem er von ihm die Worte aus dem »Timaios« anführt, die so lauten: »Den Bildner und Vater dieses Weltganzen zu finden, ist mühevoll, ihn aber allen mitzuteilen, wenn man ihn gefunden hat, ist unmöglich.« Diesen Worten fügt er die Bemerkung bei: »Ihr seht, wie von Sehern und »Philosophen« der Weg der Wahrheit gesucht wird, und wie Plato erkannt hat, dass auf diesem zu gehen für alle unmöglich ist. Da ihn aber weise Männer zu dem Zweck gefunden haben, dass wir von dem unbenennbaren ersten Wesen irgendeine Vorstellung erhalten könnten, die es deutlich macht entweder durch Zusammenstellung mit anderen Dingen oder durch Unterscheidung von ihnen oder durch einen Vergleich mit ihnen, so will ich zwar das lehren, was sonst mit Worten nicht ausgedrückt werden kann, würde mich aber wundern, wenn ihr mir zu folgen vermöchtet, da ihr ganz und gar an das Fleisch gefesselt seid und nichts Reines schauen könnt.« […]
Origenes, Gegen Kelsos 7,42 (Koetschau, S. 133f).

Albinos über Arten und Funktion der Platonischen Dialoge

Albinos ist ein mittelplatonischer Philosoph des 2. Jh. n. Chr. und war u.a. Lehrer des berühmten Arztes Galen. Er ist nicht zu verwechseln mit Alkinoos, einem ebenfalls im 2. Jh. wirkenden Mittelplatoniker. Beide Philosophen wurden in der älteren Forschung und auch in Manuskripten gelegentlich miteinander identifiziert, auch die Zuweisung der Werke war mitunter umstritten.

Hauptwerk des Albinos ist der **Prologos**, eine Einführung in die platonische Philosophie. Albinos unterteilt hier die platonischen Dialoge in mehrere Arten, anhand derer die verschiedenen Dimensionen der platonischen Philosophie deutlich werden.

Gesetzt den Fall, dass jemand, sei es auch nur im summarischen Überblick, jene Ordnung der Dialoge zu erkennen imstande sein sollte, die der Platon gemäßen Unterweisung entspricht – so muss derjenige, der sich die Lehren Platons zu eigen macht (es ist nämlich notwendig, zur Schau seiner eigenen Seele und der göttlichen Wesenheiten zu gelangen wie auch der Götter selbst und der schönsten Vernunft teilhaftig zu werden) zunächst die falschen Meinungen unter den Grundvorstellungen entfernen […]

Um nun die falschen Meinungen wegzuschaffen, werden wir Platons Dialoge des prüfenden Typs studieren müssen. <Denn> sie besitzen die Kraft der Widerlegung und der sogenannten Läuterung. Damit man die natürlichen Allgemeinbegriffe ans Licht hervorlockt, wird es nötig sein, die Dialoge des maieutischen Typs* zu studieren. Denn dies ist ihre charakteristische Eigenart. Damit man die

* Ἡ μαιευτικὴ τέχνη = Hebammenkunst, war ein Begriff, mit dem bereits Sokrates sein Verfahren bezeichnet hatte, die philosophischen Begriffe aus dem Inneren seiner Schüler heraus zu entwickeln.

(der Seele) zugehörigen Lehren empfängt, wird man die Dialoge des lehrenden Typs studieren müssen. Denn dies ist ihre charakteristische Eigenart, sofern sich in ihnen einerseits die naturphilosophischen, andererseits die ethischen sowie die Lehren aus Staatskunde und Gutsverwaltung befinden, von denen sich die ersteren auf die Betrachtung und die betrachtende Lebensform beziehen, die letzteren auf die Betätigung und die tätige Lebensform, dies beides aber mit dem Ziel der Angleichung an Gott. Damit uns das Gebundene ohne die Möglichkeit zur Flucht dauerhaft zu Gebote steht, wird es nötig sein, die Dialoge des logischen Typs, der gleichfalls zum lehrenden gehört, zu studieren. Denn sie enthalten die Methoden der Einteilung und der Definition, sowie ferner der Reduktion und des Schließens, vermittelst derer das Wahre bewiesen und das Falsche widerlegt wird. Da wir außerdem vor den Täuschungen durch Trugschlüsse, die von den Sophisten ausgehen, sicher sein müssen, werden wir die Dialoge des gegenbeweisenden und widerlegenden Typs studieren, aus denen man lernen kann, wie man die Sophisten verstehen und wie und auf welche Weise man ihnen entgegentreten muss, wenn sie den Worten Gewalt antun.
Albinos 6 (Reis, S. 316–319).

Plutarch über die Seele

[…] Nehmen wir zuerst das Wort »Tod« selbst. Es scheint doch anzudeuten, dass der Dahingegangene sich nicht hinab unter die Erde begibt, sondern hinaufgetragen wird und nach oben entschwebt. Deshalb hat folgende Annahme manches für sich: Wenn der Körper seinen letzten Atemzug tut, schießt die Seele – darin dem Emporschnellen einer gekrümmten Feder vergleichbar – sofort heraus und stürmt nach oben, wo sie selbst aufatmet und wieder auflebt. Betrachte aber auch das Gegenstück zum Tod, die »Geburt«, wie sie gerade umgekehrt (im Namen schon) ein Sinken nach unten demonstriert, eine Neigung zur Erde hin, und zwar hinsichtlich jenes Teils, der am Lebensende wieder nach oben eilt. Den ersten Lebenstag bezeichnet man ja auch als »Geburtstag«, weil er den Beginn von vielen Kämpfen und Mühen markiert.

Vielleicht ersehen wir den gleichen Sachverhalt noch besser und deutlicher aus einem anderen Wortpaar. Vom Sterbenden heißt es auch, dass er »aufgelöst« wird, und vom Lebensende, es sei eine »Ablösung«. Gemeint ist, wenn man nachfragt, eine »Erlösung« vom Körper. Den Körper nennen manche auch »Gestalt«, weil die Seele darin gegen die Natur von ihm gefangen gehalten wird […]

»[…] Dass die Verflechtung der Seele mit dem Körper und ihre enge Verbindung mit ihm wider die Natur sind, magst du auch daraus ersehen –« »Woraus denn bitte?«, fiel ihm Patrokleas ins Wort. »Daraus, dass der Schlaf zu unseren angenehmsten Erfahrungen gehört. Zunächst einmal löscht er durch die Freude, die er bereitet, jegliche Schmerzempfindung aus, weil dem Schmerz dadurch viel Bekömmliches beigemischt wird. Als nächstes überwältigt er alle die anderen Begierden, mögen sie auch noch so heftig sein. Der Schlaf dürfte vielmehr der angenehmste innere Zustand überhaupt sein, weil er uns aus einer mühsamen, lästigen und rauen Lage herausholt. Dabei handelt es sich um nichts anderes als um die Bindung der Seele an den Körper. Denn im Schlaf sondert die Seele sich (vom Körper) ab. Sie erhebt sich wieder und zieht sich in sich selbst zusammen, während sie zuvor im Körper ausgespannt und über die Sinnesorgane zerstreut war.

Zwar gibt es auch welche, die behaupten, der Schlaf sorge für eine noch engere Vermischung der Seele mit dem Körper, aber sie haben Unrecht. Dagegen spricht schon folgendes: Durch Fühllosigkeit, Kälte, Schwere und Bleichheit beweist der Körper selbst, dass die Seele ihn im Tode gänzlich verlässt, während des Schlafes aber sich zeitweilig zurückzieht. Und eben darin besteht das Erfreuliche beim Schlaf, in der Befreiung und Erholung der Seele, die gleichsam eine schwere Last ablegt, um sie später wieder aufzunehmen und zu tragen. Denn im Sterben scheint die Seele dem Körper gänzlich zu entfliehen, im Schlaf aber nur einen Ausreißversuch zu unternehmen. Deshalb wird das Sterben bei manchen von Mühsal begleitet, der Schlaf aber bei allen von Vergnügen. Im einen Fall wird die Fessel gänzlich zerrissen, im andern Fall gibt sie etwas nach, erschlafft und wird leichter, wenn <sozusagen> die Knoten aufgelöst werden, das heißt, wenn die Sinnesorgane ermatten und die straffe Bindung der Seele an den Körper lockern […]«

Plutarch, Über die Seele 15,313–325 (Klauck, S. 193–196).

Plutarch über Aberglauben, Atheismus und Frömmigkeit

Plutarch (ca. 45–120 n. Chr.) gehört zu den wichtigsten Philosophen der römischen Kaiserzeit. Er unternahm zunächst ausgedehnte Bildungsreisen, auf denen er sich mit verschiedenen philosophischen Traditionen vertraut machte. Anschließend war er für die letzten ca. 20 Jahre seines Lebens Priester am Orakelheiligtum in Delphi.

Plutarch hat ein überaus umfangreiches Werk hinterlassen. Bereits im 3. oder 4. Jh. wurde ein Gesamtverzeichnis seiner Schriften angelegt, der sog. Lampriaskatalog. Dieser Katalog ist erhalten, stimmt allerdings nicht völlig mit dem erhaltenen Werk Plutarchs überein.

Plutarchs Schriften werden für gewöhnlich in die beiden Gruppen der **Biographien** und der **Moralia** unterteilt. In den Parallelbiographien vergleicht er große Griechen und Römer miteinander. Unter den Moralia sind Schriften zur Theologie, Ethik und Politik versammelt. Für Plutarchs philosophisches Denken spielt die Orientierung an Platon eine grundlegende Rolle.

[11] […] Der Atheist glaubt, dass es keine Götter gibt, aber der Abergläubische wünscht, dass es keine gäbe, und glaubt nur wider Willen an sie, denn er fürchtet sich davor, ungläubig zu sein. Aber wie Tantalos froh wäre, unter dem hängenden Felsen wegzukommen, würde auch der Abergläubische froh sein, der Furcht zu entkommen, von der er ebenso sehr bedrängt wird, und er würde die Haltung des Atheisten als eine Befreiung preisen. So ist es: Der Atheist einerseits hat mit dem Aberglauben nichts zu tun, der Abergläubische jedoch ist in seiner Grundeinstellung ein Atheist, dem es nur an Kraft fehlt, von den Göttern zu glauben, was er glauben möchte.

[12] Dazu kommt folgendes: Der Atheist hat keinerlei Mitschuld am Aufkommen des Aberglaubens; der Aberglaube aber hat Anlass für die Entstehung des Atheismus geliefert und dient auch jetzt, nachdem dieser in die Welt gekommen ist, zu einer Verteidigung, die zwar weder wahr noch edel ist, aber doch etwas Einleuchtendes hat. Denn am Himmel hat man ja doch nichts zu bemängeln gefunden, und auch nicht bei den Jahreszeiten oder den Umläufen des Mondes, dem Gang der Sonne um die Erde – sie sind die »Erzeuger von Tag und Nacht« – oder beim Wachstum der Tiere, beim Sprießen der Früchte – nirgends sieht man eine Unvollkommenheit, eine Unregelmäßigkeit, um derentwillen man über das All zu dem harten Urteil kommen könnte, es sei götterleer. Es sind vielmehr die absurden Handlungen und Gefühle des Aberglaubens, seine rituellen Formeln und Gebärden, die Zaubereien und Hexereien, die Rundläufe und Trommelwirbel, die unreinlichen Reinigungen und schmutzigen Läuterungen, die barbarischen und verwerflichen Züchtigungen und Erniedrigungen an heiligen Orten – all das legt es manchen Menschen nahe zu sagen, besser sei es, dass es gar keine Götter gebe, als solche, die derartige Riten empfangen, über derartiges sich freuen, die so grausam sind, so kleinlich und reizbar [...]

[14] Freilich ist keine Krankheit so vielfältig, so unberechenbaren Umschlägen und Gefühlswallungen unterworfen, so gemischt aus gegensätzlichen, ja widerstreitenden Einbildungen, wie die Krankheit Aberglaube. Man soll sie fliehen, aber dabei auf Sicherheit und Nutzen bedacht sein: nicht wie Menschen, die vor einer Bedrohung durch Räuber, wilde Tiere oder Feuersbrunst blind und besinnungslos davon stürzen und dann in unwegsames Gelände geraten, wo Schluchten und Klippen drohen. So geraten auch manche auf der Flucht vor dem Aberglauben in den Atheismus, ein steiniges und hartes Feld, und springen in ihrer Hast über das hinweg, was in der Mitte liegt: die Frömmigkeit.

Plutarch, Über die späte Strafe der Gottheit 11 f. 14 (Görgemanns, S. 36–41).

Plutarch über die späte Strafe der Gottheit

[5] Das alles soll kein Vorwand sein, um mich einer Antwort zu entziehen, sondern eine Bitte um Nachsicht; ich möchte, dass unser Reden gewissermaßen einen bergenden Hafen in Sicht behält, damit es sich um so zuversichtlicher mit Hilfe von Wahrscheinlichkeitsargumenten gegen den Sturm der ungelösten Schwierigkeiten behauptet. Bedenkt also zunächst, dass nach Platon, Gott sich selbst als Modell alles Guten allgemein sichtbar hingestellt hat und für die menschliche Tugend, welche ja darin besteht, dass man zu einem gewissen Grade Gott ähnlich wird, Vorbild und Ansporn ist für die, die ihm nachzufolgen vermögen. Denn auch die Allnatur in ihrem ungeordneten Urzustand empfing von hierher den Anstoß, sich zu verwandeln und zum Kosmos zu werden: nämlich mittels einer Ähnlichkeit mit und einer Art Teilhabe an jener Formvollendung und Tugend im Bereich des Göttlichen. Ebenfalls von Platon stammt die Aussage, die Natur habe in uns das Licht des Sehens zu dem Zweck entzündet, dass unsere Seele durch die Schau und Bewunderung der am Himmel kreisenden

Körper sich gewöhne, das Wohlgestaltete und Geordnete als vertraut und lieb zu empfinden; dies solle dazu führen, dass sie die unharmonischen, planlos wirkenden Leidenschaften verabscheute und das Willkürliche und Zufällige miede als den Ursprung allen Übels und aller Fehler. Denn es liegt im Wesen des Menschen, dass er nichts Bedeutenderes von Gott gewinnen kann, als dass er durch Nachahmung und Erstreben des Schönen und Guten, welches in Gott liegt, in den Stand der Tugend gelangt.

Das ist nun auch der Grund, warum Gott den Bösen erst mit der Zeit und nach ruhigem Bedenken die Vergeltung auferlegt. Es ist nicht so, als ob er fürchtete, beim raschen Strafen selbst einen Fehler zu machen und es bereuen zu müssen, sondern er will uns die tierische und überstürzte Art des Vergeltens abgewöhnen; er will uns lehren, uns nicht im Zorn und nicht, wenn in höchster Glut und Aufwallung »die Wut emporspringt, höher als des Geistes Sitz«*, auf den Schädiger zu stürzen, wie um einen Durst oder Hunger zu stillen, vielmehr Gottes Bedachtsamkeit und Zögerlichkeit nachzuahmen und nach Ordnung und Gebühr, mit der Zeit als einem Ratgeber, der gewiss keinen Kurs steuern wird, der zur Reue führt, zur Wahrung des Rechtes zu schreiten […]

[18] Es ist also ein und derselbe Gedankengang, der gleichzeitig die Vorsehung Gottes und das Überdauern der Seele begründet, und man kann nicht an dem einen festhalten, wenn man das andere aufgibt. Und wenn die Seele nach dem Tode weiter existiert, so ist es eine besonders naheliegende Folgerung, dass Ehrungen und Strafen ihr in diesem Zustand zuteil werden. Sie führt ja ihr Leben wie ein Sportler einen Wettkampf, und wenn sie den Kampf beendet hat, wird ihr zuteil, was sie verdient […]

Plutarch, Über die späte Strafe der Gottheit 5.18 (Görgemanns, S. 54–57.100f.367).

Philo von Alexandria über die Schöpfung

Philo von Alexandria (ca. 15 v. Chr.–45 n. Chr.) war ein bedeutender jüdischer Religionsphilosoph. Er verbrachte praktisch sein ganzes Leben in seiner Heimatstadt, war allerdings an einer Gesandtschaft zum Kaiser Gaius Caligula nach Rom beteiligt (39/40 n. Chr.) und unternahm eine Wallfahrt nach Jerusalem.

Philo hat ein umfangreiches Werk hinterlassen, das aus philosophischen, apologetischen und exegetischen Schriften besteht. Darin wird seine umfassende philosophische und literarische Bildung erkennbar.

In dem exegetischen Werk Philos lassen sich drei Gruppen unterscheiden: I. die Erklärung des Gesetzes, zu der vermutlich auch die Schrift »Über die Weltschöpfung« (lat. De opificio mundi) gehört; II. ein allegorischer Kommentar zu wichtigen Texten der Genesis; III. ein im Frage-Antwort-Stil verfasster Kommentar zu Texten der Bücher Genesis und Exodus. Der letztere ist vollständig nur in einer armenischen Übersetzung erhalten.

Kennzeichnend für Philos Exegese ist die Intention, den biblischen Texten einen tieferen philosophischen Sinn abzugewinnen. Dazu bedient er sich häufig der allegorischen Methode, um biblische Inhalte und griechische Philosophie miteinander zu verbinden. (Vgl. auch Kapitel V, G 3.)

* Zitat aus einer unbekannten Tragödie, TrGF II, Adesp. F 175–176 Kannicht / Snell.

[7] Es haben nämlich manche, weil sie die Welt mehr als den Weltschöpfer bewunderten, jene für unerschaffen und ewig erklärt, diesem aber, Gott nämlich, in unfrommer Weise völlige Untätigkeit angedichtet, während sie im Gegenteil dessen Macht als die eines Schöpfers und Vaters anstaunen mussten und nicht die Welt über alles Maß verherrlichen durften. [8] Moses aber, der bis zum höchsten Gipfelpunkt der Philosophie vorgedrungen und durch göttliche Offenbarungen über die meisten und wichtigsten Dinge der Natur belehrt worden ist, erkannte sehr wohl, dass in den existierenden Dingen das eine die wirkende Ursache, das andere ein Leidendes sein muss, und dass jenes Wirkende der Geist des Weltganzen ist, der ganz reine und lautere, der besser ist als Tugend, besser als Wissen, besser als das Gute an sich und das Schöne an sich, [9] dass das Leidende dagegen an und für sich unbeseelt und unbeweglich ist, nachdem es aber von dem Geiste bewegt und gestaltet und beseelt worden, in das vollendetste Werk, in diese (sichtbare) Welt, sich verwandelte. Die aber von der Welt behaupten, dass sie unerschaffen sei, merken nicht, dass sie das nützlichste und notwendigste der zur Gottesverehrung führenden Dinge beseitigen, nämlich die Vorsehung. [10] Denn dass der Vater und Schöpfer um das Geschaffene sich kümmert, lehrt die Vernunft; denn ein Vater hat doch die Erhaltung seiner Kinder im Auge, ein Künstler die Erhaltung seiner Kunstwerke; mit allen Mitteln wehrt er ab, was ihnen nachteilig und schädlich ist, und alles Nützliche und Zuträgliche sucht er auf jede Weise herbeizuschaffen. Zu dem Nichtgewordenen dagegen hat derjenige, der nicht geschaffen hat, keinerlei Beziehung.
Philo, Über die Weltschöpfung 7–10 (Cohn, Bd. 1, S. 29f).

Die Welt der Ideen als göttliches Muster der Welt

[16] Da Gott nämlich bei seiner Göttlichkeit im voraus wusste, dass eine schöne Nachahmung niemals ohne ein schönes Vorbild entstehen kann und dass keines von den sinnlich wahrnehmbaren Dingen tadellos sein würde, das nicht einem Urbilde und einer geistigen Idee nachgebildet wäre, bildete er, als er diese sichtbare Welt schaffen wollte, vorher die gedachte, um dann mit Benutzung eines unkörperlichen und gottähnlichen Vorbildes die körperliche – das jüngere Abbild eines älteren – herzustellen, die ebenso viele sinnlich wahrnehmbare Arten enthalten sollte, wie in jener gedachte vorhanden waren.
Philo, Über die Weltschöpfung 16 (Cohn, Bd. 1, S. 32).

Gottes Gnade als Grund und Ordnungsprinzip der Welt

[22] Denn von selbst war sie ungeordnet, eigenschaftslos, leblos, ungleich, voll Verschiedenartigkeit, Disharmonie und Missklang; sie empfing aber ihre Veränderung und Umwandlung in die vorzüglichen Gegensätze, in Ordnung, Beschaffenheit, Beseeltsein, Gleichheit und Gleichartigkeit, Harmonie und Wohlklang und alle anderen Eigenschaften der besseren Art. [23] Von keinem Helfer – denn wer sonst existierte damals? – sondern nur von sich selbst beraten erkannte Gott, dass er mit reichen und verschwenderischen Gaben die

Natur ausstatten müsse, die ohne göttliches Gnadengeschenk nicht imstande ist, irgendetwas Gutes von selbst zu erlangen. Allein nicht nach der Größe seiner Gnade – denn diese ist grenzenlos und unendlich – erweist er Wohltaten, sondern nach Maßgabe der Kräfte ihrer Empfänger; denn nicht so, wie Gott imstande ist Gutes zu tun, vermag auch das Geschöpf Gutes zu ertragen; denn über alles Maß gehen Gottes Kräfte, das Geschöpf aber ist zu schwach, um ihre ganze Größe zu fassen, und es würde versagen, wenn er nicht in angemessener Weise jedem Einzelnen das ihm zukommende Maß abwöge und abmäße. [24] Will nun jemand einfachere Ausdrücke anwenden, so kann er wohl sagen, dass die gedachte Welt nichts anderes ist als die Vernunft des bereits welterschaffenden Gottes; denn auch die gedachte Stadt ist ja nichts anderes als der Gedanke des den Bau einer Stadt planenden Baumeisters.
Philo, Über die Weltschöpfung 22–24 (Cohn, Bd. 1, S. 34f).

Der menschliche Geist als wahres Ebenbild Gottes

[69] Nach allen anderen Geschöpfen also ist, wie gesagt, der Mensch geschaffen worden, und zwar, wie es heißt, »nach dem Bilde Gottes und nach seiner Ähnlichkeit« (Gen 1,26). Sehr richtig; denn kein erdgeborenes Wesen ist Gott so ähnlich wie der Mensch. Diese Ähnlichkeit darf man aber nicht in der Eigentümlichkeit des Körpers vermuten; denn weder hat Gott menschliche Gestalt noch ist der menschliche Körper gottähnlich. Jene Ebenbildlichkeit bezieht sich nur auf den Führer der Seele, den Geist; denn nach dem einzigen führenden Geist des Weltalls Urbild wurde der Geist in jedem einzelnen Menschen gebildet, der also gewissermaßen der Gott des Körpers ist, der ihn als göttliches Bild in sich trägt. Denn was der große Lenker im Weltall ist, das ist wohl der menschliche Geist im Menschen; er ist selbst unsichtbar, sieht aber alles, er ist seinem Wesen nach unkenntlich, erkennt aber das Wesen der anderen Dinge; durch Künste und Wissenschaften bahnt er sich weitverzweigte Heerstraßen und durchwandert die ganze Erde und das Meer und erforscht alles, was in beiden ist. [70] Und dann erhebt er sich im Fluge und betrachtet die Luft und ihre Veränderungen und schwingt sich immer höher hinauf zum Äther und in die Himmelskreise und dreht sich mit den Reigentänzen der Planeten und Fixsterne nach den Gesetzen der vollkommenen Musik; indem er der Liebe zur Weisheit als Führerin folgt, schreitet er über die ganze sinnlich wahrnehmbare Welt hinaus und strebt nach der rein geistigen; [71] und wenn er hier die Urbilder und die Ideen der sinnlich wahrnehmbaren Dinge, die er dort gesehen, in ihrer außerordentlichen Schönheit betrachtet, ist er von einer nüchternen Trunkenheit eingenommen und gerät in Verzückung wie die korybantisch Begeisterten; und erfüllt von anderer Sehnsucht und besserem Verlangen, wird er durch dieses zum höchsten Gipfel des rein Geistigen empor getragen und glaubt bis zum »Großkönige« selbst vorzudringen. Wenn er nun begierig ist zu schauen, ergießen sich über ihn stromweise reine und ungetrübte Strahlen vollen Lichtes, so dass durch ihren Glanz das geistige Auge geblendet wird […]
Philo, Über die Weltschöpfung 69–71 (Cohn, Bd. 1, S. 50f).

(Weibliche) Sinnlichkeit als Gefahr für den (männlichen) Geist

[165] Die Lust wagt aber nicht, ihre listigen Verführungskünste dem Manne gegenüber anzuwenden, sondern sie verführt die Frau und durch sie den Mann; sehr geschickt und treffend; denn der Geist in uns ist das männliche Prinzip, die Sinnlichkeit das weibliche; die Lust aber pflegt zuerst mit den Sinnen Verkehr und täuscht durch sie den führenden Geist; denn sobald die einzelnen Sinne ihren Lockungen unterlegen sind, freuen sie sich über das, was ihnen dargeboten wird: das Auge über die Mannigfaltigkeit der Farben und Gestalten, das Ohr über die Harmonie der Töne, der Geschmack über die Süßigkeit der Fruchtsäfte, das Riechorgan über den Wohlgeruch der aufsteigenden Düfte; sie nehmen die Gaben in Empfang und reichen sie dem Geist, wie Diener ihrem Herrn, und bringen als Beistand die Überredungskunst mit, damit er keine zurückweise. Er aber lässt sich betören und verwandelt sich sofort aus dem Herrn in einen Untergebenen, aus dem Gebieter in einen Sklaven, aus einem Bürger in einen Verbannten und aus einem Unsterblichen in einen Sterblichen.
Philo, Über die Weltschöpfung 165 (Cohn, Bd. 1, S. 86).

Die Blindheit der Sinne

[11] Der Blindheit der Sinne ferner, an der viele noch bei Lebzeiten gleichsam vorher gestorben sind, weil sie kein dagegen schützendes Heilmittel finden konnten, steht die Einsicht gegenüber, das Beste von allem in uns, die den Geist erleuchtet, die an Sehschärfe die leiblichen Augen in allem und jedem weit übertrifft. [12] Denn diese nehmen nur die Oberfläche der sichtbaren Dinge wahr und bedürfen zugleich des Lichtes von außen; die Einsicht dagegen dringt auch in die Tiefe der Körper ein, erforscht sie durch und durch in allen ihren Teilen und beobachtet auch das Wesen der unkörperlichen Dinge, das die sinnliche Wahrnehmung nicht zu sehen vermag; sie besitzt nahezu die ganze Sehschärfe des Auges, ohne des unechten Lichtes zu bedürfen, denn sie ist selbst ein Stern und beinahe ein Abbild und eine Nachahmung der Himmelskörper.
Philo, Über die Tugenden 11f (Cohn, Bd. 2, S. 322f).

Geschlechterspezifische Kleidung

[18] Das Gesetz zeigt aber ein so eifriges Bestreben, die Seele zur Tapferkeit heranzubilden und auszurüsten, dass es selbst über die Beschaffenheit der Gewänder, die man anlegen soll, eine Verordnung erlassen hat: es verbietet nämlich nachdrücklich dem Manne, ein weibliches Gewand anzuziehen (Dtn 22,5), damit auch nicht eine Spur oder ein Schatten des Weibischen ihm anhafte zum Schaden des männlichen Geschlechts. Das Gesetz schließt sich nämlich stets der Natur an und will bestimmen, was zueinander passt und miteinander im Einklang steht, bis zum Äußersten und bis zu den Dingen, die wegen ihrer Geringfügigkeit anscheinend keine Beachtung verdienen. [19] Denn da der Gesetzgeber sah, dass die Körpergestalten des Mannes und des Weibes, wie auf einer Tafel gezeichnete

Figuren, ungleich seien und dass den beiden Geschlechtern nicht dasselbe Leben zugewiesen sei – dem einen nämlich ist das Leben im Hause, dem andern das Leben in der staatlichen Gemeinschaft zugeteilt –, so hielt er es für nützlich, auch in anderen Dingen, die nicht von der Natur geschaffen sind, sondern im Anschluss an die Natur von kluger Einsicht ersonnen werden, bestimmte Anordnungen zu treffen: es sind das die Bestimmungen über Lebensführung, über Kleidung und ähnliche Dinge. [20] Er wollte, dass der wahre Mann auch in diesen männlich auftrete und ganz besonders in der Kleidung: in dieser, die er immer Tag und Nacht trägt, darf er nicht das geringste Zeichen unmännlichen Wesens zeigen. [21] In derselben Weise wollte er auch die Frau an den passenden Schmuck gewöhnen und verbot ihr daher männliche Kleidung anzulegen, weil er ebenso wie die weibischen Männer die Mannweiber fernhalten wollte; denn wenn man, wie bei einem Bauwerk, ein Stück wegnimmt, so bleiben auch, wie er wusste, die übrigen nicht in dem gleichen Zustande.
Philo, Über die Tugenden 18–21 (Cohn, Bd. 2, S. 324f).

Menschen als Wesen der Erde, des Himmels, Gottes

[60] Er führt also durchaus keine Fabel über Riesen an, sondern er will dir nur das darlegen, dass die Menschen teils der Erde, teils des Himmels, teils Gottes sind. Der Erde die, welche den Lüsten des Körpers nachjagen, ihren Genuss und Gebrauch suchen und sich alles verschaffen, was zu einer jeden gehört, des Himmels alle Künstler, Verständigen und Lernbegierigen – denn das Himmlische unserer Bestandteile, der Geist (Geist aber ist auch jedes der himmlischen Dinge) beschäftigt sich mit der allgemeinen Bildung und überhaupt allen anderen Künsten, indem er sich selbst schärft und schleift, übt und ausbildet in den geistigen Dingen –, [61] Gottes (Menschen) aber die Heiligen und Propheten, die es nicht für gut hielten, an diesem weltlichen Staatswesen Anteil zu haben und Weltbürger zu werden, sondern alles Wahrnehmbare übersprangen, in die geistige Welt auswanderten und dort Wohnung nahmen, eingetragen als Bürger in dem Staate der unvergänglichen und unkörperlichen Ideen.
Philo, Über die Riesen 60f (Heinemann, Bd. 4, S. 70).

Weibische, sinnliche, schlechte Gewohnheit (Sarah als positives Beispiel)

[59] Und wohl begreiflich; denn noch haben in uns die weibischen Gewohnheiten die Oberhand und wir konnten uns noch nicht von ihnen reinigen und in den männlichen Wohnsitz hinüber laufen, wie es von der tugendliebenden Seele, namens Sarah, erzählt wird. [60] Sie wird nämlich in der heiligen Schrift so eingeführt, »als hätte sie alles Weibliche verlassen«,* als sie den selbstlernenden Sprössling unter Schmerzen zur Welt bringen sollte, mit Namen Isaak.
[61] Sie soll ja auch mutterlos gewesen sein, da sie bloß von väterlicher, nicht aber von mütterlicher Seite Verwandtschaft besessen habe, unteilhaftig der Ab-

* Gen 18,11.

stammung von einem Weibe. Denn an einer Stelle sagt jemand: »Und auch in Wahrheit ist sie meine Schwester, vom Vater her, doch nicht von der Mutter her«;* denn nicht (stammt sie) von der wahrnehmbaren Materie, die immer wieder entsteht und sich auflöst, welche diejenigen, denen zuerst das Reis der Weisheit aufspross, Mutter, Näherin und Amme des Erschaffenen genannt haben, sondern von dem Urheber und Vater des Alls. [62] Sie dringt deshalb mit ihrem Blicke über die ganze körperhafte Welt hinüber und wird, von der Freude in Gott erheitert, den großen Ernst, den die Menschen auf ihre Angelegenheiten im Kriege oder Frieden verwenden, zum Gelächter machen.
[63] Wir hingegen sind noch von der unmännlichen und weiberhaften Gewöhnung an die Sinnesempfindungen, die Leidenschaften und die Sinnenwelt bezwungen und haben deswegen nicht die Kraft, uns auch nur gegen eine der Erscheinungen aufzulehnen, sondern werden von allen, auch den zufälligsten, teils gegen unseren Willen, teils sogar mit unserem Willen, mitgerissen.
Philo, Über die Trunkenheit 59–63 (Heinemann, Bd. 5, S. 26–28).

Skeptischer Exkurs über die Erkenntnis

[187] Ähnlich steht es aber auch mit allem, was sich auf Tugend oder Schlechtigkeit bezieht: das Nützliche wird durch das Schädliche erkannt, das Schöne durch Gegenüberstellung mit dem Hässlichen, das Gerechte und allgemein das Gute durch Vergleich mit dem Ungerechten und Schlechten, und wenn man alles übrige, was es in der Welt gibt, betrachtet, so kann man finden, dass es nach dem gleichen Schlage seine Beurteilung findet; aus sich heraus nämlich lässt sich kein Einzelding in seinem Wesen begreifen, aus dem Vergleich mit einem anderen aber lässt es sich anscheinend erkennen. Was aber nicht fähig ist, für sich selbst zu zeugen, sondern der Fürsprache eines anderen bedarf, bietet keine sichere Gewähr für seine Zuverlässigkeit; und so werden auch aus diesem Grunde diejenigen, welche leichthin jedes beliebige Ding anerkennen oder leugnen, widerlegt. Und was ist dabei zu verwundern? Wenn man näher an die Tatsachen herangeht und einen klareren Blick auf sie richtet, wird man zur Erkenntnis gelangen, dass kein einziges Ding sich unserer Wahrnehmung in seinem einfachen Wesen darbietet, sondern alle mit den kompliziertesten Vermengungen und Mischungen.
Philo, Über die Trunkenheit 187 (Heinemann, Bd. 5, S. 65).

Über Gott und seine Logoi

[69] Denn Gott selbst hält es für unter seiner Würde, zur Sinnlichkeit zu kommen, und schickt seine Logoi den Tugendliebenden zu Hilfe; sie aber behandeln und heilen die Schwächen der Seele dadurch, dass sie heilige Warnungen wie unantastbare Gesetze aufstellen, zu ihrer Übung aufrufen und wie die Lehrer im Ringkampf Tüchtigkeit, Kraft und unwiderstehliche Stärke einflößen. [70] Notwendig also begegnet er [der Tugendbeflissene], als er zur Sinnlichkeit kam,

* Gen 20,12.

nicht mehr Gott, sondern Gottes Logos, wie auch Abraham, der Ahn seiner Weisheit. Denn es heißt: »Der Herr ging fort, als er aufgehört hatte, mit Abraham zu reden, und Abraham kehrte zurück zu seinem Ort« (Gen 18,33), woraus zu schließen ist, dass die auf solche heiligen Logoi treffen, von denen sich Gott, der Vater des Alls, abgewendet hat, der nicht mehr die von ihm selbst, sondern die von den ihm untergeordneten Kräften ausgehenden Erscheinungen verbreitet. [71] Außergewöhnlich schön aber ist es, dass er nicht sagt, er komme nach dem Orte, sondern er begegne einem Orte. Das Kommen ist nämlich etwas Freiwilliges, das Begegnen aber oft etwas Unfreiwilliges, und dies geschieht, damit der göttliche Logos plötzlich erscheine und der einsamen Seele eine unerwartete, alle Hoffnung übertreffende Freude dadurch verheiße, dass er ihr Weggenosse werden will. Und so »führte auch Moses das Volk Gott entgegen« (Ex 19,17), da er sehr gut wusste, dass er selbst unversehens in die Seelen kommt, die sich danach sehnen, mit ihm zusammenzutreffen.
Philo, Über die Träume 1,69–71 (Heinemann, Bd. 6, S. 187f).

Hinauf- und herabsteigende Seelen

[138] Von diesen Seelen steigen die einen hinab, um sich in sterbliche Körper einsperren zu lassen, und zwar die der Erde nächsten und dem Körper befreundetsten, die anderen wandern wieder hinauf, abgeschieden nach den von der Natur festgesetzten Zahlen und Zeiten. [139] Von diesen eilen diejenigen, die sich nach der Verwandtschaft und Vertrautheit mit dem sterblichen Leben sehnen, wieder zurück, die aber seine ganze Eitelkeit durchschauten, nannten den Körper einen Kerker und eine Gruft, entflohen wie aus einem Gefängnis oder einem Grabe und wandeln, mit leichten Flügeln zum Äther emporgehoben, in Ewigkeit in der Höhe. [140] Es gibt aber noch andere, nämlich die reinsten und besten, die edlere und göttlichere Gesinnungen erlosten, die überhaupt niemals nach etwas Irdischem trachteten, die Statthalter des Weltlenkers, gleichsam Ohren und Augen des Großkönigs, die alles sehen und hören. [141] Diese pflegen die anderen Philosophen Dämonen zu nennen, die heilige Schrift aber, die einen passenderen Namen braucht, Engel (ἄγγελοι). Denn sie verkünden (διαγγέλουσι) die Befehle des Vaters den Kindern und die Bedürfnisse der Kinder dem Vater.
Philo, Über die Träume 1,138–141 (Heinemann, Bd. 6, S. 201f).

Seelen – Allegorische Auslegung der Himmelsleiter (Gen 28,12)

[146] Das ist die symbolisch so genannte Leiter in der Welt; suchen wir aber nach der in den Menschen, so werden wir die Seele finden, deren Fuß das gewissermaßen Erdige, die Sinnlichkeit, ist, deren Haupt aber das gleichsam Himmlische: der reinste Geist. [147] Die ganze Leiter auf und ab aber wandeln fortwährend die Logoi Gottes; wenn sie hinaufsteigen, ziehen sie sie mit in die Höhe, trennen sie vom Sterblichen und zeigen ihr den Anblick des allein Sehenswerten; wenn sie aber herunterkommen, stürzen sie sie nicht hinab – denn weder Gott noch

ein göttlicher Logos ist schuld an einer Schädigung –, sondern sie steigen mit hinab aus Menschenliebe und Mitleid mit unserem Geschlecht, um der Fürsorge und des Beistands willen, um auch der Seele, die im Körper wie in einem Flusse hingerissen wird, Heil einzuflößen und sie wieder zu beleben. [148] Wandelt doch in den Seelen der ganz Gereinigten lautlos und unsichtbar allein der Lenker des Alls – denn es gibt ja ein dem Weisen verkündetes Gotteswort, in dem es heißt: »Ich werde in euch wandeln und ich werde euer Gott sein« (Lev 26,12) –, in den Seelen derer, die ihr schmutziges und in den beschwerlichen Körpern beflecktes Leben erst waschen, aber noch nicht völlig gereinigt haben (aber wandeln) die Engel, die sie reinigen durch ihre Lehren vom Schönen und Guten.
Philo, Über die Träume 1,146–148 (Heinemann, Bd. 6, S. 202f).

B. Die Aristoteliker und die philosophische Skepsis

1. Aristoteles, der Peripatos und die philosophische Skepsis

4 Bildnis des Aristoteles
Büste von Aristoteles. Marmor. Römische Kopie nach dem griechischen Bronze-Original von Lysippos, um 330 v. Chr. Der Alabaster-Mantel ist eine moderne Ergänzung.

Aristoteles (384–322 v. Chr.) aus Stageira in Thrakien kann als Platons berühmtester Schüler bezeichnet werden. Er war eine zeitlang Mitglied der platonischen Akademie, setzte jedoch in seinem Denken gegenüber Platon deutlich eigene Akzente.

In den später unter dem Titel »Organon« (Werkzeug) zu sechs Büchern zusammengefassten Schriften behandelt Aristoteles Fragen der **Logik**. Logisches Denken vollzieht sich in Begriffen, die durch Definition gewonnen werden. Dabei spielt die Kategorienlehre eine wichtige Rolle, in der die Grundbegriffe zusammengefasst sind, aus der sich alle anderen Begriffe ableiten lassen. Die Begriffe werden durch Urteile miteinander verbunden, die Urteile schließlich zu Schlüssen. Schlüsse (auch: Syllogismen) bestehen aus Prämissen und Konklusionen und werden aus Urteilen hergeleitet.

Weiterführende Literatur

Höffe, O., Aristoteles, München 1996.
Ders., Aristoteles. Die Hauptwerke – Ein Lesebuch, Tübingen 2009.
Rapp, C., Aristoteles zur Einführung, 3., überarb. Aufl. Hamburg 2007.

a) Logik

Syllogismen und sicheres Wissen

[1] Als erstes ist vorzutragen, worum es in dieser Untersuchung geht und worauf sie aus ist: Es geht hier um Beweis, und sie ist auf beweisendes Wissen aus.

Sodann ist klar einzugrenzen: Was ist »vorgegebener Satz« und was »klar bestimmter Begriff«, was »Schluss«, und welche Art davon ist vollkommen, welche unvollkommen; danach: Was bedeutet »dies ist – oder ist nicht – in dem als Ganzem«, und: Was verstehen wir unter »über alles oder von keinem ausgesagt werden« […]

Aristoteles, Analytik 1,1,24 a (Zekl, S. 2f).

Kategorien (Seinsaussagen)

[1 b] […] Von dem, was da nach keiner Verknüpfung ausgesagt wird, weist ein jedes entweder auf ein *seiendes Wesen* hin oder auf ein »*irgendwieviel*« oder »*irgendwie-beschaffen*« oder ein »*im-Verhältnis-zu …*« oder »*irgendwo*« oder »*irgendwann*« oder ein *Liegen* oder *Haben* oder *Tun* oder *Erleiden*. – *Seiendes Wesen* ist dabei, um es umrisshaft zu sagen, z. B. »Mensch«, »Pferd« (usw.); *so-und-so-viel* z. B. »zwei Ellen«, »drei Ellen« …; *derartig* z. B. »weiß«, »schriftkundig«; *im-Verhältnis-zu …«* z. B. »doppelt«, »halb«, »größer« …; [2 a] *da-und-dort* z. B. »im Lykeion«, »auf dem Markt«; *dann-und-dann* z. B. »gestern«, »vor einem Jahr«; *Lage* z. B. »liegt da«, »sitzt«; *Haben* z. B. »hat Schuhe an«, »hat Waffen angelegt«; *Tätigsein* z. B. »schneiden«, »brennen«; *Erleiden* z. B. »geschnitten werden«, »gebrannt werden«.

Jeder der genannten (Ausdrücke) wird, rein für sich, nicht in Form einer Behauptung oder Verneinung ausgesagt, aber durch die Verknüpfung dieser miteinander wird eine Behauptung oder Verneinung (daraus); jedes behauptende oder verneinende Urteil ist doch offenkundig entweder *wahr* oder *falsch*, von dem aber, was nicht in Form einer Verknüpfung ausgesagt wird, ist nichts (derart, sondern) weder wahr noch falsch, z. B. »Mensch«, »weiß«, »läuft«, »siegt« […]

Aristoteles, Kategorien 4,1 b–2 a (Zekl, S. 7–9).

Die von Aristoteles oder seinen Nachfolgern begründete philosophische Schule hieß **Peripatos** (Wandelhalle). Den Namen erhielt sie nach dem Ort am Rande Athens, an dem sie zusammenkam. Die Mitglieder der Schule hießen entsprechend Peripatetiker.

Im Peripatos beschäftigte man sich mit dem Werk des Aristoteles, das neben den Schriften zur Logik auch solche zur Naturwissenschaft, Ethik, Politik sowie zu Literatur und Rhetorik umfasst. Zu den wichtigsten Schülern des Aristoteles gehörten Theophrastos, Eudemos und Aristoxenos.

Im 1. Jh. v. Chr. wurde der Aristotelismus durch Andronikos von Rhodos erneuert, der auch einen Teil der Schriften von Aristoteles edierte.

b) Metaphysik

Metaphysik als Wissenschaft vom Sein im Ganzen

[1] Es gibt eine Wissenschaft, deren Betrachtung gerichtet ist auf das Seiende, insofern es ist, – und auf das, was an ihm von ihm selbst her besteht. Sie ist mit keiner der sogenannten Einzelwissenschaften identisch. Keine dieser Wissenschaften betrachtet ja allgemein das Seiende, insofern es ist; vielmehr schneidet jede irgendein Stück des Seienden heraus und betrachtet das zu diesem Stück Hinzugekommene – wie es z. B. die mathematischen Wissenschaften tun. Wenn wir nun aber nach den Quellen und den höchsten Ursachen suchen, so müssen dies offenbar die Quellen und Ursachen irgendeiner von sich selbst her existierenden Natur der Dinge sein. Sofern die Denker, die nach den Elementen der Dinge suchten, auf dieselben Quellen gerichtet waren, waren auch jene Elemente notwendigerweise nicht nur Elemente des hinzugekommenerweise Seienden, sondern des Seienden, insofern es ist. Unsere Aufgabe ist es also, die ersten Ursachen des Seienden, insofern es ist, zu erfassen.
Aristoteles, Metaphysik 4,1,1003 a (Seidl, 1. Halbbd., S. 122 f).

Prämissen und Prinzipien

[1] […] Ferner dasjenige, wovon man in der Erkenntnis eines Gegenstandes ausgeht, denn auch dies wird Prinzip des Gegenstandes genannt; z. B. die Voraussetzungen (Prämissen) der Beweise. In gleich vielen Bedeutungen wird auch der Begriff Ursache gebraucht; denn alle Ursachen sind Prinzipien. Allgemeines Merkmal der Prinzipien in allen Bedeutungen ist, dass es ein Erstes ist, wovon her etwas ist, wird oder erkannt wird. Von diesen Prinzipien sind die einen (den Dingen) immanent, die anderen außerhalb (von ihnen). Darum ist sowohl die Natur Prinzip als auch das Element und ebenso das Denken, der Entschluss, die Wesenheit und der Zweck; denn bei vielen Dingen ist das Gute und das Schöne Prinzip sowohl des Erkennens als auch der Bewegung.
Aristoteles, Metaphysik 5,1,1013 a (Seidl, 1. Halbbd., S. 178 f).

Hylemorphismus I (Verhältnis von Materie und Form)

Das Erkennen kann sich nach Aristoteles nicht auf die wandelbaren, vergänglichen Einzelphänomene richten, sondern muss sich an dem Wesen bzw. der Form der Dinge orientieren. Allerdings bedarf das Allgemeine der konkreten Verwirklichung im Einzelnen. Die konkret in Erscheinung tretenden Dinge sind also eine Verbindung von unvergänglicher Form (μορφή) und vergänglicher Materie (ὕλη).

[7] […] Es scheint nun das Wirkliche, wovon wir reden, nicht jenes selbst, Stoff, zu sein, sondern nach Art von jenem, z. B. der Kasten nicht Holz, sondern hölzern, das Holz nicht Erde, sondern irden. Und wenn so wiederum die Erde nicht ein anderes, sondern aus einem anderen ist, so ist immer jenes andere schlechthin dem Vermögen nach das Spätere. Z. B. der Kasten ist nicht irden noch Erde, sondern hölzern; denn dies, das Holz, ist der Möglichkeit nach ein

Kasten und ist der Stoff des Kastens, und zwar Holz schlechthin der Stoff des Kastens schlechthin, und dies bestimmte Holz der Stoff dieses bestimmten Kastens. Gibt es nun ein Erstes, was nicht erst noch nach einem anderen als solchartiges bezeichnet wird, so ist dies erster Stoff; z. B. wenn die Erde aus Luft (luftartig), die Luft nicht Feuer, sondern aus Feuer (feuerartig) ist, so ist das Feuer erster Stoff und ein einzelnes Etwas, Wesen (Substanz) […]
Aristoteles, Metaphysik 9,7,1049 a (Seidl, 2. Halbbd., S. 120 f).

Hylemorphismus II

[7] […] Das zugrunde liegende Naturding wird der Erkenntnis zugänglich mittels einer Entsprechung: *Wie* sich zum Standbild das Erz, zur Liege das Holz oder zu anderen Dingen, die Gestaltung (erfahren) haben, das Ungestaltete verhält, bevor es die Gestaltung an sich genommen hat, *genauso* verhält sich dies (der Grund-Stoff) zum bestimmten Dasein, zum Dieses-da, zum Seienden. *Ein* Anfang ist also dies – allerdings ist es nicht in dem Sinne eins und seiend wie das Dieses-da –, (ebenfalls) einer die (Form), auf die der Begriff zielt, und *schließlich* das diesem Entgegengesetzte, das Fehlen-der-Bestimmtheit […]
Aristoteles, Physik 1,7,191 a (Zekl, S. 40 f).

Das Prinzip Bewegung und der unbewegte Beweger

Um zu erklären, wie der Prozess des Werdens und Vergehens der Dinge überhaupt zustande kommt, greift Aristoteles auf die Vorstellung einer ersten Wirkursache zurück. Diese kann selbst nicht der Bewegung unterworfen sein, sondern liegt ihr voraus, da sie andernfalls auch dem Prozess von Entstehen und Vergehen unterliegen würde. Diese aller Bewegung vorausliegende höchste Wirkursache ist nach Aristoteles Gott als unbewegter Beweger.

[7] Da es nun aber angeht, dass sich die Sache so verhalte, und wenn sie nicht sich so verhielte, alles aus der Nacht und dem Beisammen aller Dinge und dem Nicht-Seienden hervorgehen würde, so lösen sich demnach diese Schwierigkeiten, und es gibt etwas, das sich immer in unaufhörlicher Bewegung bewegt, diese Bewegung aber ist die Kreisbewegung. Dies ist nicht nur durch den Begriff, sondern auch durch die Sache selbst deutlich. Also ist der erste Himmel ewig. Also gibt es auch etwas, das bewegt. Da aber dasjenige, was bewegt wird und bewegt, ein Mittleres ist, so muss es auch etwas geben, das ohne bewegt zu werden, selbst bewegt, das ewig und Wesen und Wirklichkeit ist. Auf solche Weise aber bewegt das Erstrebte und das Intelligible (Erkennbare); es bewegt, ohne bewegt zu werden. Von diesen beiden ist das erste (als Prinzipien) dasselbe. Denn Gegenstand des Begehrens ist dasjenige, was als schön erscheint, Gegenstand des Willens ist an sich das, was schön ist. Wir erstreben aber etwas vielmehr, weil wir es für gut halten, als dass wir es für gut hielten, weil wir es erstreben. Prinzip ist die Vernunfttätigkeit. Die Vernunft wird vom Intelligiblen bewegt, intelligibel aber an sich ist die eine Reihe der Zusammenstellung (der Gegensätze); in ihr nimmt das Wesen die erste Stelle ein, und unter dieser die einfache, der wirklichen Tätigkeit nach

existierende (Eines aber und Einfach ist nicht dasselbe; denn das Eine bezeichnet ein Maß, das Einfache aber ein bestimmtes Verhalten), aber auch das Schöne und das um seiner selbst willen Erstrebbare findet sich in derselben Reihe, und das erste (als Prinzip) ist entweder das beste oder dem analog. Dass aber der Zweck zu dem Unbewegten gehört, macht die Unterscheidung deutlich; denn es gibt einen Zweck für etwas und von etwas; jener ist unbeweglich, dieser nicht. Jenes bewegt wie ein Geliebtes, und durch das (von ihm) Bewegte bewegt es das übrige. Wenn nun etwas bewegt wird, so ist es möglich, dass es sich auch anders verhalte. Wenn also Ortsbewegung die erste Wirklichkeit (wirkliche Tätigkeit) insofern ist, als das Bewegte in Bewegung ist, so ist insofern auch möglich, dass es sich anders verhalte, nämlich dem Orte, wenn auch nicht dem Wesen nach. Nun gibt es aber etwas, was ohne bewegt zu werden selbst bewegt und in Wirklichkeit (in wirklicher Tätigkeit) existiert; bei diesem ist also auf keine Weise möglich, dass es sich anders verhalte. Denn Ortsbewegung ist die erste unter den Veränderungen, und unter ihr die Kreisbewegung; diese Bewegung aber wird von jenem ersten Bewegenden hervorgebracht. Also ist es notwendig seiend, und inwiefern es notwendig ist, ist es auch so gut und in diesem Sinne Prinzip. Notwendig nämlich wird in mehreren Bedeutungen gebraucht, einmal als das gegen den eigenen Trieb mit Gewalt Erzwungene, dann als das, ohne welches das Gute nicht sein kann, drittens als das, was nicht anders möglich ist, sondern absolut ist. Von einem solchen Prinzip also hängen der Himmel und die Natur ab […]
Aristoteles, Metaphysik 12,7,1072 a.b (Seidl, 2. Halbbd., S. 252–255).

Die Seele als Ursache und Prinzip des lebenden Körpers

[4] Wer es unternimmt, eine Untersuchung über diese (Vermögen) anzustellen, muss jedes von ihnen in dem erfassen, was es ist, und dann das, was daran anschließt, und das übrige weiter untersuchen. Wenn man angeben soll, was jedes von den (Vermögen) ist, z. B. was das vernünftige, das wahrnehmende oder das nährende (Vermögen) ist, muss man früher angeben, was das vernünftige Erfassen und was das Wahrnehmen ist; denn früher dem Begriffe nach sind die Tätigkeiten und Handlungen als die Vermögen. Wenn es sich aber so verhält, und wir noch früher deren Gegenstände betrachtet haben müssen, dann sind wohl aus demselben Grunde zuerst diese zu bestimmen, z. B. die Nahrung und das Wahrnehmbare sowie das Intelligible (= vernünftig Erfassbare). Daher müssen wir zuerst über die Nahrung und Zeugung sprechen; denn die Nährseele kommt auch den übrigen Wesen zu, sie ist das erste und <allen> gemeinsamste Seelenvermögen, wodurch das Leben allen zukommt. Seine Leistungen sind Zeugung und Nahrungsverwertung. Diese Leistungen sind ja die natürlichsten für alles Lebende, soweit es vollendet und nicht verstümmelt ist oder spontan erzeugt wird, nämlich ein anderes, sich gleiches Wesen zu erzeugen: das Lebewesen ein Lebewesen, die Pflanze eine Pflanze, damit sie am Ewigen und Göttlichen nach Kräften teilhaben; denn alles strebt nach jenem, und um jenes Zweckes willen wirkt alles, was von Natur wirkt. Der Zweck aber ist ein zweifacher, der eine als das Worum-willen, der andere als das Wofür. Weil nun die Lebewesen am

Ewigen und Göttlichen nicht kontinuierlich teilzuhaben vermögen – denn nichts Vergängliches kann als zahlenmäßig ein und dasselbe fortbestehen –, hat jedes soweit, als es dies vermag, <am Ewigen> teil, das eine mehr, das andere weniger. Und es besteht nicht als dieses (Individuum) <ewig> fort, sondern nur eines von solcher Art, <d. h.> als nicht der Zahl nach eines, wohl aber der Art nach eines.

Die Seele ist Ursache und Prinzip des lebenden Körpers. Dies wird aber in mehrfacher Bedeutung verstanden. Entsprechend den drei unterschiedenen Arten (von Ursachen / Prinzipien) ist gleicherweise die Seele (dreifache) Ursache: Sie ist nämlich sowohl Ursprung der Bewegung, als auch Zweck, und auch als Wesen der beseelten Körper ist die Seele Ursache. Dass sie es als Wesen ist, leuchtet ein; denn bei allen Dingen ist die Ursache des Seins das Wesen, das Leben ist aber bei den Lebewesen das Sein, und Ursache und Prinzip hiervon ist die Seele. Ferner, von dem in Möglichkeit Seienden ist (erklärender) Begriff die Vollendung. Offenkundig ist aber die Seele Ursache auch als Zweck: Wie nämlich die Vernunft um eines Zweckes willen wirkt, so in gleicher Weise auch die Natur, und das ist ihr Zweck. Ein solcher Zweck und von Natur ist in den Lebewesen die Seele. Alle natürlichen Körper nämlich sind Organe der Seele, und wie die (Körper) der Lebewesen, so sind auch die der Pflanzen um der Seele willen. Von zweifacher Bedeutung ist der Zweck, der eine als Worum-willen, der andere als Wofür. Doch ist die Seele auch das erste Prinzip, woraus die örtliche Bewegung entspringt. Aber nicht allem Lebendigen kommt dieses Vermögen zu.

Die Wahrnehmung ist, wie es scheint, eine gewisse Veränderung, und kein Wesen nimmt wahr, das nicht einer Seele teilhaftig ist. Ähnlich verhält es sich auch bei Wachstum und Schwinden; denn nichts schwindet oder wächst von Natur, wenn es sich nicht nährt, und nichts nährt sich, was nicht am Leben teilhat. Empedokles hat darüber nicht zutreffend gesprochen, als er hinzufügte, dass das Wachstum bei den Pflanzen nach unten hin geschehe, weil die Erde (in ihnen) von Natur dahin gehe, und nach oben hin, weil das Feuer ebenso dorthin gehe; denn er erfasst weder das Oben, noch das Unten zutreffend. Oben und Unten sind ja bei allen Wesen und beim Weltall nicht dasselbe, sondern was der Kopf der Lebewesen, das sind die Wurzeln der Pflanzen, wenn man doch die Organe als verschiedene oder gleiche nach ihren Leistungen bezeichnen muss. Zudem, was hält das Feuer und die Erde zusammen, die sich in entgegen gesetzte Richtung bewegen? Sie (=die Pflanzen) würden ja auseinandergerissen, wenn nicht etwas da wäre, das dies verhinderte. Wenn es dies aber geben soll, dann ist dies die Seele und die Ursache des Wachstums und der Ernährung. Einigen scheint die Natur des Feuers einfachhin Ursache der Ernährung und des Wachstums zu sein; denn von den (einfachen) Körpern oder den Elementen scheint das Feuer allein sich zu ernähren und zu wachsen. Daher könnte einer annehmen, dass dieses sowohl in den Pflanzen, als auch in den Lebewesen das sie bildende Prinzip sei. Es ist aber gewissermaßen (nur) Mitursache, nicht jedoch schlechthin Ursache, sondern (dies) ist vielmehr die Seele. Das Wachstum des Feuers geht nämlich ins Unendliche, solange das brennbare Material da ist, während von allem, was sich natürlicherweise bildet, es eine Grenze sowie ein rationales

Verhältnis der Größe und des Wachstums gibt. Dies weist auf die Seele, nicht aber auf das Feuer, und mehr auf ein rationales Verhältnis (begriffliche Form) als auf eine Materie.
Aristoteles, Über die Seele 2,4,415 a–416 a (Seidl, S. 76–83).

Die Vernunft ist leidensunfähig

Man könnte sich aber fragen, wenn die Vernunft einfach ist und leidensunfähig und mit nichts etwas Gemeinsames hat, nach Anaxagoras' Behauptung, wie sie denn etwas erkennen wird, wo doch das Erkennen ein Erleiden ist; denn sofern zwischen beiden (dem Objekt und dem Erkenntnisvermögen) etwas Gemeinsames da ist, scheint das eine zu wirken und das andere zu erleiden. Ferner <stellt sich die Frage:> ob sie auch selbst erkennbar / intelligibel ist; denn entweder wird den anderen Dingen Vernunft zukommen – wenn sie nicht auf andere Weise intelligibel ist, und das Intelligible der Art nach Eines ist –, oder die Vernunft wird etwas (ihr) Beigemischtes (Körperliches) haben, das bewirkt, dass sie erkennbar wie die anderen Dinge ist. Oder <die Lösung ist die:> hinsichtlich des Erleidens aufgrund von etwas Gemeinsamem ist früher unterschieden worden, dass die Vernunft das Intelligible gewissermaßen in Möglichkeit ist, aber nicht in Wirklichkeit, bevor sie es erfasst. Es muss sich so verhalten wie bei einer Schreibtafel, auf der noch nichts in Wirklichkeit geschrieben steht, was bei der Vernunft zutrifft. Und sie selbst ist erkennbar / intelligibel wie die intelligiblen Objekte. Bei dem, was ohne Materie besteht, ist das vernünftig Erkennende und das Erkannte dasselbe; denn die theoretische Wissenschaft und das so Gewusste sind dasselbe. Dass sie aber nicht immer erkennend tätig ist, dafür muss man die Ursache untersuchen. Bei den Objekten hingegen, die Materie haben, ist ein jedes Intelligible nur der Möglichkeit nach da. Daher wird in jenen Dingen nicht Vernunft vorliegen – denn die Vernunft ist ohne die Materie das (erkennende) Vermögen für solche Dinge –, jener aber (*scil.* der Vernunft) wird das Intelligibelsein zukommen.

Da es aber, wie in der ganzen Natur, einerseits Materie gibt für jede Gattung – sie ist das, was alles jenes (zur Gattung Gehörige) in Möglichkeit ist – andererseits das Ursächliche und Wirkende, dadurch dass es alles wirkt, wie die Kunst sich zu ihrem Material verhält, müssen auch in der Seele diese Unterschiede vorliegen, und es gibt eine Vernunft von solcher Art, dass sie alles (Intelligible) wird, und eine von solcher, dass sie alles (Intelligible) wirkt / macht, als eine Haltung, wie das Licht; denn in gewisser Weise macht auch das Licht die Farben, die in Möglichkeit sind, zu Farben in Wirklichkeit. Und diese Vernunft ist abtrennbar, leidensunfähig und unvermischt und ist ihrem Wesen nach in Wirklichkeit. Immer nämlich ist das Wirkende ehrwürdiger im Vergleich zum Leidenden, und das Prinzip zur Materie. Dasselbe aber ist die Wissenschaft in Wirklichkeit mit dem Gegenstand. Die Wissenschaft in Möglichkeit ist im Einzelnen der Zeit nach früher, im ganzen aber auch nicht der Zeit nach, sondern <die Vernunft> ist nicht bald tätig, bald nicht tätig (d. h. sie ist immer tätig). Abgetrennt nur ist

sie das, was sie (ihrem Wesen nach) ist, und nur dieses (Prinzip) ist unsterblich und ewig. Wir haben (dann) aber keine Erinnerung, weil dieses leidensunfähig ist, die leidensfähige Vernunft hingegen vergänglich ist, und ohne diese jenes nichts (von dem Erinnerbaren) erkennt.
Aristoteles, Über die Seele 3,4,429 b–430 a (Seidl, S. 170 f).

Handlungen, Ziele und Endzweck bei Menschen und anderen Wesen

[...] Deshalb ist es anzunehmen, dass auch das Handeln der Gestirne von solcher Art ist wie das der Tiere und der Pflanzen. Hier bei uns ist es nämlich der Mensch, der die meisten Handlungen vollbringt: Denn viele Güter vermag er zu erreichen, und so führt er viele (Handlungen) aus, und dies um verschiedener Ziele willen. (Was sich im besten Zustand befindet, braucht hingegen überhaupt nicht zu handeln, denn es ist selbst das Ziel. Die Handlung setzt sich aber stets aus zwei Dingen zusammen, sie findet nämlich dann statt, wenn es ein Ziel gibt und etwas, das um dieses Zieles willen geschieht.) (Die Handlungen) der übrigen Lebewesen sind weniger zahlreich, und (die Handlungen) der Pflanzen ist gering und wohl nur eine einzige: Entweder nämlich gibt es ein einziges (Gut), was sie erreichen können, wie es auch beim Menschen der Fall ist, oder all die zahlreichen Dinge, die sie zu ihrer Vollkommenheit benötigt, stehen ihnen vorab zu Gebote. Also besitzt das eine die Vollkommenheit und hat daran teil, das andere erlangt sie durch wenige (Handlungen), ein anderes durch viele, ein weiteres versucht gar nicht, sie zu erreichen, sondern begnügt sich damit, in die Nähe des höchsten (Zieles) zu gelangen [...]
Aristoteles, Über den Himmel 2,12,292 b (Jori, S. 92).

c) Ethik

Über das rechte Maß als Tugend

Das höchste Ziel, das der Mensch erlangen kann, ist nach Aristoteles die Glückseligkeit (εὐδαιμονία). Der Weg dorthin ist Inhalt der Nikomachischen Ethik. Aristoteles unterteilt hier die Tugenden (in untenstehendem Text mit ›Trefflichkeit‹ übersetzt) in dianoetische (Verstandestugenden) und ethische (auf die Beherrschung der Triebe bezogene). Die letzteren sind an der Mitte (μεσότης) zwischen zwei Extremen orientiert (Tapferkeit zwischen Feigheit und Tollkühnheit, Freigebigkeit zwischen Geiz und Verschwendung usw.). Verstandestugenden werden durch Belehrung erworben, sittliche Tugenden durch Gewohnheit.

[5] Was die sittliche Tüchtigkeit der Gattung nach ist, haben wir somit festgestellt. Es gilt jedoch nicht nur einfach so auszusprechen, dass sie eine feste Grundhaltung ist, sondern auch zu bestimmen, von welcher Art diese Haltung ist. Man darf nun behaupten, dass jede Trefflichkeit ihrem Träger und dessen Leistung Rang verleiht. So macht z. B. die Trefflichkeit des Auges sowohl das Auge als auch dessen Leistung hervorragend. Denn die Trefflichkeit des Auges ist es ja, die bewirkt, dass wir gut sehen. Ähnlich bewirkt die Trefflichkeit des Pferdes einerseits, dass das Pferd hervorragend ist, andererseits, dass es tüchtig

ist im Laufen und im Tragen des Reiters und im Standhalten gegen die Feinde. Wenn dies nun in jedem Falle gilt, so auch gewiss beim Menschen. Dessen Trefflichkeit ist dann jene feste Grundhaltung, von der aus er tüchtig wird und die ihm eigentümliche Leistung in vollkommener Weise zustande bringt.

Wie dies möglich ist, haben wir schon gesagt und es wird auch dadurch noch klarer werden, dass wir betrachten, welches das artbildende Merkmal der sittlichen Tüchtigkeit ist. Nun, man kann bei allem, was ein Continuum und (in infinitum) teilbar ist, ein Mehr, ein Weniger und ein Gleiches fassen und zwar in der Beziehung auf das Ding selbst oder in der Beziehung auf uns, wobei unter »das Gleiche« das Mittlere zu verstehen ist zwischen dem Zuviel und dem Zuwenig. Unter dem Mittleren des Dinges verstehe ich das, was von den beiden Enden gleichen Abstand hat und für alle Menschen eines ist und dasselbe. Mittleres dagegen in Hinsicht auf uns ist das, was weder zu viel ist noch zu wenig: dies jedoch ist nicht eines und dasselbe für alle. Ein Beispiel: wenn der Wert 10 zu viel ist und der Wert 2 zu wenig, so gilt 6 als das mittlere in Bezug auf die Sache, denn es übertrifft den einen Wert um denselben Betrag, um den es hinter dem anderen zurückbleibt. Das ist das arithmetische Mittel. Das Mittlere jedoch in Hinsicht auf uns darf nicht so verstanden werden, denn wenn eine Essration von 10 Minen für einen Einzelnen zu viel, eine solche von 2 Minen aber zu wenig ist, so wird deshalb der Trainer nicht gerade 6 Minen anordnen. Denn auch dieses Quantum könnte je nachdem zu groß oder zu klein sein. Für einen Milon ist das zu wenig, für einen Anfänger in Körperübungen dagegen zu viel. Ähnliches gilt für Wettlauf und Ringkampf. So meidet also jeder Sachkundige das Übermaß und das Zuwenig und sucht nach dem Mittleren und dieses wählt er, allerdings nicht das rein quantitativ Mittlere, sondern das Mittlere in der Beziehung auf uns […]

Aristoteles, Nikomachische Ethik 2,5,1106 a.b (Dirlmeier, S. 35 f).

Über Handlungen, Ziele und das höchste Gut

[1] Jedes praktische Können und jede wissenschaftliche Untersuchung, ebenso alles Handeln und Wählen strebt nach einem Gut, wie allgemein angenommen wird. Daher die richtige Bestimmung von »Gut« als »das Ziel, zu dem alles strebt«. Dabei zeigt sich aber ein Unterschied zwischen Ziel und Ziel: das eine Mal ist es das reine Tätig-Sein, das andere Mal darüber hinaus das Ergebnis des Tätig-Seins: das Werk. Wo es Ziele über das Tätig-Sein hinaus gibt, da ist das Ergebnis naturgemäß wertvoller als das bloße Tätig-Sein. Da es aber viele Formen des Handelns, des praktischen Könnens und des Wissens gibt, ergibt sich auch eine Vielzahl von Zielen: Ziel der Heilkunst ist die Gesundheit, der Schiffsbaukunst das Schiff, das Ziel der Kriegskunst: Sieg, der Wirtschaftsführung: Wohlstand. Überall nun, wo solche »Künste« einem bestimmten Bereich untergeordnet sind – so ist z. B. der Reitkunst untergeordnet das Sattlerhandwerk und andere Handwerke, die Reitzeug herstellen, während die Reitkunst ihrerseits, wie das gesamte Kriegswesen, unter der Feldherrnkunst steht, und was

dergleichen Unterordnungen mehr sind –, da ist durchweg das Ziel der übergeordneten Kunst höheren Ranges als das der untergeordneten: um des Ersteren willen wird ja das Letztere verfolgt.

Hierbei ist es gleichgültig, ob das Tätig-Sein selber Ziel des Handelns ist oder etwas darüber hinaus wie bei den eben aufgezählten Künsten.

Wenn es nun wirklich für die verschiedenen Formen des Handelns ein Endziel gibt, das wir um seiner selbst willens erstreben, während das übrige nur in Richtung auf dieses Endziel gewollt wird, und wir nicht jede Wahl im Hinblick auf ein weiteres Ziel treffen – das gibt nämlich ein Schreiten ins Endlose, somit ein leeres und sinnloses Streben –, dann ist offenbar dieses Endziel »das Gut« und zwar das oberste Gut […]
Aristoteles, Nikomachische Ethik 1,1,1094 a (Dirlmeier, S. 5).

Glück und dessen Verwirklichung in der Philosophie

Die Glückseligkeit (εὐδαιμονία) unterscheidet sich nach Aristoteles von den anderen zu erstrebenden Gütern darin, dass sie nicht um eines anderen Zieles, sondern um ihrer selbst willen erstrebt wird. Dazu bedient sich der Mensch seiner Seele (ψυχή), die aus einem vernunftbegabten und einem vernunftlosen Teil besteht. Beide müssen zusammenwirken, um den Weg zur Glückseligkeit zu verwirklichen.

Die aristotelische Ethik ist also eine »eudaimonistische« Ethik. Sie will den Menschen zu einem seinem Wesen entsprechenden, also vernunftgemäßen Tun anleiten. Damit ist die Ethik zugleich Grundlage für die politische Philosophie, denn nach Aristoteles ist der Staat diejenige Einrichtung, in der der Mensch als Gemeinwesen (ζῷον πολιτικόν) den Weg zur Glückseligkeit verwirklichen kann. Ethik und Politik greifen also direkt ineinander.

[7] Wenn das Glück ein Tätig-Sein im Sinne der Trefflichkeit ist, so darf darunter mit gutem Grund die höchste Trefflichkeit verstanden werden: das aber kann nur die der obersten Kraft in uns sein. Mag nun der Geist oder etwas anderes diese Kraft sein, die man sich gewiss als wesenhaft herrschend, führend, auf edle und göttliche Gegenstände gerichtet vorstellt – mag diese Kraft selbst auch göttlich oder von dem, was in uns ist, das göttlichste Element sein – das Wirken dieser Kraft gemäß der ihr eigentümlichen Trefflichkeit ist das vollendete Glück. Dass dieses Wirken aber ein geistiges Schauen ist, haben wir bereits festgestellt.

Das ist in Übereinstimmung, so dürfen wir behaupten, mit den früheren Erkenntnissen und mit der Wahrheit. Denn einmal ist das die oberste Form menschlichen Wirkens: es hat ja auch der Geist von dem, was in uns ist, den obersten Rang, und obersten Rang unter den Erkenntnisobjekten haben die des Geistes. Sodann aber hat dieses Wirken auch die größte Stetigkeit, denn in stetiger geistiger Schau können wir leichter verharren als in irgendeiner Tätigkeit (nach außen).

Wie wir ferner annehmen, muss Glück mit Lust vermischt sein; am lustvollsten aber unter den Formen hochwertiger Tätigkeit ist zugestandenermaßen das lebendige Wirken des philosophischen Geistes. Jedenfalls gilt von der Philosophie, dass sie eine durch ihre Reinheit und Dauer großartige Lust gewährt.

Und es ist wohl begründet, dass dem aus seiner Erkenntnis heraus Wirkenden ein lustvolleres Dasein beschieden ist als dem, der den Weg dazu erst sucht.

Auch das, was man »sich selbst genügende Unabhängigkeit« (Autarkie) nennt, ist vor allem bei der Verwirklichung der geistigen Schau zu finden. Denn was zum Leben notwendig ist, das braucht der Weise so gut wie der Gerechte und die übrigen (hochwertigen Menschen). Sind sie dann aber mit diesen Dingen zur Genüge versehen, so braucht der Gerechte immer noch Menschen, an denen und mit denen er gerecht handeln kann, und dementsprechend der Besonnene und der Tapfere und alle übrigen – der Weise dagegen kann sich der geistigen Schau hingeben, auch wenn er ganz für sich ist, und je weiser er ist, desto eindringlicher. Vielleicht gelingt es noch besser, wenn er Freunde hat, die mitwirken, aber gleichwohl wäre er der Unabhängigste.

Ferner gilt, dass diese Tätigkeit des Geistes die einzige ist, die um ihrer selbst willen geliebt wird, denn außer dem Vollzug der geistigen Schau erwartet man von ihr nichts weiter, während wir vom praktischen Wirken mehr oder minder großen Gewinn noch neben dem bloßen Handeln haben […]
Aristoteles, Nikomachische Ethik 10,7,1177 a.b (Dirlmeier, S. 230 f).

Der richtige Maßstab für den Umgang mit Gütern

[3] […] Nachdem es aber für den Arzt einen bestimmten Maßstab gibt, im Hinblick auf welchen er beurteilt, was für den Körper gesund ist und (was) nicht; im Hinblick auf welchen er auch (beurteilt), bis zu welchem Grade jedes zu betreiben und der Gesundheit förderlich ist – wäre es zu wenig oder zu viel, so wäre es mit der Zuträglichkeit zu Ende –, so braucht auch der wertvolle Mensch in Hinsicht auf sein Handeln und sein Wählen unter den natürlichen, aber nicht lobenswürdigen Gütern einen bestimmten Maßstab sowohl für das Haben (der Güter) als auch für Wahl und Meldung des Zuviel und Zuwenig an Geld und Glücksdingen.

In den früheren Erörterungen nun ist gesagt worden, (Maßstab sei:) »wie die (rechte) Planung (befiehlt)«. Allein dies ist wie wenn einer in Diätfragen sagen wollte: »wie die medizinische Wissenschaft und deren (rechte) Planung (befiehlt)«. Das ist wahr, aber nicht klar. Richtig ist, dass man, hier wie auch sonst, im Hinblick auf den herrschenden Teil leben muss, und das heißt im Hinblick auf Besitz und Aktivität des herrschenden Teils. So muss zum Beispiel der Sklave im Hinblick auf das Wirken seines Herrn (leben) und jegliches Wesen muss es im Hinblick auf seine Herrschaft ausübende Instanz, wie sie ihm zukommt. Da aber auch der Mensch aus einem herrschenden und einem beherrschten Element besteht, so sollte denn auch jeder im Hinblick auf seine Herrschaftsinstanz leben – diese aber ist zweifach: anders herrscht die medizinische Wissenschaft, anders die Gesundheit: (nur) um der Letzteren willen ist die Erstere da. Und so verhält es sich bei der seelischen Schaukraft. Der Gott nämlich herrscht nicht in einer befehlenden Weise, sondern er ist jener Endzweck, um dessentwillen die sittliche Einsicht ihre Befehle gibt – »worumwillen« bedeutet ja zweierlei; das ist ein Unterschied, der in einer anderen Schrift ausgeführt ist –, da der Gott ja keiner Güter bedarf. Jene Wahl nun und jene Erwerbung der natürlichen Güter, seien es körperliche oder Geld oder Freunde oder die sonstigen Güter, welche am meisten das betrachtende Verhalten des Gottes ermöglicht, die ist die beste und dieser Maßstab ist der schönste. Jedwede andere Form aber, welche durch Mangel oder Übermaß (in Wahl und Besitz der Güter) daran hindert dem Gott zu dienen und der Schau zu leben, die ist schlecht. So aber ist der Zustand in der Seele und dies ist der beste Maßstab für die Seele: so wenig wie möglich des irrationalen Seelenteils innezuwerden – gemeint ist: sofern dieser Eigenständigkeit hat.

Damit sei die Erörterung der Frage abgeschlossen, welches der für die Schön- und Gutheit geltende Maßstab ist, und welches der Zielpunkt der schlechthinnigen (=äußeren) Güter.

Aristoteles, Eudemische Ethik 8,3,1249 a21–b25 (Dirlmeier, S. 105 f).

Der Staat als von der Natur vorgegebene Größe

[2] […] Endlich ist die aus mehreren Dorfgemeinden gebildete vollkommene Gesellschaft der Staat, eine Gemeinschaft, die gleichsam das Ziel vollendeter Selbstgenügsamkeit erreicht hat, die um des Lebens willen entstanden ist und um des vollkommenen Lebens willen besteht. Darum ist alles staatliche Gemeinwesen von Natur, wenn anders das gleiche von den ersten und ursprünglichen menschlichen Vereinen gilt. Denn der Staat verhält sich zu ihnen wie das Ziel, nach dem sie streben; das ist aber eben die Natur. Denn die Beschaffenheit, die ein jedes Ding beim Abschluss seiner Entstehung hat, nennen wir die Natur des betreffenden Dinges, sei es nun ein Mensch oder ein Pferd oder ein Haus oder was sonst immer. Auch ist der Zweck und das Ziel das Beste; nun ist aber das Selbstgenügen Ziel und Bestes.

Hieraus wird also klar, dass der Staat zu den von Natur bestehenden Dingen gehört und der Mensch von Natur ein staatliches Wesen ist, und dass jemand, der von Natur und nicht bloß zufällig außerhalb des Staates lebt, entweder schlecht ist oder besser als ein Mensch, wie auch der von Homer als ein Mann »ohne Geschlecht und Gesetz und Herd« gebrandmarkte. Denn er ist gleichzeitig von Natur ein solcher (staatsloser Mensch) und »nach dem Kriege begierig«, indem er isoliert dasteht wie ein Stein im Brett […]

Aristoteles, Politik 1,2,1252 b–1253 a (Rolfes, S. 4).

2. Skepsis

Die Skepsis (oder: der Skeptizismus) ist eine antike philosophische Richtung, die die Wahrheitsfähigkeit menschlicher Erkenntnis prinzipiell in Frage stellt. Sie verneint zwar nicht grundsätzlich die Möglichkeit von Erkenntnis, hält aber die auf Sinneswahrnehmungen und Urteilen basierenden Pro- und Contra-Argumente in philosophischen Fragen für letztlich gleichgewichtig. Die Möglichkeit wahrheitsfähiger Aussagen und philosophischer Letztbegründungen wird deshalb verneint.

Als Begründer des Skeptizismus gilt **Pyrrhon von Elis** (ca. 360–270 v. Chr.). Er lehrte, man solle sich jedes Urteils enthalten, weil bei Sinneswahrnehmungen und Urteilen nicht zwischen wahr und falsch unterschieden werden könne. Die sogenannte »akademische Skepsis«, die sich in der mittleren Zeit der platonischen **Akademeia** bildete, beginnt mit Arkesilaos von Pitane (ca. 315–240 v. Chr.). Er teilte nicht die radikale Position des Pyrrhon, sondern hielt Glaubwürdigkeitsurteile für möglich und angemessen. Ein weiterer wichtiger Vertreter ist Karneades (ca. 214–129 v. Chr.). Aus der jüngeren Skepsis ist vor allem Sextus Empiricus zu nennen, der seine Schriften um die Wende vom 1. zum 2. Jahrhundert verfasste und dabei an Pyrrhon anknüpfte. Er verfasste u. a. ein Werk, in dem er die Grundzüge der philosophischen Position des Pyrrhon darstellte.

Weiterführende Literatur

Ricken, F., Antike Skeptiker, München 1994.

Sextus Empiricus über die pyrrhonische Skepsis

[7] Die skeptische Schule wird auch die »suchende« genannt nach ihrer Tätigkeit im Suchen und Spähen. Sie heißt auch die »zurückhaltende« nach dem Erlebnis, das der Spähende nach der Suche an sich erfährt. Ferner wird sie die »aporetische« genannt, und zwar entweder, weil sie in allem Aporien und Fragwürdigkeiten findet, wie einige sagen, oder, weil sie kein Mittel sieht zur Zustimmung oder Verneinung. Schließlich heißt sie die »pyrrhonische«, weil uns scheint, dass Pyrrhon die Skepsis greifbarer und deutlicher angegangen ist als seine Vorläufer.

[8] Die Skepsis ist die Kunst, auf alle mögliche Weise erscheinende und gedachte Dinge einander entgegenzusetzen, von der aus wir wegen der Gleichwertigkeit der entgegengesetzten Sachen und Argumente zuerst zur Zurückhaltung, danach zur Seelenruhe gelangen […]

[15] Wenn also der Dogmatisierende sein Dogma als wahr setzt, der Skeptiker dagegen seine Schlagworte in dem Sinne vorbringt, dass sie potentiell von sich selbst ausgeschaltet werden, dann wird man wohl nicht behaupten, dass er dogmatisiere, wenn er sie vorbringt. Das Wichtigste aber ist, dass er bei der Äußerung dieser Schlagworte nur sagt, was ihm selbst erscheint, und dass er nur sein eigenes Erlebnis undogmatisch kundtut, ohne über die äußeren Gegenstände irgendetwas zu versichern […]

[22] Wir sagen nun, das Kriterium der skeptischen Schule sei das Erscheinende, wobei wir dem Sinne nach die Vorstellung so nennen; denn da sie in einem Erleiden und einem unwillkürlichen Erlebnis liegt, ist sie fraglos. Deshalb wird niemand vielleicht zweifeln, ob der zugrundeliegende Gegenstand so oder so erscheint. Ob er dagegen so ist, wie er erscheint, wird infrage gestellt.

Sextus Empiricus, Skepsis 1,7f.15.22 (Hossenfelder, S. 94.97.99).

[94] Wenn nun weder das Erscheinende allein wahr ist noch das Verborgene allein noch einiges Erscheinende und einiges Verborgene, dann ist nichts wahr. Wenn aber nichts wahr ist, das Kriterium jedoch offenbar zur Beurteilung des Wahren dient, dann ist das Kriterium unbrauchbar und nutzlos, auch wenn wir ihm durch Zugeständnis einräumen, dass es irgendeine Existenz besitzt. Und wenn man sich darüber zurückhalten muss, ob es etwas Wahres gibt, dann folgt, dass diejenigen voreilig handeln, die behaupten, die Dialektik sei die Wissenschaft vom Falschen und Wahren und dem, was keines von beidem ist.

[95] Da also das Kriterium der Wahrheit unzugänglich erscheint, so lässt sich weder über die Dinge mit Sicherheit aussagen, die, nach den Aussagen der Dogmatiker zu urteilen, evident zu sein scheinen, noch über die verborgenen. Denn da die Dogmatiker diese aus den evidenten zu erkennen meinen, wie sollen wir es da wagen, uns über die verborgenen zu äußern, wenn wir schon gezwungen werden, uns über die so genannten evidenten Dinge zurückzuhalten? […]

[194] Es schadet aber vielleicht nicht, sie [*scil.* Syllogismen] obendrein noch gesondert zu behandeln, da man auf sie besonders stolz ist. Vieles nun lässt sich anführen, um ihre Unwirklichkeit darzutun. Für einen Grundriss jedoch genügt es, folgende Methode gegen sie anzuwenden: Ich werde auch hier über die Unbewiesenen reden; denn wenn diese aufgehoben werden, stürzen auch die gesamten übrigen Argumente zusammen, da sie von ihnen den Beweis ihrer Schlüssigkeit haben.

[195] Der Satz nun »Jeder Mensch ist ein Lebewesen« wird induktiv aus den Einzelfällen bestätigt. Denn nur aufgrund der Tatsache, dass Sokrates als Mensch auch Lebewesen ist und Platon ebenso und Dion und jeder der Einzelmenschen, scheint sich auch versichern zu lassen, dass jeder Mensch ein Lebewesen ist, da ja, wenn auch nur einer der Einzelfälle den übrigen offensichtlich entgegenstehen sollte, der allgemeine Satz unrichtig ist. So ist z. B. der Satz »Jedes Lebewesen bewegt den Unterkiefer« unwahr, weil zwar die meisten Lebewesen den Unterkiefer bewegen, das Krokodil allein aber den Oberkiefer.

Sextus Empiricus, Skepsis 3,94f.194f (Hossenfelder, S. 177.203).

[3] Da nun von den Dogmatikern die einen behaupten, der Gott sei körperlich, die anderen, er sei unkörperlich, und die einen, er habe Menschengestalt, die anderen, er habe sie nicht, und die einen, er befinde sich an einem Ort, die anderen, er tue es nicht, und von denen, die ihn an einem Ort sein lassen, die einen, er sei innerhalb der Welt, die anderen, er sei außerhalb – wie sollen wir da einen Begriff von Gott bekommen können, da wir weder eine anerkannte Substanz von ihm haben noch eine Gestalt noch einen Ort, an dem er sich befände? Vorher nämlich mögen jene sich einig werden und zu einer Übereinstimmung gelangen, dass der Gott so und so beschaffen sei, dann mögen sie ihn uns beschreiben und dann erst verlangen, dass wir einen Begriff von Gott bekommen. Solange sie sich aber unentscheidbar streiten, haben wir von ihnen nichts, was wir anerkanntermaßen denken können.

[4] »Aber«, sagen sie, »denke dir etwas Unvergängliches und Seliges und glaube, dass dies der Gott sei.« Das ist jedoch naiv. Denn wie derjenige, der Dion nicht kennt, auch dessen Akzidenzien nicht als Dions Akzidenzien denken kann, so können auch wir, da wir die Substanz des Gottes nicht kennen, nicht dessen Akzidenzien denken und verstehen. [5] Außerdem mögen sie uns sagen, was das Selige ist: ob das, was tugendgemäß wirkt und für das ihm Untergeordnete vorsorgt oder das, was untätig ist und weder selbst Unannehmlichkeiten hat noch einem anderen bereitet. Denn auch hierüber sind sie in unentscheidbaren

Widerstreit geraten und haben uns dadurch das Selige undenkbar gemacht und deswegen auch den Gott […]

[6] Mag der Gott aber auch gedacht werden können, so muss man sich doch notwendig darüber zurückhalten, ob es ihn gibt oder nicht, im Sinne der Dogmatiker. Denn die Existenz des Gottes ist nicht offenbar. Wenn er sich nämlich von sich aus zeigte, dann würden die Dogmatiker darin übereinstimmen, wer er ist und von welcher Art und wo. Der unentscheidbare Widerstreit aber hat bewirkt, dass er uns verborgen zu sein scheint und beweisbedürftig […]

Wichtige Lehren der Skepsis:

Isostheneia: Gleichwertigkeit widerstreitender Urteile;
Epoché: Sistierung eines Urteils;
Ataraxia: Unerschütterlichkeit, affektloses Leben;
Metriopathie: Maßhalten bei Affekten und Leidenschaften (keine Apathie!);
Eudaimonia: Glückseligkeit

[190] Wenn aber weder das Begehren selbst gut ist, noch das um seiner selbst willen Begehrenswerte weder außerhalb liegt, noch im Körper ist, noch in der Seele, wie ich gefolgert habe, dann gibt es überhaupt gar nichts von Natur Gutes.

Aus den genannten Gründen gibt es auch nichts von Natur Übles. Denn was den einen Übel zu sein scheinen, das verfolgen die anderen als Güter, z. B. Ausschweifung, Ungerechtigkeit, Geldgier, Maßlosigkeit und dergleichen. Wenn daher das von Natur Seiende so beschaffen ist, dass es auf alle in der gleichen Weise wirkt, die angeblichen Übel aber nicht auf alle in der gleichen Weise wirken, dann ist nichts von Natur übel […]

[202] Ferner gilt bei uns das Tätowieren als unschicklich und unehrenhaft, viele Ägypter und Sarmater jedoch tätowieren ihre Neugeborenen. [203] Bei uns ist es unschicklich, wenn die Männer Ohrringe tragen, bei einigen Barbaren, wie z. B. den Syrern, ist es jedoch ein Zeichen edler Abkunft. Einige erweitern noch das Zeichen ihrer edlen Abkunft, indem sie auch die Nasen der Knaben durchbohren und silberne oder goldene Ringe daran hängen, was bei uns wohl schwerlich jemand täte, [204] wie hier wohl auch kein Mann leuchtend gefärbte und fußlange Kleidung anlegen würde, obwohl diese bei uns unschickliche Kleidung bei den Persern als hochanständig gilt […]

[280] Der Skeptiker will aus Menschenfreundlichkeit nach Kräften die Einbildung und Voreiligkeit der Dogmatiker durch Argumentation heilen. Wie nun die Ärzte für die körperlichen Leiden verschiedenkräftige Heilmittel besitzen und den Schwererkrankten die starken unter ihnen verabreichen, den Leichterkrankten dagegen die leichteren, so stellt auch der Skeptiker verschiedenstarke Argumente auf [281] und benutzt die schwerwiegenden, die das Leiden der Dogmatiker, die Einbildung, nachhaltig beheben können, bei den stark vom Übel der Voreiligkeit Befallenen, die leichteren dagegen bei denen, deren Leiden der Einbildung nur oberflächlich und leicht heilbar ist und von leichteren Überzeugungsmitteln behoben werden kann. Daher scheut sich der Anhänger der

Skepsis nicht, bald in ihrer Überzeugungskraft schwerwiegende, bald aber auch schwächer erscheinende Argumente aufzustellen, und zwar absichtlich, weil sie ihm häufig zur Erreichung seines Zieles genügen.
Sextus Empiricus, Skepsis 3,3–6.190.202–204.280f. (Hossenfelder, S. 224f.276. 279.299).

Bericht des Aristokles über den Pyrrhonschüler Timon

»Sein Schüler Timon sagt, wer glücklich werden wolle, müsse drei Fragen beachten:

Erstens: Was ist die Natur der Sachen?
Zweitens: Welche Einstellung sollen wir ihnen gegenüber einnehmen?
Schließlich: Was ergibt sich für die, welche sich so verhalten?

[1.] Er sagt, er [Pyrrhon] habe gezeigt, dass die Sachen gleichermaßen ohne Unterschiede, unbeständig und unentscheidbar sind, deshalb seien weder unsere Wahrnehmungen noch unsere Meinungen (*doxa*) wahr oder falsch.

[2.] Deshalb dürften wir ihnen nicht vertrauen, sondern wir müssten ohne Meinung, ohne Neigung und unerschüttert sein, indem wir über jedes einzelne nicht mehr sagen,

- dass es ist, als dass es nicht ist,
- [dass es ist,] als dass es ist und nicht ist,
- [dass es ist,] als dass es weder ist noch nicht ist.

[3.] Für die, welche diese Einstellung einnehmen, ergibt sich nach Timon zunächst, dass sie nichts mehr behaupten (*aphasia*), und dann die innere Ruhe (*ataraxia*).«
Euseb, Praeparatio Evangelica 14,18,2–4 (Ricken, S. 22).

C. Epikur und seine Schule

1. Epikur

Epikur – Brief an Menoikeus

Epikur entbietet dem Menoikeus seinen Gruß.

Über die Philosophie
[122] Wer noch jung ist, der soll sich der Philosophie befleißigen, und wer alt ist, soll nicht müde werden zu philosophieren. Denn niemand kann früh genug anfangen, für seine Seelengesundheit zu sorgen, und für niemanden ist die Zeit dazu zu spät. Wer da sagt, die Stunde zum Philosophieren sei für ihn noch nicht erschienen oder bereits entschwunden, der gleicht dem, der behauptet, die Zeit für die Glückseligkeit sei noch nicht da oder nicht mehr da. Es gilt also zu philosophieren für jung und für alt, auf dass der eine auch im Alter noch jung bleibe

5 Bildnisbüste des Epikur

6 Rekonstruktion der Sitzstatue des Epikur

Epikur (ca. 341–270 v. Chr.) begründete am Beginn der hellenistischen Epoche, etwa parallel zu den Skeptikern und der Stoa, eine eigene philosophische Schule. Seine Jugend verbrachte er auf der Insel Samos, lehrte dann an verschiedenen Orten Philosophie, bevor er um 306 in Athen ein Haus mit einem Garten (**Kêpos**) erwarb, nach dem auch seine Schule benannt ist. Der **Kêpos** entwickelte sich zu einer gleichwertigen Schule neben Akademeia und Peripatos.

Epikurs Lehre ist formal wie diejenigen Platons und Aristoteles' in Logik (Erkenntnislehre), Physik und Ethik unterteilt. Es überwiegen jedoch bei ihm – wie überhaupt in der Philosophie der hellenistischen Zeit – Fragen der rechten Lebensgestaltung, also die Ethik.

In der **Erkenntnistheorie** vertrat Epikur eine auf Sinneswahrnehmung (αἴσθησις), Allgemeinbegriffen (πρόληψις) und Leidenschaft (πάθος) basierende Lehre. Die **Physik** übernahm Epikur im Wesentlichen von dem Vorsokratiker Demokrit, veränderte dessen Atomlehre allerdings so, dass er einen strengen Determinismus vermeiden konnte.

In der **Ethik** vertrat er die Auffassung, die Glückseligkeit sei durch Steigerung der Lust bzw. Lebensfreude (ἡδονή) zu erlangen. Darum müssten dem entgegenstehende Größen wie Schmerz und Furcht besiegt werden, um zu ungetrübter Lebensfreude und zur Seelenruhe (ἀταραξία) zu gelangen. Vor den Göttern oder einem Jenseits braucht sich der Mensch nach Epikur nicht zu fürchten. Die Götter greifen nicht in das Weltgeschehen ein, die Seele ist wie der Leib rein materiell und vergänglich.

Kurz nach (oder noch kurz vor) seinem Tod wurde eine Statue des sitzenden Epikur geschaffen, von der etliche Kopien existieren. In dieser Statue kommt die Verehrung, die Epikur bei seinen Anhängern genoss, in besonders eindrücklicher Weise zum Ausdruck.

Weiterführende Literatur

Bartling, H.-M., Epikur. Theorie der Lebenskunst, Cuxhaven 1994.

auf Grund des Guten, das ihm durch des Schicksals Gunst zuteil geworden, der andere aber Jugend und Alter in sich vereinige dank der Furchtlosigkeit vor der Zukunft. Also gilt es, unsern vollen Eifer dem zuzuwenden, was uns zur Glückseligkeit verhilft; denn haben wir sie, so haben wir alles, fehlt sie uns aber, so setzen wir alles daran, sie uns zu eigen zu machen.

Über die Theologie

[123] Wozu ich dich ohn' Unterlass mahnte, das musst du auch tun und dir angelegen sein lassen, indem du dir klar machst, dass dies die Grundlehren sind für ein lobwürdiges Leben. Erstens halte Gott für ein unvergängliches und glückseliges Wesen, entsprechend der gemeinhin gültigen Gottesvorstellung, und dichte ihm nichts an, was entweder mit seiner Unvergänglichkeit unverträglich ist oder mit seiner Glückseligkeit nicht in Einklang steht; dagegen halte in deiner Vorstellung von ihm an allem fest, was danach angetan ist, seine Glückseligkeit im Bunde mit seiner Unvergänglichkeit zu bekräftigen. Denn es gibt Götter, eine Tatsache, deren Erkenntnis einleuchtend ist; doch sind sie nicht von der Art, wie die große Menge sie sich vorstellt; denn diese bleibt sich nicht konsequent in ihrer Vorstellungsweise von ihnen. Gottlos aber ist nicht der, welcher mit den Göttern des gemeinen Volkes aufräumt, sondern der, welcher den Göttern die Vorstellungen des gemeinen Volkes andichtet. [124] Denn was die gemeine Menge von den Göttern sagt, beruht nicht auf echten Begriffen, sondern auf wahrheitswidrigen Mutmaßungen. Daher lässt man den Bösen die größten Schädigungen von Seiten der Götter widerfahren und den Guten die größten Wohltaten; denn ganz und gar für ihre eigenen Tugenden eingenommen, gönnen sie den Gleichgearteten alles Gute, während ihnen alles anders Geartete als fremdartig erscheint.

Über den Tod

Gewöhne dich auch an den Gedanken, dass es mit dem Tode für uns nichts auf sich hat. Denn alles Gute und Schlimme beruht auf Empfindung; der Tod aber ist die Aufhebung der Empfindung. Daher macht die rechte Erkenntnis von der Bedeutungslosigkeit des Todes für uns die Sterblichkeit des Lebens erst zu einer Quelle der Lust, indem sie uns nicht eine endlose Zeit als künftige Fortsetzung in Aussicht stellt, sondern dem Verlangen nach Unsterblichkeit ein Ende macht. [125] Denn das Leben hat für den nichts Schreckliches, der sich wirklich klar gemacht hat, dass in dem Nichtleben nichts Schreckliches liegt. Wer also sagt, er fürchte den Tod, nicht etwa weil er uns Schmerz bereiten wird, wenn er sich einstellt, sondern weil er uns jetzt schon Schmerz bereitet durch sein dereinstiges Kommen, der redet ins Blaue hinein. Denn was uns, wenn es sich wirklich einstellt, nicht stört, das kann uns, wenn man es erst erwartet, keinen anderen als nur einen eingebildeten Schmerz bereiten. Das angeblich schaurigste aller Übel also, der Tod, hat für uns keine Bedeutung; denn solange wir noch da sind, ist der Tod nicht da; stellt sich aber der Tod ein, so sind wir nicht mehr da. Er hat also weder für die Lebenden Bedeutung noch für die Abgeschiedenen, denn auf jene bezieht er sich nicht, diese aber sind nicht mehr da. Die große Menge indes scheut bald den Tod als das größte aller Übel, bald sieht sie in ihm eine Erholung <von den Mühseligkeiten des Lebens. [126] Der Weise dagegen weist weder das Leben von sich>* noch hat er Angst davor, nicht zu leben. Denn weder ist ihm das Leben zuwider noch hält er es für ein Übel, nicht zu leben. Wie er sich aber bei der Wahl der Speise nicht für die größere Masse, sondern für den Wohlgeschmack entscheidet, so kommt es ihm auch nicht darauf an, die Zeit in möglichster Länge, sondern in möglichst erfreulicher Fruchtbarkeit zu genießen. Wer aber den Jüngling auffordert zu einem lobwürdigen Leben, den Greis dagegen zu einem lobwürdigen Ende, der ist ein Tor, nicht nur weil das Leben seine Annehmlichkeit hat, sondern auch, weil die Sorge für ein lobwürdiges Leben mit der für ein lobwürdiges Ende zusammenfällt. Noch weit schlimmer aber steht es mit dem, der da sagt, das Beste sei es, gar nicht geboren zu sein, aber, geboren einmal, sich schleunigst von dannen zu machen.

[127] Denn wenn er es mit dieser Äußerung wirklich ernst meint, warum scheidet er nicht aus dem Leben? Denn das stand ihm ja frei, wenn anders er zu einem festen Entschlusse gekommen wäre. Ist es aber bloßer Spott, so ist es übel angebrachter Unfug. Die Zukunft liegt weder ganz in unserer Hand noch ist sie völlig unserem Willen entzogen. Das ist wohl zu beachten, wenn wir nicht in den Fehler verfallen wollen, das Zukünftige entweder als ganz sicher anzusehen oder von vornherein an seinem Eintreten völlig zu verzweifeln.

Über die Lust als höchstes Gut

Zudem muss man bedenken, dass die Begierden teils natürlich, teils nichtig sind und dass die natürlichen teils notwendig, teils nur natürlich sind; die notwendigen hinwiederum sind notwendig teils zur Glückseligkeit, teils zur Vermeidung körperlicher Störungen, teils für das Leben selbst. [128] Denn eine von Irrtum sich freihaltende Betrachtung dieser Dinge weiß jedes Wählen und jedes Meiden in die richtige Beziehung zu setzen zu unserer körperlichen Gesundheit und zur ungestörten Seelenruhe; denn das ist das Ziel des glückseligen Lebens. Liegt doch allen unseren Handlungen die Absicht zugrunde, weder Schmerz zu empfinden noch außer Fassung zu geraten. Haben wir es aber einmal dahin gebracht, dann glätten sich die Wogen; es legt sich jeder Seelensturm, denn der Mensch braucht sich dann nicht mehr umzusehen nach etwas, was ihm noch mangelt, braucht nicht mehr zu suchen nach etwas anderem, das dem Wohlbefinden seiner Seele und seines Körpers zur Vollendung verhilft. Denn der Lust sind wir dann benötigt, wenn wir das Fehlen der Lust schmerzlich empfinden; fühlen wir uns aber frei von Schmerz, so bedürfen wir der Lust nicht mehr. Eben darum ist die Lust, wie wir behaupten, Anfang und Ende des glückseligen Lebens. [129] Denn sie ist, wie wir erkannten, unser erstes, angeborenes Gut, sie ist der Ausgangspunkt für alles Wählen und Meiden, und auf sie gehen wir zurück, indem diese Seelenregung uns zur Richtschnur dient für Beurteilung jeglichen Gutes. Und eben weil sie das erste und angeborene Gut ist, entscheiden wir uns nicht schlechtweg für

* Lücke im Text (Apelt, S. 361).

jede Lust, sondern es gibt Fälle, wo wir auf viele Annehmlichkeiten verzichten, sofern sich weiterhin aus ihnen ein Übermaß von Unannehmlichkeiten ergibt, und anderseits geben wir vielen Schmerzen vor Annehmlichkeiten den Vorzug, wenn uns aus dem längeren Ertragen von Schmerzen um so größere Lust erwächst. Jede Lust nun ist, weil sie etwas von Natur uns Angemessenes ist, ein Gut, doch nicht jede auch ein Gegenstand unserer Wahl, wie auch jeder Schmerz ein Übel ist, ohne dass jeder unter allen Umständen zu meiden wäre. [130] Nur durch genaue Vergleichung und durch Beachtung des Zuträglichen und Unzuträglichen kann alles dies beurteilt werden. Denn zu gewissen Zeiten erweist sich das Gute für uns als Übel und umgekehrt das Übel als ein Gut.

Über die Genügsamkeit

Auch die Genügsamkeit halten wir für ein großes Gut, nicht, um uns in jedem Falle mit wenigem zu begnügen, sondern um, wenn wir nicht die Hülle und Fülle haben, uns mit dem wenigen zufrieden zu geben in der richtigen Überzeugung, dass diejenigen den Überfluss mit der stärksten Lustwirkung genießen, die desselben am wenigsten bedürfen, und dass alles Naturgemäße leicht zu beschaffen, das Eitle aber schwer zu beschaffen ist. Denn eine bescheidene Mahlzeit bietet den gleichen Genuss wie eine prunkvolle Tafel, wenn nur erst das schmerzhafte Hungergefühl beseitigt ist.

[131] Und Brot und Wasser gewähren den größten Genuss, wenn wirkliches Bedürfnis der Grund ist, sie zu sich zu nehmen. Die Gewöhnung also an eine einfache und nicht kostspielige Lebensweise ist uns nicht nur die Bürgschaft für volle Gesundheit, sondern sie macht den Menschen auch unverdrossen zur Erfüllung der notwendigen Anforderungen des Lebens, erhöht seine frohe Laune, wenn er ab und zu einmal auch einer Einladung zu kostbarerer Bewirtung folgt, und macht uns furchtlos gegen die Launen des Schicksals. Wenn wir also die Lust als das Endziel hinstellen, so meinen wir damit nicht die Lüste der Schlemmer und solche, die in nichts als dem Genusse selbst bestehen, wie manche Unkundige und manche Gegner oder auch absichtlich Missverstehende meinen, sondern das Freisein von körperlichem Schmerz und von Störung der Seelenruhe. [132] Denn nicht Trinkgelage mit daran sich anschließenden tollen Umzügen machen das lustvolle Leben aus, auch nicht der Umgang mit schönen Knaben und Weibern, auch nicht der Genuss von Fischen und sonstigen Herrlichkeiten, die eine prunkvolle Tafel bietet, sondern eine nüchterne Verständigkeit, die sorgfältig den Gründen für Wählen und Meiden in jedem Falle nachgeht und mit allen Wahnvorstellungen bricht, die den Hauptgrund zur Störung der Seelenruhe abgeben.

Über die rechte Einsicht

Für alles dies ist Anfang und wichtigstes Gut die vernünftige Einsicht, daher steht die Einsicht an Wert auch noch über der Philosophie. Aus ihr entspringen alle Tugenden. Sie lehrt, dass ein lustvolles Leben nicht möglich ist ohne ein einsichtsvolles und sittliches und gerechtes Leben, und ein einsichtsvolles, sittliches und gerechtes Leben nicht ohne ein lustvolles. Denn die Tugenden sind mit dem lustvollen Leben auf das engste verwachsen, und das lustvolle Leben ist von ihnen untrennbar. [133] Denn wer wäre deiner Meinung nach höher zu achten als der, der einem frommen Götterglauben huldigt und dem Tode jederzeit furchtlos ins Auge schaut? Der dem Endziel der Natur nachgedacht hat und sich klar darüber ist, dass im Reiche des Guten das Ziel sehr wohl zu erreichen und in unsere Gewalt zu bringen ist und dass die schlimmsten Übel nur kurz dauernden Schmerz mit sich führen? Der über das von gewissen Philosophen* als Herrin über alles eingeführte allmächtige Verhängnis lacht und vielmehr behauptet, dass einiges zwar infolge der Notwendigkeit entstehe, anderes dagegen infolge des Zufalls und noch anderes durch uns selbst; denn die Notwendigkeit herrscht unumschränkt, während der Zufall unstet und unser Wille frei (herrenlos, d. i. nicht vom Schicksal abhängig) ist, da ihm sowohl Tadel wie Lob folgen kann. [134] (Denn es wäre besser, sich dem Mythos von den Göttern anzuschließen als sich zum Sklaven der unbedingten Notwendigkeit der Physiker zu machen; denn jener Mythos lässt doch der Hoffnung Raum auf Erhöhung durch die Götter als Belohnung für die ihnen erwiesene Ehre, diese Notwendigkeit dagegen ist unerbittlich.)

Über den Zufall

Den Zufall aber hält der Weise weder für eine Gottheit, wie es der großen Menge gefällt (denn Ordnungslosigkeit verträgt sich nicht mit der Handlungsweise der Gottheit) noch auch für eine unstete Ursache (denn er glaubt zwar, dass aus seiner Hand Gutes oder Schlimmes zu dem glücklichen Leben der Menschen beigetragen werde, dass aber von ihm nicht der Grund gelegt werde zu einer erheblichen Fülle des Guten oder des Schlimmen), [135] denn er hält es für besser, bei hellem Verstande von Unglück verfolgt als bei Unverstand vom Glücke begünstigt zu sein. Das Beste freilich ist es, wenn bei den Handlungen richtiges Urteil und glückliche Umstände sich zu gutem Erfolge vereinigen.

Schlussermahnung

Dies und dem Verwandtes lass dir Tag und Nacht durch den Kopf gehen und ziehe auch deinesgleichen zu diesen Überlegungen hinzu, dann wirst du weder wachend noch schlafend dich beunruhigt fühlen, wirst vielmehr wie ein Gott unter Menschen leben. Denn keinem sterblichen Wesen gleicht der Mensch, der inmitten unsterblicher Güter lebt.

Diogenes, Leben und Meinungen 10,122–135 (Apelt, S. 279–286).

Von dem umfangreichen Werk Epikurs sind nur noch wenige Fragmente erhalten. Diogenes Laertios listet im zehnten Buch seines Werks »Leben und Meinungen berühmter Philosophen« 40 Werke auf, darunter das Hauptwerk »Über die Natur« in 37 Büchern. Ferner überliefert Diogenes biographische Details über Epikur, drei Lehrbriefe an Herodot, Pythokles und Menoikeus, verschiedene Auszüge aus seinen Werken sowie eine Zusammenfassung seiner Hauptlehren (Κύριαι Δόξαι). Durch das Werk des Diogenes erhält man demnach etliche Informationen über Person und Lehren Epikurs.

* Gemeint sind hier die Stoiker.

Epikur – Brief an Herodot

[65] Darum wird denn die Seele, solange sie dem Körper innewohnt, auch wenn irgendein beliebiger anderer Teil in Wegfall gekommen ist, nicht empfindungslos sein; vielmehr wird sie, was auch immer von ihr mit zugrunde gehen mag, bei der völligen oder teilweisen Auflösung ihrer deckenden Schutzhülle, im Besitz der Empfindung bleiben, solange sie überhaupt bleibt. Die übrige Körpermasse aber, die sich ganz oder teilweise erhält, hat keine Empfindung mehr nach Entschwinden derjenigen Atommenge, die zum Wesen der Seele gehört. Indes zerstreut sich mit der Auflösung der gesamten Atomenmasse auch die Seele und hat nicht mehr die nämlichen Kräfte und Erregungen, besitzt also auch nicht mehr das Empfindungsvermögen. [66] Denn man kann sich nicht vorstellen, dass das Empfindende selbst, wenn es nicht dieser seiner Körperfügung mehr innewohnt, auch noch seine ihm eigentümlichen Erregungen besitzt, wo es doch keine schützende Hülle mehr hat von der Art, wie sie ihm bei seiner jetzigen Verfassung zu Gebote steht, um darin jene Erregungen zu erfahren.
Diogenes, Leben und Meinungen 10,65f (Apelt, S. 252f).

Aus den »Hauptlehren« Epikurs

[1] Das glückselige und unvergängliche Wesen hat weder selbst Sorgen, noch bereitet es sie einem anderen. Es wird also weder durch Wutausbrüche noch durch Gunsterweise beansprucht; denn alles Derartige gibt es nur bei einem schwachen Wesen.

[2] Der Tod ist nichts, was uns betrifft. Denn das Aufgelöste ist empfindungslos. Das Empfindungslose aber ist nichts, was uns betrifft.

[3] Grenze der Größe der Lustempfindungen ist die Aufhebung alles Schmerzenden. Wo auch immer das Lustspendende auftritt, da gibt es, solange es anwesend ist, nichts Schmerzendes oder Leiderregendes oder beides zusammen.

[4] Es verharrt das Schmerzende nicht ununterbrochen im Fleische, sondern das Extrem ist nur ganz kurze Zeit zugegen; was aber das Lustspendende im Fleische gerade noch überwiegt, verweilt nicht viele Tage. Die lange währenden Gebrechen hingegen enthalten ein Übermaß an Lustspendendem im Fleische über das Schmerzende […]

[12] Es ist nicht möglich, die Angst bezüglich der entscheidendsten Gesetzmäßigkeiten zu lösen, wenn man nicht verstanden hat, welches die Gesetzmäßigkeit des Alls ist, sondern von sich aus irgendetwas auf Grund der Mythen argwöhnt. Es ist also nicht möglich, ohne Naturforschung unbeeinträchtigte Lustempfindungen zu erlangen […]

[14] Wenn auch die Sicherheit vor den Menschen bis zu einem gewissen Grade eintritt durch eine bestimmte Macht, Störungen zu beseitigen, und durch Reichtum, so entspringt doch die reinste Sicherheit aus der Ruhe und dem Rückzug vor der Masse […]

[27] Von dem, was die Weisheit für die Glückseligkeit des gesamten Lebens bereitstellt, ist das weitaus Größte der Erwerb der Freundschaft [...]

[29] Von den Begierden sind die einen anlagebedingt und (notwendig, die andern anlagebedingt und) nicht notwendig, wieder andere sind weder anlagebedingt noch notwendig, sondern entstehen durch ziellose Erwartung [...]

[33] Gerechtigkeit ist nicht etwas an und für sich Seiendes, sondern ein im Umgang miteinander an jeweils beliebigen Orten abgeschlossener Vertrag, einander nicht zu schädigen und sich nicht schädigen zu lassen.
Epikur, Entscheidende Lehrsätze 1–4.12.14.27.29.33 (Krautz, S. 66–77).

Epikurs Weisungen

9. Schlimm ist der Zwang, doch es gibt keinen Zwang, unter Zwang zu leben.

21. Nicht vergewaltigen sollen wir unsere Veranlagung, sondern überreden. Und überreden werden wir die notwendigen Begierden, indem wir sie erfüllen, die nur anlagebedingten ebenso, insofern sie nicht schaden, die schädlichen aber, indem wir sie scharf zurechtweisen.

25. Armut, die bemessen ist nach dem Ziel unserer Veranlagung, ist großer Reichtum. Reichtum, der nicht begrenzt wird, ist große Armut.

27. Bei den übrigen Tätigkeiten stellt sich der Ertrag erst dann ein, wenn sie gerade vollendet worden sind, bei der Philosophie läuft der Reiz mit dem Erkenntnisvorgang zusammen. Denn nicht nach dem Lernen kommt der Genuss, sondern zugleich mit dem Lernen stellt sich auch der Genuss ein.

54. Man soll nicht vorgeben zu philosophieren, sondern tatsächlich philosophieren. Denn wir bedürfen nicht des Gesund-Scheinens, sondern des wahrhaften Gesund-Seins.

58. Befreien muss man sich aus dem Gefängnis der Alltagsgeschäfte und der Politik.

65. Sinnlos ist es, von den Göttern zu erbitten, was einer sich selbst zu verschaffen im Stande ist.
Epikur, Weisungen (Krautz, S. 81–85; 91–95).

2. Die Schule Epikurs

a) Ciceros Kritik an Epikur

Die Absurdität der epikureischen Verachtung körperlicher Schmerzen

[17] [...] Epikur wiederum redet so, dass man meinen möchte, er wolle uns zum Lachen bringen. Er versichert an einer Stelle, der Weise werde, wenn er verbrannt und gefoltert werde – du wirst vielleicht erwarten, er werde sagen: dann wird

7 Büste des Cicero

Die von Epikur begründete **Schule der Epikureer** gehört zu den einflussreichsten philosophischen Richtungen der hellenistisch-römischen Zeit. Zu ihr gehörten Zeitgenossen Epikurs, die ihm auch persönlich nahestanden, wie Hermarchos von Mytilene, Metrodoros von Lampsakos sowie Polyainos und Kolotes von Lampsakos. Spätere Vertreter sind Apollodoros von Athen, Asklepiades von Bithynien sowie als römische Epikureer Lukrez und Diogenes von Oinoanda in Lykien, von dem eine umfangreiche Inschrift stammt, in der er seine philosophischen Lehren im Anschluss an Epikur publizierte. Fragmente dieser Inschrift sind bis heute erhalten (s.u.).

Die Schule Epikurs zeichnete sich durch engen Zusammenhalt und ein hohes Freundschaftsideal aus. Dazu gehörten auch Traditionspflege und die Verehrung der Stifterpersönlichkeit. Die Schule erhielt dadurch den Charakter eines abgeschlossenen Kreises, was der oft heftigen (häufig auch ungerechtfertigten) Kritik an den Lehren Epikurs als auf vordergründigen Genuss gerichteter Philosophie zusätzlichen Vorschub leistete. Ein entschiedener Gegner Epikurs war Cicero, wie die folgenden Texte zeigen.

Weiterführende Literatur

Hossenfelder, M., Stoa, Epikureismus und Skepsis, München 1985.

er es aushalten, ertragen und nicht unterliegen, was ein großes Lob wäre und wohl des Herakles, bei dem ich schwöre, würdig – für Epikur, einen harten und rauen Menschen, ist dies nicht genug: wenn er im Stier des Phalaris* liegt, wird er sagen: »Wie angenehm, wie wenig kümmert mich dies!« […]

Cicero, Gespräche in Tusculum 2,17 (Gigon, S. 126f).

Epikurs Unfähigkeit in der Logik und sein empirischer Wirklichkeitszugang

Auch im zweiten Teile der Philosophie, den die Griechen λογική nennen und wo es um die Methode des Fragens und Argumentierens geht, ist euer Meister Epikur, wie es mir jedenfalls scheint, völlig unbewaffnet und wehrlos. Definitionen lehnt er ab, über Gliederung und Aufteilung sagt er überhaupt nichts; er lehrt auch nichts darüber, wie ein Beweis aufgebaut werden soll und wie die

* Nach der in der Antike berühmten Sage soll der Tyrann Phalaris im Innern dieses bronzenen Stiers Menschen über einem Feuer geröstet haben, deren Schreie denen eines Stiers ähnelten.

Schlussfolgerungen gezogen werden müssen. Ebenso wenig zeigt er, wie Trugschlüsse aufgelöst und wie vieldeutige Begriffe unterschieden werden können. Die Beurteilung der Wirklichkeit überlässt er den Sinnesorganen; wenn von diesen auch nur einmal etwas Falsches für wahr gehalten würde, so bedeute das die Aufhebung jeder Entscheidung über Wahr und Falsch […]
Cicero, Über die Ziele 1,22 (Gigon, S. 24f).

Die Lust als offensichtliches und höchstes Gut bei Epikur

»Ich werde sicherlich nicht eigensinnig sein«, sagte ich, »und dir gerne zustimmen, wenn das, was du sagen wirst, mich überzeugt.«

Er [gemeint ist der epikureische Dialogpartner Torquatus] erwiderte: »Ich werde dich schon überzeugen, bleibe nur bei jener Objektivität, die du jetzt zeigst. Allerdings möchte ich lieber in zusammenhängender Rede sprechen, statt fragen und gefragt zu werden.«

»Ganz nach Belieben«, entgegnete ich. Darauf begann er: »Zunächst will ich so vorgehen, wie es der Schöpfer dieser Lehre selbst für richtig hält. Ich werde festlegen, was und von welcher Art das ist, nach dem wir fragen, nicht, als ob ich glaubte, ihr wüsstet dies nicht, sondern nur, damit meine Untersuchung wohlbegründet und methodisch vorankommt. Wir stellen also die Frage nach dem letzten und äußersten unter den Gütern. Dieses muss nach der Meinung aller Philosophen so beschaffen sein, dass alles darauf bezogen werden muss, ohne dass dieses selber sich auf irgendein anderes bezöge. Für Epikur ist dies die Lust. Sie ist nach seiner Überzeugung das höchste Gut, der Schmerz aber das schlimmste Übel, und zwar begründet er dies folgendermaßen: Jedes Lebewesen habe schon von Geburt an ein Verlangen nach Lust und freue sich daran als an dem größten Gut und weise den Schmerz ab als das größte Übel und wehre ihn ab, soviel es könne; und so handle es, bevor es noch in einem schlechten Sinne beeinflusst ist. Es sei die Natur selbst, die unverdorben und unverletzt so urteile. Deshalb hält er das Anführen von Gründen und eine Diskussion darüber, weshalb die Lust zu erstreben und der Schmerz zu meiden sei, für unnötig. Er meint, man spüre dies, und zwar in genau derselben Weise, wie man spürt, dass das Feuer heiß, der Schnee weiß und der Honig süß seien. Nichts davon müsse ausführlich begründet werden; es genüge, darauf aufmerksam zu machen. Es bestehe nämlich ein Unterschied zwischen einer Beweisführung mit logischer Schlussfolgerung und einem einfachen erinnernden Hinweis. Im ersten Fall werde etwas Verborgenes, gewissermaßen Verhülltes ans Licht gebracht, im zweiten Fall beurteile man Evidentes und Offensichtliches. Werden nämlich dem Menschen die Sinneswahrnehmungen genommen, so bleibt ihm nichts übrig, wovon sein Urteil ausgehen könnte. Die Sinnesorgane selber sind uns von der Natur gegeben; also muss die Natur selber darüber entscheiden, was ihr gemäß oder zuwider ist. Was aber erfasst oder beurteilt sie denn im Hinblick darauf, was sie erstreben oder meiden soll, außer der Lust und dem Schmerz?

Einige von uns möchten allerdings dies noch genauer entwickeln. Sie sagen, es genüge nicht, dass man mit der Sinneswahrnehmung entscheide, was ein Gut oder ein Übel sei. Man könne auch mit der Vernunft und Überlegung einsehen, dass die Lust ihrer selbst wegen begehrenswert und der Schmerz um seiner selbst willen zu meiden sei. Deshalb erklären sie, unsere Seele verfüge über einen sozusagen naturgemäßen angeborenen Begriff davon, derart dass wir spüren, das eine müsse erstrebt, das andere gemieden werden. Wieder andere, denen auch ich zustimme, glauben, wir dürften uns nicht zu sehr auf unsere Sache verlassen, da mehrere Philosophen überaus viel darüber gesagt haben, warum weder die Lust zu den Gütern noch der Schmerz zu den Übeln zu zählen sei; sondern wir müssten uns selber um Beweise bemühen und sorgfältig argumentieren und unsere Lehre von Lust und Schmerz durch planmäßig gesammelte Begründungen absichern.«
Cicero, Über die Ziele 1,29–31 (Gigon, S. 30–33).

Unklarheiten in der epikureischen Begriffsbestimmung der Lust

[…] »Nun«, sagte ich, »welchen Sinn diese Schmerzlosigkeit hat, werde ich später fragen. Jetzt aber musst du zugeben, wenn du nicht allzu hartnäckig bist, dass der Sinn von ›Lust‹ ein anderer ist als der Sinn von ›Schmerzlosigkeit‹.«

»Ich werde allerdings«, sagte er, »in diesem Punkte hartnäckig bleiben. Es kann gar nichts Richtigeres geben als die These Epikurs.«

»Entsteht eine Lust«, fragte ich, »wenn man Durst gehabt hat und nachher trinkt?«

»Wer könnte dies bestreiten!«, sagte er.

»Ist es dieselbe Lust, die sich einstellt, wenn der Durst gelöscht ist?«

»Nein«, antwortete er, »sie ist von einer anderen Art. Ist der Durst gelöscht, so entsteht eine ruhende Lust, während das Löschen des Durstes selber eine bewegte Lust erzeugt.«

»Warum bezeichnest du denn«, erwiderte ich, »so verschiedene Dinge mit demselben Namen?«

»Erinnerst du dich nicht daran, dass ich soeben gesagt habe, dass nach Beseitigung allen Schmerzes die Lust zwar variiert, aber nicht gesteigert werden könne?«

»Ich erinnere mich durchaus«, sagte ich. »Du hast dies recht gut auf Lateinisch gesagt, aber in der Sache nicht klar genug. ›Varietas‹ ist ein lateinisches Wort und bezeichnet von Hause aus die Verschiedenheit von Farben, wird aber dann auch auf viele andere Verschiedenheiten übertragen. Man spricht von ›variatio‹ bei einem Gedichte, einer Rede, bei wechselndem Charakter, wechselndem Glück. Man pflegt auch bei der Lust von ›variatio‹ zu reden, wenn viele verschiedene Dinge verschiedene Arten von Lust erzeugen. Würdest du diese ›varietas‹ meinen, so würde ich es verstehen, auch ohne dass du etwas darüber sagst. Doch ich begreife nicht, was jene ›varietas‹ bedeuten soll, die du meinst, wenn du sagst, wir seien in der höchsten Lust, wenn wir keinen Schmerz empfinden; wenn

wir dagegen jene Dinge genießen, die in den Sinnesorganen eine angenehme Bewegung erzeugen, so sei dies eine bewegte Lust; sie erzeugt eine ›variatio‹ in den Formen der Lust, doch so, dass die Lust der Schmerzlosigkeit nicht gemehrt werde. Warum du diese Schmerzlosigkeit Lust nennst, verstehe ich nicht.«
Cicero, Über die Ziele 2,9f (Gigon, S. 76–79).

b) Lukrez über Epikur

Titus Lucretius Carus lebte im 1. Jh. v. Chr. In seiner in Hexametern verfassten Schrift **Von den Dingen der Natur** (lat. **De rerum natura**) befasst er sich mit der Naturphilosophie Epikurs. Darin findet sich auch der folgende Lobpreis Epikurs.

Preis Epikurs

Als vor den Blicken der Menschen das Leben schmachvoll auf Erden
Niedergebeugt von der Last schwerwuchtender Religion war,
Die ihr Haupt aus des Himmels erhabenen Höhen hervorstreckt
Und mit gräulicher Fratze die Menschheit furchtbar bedräuet,
Da erkühnte zuerst sich ein Grieche, das sterbliche Auge
Gegen das Scheusal zu heben und kühn sich entgegen zu stemmen.
Nicht das Göttergefabel, nicht Blitz und Donner des Himmels
Schreckt' ihn mit ihrem Drohn. Nein, umso stärker nur hob sich
Höher und höher sein Mut. So wagt' er zuerst die verschlossnen
Pforten der Mutter Natur im gewaltigen Sturm zu erbrechen.
Also geschah's. Sein mutiger Geist blieb Sieger, und kühnlich
Setzt' er den Fuß weit über des Weltalls flammende Mauern,
Und er durchdrang das unendliche All mit forschendem Geiste.
Dorther bracht' er zurück als Siegesbeute die Wahrheit:
Was kann werden, was nicht? Und wie ist jedem umzirket
Seine wirkende Kraft und der grundtief ruhende Markstein?
So liegt wie zur Vergeltung die Religion uns zu Füßen
Völlig besiegt, doch uns, uns hebt der Triumph in den Himmel.
Lukrez, Von der Natur 1,61 a–79 (Diels, S. 10–13).

Der ewige Kreislauf des Lebens (Epikureischer Materialismus)

Niemand kann in dem Schlund und des Tartarus Dunkel versinken;
Denn man bedarf ja des Stoffs zur Bildung der nächsten Geschlechter,
Die dir alle jedoch einst folgen werden am Ende:
Vor dir nicht minder wie nach dir verfallen sie alle dem Tode.
So wird unaufhörlich das eine entstehn aus dem andern,
Keinem gehört ja das Leben zum Eigentum, allen zur Nutzung.
Lukrez, Von der Natur 3,966–971 (Diels, S. 274f).

c) Diogenes von Oinoanda über Epikur

Ich werde kurz über die Unklugheit sprechen, aber jetzt über die Tugenden und die Lust. Wenn nun, ihr Männer, das Problem, das zwischen diesen Leuten [den Stoikern] und uns verhandelt wird, eine Untersuchung über die Frage beibehalten würde: »Was ist das Mittel zur Glückseligkeit?«, und wenn sie sagen wollten, es seien die Tugenden, was in der Tat auch wahr ist, so brauchte man nichts anderes zu tun als ihnen zuzustimmen und die Sache beiseitezulegen. Weil das Problem aber, wie ich sage, nicht darin besteht, welches das Mittel zur Glückseligkeit ist, sondern darin, worin das Glücklichsein besteht und wonach als letztem Ziel unsere Natur strebt, deswegen behaupte ich mit lautem Ruf jetzt und immer, dass das Ziel der besten Art zu leben für alle Griechen und Nichtgriechen die Lust ist, während die Tugenden, deretwegen sich diese Leuten jetzt unpassenderweise beunruhigen (sie verschieben sie nämlich von der Position des Mittels auf die des Ziels), niemals das Ziel sind, wohl aber das Mittel zum Ziel.
Diogenes, Fragmente 26.1–23.8 (Long, S. 137 f).

d) Laktanz über Epikur

Epikur bestreitet angesichts der Ungerechtigkeit die Vorsehung

Epikur sah, dass den Guten immer Unglück zustoße, Armut, Mühsal, Verbannung, Verlust der Lieben, dass die Schlechten dagegen glücklich seien, mit Macht überhäuft und mit Ehren versehen würden. Er sah, dass die Unschuld wenig geschützt sei, Verbrechen ungestraft begangen würden. Er sah den Tod ohne Ansehen des Charakters, ohne Plan und Rücksicht auf das Alter wüten, vielmehr einige das Greisenalter erreichen, andere als Kinder hingerafft werden, einige als schon Erwachsene untergehen, andere in der ersten Blüte der Jugend in ein vorzeitiges Grab sinken, im Kriege eher die Besseren besiegt werden und untergehen. Am meisten aber bewegte ihn, dass besonders religiöse Menschen von schwereren Übeln heimgesucht würden, denjenigen aber, die die Götter entweder ganz vernachlässigten oder nicht fromm verehrten, kleinere oder gar keine Unannehmlichkeiten widerführen; dass oft sogar die Tempel selbst durch Blitze in Flammen aufgingen […] Als Epikur dies bedachte, nahm er an, durch die Unbilligkeit gleichsam dieser Dinge dazu geführt – denn so erschien es ihm in seiner Unkenntnis von Ursache und Motiv –, dass es keine Vorsehung gebe. Als er sich das eingeredet hatte, unternahm er auch, es zu verteidigen. So verwickelte er sich selbst in unentwirrbare Irrtümer. Wenn es nämlich keine Vorsehung gibt, wie ist die Welt dann so geordnet, so planmäßig zustande gebracht worden? Es gibt keine Planung, sagt er. Vieles nämlich ist anders geworden, als es hätte werden sollen. Und der göttliche Mann fand, was er tadeln konnte. Wenn Zeit wäre, es im Einzelnen zu widerlegen, könnte ich leicht zeigen, dass er weder weise noch bei gesundem Verstande war. Ferner wenn es keine Vorsehung gibt, wieso sind die Körper der Lebewesen dann so vorausschauend eingerichtet, dass

alle einzelnen Glieder, nach einem wunderbaren Prinzip angeordnet, ihre Aufgaben erfüllen? Bei der Zeugung der Lebewesen ist kein Prinzip einer Vorsehung beteiligt gewesen, sagt er. Denn weder sind die Augen zum Sehen gemacht noch die Ohren zum Hören noch die Zunge zum Sprechen noch die Füße zum Gehen, weil nämlich diese Dinge entstanden sind, bevor jemand sprechen, hören, sehen, gehen konnte. Daher sind diese Dinge nicht zum Gebrauch entstanden, sondern der Gebrauch ist aus ihnen entstanden. Wenn es keine Vorsehung gibt, warum fällt der Regen, wachsen die Früchte, grünen die Wälder? Dies geschieht nicht um der Lebewesen willen, sagt er wieder, weil sie ja der Vorsehung nichts nützen, sondern alles geschieht notwendigerweise von selbst. Woher also entsteht oder wie geschieht alles, was sich ereignet? Das ist nicht das Werk einer Vorsehung, sagt er. Es gibt nämlich Atome, die durch das Leere hin- und herfliegen und aus deren zufälligen Zusammenballungen alle Dinge entstehen und zusammenwachsen.
Laktanz, Göttliche Unterweisungen 3,17,8 (Hossenfelder, Glückslehren, S. 207).

Eine berühmte Frage zum Theodizeeproblem (Epikur?)*

Entweder, sagt Epikur, will Gott die Übel aufheben und kann es nicht, oder er kann es und will es nicht, oder er will es weder, noch kann er es, oder er will es und kann es. Wenn er will und nicht kann, ist er schwach, was auf Gott nicht zutrifft. Wenn er kann und nicht will, ist er missgünstig, was Gott ebenso fremd ist. Wenn er weder will noch kann, ist er missgünstig und schwach und deshalb auch kein Gott. Wenn er sowohl will als kann, was Gott allein zukommt, woher kommen dann die Übel, oder warum hebt er sie nicht auf?
Laktanz, Über den Zorn Gottes 13,19 (Hossenfelder, Glückslehren, S. 208).

D. Die Stoa

Die Entstehung der Stoa fällt etwa in dieselbe Zeit wie diejenige der Schule Epikurs. Ihre Anfänge liegen um 300 v. Chr. bei Zenon von Kition (um 333–264 v. Chr.), der die nach einer Säulenhalle (στοὰ ποικίλη) an der Agora benannte Schule in Athen gründete. Die Stoa gehört damit, wie auch der **Kêpos** Epikurs, zu den Philosophenschulen der hellenistischen Zeit. Entsprechend treten Fragen der individuellen Lebensgestaltung neu in den Vordergrund, die der veränderten politischen Situation Griechenlands nach den Eroberungszügen Alexanders des Großen und den damit einhergehenden politischen Veränderungen (Auflösung der Polis, Gründung eines Großreiches) geschuldet sind.

Zur **älteren Stoa** gehören neben Zenon etwa noch Kleanthes von Assos (ca. 331–230 v. Chr.) sowie Chrysippos von Soli (ca. 280–206 v. Chr.). Von diesen sind keine eigenen Schriften erhalten. Einige biographische Informationen sind jedoch bei Diogenes Laertios

* Laktanz schreibt diesen Ausspruch evtl. fälschlicherweise Epikur zu. Vgl. R. F. Glei, Et invidus et inbecillus. Das angebliche Epikurfragment bei Laktanz, De ira dei 13,20–21, VigChr 42 (1988), S. 47–58. Gleichwohl zeigt es die kritische Einstellung gegenüber Epikur bei antiken christlichen Schriftstellern.

(Buch VII) gesammelt. Zudem finden sich in anderen Werken häufig Zitate der Vertreter der älteren Stoa, aus denen sich ihre Lehren rekonstruieren lassen. Dazu gehört auch der berühmte Zeushymnus des Kleanthes (s.u.).

Aus der **mittleren Stoa** des 2. vorchristlichen Jahrhunderts sind vor allem die Namen Panaitios von Rhodos und Poseidonios von Apameia bekannt. Auch von ihnen sind keine eigenen Werke überliefert.

Die **jüngere Stoa** bildet sich in der römischen Kaiserzeit heraus und nimmt dabei vielfach kynische Traditionen auf, so dass auch von kynisch-stoischer Philosophie gesprochen wird. Einige Vertreter dieser Richtung, die auch zur Zeit der Entstehung des Neuen Testaments existiert, lebten – zumindest zeitweise – nach dem kynischen Ideal des bedürfnislosen Wanderphilosophen und propagierten es in ihren Schriften. Zu den wichtigsten Vertretern der jüngeren Stoa gehören Lucius Annaeus Seneca (1–65 n. Chr.), Epiktetos (ca. 55–135 n. Chr.) sowie der römische Kaiser Marcus Aurelius Antoninus (121–180 n. Chr.). Zum Umfeld der kynisch-stoischen Philosophie gehört auch der berühmte Redner Dion von Prusa (bekannt auch als Dio Chrysostomus).

Die Aufteilung der Philosophie in Logik, Physik und Ethik übernimmt die Stoa von den älteren Philosophenschulen, insbesondere aus der Akademeia. Kennzeichnend für die Stoa ist dabei die Lehre von dem den ganzen Kosmos durchwaltenden göttlichen **Logos**. Sie führt sowohl zu einer pantheistisch anmutenden Weltauffassung als auch zu einem Determinismus, der alle Dinge als vom Schicksal abhängig betrachtet. Für die stoische Ethik folgt daraus die Ausrichtung auf ein der Ordnung des Kosmos entsprechendes Verhalten. Der wahre Weise ist den äußeren Umständen gegenüber autark und weiß zu unterscheiden zwischen dem, was in seiner Macht steht, und was zur unveränderlichen göttlichen Ordnung des Kosmos gehört. Die Freiheit des stoischen Weisen ist deshalb nicht zuletzt durch seine Unabhängigkeit von den Dingen dieser Welt gekennzeichnet. Diese findet im bedürfnislosen Leben des kynisch-stoischen Philosophen sichtbaren Ausdruck.

Weiterführende Literatur

Weinkauf, W., Die Philosophie der Stoa. Ausgewählte Texte, Stuttgart 2001.

Forschner, M., Die stoische Ethik. Über den Zusammenhang von Natur-, Sprach- und Moralphilosophie im altstoischen System, Darmstadt [2]1995.

Hobert, E., Stoische Philosophie. Tradition und Aktualität. Ein Lehr- und Arbeitsbuch, Frankfurt a.M. 1992.

1. Alles ist eins – Zum göttlichen Logos

Dion von Prusa über den Philosophen

[47] Auch ganz abgesehen von dieser einfachen, ältesten Vorstellung hinsichtlich der Götter, die sich bei allen Menschen artbedingt zugleich mit der Vernunft herausbildet, erweist es sich als notwendig, zu den drei genannten Interpreten und Lehrern – Dichtern, Gesetzgebern, Künstlern – noch einen vierten hinzuzunehmen, der seine Aufgabe keineswegs leicht nimmt und sich in der Götterlehre für nicht unbewandert hält. Ich meine den Philosophen. Er ist [aufgrund des Vernunftgebrauchs] vielleicht der verlässlichste und vollkommenste Ausleger und Verkünder der unsterblichen Natur.

Dion von Prusa, Olympische Rede 47 (Klauck, S. 79f).

8 Marc Aurel, Kopf

9 Büste des Marc Aurel

Marcus Aurelius Antoninus (121–180 n. Chr.) war als römischer Kaiser (er gehörte als Nachfolger Hadrians zu den sogenannten Adoptivkaisern) zugleich ein wichtiger Vertreter der jüngeren Stoa. Er interessierte sich bereits in jungen Jahren für die stoische Philosophie und legte sich auch deren Lebensweise (Philosophenmantel, Schlafen auf dem Boden) zu. Er wird darum auch der »Philosoph auf dem Kaiserthron« genannt.

In seinen »**Selbstbetrachtungen**« hielt Marc Aurel während der Kriege, die er im letzten Jahrzehnt seines Lebens und Prinzipats führte, Betrachtungen philosophischer Art fest.

Diese eigentlich nicht zur Veröffentlichung gedachten Gedanken sind ein eindrückliches Zeugnis für die auf praktische Lebensführung ausgerichtete Philosophie der Stoa. Sie kreisen um die Frage, wie man sein Leben angesichts der göttlichen Vorherbestimmung und der begrenzten Zeit des menschlichen Lebens sinnvoll führen kann. Dabei vertritt Marc Aurel das Ethos eines selbstlosen, auf das Wohl der Mitmenschen ausgerichteten Lebens.

Die wunderbare Einheit und Vernunft der Welt

Alles ist wie durch ein heiliges Band miteinander verflochten. Nahezu nichts ist sich fremd. Alles Geschaffene ist einander beigeordnet und zielt auf die Harmonie derselben Welt. Aus allem zusammengesetzt ist e i n e Welt vorhanden, ein Gott, alles durchdringend, ein Körperstoff, ein Gesetz, eine Vernunft, allen vernünftigen Wesen gemein, und eine Wahrheit, so wie es auch eine Vollkommenheit für all diese verwandten, derselben Vernunft teilhaftigen Wesen gibt.
Marcus Aurelius, Selbstbetrachtungen 7,9 (Wittstock, S. 78).

Die Stoa knüpft mit ihrer Vorstellung eines in der Welt wirksamen letzten Prinzips (**Logos**) an den Vorsokratiker Heraklit (um 520–460 v. Chr.) an:

Fragmente Heraklits über den Logos

B1) Diese Lehre hier, ihren Sinn [Logos], der Wirklichkeit hat, zu verstehen, werden immer die Menschen zu töricht sein, so ehe sie gehört, wie wenn sie erst gehört haben. Denn geschieht auch alles nach diesem Sinn, so sind sie doch wie Unerfahrene – trotz all ihrer Erfahrung mit derlei Worten und Werken, wie ich hier sie eingehend auseinanderlege einzeln ihrem Wesen nach und erkläre, wie sich jedes verhält; den andern Menschen aber bleibt unbewusst, was sie im Wachen tun, wie was sie im Schlaf bewusstlos tun.

B1) Drum tut es not, dem Allgemeinen zu folgen. Obwohl aber der Sinn allgemein ist, leben die Vielen, als hätten sie ein Denken für sich.

B50) Habt ihr nicht mich, sondern den Sinn vernommen, so ist es weise im gleichen Sinne zu sagen: Eins ist alles.
Heraklit, Fragmente (Snell, S. 7.19).

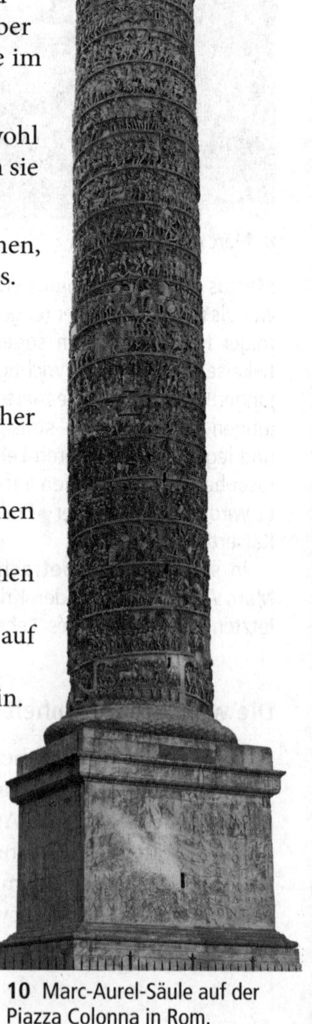

10 Marc-Aurel-Säule auf der Piazza Colonna in Rom.

Zeushymnus des Kleanthes

Zeus, der Unsterblichen höchster, vielnamiger Herrscher des Weltalls,
Ursprung du der Natur, der alles gesetzlich regieret,
Sei mir gegrüßt! Dich zu rufen, geziemt ja den Sterblichen allen.
Denn sie stammen aus deinem Geschlecht. Den Menschen allein nur
Gabst du die Sprache von allem, was lebt und sich reget auf Erden.
Preis sei dir, und deine Gewalt soll immer mein Lied sein.
Willig gehorcht dir die Welt, die rings die Erde umkreiset,
Folgt dir, wohin du sie führest, gefügig dem mächtigen Willen.
Denn du schwingst ja als Werkzeug in unüberwindlichen Händen
Ihn, den zackigen, feurigen Blitz, den immer lebend'gen,
Der mit loderndem Strahl die Werke der Schöpfung vollendet.

Durch ihn sendest du aus die Vernunft, die alles durchwaltet
Und sich vermählt mit den großen und kleineren Lichtern des Himmels;
Durch ihn bist du so mächtig, der oberste König des Weltalls.
Nichts kann ohne dein Zutun, o Gott, geschehen auf Erden,
Nichts im göttlichen Äther des Himmels noch drunten im Meere,
Außer allein, was die Bösen in ihrer Verblendung verbrochen.
Doch auch, was ungrad, vermagst du gerade zu richten, aus Wirrung
Ordnung zu schaffen und selbst Liebloses in Liebe zu wandeln.
Denn so fügtest du alles in Eins, das Gute und Böse,
Dass aus allem die Eine und ew'ge Vernunftordnung werde,
Die von den Menschen allein die Bösen verlassen und fliehen,
Die Unseligen, die nach den Gütern der Welt nur sich sehnen,
Aber von Gottes allgült'gem Gesetz nichts sehen noch hören,
Dem sie gehorchen nur dürften, um richtigen Sinnes zu leben.
Aber sie trachten stattdessen verblendet nach allerlei Übeln:
Ruhm erstreben die Einen im Eifer verderblicher Kämpfe,
Andre beherrscht, dem Anstand zum Hohn, die schnöde Gewinnsucht,
Oder es lockt sie der Sinne Genuss, der den Körper entkräftet.
Aber nur Unheil wird ihnen zuteil, so sehr sie sich mühen,
Heute durch dies und morgen durch jenes das Glück zu erjagen.
Darum, o Zeus, Allgeber, schwarzwolkiger Schleudrer des Blitzes,
Nimm von dem Menschengeschlecht der Sinnenlust trübe Verblendung,
Reiß aus dem Herzen sie aus, o Vater, und lass es erlangen
Weisheit, kraft derer du selber gerecht das Weltall regierest,
Dass wir die Ehre, die du uns verliehen, dir gerne vergelten
Preisend stets, wie es Sterblichen ziemt, dein herrliches Walten.
Denn kein schön'rer Beruf ist Göttern und Menschen gegeben,
Als das ew'ge Gesetz des Weltalls würdig zu preisen.
Kleanthes, Hymnus auf Zeus (Nestle, Bd. 2, S. 22–24).

Seneca über Gott als die allgegenwärtige Weltvernunft

[13] Dann kann sie auch mit Geringschätzung auf die Beschränktheit ihres ehemaligen Wohnorts herabschauen. Wie weit ist es eigentlich von den äußersten Küsten Spaniens bis nach Indien? Ein Abstand von sehr wenigen Tagen, wenn ein Schiff Rückenwind hat. Aber jene unendliche Himmelsregion gibt dem schnellsten Planeten eine Bahn von dreißig Jahren, ohne Verzögerung, aber in gleichmäßiger Geschwindigkeit. Dann lernt die Seele schließlich, wonach sie so lange geforscht hat, und fängt an, Gott zu kennen. Was ist Gott? Die Vernunft des Weltalls. Was ist Gott? Alles, was du siehst und was du nicht siehst. Seine Erhabenheit, die alle Einbildungskraft übersteigt, kommt erst dann zur Geltung, wenn er allein alles ist, wenn er seine Schöpfung von innen erfüllt und von außen umfasst.

[14] Was ist also der Unterschied zwischen dem Wesen Gottes und dem unsrigen? Bei uns ist die Seele der beste Teil, Gott jedoch ist lediglich Seele. Er ist ganz Vernunft.

11 Bildnis des Seneca

Lucius Annaeus Seneca (ca. 1–65 n. Chr.), Bruder des in Apg 18,12 erwähnten Statthalters Gallio, war ein bedeutender Vertreter der jüngeren Stoa und zugleich ein einflussreicher Staatsmann, zeitweilig sogar römischer Konsul. Als **Erzieher Neros** versuchte er, dessen Amtsführung durch die Schrift Über die Milde (De clementia) zu beeinflussen (allerdings erfolglos).

Aus Senecas umfangreichem Werk sind vor allem die »Briefe an Lucilius (Ad Lucilium epistulae morales«) hervorzuheben. In diesen in den letzten Lebensjahren entstandenen Briefen nimmt Seneca zu zentralen Fragen praktischer Lebensgestaltung aus stoischer Sicht Stellung. Des Weiteren hat sich Seneca auch in seinen Dialogen mit Einzelaspekten stoischer Ethik befasst.

Weiterführende Literatur

Fischer, S. E., Seneca als Theologe. Studien zum Verhältnis von Philosophie und Tragödiendichtung, Berlin (u. a.) 2008.

Maurach, G., Seneca. Leben und Werk, 2., durchges. u. erw. Aufl. Darmstadt 1996.

Sørensen, V., Seneca. Ein Humanist an Neros Hof, 3. Aufl. München 1995.

Vielen Menschen, auch Philosophen, gilt die Natur als vernunftlos. Trotzdem herrscht in der Welt der Sterblichen soviel Missverständnis, dass sie dieses Weltall, den Gipfel von Schönheit, von Ordnung und unbeirrbarer Zielstrebigkeit als ein Erzeugnis des Zufalls betrachten, ziellos herumirrend und daher ein Spielball von Blitzen, Wolken, Stürmen und anderen Kräften, welche die Erde und ihre Umgebung heimsuchen.

[15] Dabei beschränkt sich dieser Wahnsinn nicht auf die urteilslose Masse. Auch diejenigen, die behaupten, dass sie die Weisheit besitzen, sind davon angesteckt. Es gibt Philosophen, die glauben, dass sie selbst zwar eine Seele haben, fähig, alles zu überwachen, ihre eigenen und fremde Interessen. Dieses Universum aber, wozu wir Menschen ebenfalls gehören, soll ohne eine Spur von Vernunft herumirren, entweder aufs Geratewohl oder gelenkt von einer Natur, die sich dessen nicht bewusst ist, was sie tut.

[16] Wie wichtig ist es, glaubst du, diesen Problemen auf den Grund zu gehen und die der Natur gesetzten Grenzen zu bestimmen, namentlich wie weit die Macht Gottes reicht; ob er die Materie, womit er arbeitet, selber erschafft oder eine gegebene Materie verwendet; wer von beiden die erstere war: die Vernunft vor der Materie oder die Materie vor der Vernunft; ob Gott alles schaffen kann, was er will oder ob die Materie bei der Bearbeitung in vieler Hinsicht versagt und

dass dadurch von diesem großen Künstler vieles ungeschickt gemacht wird, nicht durch Mangel an fachmännischem Können, sondern weil die Materie seiner Kunstfertigkeit oft nicht gehorcht?

[17] Sich in diesen Fragen zu vertiefen, sie zu studieren, sich auf sie zu verlegen, bedeutet das nicht einen Sprung über die eigene Sterblichkeit machen und in eine höhere Existenz aufgenommen werden? »Aber was ist nun eigentlich der praktische Nutzen davon?« sagst du. Wenigstens dieses: Wenn ich Gott gemessen habe, werde ich wissen, dass alles weitere winzig klein ist.
Seneca, Naturwissenschaftliche Untersuchungen 1,13–17 (Brok, S. 28–31).

Gott im Menschen und der göttliche Ursprung der Seele

[1] Du tust etwas Vorzügliches und für dich Heilsames, wenn du – wie du schreibst – weiterhin fortschreitest zu sittlicher Vervollkommnung, die zu wünschen töricht ist, da du sie von dir selbst erlangen kannst. Nicht braucht man zum Himmel zu erheben die Hände noch anzuflehen den Tempelwächter, dass er uns zum Ohr des Götterbildes, als ob wir dann besser erhört werden könnten, vorlasse: nahe ist dir der Gott, mit dir ist er, in dir ist er. [2] So sage ich, Lucilius: ein heiliger Geist wohnt in uns, unserer schlechten und guten [Taten] Beobachter und Wächter: wie er von uns behandelt wird, so behandelt er selber uns. Ein guter Mensch aber ist niemand ohne den Gott: oder kann einer über das Schicksal, wenn nicht von ihm unterstützt, sich erheben? Er gibt Entschlüsse, die hochherzig und aufrecht: in jedem guten Menschen – welcher Gott, ist ungewiss – wohnt ein Gott* […]

[4] Wenn du einen Menschen siehst, nicht zu schrecken von Gefahren, unberührt von Begierden, im Unglück glücklich, mitten in stürmischen Zeiten gelassen, von einer höheren Warte die Menschen sehend, von gleicher Ebene die Götter, wird dich nicht Ehrfurcht vor ihm ankommen? Wirst du nicht sagen: »Diese Haltung ist größer und erhabener, als dass man sie für vereinbar halten könnte mit diesem, in dem sie wohnt, bedeutungslosen Körper?« [5] Göttliche Kraft ist in ihn eingegangen: die Seele, überragend, maßvoll, alles als gleichsam zu unbedeutend übergehend, was immer wir fürchten und wünschen belächelnd, belebt eine himmlische Macht. Eine derartige Seele kann nicht ohne Stütze durch göttliches Walten Bestand haben: daher ist sie mit ihrem größten Teil dort, von wo sie herabgestiegen. Wie die Sonnenstrahlen die Erde gewiss berühren, aber dort [zu Hause] sind, von wo sie ausgesandt werden, so die Seele, groß, heilig und hierher herab gesandt, damit wir näher das Göttliche erkennen: sie verkehrt zwar mit uns, aber behält den Zusammenhang mit ihrem Ursprung: von dort ist sie abhängig, dorthin blickt und strebt sie, an unseren Dingen hat sie gleichsam als ein höheres Wesen Anteil.
Seneca, Briefe 41,1f.4f (Rosenbach, Bd. 3, S. 324–329).

---

* Vergil, Aeneis 8,352.

Zur Vorstellung vom göttlichen Logos in der Stoa gehört auch, dass die Menschen durch die vom Logos ausgestreuten Kräfte (»Samen«) Anteil am göttlichen Bereich erhalten. Die Aufgabe des Menschen besteht darin, diese Kräfte zur Wirkung zu bringen.

Der göttliche Logos kann deshalb auch als »Samen ausstreuender Logos« (λόγος σπερματικός) bezeichnet werden. Er streut seinen Samen in die Menschen, die so durch die Seele oder das Pneuma ein Stück des Göttlichen in sich tragen, das sie zur Entfaltung bringen sollen.

Die Lehre vom »**Logos spermatikos**« wurde im frühen Christentum aufgegriffen. Der Apologet und Märtyrer Justin (ca. 100–165 n. Chr.) interpretiert sie so, dass bereits die griechischen Philosophen – vor allem Sokrates und die Stoiker – eine partielle Erkenntnis der göttlichen Wahrheit besaßen. Die vollständige Erkenntnis ist allerdings erst seit Jesus Christus möglich, weil in ihm der göttliche Logos selbst Mensch geworden ist.

Seneca über den Logos spermatikos

[16] Du wunderst dich, dass der Mensch zu den Göttern gelangt? Der Gott kommt zu den Menschen, vielmehr – was näher ist – er kommt in die Menschen: keine Seele ist ohne den Gott gesund. Die Samen im Körper des Menschen – vom Gott sind sie ausgestreut; wenn ein guter Gärtner sie aufnimmt, gehen sie dem Ursprung ähnlich auf und wachsen sie denen gleich, von denen sie abstammen; wenn ein schlechter Gärtner (sie aufnimmt) – nicht anders als ein unfruchtbarer und sumpfiger Boden lässt er sie absterben und bringt sodann Unkraut hervor statt Früchten. Leb wohl.
Seneca, Briefe 73,16 (Rosenbach, Bd. 4, S. 58–61).

Dion von Prusa über die Neuschöpfung der Welt

Der folgende Text aus der Borysthenes-Rede des Dion von Prusa vermittelt einen interessanten Einblick in die stoische Kosmologie. Dion greift einen zoroastrischen Mythos auf und lässt ihn in eine Darstellung von der Neuschöpfung der Welt durch den göttlichen Geist münden. Leitend ist dabei die Vorstellung, dass aus dieser zweiten Schöpfung der jetzt existierende Kosmos in Harmonie und Schönheit hervorgegangen ist.

Im Hintergrund steht die in verschiedenen antiken Kulturen verbreitete Vorstellung einer (partiellen oder vollständigen) Vernichtung der Welt durch eine Sintflut oder einen Weltenbrand, der eine Neuerschaffung folgt.

Dion zielt in seiner platonische Motive aufnehmenden Rede darauf, den Kosmos als vollkommene, göttlich geordnete πόλις darzustellen, die die Grundlage für die Gemeinschaft von göttlichem und menschlichem Geschlecht bildet. Dem dient auch die Aufnahme des genannten Mythos.

[54] An diesem Punkt ihrer Darstellung angelangt, haben sie* nun doch Bedenken, die Natur dieses Lebewesens noch mit dem gleichen Namen zu benennen: Es sei nämlich nunmehr einfach die Seele des Wagenlenkers und Herrn, oder vielmehr sogar der denkende und führende Teil dieser Seele selbst.

* Gemeint sind die Magier, deren Mythos Dion zuvor berichtet hatte.

In dieser Form bezeichnen nun auch wir ehrend und anbetend den größten Gott [mit guten Werken und frommen Worten]. [55] Denn als nun der Geist allein übrig geblieben war und einen unfassbaren Raum mit sich selbst erfüllt hatte, da er in gleicher Weise nach allen Seiten sich verströmt hatte – nichts Verdichtetes war in ihm zurückgeblieben, sondern eine völlige Durchlässigkeit herrschte, da er so wunderschön wurde – und da er jetzt die Natur angenommen hatte, die die reinste ist, aus unbeflecktem Glanz, so sehnte er sich nun sogleich wieder nach dem Leben, wie es am Anfang war. Und da ihn nun Verlangen ergriff nach jenem Wagenlenken und jener Herrschaft und nach der Eintracht der drei Naturen und der Sonne, des Mondes, und der übrigen Gestirne und überhaupt einfach aller Lebewesen und Pflanzen, so ging er daran, zu zeugen und alles einzeln zu verteilen und herzustellen, den jetzt existierenden Kosmos von Anfang an, aber als einen viel besseren und glänzenderen, da er jünger ist.

[56] Und mit seinem ganzen Wesen ließ er einen Blitz hervorbrechen, nicht einen regellos dahinzuckenden oder mit schmutzigen Beimengungen – wie er oft im Gewitter durch die Wolken schießt, wenn sie allzu heftig gegeneinander getrieben werden –, sondern einen reinen und mit keinerlei Dunkel gemischten, und so vollzog er die Verwandlung leicht, im gleichen Augenblick wie ihre gedankliche Konzipierung. Da er sich aber an Aphrodite und die Zeugung erinnerte, besänftigte er und entspannte er sich selbst, löschte viel von seinem Licht und wandelte sich in feurige Luft, die aus sanftem Feuer besteht. Und nun vereinigte er sich mit Hera und hatte auf diese Weise teil am vollkommensten Hochzeitsbett; und da er mit ihr schlief, ließ er den ganzen Samen für das All strömen. Dies ist es, was die Weisen in geheimen heiligen Feiern als die glückselige Hochzeit der Hera und des Zeus besingen.

[57] Er machte seine ganze Substanz flüssig, zu einem einzigen Samen für das All, und bewegte sich selbst in diesem schnell in alle Richtungen, so wie der (zeugende) Hauch in der Samenflüssigkeit, der formt und erschafft, und jetzt glich er am meisten der Zusammensetzung der anderen Lebewesen, insoweit man von diesen mit gutem Grund sagen könnte, dass sie aus Seele und Körper bestehen, und so formte und gestaltete er leicht auch endlich das Übrige und ließ seine Substanz – glatt und sanft und in ihrer Gänze leicht nachgebend – um sich herumströmen.

[58] So schuf und vollendete er noch einmal von neuem den jetzt bestehenden Kosmos und machte ihn wohlgestaltet und unfasslich schön und in der Tat viel strahlender noch, als man ihn jetzt sieht. Auch sonst sind ja wohl alle Werke von schaffenden Künstlern, die neu aus ihrer Fertigung und soeben aus den Händen dessen kommen, der sie gemacht hat, besser und glänzender. Auch bei den Pflanzen sind die jüngeren von blühenderer Gestalt als die alten und gleichen ganz und gar jungen Sprösslingen. Und doch auch die Tiere haben viel Anmut gleich nach ihrer Geburt und sind lieblich anzusehen, nicht nur die schönsten unter ihnen, Fohlen und Kälber und Hundewelpen, sondern auch die Jungen der wildesten Tiere.

Dion von Prusa, Borysthenes-Rede 54–58 (Nesselrath, S. 59f).

Epiktetos (ca. 55–135 n. Chr.) kam als Sklave nach Rom, wo er bei Musonius Rufus in stoischer Philosophie unterrichtet wurde. Als Freigelassener gründete er später eine eigene Schule. Im Jahr 94 musste Epiktet Rom verlassen, weil Kaiser Domitian alle Philosophen aus der Stadt ausweisen ließ. Er ging daraufhin nach Nikopolis in Westgriechenland, wo er seine Tätigkeit als Leiter einer Philosophenschule wieder aufnahm.

Überliefert sind von Epiktet Lehrgespräche (griechisch: διατρίβαι; lateinisch: **dissertationes**), die sein Schüler Flavius Arrianus festgehalten hat. Von ursprünglich acht Büchern sind vier erhalten geblieben. Die wichtigsten Lehren Epiktets wurden, ebenfalls von Arrian, in einem »Handbüchlein« (᾿Εγχειρίδιον) zusammengefasst.

In seiner Lehre nimmt Epiktet vor allem stoische und kynische, aber auch platonische Gedanken auf. Er vertritt die Auffassung vom durch den göttlichen Logos bestimmten Kosmos, dem man sich in seinem Leben einfügen soll. Der Lauf der Welt ist vorherbestimmt, weshalb wahre Freiheit darin besteht, sich nicht gegen das aufzulehnen, was nicht in unserer Macht steht. Die äußeren Dinge sind an sich unwesentlich (ἀδιάφορα; lateinisch: **indifferentia** bzw. **media**, so bei Seneca), erst die Einstellung der Menschen zu ihnen verleiht ihnen ihren (positiven oder negativen) Wert. Die Unabhängigkeit von den äußeren Umständen und die Beherrschung der Affekte zeichnen dagegen den wahren Philosophen aus, der deshalb bedürfnislos lebt. Epiktet hat deshalb eine eigene Diatribe »Über den Kynismus« verfasst (III,22).

Epiktet – Was ist Gottes wahres Wesen?

[…] Willst du also nicht das wahre Wesen des Guten dort suchen, wo es sich einzig und allein befindet und an keiner anderen Stelle sonst? »Wie? Sind denn nicht auch jene Wesen (Pflanzen und Tiere) Geschöpfe Gottes?« Ja, aber sie sind nicht um ihrer selbst willen da und haben nicht teil am Göttlichen. Du aber bist um deiner selbst willen da, du bist ein Stück von Gott. Du hast in dir einen Teil von ihm. Wieso kennst du deine Abstammung nicht? Warum weißt du nicht, woher du kommst? Willst du nicht, wenn du isst, daran denken, wer du bist, der da isst, und wen du ernährst? Und wenn du mit einer Frau zusammen bist, ist es dir dann egal, wer du bist, der das tut? Oder wenn du mit anderen Menschen verkehrst? Wenn du Sport treibst, wenn du dich unterhältst, weißt du dann nicht, dass du einen Gott ernährst, einen Gott trainierst? Du Unglücksmensch, du trägst einen Gott mit dir herum und weißt es nicht. Glaubst du, ich spreche von einem äußerlich sichtbaren Gott aus Silber oder Gold? Du trägst ihn in dir, und du merkst gar nicht, dass du ihn durch unreine Gedanken und schmutzige Handlungen besudelst. In Gegenwart eines Götterbildes würdest du es nicht wagen, etwas von dem zu tun, was du tust. Obwohl aber Gott selbst in dir wohnt, alles sieht und alles hört, schämst du dich da nicht, solche Gedanken zu haben und solche Dinge zu tun, du, der du keine Ahnung hast von deiner wahren Natur und Gottes Zorn herausforderst? […]

Epiktet, Lehrgespräche 2,8 (Nickel, S. 120–123).

2. Ethik

Ratschläge Epiktets

Was in unserer Macht steht und was nicht

[1] Das eine steht in unserer Macht, das andere nicht. In unserer Macht stehen: Annehmen und Auffassen, Handeln-Wollen, Begehren und Ablehnen – alles, was wir selbst in Gang setzen und zu verantworten haben. Nicht in unserer Macht stehen: unser Körper, unser Besitz, unser gesellschaftliches Ansehen, unsere Stellung – kurz: alles, was wir selbst nicht in Gang setzen und zu verantworten haben.

Was sich in unserer Macht befindet, ist von Natur aus frei und lässt sich von einem Außenstehenden nicht behindern oder stören; was sich aber nicht in unserer Macht befindet, ist ohne Kraft, unfrei, lässt sich von außen behindern und ist fremdem Einfluss ausgesetzt. Denk daran: Wenn du das von Natur aus Unfreie für frei und das Fremde für dein Eigentum hältst, dann wirst du dir selbst im Wege stehen, Grund zum Klagen haben, dich aufregen und aller Welt Vorwürfe machen; hältst du aber nur das für dein Eigentum, was wirklich dir gehört, das Fremde aber für fremd, dann wird niemand jemals Zwang auf dich ausüben, niemand wird dich behindern, du brauchst niemandem Vorwürfe zu machen oder die Schuld an etwas zu geben, wirst nichts gegen deinen Willen tun, keine Feinde haben, und niemand kann dir schaden; denn es gibt nichts, was dir Schaden zufügen könnte.

Wenn du nach einem so hohen Ziel strebst, dann sei dir bewusst, dass dies mit erheblicher Anstrengung verbunden ist: Du musst auf manches ganz verzichten und manches zeitweilig aufgeben.

Wenn du aber nicht nur dieses willst, sondern auch noch der Macht und dem Reichtum nachjagst, dann wirst du wahrscheinlich nicht einmal hierin Erfolg haben, weil du zugleich das andere haben willst. Auf keinen Fall aber wirst du das bekommen, wodurch allein Freiheit und Glück möglich sind. Bemühe dich daher, jedem unangenehmen Eindruck sofort mit den Worten zu begegnen: »Du bist nur ein Eindruck, und ganz und gar nicht das, was du zu sein scheinst.« Dann prüfe und beurteile den Eindruck nach den Regeln, die du beherrschst, vor allem nach der ersten Regel, ob sich der Eindruck auf die Dinge bezieht, die in unserer Macht stehen oder nicht; und wenn er sich auf etwas bezieht, was nicht in unserer Macht steht, dann sag dir sofort: »Es geht mich nichts an.«

Was man begehren und was man ablehnen soll

[2] Merke dir: Begehren zielt darauf, dass man das, was man begehrt, auch bekommt; Ablehnung zielt darauf, dass einem das, was man ablehnt, nicht zuteil wird, und wer sein Begehren nicht befriedigen kann, ist unglücklich; unglücklich ist aber auch, wem das zuteil wird, was er vermeiden möchte. Wenn du also nur von den Dingen, die in deiner Macht stehen, das ablehnst, was gegen die Natur ist, dann wird dir auch nichts von dem zustoßen, was du ablehnst. Wenn du aber Krankheit, Tod oder Armut zu entgehen suchst, dann wirst du unglücklich

sein. Hüte dich also vor Abneigung gegenüber allen Dingen, die nicht in unserer Macht stehen, und gib ihr nur nach gegenüber den Dingen, die in unserer Macht stehen, aber gegen die Natur sind. Das Begehren aber lass für den Augenblick ganz sein. Denn wenn du etwas begehrst, was nicht in unserer Macht steht, dann wirst du zwangsläufig unglücklich, und von den Dingen, die in unserer Macht stehen und die du gern begehren könntest, weißt du noch nichts. Beschränke dich auf den Willen zum Handeln und auf den Willen, nicht zu handeln, doch nicht verkrampft, sondern mit Zurückhaltung und Gelassenheit.

Sei dir über das Wesen der Dinge im Klaren
[3] Bei allem, was dir Freude macht, was dir nützlich ist oder was du gern hast, denke daran, dir immer wieder zu sagen, was es eigentlich ist. Fang bei den unbedeutendsten Dingen an. Wenn du zum Beispiel an einem Topf hängst, dann sage dir: »Es ist ein einfacher Topf, an dem ich hänge.« Dann wirst du dich nämlich nicht aufregen, wenn er zerbricht. Wenn du dein Kind oder deine Frau küsst, dann sage dir: »Es ist ein Mensch, den du küsst.« Dann wirst du deine Fassung nicht verlieren, wenn er stirbt.
Epiktet, Handbuch der Moral 1–3 (Nickel, S. 8–13).

Die Allgegenwart göttlicher Mächte und die Einheit des Seins

»[…] Alles ist erfüllt von Frieden, überall ist Stille. Kein Weg, keine Stadt, kein Begleiter, Nachbar oder Mitmensch kann dir schaden. Ein anderer, der sich darum kümmert, gibt dir Nahrung und Kleidung. Ein anderer gab dir das Wahrnehmungsvermögen und die allgemeinen Vorstellungen. Wenn er aber das zum Leben Notwendige nicht mehr gewährt, dann gibt er das Zeichen zum Rückzug; er hat die Tür geöffnet und sagt zu dir: ›Komm.‹ Wohin? Nicht in ein Reich des Schreckens, sondern dorthin, wo du hergekommen bist; du gehst ein in die vertraute und verwandte Materie; du löst dich auf in die Grundstoffe des Seins. Was in dir Feuer war, geht wieder ein in das Feuer, was Erde war, wird wieder Erde. Was Luft war, vereinigt sich wieder mit der Luft. Was Wasser war, geht zurück in das Wasser. Es gibt keinen Hades, keine Acheron*, keinen Kokytos und auch keinen Periphlegethon; vielmehr ist alles erfüllt von Göttern und göttlichen Mächten.

Wer sich dies vorstellen kann und zur Sonne, zum Mond und zu den Sternen blickt und wer Freude hat an Erde und Meer, ist weder einsam noch hilflos. »Aber wenn mich jemand überfällt, wenn ich allein bin, und mich umbringt?« »Du Tor, dich doch nicht, sondern nur deinen sterblichen Leib […]«
Epiktet, Lehrgespräche 3,13 (Nickel, S. 112 f).

* Einer der fünf Flüsse der Unterwelt, in den die anderen, Styx, Kokytos, Phlegethon und Lethe einmünden.

Seneca über die Torheit, sich vor dem Blitz und vor dem Tod zu fürchten

[1] »Natürlich weiß ich, worauf du schon lange wartest, was du eigentlich hören willst. ›Ich möchte mich lieber nicht vor den Blitzen fürchten‹, sagst du, ›als alles über sie wissen. Erspare dir die Erklärung, wie sie entstehen, für andere. Mir geht es nur darum, dass man mich von der Angst davor befreit, nicht dass man die Wirkung erklärt.‹ [2] Ich komme deinem Wunsch sofort entgegen. Denn mit allem, was man tut oder sagt, soll immer ein bestimmter Nutzen verknüpft sein. Außerdem müssen wir, wenn wir in die Geheimnisse der Natur eindringen und uns mit dem Göttlichen beschäftigen, unseren Geist von seinen Unvollkommenheiten befreien und ihm wiederholt neuen Elan geben. Dem können selbst Gelehrte, die sich berufsmäßig mit diesem Studium befassen, sich nicht entziehen. Dabei soll das Ziel nicht sein, den Angriffen der Natur zu entkommen – wir stehen ja fortwährend im Schussfeld –, sondern sie mutig und unerschrocken auszuhalten. [3] Unverletzbar können wir nicht sein, wohl unüberwindlich. Jedoch gibt es bisweilen noch einen Funken von Hoffnung, dass wir auch unverletzbar sein können. »Wie meinst du das?« fragst du. Verachte den Tod, und sofort ist dir alles verächtlich, was ihn herbeiführen kann, ob es nun Kriege sind oder Schiffbrüche oder der Biss wilder Tiere oder die Last von plötzlich über uns zusammenbrechenden Steinmassen. [4] Was vermögen diese Unfälle mehr, als unseren Körper von der Seele zu trennen? Und dieser Notwendigkeit kann keine Umsicht aus dem Wege gehen, kein Glück kann sie dir ersparen, keine Macht überwinden. Bei den oben genannten Gefahren verteilt das Schicksal die Furcht willkürlich. Der Tod jedoch ruft jeden ohne Ausnahme. Ob die Götter uns günstig sind oder nicht, sterben müssen wir […]

[9] Wie kannst du doch so dumm und deiner Vergänglichkeit unbewusst sein, dass du dich vor dem Tod nur fürchtest, wenn es donnert. Wirklich? Hängt dein Leben vom Donner ab? Wirst du am Leben bleiben, wenn du dem Blitz entgehst? Natürlich nicht: ein Schwert wird dich zu finden wissen, ein Stein wird dich treffen, deine Galle wird dein Tod sein. Der Blitz ist nicht die größte von allen Gefahren, allenfalls die eindruckvollste […]

[13] Aber nein, du wirst für solche Erwägungen keine Zeit haben. Tod und Blitzschlag lässt dem Schrecken keinen Raum. Einer seiner vielen Vorteile ist, dass er eher da ist, als er erwartet wird. Der einzige Blitz, den er fürchten kann, ist der, welcher ihn nicht getroffen hat. Noch nie hat jemand einen Blitz gefürchtet außer den, dem er entronnen ist.«
Seneca, Naturwissenschaftliche Untersuchungen 2,59 (Brok, S. 162–169).

Seneca über den Tod als Freiheit

Sagen will ich auch jenem, der an einen König gerät, welcher mit Pfeilen auf die Brust von Freunden zielt, und jenem, dessen Herr mit der Kinder Eingeweide Väter bewirtet:

»Was stöhnst du, Tor? Was erwartest du, dass dich entweder ein Feind mit dem Untergang deines Volkes rächt oder ein mächtiger König aus der Ferne herbei fliegt? Wohin immer du blickst, dort ist deines Unglücks Ende. Siehst du jenen steil abstürzenden Ort? Dort schreitet man zur Freiheit hinab. Siehst du jenes Meer, jenen Fluss, jene Zisterne? Freiheit wohnt dort in der Tiefe. Siehst du jenen Baum, kurz, verdorrt, unfruchtbar? Es hängt an ihm Freiheit. Siehst du deinen Hals, deine Kehle, dein Herz? Fluchtwege aus der Knechtschaft sind sie. Allzu mühsame Auswege zeige ich und viel Mut und Kraft fordernde? Du fragst, was ist zur Freiheit der Weg? Jede beliebige Ader an deinem Körper!«
Seneca, Über den Zorn 3,15,4 (Rosenbach, Bd. 1, S. 256–259).

Vom glücklichen Leben

[2,1] Wenn es um das glückliche Leben geht, gibt es keinen Anlass, dass du mir wie bei Abstimmungen antwortest:

»Diese Gruppe scheint größer zu sein«; deswegen ist sie nämlich schlechter. Nicht so gut steht es mit den Problemen des Menschen, dass das Bessere der Mehrheit gefällt: Beweis für das Schlechteste ist die Masse. [2] Fragen wir also, was am besten zu tun sei, nicht was am nützlichsten und was uns in den Besitz dauernden Glückes setze, nicht, was von der Masse, der Wahrheit schlechtestem Deuter, gebilligt wird. Masse aber nenne ich ebenso Menschen im Prunkgewand wie gekrönte Häupter; nicht nämlich die Farbe der Kleidung, mit der verhüllt sind die Körper, beachte ich; den Augen schenke ich, wenn es um einen Menschen geht, keinen Glauben, ich habe ein besseres und zuverlässigeres – geistiges – Auge, mit dem ich von Falschem das Echte unterscheide; den Wert der Seele finde die Seele! […]

[3,1] Suchen wir etwas nicht zum Schein Gutes, sondern Festes und in sich Gleichbleibendes und an unauffälliger Stelle Schöneres; das lasst uns entdecken! Und es ist nicht weit entfernt: man kann es finden, zu wissen ist nur nötig, wohin du die Hand ausstrecken sollst; jetzt gehen wir wie im Dunkel an Naheliegendem vorüber, an eben das anstoßend, was wir sehnsüchtig wünschen. [2] Aber um dich nicht durch Umwege zu schleppen, will ich wenigstens anderer Menschen Meinungen übergehen (denn sowohl sie aufzuzählen führt zu weit, wie auch sie zu widerlegen): die unsere vernimm. Unsere aber – wenn ich von ihr spreche, binde ich mich nicht an irgendeinen von den führenden Stoikern: auch ich habe das Recht auf ein kritisches Urteil. Daher werde ich mich dem einen anschließen, einen anderen heißen, seinen Gedanken aufzugliedern, vielleicht auch werde ich, nach allen aufgerufen, nichts verwerfen von dem, was meine Vorgänger erklärt haben und sagen: »Meine Ansicht geht darüber hinaus.« [3] Vorerst – worin unter allen Stoikern Einstimmigkeit herrscht – pflichte ich der Natur bei; von ihr nicht abzuweichen und nach ihrem Gesetz und Vorbild sich sein Leben zu ordnen ist Weisheit. Glücklich also ist ein Leben, übereinstimmend mit dem eigenen Wesen, das nicht anders [uns] zuteil werden kann, als wenn zuerst die Seele gesund ist und in beständigem Besitz ihrer Gesundheit, sodann tapfer und

leidenschaftlich, ferner mit Haltung leidensfähig, gewachsen den Zeitumständen, mit ihrem Körper und allem mit ihm Zusammenhängendem achtsam ohne Ängstlichkeit, dann in den anderen Dingen, die das Leben bereichern, sorgfältig ohne Überbewertung von irgend etwas, willens, zu nutzen des Schicksals Geschenke, nicht ihnen zu dienen. [4] Du siehst ein, auch wenn ich es nicht ausspreche, es folge immerwährende Ruhe auf die Freiheit, wenn vertrieben das, was uns reizt oder schreckt; denn die Genüsse und die Reize [dazu], die unwesentlich und brüchig sind und gerade durch ihren verlockenden Duft schädlich, löst eine ungeheure Freude ab, die unerschütterlich und gleichmäßig, sodann Friede und Eintracht der Seele und Großherzigkeit, verbunden mit Milde; gänzlich nämlich aus Unbeständigkeit besteht die Wildheit.

[4,2] Dasselbe wird es daher sein, wenn ich sage: »Das höchste Gut ist eine Seele, Zufälliges verachtend, ihrer sittlichen Vollkommenheit froh« oder »die unbesiegliche Kraft der Seele, kundig der Dinge, besonnen im Handeln, mit viel Verständnis und Sorge um die Mitmenschen«. Man kann es auch so bestimmen, dass wir glücklich den Menschen nennen, für den es nichts Gutes und Schlechtes gibt außer einer guten und schlechten Seele, des Anständigen Anhänger, mit sittlicher Vollkommenheit zufrieden, den weder übermütig machen Zufälligkeiten noch zerbrechen, der kein größeres Gut als das, das er sich selber geben kann, kennt, für den wahrer Genuss sein wird der Verzicht auf Genüsse […] [4] Dem, was so gegründet ist, muss – wolle sie, wolle sie nicht – folgen ständige Heiterkeit und Freude, tief und aus der Tiefe kommend, da es sich an dem Seinen freut und nichts Größeres als das ihm Angemessene begehrt. Warum sollte derartiges nicht gut und gern aufwiegen die minderen und unwesentlichen und nicht andauernden Regungen des elenden Körpers? An dem Tag, an dem er sich dem Genuss unterwirft, unterwirft er sich auch dem Schmerz; du siehst aber, welch schlechten und schädlichen Sklavendienst leisten wird, wen Genüsse und Schmerzen, die unbeständigsten Herren und ihrer selbst nicht mächtigen, im Wechsel in Besitz nehmen: also muss man aufbrechen in die Freiheit. [5] Nichts anderes verschafft uns Freiheit als Gleichgültigkeit gegenüber dem Schicksal: dann wird jenes unschätzbare Gut sich zeigen, Ruhe der Seele, die in sicherem Grund ruht, und Hoheit und – wenn vertrieben die Schrecken aufgrund der Erkenntnis der Wahrheit – erhabene Freude und unerschütterliche sowie Freundlichkeit und Heiterkeit des Herzens, daran der Mensch sich freut nicht wie an Gutem, sondern wie an aus dem eigenen Gut Entstandenem.

Seneca, Über das glückliche Leben 2,1f; 3,1–4; 4,2.4f (Rosenbach, Bd. 2, S. 4–13).

Der nachfolgende Text stammt aus der sogenannten **Bildtafel des Kebes**. Dieser Text gibt sich als Schrift des Kebes aus, der in den Dialogen Platons als Schüler des Sokrates erscheint und ihn sogar bis zu seinem Tod begleitet haben soll. Diogenes Laertios (X,125) erwähnt drei Dialoge, die Kebes verfasst haben soll, darunter die Bildtafel (πίναξ).

Bei dem erhaltenen Text handelt sich jedoch aller Wahrscheinlichkeit nach um eine pseudepigraphe Schrift aus dem 1. oder frühen 2. Jahrhundert n. Chr. Sie behandelt das Thema, wie der Weg zum gelingenden Leben zu finden ist. Dazu wird auf ein Bild Bezug genommen, das auf einer Weihtafel im Heiligtum des Kronos aufgestellt ist und eine

Allegorie auf das Leben darstellt. Dieses Bild wird sodann in Form eines Dialoges durch einen alten Mann erläutert: Der Mensch muss durch die drei auf der Bildtafel dargestellten Mauerringe hindurch zum wahren Leben vordringen und dabei die Dinge, die ihn davon abbringen könnten – wie etwa Zügellosigkeit und Genusssucht –, überwinden. Die Perspektive der Bildtafel ist dabei ganz auf ein **gelingendes Leben im Diesseits** gerichtet.

Seit ihrer Erstausgabe 1496 wurde die in dem Text beschriebene Tafel häufig auch bildlich dargestellt. Dabei konnten auch Verbindungen zum christlichen Zwei-Wege-Motiv hergestellt werden. Der hier abgedruckte Text behandelt den zweiten Durchgang durch das Bild. Im Mittelpunkt stehen dabei die Mahnungen des δαιμόνιον, auf die »wahre Bildung« (ἀληθῆ παιδεία) zu vertrauen.

Eine Allegorie des Lebens: Die Bildtafel des Kebes

[30,1] »Diese Erläuterungen erscheinen mir sehr treffend«, sprach ich. »Aber du hast uns noch nicht offenbart, welche Weisungen das Daimonion den ins Leben Eintretenden gibt.«

[2] »Guten Mutes zu sein«, sagte er. »Deshalb seid auch ihr guten Mutes: ich will euch alles darlegen und nichts auslassen!«

»Einverstanden«, sprach ich.

[3] Da streckte er erneut seine Hand aus. »Seht ihr«, sprach er, »jene Frau, die aussieht wie eine Blinde und auf einer steinernen Kugel zu stehen scheint? Sie heißt ›Tyche‹, wie ich euch bereits gesagt habe.« »Ja.«

[31,1] »Das Daimonion«, sagte er, »fordert dazu auf, ihr nicht zu trauen und nichts für beständig und sicher zu halten, was auch immer einer von ihr erhalten mag, noch es als Eigentum anzusehen.

[2] Denn nichts hindert sie, das wieder wegzunehmen und anderen zu geben. Sie tut das häufig und aus Gewohnheit. Und aus diesem Grund fordert es dazu auf, gegenüber ihren Gaben gleichmütig zu werden. Man soll sich weder freuen, wenn sie etwas gibt, noch verzweifeln, wenn sie etwas wegnimmt, sie weder tadeln noch loben. [3] Denn sie tut nichts mit Verstand, sondern planlos und wie sich alles gerade zufällig ergibt, wie ich euch schon früher gesagt habe. Deswegen fordert das Daimonion, man solle sich nicht wundern, was auch immer sie tut, und nicht wie schlechte Bankiers werden. [4] Wenn die nämlich Geld von den Leuten bekommen, freuen sie sich und halten es für ihr Eigentum, wenn es aber von ihnen zurückgefordert wird, dann hadern sie und meinen, dass ihnen etwas Furchtbares widerfährt. Sie halten sich nicht im Bewusstsein, dass sie die Einlagen genau unter der Bedingung erhalten haben, dass nichts den Einzahlenden hindert, sie wieder abzuheben.

[5] Entsprechend nun solle man sich auch gegenüber ihren Gaben verhalten, fordert das Daimonion, und sich im Bewusstsein halten, dass es das Wesen der ›Tyche‹ ist, was sie gegeben hat, wieder wegzunehmen, nur um sofort wieder ein Vielfaches davon zu geben, dann aber wiederum wegzunehmen, was sie gegeben hat, aber nicht nur das, sondern darüber hinaus alles, was vorher schon da war. [6] Was sie also gibt, soll man, so fordert das Daimonion, von ihr annehmen, dann aber schleunigst weitergehen, den Blick auf die beständige und sichere Gabe gerichtet.«

[32,1] »Was ist das für eine Gabe?« fragte da ich.

»Die sie von der ›Bildung‹ erhalten werden, wenn sie heil dorthin gelangen.«

»Und welche ist dies?«

[2] »Das wahre Wissen um die nützlichen Dinge, sprach er, eine ebenso sichere wie beständige Gabe ohne bitteren Nachgeschmack. [3] Zu ihr soll man, so fordert es das Daimonion, auf schnellstem Wege fliehen. Und wenn man zu jenen Frauen gelangt, die – wie ich euch vorher erzählt habe – ›Zügellosigkeit‹ und ›Schwelgerei‹ heißen, dann fordert es dazu auf, sich auch von ihnen schleunigst wieder zu trennen und auch ihnen keinerlei Vertrauen zu schenken, bis man zur ›Scheinbildung‹ gelangt. [4] Er fordert nun, an dieser Stelle eine gewisse Zeit lang zu verweilen, und von ihr aufzunehmen, was einem zusagt, gleichsam als Wegzehrung; dann aber solle man sogleich von dort aufbrechen zur ›wahren Bildung‹. [5] Das sind die Anweisungen des Daimonions. Wer freilich diesen Ratschlägen zuwiderhandelt oder sie missachtet, geht als schlechter Mensch jämmerlich zugrunde.«

Bildtafel des Kebes 30,1–32,5 (Hirsch-Luipold, S. 96–101).

E. Pythagoreische Philosophie und Ethik

1. Die pythagoreische Lehre von der Seelenwanderung

Ethik und Seelenwanderung

Die Ethik spielt im Pythagoreismus als Anleitung zu derjenigen Lebensführung, die allein zur Erkenntnis führt, eine tragende Rolle. Die Reinheit (κάθαρσις) der Seele wird als Voraussetzung für die Erkenntnis betrachtet. Deshalb wurden zahlreiche Lebensvorschriften – wie etwa die Einschränkung des Genusses von Fleisch oder das berühmte Bohnentabu – formuliert. Diese Anweisungen stehen in Verbindung zur Lehre von der μετεμψύχωσις (»Um-Seelung«, »Um-Einkörperung« oder auch παλιγγενεσία – »Wiedergeburt«), insofern die Lebensführung ausschlaggebend dafür ist, welchen Körper die Seele nach dem Tod erhält. Diese vermutlich aus Ägypten oder Babylonien stammende Lehre von der Seelenwanderung besagt, dass die menschliche Seele unsterblich sei und in andere Lebewesen übergehen könne. Sie wurde vermutlich von Pythagoras selbst in die Gemeinschaft eingeführt und spielte für die Ethik der Pythagoreer eine wichtige Rolle.

Herodot über den Ursprung der Idee von der Unsterblichkeit der Seele

[123,2] […] Die Ägypter haben auch als erste den Gedanken ausgesprochen, dass die Seele des Menschen unsterblich sei; sie gehe in ein anderes neugeborenes Lebewesen ein, wenn der Leib stirbt. Ist sie dann durch alle Land- und Wassertiere, durch alle Vögel gewandert, kehre sie wieder in den Leib eines Menschen zurück, der gerade geboren wird. Dieser Kreislauf dauert 3000 Jahre. [3] Diese Lehre haben einige Griechen übernommen, früher oder später, als sei es ihr geistiges Eigentum. Ich kenne ihre Namen, will sie aber nicht nennen.

Herodot, Historien 2,123 (Feix, Bd. 1, S. 306–309).

Pythagoras von Samos (ca. 570/560–490/480 v. Chr.) gehört zu den bedeutendsten vorsokratischen Philosophen. Über sein Leben ist allerdings wenig bekannt. Bereits auf seiner Heimatinsel Samos soll er mit einer eigenen Lehrtätigkeit begonnen haben. Die Quellen berichten zudem von längeren Lehr- und Wanderreisen, die ihn u. a. nach Ägypten führten, wo er mit orientalischen Weisheitslehrern zusammengetroffen sein soll. Zur Zeit der Tyrannis des Polykrates siedelte er – möglicherweise aus politischen Gründen – nach Kroton im griechisch bewohnten Unteritalien über. Dort gründete er eine philosophische Gemeinschaft mit religiösen Zügen, deren Mitglieder sich auf einen besonderen Lebensstil verpflichteten. Nachdem im Jahr 510 v. Chr. ein Krieg zwischen Kroton und Sybaris ausgebrochen war, kam es (nach Krotons Sieg) zu Spannungen innerhalb der Gesellschaft. Der Unmut richtete sich gegen die Pythagoreer, woraufhin Pythagoras nach Metapontion umsiedelte, wo er vermutlich am Beginn des 5. vorchristlichen Jahrhunderts gestorben ist.

Um die Person des Pythagoras rankten sich schon bald zahlreiche Legenden. Er wurde als Wundertäter und Mann mit außergewöhnlichem Erkenntnisvermögen verehrt und übte über die von ihm begründete Schule einen großen Einfluss aus, der sich auch in der Nachwirkung seiner Person und der Weiterentwicklung seiner Lehren niedergeschlagen hat.

11 Büste des Pythagoras

Schule

Die Pythagoreer waren eine religiöse Gemeinschaft mit esoterischen Zügen, die nach strengen Regeln lebte und Züge einer Geheimreligion aufwies. Sie galten in der Antike als ideale Gemeinschaft, die sich an einem hohen Freundschaftsethos orientierte und in Besitzgemeinschaft lebte.

Nach einer frühen Phase, die noch zu Lebzeiten des Pythagoras begann, spalteten sich die Pythagoreer in Akusmatiker und Mathematiker. Erstere waren an der genauen Bewahrung der Lehre des Pythagoras, letztere dagegen an ihrer Systematisierung und Weiterentwicklung orientiert.

Eine zweite Blüte erlebte der Pythagoreismus ab dem 1. vorchristlichen Jahrhundert durch die sogenannten Neupythagoreer. Zu ihnen gehörten etwa Nigidius Figulus, Numenius von Apameia und Apollonios von Tyana. Ob eine historische Kontinuität zum älteren Pythagoreismus existiert, ist nicht ganz sicher, da eindeutige Zeugnisse für pythagoreische Texte aus hellenistischer Zeit fehlen. Erkennbar ist dagegen eine Annäherung von pythagoreischer und platonischer Tradition.

Lehren

Bei der Rekonstruktion der pythagoreischen Philosophie ist zu beachten, dass von Pythagoras selbst keine Schriften überliefert sind und es deshalb nur in Grenzen möglich ist, seine eigenen Lehren von denjenigen der von ihm begründeten Schule zu unterscheiden. Die pythagoreischen Lehren umfassen diverse Gebiete. Ein Grundzug ist dabei die Auffassung, dass die Welt nach harmonischen Gesetzen geordnet ist, die sich in Zahlenverhältnissen ausdrücken lassen. Darum spielen Mathematik, Musik und Kosmologie in der pythagoreischen Schultradition eine wichtige Rolle.

Kosmologie
Wie in Musik und Mathematik lässt sich die Vorstellung von der vollkommenen Harmonie auch in der Kosmologie der Pythagoreer erkennen. So werden die Gestirnsbewegungen numerisch erfasst und der gesamte Kosmos auf eine in Zahlenverhältnissen auszudrückende Ordnung zurückgeführt. Dieser gaben die Pythagoreer den Namen **Kosmos** (Schmuck), um damit die Vollkommenheit zum Ausdruck zu bringen und sie zugleich vom Leben auf der Erde zu unterscheiden.

Weiterführende Literatur

Riedweg, C., Pythagoras. Leben, Lehre, Nachwirkung. Eine Einführung, München ^{2}2007.

Kurze Erwähnung der pythagoreischen Seelenwanderung

[3] […] Die (genannten Denker) aber versuchen nur zu sagen, wie beschaffen die Seele sei, während sie über den Körper, der sie aufnehmen soll, nicht noch weitere Bestimmungen geben, wie wenn – <z. B.> nach den Pythagoreischen Mythen – eine beliebige Seele in einen beliebigen Körper eingehen könne […]
Aristoteles, Über die Seele 1,3, 407 b (Seidl, S. 35)

Pythagoras über die Seelenwanderung

[14] Er ist, wie man sagt, der erste Verkünder der Lehre gewesen, dass die Seele, den Kreislauf der Notwendigkeit vollziehend, bald an diese, bald an jene Körperform gebunden sei […36…] Darüber, dass er zu verschiedenen Zeiten immer wieder als ein anderer aufgetreten, findet sich ein Zeugnis in einer Elegie des Xenophanes, die mit den Worten anhebt [Frg. poet. phil. 7 Diels]:

Folget mir nun auf ein andres Gebiet, den Weg will ich zeigen.
Was er aber über ihn selbst sagt, ist folgendes:
Als er, des Weges gehend, ein Hündchen mit Schlägen bedacht sah,
Ließ er, von Mitleid erfasst, gleich sich vernehmen, wie folgt:
»Weg mit der Peitsche, mein Freund ist's ja, dessen Seele du quälest;
An ihrer Stimme hab' ich deutlich sie wieder erkannt.«

Diogenes, Leben und Meinungen 8,14 und 36 (Apelt, Bd. 2, S. 116f.126f).

Und – so erzählt man – einst sei er gerade vorbeigegangen, als ein Hund geschlagen wurde; da habe er Mitleid empfunden und das Wort gesprochen: »Hör' auf und schlag' <das Tier> nicht! Es ist ja die Seele eines befreundeten Mannes, die ich wiedererkannte, als ich das Winseln hörte.«
Xenophanes, Fragment 7 (Capelle, S. 100 f).

Pagane Opferkritik aufgrund der Seelenwanderungsvorstellung

Und, nicht genug, dass man solch einen Frevel begeht, auf die Götter
selbst noch schiebt man die Schuld. Man glaubt, ihr erhabenes Walten
werde erfreut durch den Tod des mühsalduldenden Stieres.
Da wird, makelfrei, das Opfer, herrlich gestaltet, –
schön zu sein bringt Tod – im Schmucke von Binde und Goldstaub
hin zum Altare geführt; nichts ahnend hört es den Beter,

sieht, wie man zwischen die Hörner ihm legt auf die Stirne die Frucht, die
selbst es gebaut; und, erschlagen, befleckt mit Blut es das Messer,
das es zuvor vielleicht im spiegelnden Wasser erblickt hat.
Dann entreißt man der lebenden Brust die zuckenden Fibern.
Diese beschaut man und forscht nach dem Willen der Götter in ihnen!
Und – so groß ist der Menschen Gier nach verbotener Speise –
hiervon wagst du zu essen, o menschlich Geschlecht! Und ich bitte:
tu es nicht und kehr' deinen Sinn an meine Ermahnung:
Wenn euren Gaumen ihr labt an den Gliedern erschlagener Rinder,
wisset und fühlt: ihr zerkaut den eigenen Arbeitsgefährten!
Ovid, Metamorphosen 15,127–142 (Holzberg, S. 562f).

Der ewige Kreislauf und Wechsel der Elemente

Die auch, die Elemente wir nennen, beharren nicht stet, die
Wechsel, die sie durchlaufen – merkt auf – will jetzt ich euch lehren:
Vier urzeugende Stoffe enthält das ewige Weltall;
zwei von ihnen besitzen Gewicht und werden von eigner
Masse belastet zur Tiefe gezogen: Erde und Wasser.
Ebenso viele sind frei von Schwere und streben, da nichts sie
drückt, nach der Höhe: Die Luft und, reiner als diese, das Feuer.
Diese, im Raume getrennt, sie gehn doch ein jedes ins andre
über und fallen zurück in sich selbst: die Erde, sie löst in
flüssiges Wasser schwindend sich auf, das Wasser verflüchtigt
weiter sich dann in die Luft, die Luft, ihrer Schwere entledigt,
steigt, auf das feinste verdünnt, empor zu den Höhen des Feuers.
Rückwärts geht es von da, und der nämliche Weg wird durchmessen.
Denn, verdichtet, wird das Feuer zu dunstiger Luft und
diese zu Wasser, und Erde entsteht aus sich ballenden Wellen.
Keinem bleibt seine äußre Gestalt, die Verwandlerin aller
Dinge, Natur, sie lässt aus dem Einen das Andere werden.
Glaubt mir, nichts in der ganzen Welt geht wirklich zugrund, es
wandelt sich nur, erneut sein Gesicht. Und geboren zu werden,
heißt, etwas andres als vorher zu sein, beginnen, und sterben,
enden, dasselbe zu sein. Mag dies und jenes von hierher
dorthin getragen auch werden, im Ganzen ist alles beständig.
Ovid, Metamorphosen 15,237–258 (Holzberg, S. 566–569).

2. Anthropologie der Pythagoreer

Die Entwicklung des Lebens und der Aufbau der Seele

[28] Es lebe nämlich alles, was der Wärme teilhaftig werde; daher seien denn auch die Pflanzen belebt. Doch habe nicht alles eine Seele. Es sei aber die Seele ein losgerissenes Stück sowohl des warmen wie des kalten Äthers, da sie auch

Anteil am kalten Äther habe. Und es sei ein Unterschied zwischen Seele und Leben; denn die Seele sei unsterblich, da auch das, wovon sie losgerissen ist, unsterblich (unvergänglich) ist. Die lebenden Wesen entstünden durcheinander durch Ergießung des Samens, die Entstehung aus der Erde dagegen sei unmöglich. Der Same aber sei ein Tropfen des Gehirns, der einen warmen Hauch in sich enthalte, und wenn dieser sich in die Gebärmutter ergieße, sondere sich vom Gehirn Lymphe, Feuchtigkeit und Blut ab, aus denen sich Fleisch, Sehnen, Knochen, Haare und der ganze Körper bilde, durch den Hauch aber Seele und Wahrnehmung.

[30] Die menschliche Seele teilt er in drei Teile: Vernunft, Verstand, Mut. Vernunft und Mut finde sich auch in den übrigen lebenden Wesen, Verstand aber nur beim Menschen. Es erstrecke sich aber das Reich der Seele vom Herzen bis zum Gehirn, und der dem Herzen zugehörige Teil derselben sei der Mut, während Verstand und Vernunft ihren Sitz im Gehirn hätten; die Sinne seien Tropfen von diesen (letzteren). Der Verstand sei unsterblich, das übrige sterblich. Ihre Nahrung erhalte die Seele vom Blute; ihre inneren Verhältnismäßigkeiten seien Windhauche. Sie selbst wie auch ihre Verhältnismäßigkeiten seien unsichtbar, da auch der Äther unsichtbar ist.

Diogenes, Leben und Meinungen 8,28.30 (Apelt, Bd. 2, S. 123f).

3. Pythagoreische Zahlenlehre

Mathematik und Musik

Pythagoras gilt als Begründer der griechischen Mathematik. In der Spätantike und im Mittelalter war sogar die Überzeugung verbreitet, er habe die Mathematik überhaupt erfunden. Bis heute gilt er als Entdecker des nach ihm benannten Lehrsatzes der Geometrie über das rechtwinklige Dreieck. Deutlich ist, dass Zahlensymbolik in der pythagoreischen Philosophie eine grundlegende Rolle spielte. Sie basiert auf der Überzeugung, alles Wahrnehmbare könne auf Zahlenkonfigurationen zurückgeführt werden. Aristoteles zufolge vertraten die Pythagoreer nicht nur die Ähnlichkeit, sondern die substantielle Identität aller Dinge mit Zahlen und ordneten den äußeren Erscheinungen bestimmte Zahlen zu.

In engem Zusammenhang damit steht das ausgeprägte Interesse der Pythagoreer für die Musik als der Lehre von der vollkommenen Harmonie. So hatten die Pythagoreer festgestellt, dass bei Musikinstrumenten die verschiedenen Tonhöhen bestimmten Saitenlängen entsprechen. Damit ließ sich auch die Musik in Zahlenverhältnissen erfassen.

Die Tetraktys

Die Pythagoreer betrachten nach Aristoteles die gesamte Wirklichkeit als zahlenhaft. Nicht nur die körperlichen Dinge bestehen aus Zahlen, sondern auch die musikalischen Fügungen (ἁρμονίαι) und der Himmel mit seinen sich harmonisch bewegenden Gestirnen. Auch abstrakte Begriffe wie »das Ganze« oder »Gerechtigkeit« und auch die Götter setzten sie mit Zahlen gleich.

Eine besondere Bedeutung spielte die Reihe der ersten vier Zahlen, die Tetraktys (Vierheit). Diese wird musikalisch ausgedeutet, mit der »Harmonie der Sirenen« gleichgesetzt und auf den Himmel übertragen. Im Hintergrund steht vermutlich die Erkenntnis, dass in den ersten vier Zahlen die konsonanten (zusammenklingenden) Intervalle Oktave, Quinte und Quarte enthalten sind.

Das pythagoreische Zahlensystem: Zahlen als Grundprinzip des Seins

[5] Während dieser Zeit und schon vorher befassten sich die sogenannten Pythagoreer mit der Mathematik und brachten sie zuerst weiter, und darin eingelebt hielten sie deren Prinzipien für die Prinzipien alles Seienden. Da nämlich die Zahlen in der Mathematik der Natur nach das Erste sind, und sie in den Zahlen viele Ähnlichkeiten (Gleichnisse) zu sehen glaubten mit dem, was ist und entsteht, mehr als in Feuer, Erde und Wasser, wonach ihnen (z. B.) die eine Bestimmtheit der Zahlen Gerechtigkeit sei, eine andere Seele oder Vernunft, wieder eine andere Reife und so in gleicher Weise so gut wie jedes einzelne, und sie ferner die Bestimmungen und Verhältnisse der Harmonien in Zahlen fanden; – da ihnen also das übrige seiner ganzen Natur nach den Zahlen zu gleichen schien, die Zahlen aber sich als das Erste in der gesamten Natur zeigten, so nahmen sie an, die Elemente der Zahlen seien Elemente alles Seienden, und der ganze Himmel sei Harmonie und Zahl. Und was sie nun in den Zahlen und den Harmonien als übereinstimmend mit den Eigenschaften (Zuständen) und den Teilen des Himmels und der ganzen Weltbildung aufweisen konnten, das brachten sie zusammen und passten es an. Und wenn irgendwo eine Lücke blieb, schauten sie eifrig darauf, dass ihre ganze Untersuchung in sich geschlossen sei. Ich meine z. B., da ihnen die Zehnzahl etwas Vollkommenes ist und das ganze Wesen der Zahlen umfasst, so behaupten sie auch, der bewegten Himmelskörper seien zehn; nun sind aber nur neun wirklich sichtbar; darum erdichten sie als zehnten die Gegenerde. Diesen Gegenstand haben wir anderswo genauer erörtert; dass wir aber jetzt darauf eingehen, hat den Zweck, auch von ihnen zu entnehmen, welche Prinzipien sie setzen und wie diese auf die genannten Ursachen zurückkommen. Offenbar nun sehen auch sie die Zahl als Prinzip an, sowohl als Stoff für das Seiende, als auch als Bestimmtheiten und Zustände. Als Elemente der Zahl aber betrachten sie das Gerade und das Ungerade, von denen das eine begrenzt sei, das andere unbegrenzt, das Eine aber bestehe aus diesen beiden (denn es sei sowohl gerade als ungerade), die Zahl aber aus dem Einen, und aus Zahlen, wie gesagt, bestehe der ganze Himmel […]
Aristoteles, Metaphysik 1,5,985 b (Seidl, 1.Halbbd., S. 28–33).

Der ganze Himmel ist Harmonie und Zahl.
Aristoteles, Metaphysik 986 a2 f (Riedweg, S. 111).

Die Monade als Ursprung der Zahlen, der Elemente und der Welt

Es erzählt aber Alexander in den Philosophenfolgen, er habe auch folgende Angaben in den Aufzeichnungen der Pythagoreer gefunden: [25] Der Anfang von allem sei die Einheit (Monade); aus der Einheit aber stamme die unbestimmte Zweiheit, die gleichsam als Materie der Einheit, ihrer Ursache, zugrunde liege. Aus der Einheit ferner und der unbestimmten Zweiheit stammen die Zahlen; aus den Zahlen die Punkte, aus diesen die Linien, aus diesen die Flächengestal-

tungen, aus den Flächen die stereometrischen (mathematischen) Körper, aus diesen die sinnlich wahrnehmbaren Körper, deren Elemente, vier an der Zahl, folgende sind: Feuer, Wasser, Erde, Luft; sie unterliegen der Veränderung und einer durchgängigen Wandelbarkeit, und es bildet sich aus ihnen eine beseelte Welt, vernunftbegabt, kugelförmig, mit der Erde als ihrem Mittelpunkt, die auch ihrerseits kugelrund und bewohnt ist.
Diogenes, Leben und Meinungen 8,24f (Apelt, Bd. 2, S. 121f).

4. Ethische Anschauungen Pythagoras' und seiner Schüler

Antiker Vegetarismus bei den Pythagoreern

[13] […] Habe doch Pythagoras sogar schon das Töten von Tieren verboten, geschweige denn, dass er den Genuss ihres Fleisches gutgeheißen hätte, da sie doch in Bezug auf Seele und Leben mit uns ganz gleichberechtigt wären. Das war allerdings nur ein Vorwand; in Wahrheit verbot er die Fleischnahrung deshalb, weil er die Menschen zu möglichster Genügsamkeit im Lebensunterhalt anhalten und an eine Lebensweise gewöhnen wollte, bei der die Beschaffung der Lebensmittel keine Sorge machte, indem man sich mit ungekochter Nahrung und einfachem Wasser zufrieden gebe; das würde auch, meinte er, dem Körper zur Gesundheit, dem Geiste zur Schärfe verhelfen […]
Diogenes, Leben und Meinungen 8,13 (Apelt, Bd. 2, S. 116f).

Speisegebote, Selbstbeobachtung, Harmonie und Reinheit

[19] Vor allen Dingen verbot er das Essen von Meerbarben und Schwarzschwänzen; des Herzens und der Bohnen sollte man sich strengstens enthalten; Aristoteles sagt [Frg. 189] auch der Gebärmutter und Seebarbe mitunter. Er selbst aber begnügte sich, wie einige sagen, mit Honig oder Honigseim oder Brot. Wein habe er bei Tage nicht genossen. Seine Zukost bestand meist aus gekochtem oder rohem Kohl, nur ausnahmsweise aus Seefischen.

[22] Man sagt auch, er habe seine Schüler immer ermahnt, beim Eintritt ins Haus sich zu fragen: Worin hab' ich gefehlt, was getan, welcher Pflicht mich entzogen?

[33] Der Gerechte sei dem Eide treu, weshalb denn Zeus der Eideswahrer genannt werde. Die Tugend sei eine Harmonie und ebenso auch die Gesundheit und alles Gute und die Gottheit; daher bestehe das Weltall durch Harmonie. Auch die Freundschaft sei eine harmonische Gleichheit. Göttern und Heroen gebühren nicht die gleichen Ehren; den Göttern erweise man sie stets in heiliger Ehrfurcht, in weißem Gewande und keuschen Leibes, den Heroen vom Mittag ab. Die Reinheit erlange man durch Sühnungen, Bäder, Besprengungen, sowie dadurch, dass man sich selbst unbefleckt erhalte von der Berührung mit Leichen, von Beischlaf und von Verunreinigung jeglicher Art, auch dadurch, dass man sich des Fleisches verreckter Tiere enthält sowie der Seebarben und Schwarzschwänze, der Eier und eierlegenden Tiere, der Bohnen und anderer dergleichen

Dinge, deren Genuss die Priester verbieten, die in den Tempeln die mystischen Weihen vollziehen.

Das Bohnenverbot
Zu den bekanntesten pythagoreischen Speisevorschriften gehört das sogenannte Bohnenverbot, das den Verzehr von Saubohnen untersagte. Der Grund für dieses Verbot ist offenbar, dass die Ähnlichkeit von Bohnen und menschlichen Geschlechtsteilen zur Annahme einer Verwandtschaft von Mensch und Bohne führte. Dies machte nach Auffassung der Pythagoreer den Verzehr der Bohnen unmöglich, da sie darin einen Widerspruch zur Wiedergeburtslehre sahen.

[34] Was aber die Bohnen anlangt, so sagt Aristoteles, Pythagoras mahne zur Enthaltung von den Bohnen entweder wegen ihrer Ähnlichkeit mit den Schamteilen oder mit den Hadespforten; denn sie seien alle ohne Schlussknoten; oder auch wegen ihrer Schädlichkeit oder wegen ihrer Ähnlichkeit mit dem Weltganzen oder wegen ihrer Beziehbarkeit auf die Oligarchie, denn die Oligarchen bedienen sich ihrer zum Losen. (Aristoteles, Frg. 157)

[34] […] An einem weißen Hahn solle man sich nicht vergreifen, weil er dem Monat heilig sei und ein Schutzflehender, d. h. einer, der Achtung verdient, und dem Monat heilig, weil er die Stunden verkündet. An Fischen solle man sich nicht vergreifen, soweit sie heilig sind; denn man dürfe nicht Göttern und Menschen das nämliche vorsetzen, so wenig wie den Freien und den Sklaven. [35] Das Weiße gehöre seiner Natur nach zum Guten, das Schwarze zum Schlechten. Brot solle man nicht brechen, weil in der Vorzeit die Freunde sich bei einem (gemeinsamen) Brote zusammenfanden, wie noch jetzt die Barbaren; man dürfe nicht teilen, was sie zusammenführt; andere beziehen es auf das Gericht im Hades, andere wieder darauf, dass es Entmutigung für den Krieg bewirke, und noch andere, weil damit das Ganze seinen Anfang nimmt.
Diogenes, Leben und Meinungen 8,19.22.33–35 (Apelt, Bd. 2, S. 119f.125f).

Das rechte Maß, Lebensstufen und die Freundschaft

[9] Was aber die drei obengenannten mutmaßlichen Schriften des Pythagoras [*scil.* über Erziehung, Politik, Physik] anlangt, so findet sich in ihnen im Allgemeinen folgender Lehrgehalt. Der Mensch soll nicht die Erfüllung von Wünschen durch die Götter erflehen, da niemand weiß, was ihm wirklich Not tut. Die Trunkenheit erklärt er, alles gehörig gegeneinander abgewogen, für schädlich und verurteilt jede Übersättigung mit der Weisung, niemand dürfe das rechte Maß überschreiten, weder in Getränken noch in Speisen. Und was die Liebesgenüsse anlangt, so äußert er sich darüber folgendermaßen: »Den Liebesgenüssen mag man sich im Winter hingeben, nicht im Sommer; im Herbst und Frühling sind sie weniger schädlich, schädlich aber zu jeder Jahreszeit und der Gesundheit nicht zuträglich.« Ein andermal aber erwiderte er auf die Frage, wann man dem Liebesdrang folgen dürfe: »Dann, wenn du dich an deiner Kraft schwächen willst.«

[10] Das menschliche Leben teilte er in folgende Stufen: Knabe zwanzig Jahre, Jüngling zwanzig Jahre, junger Mann zwanzig Jahre, Greis zwanzig Jahre. Es entsprechen aber die Lebensalter den Jahreszeiten folgendermaßen: Knabe dem Frühling, Jüngling dem Sommer, junger Mann dem Herbst, Greis dem Winter; dabei ist ihm Jüngling soviel wie der Mannbare, junger Mann soviel wie der Mann in seiner Vollkraft.

Wie Timaios sagt, war er der erste, der den Satz verkündete, dass unter Freunden alles gemeinsam und dass Freundschaft Gleichheit sei. So legten denn seine Schüler ihr Vermögen zu gemeinsamem Besitz zusammen. Fünf Jahre lang mussten sie schweigen und ausschließlich den Lehrvorträgen folgen als Hörer und ohne noch den Pythagoras zu Gesicht zu bekommen, bis sie sich hinreichend bewährt hätten; von da ab gehörten sie zu seinem Hause und durften ihn sehen. Särge aus Zypressenholz waren ihnen untersagt, weil das Zepter des Zeus aus solchem Holze gefertigt wäre, wie Hermippos im zweiten Buche über Pythagoras sagt.

Diogenes, Leben und Meinungen 8,9–10 (Apelt, Bd. 2, S. 114f).

Die Exklusivität pythagoreischer Lehrsätze und seine Symbolsprüche

Kennzeichnend für die pythagoreischen Lehren ist eine Sakralisierung aller Lebensbereiche, die die Grenzen zwischen profan-moralisch und kultisch-rituell fließend erscheinen lässt. Eine Begründung fehlt oftmals. Bereits in der Antike wurde versucht, Licht in dieses Dunkel zu bringen, wie man am Beispiel Jamblichs sehen kann. Die Lehrsätze sind im weitesten Sinne vergleichbar mit kultischen Vorschriften des Alten Testaments (z.B. Reinheitsvorschriften oder Speisegeboten), die ebenfalls alle Lebensbereiche durchziehen.

[14] […] Bis auf Philolaos aber war kein pythagoreischer Lehrsatz bekannt; [15] dieser allein veröffentlichte die drei berühmten Bücher, die Platon für hundert Minen für sich kaufen ließ. […] Auch die anderen Pythagoreer pflegten zu sagen, es dürfe nicht alles allen mitgeteilt werden […]

[17] Seine symbolischen Sprüche aber waren folgende: Man soll Feuer nicht mit dem Schwerte schüren, soll die Waage nicht überschlagen lassen, nicht müßig auf dem Kornmaß sitzen, das Herz nicht essen, nicht beim Abnehmen sondern beim Aufsichnehmen der Last sich beteiligen, die Decken immer zusammengebunden haben, das Bild der Gottheit nicht auf dein Ringe mit sich herumtragen, die Spur des Topfes in der Asche verwischen, das Gesäß nicht mit der Fackel abwischen, nicht der Sonne zugewandt sein Wasser abschlagen, nicht auf der großen Heerstraße wandeln, nicht leicht mit der Rechten einschlagen, nicht Schwalben unter dem nämlichen Dache haben, Vögel mit krummen Klauen nicht bei sich züchten, auf abgeschnittene Nägel und Haare nicht pissen und nicht darauf treten, ein scharfes Schwert abseits kehren, wenn man verreist, nicht an der Grenze sich umwenden.

Diogenes, Leben und Meinungen 8,14f.17 (Apelt, Bd. 2, S. 118f).

Die Warnung vor der Lust und der rechte Umgang mit den Begierden

[204] […] Überhaupt – so ging die Rede – ermahnten die Pythagoreer alle, die ihnen begegneten und mit ihnen vertraut wurden, sich vor der Lust in acht zu nehmen, mehr als vor allem sonst; denn nichts bringe uns so tief zu Fall und stürze uns in Sünde wie dieser Affekt. Grundsätzlich trachteten sie, wie es scheint, ja nie etwas aus Streben nach Lust zu tun, – denn dieses Ziel galt ihnen im Großen und Ganzen für unehrenhaft und schädlich –, vielmehr im Aufblick zum Sittlichschönen und Ehrenhaften zu tun, was sie zu tun hatten, an zweiter Stelle aber mit Rücksicht auf das Förderliche, das Nützliche; dabei bedurfte es einer gewissenhaften Prüfung. [205] Über die sogenannte leibliche Begierde schrieb man den Pythagoreern folgende Lehre zu: Die Begierde als solche ist ein Trachten der Seele, ein Drängen und Streben nach Sättigung oder danach, dass die Wahrnehmung gewisser Dinge oder der wahrnehmungsfähige Zustand gegenwärtig sei. Es gibt auch die Begierde nach dem Gegenteil: nach Entleerung, Abwesenheit und dem Nichtwahrnehmen mancher Dinge. Mannigfaltig ist dieser Affekt und vielleicht die vielgestaltigste der menschlichen Regungen. Die Mehrzahl der menschlichen Begierden ist hinzuerworben und der Menschen eigenes Werk. Darum verlangt dieser Affekt auch größte Vorsorge, Wachsamkeit und ernsthafte körperliche Übung. Denn ist der Leib entleert, so ist die Begierde nach der gewohnten Nahrung natürlich, und ebenso, wenn er gesättigt ist, der Drang nach der normalen Entleerung. Aber die Begierde nach überflüssiger Speise, nach unnötigen, prunkvollen Kleidern und Betten oder nach übertrieben kostspieligen und vielseitig ausgestatteten Wohnungen: Das sind vom Menschen hinzuerworbene Begierden. Dasselbe gilt von Geräten, Trinkgefäßen, Dienern und Haustieren, die zur Nahrung dienen. [206] Überhaupt macht unter den menschlichen Affekten eigentlich dieser ganz besonders ungern irgendwo halt, sondern drängt weiter ins Grenzenlose. Darum muss man gleich von klein auf dafür sorgen, dass die Heranwachsenden begehren, was Not tut, sich aber vor unnötigen und überflüssigen Begierden in acht nehmen, unerschüttert und rein von solchen Bestrebungen und voll Verachtung für diejenigen, welche Verachtung verdienen und in Begierden verstrickt sind.
Jamblich, Pythagoras 204–206 (Albrecht, S. 166–169).

Verantwortlicher Umgang mit Sexualität, Zeugung und Erziehung

[209] Über die Zeugung schrieb man ihnen folgende Anschauungen zu: Grundsätzlich musste man sich ihrer Meinung nach vor dem sogenannten Frühreifen hüten, denn weder unter den Pflanzen noch unter den Tieren bringen die frühreifen gute Frucht; vor dem Fruchtbringen muss vielmehr eine gewisse Zeit verstreichen, damit Samen und Früchte aus Körpern entstehen, die stark und voll entwickelt sind. Knaben und Mädchen muss man also mit gebührenden Arbeiten, Übungen und Strapazen aufziehen und ihnen zugleich diejenige Nahrung zuführen, die einem fleißigen, besonnenen und ausdauernden Leben entspricht. Viele Dinge im menschlichen Leben sind so geartet, dass man sie besser

erst spät kennenlernt. Dazu gehört auch der Gebrauch von Aphrodites Gaben. [210] Daher muss der Knabe so geführt werden, dass er vor dem zwanzigsten Lebensjahr nicht nach solchem Verkehr strebt. Ist er aber dahin gelangt, so soll er nur sparsam davon Gebrauch machen. Dies lässt sich erreichen, wenn der geordnete Seelenzustand für etwas Ehrwürdiges und Schönes gilt: Zuchtlosigkeit und geordneten Seelenzustand trifft man nämlich durchaus nicht bei demselben Menschen an. Von den Sitten, die sie in den hellenischen Gemeinwesen bereits antrafen, fanden solche ihren Beifall: Weder der Mutter sollte man beiwohnen noch der Tochter noch der Schwester noch auf heiligem Boden, noch wo man es sehen könnte. Denn es ist gut und nützlich, wenn für diese Betätigung so viele Hindernisse bestehen als irgend möglich. Auch sollte man, wie es scheint, nach Auffassung der Pythagoreer widernatürlichen Verkehr und solchen, der in frevelhaftem Übermut geschieht, unterbinden und den natürlichen und mit Besonnenheit vollzogenen nur bestehen lassen, soweit er der verantwortungsbewussten Erzeugung gesetzlicher Kinder dient.

[211] Die Erzeuger mussten nach pythagoreischer Auffassung sich mit vollem Bewusstsein auf ihre künftigen Nachkommen einstellen. Das Erste und Wichtigste, das voraus zu bedenken ist: Wer daran geht, Kinder zu zeugen, muss vorher besonnen und gesund gelebt haben und noch so leben, er darf sich weder zur Unzeit vollfressen noch Dinge zu sich nehmen, die das körperliche Befinden verschlechtern, noch – und das am allerwenigsten – betrunken sein. Glaubten sie doch, aus schlechtem, disharmonischem und aufgewühltem Temperament entstünden minderwertige Samen. [212] Überhaupt galt ihnen für völlig leichtsinnig und unüberlegt, wer im Begriffe, Leben zu schaffen und einen Menschen zum Werden und ins Dasein zu führen, nicht mit allem Ernst vorsorgte, dass für die Neuentstehenden der Eintritt ins Sein und ins Leben sich so lieblich wie möglich gestalte. Zwar sorgten die Hundefreunde durch Wahl der richtigen Eltern, des richtigen Zeitpunkts und der richtigen Verfassung der Erzeuger mit allem Eifer dafür, dass die Welpen zahm werden, und dasselbe gelte auch von den Vogelzüchtern. [213] Ja, auch die Übrigen, denen es um edle Tiere zu tun sei, sorgten mit aller Umsicht dafür, dass die Zeugung nicht dem Zufall überlassen bleibe. Die Menschen aber kümmerten sich gar nicht um die eigenen Nachkommen, sondern zeugten blindlings und völlig aufs Geratewohl und zögen die Kinder dann auch mit aller Nachlässigkeit auf. Dies sei auch der triftigste und einleuchtendste Grund für die Schlechtigkeit der meisten Menschen, denn ein Zufallsspiel wie beim Weidevieh sei das Kinderzeugen bei den meisten. So waren die Richtlinien, und so waren die Lebensformen, die im Kreise der Pythagoreer in Wort und Tat geübt wurden, um zur Besonnenheit zu führen – Gebote, die sie seit alters wie delphische Orakelsprüche aus dem Munde des Pythagoras selbst empfangen hatten.

Jamblich, Pythagoras 209–213 (Albrecht, S. 170–173).

Aufforderung zur Zeugung von Nachkommen

Man soll Kinder zeugen (denn man soll an seiner Stelle Gottesverehrer hinterlassen).
Jamblich, Pythagoras 83 (Albrecht, S. 86f).

Pythagoreische Weisheiten und Lebensregeln

Blutige Opfer sollten den Göttern nicht gebracht werden, nur am unblutigen Altar sollte man seine Andacht verrichten. Auch dürfe man nicht bei den Göttern schwören, denn es sei Pflicht eines jeden, sich selbst vertrauenswürdig zu machen. Die Älteren müsse man in Ehren halten, denn das was zeitlich vorangehe, verdiene die höheren Ehren, wie im Weltall der Aufgang vor dem Untergang, im Leben der Anfang vor dem Ende, in der Belebung die Zeugung vor der Vernichtung. [23] So müsse man auch die Götter höher ehren als die Dämonen, die Heroen höher als die Menschen, unter den Menschen aber am meisten die Eltern. Den gegenseitigen Umgang müsse man so gestalten, dass man sich die Freunde nicht zu Feinden, dagegen die Feinde zu Freunden mache. Nichts dürfe man für sein Eigentum halten. Dem Gesetz müsse man beistehen, der Gesetzwidrigkeit die Stirne bieten. Ein zahmes Gewächs dürfe man nicht zerstören oder schädigen, auch kein Tier, das den Menschen nicht schadet. Sittsamkeit und Achtsamkeit bestehe darin, dass man weder sich ausgelassener Lachlust hingibt noch allzu finster dreinschaut. Zu große Körperfülle müsse man meiden, auf Reisen Erholung und Anstrengung wechseln lassen, das Gedächtnis üben, im Zorn weder reden noch handeln, nicht jede Art von Wahrsagung hochhalten, [24] die Leier mit Gesang begleiten und den Lobgesängen auf Götter und hochbegnadete Menschen gebührenden Beifall spenden. Der Bohnen aber müsse man sich enthalten, weil sie infolge ihrer hauchartigen Beschaffenheit mehr Anteil am Seelenhaften hätten; überdies verhelfe ihr Nicht-Genuss dem Leibe zu größerer Bescheidenheit und Ruhe und mache dadurch auch die Traumbilder milder und weniger aufregend.
Diogenes, Leben und Meinungen 8,22–24 (Apelt, Bd. 2, S. 121).

Sinn und Nutzen der Religion und der Verehrung der Götter

[174] Für besonders förderlich zur Stiftung der Gerechtigkeit hielt Pythagoras des Weiteren die Herrschaft der Götter, von ihr ausgehend ordnete er Verfassung und Gesetze, Gerechtigkeit und Recht. Es ist nicht fehl am Platze, noch anzufügen, wie er im Einzelnen alles bestimmte. Vom Göttlichen zu denken, dass es existiere, dass es das Menschengeschlecht beobachte und nicht gleichgültig aus dem Auge lasse, hielten die Pythagoreer für förderlich, da sie es von ihm gelernt hatten. Denn wir bedürften einer solchen Vormundschaft, der wir in nichts zu widerstreben wagen könnten: So sei aber die göttliche Führung, da das Göttliche nun einmal – seinem Wesen nach – der Herrschaft im All würdig sei. Mit Recht sagen sie nämlich, das Lebewesen sei von Natur zur Zügellosigkeit geneigt und

vielfältig schillernd in seinen Bestrebungen, Begierden und sonstigen Affekten. Es bedürfe daher solch einer höheren Macht, die es abschrecke und zur Besonnenheit und Ordnung rufe. [175] Sie glaubten also, es müsse jeder im Bewusstsein der Vielschichtigkeit seiner Natur niemals die Ehrerbietung dem Göttlichen gegenüber und den Kult vergessen, sondern sich stets in Gedanken das Göttliche vorstellen, wie es die menschliche Lebensführung beobachtet und beaufsichtigt. Nach dem Göttlichen und Daimonischen solle man am höchsten die Eltern und das Gesetz achten, sich diesen unterordnen, und das nicht heuchlerisch, sondern aus Überzeugung. Überhaupt galt ihnen die Anarchie für das allergrößte Übel, denn der Mensch – so liege es in seiner Natur – könne nicht erhalten bleiben, wenn keiner mehr über ihm stehe. [176] Die Pythagoreer hielten es für recht, den väterlichen Sitten treu zu bleiben auch wenn diese etwas schlechter sein sollten als andere. Denn von den bestehenden Gesetzen leicht abzuspringen und mit der Neuerungssucht auf vertrautem Fuße zu leben sei keineswegs förderlich und heilbringend. Auch vieles andere, was zur rechten Ehrerbietung den Göttern gegenüber gehört, hat er vollbracht, indem er sein Leben beispielhaft mit seinen Worten im Einklang hielt.

Jamblich, Pythagoras 174–176 (Albrecht, S. 148f).

Pythagoreische Lernethik

[164] […] Sie glaubten, man müsse alles, was man lerne und was einem erklärt werde, im Gedächtnis festhalten und bewahren und sich im Lernen und Hören danach richten, wie viel die lernende und sich erinnernde Instanz aufnehmen kann, denn sie ist es, mit der man erkennen und in der man das Erkannte bewahren muss. Sie schätzten somit das Gedächtnis sehr und übten es mit aller Sorgfalt; beim Lernen ließen sie nicht eher ab vom Gegenstand, als bis sie die ersten Grundlagen der Lehre sicher begriffen hatten, und wiederholten täglich, was ihnen gesagt wurde, auf folgende Weise.

[165] Ein Pythagoreer stand nicht vom Lager auf, ehe er sich, was gestern geschehen war, in Erinnerung gerufen hatte. Dabei ging er folgendermaßen vor: Er versuchte in Gedanken zu wiederholen, was er zuerst gesagt oder gehört oder nach dem Aufstehen als erstes den Hausdienern befohlen hatte, was als zweites und was als drittes. Ebenso überdachte er auch das Zukünftige. Weiter überlegte er, wem er beim Hinausgehen als erstem begegnet war und wem als zweitem, und welche Reden als erste, zweite und dritte geführt worden waren. Für das Weitere gilt dasselbe. Versuchte er doch alle Ereignisse des ganzen Tages in Gedanken zu wiederholen, in der Absicht, sich an jedes Einzelne in der tatsächlichen Reihenfolge zu erinnern. Hatte er aber nach dem Aufwachen mehr Zeit, so versuchte er auf dieselbe Weise zu wiederholen, was vorgestern geschehen war. [166] Auch noch weiter suchten sie das Gedächtnis zu üben, denn nichts trägt mehr zum Wissen bei, zur Erfahrung und zum vernünftigen Denken, als die Fähigkeit des Erinnerns.

Jamblich, Pythagoras 164–166 (Albrecht, S. 142f).

Kapitel IV: Griechisch-römische Religiosität

Einführung

Das antike Judentum und Christentum entstanden im Kontext der griechisch-römischen Welt. Daraus ergaben sich vielfältige Begegnungen politischer, kultureller und sozialer Art. Nicht zuletzt trafen mit der griechischen und der römischen Religion sowie dem Judentum und dem frühen Christentum grundsätzlich verschiedene Religionsformen aufeinander, was sowohl zu gegenseitigen Beeinflussungen – beispielsweise wurden sowohl im Judentum als auch im Christentum Denkmodelle der griechischen Philosophie übernommen – als auch zu Konflikten und Abgrenzungen führte.

Die augenfälligste Differenz ist zweifellos, dass im Judentum und Christentum der Glaube an den einen und einzigen Gott im Zentrum steht, wohingegen die Religionen der Griechen und Römer viele Götter kennen, die verschiedenen Bereichen der Wirklichkeit zugeteilt sind. Man spricht deshalb auch vom Gegenüber von Monotheismus (griechisch: μόνος = einzig und θεός = Gott) und Polytheismus (πολύς = viel). Das Bekenntnis zu dem einen Gott wurde dadurch für das Judentum zu einem zentralen Merkmal, das im Christentum durch das Bekenntnis zu dem einen Herrn Jesus Christus erweitert wurde (vgl. Dtn 6,4 und 1Kor 8,6).

Die Entstehung der griechischen Götterwelt wird in mythischen Gedichten geschildert. Die älteste dieser Dichtungen findet sich in der *Theogonie* (θεογονία = Ursprung der Götter) Hesiods aus dem späten 8. oder frühen 7. Jahrhundert v. Chr. Wie auch die Epen Homers ist die *Theogonie* in Versen gefasst und zum Vortrag bestimmt.

Der erste Teil der Theogonie schildert – nach einem gattungstypischen Proömium – die Entstehung der Welt und ihrer Ordnungen bis zur Erringung der Herrschaft durch Zeus. Am Beginn steht die Entstehung von Chaos, Erde (Gaia), Unterwelt (Tartaros) und Liebesbegehren (Eros). Aus Gaia und dem von ihr hervorgebrachten Uranos (Himmel) entstehen zahlreiche weitere Götter, unter anderem die Titanen und die Giganten. Auf diese Weise entsteht eine komplexe Göttergenealogie, in deren Zusammenhang auch die Geburt des Zeus als eines der Kinder von Kronos und Rhea geschildert wird. Zeus befreit schließlich die gefangenen Kyklopen und erringt die Herrschaft der Götter.

Im zweiten Teil folgen Schilderungen von Kämpfen der Götter untereinander (darunter die sogenannte Titanomachie), in denen Zeus und seine Geschwister die anderen Göttergeschlechter besiegen. Zeus wird schließlich zum König der Götter (θεῶν βασιλεύς) erklärt und teilt ihnen ihre Ehrenrechte (τιμαί) zu. Aus verschiedenen Ehen des Zeus gehen zahlreiche weitere Götter hervor, die die Göttergenealogien fortsetzen und zugleich die Welt und ihre Ordnungen widerspiegeln. Zu ihnen gehören unter anderem Dikê, die Göttin des Rechts, Eirênê, die Göttin des Friedens, Artemis, die Göttin der Jagd, Hephaistos, der Gott des Handwerks, Eros, der Gott der Liebe und der Sexualität sowie Ares, der Gott des Krieges.

Der Wirkungsbereich des Zeus ist der Himmel, weshalb er auch für das Wetter zuständig ist. In bildlichen Darstellungen erscheint er deshalb oft mit einem Blitz in der Hand. Damit liegt eine Analogie zu den Wettergöttern des Alten Orients vor, in denen auch der biblische Gott seine Vorbilder hat. Blitze und Stürme wurden dabei in der Antike oft als Zeichen des Zornes der Götter gedeutet.

Den Brüdern des Zeus, Hades und Poseidon, wurden die Unterwelt bzw. das Meer zugeteilt, seine Schwestern Hestia, Demeter und Hera wurden Göttinnen des Herdfeuers, der Fruchtbarkeit der Erde und der Ehe bzw. des Lebensbereiches der Frau.

Die Hauptgötter der griechischen Religion bezeichnet man, nach ihrer Residenz auf dem Olymp, als die zwölf Olympischen Götter. Daneben gibt es etliche halbgöttliche Figuren, die sogenannten Heroen, die Kinder eines Gottes und eines Menschen sind. Der bekannteste ist Herakles, Sohn des Zeus und der Alkmene.

Neben dieser auf die Entstehung der Welt und ihrer Ordnungen bezogenen mythologischen Darstellung gehören die Epen Homers zu den grundlegenden Werken der griechischen Kultur. Sie schildern den durch die Entführung der Helena verursachten Trojanischen Krieg (Ilias) sowie die Irrfahrten und die Heimkehr des Odysseus (Odyssee). Eine damit vergleichbare Darstellung auf römischer Seite ist die Aeneis des römischen Dichters Vergil. Sie erzählt die Flucht des Aeneas aus dem brennenden Troja und seine Ankunft in Latium. Die homerischen Epen, in denen Aeneas ebenfalls begegnet, dienen dabei als Vorlage.

Wie die griechische ist auch die römische Religion durch die Verehrung einer Vielzahl von Göttern charakterisiert. Die Römer verwendeten hierfür den Begriff *religio*, von dem das Wort »Religion« abgeleitet ist. Zur Ausübung der *religio* dienten zahlreiche Tempel und Kultstätten, die zumeist einzelnen Gottheiten gewidmet waren, aber als Pantheon (griechisch: πᾶς = alles und θεός = Gott) auch allen Göttern geweiht sein konnten. Berühmtheit erlangte das bis heute erhaltene Pantheon in Rom. Für die öffentliche *religio* waren Priester zuständig, die damit zugleich eine wichtige Funktion für das Gemeinwesen übernahmen, weil sie durch Opferhandlungen und Gebete die Götter gewogen stimmten und so für das Wohl des Landes und der Bevölkerung sorgten. Ein der öffentlichen *religio* entgegenstehendes Verhalten galt als *superstitio* (Aberglaube); diese Bezeichnung verwendet Tacitus am Beginn des 2. Jahrhunderts auch für das Christentum.

Neben den öffentlichen existierten auch private Kulte, die ebenfalls durch Opferhandlungen, Gebete und Gelübde charakterisiert waren. Im häuslichen Kult spielten private Schutzgötter, die sogenannten »Penaten« und die »Laren«, eine wichtige Rolle. Für die Verstorbenen wurden die Totengötter, die *Dii manes*, angerufen, weshalb die Inschriften auf römischen Grabsteinen in der Regel mit »*Dis manibus*« (Den Totengöttern …) beginnen.

Ein Spezifikum der römischen Religion ist der Kaiserkult. Vorbereitet durch die Verehrung, die Alexander dem Großen und weiteren Feldherren bei seinen Eroberungszügen entgegengebracht wurde, wurde die Herrscherverehrung in der römischen Kaiserzeit auf den Kaiser übertragen und zu einem ihm gewidmeten Kult ausgebaut. Dabei bemühten sich viele Städte der römischen Provinzen um das Privileg, den Kaiserkult offiziell einführen zu können. Formen der Kaiserverehrung sind Opfer für den Kaiser, zu seinen Ehren errichtete Tempel, die Prägung seines Bildes auf Münzen oder seine in der Regel postmortale Erhebung zum Gott (die sogenannte Apotheose).

Mit der Ausbreitung der griechischen Sprache und Kultur durch die Eroberungszüge Alexanders des Großen im späten 4. Jahrhundert v. Chr. (das Zeitalter des Hellenismus) kam es zur Annäherung von griechischer und römischer Religion. Dabei wurden griechische und römische Gottheiten miteinander identifiziert, wie etwa Zeus und Jupiter, Poseidon und Neptun, Ares und Mars, Artemis und Diana, Asklepios und Aeskulap usw. Des Weiteren wurden Züge der griechischen Religion auf die römische übertragen.

Das Christentum musste angesichts derartiger Vorstellungen von Göttern und deren Verehrung in der griechischen und römischen Welt wie ein Fremdkörper erscheinen. Wurde die auf eigens eingeräumten Privilegien beruhende Sonderstellung des Judentums in der Regel akzeptiert, so betrachtete man die christliche Mission nicht selten als Angriff auf althergebrachte Traditionen und Gefährdung der öffentlichen Ordnung. Daher erklären sich die Konflikte mit der heidnischen Umwelt, die sich bereits in neutestamentlichen Texten abzeichnen und dann in Texten des 2. und 3. Jahrhunderts gehäuft begegnen.

Weiterführende Literatur

Abenstein, R., Griechische Mythologie, Paderborn u. a. 2005.

Busch, P. / Zangenberg, J. (Hgg.), Lucius Annaeus Cornutus. Einführung in die griechische Götterlehre, Darmstadt 2010.

Cancik, H., / Hitl, K. (Hgg.), Die Praxis der Herrscherverehrung in Rom und seinen Provinzen, Tübingen 2003.

Souli, S., Griechische Mythologie, Athen 1995.

A. Götter und Gottesvorstellungen

1. Griechische Gottesvorstellungen

Die Bitte der Thetis an Zeus für Achilleus

Als sich Eos nun zum zwölften Male emporhob,
Kehrten heim zum Olympos die ewigwaltenden Götter
Alle, geleitet von Zeus. Da gedachte Thetis des Auftrags

Die Bedeutung Homers für die Mythologie

Homer ist der erste Dichter des europäischen Kulturkreises, von dem vollständige Werke – die Ilias und die Odyssee – erhalten sind. Beide Werke, die aus in Hexametern verfassten Gesängen bestehen, basieren auf **mündlichen Traditionen.** Ob sie ausschließlich von Homer oder von mehreren Verfassern stammen und ob Homer selbst des Schreibens unkundig war und die Gesänge nur mündlich vorgetragen hat, war Gegenstand der lange Zeit heftig diskutierten »homerischen Frage«. Darin spiegelt sich der Umstand wider, dass Homer in einer Zeit lebte, in der die mündliche Überlieferung eine tragende Rolle spielte, wogegen die schriftliche Fixierung von Traditionen erst an ihren Anfängen stand. In der Forschung ist deshalb heute weitgehend anerkannt, dass Homers Dichtungen in weiten Teilen Kompositionen auf der Grundlage bereits existierender Stoffe darstellen, für deren mündlichen Vortrag metrische Formen und geprägte Wendungen verwendet wurden. Offen ist, ob beide Werke von demselben Verfasser stammen.

In der neueren Homerforschung wird zudem die Frage nach den **historischen Grundlagen** der homerischen Dichtungen diskutiert. Dabei wird von einigen Forschern in Frage gestellt, dass Homer tatsächlich Kenntnisse über einen Krieg um Troja gehabt hat. Auf der anderen Seite steht diejenige Position, die in den homerischen Gesängen einen historischen Kern vermutet und die archäologischen Forschungen in Troja als Bestätigung hierfür beurteilt.

Die Bedeutung Homers für die mythische Vorgeschichte des griechischen Volkes und sein darauf basierendes Selbstverständnis sind kaum zu überschätzen. Die homerischen Dichtungen wurden von Herodot, dem Begründer der griechischen Geschichtsschreibung, vorausgesetzt, obwohl dieser selbst bewusst »das unter Menschen Geschehene« zum Gegenstand seiner »Historien« machte. Später greift dann der römische Dichter Vergil (1. Jahrhundert v. Chr.) in der »Aeneis« auf Homer zurück. Des Weiteren spielte die Homer-Interpretation in der antiken Philologie eine tragende Rolle. Schließlich ist Homer für die Rezeption der griechischen Antike in der europäischen Geistesgeschichte von zentraler Bedeutung.

Der Olymp als Götterberg

Der Olymp in Thessalien, der höchste Berg Griechenlands, gilt in der griechischen Mythologie als Wohnort der Götter. Derartige »Gottesberge« sind ein kulturübergreifendes Phänomen der Antike. Auch der Gott des Alten Testaments wird des Öfteren mit einem Berg assoziiert. In den homerischen Epen sind der Olymp und der Himmel (Uranos) als Wohnorte der Götter beinahe synonym.

Verbindung von Götter- und Menschenwelt

Der Olymp spiegelt die sozialen und politischen Verhältnisse Griechenlands wider. So tritt etwa beim Vergleich des Olymps mit dem Palast des Menelaus (Homer, Odyssee 4,74–79) eine Transzendierung der Menschenwelt in die göttliche Sphäre hervor. Jeder der zwölf olympischen Götter besaß eine Wohnung auf dem Berg.

Die Götter bilden ein hierarchisch organisiertes Pantheon, dessen Herrscher der Göttervater Zeus ist. In ihrer Gestalt und ihren Gefühlen ähneln die Götter den Menschen und repräsentieren auch ihre geistigen und körperlichen Schwächen. Darin liegt ein Unterschied zur römischen Religion, die eine derartige anthropomorphe Auffassung von den Göttern nicht kennt.

Die Götter greifen direkt in die Ereignisse auf der Erde ein und lenken sie durch ihr Handeln. So ist der in der »Ilias« geschilderte Kampf um Troja auch ein Kampf der Götter. Auf Seiten Trojas stehen dabei vor allem Aphrodite, Apollon und Ares, auf der Seite der Griechen Athene, Hera, Hephaistos und Poseidon.

Weiterführende Literatur

Codino, F., Einführung in Homer, Berlin 1970.

Seeck, G.A., Homer. Eine Einführung, Ditzingen 2004.

Latacz, J., Troia und Homer. Der Weg zur Lösung eines Rätsels, 6. Aufl. Leipzig 2010.

Ihres Sohnes; sie tauchte empor zur Woge des Meeres,
Hob sich in dämmernder Frühe zum Himmelsgefild und Olympos,
Fand den donnergewaltigen Zeus, getrennt von den andern,
Thronend zuhöchst auf der Spitze des gipfelreichen Olympos,
Und sie setzte sich ihm gegenüber, berührte die Knie
Jetzt mit der Linken ihm, fasste ihn unter dem Kinn mit der Rechten
Und begann mit Bitten zu Zeus Kronion, dem Herrscher:
Vater Zeus, wenn ich je mit Worten dir oder mit Taten
Unter den Himmlischen frommte, gewähre mir dieses Verlangen:
Ehre mir meinen Sohn, dem früher als allen bestimmt ist,
Hinzuwelken. Ach siehe, der Völkerfürst Agamemnon
Hat ihn entehrt und behält sein Geschenk, das er selbst ihm entrissen!
Ehre doch du ihn dafür, o Zeus, olympischer Herrscher!
Rüste die Troer mit siegender Kraft, bis dass die Achaier
Meinen Sohn mir geehrt und mit schuldiger Ehre verherrlicht!
Nichts erwiderte Zeus darauf der Wolkenversammler;
Lange saß er und schwieg. Doch immer noch schmiegte sich Thetis
An die umschlungenen Knie und flehte wieder von neuem.
Homer, Ilias 1,493–513 (Rupé, S. 32f).

Nachtruhe der Götter

Aber nachdem die strahlende Leuchte des Tages gesunken,
Gingen sie auszuruhen, zur eigenen Wohnung ein jeder,
Dort wo jedem sein Haus der herrliche, gliedergewandte
Künstler Hephaistos gebaut mit erfindungsreichem Verstande.
Zeus auch schritt zum Lager, der blitzesgewaltige Herrscher,
Wo er sonst schon geruht, wenn der liebliche Schlaf ihm genaht war:
Das bestieg er und schlief bei der goldenthronenden Here.
Homer, Ilias 1,605–611 (Rupé, S. 38f).

Der Götterrat

Aber die Götter saßen um Zeus zum Rate versammelt,
Alle auf goldener Flur, und unter ihnen verteilte
Hebe den Nektarwein; sie hoben die goldenen Becher
Gegeneinander zum Gruß und schauten nieder auf Troja.
Gleich versuchte nun Zeus, der Kronide, mit kränkenden Worten
Here zum Zorne zu reizen, und stichelnd begann er zu reden:
Zwei der Göttinnen helfen doch stets Menelaos, dem Helden,
Here von Argos und auch Alalkomenes Göttin, Athene.
Aber da sitzen sie nun und vergnügen sich, hier aus der Ferne
Zuzuschauen, wie jenem dort Aphrodite, die holde,
Beistand immer gewährt und ihn schützt vor den Keren des Todes.
Jetzt auch ward er gerettet und schien doch dem Tode verfallen.

Rat der Götter

Der Götterrat auf dem Olymp unter Vorsitz des Zeus dient der Entscheidungsfindung in strittigen Situationen, z. B. ob bzw. in welcher Weise die Götter in die Geschicke der Menschen eingreifen sollen.

Dabei waren sich die Götter durchaus nicht immer einig und konnten – etwa bei der Schlacht um Troja – auf verschiedenen Seiten Partei ergreifen und als Gegenspieler auftreten. Darin spiegeln sich nicht zuletzt die lokale Verehrung einzelner Götter und damit verbundene Herrschaftsambitionen wider.

Sieger jedoch ist der streitbare Held Menelaos geblieben.
Wir nun wollen erwägen, was ferner alles geschehe,
Ob wir wieder den schrecklichen Krieg und das Toben des Kampfes
Wecken oder in Frieden die beiden Völker versöhnen.
Falls es allen vielleicht erwünscht und angenehm wäre,
Wahrlich, so bleibe bestehen des herrschenden Priamos Feste,
Und Menelaos führe dann Helena wieder zur Heimat.
Also Zeus; da murrten geheim Athene und Here,
Saßen zusammen und schmiedeten finstere Pläne den Troern.
Freilich, Athene schwieg nun still und redete gar nichts,
Denn sie zürnte dem Vater, im tiefsten Herzen erbittert.
Here nur konnte den Groll nicht bändigen, sondern versetzte:
Welch ein Wort, o Kronide, du Schrecklicher, hast du geredet!
Willst du, dass ganz umsonst ich wirkte, dass ich erfolglos
Schweiß vor Mühe vergoss, und die Rosse umsonst mir erlahmten,
Als ich die Völker berief, zu Priamos' Fluch und der Söhne?
Tu's! Doch niemals wird es uns anderen Göttern gefallen!
Homer, Ilias 4,1–29 (Rupé, S. 114f).

Athenes Eingreifen im Krieg

Also sprach er und warf; Athene lenkte die Lanze
Dicht am Aug' in die Nase hinein, durch die schimmernden Zähne;
Auch die Wurzel der Zunge zerschnitt die Härte des Erzes;
Unten am Kinn heraus nun fuhr die schneidende Spitze,
Und er stürzte vom Wagen; es rasselten um ihn die Waffen,
Schillernd in blinkendem Glanz; da sprangen die hurtigen Rosse
Scheu zur Seite; doch ihn verließen Odem und Stärke.
Homer, Ilias 5,290–296 (Rupé, S. 158f).

Hera und Athene bei Zeus

Jetzo fanden sie Zeus, der entfernt von den anderen Göttern
Oben saß auf dem Gipfel des vielgezackten Olympos.
Allda hemmte die Rosse die lilienarmige Here,
Suchte Zeus zu erforschen und sprach zum Höchsten der Götter:
Zürnst du nicht, Vater Zeus, dem Ares ob der Gewalttat,

Wie er verderbt ein so großes und herrliches Volk der Achaier,
Frevlerisch, wider Gebühr? Mich kränkt es! Aber in Ruhe
Freuen sich dessen Apoll mit dem silbernen Bogen und Kypris,
Welche den Wüterich reizten, der keine Gerechtigkeit achtet!
Vater Zeus, ob du wohl dich ereifertest, wenn ich den Ares
Träfe mit schmählichem Schlag und aus dem Getümmel verscheuchte?
Ihr entgegnete Zeus, der Wolkenversammler, und sagte:
Frisch nur, treib' ihm Athene zu, die beutegewohnte;
Ist sie doch stets vor allem bestrebt, ihm Qualen zu schaffen!
Homer, Ilias 5,753–766 (Rupé, S. 182–185).

Der unselige Kampf mit den Göttern

Glaukos nun, des Hippolochos Sohn, und der Held Diomedes
Trafen in Kampfesbegier zusammen inmitten der Heere.
Als die Gegeneinandereilenden jetzt sich genähert,
Nahm als erster das Wort der Rufer im Streit Diomedes:
Wer nur bist du, Edler, vom Stamme der sterblichen Menschen?
Nie gewahrt' ich dich doch in der männerehrenden Feldschlacht
Vormals; jetzt indessen erhebst du dich weit vor den andern
Allen durch Mut, da du meiner gewaltigen Lanze dich darstellst.
Unglückseliger Eltern Söhne begegnen mir sonst nur!
Bist du aber ein Gott, vom Himmel hernieder gekommen,
Nicht fürwahr begehrt' ich mit himmlischen Göttern zu kämpfen.
Nein, auch nicht des Dryas Sohn, der starke Lykurgos,
Lebte lang, dieweil er mit himmlischen Göttern gestritten:
Dieser verscheuchte die Ammen des schwärmenden Gotts Dionysos
Einst auf Nysas heiligem Berge; sie alle zusammen
Warfen die Thyrsosstäbe hinweg, da der Mörder Lykurgos
Wild mit dem Ochsenstachel sie schlug; Dionysos, entweichend,
Taucht' in die Woge des Meers, und Thetis nahm den Verzagten
Auf im Schoß; denn gewaltig erschreckt' ihn des Drohenden Stimme.
Jenem zürnten darauf die selig lebenden Götter,
Und ihn blendete Zeus, der Kronide, dass er nicht lange
Lebte hinfort, denn verhasst war er allen unsterblichen Göttern.
Nein, mich gelüstet es nicht, mit seligen Göttern zu kämpfen!
Stammst du von Menschen jedoch, die Früchte des Feldes verzehren,
Komm heran, dass du rascher dann vom Verderben umstrickt wirst!
Homer, Ilias 6,119–143 (Rupé, S. 200f).

Poseidon klagt über ausbleibendes Opfer

Noch war nicht der Morgen erschienen, nur dämmerndes Zwielicht,
Als um den Brand sich erhob die erlesene Schar der Achaier.
Einen Hügel führten sie auf um die Stätte des Brandes,

Die Unterscheidung von Göttern und Menschen

Zwar konnten die griechischen Götter in ihrem Aussehen und ihrem Verhalten durchaus Züge von Menschen besitzen, doch waren sie zugleich durch übermenschliche Fähigkeiten von ihnen unterschieden. Der Hauptunterschied zwischen Göttern und Menschen war jedoch die Unsterblichkeit der Götter. Halbgötter wie Herakles waren eigentlich sterblich, konnten jedoch in den Olymp aufgenommen werden und so die Unsterblichkeit erlangen. Bei Herakles war dies der Fall, nachdem er die »zwölf Taten« (ἔργα / πόνοι) vollbracht hatte.

Einen gemeinsamen aus dem Gefilde, und bauten der Mauer
Ragende Türme davor, sich selbst und den Schiffen zum Schutze.
Drinnen bauten sie Tore mit festanfugenden Flügeln,
Dass durch diese die Straße ziehe für Wagen und Rosse.
Außen zogen sie dann um die Mauer den mächtigen Graben,
Tief und breit, und rammten hinein die spitzigen Pfähle.
Also mühten sich dort die hauptumlockten Achaier.
Aber die Götter, um Zeus, den blitzesgewaltigen, sitzend,
Sahen staunend das Werk der erzumschirmten Achaier.
Unter ihnen begann der Erderschütterer Poseidon:
Vater Zeus, wo lebt auf der weiten Erde noch einer,
Der den Unsterblichen hier sein Planen und Wünschen vertraute?
Siehest du nicht, wie eben die hauptumlockten Achaier
Eine Mauer den Schiffen errichteten, rings auch den Graben
Leiteten, ohne zuvor uns Festhekatomben zu opfern?
Deren Ruhm wird reichen, soweit der Tag sich verbreitet;
Doch vergessen wird jene, die ich und Phoibos Apollon
Einst um Laomedons Stadt erbauten in ringender Mühsal!
Homer, Ilias 7,433–453 (Rupé, S. 244–247).

Rede des Zeus zu allen Göttern

Eos im Safrangewand erleuchtete rundum die Erde,
Als der Donnerer Zeus die Unsterblichen rief zur Versammlung
Auf den obersten Gipfel des vielgezackten Olympos.
Selber begann er zu reden; da horchten die Himmlischen alle:
Höret mich, all' ihr Götter und auch ihr Göttinnen alle,
Dass ich rede, wie mir das Herz im Busen gebietet.
Keine der Göttinnen hier und keiner der männlichen Götter
Trachte, mein Wort zu vereiteln, vielmehr ihr alle zusammen
Stimmt ihm bei, dass ich eilend Vollendung schaffe dem Werke!
Wen ich aber getrennt von den anderen Göttern erblicke,
Willens, den Troern oder Achaiern zu Hilfe zu eilen,
Der soll schmählich geschlagen zurück zum Olympos kehren!
Oder ich fasse und schwing' ihn hinab in des Tartaros Dunkel,
Ferne, wo tief sich öffnet der Abgrund unter der Erde,
Wo die Pforten von Eisen erglänzen, vom Erze die Schwelle,

So weit unter dem Hades, wie über der Erde der Himmel!
Dann erkennt er, wie weit ich der mächtigste bin von den Göttern!
Auf, ihr Götter, versucht es, damit ihr es alle nun wisset:
Eine goldene Kette befestigt ihr oben am Himmel,
Hängt euch alle daran, ihr Götter und Göttinnen alle;
Dennoch zöget ihr nie vom Himmel herab auf den Boden
Zeus, den Ordner der Welt, wie sehr ihr strebtet und ränget!
Aber sobald auch mir im Ernst es gefiele zu ziehen,
Selbst mit der Erd' euch zög' ich empor und selbst mit dem Meere,
Und die Kette darauf um das Felsenhaupt des Olympos
Bände ich fest, dass schwebend das Weltall hing' in der Höhe!
So hoch stehe ich über den Göttern und über den Menschen!
Also sprach der Kronide, und alle verstummten und schwiegen,
Ob des Wortes bestürzt, denn kraftvoll hatt' er geredet.
Homer, Ilias 8,1–29 (Rupé, S. 248f).

Zeus – mächtig vor allen

Also prahlte der Held; da zürnte die Herrscherin Here,
Fuhr auf dem Throne zurück, dass der zweite Olympos erbebte,
Und begann zum mächtigen Gotte Poseidon zu reden:
Weh mir, gewaltiger Erderschütterer, wenden dir nimmer
Argos' sinkende Scharen das Herz im Busen zu Mitleid?
Bringen sie doch gen Aigai und Helike dir der Geschenke
Viel' und erlesene stets! Verhilf doch ihnen zum Siege!
Wollten wir Götter nur alle, wir Helfer des Danaerstammes,
Trojas Volk vertreiben und Zeus, dem Donnerer, wehren,
Bald wohl säß' er allein auf dem Ida droben, sich härmend!
Zürnend erwiderte ihr der Erderschütterer Poseidon:
Welch ein Wort, vermessene Here, hast du gesprochen!
Niemals wünscht' ich, dass wir dem Kroniden im Kampfe begegnen,
Ich und die anderen Götter, denn er ist mächtig vor allen!
Homer, Ilias 8,198–211 (Rupé, S. 258f).

Warnung an Athene vor dem Kampf mit Zeus

Theomachien (Götterkämpfe)
Als Theomachie (Θεομαχία) bezeichnet man eine Schlacht zwischen verschiedenen Göttern oder eine Auflehnung gegen einen bestimmten Gott. Theomachien traten oft im Zusammenhang mit Theogonien auf. In der griechischen Mythologie erscheinen Tantalos, Promotheus und Sysiphos als Herausforderer der Götter und werden dafür bestraft.

Die vermutlich älteste schriftliche Darstellung einer Theomachie findet sich im babylonischen Schöpfungsmythos **Enuma Elish**. Dort wird berichtet, wie der Gott Marduk die Chaosgöttin Tiamat besiegt und aus ihrem Leib die Erde erschafft. Diese Vorstellung schlug sich wiederum in der Schöpfungsgeschichte in Gen 1,1 nieder.

Heftig ergrimmte Zeus, vom Ida herab sie gewahrend,
Und entsandte die goldgeflügelte Iris als Botin:
Eile mir, hurtige Iris, und bring sie zurück, dass sie ja nicht
Mir im Kampfe begegnen, denn unsanft möchte' ich sie treffen!
Denn ich verkündige dir, und das wird wahrlich vollendet:
Lähmen will ich ihnen am Wagen die hurtigen Rosse,
Stürze sie selbst vom Sessel herab und zerschmettre den Wagen!
Nicht einmal im Laufe von zehn umkreisenden Jahren
Würden die Wunden geheilt, womit mein Strahl sie gezeichnet.
Dann wird Athene verstehn, was es heißt, mit dem Vater zu kämpfen!
Weniger freilich vermag mich Here zum Zorne zu reizen;
Immer pflegt sie mir doch zu vereiteln, was ich beschlossen!
Also sprach er, und Iris, die Botin, schnell wie der Sturmwind,
Eilte vom Idagebirge hinüber zum hohen Olympos,
Traf sie am äußersten Tore des schluchtenreichen Olympos,
Hielt sie zurück und meldete ihnen die Worte Kronions:
Sagt mir, wohin so eifrig? Was wütet das Herz euch im Busen?
Nicht verstattet euch Zeus, dem Danaervolk zu helfen.
Also hat Kronion gedroht und wird es vollenden:
Lähmen wird er euch beiden am Wagen die hurtigen Rosse,
Aber euch selbst vom Sessel stürzen, den Wagen zerschmetternd.
Nicht einmal im Laufe von zehn umkreisenden Jahren
Würden die Wunden geheilt, womit sein Strahl euch gezeichnet,
Dass du, Athene, verstehst, was es heißt, mit dem Vater zu kämpfen.
Weniger freilich vermag ihn Here zum Zorne zu reizen;
Ist sie doch immer bestrebt zu vereiteln, was er beschlossen.
Aber Entsetzliche, schamlose Hündin, wenn du in Wahrheit
Wagst, zum Kampfe mit Zeus den gewaltigen Speer zu erheben!
Homer, Ilias 8,397–424 (Rupé, S. 268–271).

Liebschaften des Zeus

Ihr erwiderte Zeus darauf, der Wolkenversammler:
Here, später hast du noch Zeit genug zu der Reise.
Komm, wir wollen uns wieder vereinen, in Liebe gelagert.
Niemals noch hat weder ein Weib noch der Göttinnen eine
So das Herz in der Brust mir bewegt mit umströmender Liebe,
Weder damals, als ich entbrannt war zur Gattin Ixions,
Die Peirithoos später gebar, den göttlich gescheiten,
Noch da ich Danaë liebte, Akrisios' zierliche Tochter,
Die mir Perseus gebar, den herrlichsten unter den Männern;
Noch des Phoinix Tochter, des weit in der Ferne berühmten,
Die Rhadamanthys gebar, den göttlichen Helden, und Minos,
Noch da ich Semele liebte, noch auch Alkmene in Theben,

Die mir als Sohn den unerschrockenen Herakles brachte;
Semele aber gebar Dionysos, die Wonne der Menschen.
Noch da ich die herrliche flechtengeschmückte Demeter,
Noch die gepriesene Leto liebte, noch endlich dich selber,
Wie ich nun dich begehre, von süßem Verlangen getrieben!
Homer, Ilias, 14,312–328 (Rupé, S. 482f).

Götterschlacht

Zeus gebot nun der Themis, die Götter zum Kampfe zu rufen,
Hoch vom Haupte des schluchtenreichen Olympos, und jene
Eilte zu allen und lud sie, zu Zeus' Behausung zu kommen.
Keiner der Ströme hielt sich entfernt, Okeanos einzig,
Keine der Nymphen, so viele da liebliche Haine bewohnen
Oder die Quellen der Ströme und grasbewachsene Auen.
Als sie zum Hause des Zeus nun kamen, des Wolkenversammlers,
Nahmen sie Platz im blanken Gewölbe: das hatte Hephaistos
Zeus, dem Vater, künstlich gebaut mit erfindsamem Geiste.
Also waren sie drinnen bei Zeus versammelt, und willig
Folgte Poseidon der Göttin und kam aus dem Wasser zu ihnen,
Setzte sich mitten im Kreis und erforschte den Plan des Kroniden:
Blitzestrahlender, sprich, warum du die Götter versammelst.
Machst du dir Sorgen vielleicht um der Troer und Danaer willen,
Zwischen denen so nahe der Kampf und die Schlacht nun entbrannt ist?
Ihm entgegnete Zeus und sprach, der Wolkenversammler:
Erderschüttrer, du lasest in meiner Brust die Gedanken,
Derenthalb ich euch rief; mich dauert der Sterbenden Schicksal.
Ich zwar bleibe nun hier auf dem kluftigen Hang des Olympos
Sitzen und will mein Herz am Zusehn laben; ihr andern
Eilet jedoch, zum Kampf der Achaier und Troer zu stoßen,
Beiden Teilen zu helfen, wie jedem der Sinn es gebietet […]
Also redete Zeus und erweckte ein endloses Kämpfen.
Schnell nun gingen die Götter zum Kampf in geteilter Gesinnung.
Here kam zum Lager der Schiffe mit Pallas Athene,
Auch Poseidon, der Erdbeweger, und auch der geschwinde
Hermes, der ausgezeichnet erscheint durch Kräfte des Geistes.
Weiter folgte Hephaistos, voll Stolz auf die eigene Stärke,
Lahmend, und unter ihm regten sich rasch die schwächlichen Beine.
Ares kam zu den Troern mit blitzendem Helm, und ihm folgten
Phoibos mit lockigem Haupt und Artemis, Herrin der Pfeile,
Aphrodite, die freundlich lächelnde, Xanthos und Leto.
Während indessen die Götter noch fern von den Sterblichen weilten
Waren voll Übermuts die Achaier, weil eben Achilleus
Wieder erschien, der so lange gerastet vom leidigen Kampfe.

Aber den Troern lähmten die Angst und der Schrecken die Glieder
Jedem, sobald sie den fußgewandten Peliden gewahrten,
Leuchtend in Waffen; so glich er dem menschenverderbenden Ares.
Doch als nun ins Männergewühl die Olympischen kamen,
Gleich erhob sich die völkerentflammende Eris, und rufend
Stand Athene nun bald am Graben und außer der Mauer,
Bald erscholl am hallenden Strand ihre mächtige Stimme.
Ares brüllte von drüben, dem düsteren Sturme vergleichbar,
Der bald mahnte die Troer herab von der Höhe der Feste,
Bald wenn beim schönen Hügel er lief am Flusse Simóeis.
Also brachten die seligen Götter die Völker nun beide
Gegeneinander und schürten in ihnen die brennende Feindschaft.
Furchtbar donnerte Zeus, der Vater der Menschen und Götter,
Aus der Höhe herab; doch erschütterte unten Poseidon
Weit die unendliche Flur und die starrenden Häupter der Berge.
Alle Wurzeln erbebten des quellenrauschenden Ida,
Auch die Gipfel, die troische Stadt und der Danaer Schiffe.
Selbst in der unteren Welt erschrak der Schattenbeherrscher,
Furchtsam sprang er vom Thron und brüllte, damit ihm von oben
Nicht die Erde zerrisse der Bodenerschüttrer Poseidon
Und den Augen von Menschen und Göttern sich öffne die Wohnung,
Grässlich und moderig dumpf, die selbst die Unsterblichen hassen.
Solch ein Dröhnen erscholl, wie die Götter zum Streit sich erhoben.
Denn da stellte sich eben entgegen dem Herrscher Poseidon
Phoibos Apollon als Feind, in der Hand die gefiederten Pfeile,
Gegen Ares die Göttin mit funkelnden Augen, Athene,
Heren entgegen die rauschende Herrin mit goldenem Köcher,
Artemis, Pfeile versendend, die Schwester des treffenden Schützen;
Leto trat der starke geschmeidige Hermes entgegen
Und dem Hephaistos der mächtige Strom von wirbelnder Tiefe,
Xanthos genannt von den Göttern, von sterblichen Menschen Skamandros.
Also standen die Götter mit Göttern im Kampf. Doch Achilleus
Sehnte vor allem sich nur, im Gewühl auf Hektor zu stoßen,
Priamos' Sohn, mit dessen Blut ihn am meisten verlangte
Ares zu sättigen gleich, den schildgewappneten Krieger.
Homer, Ilias 20,4–25.31–78 (Rupé, S. 680–685).

Entstehung der Götter (Theogonie)

Einleitung zur Theogonie
Sagt, wie am Anfang die Götter entstanden und Gaia geworden,
Flüsse auch und das Meer, das unendliche, wogengeschwellte,
leuchtende Sterne dann und weithin des Uranos Höhe,
welche Götter ihnen entsprossten, die Geber des Guten.

Die Griechen der mythischen und der klassischen Zeit kennen, wie auch die anderen antiken Kulturen, keine »Schöpfung aus dem Nichts«. Entsprechend ist jeder Teil der Welt in der Theogonie berücksichtigt und besitzt eine darüber wachende Gottheit. Hesiods **Theogonie** (vgl. dazu auch die Einleitung zu diesem Kapitel) beginnt daher mit dem Chaos, aus dem die ersten Götter entstehen: Gaia, Tartaros und Eros. Gaia gebiert sodann den Uranos. Von Gaia und Uranos stammen die Titanen ab und von diesen wiederum die olympischen Götter. Der Herrschaftswechsel von Uranos über Kronos zu Zeus erfolgt durch einen Gewaltakt: Kronos entmannt seinen Vater Uranos, Zeus geht erfolgreich aus der Titanomachie (der Kampf der Götter gegen die Titanen) hervor und wird von den anderen Göttern zum Herrscher bestimmt. Zu den Kindern des Zeus und der Mnemosyne gehören auch die neun Musen: Kalliope, Kleio, Euterpe, Erato, Urania, Terpsichore, Melpomene, Thaleia und Polyhymnia.

Hesiods Theogonie hatte nicht nur griechische Vorbilder, sondern weist auch Einflüsse altorientalischer Schöpfungsmythen auf.

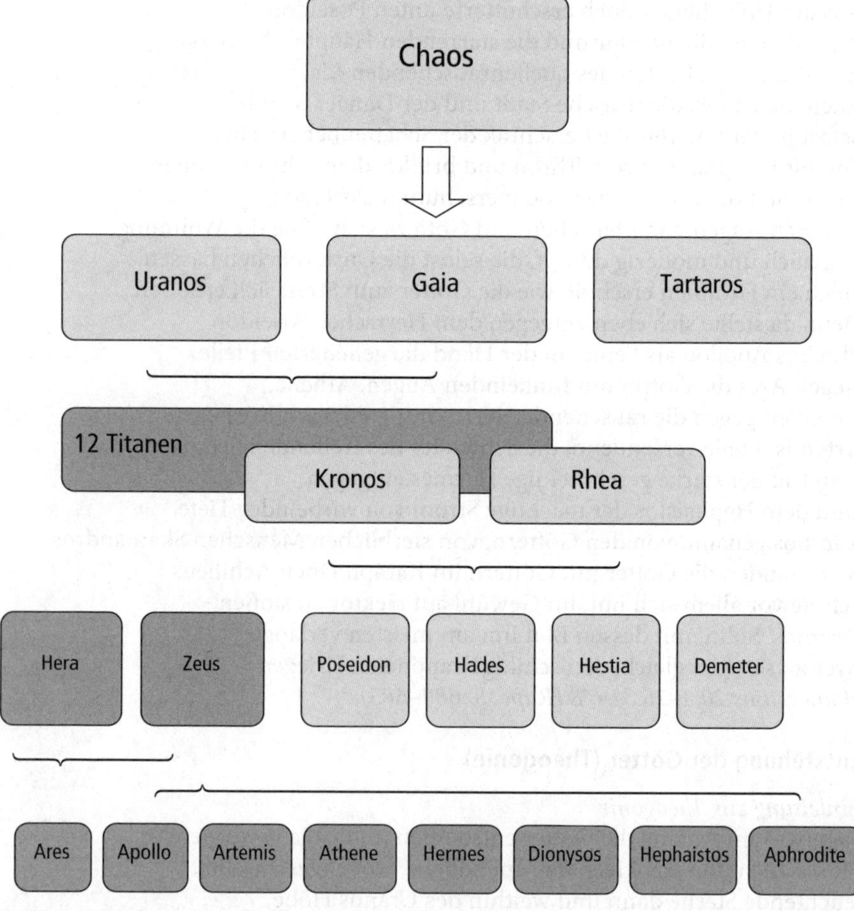

1 Götterstammbaum

Wie sie den Reichtum unter sich teilten, die Ehren vergaben,
wie sie am Anfang den schluchtenreichen Olympos bezogen.
Sagt mir, Musen, dies alles an, Olympos-Bewohner,
ganz von Anfang, und sagt mir: Was wurde davon als erstes?

Die eigentliche Theogonie

Wahrlich, als erstes ist Chaos entstanden, doch wenig nur später
Gaia, mit breiten Brüsten, aller Unsterblichen ewig
sicherer Sitz, der Bewohner des schneebedeckten Olympos,
dunstig Tartaros dann im Schoß der geräumigen Erde,
wie auch Eros, der schönste im Kreis der unsterblichen Götter:
Gliederlösend bezwingt er allen Göttern und allen
Menschen den Sinn in der Brust und besonnen planendes Denken.
Chaos gebar das Reich der Finsternis: Erebos und die schwarze Nacht, und diese
das Himmelsblau und den hellen
Tag, von Erebos schwanger, dem sie sich liebend vereinigt.
Gaia gebar zuerst an Größe gleich wie sie selber
Uranos sternenbedeckt, damit er sie völlig umhülle
und den seligen Göttern ein sicherer Sitz sei für ewig.
Dann gebar sie die großen Berge, die reizende Wohnstatt
göttlicher Wesen: der Nymphen, die hausen in Schluchten der Berge.
Auch die öde Meerflut gebar sie, die wogengeschwellte,
Ponton, ganz ohne Liebe. Okeanos aber entströmte
tief, voller Wirbel dem Lager, das sie mit Uranos teilte.
Koios gebar sie dann und Krios, auch Japetos und Hyperion,
Theia und Rheia gebar sie und Themis sowie Mnemosyne,
Phoibe, die goldbekränzte, die liebenswürdige Tethys;
doch als jüngster ward Kronos, der krummgesinnte, geboren,
fürchterlichstes der Kinder, er hasste den blühenden Vater.
Auch die Kyklopen gebar sie. Trotz und Wildheit im Herzen:
Brontes zuerst und Steropes dann und den finsteren Arges,
jene, die Donner und Blitz dem Zeus erschufen und gaben,
gleich an Gestalt den Göttern in allem, in einem doch anders:
Nur ein einziges Auge lag ihnen inmitten der Stirne.
Deshalb nannte man sie Kyklopen, Rund-Augen, weil das
einzige Auge rund wie ein Kreis ihnen lag in der Stirne.
Stärke, Gewalt und List war immer bei dem, was sie taten.
Andere noch sind der Ehe von Erde und Himmel entsprossen:
Söhne, drei an der Zahl, gewaltig und groß und unsäglich,
Kotton, Briareos, Gyes, die übermütigen Kinder.
Hundert Arme flogen um ihre gewaltigen Schultern,
ungeschlachte; und fünfzig Köpfe trug auf den Schultern
jeder, zu Häupten des Baus gedrungen mächtiger Glieder.
Ungeheuer paarten sich Stärke und Größe des Körpers.

Viele waren der Ehe von Erde und Himmel entsprossen,
keine aber so schreckenerregend wie diese, dem eignen
Vater von Anfang verhasst. Und immer wenn einer geboren,
den verbarg er sogleich im Schoß der Erde, und nicht mehr
ließ er ans Licht ihn zurück und freute sich noch seiner Untat,
Uranos. Sie aber stöhnte im Innern, die riesige Gaia,
jammernd. Und listig ersann sie kunstvoll-schreckliche Rache.

Aphrodite-Mythos (Sukzessionsmythos: Uranos → Kronos)
Rasch nämlich ließ sie in sich das hellgraue Eisen entstehen,
formte daraus eine große Sichel und lehrte die Söhne.
Mutbefeuernd entstieg dem gequälten Herzen die Rede:
»Ihr, meine Söhne und die des entsetzlichen Vaters, gehorcht mir!
Büßen soll uns der euch gemeinsame Vater den argen
Frevel! Er ist ja zuerst auf grausige Taten verfallen.«
Als sie die Rede vernommen, ergriff sie alle Entsetzen.
Keiner sagte ein Wort. Nur Kronos, der große, verschlagne,
fasste ein Herz sich und sprach zu seiner erhabenen Mutter:
»Mutter, ich nehme die Tat auf mich und will sie auch wirklich,
wie versprochen, vollbringen. Den schlechten Namen des Vaters
scheue ich nicht. Zuerst ja verfiel er auf grausige Taten.«
Da erfüllte Freude das Herz der riesigen Gaia,
und sie nahm ihn beiseite und gab ihm heimlich die scharfe
Sichel und unterwies ihren Sohn in listigen Künsten.
Eingehüllt ins Dunkel der Nacht kam Uranos, voller
Liebesverlangen deckte er Gaias Leib mit dem seinen
ganz. Doch da reckte der Sohn die linke Hand aus der Höhle,
packte mit seiner Rechten die ungeheuere Sichel,
starrend von spitzen Zähnen, und mähte, ohne zu zögern,
seinem eigenen Vater die Scham ab und warf sie nach hinten
durch die Luft. Doch nicht umsonst entflog sie den Händen.
Alle Tropfen, die blutig der Scham des Vaters entrannen,
Gaias Schoß nahm sie auf und gebar im Kreislauf der Jahre
der Erinyen starkes Geschlecht und die großen Giganten,
strahlend im Glanze der Waffen, die mächtige Lanze in Händen,
auch die Nymphen, die weit und breit die melischen heißen.
Doch des Uranos Scham, getrennt vom Leib durch das Eisen,
abwärts geworfen vom Land in die laut aufbrandende Meerflut,
trieb übers Wasser lange dahin, bis schließlich ein weißer
Ring von Schaum sich hob um das göttliche Fleisch: Da entwuchs ihm
alsbald die Jungfrau. Zunächst zur heiligen Insel Kythera
wandte sie sich und kam dann zum meerumflossenen Kypros.
Hier, wo der Flut entstiegen die ehrfurchtgebietende, schöne
Himmlische, bettete Gras ihren leichten Tritt. Aphrodite,

schaumentsprossene Göttin, bekränzt mit den Blüten Kytheras,
heißt sie bei Göttern und Menschen, sie, die aus Aphros, dem Schaume,
wuchs. Kythereia jedoch, weil der Insel Kythera sie nahte,
ferner Kyprogenea, der Brandung bei Kypros entstiegen,
Göttin der Zeugung sodann, dem Glied der Zeugung erstanden.
Reiz und Liebesbegehren, Eros und Himeros, folgten,
als sie neugeboren zur Schar der Götter emporstieg.
Dies aber hat sie von Anfang als Ehre und Anteil empfangen
unter den sterblichen Menschen und auch den ewigen Göttern:
Jugendliches Gekose, Gelächter, Spiele der Täuschung,
Lockung und süßeste Lust und die Wonne umarmender Liebe.
Aber die Söhne, die Uranos zeugte, nannte er selber
freche Titanen, ihnen zum Schimpf, der mächtige Vater,
weil sie, verkündete er, titanische Taten verübten,
maßlos freche; doch würden sie später schlimm dafür büßen.
Hesiod, Theogonie 108–210 (von Schirnding, S. 14–21).

Zeus (Sukzessionsmythos: Kronos → Zeus)
Rheia, von Kronos umfangen, gebar ihm strahlende Kinder:
Hestia, Demeter dann und weiter die goldene Hera
und den gewaltigen Hades, der unterirdische Häuser
grausamen Herzens bewohnt, und den lauten Erschüttrer der Erde,
dann auch Zeus, den wissenden Vater der Götter und Menschen,
vor dessen Donnergewalt die weite Erde erzittert.
Alle verschlang sie der mächtige Kronos, kaum dass ein jeder
aus der heiligen Mutter Schoß seinen Knien genaht war.
Keiner, so sann er, von allen erhabenen Uranionen
sollte unter den Göttern die Königswürde besitzen.
Wusste er doch von Gaia und Uranos mit seinen Sternen,
dass ihm bestimmt sei, vom eigenen Sohn bezwungen zu werden
all seiner Stärke zum Trotz, weil der große Zeus es so wollte.
Deshalb hielt er Wacht ohne Unterlass, stets auf der Lauer,
seine Kinder zu fressen, zu Rheias unstillbarem Leide.
Als sie dann aber mit Zeus, dem Vater der Götter und Menschen,
schwanger war, wandte sie sich an die eigenen Eltern um Hilfe,
flehte zu Gaia und flehte zu Uranos mit seinen Sternen,
rettenden Rat zu ersinnen, wie die Geburt ihres Sohnes
unbemerkt bleibe von Kronos und sie ihre eigenen Kinder
räche am Vater, der tückischen Sinns sie alle verschlungen.
Willig erhörten die Eltern die flehende Bitte der Tochter
und eröffneten ihr das künftige Schicksal des Herrschers
Kronos sowie des Zeus, seines starken und mutigen Sohnes.
In das fruchtbare Kreta nach Lyktos sollte sie gehen,
wenn die Zeit ihr erfüllt sei, den jüngsten Sohn zu gebären,

Zeus, den mächtigen. Dort werde Gaia das Kind in die Arme
nehmen, um es im weiten kretischen Land zu ernähren.
Also trug ihn die Göttin durch schwarze, eilige Nacht hin,
kam nach Lyktos zuerst und barg, mit den Händen ihn fassend,
ihn in geräumiger Höhle im Schoß der heiligen Erde,
tief im waldigen Dickicht des kretischen Idagebirges.
Ihm aber brachte sie einen Stein, in Windeln gewickelt,
Kronos, dem Uranossohne, dem früheren König der Götter.
Dieser packte ihn gleich, den gierigen Bauch sich zu füllen,
ohne zu ahnen, der Rasende, dass ihm anstelle des Steines
unbesiegt, unbeschädigt der eigene Sohn noch am Leben.
Bald schon sollte ihn dieser bezwingen mit seiner Arme
Kraft und ihm rauben die Ehre und herrschen über die Götter.
Rasch dann gedieh der junge Gott an Mut und an Gliedern,
Herrscherglanz wuchs ihm zu im Lauf der kreisenden Jahre,
während Kronos, getäuscht von Gaias listiger Gabe,
und bezwungen zugleich von der Kunst und Kraft seines Sohnes,
so verschlagen er war, die eigene Brut wieder ausspie.
Erst erbrach er den Stein, den zuletzt seine Fressgier verschlungen.
Den befestigte Zeus, wo die Erde den breitesten Sitz hat,
in dem hochheiligen Pytho am Hang des Parnassosgebirges,
Zeichen zu sein für künftiger Menschen staunendes Schauen.
Und er löste die Brüder des Vaters von schmählichen Fesseln,
sie, die Uranionen, vom Vater verblendet gebunden.
Dankbar gedachten diese der Wohltat, die sie empfangen,
schenkten ihm Donner und flammenden Blitz und feurige Strahlen,
Kräfte, die einst die gewaltige Erde im Schoße geborgen.
Ihnen verdankt er die Macht, die er übt über Menschen und Götter.
Hesiod, Theogonie 453–506 (von Schirnding, S. 38–43).

Herodot über die Herkunft der Götternamen

[1] Überhaupt sind fast alle Götternamen aus Ägypten nach Griechenland gekommen. Dass sie fremdländischen Ursprungs sind, habe ich durch Forschen festgestellt; und ich glaube bestimmt, dass sie hauptsächlich aus Ägypten stammen. [2] Denn außer den Namen des Poseidon und der Dioskuren, wie ich schon früher angedeutet habe, außer denen von Hera, Hestia, Themis, den Chariten und den Nereïden sind die Benennungen der anderen Götter in Ägypten seit jeher bekannt. Ich sage nur, was die Ägypter selbst dazu meinen. Die Götter aber, die den Ägyptern unbekannt sind, haben ihre Namen meiner Meinung nach von den Pelasgern erhalten mit Ausnahme des Poseidon. Ihn übernahmen die Griechen aus Libyen. [3] Niemand nämlich außer den Libyern hat von Anfang an den Namen des Poseidon gekannt, und sie verehren diesen Gott noch immer. Die Verehrung der Heroen ist bei den Ägyptern nicht bekannt.
Herodot, Historien 2,50,1–3 (Feix, Bd. 1, S. 244 f).

Herodot über das Geheimnis der Götterherkunft

[1] Aber woher jeder einzelne Gott stammte oder ob sie schon immer alle da waren, wie sie aussahen, das wussten die Griechen sozusagen bis gestern und vorgestern nicht. [2] Hesiod und Homer haben meiner Meinung nach etwa 400 Jahre vor mir gelebt, aber nicht mehr. Sie haben den Stammbaum der Götter in Griechenland aufgestellt und ihnen ihre Beinamen gegeben, die Ämter und Ehren unter sie verteilt und ihre Gestalt klargemacht. [3] Die Dichter, die vor diesen Männern gelebt haben sollen, kamen meiner Meinung nach erst später […]
Herodot, Historien 2,53,1–3 (Feix, Bd. 1, S. 246–249).

Ode auf Zeus

Zeus, wer er auch sein mag, ist ihm dies
Lieb als Nam und steht ihm an,
Ruf ich so ihn betend an.
Nicht böt mir sich sonst Vergleich –
Alles wäg ich prüfend ab –
Außer Zeus selbst, wenn ich Grübelns vergebliche Last soll
Wälzen mir von Seel und Herz.

Auch von dem, der vordem war in Macht,
Allem Kampf trotzt' und Gefahr:
Keiner spricht von dem – Er – war!
Und der drauf erstand, des All-
siegers Faust ward er gewahr.
Zeus aber freudigen Muts im Siegeslied feiernd,
Fasst des Denkens Kern man ganz,
Zeus, der uns der Weisheit Weg
Leitet, der dem Satz: »Durch Leid
Lernen!« vollste Geltung leiht.
Klopft anstatt des Schlummers an das Herz
Reugemut Mühsal an: selbst sich
Sträubenden kommt Besonnenheit.
Götter geben solche Gunst,
Gewaltherrn auf des Weltensteuers Thron.
Aischylos, Agamemnon 160–183 (Zimmermann, S. 226–229).

Vierzehnte olympische Ode

für Asopichos von Orchomenos, Sieger im Stadionlauf
Die ihr des Kephisos Wasser
innehabt und bewohnt den Sitz voll schöner Fohlen,
ihr sangesreichen Königinnen des glänzenden Orchomenos,
Chariten, die auf die altgestammten Minyer ihr Obacht gebt,
hört, da ich bete! Denn mit euch wird das Erfreuliche und

das Beglückende vollendet alles den Sterblichen,
wenn weise, wenn schön, wenn glanzvoll ein Mann.
Denn auch die Götter führen ohne die heiligen Chariten
die Tänze nicht noch ihre Tafel;
Verwalterinnen aller Werke
im Himmel, haben sie neben den Goldbogner gesetzt,
den pythischen Apollon, sich die Throne
und heiligen die ewig-überfließende, des olympischen Vaters Ehre.
Herrin Aglaia,
und gesangpflegende Euphrosyne, des mächtigsten der Götter
Töchter, hört nun, und gesangliebende Thalia,
die du siehst diesen Festzug, wie auf glücklichen Erfolg hin
er leicht schreitet! Denn in lydischer Weise den Asopichos
mit Bedacht zu besingen, kam ich her,
weil Olympiasiegerin die Minyerstadt geworden ist
deinetwillen. Zum schwarzwandigen Haus
der Persephone geh nun, Echo,
und bring dem Vater die rühmliche Botschaft und sag,
wenn du Kleodamos siehst, seinen Sohn an, dass ihm das junge
bei den wohlansehnlichen Buchten Pisas
sie bekränzt hat mit herrlicher Kampfpreise Flügeln, das Haar.
Pindar, Siegeslieder 14 (Bremer, S. 104f).

2 Die drei Chariten

Chariten (röm. Gratiae / Grazien)
Die Chariten (lat. **Gratiae**) sind Töchter des Zeus. Sie wohnen neben den Musen auf dem Olymp. Ihre Namen sind Aglaie (die Glänzende), Euphrosyne (Frohsinn) und Thalia (Festfreude). In der Kunst werden sie meistens unbekleidet und sich gegenseitig berührend dargestellt. Sie wurden auch zum Sinnbild für weibliche Grazie.

2. Römische Gottesvorstellungen

Die kapitolinische Trias
Die römischen Götter Jupiter, Juno und Minerva bilden die sogenannte »kapitolinische Trias«. Sie wurden auf dem Kapitolshügel in Rom verehrt und galten als wichtigste Schutzgottheiten der Stadt. Im Tempel hatte jede der drei Gottheiten ihren eigenen Raum, in dem sich ihr Bildnis befand. Die kapitolinische Trias wurde in den meisten Kolonien verehrt, nicht zuletzt aus politischen Gründen.

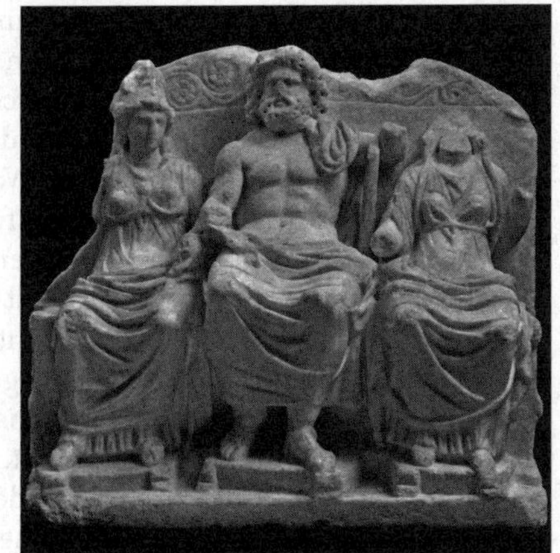

3 Die kapitolinische Trias

Die Götterversammlung

Und, dass die Höhe des Äthers nicht sicherer sei als die Erde,
stürmten, so sagt man, gegen das himmlische Reich die Giganten,
türmten Berge zuhauf empor zu den hohen Gestirnen.
Damals hat der allmächtige Vater geschleudert den Blitzstrahl,
hat zerspellt den Olymp und vom Ossa gestoßen den Pelion.
Als die verfluchten Leiber, bedeckt von dem eigenen Bauwerk,
lagen begraben, da sei, so sagt man, im Blut ihrer Söhne
weithin geschwommen die Erde; sie habe beseelt das noch heiße
Blut, und damit ihrem Stamm ein bleibend Gedächtnis nicht fehle,
Menschengestalt ihm verliehn. Doch war auch dieses Geschlecht ein
schlimmer Verächter der Götter, nach wildem Mord und Gewalttat
voller Begier – du merktest: es war aus Blute geboren.
Vater Juppiter blickt aus der Höhe auf diese herab und
seufzt. Er gedenkt des abscheulichen Mahls am Tische Lycaons –
kürzlich war es geschehn und so noch nicht weiter bekannt –, da
fasst er einen gewaltigen Zorn, wie er Juppiters würdig;
und er beruft einen Rat. Nichts ließ die Berufenen säumen.
Milchstraße heißt eine Bahn, in der Höhe des heiteren Himmels
deutlich zu sehn und schon am Schimmer leicht zu erkennen.
Sie ist der Himmlischen Weg zu des großen Donnerers Heim, zum
Haus ihres Herrschers; häufig besucht, mit offenen Toren
stehn da rechts und links die Hallen der vornehmen Götter.
Abseits wohnt das gewöhnliche Volk, die erlauchten und mächtgen
Himmlischen haben hier entlang ihre Heime begründet.

Diesen Ort – ich möchte, erlaubt man die kühne Bezeichnung,
wagen, ihn frei Palatinus des hohen Himmels zu nennen.
Da sich die Himmlischen also gesetzt in dem Marmorgemache,
schüttelte Er auf erhöhtem Sitz, auf den Elfenbeinstab sich
stützend, dreimal und viermal sein furchterregend Gelock, mit
dem er Erde und Meer und die Sterne des Himmels erschüttert,
ließ dem empörten Mund darauf die Worte entströmen:
»Als ihre hundert Arme die Schlangenfüßigen alle
reckten, schon im Begriff, den eroberten Himmel zu fassen,
damals war um die Herrschaft der Welt nicht mehr ich in Sorge;
denn, war wild auch der Feind, so drohte der Krieg doch von einem
Gegner allein und nur aus einem einzigen Ursprung.
Jetzt muss ich aber vernichten der Menschen Geschlecht auf dem ganzen
Erdkreis, soweit ihn Nereus umrauscht. Ich schwöre beim Flusse,
der in der Tiefe der Erde durchgleitet den stygischen Hain, dass
alles versucht ist zuvor. Jedoch die unheilbare Schwäre
muss das Eisen beschneiden, damit sie das Reine nicht angreift.
Habe ich Halbgötter doch und Feldes Gottheiten, Nymphen,
Satyrn, Faune, und habe des Bergwalds Bewohner, Silvane.
Die wir der Ehre des Himmels nicht würdigen, sollten gewisslich
doch, die wir ihnen gegeben, die Erde wir lassen bewohnen.
Aber, o Götter, glaubt ihr genugsam sicher noch sie, wenn
mir, der gebietend die Macht über Blitz und euch ich besitze,
nachzustellen versucht der berüchtigte wilde Lycaon?«
Knirschend verlangen da alle mit brennendem Eifer das Leben
des, der solches gewagt. So ward, als heillose Hände
wüteten, auszulöschen den römischen Namen in Caesars
Blute, der Menschen Geschlecht von solchem Grauen vor jähem
Sturze erfasst und erbebte in ganzer Weite das Erdrund.
Und, o Augustus, dich lieben die Deinen nicht weniger dankbar,
als ihren Juppiter jene geliebt. Da dieser dem Tosen
Einhalt geboten mit Wort und Hand, verstummten sie alle.
Als das Rufen gestillt, brach Er von neuem mit dieser
Rede das Schweigen und sprach mit des Herrschers gewichtiger Würde:
»Er hat bezahlt – darum zu sorgen, lasst – seine Buße.
Doch, wie weit es schon kam, und wie es gesühnt, will ich künden:
Bis zu meinem Ohr war gedrungen der schändliche Ruf der
Zeit. Ich schwebe herab vom Olymp, ihn falsch zu erfinden
hoffend, und wandle als Gott unter Menschengestalt auf der Erde.
Aufzuzählen, wie viel an Schaden ich überall fand, es
währte zu lange: der Ruf, er war zu gut vor der Wahrheit […]«
Ovid, Metamorphosen 1,151–215 (Rösch, S. 14–17).

Der Richterspruch des Tiresias und seine Folgen

Während dies nach des Schicksals Gesetzen auf Erden geschieht und
sicher die Kindheit bleibt des zweimal geborenen Bacchus,
habe Jupiter einmal, vom Nectar erheitert die schweren
Sorgen, so sagt man, beiseite gelegt, mit der müßigen Juno
lose gescherzt und dabei zu dieser gesprochen: »Gewiss doch:
größer ist eure Lust, als die uns Männern zuteil wird!«
Juno verneint. Man beschloss den gelehrten Tiresias nach seiner
Meinung zu fragen: Der kannte von beiden Seiten die Liebe.
Denn er hatte im grünenden Wald die Leiber von zwei sich
paarenden großen Schlangen verletzt mit dem Hieb seines Stabs und,
aus einem Manne darauf – wie seltsam – zum Weibe geworden,
sieben Herbste verbracht. Im achten sah er die Schlangen
wieder und sprach: »Liegt im Hieb, der euch trifft, ein solches Vermögen,
dass er des Schlägers Natur ins Entgegengesetzte verkehrt, so
will ich euch treffen aufs neu!« Er traf die Schlangen, da kehrt ihm
wieder die alte Gestalt, das Geschlecht, in dem er geboren.
Er, zum Richter gewählt in dem scherzhaften Streite, bestätigt
Jupiters Wort. Und diese Entscheidung schmerzte die Göttin
schwerer, so hört man, als recht, nicht so, wie der Sache es anstand.
Und sie verdammte das Aug ihres Richters zu ewiger Blindheit.
Doch der allmächtige Vater – denn tilgen darf eines Gottes
Werk kein anderer – gab ihm anstatt des genommenen Augen-
lichtes das Künftge zu wissen und lindert die Strafe durch Ehrung.
Ovid, Metamorphosen 3,316–338 (Rösch, S. 102–105).

Die Völker verehren dieselben Götter unter verschiedenen Namen

[14] Ich halte es deshalb für ein Zeichen menschlicher Schwäche, nach dem Bild und der Gestalt der Gottheit zu suchen. Wer auch Gott sei, wenn es überhaupt einen anderen gibt als die Sonne und in welchem Teile des Alls er auch sein mag, er ist ganz Gefühl, ganz Gesicht, ganz Gehör, ganz Seele, ganz Geist, ganz er selbst. Unzählige Götter anzunehmen – und sogar entsprechend den Lastern der Menschen –, wie etwa eine Gottheit der Keuschheit, der Eintracht, des Geistes, der Hoffnung, der Ehre, der Milde, der Treue, oder, wie es Demokritos für richtig gehalten hat, nur zwei, Strafe und Belohnung, grenzt an noch größere Leichtfertigkeit. [15] Die gebrechlichen und mühebeladenen Sterblichen haben, ihrer Schwäche bewusst, die Gottheit in Teile zerlegt, damit jeder in seinem Anteil das verehre, dessen er am meisten bedarf. Deshalb haben wir bei verschiedenen Völkern verschiedene Götternamen und bei jeweils denselben zahllosen Gottheiten; sogar die unterirdischen Mächte, Krankheiten und auch viele böse Seuchen wurden in Arten geteilt, während wir in banger Furcht sie besänftigt wissen möchten. [16] So hat man sogar von Staats wegen auf dem Palatin einen

Tempel dem Fieber geweiht, einen anderen der Orbona neben dem Tempel der Laren und einen Altar dem bösen Schicksal auf dem Esquilin.

Deshalb kann sogar die Zahl der Götter für größer angesehen werden als die der Menschen, da ja auch die einzelnen aus sich selbst heraus ebenso viele Götter schaffen, indem sie sich eine Juno oder einen Genius wählen, die fremden Völker auch gewisse Tiere und sogar widerwärtige als Götter betrachten und vieles, das auszusprechen noch beschämender ist, indem sie bei stinkenden Speisen, Knoblauch und ähnlichen Dingen schwören. [17] Der Glaube, dass unter Göttern auch Ehen geschlossen würden und doch seit so langer Zeit aus diesen niemand geboren werde, ferner dass die einen immer alt und grau, andere Jünglinge und Knaben, wieder andere schwarz, geflügelt, lahm, einem Ei entsprossen, abwechselnd einen Tag lebend und tot seien, ist eine fast kindische Faselei; aber alle Unverschämtheit übersteigt es, wenn man ihnen Ehebrüche andichtet, dann Streitigkeiten und Hassgefühle oder gar für Diebstahl und Verbrechen Götter annimmt. [18] Für einen Menschen ist der ein Gott, der einem Menschen hilft, und dies ist der Weg zum ewigen Ruhm. Ihn gingen die vornehmsten Römer, auf ihm wandelt jetzt göttlichen Schrittes zusammen mit seinen Kindern der größte Herrscher aller Zeiten, Vespasianus Augustus, der erschlafften Welt zu Hilfe kommend. [19] Dies ist die älteste Sitte, hoch verdienten Männern sich dankbar zu erweisen, dass man solche Helfer unter die Götter versetzt. Denn auch anderer Götter Namen und die oben erwähnten Namen von Gestirnen sind aus verdienstvollen Taten von Menschen entstanden.

Dass freilich Jupiter oder Merkur sich so oder andere sich untereinander anders nennen und dass es eine himmlische Benennungsweise gibt: wer sollte da nicht zugeben, dass dies bei richtiger Ausdeutung der Natur lächerlich ist. [20] Dass das höchste Wesen, was es auch immer sei, sich um die Angelegenheiten der Menschen kümmert oder dass es durch eine so traurige und vielseitige Tätigkeit nicht beschmutzt werde: was davon sollen wir glauben oder bezweifeln? Es lässt sich kaum entscheiden, was dem menschlichen Geschlecht zuträglicher ist, da die einen die Götter überhaupt nicht, die anderen sie in beschämender Weise achten. [21] Fremden Heiligtümern dienen sie und tragen Götter an den Fingern, auch Ungeheuer verehren sie, verbreiten und ersinnen Speisen und unterwerfen sich selbst einer so strengen Herrschaft, dass sie nicht einmal im Schlafe Ruhe haben. Nicht Ehen, nicht Kinder, nicht überhaupt etwas anderes wählen sie ohne die Hilfe von heiligen Handlungen. Andere üben Betrug sogar auf dem Kapitol und schwören Meineide beim blitzschleudernden Jupiter, und den einen helfen ihre Verbrechen, die anderen bringen ihre heiligen Handlungen Strafen ein.

[22] Die sterbliche Menschenwelt hat sich jedoch selbst in der Mitte zwischen diesen beiden Auffassungen ein eigenes göttliches Wesen erdacht, damit die Vermutung über die Gottheit noch weniger einfach sei: in der ganzen Welt nämlich und an allen Orten und zu allen Stunden und von den Stimmen aller wird allein das Glück (Fortuna) angerufen und genannt, allein angeklagt und

allein beschuldigt, allein bedacht, allein gelobt, allein bezichtigt und unter Vorwürfen verehrt, als veränderlich, von vielen als flüchtig, aber auch als blind betrachtet, unbeständig, unsicher, wechselreich und eine Gönnerin Unwürdiger. Ihr wird aller Verlust, aller Gewinn zugeschrieben und in der Gesamtabrechnung der Sterblichen füllt es allein beide Seiten; so sehr sind wir dem Schicksal unterworfen, dass dieses selbst als eine Gottheit gilt, wodurch doch die Gottheit als ungewusst erwiesen wird.

[23] Andere verwerfen auch das Schicksal und schreiben die Ereignisse ihrem Gestirn und dem Stande bei der Geburt zu und nur ein einziges Mal für alles zukünftige Geschehen wird der Gottheit ein Beschluss zugewiesen, im übrigen aber nur Ruhe. Diese Meinung fängt an, sich festzusetzen, und die gelehrte und ungelehrte Menge läuft ihr in gleicher Weise zu. [24] Daher die Warnungen durch Blitze, die Voraussagen der Orakel, die Prophezeiungen der Eingeweideschauer und auch, kaum wert zu nennen, die Vorbedeutung des Niesens bei der Vogelschau und des Anstoßens der Füße. Der Divus Augustus erzählte, dass er an dem Tage, an dem ihm ein Aufstand der Soldaten beinahe den Untergang gebracht hätte, den linken Schuh verkehrt angezogen hatte. [25] All dies verwirrt die arglose Menschheit, so dass darunter nur das Eine gewiss ist, dass nichts gewiss ist und dass es kein erbärmlicheres und zugleich überheblicheres Wesen gibt als den Menschen; denn die übrigen Lebewesen kennen nur die Sorge um ihre Nahrung, für die die Güte der Natur von selbst ausreicht, und haben jedenfalls das Eine von allen Gütern voraus, dass sie nicht an Ruhm, Geld, Ehrgeiz und darüber hinaus an den Tod zu denken brauchen.

[26] Dabei ist jedoch der Glaube, dass die Götter sich um die menschlichen Angelegenheiten kümmern, von Nutzen für das Leben, sowie dass die Strafen für Missetaten zwar bisweilen spät sich einstellen, da die Gottheit von solch gewaltiger Last in Anspruch genommen ist, niemals aber wirkungslos sind und dass der Mensch nicht deshalb ihr zunächst stehe, um in seiner Armseligkeit an die Tiere heranzureichen. Für die unvollkommene Natur im Menschen aber ist es der größte Trost, dass auch die Gottheit nicht alles vermag [27] – denn sie kann sich nicht selbst den Tod geben, selbst wenn sie es möchte, was sie dem Menschen als bestes Geschenk in den so großen Mühen seines Lebens verliehen hat; sie kann Sterbliche nicht mit Unsterblichkeit beschenken und nicht Tote auferwecken noch bewirken, dass jemand, der gelebt hat, nicht gelebt hat oder dass, wer Ehrenstellen bekleidet hat, sie nicht bekleidet hat – und dass sie keine andere Gewalt über die Vergangenheit hat als diese zu vergessen, und um unsere Gemeinschaft mit der Gottheit auch durch scherzhafte Gründe herzustellen – dass sie nicht bewirken kann, dass zweimal zehn nicht zwanzig sei, und viel Ähnliches mehr, aus dem ohne Zweifel die Macht der Natur erhellt und, dass sie das sei, was wir Gott nennen. Diese Abschweifung dürfte hier nicht unpassend gewesen sein, wo doch bei der ständigen Frage nach dem Wesen Gottes oft davon die Rede ist.
Plinius (d. Ältere), Naturkunde 2,5,14–26 (Winkler, Bd. 2, S. 22–31).

Weiterführende Literatur
Buxton, R., Das große Buch der griechischen Mythologie, übers. v. T. Bertram, Stuttgart 2005 [London 2004].
Simon, E., Die Götter der Griechen, München 1969.
Dies., Die Götter der Römer, München 1990.

B. Tempel und Kult

1. Heilige Stätten

Die Clitumnus-Quelle

C. Plinius grüßt seinen Romanus

[1] Hast Du schon einmal die Clitumnus-Quelle gesehen? Wenn noch nicht – und wahrscheinlich noch nicht, sonst hättest Du mir davon erzählt –, sieh sie Dir an; ich habe sie mir kürzlich angesehen, und es reut mich, dass es erst jetzt geschehen ist.

[2] Da erhebt sich ein Hügel von mäßiger Höhe, von einem Hain alter Zypressen beschattet. An seinem Fuße entspringt eine Quelle und sprudelt in mehreren ungleich starken Adern aus dem Boden, und nachdem sie den Strudel, den sie bildet, überwunden hat, verbreitert sie sich zu einem weiten Becken, rein und kristallklar, so dass man die hineingeworfenen Geldstücke und glitzernden Kieselsteine zählen kann.

[3] Von dort fließt sie weiter, nicht durch das Gefälle des Bodens, sondern durch ihren Wasserreichtum, sozusagen ihr Eigengewicht getrieben, eben noch ein Bach und schon bald ein bedeutender Fluss, der sogar Schiffe trägt, die er, auch wenn sie einander begegnen und nach entgegengesetzten Richtungen fahren, durchlässt und ans Ziel bringt, mit so starker Strömung, dass man flussabwärts, obwohl es durch ebenes Gelände geht, der Hilfe der Ruder nicht bedarf, andrerseits aber gegen den Strom nur mühsam mit Ruder und Stangen vorankommt. [4] Beides macht Spaß, wenn man zu Scherz und Spiel hin- und hergondelt, je nachdem man die Fahrtrichtung nimmt, Anstrengung mit Ausruhen und Ausruhen mit Anstrengung wechseln zu lassen.

Die Ufer sind mit zahllosen Eschen, zahllosen Pappeln bestanden, die der klare Wasserspiegel gleichsam in der Versenkung an ihrem grünen Spiegelbild abzuzählen gestattet. Die Kühle des Wassers dürfte mit der des Schnees wetteifern, und auch in der Farbe gibt es ihm nichts nach. Ganz in der Nähe ist ein altehrwürdiger Tempel. [5] Da steht Clitumnus in höchsteigener Person, bekleidet und geschmückt mit der Prätexta; Lose weisen darauf hin, dass die Gottheit zugegen ist und Orakel erteilt. Ringsherum stehen mehrere Kapellen verstreut, jede mit einer besonderen Gottheit. Jede hat ihren eigenen Kult, ihren eigenen Namen, manche auch ihren eigenen Wasserlauf. Denn außer dem einen, gleichsam dem Vater aller übrigen, sind noch kleinere mit eigener Quelle vorhanden, aber sie ergießen sich in den Fluss, den man auf einer Brücke überschreitet. [6] Sie bildet die Grenze zwischen dem geweihten und dem profanen Gelände; oberhalb darf man nur mit dem Boot fahren, unterhalb auch schwimmen. Die Hispellaten, denen der verewigte Augustus diese Stätte zum Geschenk gemacht hat, stellen dort Bad und auch Herberge unentgeltlich zur Verfügung. Auch fehlt es nicht an Landhäusern, die, angezogen durch die Lieblichkeit des Flusses, an seinem Ufer stehen.

[7] Kurz und gut, Du wirst nichts finden, was Dir nicht Vergnügen bereiten würde. Denn Du wirst dort auch Studien machen können; an allen Pfeilern, allen Wänden wirst Du viele Weihinschriften lesen von mancherlei Volk, in denen die Quelle und der Gott gepriesen werden. Vieles wirst Du hübsch finden, manches belächeln – aber nein, Du bist ein gebildeter Mann und wirst nichts belächeln.

Leb' wohl!

Plinius (d. Jüngere), Briefe 8,8,1–7 (Kasten, S. 450–453).

Der heilige Hain am Aventin in der Nähe von Rom

Unten am Aventin lag ein Hain, vom Schatten der Eichen
Dunkel. »Hier wohnt ein Gott!«, sprach man wohl, wenn man ihn sah.
In der Mitte wuchs Gras, und, von grünem Moose bedeckt, floss
Aus dem Fels eines Quells niemals versiegendes Nass.
Fast nur Picus und Faunus pflegten dies Wasser zu trinken.
Hierher kommt Numa; dem Quell bringt er als Opfer ein Schaf,
stellt auch Gefäße auf, die mit duftendem Weine gefüllt sind,
Hält mit den Seinen sich dann in einer Höhle versteckt.
Als beim gewohnten Quell die Götter des Wildes erscheinen,
Laben mit vielem Wein sie ihren trockenen Schlund.
Dann kommt der Schlaf. Aus der kühlen Grotte tritt Numa hervor; den
Schlaffen Händen der zwei legt enge Fesseln er an.
Als der Schlaf weicht, versucht man durch Rütteln die Fessel zu lösen;
Rütteln bewirkt nur, dass nun fester die Fessel sie hält.
Da sagt Numa: »Ihr Götter des Waldes, verzeiht mir mein Handeln.
Wenn euch bewusst ist, dass mir fern liegt ein frevelndes Tun!
Wie kann man einen Blitzschlag sühnen? Belehrt mich darüber!«
So sprach Numa, und Faun schüttelt die Hörner und sagt:
»Große Dinge begehrst du, die du doch durch uns zu erfahren
Nicht befugt bist: Auch uns Göttern sind Grenzen gesetzt!
Wir sind die ländlichen Götter, im hohen Gebirge nur Herrscher:
Über den eigenen Raum hat allein Jupiter Macht!
Ihn kannst du nicht durch deine Kraft vom Himmel herabziehn,
Stehn aber wir dir bei, kann's vielleicht doch noch geschehn!«
Dies waren Faunus' Worte, der gleichen Meinung ist Picus.
»Doch unsre Fesseln«, sprach nun Picus zu ihm, »nimm uns ab!
Dann kommt, von starker Kraft herabgeführt, Jupiter hierher;

Dass ich mein Wort halt', sei mir Zeuge die düstere Styx!«
Was, von den Fesseln befreit, sie dann tun, welche Formeln sie sprechen,
Wie sie vorn himmlischen Thron Jupiter ziehn durch die Kraft,
Darf nicht wissen der Mensch! Erlaubtes nur sing' ich, und was von
Frommem Sehermund ihm wirklich gesagt werden darf […]
Ovid, Festkalender 3,295–326 (Holzberg, S. 114f).

Die Gallio-Inschrift in Delphi

1905 in Delphi entdeckte Inschrift mit einem Erlass des Kaisers Claudius aus seinem 12. Regierungsjahr (52 n. Chr.). Erwähnt wird der Statthalter der Achaia, Gallio, vor den Paulus nach Apg 18,12–17 geführt wurde. Mit Hilfe der Inschrift ist der erste Aufenthalt des Paulus in Korinth datierbar.

Tiber[ius Claudius Cäs]ar A[ugust]us G[ermanicus, im 12. Jahr seiner tribunizischen Gew]alt, [da]s 26. Mal [Imperator], V[ater des V]aterlan[des, grüßt ---.] Schon lan[ge war ich d]er S[tadt] Delph[i ni]cht nu[r gewogen, sondern habe auch Sorge getragen für ihr Gl]ück, immer habe ich [de]n Kult de[s pythischen] Apo[llon] [ge]achtet. [Weil sie aber] jetzt von [Bür]gern ver[wai]st sein soll, wi[e mir gerade [L. Iu]nius Gallio, mein F[reund] un[d Prok]onsul [mitteilte], so b[efehle ich euch – in der Absicht, dass Delphi] den fr[üheren Glanz] weiterhin [vollständi]g erhalte – [auch aus an]deren Städten [Freigeborene als neue Einwohner nach Delphi] zu ruf[en und] ihnen [und ihren Nachkommen alle] Vorre[chte der Del]phier zu gewäh[ren] wie Bür[gern von gleichem Status]…
EÜ nach Schenke/Fischer, 50f (Syll^3 801D, vgl. J.H. Oliver, Hesperia 40 [1971], 239f).

2. Frömmigkeit

Religionsentwicklung, Kultkritik und die echte Gottesfrage

[…] Jetzt nun, welche Ursache die göttliche Macht über große Völker hin verbreitet und Städte mit Altären gefüllt und dafür gesorgt hat, jährlich wiederkehrende heilige Bräuche einzurichten, Bräuche, die jetzt noch in großen Staaten und Plätzen blühen, [1165] woher den Menschen auch jetzt noch ein Schauder eingepflanzt ist, der auf dem ganzen Erdkreis immer wieder neue Heiligtümer der Götter erstehen lässt und die Menschen zwingt, sie an festlichen Tagen zu feiern: dafür mit Worten die Erklärung zu geben ist nicht schwer; denn damals schon sahen die Geschlechter der Menschen [1170] wachenden Geistes die herrlichen Gestalten der Götter und mehr noch im Schlafe sie mit wunderbarer Körpergröße. Diesen legten sie Empfindung bei, weil sie die Glieder zu bewegen und stolze Worte entsprechend ihrer herrlichen Gestalt und gewaltigen Stärke von sich zu geben schienen. [1175] Und sie gaben ihnen ewiges Leben, weil ihr Bild immer ergänzt wurde und ihre Gestalt doch gleichblieb, und überhaupt auch, weil sie die mit so großen Kräften begabten durch keine Macht für leicht besiegbar hielten. […] Und sie verlegten die Wohnsitze und Tempel der Götter in den Himmel, weil man über den Himmel hin die Nacht und den Mond rollen sieht, [1190] den Mond und den Tag und die Nacht und die ernsten Zeichen der Nacht und die nächtlich schweifenden Fackeln und fliegenden Flammen des Himmels, Wolken, Sonne, Regen, Schnee, Winde, Blitze, Hagel und rasendes Brüllen und drohendes Grollen.

O unseliges Geschlecht der Menschen, da es solche Taten den Göttern [1195] beilegte und noch bitteren Zorn dazutat! Wie viele Seufzer hat es sich selbst und welche Wunden uns und wie viele Tränen für die geschaffen, die nach uns kommen! Und es beweist nicht fromme Gesinnung, sich oft sehen zu lassen, wie man verhüllten Hauptes sich einem Stein zukehrt und zu allen Altären tritt, [1200] auch nicht, sich ausgestreckt zu Boden zu werfen und die Hände vor den Heiligtümern der Götter auszubreiten, auch nicht, die Altäre mit viel Blut von Tieren zu besprengen und Gebet an Gebet zu reihen, sondern vielmehr, alle Dinge mit ruhigem Sinn betrachten zu können. Denn wenn wir zu den himmlischen Bereichen des großen Weltalls aufblicken [1205] und zum Äther oben, mit schimmernden Sternen besetzt, und wenn uns die Bahnen von Sonne und Mond in den Sinn kommen, dann beginnt in der von anderen Übeln bisher niedergehaltenen Brust jene Sorge wieder ihr erwachtes Haupt zu erheben, dass es vielleicht doch eine für uns unermessliche Gewalt der Götter [1210] gibt, die mit verschiedener Bewegung die hell leuchtenden Sterne dreht; den zweifelnden Sinn nämlich versucht der Mangel an Einsicht, ob es nicht doch einen Ursprung und Geburtstag der Welt gäbe, und zugleich, ob es ein Ende gibt, bis zu dem die Mauern der Welt und die unhörbare Bewegung diese Ermüdung ertragen können, [1215] oder ob sie nach göttlichem Willen, mit ewigem Heile begabt, im ewigen Zuge der Zeit gleiten und die starken Kräfte der unermesslichen Zeit für nichts achten können.
Lukrez, Über die Natur der Dinge 5,1161–1217 (Martin, S. 354–359).

Abschiedstrauer

Und schon waren verstummt die Menschenstimmen und Hunde,
Und hoch sah man den Mond lenken sein nächtlich Gespann.
Ihn anschauend und aufs Kapitol dann richtend die Augen,
Welchem umsonst so nah lieget mein eigenes Haus,
Sprach ich: »Ihr Mächte, die ihr die nahen Sitze bewohnet,
Und ihr Tempel, die nie wieder erblicken ich soll,
Und ihr Götter, die ihr in der hehren Stadt des Quirin weilt
Und die verlassen ich muss, seid mir für ewig gegrüßt!
Und obgleich ich den Schild zu spät, schon verwundet, ergreife,
Nehmet von dieser Flucht dennoch den lastenden Hass,
Saget dem göttlichen Mann, was mich getäuscht für ein Irrtum,
Dass an der Stelle der Schuld nicht ein Verbrechen er sieht.
Wenn, was ihr Götter wisst, auch erkennt, der die Strafe verhängte,

Lässt unglücklich mich nicht sein der versöhnete Gott.«
Also flehte mein Mund zu den Himmlischen; mehr noch die Gattin,
Während sie mitten im Flehn wurde durch Schluchzen gehemmt.
Auch vor den Laren sank mit fliegenden Haaren sie nieder,
Und den erloschenen Herd küsste der bebende Mund,
Und viel flehete sie zu den abgeneigten Penaten,
Worte, von keinem Erfolg für den beweineten Mann.
Und es versagte die eilende Nacht schon ein weiteres Zögern,
Und der parrhasische Bär hatte vom Pol sich gewandt.
Was nun sollt ich? Mich hielt die zärtliche Liebe zur Heimat;
Aber die letzte Nacht war's der gebotenen Flucht.
Ach! wie sagt ich so oft, wenn jemand eilte: »Was drängst du?
Denke, wohin zu gehn – oder von wo – du so eilst!«
Ach! wie belog ich mich oft, dass ich fest bestimmet die Stunde
Hätte, die passend sei für den beschlossenen Weg.
Dreimal trat ich zur Schwell, und dreimal trieb es zurück mich,
Und nachgebend dem Schmerz, zögerte selber mein Fuß.
Oft, wenn ich Lebewohl gesagt, sprach viel ich von neuem,
Ach! und den letzten Kuss gab ich, als ging ich nun fort.
Oft trug ein und dasselbe ich auf und täuschte mich selber,
Während zurück auf die Pfänder der Liebe ich sah.
Endlich sprach ich sodann: »Was eil ich? Skythien ruft mich,
Scheiden muss ich von Rom; beides ist Grund zum Verzug.
Ewig soll ich mein Weib, das lebende, lebend entbehren,
Meiden mein Haus und euch, die ihr zu Hause mir lieb.
Und euch Gefährten, die ich nach Bruderweise geliebet,
O ihr Herzen, die mir Treue des Theseus verband.
Lasst euch umarmen, solang es vergönnt ist; nimmer vielleicht ist's
Ferner vergönnt; mir ist jegliche Stunde Gewinn.«
Da unterbrech ich noch nicht vollendete Worte der Rede,
Alles umarmend, woran fest sich gehänget mein Herz.
Ovid, Gedichte der Trauer 1,3,27–70 (Hertzberg, S. 318 f).

Die Vogelschau und ihre Bedeutung für Rom damals und heute

[4] Über die mangelnde Würde ist genug gesagt – denn die Würde betrifft nur die Menschen. Was soll ich aber von den religiösen Gebräuchen und den Auspizien sagen, deren Vernachlässigung ihrem Wesen nach Verachtung der unsterblichen Götter und ein Unrecht gegen diese bedeutet? Dass diese Stadt unter Durchführung von Auspizien gegründet ist, dass in Krieg und Frieden, daheim und im Felde alles nach Auspizien geschieht, wer wüsste das nicht? [5] In wessen Hand liegen denn nach der Sitte der Vorfahren die Auspizien? Doch in der der Patrizier; denn kein plebejischer Beamter wird nach einem Auspizium gewählt. [6] Zu uns gehören die Auspizien so eng, dass das Volk nicht nur die patrizischen

Pontifices
Das **collegium pontificum** war das vornehmste Priesterkollegium in Rom. Seine Funktion bestand darin, das religiöse Leben des Staates zu beaufsichtigen, und seine Aufgaben wurden in den Büchern »De sacerdotibus publicis« (Über die öffentlichen Sakralämter) detailliert beschrieben. Primär sollte es jedoch Senat, Beamte und Privatleute über die Wirksamkeit und Richtigkeit kultischer Handlungen beraten. Der Vorsteher des Kollegiums war der **Pontifex Maximus**, eine Bezeichung, die die römisch-katholische Kirche seit dem 7. Jahrhundert für den Papst verwendet.

Flamen Dialis
Die **Flamines Dialis** sind eine Gruppe von Priestern, die für den Kult des Staatsgottes Jupiter zuständig sind. Sie gehören dem collegium pontificum an.

Vesta
Vesta war eine Göttin der altitalischen Religion, die oft mit der griechischen Hestia identifiziert wurde. Ihr Wirkungsbereich waren Heim und Herd. Zudem war sie die Hüterin des heiligen Feuers. Sie hatte einen Tempel auf dem **Forum Romanum** in Rom, wo auch das Haus ihrer Priesterinnen, der sogenannten Vestalinnen, stand.

Augurat / Auguren
Die Aufgabe eines Augurs bestand darin, den Erfolg des Staates oder einer Unternehmung zu gewährleisten. Er verkündete den Götterwillen, den er aus dem Flug bzw. dem Geschrei der Vögel und anderer Vorzeichen entnahm (**augurium** = Beobachtung und Deutung von Vorzeichen; **auspicium** = Vogelschau). Der Augur ist kein Priester, sondern ein Beamter. Er darf die Zeichen nur interpretieren, jedoch nicht entscheiden, welche Konsequenzen daraus zu ziehen sind. Die Übertragung des Amts von einem Auguren auf seinen Nachfolger nannte man **inauguratio**, ein Begriff, der auch heute noch für eine feierliche Amtseinführung (Inauguration) verwendet wird.

Beamten, die es wählt, nur nach Auspizien wählt, sondern dass auch wir selbst ohne Abstimmung des Volkes nach einem Auspizium den Interrex bestellen und auch privat Auspizien durchführen, was die da nicht einmal im Amt können. [7] Was tut also einer anders, als dass er die Auspizien abschafft, wenn er durch die Wahl von Konsuln aus der Plebs den Patriziern, die allein die Auspizien durchführen können, diese entzieht? [8] Jetzt darf man also über die religiösen Bräuche spotten: »Was bedeutet es denn, wenn die Hühner nicht fressen, wenn sie aus ihrem Käfig langsamer herauskommen, wenn ein Vogel seine Stimme hören lässt?« Unbedeutende Dinge sind das; aber dadurch, dass sie diese unbedeutenden Dinge nicht unbeachtet ließen, haben eure Vorfahren diesen Staat so groß gemacht. [9] Jetzt besudeln wir, als wenn wir ein gutes Einvernehmen mit den Göttern nicht nötig hätten, alle religiösen Handlungen. Ohne Unterschied sollen also Pontifices, Auguren und Opferkönige gewählt werden; jedem beliebigen sollen wir die Priestermütze des Flamen Dialis aufsetzen, wenn er nur ein Mensch ist; wir sollen die heiligen Schilde, die Heiligtümer im Innern des Vestatempels, die Götter und die Sorge um die Götter Menschen überlassen, bei denen das ein Frevel ist; [10] ohne Auspizien sollen die Gesetze eingebracht, sollen Konsuln gewählt werden, und die Patrizier sollen weder die Curiat- noch die Centuriatcomitien bestätigen; Sextius und Licinius sollen wie Romulus und Tatios in der Stadt Rom herrschen, weil sie fremdes Geld, weil sie Land verschenken. [11] So süß ist es, sich an fremdem Hab und Gut zu bereichern! Und

keinem kommt es in den Sinn, dass durch das eine Gesetz weite Einöden im Land entstehen, weil die Herren aus ihren Besitzungen vertrieben werden, und durch das andere Treu und Glauben abgeschafft und damit jede menschliche Gemeinschaft aufgehoben wird? [12] Wegen all dem, meine ich, müsst ihr diese Anträge ablehnen. Was ihr aber auch tut, ich möchte, dass die Götter dazu ihren Segen geben.
Livius, Römische Geschichte 6,41,4–12 (Hillen, Bd. 2, S. 392–395).

Die Freveltaten des Verres gegen die Ceres in Henna

[110] [...] Wie mag ihm wohl jetzt bei der Erinnerung an seine Frevel zumute sein, wenn schon ich bei ihrer Erwähnung nicht nur in der Seele betroffen bin, sondern auch am Körper Schauder empfinde? Denn da kommt mir der Tempel, die Stätte, der Gottesdienst in den Sinn; alles steht mir vor Augen: der Tag, an dem mir nach meiner Ankunft in Henna die Cerespriester mit Binden und heiligen Zweigen ihre Aufwartung machten, die versammelte Menge der Bürger, die während meiner Ansprache in solches Klagen und Seufzen ausbrach, dass in der ganzen Stadt die schmerzlichste Trauer zu herrschen schien. [111] Nicht die Machtgebote beim Zehnten, nicht die Plünderung ihrer Habe, nicht die ungerechten Entscheidungen, nicht seine widerwärtigen Gelüste, nicht die Gewalt, nicht die Schmähungen, mit denen man sie gequält und bedrängt hatte, waren Gegenstand ihrer Klage: die Macht der Ceres, den ehrwürdigen Gottesdienst, die Heiligkeit des Tempels wollten sie durch die Bestrafung dieses verworfenen und verwegenen Schurken gesühnt wissen; alles andere, sagten sie, nähmen sie hin und ließen sie auf sich beruhen. Dieser Schmerz war so groß, dass es schien, als sei ein zweiter Orcus nach Henna gekommen und habe nicht Proserpina entführt, sondern die Ceres selbst geraubt. Denn diese Stadt wirkt nicht wie eine Stadt, sondern wie ein Heiligtum der Ceres. Die Hennenser glauben, dass Ceres in ihrer Mitte wohne, so dass es mir vorkommt, als seien sie nicht Bürger dieser Gemeinde, sondern allesamt Priester, allesamt Nachbarn und Diener der Ceres.

[112] Aus Henna wagtest du das Bildnis der Ceres wegzunehmen, aus Henna vermaßest du dich von der Hand der Ceres die Victoria zu rauben und der Göttin die Göttin zu entziehen? Nichts wagten hiervon die zu entweihen, nichts die zu berühren, bei denen sich alles fand, was eher nach Verbrechen aussieht als nach Gottesfurcht. Denn unter dem Konsulat des P. Popilius und P. Rupilius hatten sich in dem Orte Sklaven verschanzt, entlaufenes Gesindel, Barbaren, Feinde. Doch sie waren nicht so sehr Sklaven ihrer Herren wie du Sklave deiner Lüste, noch so weit von ihren Herren davongelaufen wie du von Recht und Gesetz, noch so barbarisch durch Sprache und Herkunft wie du durch Wesensart und Betragen, noch so mit den Menschen verfeindet wie du mit den unsterblichen Göttern. Welche Entschuldigung steht also dem noch offen, der an Gemeinheit die Sklaven, an Verwegenheit das flüchtige Gesindel, an Frevelmut die Barbaren, an Grausamkeit die Feinde übertroffen hat? [...114...] Dies ist gewiss durch die zahlreichen und verschiedenartigen Ungerechtigkeiten des Verres bedingt;

gleichwohl hat nach der Meinung der Sizilier diese eine Ursache das größte Gewicht: Sie glauben, dass wegen des Frevels an Ceres in diesen Gegenden aller Ackerbau und Fruchtertrag der Ceres zugrunde gegangen sei.

Helft dem Gottesdienst der Bundesgenossen, ihr Richter, erhaltet zugleich euren eigenen! Denn das ist für euch kein auswärtiger, kein fremder Gottesdienst. Wenn dem so wäre, wenn ihr den Gottesdienst nicht bei euch selbst dulden wolltet, so müsstet ihr doch bereit sein, ihn dem gegenüber zu schützen, der ihn verletzt hat. [115] Doch in Wahrheit handelt es sich um einen Gottesdienst, der allen Völkern gemeinsam ist, und um heilige Bräuche, die schon unsere Vorfahren nach Einführung und Übernahme von auswärts befolgt haben, um Bräuche, die sie, wie es den Tatsachen entsprach, die griechischen genannt wissen wollten – wie könnten dann wir, selbst wenn wir geneigt wären, nachlässig und gleichgültig sein?
Cicero, Reden gegen Verres 4,110–115 (Fuhrmann, Bd. 2, S. 382–387).

3. Orakel

Das Krankenorakel am Demeterheiligtum

[12] Vor dem Demeterheiligtum ist eine Quelle, vor der eine sich an den Tempel anschließende steinerne Schranke steht, und an ihrer Außenseite gibt es einen abwärts führenden Zugang zur Quelle. Hier befindet sich ein untrügliches Orakel – nicht für jedes Anliegen, wohl aber für die Kranken. Sie lassen einen Spiegel hinab, den sie an einer dünnen Schnur befestigt haben, wobei sie genau abmessen, dass er nicht zu weit in die Quelle reicht, sondern nur mit seinem Rand die Oberfläche des Wassers streift. Daraufhin beten sie zur Göttin, bringen ein Rauchopfer dar und blicken in den Spiegel. Und dieser zeigt ihnen den Kranken entweder noch lebend oder tot. So weit hat dieses Wasser Anteil an der Wahrheit.
Pausanias, Beschreibung Griechenlands 7,21,12 (Laager, S. 391 f).

Die Herkunft der Orakel

[54,1] Über die Orakel in Griechenland und das Orakel in Libyen erzählt man in Ägypten folgende Geschichte: Die Priester des Zeus in Theben berichteten: Zwei Priesterinnen wurden einst von Phoinikern aus Theben entführt; eine soll nach Libyen, die andere nach Griechenland verkauft worden sein. Diese Frauen gründeten die ersten Orakel bei den genannten Völkern. [2] Auf meine Frage, woher sie denn diese Geschichte so genau wüssten, antworteten die Priester, sie hätten eifrige Nachforschungen nach dem Verbleib der Frauen angestellt; sie selbst hätten sie zwar nicht auffinden können, wohl aber hätten sie später über sie erfahren, was sie mir eben erzählten.

[55,1] Soweit also der Bericht von den Priestern in Theben; die Priesterinnen in Dodona aber erzählen folgendes: Zwei schwarze Tauben flogen aus Theben in Ägypten auf. Eine von ihnen gelangte nach Libyen, die andere kam zu ihnen

nach Dodona. [2] Sie setzte sich auf eine Eiche und sprach wie ein Mensch: Man solle an diesem Ort ein Orakel des Zeus bauen. Die Bewohner von Dodona nahmen an, dieser Auftrag ergehe von der Gottheit an sie, und handelten danach. [3] Die andere Taube, die nach Libyen geflogen war, gebot dort, ein Orakel des Ammon zu gründen. Auch dieses Orakel gehört dem Zeus. Das ist der Bericht der Priesterinnen von Dodona; die älteste von ihnen hieß Promeneia, die mittlere Timarete, die jüngste Nikandra. Die anderen Leute in Dodona, die ebenfalls zum Tempel gehören, haben diese Geschichte bestätigt.
Herodot, Historien 2,54,1–55,3 (Feix, Bd. 1, S. 248f).

Die ägyptische Herkunft der kultischen Feste

[58,1] Als erste von allen Menschen veranstalteten die Ägypter heilige Feste, Umzüge und Opferdarbietungen. Die Griechen lernten sie von ihnen. Dafür ist mir ein Beweis, dass diese Feste in Ägypten schon ziemlich alt sind, während sie in Griechenland erst neuerdings gefeiert werden.

[59,1] Nicht nur einmal im Jahre feiern die Ägypter diese großen Feste, sondern sehr oft. Am häufigsten und liebsten versammelt man sich in der Stadt Bubastis zu Ehren der Artemis, an zweiter Stelle in Busiris zu Ehren der Isis. [2] In dieser Stadt steht der größte Isistempel. Dazu liegt diese Stadt Ägyptens mitten im Delta. Isis ist der ägyptische Name für Demeter. [3] An dritter Stelle feiert man ein solches Fest in der Stadt Saïs zu Ehren der Athene, an vierter in Heliopolis für Helios, an fünfter in der Stadt Buto für Leto, an sechster in der Stadt Papremis für Ares.
Herodot, Historien 2,58,1–59,3 (Feix, Bd. 1, S. 250f).

Plinius über sein Augurenamt

C. Plinius grüßt seinen Arrianus
[1] Du beglückwünschst mich, dass ich das Augurat bekommen habe; mit Recht, einmal, weil es schön ist, des erhabenen Prinzeps Ansprüche auch in minder bedeutsamen Dingen zu befriedigen, zum andern, weil dies Priestertum an sich altertümlich und heilig ist und auch dadurch etwas entschieden Ehrwürdiges und Besonderes erhält, dass es auf Lebenszeit verliehen wird. [2] Andre Ehrenämter, obwohl an Würde annähernd gleich, werden zugewiesen und wieder entzogen; bei diesem spricht das Schicksal nur soweit mit, dass es verliehen werden kann.

[3] Mir scheint auch der Umstand einen Glückwunsch zu verdienen, dass ich an die Stelle des Iulius Frontinus getreten bin, dieses hervorragenden Mannes, der mich am Tage der Namensnennung in den letzten Jahren immer wieder zur Wahl vorschlug, als wollte er mich an seine Stelle kooptieren. Das hat jetzt der Ausgang offensichtlich bestätigt, dass es nicht zufällig geschehen zu sein scheint.

[4] Dir macht, wie Du schreibst, mein Augurat besonders auch deshalb Freude, weil auch M. Tullius Augur gewesen ist, denn es beglückt Dich, dass ich auch in dessen Ehrenstellungen eintrete, den ich mir für meine Studien zum Vor-

bild genommen habe. [5] Ach, könnte ich doch, wie mir, sogar in viel jüngeren Jahren als ihm, dasselbe Priestertum und das Konsulat zugefallen ist, so im Alter annähernd auch sein Genie erreichen! [6] Aber freilich, was Menschen in die Hand gegeben ist, ist mir und mit mir vielen andern zuteil geworden, was aber nur die Götter verleihen können, das zu erreichen ist mühsam und auch nur zu erhoffen vermessen.

Leb' wohl!

Plinius (d. Jüngere), Briefe 4,8,1–6 (Kasten, S. 198f).

4. Opfer

Opfer

Ihr erwiderte Zeus, der Wolkenversammler, und sagte:
Here, ereifre dich nicht zu sehr im Zorn auf die Götter!
Nie wird die gleiche Ehre den beiden zuteil; aber Hektor
War den Göttern der liebste von allen, die Troja bewohnen;
So auch mir; nie ließ er es fehlen an freundlichen Gaben,
Nicht entbehrte mir je der Altar des gebührenden Teiles,
Nie des Weins und des Rauchs, die uns zur Ehre bestimmt sind.
Homer, Ilias 24,64–70 (Rupé, S. 820f).

Der Ursprung der Fett- und Knochenopfer

Seinerzeit nämlich, als Götter und sterbliche Menschen sich schieden,
dort in Mekone ein mächtiges Rind zerteilte der Schlaue,
trug es dann auf, gesonnen, den Sinn des Zeus zu betrügen.
Hüllte er doch in den Magen das Fleisch und die inneren, fetten
Teile und legte, bedeckt mit der Haut, sie hin für die Menschen,
legte daneben für Zeus den listig und kunstvoll getürmten
Berg aus weißen Knochen, bedeckt mit der glänzenden Fettschicht.
Damals nun sprach zu ihm der Vater der Menschen und Götter:
»Japetossohn, du ausgezeichneter unter den Herrschern,
ach, du Guter, wie ungerecht hast du die Teile geordnet!«
Also spottete Zeus, der unvergänglichen Rat weiß.
Ihm erwiderte da Prometheus verschlagenen Sinnes,
harmlos lächelnd, doch nicht die Kunst seiner Ränke vergessend:
»Ruhmvollster Zeus, du größter unter den ewigen Göttern,
wähle von beiden den Teil, nach dem das Herz dir gelüstet!«
Sprach es trügenden Sinns. Doch Zeus, der ewigen Rat weiß,
merkte den Trug genau und sann den sterblichen Menschen
Unheil in seinem Herzen, wie es sich wirklich erfüllte.
Und mit den Händen hob er empor die leuchtende Fettschicht.
Zorn erfüllte sein Herz und bitterer Grimm überkam ihn,

als er das Kunstwerk aus weißen Knochen des Rindes erblickte.
Seit dieser Zeit verbrennen auf Erden die Stämme der Menschen
weiße Knochen den Göttern auf duftumwölkten Altären.
Hesiod, Theogonie 535–557 (von Schirnding, S. 44–47).

Die Heiligtümer in Athen

[6] Bevor man das Heiligtum des olympischen Zeus betritt – der römische Kaiser hat sowohl den Tempel als auch das sehenswerte Kultbild gestiftet, hinter dessen Größe die übrigen Kultbilder, abgesehen von den Kolossen in Rhodos und in Rom, gleichermaßen zurückbleiben und das aus Elfenbein und Gold gemacht ist; und wenn man seine Größe bedenkt, so ist es trotzdem kunstvoll verfertigt – vor diesem Tempel also stehen Statuen von Hadrian, zwei aus thasischem und zwei aus ägyptischem Stein. Bronzene Statuen, von den Athenern nach ihren Koloniestädten benannt, befinden sich vor den Säulen. Der Umfang des gesamten Bezirks beträgt ungefähr vier Stadien und ist voll von Statuen, denn von jeder Stadt ist eine Statue des Kaisers Hadrian geweiht worden; doch all dies übertrafen die Athener, indem sie hinter dem Tempel den sehenswerten Koloss aufstellten.

[7] Unter den Altertümern im heiligen Bezirk befindet sich auch ein bronzener Zeus, ein Tempel für Kronos und Rhea sowie ein Heiligtum der Ge, der sie den Beinamen Olympia geben. Hier im Boden verläuft eine Erdspalte von einer Elle Breite, und sie behaupten, an dieser Stelle sei nach der Flut, die sich unter Deukalion ereignete, das Wasser abgeflossen; auch werfen sie dort Jahr für Jahr Brote aus mit Honig vermischtem Weizenmehl hinunter.
Pausanias, Beschreibung Griechenlands 1,18,6f (Laager, S. 29).

Heiligtümer und Kulte um Korinth

[7] Alexanor und Euamerion haben hier ebenfalls ihre Statuen; ersterem bringen sie wie einem Heros nach Sonnenuntergang Totenopfer dar, Euamerion aber opfern sie wie einem Gott. Wenn meine Vermutung stimmt, nennen die Pergamener diesen Euamerion aufgrund eines Orakelspruchs Telesphoros (Vollender), die Epidaurier jedoch Akesis (Heiler). Ein weiteres Holzbild stellt Koronis dar, doch im Tempel hat es keinen festen Standort; opfert man einen Stier, ein Lamm und ein Schwein, so bringen sie die Koronis in den Tempel Athenas hinüber und verehren sie dort. Bei allen Opfergaben schneiden sie nicht nur die Schenkel heraus, sondern verbrennen das übrige auf dem Boden – abgesehen von den Vögeln, die sie auf dem Altar verbrennen. Was nun die Darstellungen an den Giebeln betrifft, so befinden sich an ihren Enden Herakles und Niken. – In der Stoa stehen Statuen von Dionysos und Hekate, von Aphrodite, der Mutter der Götter und von Tyche; diese sind aus Holz, der Asklepios mit dem Beinamen Gortynios ist aus Marmor angefertigt worden. Aus Furcht wollen sie nicht zu den heiligen Schlangen hineingehen. Sie legen ihnen Nahrung vor den Eingang und kümmern sich nicht weiter um sie […]
Pausanias, Beschreibung Griechenlands 2,11,7 (Laager, S. 104).

Das Stieropfer am Dionysostempel

[2] Doch am erwähnenswertesten ist das Heiligtum des Dionysos. Zur Winterszeit feiern sie an der Stelle ein Fest, an dem mit Fett eingeriebene Männer einen bestimmten Stier, auf den der Gott selbst seinen Sinn richtet, aus einer Herde wegführen und zum Heiligtum bringen […]
Pausanias, Beschreibung Griechenlands 8,19,2 (Laager, S. 437).

Das Ahnenopfer des Aeneas zum einjährigen Todestag des Vaters

Gleich umwand er die Schläfe mit Myrte, heilig der Mutter.
So tat Elymus, so der altersreife Akestes,
Jung-Askanius tat's, dann folgte die übrige Jugend.
Aus der Versammlung ging mit vielen tausend Aeneas
jetzt zum Grab, inmitten der Schar des großen Gefolges.
Hier gießt weihend er fromm zwei Becher lauteren Weins zu
Boden, zwei voll frischer Milch, zwei heiligen Blutes,
Purpurblumen streut er aufs Grab; dann betet er also:
»Heil dir, hehrer Erzeuger, Heil! Heil euch, meines Vaters
– ach, des umsonst geretteten! – Asche, Seele und Schatten!
Durfte ja doch nicht Italiens Reich und das Land der Verheißung
und den ausonischen Thybris mit dir – wo immer auch – suchen.«
Siehe, da zog aus des Heiligtums Schoß eine schillernde Schlange
sieben Kreise gewaltig in sieben Wendungen schwingend;
friedlich umzog sie das Grab und glitt dann durch die Altäre.
Bläulich war ihr Rücken betupft und goldengefleckter
Glanz ließ glühen die Schuppen, gleichwie in Wolken der Bogen
tausend Farben schillernd versprüht gegenüber der Sonne.
Staunend sah Aeneas ihr zu; langhingedehnt endlich
zwischen den Opferschalen und glatten Bechern sich windend,
kostete sie das Mahl, dann glitt sie, ohne zu schaden,
wieder in Grabes Schoß und verließ genährt die Altäre.
Freudiger weiht jetzt Aeneas aufs Neue dem Vater die Ehren,
unsicher, ob ihm der Schutzgeist des Ortes oder des Vaters
Diener erschien; er schlachtet zwei – kultgemäß – jährige Schafe,
schlachtet zwei Schweine und auch zwei Stiere mit tiefschwarzem Rücken,
gießt aus Opferschalen den Wein, des großen Anchises
Seele ruft er, er ruft vom Acheron wieder die Manen.
Ebenso bringen die Freunde, wie jeder vermag, voller Freude
Gaben, beladen hoch die Altäre, schlachten auch Stiere,
Kessel stellen andere auf; verstreut übers Gras hin,
legen dem Bratspieß Kohlen sie unter und rösten die Stücke.
Vergil, Aeneis 5,72–103 (Götte, S. 176–179).

C. Volksfrömmigkeit

1. Wunder und Heilungen

a) Heilungsberichte aus Epidauros

Pausanias beschreibt die Heilstätte Epidauros

[26] Bei Lessa stößt das Gebiet der Epidaurier an das der Argiver. Bevor man in die Stadt selbst gelangt, erreicht man das Heiligtum des Asklepios [...]

[27] Den heiligen Hain des Asklepios umgeben auf allen Seiten Grenzmarken. Niemand darf innerhalb des heiligen Bezirks sterben, und ihre Frauen dürfen dort nicht gebären – so wie es auch auf der Insel Delos Brauch ist. Die Opfer aber, ob der Opfernde nun Epidaurier oder ein Fremder ist, verzehren sie innerhalb der Abgrenzungen [...] Die Kultstatue des Asklepios steht an Größe um die Hälfte hinter dem olympischen Zeus in Athen zurück und ist aus Elfenbein und Gold. Eine Inschrift nennt Thrasymedes, den Sohn des Arignotos, einen Parier, als Schöpfer der Statue. Der Gott sitzt auf einem Thron, in der einen Hand einen Stab, die andere hält er über dem Kopf der Schlange, neben ihm ist außerdem ein liegender Hund dargestellt. Am Thron selbst sind die Taten argivischer Heroen abgebildet: Bellerophontes' Kampf gegen die Chimaira und Perseus, der den Kopf der Medusa abgetrennt hat. Dem Tempel gegenüber liegt der Ort, wo die Menschen schlafen, die den Gott um Hilfe anflehen. In der Nähe steht ein sehenswerter runder Bau aus weißem Marmor, *tholos* genannt [...] Innerhalb des Bezirks stehen Stelen, ursprünglich waren es allerdings mehr, aber zu meiner Zeit nur noch sechs. Auf diesen Stelen sind die Namen von Männern und Frauen verzeichnet, die von Asklepios geheilt wurden, ferner die Krankheit eines jeden und wie er geheilt wurde. Geschrieben ist dies alles in dorischer Sprache. Abseits von den anderen steht eine alte Stele. Sie besagt, Hippolytos habe dem Gott zwanzig Pferde geweiht. Die Einwohner von Aricia erzählen übereinstimmend mit der Inschrift auf dieser Stele, wie Asklepios Hippolytos, der infolge der Verfluchungen durch Theseus umgekommen war, zum Leben erweckt habe [...] Die Epidaurier haben in dem Heiligtum ein Theater, das mir besonders sehenswert erscheint. Die Theater der Römer übertreffen zwar alle anderen um vieles durch ihre Pracht, das Theater der Arkader in Megalopolis durch seine Größe. Was aber Harmonie und Schönheit betrifft, welcher Architekt könnte da wohl Polykleitos glaubhaft den Rang streitig machen? Denn Polykleitos war der Erbauer sowohl dieses Theaters als auch des runden Gebäudes (der *tholos*). Innerhalb des Hains befinden sich ein Tempel der Artemis, eine Statue der Epione, ein Heiligtum der Aphrodite und der Themis, ein Stadion – nur eine Erdaufschüttung, wie dies bei den Griechen meist üblich ist – und eine Quelle mit einem Dach und sonstiger sehenswerter Ausstattung. Antoninus, ein Mitglied der Ratsversammlung (des römischen Senats), hat zu meiner Zeit folgende Bauten errichten lassen: ein Bad des Asklepios, ein Heiligtum der Götter, die sie Epidotai (Gaben Verleihende) nennen, ferner einen Tempel für Hygieia, Asklepios und Apollon mit den Beina-

Asklepios

Asklepios (lat. **Aesculapius**) ist der griechische Gott der Heilkunst. Er war ein Sohn Apollons und seiner Geliebten Koronis, einer Sterblichen. Obgleich er somit eigentlich ein Halbgott war, wurde Asklepios im Kult jedoch bald als Gott verehrt. In der Ikonographie wird er zumeist bärtig und mit einer um einen Stab gewundenen Schlange dargestellt. Der Asklepios-Kult lässt sich bis ins 5. Jahrhundert v. Chr. zurückverfolgen. Er ging von Epidauros aus und breitete sich über Kleinasien und Athen schließlich bis nach Rom aus. Dem Gott Asklepios gewidmete Heilstätten sind an zahlreichen antiken Orten entdeckt worden. Ein zentraler Ritus ist der Heilschlaf, bei dem Asklepios im Traum erscheint und Heilungen vollbringt.

4 Asklepios

Das Heiligtum in Epidauros

Das Heiligtum des Asklepios in Epidauros lag ca. 10 km südlich der Stadt. Es war ursprünglich Apollon gewidmet, wurde dann jedoch zu einer Heilstätte des Asklepios. Zu dem heiligen Bezirk gehörten der Tempel, ein **Abaton** (Schlafraum für den Heilschlaf), ein Gästehaus, das den zahlreichen Besuchern Unterkunft bot, sowie ein Rundtempel (**Tholos**), dessen Funktion nicht endgültig geklärt ist. Ende des 19. Jahrhunderts wurden in Epidauros vier Stelen mit Heilungsinschriften entdeckt, in denen Geheilte über ihre Gesundung berichten. Diese werden zumeist durch Asklepios bewirkt, können aber auch durch ein Tier, etwa eine Schlange oder einen Hund, verursacht werden.

5 Heiligtum des Asklepios, Epidauros

men »die Aegyptischen«. Außerdem gab es dort eine nach Kotys benannte Stoa. Nach dem Einsturz ihres Dachs war sie bereits vollständig zerstört, da sie aus ungebrannten Ziegeln aufgerichtet worden war. Auch diese Stoa baute er wieder auf. – Die im Bereich des Heiligtums wohnenden Epidaurier litten schon seit langem unter dem Umstand, dass ihre Frauen nicht unter einem Dach gebären durften und die Kranken unter freiem Himmel sterben mussten. Auch dieser Not half Antoninus ab und ließ ein Haus errichten, in dem es nun einem Menschen zu sterben und einer Frau zu gebären erlaubt ist. Über dem Hain erheben sich an den Bergen der Titthion und ein anderer, der Kynortion heißt. Darauf steht ein Heiligtum des Apollon Maleatas. Dieses stammt aus alter Zeit; alles andere um den Tempel des Maleatas und eine Zisterne, worin sie das Regenwasser sammeln, ließ erst Antoninus für die Epidaurier errichten.

[28] […] Die Stadt Epidauros selbst bietet folgende erwähnenswerte Sehenswürdigkeiten: einen Bezirk des Asklepios mit den Statuen des Gottes und Epiones, die Asklepios' Frau gewesen sein soll; sie stehen unter freiem Himmel und sind aus parischem Marmor […]
Pausanias, Beschreibung Griechenlands 2,26–28 (Laager, S. 129.131–134).

Die Heilungsinschriften von Epidauros

Kleo war fünf Jahre schwanger. Als diese schon fünf Jahre schwanger war, kam sie bei dem Gott als Bittfleherin an und schlief im Heilraum; sobald sie aus ihm herauskam und außerhalb des Heiligtums war, gebar sie einen Knaben, der sofort nach seiner Geburt sich selbst an dem Brunnen wusch und mit der Mutter herumlief. Als sie das erlangt hatte, ließ sie auf ihr Weihgeschenk den Vers schreiben: »Wunderbar ist nicht die Größe der Tafel, sondern des Gottes Fügung: Fünf Jahre war Kleo im Leibe mit einer Last wie schwanger, bis sie im Heilraum schlief, und er gesund sie gemacht.«
Epidauros, W1 (Wolter, S. 107).

Hermodikos von Lampsakos, am Körper gelähmt. Diesen heilte er, als er im Heilraum schlief, und befahl ihm, wenn er herauskommt, einen Stein in das Heiligtum zu tragen, den größten, den er könne. Da brachte er den, der (jetzt) vor dem Heiligtum liegt.
Epidauros, W15 (Wolter, S. 108).

Hermodikos von Lampsakos

3. Jh. v. Chr.
Als Beleg für deine wunderbare Tat, Asklepios, habe ich diesen Felsen aufgestellt, den ich hochgehoben habe, für aller Augen deutlich sichtbar, eine Manifestation deiner Kunstfertigkeit. Denn bevor ich in deine und deiner Kinder Hände kam, war ich von einer grässlichen Krankheit befallen, ein Geschwür in der Brust und die Hände gelähmt. Du aber, Päan, hast mich veranlasst, diesen (Felsen) hier hochzuheben, um gesund weiterzuleben.
(1) IG IV^{2}/1, Nr. 125 (Wolter, S. 102).

Votivgaben
Diese Dankesgaben an einen Gott sind Bestandteile der symbolischen Interaktion zwischen Menschen und Göttern. So können etwa Gelübde und Dank oftmals von einer Votivgabe begleitet sein. Typische Votivgaben sind bemalte Holztafeln oder Miniaturnachbildungen aus Ton oder Bronze von geheilten Körperteilen, Gottheiten oder Tieren. In Griechenland waren außerdem mit Inschriften versehene Weihreliefs oder Relieftäfelchen üblich.

Der Votivkult unterscheidet sich vom Opferkult durch das Gelübde und den dauerhaften Charakter der Votivgabe. Votivgaben wurden mitunter auch in Tempeln ausgestellt.

6 Votivtäfelchen

Dreijährige Schwangerschaft. Isthmonike von Pellene kam in das Heiligtum wegen Nachkommenschaft. Sie legte sich zum Heilschlaf und sah ein Gesicht: sie träumte, dass sie den Gott bitte, mit einem Mädchen schwanger zu werden, Asklepios aber sage, sie werde schwanger sein, und wenn sie noch etwas anderes zu bitten habe, so werde er ihr auch das erfüllen, sie aber sage, sie habe keinen weiteren Wunsch. Sie wurde schwanger und trug drei Jahre im Leib, bis sie sich an den Gott wandte als Bittfleherin wegen der Geburt; als sie sich zum Heilschlaf legte, sah sie ein Gesicht: sie träumte, der Gott frage sie, ob ihr nicht alles zuteil geworden sei, was sie erbeten habe, und sie nicht schwanger sei; über Geburt habe sie nichts hinzugefügt, und das obwohl er sich erkundigte, wenn sie noch etwas anderes brauche, solle sie es sagen, da er auch das tun wolle. Da sie aber jetzt wegen Geburt bei ihm als Bittfleherin erschienen sei, so wolle er – habe er gesagt – auch dies ihr erfüllen. Danach lief sie in Eile aus dem Heilraum heraus und als sie außerhalb des Heiligtums war, gebar sie ein Mädchen.
Epidauros, W2 (Herzog, Wunderheilungen, S. 8f).

Ein Knabe, stumm. Dieser kam in das Heiligtum wegen der Stimme. Als er das Voropfer verrichtet und die Bräuche erfüllt hatte, verlangte darauf der Knabe, der für den Gott das Feuer bringt, mit dem Blick auf den Vater des Knaben, er solle sich verpflichten, innerhalb eines Jahres, nachdem er das erreicht, worum er da sei, den Heildank zu opfern. Da rief plötzlich der Knabe: »Ich verpflichte mich!« Der Vater erschrak und forderte ihn auf, es noch einmal zu sagen. Er sagte es noch einmal. Und daraufhin wurde er gesund.
Epidauros, W5 (Herzog, Wunderheilungen, S. 8f).

Ambrosia von Athen, einäugig. Diese kam als Bittfleherin zu dem Gott. Als sie im Heiligtum herumging, lachte sie über einige von den Heilungen als un-

Antike Medizin und Heilungen

Religiöse Heilungen hatten in der griechischen Antike schon vor Asklepios eine lange Geschichte. Sie stellen den medizinischen Vorgang der Heilung in einen weiten Horizont und weisen damit auf die religiöse Dimension des Heilens und Heilwerdens hin.

Ende des 5. Jahrhunderts entstand unter dem Einfluss der vorsokratischen Naturphilosophie die »rationale« Medizin der griechischen Antike. Als berühmtester griechischer Arzt gilt bis heute Hippokrates von Kos (ca. 460–370 v. Chr.), der in Athen lehrte. Nach ihm ist der **Hippokratische Eid** benannt, den Mediziner bis heute ablegen. Die Familie des Hippokrates führte ihre Abstammung auf Asklepios zurück. In hellenistischer Zeit gab es in Alexandria ein großes Zentrum für medizinische Ausbildung und Forschung. Die dortigen klimatischen Bedingungen erlaubten sogar Sektionen an Menschen und Tieren.

wahrscheinlich und unmöglich, dass Lahme und Blinde gesund werden sollen, nachdem sie nur einen Traum gesehen hätten. Als sie im Heilraum schlief, sah sie ein Gesicht: es träumte ihr, der Gott trete vor sie und sage, dass er sie zwar gesund machen werde, aber als Lohn von ihr verlange, dass sie in das Heiligtum ein silbernes Schwein stifte als Erinnerung an ihre Unwissenheit. Nachdem er das gesagt, habe er ihr das kranke Auge aufgeschlitzt und ein Heilmittel eingegossen. Als es Tag geworden, kam sie gesund heraus.
Epidauros, W4 (Herzog, Wunderheilungen, S. 10f).

Der Becher. Ein Geschirrträger fiel auf dem Weg in das Heiligtum, als er beim Zehn-Stadien-Stein war, hin; als er aufgestanden war, öffnete er seinen Rucksack und untersuchte das zerschlagene Geschirr. Als er da den Becher zerbrochen sah, aus dem sein Herr zu trinken gewohnt war, wurde er traurig und setzte im Sitzen die Scherben zusammen. Da sah ihn ein Wanderer und sagte: »Was setzest du da, du Unglücklicher, den Becher vergeblich zusammen? Den könnte ja nicht einmal der Asklepios in Epidauros wieder heil machen!« Als das der Bursche hörte, legte er die Scherben in den Rucksack zusammen und ging ins Heiligtum; als er dort ankam, machte er den Rucksack auf und zieht den Becher heilgeworden heraus; er erklärte seinem Herrn, was geschehen und gesprochen war; als dieser es hörte, weihte er dem Gott den Becher.
Epidauros, W10 (Herzog, Wunderheilungen, S. 12f).

Nikanor, lahm. Während dieser dasaß, raubte ihm ein Knabe im Wachen seinen Stab und floh. Er stand auf, verfolgte ihn und wurde darauf gesund.
Epidauros, W16 (Herzog, Wunderheilungen, S. 14f).

Hermon von Thasos. Diesen, der blind war, heilte er. Da er hierauf den Heildank nicht abführte, machte ihn der Gott wieder blind. Als er dann ankam und wieder im Heilraum schlief, machte er ihn gesund.
Epidauros, W22 (Herzog, Wunderheilungen, S. 16f).

b) Apollonios von Tyana

Apollonios und der Pestdämon

[…] Als nun aber die Pest Ephesus befiel und nichts stark genug gegen die Seuche war, schickten die Leute eine Gesandtschaft zu Apollonios und wollten ihn zum Arzt ihrer Leiden machen. Apollonios hielt es nun nicht für nötig, den Gang aufzuschieben, sondern sprach: »Lasst uns gehen!« und war sogleich in Ephesus, wo er dasselbe tat wie einst Pythagoras in Thurioi und Metapont zugleich. Als er nun die Epheser zusammengerufen hatte, sprach er: »Seid zuversichtlich! Noch heute werde ich der Seuche ein Ende machen.« Auf diese Worte hin führte er die ganze Jugend vor das Theater, wo das Standbild des Apotropaios errichtet war. Hier sahen sie einen alten Mann, der zu betteln schien und kunstfertig mit den Augen zu blinzeln verstand. Er trug einen Ränzel mit einem Stück Brot darin, war in Lumpen gehüllt und hatte ein schmutziges Antlitz. Apollonios ließ diesen Mann von den Ephesern umringen und rief: »Hebt Steine in großer Menge auf und bewerft damit den Feind der Götter!« Die Epheser wunderten sich über diesen Befehl und hielten es für grausam, einen so armseligen Fremdling zu steinigen, der jammerte und um Erbarmen flehte. Apollonios aber ließ nicht locker und feuerte sie an, auf den Mann einzudringen und ihn nicht fliehen zu lassen. Daraufhin begannen ihn einige aus der Ferne zu beschießen, und als nun der Fremdling, der zuerst nur zu blinzeln schien, auf einmal aufblickte und Augen voll Feuer zeigte, erkannten die Epheser in ihm den bösen Geist und steinigten ihn jetzt so, dass ihn bald ein Hügel von Steinen begrub. Nach einer kleinen Weile ließ Apollonios die Steine wegräumen, um das Wesen, das sie

Apollonios von Tyana – Dichtung und Wahrheit

Über das Leben und die Wundertaten des Apollonios von Tyana berichten u. a. Philostratos und Cassius Dio, wohl auf der Basis mündlicher Überlieferungen. Über die historische Person des Apollonios und seine Wundertaten ist dagegen wenig Zuverlässiges bekannt. Die Werke des Apollonios sind entweder nicht erhalten oder in ihrer Echtheit umstritten. Vermutlich authentisch ist jedoch ein Fragment, in dem Appolonios erklärt, dass Gott keiner Opferbräuche bedürfe, sondern auf geistigem Wege zugänglich sei. Gott ist Vernunft (νοῦς) und ist durch den menschlichen νοῦς zugänglich.

Im Bericht des Philostratos fallen eine Reihe von **Ähnlichkeiten zum Leben und Wirken Jesu** auf, etwa hinsichtlich der Geburtsgeschichte und in den berichteten Wundern wie Dämonenaustreibungen, Totenerweckungen, Himmelfahrt und der Epiphanie des Verstorbenen. Diese Gemeinsamkeiten gehen wohl eher auf gemeinsame Erzählmotive als auf literarische Beziehungen zurück.

7 Apollonios von Tyana

getötet hatten, zu betrachten. Als nun die Steine zur Seite geschafft waren, schien der Mann, den sie zu steinigen geglaubt hatten, verschwunden zu sein. An seiner Stelle fand sich ein Hund vor, der in der Form und im Aussehen dem Molosser glich und an Größe einem Löwen gleichkam. Er war von den Steinen ganz zerschmettert und schäumte wie die tollwütigen Tiere. Die Statue des Apotropaios – es war ein Herakles – steht an der Stelle, wo das Gespenst gesteinigt worden ist. *Flavius Philostratus, Das Leben des Apollonios 4,10 (Mumprecht, S. 362–367).*

Heilung eines besessenen Jungen durch einen Drohbrief

[38] […] Dieses Gespräch wurde unterbrochen durch das Erscheinen des Boten, der den Weisen hilfsbedürftige Inder zuführte. Darunter befand sich auch eine Frau, die sie wegen ihres Sohnes um Hilfe anflehte. Sie erzählte, ihr Sohn sei sechzehn Jahre alt und seit zwei Jahren von einem bösen Geiste besessen, der das Wesen eines Spötters und Lügners habe. Als nun einer der Weisen fragte, weshalb sie dies behaupte, antwortete sie: »Mein Sohn ist von auffallender Schönheit. Deshalb liebt ihn der Dämon und gestattet ihm nicht, vernünftig zu sein, zu einem Lehrer oder Bogenschützen zu gehen oder zu Hause zu bleiben, sondern treibt ihn in öde Gegenden hinaus. Der Knabe hat auch seine eigene Stimme nicht mehr, sondern redet wie die Männer in tiefem und hohlem Tone. Dazu stammt sein Blick mehr von fremden Augen als von den eigenen. Ich weine nun darüber, härme mich ab und ermahne den Sohn, soviel ich kann. Er aber kennt mich nicht mehr. Als ich im vorigen Jahre hierher zu kommen beschloss, verriet sich der Dämon durch die Maske meines Kindes hindurch und sagte, er sei der Geist eines Mannes, der im Kriege gestorben sei. Vor seinem Tode, so erzählte er weiter, habe er seine Frau geliebt. Da sie aber gegen sein Bett gefrevelt und drei Tage nach seinem Tode einen andern Mann geheiratet habe, sei ihm seither die Liebe zu den Frauen verhasst, weshalb er sich diesem Knaben zugewendet habe. Er versprach mir dann, er werde dem Knaben viel Schönes und Gutes erweisen. Ich ließ mich dadurch beeindrucken. Nun aber hält er mich schon lange Zeit hin und hat ohne ehrliche und aufrichtige Absichten das ganze Haus ganz allein unter seiner Kontrolle.« Da fragte der Weise wiederum, ob das Kind in der Nähe sei, was sie verneinte. Sie habe alles getan, um ihn hierher zu bringen. »Der Dämon jedoch«, fügte sie hinzu, »drohte mit Felsen und Abgründen sowie mit der Ermordung des Kindes, wenn ich hier Klage gegen ihn führte.« »Sei getrost«, erklärte nun der Weise, »er wird deinen Sohn nicht töten, wenn er dies hier liest.« Mit diesen Worten zog er aus seinem Busen einen Brief hervor und gab ihn dem Weibe. Der Brief aber war an den Geist gerichtet und enthielt massive Drohungen.

Weitere Heilungen des Apollonios

[39] Es kam außerdem auch ein lahmer Mann, der schon dreißig Jahre zählte und ein eifriger Löwenjäger war. Bei einem Angriff eines Löwen hatte er sich eine Hüftverrenkung zugezogen, was zur Folge hatte, dass seine Beine von verschiedener Länge waren. Durch Streicheln der Hüfte mit der Hand erhielt

der Jüngling wieder einen normalen, aufrechten Gang. Ein anderer Mann, der seine beiden Augen verloren hatte, wurde mit ganzer Sehkraft entlassen, und einer, dessen Hand gelähmt war, ging geheilt davon. Eine Frau, die schon sieben schwere Geburten gehabt hatte, wurde auf die Bitten ihres Mannes folgendermaßen geheilt: Es wurde dem Manne befohlen, bei der Niederkunft der Frau einen lebenden Hasen an die Geburtsstätte zu tragen, mit dem Tier an der Brust um die Frau herumzulaufen und es dann sogleich loszulassen. Wenn man den Hasen nämlich nicht sofort hinausließe, würde ihr zugleich mit dem Kinde die Gebärmutter herauskommen.
Flavius Philostratus, Das Leben des Apollonios 3,38f (Mumprecht, S. 316–321).

c) Der Philosoph Jamblich über Pythagoras

Pythagoras: Ein weiterer Wundertäter?

[135] Allgemein bekannt ist, dass er seinen goldenen Schenkel dem Hyperboreer Abaris gezeigt hat, der ihn für den Apollon der Hyperboreer hielt. Abaris war der Priester dieses Gottes, und Pythagoras bestätigte ihm so, dass seine Vermutung unfehlbar zutraf. Zahllose noch erstaunlichere Wunderdinge werden über Pythagoras überall einmütig berichtet: Er sagte zuverlässig Erdbeben voraus, vertrieb Seuchen schlagartig, brachte Sturm und Hagelschlag alsbald zur Ruhe, beschwichtigte Fluss- und Meereswellen, so dass seine Gefährten mühelos hindurchgehen konnten. Diese Fähigkeiten übertrugen sich auf Empedokles von Akragas, Epimenides von Kreta und den Hyperboreer Abaris, die mancherorts selbst solche Dinge vollbracht haben sollen. [136] Ihre Dichtungen sind klare Zeugnisse, vor allem aber trug Empedokles den Beinamen »Windabwehrer«, Epimenides hieß »Reiniger«, Abaris »Luftdurchwanderer«, weil er auf dem Pfeil des hyperboreischen Apollon, der ihm geschenkt worden war, reitend Flüsse, Meere und unwegsames Land durchzog, indem er auf geheimnisvolle Weise durch die Luft fuhr. Solches sei auch dem Pythagoras damals widerfahren – vermuteten manche –, als er am selben Tage in Metapontion und in Tauromenion jeweils mit seinen dortigen Freunden zusammen war. Er soll auch ein Erdbeben vorausgesagt haben, das von einem Brunnen ausgehen würde, von dem er trank, auch prophezeite er einem Schiff, das bei günstigem Wind segelte, den Untergang.
Jamblich, Pythagoras 135f (Albrecht, S. 120–123).

d) Satire über einen »Wundertäter«

Der Lügenprophet Alexandros

[12] Als er mit solchem Theater nach langer Zeit Einzug in seiner Vaterstadt hielt, war er weithin in aller Welt bekannt […] und manchmal spiegelte er vor, in göttlicher Raserei zu sein, indem er sich sogar den Mund mit Schaum füllte. Das gelang ihm ohne Schwierigkeit, indem er die Wurzel der Färberpflanze, Seifenkraut, kaute. Denen aber erschien selbst der Schaum als sehr göttlich und schaudererregend. Schon lange lag der leinene Kopf einer Schlange bereit, der

Satire
In der Antike bezeichnet der Begriff »Satire« die römische Literaturgattung **satura**, wie sie durch Horaz und Juvenal bekannt ist. In Rom galt alsbald der Dichter Lucilius als Begründer der Satire. In seinen satirischen Gedichten verspottet er das gesellschaftliche Leben Roms, den Aberglauben, das Geschäftsleben, Affären und Krankheiten. Horaz beruft sich auf Lucilius als seinen Vorgänger und prangert in seinen Hexametern menschliche Laster wie Habgier, Ehebruch und Aberglauben an. Von Horaz' scherzhaften Satiren werden die strafenden Satiren Juvenals unterschieden. Juvenal übt, im Gegensatz zu Horaz, pessimistische Kritik an den Gesellschaftszuständen in Rom. Von ihm stammen auch noch immer gebrauchte Sentenzen wie z. B. **panem et circenses** (Brot und Spiele), mit der Juvenal die unpolitische Haltung der römischen Bevölkerung kritisiert.

recht menschenähnliche Züge aufwies, bemalt, sehr geschickt gestaltet, indem er mit Hilfe von Pferdehaaren den Mund öffnete und wieder schloss, und eine Zunge, gespalten und schwarz wie die einer Schlange schnellte heraus, ebenfalls von Haaren bewegt. Die Schlange aus Pella war schon vorher bereit und wurde im Hause gehalten, um im passenden Augenblick in Erscheinung zu treten und mit ihnen gemeinsam ihren Auftritt zu haben, besser: die Hauptrolle zu spielen.

[13] Als nun der Vorhang sich öffnen sollte, ließ er sich folgendes einfallen. Nachts ging er zur Baugrube des Tempels, die gerade ausgehoben wurde – darin stand Wasser, Grund- oder Regenwasser – und brachte ein Gänseei dorthin, das er geleert hatte und das nun eine neu geborene Schlange aufnahm. Dies nun versenkte er in einem Winkel im Schlamm und verließ die Grube wieder. Frühmorgens sprang er nackt auf den Marktplatz, nur mit einem Schurz um die Hüfte, der sogar golden glänzte, und schwang die schon erwähnte Sichel, dabei ließ er das Haar frei wehen, wie die Gaben sammelnden, ekstatischen Anhänger der Kybele, stieg auf einen hohen Altar, redete zum Volk und pries die Stadt glücklich, die gleich den Gott in sichtbarer Gestalt empfangen werde. Die Anwesenden – es war fast die ganze Stadt zusammengeströmt, auch Frauen, Greise, Kinder – standen starr vor Staunen, beteten und warfen sich zu Boden. Alexander nun gab unverständliche Worte von sich, es klang hebräisch oder phönizisch, und erschreckte damit die Menschen, weil sie außer den Namen Apollon und Asklepios, die er immer wieder darunter mischte, nichts verstanden […]

[38] Soviel über das, was sich in Italien tat. <Zuhause> ließ er sich folgendes einfallen. Er richtete nämlich ein Mysterienfest ein, mitsamt Fackelzug und Hierophantie, das jeweils an drei aufeinander folgenden Tagen gefeiert wurde, und zwar fand am ersten Tag eine feierliche Eröffnung wie in Athen statt, mit folgenden Worten der Warnung: »Wenn ein Gottloser, Christ oder Epikureer, als Späher zu den Mysterien gekommen ist, so fliehe er! Wer aber an den Gott glaubt, der soll glücklich eingeweiht werden.« Dann wurde ganz am Anfang eine »Vertreibung« ausgesprochen, und zwar begann Alexander mit den Worten: »Hinaus mit den Christen!« Die große Menge respondierte: »Hinaus mit den Epikureern!« Dann fand eine szenische Aufführung des Kindbetts der Leto statt mit der Geburt Apolls und der Hochzeit mit Koronis, und Asklepios wurde geboren. Am zweiten Tag wurde die Epiphanie Glykons dargestellt und die Geburt des Gottes.
Lukian, Alexander, der Lügenprophet 12–13,38 (Victor, S. 90–93.110–113).

e) Exorzismen

Ein Dämonenaustreiber aus Palästina

[16] Ich aber möchte dich gerne fragen, was du über all die sagst, welche die von Dämonen Besessenen von ihren Ängsten befreien, wobei sie derart offenkundig die Gespenster durch Zaubersprüche austreiben. Und das muss ich (eigentlich) nicht sagen: Alle kennen den Syrer aus Palästina, der auf diesem Gebiet ein Experte ist. Wie vieler Menschen hat er sich angenommen, die vor dem Mond niederfielen, die Augen verdrehten und den Mund mit Schaum füllten! Dennoch hat er sie wieder auf die Beine gestellt und sie weggeschickt, wieder klar im Kopf, nachdem er sie für ein großes Honorar von ihren Schrecknissen befreit hatte. Sobald er nämlich an die Liegenden herantritt, fragt er, woher (die Dämonen) in den Körper eingefahren sind. Der Kranke selbst schweigt, der Dämon aber antwortet – in Griechisch oder in einer fremden Sprache, je nachdem woher er ist –, wie und woher er in die Menschen eingefahren ist. Der (Syrer) aber treibt den Dämon aus, indem er ihm Eide aufbürdet und falls er nicht gehorcht, ihn bedroht. Ich für meinen Teil habe sogar schon einen ausfahren sehen mit schwarzem und rußigem Teint.
Lukian, Die Lügenfreunde oder: Der Ungläubige 16 (Ebner u. a., S. 81–83)

Jüdischer Exorzismus: Die Dämonenaustreibung des Eleazar

Ich habe zum Beispiel gesehen, wie einer der Unseren, Eleazar mit Namen, in Gegenwart des Vespasian, seiner Söhne, der Obersten und der übrigen Krieger die von bösen Geistern Besessenen davon befreite. Die Heilung geschah in folgender Weise: Er hielt unter die Nase des Besessenen einen Ring, in dem eine von den Wurzeln eingeschlossen war, welche Salomon angegeben hatte, ließ den Kranken daran riechen und zog so den bösen Geist durch die Nase heraus. Der Besessene fiel sogleich zusammen, und Eleazar beschwor dann den Geist, indem er den Namen Salomons und die von ihm verfassten Sprüche hersagte, nie mehr in den Menschen zurückzukehren. Um aber den Anwesenden zu beweisen, dass er wirklich solche Gewalt besitze, stellte Eleazar nicht weit davon einen mit Wasser gefüllten Becher oder ein Becken auf und befahl dem bösen Geiste, beim Ausfahren aus dem Menschen dieses umzustoßen und so die Zuschauer davon zu überzeugen, dass er den Menschen verlassen habe. Das geschah auch in der Tat, und so wurde Salomons Weisheit und Einsicht kund. Ich habe hierüber sprechen zu müssen geglaubt, damit allgemein bekannt werde, wie gewaltig der Geist des Königs und wie wohlgefällig er Gott war, und damit niemandem unter der Sonne des Königs ausgezeichnete Tugend verborgen bleibe.
Josephus, Jüdische Altertümer 8,46–49 (Clementz, S. 475).

2. Magie

Magie und Religion
Der Begriff μάγος (lat. **magus**) war bereits in der Antike mehrdeutig. Als »Magier« konnten persische Priester bezeichnet werden, der Begriff wurde aber seit Heraklit auch für Gelehrte verwendet, deren Aufgaben ein weites Gebiet von religiösen Praktiken umfassten (z. B. Initiation in Mysterienkulten, Divination und Kathartik). Erst im Verlauf des 4. Jahrhunderts wird dies auf Schadenszauber und Verwandtes eingeengt, womit ein Teil der religiösen Tradition als nicht-griechisch (bzw. persisch) ausgeschlossen werden sollte. Beide Bedeutungen gingen zudem in die hellenistisch-römische Verwendung ein. Magie wurde somit auch in der Spätantike und darüber hinaus als polemischer Begriff zur Abgrenzung der eigenen Religion von konkurrierenden »falschen« Religionen, ihren Kulten und Praktiken verwendet. Durch die Abwertung paganer Praktiken als Magie und ihrer Götter als Dämonen werden pagane Religionen insgesamt als Magie disqualifiziert und verurteilt.

a) Zauberanleitungen: Dämonenbeschwörungen und -austreibungen

Anweisungen zur Austreibung von Dämonen

Treffliche Handlung, die Dämonen austreibt. Gebet, das über seinem (des Besessenen) Kopfe gesprochen wird. Leg vor ihn Ölzweige, und hinter ihm stehend sprich: »Sei gegrüßt, Gott Abrahams, sei gegrüßt, Gott Isaaks, sei gegrüßt, Gott Jakobs, Jêsus Chrêstos, heiliger Geist, Sohn des Vaters, der unter den Sieben, und der in den Sieben ist. Bring Iaô Sabaôth, möge eure Kraft fort sein von NN, bis ihr vertreibt diesen unreinen Dämon, den Satan, der auf ihm ist. Ich beschwöre dich Dämon, wer du auch immer seiest, bei diesem Gott (ZW: Zauberwort): Komm heraus, Dämon, da ich dich fessele mit stählernen, unlöslichen Fesseln und dich ausliefere in das schwarze Chaos der Hölle.« Handlung: Nimm 7 Ölzweige und binde 6 an Ende und Spitze, jeden für sich, mit dem einen übrigen aber schlage unter Beschwörung. Halt es geheim; es ist schon erprobt. Nach dem Austreiben hänge dem NN als Amulett, das der Leidende also nach dem Austreiben des Dämons umzieht, auf einem Zinnblättchen folgendes um: »(ZW, darunter Charis, Baubô), schütze den NN.« […]
Zauberpapyri 4,1227–1264 (Preisendanz, S. 114 f).

Eine Dämonenbeschwörung

Inschrift des Ieû, Hiëroglyphenschreibers, in seinem Brief: »Dich rufe ich an, den Kopflosen, der geschaffen hat Erde und Himmel, der geschaffen hat Nacht und Tag, dich, der geschaffen hat Licht und Finsternis; du bist der Gute Osiris, den keiner je gesehen, du bist Iabas, du bist Iapôs, du hast geschieden das Gerechte und das Ungerechte, du hast geschaffen Weiblich und Männlich, du hast gezeigt Saat und Früchte, du hast gemacht, dass die Menschen einander lieben und einander hassen. Ich bin Moysês, dein Prophet, dem du übergeben hast deine Mysterien, die von Israel gefeiert werden, du hast gezeigt Feucht und Trocken und jede Nahrung. Erhöre mich! Ich bin der Engel des Wohltäters Pharao. Das

ist dein wahrhafter Name, der den Propheten Israels überliefert wurde. Erhöre mich: (ZW), erhöre mich und wende diesen Dämon ab. Ich rufe dich an, der du im leeren Luftraum bist, den gewaltigen und unsichtbaren Gott (ZW). Heiliger Kopfloser, befreie den NN vom Dämon, von dem er besessen ist (ZW, darunter ›Adônai‹, ›Abrasax‹, Vokale), starker Kopfloser, befreie den NN vom Dämon, von dem er besessen ist (ZW, darunter ›Iôêl‹, ›Abraôth‹), befreie den NN, Aôth, Abaôth, im Namen Isak, Sabaôth, Iaô. Er ist der Herr der Götter, er ist der Herr der bewohnten Erde, er ist es, den die Winde fürchten, er ist es, der mit dem Befehl seines Wortes alles gemacht hat. Herr, König, Herrscher, Helfer! Rette die Seele (ZW, darunter ›Ieû‹, ›Iaôt‹, Vokale, ›Abrasax‹, ›Adônai‹), froher Bote des Gottes (ZW). Ich bin der kopflose Dämon, der an den Füßen das Gesicht hat, der Starke, <der> das unsterbliche Feuer <hat>. Ich bin die Wahrheit, (ich bin,) der es hasst, dass Unrecht geschieht in der Welt. Ich bin der Blitzende und Donnernde. Ich bin, dessen Schweiß der Regen ist, der auf die Erde niederfällt, damit er sie befruchte; ich bin es, dessen Mund durchs All flammt; ich bin, der erzeugt und vernichtet; ich bin die Schönheit des Aiôn; mein Name ist ein Herz, von einer Schlange umwunden. Komm heraus und folge!« Weihung der vorliegenden Praktik. Schreib den Namen auf neues Papier und spann es von deiner einen Schläfe zur anderen, rufe gegen Norden die 6 (am Rand mitgeteilten) Namen an und sprich: »Unterwirf mir alle Geister, damit mir gehorsam sei jeder Dämon im Himmel und in der Luft und auf der Erde und unter der Erde und auf dem Festlande und im Wasser und jede Sendung und Geißel Gottes!« Und gehorsam werden dir sein alle Geister […]
Zauberpapyri 5,96–171 (Preisendanz S. 184–187).

Parhedros (πάρεδρος, Pl. πάρεδροι)
Dieser Begriff bezeichnet den »Beisitzer« eines Menschen oder Gottes, der diesem als Assistent dient, ihn aber auch vertreten kann. In griechischen Zauberpapyri treten Parhedroi des Öfteren als göttliche Begleiter von Magiern auf, die von diesen mit Hilfe von Amuletten beschworen werden.

Beschaffung eines Parhedros

Als Parhedros wird ein Daimon erworben, der dir alles in Sprache verkünden, mit dir leben und essen und schlafen wird.

(1) Nimm zwei deiner Fingernägel und alle Haare vom Kopf; nimm einen Falken und vergotte ihn in der Milch einer schwarzen Kuh, mische ihr attischen Honig bei. Wenn du ihn vergottet hast, binde ihn zusammen mit einem ungefärbten Lappen, lege die Fingernägel zusammen mit den Haaren daneben, schreibe auf ein Stück königlichen Papyrus mit Myrrhentinte das folgende, lege es ebenfalls zu den Haaren und Nägeln und präpariere ihn mit männlichem Weihrauch und altem Wein.

(1 a) Was du auf das Blatt schreibst: A EE HHH IIII OOOOO YYYYYY ΩΩΩΩΩΩΩ. Schreib es, indem du es zu zwei Leitern formst.

(2) (a / α) Nimm die Milch und trink sie mit dem Honig aus vor Sonnenaufgang: und etwas Göttliches wird in deinem Herzen sein. (β) Nimm den

Falken und stell ihn in einem Tempel aus Wacholderholz auf; wenn du eben diesen Tempel bekränzt hast, (γ) stelle unbeseelte Nahrung daneben und halte sehr alten Wein bereit.

(b) Und bevor du dich niederlegst, rede vor eben diesem Vogel, nachdem du ihm geopfert hast, wie du es gewöhnlich tust; sage den folgenden Spruch: »A EE HHH IIII OOOOO ΥΥΥΥΥΥ ΩΩΩΩΩΩΩ, komm zu mir, guter Ackermann, guter Daimon, Horos-Knouphi … (Zauberworte). Komm zu mir, heiliger Orion, der du im Norden ruhst, der du die Nilfluten heranwälzst und mit dem Meer vermischst und mit Leben verbindest wie den Samen des Mannes im Beischlaf, der du die Welt auf unzerstörbarer Grundlage errichtet hast, der du jung bist am Morgen und alt am Abend, der du durch den Pol unter der Erde durchgehst und feueratmend aufgehst, der du im ersten Monat die Meere geschieden hast, der du ununterbrochen deinen Samen auswirfst auf den heiligen Feigenbaum in Heliopolis. Dies ist dein wahrer Name: ΑΡΒΑΘ ΑΒΑΩΘ ΒΑΚΧΑΒΡΗ.«

Aber wenn man dich weggehen lässt, sei ohne Schuhe und gehe rückwärts, und mache dich an den Gebrauch der Speisen und des Mahls und der vorliegenden Mahlzeit. Nähere das Gesicht dem Gesicht als Gesellschafter des Gottes.

(3) Dieser Ritus verlangt vollständige Reinheit; verbirg, verbirg das Ritual und halte dich für sieben Tage von einer Frau fern.
Zauberpapyri 1,1–42 (Graf, Gottesnähe, S. 100f).

b) Heilungs- und Liebeszauber

Des Damon und Alphesiboeus Wettstreit

A: Wasser bringe, umschling den Altar mit wollener Binde,
heiliges Grün voller Saft und würzigen Weihrauch entzünde,
dass ich durch magische Opfer die nüchternen Sinne des Gatten
wirksam berücke; hier fehlen uns nur noch bannende Sprüche.
Holt aus der Stadt mir heim, meine Bannsprüche, holet mir Daphnis.
Bannsprüche können Luna sogar herholen vom Himmel,
Circes Bannspruch verwandelte einst des Odysseus Gefährten,
Bannspruch bringt zum Bersten im Gras die schaurige Schlange.
Holt aus der Stadt mir heim, meine Bannsprüche, holet mir Daphnis.
Vergil, Bucolica 8,64–72 (Götte, S. 68f).

Heilungszauber für Ausrenkungen und Brüche

Ist eine Ausrenkung eingetreten, wird sie mit der folgenden Besingung heil. Nimm ein grünes Schilfrohr von 4 oder 5 Fuß Länge, spalte es der Mitte nach, und zwei Leute sollen es an die Hüften halten. Fang an zu singen [in einer Handschrift heißt es:] MOETAS UAETA DARIES DARDARIES ASIADARIES UNA PETES bis <die Stücke> zusammenkommen. / MOTAS UAETA DARIES DARDARES ASTATARIES DISSUNAPITER bis <die Stücke> zusammenkommen. / Leg ein Eisen darüber. Wenn sie zusammengekommen sind und eines das andere berührt, nimm es mit der Hand und schneide es rechts und links ab; binde es an die Ausrenkung oder an den Bruch; es wird heil werden. Sing dennoch einmal täglich. – [In einer anderen Handschrift heißt es]: Entweder für eine Ausrenkung oder so:

HUAT HAUAT HUAT ISTA PISTA SISTA DANNABO DANNAUSTRA. / Und für eine Ausrenkung auch so: HUAT HAUT HAUT ISTASIS TARSIS ARDANNABOU DANNAUSTRA.
Cato, Über den Ackerbau 160 (Graf, Gottesnähe, S. 43).

c) Schadenszauber

Zauber zur Schädigung der Gegner vor Gericht

Ich binde Theagenes hinab, seine Zunge und seine Seele und die Worte, die er verwendet; ich binde auch die Hände und die Füße des Pyrrhias hinab, des Kochs, seine Zunge, seine Seele, seine Worte; ich binde auch die Frau des Pyrrhias, ihre Zunge und ihre Seele, hinab; ich binde auch den Koch Kerkion und den Koch Dokimos, ihre Zunge, ihre Seele und die Worte, die sie verwenden; ich binde auch Kineas hinab, seine Zunge, seine Seele und die Worte, mit denen er Theagenes unterstützt; ich binde auch die Zunge des Pherekles hinab, seine Seele und das Zeugnis, das er zugunsten des Theagenes abgibt; ich binde auch die Zunge des Seuthes hinab, seine Seele und die Worte, die er verwendet, ebenso seine Füße, seine Hände, seine Augen und seinen Mund; ich binde auch die Zunge von Lamprias hinab, seine Seele und die Worte, die er verwendet, ebenso seine Füße, seine Hände, seine Augen und seinen Mund; alle diese binde ich hinab, ich lasse sie verschwinden, ich vergrabe sie, ich nagle sie hinab. Wenn sie vor Gericht und vor dem Diathesen gegen mich auftreten, sollen sie nicht erscheinen können weder in Worten noch in Taten.
Audollent (1904) Nr. 49 (Graf, Gottesnähe, S. 111).

Zauber zur Lähmung gegnerischer Pferde und Lenker im Pferderennen

Ich rufe dich hervor, Dämon, der du hier wohnst (sic. im Grab, aus dem der Text stammt): ich übergebe dir diese Pferde, damit du sie festhältst und sie sich verwickeln (sic. in ihr Geschirr) und sich nicht bewegen können.
Audollent (1904) Nr. 233 (Graf, Gottesnähe, S. 141).

Binde ihnen (sic. den Pferden) den Lauf, die Beine, den Sieg, die Kraft, den Mut, die Geschwindigkeit, mach sie verrückt, ohne Muskeln, ohne Glieder, damit sie morgen im Hippodrom nicht laufen, nicht gehen, nicht siegen, die Starttore nicht verlassen, die Zielsäule nicht umrunden können, damit sie vielmehr mit ihren Lenkern stürzen … Binde ihnen (sic. den Lenkern) die Hände, nimm ihnen den Sieg, die Sicht, damit sie ihre Gegner nicht sehen können, reiße sie von ihren Wagen und schleudere sie zu Boden, damit sie überall im Hippodrom stürzen, vor allem aber an den Zielsäulen, zusammen mit ihren Pferden.
Audollent (1904) Nr. 234 (Graf, Gottesnähe, S. 141).

d) Der Zauberei angeklagt

Zwölftafelgesetz zur *Lex Cornelia*

Eine eigene Terminologie in Bezug auf die Magie kristallisiert sich in Rom erst in frühaugusteischer Zeit heraus. Von daher lässt sich Magie als Straftatbestand zunächst nur in anderen Kontexten erfassen. So wird im Zwölftafelgesetz verboten, fremde Ernten auf das eigene Feld zu »singen« (**ex-, incantare**). Der einzige überlieferte Prozess in diesem Fall zeigt, dass es sich dabei um ein Eigentumsdelikt handelt.

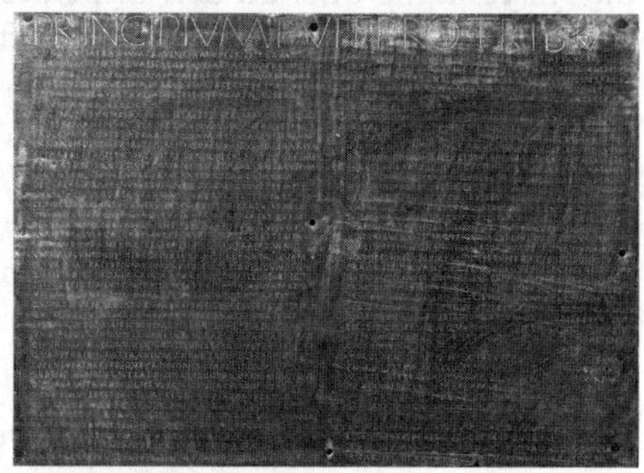

8 Tafel mit der Inschrift der Lex Cornelia de XX Quaestoribus, Neapel.

Die Geschichte des erfolgreichen (Zauber?-)Bauern Furius Cresimus

Ich kann es mir nicht versagen, hier ein Beispiel aus dem Altertum anzuführen, aus dem man ersehen kann, dass es Sitte war, vor dem Volk auch über den Ackerbau <gerichtlich> zu verhandeln, und wie sich jene Männer zu verteidigen pflegten. C. Furius Cresimus, ein Freigelassener, wurde, weil er auf seinem ziemlich kleinem Acker einen viel größeren Ertrag erzielte als seine Nachbarschaft auf ihren sehr großen <Grundstücken>, aus Neid verdächtigt, er ziehe fremde Früchte durch Zauberkünste auf seinen eigenen Acker herüber. Er wurde deshalb von dem kurulischen Ädil Spurius Albinus für einen bestimmten Termin vorgeladen. Da er eine Verurteilung fürchtete, weil Tribus durch Abstimmung darüber zu entscheiden hatte, schaffte er sein gesamtes Ackergerät auf das Forum und brachte sein kräftiges und, wie Piso sagt, wohlgenährtes und gut gekleidetes Gesinde mit, ferner seine ausgezeichnet gefertigten Eisengeräte, schweren Hacken, gewichtigen Pflugscharen und seine gut gefütterten Ochsen. Dann sagte er: »Dies, Quiriten, sind meine Zauberwerkzeuge; mein nächtliches Arbeiten, mein Wachen und mein Schweiß kann ich euch aber nicht zeigen und auf das Forum mitbringen.« Er wurde daher einstimmig freigesprochen. Wahrlich, der Ackerbau beruht auf <der aufgewendeten> Arbeit, nicht auf dem Aufwand an Kosten, und deshalb sagten unsere Ahnen, das Fruchtbarste auf dem Acker sei das Auge des Herrn.
Plinius (d. Ältere), Naturkunde 18,41–43 (Winkler, S. 37–39).

Die Verteidigungsrede des Apuleius gegen den Vorwurf der Magie

Apuleius von Madaura in Nordafrika (heute Algerien), geb. um 125 n. Chr., war Schriftsteller, Redner und Philosoph. Als er eine reiche Witwe geheiratet hatte und in Verdacht geriet, er hätte sich ihre Gunst durch Magie erworben, wurde er angeklagt. Der Prozess fand 158/159 statt und endete vermutlich mit einem Freispruch. Die von Apuleius verfasste Verteidigungsrede ist bis heute erhalten. Später lebte er in Karthago. Zu seinen bekannten Werken gehören »Über den Gott des Sokrates«, »Metamorphosen« (auch bekannt unter dem späteren Titel »Der goldene Esel«) sowie »Über die Magie«.

[25,5] Ich komme jetzt nämlich auf die eigentliche Anschuldigung von Magie, welche er zur üblen Nachrede gegen mich mit gewaltigem Toben entfacht hatte und dann, unter Enttäuschung der von allen gehegten Erwartung, gewissermaßen mit Altweibermärchen niederbrannte. [6] Hast du, Maximus, jemals eine Flamme sich aus Stroh erheben sehen, mit lautem Geknister, weitem Leuchten, flinkem Ausgreifen, aber doch mit leichtem Brennstoff, zusammensinkendem Feuerbrand, ohne Überbleibsel? [7] Da hast du jene Anklage: mit Anwürfen begonnen, mit Gerede erweitert, der Beweise verlustig; nach deinem Urteilsspruch wird sie ohne jeden Rest ihres verleumderischen Verdachtsmoments dastehen. [8] Diese nun ist von Aemilianus ganz an dem einem Punkt festgemacht worden, dass ich ein Magier sei; deshalb erlaube ich mir, seinen hochgebildeten Anwälten die Frage zu stellen, was eigentlich ein Magier ist.

[9] Wenn nämlich, wie ich wenigstens bei den meisten lese, in der Sprache der Perser »Magier« dasselbe ist, wie in unserer »Priester«, was ist das schließlich für ein Verbrechen, Priester zu sein und in rechter Weise zu kennen, zu wissen, und zu beherrschen die Gesetze der Kulthandlungen, die Ordnung der Opfer und die religiösen Normen, [10] sofern wirklich Magie dasjenige ist, wie es Plato deutet, wenn er erwähnt, in welchen Fächern die Perser einen Knaben unterweisen, der ins Königtum hineinwächst – die genauen Worte dieses göttlichen Mannes habe ich in Erinnerung; erkenne du, Maximus, sie zusammen mit mir wieder: [11] »Wenn der Knabe zweimal sieben Jahre alt geworden ist, übernehmen ihn diejenigen, welche sie Königserzieher nennen; dazu sind unter den Persern ausgewählt die vier, welche im rechten Alter die besten zu sein scheinen, der Weiseste, der Gerechteste, der Besonnenste und der Tapferste. Von denen lehrt der erste die Magie des Zoroaster Sohn des Oromazdes; dabei handelt es sich um Dienst an den Göttern; er lehrt aber auch die königlichen Betätigungen.«

Persische Religion, Zarathustra

Zarathustra (griech. Ζωροάστρης) (630–553 v. Chr.) gilt als Religionsstifter und Prophet des Zoroastrismus. Ob es sich tatsächlich um eine historische Figur handelt, ist allerdings umstritten. Der Begriff **Zoroastrismus** ist nicht die ursprüngliche Selbstbezeichnung der mit seinem Namen verbundenen Religion. Sie wird auch als »iranische Religion« bezeichnet, da sie in der Antike kaum außerhalb des persischen Territoriums Anhänger fand. Im Zentrum steht die Verehrung des Gottes Ahura Mazda, daneben werden weitere Götter und auch bösartige Dämonen angenommen. Charakteristisch für die iranische Religion ist ihr **Dualismus**. Ahura Mazda steht entsprechend dem bösen Geist Angra Mainyu gegenüber. Es handelt sich um Zwillinge, die das Gute und das Böse erschaffen haben.

Analog zum (nach)-exilischen Judentum kennt der Zoroastrismus die Vorstellung von Auferstehung, Endgericht, Erlösung und der Vernichtung der Gottlosen. Ein Einfluss der iranischen Religion auf das Judentum in der Perserzeit ist deshalb möglich.

[26,1] Hört ihr, die ihr die Magie aufs Geratewohl anklagt, also, wie sie eine Kunst ist, die den unsterblichen Göttern willkommen ist, die sich durch und durch darauf versteht, ihnen zu dienen und sie zu verehren, die selbstverständlich gottesfürchtig ist und das Göttliche weiß, [2] berühmt schon von ihren Urhebern

Zoroaster und Oromazes an, die Oberpriesterin der Himmelsbewohner? [3] Wo sie doch als eine der ersten königlichen Betätigungen gelehrt wird und es nicht irgendeinem aufs Geratewohl bei den Persern erlaubt ist, Magier zu sein, und zwar ebensowenig, wie König zu sein. [4] Der eben genannte Platon hat in einem anderen Dialog von einem gewissen Zalmoxis, der thrakischer Abstammung, aber Anhänger derselben Kunst war, folgendes schriftlich übermittelt: »bei den Zauberliedern handele es sich um die schönen Worte.« [5] Wenn das aber so ist, warum sollte es mir dann nicht erlaubt sein, die guten Worte des Zalmoxis oder die priesterlichen Handlungen des Zoroaster zu kennen? [6] Wenn diese Kerle hingegen nach gewöhnlicher Manier für einen Magier im eigentlichen Sinne denjenigen erachten, der im gemeinschaftlichen Gespräch mit den unsterblichen Göttern zu all dem, was er will, mit einer geradezu unglaublichen Macht seiner Beschwörungen befähigt ist, dann frage ich mich mit höchster Verwunderung, warum sie keine Angst empfunden haben, den anzuklagen, von dem sie behaupten, dass er zu so viel fähig sei. [7] Denn eine so verborgene und göttliche Wirkkraft kann man nicht ebenso abwehren wie die übrigen Bedrohungen. [8] Wer einen Mörder vor Gericht stellt, erscheint mit Leibwache; wer einen Giftmischer anklagt, ernährt sich achtsamer als sonst; wer einen Dieb überführt, passt auf seine Habe auf. [9] Doch wer einen Magier, wie ihn die da meinen, in einen Gerichtsentscheid auf Leben und Tod hineinzieht, mit welchen Leibwächtern, welcher Achtsamkeit, welchen Aufpassern könnte er ein unsichtbares und unentrinnbares Verderben abwehren? Natürlich mit keinen; diese Art von Verbrechen anzuklagen ist folglich nicht Sache dessen, der wirklich daran glaubt.
Apuleius, Über die Magie 25,5–26,9 (Hammerstaedt, S. 100–105).

Grabinschrift des Jungen Jucundus – Die Angst vor der Magie

In mein viertes Jahr heranwachsend, wurde ich gepackt und getötet, wo ich doch der Liebling von Mutter und Vater hätte sein können. Es holte mich einer Hexe Hand, überall grausam, solange sie auf Erden weilt und durch ihre Tätigkeit schadet. Eltern, hütet eure Kinder, damit nicht am Ende Schmerz das ganze Herz erfüllt.
CIL VI^3 19474 (Graf, Gottesnähe, S. 148).

3. Drei Himmelfahrtsgeschichten

Livius und Plutarch berichten von der Aufnahme des Romulus, des legendären Gründers der Stadt Rom, in den Himmel. Erzählungen von der Aufnahme besonderer Menschen in den göttlichen Bereich sind in der griechischen und römischen Literatur häufiger anzutreffen, beispielsweise bei den Entrückungen von Herakles, Alkmene und Apollonios von Tyana. Auch die Apotheosen der römischen Kaiser gehören in diese Tradition.

Die Himmelfahrt des Romulus

[1] Als er nach diesen unsterblichen Taten zur Musterung des Heeres auf dem Marsfeld beim Ziegensumpf eine Heeresversammlung durchführte, brach plötzlich mit lautem Tosen und Donnern ein Unwetter los und hüllte den König in einen so dichten Sturzregen, dass die Versammelten ihn nicht mehr sehen konnten; und danach war Romulus nicht mehr auf Erden. [2] Der Schrecken legte sich schließlich, als nach diesem Gewittersturm das Tageslicht heiter und ruhig zurückkehrte. Da sahen die Männer von Rom den Platz des Königs leer; sie glaubten zwar den Senatoren, die direkt dabeigestanden hatten, voll und ganz, dass der Sturm ihn emporgerissen habe, waren aber doch eine Zeitlang sprachlos vor Kummer, als hätte die Angst, nunmehr verwaist zu sein, sie gelähmt. [3] Als dann einige wenige den Anfang machten, grüßten sie alle Romulus als Gott, von einem Gott gezeugt, als König und Vater der Stadt Rom; und sie flehten um seinen Beistand, dass er huldvoll und gnädig sein Volk immer behüten möge. [4] Es gab aber, glaube ich, auch damals schon einige, die im Stillen die Senatoren beschuldigten, den König eigenhändig in Stücke gerissen zu haben. Denn auch diese Version breitete sich aus, wenn auch nur in ganz dunklen Andeutungen. Jene andere dagegen setzte sich infolge der Bewunderung, die der Mann genoss, und infolge des Schreckens, der die Menschen befallen hatte, allgemein durch.

[5] Und die Sache soll auch durch den klugen Einfall eines einzelnen Mannes noch glaubhafter geworden sein. Denn während die Bürgerschaft durch den Schmerz über den Verlust ihres Königs aufgewühlt war und den Senatoren grollte, trat Proculus Julius, eine, wie es heißt, gewichtige Autorität auch in einer so bedeutenden Sache, vor die Volksversammlung und sagte: [6] »Mitbürger! Heute beim ersten Licht des Tages kam Romulus, der Vater dieser Stadt, plötzlich vom Himmel herab und trat mir entgegen. Als ich, von Schauer durchbebt und in tiefer Ehrfurcht vor ihm stand und ihn bat, ihm ins Antlitz blicken zu dürfen, sagte er: [7] ›Geh und verkünde den Römern, es sei der Wille der Himmlischen, dass mein Rom das Haupt des Erdkreises sei. Sie sollen also das Kriegswesen pflegen, und sie sollen es wissen und es an ihre Nachkommen weitergeben, dass keine Macht der Welt den Waffen Roms widerstehen kann.‹ Nach diesen Worten«, sagte er, »entschwand er in die Höhe.« [8] Es ist erstaunlich, wie viel Glaube der Mann mit diesen Worten fand und wie der Schmerz um Romulus beim Volk und beim Heer gelindert wurde, nachdem seine Unsterblichkeit als erwiesen galt.
Livius, Römische Geschichte 1,16,1–8 (Hillen, Bd. 1, S. 46–49).

Lukian – Der Tod des Peregrinos

[39] [...] Da, mein Freund, hatte ich viel zu tun, allen, die sich genauer und genauer erkundigten, die Geschichte zu erzählen. Sah ich einen Vernünftigen, so erzählte ich schlicht, was geschehen war, wie ich es dir erzähle. Bei den Dummen, die nach der Geschichte gierten, trieb ich das Tragödienhafte noch etwas weiter, zum Beispiel, dass, als der Scheiterhaufen aufflammte und Proteus sich hineinwarf, zunächst ein gewaltiges Erdbeben geschah und der Boden auf-

stöhnte, sodann ein Geier aus der Mitte der Flamme aufflog zum Himmel und in Menschensprache laut rief: »Die Erde verließ ich, steige auf zum Olympos.«

Da waren sie außer sich und warfen sich zitternd zu Boden, und sie fragten mich, ob der Geier nach Osten oder nach Westen geflogen sei. Ich antwortete, was mir gerade einfiel.

[40] Als ich mich zum Festplatz zurückbegab, begegnete ich einem alten Mann, der, beim Zeus, glaubwürdig aussah, mit seinem Bart und dem auch sonst würdigen Auftreten, der mir das Bekannte über Proteus erzählte, und dass er ihn nach der Verbrennung, gerade eben noch, in ein weißes Gewand gekleidet gesehen und ihn in der siebenstimmigen Säulenhalle zurückgelassen habe, wo er strahlend und mit einem Ölzweig bekränzt umherwandelte. Dann setzte er noch die Geschichte mit dem Geier drauf und schwor, ihn selbst vom Scheiterhaufen auffliegen gesehen zu haben, obwohl ich ihn doch gerade erst hatte fliegen lassen – lachend über die Dummheit und Sturheit der Menschen.

Lukian, Der Tod des Peregrinos 39 f (Pilhofer, S. 43–45).

Tod des Apollonios nach Philostratos

[30] Nach einigen soll Apollonios in Ephesus gestorben sein, von zwei Dienerinnen gepflegt [...] Nach dem Bericht anderer soll Apollonios in Lindos gestorben sein, wo er den Tempel der Athene betreten habe und plötzlich an Ort und Stelle verschwunden sei. Andere lassen ihn auf Kreta auf eine noch wunderbarere Weise sein Ende finden. Bei seinem Aufenthalt in Kreta, wo er mehr denn je bewundert worden sei, habe er nachts den Tempel der Diktynna betreten. Dieser Tempel wird von Hunden bewacht, die das darin befindliche Gut hüten und die nach der Behauptung der Kreter weder den Bären noch anderen wilden Tieren nachstehen. Diese Tiere nun hätten ihn nicht angebellt bei seinem Kommen, sondern seien ihm entgegengelaufen und hätten ihm geschmeichelt, wie sie dies nicht einmal bei den bekanntesten Leuten zu tun pflegen. Da hätten ihn die Tempelvorsteher wie einen Zauberer und Räuber ergriffen und gefesselt, mit der Behauptung, er habe den Hunden etwas zur Besänftigung vorgeworfen. Er aber habe sich um Mitternacht freigemacht, dann habe er diejenigen, die ihn gefesselt hätten, herbeigerufen, um nicht heimlich zu handeln, sei zu den Türen des Tempels geeilt, die sich vor ihm geöffnet und wieder geschlossen hätten, als er hineingetreten sei. Von innen aber habe man die Stimmen singender Jungfrauen vernommen, deren Gesang etwa so lautete: »Verlasse die Erde und komme zum Himmel!« Es war dies, als ob sie sagen wollten: »Steige von der Erde in die Höhe!«

[31] Über die Seele und die Unsterblichkeit der Seele philosophierte er auch in dieser letzten Zeit noch, indem er die Wahrheit dieser Lehre behauptete und den Vorwitz bei so wichtigen Dingen missbilligte [...] [Einem Zweifler offenbarte Apollonios dabei in Versen:]

»Nicht dein, sondern dem unsterblichen Gotte ist die unsterbliche Seele.
Aus dem zerfallenden Leib entfliegt sie, ähnlich dem schnellen

Pferd, von den Fesseln befreit, und mischt mit der frischen Luft sich,
von sich stoßend das Joch, das schwere und drückende der Knechtschaft.
Was nützet dir dies, was nach dem Tode erst dir klar wird?
Wozu auch im Leben sich selbst darüber mit Grübeln zu plagen?«

Dieser Ausspruch des Apollonios steht deutlich und klar über dem Geheimnis der Seele, damit wir wohlgemut und in wahrer Kenntnis unserer Natur den Weg wandeln, den uns das Schicksal gewiesen hat.

Ein Grab und eine angebliche Grabstätte des Apollonios habe ich nirgends gefunden, obwohl ich den größten Teil der Erde, so groß sie auch ist, durchwandert habe. Wohl aber vernahm ich überall wunderbare Sagen und sah in Tyana einen Tempel, der auf kaiserliche Kosten errichtet worden ist. Die Kaiser würdigten ihn also einer Ehre, die ihnen selbst zuteil wird.
Flavius Philostratus, Das Leben des Apollonios 8,30–31 (Mumprecht, S. 964–971).

4. Hauskult

Cicero über das eigene Haus als Ort privater Götterverehrung

Was ist in höherem Grade ein *sanctum* [d.h. etwas Schutzwürdiges], was durch jede Religionsausübung geschützter als das Privathaus eines jeden einzelnen Bürgers? Hier gibt es Altäre, hier Herde, hier Hausgötter (*penates*), hier sind Kulte, religiöse Bräuche, rituelle Zeremonien vereint. Dieser Zufluchtsort ist für alle so unverletzbar, dass es als Frevel gilt, jemanden von dort weg zu reißen.
Cicero, Über sein eigenes Haus 41,109 (Klauck, Umwelt, Bd. 1, S. 61).

Ein Hausgott (Lar familiaris) stellt sich vor

Der Hausgott (aus Euklios Haus tretend): »Damit sich keiner wundert, wer ich sei, will ich es kurz sagen: Ich bin der *Lar familiaris* des Hauses, aus dem ihr mich habt treten sehen. Dieses Haus besitze und hege ich schon viele Jahre, schon für den Vater und Großvater dessen, der es jetzt bewohnt … Er [d.h. der jetzige Besitzer] hat eine einzige Tochter. Die opfert mir täglich Weihrauch oder Wein oder fleht immer irgendwie zu mir, schmückt mich mit Kränzen.
Plautus, Aulularia Prolog 1–5.21–23 (Klauck, Umwelt, Bd. 1, S. 61).

5. Vereine (vgl. auch II B 3 c) und IV E 4)

Philo über Vereine in Alexandria

In dieser Stadt gibt es Vereine mit zahlreichen Mitgliedern. Die Zugehörigkeit gründet nicht auf einem vernünftigen Grundsatz, sondern auf ungemischtem Wein, Trunkenheit, Gelagen und auf der Hemmungslosigkeit, die daraus folgt; ›Synoden‹ und ›Konvente‹ heißen sie bei den Leuten. In allen oder den meisten

Vereinen führt Isidorus den Vorsitz unter dem Titel ›Oberster beim Gelage‹, ›Konventspräses‹, er, der Stadtverwirrer.
Philo, Gegen Flaccus 136f (Cohn, Bd. 7, S. 155f).

Einrichtung einer Handwerkergilde

Plinius bittet Trajan um Erlaubnis zur Bildung einer Handwerkergilde
Überlege doch bitte, Herr, ob man nicht eine Handwerkergilde von wenigstens 150 Mann bilden sollte. Ich werde darauf achten, dass nur Handwerker aufgenommen werden und sie ihre Konzession zu nichts anderem benutzen; eine so geringe Zahl wird sich unschwer überwachen lassen.

Trajan versagt Plinius' Bitte wegen der Gefahr von Vereinsbildungen
Du bist auf den Gedanken gekommen, man könne nach dem Vorbild mehrerer andrer Städte in Nicomedia eine Handwerkergilde bilden. Aber vergessen wir doch nicht, dass Deine Provinz und vornehmlich ihre Gemeinden unter derartigen Organisationen zu leiden haben. Einerlei, aus welchem Grunde wir sie zulassen und welchen Namen wir den Leuten geben, die für einen bestimmten Zweck organisiert werden, es werden immer, und zwar in ganz kurzer Zeit, Hetärien daraus werden.
Plinius (d. Jüngere), Briefe 10,33,3–34,1 (Kasten, S. 586f).

Stiftung eines Vereins zum Zweck des Totengedächtnisses

Thera, zwischen 210–195 v. Chr.
Die Übersetzung ist in Sinnabschnitte eingeteilt und spiegelt nicht die Verteilung des Inschriftentextes auf dem Stein wider.

Überschrift
Andragoras, Sohn des Phoinix; Epikteta, Tochter des Grinnos; Kratesilochos, Sohn des Phoinix.

1. Einleitung
Unter den Ephoren, die zusammen mit Phoiboteles amtierten, traf Epikteta, die Tochter des Grinnos, bei vollem Bewusstsein, folgende Anordnungen, zusammen mit ihrem Vormund Hypereides, dem Sohn des Thrasyleon, wobei auch ihre Tochter Epiteleia, die Tochter des Phoinix, ihre Zustimmung erteilte:

2. Aufträge, die Epikteta von ihrem Gemahl und Sohn erhalten
Es möge mir vergönnt sein, mein Eigentum bei bester Gesundheit zu verwalten. Wenn mich aber das Menschenschicksal ereilt, dann regele ich meine Hinterlassenschaft gemäß dem mir von meinem Mann Phoinix erteilten Auftrag, nachdem er den Bau des Museions für unseren verstorbenen Sohn Kratesilochos in die Wege geleitet und die Bildwerke und Statuen von sich und Kratesilochos und die Grabmonumente (eigtl. Heroa) hingebracht hatte, und nachdem er mich

darum gebeten hatte, das Museion zu errichten und die Bilder der Musen, die Statuen und die Grabmonumente (Heroa) aufzustellen.

Zwei Jahre später aber, als auch noch mein Sohn Andragoras, der mir noch verblieben war, starb und mich beauftragte, den Auftrag seines Vaters Phoinix zum Abschluss zu bringen und für ihn selbst sowie auch für den Vater und für den Bruder die Statue und das Grabmonument aufzustellen, und einen Verein männlicher Verwandter zu versammeln und dem Männerverein 3000 Drachmen als Einkommen zu geben, sobald sie sich versammelt haben;

3. Eigentliche Stiftung
nachdem ich also alles vollzogen und eingerichtet habe gemäß den Aufträgen jener Personen und nachdem ich den Verein der Verwandten versammelt habe, deren Namen unten aufgeschrieben sind, so dass die Gemeinschaft im Museion zusammenkam, gebe ich 3000 Drachmen dem zuvor genannten Verein der männlichen Verwandten, so dass sie geschuldet werden als Hypothek auf den Ländereien in Melainai, die ich selbst erworben habe und die zu meinem Eigentum gehören [...] Erben und [...]

Ich hinterlasse aber das Museion [und den heiligen Bezirk] der Grabmonumente meiner Tochter E[piteleia], damit sie, wenn sie auch die [Einkünfte aus den] anderen Besitzungen, die mir gehören, in Empfang genommen hat, Jahr [für Jahr] im Monat Eleusynios [2]10 Drachmen an den Männerverein zahlt, [den ich] aus den Verwandten zusammengefügt habe.

4. Verbote und Strafen
Keiner soll aber die Erlaubnis haben, das Museion zu verkaufen und auch nicht den heiligen Bezirk der Grabmonumente, auch nichts von den Kultbildern im Museion und nichts von den Grabmonumenten im heiligen Bezirk, noch soll er es als Pfand geben, eintauschen oder veräußern, auf welche Weise und unter welchem Vorwand auch immer; oder etwas in den heiligen Bezirk hineinbauen, es sei denn jemand möchte gerne eine Säulenhalle bauen; oder das Museion für irgendeinen Zweck zur Verfügung zu stellen, es sei denn einer von Epiteleias Nachkommen feiert Hochzeit. – Anderenfalls soll es vom Verein verhindert werden, und wenn der Verein jemanden, der etwas davon unternimmt, hindert, soll das Gültigkeit besitzen. Auch soll keiner die Erlaubnis haben, etwas von dem, was im Museion ist, wegzuschaffen. Anderenfalls soll es vom Verein der Verwandten verhindert werden, und wenn er es verhindert, soll das Gültigkeit besitzen.

5. Opferordnung
Die Priesterwürde der Musen und der Grabmonumente (Heroa) soll der Sohn meiner Tochter, Andragoras, innehaben. Wenn diesem aber etwas widerfährt, immer der Älteste aus dem Geschlecht der Epiteleia. Der Männerbund der Verwandten soll sich im Museion versammeln Jahr für Jahr im Monat Delphinios und von meinen Rechtsnachfolgern die 210 Drachmen entgegennehmen, nach-

dem er aus den eigenen Reihen Opferpriester für drei Tage deklariert hat, und er soll opfern den Musen am 19. Tag (des Monats), am 20. aber den Heroen Phoinix und Epikteta, und am 21. dem Kratesilochos und dem Andragoras.

6. Sicherung der gestifteten Summe
Wenn aber Epiteleia oder ihre Erben im Monat Eleusynion dem Männerbund der Verwandten die 210 Drachmen nicht auszahlen, dann soll der Ertrag der vorher genannten Ländereien in Melainai bis zu 200 Drachmen dem Männerverein der Verwandten zur Verfügung stehen. Wenn es aber meine Rechtsnachfolger vorziehen, die Sicherheit für 3000 Drachmen dem Männerverein auch auf andere Ländereien zu geben, sollen sie die Befugnis haben, sofern sie sichere Hypotheken anbieten.

7. Mitgliederverzeichnis des Vereins
Die Namen der Verwandten, die ich versammelt habe, sind unten aufgelistet: […]

8. Frauenzulassung
Hinzutreten sollen auch die Frauen, die mit ihnen verheiratet sind, und ihre Kinder, und zwar die Mädchen, solange sie ihrem Vater unterstehen, und die Buben auch, wenn sie älter geworden sind, und auch ihre Kinder auf dieselbe Weise. Hinzutreten sollen aber auch die Erbinnen und diejenigen, die mit ihnen verheiratet sind, und ihre Kinder, so wie es den Anweisungen oben entspricht. Es soll aber auch Epikteta hinzutreten (die denselben Namen trägt wie ich) und meine Tochter Epiteleia und die Töchter des Gorgopas, Mnaso und Ainesippa, und die Töchter des Thrasyleon, Basilodika und Telesippa, und Kallidika, die Tochter des Isokles, und diejenigen, die mit ihnen verheiratet sind. Hinzutreten soll aber auch die Tochter des Aristarchos, Epiteleia, und die Kinder von ihnen.

9. Zeugen
Zeugen: Char-…; Euagoras, Sohn des Prokleidas; Antisthenes, [Sohn des Isokles, Adoptivsohn des Grinnos].

Beschluss der Vereinigung (Nomos)

1. Präskript
Unter den Ephoren, die zusammen mit Himertos im Monat Diosthyos amtierten:

2. Referat über die Stiftung
Weil Epikteta, die Tochter des Grinnos, zusammen mit ihrem Vormund, dem Mann ihrer Tochter, Hypereides, dem Sohn des Thrasyleon, unter Zustimmung ihrer Tochter Epiteleia, für das Opfer für die Musen und für die Heroen, und für die Gemeinschaft des Männerbundes der Verwandten testamentarisch 3000 Drachmen überließ, wozu sie (= die Gemeinschaft) Jahr für Jahr von den Rechts-

nachfolgern der Epikteta 210 Drachmen empfing, so dass an drei Tagen sich die Gemeinschaft im Museion trifft, das sie errichtete für ihren Mann Phoinix und sich selbst und ihre Söhne Kratesilochos und Andragoras, und dass der Opferpriester des ersten Tages den Musen opfert, der des zweiten Tages den Heroen Phoinix und Epikteta, der des dritten Tages den Heroen Kratesilochos und Andragoras.

3. Annahme und Ausführung des Stiftungszweckes
Zum guten Glück:

Es wurde der Beschluss gefasst, ihr Angebot anzunehmen und nach der ersten Salbung die Gemeinschaftssitzung abzuhalten, und dass alle nach dem Essen beim ersten Becher einen Trinkspruch zu Ehren der Musen und des Phoinix und der Epikteta und des Kratesilochos und des Andragoras ausbringen. Die Gemeinschaft des Männerbundes der Verwandten soll zusammentreten im Monat Delphinios im Museion Jahr für Jahr drei Tage; und alle sollen je einmal entsprechend ihrem Alter unentgeltlich die Liturgie übernehmen, in gleicher Weise aber auch diejenigen, die von ihnen abstammen, und wenn sie nach ihrer Ephebenzeit dem Verein beitreten, sollen sie den ersten Opferdienst als unentgeltliche Liturgie übernehmen.

Diejenigen aber, die den Opferdienst unentgeltlich verrichten, sollen ausreichend guten Wein für die Gäste bereithalten, und zwar drei Trinkrunden, sowie Kränze, einen Musiker und Parfum.

Wenn aber einer den Opferdienst nicht gemäß der Vorschrift verrichtet, soll er in die Vereinskasse 100 Drachmen zahlen, und er soll belangt werden vom jeweiligen Verwalter gemäß den Gesetzen, und er darf nicht teilhaben am Verein, bis er bezahlt hat.

4. Verwendung der Rente
Für diese Jahre soll der jeweilige Verwalter die Einkünfte, die dem Verein zufallen, eintreiben und an die Versammlung abgeben, und es soll gegen Zins ausgeliehen werden von gewählten Entleihern unter hinreichenden Hypotheken auf Grundstücke, abgesehen von dem Vermögen, das abgezweigt wird für die Opfer an die Musen und an die Heroen gemäß dem Testament. Abzweigen sollen sie aber auch ein Versammlungsgeld, und zwar nicht mehr als 15 Drachmen.

Wenn aber die Opferpriester nicht mehr auf Schenkungsbasis zur Verfügung stehen, dann sollen alle Mitglieder (die Aufgabe) der Reihe nach dem Alter entsprechend übernehmen, so wie es auch für diejenigen vorgeschrieben ist, die sie unentgeltlich übernehmen, und sie sollen in Empfang nehmen vom Verwalter 50 Drachmen, zehn Tage ehe die Versammlung stattfindet.

Wenn er aber (das Geld) in Empfang nimmt ohne (die Aufgabe) zu übernehmen, soll er 150 Drachmen zahlen, und der Verwalter soll ihn belangen, und er soll ihm gegenüber die Pfändungsvollmacht haben gemäß den Gesetzen. Bis er zahlt, soll er keinen Anteil am Verein haben. Der Verwalter aber soll den Opferdienst selbst verrichten und er soll als erster von den Einkünften erhalten.

Das Mahl soll stattfinden, wie und zu welchem Preis es der Verein beschließt. Wenn der Verwalter nicht gemäß den Vorschriften für die Opferpriester aufkommt, soll der Opferpriester (die Aufgabe) ganz auf sich nehmen und das Opfer darbringen, das ihm zufällt. Der Verwalter aber, der nicht für den Opferpriester aufkommt, soll ihm 150 Drachmen schulden, und belangen soll ihn derjenige, der nichts vom Verwalter bekommen hat, und zwar durch Pfändung gemäß den Gesetzen, und er (der Verwalter) soll nicht am Verein teilhaben, bis er gezahlt hat.

5. Opfervorschriften
Wer aber am ersten Tag den Opferdienst verrichtet, soll den Musen opfern ein Opfertier und heilige Gaben, Kuchen aus 5 Litern (Choiniken) Weizen und einem Pfund (Stater) trockenen Käse. Er wird aber auch Kränze den Göttern darbringen und alles Übrige, was zu einem Opfer gehört. Davon wird er für die Götter verbrennen die Teile des Opfertieres, die man für heilig hält, und einen Kuchen.

Wer am zweiten Tag den Opferdienst verrichtet, (soll opfern) den Heroen Phoinix und Epikteta ein Opfertier und heilige Gaben, Kuchen aus 5 Litern (Choiniken) Weizen und einem Pfund (Stater) trockenen Käse. Er wird aber auch Kränze den Heroen darbringen und alles Übrige, was zu einem Opfer gehört, und er wird verbrennen die Teile des Opfertieres, die man für heilig hält, und einen Kuchen und ein Brot und Gebäck und drei kleine Fische.

Wer am dritten Tag den Opferdienst verrichtet, wird opfern den Heroen Kratesilochos und Andragoras in derselben Weise und nach den Opfervorschriften für Phoinix und Epikteta.

Die Opferpriester aber, die diese Opfer darbringen, werden dem Verein alle Kuchen geben und von den Innereien die Hälfte. Das übrige aber werden sie selbst behalten. Der Verwalter wird die Opfergaben unter den Anwesenden aufteilen.

Wenn aber der Opferdienst unentgeltlich verrichtet wird, soll der Präsident (Epissophos) den Verkauf einleiten, wer immer diese Opfer darbringen wird gemäß den Vorschriften. Was auch immer dafür bezahlt wird, dafür soll der Verwalter aufkommen.

6. Wahl und Tätigkeit des Rendanten
Der Verein soll aber auch einen Präsidenten wählen. Der Gewählte aber soll einberufen eine Versammlung Jahr für Jahr am zweiten Tag, und er soll für alles Sorge tragen, was den Verein angeht, damit das, was im Testament und in der Satzung geschrieben steht, Anwendung findet; und er soll einschreiben die Opferpriester und den Verwalter entsprechend dem Alter und den Präsidenten und diejenigen, die auf Zinsen ausleihen, und wenn einer den Opferdienst nicht verrichtet, als Schuldner der in der Satzung vorgesehenen Strafe, und wenn er sonst etwas gemäß der Satzung eintragen muss oder gemäß dem Testament und den Beschlüssen des Vereins.

Er soll aber auch die Einnahmen und Ausgaben aufschreiben, die in seine Amtszeit gehören, und wenn sonst etwas dem Verein geschuldet wird.

Wenn er aber den Vorschriften nicht nachkommt, dann muss er dem Verein 300 Drachmen zahlen, und am Verein darf er keinen Anteil haben, bis er gezahlt hat, und er soll belangt werden von den Männern, die vom Verein gewählt wurden, entsprechend der gesetzlichen Pfändung.

7. Wahl und Tätigkeit des Kassierers

Der gewählte Verwalter wird eintreiben, was dem Verein geschuldet wird, gemäß dem Testament, und alles übrige, was ihm vorgeschrieben wird vom Präsidenten, und er wird den Opferpriestern die in der Satzung vorgeschriebenen Gelder ausbezahlen, und das Versammlungsgeld sowie die Gelder für die Opfer, soweit sie nicht verkauft sind, und wenn der Verein sonst noch etwas beschließt. Was übrigbleibt, wird er der Versammlung übergeben. Wenn er aber etwas von den vorgeschriebenen Geldern nicht ausbezahlt oder überzählige Gelder nicht an die Versammlung übergibt, dann soll er das nicht ausbezahlte Geld in doppeltem Wert dem Verein schulden, und der Präsident soll ihn in die Akte des Vereins eintragen, dass er das Doppelte von dem schuldet, was er nicht zahlt. Und er soll aus dem Verein ausgeschlossen werden, bis er zahlt, und er soll belangt werden von den Männern, die vom Verein gewählt wurden, auf der Grundlage der gesetzlichen Pfändung. Wenn er aber für die Opferpriester nicht aufkommt, soll gegen ihn die Vorschrift Gültigkeit haben, die in der Satzung steht.

8. Außerordentliche Bestimmungen

Damit nun alles gemäß dem Testament Anwendung findet und gemäß der Satzung und gemäß den Beschlüssen des Vereins konsequent auf alle Zeit, soll der Verein wählen, wenn sich welche nicht nach der Satzung, dem Testament und den Beschlüssen richten, beliebig viele Männer, die alles machen, wie es der Verein beschließt. – Auch die Wahl dieser Männer soll der Präsident eintragen.

Wenn es aber der Präsident vorzieht, den Eintrag nicht vorzunehmen, dann soll der Verein sogleich den Mann ernennen, der den Eintrag vornehmen wird. Der Gewählte soll alle Beschlüsse des Vereins aufschreiben.

9. Bestimmungen über eventuelle Auflösung

Wofür sich aber die Mehrheit des Vereins entscheidet, das soll Gültigkeit haben, es sei denn es geht um die Auflösung. Darüber aber darf keiner mündlich oder schriftlich etwas verlauten lassen, dass es nötig sei, den Verein aufzulösen oder auch die vorgeschriebenen Opfer abzuschaffen, oder Eigentum des Vereins zu schädigen oder zu zerstückeln oder etwas vom Grundkapital zu missbrauchen. Wenn sich aber einer mündlich oder schriftlich äußert, dann soll das Gesagte oder Geschriebene unwirksam sein, und derjenige, der es gesagt oder geschrieben hat, soll aus dem Verein ausgeschlossen werden, und er soll ihm 500 Drachmen schulden, und er soll belangt werden auch auf der Grundlage der gesetzlichen Pfändung von dem unter den Verwandten, der es wünscht.

10. Das Vereinsarchiv

Dass aber der Präsident ernannt wird und nach seiner Wahl alles gemäß der Satzung einträgt, zu diesem Zweck soll eine Versammlung einberufen werden unter den Ephoren, die zusammen mit Himertos amtieren, am 10. Tag des Monats Diosthyos, und der Präsident soll gewählt werden.

Dieser soll eintragen alles gemäß der Satzung, und er soll auch Sorge tragen, dass die Satzung und das Testament aufgeschrieben würden auf dem Sockel der Kultbilder im Museion, und dass sie auf eine hölzerne Tafel geschrieben würden, und dass ein Kasten angefertigt würde, in den wir die Schriftstücke des Vereins hineinlegen. – Auch dass ein Mann zum Archivar gewählt würde, der künftig entgegennimmt vom Präsidenten die Tafel mit der Satzung und dem Testament, die auf das Holz geschrieben sind, und die Schachtel und die Buchrollen darinnen und darauf aufpassen wird, solange es dem Verein recht ist, und er wird sie zu den Versammlungen mitbringen. Wenn aber der Verein einen anderen Archivar wählt, dann wird er die Übergabe an den nach ihm Gewählten in der Versammlung im Rahmen einer Rechenschaft vornehmen.

IG XII,3 Nr. 330 (Übersetzung Ulrich Huttner. In einigen Passagen lehnt sich der Text an folgende Übersetzungen an: Laum, B., Stiftungen in der griechischen und römischen Antike, 2 Bde. Leipzig / Berlin 1914; Wittenburg, A., Il testamento di Epikteta. Triest 1990).

Begräbnisverein von Lanuvium

Die sogenannten **collegia funeraticia** waren keine reinen Bestattungsvereine. Das Mitwirken der Vereinsmitglieder bei einer Bestattung, finanzielle Leistungen (**funeraticium**) und das Bereitstellen von Begräbnisplätzen stellen nur einen Teil ihrer Aufgaben dar. Interessant ist, dass zwar Sklaven Vereinen beitreten konnten, römische Frauen hingegen nur in Ehrenpositionen nachweisbar sind.

Totenrituale variieren je nach den Jenseitsvorstellungen. In Griechenland war es z. B. üblich, dem Verstorbenen je eine Münze auf die geschlossenen Augen zu legen, damit er den Fährmann an der Styx, dem Fluss zur Unterwelt, bezahlen konnte, da es nicht möglich war, Hab und Gut mit in die Unterwelt zu nehmen.

Im Gegensatz zum Judentum war die Kremation der Toten in Griechenland und in Rom seit dem 8. Jahrhundert üblich, wie die homerischen Epen belegen.

Die unten stehende Inschrift stammt von dem Verein der Verehrer der Göttin Diana und des von Kaiser Hadrian unter die Götter aufgenommenen Antinous aus Lanuvium, einer südlich von Rom gelegenen Stadt in den Albaner Bergen. Der Verein setzte sich vorrangig aus Migliedern der unteren sozialen Schichten zusammen; so werden auch Sklaven und Freigelassene ausdrücklich als Mitglieder erwähnt.

136 n. Chr.

Im Konsulat des L. Ceionius Commodus und des Sex. Vettulenus Civica Pompeianus, am 9. Juni, in der Stadt Lanuvium im Tempel des Antinous, in dem L. Caesennius Rufus, der Patron der Stadt, eine Versammlung durch L. Pompeius … den Quinquennalis der Verehrer der Diana und des Antinous, abhalten ließ, versprach er (*scil.* Caesennius), … ihnen aus Großzügigkeit den (Zins-) Gebrauch von 15.000 Sesterzen zu schenken, (und zwar) am Geburtstag der Diana, dem 13. August, 400 Sesterzen und am Geburtstag des Antinous, dem 27. November, 400 Sesterzen; und er schrieb ihnen vor, dass ein von ihnen erstelltes Statut unten auf das Tetrastyl des Antinous, auf die innere Seite, geschrieben werden solle im weiter unten angegebenen Wortlaut:

Im Konsulat des M. Antonius Hiberus und des P. Mummius Sisenna wurde am 1. Januar der Begräbnisverein der Diana … und des Antinous gegründet, als L. Caesennius Rufus aus der Tribun Quirina zum drittenmal Diktator und zugleich Patron war.

Ein Abschnitt aus einem Beschluss des Senats des römischen Volkes

Folgende Personen dürfen zusammenkommen, ein Treffen abhalten und einen Verein bilden: Diejenigen, die für ihr Begräbnis einen monatlichen Beitrag entrichten wollen, sollen zu diesem Zweck als Verein zusammenkommen; sie sollen aber nicht unter dem Deckmantel dieses Vereins mehr als einmal im Monat zur Zahlung (des Beitrags) zusammenkommen, aus dem die Verstorbenen bestattet werden sollen.

Glück und Heil dem Imperator Caesar Traianus Hadrianus Augustus und dem ganzen kaiserlichen Hause, uns und den unsrigen und unserem Verein; voll gutem Eifer wollen wir uns zusammentun, damit wir das Ableben der Verstorbenen ehrenvoll begehen! Deshalb müssen wir darin, dass wir gut zusammenlegen, alle eines Sinnes sein, damit wir über lange Zeit hin alt werden können. Du, der du als neues Mitglied in diesen Verein eintreten willst, lies zuvor das Statut und tritt dann ein, damit du dich nicht nachher beschwerst oder deinem Erben einen Streitfall hinterlässt.

Vereinsstatut

Die Vollversammlung hat beschlossen, dass jeder, der diesem Verein beitreten will, als Aufnahmegebühr 100 Sesterzen und eine Amphore guten Wein abliefern muss, ebenso monatlich 5 Asse. Ebenso wurde beschlossen, dass bei jedem, der (seinen Beitrag) in sechs aufeinanderfolgenden Monaten nicht gezahlt hat und vom Los des Menschen ereilt wird, die Kosten für das Begräbnis nicht beglichen werden, auch wenn er ein (entsprechendes) Testament gemacht hat. Ebenso wurde beschlossen: Wer aus dieser unserer Gemeinschaft verstirbt und die Beiträge geleistet hat, dem werden aus der Kasse 300 Sesterzen zugeteilt; von dieser Summe gehen als Geld für das Leichenbegängnis 50 Sesterzen ab, die am Scheiterhaufen verteilt werden; das Leichenbegängnis aber erfolgt zu Fuß.

Ebenso wurde beschlossen: Wenn einer weiter als 20 Meilen von der Stadt entfernt gestorben ist und dies gemeldet wird, müssen dorthin drei ausgewählte Personen aus der Gemeinschaft hinausgehen; sie sollen für sein Begräbnis sorgen und müssen (darüber) dem (Vereins-)Volk Rechenschaft geben ohne List und Bosheit; und wenn man bei ihnen einen Betrug entdeckt, sollen sie eine vierfache Strafe erhalten. Ihnen wird das Begräbnisgeld des betreffenden ausgehändigt; dazu kommen als Wegegeld je 20 Sesterzen für den Hin- und Rückweg. Wenn einer weiter als 20 Meilen von der Stadt entfernt gestorben ist und eine Benachrichtigung nicht möglich war, dann muss dem, der ihn begraben hat, aufgrund des Vereinsstatuts das Begräbnisgeld des betreffenden, abzüglich der Sonderausgaben und des Gelds für das Leichenbegängnis, gegeben werden, wobei sichergestellt sein muss, dass niemand mehr eine Forderung erheben wird; Voraussetzung ist auch, dass er die Sache mit schriftlichen Erklärungen belegen kann, die mit den Siegeln von sieben römischen Bürgern gezeichnet sind, und dass die Sache (von der Vereinsversammlung) gebilligt wird. In unserem Verein soll es List und Bosheit nicht geben; weder ein Patron noch eine Patronin noch ein Herr noch eine Herrin noch ein Gläubiger hat an diesen Verein irgendwelche Ansprüche, es sei denn, er wurde im Testament als Erbe genannt. Wer ohne Testament verstirbt, wird entsprechend der Entscheidung des Quinquennalis und des (Vereins-)Volkes bestattet.

Ebenso wurde beschlossen: Wenn einer aus diesem Verein als Sklave verstorben ist und sein Leichnam von seinem Herrn oder seiner Herrin ohne gerechten Grund nicht für die Bestattung herausgegeben wird und er nichts aufgeschrieben hat, dann soll er ein fiktives Begräbnis erhalten. Ebenso wurde beschlossen: Wer aus irgendeinem Grund sich selbst das Leben genommen hat, dessen Begräbniskosten werden nicht beglichen.

Ebenso wurde beschlossen: Wenn ein Sklave aus diesem Verein freigelassen wird, muss er eine Amphore guten Wein spendieren.

Ebenso wurde beschlossen: Wer in dem Jahr, in dem er aufgrund der Abfolge der Mitgliederliste das Amt hat, für das Vereinsmahl zu sorgen, dieser Pflicht nicht nachkommt und es nicht tut, der muss 30 Sesterzen in die Kasse zahlen; der (auf der Liste) folgende muss (das Essen) geben, und er muss an seiner Stelle einspringen (?).

Ordnung der Vereinsmähler: Am 8. März, dem Geburtstag des Caesennius … des Vaters (des Patrons). Am 27. November, dem Geburtstag des Antinous. Am 13. August, dem Geburtstag der Diana und des Vereins. Am 20. August, dem Geburtstag des Caesennius Silvanus, des Bruders (des Patrons). Am 6. (oder: 4.) …, dem Geburtstag der Cornelia Procula, der Mutter (des Patrons). Am 14. Dezember, dem Geburtstag des Caesennius Rufus, des Patrons der Stadt.

Diejenigen, die aufgrund der Abfolge der Mitgliederliste für die Mähler zuständig sind, jeweils vier Personen, müssen (Folgendes) vorsetzen: je eine Amphore guten Wein, Brote im Wert von zwei Assen in der Anzahl der Vereinsmitglieder, vier Sardinen, Gedeck, warmes Wasser mit Bedienung.

Ebenso wurde beschlossen: Wer in diesem Verein Quinquennalis wird, der muss vom Amtsantritt (?) als Quinquennalis an beitragsfrei sein, und es muss ihm bei allen Verteilungen der doppelte Anteil gegeben werden.

Ebenso wurde beschlossen, dass dem Schreiber und dem Boten von den nicht besetzten Ämtern (?) bei jeder Verteilung der eineinhalbfache Anteil gegeben wird.

Ebenso wurde beschlossen: Wer das Amt des Quinquennalis unbescholten verwaltet hat, dem sollen ehrenhalber eineinhalb Anteile von allem gegeben werden, damit die übrigen (für sich) aus richtigem Verhalten dasselbe erhoffen.

Ebenso wurde beschlossen: Wenn jemand eine Beschwerde oder einen Antrag vorbringen will, soll er das in der Versammlung tun, damit wir in Ruhe und Fröhlichkeit an den festlichen Tagen speisen können.

Ebenso wurde beschlossen: Wer die Ordnung stören will und von seinem Platz auf einen anderen wechselt, soll eine Strafe von vier Besterzen erhalten. Wenn jemand einen anderen beleidigt oder Unruhe stiftet, soll er eine Strafe von 12 Besterzen erhalten. Wenn jemand während des Mahls den Quinquennalis beleidigt oder beschimpft, soll er eine Strafe von 20 Besterzen erhalten.

Ebenso wurde beschlossen: Der Quinquennalis soll an den Festtagen seiner (Amts-)Zeit mit Weihrauch und Wein Gebete vollziehen und die übrigen Pflichten im weißen Gewand wahrnehmen; an den Geburtstagen der Diana und des Antinous soll er für den Verein vor dem Festmahl im öffentlichen Bad Öl bereitstellen.

ILS II/2 7212 (Schmeller, S. 99–105).

Der Verein zur Verehrung des Zeus Hypsistos

Auf diesem Papyrus ist neben den üblichen Anordnungen vor allem auffällig, dass Spaltungen und der Wechsel zu einem anderen Verein untersagt werden.
69–50 v. Chr., Philadelphia / Ägypten

[recto]
Horion, Sohn des Haryotes …
zweiunddreißig, gesamt: 32
Glück auf!

Das Gesetz, das die vom Verein des Zeus Hypsistos in Gemeinschaft festgesetzt haben, damit dieses Herr sei,

[5] und indem sie handeln, wie es befiehlt, wählten sie zuerst als einen Vorsitzenden über sich Petesouchos, den Sohn des Teephbennis, einen gelehrten Mann, des Ortes und der Männer würdig, für ein Jahr von dem zuvor genannten Monat und Tag ab,

damit er für alle Beitragenden bereite ein monatliches Mahl in dem Heiligtum des Zeus,

wo sie in einem gemeinsamen Raum Trankspenden vornehmen sollen, beten und die anderen [10] üblichen Riten durchführen für den Gott und Herrn, den König.

Alle müssen dem Vorsitzenden gehorchen und seinem Gehilfen in Dingen betreffend die Gemeinschaft, und sie sollen anwesend sein bei den Vorladungen, die ihnen gegeben werden, und bei Treffen und Versammlungen,

und niemand ist es erlaubt … (?) oder Spaltungen zu errichten oder sich zu trennen von der Bruderschaft des Leiters zu einer anderen Bruderschaft [15] und (es soll) nicht einer die Herkunft des anderen im Festmahl einnehmen (?) oder einen anderen beschimpfen im Festmahl oder schwätzen oder anklagen und nicht einander beschuldigen oder den Rückzug vornehmen für ein Jahr und nicht das Festmahl bewölken (?) und weder von hier bis da hin und her noch von einer Liege zur anderen laufen und nicht hindern den [20] … Beiträge und andere für … und einbringen jeder von ihnen … wenn jemand von ihnen Vater …

[verso]
(Namen und Zahlen)
PLond 2193 (Inv.No. 2710); C. Roberts / T. C. Skeat / A. D. Nock, The Gild of Zeus Hypsistos, HThR 29 (1936), 39–88; NewDocs 1 (1976), 28f; vgl. auch W. M. Brashear, Vereine im griechisch-römischen Ägypten, Konstanz 1993 (Xenia 34).

Der satirische Außenblick: Das Christentum als Verein?

[11] Zu dieser Zeit erlernte er auch die seltsame Weisheit der Christen, während er in der Gegend von Palästina mit ihren Priestern und Schriftgelehrten zusammenkam. Und was soll ich sagen? In Kürze ließ er sie wie Kinder aussehen, er, der ein Prophet, ein Thiasarch und Synagogeus und all das in einer Person war. Von den Büchern legte er einige aus und erklärte sie, viele aber schrieb er sogar selbst, und sie ehrten ihn wie einen Gott; er galt ihnen als Gesetzgeber, und sie machten ihn zu einem »Prostates«; nach jenem anderen, den sie auch heute noch verehren, dem Menschen, der in Palästina hingerichtet worden ist, weil er diesen neuen Kult in die Welt gesetzt hat.

[12] Damals wurde Proteus deswegen sogar verhaftet und kam ins Gefängnis, was ihm keine geringe Wertschätzung einbrachte für sein weiteres Leben und sein Auftreten als Scharlatan und seine Ruhmschinderei, die er sehr liebte. Als er gefangen war, machten die Christen sich dies zu ihrer eigenen Angelegenheit und setzten alles in Bewegung bei dem Versuch, ihn zu befreien. Später, da dies nicht möglich war, wurde ihm stattdessen eine Fürsorge zuteil – nicht nebenbei, sondern mit Eifer. Gleich morgens konnte man beim Gefängnis alte Witwen warten sehen und Waisenkinder; die Würdenträger unter ihnen schliefen sogar drinnen bei ihm; dafür hatten sie die Wächter bestochen. Dann wurden ihm noch vielerlei Speisen gebracht, man las ihre heiligen Schriften, und der gute Peregrinos, noch nämlich hieß er so, hieß bei ihnen ein neuer Sokrates.

[13] Es gab sogar einige Städte in der Provinz Asia, aus denen welche kamen, als Abgesandte im Auftrag der christlichen Gemeinden, die dem Mann helfen, ihn verteidigen und ihn trösten sollten. Sie legen eine unglaubliche Geschwindigkeit an den Tag, wenn so etwas von der Gemeinde aus geschieht; dann reagieren sie schnell und sparen an nichts. So fielen auch Peregrinos aus Anlass seiner Haft viele Gelder von ihrer Seite zu, und er machte kein schlechtes Geschäft damit. Die Unglückseligen nämlich haben sich eingeredet, dass sie gänzlich unsterblich seien und in Ewigkeit leben würden, weswegen sie den Tod verachten und

die meisten sich freiwillig ausliefern. Dann hat sie noch ihr erster Gesetzgeber davon überzeugt, dass sie alle Brüder seien, wenn sie erst übergetreten seien und den griechischen Göttern abgeschworen hätten, jenen gekreuzigten Sophisten anbeteten und nach seinen Gesetzen lebten. So verachten sie alle weltlichen Dinge in gleicher Weise und halten alles für gemeinsamen Besitz und nehmen solches ohne einen vertrauenswürdigen Beweis hin. Immer wenn also ein zauberkundiger oder gewitzter Scharlatan zu ihnen kommt, der die Gelegenheit zu ergreifen weiß, so wird er in kurzer Zeit sehr reich, indem er diese einfachen Leute zum Besten hält. [14] Nun wurde Peregrinos aber von dem damaligen Statthalter Syriens freigelassen, einem Freund der Philosophie, der seinen Wahnsinn durchschaute. Dieser wusste, dass er den Tod gern in Kauf nehmen würde, um damit ein ruhmvolles Andenken zu hinterlassen, und begnadigte ihn, weil er ihn nicht einmal der Strafe für wert hielt.

Er aber kam nach Hause und erkannte, dass die Geschichte mit seinem Vater noch schwelte, und dass viele die Anklage aufrecht erhielten. Der größte Teil seines Besitzes war während seiner Abwesenheit geplündert worden, und es blieben ihm nur noch die Äcker, die etwa 15 Talente wert waren. Es war nämlich das ganze Vermögen ungefähr 30 Talente wert gewesen, das der Alte hinterlassen hatte, nicht, wie der vollkommen lächerliche Theagenes behauptet, 5000. Für soviel hätte man nicht einmal die ganze Stadt der Parianer mit ihren fünf Nachbargemeinden verkaufen können mitsamt Menschen, Vieh und der gesamten Ausstattung.

[15] Aber noch war die Anklagebank warm, und es schien, dass binnen kurzem jemand gegen ihn aufstehen würde. Vor allem war das Volk verärgert, da sie beklagten, dass ein wertvoller Greis, wie die, die ihn gekannt hatten, sagten, so schmählich ermordet worden sei. Doch seht, was der weise Proteus gegen all dieses erfand und wie er aus dieser Gefahr entkam. Er begab sich in die Volksversammlung der Parianer – er trug sein Haar schon lang und hatte seinen schäbigen Mantel an, den Ranzen umgebunden und den Stecken in der Hand, und war überhaupt ganz und gar aufgemacht wie einer Tragödie entsprungen –, so also erschien er vor ihnen und sagte, er werde auf das Vermögen verzichten, das sein seliger Vater ihm hinterlassen habe, und es der Allgemeinheit überlassen. Als das Volk dies hörte – es waren arme Menschen, die nach Zuwendungen gierten –, da schrieen sie sofort auf und nannten ihn den einzigen Philosophen, den einzigen Patrioten, den einzigen Nachfolger des Diogenes und Krates. Seine Feinde wurden zum Schweigen gebracht, und wenn einer versuchte, an den Mord zu erinnern, wurde er sofort mit Steinen beworfen.

[16] Er begab sich nun ein zweites Mal auf Wanderschaft, wobei er die Christen als geeignete Erwerbsquelle hatte, die ihn schützten und dafür sorgten, dass es ihm an nichts mangelte. So ließ er sich eine Weile durchfüttern; dann aber verletzte er auch eine ihrer Regeln – er wurde gesehen, glaube ich, als er etwas ihnen Verbotenes aß –, und da sie ihn nicht mehr unter sich duldeten, hielt er es in seiner Hilflosigkeit für richtig, von der Stadt die Rückgabe seines Vermögens zu fordern. Er machte eine Eingabe, in der er den Antrag stellte, dass es ihm auf

Befehl des Kaisers zurückgegeben werde. Da daraufhin die Stadt eine Gegengesandtschaft schickte, geschah nichts, sondern ihm wurde befohlen, bei dem zu bleiben, was er einmal, ohne dass ihn jemand gezwungen habe, entschieden hatte.

Lukian, Der Tod des Peregrinos 11–16 (Pilhofer, S. 23–27).

6. Feste

Der antike Festkalender war Göttern zugeordnet, jedoch war er nicht theologisch organisiert, wie es beispielsweise beim Kirchenjahr der Fall ist. Zudem konnten mehrere Götter mit einem Fest verbunden werden. Feste wurden jedoch nicht ausschließlich zu religiösen Zwecken gefeiert, sondern sie vereinten zudem die sozialen Gruppen, da sie nicht auf freie erwachsene Männer beschränkt waren.

Die Antike weist unterschiedliche Arten von Festen auf, u. a. Neujahrsfeste, Initiationsfeste, Frauenfeste und militärische Feste, die z. B. anlässlich eines Sieges über eine andere Polis zelebriert wurden. Zu den Festakten gehörten Prozessionen, Maskenumzüge, Opfer und Festmahl, Gesang und Tanz sowie Agone (Wettkämpfe). Öffentliche Feste waren in der Antike (wie auch heute) von wichtiger ökonomischer Bedeutung.

Ovids Festkalender: Feste im Juni

9. Juni

Daher, glaube ich, kommt »Vestibül«. Weil Vesta den ersten
Platz hat, rufen wir stets erst einmal sie im Gebet.
Einst war es Brauch, vor dem Herde auf langen Bänken zu sitzen,
Und man glaubte, zum Mahl kämen die Götter herbei.
Jetzt noch, beim Opferfest zu Ehren der hehren Vacuna,
Sitzt und steht ja das Volk stets vor Vacunas Altar.
Etwas erhielt sich bis heut von dem uralten Brauch:
Eine reine Schale trägt Speisen, die Vesta als Opfer empfängt.
Schau, an den Eseln, die bekränzt sind, hängt Brot, und es decken
Blumengirlanden heut schmutzige Mühlsteine zu!
Früher haben die Bauern im Ofen nur Dinkel geröstet –
Eigene Opfer empfängt Fornax als Göttin daher –,
Brot buk der Herd. Man schob es unter die Asche, und auf den
Warmen Boden hat man dann einen Ziegel gelegt.
Daher ehrt der Bäcker den Herd und die Herrin der Herde,
Ehrt auch den Esel, weil der löchrige Mühlsteine dreht.
Roter Priap, soll ich deine Schmach übergehn oder soll ich
Sie erzählen? Obszön ist die Geschichte und kurz!
Kybele, die um die Stirne die Mauerkron gelegt hat,
Lädt zu ihrem Fest alle Unsterblichen ein,
Satyrn und Nymphen dazu, die ländlichen Gottheiten; aber
Auch Silen kommt, obwohl niemand ihn ruft zu dem Fest.

Nicht erlaubt ist's, das Mahl der Götter zu schildern, zu weit auch
Würde das führen. Viel Wein tranken sie während der Nacht.
Einige schwärmen umher in den schattigen Tälern des Ida,
Andere ruhn, und im Gras strecken die Glieder sie aus.
Die da spielen, die schlafen, und jene verschränken die Arme,
Tanzen mit schnellem Fuß, stampfen im Dreitakt aufs Gras.
Vesta ruht auch. Sie hat den Kopf auf den Rasen gebettet.
So wie sie war, lag sie da, sorglos in friedlichem Schlaf.
Aber der rote Hüter der Gärten hält Ausschau nach Nymphen
Und nach Göttinnen, läuft unstet umher, bis er dann Vesta sieht.
Ob er für eine Nymphe sie hielt oder sah, dass
Sie es war, weiß man nicht recht; letzteres streitet er ab!
Ovid, Festkalender 6, 303–336 (Holzberg, S. 262f).

Ovids Festkalender: Feste im Februar

21. Februar
Ehre erweist man auch Gräbern: Die Seelen der Ahnen versöhnt man,
Legt kleine Gaben dort, wo sie verbrannt wurden, hin.
Wenig begehren die Toten: Sie ziehen der Frömmigkeit reichen
Gaben vor; unten die Styx kennt keinen gierigen Gott.
Schon ein Ziegel genügt, mit Opferkränzen umwunden,
Einige Früchte, verstreut, wenige Körner von Salz.
Brot auch, in Wein geweicht, und lose Veilchen – man lege
In einem irdenen Topf dies in die Mitte des Wegs!
Großes verbiete ich nicht, doch auch dies versöhnt schon die Schatten;
Füge am Herd, im Gebet das, was man sagt, noch hinzu!
Diesen Brauch hat Äneas, für fromme Übung ein gutes
Leitbild, zu dir ins Land, wackrer Latinus, gebracht.
Feierlich gab er am Todestag festliche Gaben des Vaters Genius.
So kennt das Volk auch diesen heiligen Brauch.
Einmal jedoch, während lange Kriege mit streitbaren Waffen
Man geführt hat, da hielt keiner das Totenfest ab.
Das blieb nicht ungestraft: Es heißt, seit dem Frevel war, weil nun
Holzstöße stets vor der Stadt aufflammten, Rom ganz erhitzt.
Nicht recht glauben kann ich's: Es stiegen heraus aus den Gräbern,
Sagt man, die Ahnen, die laut klagten im Schweigen der Nacht.
Durch Roms Straßen und über die weiten Felder hin heulten
Seelen, nur schemenhaft, Geistergestalten – so heißt's.
Als den Gräbern darauf die versäumten Ehren man brachte,
War damit Spuk und Tod rasch auch ein Ende gesetzt. Währenddessen bleibt
ledig, ihr Mädchen! Es warte auf ihre
Tage die Kienfackel, die immer am Hochzeitsfest brennt.
Dir, die der drängenden Mutter zum Heiraten reif scheint, soll heute

Nicht der gekrümmte Speer schmücken das Jungfrauenhaar!
Birg, Hymenäus, die Fackeln, vom düsteren Feuer halt fern sie,
Hat doch das finstere Grab andere Fackeln als du!
Auch die Götter soll jetzt die Tür ihrer Tempel verbergen;
Weihrauch sei fern dem Altar, Feuer brenn' nicht auf dem Herd!
Leichte Seelen und Körper aus Gräbern, sie wandern umher jetzt,
Schatten ernährt das Mahl, das ihnen hingestellt wird.
Doch das dauert nicht länger, als übrig bleiben vom Monat
Soviele Tage, wie Füße mein Distichon hat.
Dieser Tag heißt, weil Opfer man bringt, Feralien, ist der
Letzte Tag auch, an dem man die Verstorbnen versöhnt.
Sieh doch die alte Frau inmitten der Mädchen dort sitzen!
Tacita opfert sie dort (schweigt aber selbst dabei kaum),
Legt mit drei Fingern drei Körner Weihrauch unter die Schwelle,
Wo den Geheimgang sich nagte die winzige Maus,
Bindet danach mit fahlem Blei besprochene Fäden,
Dreht sieben Bohnen auch, die schwarz sind, im Mund hin und her,
Dörrt einen Fischkopf, der, mit Pech beschmiert und mit einer
Bronzenen Nadel durchbohrt, zugenäht ist, in der Glut,
Tröpfelt auch Wein noch darauf, und was übrig vom Wein ist, das trinkt sie,
Oder die Mädchen tun's, selber jedoch trinkt sie mehr!
»Böse Zungen hab' ich und den Mund der Feinde gefesselt«,
Sagt im Gehen das Weib, schwankt dann betrunken davon.
Wer Dea Muta denn sei, das willst du nun gleich von mir wissen:
Hör, was von Greisen, die mich's lehrten, darüber ich weiß!
Jupiter, hemmungslos einst der Begier nach Juturna ergeben,
Litt viel, was so ein Gott niemals sonst durchmachen sollt'.
Bald war jene versteckt in den Haselstauden im Walde,
Bald kam hinabtauchend sie zu ihren Schwestern im Quell.
Er ruft die Nymphen zusammen, soweit sie in Latium wohnen,
Und inmitten der Schar sagt er erregt ihnen dies:
»Was ihr zum Glück doch gereicht, das vermeidet und gönnt sich nicht eure
Schwester: vereint zu sein mit dem erhabensten Gott.
Helft uns beiden! Denn das, was meine riesige Lust ist,
Bringt eurer Schwester dann riesige Vorteile ein!
Flieht sie, so stellt euch ihr am Rande des Ufers entgegen,
Dass in die Fluten des Stroms nicht sie hinabtauchen kann!«
Sprach's, und beifällig nickten die Nymphen des Tibers und alle,
Die bei dir im Palast, göttliche Ilia, sind.
Grad war nun da eine Nymphe, die Lara hieß; zweimal die erste
Silbe sprechend hat man Lala sie früher genannt,
Weil einen Fehler sie hatte: Zu ihr sagte Almo des öftern:
»Zügle die Zunge, mein Kind!« Aber sie zügelt sie nicht!
Kaum dass bei ihrer Schwester Juturna Gewässer sie anlangt,

Ruft sie: »Vom Ufer bleib weg!«, sagt dann, was Jupiter sprach,
Geht auch zu Juno, beklagt der Gattinnen Los und sagt:
»In die Nymphe Juturna ist jetzt heftig verliebt dein Gemahl!«
Zorn packt Jupiter: Sie, die sie nicht im Zaume hielt, ihre
Zunge reißt er ihr aus, ruft dann Merkur zu sich her:
»Führ zu den Manen sie fort! Gelegenheit gibt's dort zum Schweigen;
Nymphe bleibt sie, jedoch Nymphe im Unterweltsfluss!«
Was er befiehlt, das geschieht. Unterwegs nahm ein Hain sie auf; da nun
Fand ihr Begleiter, der Gott, sagt man, Gefallen an ihr,
Greift zur Gewalt, und durch Blicke, nicht Worte fleht sie um Schonung;
Sprechen möchte ihr Mund – stumm ist er, müht sich umsonst. Schwanger wird
sie, gebiert die Zwillinge, welche den Kreuzweg
Schützen, in unserer Stadt wachsam stets, Laren genannt.

22. Februar
Der Tag, der folgt, heißt Karistien von unsern lieben Verwandten,
Und es trifft ihre Schar sich bei den Göttern des Stamms.
Denn natürlich macht's Freude, von Gräbern und toten Verwandten
Zu den lebendigen auch nunmehr zu wenden den Blick,
Nach so vielen Toten zu schauen: Was ist von der Sippschaft
Übrig noch? Wer ist direkt, wer ist entfernt nur verwandt?
Schuldlos mögen sie kommen! Sei fern von hier, fern der verruchte
Bruder, die Mutter, von der Böses den Kindern geschieht,
Er, dem der Vater zu lang lebt, und er, der die Jahre der Mutter
Zählt, und die Schwieger, die nicht nett ist zur Schnur, die sie hasst!
Fern solln die Tantaliden, soll Jasons Ehefrau bleiben,
Sie, die den Samen gedörrt einstmals den Landleuten gab,
Samt ihrer Schwester auch Prokne und Tereus, der grausam zu beiden
War und jeder, der nur frevelnd den Reichtum vermehrt!
Aber ihr Guten, bringt Weihrauch den Göttern der Sippe; es heißt, die
Sanfte Concordia ist heut ganz besonders bei euch!
Opfert Speisen, auf dass als ein Pfand willkommener Gabe
Das, was auf Schalen man darbringt, die Laren ernähr'!
Wenn zur sanften Ruhe die feuchte Nacht euch dann einlädt,
Nehmt reichlich Wein zur Hand vor dem Gebet und dann sprecht:
»Heil euch! Heil dir, Vater des Vaterlandes, du guter Caesar!«
Spendet, wenn so Frommes ihr sagt, euren Wein!
Ovid, Festkalender 2, 533–638 (Holzberg, S. 78–85).

Die Hauptformen der Religionsausübung

[1] Nach dem Willen unserer Vorfahren sollten die festen feierlichen Gebräuche von den auf diesem Gebiet bewanderten Priestern geregelt, die Beurteilung, ob eine Angelegenheit erfolgreich durchgeführt werden könne, auf die Beobachtung

der Auguren gestützt, die Weissagungen Apolls mit Hilfe der prophetischen Bücher gedeutet und die Abwehr Unheil verkündender Wunder nach der etruskischen Regel durchgeführt werden. Ebenfalls nach altem Brauch bedient man sich bei der Religionsausübung folgender Formen: des Gebets, wenn den Göttern etwas empfohlen werden soll; des Gelübdes, wenn man etwas erwirken will; der Danksagung, wenn man etwas abzutragen hat; der Bitte um günstige Vorzeichen, wenn man mit Hilfe der Eingeweideschau oder von Losen etwas erkunden will; wenn etwas nach feierlichem Brauch durchzuführen ist, des Opfers, mit dem auch die Erscheinungen böser Wunderzeichen und Blitze gesühnt werden.
Valerius Maximus, Denkwürdige Taten und Worte 1,1 (Blank-Sangmeister, S. 6f).

Freilassung von Verbrechern beim Götterfest

[4] Auf den harten Winter folgte, entweder weil die Witterung vom einen Extrem rasch ins Gegenteil umschlug oder aus einem anderen Grund, ein drückender und für alle Lebewesen ungesunder Sommer. [5] Weil sich für dieses heillose Verderben weder ein Grund noch ein Ende erkennen ließ, wandte man sich auf Senatsbeschluss an die Sibyllinischen Bücher. [6] Das Zweierkollegium für die Riten versöhnte durch ein feierliches Göttermahl (*lectisternium*), das damals zum erstenmal in der Stadt durchgeführt wurde, acht Tage hindurch Apollo und Latona, Herkules und Diana, Merkur und Neptun auf mit Decken und Kissen zurechtgemachten Liegen, so prächtig man sie damals herrichten konnte.

[7] Auch privat wurde diese Zeremonie durchgeführt. Es heißt, in der gesamten Stadt seien die Türen offen gewesen, alles mögliche habe zum gemeinsamen Gebrauch im Vorraum gestanden, Bekannte und Unbekannte seien, wie sie kamen, überall zu Gast geladen worden, selbst mit seinen Feinden habe man sich freundlich und höflich unterhalten und Zank und Streit hätten geruht. [8] Auch den Gefangenen seien für diese Tage die Fesseln abgenommen worden; man habe es dann für einen Frevel gehalten, ihnen, denen die Götter diese Gnade erwiesen hätten, wieder Fesseln anzulegen.
Livius, Römische Geschichte 5,13,4–8 (Hillen, Bd. 2, S. 182–185).

7. Jenseitsvorstellungen

Die Insel der Seligen

Soviele es aber vermochten, dreimal auf jeder der beiden Seiten
verweilend, fern ganz von Unrecht zu halten
die Seele, ziehen hinauf den Zeusweg zum Kronosturm; dort umatmen
die Insel der Seligen ozeanische Lüfte; Blüten flammen von Gold,
die einen am Land von schimmernden Bäumen herab,
das Wasser nährt andere,
mit deren Ketten sie Arme umflechten und Kränze
nach den geraden Ratschlüssen des Rhadamanthys,

den der große Vater als seinen bereiten Beisitzer hat,
der Gatte der Rhea, die über alles einnimmt den höchsten Thron.
Pindar, Siegeslieder 68–77 (Bremer, S. 23).

Vorstellungen vom **Leben nach dem Tod** sind in der gesamten antiken Welt bekannt. Die Jenseitsvorstellung Homers kennt eine karge dunkle Unterwelt (**Hades**), die am Rande der Welt existiert. Fast ausnahmslos fristen die Verstorbenen dort ein trostloses Dasein. Der Frevler Sisyphos etwa ist dazu verdammt, wieder und wieder einen Stein einen Abhang hinaufzurollen, doch kurz vor dem Erreichen des Gipfels rollt der Stein jedes Mal wieder hinunter, so dass Sisyphos erneut beginnen muss. Die Vorstellung einer hoffnungslosen Unterwelt hat ihre Parallelen im Alten Orient; sie ist bis in die Spätantike hinein präsent und hat ihre Spuren u.a. auf Grabinschriften hinterlassen.

Ferner findet sich bereits bei Homer die Vorstellung eines Glücksortes (**Elysion**), an den auserwählte Menschen entrückt werden können. Eng verbunden mit dem Elysion ist die Vorstellung der Inseln der Seligen (αἱ τῶν μακάρων νῆσοι), der Wohnort der Glückseligen nach dem Tod.

Eine Vorstellung von **leiblicher Auferstehung** und Verwandlung bzw. Entrückung zu Gott, wie sie das Neue Testament unter Aufnahme jüdischer Traditionen entwickelt, ist dem griechisch-römischen Bereich dagegen fremd. Die Verkündigung der Auferweckung eines Gekreuzigten und der endzeitlichen Auferstehung der zu ihm Gehörenden, wie sie sich seit Paulus in der christlichen Tradition findet, stieß vor diesem Hintergrund bei paganen Hörern häufig auf Unverständnis und Spott. Dies zeigt sich bereits in der Areopagrede des Paulus (Apg 17), aber auch bei dem heidnischen Philosophen Kelsos.

Sokrates' Argument für den Fortbestand der Seele nach dem Tod

[15] Lasst es uns etwa auf folgende Weise untersuchen, ob die Seelen in der Unterwelt sind, wenn die Menschen gestorben sind, oder nicht. Eine alte Rede gibt es, deren wir uns erinnern, dass sie, wie sie von hier dort hingekommen sind, auch wieder hierher zurückkommen und aus den Toten von neuem entstehen. Wenn sich das so verhält, dass aus den Gestorbenen die Lebenden von neuem entstehen, könnte es dann anders sein, als dass unsere Seelen dort sind? Denn sie könnten ja wohl nicht von neuem entstehen, ohne zu sein, und das wäre ein hinreichendes Zeugnis dafür, dass es so ist, wenn tatsächlich offenbar würde, dass die Lebenden nirgend anderswoher entstehen als aus den Toten […]
Platon, Phaidon 15 (Zehnpfennig, S. 37).

Die Reise der Seele nach dem Tod in die Unterwelt und zurück

[57] […] Denn wenn der Tod eine Trennung von allem wäre, dann wäre es ein Glücksfall für die Schlechten, wenn sie gestorben sind, von ihrem Körper getrennt zu sein und zugleich auch – mit der Seele – von ihrer Schlechtigkeit. Nun aber, da sie sich ja als unsterblich zeigt, kann es wohl für sie keine andere Befreiung vom Schlechten geben und keine Rettung, außer, dass sie so gut und so vernünftig wird wie möglich! Nichts anderes nämlich hat die Seele bei sich, wenn sie in die Unterwelt kommt, als ihre Erziehung und Nahrung, was dann auch, wie man sagt, dem Verstorbenen am meisten nützt oder schadet sogleich zu Beginn

seiner Reise dorthin. Man sagt aber, dass jeden Verstorbenen sein Dämon, der sich schon im Leben um ihn kümmerte, an einen Ort zu führen sucht, von wo die Versammelten, nachdem sie sich ihr Urteil haben sprechen lassen, in die Unterwelt wandern müssen mit jenem Führer, dem es befohlen ist, die Hiesigen nach dort zu bringen. Nachdem ihnen dort zuteil geworden ist, was ihnen zukommt, und sie die erforderliche Zeit geblieben sind, bringt sie ein anderer Führer nach vielen und großen Zeitumläufen wieder hierhin […]
Platon, Phaidon 57 (Zehnpfennig, S. 144–147).

Odysseus Reise in die Welt der Toten

Ankunft im Hades und Vorbereitungen zur Befragung der Toten
Tagsüber blieben die Segel gespannt auf der Fahrt durch die Wogen.
Doch als die Sonne versank und sich Schatten auf Wege und Straßen
Legten, erreichte das Schiff auch den Rand von Okeanos' Tiefstrom […]
Dort nun kamen wir an und landeten, nahmen die Tiere,
Gingen dann wieder zu Fuß entlang an Okeanos' Strömung,
Bis wir endlich die Stelle erreichten, die Kirke beschrieben.
Dort nun hielten Eurylochos und Perimedes die Opfer.
Ich aber zog indessen mein scharfes Schwert vom Schenkel,
Warf eine Grube dann aus, eine Elle in Länge und Breite,
Schüttete rund um sie eine Spende für alle die Toten […]

Dann rief ich die Völker der Toten mit Bitten und Beten,
Packte die Tiere und schnitt ihnen über der Grube den Hals ab.
Dunkel dampfend rann da ihr Blut. Aus dem Düster indessen
Kamen in Scharen die Seelen der lang schon gestorbenen Toten.
Bräute kamen und Jünglinge, Greise, die vieles erduldet,
Mädchen in fröhlichem Alter mit frischem Leid im Gemüte,
Viele auch, die es getroffen in Kämpfen der ehernen Speere,
Männer, die fielen im Krieg und blutige Rüstungen trugen:
Zahllose drängten von sämtlichen Seiten heran an die Grube,
Lärmten als sprächen Verzückte; – mich packte das bleiche Entsetzen.
Jetzt aber trieb mein Befehl die Gefährten, sie sollten die Tiere,
Wie sie da lagen, geschlachtet mit fühllosem, ehernem Schwerte,
Häuten und gänzlich verbrennen; die Götter sollten sie bitten,
Hades den Starken und mit ihm die schreckliche Persephoneia.
Ich aber zog indessen mein scharfes Schwert vom Schenkel,
Blieb dann sitzen und ließ der Toten kraftlose Häupter
Nicht an das Blut heran; Teiresias wollt' ich erst hören […]
Homer, Odyssee 11,11–13.20–26.34–50 (Weiher, S. 288–291).

Teiresias erscheint und gibt Rat zur Totenbefragung
»[…] Alle gestorbenen Toten, die nahe ans Blut du heranlässt,
Können mit dir sich bereden und klare Kunde dir geben.

Wem du es aber verweigerst, der geht und kehrt dir den Rücken.«
Also sagte des Herrschers Teiresias Seele und ging dann
Wieder in Hades' Haus, als er göttliche Kunde gegeben.
Ich aber blieb auf der Stelle und rührte mich nicht, bis die Mutter
Kam und trank vom dunkel dampfenden Blute. Sofort dann
Kannte sie mich und sagte mir jammernd geflügelte Worte:
»Kind, wie kamst du lebendig herab in das dunstige Düster?
Was du hier siehst, kann schwerlich ein andrer Lebendiger sehen.
Riesige Ströme und schreckliche Fluten liegen dazwischen.
Erst der Okeanos; den zu durchwandern ist gänzlich unmöglich;
Nur mit dem trefflichst gezimmerten Fahrzeug kann man es wagen.
Kommst du von Troja jetzt endlich hieher mit Schiff und Gefährten?
Irrst du schon lange herum in der Welt und hast du denn noch nicht
Ithaka wieder erreicht und dein Weib im Palaste gesehen?«
Also sprach sie; ich aber gab ihr erwidernd zur Antwort:
»Ach, meine Mutter! Die Not hat in Hades' Haus mich getrieben,
Rat soll ich holen und fragen des Thebere Teiresias Seele […]

Also sprach sie; doch ich, im Sinne vergrübelt, verlangte
Anzufassen die Seele der eignen verstorbenen Mutter.
Dreimal setzte ich an; mein Gemüt befahl mir zu fassen:
Dreimal indessen entflog sie den Händen, ein Traum nur, ein Schatten.
Nun aber wuchs mir im Herzen noch stärker der stechende Kummer.
Darum sprach ich sie an und sagte geflügelte Worte:
»Meine Mutter! was wartest du nicht, da michs drängt dich zu fassen?
Könnten wir nicht uns beide auch hier noch unten im Hades
Liebend umarmen und lange dann schwelgen in grässlichen Klagen?
Hat die erlauchte Persephoneia mir nur eine Maske
Hergetrieben, dass immer noch mehr ich seufze und jammre?«
Also sprach ich; und gleich gab die waltende Mutter mir Antwort:
»Wehe, mein Kind! Du allerunglückseligster Mann du!
Nein, nicht täuscht dich Persephoneia, die Tochter des Zeus; denn
Dies ist Gesetz beim Tode sterblicher Menschen: Die Sehnen
Halten das Fleisch und die Knochen dann nicht mehr zusammen; es machen
Starke Kräfte lodernden Feuers dies alles zunichte,
Hat erst der Wille zum Leben die weißen Gebeine verlassen.
Dann aber fliegt die Seele auch flatternd davon wie ein Traumbild […]«
Homer, Odyssee 11,147–165.204–222 (Weiher, S. 296–299).

Odysseus' Neugier und seine Flucht aus dem Hades
Ich aber blieb auf der Stelle und rührte mich nicht. Ich wollte
Andere Helden noch sehn, die schon früher ihr Ende gefunden.
Männer der Vorzeit, so viele ich wollte, hätt' ich gesehen,
Theseus, Peiríthoos, ruhmvolle Söhne der Götter. Indessen

Kamen schon vorher in zahllosen Scharen Völker von Toten,
Lärmten, als sprächen Verzückte – mich packte das bleiche Entsetzen. Bangen
musst ich, es schicke die edle Persephoneia
Gorgos', der grausigen Riesin, Haupt mir zu aus dem Hades.
Darum ging ich sofort zu Schiff und befahl den Gefährten
Selbst auch einzusteigen, die haltenden Taue zu lösen.
Gleich aber stiegen sie ein und besetzten die Ruderbänke.
Aber das Schiff glitt hin auf Okeanos' strömenden Fluten,
Erst mit der Kraft seiner Ruder und darin mit dem herrlichsten Fahrwind.
Homer, Odyssee 11,628–640 (Weiher, S. 321).

Eine »naturwissenschaftliche« Jenseitslehre der Antike

[40] […] Also: wir zweifeln nicht daran – oder tun wir es doch, wie in den meisten Fällen? Aber gewiss da am wenigsten, da wir uns auf die Mathematiker verlassen können, die uns zeigen, dass die Erde im Mittelpunkte der Welt ruht und im Verhältnis zum Umschwung des ganzen Himmels gewissermaßen einen Punkt einnimmt, den die Mathematiker Zentrum nennen. Ferner ist dies die Natur der vier Körper, aus denen alles entsteht, dass sie verschiedene und sozusagen untereinander aufgeteilte Bewegungen haben: das Erdige und das Feuchte bewegt sich seiner eigenen Neigung und Schwere nach in gleichen Winkeln auf die Erde und das Meer hin; die zwei übrigen Elemente, das Feurige und das Luftige, steigen ebenso, wie jene ersten durch ihre Schwere und ihr Gewicht zur Weltmitte fallen, ihrerseits in gerader Linie zum Orte des Himmels empor; sei es, dass ihre eigene Natur nach oben strebt, sei es, dass das Leichte vorn Schweren naturgemäß nach oben gedrückt wird.

Wenn dies feststeht, so sollte es klar sein, dass die Seelen, wenn sie den Körper verlassen haben, sich nach oben bewegen, mögen sie luftartig, also hauchartig, oder feurig sein.

[41] Sollte freilich die Seele eine Art von Zahl sein, eine Hypothese, die eher scharfsinnig als klar ist, oder jenes fünfte Element, das man ebenso schwer benennen wie begreifen kann, so wäre sie noch einfacher und reiner und würde sich von der Erde noch weiter entfernen.

Irgendeines von diesen Dingen ist die Seele; denn man wird nicht annehmen, dass der Geist mit seiner Beweglichkeit im Herzen oder im Gehirn oder gar im Blute wie bei Empedokles ertrunken daliege […]

[43] Wenn sie nun unzerstörbar dauert und sich selbst gleich bleibt, so muss sie sich so bewegen, dass sie diesen ganzen Himmel, in welchem sich Wolken, Regen und Winde sammeln und der feucht und nebelig ist wegen der Ausdünstungen der Erde, durchdringt und zerteilt. Und wenn sie diese Region hinter sich gelassen und eine mit ihr verwandte Natur berührt und erkannt hat, dann hört sie auf, weiter in die Höhe zu steigen und setzt sich auf Feuern fest, die aus feinem Hauch und gemäßigtem Sonnenfeuer zusammengefügt sind. Sobald die Seele nämlich zu einer ihr gleichen Leichtheit und Wärme gelangt ist, so wird

sie gewissermaßen durch gleiche Gewichte in der Schwebe gehalten und bewegt sich nach keiner Richtung; so ist ihr schließlich dies der natürliche Wohnsitz, wenn sie bis zu ihresgleichen vorgedrungen ist. Dort bedarf sie keines Dinges und wird sich mit denselben Dingen ernähren und erhalten, mit denen sich die Sterne ernähren und erhalten.
Cicero, Gespräche in Tusculum 1,40–43 (Gigon, S. 40–45).

Der doppelte Ausgang der Seelenwanderung nach dem Tod

[72] Denn dies glaubte Sokrates und dies lehrte er, dass es zwei Wege und zwei Wanderungen für die Seelen gebe, die aus dem Körper hinausträten: wer sich mit den menschlichen Lastern besudelt und sich ganz den Leidenschaften preisgegeben habe und durch sie verblendet sich entweder mit privaten Lastern und Schandtaten befleckt oder den Staat verletzt und unsühnbare Verbrechen auf sich geladen habe, für solche gebe es einen abseitigen Weg, ausgeschlossen von der Gemeinschaft der Götter. Wer sich aber untadelig und rein bewahrte, sowenig als möglich mit dem Körper zu schaffen hatte, sich von ihm immer wegwandte und in menschlichem Leibe weilend das Leben der Götter nachahmte, diesen stehe eine leichte Rückkehr zu jenen offen, von denen sie ausgegangen seien.
Cicero, Gespräche in Tusculum 1,72 (Gigon, S. 69).

Die Fahrt des Aeneas durch die Unterwelt

Aeneas gelangt mit der Prophetin Sibylle von Cumae an den Styx
Dunkel schritten sie dort unter einsamer Nacht durch Schatten
und durch Plutos öden Palast und die Reiche der Ohnmacht,
wie bei ungewiss gleißendem Mond unter boshaftem Flimmern
dämmert durch Wälder der Weg, wenn Jupiter schattend umwölkt den
Himmel und düstere Nacht den Dingen löscht ihre Farben.
Gleich an der Vorhalle selbst, zunächst im Schlunde des Orkus,
lagert der Gram, dort lauern die rächend nagenden Sorgen,
hausen Krankheitsdämonen bleich und grämliches Alter.
Furcht und Hunger, der übel berät, und schimpfliche Armut,
Larven, grässlich zu schauen! Dort lagern der Tod und die Mühsal,
bleierner Schlaf, dem Tode verwandt, und des Herzens verworfne
Lüste; todbringend hockt auf der Schwelle der Dämon des Krieges,
dort ist der Furien eisern Gemach, dort sinnlose Zwietracht,
die ihr Schlangenhaar aufknotet mit blutigen Bändern […]
Hier führt weiter der Weg zu des höllischen Acheron Wogen.
Trübe von Schlamm und wüst hinwirbelnd siedet und braust der
Strudel und speit all seinen Sand in des Klagestroms Fluten.
Hier die Gewässer und Ströme bewacht als grausiger Fährmann
Charon, strotzend von grässlichem Schmutz; verwildert umwuchert
grau und struppig der Bart sein Kinn; starr glühn seine Augen,

schmutzig hängt von den Schultern herab am Knoten sein Umhang,
selber stößt er das Floß mit der Stange, bedient es mit Segeln,
fährt im eisenfarbigen Kahn die Toten hinüber,
hoch schon bejahrt, doch grünt noch frisch dem Gotte das Alter.
Hierhin drängt die ganze, am Ufer wimmelnde Menge
Mütter und Gatten und Leiber, gewaltige, adliger Recken,
nun dem Leben entrückt, und Knaben und bräutliche Mägdlein,
Jünglinge auch, auf den Holzstoß gebahrt vor Augen der Eltern:
zahlreich, wie in Wäldern beim ersten Froste des Herbstes
Blätter taumeln im Fall, oder wie landeinwärts vom hohen
Meere die Vögel schwärmen zuhauf, wenn Kälte des Jahres
über die See sie jagt und treibt in sonnige Lande.
Bittend standen sie da, als erste überzusetzen,
und sie streckten die Hände voll Sehnsucht zum anderen Ufer.
Aber der düstere Ferge nimmt auf bald diese, bald jene,
andere hält er weit entfernt vom sandigen Ufer.
Staunend fragte Aeneas, bestürzt vom wilden Getümmel:
»Sag mir, Jungfrau, was will zum Strom dieses Drängen bedeuten?
Was verlangen die Seelen, nach welchem Unterschied weichen
diese vom Ufer, durchrudern die anderen bleigraue Fluten?«
Ihm gab kurze Kunde die hochbejahrte Prophetin:
»Sohn des Anchises, echtester Spross der Götter, du siehst des
Klagestromes schleichende Flut und den stygischen Pfuhl, bei
dessen Gottheit falsch zu schwören Götter sich fürchten.
Hier, was du siehst, dies Gewimmel ist hilflos, ohne ein Grab noch.
Jener Ferge ist Charon, die Rudernden dort sind Begrabne.
Und von einem Ufer des Grauens darf er sie nicht zum
anderen fahren durch murrende Flut, eh im Grab ihr Gebein ruht.
Hundert Jahre umirren sie flatternd hier die Gestade,
dann erst dürfen sie wiedersehn die ersehnten Gewässer.«
Vergil, Aeneis 4,268–281.295–330 (Götte, S. 236–241).

Die erste Abteilung im Totenreich: das Trauergefilde tragisch Verstorbener

Endlich bringt er jenseits des Stroms Prophetin und Helden
heil an Land im widrigen Schlamm und schillernden Sumpfgras.
Cerberus bellt, der riesige, laut aus dreifachem Schlunde
hier im Reich und lagert entsetzlich am Eingang der Höhle.
Als die Prophetin sah, wie schon sein Drachenkamm aufschwoll,
warf einen Kloß sie ihm vor, der durch Honig und Zauberkraut tiefen
Schlaf gab […]

Schlaf begräbt den Wächter; rasch nimmt Aeneas den Zugang
und weicht schnell vom Ufer des rückkehrwehrenden Stromes.
Gleich ward Stimmengewirr rings laut, ein klägliches Wimmern,

weinende Kinderseelen: Enterbte des lieblichen Lebens,
raffte sie gleich an der Schwelle und fort von der nährenden Brust der
düstere Tag und ließ sie im bitteren Tode versinken.
Dicht neben ihnen sind die fälschlich zum Tode Verdammten.
Hier aber ward ihnen nicht ihr Platz ohne Wahl, ohne Richter:
Minos als Vorsitzer schüttelt die Urne, wählt sich den stillen
Rat des Gerichts und prüft verhörend Leben und Leumund.
Anschließend wohnen sodann voll Trauer, die ohne Verschulden
Tod sich gaben mit eigener Hand, aus Ekel am Licht ihr
Leben von sich warfen; wie gern jetzt würden sie droben
unter dem Himmel Armut ertragen und drückende Mühsal.
Götterspruch wehrt es, der widrige Pfuhl der Wasser des Grames
hemmt sie, es hält sie der Styx mit neunfach wehrender Windung.
Nicht gar weit von hier, nach überallhin sich dehnend
liegen die Trauergefilde: so heißen sie drunten mit Namen.
Einsame Pfade verbergen hier alle die, denen harte
Liebe grausam zehrte am Mark, es birgt sie ein Wald von
Myrtenbäumen: doch will sie ihr Gram selbst im Tod nicht verlassen.
Vergil, Aeneis 4,415–421.424–444 (Götte, S. 244–247).

Die große Scheidung: Eylsium oder ewige Qual
Hier ist der Ort, da der Weg nach beiden Seiten sich spaltet:
wo der rechte zur Burg hinstrebt des mächtigen Pluto,
führt zum Elysium uns die Bahn; der linke dort aber
straft die Bösen und schickt sie hinab zum Pfuhl der Verruchten.

Gericht und Strafe im Totenreich: Der Pfuhl der Verruchten
Umschaut Aeneas sich jetzt, und hart unterm Felsen zur Linken
sieht er die wuchtende Burg, umwallt von dreifacher Mauer,
die der flammenstrudelnde Strom rings wütend umwirbelt,
Phlegethons höllische Flut, fortwälzend dröhnende Felsen.
Vorn ragt riesig das Tor, aus härtestem Erze die Säulen,
dass nicht Menschenmacht, ja selbst nicht Himmelsbewohner
je sie brächen im Krieg; hoch ragt ein eiserner Turm auf,
lauernd hockt Tisiphone dort, blutfarben ihr Umhang,
schlaflos hütet den Vorhof sie durch Nächte und Tage.
Stöhnen drang von hier herauf, und wütende Schläge
klatschten, Eisengeklirr ward laut und Kettengerassel;
jäh vom Geräusche entsetzt und gebannt blieb stehen Aeneas:
»Welche Verbrechen sind hier, sag an, o Jungfrau, und welche
Strafen erleiden sie, welch ein Jammer hallt in die Lüfte?«
Da sprach so die Prophetin: »Erhabener Führer der Teukrer,
niemals darf ein Frommer des Frevels Schwelle betreten.
Aber als Hekate mir die avernischen Haine vertraute,

zeigte sie selbst mir in jedem Bereich die Strafen der Götter.
Diese Reiche der Qual beherrscht Rhadamanthus aus Knossos.
Peinlich verhörend erfährt er die Arglist und zwingt zu gestehen,
was einer droben an Freveln beging und, nichtigen Truges
froh, zu sühnen verschob, bis zu spät es geworden im Tode.
Und den Schuldigen sitzt als Rächerin, geißelgegürtet,
gleich Tisiphone auf und peitscht sie, hält in der Linken
wütende Nattern und ruft die grimmigen Scharen der Schwestern.
Dann erst, kreischend vom gräßlichen Ton der Türangel, klafft weit
auf das Tor des Fluches: du siehst, welche Wärterin dort im
Vorhof hockt, die Gestalt, die dort die Schwelle in acht nimmt:
Wütender noch haust drinnen mit fünfzig düsteren Rachen
riesengroß eine Schlange; dann klafft der Tartarus selber
zweimal jäh so tief und dehnt so weit sich ins Dunkel,
wie der Aufblick reicht zu des Himmels lichtem Olympus.
Uralte Brut der Erde ist hier, das Volk der Titanen,
wälzt sich, niedergeschmettert vom Blitz, in den Tiefen des Abgrunds […]

Wer seine Brüder im Leben gehasst oder wer seinen Vater
schlug und wer mit Betrug am Schützling schnöde gefrevelt,
wer da einsam brütend gehockt auf gehortetem Reichtum
und ihr Teil den Seinen nicht gab, – und das sind die meisten –,
wer wegen Ehebruchs niedergehaun, wer ruchlosem Krieg sich
anschloss, wer sich nicht scheute, dem Herrn die Treue zu brechen,
wartet in Fesseln der Pein. Frag nicht, welche Pein sie erwarten,
oder was für ein Spruch, welches Los die Männer versenkte.
Einige wälzen gewaltigen Block, an Speichen von Rädern
hangen andre gereckt […]
Vergil, Aeneis 4,540–543.548–581.608–617 (Götte, S. 252–257).

Das Elysium: Wohnsitz der Seligen
Erst als dieses vollbracht und der Dienst an der Göttin erfüllt war,
kamen zum Orte der Freude, zu lieblich-leuchtender Grünung
glückgesegneter Haine sie hin, zu der Seligen Wohnsitz.
Fülle des Äthers umwebt das Gefild mit purpurnem Lichte,
eigene Sonne kennen sie hier und eigene Sterne.
Einige üben die Glieder auf grasgepolstertem Ringplatz,
messen im Kampfspiel sich und ringen in gelblichem Sande.
Andere stampfen im Reigentanz bei fröhlichen Liedern.
Thrakiens Priestersänger, umwallt vom langen Talare,
spielt zu Tanz und Lied die siebensaitige Leier,
schlägt mit Fingern sie bald und bald mit dem Elfenbeinstäbchen […]

Waffen seitab und Wagen der Helden, unnütz geworden,
staunt er an; da ragen im Boden Lanzen, und frei durchs

Feld hin weiden Rosse ringsum: denn wer seinen Wagen,
wer seine Waffen im Leben geliebt, wer schimmernde Rosse
gern geweidet, dem folgt seine Liebe hinab in die Erde.
Andere sieht zur Rechten er da und zur Linken im Grase
schmausen, sie singen im Chor des Kriegsrufs jubelnde Weise
dort im lorbeerduftenden Hain, woher sich nach oben
flutenreich durch Wald hinwälzt des Eridanus Woge.
Hier ist die Schar, die im Kampf um das Vaterland Wunden erlitten,
hier sind die, die als Priester rein ihr Leben erfüllten,
hier die frommen Seher, die würdig des Phoebus gesprochen,
hier, die das Leben durch Kunst und Erfindungen bildend bereichert,
alle, die je durch Verdienst in der Welt ein Denkmal sich schufen.
Ihnen allen umschlingt eine schneeweiße Binde die Schläfen.
Vergil, Aeneis 4,637–647.651–665 (Götte, S. 256–259).

Die eigentliche Zukunft der Seelen im Totenreich
Ja, selbst wenn mit letztem Blick das Leben dahinschied,
weicht nicht jegliches Übel den Armen, weichen nicht alle
Seuchen des Körpers von Grund aus fort, denn, lange und tief den
Seelen verwachsen, bleibt noch viel erstaunlich verwurzelt.
Daher suchen Peinen sie heim; für frühere Sünden
büßen Strafen sie ab: breit hangen die einen im leeren
Windraum schwebend gereckt, den anderen wird über wüsten
Wassern der Schandfleck getilgt oder ausgebrannt durch Feuer.
Wir erleiden je eigenes Wesen; dann aber werden
wir durch Elysiums Weite gesandt und bewohnen, ein paar nur,
Fluren der Wonne, bis lang-lange Frist, wenn erfüllet die Zeit ist,
eingewachsenen Makel tilgt und lauter zurücklässt
äthergeborenen Sinn und einfachen Lichthauchs Feuer.
Alle hier, wenn sie ihr Rad durch tausend Jahre hin wälzten,
ruft zu Lethes Strom der Gott in mächtiger Heerschar:
denn sie sollen erinnerungslos die obere Wölbung wiedersehen,
gewillt zurückzukehren in Körper.
Vergil, Aeneis 4,735–751 (Götte, S. 263).

8. Grabinschriften (vgl. auch II B 3 f))

Grab eines Sohnes, Rom, 1. Jh.

Du, fromme Mutter, gedenk, dass du meine Asche bedeckest!
Rufe den Namen oft des Sohnes, der hier liegt im Grabe,
sind es auch Worte nur, sie sind meiner Asche das Liebste!
CE 431 (Geist, S. 159).

Grab der Helvia Prima, Benevent

1. Jh. v. Chr.
Du, der als Wandrer hier mit ruhigem Herzen daherkommst
Und mit den Blicken streifst, wo man die Opfer mir bringt,
wenn du fragst, wer ich bin: nur Staub und trockene Asche,
vor meinem traurigen Tod Helvia Prima ich war.
Cadmus Scrateius, mein Mann, als Gatte war meine Lust er,
Eintracht war unser Ziel, gleich schlug uns beiden das Herz.
Jetzt bin ich Pluto geweiht und bin's für ewige Zeiten,
durch die Flamme ich ging über das Wasser des Styx.
CE 960 (Geist, S. 161).

Grab der Marcana Vera, Sarsina

Dir verleihe der Lenz seine Gaben, herrliche Blumen,
und es nicke dir zu die Ähre, Freude des Sommers,
und es schenke der Herbst dir stets die Gaben des Bacchus,
fröhliche Winterzeit mag dir bescheren die Erde.
CE 439 (Geist, S. 162).

Brixen-Brixia, verschollen

Tod ist das Letzte wohl, aber das Heilsamste auch.
CE 1493 (Geist, S. 164).

Grab eines Unbekannten I, Cadix-Gades

Ich war nichts, ich bin nichts: Und du, der du lebst, iss, trink, scherze, komm!
CE 1500 (Geist, S. 164f).

Grab eines Unbekannten II, Rom, jetzt Neapel, 2. Jh. n. Chr.

Was hast du nun davon, dass einwandfrei du gelebt hast?
CE 543 (Geist, S. 165).

Grab des Veteranen T. Cissonius, Antiochia (Pisidien), 1. Jh. n. Chr.

Zeitlebens trank ich gern; so trinkt auch ihr, die ihr noch lebt!
CE 243 (Geist, S. 169).

Grab des Tiberius Claudius Secundus, Rom, handschriftlich überliefert

Bäder und Liebe und Wein, sie richten uns freilich zugrunde,
aber das Leben sind doch Bäder und Liebe und Wein.
CE 1499 (Geist, S. 171).

Sicca, Nordafrika

Grabsteine sieht man genug, starb doch ich nicht allein.
CE 1240 (Geist, S. 199).

Grab für Grablose, Rhodos, jetzt Brit. Museum

Der Grablosen Grab (Heimat für Schiffbrüchige?)
Syll.^{3} *1258 = IG XII 1,656 (Geist, S. 209).*

Verschiedene Grabinschriften, alle Rom

Fremdling, so möge dir nach deinem Tode die Erde leicht sein, wie du hier nichts beschädigst, oder wenn einer das Grab beschädigt, soll er weder der oberen Götter Gunst erlangen noch sollen ihn die Unterweltsgötter aufnehmen, und die Erde soll ihm drückend schwer sein.
DE 8190 (Geist, S. 222).

Totengräber, lass das Grab in Ruhe! Hier liegt schon einer.
DE 8195 a (Geist, S. 225).

Keiner uriniere hier!
DE 8203 (Geist, S. 225).

Kommst dieses Weges du und hast dies Grabmahl vor Augen,
bitte, dann lache nicht, dass hier bestattet ein Hund.
Tränen flossen. Die Hand des Herrn hat das Grab mir bereitet,
der auch dies Klagewort einmeißelt dem Stein.
GV 1365 = GG 476 (Geist, S. 150).

9. Traumdeutung

Träume und Traumdeutung waren im Alten Orient weit verbreitet. Die schriftlich überlieferten Träume erzählen meist von göttlichen Botschaften und Theophanien. Traumdeutung war die Aufgabe von Spezialisten, über deren Ausbildung nichts Näheres bekannt ist. In der griechisch-römischen Antike finden sich Träume und deren Deutung in fast allen Lebensbereichen: in der Religion, der Magie und der Philosophie, aber auch im Alltagsleben und in der Dichtung.

Die »Traumdeutungen« (Ὀνειροκριτικά) des Artemidor (2. Jh. n. Chr.) sind die einzige vollständig erhaltene antike Abhandlung über die Traumdeutung. Artemidors Interesse gilt hauptsächlich prophetischen Träumen. Seiner Ansicht nach besitzt die Seele nicht nur die Fähigkeit, die Zukunft vorauszusagen, sondern auch, zu diesem Zweck Traumbilder zu erzeugen.

Traumdeutungen des Artemidor

[46] Träumt jemand, dass aus seinem Körper eine Pflanze gewachsen sei, so wird er, wie einige behaupten, sterben; denn aus der Erde entstehen die Pflanzen, und in Erde lösen sich die Leiber der Verstorbenen auf. Nach meiner Auffassung hat man bei der Auslegung nicht allein von den Pflanzen, sondern auch von den Körperteilen, aus denen die Pflanzen hervorsprießen, auszugehen. Häufig starb nicht der Träumende selbst, sondern das, was durch den Körperteil, in dem sich die Pflanze befand, angezeigt wurde. Es besteht auch hinsichtlich der Pflanzen selbst ein Unterschied, so dass sie zuweilen nicht den Tod, sondern Schnitte und Eingriffe des Chirurgen zur Folge haben. Das trifft gewöhnlich bei denjenigen Pflanzen zu, die regelmäßig beschnitten werden, wie z. B. beim Weinstock und ähnlichen. Ich kenne jemand, dem es träumte, ihm sei aus dem Kopf ein Weinstock hervorgesprossen. Dem Betreffenden wurde nur ein geschwollenes Zäpfchen aus dem Schlund herausgeschnitten.

[47] Die Krätze, der Aussatz und die Elefantenkrankheit verschaffen Armen durch Reichtum höheres Ansehen und größere Bedeutung; denn diese Leiden rücken die mit ihnen Behafteten ins Blickfeld aller. Aus demselben Grund enthüllen sie Verborgenes, Reichen und Mächtigen aber verschaffen sie Staatsämter. Immer ist es gut, wenn man sich selbst mit der Krätze, dem Aussatz, der Elefantenkrankheit oder einem ähnlichen Leiden, wie z. B. mit Lepra oder mit Flechten, behaftet sieht; erblickt man derlei an einem anderen, bedeutet es Kummer und Sorgen. Alles nämlich, was ekelhaft und hässlich anzusehen ist, lässt die Seele des Beschauers erschaudern und erstarren. Noch unheilvoller ist es, wenn man ein Familienmitglied mit einer solchen Krankheit behaftet sieht. Ist es ein Haussklave des Träumenden, wird er zu Dienstleistungen für ihn nicht mehr zu brauchen sein; wenn es der Sohn ist, so wird er nicht den Lebenswandel führen, der den Grundsätzen des Vaters entspricht; ist es die Gattin, wird der Ehemann wegen ihres leichtfertigen Treibens großen Ärger haben. Leuten, die von der großen Menge leben, bringt es Nutzen; bei anderen Personen muss man die Deutung nach dem Grundsatz der Ähnlichkeit treffen.

[48] Jemand mit Steinen bewerfen bedeutet, man werde einen anderen verlästern; mit Steinen beworfen werden prophezeit einem selbst Verlästerungen von Seiten eines anderen; es gleichen nämlich die Steine schamlosen und streitsüchtigen Reden. Häufig zeigt das Beworfenwerden mit Steinen eine Reise an; denn der, welcher gesteinigt wird, muss natürlich das Weite suchen. Sind der Steinigenden viele, bringt es erfahrungsgemäß nur Leuten Glück, die von der großen Menge leben.

[49] Grillen bedeuten wegen der Geschichte, die man von ihnen erzählt, Musiker, in Notzeiten aber Leute, die keinen Nutzen bringen, sondern bloß über Maßnahmen reden und in Erinnerungen schwelgen, in Schreckensängsten Männer, die nur drohen, aber nicht imstande sind, Taten folgen zu lassen; die Grillen besitzen nämlich nichts außer ihre Stimme. Kranken prophezeien sie große Qualen durch Durst, und dass sie auf jeden Fall sterben werden; denn Grillen nehmen keine Nahrung zu sich.

[50] Die Meerzwiebel kündigt Bauern Unfruchtbarkeit an, weil sie nichts Essbares enthält. Schäfern dagegen bringt sie Segen, weil sie ihrer Natur nach ein Wolfsgift ist.

Heil verheißt sie allen, die in Sorgen und Schmerzen leben; denn man schreibt ihr eine reinigende Kraft zu. Dagegen beschwört sie, wie die Erfahrung lehrt, Leuten, die in guten Verhältnissen leben, Ängste und Sorgen herauf; denn Menschen, die vom Unheil unberührt sind, bedürfen keiner Reinigung.

Der Asphodel bedeutet genau dasselbe wie die Meerzwiebel. Lediglich Kranke rafft er dahin, wie ich häufig festgestellt habe. Den Grund dafür kann ich nicht genau angeben, doch erklärt es sich wahrscheinlich daher, dass nach allgemeiner Vorstellung die Flur im Hades mit Asphodel bedeckt ist.

[51] Träumt man, dieselben Leiden wie irgendein Bekannter auszustehen, z. B. an demselben Fuß, an derselben Hand oder an einem anderen Körperteil, oder überhaupt dieselbe Krankheit oder dieselben Schmerzen zu haben, so wird man sich dieselben Verfehlungen zuschulden kommen lassen wie jener. Es gleichen nämlich die körperlichen Krankheiten und einzelnen Gebrechen den Zügellosigkeiten und unvernünftigen Leidenschaften der Seele, und wer dieselben Leiden hat, begeht ganz natürlich dieselben Verfehlungen. Ich kenne jemand, der auf dem rechten Fuß lahmte und dem es träumte, sein Haussklave sei an demselben Fuß gelähmt und hinke genauso wie er. Er ertappte ihn bei seiner Geliebten, für die er selbst Feuer und Flamme war. Und das war es, was ihm das Traumgesicht prophezeite, dass sein Sklave dieselbe Schwäche wie er selbst habe.

[52] Mist zusammenholen bringt Leuten Vorteil, die von der großen Menge leben oder ein schmutziges Handwerk betreiben; der Mist kommt ja aus vielen Überresten zusammen und wird von vielen abgeworfen. Von guter Vorbedeutung ist es ferner für Unternehmer öffentlicher Arbeiten oder für Staatspächter. Glück bringt es einem Armen, wenn er auf einem Misthaufen schläft; er wird großen Besitz erwerben und scheffelweise Geld einnehmen. Einem Reichen verschafft das Traumgesicht ein hohes Amt oder eine staatliche Auszeichnung, weil alle Bürger etwas auf den Misthaufen bringen und drauf werfen, so wie sie den Behörden Steuern zahlen und Abgaben leisten. Von einem Bekannten mit Mist beworfen zu werden ist nicht gut; es bedeutet Feindschaft, Zwietracht und willkürliches Unrecht von Seiten dessen, der das tut. Bewirft man selbst einen anderen mit Mist, zeigt es großen Schaden an.

[53] Eine Synagoge, Bettler, alle möglichen Landstreicher, Jammergestalten und Hungerleider zeigen sowohl einem Mann wie einer Frau Kummer, Sorgen und seelische Pein an; denn einerseits betritt niemand eine Synagoge, der nicht voller Sorgen ist, andererseits sind Bettler überaus garstig, mittellos und haben nichts Gesundes an sich und vereiteln deshalb jedes Vorhaben. Folgende Regel gilt ganz allgemein und unumstößlich: Unbekannte Menschen sind für jedermann Abbilder der kommenden Ereignisse, Bettler zeigen also ihrerseits an, dass ihrem Erscheinungsbild und ihren Handlungen die des Träumenden gleichen werden. Erhalten sie ein Geldstück, prophezeien sie dem Spender oder einem seiner Angehörigen einen großen und gefährlichen Verlust, häufig auch den Tod,

weil sie unter den Menschen die einzigen sind, die genauso wie der Tod nichts von dem, was sie einmal empfangen haben, zurückgeben. Bettler, die ein Haus betreten, zeigen einen Rechtsstreit um dessen Besitz an, und falls sie etwas in die Hand bekommen, sei es mit Gewalt oder in Form eines Almosens, bedeuten sie einen außerordentlichen Schaden. Dasselbe gilt, wenn sie das Grundstück betreten.

[54] Ein Schlüssel, den man im Traum schaut, bedeutet einem Heiratslustigen, er werde eine treue und haushälterische Frau bekommen, und einem Mann, der eine Sklavin kaufen will, verspricht er eine Dienerin, die es gut mit ihm meinen wird. Eine Reise verhindert er, weil er das Symbol der Verriegelung und der Haft ist. Er dient ja nicht zum Öffnen, sondern zum Verschließen der Tür, denn sonst brauchte man weder Schlüssel noch Tür. Ist aber kein Hauswart da, dann sind Schlüssel und verschlossene Türen vonnöten. Folgerichtig ist er für diejenigen ein Hindernis, die auf Reisen gehen wollen; für Leute aber, die bereit sind, ein Aufseheramt zu übernehmen oder fremden Besitz zu verwalten, ist er das Sinnbild des Vertrauens.

[55] Träumt man Taschenspielerei zu betreiben, ohne dieses Metier zu beherrschen, wird man durch Lug und Betrug große materielle Gewinne einheimsen, weil man dabei viele Steine verschwinden lässt und sie bald hier, bald dort wieder vorzeigt, und zwar auf keine einfache Weise, sondern mit Hilfe von Tricks. Schaut man, wie ein anderer derlei Kunststückchen vorführt, wird man belogen und betrogen und dadurch ruiniert werden.

[56] Ein Koch im Haus bringt Heiratslustigen Glück; denn bei Hochzeiten benötigt man ihn. Ebenso Armen; denn Herrschaften, die an reich besetzter Tafel speisen, beschäftigen einen Koch. Kranken zeigt er Verschlimmerungen, Entzündungen und eine wechselhafte Mischung der Säfte an, wodurch sich nach Ansicht der Fachleute bitterer Gallenfluss bildet; schließlich bedeutet er Tränen wegen des Rauchs, der bei seiner Arbeit entsteht. Verborgenes bringt er zutage und geheime Machenschaften deckt er auf, weil die Künste eines Kochs aufgetischt und den Gästen vorgesetzt werden und ihre Qualität auf diese Weise offenbar wird. Schlächter auf dem Markt, die Fleisch zerhacken und zum Kauf anbieten, sind Vorboten von Gefahren. Kranke raffen sie schneller dahin, weil sie mit Leichnamen zu schaffen haben und diese weder ganz noch heil lassen, sondern zerstückeln. Reichen prophezeien sie außer Gefahren noch Verluste, weil ein solcher Fleischhacker das Fleisch unter die Leute bringt. Deshalb jagt er ängstlichen Gemütern einen noch größeren Schrecken ein, doch befreit er wegen des Zerteilens und Zerhackens von Schulden und Fesseln.

Artemidor, Traumbuch 3,46–56 (Brackertz, S. 230–235).

10. Götterstatuen

Dion von Prusa in Bithynien, auch **Dio Chrysostomos** – »Goldmund« – genannt (ca. 40 n. Chr.–112 n. Chr.), war ein bedeutender philosophischer Redner der hellenistisch-römischen Zeit. Unter seinem Namen sind 80 Reden überliefert, von denen ihm jedoch einige erst nachträglich zugeschrieben wurden. Dion studierte in Rom bei Musonius Rufus, dem Lehrer Epiktets. Zur Zeit des Kaisers Domitian wurde er, vermutlich in der Mitte der achtziger Jahre des 1. Jahrhunderts, aus Rom verbannt. Unter Nerva konnte er aus dem Exil zurückkehren.

In seinen Reden behandelt Dion zahlreiche Themen philosophischer, ethischer, religiöser und politischer Natur. Zu seinen wichtigsten Reden gehören die »Olympische Rede« (Oratio 12) und die »Borysthenes-Rede« über menschliche Gemeinschaft und göttliche Ordnung (Oratio 36).

Das Wesen der Götter als eine dem Menschen angeborene Idee

[27] Vom Wesen der Götter im Allgemeinen und von dem des Lenkers des Alls im Besonderen gibt es als Erstes und vor allem eine Vorstellung und eine Idee, die dem gesamten Menschengeschlecht, Griechen und Barbaren gleichermaßen, gemeinsam ist. Notwendig ist sie jedem vernunftbegabten Wesen von Natur aus eingepflanzt; ohne Dazwischentreten eines sterblichen Lehrers oder eines Mysterienpriesters und somit auch ohne Täuschung hat sie sich durchgesetzt. Sie resultiert aus der Verwandtschaft von Menschen und Göttern und aus den vielen wahrheitsgetreuen Zeugnissen, die es nicht zuließen, dass die allerersten und -ältesten Generationen in dieser Hinsicht schläfrig oder unaufmerksam wurden. [28] Nicht fern von oder außerhalb des Göttlichen siedelten sie sich getrennt für sich an, sondern sie wuchsen in seiner Mitte auf, genauer noch: sie wuchsen mit ihm zusammen auf und waren ihm auf jegliche Weise zugewandt. Folglich konnten sie nicht auf längere Sicht ohne Verständnis bleiben, [zumal ihnen Einsichtsfähigkeit und Begriffsvermögen hinsichtlich des Göttlichen mitgegeben worden war].*

Sie wurden ja auch allseits umstrahlt von göttlichen und großartigen Erscheinungen am Himmel, von Sternen, von Sonne und Mond, auf deren vielfarbige, abwechslungsreiche Gestalten sie bei Tag und bei Nacht stießen. Unbeschreibliche Schauspiele sahen sie, und sie hörten die unterschiedlichsten Stimmen von Wind und Wäldern, von Flüssen und Meer, dazu noch von zahmen und wilden Tieren. Auch sie selbst gaben einen höchst angenehmen, deutlichen Laut von sich, und sie freuten sich über den stolzen, verständigen Klang der menschlichen Stimme. Was in ihre Sinneswahrnehmung Eingang fand, belegten sie mit einem Zeichen, so dass sie alles Wahrgenommene auch benennen und erklären konnten. Mühelos formten sie so von unzähligen Dingen eine Erinnerung und eine Idee.

[29] Wie also hätten sie da unwissend bleiben und keine Spur von dem entdeckt haben sollen, der sie säte und pflanzte, der sie bewahrt und nährt? In jeder

* Fehlt in einem Teil der Handschriften, siehe Anm. 138 bei Klauck.

Hinsicht waren sie erfüllt von der göttlichen Natur, durch Gesichtssinn und Hörvermögen, überhaupt durch die ganze Sinneswahrnehmung. Sie bewohnten die Erde, sie sahen Licht vom Himmel, sie hatten Nahrung im Überfluss, denn ihr Stammvater, Gott, schaffte sie reichlich herbei und bereitete sie vorsorglich zu. *Dion von Prusa, Olympische Rede 27–29 (Klauck, S. 62–65).*

Warum es die unzureichenden Standbilder der göttlichen Elemente gibt

Denn die göttlichen Erscheinungsbilder – damit meine ich hier die Sonne, den Mond, den ganzen Himmel und die Sterne – sind, so wie sie sich jeweils zeigen, höchst wunderbar. Ihre Wiedergabe aber, wenn jemand denn die Sichel des Mondes oder das Rad der Sonne abbilden wollte, ist schlicht und kunstlos. Sie selbst, an sich betrachtet, stecken mehr als voll an Emotionalität und Intellektualität, in den Nachbildungen hingegen lassen sie von all dem keine Spur mehr erkennen, was vielleicht auch der Grund dafür ist, dass sich bei den Griechen schon von Anfang an eine solche Meinung (wie folgt) durchsetzte:

Verstand und Denkvermögen direkt und an sich vermag ja kein Bildhauer oder Maler abzubilden, sind doch alle Menschen völlig außerstande, Derartiges zu sehen oder zu erforschen. Das Wesen aber, in dem dies realisiert ist, erahnen wir nicht nur, sondern kennen es und nehmen folglich zu ihm unsere Zuflucht. Wir schreiben Gott also einen menschlichen Leib, den wir als eine Art Gefäß für Denkvermögen und Vernunft auffassen, zu. Aus purer Not und in Ermangelung eines besseren Beispiels versuchen wir so, mit Hilfe des Sichtbaren und Darstellbaren das Nichtdarstellbare und Unsichtbare zu gestalten, wobei wir uns der Evokationskraft des Symbols bedienen. Damit fahren wir besser als einige von den Barbaren, die dem Vernehmen nach das Göttliche den Tieren angleichen, auf der Basis von trivialen und absurden Beobachtungen. Wer aber die anderen Menschen an Schönheit, Erhabenheit und Würde am meisten überragt, der dürfte wohl für die Künstler das bei weitem beste Muster für Statuen, die göttliches Wesen einfangen wollen, abgeben.

Dass es besser gewesen wäre, überhaupt kein Standbild und kein Gemälde von Göttern bei den Menschen in Umlauf zu bringen, weil sie sich sozusagen allein auf die Erscheinungen am Himmel konzentrieren sollten, wird niemand ernsthaft behaupten wollen. Denn die Himmelskörper verehrt ja, wer immer Verstand besitzt, und hält sie für selige Götter, erblickt sie jedoch nur aus der Ferne. Auf Grund des inneren Drangs auf das Göttliche hin beseelt alle Menschen aber das heftige Verlangen, die Gottheit aus der Nähe zu ehren und ihr zu dienen; sie möchten zu ihr hinzutreten, sie flehend berühren, ihr opfern und ihr Kränze aufs Haupt setzen können.

Es verhält sich damit ganz genau so wie mit kleinen Kindern, die man Vater und Mutter entrissen hat. Aus schrecklicher Sehnsucht und schmerzlichem Verlangen strecken sie oft im Traum die Hände nach den Eltern, die gar nicht zugegen sind, aus. Ähnlich auch die Menschen: Sie lieben die Götter zu Recht wegen ihrer Wohltaten und der Verwandtschaft mit ihnen. Auf jede nur mögliche Weise wollen sie mit ihnen zusammen sein und sich mit ihnen unterreden. Viele

von den Barbaren haben deshalb, aus Not und aus Mangel an künstlerischen Gestaltungsmitteln, Berge als Götter bezeichnet, auch nicht kultivierte Bäume und unbehauene Steine, die, was ihre Gestalt angeht, doch in keiner Weise dem Göttlichen auch nur entfernt angemessen sind.
Dion von Prusa, Olympische Rede 58–61 (Klauck, S. 88–91).

D. Herrscher- und Kaiserkult

Der antike Herrscherkult lehnt sich an die Verehrung der Götter an und verehrt die Herrscher als Wohltäter. Er findet sich in altorientalischen Kulturen und wird durch die Verehrung Alexanders des Großen auch im griechischen Bereich bekannt.

Der römische Kaiserkult ist eine Sonderform dieses in der antiken Welt weit verbreiteten Herrscherkults. Der traditionellen römischen Religion war er ursprünglich fremd. Die Römer kamen im Zuge ihrer Eroberungen jedoch mit dem griechisch-hellenistischen Herrscherkult in Berührung, welcher durch das julisch-claudische Kaiserhaus schließlich auch in Rom eingeführt wurde. Im Jahre 42 v. Chr. wurde Caesar nach seinem Tod zum Gott erhoben und ging als **Divus Iulius** in die Gemeinschaft der Götter ein. Sein Nachfolger Augustus setzte den Kaiserkult endgültig durch.

Wenn ein Kaiser aufgrund seiner Wohltaten für das Volk nach seinem Tode als Retter und Wohltäter (σωτὴρ καὶ εὐεργέτης) vergöttlicht wurde (Apotheose), wurde sein Leichnam verbrannt, damit seine Seele in den Himmel aufsteigen konnte. Bei der zeremoniellen Verbrennung wurde ein Adler, das Symboltier Jupiters, freigelassen, der die Seele des Kaisers zu den Göttern bringen sollte. Der Senat erkannte sodann den Status des Kaisers als göttlich an, worauf er einen eigenen Tempel und Kult erhielt. In Ungnade gefallene Kaiser verfielen dagegen durch Senatsbeschluss der **damnatio memoriae** (Tilgung der Erinnerung).

1. Ein Hymnus zur Geburt eines Kaisers

Deutung des neuen Weltjahres

Musen Siziliens, lasst uns ein wenig Größeres singen!
Freut doch nicht jeden Gebüsch und ein niedriger Strauch Tamarisken.
Klingt von Wäldern mein Lied, seien wert auch des Konsuls die Wälder!
Letzte Weltzeit ist nun da cumaeischen Sanges;
groß aus Ursprungsreine erwächst der Zeitalter Reihe.
Nun kehrt wieder die Jungfrau, kehrt wieder saturnische Herrschaft,
nun wird neu ein Spross entsandt aus himmlischen Höhen.
Sei der Geburt nur des Knaben, mit dem die eiserne Weltzeit
gleich sich endet und rings in der Welt eine goldene aufsteigt,
sei nur, Lucina, du reine, ihm hold; schon herrscht dein Apollo.
Ja, mit dir, dem Konsul, mit dir strahlt auf diese Weltzeit
Pollio, und es beginnen den Lauf die gewaltigen Monde.
Wenn du führst, dann schwindet getilgt, was an Spuren des Frevels

uns noch blieb, und erlöst von ewigem Grauen die Lande.
Er wird Götterleben empfangen, wird zu den Göttern
sehn die Heroen gesellt, wird selbst unter ihnen erscheinen,
lenken wird er durch väterlich Wirken befriedeten Erdkreis.
Dir aber, Knabe, spendet von selbst als Erstlingsgeschenklein
Efeugeranke, von Baldrian rings durchwuchert, die Erde,
Wasserrosen mischt sie dem lächelnden Reiz des Akanthus.
Freiwillig tragen die Ziegen nach Haus milchstrotzende Euter,
und die Rinder fürchten sich nicht vor mächtigen Löwen,
üppig umblüht deine Wiege dich rings mit lieblichen Blumen.
Dann stirbt aus die Schlange, und trügerisch-giftiges Krautwerk
stirbt dann aus und überall wächst assyrischer Balsam.
Wenn aber rühmenden Heldengesang und die Taten des Vaters
du erst zu lesen verstehst und begreifst, was Tugend bedeute,
weich dann wogt allmählich das Feld mit goldenen Ähren,
rötlich reifend erglüht in wilden Dornen die Traube,
und aus knorrigen Eichen quillt tauperlender Honig.
Einige Spur aber bleibt noch zurück des Frevels der Urzeit,
treibt, mit Schiffen das Meer zu durchwühlen, Städte mit Mauern
rings zu beengen und Furchen tief zu reißen durchs Erdreich.
Neu kehrt wieder ein Tiphys und neu eine Argo, die wieder
Helden, erlesene, trägt, es gibt wieder andere Kriege,
und gen Troja wird wieder entsandt ein großer Achilleus.
Dann, wenn schon zum Mann dich gestählt dein kräftiges Alter,
lässt auch der Schiffer freiwillig das Meer, die segelnde Fichte
tauscht nicht Waren mehr aus: überall trägt alles die Erde.
Nicht mehr duldet der Boden den Karst, der Weinberg die Sichel,
jetzt auch löst die Stiere vom Joch der kräftige Pflüger.
Nicht mehr lernt nun trügerisch bunt sich färben die Wolle,
nein, schon wechselt von selbst im Wiesengrunde der Widder
lieblich in glühenden Purpur sein Vlies und goldenen Safran.
Scharlach kleidet nun ganz von selbst die weidenden Lämmer.
»Solche Jahrhunderte spulet im Lauf!« so mahnten in Eintracht,
nach der Schicksale ewigem Plan ihre Spindeln die Parzen.
Bald ist's Zeit, tritt an deine Bahn, o, strahlender Ehren,
teurer Sprosse der Götter, des mächtigen Juppiter Nachwuchs!
Siehe, es wankt und schwankt des Weitendomes Gewölbe,
Länder und Meere, unendlich gedehnt, und die Tiefen des Himmels,
siehe, so grüßt den Äon, den nahenden, jubelnd das Weltall!
O, mir dauere dann noch zuletzt so lange das Leben
und mein Odem, als es genügt, deine Taten zu preisen!
Weder der thrakische Orpheus noch Linus sollte im Sange
dann mich besiegen, mag jenem die Mutter auch, diesem der Vater
helfen: Kalliope Orpheus, dem Linus der schöne Apollo.

Pan sogar, fällte den Spruch auch Arkadien, stritte mit mir er,
Pan sogar, fällte den Spruch auch Arkadien, gäbe besiegt sich.
Auf denn, Knabe, du kleiner, erkenne mit Lachen die Mutter!
Lange Beschwerde doch brachten der Monate zehn deiner Mutter.
Auf denn, Knabe, du kleiner: wer nicht anlachte die Mutter,
nimmer würdigt ein Gott ihn des Mahls, eine Göttin des Lagers
Vergil, Bucolica 4,1–63 (Götte, S. 44–49).

Die Regierungszeit des Kaisers Augustus (27 v. Chr.–14 n. Chr.) wird auch als **Pax Augusta** (»Augusteischer Frieden«) bezeichnet, da sie nach den Bürgerkriegen vor und nach Caesars Ermordung eine lang andauernde Periode des inneren Friedens darstellte. Dem korrespondiert auch die Expansion des Römischen Reiches unter Augustus.

Das vierte »Hirtengedicht« Vergils, dessen Anfang oben zitiert wurde, preist diese römische Friedensherrschaft. Mit dem besungenen Knaben ist evtl. Octavian (Augustus) gemeint. Die christliche Tradition hat darin eine heidnische Weissagung der Geburt Jesu Christi gesehen und den Text entsprechend in die eigene Überlieferung aufgenommen.

Kaiserverehrung als Erfindung der Römer

Also bitte ich bei diesem Werk dich, Caesar, Heil und Schutz des Vaterlandes, um deinen Beistand; in deinen Händen liegt nach übereinstimmendem Willen der Götter und der Menschen die Herrschaft zu Wasser und zu Lande; dank deiner göttlichen Fürsorge werden die göttlichen Tugenden, von denen ich sprechen will, gütigst gehegt und gepflegt, die Laster jedoch strengstens bestraft: denn wenn die früheren Redner zu Recht mit Iuppiter Optimus Maximus begannen, wenn die größten Dichter sich auf irgendeine Gottheit beriefen, so wird sich meine bescheidene Person mit um so größerer Berechtigung an deine Gunst wenden dürfen; denn die übrigen Götter lassen sich nur in der Vorstellung erfassen, deine Göttlichkeit jedoch zeigt sich vor unseren Augen und erscheint dem Gestirn deines Vaters und Großvaters ebenbürtig, durch deren außergewöhnlichen Glanz unsere religiösen Bräuche in helles Ruhmeslicht getaucht wurden: die anderen Götter nämlich haben wir von anderen übernommen, doch die Caesaren haben wir geschaffen.
Valerius Maximus, Denkwürdige Taten und Worte Vorrede I (Blank-Sangmeister, S. 4f).

2. Feste, Spiele und Opfer für den Kaiser

In den Provinzen des Römischen Reiches galt der Kaiserkult als Ausdruck der Loyalität gegenüber Rom, weshalb sich viele Städte um die Erlaubnis bemühten, ihn als offiziellen Kultus einführen zu dürfen. Juden und Christen verweigerten dagegen eine göttliche Verehrung des Kaisers, die die Einzigkeit Gottes, dem allein Verehrung gebührt, verletzt hätte. Juden wurden deshalb vom Kaiserkult in der Regel freigestellt, da die Römer ihnen aufgrund der Besonderheiten ihrer Religion spezielle Ausnahmen gewährten, die allerdings bei Herrscherwechseln erneuert werden mussten. Auf die Christen traf dies dagegen nicht zu, was die Konflikte zwischen Christen und heidnischer Gesellschaft und Obrigkeit seit dem Ende des 1. Jahrhunderts verschärfte. Frühe Zeugnisse hierfür sind die Offenbarung des Johannes vom Ende des 1. Jahrhunderts sowie der Briefwechsel zwischen dem Statthalter Plinius und Kaiser Trajan vom Anfang des 2. Jahrhunderts.

Festordnung der peloponnesischen Gemeinde Gytheion

I. [… der Agoranomos … und] soll aufstellen … [auf der ersten Basis die Statue des vergöttlichten Augustus Caesa]r, seines Vaters, zur Rechten davon auf der [zweiten die der Iulia Augu]sta, auf der dritten (zur Linken) die des Imperator Tiberius Ca[esar] Augustus, wobei ihm die Stadt die Statuen stellt. [Und] ein Tisch soll vor ihm in der Mitte des Theaters aufgestellt werden, und ein Räuchergefäß soll darauf stehen. Und die Synedroi und die Beamtenschaft insgesamt sollen darauf für das Wohl unseres Princeps opfern, bevor die Schauspieler eintreten. Am ersten Tag soll er die Feier zu Ehren des vergöttlichten Caesar, des vergöttlichten Augustus, des Retters und Befreiers, halten, am zweiten zu Ehren des Imperator [Ti]berius Caesar Augustus, des Vaters des Vaterlandes, am dritten Tag zu Ehren der Iulia Augusta, der holden Glücksgöttin unseres Volkes und unserer Stadt, am vierten zu Ehren der Victoria des Germanicus Caesar, am sechsten zu Ehren der Aphrodite des Drusus Caesar, am sechsten zu Ehren des Titus Quinctius Flaminius, und er soll sich auch um das gute Verhalten der Wettkämpfer kümmern. Er soll auch Rechenschaft über die gesamte Entlohnung der Schauspieler und die Verwaltung der heiligen Gelder vor der Stadt ablegen in der ersten Volksversammlung nach dem Wettkampf. Falls man herausfindet, dass er Unterschlagungen oder falsche Eintragungen begangen hat und er überführt wird, darf er kein weiteres Amt bekleiden, und sein Vermögen soll konfisziert werden. Die Güter, die verstaatlicht wurden, sollen heilig sein und von den Archonten zu zusätzlichen Ausschmückungen benutzt werden. Jedem Bürger von Gytheion, der betreffs der heiligen Gelder Klage erheben will, soll es erlaubt sein, ohne dass ihm daraus Schaden erwächst.

Nach der Beendigung der Feiertage zu Ehren der Götter und Herrscher soll der Agoranomos die Schauspieler an zwei weiteren Tagen in Theaterwettbewerben auftreten lassen, an einem Tag zum Gedächtnis an Gaius Iulius Eurykles, der bei vielen Gelegenheiten sich als Wohltäter des Volkes und der Stadt erwiesen hat, am zweiten Tag zu Ehren des Gaius Iulius Laco, der die Sicherheit und das Wohl unseres Volkes und unserer Stadt verteidigt. Er soll die Wettspiele an den Tagen, an denen es möglich ist, nach denen der Göttin abhalten. Wenn er aus seinem Amt ausscheidet, soll er dem Agoranomos, der sein Amt übernimmt, in einem öffentlichen Akt die Opfertiere für die Spiele übergeben, und die Stadt soll die Bestätigung mit Unterschrift vom Empfänger erhalten. Jedesmal wenn der Agoranomos die Theaterspiele abhält, soll er einen Festzug abschicken vom Heiligtum des Asklepios und der Hygieia. Dabei sollen die Epheben, die jüngeren Leute und die anderen Bürger mit Lorbeerkränzen bekränzt und in weißen Gewändern den Festzug begleiten. Auch die heiligen Jungfrauen und die Frauen sollen in geweihten Gewändern den Festzug mit begleiten. Wenn der Festzug an dem Caesareum ankommt, sollen die Epheben einen Stier für das Wohl der Principes und der Götter opfern, sowie für die ewige Dauer ihres Principates. Nach dem Opfer sollen sie veranlassen, dass die Tischgemeinschaften und die Beamtenkollegien auf dem Marktplatz Opfer darbringen. Wenn sie entweder den Festzug nicht veranstalten oder nicht opfern oder nach dem Opfer nicht veranlassen, dass die Tischgemeinschaften und die Beamtenkollegien auf dem Marktplatz Opfer bringen, sollen sie 2000 Drachmen bezahlen, die den Göttern heilig sind. Die Anklage soll jedem Bürger von Gytheion erlaubt sein.

Die Ephoren unter dem Vorsitz des Terentius Biades in dem Jahr, als Chairon Stratege und Priester des vergöttlichten Augustus Caesar war, sollen drei gemalte Bilder des vergöttlichten Augustus und der lulia Augusta und des Tiberius Caesar Augustus liefern und Bühnen im Theater für den Chor, vier Kulissen für die Schauspieler und Fußbänke für das Orchester. Sie sollen auch eine Stele aus Stein aufstellen lassen und auf ihr das heilige Gesetz einmeißeln lassen, und sie sollen eine Abschrift des heiligen Gesetzes ins Staatsarchiv bringen lassen, damit das Gesetz in der Öffentlichkeit und unter freiem Himmel und allen gut sichtbar fortwährend die Dankbarkeit des Volkes von Gytheion gegenüber den Principes allen Menschen zeigen […]
SEG XI 922–3 (Herz, S. 245f).

Opferbestimmungen in Oinoanda

Es sollen in Prozession durch das Theater führen und gemeinsam an den Tagen des Festes opfern, wie der Agonothet durch schriftliche Bekanntmachung jede Opfergemeinschaft aufstellt: der Agonothet selbst 1 Rind, der städtische Kaiserpriester und die Kaiserpriesterin 1 Rind, der Priester des Zeus 1 Rind, 3 Panegyriarchen 1 Rind, Ratssekretär und 5 Prytanen 2 Rinder, 2 städtische Agoranomoi 1 Rind, 2 Gymnasiarchen 1 Rind, 4 Tamiai 1 Rind, 2 Paraphylakes 1 Rind, Ephebarch 1 Rind, Paidonomos 1 Rind, Beauftragter für die öffentlichen Gebäude 1 Rind; von den Dörfern, Thersenos mit Armadu und Arissos und Merlakanda und Mega Oros und —lai und Kirbu und Euporoi und Oroata und —rake und Ualo und (H?)yskaphoi mit den dazugehörigen Einöden 2 Rinder, Orpenna Sielia mit den dazugehörigen Einöden 1 Rind, OGARSAN—AKH mit Lakistanunda und Kokasboi Killu und den dazugehörigen Einöden – Rind(er), -yrneai mit den dazugehörigen Einöden 1 Rind, Nigyrassos mit den dazugehörigen Einöden 1 Rind, Uauta Marakanda mit den dazugehörigen Einöden 1 Rind, Milgeipotamos Uedasa mit den dazugehörigen Einöden 1 Rind, …, wobei niemand berechtigt ist, auf diese Opfer eine Steuer zu erheben.

… Wenn einer von den Vorgenannten nicht am Opfer teilnimmt, soll er der Stadt wie auf Grund eines Urteils Drs. 300 zahlen, wobei der Agonothet die, die an Opfer und Prozession teilgenommen, und die, die nicht mitgeopfert haben, bekanntmacht, damit die, die von der Stadt zur Zahlung herangezogen werden müssen, offenkundig sind.
Inschrift von Oinoanda (Herz, S. 248f).

Antiker Festkalender und die Feste zu Ehren der Kaiser

23. September: Geburtstag des Augustus und zugleich Neujahrstag des asianischen Jahres. Weitere Feiern des Geburtstages auch an den entsprechenden Anfangstagen der übrigen Monate.

1. Januar: Anfangstag des julianischen Kalenders.

24.–26. Mai: Rosenfest.

23.–25. Juni: Mysterien (1.–3. Loos).

21. September: Geburtstag der divinisierten Livia.

22. September: Letzter Tag des asianischen Jahres, der mit einem παραβωμίον gefeiert wurde. Daneben Geburtstagsfeiern für nicht näher genannte Kaiser: wahrscheinlich die göttlichen Claudius (1. August), Vespasian (17. November), Titus (30. Dezember), Nerva (8. November), Trajan (18. September) und der noch lebende Kaiser Hadrian (24. Januar). Daneben muss man entsprechende Feiern für die *divae* annehmen.

Inschrift Altertümer von Pergamon 374 (Herz, S. 249).

Ein bekannter militärischer Festkalender aus der Regierungszeit Severus Alexanders ist das **Feriale Duranum**. Der Papyrus wurde 1931/32 bei Ausgrabungen in Dura-Europos gefunden. Er beinhaltet Datum und Anlass des jeweiligen Festes sowie die Art des Opfertiers. Der Grundbestand des Kalenders dürfte auf julisch-claudische Zeit zurückgehen.

Brief Kaiser Valerians aus Antiochia am 18.1.255

[…] dass wir die Stadt von den Beitragszahlungen für die [Erz]priesterstellen und die Panegyriarchenämter befreien, da es der Stadt früher vergönnt war, zu den Metropolen selbst gezählt zu werden. Empfanget also loyal diese Begünstigung so, als ob auch die Metropolen selbst dies mitbeschlossen hätten und nicht als ob Ihr ihnen etwas weggenommen hättet; denn dies dürfte auch so angemessen sein für diejenigen, die infolge einer tüchtigen Tat Privilegien erhalten haben; die Annahme derselben soll sehr geziemend und würdig der verliehenen Rechte erfolgen, ohne dass ein Schaden aus diesem oder einem anderen Privileg für eine andere Stadt entstehen darf oder dass die Metropolen es als eine Bestrafung für sie ansehen, wenn wir Euch, da Ihr es wert seid, von der genannten Liturgie Befreiung gewähren.

AE 1957,19 = Freis 1994, Nr. 147 (Herz, S. 251).

Edikt des Prokonsul Asiae Paullus Persicus für Ephesus

In gleicher Weise dürfen für die pentaeterischen Spiele nicht mehr als 4500 [Denare aufgewendet werden] nach der Verfügung des Vedius Pollio. In gleicher Weise ist es mein Beschluss, dass die Hymnoden, für die nicht ein geringer Teil der städtischen Einkünfte aufgewendet wird, aus diesem Dienst entlassen werden, dass hingegen die Epheben, deren Alter und deren Würde und deren Geschicklichkeit zum Lernen für diese Liturgie eher passen, diese Aufgabe unentgeltlich übernehmen.

Damit es jedoch [nicht] so aussieht, als ob ich dieses Dekret für alle Hymnoden und überall erlassen habe, nehme ich die Personen aus, die in Pergamon den vergöttlichten Augustus mit Gesangsdarbietungen in dem Tempel verehren, der ihm von (der Provinz) Asia geweiht wurde, zumal der erste Chor nicht für Geld sich versammelt, sondern freiwillig und unentgeltlich, deshalb hat der vergöttlichte Augustus die ihnen danach beschlossenen Privilegien ihren Kindern übertragen und bestimmt, dass die Aufwendungen für sie nicht nur allein von den Pergamenern, sondern von ganz Asien bestritten würden, da er in Rechnung stellte, dass eine derartige Ausgabe für eine einzige Stadt eine (zu schwere) Belastung sei. Nachdem die Stadt Ephesus von diesen Auslagen befreit worden ist und nachdem diese Aufgabe den Epheben nach ihrem eigenen Beschluss übertragen worden ist, muss man Vorsorge tragen, dass die Epheben diese Aufgabe mit Sorgfalt und der entsprechenden Achtung vollziehen, wie es sich für Personen ziemt, die das göttliche Haus mit Gesängen verehren.

Da die göttliche Ehrung, die seit langem der Iulia Augusta zusteht, [durch den Imperator Augustus, unseren gottesfürchtigen und hervorragendsten] Princeps [ihr erwiesen wurde, ist es notwendig], dass ihre Hymnoden der gleichen Privilegien [für würdig erklärt werden] wie die [Hymnoden] der vergöttlichten Augusti, da sie durch [heilige Gesetze] geehrt wurde und sie [der Senat] und der göttliche Augustus vor ihrer Unsterblichwerdung und Vergöttlichung (dieser Ehrungen) für würdig erachtete und vergöttlichte.
SEG IV 516 (Herz, S. 259f).

3. Der Kaisereid (vgl. I A6)

Plinius berichtet über den feierlichen Kaisereid zum Amtsantritt Trajans

Plinius an Trajan
wohl 112 n. Chr.
»Den Tag, Herr, an dem du das Imperium dadurch gerettet hast, dass du es übernommen hast, haben wir mit so großer Freude gefeiert, wie du es verdienst. Wir haben zu den Göttern gebetet, dass sie dich dem Menschengeschlecht, dessen Schutz und Sicherheit auf deinem Heil beruht, unversehrt und in Blüte erhalten. Ich habe auch den Kommilitonen den Eid nach feierlicher Sitte vorgesprochen, wobei die Provinzialen voll Eifer mit derselben Frömmigkeit den Eid schworen.«

Antwort Trajans
»Gern, mein liebster (Plinius) Secundus, habe ich aus deinem Schreiben erkannt, mit wie großer Religion und Freude die Kommilitonen zusammen mit den Provinzialen unter deiner Anleitung meinen *dies imperii* gefeiert haben.«
Plinius (der Jüngere), Briefe 10,52f (Cancik, Kaisereid, S. 38).

Poetische Epistel von Horaz an Kaiser Augustus

13 oder 14 v. Chr.
Reichlich und rechtzeitig erweisen wir dir Ehrungen, während du noch auf Erden gegenwärtig bist, nicht erst nach deinem Tode, wie es für Romulus, Liber, Castor und Pollux getan wurde. Und wir stellen Altäre auf, an denen man bei deinem Namen schwören kann (muss). Dabei bekennen wir öffentlich, dass nichts (Derartiges wie dein Numen) niemals und nirgends aufgehen wird, nichts Derartiges aufgegangen ist.
Horaz, Briefe 2,1,15–17 (Cancik, Kaisereid, S. 29).

4. Kaiser: Göttliche Menschen oder menschliche Götter?

Der Eid von Assos

Asia 37 n. Chr.
Da der von allen Menschen erhoffte Regierungsantritt des Gaius jetzt vermeldet wurde, da der Kosmos darob kein Maß für seine Freude gefunden hat, da jetzt jede Stadt und jedes Volk zur Anschauung des (neuen) Gottes nach Rom geeilt ist, wurde beschlossen, eine Gesandtschaft der ersten und besten der Römer und Hellenen nach Rom zu entsenden; sie soll dort die Freude der Stadt kundtun und den Kaiser an den Besuch erinnern, den er mit seinem Vater Germanicus einst der Stadt Assos abgestattet, und an die Versprechungen, die damals abgegeben wurden.*
(Cancik, Kaisereid, S. 37).

Der König als bestes Abbild der Gottheit

Auf der Erde und bei uns ist das von Natur aus Allerbeste der Mensch, das Göttlichste aber der König, der in der gemeinsamen Natur mehr Anteil am Besseren hat; er ist zwar, was sein Gehäuse betrifft, den übrigen gleich, will sagen, er ist aus derselben Materie entstanden, aber von einem besseren Schöpfer gearbeitet, der ihn nach dem Modell seiner selbst gefertigt hat; seiner Einrichtung nach ist demnach einzig und alleine der König gleichsam eine Form des oberen Königs, immer seinem Schöpfer verwandt, den Untertanen aber durch sein Königtum wie in einem Licht erscheinend.
Ekphantos bei Johannes Stobaios, Eklogen 4,7,64 (Peppel, S. 37).

---

* Der Besuch fand während der Tätigkeit des Germanicus im Osten statt, 1. Januar 18 bis 10. Oktober 19. Der Bezug auf dieses Ereignis ist ein weiteres Indiz für das Selbstbewusstsein dieser uralten Stadt.

Der König als Gott des städtischen Mikrokosmos

Es verhält sich […] der König zur Polis wie Gott zum Kosmos; und wie die Polis zum Kosmos verhält sich der König zu Gott. Denn insofern die Polis aus vielem Unterschiedlichem vereinigt ist, ahmt sie die Zusammenstellung und Harmonie des Kosmos nach, insofern andererseits der König eine nicht rechenschaftspflichtige Herrschaft hat und insofern er selbst ein belebtes Gesetz ist, hat er die Gestalt eines Gottes unter Menschen.
Diotogenes bei Johannes Stobaios, Eklogen 4,7,61 (Peppel, S. 81).

Der König als Stellvertreter und Werkzeug Gottes auf Erden

Ich meine also, dass der König auf Erden in keiner Tugend dem König im Himmel nachstehen kann; sondern so, wie er eine ausländische und fremde Sache ist, welche von dort [*scil.* vom Himmel] zu den Menschen gekommen ist, dürfte einer zu der Auffassung gelangen, dass seine Tugenden Gottes Werke sind und durch jenen [*scil.* Gott] seine Werke sind.
Diotogenes bei Johannes Stobaios, Eklogen 4,7,64 (Peppel, S. 82).

Die Kaiserstatuen als Abbilder des göttlichen Cäsaren

So wie die Sonne am Himmel als das wunderschöne Spiegelbild seiner [*scil.* Gottes] und als Abbild denen erscheint, welche ihn [*scil.* Gott] in ihm sehen können, so hat er [*scil.* der Gott] den Glanz der Wohlgerechtigkeit in den Städten gleichsam als Bild der Vernunft, die ihn umgibt, entstehen lassen.
Plutarch, Moralia 5,781F (Peppel, S. 87).

Neros Evangelium für die Griechen

Inschrift von Akraiphiai in Boiotien
Edikt des Imperator Caesar: In dieser Absicht, dem edlen Hellas das mir erwiesene Wohlwollen und die Pietas (?) zu erwidern, wünsche ich, dass so viele Angehörige dieser Provinz wie möglich am 27. November nach Korinth kommen. Als die Menge sich versammelt hatte, hielt er [Kaiser Nero] die folgende Rede: »Ein unerwartetes, wenn auch von meiner Großherzigkeit durchaus nicht unerhoffbares Geschenk, Männer von Griechenland, mache ich euch, so groß, dass ihr es nicht zu erbitten wagtet. Ihr Griechen alle, die ihr Achaia und die bisher so genannte Peloponnes bewohnt, empfangt Freiheit und Steuerbefreiung, die ihr alle auch in euren glücklichsten Zeiten niemals besessen habt: denn ihr wart immer untertan, sei es gegenüber Fremden, sei es untereinander. Wie gern würde ich dieses Geschenk in einer Zeit der Blüte Hellas anbieten, damit noch mehr Menschen meine Gnade genössen! Daher tadle ich auch die Zeit, die die Größe meiner Gnade vorzeitig beeinträchtigt hat. Aber auch jetzt bin ich nicht aus Mitleid euer Wohltäter, sondern aus Wohlgesonnenheit, auch als Dank gegen eure Götter, von denen ich zu Lande und zu Wasser stets Fürsorge erfahren habe, dass sie mir die Möglichkeit gegeben haben, in diesem Maße wohltätig zu

sein. Denn andere Herrscher haben Städten die Freiheit gegeben, allein Nero jedoch einer ganzen Provinz.« Der lebenslange Oberpriester der Augusti und des Nero Claudius Caesar Augustus, Epameinondas, Sohn des Epameinondas, sprach: Er habe für den Rat und die Volksversammlung folgende Beschlussvorlage vorbereitet:

Weil der Herr der ganzen Welt, Nero Imperator Maximus, designiert [*sic*] zur 13. *tribunicia potestas, pater patriae*, der den Griechen als neue Sonne erstrahlt, beschlossen hat, Hellas eine Wohltat zu erweisen, in Erwiderung [der Wohltaten] und in Verehrung unserer Götter, die ihm immer mit Fürsorge und Schutz zur Seite gestanden haben, und die seit Ewigkeiten ureigene und einheimische Freiheit, die zuvor den Hellenen entrissen worden war, er, der eine und einzige seit Ewigkeit, der größte Imperator und Philhellene, Nero Zeus Eleutherios, gegeben, geschenkt, nein, wiederhergestellt hat in den alten Zustand der Autonomie und Freiheit und dem großen und unerwarteten Geschenk auch die Steuerfreiheit zugefügt hat, die keiner der früheren Augusti vollständig gewährt hat:

Deshalb haben Magistrate, Rat und Volk beschlossen, den gegenwärtig dem Zeus Soter geweihten Altar (um-)zuweihen durch die Inschrift: »Dem Zeus Nero in Ewigkeit« und im Tempel des Apollon Ptoios zusammen mit den Bildnissen unserer heimischen Götter Kultbilder des Nero Zeus Eleutherios und der Dea Augusta [Messalina?] zu errichten, damit durch diese Einrichtung auch unsere Polis dem Haus des Herrn Nero Augustas jede Ehre und Pietas erweise.

Dieser Beschluss soll in der Agora auf einer Stele beim Zeus Soter und im Heiligtum des Apollon Ptoios aufgezeichnet werden.
ILS 8794 = SIG³ 814 (Auffahrt, S. 296f).

5. Zum Tod des Kaisers Augustus

Frühere Zeichen der zukünftigen Vergöttlichung von Augustus

Sueton, Augustus 97,1f → Siehe Kap. I, I A4.

Tod und Vermächtnis des Kaisers Augustus

Sueton, Augustus, 99,1–101,4 → Siehe Kap. I, I A4.

Inschriften aus dem Vereinslokal der Presbyteroi von Metropolis in Ionien

9 v. Chr.
Edikt des Prokonsuls über die Ehrung des Augustus durch Einführung eines neuen Kalenders

[1] Der Proconsul Paullus Fabius Maximus

[… 2–3 …] von den Vorfahren [… 4 …] die Gunst der Götter […] [5] [so dass man zweifeln kann,] ob der Geburtstag des göttlichen Caesar uns mehr zur Freude oder zum Nutzen gereicht, [der Tag,] von welchem wir mit Recht annehmen können, dass er dem Beginn aller Dinge gleichkommt, und wenn auch nicht nach dem Lauf der Natur, so doch hinsichtlich des Nutzens, wo es doch keine in Verfall geratene oder in unglücklichem Zustand befindliche Form gibt, welche er nicht wieder aufgerichtet hat, und er der ganzen Welt ein anderes Antlitz gegeben hat, [der Welt,] die am liebsten ihren Untergang gewünscht hätte, wenn nicht Caesar, das gemeinsame Glück aller, geboren wäre;

[11] darum könnte einer zu Recht annehmen, das sei für ihn zum Beginn seines Lebens und seines Daseins geworden, was das Bedauern darüber, dass er geboren wurde, endgültig beendet hat;

[14] und da niemand einen anderen Tag als glücklicheren Startpunkt für das allgemeine wie das persönliche Wohl nehmen könnte als denjenigen, der für alle glückbringend ist;

[17] und da es sich so ziemlich trifft, dass der Eintritt in das Amt in den Städten der Provinz Asia zum selben Zeitpunkt stattfindet, wobei diese Ordnung offensichtlich kraft göttlichen Willens schon vordem so festgelegt war, dass sie als Ausgangspunkt für eine Ehrung des Augustus diente;

[20] und da es schwierig ist, seinen überragenden Wohltaten angemessenen Dank abzustatten, wenn wir nicht auch in jedem einzelnen Fall einen Weg finden, sie zu vergelten,

[23] und da die Menschen den allen gemeinsamen Geburtstag mit größerer Freude begehen werden, wenn mit diesem Neubeginn auch für sie ein besonderer Grund zur Freude verbunden ist,

[25] scheint es mir geboten, dass alle Städte das neue Jahr an ein und demselben Tag beginnen, [nämlich] am Geburtstag des göttlichen Caesar; und dass alle ihr Amt an diesem Tag, dem 23. September, antreten, damit der Tag noch mehr in Ehren stehe, auch von anderer Seite eine Art religiöse Würde erlange und so der Allgemeinheit in besonderem Maß vertraut werde; und so wird dieser Tag nach meiner Ansicht der Provinz auch den größten Nutzen bereiten.

[31] Ferner soll der Landtag der Provinz Asia einen Beschluss fassen, der alle Fähigkeiten (*aretai*) Caesars enthält, damit das, was wir uns zum Ruhme des Augustus ausgedacht haben, für alle Zeiten bestehen bleibe;

[34] ferner ordne ich an, dass dieser Beschluss auf eine Stele eingetragen und im Tempel [des Kaiserkultes] aufgestellt werde; und mein Diatagma, in beiden Sprachen ausgefertigt, voranstellen.

Erstes Dekret des Koinons von Asia über die Ehrung des Augustus durch Einführung eines neuen Kalenders

[36] Die Griechen in Asia haben auf Antrag des Kaiserpriesters Apollonios Sohnes des Menophilos aus Aizanoi beschlossen:

[37] Da die Vorsehung, welche unser Leben ordnet, alle Mühe und allen Eifer aufgewandt, das für unser Leben vollendete Gute geschaffen und den Augustus, den sie zum Wohle (*euegersia*) der Menschen mit jeder guten Fähigkeit erfüllt hat, für uns und unsere Nachkommen wie einen Gott an ihre Stelle hervorgebracht

hat; und uns den Mann geschenkt hat, der dem Krieg ein Ende setzen und den Frieden in schöner Ordnung gestalten sollte,

[43] und da Caesar, mit diesen Fähigkeiten geboren, die Erwartungen der Empfänger mit seinen Wohltaten übertroffen hat, wobei er nicht nur seine Vorgänger mit der Fülle seiner Leistungen überholt, sondern auch seinen Nachfolgern keinerlei Hoffnung gelassen hat, sich ihm vergleichen zu dürfen;

[47] und da mit dem Geburtstag dieses Gottes für die Welt die guten Nachrichten (*euaggelion*), die von ihm ausgehen, ihren Anfang nahmen;

[48] und da ferner die Provinz Asia unter dem Proconsul Lucius Volcanius Tullus, als Papias aus Dios Hieron Sekretär war, in Smyrna beschlossen hat, dass derjenige bekränzt werden soll, welcher die größten Ehren für den Gott (*scil.* Augustus) herausgefunden hat,

[51] und da Paullus Fabius Maximus [*vacat*]
(Engelmann / Dreyer, S. 173–182).

6. Satire über den Herrscherkult: ein Kaiser im »Himmel«

Die »Verkürbissung« des Claudius
Die sogenannte »Apokolokyntosis« (von griech. Κολοκύνθη – Flaschenkürbis) ist eine im Jahr 54 n. Chr. verfasste Satire Senecas über Kaiser Claudius. Der Titel, der auf Cassius Dio zurückgeht, ist eine Karikatur der Apotheose, der Vergöttlichung eines Kaisers nach seinem Tode. Seneca, der dem Kaiser kritisch gegenüberstand, wurde noch zu seinen Lebzeiten von Claudius nach Korsika verbannt.

Der Tod des Claudius und seine Ankunft im Himmel

»[4,1] […] Gleich wie Lucifer, wenn er die fliehenden Sterne verscheucht, oder wie Hesperus emporsteigt beim Wiederkehren der Sterne, gleichwie Sol, sobald Aurora das Dunkel zerstreut und purpurrot den Tag heraufgeführt hat, den Erdkreis erblickt strahlend und das frische Gespann aus den Schranken hervorjagt: Solch ein Kaiser erscheint, so wird Rom jetzt seinen Nero schauen. Es leuchtet strahlend in mildem Glanz sein Antlitz, und unter wallendem Haar sein bildschöner Nacken.«

[2] So sang Apollo. Doch Lachesis, die auch ihrerseits dem herrlich gestalteten Mann gewogen war, tat es mit voller Hand und schenkt damit Nero noch viele Jahre dazu aus ihrem eigenen Vorrat. Claudius hingegen heißen alle jubelnd und preisend aus dem Haus zu geleiten.

Und dieser blubberte wahrhaftig seine Seele aus, und von dem Augenblick an hörte er auf, seine Scheinexistenz zu führen. Er tat im Übrigen seinen letzten Schnaufer, während er Komödianten lauschte – woraus du entnehmen magst, dass ich diese Typen nicht ohne Grund fürchte.

[3] Und dies hat man als sein letztes Wort unter den Menschen vernommen, nachdem er einen ziemlich kräftigen Ton aus jenem Körperteil hatte entfahren lassen, mit dem er leichter zu reden verstand: »O je, ich glaub', ich hab' mich

vollgeschissen.« Ob das stimmte, entzieht sich meiner Kenntnis; sicher ist nur, dass er alles vollgeschissen hat.

[5,1] Zu berichten, was sich auf Erden hernach noch zutrug, ist überflüssig. Ihr wisst es ja selbst am allerbesten, und es besteht keinerlei Gefahr, dass dem Gedächtnis entfällt, was ihm der allgemeine Jubel eingeprägt hat: *Niemand vergisst die Ursache seines eigenen Glücks.* Doch hört, was sich im Himmel abspielte: Für die Glaubwürdigkeit steht mein Gewährsmann gerade.

[2] Dem Iuppiter wird gemeldet, da sei jemand gekommen von guter Statur, reichlich grau; er stoße irgendwelche Drohungen aus, pausenlos nämlich schüttle er den Kopf; das rechte Bein schleppe er nach. Der Bote habe gefragt, welcher Nationalität er sei: Geantwortet habe er darauf irgendetwas in unverständlichem Ton und ungereimten Worten; der Bote verstehe seine Sprache nicht. Er sei kein Grieche, kein Römer und auch von keinem sonst bekannten Volk.

[3] Da erteilt Iuppiter dem Hercules, der durch die ganze Welt gezogen war und daher offensichtlich alle Völker kannte, den Befehl hinzugehen und zu erkunden, zu welcher Sorte Mensch das Subjekt gehöre […]
Seneca, Apokolokyntosis 4,1–5,3 (Binder, S. 14–17).

Das Votum des Augustus gegen die Vergöttlichung des Claudius

[9,4] Als nächster wird um sein Votum ersucht Diespiter, Sohn der Vica Pota, auch er designierter Konsul, ein mickriger Geldhändler. Die Quelle, aus der er sich über Wasser hielt: Er verhökerte geschäftsmäßig Bürgerrechtsurkündchen. Auf ihn nun ging Hercules liebenswürdig zu und zupfte ihn am Ohrläppchen. [5] Daraufhin stellt dieser den wie folgt formulierten Beschlussantrag:

»Da der göttliche Claudius in Blutsverwandtschaft steht zum göttlichen Augustus und nicht minder zur göttlichen Augusta, seiner Großmutter, die er selbst zur Göttin erheben ließ, da er ferner alle Sterblichen an Weisheit weit überragt und es im Interesse des Staates ist, dass jemand da ist, der mit Romulus glühend heiße Rüben verschlingen kann, stelle ich den Antrag, dass der göttliche Claudius vom heutigen Tag an eine Gottheit sei, genau so wie irgendwer vor ihm mit Fug und Recht vergöttlicht wurde, und man soll diese Maßnahme den Metamorphosen Ovids am Schluss anfügen.«

[6] Die Voten gingen auseinander, und Claudius schien in der Meinungsbefragung zu obsiegen. Hercules nämlich, als er merkte, dass sein Eisen im Feuer war, eilte geschäftig bald hierhin bald dorthin und sagte: »Sei bitte nicht gegen mich, es geht hier um meine Sache; später einmal, wenn du etwas erreichen willst, werde ich mich revanchieren: Eine Hand wäscht die andere.«

[10,1] Da erhob sich der göttliche Augustus, um, als er an der Reihe war, sein Votum abzugeben, und führte in meisterhafter Rhetorik folgendes aus: »Ich habe euch, Senatoren, zu Zeugen dafür«, sagte er, »dass ich seit meiner Apotheose noch nie das Wort ergriffen habe: Immer kümmere ich mich um meine eigenen Angelegenheiten. Aber jetzt kann ich nicht länger den Unbeteiligten spielen und den Schmerz unterdrücken, den mein Gefühl für Anstand noch verstärkt. [2] Zu

diesem Behuf also habe ich zu Wasser und zu Land Frieden geschaffen? Dazu habe ich die Bürgerkriege in Fesseln gelegt? Dazu die Stadt auf das Fundament der Gesetze gestellt, mit Bauwerken verschönert, damit ...?

Senatoren, mir fehlen die Worte: Alles, was ich sage, ist zu schwach für meine Entrüstung. Ich muss daher meine Zuflucht nehmen zu dem bekannten Ausspruch des glänzenden Redners Messala Corvinus: [3] Man schämt sich seines Amtes. Dieser Mensch, Senatoren, der euch so vorkommt, als könne er keine Fliege verjagen, pflegte mit solcher Leichtigkeit Menschen zu ermorden wie eine Hündin sich zum Pissen setzt. Doch was soll ich von so vielen hochbedeutenden Männern reden? Es reicht die Zeit nicht, öffentliches Unheil zu bejammern, wenn man auf das Leid im eigenen Hause blickt. Daher will ich ersteres beiseite lassen und nur über letzteres sprechen; denn selbst wenn meine Partnerin kein Griechisch versteht, ich verstehe es sehr wohl: [4] Das Knie ist mir näher als die Wade. Der Kerl, den ihr da seht, hat so viele Jahre unter dem Deckmantel meines guten Namens gelebt und mir dafür in der Form gedankt, dass er die beiden Iulien, meine Urenkelinnen, umbringen ließ, die eine durch den Henker, die andere durch den Hunger; ferner einen Urenkel, Lucius Silanus: Du, Iuppiter, magst beurteilen, ob sein Fall übel war; jedenfalls war deiner entsprechend gelagert, wenn du gerecht sein willst. Sage mir, göttlicher Claudius, warum hast du ausnahmslos alle, die du hast hinrichten lassen, ob Mann oder Frau, verurteilt, ehe du den Sachverhalt untersuchtest, ehe du die Betroffenen hörtest? Wo ist das denn übliche Praxis? Im Himmel jedenfalls nicht!«

Seneca, Apokolokyntosis 9,4–10,4 (Binder, S. 28–31).

Feier zum Tod des Claudius

[1] Während sie über die Via Sacra hinabsteigen, fragt Mercurius, was der Menschenauflauf da zu bedeuten habe, ob's etwa des Claudius Begräbnis sei. Und in der Tat, es war das allerschönste und kostspielig arrangiert, so dass man unschwer merkte, hier wird ein Gott zu Grab getragen: An Trompetern, Hornisten, Blechbläsern aller Art war da ein so großer Haufen, ein so großer Verein, dass sogar Claudius es hören konnte.

[2] Alle Leute waren fröhlich und vergnügt: Die Römer spazierten herum wie befreit. Agatho nur und ein paar Anwälte heulten, aber richtig von Herzen. Integre Juristen traten aus dem Dunkel hervor, bleich, abgemagert, kaum noch Energie im Leib, als lebten sie in dem Moment erst wieder auf. Als einer von ihnen sah, wie die Advokaten die Köpfe zusammensteckten und ihr Los bejammerten, trat er auf sie zu und sagte: »Ich habe es euch doch immer gesagt: Nicht ewig werden Saturnalien sein!«

[3] Wie Claudius seine eigene Leichenfeier sah, da dämmerte ihm, dass er wirklich tot war [...]

Seneca, Apokolokyntosis 12,1–3 (Binder, S. 34f).

E. Mysterienreligionen

Die Begriffe »Mysterien« und »Mysterienkult« leiten sich vom griechischen μυστήριον ab, das auf das Verb μυέω (schließen) zurückgeht. Dies verdeutlicht, dass diese Kulte nur für Eingeweihte zugänglich waren. Es handelt sich bei den entsprechenden Gemeinschaften und ihren Kulten demnach um eine spezifische Ausprägung religiösen Lebens innerhalb der griechisch-römischen Welt, wobei sich lokal gebundene und ungebundene Kulte voneinander unterscheiden. Eine klare Abgrenzung der einzelnen Kulte voneinander lässt sich nicht durchführen, da sie sich gegenseitig beeinflusst haben. Aufgrund ihrer Geschlossenheit gaben diese Kulte zu allerlei Spekulationen und Gerüchten Anlass. Die bekanntesten dieser Mysterienkulte sind:

- die Mysterien von Eleusis
- die samothrakischen Mysterien
- der Dionysoskult
- der Kult des Liber Pater in Rom und in Süditalien
- der Mithraskult
- der Kybele- und Attiskult
- der Isis- und Osiriskult.

Zum allgemeinen Wesen der Kulte gehören:

- der sterbende und auferstehende Gott
- der Mutterkult
- die Wiedergeburt und Unsterblichkeit.

1. Gerüchte und Polemik über Mysterienkulte

Anfänge der Dionysos-Mysterien und deren Anschuldigung

[8] Da berichtete Hispala über den Ursprung der Mysterien: Es sei zuerst eine Kultstätte für Frauen gewesen, und man habe keinen Mann dort zuzulassen gepflegt. Sie hätten drei feste Tage im Jahr gehabt, an denen man am Tage in die Bacchusmysterien eingeweiht habe, und man habe als Priesterinnen im Wechsel verheiratete Frauen zu wählen gepflegt. [9] Die Kampanerin Paculla Annia habe als Priesterin wie auf Geheiß der Götter alles geändert; denn sie habe als erste auch Männer eingeweiht, ihre Söhne Minius und Herennius Cerrinius, und sie habe aus der Kulthandlung bei Tage eine bei Nacht gemacht, und anstelle von drei Tagen im Jahr habe sie fünf Tage in jedem Monat für die Kultfeiern festgesetzt. [10] Seitdem die Mysterien gemeinschaftlich seien und das Miteinander von Männern und Frauen und die Ungebundenheit der Nacht dazugekommen sei, sei keine Untat und keine Schandtat dort unterblieben. Es gebe mehr Unzucht von Männern untereinander als mit Frauen. [11] Wenn welche die Schande nicht über sich ergehen lassen wollten und weniger Bereitschaft zu einer Untat zeigten, würden sie wie Opfertiere geschlachtet. Nichts für unerlaubt zu halten, das sei das höchste Gebot unter ihnen. [12] Männer weissagten, als wenn sie von Sinnen wären, unter ekstatischen Hin- und Herwerfen ihres Körpers; verheiratete Frauen liefen im Aufzug von Bacchantinnen mit aufgelöstem Haar und mit brennenden Fackeln zum Tiber hinab, hielten die Fackeln ins Wasser und zögen sie mit unversehrter Flamme wieder heraus, da reiner Schwefel mit Kalk darin sei. [13] Man sage, von den Göttern seien die Menschen geraubt worden, die sie an eine Maschine bänden und in verborgenen Höhlen

verschwinden ließen; das seien die, die sich entweder geweigert hätten, den Eid zu leisten oder die Schandtaten mitzumachen oder Unzucht mit sich treiben zu lassen. [14] Es sei eine gewaltige Menge, fast schon ein zweites Volk, darunter auch einige Männer und Frauen aus bekannten Familien. In den letzten beiden Jahren sei der Brauch aufgekommen, dass keiner eingeweiht werde, der älter sei als zwanzig Jahre. Man suche die Altersstufen einzufangen, die für Aberglauben und Unzucht empfänglich sei.
Livius, Römische Geschichte 39,13,8–14 (Hillen, Bd. 9, S. 28–31).

Der **Dionysoskult** erhielt seinen Namen von dem gleichnamigen griechischen Gott des Weines und der Fruchtbarkeit. Die Verehrung des Dionysos hatte eine harmlose Erscheinungsform, in der er als Weingott verehrt wurde, daneben aber auch eine exaltierte, die ihn als Gott der Unterwelt ansah und zuweilen mit dem ägyptischen Gott Osiris identifizierte. Ähnlich wie Persephone steigt Dionysos periodisch in die Unterwelt hinab und hinauf und ist somit ein sterbender und auferstehender Gott. In dieser Form konnte der Dionysoskult orgiastische Formen annehmen und wurde von den sogenannten »Backchen« getragen.

Polemische Beschreibung der Hohepriesterweihe im Mysterienkult

Der Hohepriester wird tatsächlich bei der Weihung in ein tief gegrabenes Loch gelegt, mit einem Stirnband herrlich geschmückt, die festlichen Schläfen mit Binden umwunden, sodann das Haar unter einer goldenen Krone zurückgestrichen, und in eine seidene Toga mit gabinischer Gürtung gekleidet.

Darüber errichteten sie einen hölzernen Boden aus übereinandergelegten Planken, ein loses Gefüge. Dann unterteilen oder durchbohren sie die Fläche und durchlöchern das Holz vielfach mit einem Dorn, bis sie voller kleiner Löcher erscheint.

Darauf wird ein gewaltiger Stier von wildem, zottigem Aussehen hereingeführt, die Schulter mit Blumengirlanden umschlungen oder mit umwickelten Hörnern; ja, die Stirn des Opfers funkelt von Gold, und das Blitzen von Metallplättchen lässt sein Fell aufleuchten.

Dann muss, wie es der Ritus will, das Tier geschlachtet werden, und sie durchstoßen seine Brust mit einem heiligen Speer; aus der klaffenden Wunde strömt eine Welle von heißem Blut, und der rauchende Strom fließt in das darunterliegende Holzwerk und wallt weithin.

Und durch die vielen Rinnen der tausend Löcher in den Sparren regnet ein fauliger Tau hinab, den der darunter begrabene Priester auffängt, sein schamvolles Haupt unter all die Tropfen legt, die seine Gewänder und seinen ganzen Körper besudeln.

Er wirft sogar noch seinen Kopf nach hinten und hält seine Wangen dem Blut entgegen, bietet ihm Ohren, Lippen und Nase dar, ja, seine Augen wäscht er mit dem Saft, und er verschont nicht seine Kehle, sondern befeuchtet damit seine Zunge, bis er das schwarze Blut gänzlich trinkt.

Danach ziehen die *flamines* das tote Vieh vom Lattenboden hinweg, blutleer und steif, und der Priester, grässlich von Aussehen, steigt darunter hervor und

Die im Römischen Reich am weitesten verbreitete Mysterienreligion war der dem Gott Mithras (die ursprüngliche Bedeutung ist »Vertrag«) gewidmete Kult. Die ältere Forschung – und bereits die Römer selbst – vermuteten die Ursprünge des Kultes in Persien, wo Mithras als Gott verehrt worden sei und sich von dort nach Westen ausgebreitet hätte. In neuerer Zeit werden allerdings auch andere Theorien diskutiert, die die Ursprünge des Kultes später datieren und weiter im Westen (Kleinasien, Rom) lokalisieren.

9 Bankett-Szene mit Sol (m.) und Mithras (r.)

Seinem Charakter als Mysterienkult entsprechend, gibt es über den **Mithraskult** keine Selbstzeugnisse. Dies trifft auch für den Pariser Zauberpapyrus (PGrM IV,475–820) zu, der eine Himmelsreise bis zum Gott Helios / Mithras schildert. Dieser Papyrus wurde von Albrecht Dieterich in seiner Edition des Textes aus dem Jahr 1903 mit dem Mithraskult in Verbindung gebracht und irreführend als »Mithrasliturgie« bezeichnet.

Zeugnisse für die Mithrasreligion sind dagegen die polemischen Bemerkungen bei christlichen Schriftstellern (Justin, Tertullian) sowie archäologische Zeugnisse: die Versammlungsorte der Anhänger des Mithraskultes, die sogenannten Mithräen, sowie Darstellungen mit der Tötung eines Stieres durch den Gott Mithras. Hypothetisch rekonstruieren lässt sich eine Religion mit sieben Initiationsstufen, beginnend bei **corax** (Rabe) und endend bei **pater** (Vater).

Der Mithraskult stand nur Männern offen und besaß eine hohe Anziehungskraft bei römischen Soldaten, aber auch unter Sklaven und hohen Beamten. Auch römische Kaiser (Nero und Commodus) ließen sich in die Mithrasmysterien einweihen.

Aufgrund seiner Attraktivität stellte der Mithraskult eine gefährliche Konkurrenz zum Christentum dar, was sich in den erwähnten polemischen Äußerungen bei Justin und Tertullian widerspiegelt. Eine Analogie zwischen dem Mithraskult und dem christlichen Gottesdienst bestand darin, dass beide am selben Tag gefeiert wurden, am Tag des Sonnengottes (Sonntag). Der Geburtstag Christi wurde seit dem 4. Jahrhundert an dem Tag gefeiert, an dem auch der Geburtstag des mit dem Sonnengott Helios bzw. **Sol invictus** identifizierten Gottes Mithras begangen wurde. Eine weitere Übereinstimmung bestand im gemeinschaftlichen Mahl, an dem nur die Getauften bzw. die in den Mithraskult Eingeweihten teilnehmen durften und bei dem Speisen gereicht und mit deutenden Worten versehen wurden. Diese Ähnlichkeit führte zu dem christlichen Vorwurf, in den Mithrasmysterien würde das christliche Abendmahl imitiert.

zeigt sein feuchtes Haupt, seinen vom Blut schweren Bart, seine tropfenden Stirnbänder und durchtränkten Kleider.

Diesen, von solchen Berührungen besudelten und von der Seuche des frischen Opfers stinkenden Mann begrüßen sie alle und beten ihn aus der Entfernung an, weil wertloses Blut und ein totes Rind ihn gewaschen haben, während er in einer schmutzigen Höhle begraben lag.
Prudentius, Peristephanon 10,1011–1050 (Barrett/Thornton, S. 156f).

Die schändliche List der Ide und der missbrauchte Isiskult

[65] Gleichfalls um diese Zeit traf auch noch ein anderes Unglück die Juden, und zu Rom geschahen im Isistempel schändliche Dinge. Zunächst nun will ich den Vorgang im Isistempel erzählen, ehe ich in meinem Bericht über die Schicksale der Juden fortfahre. [66] Es lebte zu Rom eine gewisse Paulina, die von vornehmer Herkunft, tugendhaft, reich und sehr schön war, auch gerade in dem Alter stand, in welchem die Frauen besonders liebreizend und sittsam sind: Sie war mit einem Manne namens Saturninus vermählt, der ihr an vortrefflichen Eigenschaften nichts nachgab. [67] Zu dieser Frau entbrannte nun in Liebe der hochangesehene Ritter Decius Mundus, und da sein Bemühen, sie durch reiche Geschenke sich geneigt zu machen, vergeblich blieb, ließ er sich von seiner Leidenschaft endlich so weit hinreißen, dass er ihr für einen einzigen Beischlaf die Summe von zweihunderttausend Drachmen anbot. [68] Als sie aber auch dieses Anerbieten zurückwies, grämte er sich vor Liebe so sehr, dass er es für das Beste hielt, sich wegen der Sprödigkeit der Paulina verhungern zu lassen, und sogleich zur Ausführung dieses Vorhabens schritt. [69] Es befand sich aber in seinem Hause eine Freigelassene seines Vaters mit Namen Ide, die in allen Ränken bewandert war. Diese hatte Missfallen daran, dass der Jüngling so hartnäckig auf seinem Vorhaben, sich das Leben zu nehmen, bestand; war es doch offenbar, dass er mehr und mehr dahinwelkte. Sie begab sich deshalb zu ihm, tröstete ihn und machte ihm Hoffnung darauf, dass er doch noch Gelegenheit finden werde, den vertraulichen Umgang der Paulina zu genießen. [70] Als nun Mundus mit Freuden auf ihre Worte horchte, erklärte sie ihm, sie bedürfe nur fünfzigtausend Drachmen, um die Schamhaftigkeit der Frau zu überwinden. Nachdem sie dergestalt den Jüngling ermuntert und die verlangte Geldsumme erhalten hatte, schlug sie einen anderen Weg ein als Mundus, da die Frau zu tugendhaft war, als dass sie sich durch Geld hätte gewinnen lassen. Es war ihr nämlich wohlbekannt, dass Paulina der Verehrung der Isis sehr ergeben war, und hierauf baute sie ihren Plan auf. Sie ging zu einigen Isispriestern und versicherte sich ihrer Bereitwilligkeit, was ihr auch nicht schwer fiel, da sie das Geld vorzeigte. [71] Und nachdem sie ihnen vorläufig zwanzigtausend Drachmen gezahlt und ebenso viel für den Fall, dass der Plan gelingen würde, in Aussicht gestellt hatte, machte sie ihnen von der Liebe des jungen Mannes Mitteilung und bat sie, ihr Möglichstes zu tun, um ihm zur Erfüllung seines Wunsches zu verhelfen. [72] Die Priester, durch das Gold angelockt, sagten zu, und der älteste von ihnen begab sich zu

Paulina und bat, nachdem er Einlass erhalten, mit ihr ohne Zeugen sprechen zu dürfen. Paulina war hierzu bereit, und nun erklärte ihr der Priester, er sei vom Gott Anubis geschickt, der sie liebe und ihr befehle, zu ihm zu kommen. [73] Sie vernahm diese Worte mit Freude und rühmte sich bei ihren Hausgenossen der Ehre, die Anubis ihr zugedacht habe. Ihrem Gatten aber zeigte sie an, dass sie zum Gastmahl und der Umarmung des Gottes beschieden sei. Dieser gab seine Einwilligung, da er seines Weibes Schamhaftigkeit hinreichend kannte. [74] Paulina ging sodann zum Tempel, und als ein Priester nach dem Mahle zur Zeit der Nachtruhe die Tore geschlossen und im Inneren des Heiligtums die Lampen ausgelöscht hatte, kam Mundus, der vorher sich dort versteckt hatte, zu ihr und genoss die ganze Nacht ihren Umgang, da sie der Meinung war, er sei der Gott Anubis. [75] Bevor jedoch diejenigen Priester, die um den Plan nicht wussten, erwacht waren, schlich sich Mundus fort, und Paulina begab sich in der Morgenfrühe zu ihrem Gatten zurück, erzählte ihm die Erscheinung des Gottes und prahlte auch bei ihren Hausgenossen mit der ihr widerfahrenen Ehre. [76] Diese aber nahmen zum Teil die Sache sehr ungläubig auf, zum Teil drückten sie ihre Verwunderung darüber aus, dass die edle und tugendsame Frau sich zu so etwas hergegeben habe. [77] Am dritten Tage nach dem Vorfall nun begegnete ihr Mundus und sprach zu ihr: »Nun hast du, Paulina, mir zweihunderttausend Drachmen erspart, die du dein Eigen hättest nennen können, und bist mir nichtsdestoweniger zu Willen gewesen. Es liegt mir jetzt nichts daran, dass du mich mit Schmähungen überhäuft hast, vielmehr hat es mir große Freude gemacht, der Stellvertreter des Gottes Anubis gewesen zu sein.« [78] Darauf entfernte er sich. Paulina aber zerriss auf die Kunde von der Schandtat ihr Gewand und zeigte ihrem Gatten die ihr widerfahrene Schmach an, beschwor ihn auch, dieselbe nicht ungerächt zu lassen. [79] Saturninus meldete darauf den ganzen Vorfall dem Cäsar, der eine genaue Untersuchung anstellen und sowohl die Priester als auch die Ide, welche den schmachvollen Plan ersonnen hatte, ans Kreuz schlagen ließ. Alsdann ließ er den Tempel zerstören und die Bildsäule der Isis in den Tiber versenken. [80] Den Mundus aber verbannte er und hielt diese Strafe für hinreichend, weil die Liebe ihn zu dem Frevel verleitet habe. So verhielt es sich mit dem Gräuel, durch den die Isispriester ihren Tempel schändeten.
Josephus, Jüdische Altertümer 18,65–80 (Clementz, S. 878–880).

2. Die mythischen Ursprünge der Mysterien

Homerischer Hymnus auf Demeter

Törichte Menschen! ohne Verständnis, das Schicksal zu ahnen,
Mag es euch nun zum Vorteil kommen oder als Unheil!
Weitsicht kanntest auch du nicht, drum bist du für immer verblendet.
Unerbittliches Wasser der Styx, du göttlicher Schwurort,
Wisse! Jung alle Tage, unsterblich hätt ich den lieben

Demeter ist die Tochter der Titanen Kronos und Rhea und damit die Schwester der Götter Zeus, Hera, Hestia, Poseidon und Hades. Ihre mit Zeus gezeugte Tochter ist Persephone (lat. **Proserpina**). Als Hades eine Frau sucht, verspricht Zeus ihm Persephone, die Hades daraufhin in die Unterwelt entführt. Aus Trauer und Zorn über die vermisste Tochter verbietet Demeter den Pflanzen, zu wachsen und Früchte zu tragen und den Tieren, sich zu vermehren. Als daraufhin die Menschen zu sterben beginnen, zwingen die anderen Götter Hades Persephone freizulassen. Aus Freude hierüber lässt Demeter die Erde wieder fruchtbar werden. Von nun an verbringt Persephone je sechs Monate auf der Erde bei ihrer Muttter sowie in der Unterwelt bei Hades und wird so zur »sterbenden und auferstehenden« Göttin. In späteren Darstellungen werden Demeter und Persephone miteinander vermischt. Der homerische **Demeter-Hymnus** verbindet dies mit der Ätiologie für die eleusinischen Mysterien, Initiations- und Weiheriten, die auf den Mysteriengott Dionysos bezogen waren.

Sohn dir gemacht, ihm unvergängliche Ehren gestiftet.
Jetzt aber kann er nimmer entrinnen dem Tod und dem Schicksal.
Unvergängliche Ehre soll dennoch ihm werden; er ist ja
Mir auf den Knien gestanden und hat mir in Armen geschlummert.
Ihn zu ehren werden im Laufe der Jahre in jedem
Frühling alle Tage untereinander Eleusis'
Söhne immer Krieg beginnen und schreckliche Feldschlacht.
Ich bin Demeter, die Ehrenvolle, zur größten
Freude und Hilfe für Götter und Menschen geschaffen. Wohlan denn!
Euer ganzes Volk soll mir einen mächtigen Tempel
Baun, den Altar daneben, nahe der Stadt, eine steile
Mauer werde erstellt auf Kallichoros ragendem Hügel.
Weihen aber will selber ich stiften, damit ihr in Zukunft
Schuldlos in Handel und Wandel mein Herz zur Versöhnung bereit macht.

Rhea spricht zu Demeter und fordert sie auf, dem Kronos-Sohn nicht mehr zu grollen. Stattdessen soll sie zur Götterversammlung gehen, wohin Zeus sie ruft.

Also sprach sie; die schön bekränzte Demeter gehorchte,
Ließ in den großen Schollen der Äcker sogleich wieder Früchte
Wachsen, dass weithin die Erde strotzte von Blättern und Blüten,
Ging zu den Königen dann, den Wahrern des Rechtes, und zeigte
Erst dem Triptolemos, Diokles dann, dem Meister der Pferde,
Keleos auch, dem Führer der Männer, der Kraft des Eumpolpos,
Allen den Opferdienst und beschrieb die erhabenen Weihen,
Erst dem Triptolemos, dann Polyxeinos, Diokles wieder.
Keiner darf je sie verletzen, erforschen, verkünden; denn große
Ehrfurcht vor den Göttern lässt Menschenrede verstummen.
Selig der Erde bewohnende Mensch, der solches gesehen!
Doch wer die Opfer nicht darbringt, oder sie meidet, wird niemals
Teilhaft solches Glücks; er vergeht in modrigem Düster.
Homerischer Hymnus auf Demeter 256–274.470–482 (Weiher, S. 20f, 32f).

Plutarch über Isis und Osiris

Plutarchs Schrift »Über Isis und Osiris« stellt bis heute eine der Hauptquellen für die ägyptische Religion, speziell für den Mythos von Isis und Osiris, dar. Die hier geschilderte Version des Mythos weicht gelegentlich von der ägyptischen Überlieferung ab, die jedoch ihrerseits nicht völlig kohärent ist.

Plutarch berichtet, dass Osiris von seinem Bruder Seth in eine Kiste gesperrt und in den Nil geworfen wurde. Als Isis ihn fand, war er bereits tot, doch sie erweckte ihn durch einen Zauber wieder zum Leben. Sie zeugen gemeinsam einen Sohn, der von Isis zur Welt gebracht und Horis genannt wird. Osiris stirbt abermals, woraufhin Isis seinen Körper versteckt. Als Seth den Leichnam findet, ist er außer sich, zerreißt ihn in 14 Teile und verstreut ihn über die Erde. Isis sammelt die Teile ein, um ihn zu bestatten. Davon sind die Götter so beeindruckt, dass sie Osiris als Gott der Unterwelt wieder zum Leben erwecken. Auf Grund dieses Sterbens und Auferstehens wurde Osiris mit der jährlichen Nilflut assoziiert.

Plutarch stand anderen Religionen aufgeschlossen gegenüber, da er die Überzeugung vertrat, dass alle Religionen auf je eigene Weise dem einen Gott dienen.

[12] Der Mythos, um den es hier geht, sei in aller Kürze berichtet; was ganz unbrauchbar und überflüssig ist, soll weggelassen werden. Es heißt, dass Rhea sich heimlich mit Kronos vereinigte; Helios habe es bemerkt und einen Fluch über sie gesprochen, dass sie weder in einem Monat noch in einem Jahr gebären solle. Da habe Hermes, der in die Göttin verliebt war, ihr beigewohnt, und dann habe er beim Brettspiel mit der Mondgöttin ihr von jedem Lichttag den siebzigsten Teil abgewonnen, aus all diesen fünf Tage zusammengesetzt und den 360 zugefügt. Die Ägypter nennen sie heute »Zugesetzte« (Epagomenen) und begehen sie als Geburtstage der Götter. Am ersten soll Osiris geboren sein, und eine Stimme sei, als er aus dem Mutterleib kam, gleichzeitig mit ihm hervorgedrungen: »Der Herr von allem tritt ans Licht hervor.« Dagegen sagen einige, eine gewisse Pamyle habe in Theben, als sie aus dem Zeus-Heiligtum Wasser holte, eine Stimme gehört, die ihr auftrug, mit lautem Ruf zu verkünden: »Der große König, der Wohltäter, Osiris ist geboren.« Darauf habe Kronos ihr den Osiris zum Aufziehen anvertraut, und für sie werde das Fest der Pamylia veranstaltet, welches den griechischen Phallos-Prozessionen ähnlich ist. Am zweiten Tage soll Arueris geboren sein, am dritten Typhon. Dessen Geburt sei nicht zur rechten Zeit und nicht am rechten Ort geschehen; er sei mit einem gewaltsamen Stoß hervorgebrochen und durch die Seite der Mutter herausgesprungen. Am vierten Tag sei Isis in der Nähe des Feuchten geboren worden, am fünften Nephthys, die man auch Teleutē (›Ende‹) und Aphrodite nennt, einige auch Nike (›Sieg‹). Vater des Osiris und des Arueris sei Helios; Kronos Vater Typhons und der Nephthys. Darum halte man den dritten Tag der »Zugesetzten« für unglückbringend, und die Könige übten an ihm keine Amtsfunktionen aus und pflegten ihren Körper nicht bis zum Einbruch der Nacht. Nephthys habe eine Ehe mit Typhon geschlossen; Isis und Osiris hätten einander schon vor der Geburt begehrt und im Mutterleib unter dem Schutz des Dunkels miteinander verkehrt. Manche sagen auch, auf diese Weise sei Arueris gezeugt worden, und er werde von den Ägyptern Horus der Ältere genannt, von den Griechen Apollon.

[13] Als König habe Osiris die Ägypter sogleich von ihrem hilflosen und tierhaften Dasein befreit, ihnen den Anbau von Feldfrüchten gezeigt, Gesetze gegeben und sie gelehrt, die Götter zu ehren. Später habe er die ganze Welt durchzogen, um sie zu befrieden; er habe dabei ganz selten Waffen gebraucht, sondern die meisten Menschen mit Überredung, durch Wort und durch Gesang und Musenkunst aller Art bezaubert und für sich gewonnen. Darum hätten die Griechen den Eindruck, er sei mit Dionysos gleichzusetzen. Typhon habe, solange Osiris abwesend war, keinerlei Auflehnung versucht; denn Isis sei gut auf der Hut gewesen, habe scharf achtgegeben und eine unnachgiebige Haltung bewahrt. Aber als er zurückkehrte, habe Typhon gegen ihn einen listigen Anschlag ins Werk gesetzt. Er habe zweiundsiebzig Männer zu seinen Mitverschworenen gemacht und die Hilfe einer Königin gehabt, die aus Äthiopien gekommen war; ihr Name wird als Aso angegeben. Typhon maß insgeheim die Körpergröße des Osiris und ließ danach eine schöne, reich verzierte Truhe machen. Die brachte er zum Trinkgelage mit; und als man sich über ihren Anblick freute und staunte, habe er scherzhaft versprochen, wer sich hineinlege und genau dieselbe Größe habe, solle die Truhe zum Geschenk erhalten. Da hätten es alle der Reihe nach versucht, und als niemand hineinpasste, sei Osiris hineingestiegen und habe sich hingelegt; da seien die Teilnehmer des Gelages herbeigestürzt, hätten den Deckel zugeklappt und mit Holzkeilen außen befestigt, dann über diese heißes Blei gegossen; so hätten sie die Truhe zum Fluß gebracht und durch die tanitische Mündung ins Meer treiben lassen. Deshalb bezeichneten die Ägypter diese heute noch als ›hassenswert‹ und ›abscheulich‹. Dies soll am siebzehnten Tag des Monats Athyr geschehen sein, in dem die Sonne den Skorpion durchläuft, im achtundzwanzigsten Jahr der Regierung des Osiris. Einige sagen allerdings, dies sei die Dauer seines Lebens, nicht seiner Herrschaft gewesen.

[14] Als erste hätten die Pane und Satyrn, die in der Gegend von Chemmis wohnen, das schreckliche Ereignis bemerkt und mit der Nachricht davon die Menschen überrascht. Darum nenne man heute noch die plötzliche Beunruhigung und Bestürzung einer Volksmenge »panisch«. Als Isis davon erfuhr, habe sie sich eine Haarlocke abgeschnitten und Trauerkleidung angelegt, und zwar an dem Ort, wo bis heute eine Stadt den Namen Kopto hat. Andere meinen, der Name bedeute ›Beraubung‹, denn für »berauben« sagen sie »schlagen« (*kóptein*). Isis sei allenthalben umhergeirrt und habe keinen Rat gewusst; sie sei an niemand vorübergegangen, ohne ihn anzusprechen; sogar als sie einmal Kinder traf, habe sie nach der Truhe gefragt. Zufällig hätten die Kinder diese gesehen und Isis die Nilmündung gezeigt, durch die Typhons Genossen das Behältnis ins Meer hatten treiben lassen. So komme es, dass die Ägypter glauben, Kinder hätten mantische Fähigkeiten, und dass sie vor allem aus deren Rufen Vorzeichen ableiten, wenn sie in einem Tempelbezirk spielen und ganz zufällige Äußerungen von sich geben. Isis habe dann erfahren, dass Osiris ihrer Schwester beigewohnt habe, weil er sie mit ihr selbst verwechselt habe; als Beweis habe sie den Kranz von Honigklee gesehen, den jener bei Nephthys hinterlassen hatte. Da habe sie nach dem Kind gesucht; Nephthys hatte es gleich nach der Geburt ausgesetzt aus

Furcht vor Typhon. Der Knabe sei mit vieler Mühe gefunden worden – Hunde brachten Isis auf die Spur –, sei dann aufgezogen worden und ihr Wächter und Diener geworden. Er habe den Namen Anubis erhalten, und man sagt, er behüte die Götter so wie Hunde die Menschen.

[15] Hiernach habe sie Kunde erhalten von der Truhe: Im Gebiet von Byblos hätten die Meereswogen sie ans Land gespült und ganz sanft im Geäst einer Baumheide abgesetzt. Die Baumheide sei dann in kurzer Zeit zu einem prachtvollen großen Baum aufgeschossen und habe die Truhe umfangen, umwachsen und in ihrem Innern verborgen. Der König habe die Größe des Gewächses bestaunt, den Stamm zurechthauen lassen, welcher den Sarg enthielt, ohne dass man ihn sehen konnte, und ihn als Stütze unter das Dach stellen lassen. Und dies, so heißt es, habe der Wind des Gerüchtes, von höheren Mächten gelenkt, der Isis zugetragen; sie sei nach Byblos gekommen und habe sich an einem Brunnen niedergesetzt, demütig und tränenüberströmt. Sie habe mit niemand sonst gesprochen; nur mit den Dienerinnen der Königin habe sie Bekanntschaft geschlossen und ihnen freundschaftliche Dienste geleistet, indem sie ihnen die Haare zu Stirnlocken frisierte und ihrer Haut einen wunderbaren Wohlgeruch verlieh, den sie von sich selbst durch Anhauchen übertrug. Als die Königin ihre Dienerinnen sah, habe ein Verlangen nach der Fremden sie überkommen, nach den Haaren und der Haut, die nach Ambrosia duftete. So habe sie diese also kommen lassen, habe sich an sie gewöhnt und zur Amme ihres kleinen Kindes gemacht. Der Name des Königs soll Malkandros gewesen sein, ihr eigener aber Astarte, nach anderen Saosis oder Nemanûs, was ein Grieche mit ›Athenaïs‹ wiedergeben könnte.

[16] Genährt habe Isis den Säugling, indem sie ihm statt der Brust ihren Finger in den Mund steckte, und nachts habe sie das Sterbliche aus seinem Körper weggebrannt; sie selbst habe sich in eine Schwalbe verwandelt, sei um die Säule herumgeflogen und habe kläglich gezwitschert, bis die Königin das beobachtete und aufschrie, als sie sah, wie das kleine Kind gebrannt wurde; damit habe sie ihm die Unsterblichkeit geraubt. Die Göttin habe ihre wahre Gestalt angenommen und die Säule des Daches verlangt; sie habe diese ohne Mühe unter dem Dach weggenommen und das Holz der Baumheide rundherum weggeschlagen, habe es in ein Leinentuch gehüllt, mit Salbe übergossen und dem Königspaar ausgehändigt; die Bewohner von Byblos verehrten auch heute noch dieses Holz, das in einem Isisheiligtum aufbewahrt wird. Den Sarg aber habe sie umarmt und einen so lauten Schmerzensschrei ausgestoßen, dass das jüngere Kind des Königs wie tot umsank; das ältere habe sie mitgenommen, den Sarg auf ein Schiff gebracht und sei abgefahren. Als der Fluss Phaidros gegen Morgen einen allzu rauhen Wind aufkommen ließ, habe sie im Zorn das Flussbett austrocknen lassen.

[17] An einem Orte, wo sie zum ersten Male fern von Menschen und für sich allein war, habe sie die Truhe geöffnet, ihr Gesicht an das Gesicht des Toten geschmiegt, ihn geküsst und Tränen vergossen. Da sei das Kind leise von hinten dazugekommen und habe zugeschaut; sie habe das gemerkt, sich umgedreht

und ihm im Zorn furchtbare Blicke zugeworfen; das Kind habe die Angst nicht ertragen, sondern sei gestorben. Andere sagen, es habe sich nicht so abgespielt, sondern das Kind sei in der früher berichteten Weise ins Meer gefallen, und es habe um der Göttin willen ein ehrendes Gedenken erhalten; denn wenn die Ägypter beim Symposion ein Lied von Maneros singen, so sei dieses Kind damit gemeint. Manche sagen, das Kind habe Palaistinos geheißen oder Pelusios, und von ihm habe die bekannte Stadt, welche die Göttin gründete, den Namen erhalten. Der Maneros, von dem sie singen, soll zuerst die musische Kunst erfunden haben. Einige behaupten jedoch, *maneros* sei gar kein Name einer Person, sondern eine Redensart, die bei Trinkenden und in festlicher Gesellschaft üblich sei: ›Möge solches Glück uns auf Dauer beschieden sein.‹ Diesen Wunsch, der mit dem Wort *maneros* ausgedrückt werde, riefen die Ägypter bei allen solchen Gelegenheiten aus. So ist übrigens auch das bei ihnen vorgeführte Abbild eines toten Menschen in einem Kasten, welcher von Hand zu Hand geht, keine Erinnerung an das Schicksal des Osiris, wie einige annehmen; sondern es soll, wenn sie trunken sind, dazu mahnen, die gegenwärtigen Freuden wahrzunehmen und zu genießen, weil gar bald alle so sein werden, wie dieser unliebsame Gast, den sie mit zum Gelage holen.

[18] Als sich Isis nun zu ihrem Sohn Horus, der in Buto aufwuchs, auf den Weg machte und das Behältnis unterdessen an einer entlegenen Stelle verwahrte, soll Typhon des Nachts, als er beim Mondschein jagte, darauf gestoßen sein. Er habe die Leiche erkannt, in vierzehn Teile zerstückelt und diese zerstreut. Als Isis das erfuhr, habe sie die Teile wieder gesucht, in einem Papyrusboot durch die Sümpfe fahrend. Darum werde jemand, der in einem Papyrusnachen fahre, von Krokodilen nicht behelligt, welche um der Göttin willen Angst oder Scheu empfänden. Daher komme es auch, dass es in Ägypten viele angebliche Gräber des Osiris gibt: Isis habe, wo immer sie auf einen Körperteil stieß, ein Grab bereitet. Andere bestreiten das; Isis habe vielmehr Abbilder hergestellt und sie jeder einzelnen Stadt geschenkt, so als ob sie ihr die Leiche schenkte, damit er an mehr Stellen Ehren genieße und Typhon, wenn er über Horus obsiegen würde, bei der Suche nach dem wahren Grab unter den vielen, die genannt und gezeigt werden, aufgeben müsste. Der einzige Körperteil des Osiris, den Isis nicht gefunden habe, sei das Schamglied gewesen. Es sei sofort in den Fluß geworfen worden, und von ihm hätten gefressen der ägyptische Karpfen (*lepidōtós*), die Meeräsche (*phágros*) und der Nasennilhecht (*oxýrhynchos*) – Fische, welche von den Ägyptern aus religiöser Scheu besonders gemieden würden; Isis habe als Ersatz eine Nachbildung verfertigt und geweiht, den Phallos, dem auch heute noch die Ägypter ein Fest feierten.

[19] Dann sei Osiris aus dem Totenreich zu Horus gekommen und habe ihn für den Kampf vorbereitet und trainiert. Da habe er ihn gefragt: »Was hältst du für das Schönste?«, und dieser habe geantwortet: »Vater und Mutter zu rächen, wenn ihnen Böses getan worden ist.« Zum zweiten habe er gefragt: »Welches Tier dünkt dich am nützlichsten, wenn man zum Kampf auszieht?« Horus habe gesagt: »Ein Pferd«, und Osiris sei verwundert gewesen und habe nicht verstanden,

warum er nicht lieber einen Löwen statt eines Pferdes genannt habe. Da habe Horus gesagt: »Ein Löwe ist von Nutzen, wenn man Beistand braucht; aber ein Pferd, wenn es gilt, den fliehenden Feind zu zerstreuen und aufzureiben.« Über diese Worte habe Osiris sich gefreut als ein Zeichen, dass Horus sich für den Kampf wohl vorbereitet habe. Immer wieder sollen viele zur Partei des Horus übergegangen sein; unter ihnen war auch die Konkubine Typhons, Thueris. Eine Schlange verfolgte sie und wurde von Horus und seinen Leuten zerhauen; darum pflegt man noch heute ein Stück Seil in einer Versammlung hinzuwerfen und zu zerhauen. Die Schlacht sei über viele Tage gegangen, und Horus habe die Oberhand behalten. Er habe Typhon gefesselt der Isis übergeben, aber sie habe ihn nicht getötet, sondern sogar aus den Fesseln gelöst und freigelassen. Horus habe das nicht gleichmütig hingenommen, sondern Hand an seine Mutter gelegt und ihr die Königskrone vom Kopf gerissen. Hermes habe ihr dafür einen Helm in Form eines Kuhkopfes aufgesetzt. Typhon habe nun gegen Horus eine gerichtliche Klage wegen unehelicher Geburt erhoben, Hermes habe ihn verteidigt, und Horus sei von den Göttern als echtbürtig erklärt worden. Dann sei Typhon in zwei weiteren Schlachten niedergerungen worden. Isis habe von Osiris, der ihr nach seinem Tode noch beiwohnte, ein weiteres Kind geboren, eine Frühgeburt, an den unteren Gliedmaßen schwächlich: Harpokrates.
Plutarch, Über Isis und Osiris 12–19 (Görgemanns, S. 154–167).

Die Lehre der Isis, ihre Verehrung und ihre Macht

[27] Mit diesen und ähnlichen Dingen ist vergleichbar, so sagt man, was über Typhon berichtet wird: Er habe aus Missgunst und Bosheit Furchtbares getan, alle Dinge in Verwirrung gestürzt, Erde zumal und Meer mit Übeln erfüllt, dann aber Strafe erlitten. Die Vollzieherin der Rache für Osiris, seine Schwester und Gattin, ließ, als sie das Wüten Typhons gestillt und beendet hatte, die Abenteuer und Kämpfe, die sie bestanden hatte, ihre eigenen Irrfahrten, die vielen Erfolge ihrer Weisheit und die vielen Siege ihrer Tapferkeit nicht der Vergessenheit und dem Schweigen anheimfallen, sondern fügte Gleichnisse, Andeutungen und Abbilder der leidvollen Ereignisse von damals in hochheilige Einweihungsriten ein und stiftete damit Lehren der Frömmigkeit und Trost für Männer und Frauen in ähnlichen Nöten. Sie selbst aber und Osiris wandelten sich kraft ihrer tätigen Bewährung von guten Dämonen zu Göttern, wie später Herakles und Dionysos. So ist es nicht ohne Sinn, dass sie einen gemischten Kult empfangen, den Kult sowohl von Göttern als auch von Dämonen.

Ihre Macht wirkt zwar allenthalben, aber am stärksten im Bereich der Unterwelt. Es heißt nämlich, Sarapis sei kein anderer als Pluton, und Isis dieselbe wie Persephone. So sagt Archemachos von Euboia und Herakleides von Ponton, welcher das Orakel in Kanobos Pluton zuschreibt.
Plutarch, Über Isis und Osiris 27 (Görgemanns, S. 180f).

Hymne an Dionysos Bassareus am Dreijahrsfeste

Komm, seliger, feuersprühender
Dionysos mit der Stirne des Stieres,
Bakchos und Bassareus,
Weitberühmter, Allesvermögender,
Deine Lust sind Schwerter und Blut
Und die heiligrasenden Frauen,
Wenn du jubelst auf dem Olymp,
Verzückter, lautlärmender Bakchos,
Wütender Träger des Thyrsosstabs,
Von allen Göttern geehrt
Und von den erdbewohnenden Menschen.
Komm zu uns, Seliger, Reigenfreund,
Bring allen die Fülle der Freude!
Orphischer Hymnus (Plassmann, S. 84, Quandt, Nr. 45).

3. Das Verbot eines Mysterienkultes

Der Name **Bakchanal** leitet sich aus dem Namen Bakchos bzw. Dionysos ab und wird im Singular als Bezeichnung einer Kultstätte, im Plural als Bezeichnung einer religiösen Gruppe und für Kulthandlungen gebraucht. Um welche Art von Kultstätte es sich gehandelt haben könnte, wird kontrovers diskutiert, da keine archäologischen Zeugnisse existieren.

Senatsbeschluss über die Bakchanalien vom Jahre 185 v. Chr.

Quintus Marcius, Sohn des Lucius (und) Spurius Postumius, Sohn des Lucius, beriefen als Konsuln den Senat ein an den Nonen des Oktober (7. Okt. 186 v. Chr.) beim Tempel der Bellona. Protokoll führten Marcus Claudius, Sohn des Marcus, Lucius Valerius, Sohn des Publius (und) Quintus Minucius, Sohn des Caius.

Bezüglich der Bacchanalienfeiern beschlossen sie folgende Proklamation für die (mit Rom) Verbündeten: Niemand von ihnen darf (einen Platz für) ein Bacchanal haben. Sollte es Personen geben, die erklären, (einen Platz für) ein Bacchanal nötig zu haben, müssen sie zum Stadtprätor nach Rom kommen, und nach ihrer Anhörung soll unser Senat darüber entscheiden in Anwesenheit von mindestens 100 Senatoren bei dieser Verhandlung. Unter die Bacchen darf sich kein Mann mischen, (weder) ein römischer Bürger, noch ein Bürger latinischen Rechts, noch einer der Bundesgenossen, falls sie nicht (zuvor) den Stadtprätor aufsuchen und von ihm Erlaubnis dazu erhalten mit Billigung des Senats in Anwesenheit von mindestens 100 Senatoren bei der Verhandlung. (Dies haben die Senatoren) beschlossen. Kein Mann darf Priester sein; kein Mann und keine Frau darf Vorsteher(in) sein; keiner von ihnen darf eine gemeinsame Kasse führen; weder einen (geschäftsführenden) Beamten, noch einen Stellvertreter, sei er männlich oder weiblich, darf jemand bestellen. Fortan dürfen sie untereinander weder sich durch Schwur, noch durch Gelöbnis, weder durch Vertrag, noch durch eine Zusage verbinden, noch sich gegenseitig das Wort geben. Niemand darf die Rituale im Geheimen durchführen, noch darf jemand die Rituale auf öffentlichem oder privatem Boden, noch außerhalb der Stadt stattfinden lassen, falls er nicht (zuvor) zum Stadtprätor geht und dieser die Genehmigung erteilt mit Billigung des Senats in Anwesenheit von mindestens 100 Senatoren bei der Verhandlung. (Dies haben die Senatoren) beschlossen. Mehr als fünf Personen insgesamt, Männer und Frauen, dürfen keine Rituale veranstalten, noch dürfen unter ihnen mehr als zwei Männer (bzw.) mehr als drei Frauen (an den Ritualen) teilnehmen ohne (entsprechende) Genehmigung durch den Stadtprätor und den Senat, wie oben ausgeführt.

Dies sollt ihr in der (Volks-)Versammlung verkünden an mindestens drei Markttagen und den Senatsbeschluss zur Kenntnis nehmen mit folgendem Inhalt: Wenn jemand gegen die oben ausgeführten Bestimmungen verstößt, soll ihm der Kapitalprozess gemacht werden, (wie die Senatoren) beschlossen (haben). Und dies sollt ihr auf eine Bronzetafel gravieren – so hielt es der Senat für angemessen – und diese anbringen lassen, wo sie am besten zur Kenntnis genommen werden kann. Und die (Plätze für) Bacchanalien sollen, falls es welche gibt – ausgenommen es läge ein religiöser Hinderungsgrund vor – so wie oben ausgeführt, innerhalb von zehn Tagen, nachdem euch diese Schriftstücke übergeben worden sind, beseitigt werden. *(Von zweiter Hand?:)* Auf dem Gebiet von Teura (Terina?).

CIL I[2] 581 (Schumacher, Nr. 392, S. 79–82).

4. Texte von Eingeweihten (vgl. auch II B 3 c) und IV C 5)

Die Inschrift der **Iobakchen**, einem Verein zur Verehrung des Bakchos (Baccus) in Athen, lässt sich in die sechziger oder siebziger Jahre des 2. Jh. n. Chr. datieren. Sie wurde 1894 am Westabhang der Akropolis gefunden. Die Inschrift enthält Regeln für das Leben und die Zusammenkünfte, vor allem die gemeinsamen Mähler sowie das Aufnahmeverfahren des Vereins.

Die Statuten der Athener Iobakchen

178 n. Chr.

Glück und Heil!

In der Amtszeit des Archonten Arrios Epaphroditos berief am 8. Tag des Monats Elaphebolion zum ersten Mal der von Aur. Nikomachos ernannte Priester eine Versammlung ein. Nikomachos war 18 Jahre lang stellvertretender Priester und 23 Jahre lang Priester gewesen und zu Lebzeiten für den Ruhm und die Ehre des Bacchusvereins zugunsten des ehrwürdigsten Claudius Herodes von seinem Amt zurückgetreten. Nachdem er von diesem zum stellvertretenden Priester ernannt worden war, las er die Beschlüsse der früheren Priester Chrysippos und Dionysios vor. Als der Priester, der Archibakchos und der Patron sie gebilligt hatten, wurden Rufe laut: »An diese wollen wir uns immer halten!«, »Hoch der Priester!«, »Setze die Beschlüsse wieder in Kraft!«, »Dir kommt es zu!«, »Gedeihen und Ordnung für die Bacchusgesellschaft!«, »Die Beschlüsse auf die Säule!«, »Stelle die Frage!«. Der Priester sagte: »Weil es mir, meinen Mitpriestern und euch allen richtig erscheint, wollen wir die Frage stellen, wie ihr es wünscht.« Daraufhin stellte der Prohedros Rufus Aphrodisios die Frage: »Jeder, der dafür ist, dass die vorgelesenen Statuten gültig sein und auf die Säule geschrieben werden sollen, hebe seine Hand!« Alle hoben sie. Sie riefen: »Lang lebe der ehrwürdigste Priester Herodes!«, »Jetzt ist's geschafft, jetzt sind wir die ersten aller Bacchusgesellschaften!«, »Hoch der stellvertretende Priester!«, »Her mit der Säule!«. Der stellvertretende Priester sagte: »Die Säule soll auf dem Pfeiler stehen, und (die Beschlüsse) werden daraufgeschrieben; denn die Vorsteher werden darauf achten, dass nichts davon verletzt wird.«

Keiner darf Iobacche sein, wenn er nicht zuerst beim Priester die übliche schriftliche Bewerbung einreicht und es von den Iobacchen durch Abstimmung beurteilt wird, ob er würdig und geeignet für den Bacchusverein ist. Die Aufnahmegebühr soll für einen, der nicht vom Vater her (Mitgliedschaft beantragt), 50 Denare und ein Trankopfer betragen. Eine ähnliche Bewerbung sollen die stellen, die vom Vater her Mitgliedschaft beantragen; sie sollen 25 Denare und dazu den halben Mitgliedsbeitrag zahlen, bis sie geschlechtsreif sind.

Die Iobacchen sollen sich am Neunten (jedes Monats), beim Jahresfest, beim Bacchusfest und bei außer der Reihe angesetzten Festen des Gottes versammeln; jeder soll sich daran durch Rede, Tat oder ehrenvollen Eifer (beteiligen) und den festgesetzten Monatsbeitrag für den Wein einzahlen. Wenn er seinen Beitrag nicht entrichtet, soll er von der Versammlung ferngehalten werden; darauf sollen die achten, die im schriftlichen Beschluss genannt sind, außer, wenn er verreist war oder im Fall von Trauer oder Krankheit, oder wenn einer, der zur Versammlung zugelassen werden soll, unter zwingender Notwendigkeit stand, wobei die Priester darüber urteilen sollen.

Wenn aber der Bruder eines Iobacchen durch Abstimmung für würdig befunden wird und beitritt, soll er 50 Denare bezahlen. Wenn ein (in die Mysterien) eingeweihter junger Mann aus dem Ausland kommt und das Geld für die Götter und für den Bacchusverein beibringt, soll er mit seinem Vater Iobacche sein und das Trankopfer mit seinem Vater zusammen darbringen.

Jedem, der seine Bewerbung eingereicht hat und durch Abstimmung aufgenommen wurde, soll der Priester eine Bescheinigung darüber geben, dass er ein Iobacche ist, allerdings erst, wenn er dem Priester die Aufnahmegebühr bezahlt hat; in die Bescheinigung soll (der Priester) eintragen, was (von diesem Betrag) für das Täfelchen abgeht.

Bei der Versammlung darf keiner singen, Unruhe stiften oder applaudieren, sondern jeder soll in aller Gesittung und Ruhe seine Rolle sprechen und spielen, unter der Leitung des Priesters oder des Archibacchus. Keiner der Iobacchen, die ihre Beiträge für den Neunten und das Jahresfest nicht eingezahlt haben, darf zur Versammlung kommen, bis ihm von den Priestern beschieden wird, dass er zahlen muss oder teilnehmen darf. Wenn einer einen Streit beginnt oder offenkundig die gute Ordnung verletzt oder den Platz eines anderen einnimmt oder jemanden verhöhnt oder beschimpft, so soll der Beschimpfte oder Verhöhnte zwei Iobacchen beibringen, die beschwören, dass sie die Verhöhnung oder Beschimpfung gehört haben; der Urheber der Verhöhnung oder Beschimpfung soll der Gemeinschaft 25 leichte Drachmen zahlen; der für den Streit Verantwortliche soll die gleichen 25 leichten Drachmen zahlen; sie dürfen nicht an der Versammlung der Iobacchen teilnehmen, bis sie bezahlt haben.

Wenn einer soweit geht, dass er Schläge austeilt, soll der Geschlagene es dem Priester oder dem stellvertretenden Priester melden; dieser soll unbedingt eine Versammlung einberufen, und unter Vorsitz des Priesters sollen die Iobacchen über das Urteil abstimmen; der betreffende soll zur Strafe eine zu bestimmende Zeit lang nicht teilnehmen dürfen und bis zu 25 Silberdenare zahlen. Die gleiche Strafe soll dem Geschlagenen gelten, wenn er nicht beim Priester oder Archibacchus (gegen den anderen) vorgeht, sondern öffentlich Klage erhebt. Die gleiche Strafe soll dem für Ruhe und Ordnung zuständigen Amtsträger gelten, wenn er die an der Schlägerei Beteiligten nicht hinauswirft. Wenn ein Iobacche wusste, dass zu diesem Zweck eine verpflichtende Versammlung abgehalten wird, und er sich trotzdem nicht einfindet, soll er der Gemeinschaft 50 leichte Drachmen zahlen. Wenn er der Zahlungsaufforderung nicht Folge leistet, soll der Schatzmeister ihm den Zugang zum Bacchusverein verwehren dürfen, bis er zahlt. Wenn eines von den neuen Mitgliedern dem Priester oder dem stellvertretenden Priester die Aufnahmegebühr nicht bezahlt, soll er vom Festmahl ausgeschlossen werden, bis er bezahlt, und von ihm soll (das Geld) auf die Weise eingetrieben werden, die der Priester festlegt. Keiner darf ohne Erlaubnis des Priesters oder des stellvertretenden Priesters eine Rede halten; andernfalls schuldet er der Gemeinschaft 30 leichte Drachmen.

Der Priester soll bei der Versammlung und beim Jahresfest den gewohnten Gottesdienst in angemessener Weise vollziehen und soll der Gemeinschaft ein Trankopfer für die Rückkehr (des Bacchus) vorsetzen und eine Predigt halten, wie sie der frühere Priester Nikomachos aus ehrenvollem Eifer eingeführt hat. Der Archibacchus soll dem Gott das Opfer darbringen und am 10. des Monats Elaphebolion das Trankopfer vorsetzen. Nach der Verteilung der Portionen sollen der Priester, der stellvertretende Priester, der Archibacchus, der Schatzmeister, der Bukolikos, Dionysos, Kore, Palaimon, Aphrodite und Proteurhythmos sie an sich nehmen; ihre Namen sollen unter allen ausgelost werden.

Wenn ein Iobacche ein Erbe, eine Auszeichnung oder eine Ernennung erhält, soll er den Iobacchen ein Trankopfer vorsetzen, das der Ernennung entspricht: Heirat, Geburt, Choes, Ephebie, Bürgerrecht, das Amt eines Stabträgers, einen Sitz im Rat, das Amt eines Athlotheten oder eines Panhellenen, einen Sitz im Ältestenrat, das Amt eines Thesmotheten, ein sonstiges öffentliches Amt, die

Ernennung zum Synthyten, zum Eirenarchen, zum Hieroniken, und wenn sonst ein Iobacche irgendeine Beförderung erhält.

Der für Ruhe und Ordnung zuständige Amtsträger soll ausgelost oder vom Priester eingesetzt werden; er soll zu einem, der über die Stränge schlägt oder Unruhe stiftet, den Thyrsos des Gottes bringen. Der, neben den der Thyrsos gelegt wird, soll entsprechend der Entscheidung des Priesters oder des Archibacchus den Festsaal verlassen. Wenn er nicht gehorcht, sollen ihn die von den Priestern eingesetzten »Pferde« vor die Tür setzen; er ist zur Zahlung der Strafe für Streithähne verpflichtet.

Einen Schatzmeister sollen die Iobacchen durch Abstimmung für zwei Jahre wählen; er soll entsprechend einem Verzeichnis das gesamte Gut des Bacchusvereins übernehmen und soll ihn ebenso dem übergeben, der nach ihm Schatzmeister sein wird. Er soll aus seiner Tasche das Lampenöl an den Neunten und am Jahresfest und bei der Versammlung bereitstellen und an allen üblichen Tagen des Gottes und an den Tagen, die aufgrund von Erbfällen oder Ehrungen oder Ernennungen (dazukommen). Er soll, wenn er will, auf eigenes Risiko einen Sekretär wählen; das Trankopfer als Schatzmeister soll ihm bewilligt werden, und er soll für zwei Jahre beitragsfrei sein.

Wenn ein Iobacche stirbt, soll er einen Kranz bis zum Wert von fünf Denaren erhalten; denen, die an seinem Begräbnis teilnehmen, soll ein Krug Wein vorgesetzt werden; wer nicht am Begräbnis teilnimmt, soll keinen Wein bekommen.
SIG$^{3/4}$ *III 1109 (Schmeller, S. 110–115).*

Grabinschrift aus Doxato bei Philippi

3. Jh. n. Chr.?
Du … lebst, in Ruhe verklärt, auf der Elysischen Au.
So war es der Ratschluss der Götter, dass fortlebe in ewiger Form,
Der so hohes Verdienst sich erwarb um die himmlische Gottheit:
Gnaden, die dir verhieß in dem keuschen Lauf dieses Lebens
Die Einfalt, die einst der Gott dir befahl.
Ob dich nun des Bromius heilige Myrtenschar
Zu sich ruft in den Kreis der Satyre auf blumiger Au,
Oder mit ihrem Korb die Naiaden zu sich winken in ähnlicher Art,
Um im Glanze der Fackeln den frohen Festzug zu führen:
Sei doch Knabe, was immer, wozu dich dein Alter bestimmt hat,
Wenn du nur, wie du's verdienst, im Gefilde der Seligen wohnst.
CIL III 1 686; Philippi II, Nr. 439/L078 (Pilhofer, S. 90f).

Einladungen zu Götzenopfermählern

Es bittet Dich Antonius, Sohn des Ptolemäus,
bei ihm zum (Speise)lager des Herrn
Sarapis, in den (Gebäuden) des Claudius Sarapion,
am 16., von 9 Uhr an.
POxy 523 (Klauck, Religion, S. 187).

Es bittet Dich Chairemon,
zum Speisen zum Lager des Herrn
Sarapis im Sarapistempel morgen,
das ist der 15., ab 9 Uhr.
POxy 110 (Klauck, Religion, S. 187).

Es bittet dich Sarapous
zum Speisen ins Heilig-
tum der Herrin Isis
im Haus, morgen,
das ist der 29., ab 9 Uhr.
PFouad 76 (Klauck, Religion, S. 187).

Justin über die dem Abendmahl ähnlichen Mysterienkulte der Dämonen

Jesus habe Brot genommen, das Dankgebet gesprochen und gesagt: »Dies tut zu meinem Gedächtnis, das ist mein Leib«; und ebenso habe er den Becher genommen, das Dankgebet gesprochen und gesagt: »Dies ist mein Blut«, und er habe nur ihnen (d. h. den Aposteln) davon mitgegeben.

Das haben auch die bösen Dämonen nachgeahmt und in den Mysterien des Mithra zum Vollzug überliefert (παραδιδόναι, ein *terminus technicus* der Traditions- und Kultsprache). Denn dass dort Brot und ein Becher mit Wasser bei den Weihungen des Initianden gereicht werden mit begleitenden Worten, das wisst ihr oder könnt ihr erfahren.
Justin, Apologie 1,66,3f (Klauck, Religion, S. 172).

Kultverein des Dionysos für mehrere griechische Götter

Glück und Heil!
Aufgeschrieben wurden für die Gesundheit und das gemeinsame Heil und das beste Ansehen die Anweisungen, die dem Dionysios im Schlaf gegeben wurden; (auf sie hin) gewährte er Zutritt zu seinem Haus Männern und Frauen, Freien und Sklaven. Denn darin sind die Altäre des Zeus Eumenes, seiner Helferin Hestia, der übrigen Rettergottheiten, der Eudaimonia, des Plutos, der Arete, der Hygieia, der Agathe Tyche, des Agathos Daimon, der Mneme, der Chariten und der Nike errichtet worden. Diesem hat Zeus Anweisungen gegeben, die Heiligungen, die Reinigungen und die Geheimnisse durchzuführen gemäß althergebrachten Sitten und wie (sie) jetzt aufgeschrieben sind:

Die Männer und Frauen, Freien und Sklaven, die in dieses Haus kommen, sollen bei allen Göttern schwören, dass sie weder gegen einen Mann noch eine Frau Hinterlist kennen noch Gift, das für Menschen schädlich ist, dass sie keine schädlichen Zaubersprüche kennen oder anwenden, dass sie weder einen Liebestrank noch ein Abtreibungsmittel noch ein Verhütungsmittel noch etwas anderes, was für Kinder tödlich ist, selber anwenden noch einem anderen anraten noch davon (bei einem anderen) wissen; dass sie ohne Einschränkung diesem Hause wohlwollen; dass sie, wenn jemand eines von diesen Dingen tut oder vorhat, dies nicht zulassen und nicht verschweigen, sondern es offenbaren und abwenden.

Ein Mann soll außer mit seiner eigenen mit keiner fremden Frau, die einen Mann hat, sei sie Freie oder Sklavin, sexuell verkehren noch mit einem Knaben noch mit einer Jungfrau, auch einem anderen nicht dazu raten, sondern wenn er dies von einem weiß, soll er denjenigen offenbaren, sowohl den Mann wie die Frau, und es weder verbergen noch verschweigen. Eine Frau oder ein Mann, der etwas von dem vorher Geschriebenen tut, soll in dieses Haus nicht eintreten. In ihm wohnen nämlich große Götter, die diese Dinge beobachten und diejenigen, die die Anordnungen übertreten, nicht ertragen.

Eine freie Frau soll rein sein und soll mit einem anderen Mann als dem eigenen weder das Bett teilen noch Umgang pflegen. Anderenfalls soll eine solche nicht rein sein, sondern befleckt und voll von Schändlichkeit gegen ihre Familie und unwürdig, diesen Gott zu verehren, dessen Heiligtümer hier aufgestellt sind; sie darf nicht an den Opfern teilnehmen noch die Heiligungen und Reinigungen beleidigen noch den Vollzug der Geheimnisse sehen. Wenn sie aber etwas von diesen Dingen tut, nachdem die Anordnungen in diese Aufzeichnung gelangt sind, werden sie von Seiten der Götter schlimme Flüche treffen, weil sie diese Anordnungen nicht beachtet. Denn der Gott will keineswegs, dass dies geschieht, noch wünscht er es, sondern (er will, dass man) Folge leistet. Die Götter werden denen, die Folge leisten, gnädig sein und werden ihnen immer alle Güter geben, wie sie Götter den Menschen geben, die sie lieben; wenn aber einige übertreten, werden sie solche hassen und ihnen große Strafen auferlegen.

Diese Anordnungen wurden aufgestellt bei Angdistis, der heiligsten Hüterin und Herrin dieses Hauses, die gute Gedanken bewirken möge bei Männern und Frauen, Freien und Sklaven, damit sie das hier Geschriebene befolgen. Bei den monatlichen und jährlichen Opfern sollen alle Männer und Frauen, die Vertrauen zu sich haben, diese Schrift, in der die Anordnungen des Gottes aufgeschrieben sind, anfassen, damit die offenbar werden, die diese Anordnungen befolgen, und die, die sie nicht befolgen.

Zeus Soter, nimm die Berührung des Dionysios gnädig und wohlwollend entgegen und gewähre freundlich ihm und seiner Familie gute Vergeltung, Gesundheit, Heil, Frieden, Sicherheit auf Land und Meer … gleichermaßen …
SIG$^{3/4}$ III 985 (Schmeller, S. 96–99).

Initiationsritus im Isiskult

[22] Der Priester hatte gesprochen, und mein Gehorsam wurde nicht durch Ungeduld in Frage gestellt; sondern gespannt, in milder Ruhe und anerkennenswertem Schweigen, unterzog ich mich täglich der emsigen Pflege des Gottesdienstes. Doch die segenbringende Güte der mächtigen Göttin trog mich nicht und quälte mich nicht durch einen langwierigen Aufschub, sondern sie mahnte mich – ihr Geheiß in dunkler Nacht war durchaus nicht dunkel – ganz offenkun-

Metamorphosen
Der elf Bücher umfassende Roman »Metamorphosen« des Apuleius wird seit der Spätantike auch »Der Goldene Esel« genannt. Er lehnt sich an den Titel des gleichnamigen Werkes von Ovid an und erzählt die Geschichte von Lucius, der in Thessalien durch Zauberei in einen Esel verwandelt wurde und später wieder Menschengestalt annahm. Darin eingeflochten sind die Novelle von Amor und Psyche sowie Ausführungen zum Isis- und Osiriskult. Am Ende schildert Apuleius die Einweihung in die Isismysterien. Das Reinigungsbad unmittelbar vor der Initiation lässt sich mit der Taufe im Christentum vergleichen.

Initiationsriten
Die Initiationsriten sind zentral für die Mysterienkulte. Die Anzahl und Notwendigkeit der einzelnen Stufen variieren dabei. Die Verabschiedung vom bisherigen Leben wird durch spezielle Riten verdeutlicht, besonders durch Fasten, Waschungen und andere Reinigungen, Prozessionen oder Ablegen der alten Kleidung. Das Ritual kann als Jenseitsreise gedeutet werden. Wichtig sind ferner vor allem Einweisungen in die Riten sowie ihre mythischen und ideologischen Hintergründe. Die Initiation kann auch als Wiedergeburt verstanden werden. Der Eingeweihte tritt in ein Verhältnis zur Mysteriengottheit ein, mit der er bis zum Tod (oder sogar darüber hinaus) verbunden bleibt. Das Tragen eines zeremoniellen Gewandes kann dies zusätzlich verdeutlichen.

dig, gekommen sei der von mir heißersehnte Tag, an dem sie mir den größten Wunsch erfülle, sagte auch, mit welchem Aufwand ich für die gottesdienstliche Feier Sorge zu tragen habe; und Mithras selber, ihren Oberpriester, der mir durch eine geradezu göttliche Übereinstimmung unserer Gestirne, wie sie sagte, verbunden war, bestimmt sie mir zum Vollzieher der Einweihung. Durch diese und die sonstigen wohlwollenden Vorschriften der hehren Göttin im Herzen ermutigt, schüttle ich, kaum dass es heller Tag war, den Schlaf von mir und eile sofort zur Wohnstätte des Priesters. Ich treffe ihn, als er eben aus seinem Gemach tritt, und begrüße ihn. Ich hatte im Sinne, die Einweihung in den heiligen Dienst, dringender als sonst, gleichsam als eine Schuld zu fordern. Doch er sprach zuerst, sobald er mich erblickte: »Lucius, wie bist du glücklich, wie bist du selig, dass dich die erhabene Gottheit so sehr ihrer huldvollen Gnade würdigt!«, und er fügte hinzu: »Was stehst du noch müßig und versäumst dich selber? Der Tag ist da, den du in beständigem Gebet herbeigesehnt hast, an dem du auf das göttliche Geheiß der vielnamigen Göttin hier durch meine Hände in die frommen Geheimnisse des heiligen Dienstes eingeweiht werden sollst.« Damit legt der freundliche Greis mir die Hand auf und führt mich sofort unmittelbar zu den Toren des mächtigen Tempels. Nachdem nach feierlichem Brauch der Dienst der Toröffnung erfüllt und das Morgenopfer beendet ist, bringt er aus dem Geheimgemach des Heiligtums bestimmte Bücher, die mit unverständlichen Schriftzeichen versehen waren [...] Daraus verkündete er mir, was ich zum Zwecke der Einweihungsfeier unbedingt vorzubereiten hätte.

[23] Das besorge ich voller Eifer und etwas großzügiger teils selbst, teils lasse ich es durch meine Gefährten zusammenkaufen. Und schon verlangte es die Zeit, wie der Priester sagte, dass er mich, umgeben von der Schar der Frommen, zum nächsten Bad führt, und nachdem ich zunächst ein gewöhnliches Bad genommen hatte, betet er um der Götter Gnade und reinigt mich dann völlig, mich ringsum mit Wasser besprengend. Dann geleitet er mich wieder zum

Tempel zurück – schon waren zwei Drittel des Tages vergangen – und stellt mich unmittelbar der Göttin zu Füßen. Und nachdem er im geheimen mir gewisse Aufträge gegeben hatte, die zu heilig sind, als dass ich sie sagen dürfte, gebietet er mir dies vor allen Zeugen: Ich solle zehn Tage hintereinander den Genuss im Essen einschränken, kein Tierfleisch verzehren und ohne Wein leben. Nachdem ich dies in ehrfurchtsvoller Enthaltsamkeit richtig eingehalten hatte, war schon der Tag da, der mir durch den göttlichen Termin bestimmt war, und die Sonne neigte sich und brachte den Abend herbei. Da, schau! strömen von allen Seiten die Scharen zusammen, nach altem religiösen Brauche mich einzeln mit mannigfachen Geschenken ehrend. Darauf werden alle Ungeweihten weit entfernt, ich werde mit einem leinenen, groben Gewande umhüllt, und der Priester fasst mich bei der Hand und führt mich in das Innere des Heiligtums selber. Du fragst mich vielleicht recht voller Spannung, eifriger Leser, was dann gesprochen, was getan wurde. Ich würde es dir sagen, wenn ich es sagen dürfte; du würdest es erfahren, wenn du's hören dürftest. Aber gleiche Schuld würden sich die Ohren wie die Zunge zuziehen für diese ruchlose Neugier. Doch will ich dich, der du vielleicht in frommem Verlangen gespannt bist, nicht durch lange Unruhe quälen. Hör also, aber glaub mir, was der Wahrheit entspricht. Ich bin an die Grenze des Todes gekommen und habe die Schwelle der Proserpina betreten, durch alle Elemente bin ich gefahren und dann zurückgekehrt, um Mitternacht habe ich die Sonne in blendend weißem Lichte leuchten sehen, den Göttern droben und drunten bin ich von Angesicht zu Angesicht genaht und habe sie aus nächster Nähe angebetet. Damit habe ich dir berichtet, was du, magst du's auch hören, doch unbedingt nicht verstehen wirst. Also will ich dir berichten, was man allein, ohne eine Sünde zu begehen, den Uneingeweihten zur Kenntnis bringen kann.

[24] Frühmorgens war es geschehen; da trat ich nach Vollendung der feierlichen Handlung heraus, geheiligt durch zwölffache Stola, in einem gewiss sehr frommen Aufzug. Aber keine Fessel hindert mich, darüber frei zu reden, weil ihn ja die vielen Anwesenden damals gesehen haben […] In der rechten Hand trug ich eine vollentflammte Fackel, und mein Haupt umgab stattlich ein schimmernder Palmenkranz, bei dem die Blätter nach Art von Strahlen hervorragten. Nachdem ich so der Sonne gleich geschmückt und wie ein Standbild aufgestellt war, wurde der Vorhang plötzlich fortgezogen, und das Volk wogte heran, mich zu schauen. Dann feierte ich meinen festlichen Geburtstag als Eingeweihter […] Dann spreche ich zu ihr:

[25] »Du heilige, ständige Retterin des Menschengeschlechtes, die du immer mildtätig bist, die Sterblichen zu erquicken, die süße Zärtlichkeit einer Mutter zeigst du den Armen in ihrem Leid. Kein Tag und keine Nachtruhe, nicht einmal ein kurzer Augenblick vergeht ohne deine Wohltaten, dass du nicht zu Wasser und zu Lande die Menschen beschirmst, die Stürme des Lebens verscheuchst und deine hilfreiche Hand reichst, mit der du die unentwirrbar gedrehten Fäden des Verhängnisses wieder aufdrehst, die Unwetter des Schicksals beschwichtigst und den schädlichen Lauf der Gestirne hemmst. Dich ehren die Himmlischen, achten die Unterirdischen, du lassest das Himmelsgewölbe kreisen, die Sonne

leuchten, lenkst die Welt und trittst den Tartarus unter deine Füße. Dir antworten die Gestirne, kehren die Jahreszeiten wieder, jubeln die Götter, dienen die Elemente. Auf deinen Wink blasen die Winde, spenden die Wolken, keimen die Samen, wachsen die Keime. Vor deiner Allmacht erschauert die Vogelschar, die am Himmel streift, das Wild, das auf den Bergen schweift, die Schlangen, die sich im Boden bergen, die Tiere, die im Meere schwimmen. Doch ich bin zu schwach an Geist, dein Lob zu singen, und zu gering an Vermögen, dir Opfer zu bringen. Mir steht nicht die Fülle der Sprache zur Verfügung, um zu sagen, was ich über deine Herrlichkeit empfinde, auch nicht ein tausendfacher Mund und ebensoviel Zungen, noch ein ewig dauernder Fluss unermüdlicher Rede. Also, was allein ein Frommer, aber im Übrigen Armer vermag, will ich mich bemühen zu erreichen. Dein göttliches Antlitz und deine heilige Majestät werde ich ewig, in dem geheimen Innern meiner Brust geborgen, wahren und mir vor Augen halten.« Nachdem ich auf diese Weise zu der erhabenen Gottheit gebetet hatte, umarmte ich den Priester Mithras, nunmehr meinen Vater; an seinem Halse hing ich mit vielen Küssen und bat ihn um Verzeihung, dass ich ihm nicht seinen großen Wohltaten entsprechend lohnen könne.

[26] Lange verweilte ich so in ausgedehntem Gespräch, um Dank zu sagen. Endlich scheide ich und eile, um geradewegs mein väterliches Haus nach beträchtlich langer Zeit wieder aufzusuchen, und wenige Tage später schnüre ich eilends auf Antrieb der mächtigen Göttin mein Bündel, besteige ein Schiff und richte meine Reise nach Rom. Und im Schutz günstiger Fahrwinde lande ich aufs schnellste im Hafen des Augustus, und von dort bin ich auf einem Wagen dahingeflogen und betrete so am Abend vor dem 13. Dezember diese heilige Stadt. Seitdem habe ich keine so vornehmliche Sorge gehabt wie die, täglich die hohe Allmacht der Göttin Isis anzubeten, die nach der Lage ihres Tempels den Namen angenommen hat und als die Isis vom Marsfeld mit höchster Andacht verehrt wird. Ich war schließlich ihr ständiger Verehrer, fremd in dem Heiligtum, aber heimisch in der Religion. – Und siehe! der gewaltige Sonnengott hatte den sternbildertragenden Kreis durchlaufen und das Jahr vollendet, und wieder unterbricht der wohltätigen Gottheit immer wache Sorge meine Nachtruhe, und wieder gemahnt sie mich der Weihe, wieder des heiligen Dienstes. Ich war erstaunt, was sie bezweckte, was sie damit für die Zukunft mir verkünde. Wie sollte ich nicht! Schien es mir doch, als sei ich längst völlig in die göttlichen Geheimnisse eingeweiht.

Apuleius, Der Goldene Esel 11,22–26 (Helm, S. 342–349).

Kapitel V: Jüdische Religion in hellenistisch-römischer Zeit

Einführung

Die im Folgenden gebotenen Texte umfassen regional, zeitlich und inhaltlich ein extrem weites Feld.

Bis zur Zerstörung des Jerusalemer Tempels durch die Legionen des Titus im Sommer 70 n. Chr. war das Judentum im wesentlichen eine Opferreligion, gegründet auf einen in heiligen Büchern geoffenbarten Kult, der durch ein erbliches Priestertum an einem zentralen Heiligtum durchgeführt wurde. Seit nachexilischer Zeit waren Priester Kristallisationspunkt jüdischer Traditionsentwicklung (so Gussmann), ihnen oblag die Durchführung des Kultes und die damit verbundenen Aufgaben der Auslegung und Fortschreibung von Schrift und Tradition. Durch ihr Wirken blieb die Verbindung zwischen Bundesgott und Bundesvolk gewahrt: Gott, der die Welt erschaffen und *ein* Volk zu seinem Eigentum erwählt hat (Israel), hat diesem Volk die Tora als Bundesurkunde gegeben, durch deren Befolgung das Volk Gottes Treue und Führung erfährt und sich zugleich von anderen Völkern unterscheidet. Diese Tradition behandelt ihrem Selbstverständnis nach somit nicht nur den Kult, sondern alle Bereiche des Lebens und erstreckt sich nicht nur auf das Kultpersonal, sondern auf alle, die sich als Juden verstanden (vgl. E. P. Sanders' Rede vom »common Judaism«). Bedeutende Themen der Reflexion waren daher etwa Wege des Zugangs zum Bundesvolk (Beschneidung und Konversion), der Umgang mit Außenstehenden, der Status dessen, der sich Gott nähert (Reinheit), die dem Heiligen gemäße Ordnung der Zeit (Sabbat, Kalender) und des persönlichen Lebens (Frömmigkeit, Speisegebote). Über all diese Bereiche geben die folgenden Texte in der einen oder anderen Weise Auskunft.

Die Quellen zeigen freilich auch, dass sich das antike Judentum über die allen Juden gemeinsamen Überzeugungen hinaus höchst vielfältig und divers gestaltete. Die konkreten und praktischen Antworten, die zu den genannten Fragen gegeben wurden, waren zuweilen höchst unterschiedlich. Dabei spielten regionale Faktoren eine ebenso wichtige Rolle wie die Zugehörigkeit zu bestimmten Schichten – um nur zwei extreme Beispiele zu nennen: die platonisierend-»aufgeklärte« Auslegung des Judentums etwa durch Philo von Alexandria unterscheidet sich deutlich vom Traditionalismus vieler Qumrantexte oder auch des *Liber Antiquitatum Biblicarum* (LAB) aus Palästina, und doch würden sich alle diese Autoren als »Juden« bezeichnen. Auch innerhalb des palästinischen Judentums zeigt das spannungsvolle Verhältnis etwa zwischen der pharisäischen Laienbewegung und den überwiegend der aristokratischen Elite angehörenden Sadduzäern die Vielschichtigkeit der palästinisch-jüdischen Gesellschaft und demonstriert, wie eng soziale Faktoren und religiöse, gruppenspezifische Selbstdefinitionen zusammengehören. Gemeinsam ist allen Gruppen jedoch die stets neue Vergewisserung darüber, was es bedeutet, ein Jude zu sein, und die Frage danach, wie man sich als solcher zu verhalten habe.

Orte jüdischen Lebens waren – neben dem uns Heutigen am meisten ins Auge fallenden Tempel – vor allem das private Haus und dessen unmittelbare Umgebung. Während ein normaler Jude, vor allem wenn er nicht in Palästina wohnte, eher eine ideelle Verbindung zum Tempel und dem dortigen Geschehen pflegte, statt ihn regelmäßig zu besuchen, bildeten das Haus und die darin Wohnenden (Familienmitglieder, Untergebene) den unmittelbaren, alltäglichen Kontext religiöser Praxis. Segenssprüche, das Einhalten von Sabbat und Speisegeboten, die Art der Gestaltung von Handel und Wandel (Zehnt), der Feste im Lebenszyklus (Geburt und Beschneidung, Hochzeit, Tod und Begräbnis) waren Momente, in denen die jüdische Identität einer Person zum Ausdruck kommen konnte, auch wenn sich Juden keinesfalls in allen Bereichen der täglichen Praxis von ihren nichtjüdischen Zeitgenossen *per se* unterschieden haben müssen. Auch hier ist die Regionalität des antiken Judentums ebenso im Auge zu behalten wie dessen Zugehörigkeit zur antiken Mittelmeerwelt insgesamt.

In hellenistisch-römischer Zeit war das Judentum zwei tief greifenden Entwicklungen unterworfen, die man mit modernen Begriffen etwas verkürzend und schlagwortartig als »Demokratisierung« und »Globalisierung« bezeichnen könnte. Die zunehmende Mobilität der jüdischen Gesellschaft und die Herausbildung einer nichtpriesterlichen Elite durch Übernahme griechischer Lebensart und Ansteigen des Wohlstandes hat nicht nur zur Beteiligung dieser Kreise an der Herrschaft geführt, sondern auch zu deren Beteiligung an der Traditionsfortschreibung. Die wachsende Rolle nichtpriesterlicher Schriftgelehrter ist dafür ebenso ein Beleg wie die zunehmend selbstbewusste Kritik an der Art und Weise, wie eine sich ihrerseits immer mehr weltlichen Einflüssen ergebende Priesterschaft ihren Kult ausübte.

Weiteres Kennzeichen der »Demokratisierung« der Religion über den Tempel hinaus war die wachsende Rolle der Synagoge. Zuerst in griechischen Inschriften des späten 3. Jahrhundert v. Chr. aus Ägypten erwähnt und als προσευχή (Gebetshaus) bezeichnet, sind die frühesten Gebäude erst im 1. Jahrhundert v. Chr. aus Palästina bekannt (Gamla, Magdala, Qiryat Sefer, Herodion, Masada o.a.). Statt Schauplatz von Opfer und priesterlichem Tempelkult waren Synagogen dezentrale Orte des Schriftstudiums, des Gebets und der Versammlung der ortsansässigen Bevölkerung zur Pflege von Rechtsprechung (Scheidung, Eigentumsfragen) und »Kommunalpolitik« (siehe z. B. die Theodotus-Inschrift). Nicht eine erbliche Priesterschaft, sondern lokale Eliten (Clanchefs, »Älteste«), die sich nun auch mehr und mehr theologisch (aus)bilden ließen, waren Träger dieser Institution. Mit der Synagoge wurde das Judentum multipolar; nicht umsonst waren sie und die dortigen schriftgelehrten Eliten Brennpunkte der Reorganisation des Judentums nach der Katastrophe 70 n. Chr.

Eine weitere Entwicklung, die das Judentum in Kontakt und Konflikt mit der vollen Weite und Kraft hellenistischer Kultur gebracht hat, war die Diaspora. Durch unterschiedliche Faktoren wuchsen jüdische Gemeinden während des 2. Jahrhundert v. Chr. vor allem in den urbanen Zentren Ägyptens, Syriens, Kleinasiens, Griechenlands und zunehmend auch in Italien und Nordafrika. Rechtliche und kulturelle Fragen von Identität und bürgerlicher Teilhabe in einer derartigen, »fremden« und »globalisierten« Welt, die Wahrnehmung und Bewahrung des Judentums als eigenes ἔθνος (Körperschaft mit eigenen, religiös fundierten Traditionen) waren hier besonders brennend. Doch auch die Juden in Palästina waren zunehmend hellenistischen Einflüssen und Herausforderungen ausgesetzt. Dieser Art »Modernisierung« konnte sich die jüdisch-palästinische Gesellschaft auf Dauer nicht entziehen. Die Antworten darauf waren sehr divers: Einige Gruppen wandten sich mit sozialrevolutionärer Verve gegen die hellenisierten Kreise der Elite, andere suchten nach Wegen, um das Judentum zu erneuern, übten Kritik am Tempelkult oder erwarteten die Wende zurück zum »wahren Israel« von Gottes endzeitlichem Eingreifen (Apokalyptik). In gewisser Weise stellt das antike Judentum eine höchst interessante und eigenständige Spielart der Umwälzungen dar, die indigene Kulturen unter dem Einfluss des Hellenismus durchlaufen haben.

Angesichts der großen Diversität des antiken Judentums sollten die im Folgenden präsentierten Texte nicht als bloße »Paralleltexte« oder Illustrationsmaterial gebraucht werden (siehe die Bemerkungen von Berger und Colpe, S. 18–26). Deren zeitliche, literarische und regionale Kontexte müssen in jedem Fall berücksichtigt werden.

Weiterführende Literatur

Berger, K. / Colpe, C. (Hgg.), Religionsgeschichtliches Textbuch zum Neuen Testament, Göttingen 1987 (NTD.T 1).

Gussmann, O., Das Priesterverständnis des Flavius Josephus, Tübingen 2008 (TSAJ 124).

Hengel, M., Judentum und Hellenismus. Studien zu ihrer Begegnung unter besonderer Berücksichtigung Palästinas bis zur Mitte des 2. Jh. v. Chr., Tübingen [3]1988 (WUNT 10).

Maier, J., Zwischen den Testamenten. Geschichte und Religion in der Zeit des Zweiten Tempels, Würzburg [3]1990 (NEB.E 3).

Sanders, E. P., Judaism. Practice and Belief 63 B.C.E.–66 C.E., London / Philadelphia 1992.

VanderKam, J. C., From Joshua to Caiaphas. High Priests after the Exile, Minneapolis 2004.

A. Der eine Gott und sein Volk

Die Schöpfungsgeschichte nach Targum Pseudo-Jonathan

[1,1] Am Anfang schuf Gott die Himmel und die Erde. [2] Und die Erde war wüst und öd, verlassen ohne Menschenkinder und leer ohne jegliches Getier. Und die Finsternis lag über der Tiefe, und ein Wind des Erbarmens, der vor Gott hergeht, lag wehend über dem Wasser. [3] Und Gott sprach: »Es soll Licht sein, um die Welt zu erleuchten.« Und augenblicklich war Licht. [4] Und Gott sah, dass das Licht gut war. Und Gott schied zwischen dem Licht und der Finsternis. [5] Und Gott nannte das Licht Tag und machte ihn, damit die Bewohner der Welt an ihm arbeiten; und die Finsternis nannte er Nacht und machte sie, damit sich in ihr die Geschöpfe ausruhen. Und es war Abend, und es war Morgen: der eine Tag.

[6] Und Gott sprach: »Es soll ein Firmament sein mitten in den Wassern, und es scheide zwischen dem oberen Wasser und dem unteren Wasser.« [7] Und Gott machte das Firmament; seine Dicke betrug drei Finger zwischen den Grenzen der Himmel und dem Wasser des Ozeans. Und er schied zwischen den Wassern unter dem Firmament und den Wassern über der Wölbung des Firmaments. Und so geschah es. [8] Und Gott nannte das Firmament Himmel. Und es war Abend, und es war Morgen: zweiter Tag.

[9] Und Gott sprach: »Die unteren Wasser, die übriggeblieben sind unterhalb der Himmel, sollen sich sammeln an einem einzigen Ort, und die Erde soll trocken werden, so dass das trockene Land sichtbar wird.« Und so geschah es. [10] Und Gott nannte das Trockene Erde, und den Ort der Ansammlung der Wasser nannte er Meere. Und Gott sah, dass es gut war. [11] Und Gott sprach: »Die Erde bringe Grünpflanzen hervor, deren Samen ausgesät werden kann, und Obstbäume, die Frucht tragen nach ihrer Art, die Samen tragen auf Erden.« Und so geschah es. [12] Und die Erde brachte Grünpflanzen hervor, deren Samen ausgesät werden kann, und Obstbäume, die Frucht hervorbringen nach ihrer Art. Und Gott sah, dass es gut war. [13] Und es war Abend, und es war Morgen: dritter Tag.

[14] Und Gott sprach: »Es sollen Lichter am Firmament der Himmel sein, um zu scheiden zwischen dem Tag und der Nacht. Und sie sollen als Zeichen dienen und als Daten der Festzeiten und um durch sie die Bemessung der Tage zu berechnen und um die Neumonde und die Jahresanfänge zu heiligen, die Einschaltung von Monaten und die Schaltjahre und die Sonnenwende und die Verjüngung des Mondes und die Sonnenzyklen. [15] Und sie sollen als Lichter am Firmament der Himmel dienen, um auf die Erde zu leuchten.« Und so geschah es. [16] Und Gott machte die zwei großen Lichter, und sie waren einander gleich in ihrer Leuchtkraft 21 Stunden lang minus 672 Teile einer Stunde. Und hierauf berichtete der Mond eine Verleumdung über die Sonne, und er wurde kleiner gemacht. Und er [*scil.* Gott] bestimmte die Sonne, die das große Licht war, dazu, über den Tag zu herrschen, und den Mond, der das kleine Licht war, über die

Nacht zu herrschen, und die Sterne. [17] Und Gott setzte sie in ihre Bahnen am Firmament der Himmel, damit sie auf die Erde leuchten [18] und ihren Dienst verrichten am Tage und in der Nacht und zwischen dem Licht des Tages und der Finsternis der Nacht scheiden. Und Gott sah, dass es gut war. [19] Und es war Abend, und es war Morgen: vierter Tag.

[20] Und Gott sprach: »Die Wassersümpfe sollen wimmeln lassen ein Gewimmel von Lebewesen und das Geflügel, das fliegt und dessen Nest auf der Erde ist und dessen Flugbahn über der Luft des Firmaments der Himmel liegt.« [21] Und Gott schuf die großen Seeungeheuer, Leviathan und sein Weibchen, die für den Tag des Trostes bestimmt wurden, und jegliches Lebewesen, das sich regt, das die klaren Gewässer haben wimmeln lassen nach ihren Arten, reine Arten und unreine Arten, und jeglichen Vogel, der fliegt mit Flügeln nach seiner Art, reine Arten und unreine Arten. […] Und Gott sah, dass es gut war. [23] Und es war Abend, und es war Morgen: fünfter Tag.

[24] Und Gott sprach: »Der Boden der Erde soll hervorbringen die lebenden Geschöpfe nach ihren Arten, reine Arten und unreine Arten, Vieh und Kriechtiere und Geschöpfe der Erde nach ihren Arten.« Und so geschah es. [25] Und Gott machte die Lebewesen der Erde nach ihren Arten, reine Arten und unreine Arten, und das Vieh nach seiner Art und jegliches Kriechtier der Erde nach seiner Art, reine Arten und unreine Arten. Und Gott sah, dass es gut war.

[26] Und Gott sprach zu den Engeln, die dienende sind vor ihm, welche geschaffen worden sind am zweiten Tag der Erschaffung der Welt: »Wir wollen Adam machen nach unserer Gestalt, wie unser Ebenbild. Und sie sollen herrschen über die Fische des Meeres und über das Geflügel, das in der Luft der Himmel ist, und über das Vieh und über die ganze Erde und über jegliches Kriechtier, das auf der Erde kriecht.« [27] Und Gott schuf Adam nach seinem Ebenbild, nach der Gestalt Gottes schuf er ihn mit 248 Gliedern (und) 665 Sehnen. Und er überzog ihn mit Haut und füllte sie mit Fleisch und Blut. Männlich und weiblich nach ihren Weisen schuf er sie. [28] Und Gott segnete sie, und Gott sprach zu ihnen: »Vermehrt euch und breitet euch aus und füllt die Erde mit Söhnen und Töchtern und nehmt sie in Besitz durch Besitztümer und herrscht über die Fische des Meeres und die Vögel der Himmel und über jedes lebende Kriechtier, das über die Erde kriecht.« [29] Und Gott sprach: »Siehe, ich habe euch übergeben jedes Gras, dessen Samen ausgesät werden kann, das auf der ganzen Erde ist, und alle Bäume, die keine essbare Frucht tragen, zum Baubedarf und zur Heizung, und diejenigen Bäume, an denen Baumfrucht wächst, deren Samen ausgesät werden kann: Euch sollen sie zur Nahrung dienen. [30] Und für alle Lebewesen der Erde und für alles Geflügel der Himmel und für alles, was auf der Erde kriecht, in dem eine lebendige Seele ist, habe ich übergeben allerlei Grünzeug.« Und so geschah es. Und Gott betrachtete alles, was er gemacht hatte, und siehe, es war äußerst gut. Und es war Abend, und es war Morgen: sechster Tag.

Targum Pseudo-Jonathan zu Gen 1 (Barrett / Thornton, S. 348–350).

Die Einzigkeit Gottes

[131] Unser Gesetzgeber hat nun zuerst Gebote erlassen, die Frömmigkeit und Gerechtigkeit betreffen, und er behandelte jeden einzelnen Punkt, indem er – nicht nur in der Form des Verbots, sondern auch in der der Belehrung – die schädlichen Folgen und göttlichen Heimsuchungen für die Schuldigen vorher zu erkennen gab. [132] Zuallererst zeigte er, dass nur ein Gott ist und seine Kraft durch alle Dinge offenbar wird, da jeder Platz voll seiner Macht ist, und dass nichts, was die Menschen auf Erden heimlich tun, vor ihm verborgen ist, sondern was einer tut, und sogar das zukünftige Geschehen, ist ihm offenbar. [133] Indem er nun dies gründlich behandelte und klar vor Augen führte, zeigte er, dass keiner – auch wenn er nur beabsichtigt, etwas Schlechtes zu tun, im Verborgenen bleibt, geschweige denn, er führt es aus; denn durch die ganze Gesetzgebung tut er Gottes Macht kund. [134] An diesem Punkt einsetzend, legte er auch dar, dass alle übrigen Menschen außer uns glauben, es gebe viele Götter, obwohl sie (selbst) doch viel mächtiger sind als jene, die sie törichterweise verehren. [135] Sie basteln sich nämlich Standbilder aus Holz und Stein und sagen, es seien Bilder von denjenigen, die etwas für ihr Leben Nützliches erfunden haben. Diese beten sie an, obwohl sie (deren) Bewusstlosigkeit doch vor Augen haben. [136] Denn wenn einer wegen seiner Erfindung zum Gott gemacht wird, so ist dies völlig sinnlos. Sie nehmen nämlich nur einzelne Teile, die schon geschaffen sind, setzen sie zusammen und zeigen einen zusätzlichen Nutzen auf: die Grundbeschaffenheit ist aber nicht ihr Werk. [137] Daher ist es dumm und töricht, seinesgleichen zu vergotten. Außerdem sind auch heute noch viele Menschen reicher an Erfindungsgabe und Kenntnissen als die damals (Lebenden), und doch denkt keiner daran, sie kultisch zu verehren. Und die, die das ersonnen und erdichtet haben, halten sich für die weisesten Griechen. [138] Lohnt es sich da, über die anderen, noch viel dümmeren zu reden, die Ägypter und ähnlichen (Völker), die an Tiere glauben, und dabei noch meistens an Kriech- und Raubtiere, und ihnen opfern, lebendigen wie auch ihren Kadavern? [139] Da nun der Gesetzgeber als Weiser, der von Gott zur Erkenntnis aller Dinge befähigt wurde, dies alles klar erkannte, umgab er uns mit undurchdringlichen Wällen und eisernen Mauern, damit wir uns mit keinem anderen Volk irgendwie vermischen, sondern rein an Leib und Seele bleiben und – befreit von den törichten Lehren – den einzigen und gewaltigen Gott überall in der ganzen Schöpfung verehren.

Aristeasbrief 131–139 (Meisner, JSHRZ 2.1, S. 62–63).

Die Sibyllinischen Orakel

Von Hause aus sind sibyllinische Orakel in Griechenland und Rom beheimatet. Bücher mit Sprüchen der Sibylle wurden in Rom als staatliches Orakelbuch verwendet. Diese paganen Orakel sind jedoch nicht überliefert, auch wenn von manchen Forschern genuine sibyllinische Orakel in Phlegon von Tralles' »De mirabilia« oder im ältesten Bestand des heutigen dritten Buchs der Sibyllinischen Orakels vermutet werden. Der Name geht auf eine **legendäre Prophetin** zurück, in deren Namen die Orakel geäußert worden sein sollen. Der Name der Prophetin ist entweder ein Eigenname oder ein Sammelbegriff zur Bezeichnung verschiedener Sibyllen, der wiederum vom griechischen Wort Σίβυλλα abgeleitet sein könnte, was »Prophetin« bedeutet.

Nach Varro (1. Jh. v., überliefert durch Laktanz, 4. Jh. n. Chr.) unterscheidet man gemeinhin zehn verschiedene Sibyllen, die jeweils mit Orten der antiken Welt in Verbindung gebracht werden (z. B. Babylonien, Griechenland, Ägypten und Italien).

Die heute unter dem Namen Sibyllinische Orakel überlieferten zwölf Bücher sind eine **Sammlung anonymer, jüdischer und christlicher Verse,** die dem apokalyptischen Schrifttum zugeordnet werden. Als das älteste der Sammlung gilt gemeinhin das dritte Buch, für das eine Entstehungszeit im 1. vorchristlichen Jahrhundert in Ägypten oder Kleinasien angenommen wird. Die Bücher 4 und 5 gelten ebenfalls mehrheitlich als jüdisch. Die Eigenart der Sibyllinischen Bücher ist es freilich, dass eine pagane Prophetin sich hier im Namen des jüdisch-christlichen Gottes äußert.

Formal orientieren sich die Sibyllinen an der antiken Dichtung, so sind sie im Hexameter geschrieben, was auf eine hellenistische Grundbildung der Autoren schließen lässt. Neben den Sibyllinen sind nur noch wenige jüdische Texte dieser Art – allesamt in Fragmenten – erhalten geblieben. Typisch sibyllinische Merkmale sind z. B. polemische Völkerworte im Stil biblischer Prophetie und Apokalyptik (z. B. werden Akteure nicht immer direkt genannt, sondern sind oft nur durch Anspielungen identifizierbar), die Einteilung der Weltgeschichte in zehn Perioden, sowie die Behauptung der Überlegenheit des Juden- bzw. Christentums gegenüber paganen Religionen.

1 Die delphische Sibylle von Michelangelo

Die andauernde Popularität der (überarbeiteten) christlichen Sibyllen verschaffte ihnen schließlich einen Platz in Dantes »La divina comedia« und in den Frescos der Sixtinischen Kapelle im Vatikan. Michelangelo malte fünf Sibyllen an das Dach der Kapelle: die delphische Sibylle, die libysche Sibylle, die persische Sibylle, die cumaeische Sibylle und die erythräische Sibylle.

Weiterführende Literatur

Merkel, H., Sibyllinen, Gütersloh 1998 (JSHRZ 5.8).

Gauger, J.-D., Sibyllinische Weissagungen. Griechisch-deutsch, Düsseldorf 1998.

Treu, U., Christliche Sibyllinen, in: Schneemelcher, W. (Hg.), Neutestamentliche Apokryphen in deutscher Übersetzung. II Bd. Apostolisches, Apokalypsen und Verwandtes, Tübingen ^{6}1999, 591–619.

Lightfoot, J. L., The Sibylline Oracles With Introduction, Translation, and Commentary on the First and Second Books, New York 2007.

Buitenwerf, R., Book III of the Sibylline Oracles and Its Social Setting With an Introduction, Translation and Commentary, Leiden 2003.

Die Einzigkeit Gottes und die Verirrung der Götzendiener

Sterbliche Menschen, die ihr eine gottgeschaff'ne Gestalt habt
nach seinem Bilde und Gleichnis, warum irrt ihr ziellos umher und
geht nicht auf geradem Pfade, des ewigen Schöpfers gedenkend?
Ein Gott lebt allein als einziger Herrscher im Weltall,
selbstgeschaffen, unsichtbar stets, der sieht als einiziger alles.
Nicht eines Steinmetzen Hand hat ihn ja gemacht, und ein Bild von
Elfenbein oder von Gold nicht zeiget in menschlicher Kunst ihn,
sondern er hat auf ewig sich selbst offenbaret als den, der ist
und ehedem war und wiederum später noch sein wird.
Wer von den Sterblichen kann diesen Gott mit den Augen erblicken,
oder wer sollte auch nur den Namen des himmlischen, großen
Gottes vernehmen im Ohr, der allein beherrschet das Weltall?
Der durch das Wort alles schuf, das Firmament und das Meer, die
unermüdliche Sonne, des Mondes Gestalt, die sich füllet,
und die leuchtenden Sterne am Himmel, sowie die gewalt'ge
Mutter Thetys, und Quellen und Flüsse, das ewige Feuer,
Tage und Nächte; er selbst, Gott ist's, der gebildet den vierbuch-
stabigen Adam, den erstgeschaffenen Menschen, der seinen
Namen erfüllet, den Osten und Westen, den Süden und Norden.
Festgelegt hat er selbst der Sterblichen Bild und Gestalt, und
Tiere hat er uns geschaffen, die kriechenden Tiere und Vögel.
Ihr aber fürchtet und ehret nicht Gott, sondern ziellos irrt ihr umher,
betet die Schlangen an und opfert den Katzen und stummen Gebilden,
steinernen Götzen der Menschen und gottlosen hölzernen Bildern.
Ihr sitzt vor den Türen und bangt nicht vor Gott, dem wahren,
der alles bewahrt, ihr freut euch der Steine Verruchtheit, vergessend
ewigen Retters Gericht, der Himmel und Erde geschaffen.
Weh, blutdürst'ges und arges Geschlecht Gottloser und Böser,
weh dir, Lügnergeschlecht, du Zunft zweizüngiger Menschen,
Böses ersinnend, ihr Ehebrecher und Diener der Götzen
Leute voll Arglist, in denen ein böser und rasender Trieb wohnt,
die für sich selbst nur raffen zusammen mit schamlosen Sinne.
Niemand, der reich ist und hat, wird den anderen auch davon geben,
sondern gar arg ist die Bosheit und Schlechtigkeit unter den Menschen:
halten sie doch keine Treue, und viele verwitwete Frauen
lieben andere geheim aus Gewinnsucht, und solche, die Männer
gewonnen, haben keine Richtschnur im Leben.
Sibyllinische Weissagungen 3,8–45 (Gauger, S. 66–69).

Adams Sohn Seth

[67] Nachdem Abel erschlagen und Kain wegen des Mordes an ihm geflohen war, dachte Adam, der erste aus Erde geformte Mensch […], daran, Kinder zu

zeugen, und ein starkes Verlangen zur Zeugung ergriff ihn, als er 320 Jahre seines Lebens vollendet hatte; danach lebte er noch weitere 700 Jahre, bevor er starb. [68] Viele andere Kinder wurden ihm geboren und Seth. Da es aber zu lang dauern wurde, über alle anderen zu sprechen, will ich nur über Seth berichten. Als er aufgewachsen war und zu einem Alter fortgeschritten war, das die Kraft hatte, das Gute zu erkennen, pflegte er die Tugend und, nachdem er der Beste darin geworden war, hinterließ er Nachkommen, die ihn darin nachahmten. [69] Diese waren alle von vortrefflichem Wesen und bewohnten dasselbe Land ohne Zwietracht und in Glück, und keiner von ihnen wurde bis zum Lebensende von Unglück getroffen; sie ersannen die Lehre von den Himmelserscheinungen und deren harmonischer Ordnung. [70] Damit ihre Entdeckungen den Menschen nicht verloren gehen oder untergingen, bevor sie zu Bewusstsein kämen – Adam hatte nämlich vorhergesagt, dass das All vernichtet würde, einmal durch die Kraft des Feuers, beim anderen Mal durch die Gewalt und Menge des Wassers –, machte er zwei Säulen, die eine aus Ziegel, die andere aus Stein und schrieb die Entdeckungen auf beide, [71] damit, wenn die Ziegelsäule in der Flut versinkt, die steinerne noch erhalten bleibt, um den Menschen die Inschrift zu lehren und ihnen zu beweisen, dass von ihnen auch eine aus Ziegeln errichtet worden war. Sie steht bis heute im Land Seiris.

Josephus, Jüdische Altertümer 1,67–71 (EÜ nach Thackeray, LCL 242, S. 30–33).

Israel als Gottesvolk

[4] Dies Geschlecht heißt auf chaldäisch »Israel«, ins Griechische übertragen »Gott schauend«. Solche Fähigkeit scheint mir vor allem Besitz, dem persönlichen, wie dem gemeinsamen, der wertvollste zu sein. [5] Denn wenn schon der Anblick der Ältesten, der Lehrer, der Amtsträger oder der Eltern ihre Betrachter zu Achtung, Anstand und dem Streben zu einem Leben voll Besonnenheit antreibt, welch große Stütze für Tugend, schöne und gute Gesinnung dünkt uns, sich unter Seelen zu finden, die gelernt haben, alles Geschöpfliche zu übersehen und das Ungeschöpfliche und Göttliche zu schauen, das Urgute, Urschöne, Glückhafte und Selige. Um aber die Wahrheit zu sagen: Das Bessere als das Gute, das Schönere als das Schöne, das Seligere als die Seligkeit, das Glücklichere als das Glück selbst, und gäbe es noch Vollkommeneres als all diese Aussagen. [6] Denn der Geist und seine Sprache erreicht es nicht, zu dem gänzlich unerreichbaren und unfassbaren Gott emporzusteigen, sondern er bleibt zurück und zerrinnt, ist er unfähig, gebührende Namen zu gebrauchen als Stufenleiter zur Erklärung, wohlgemerkt nicht des Wesens Gottes […], wohl aber seiner ihn wie eine Leibwache begleitenden Kräfte. Diese umfassen die weltschöpfende, die regierende sowie die vorausschauend fürsorgende Kraft, dazu andere Kräfte, soweit sie sich auf Wohltaten und Strafen erstrecken.

Philo, Gesandtschaft an Gajus 4–6 (Cohn, Bd. 7, S. 175f).

Der Charakter des Gottesvolks

<Uralt> ist eine Stadt im Lande Ur der Chaldäer;
daraus ist das Geschlecht der gerechtesten Menschen entsprossen,
die stets guter Gesinnung und herrlicher Werke bedacht sind.
Denn nicht kümmert der Kreislauf der Sonne sie oder des Mondes,
auch nicht die vielen gewaltigen Dinge im Schoße der Erde
oder des Ozeans Tiefen in bläulich funkelnder Meerflut,
nicht der Blitze Zeichen, noch auch der Vogelflugdeuter Vögel,
noch die Wahrsager oder die Zauberer oder Beschwörer,
noch der schwätzenden Narren Trug mit ihren betörenden Worten.
Auch durchforschen sie nicht den Himmel nach Art der Chaldäer
oder berechnen den Lauf der Gestirne. Denn alles ist Trug nur,
was die Sterblichen stets im Unverstand täglich erforschen,
ihre Seelen übend an Dingen, die niemals Nutzen gewähren.
Und in der Tat, ja nur Irrtümer lehrten sie elende Menschen,
und viel Jammer entsteht daraus den Menschen auf Erden,
dass man abirrt vom richtigen Weg und den rechtlichen Werken.
Jene sind immer bedacht auf Gerechtigkeit und auf die Tugend.
Und es gibt keine Habgier, die tausendfach Elend bereitet
allen sterblichen Menschen, den Krieg und den schrecklichen Hunger.
Sie haben richtiges Maß auf den Feldern und auch in den Städten,
nimmer begehn sie Diebstahl des Nachts und Raub aneinander,
treiben nicht Herden davon von Rindern, Schafen und Ziegen,
nicht versetzt der Nachbar den Grenzstein vom Gute des Nachbarn.
Und ein begüterter Mann bereitet dem Armen nicht Kränkung,
noch bedrängt er die Witwen, stützt sie vielmehr nach Kräften,
immer helfend mit Weizen und Wein und Öl, und ist allzeit
denen behilflich im Volke, die gar nichts nennen ihr eigen;
den Bedürftigen spendet er stets einen Teil seiner Ernte,
so erfüllend Gebot mächtigen Gottes und sein gerechtes Lied:
allen ja gab gemeinsam die Erde der himmlische Vater.
Sibyllinische Weissagungen 3,218–247 (Gauger, S. 76–79).

Preis des Gottesvolks

Frommer Männer heilig Geschlecht wird wiederum kommen
stets dem Willen und Ratschluss des höchsten Gottes sich beugend,
welche den Tempel des großen Gottes verherrlichen werden
mit Trankopfern und Fettdampf und heiligen Hekatomben,
Opfern gemästeter Stiere sowie vollkommener Widder,
fette Herden von erstgeborenen Schafen und Lämmern
auf dem großen Altare als heiliges Ganzopfer bringend.
Recht und gerechtes Gesetz des höchsten Gottes beachtend,
werden sie glücklich die Städte und fetten Fluren bewohnen.

Ihnen werden erhöht vom Unsterblichen große Propheten,
welche gewaltige Freude dann allen Sterblichen bringen.
Ihnen allein gab Gott der Gewaltige heilsamen Ratschluss,
Treu und Glauben und auch die beste Gesinnung im Herzen,
welche nicht ehren mit leeren Täuschungen Werke von Menschen,
goldne und solche von Eisen, von Silber und Elfengebeine,
und Abbilder von Göttern aus Holz und Stein, die nicht leben […]
wie sie die Sterblichen bilden in ihrer eitlen Gesinnung.
Aber sie heben freilich zum Himmel die heiligen Arme,
schon in der Frühe vom Lager weg immer die Hände mit Wasser
reinigend, und sie ehren dem immer herrschenden Ew'gen,
und nach Gott die Eltern; doch weitaus am meisten von allen
Menschen sind eingedenk stets sie des keuschen und heiligen Lagers,
und sie treiben nicht mit Knaben schamlosen Umgang,
wie die Phöniker, Ägypter es machen, sowie die Latiner
und das weiträumige Hellas und zahlreiche andere Völker,
Perser und Galater und ganz Asien, die überschritten
des unsterblichen Gottes Gesetz, das er hat gegeben.
Sibyllinische Weissagungen 3,573–600 (Gauger, S. 98–101).

Bewahrung des Gottesvolks

Alle Söhne des großen Gottes dann rings um den Tempel
werden in Frieden leben, sich freuend an dem, was der Herrscher,
Gott der Schöpfer, gerecht stets richtend, ihnen gewähret.
Selbst ja wird er sie schirmen allein und machtvoll beschützen,
als ob er zög' eine Mauer ringsum von flammendem Feuer.
Sicher werden sie leben vor Feinden in Stadt und im Lande.
Nimmer bedroht sie die Hand des schrecklichen Krieges, Gott selber
ist ja ihr schützend Hort und des Heiligen Hand, der unsterblich.
Und dann werden die Inseln und Städte alle bekennen,
wie der Unsterbliche liebt jene Männer; dann streitet ja alles
für sie und steht ihnen bei, Himmel und auch die Sonne,
angetrieben von göttlicher Macht, und der Mond. Und es werden […]
ihrem Munde entströmen liebliche Worte in Hymnen:
»Kommet, zur Erde nieder wollen wir uns alle werfen,
flehn zum unsterblichen König, dem großen und ewigen Gotte!
Lasst zum Tempel uns senden; denn er allein ist der Herrscher.
Höchsten Gottes Gesetz lasst alle uns deutlich bekennen,
denn der Gerechteste ist er ja doch von allen auf Erden.
Wir hatten irrend verlassen den Weg des unsterblichen Gottes,
beteten Werke von Menschenhand an mit törichtem Sinne,
Götzen und hölzerne Bilder von abgeschiedenen Menschen.«
Also werden die Seelen der gläubigen Menschen jetzt rufen.
Sibyllinische Weissagungen 3,702–724 (Gauger, S. 104–107).

Geschichtsüberblick: Abfall und Umkehr des Volkes

[7] »Und du [*scil.* Mose], schreib dir auf alle diese Worte, die ich dich heute wissen lasse – denn ich kenne ihre Widerspenstigkeit und ihren harten Nacken –, bevor ich sie bringe in das Land, welches ich zugeschworen habe ihren Vätern, dem Abraham und dem Isaak und dem Jakob, indem ich sagte: Eurem Samen will ich geben ein Land, wo Milch und Honig fließt. Und sie werden essen und satt werden. [8] Und sie werden sich wenden zu fremden Göttern, die sie nicht retten aus aller ihrer Bedrängnis. Und es wird gehört werden dieses Zeugnis zum Zeugnis, [9] weil sie vergessen werden alle meine Gebote, die ich ihnen befehle. Und sie gehen hinter den Völkern her und hinter aller ihrer Unreinheit und hinter ihrer Schande, und sie werden dienen ihren Göttern. Und sie werden ihnen ein Ärgernis sein und zur Gefahr und zur Heimsuchung und zum Fallstrick. [10] Und viele werden umkommen, und sie werden ergriffen werden und werden fallen in die Hand des Feindes, weil sie meine Ordnung verlassen haben und mein Gebot und die Feste meines Bundes und meine Sabbate und mein Heiliges, das ich mir geheiligt habe in ihrer Mitte und mein Zelt und mein Heiligtum, das ich mir geheiligt habe in der Mitte des Landes, um meinen Namen über sie zu setzen und dass er dort wohne. [11] Und sie machen sich hohe Plätze, Haine, Götzenbilder. Und sie beten an jeder sein eigenes, zu Irrtum hin. Und sie opfern ihre Kinder den Dämonen und jedem Werk des Irrtums ihres Herzens. [12] Und ich werde senden zu ihnen Mahner, damit ich sie vermahne, aber sie hören nicht, und sie werden die Mahner töten. Und auch die, die das Gesetz suchen, werden sie verfolgen. Und alles werden sie abschaffen. Und sie werden anfangen, Böses zu tun vor meinen Augen. [13] Und ich werde verbergen mein Angesicht von ihnen weg und werde sie ausliefern in die Hand der Völker zu Gefangenschaft, zum Prahlen der Heiden und zur Vernichtung. Und ich werde sie vertreiben aus dem Lande und sie zerstreuen inmitten der Völker. [14] Und sie werden vergessen mein ganzes Gesetz und mein ganzes Gebot und mein ganzes Recht. Und sie werden irren in bezug auf Neumond und Sabbat und Fest und Jubiläum und Ordnung. [15] Und danach werden sie sich zu mir wenden aus der Mitte der Völker mit ihrem ganzen Herzen und mit ihrer ganzen Seele und mit ihrer Kraft. Und ich werde sie zurückführen aus allen Völkern. Und sie werden mich suchen, damit ich von ihnen gefunden werde, wenn sie mich suchen mit ganzen Herzen und mit ganzer Seele. Und ich werde ihnen offenbaren viel Heil in Gerechtigkeit. [16] Und ich werde sie umpflanzen als Pflanze der Gerechtigkeit mit meinem ganzen Herzen und mit meiner ganzen Seele. Und sie werden zum Segen sein und nicht zum Fluch, Kopf und nicht Schwanz. [17] Und ich werde erbauen mein Heiligtum in ihrer Mitte, und ich werde wohnen mit ihnen, und ich werde ihnen Gott sein, und sie werden mir mein Volk sein, welches in Wahrheit und welches in Gerechtigkeit. [18] Und ich werde sie nicht verlassen, und ich werde sie nicht verstoßen, denn ich bin der Herr, ihr Gott.«

[19] Und Mose fiel nieder auf sein Angesicht und betete und sagte: »Herr, mein Gott, verlasse nicht dein Volk und dein Erbe, (nicht) einherzugehen in der Irrung ihrer Herzen. Und liefere sie nicht aus in die Hand der Völker, so

dass diese sie beherrschen, und dass sie sie nicht zwingen, dass sie sündigen vor dir. [20] Hoch sei, Herr, dein Erbarmen über deinem Volk. Und schaffe ihnen einen rechten Geist. Und nicht beherrsche sie der Geist Belchors, sie anzuklagen vor dir und sie zu verstricken, weg von allen Wegen der Gerechtigkeit, so dass sie zugrunde gehen, weg von deinem Angesicht. [21] Denn sie sind dein Volk und dein Erbe, das du errettet hast mit deiner großen Macht aus der Hand der Ägypter. Schaffe ihnen ein reines Herz und einen heiligen Geist, und sie mögen nicht verstrickt werden in ihrer Sünde von jetzt an bis in Ewigkeit.«

[22] Und es sagte der Herr zu Mose: »Ich kenne ihren Widerspruch und ihre Gedanken und ihren harten Nacken. Und sie werden nicht hören, bis wenn sie erkennen ihre Sünde und die Sünden ihrer Väter. [23] Und nach diesem werden sie umkehren zu mir in aller Rechtschaffenheit und mit ganzem Herzen und mit ganzer Seele. Und ich werde beschneiden die Vorhaut ihres Herzens und die Vorhaut des Herzens ihres Samens. Und ich werde ihnen schaffen einen heiligen Geist. Und ich werde sie rein machen, damit sie sich nicht von mir wenden von diesem Tag an bis in Ewigkeit. [24] Und es werden anhängen ihre Seelen mir und allem meinem Gebot. Und sie werden meine Kinder sein. [25] Und sie allein werden genannt werden Kinder des lebendigen Gottes. Und es werden sie kennen alle Engel und alle Geister. Und sie sollen sie kennen, dass sie meine Kinder sind und ich ihr Vater in Rechtschaffenheit und Gerechtigkeit und dass ich sie liebe.«
Jubiläen 1,7–25 (Berger, JSHRZ 2.3, S. 314–318).

Die »noachidischen Gebote«

[6,1] Und am Neumond des dritten Monats ging er [*scil.* Noach] heraus aus dem Kasten und baute einen Altar auf jenem Berg. [2] Und er erschien auf der Erde. Und er nahm einen Ziegenbock. Und er sühnte mit seinem Blut für alle Sünde der Erde. Denn alles, was auf ihr war, war vernichtet, außer denen, die in dem Kasten mit Noah waren. [3] Und er brachte hinauf das Fett auf den Altar. Und er nahm ein Kalb und einen Widder und ein Lamm und eine Ziege und Salz und Turteltauben und Jungtauben. Und er brachte ein Brandopfer auf den Altar hinauf und goß über sie ein Opfer, mit Öl gemischt, und sprengte Wein und streute über alles Weihrauch. Und er ließ einen schönen Duft aufsteigen, der vor dem Herrn gefiel. [4] Und der Herr roch den schönen Duft. Und er schloss mit ihm einen Bund, dass es kein Wasser der Sintflut mehr geben werde, das die Erde vernichtet, (dass) alle Tage der Erde Aussaat und Ernte nicht aufhören werden, dass Kälte und Hitze, Sommer und Winter, Tag und Nacht ihre Ordnung nicht verändern werden und nicht aufhören werden in Ewigkeit. [5] Und ihr wachst und macht euch zahlreich auf der Erde und herrscht über sie und seid zum Segen auf ihr, und nicht zum Fluch darin. Furcht vor euch und Schrecken vor euch will ich geben auf alles, was auf der Erde ist und was im Meer ist. [6] Und siehe, ich habe euch gegeben alle Tiere und alles Vieh und alles, was fliegt, und alles, was sich bewegt auf der Erde, und in den Wassern die Fische und alles zur Nahrung. Wie grünes Gemüse habe ich euch alles gegeben, dass ihr esst. [7]

Und nur das Fleisch, das mit seiner Seele, mit seinem Blute eßt es nicht! Denn die Seele jedes Fleisches ist im Blut – damit nicht gefordert wird euer Blut in euren Seelen aus der Hand eines jeden Menschen. [8] Wer vergießt das Blut eines Menschen, durch einen Menschen wird sein Blut vergossen werden. Denn nach dem Bild des Herrn hat er den Menschen gemacht. [9] Und ihr wachst und seid zahlreich auf der Erde. [10] Und Noah schwur und seine Söhne, dass sie nicht essen alles Blut, das in allem Fleische (ist). Und er schloss einen Bund vor Gott, dem Herrn, für die Ewigkeit in allen Generationen der Erde in diesem Monat. [11] Deswegen hat er dir gesagt, dass du einen Bund schließen sollst, du mit den Kindern Israels in diesem Monat auf der Erde mit einem Schwur, und dass du Blut über sie versprengen sollst wegen aller Worte des Bundes, den der Herr mit ihnen geschlossen hat für alle Tage. [12] Und dieses Zeugnis ist über euch geschrieben, damit ihr es bewahrt alle Tage, damit ihr nicht esst an allen Tagen jegliches Blut von Tieren und Vögeln in allen Tagen der Erde. Und ein Mensch, der das Blut von einem Tier isst und von Vieh und Vögeln in allen Tagen der Erde, soll ausgerottet werden, und sein Same, von der Erde. [13] Und du gebiete den Kindern Israels, sie sollen nicht essen alles Blut, damit ihr Name und auch ihr Same vor Gott unserm Herrn sei alle Tage! [14] Und es gibt für dieses Gesetz keine Grenze der Tage, in Ewigkeit ist es. Und sie sollen es bewahren für die Generationen, damit sie Fürbitte leisten für sie mit Blut vor dem Herrn vor dem Altar an jedem Tag. Morgens und abends sollen sie für sie Verzeihung erbitten immer vor dem Herrn, damit sie es bewahren und nicht beseitigen. [15] Und er gab Noah und seinen Kindern ein Zeichen, dass nicht wiederum eine Flut auf der Erde sein solle. [16] Seinen Bogen setzte er in eine Wolke zum Zeichen des Bundes für die Ewigkeit, dass kein Wasser der Flut mehr sein werde auf Erden zu ihrer Vernichtung alle Tage der Erde […]

[7,26] Und wir sind übriggeblieben, ich und ihr, meine Kinder, und alles, was hineingegangen ist mit uns in den Kasten. Und siehe, ich sehe vor mir euer Werk, dass ihr nicht solche seid, die in Gerechtigkeit wandeln. Denn auf dem Weg des Verderbens habt ihr zu gehen begonnen und euch ein jeder von seinem Nächsten zu trennen und eifersüchtig zu sein dieser mit jenem. Und so werden nicht gemeinsam sein, meine Kinder, einer mit seinem Bruder. [27] Denn ich sehe, und siehe, Dämonen haben begonnen, in die Irre zu führen euch und meine Kinder. Jetzt aber fürchte ich wegen euch, dass ihr nachdem ich gestorben bin, Menschenblut auf der Erde vergießen werdet und dass auch ihr vertilgt werdet vom Antlitz der Erde. [29] Und es wird nicht übrigbleiben jeder Mensch, der Blut isst und Blut vergießt, auf der Erde. Und nicht wird zurückbleiben Same für ihn noch Nachkommenschaft unter dem Himmel leben. Denn in die Unterwelt werden sie gehen und in den Ort des Gerichtes. Und sie werden hinabsteigen in die Finsternis des Abgrunds. Sie werden alle durch einen gewaltsamen Tod entfernt werden. [30] Kein Blut soll an euch gesehen werden von allem Blut, das in allen Tagen sein wird, da ihr Tiere schlachten werdet und alles Vieh und was da fliegt auf der Erde. Und wirkt ein gutes Werk für eure Seelen durch Bedecken dessen, was verschüttet wurde auf dem Antlitz der Erde. [31] Und ihr sollt nicht

sein wie der, der mit Blut isst. Und müht euch, dass sie nicht von euch Blut essen! Bedeckt das Blut! Denn so ist mir geboten, dass ich euch bezeuge und euren Kindern gleichwie allem Fleisch. [32] Und esst nicht die Seele mit dem Fleisch, damit ihr nicht die werdet, deren euer Blut, eure Seelen gefordert wird aus der Hand allen Fleisches, welches vergossen worden ist auf der Erde! [33] Denn die Erde wird nicht rein sein vom Blut, welches vergossen worden ist auf ihr. Sondern durch das Blut dessen, der es vergossen hat, wird die Erde gereinigt werden in allen Geschlechtern.
Jubiläen 6,1–16; 7,26–33 (Berger, JSHRZ 2.3, S. 354–357.365–367).

Warnung vor Götzenkult

[6] Und auch ihr hütet euch vor aller Unzucht und Unreinheit und vor jeder Befleckung der Sünde, dass ihr unseren Namen nicht zur Lästerung macht und euer ganzes Leben zum Grund des Sich-Brüstens der Heiden und alle eure Kinder gebt dem Verderben durch das Schwert und ihr verflucht seid wie Sodom und alle eure Nachkommen wie die Kinder von Gomorrha. [7] Ich bezeuge euch, meine Kinder, liebt den Gott des Himmels und haltet euch an alle seine Gebote und geht nicht hinterher hinter ihren Götzen und hinter ihrer Unreinheit! [8] Und Götter von Metall macht euch nicht noch Plastiken, denn sie sind Nichtigkeit, und irgendetwas von Geist haben sie nicht, denn Werk von Händen sind sie! Und alle, die auf sie vertrauen, auf ein Nichts vertrauen sie alle. Verehrt sie nicht und betet sie nicht an! [9] Verehrt den höchsten Gott und betet ihn an allezeit und erhofft sein Angesicht zu jeder Zeit und tut das Rechte und Gerechtigkeit vor ihm, damit er Gefallen habe an euch und euch seine Barmherzigkeit gebe und herabkommen lasse für euch den Regen des Morgens und des Abends! Und er segne deine Speise und dein Wasser und segne den Samen deines Schoßes und den Samen deines Landes und die Herden deiner Rinder und die Herden deiner Schafe. [10] Und du wirst sein zum Segen auf der Erde, und an euch werden Gefallen finden alle Völker der Erde. Und sie werden eure Kinder segnen in meinem Namen, dass sie gesegnet seien so wie auch ich.
Jubiläen 20,6–10 (Berger, JSHRZ 2.3, S. 427 f).

Die Bindung Isaaks (עקדה – *Aqedah*)

[1] Dann sagten Debora und Barak, der Sohn Abinoams, und das ganze Volk einmütig dem Herrn einen Gesang an jenem Tag und sprachen: »Siehe, von der Höhe hat der Herr uns seine Herrlichkeit gezeigt, wie er das getan hat von seinen oberen Orten her, als er seine Stimme aussandte, um die Sprachen der Menschen zu verwirren. Und er erwählte unsere Nation und holte aus dem Feuer Abraham, unseren Vater, und erwählte ihn vor allen seinen Brüdern und beschirmte ihn vor dem Feuer und befreite ihn von den Steinen des Turmbaues. Und er gab ihm einen Sohn in seinem höchsten Greisenalter und holte ihn aus einem unfruchtbaren Mutterschoß heraus. Da eiferten gegen ihn alle Engel und die <Wächter> der Heerscharen wurden gegen ihn neidisch. [2] Und es geschah, als sie gegen

ihn eiferten, sprach Gott zu ihm: ›Töte die Frucht deines Leibes um meinetwillen und bringe mir zum Opfer dar, was dir von mir geschenkt wurde.‹ Und Abraham widersprach nicht, sondern brach sofort auf. Und als er aufbrach, sprach er zu seinem Sohn: ›Siehe, jetzt bringe ich dich als Brandopfer Gott dar, in die Hände übergebe ich dich dem, der dich mir geschenkt hat.‹ [3] Der Sohn aber sprach zu dem Vater: ›Höre mich, Vater. Wenn von den Tieren das Lamm genommen wird bei der Darbringung für den Herrn zu einem süßen Geruch und für die Bosheiten der Menschen Tiere eingesetzt sind zur Tötung, der Mensch aber bestimmt ist, um die Welt zu ererben, wie sagst du jetzt mir denn: Komm, um ein sicheres Leben zu erben und eine unmessbare Zeit? Und wenn ich nicht in der Welt geboren worden wäre, würde ich nicht zum Opfer dargebracht werden dem, der mich geschaffen hat. Es wird aber meine Seligkeit über alle Menschen sein, weil es nichts anderes geben wird, und von mir werden die Generationen verkündigen, und durch mich werden die Leute einsehen, dass Gott die Seele des Menschen zum Opfer gewürdigt hat.‹ [4] Und als der Vater den Sohn auf den Altar hingelegt und ihm die Füße gebunden hatte, um ihn zu töten, eilte der Allmächtige und sandte seine Stimme von der Höhe und sprach: ›Nicht töten mögest du deinen Sohn und nicht verderben deine Leibesfrucht. Jetzt nämlich habe ich kund gemacht, dass du erscheinest denen, die dich nicht kennen, und ich habe verschlossen die Münder derer, die immer Böses reden gegen dich. Es wird aber dein Gedächtnis vor meinem Angesicht für ewige Zeit sein, und es wird dein und dieses Name sein in alle Geschlechter.‹ «
Pseudo-Philo, LAB 32,1–4 (Dietzfelbinger, JSHRZ 2.2, S. 193–195).

Die Gabe des Gesetzes als kosmisches Ereignis

[7] Und als ihre Feinde böse gegen sie gehandelt hatten, schrie das Volk zu dem Herrn, und es wurde ihre Bitte erhört, und er führte sie von da heraus und führte sie zu dem Berg Sinai, und er machte ihnen bekannt die Grundlage der Einsicht, die vorbereitet ist seit der Geburt der Welt. Und damals, als sich das Fundament der Heerschar erregte, eilten die Blitze in ihren Bahnen, und die Winde gaben einen Ton aus ihren Vorratskammern, und die Erde wurde bewegt von ihrem Firmament her, und es zitterten die Berge und die Felsen in ihren Gefügen, und die Wolken hoben ihre Fluten empor gegen die Feuerflamme, damit sie die Welt nicht verbrenne. [8] Da wurde der Abgrund aufgeweckt aus seinen Quellen, und alle Fluten des Meeres kamen zusammen an einen Ort. Dann wurde das Paradies, nachdem es den Duft seiner Frucht wieder von sich gegeben hatte, und die Zedern des Libanon bewegt von ihren Wurzeln her, und die Tiere des Feldes erregten sich in die Behausung der Wälder, und alle seine Werke kamen zugleich zusammen, damit sie den Herrn sehen, der mit seinen Söhnen den Bund schließt. Und alles, was der Allmächtige gesagt hat, das hat er bewahrt, wobei er Mose, seinen Geliebten, als Zeugen hatte.
Pseudo-Philo, LAB 32,7f (Dietzfelbinger, JSHRZ 2.2, S. 195f).

Der Gesetzgeber Mose

[18] Da nahezu alles aus der Weisheit des Gesetzgebers Mose aufgenommen ist, muss ich kurz von ihm etwas vorausschicken, damit niemand von meinen Lesern fragt, warum unsere Rede über Gesetze und historische Ereignisse so viel mit Aufzeichnungen über Naturlehre gemeinsam hat. [19] Man muss nun wissen, dass dieser Weise es sowohl für jemanden, der sein eigenes Leben recht ordnen als auch anderen Gesetze geben will, vor allem anderen für notwendig erachtete, zuallererst das Wesen Gottes durch und durch zu erkennen, und dann, wenn er dessen Werke mit dem Geist betrachtet hat, so auch das allerbeste Vorbild so weit möglich nachzuahmen und ernsthaft zu versuchen, ihm nachzufolgen. [20] Denn weder hätte der Gesetzgeber je gute Einsicht gewinnen können, wenn er diese Schau übergangen hätte, noch würde irgendetwas von dem, was er im Hinblick auf die Tugend geschrieben hatte, bei denen bleiben, die es aufnehmen, falls sie nicht vor allem anderen unterwiesen würden, dass Gott der Vater und Herr aller Dinge ist, er auf alles achtet und allen, die ihm folgen, ein glückseliges Leben schenkt, denen aber, die außerhalb der Tugend wandeln, größtes Unglück zuteil werden lässt. [21] Weil Moses diese Lehren seinen Mitbürgern beibringen wollte, begann er bei der Gesetzgebung nicht mit Bundesschlüssen und gegenseitigen Rechten, wie es etwa die anderen getan haben, sondern er führte ihre Gedanken hinauf zu Gott und zur Struktur des Kosmos und überzeugte sie, dass von allen Werken Gottes auf der Erde wir Menschen das schönste sind, und sobald er ihren Gehorsam gegenüber der Frömmigkeit gewonnen hatte, konnte er sie in allem anderen umso leichter überzeugen. [22] Die anderen Gesetzgeber aber folgten Fabeln und schrieben in ihren Werken den Göttern die Schande menschlicher Verfehlungen zu und gaben so den Schlechten viele Entschuldigungsgründe. [23] Unser Gesetzgeber aber enthüllte, dass Gott die höchste Tugend besitzt, und glaubte, dass die Menschen danach streben müssten an ihr Anteil zu erhalten, und bestrafte diejenigen ohne Unterlass, die nicht so gesonnen waren und darauf nicht vertrauten.

Josephus, Jüdische Altertümer 1,18–23 (EÜ nach Thackeray, LCL 242, S. 10–13).

Der Umgang der Juden mit den heiligen Schriften

[37] Natürlich nun oder vielmehr notwendigerweise, weil es ja weder jedem freigestellt ist, etwas hinzuzufügen, noch in den Schriften irgendein Widerspruch vorhanden ist, da im Gegenteil allein die Propheten zum einen die entferntesten und ältesten Ereignisse, die sie durch Einhauchungen von Gott erfahren haben, und zum anderen die Ereignisse ihrer Zeit, genau wie sie passierten, deutlich niederschrieben, [38] gibt es bei uns nicht Myriaden von Büchern, die nicht übereinstimmen und sich widersprechen, sondern nur 22 Bücher, die die Aufzeichnung der gesamten Vergangenheit erhalten und denen zu Recht geglaubt wird. [39] Und von diesen die 5 von Mose, welche Gesetze enthalten und die Überlieferung von der Entstehung des Menschen bis zu seinem [*scil.* Moses] Tod; dieser Zeitraum umfasst etwa 3.000 Jahre. [40] Vom Tod des Mose aber bis

zu Artaxerxes, der nach Xerxes König der Perser war, schrieben die Propheten nach Mose über die Ereignisse ihrer Zeit in 13 Büchern, die 4 übrigen aber erhalten Loblieder auf Gott und Lebensunterweisungen für die Menschen. [41] Von Artaxerxes aber bis in unsere Zeit wurde zwar alles aufgeschrieben, es wird aber nicht derselben Glaubwürdigkeit für wert befunden wie die früheren, weil es hier an der genauen Abfolge der Propheten mangelt.

[42] Folgendes aber ist ein Beweis für die Art, wie wir uns zu den eigenen Schriften verhalten: Während des langen schon vergangenen Zeitraums hat es niemand gewagt, etwas hinzuzufügen oder etwas von ihnen wegzunehmen oder etwas zu verändern; allen Juden ist es vielmehr angeboren, sie von Geburt an Gottes Gebote anzuerkennen und ihnen treu zu bleiben und, wenn es sein muss, gern für sie zu sterben. [43] Es sind nämlich schon oft viele Kriegsgefangene gesehen worden, wie sie Foltern und mancherlei Todesarten in den Theatern ertrugen, nur um kein Wort gegen die Gesetze und die zu diesen gehörenden Schriften zu sagen.

[44] Welcher Grieche würde das für sein Gesetz auf sich nehmen? Er nähme im Gegenteil selbst um der Vernichtung der gesamten Aufzeichnungen willen keinen noch so geringen Nachteil auf sich. [45] Denn sie glauben, dass sie [*scil.* ihre schriftlichen Aufzeichnungen] nur Worte sind, die nach dem Belieben der Verfasser erfunden wurden; und dies denken sie zurecht auch über die älteren, weil sie ja sehen, dass es auch in der Gegenwart einige wagen, über Ereignisse zu schreiben, bei denen sie weder selbst zugegen waren noch ihren Ehrgeiz daransetzten, sich bei den Augenzeugen danach zu erkundigen.
Josephus, Gegen Apion 1,37–45 (Labow, S. 31–36).

Verteidigung des Gesetzes zur Zeit des Statthalters Cumanus

[228] Auf dieses Unglück folgte eine andere Aufregung, die durch Räuber hervorgerufen wurde. Denn auf der Landstraße bei Bet-Horon fielen Räuber über das Gepäck eines kaiserlichen Sklaven mit Namen Stephanus her und raubten es. [229] Cumanus sandte eine Abteilung aus und gab den Befehl, die Bewohner der umliegenden Dörfer gefangen zu nehmen und vor ihn zu bringen; er machte ihnen den Vorwurf, die Räuber nicht verfolgt und festgenommen zu haben. Bei dieser Gelegenheit fand nun ein Soldat in einem der Dörfer das heilige Gesetz, er zerriss die Rolle und warf sie ins Feuer. [230] Die Juden gerieten darüber so außer Fassung, als stünde ihr ganzes Land in Flammen und von ihrem Gotteseifer wie durch mechanische Gewalt getrieben, strömten sie alle auf die erste Kunde von dem Vorfall hin in Caesarea bei Cumanus zusammen und flehten inständig, er solle doch ja den, der Gott und ihr Gesetz so geschändet habe, nicht ungestraft davonkommen lassen. [231] Da das Volk ohne Genugtuung keine Ruhe gegeben hätte, so befahl Cumanus, den Soldaten herzubringen und ihn mitten durch die Reihen seiner Ankläger hindurch zur Hinrichtung abzuführen. Darauf zogen die Juden sich zurück.
Josephus, Jüdischer Krieg 2,228–231 (Michel / Bauernfeind, Bd. 1, S. 226f).

Das Loblied Deboras: Kampf der Gestirne für Israel

[13] Tritt einher, Erde, geht, Himmel und Blitze, geht, Engel der Heerscharen, geht und verkündet den Vätern in den Kammern ihren Seelen und sagt: »Der Allmächtige hat nicht die Versprechungen vergessen, die er euch gegeben hat. Während er nämlich euch nur sehr Geringes gesagt hat, hat er euren Söhnen viel getan.« Und jetzt wird man vom heutigen Tag an wissen, wie Gott das, was er den Menschen gesagt hat, dass er es tut, das auch tun wird, wenn auch der Mensch stirbt. [14] Lobsinge, lobsinge, Debora, erwachen möge der heilige Geist in dir, und fang an, zu verkünden die Werke des Allmächtigen, weil sich nicht wieder ein solcher Tag zeigen wird, durch den die Sterne Kunde geben und die Feinde Israels bezwingen, wie ihnen befohlen wurde. Von dieser Stunde an, wenn Israel in Bedrängnis fällt, sollst du diese Zeugen zusammen mit den Dienern anrufen, und durch eine Gesandtschaft sollen sie es beim Höchsten ausrichten, und er wird eingedenk sein dieses Tages und wird die Befreiung seines Bundes senden. [15] Und du, Debora, fang an zu sagen, was du auf dem Feld sahest, dass die Leute, die sicher umhergingen, aufgebrochen sind und die Gestirne für sie kämpften. Freue dich, Erde, über die, die auf dir wohnen, weil da die Gemeinde des Herrn ist, die Weihrauch opfert auf dir. Nicht ungerechterweise nämlich hat Gott von dir die Rippe des Ersterschaffenen genommen, da er wusste, dass aus dessen Rippe Israel geboren würde. Es wird nämlich deine Erschaffung zum Zeugnis dienen dafür, was der Herr seinem Volk tun wird. [16] Wartet, ihr Stunden des Tages, und eilt nicht, damit wir schildern, was unser Sinn vorbringen kann, weil eine Nacht uns bevorsteht, und sie wird der Nacht ähnlich sein, als Gott die Erstgeburten der Ägypter wegen seines Erstgeborenen niederschlug. [17] Und dann werde ich ruhen von meinem Lobgesang, weil die Zeit seinen Gerechtfertigten bereitet werden wird. Ich will ihn besingen bei der Erneuerung der Kreatur, und das Volk wird eingedenk sein dieser Errettung, und sie wird ihm zum Zeugnis dienen. Und das Meer möge mit seinem Abgrund Zeuge sein, dass Gott es nicht nur ausgetrocknet hat vor dem Angesicht unserer Väter, sondern dass auch die <Gestirne> aus ihrer Ordnung heraus für ihn unsere Feinde bezwangen.«
Pseudo-Philo, LAB 32,13–17 (Dietzfelbinger, JSHRZ 2.2, S. 197f).

Die Bilderlosigkeit und das Sterben für das »Gesetz der Väter«

[648] Zu all seinem Unglück kam auch noch ein Volksaufstand hinzu. Es waren zwei Gelehrte in der Stadt, die als sehr genaue Kenner der väterlichen Gesetze galten und darum beim ganzen Volk in außerordentlich hohem Ansehen standen, Judas, der Sohn des Sepphéraios, und der andere Matthias, Sohn des Margalos. [649] Zu ihrer Gesetzeserklärung strömten nicht wenige herbei, und sie sammelten Tag für Tag ein Heerlager von jungen Männern um sich. Als sie davon Kunde erhielten, dass der König [*scil.* Herodes] unter Gram und Krankheit dahinsieche, ließen sie in ihrem Bekanntenkreis die Bemerkung fallen, gerade jetzt sei die geeignetste Zeit, Gott sein Recht zu schaffen und alle die Bildwerke herunterzureißen, die gegen die väterlichen Gesetze verstießen. [650] Denn

es sei wider das göttliche Gesetz, wenn am Tempel Statuen, Tierbilder oder andere Gestalten angebracht seien, die einem Lebewesen glichen. Der König hatte nämlich über dem großen Tor einen goldenen Adler anbringen lassen; die Gelehrten forderten nun auf, diesen herunterzuschlagen; sie sagten, auch wenn eine gewisse Gefahr dabei entstünde, sei es doch gut, für das Gesetz der Väter zu sterben. Denn welche ein solches Ende nähmen, deren Seele werde unsterblich, und ewig bleibe das Empfinden himmlischer Seligkeit; die gemeine Masse aber, die der Weisheit der Gelehrten bar sei und auch keine echte Erkenntnis habe, schätze ihr natürliches Leben über alles und ziehe das Sterben auf dem Krankenbett einem ehrenvollen Tode vor.

[651] Während sie noch so sprachen, kam das Gerücht auf, der König liege schon im Sterben; umso entschlossener schritten daraufhin die jungen Männer zur Ausführung der Tat. Zur Mittagszeit, als sich viele Menschen im Heiligtum aufhielten, ließen sie sich an starken Seilen vom Dach herunter und schlugen den goldenen Adler mit Äxten herunter. [652] Das wurde sofort dem königlichen Befehlshaber gemeldet; dieser eilte mit einer beträchtlichen Truppe hinauf, verhaftete etwa 40 junge Leute und brachte sie zum König hinab. [653] Zunächst fragte sie dieser, ob sie es gewagt hätten, den goldenen Adler herunterzuschlagen; sie gaben es offen zu. Als Nächstes: »Auf wessen Befehl?« Sie antworteten: »Des väterlichen Gesetzes.« Schließlich wollte er wissen, weshalb sie so freudig seien, da sie doch den Tod vor Augen hätten. Sie gaben zur Antwort: »Wir werden nach unserem Ende viel größere Freuden kosten.«
Josephus, Jüdischer Krieg 1,648–653 (Michel/Bauernfeind, Bd. 1, S. 173).

Mose hat den Staat zur Gottesherrschaft gemacht

[164] Unendlich sind im Einzelnen die Verschiedenheiten der Sitten und Gesetze unter den Menschen: Hier hat man die Regierung der Staaten Monarchen, dort wenigen mächtigen Familien, anderwärts dem Volk überlassen. [165] Unser Gesetzgeber hingegen hat auf keine solche Regierungsform Rücksicht genommen, sondern den Staat, wie man mit einem etwas erzwungenen Wort sagen könnte, zu einer Gottesherrschaft gemacht, indem er Gott die Herrschaft und Gewalt anheimgab [166] und die große Masse bewog, auf ihn als den Urheber alles Guten, das die Menschen im staatlichen wie privaten Leben genießen, und das ihnen, wenn sie darum baten, selbst im Unglück zuteil wurde, hinzuschauen; denn seinem Wissen könne nichts entgehen, was sie täten oder was auch nur ein einzelner Mensch bei sich denke. [167] Ihn selbst stellte er als ungeschaffen und in alle Ewigkeit unveränderlich dar; an Schönheit sei er erhaben über jede vergängliche Gestalt, und offenbar werde er uns durch das Wirken seiner Macht, wiewohl wir ihn seinem Wesen nach nicht zu erkennen vermöchten. [168] Dass solche Gedanken über Gott die Weisesten bei den Griechen erst fassen lernten, nachdem er den Anfang damit gemacht hat, will ich jetzt nicht weiter erörtern; dass es aber vortreffliche, dem Wesen und der Herrlichkeit Gottes angemessene Gedanken sind, davon legten sie lautes Zeugnis ab. Haben doch, wie bekannt,

Pythagoras, Anaxagoras, Plato, nach ihnen die Stoiker und beinahe alle anderen die gleichen Ansichten über die Natur Gottes gehabt. [169] Aber während sie ihre Lehre einigen wenigen mitteilten und den in vorgefassten Meinungen befangenen Volksmassen die Wahrheit nicht zu verkünden sich getrauten, hat unser Gesetzgeber, der freilich auch Taten aufweisen konnte, die den Gesetzen entsprachen, nicht nur seinen Zeitgenossen jene Überzeugung beigebracht, sondern auch ihren sämtlichen Nachkommen bis ins fernste Geschlecht den unerschütterlichen Glauben an Gott eingepflanzt.

[170] Dass übrigens seine Gesetzgebung sich in so hervorragender Weise von den anderen unterschied und zum Gemeingut wurde, erklärt sich daraus, dass er die Frömmigkeit nicht zu einem Bestandteil der Tugend machte, sondern die übrigen guten Eigenschaften wie Gerechtigkeit, Standhaftigkeit, Besonnenheit, vollkommene Eintracht der Bürger untereinander, als Äußerungen der Frömmigkeit erkannte und sie demgemäß erläuterte. [171] Denn die Handlungen, Beschäftigungen und Reden haben bei uns Beziehung zur Frömmigkeit gegen Gott, weil Mose nichts davon ungeprüft und ungeregelt ließ.
Josephus, Gegen Apion 2,164–171 (Barrett/Thornton, S. 321f).

Die Lage des Landes Israel und die Eigenheit seiner Bewohner

[60] Wir bewohnen nämlich weder ein nahe am Meer gelegenes Land, noch haben wir Freude am Handel und dem durch diesen ermöglichten Kontakt mit anderen, sondern zum einen sind unsere Städte weit weg vom Meer landeinwärts gelegen, zum anderen bewohnen wir gutes Land und bebauen dieses; am meisten von allem beschäftigen wir uns allerdings mit der Kindererziehung, und die Bewahrung der Gesetze und der in ihnen überlieferten Frömmigkeit machen wir zur wichtigsten Aufgabe unseres gesamten Lebens. [61] Zu dem Gesagten kommt ferner die Eigentümlichkeit unserer Lebensweise hinzu, so dass es in den alten Zeiten nichts gab, was den Verkehr mit den Griechen bei uns bewirkt hätte, wie etwa bei den Ägyptern ihre Exporte und Importe oder bei den Bewohnern der Küste Phöniziens ihr Eifer für den Klein- und den Großhandel aus Liebe zum Geld. [62] Aber freilich wandten sich unsere Väter nicht der Räuberei zu wie einige andere Völker oder der Vergrößerung des Besitzes durch Kampf, obwohl das Land viele Tausend mutige Männer hatte.
Josephus, Gegen Apion 1,60–62 (Labow, S. 45–47).

Hinzutritt zum Judentum als Neuschöpfung

[2] Und es entfernte Aseneth den Schleier von ihrem Haupte, und es sprach zu ihr der Mensch: »Sei getrost, Aseneth, die keusche Jungfrau. Siehe, ich habe gehört all die Worte deines Bekenntnisses und deines Gebets. [3] Siehe, ich habe gesehen auch die Selbsterniedrigung und Trübsal der sieben Tage deines Mangels. Siehe, aus deinen Tränen und dieser Asche Kot ist viel geworden vor deinem Angesicht. [4] Sei getrost, Aseneth, die keusche Jungfrau. Siehe nämlich, es ward geschrieben dein Name in dem Buch der Lebenden im Himmel, in

(dem) Anfang des Buches (als) Erster aller ward geschrieben dein Name (mit) meinem Finger und wird nicht ausgetilgt werden in die Ewigkeit. [5] Siehe doch, von dem Tage heute an wirst du wiedererneuert und wiedergeformt und wiederlebendiggemacht werden und wirst essen gesegnetes Brot des Lebens und trinken gesegneten Kelch der Unsterblichkeit und dich salben mit gesegneter Salbe der Unverweslichkeit. [6] Sei getrost, Aseneth, die keusche Jungfrau! Siehe ich habe gegeben dich heute zur Braut dem Joseph, und er selbst wird sein deiner, der Bräutigam in die Ewigkeit-Zeit. [7] Und dein Name wird nicht mehr gerufen werden Aseneth, sondern es wird sein der Name »Stadt der Zuflucht«, denn in dir werden Zuflucht nehmen viele Völker zum Herrn dem Gott, dem Höchsten, und unter deine Fittiche werden gedeckt werden viele Nationen, die vertrauen auf Herr den Gott, und in deiner Mauer werden behütet werden, die da sich anschließen Gott dem Höchsten im Namen Gottes des Höchsten, weil doch er Vater ist der Umkehr, und sie selbst ist Bischof all der Jungfrauen und liebt euch sehr, und für euch ersucht sie alle Stunde den Höchsten, und allen, die da umkehren, einen Ort der Ruhe bereitete sie in den Himmeln, und sie wird wiedererneuern alle, die da umkehren, und sie selbst wird aufwarten ihnen in die Ewigkeit-Zeit. [8] Und es ist die Umkehr sehr schön, eine Jungfrau rein und lachend allezeit, und ist gelinde und sanftmütig. Und deswegen der Vater der Höchste liebt sie, und all die Engel scheuen sie ehrfürchtig, und ich selbst liebe sie sehr, denn meine Schwester ist auch sie, und demgemäß dass sie euch, die Jungfrauen, liebt, liebe auch ich selbst euch.«
Joseph und Aseneth 15,2–8 (Burchard, JSHRZ 2.4, S. 675–677).

Josephus bewahrt Flüchtlinge vor Zwangskonversion

[112] Zu dieser Zeit kamen zu mir [*scil.* zu Josephus] zwei Würdenträger von Untertanen des Königs [*scil.* Agrippa II.] aus der Trachonitis, die ihre Pferde und Waffen mit sich führten, dabei aber heimlich Geld hinausschafften. [113] Als die Juden drängten, sie müssten beschnitten werden, wenn sie bei ihnen bleiben wollten, ließ ich nicht zu, dass sie gezwungen würden; denn ich sagte, jeder Mensch müsse nach seiner Entscheidung Gott Verehrung erweisen, nicht aber unter Zwang; diese aber, die um ihrer Sicherheit willen Zuflucht zu uns genommen hätten, seien nicht verpflichtet zu konvertieren. Nachdem die Bevölkerung sich davon hatte überzeugen lassen, gewährte ich den Ankömmlingen reichlich alles, was ihre gewohnte Lebensweise verlangte.
Josephus, Aus meinem Leben 112f (Siegert, S. 60–63).

Der Magier Aod

[1] Und in jener Zeit stieg herauf ein gewisser Aod von dem Heiligtum Midians, und dieser war ein Zauberer und sprach zu Israel und sagte: »Warum achtet ihr auf euer Gesetz? Kommt, ich will euch etwas zeigen, dergleichen euer Gesetz nicht ist.« Da sprach das Volk: »Was wirst du uns zeigen, was unser Gesetz nicht hat?« Und jener sprach zu ihnen: »Habt ihr einmal die Sonne bei Nacht gesehen?«

Und sie sprachen: »Nein.« Und jener sprach: »Wenn ihr wollt, werde ich (sie) euch zeigen, damit ihr erfahret, dass unsere Götter Kraft haben und die nicht täuschen, die ihnen dienen.« Und jene sprachen: »Zeig es.« [2] Und er ging weg und wirkte mit seinen Zaubermitteln, indem er den Engeln befahl, die den Zaubereien vorstanden, weil er seit langer Zeit ihnen opferte. [3] In dieser (Zeit) nämlich wurde <es ihm> von den Engeln gezeigt, bevor sie gerichtet wurden und die unermessliche Ewigkeit verderben wollten. Und weil sie übertreten haben, geschah es, dass die Engel nicht mehr im Stand der Macht waren. Damals, als sie nämlich gerichtet wurden, da wurde den übrigen keine Macht gegeben. Und mit diesen Dingen wirken die, die den Menschen bei den Zaubereien dienen, bis dorthin, wo die unermessliche Ewigkeit kommt. [4] Und dann zeigte er durch die Kraft der Zauberei dem Volk die Sonne bei Nacht. Und die erstaunten Leute sagten: »Siehe, wie viel die Götter der Midianiter können, und wir wussten es nicht.« [5] Und Gott, der Israel erproben wollte, ob es noch in Bosheit sei, ließ sie, und ihr Werk wurde vollendet. Und das Volk Israel wurde verführt, und es begann, den Göttern der Midianiter zu dienen. Und Gott sprach: »Ich will sie übergeben in die Hände der Midianiter, darum weil sie von diesen verführt worden sind.« Und Gott übergab sie in ihre Hände, und Midian begann, Israel in Knechtschaft zu bringen.
Pseudo-Philo, LAB 34,1–5 (Dietzfelbinger, JSHRZ 2.4, S. 200f).

Dämonen

[1] Und in der dritten Jahrwoche dieses Jubiläums begannen unreine Dämonen, die Söhne Noahs in die Irre zu führen und sie zu betören und sie zugrunde zu richten. [2] Und die Söhne Noahs kamen zu Noah, ihrem Vater, und erzählten ihm über die Dämonen, welche in die Irre führten und verdunkelten und die Kinder seiner Kinder töteten. [3] Und er betete vor dem Herrn, seinem Gott, und sagte: »Gott der Geister, die in allem Fleisch sind, der du an mir Barmherzigkeit getan hast und der du mich und auch meine Kinder aus den Wassern der Sintflut gerettet hast, und du hast mich nicht umkommen lassen, wie du es die Kinder des Verderbens ließest. Denn groß war deine Güte über mir, und groß war dein Erbarmen über meine Seele. Es erhebe sich deine Güte über die Kinder deiner Kinder. Und nicht mögen böse Geister herrschen über sie, damit sie sie nicht hinwegtilgen von der Erde. [4] Und du, segne mich und meine Kinder: wir mögen wachsen und zahlreich werden und die Erde füllen. [5] Und du weißt, wie deine Wächter gehandelt haben, die Väter dieser Geister, in meinen Tagen. Und diese Geister, die im Leben sind, schließe sie ein und halte sie fest am Ort des Gerichtes, und sie sollen nicht Verderben stiften unter den Kindern deines Knechtes, mein Gott. Denn bösartig sind sie, und zum Vernichten sind sie geschaffen. [6] Und nicht mögen sie herrschen über die Geister der Lebenden. Denn du allein kennst ihre Macht. Und sie sollen keine Macht erhalten über die Kinder der Gerechten von jetzt an bis in Ewigkeit.« [7] Und unser Gott sagte zu uns, wir sollten sie alle fesseln. [8] Und der Fürst der Geister, Mastema, kam hervor und sagte: »O Herr, Schöpfer, lass übrig von ihnen vor mir, und sie werden meine Stimmen hören und alles tun, was ich ihnen sage. Denn wenn mir nichts

übriggelassen wird unter ihnen, werde ich die Herrschaft meines Willens nicht tun können unter den Menschenkindern. Denn sie sind zum Verderben und zur Verführung von meiner Vollmacht. Denn groß ist die Bosheit der Menschenkinder.« [9] Und er sagte: »Der zehnte Teil von ihnen soll übrigbleiben vor ihm, und neun Teile sollen sie herabbringen an den Ort des Gerichtes.« [10] Und zu einem von uns sagte er: »Wir wollen den Noah lehren alle ihre Heilung.« Denn er wusste, dass sie [*scil.* die Geister] nicht in Geradheit wandeln und nicht zur Gerechtigkeit streiten. [11] Und wir taten gemäß all seinem Wort. Und alle Bösen, die bösartig waren, fesselten wir am Ort des Gerichtes. Und ein Zehntel von ihnen ließen wir übrig, dass sie Vollmacht ausübten vor dem Satan auf der Erde. [12] Und die Heilung für alle ihre Krankheiten erzählten wir dem Noah, mit ihren Irrungen, damit er sie heile mit den Pflanzen der Erde.

[13] Und Noah schrieb alles, wie wir es ihn gelehrt hatten, in ein Buch über alle Arten der Heilungen. Und die bösen Geister wurden abgeschlossen hinter den Kindern Noahs. [14] Und er gab alle Bücher, die er geschrieben hatte, dem Sem, seinem ältesten Sohn. Denn er liebte ihn mehr als alle Söhne.
Jubiläen 10,1–14 (Berger, JSHRZ 2.3, S. 377–381).

B. Geschichte, Kult und Aussehen des Zweiten Tempels

Abraham bindet Isaak (עקדה – *Aqedah*) nach Targum Pseudo-Jonathan

[1] Und es geschah nach diesen Ereignissen, dass Isaak und Ismael miteinander stritten. Ismael sagte: »Es ist billig, dass ich meinen Vater beerbe; denn ich bin sein erstgeborener Sohn.« Und Isaak sagte: »Es ist billig, dass ich meinen Vater beerbe; denn ich bin der Sohn Sarahs, seiner Frau, und du bist der Sohn Hagars, der Dienerin meiner Mutter.« Ismael erwiderte und sprach: »Ich bin gerechter als du. Denn ich wurde beschnitten mit 13 Jahren, und wäre es mein Wille gewesen, mich zu weigern, hätte ich mich nicht zur Beschneidung bereitgestellt; du aber bist beschnitten worden mit acht Tagen. Wenn du (schon) Verstand besessen hättest, vielleicht hättest du dich nicht zur Beschneidung bereitgestellt.« Isaak antwortete und sprach: »Bin ich nicht am heutigen Tage 37 Jahre alt geworden? Wenn der Heilige, gepriesen sei er, alle meine Gliedmaßen forderte, würde ich mich nicht weigern.«

Augenblicklich wurde diese Rede gehört vor dem Herrn der Welt, und augenblicklich versuchte das Wort JHWHs Abraham und sprach zu ihm: »Abraham!« Und der sprach: »Hier bin ich.« [2] Und Gott sprach: »Nimm jetzt deinen Sohn, deinen einzigen, den du liebst, den Isaak, und begib dich ins Land des Gottesdienstes und opfere ihn dort als ein Brandopfer auf einem der Berge, den ich dir sagen werde.« [3] Und Abraham machte sich am frühen Morgen auf und sattelte seinen Esel und nahm seine zwei jungen Diener, Eliezer und Ismael, mit sich, und den Isaak, seinen Sohn. Und er spaltete das Holz des Olivenbaums und des Feigenbaums und der Palme, die geeignet sind für das Brandopfer; und er erhob

Das Jerusalemer Heiligtum
Bis zu seiner Zerstörung im Jahre 70 war der Jerusalemer Tempel der Mittelpunkt des religiösen und sozialen Lebens aller Gruppen des antiken Judentums, teils in Ablehnung zu ihm oder dem gegenwärtig praktizierten Kult, in allergrößter Mehrheit jedoch in Zustimmung und aktiver Teilnahme. Nach der Neuerrichtung eines bescheidenen Tempels durch die Rückkehrer nach 538 v. Chr. und umfangreichen Reparaturen um die Mitte des 2. Jhs. v. Chr. hat vor allem Herodes das Aussehen des Heiligtums nachhaltig geprägt.

Josephus dürfte die doppelte Absicht des Königs erfassen (Jüdische Altertümer 15,387): Er habe den Tempel als Dank an den Gott Israels für die Gabe des Königtums und zur Mehrung des eigenen Ruhms errichten lassen. Mit seinem Heiligtum knüpft Herodes an die legendäre Pracht des gottesfürchtigen Salomo an und reiht sich zugleich in die lange Reihe hellenistischer Herrscher und Tempelstifter ein, ja, der Tempel fungierte als eine Art Staatsheiligtum des herodianischen Reiches im Kontext der pax Augusta.

Der Bau begann entweder im 15. (= 23/22 v. Chr. nach Josephus, Jüdischer Krieg 1,401) oder im 18. Regierungsjahr des Herodes (= 20/19 v. Chr. nach Josephus, Jüdische Altertümer 15,380). Herodes verwandte größte Sorgfalt darauf, den Bau nach den Regeln jüdischer Religion durchzuführen und den regelmäßigen Kultablauf nicht zu unterbrechen (Josephus, Jüdische Altertümer 15,388–390). Die immens erweiterte Plattform war bereits nach 8 Jahren fertig gestellt, der eigentliche Tempel in nur eineinhalb Jahren (Josephus, Jüdische Altertümer 15,420 f). Die Einweihung des Tempels erfolgte bezeichnenderweise in Verbindung mit Herodes' Regierungsjubiläum (Josephus, Jüdische Altertümer 15,423). Trotz des offiziellen Bauabschlusses zogen sich verschiedene Arbeiten noch bis mindestens ins Jahr 64 hin. Mit ihrer Beendigung unter Agrippa II. wurden auf einen Schlag 18.000 Menschen arbeitslos (Josephus, Jüdische Altertümer 20,219–221).

Der **herodianische Tempelkomplex** war eines der größten Heiligtümer der antiken Welt (Tacitus, Historien 5,8; Plinius, Naturgeschichte 5,15,70). Mit 485 m Länge an der Westseite, 460 m an der Ostseite, 315 m im Norden und 280 m im Süden beschreibt das gewaltige, vor allem im Süden auf bis zu 50 m über Fels auf Substruktionen ruhende Podium ein unregelmäßiges Trapez von ca. 1550 m Umfang und ca. 146.000 m² Grundfläche. Die in der Plattform verbauten Steine wurden mit einer solchen Präzision behauen, dass kein Mörtel zu ihrer Verbindung nötig war. Die meisten Blöcke messen 1,0–1,1 × 1,5–2,0 m und wiegen 5–6 Tonnen, doch gibt es vor allem an den Ecken auch größere Blöcke von bis zu 12 m Länge und ca. 70 Tonnen Gewicht. Der größte zurzeit bekannte Block befindet sich nördlich der Klagemauer und misst 13,6 m Länge, 3,5 m Höhe und 4,6 m Dicke und wiegt nicht weniger als 560 Tonnen. Das Podium liegt 737 m über NN, trägt den eigentlichen Tempel mitsamt einer Reihe weiterer Einrichtungen und bildet so den weit sichtbaren Temenos, der die Dimensionen des hellenistischen Vorgängerbaus gut um das Doppelte überstieg. Baulich folgt das Heiligtum zeitgenössischen Vorbildern aus einer mit Säulenhallen umgebenen und an der Schauseite mit einer großen Halle abgeschlossenen Plattform. Im Gegensatz zum hellenistischen Charakter der Gesamtanlage folgte der Tempel einem traditionellen, orientalisch-jüdischen Muster, zudem fehlt jeglicher figuraler Schmuck. Allein einen goldenen Adler ließ Herodes über einem der Haupttore des Tempels anbringen (Josephus, Jüdische Altertümer 17,151–153; Jüdischer Krieg 1,648–650).

Der hauptsächliche **Zweck des Tempels** war die ungestörte Ausübung des jüdischen Kultes. Dazu gehörten nicht nur die komplexe Infrastruktur zum Vollzug der Opfer, sondern auch Einrichtungen zur Versammlung der Kultgemeinde, zum Aufenthalt der Priester und zur Lagerung von Gaben und Geräten sowie zur Verwaltung der Liegenschaften und des Tempelvermögens. Wie jeder größere Tempel der Antike war auch das Jerusalemer Heiligtum eine multifunktionale Anlage unter dem Primat des priesterlichen Opfergottesdienstes, zugleich aber auch Wallfahrtsziel, Gerichtsort (mSanh 11,2), Bank und regionales Wirtschaftszentrum. Dazu war das Heiligtum in das urbane Gefüge Jerusalems integriert: eine Hauptstraße mit Geschäften lief direkt entlang der Westmauer, von allen Stadtteilen her konnte man auf die Plattform gelangen (besonders eindrucksvoll von Süden und aus der Oberstadt im Westen). Ein sehr aufwendiges System aus Zisternen, Speichern, Becken und Leitungen im, am und um den Temenos sorgte dafür, dass stets genug Wasser zum Reinigen des Altars zur Verfügung stand, sowie auch für das Waschen der Opfertiere und die kultische Reinigung von Priestern, Pilgern und Geräten.

Wegen der massiven Zerstörungen im Jahre 70 und danach müssen wir Standort und Aussehen der Bauten auf der Plattform praktisch allein aus der oft widersprüchlichen antiken Literatur rekonstruieren (u. a. Aristeasbrief; Philo, »De Specialibus Legibus« 1,71–75; Josephus, Jüdischer Krieg und Jüdische Altertümer; Mishna-Traktat Middot).

An der Nordseite des Temenos befand sich die Palast-Festung Antonia (errichtet bereits vor 31 v. Chr.), wodurch der Temenos deutlich sowohl defensorischen wie auch repräsentativen Charakter besaß (vgl. Tacitus, Historien 5,12,1: templum in modum arcis propriique muri).

Die Südseite der Plattform beherrschte die **»Königliche Halle«**, mit 185 m Länge und ca. 15 m Höhe bis dato die größte frei stehende Basilika. Sie war keinesfalls nur architektonisches Beiwerk zum Tempel, sondern erfüllte wichtige urbane Funktionen im Bezugsfeld zwischen Stadt und Kultort und diente als Versammlungssaal, Gerichtsgebäude und Marktplatz, kurz: sie war das Zentrum des öffentlichen und rechtlichen Lebens Jerusalems. 40 Jahre vor der Zerstörung des Tempels zog nach einer Tradition der Sanhedrin in die Halle ein, dort könnte sich auch die in Mk 11,15–19 parr erzählte Tempelreinigung zugetragen haben.

Über die **Säulenhallen** an der West-, Nord- und Ostseite ist nur wenig bekannt. Allein an der Ostseite hat Herodes nach Josephus eine bereits bestehende Halle in seine Bauten integriert, da diese auf Salomo zurückgeführt wurde und zum Teil sehr alte Trophäen aus längst vergangenen Kriegszügen enthielt. Die Hallen öffneten sich nach innen zum Hof hin und boten Schutz vor der Sonne. Sie dienten wie auch die »Königliche Halle« als Versammlungsort, vielleicht traf man sich dort zum Studium der Tora, holte rechtlichen Rat oder hörte disputierenden Schriftgelehrten zu. Auch Handel dürfte man dort getrieben haben. Dass wie in der Antike allgemein üblich auch Privatpersonen zur Ausschmückung des Heiligtums beigetragen haben, zeigt eine fragmentierte Inschrift, die man 1968 im Trümmerschutt am Fuß der Westmauer gefunden hat. Der Spender muss nicht einmal Jude gewesen sein.

Der Piazza um den Herodianischen Tempel herum war in einen »Hof der Heiden«, einen »Hof der Frauen« und einen kleinen »Hof der Israeliten« unterteilt. Neu und nach den biblischen Vorgaben eigentlich nicht nötig waren der große Hof der Heiden und der Hof der Frauen. Beide neuen Bereiche spiegeln die gewandelte innere Struktur und äußere Stellung des Judentums innerhalb der römischen Welt wider. Die eingeschränkte Zugänglichkeit auch für Nichtjuden war unter Herodes immerhin ein Anliegen der Tempelarchitektur geworden, wenn auch allen Fremden der Zugang vom Heidenhof aus zu den in Fluchtlinie des Tempels angelegten Frauen- und Israelitenhöfen bei Todesstrafe verboten blieb.

Irgendwo im Bereich des heutigen Felsendomes befand sich der nach Osten ausgerichtete Tempel mit dem auf dem Priestervorhof vorgelagerten Brandopferaltar. Tempel und Altar waren das unbestrittene Zentrum des Komplexes. Wie aus den Texten ersichtlich, handelte es sich beim Tempel um ein Langhaus mit breiter und hoher Vorhalle und niedrigerer und schmalerer Haupthalle, in der sich das Heiligtum und das Allerheiligste in Längsachse zueinander befanden. Räume umgaben den Priestervorhof, in dem sich das diensttuende Kultpersonal aufhielt oder Geräte aufbewahrt wurden. Hier residierte auch der Hohepriester während der Opfer und wurde wohl auch der Tempelschatz aufbewahrt. Nichts von alledem ist mehr archäologisch nachweisbar, archäologische Untersuchungen sind auf absehbare Zeit undenkbar.

sich und begab sich an den Ort, den JHWH ihm genannt hatte. [4] Am dritten Tag erhob Abraham seine Augen und sah eine Wolke der Herrlichkeit rauchen auf dem Berg, und er erkannte sie von ferne. [5] Und Abraham sprach zu seinen Burschen: »Bleibt ihr hier mit dem Esel, und ich und der Junge wollen dorthin gehen, um herauszufinden, ob erfüllt wird, was mir versprochen wurde – so zahlreich soll deine Nachkommenschaft sein – und wir wollen uns niederwerfen zur Anbetung vor dem Herrn der Welt und wieder zu euch kommen.

[6] Und Abraham nahm das Holz fürs Brandopfer und lud es seinem Sohn Isaak auf; und er nahm das Feuer in seine Hand und das Messer, und sie gingen beide miteinander. [7] Und Isaak sprach zu seinem Vater Abraham, und er sagte: »Mein Vater!« Und der sagte: »Hier bin ich.« Und Isaak sagte: »Hier ist das Feuer und Holz. Aber wo ist das Lamm für das Brandopfer?« [8] Und Abraham sagte: »JHWH wird sich erwählen das Lamm für das Brandopfer, mein Sohn.« Und sie gingen beide friedlichen Herzens miteinander.

[9] Und sie kamen zu dem Ort, von dem JHWH ihm gesagt hatte, und Abraham baute dort den Altar, den Adam gebaut hatte und der zerstört worden war durch das Wasser der Flut und den Noah wiederum aufgebaut hatte und der zerstört wurde in der Epoche der Teilung der Völker. Und er schichtete das Holz darauf und band seinen Sohn Isaak und legte ihn auf den Altar, oben auf das Holz. [10] Und Abraham streckte seine Hand aus und nahm das Messer, um seinen Sohn zu schlachten. Isaak hob an und sprach zu seinem Vater: »Binde mich gut, damit ich nicht zapple wegen des Kummers meiner Seele und in die Grube des Verderbens weggeführt werde und ein Makel gefunden werde an deinem Opfer.« Und die Augen Abrahams blickten auf die Augen Isaaks, und die Augen Isaaks blickten auf die Engel der Höhe; Isaak sah sie, aber Abraham sah sie nicht. Die Engel der Höhe sprachen: »Kommt und seht zwei einzigartige Menschen, die in der Welt sind. Der eine schlachtet, und der andere wird geschlachtet. Der schlachtet, zögert nicht; und der geschlachtet wird, streckt seinen Hals aus.« [12] Und der Engel JHWHs rief ihn von den Himmeln her und sagte zu ihm: »Abraham, Abraham!« Und der antwortete: »Hier bin ich.« Und der Engel sprach: »Leg deine Hand nicht an den Jungen und tue ihm nichts Schlechtes an. Siehe, jetzt ist es vor mir offenbar, dass du ein JHWH-Fürchtiger bist und mir deinen einzigen Sohn nicht vorenthältst.« [13] Und Abraham hob seine Augen und sah, und siehe, ein Widder, der geschaffen worden war in der Abenddämmerung der Vollendung der Welt, war gefangen im Gestrüpp eines Baumes an seinen Hörnern. Und Abraham ging und nahm ihn und brachte ihn als Brandopfer dar anstelle seines Sohnes. [14] Und Abraham dankte und betete dort, an jener Stelle, und sprach: »Bitte, um des Erbarmens vor dir willen, JHWH. Vor dir ist offenbar, dass keine Unaufrichtigkeit in meinem Herzen war und dass ich eifrig war, deine Anordnung freudig zu befolgen; wenn also die Söhne meines Sohnes Isaak in eine Stunde der Anfechtung kommen, gedenke ihrer und antworte ihnen und befreie sie. Und alle zukünftigen Generationen, die erstehen werden, mögen sagen: Auf diesem Berg hat Abraham seinen Sohn Isaak gebunden, und dort hat sich ihm JHWHs Schechina offenbart.« [15] Und

der Engel JHWHs rief Abraham zum zweiten Mal von den Himmeln her [16] und sprach: »Bei meinem Wort schwöre ich, spricht JHWH, dafür, dass du diese Sache getan hast und mir deinen einzigen Sohn nicht vorenthalten hast – [17] darum will ich dich reichlich segnen und werde deinen Nachkommenschaft so überaus zahlreich machen wie die Sterne der Himmel und wie den Sand am Meeresufer, und deine Nachkommen sollen die Städte ihrer Feinde in Besitz nehmen. [18] Und aufgrund der Verdienste deiner Nachkommen sollen gesegnet sein alle Völker der Erde, darum dass du meinem Wort gehorcht hast.« Und die Engel der Höhe nahmen Isaak und brachten ihn zum Lehrhaus des Schem Rabba, und dort war er drei Jahre lang. [19] Und an jenem Tag kehrte Abraham zu seinen jungen Dienern zurück, und sie brachen auf und gingen miteinander nach Beer-Sheva. Und Abraham blieb in Beer-Sheva wohnen.
Targum Pseudo-Jonathan zu Gen 22 (Barrett/Thornton, S. 351f).

Die Weihung des ersten Tempels

[111] Als der König [*scil.* Salomo] so zum Volk geredet hatte, wandte er sich dem Tempel zu, erhob seine rechte Hand gen Himmel und sprach: »Unmöglich können die Menschen mit Werken Gott für die erhaltenen Wohltaten danken, denn die Gottheit bedarf nichts und steht über all solchen Gegengaben. Umso mehr hast du uns dadurch [*scil.* durch die Sprache], o Herr, über die anderen Geschöpfe gesetzt, und es ziemt uns daher, deine Majestät zu loben und dir für alles zu danken, was du meinem Haus und dem Volk der Hebräer erwiesen hast. [112] Denn womit könnten wir besser deinen Zorn besänftigen und deine Gnade und Güte über uns erflehen als mit unserer Stimme, die wir aus der Luft entnehmen und durch die Luft wieder zu dir hinsenden? Für diese [*scil.* die Stimme] erstatte ich dir besonders Dank, zunächst für meinen Vater, [113] den du aus niedrigem Stand zu so großem Ruhm hast gelangen lassen, und dann für mich selbst, dass du bis zum gegenwärtigen Tag alles erfüllt hast, was du vorausgesagt hast. Ich bitte dich, dass du mir auch fernerhin alles verleihst, was du denen zu gewähren pflegst, die du ehrst, und dass du unser Haus für alle Zeiten mehrst, wie du dies meinem Vater David sowohl im Leben als auch im Angesicht seines Todes verheißen hast, dass die Königsherrschaft bei uns bleiben soll und dass seine Nachfahren es an zahllose Generationen weitergeben sollen. Dies gewähre uns also, und meinen Söhnen verleihe die Tugend, an der du Wohlgefallen hast.

[114] Daneben bitte ich dich auch, dass du einen Teil deines Geistes im Tempel lässt Wohnung nehmen, damit du uns auch auf Erden anwesend scheinst. Denn für dich ist selbst das gesamte Gewölbe des Himmels und all das Wesen darin nicht mehr als eine kleine Behausung – dann noch viel weniger dieser armselige Tempel. Und doch bitte ich dich, ihn für immer zu beschützen vor Eroberung durch unsere Feinde, so als ob er dir selbst gehört, und über ihn zu wachen wie über deinen eigenen Besitz.

[115] Und sollte einmal das Volk sündigen und dann wegen ihrer Sünde geschlagen sein durch ein Unglück von dir, durch Unfruchtbarkeit des Bodens,

durch eine vernichtende Seuche oder irgendein anderes Leiden, durch die du alle heimsuchst, die eines der heiligen Gesetze übertreten, und wenn sie sich dann versammeln und Zuflucht nehmen am Tempel um dich anzuflehen und zu bitten, dass sie gerettet werden, dann erhöre du sie so, als ob du mitten unter ihnen [*oder*: mitten in ihm, d.h. im Tempel?] wärst und erbarme dich ihrer und erlöse sie aus ihrer Not. [116] Doch erbitte ich nicht allein für die Hebräer Hilfe von dir, wenn sie sich verfehlen, sondern auch wenn Leute selbst von den Enden der bewohnten Welt kommen, oder von wo auch immer, und sich dir zuwenden und etwas Gutes zu empfangen erflehen, erhöre du sie dann und gewähre es ihnen. [117] So nämlich könnten alle Menschen erfahren, dass du selbst willens warst, dieses Haus für dich bei uns zu errichten, und auch dass wir nicht von Natur aus Menschenfeinde sind noch abweisend gegen diejenigen sind, die nicht zu unserem Stamm gehören, sondern wünschen, dass allen Menschen gleichermaßen von dir Hilfe und die Gunst deiner Güter gewährt wird.«

[118] Nach diesen Worten warf sich der König zur Erde nieder und verharrte eine Weile in Anbetung. Dann erhob er sich und brachte Opfer zum Altar. Als er nun die Brandopfer auf dem Altar aufgeschichtet hatte, erkannte er, dass Gott das Opfer mit Wohlgefallen annehme, denn Feuer fiel vom Himmel und sprang vor den Augen aller auf den Altar, ergriff das gesamte Opfer und verzehrte es. [119] Als sich diese Manifestation göttlicher Macht zeigte, war das Volk davon überzeugt, dass sich Gott hinfort im Tempel aufhalten werde, und warf sich mit Freuden nieder in Anbetung. Der König aber begann zu preisen und forderte die Menge auf, dasselbe zu tun, weil sie schon jetzt Zeichen dafür hätten, dass Gott ihnen wohlgesonnen sei.

Josephus, Jüdische Altertümer 8,111–119 (EÜ nach Thackeray, LCL 281, S. 630–637).

Eine detaillierte Beschreibung des Tempels und seines Kults

[83] In der Annahme, dass auch die Beschreibung dieser Dinge notwendig ist, habe ich sie dir geschildert. Das Folgende aber handelt von unserer Reise zu Eleazar. Zuerst werde ich dir die Lage des ganzen Landes schildern. Denn als wir in jene Gegend kamen, sahen wir die Stadt in der Mitte von ganz Judäa auf einem hohen Berge liegen. [84] Auf der Spitze des Berges war das prächtige Heiligtum errichtet, mit drei Ringmauern von über 70 Ellen Höhe, deren Breite und Länge dem Bauwerk angemessen waren. Mit überragender Pracht und in jeder Hinsicht gewaltigen Unkosten war alles erbaut worden. [85] Der schonungslose Aufwand an Geld zeigte sich aber auch an der Tür sowie an den Verbindungen mit den Pfosten und der Befestigung der Balken.

[86] Der Vorhang ähnelt völlig einer Tür, und besonders, wenn das Gewebe durch das Wehen des Windes ununterbrochen bewegt wird, weil sich die Bewegung vom Fußboden entlang dem Bausch bis zur oberen Spannung fortsetzt, bietet er einen angenehmen Anblick, von dem man sich schwer trennt.

[87] Die Konstruktion des Altars richtete sich in der Größe nach dem Ort und den dort stattfindenden Brandopfern; der Aufgang zu ihm stieg – des Anstandes

wegen – sanft an, da die diensthabenden Priester bis zu den Knöcheln in linnene Gewänder gehüllt waren. [88] Der Tempel blickt gen Osten, sein rückwärtiger Trakt nach Westen. Der Fußboden ist gepflastert und neigt sich zu bestimmten Stellen, um Wasser zur Reinigung vom Opferblut heranzuführen; viele tausend Tiere werden nämlich an Festtagen geopfert. [89] Das Wasser versiegt nie, da im Innenraum eine natürliche Quelle reichlich Wasser spendet; dazu gibt es noch wunderbare und unbeschreibliche Reservoire unter der Erde, die, wie man erklärte, in einer Entfernung von fünf Stadien im Umkreis um das Fundament des Tempels gelegen seien, und ein jedes von diesen besitze zahllose Röhren: auf jeder Seite dieselbe Anzahl, wobei sich die Wasserströme vereinigten. [90] Fußböden und Wände bestünden bei allen aus Blei; hinzu sei noch eine beträchtliche Menge von Kalkmörtel geschüttet worden, damit alles seine Festigkeit erhält. Die Mündungen aber seien dicht am Fußboden, unsichtbar für alle außer für die diensthabenden Priester, so dass auf einen Wink hin alles Blut, das von den Opfern zusammenfließe, weggespült werde. [91] Die Anlage der Reservoire beschreibe ich jedoch aus eigenem Wissen, wie ich selbst von ihr überzeugt wurde. Sie führten mich nämlich mehr als 4 Stadien aus der Stadt, und an einer bestimmten Stelle hießen sie mich bücken und auf das Rauschen hören; so wurde mir die Größe der Behälter klar, wie ich sie beschrieben habe.

[92] Der Priesterdienst ist in jeder Beziehung unübertroffen durch die benötigte Körperkraft und durch seine sittsame und schweigsame Gestaltung. Alle arbeiten freiwillig unter großen Anstrengungen, und jeder hat seine eigene Aufgabe. Unablässig sind sie tätig: die einen sorgen für Holz, jeweils andere für Öl, Weizenmehl und Duftstoffe; wieder andere besorgen das Verbrennen des Opferfleisches, wofür sie gewaltige Körperkraft benötigen. [93] Sie ergreifen nämlich mit beiden Händen die Schenkelstücke der Kälber, wobei fast jedes mehr als zwei Talente wiegt, schleudern sie auf bewundernswerte Weise in eine beträchtliche Höhe und verfehlen nie das Auflegen auf den Altar. Ebenso ist auch das Opferfleisch der Schafe und Ziegen ausgezeichnet, was Gewicht und Fett anbelangt. Die damit Beauftragten wählen stets makellose und wohlgenährte Tiere aus, und dann wird das oben beschriebene Opfer vollzogen. [94] Zum Ausruhen ist ihnen ein Platz zugewiesen, wo sie sitzen und sich erholen. Wenn dies der Fall ist, dann erheben sich jene, die gerade pausiert hatten, freiwillig, denn niemand schreibt ihnen den Dienst vor. [95] Es herrscht auch eine solche Stille, dass man annehmen könnte, es sei kein einziger Mensch dort anwesend, obwohl gerade an die 700 Priester ihren Dienst versehen, und die Zahl der Opfernden ist noch viel größer. Aber alles geschieht in Ehrfurcht und ziemt der großen Gottheit.

[96] Wir erstaunten aber sehr, als wir Eleazar beim Priesterdienst sahen, sowohl über seine sonstige Kleidung als auch über die hoheitsvolle Ausstrahlung beim Anlegen des Priesterrockes, voller Edelsteine, den er trägt. Goldene Glöckchen sind nämlich rund um den Saum des Gewandes angebracht, die ein eigenartiges Läuten ertönen ließen, an beiden Seiten von diesen aber bunt leuchtende Granatäpfel in wunderbarer Farbenpracht. [97] Umgürtet war er mit einem besonderen, kostbaren Gürtel, gewirkt in den schönsten Farben. Auf der Brust

trägt er die sogenannte Orakeltasche, in die zwölf verschiedenartige, in Gold gefasste Steine eingefügt sind, die die Namen der zwölf Patriarchen in ihrer ursprünglichen Reihenfolge tragen, und jeder leuchtet unbeschreiblich in der ihm eigenen natürlichen Farbe. [98] Auf dem Kopf trägt er den sogenannten Kopfbund, auf diesem aber die unnachahmliche Mitra, das heilige Diadem, das auf einer goldenen Platte den Namen Gottes in heiligen Buchstaben kundtut, mitten auf der Stirn. So gekleidet ist der, der dessen würdig erachtet wird, in den Gottesdiensten. [99] Der Anblick dieser Dinge aber flößt Ehrfurcht und Entsetzen ein, so dass man glauben könnte, an einen anderen Ort außerhalb der Welt gelangt zu sein. Und ich versichere, dass jeder Mensch, der die oben beschriebenen Dinge sehen kann, in Erstaunen und unbeschreibliche Verwunderung geraten und tief bewegt sein wird durch die heilige Vorkehrung in jedem einzelnen Punkt.
Aristeasbrief 83–99 (Meisner, JSHRZ 2.1, S. 56–58).

Grundlegende Renovierung des Tempels unter Herodes

[184] Obwohl der Tempel, wie ich schon sagte, auf einem festen Hügel errichtet war, so genügte ursprünglich dessen Grundfläche an der Spitze kaum für das Tempelgebäude und den Altar, [185] da der Hügel ringsum abschüssig war und steil abfiel. Aber der König Salomo, der ja auch der erste Erbauer des Tempels war, befestigte das Gelände an der Ostseite durch eine Mauer, dann wurde eine einzige Halle auf der Aufschüttung errichtet. Nach den übrigen Seiten hin blieb das Tempelgebäude ungeschützt. Aber in den folgenden Zeiten schüttete das Volk immer mehr Erde an; dadurch wurde der Hügel auf eine einheitliche Höhe gebracht und somit verbreitert. [186] Man riss auch die Nordmauer nieder und gewann auf diese Weise eine so große Fläche hinzu, wie sie später der gesamte Mauerring um den Tempel einschloss. [187] Zuerst umgaben sie den Hügel an seinem Fuß an drei Seiten mit Stützmauern und führten damit ein Werk aus, das jede Erwartung übertraf; hierfür brauchten sie lange Zeiträume und verwendeten ferner alle heiligen Schätze, die von den aus der bewohnten Welt für Gott entrichteten Abgaben aufgehäuft worden waren. Dann bauten sie rings um die oben gelegenen Höfe und um den unteren Teil des Heiligtums eine Umfassungsmauer. [188] An den niedrigsten Punkten ihrer Fundamente wurde diese Umfassungsmauer 300 Ellen hoch, an manchen Stellen sogar noch höher aufgeführt. Wie tief die Fundamente eigentlich lagen, trat freilich gar nicht in Erscheinung, da man die Schluchten in der Absicht, die zur Stadt führenden Hohlwege einzuebnen, großenteils zugeschüttet hatte. [189] Für den Bau der Stützmauern wurden 40 Ellen große Felsblöcke verwendet. Die reichlich fließenden Geldmittel und der Ehrgeiz des Volkes führten zu Unternehmungen, die jede Vorstellung übertreffen; und das Werk, von dem niemand hoffen konnte, dass es ans Ende gelange, wurde durch Beharrlichkeit in langen Zeiträumen erfolgreich abgeschlossen.

[190] Dieses gewaltigen Fundaments würdig waren auch die darauf errichteten Bauten. Denn alle Säulenhallen waren doppelreihig, und ihr Dach

ruhte auf 25 Ellen hohen Säulen, von denen jede aus einem einzigen Stück blendend weißen Marmors bestand. Sie waren mit Decken aus Zedernholz oben abgeschlossen. [191] Das kostbare Material, die feine Bearbeitung und das harmonische Gefüge gewährten einen bemerkenswerten Anblick, obwohl die Säulenhallen außen durch kein Werk der Malerei oder der Bildhauerkunst verschönert worden waren. [192] Sie waren 30 Ellen breit; ihr ganzer Umfang betrug insgesamt sechs Stadien, wenn man auch die Antonia mit einbezieht. Der unbedeckte Innenhof schimmerte in bunten Farben, da er mit Steinen von jeder Art gepflastert war. [193] Ging man über diesen offenen Platz in Richtung auf das »zweite Heiligtum«, so fand man dieses von einer steinernen Schranke umgeben, die drei Ellen hoch und vortrefflich gearbeitet war. [194] Auf ihr standen in gleichen Zwischenräumen Steintafeln, die teils in griechischen, teils in lateinischen Lettern das die Reinheit schützende Gebot bekannt machten, kein Nichtjude dürfe diese heilige Stätte betreten, denn der zweite Bezirk wurde »heilig« genannt. [195] Zu diesem stieg man vom ersten Bezirk her auf 14 Stufen hinauf; die obere Anlage war rechteckig und von einer eigenen Mauer umgeben. [196] Die Höhe dieser Mauer betrug zwar nach außen hin 40 Ellen, war jedoch von den Stufen verdeckt; von innen gesehen maß sie 25 Ellen. Denn da die Plattform des inneren Vorhofs in Anlehnung an ein höheres Gebäude erbaut worden war, wurde die Mauer von innen her nicht in ihrer ganzen Höhe sichtbar, sondern in ihrem Unterteil von dem Hügel verdeckt. [197] Nach den 14 Stufen war noch ein Abstand von 10 Ellen hin zur Mauer, der zu einer überall gleich hohen Terrasse ausgeputzt worden war. [198] Von dort führten wieder andere Treppen mit fünf Stufen zu den Toren. Tore gab es nach Norden und Süden acht, auf jeder Seite vier. Zwei befanden sich notwendigerweise auf der Ostseite; denn da nach dieser Himmelsrichtung hin für die Frauen ein eigener Raum zum Gottesdienst durch eine Trennungswand abgeteilt war, brauchte man ein weiteres Tor, das dem ersten gegenüber in der Mauer angebracht war. [199] Auch von den anderen Himmelsrichtungen, nämlich von Süden und Norden, führte je ein Tor in den Vorhof der Frauen. Den Frauen war nämlich nicht erlaubt, durch die anderen Tore einzutreten, ja nicht einmal bei ihrem eigenen Tor über die Trennungswand hinaus zu gehen. Dieser Hof war ja tatsächlich den einheimischen wie auch den aus der Fremde kommenden Frauen des jüdischen Volkes in gleicher Weise zum Gottesdienst überlassen. [200] An der Westseite des inneren Vorhofes befand sich kein Tor, vielmehr war dort die Mauer ohne Unterbrechung durchgebaut. Die Dächer der Säulenhallen, die an der Innenseite der Mauer vor den Schatzkammern standen, ruhten auf besonders schönen und großen Säulen. Die Säulenhallen waren einreihig, standen aber, von der Größe abgesehen, denen des unteren Vorhofs in nichts nach.

[201] Von den Toren waren neun vollständig mit Gold und Silber überzogen, auch die Türpfosten und die Oberschwellen; eines aber, an der Außenseite des Tempels, war aus korinthischem Erz und übertraf an Wert bei weitem die übersilberten und vergoldeten. [202] Jeder Torbau hatte zwei Türflügel von je 30 Ellen Höhe und 15 Ellen Breite. [203] Hinter dem eigentlichen Eingang, im In-

nenraum, verbreiterten sich allerdings die Torbauten: sie besaßen auf jeder Seite turmähnliche Hallen von je 30 Ellen Breite und Länge und über 40 Ellen Höhe. Jeder Torbau wurde durch zwei Säulen gestützt, deren Umfang 12 Ellen betrug. [204] Die Tore hatten sonst alle die gleiche Größe, nur das jenseits des korinthischen Tors gelegene war viel größer; dieses Tor öffnete sich vom Frauenvorhof aus östlich gegenüber dem Eingangstor des Tempelgebäudes. [205] Sein Aufbau war 50 Ellen hoch, dazu hatte es 40 Ellen hohe Türen und besonders wertvollen Schmuck, da ziemlich dicke Silber- und Goldbeläge angebracht worden waren. Mit solchem Schmuck hatte Alexander, der Vater des Tiberius, die neun Tore versehen lassen. [206] 15 Stufen führten von der Trennmauer des Frauenvorhofs zu diesem größeren Tor hinauf; sie waren nämlich niedriger als die fünf Stufen bei den anderen Toren.

[207] Zum Tempelgebäude selbst, dem heiligsten Teil der Gesamtanlage, das sich in deren Mitte befand, stieg man 12 Stufen hinauf. Die Vorderfront hatte gleiche Höhe und Breite, nämlich je 100 Ellen. Dahinter war das Gebäude um 40 Ellen schmaler, denn vorn ragten gleichsam zwei Schultern von je 20 Ellen nach beiden Seiten hinaus. [208] Das erste Tor des Tempelgebäudes war 70 Ellen hoch und 25 Ellen breit; es hatte keine Türflügel. Damit sollte nämlich zur Darstellung gelangen, dass der Himmel, obzwar verborgen, so doch nicht verschlossen ist. Die ganze Stirnseite war mit Gold bedeckt; durch die Türöffnung konnte man den ersten Raum in seiner riesigen Größe von außen her sehen; dazu fiel die ganze in Gold schimmernde Umgebung des inneren Tores den Beschauern ins Auge. [209] Während das Tempelgebäude innen zwei Stockwerke besaß, war nur die Vorhalle in ihrer ganzen ungeteilten Höhe sichtbar; sie ragte 90 Ellen empor, war 50 Ellen breit und 20 tief. [210] Das Tor, durch das man den eigentlichen Tempelraum betrat, war, wie ich schon sagte, ganz mit Gold belegt, desgleichen auch die Wandfläche um es her. Über sich trug es auch die goldenen Weinstöcke, von denen mannshohe Trauben herabhingen. [211] Da nun also das Tempelgebäude aus zwei Stockwerken bestand, so war es von innen niedriger anzusehen als von außen. Es hatte goldene Türflügel von 55 Ellen Höhe und 16 Ellen Breite. [212] Von diesen hing ein ebenso langer Vorhang, ein babylonisches Gewebe, bunt gewirkt aus violetter Wolle, weißem Linnen, scharlachroter und purpurner Wolle, eine wunderbare Arbeit. Dabei hatte man die Zusammenstellung des Materials nicht ohne Überlegung gewählt, denn sie sollte gleichsam ein Abbild des Alls sein. [213] Denn mit dem Scharlachrot schien das Feuer auf versteckte Weise angezeigt, mit dem weißen Linnen die Erde, mit dem Violett die Luft, mit dem Purpur das Meer. Dabei war in zwei Fällen der Vergleich auf Grund der Farbe, beim weißen Linnen aber und beim Purpur auf Grund der Herkunft angestellt; den jenes liefert die Erde, dieser stammt aus dem Meer. [214] Auf das Gewebe war das ganze sichtbare Himmelsgewölbe, mit Ausnahme der Bilder des Tierkreises, aufgestickt.

[215] Schritt man in das Innere, so wurde man vom Erdgeschoss des Tempelgebäudes aufgenommen. Dieses selbst war nun 60 Ellen hoch und ebenso lang, und 20 Ellen betrug die Breite. [216] Die Länge von 60 Ellen war wieder

unterteilt; im ersten Raum, der auf 40 Ellen bemessen war, befanden sich drei besonders wunderbare und bei allen Menschen weit berühmte Werke: Leuchter, Tisch und Räucheraltar. [217] Die sieben Lampen, die vom Leuchter abgezweigt waren, zeigten die Planeten, die auf den Tisch liegenden 12 Brote den Tierkreis und das Jahr an. [218] Der Räucheraltar sollte durch die 13 Arten von Räucherwerk, die ihn ganz bedeckten, und die vom Meer, vom unbewohnten Land und von der bewohnten Welt stammten, deutlich machen, alles ist von Gott und für Gott. [219] Der innerste Raum war 20 Ellen groß und ebenfalls durch einen Vorhang nach außen hin geschieden. In ihm befand sich überhaupt nichts: keiner durfte ihn betreten, niemand ihn berühren oder auch nur einen Blick in ihn werfen. Er hieß »Allerheiligstes«. [220] An den Seiten des unteren Teils des Tempels waren viele, in 3 Stockwerken angeordnete und untereinander verbundene Räume, zu denen auf jeder Seite vom Tor her Zugänge führten. [221] Der obere Teil des Gebäudes war dagegen nicht mehr mit solchen Kammern ausgestattet und darum entsprechend schmaler; er überragte aber den unteren um 40 Ellen und war schlichter als jener. Rechnet man diese Höhe zu den 60 Ellen des Erdgeschosses hinzu, so ergeben sich 100 Ellen als Gesamthöhe.

[222] Die äußere Gestalt des Tempels bot alles, was sowohl die Seele als auch das Auge des Beschauers in großes Erstaunen versetzen konnte. Denn der Tempel war überall mit massiven Goldplatten belegt, und mit Beginn des Sonnenaufganges strahlte er einen ganz feurigen Glanz von sich aus, so dass die Beschauer, sogar wenn sie durchaus hinsehen wollten, ihre Augen wie von den Sonnenstrahlen abwenden mussten. [223] In der Tat erschien er den nach Jerusalem kommenden Fremden wie eine schneebedeckte Bergkuppe, denn wo man ihn nicht vergoldet hatte, war er blendend weiß. [224] Auf dem Dachfirst trug das Tempelgebäude spitze Stangen aus Gold, damit es durch keinen Vogel, der sich dort niederlassen wollte, beschmutzt würde. Von den in das Tempelgebäude eingebauten Steinen hatten einige eine Länge von 45 Ellen bei fünf Ellen Höhe und sechs Breite.

[225] Vor dem Tempelhaus stand der Altar, der 15 Ellen hoch war; da seine Ausdehnung der Länge und Breite nach mit je 50 Ellen gleich groß war, stand er als ein Block mit quadratischer Deckfläche da. Seine Ecken ragten hörnerartig in die Höhe, von Süden her zog sich zu ihm eine sanft ansteigende Rampe hinauf. Bei der Errichtung des Altars wurde kein eisernes Gerät verwendet, auch später durfte ihn nie ein Eisen berühren.

[226] Das Tempelgebäude und den Altar umgab eine aus schönen Steinen gefertigte gefällige Schranke, etwa eine Elle hoch; sie trennte das draußen stehende Volk von den Priestern. [227] Samenflüssigen und Aussätzigen war sogar der Zutritt zur Stadt überhaupt verboten. Das Heiligtum blieb menstruierenden Frauen verschlossen; diese durften, selbst wenn sie rein waren, die oben erwähnte Grenze nicht überschreiten. Männer, die sich nicht gänzlich geheiligt hatten, mussten dem inneren Vorhof fernbleiben, desgleichen von den Priestern diejenigen, die sich gerade einer Reinigungshandlung unterzogen.
Josephus, Jüdischer Krieg 5,184–227 (Michel / Bauernfeind, Bd. 2.1, S. 134–143).

Beschreibung des Tempels und des Kults

[102 b] Alle, die unseren Tempel je sahen, wissen also, wie sein Aufbau beschaffen war und kennen die unüberwindliche Grenze seiner Reinheit. [103] Er hatte ringsum vier Höfe, jeder mit seiner gesetzmäßigen Bewachung. Der äußere Hof durfte von allen betreten werden, sogar Fremdstämmigen; allein Frauen während der Menstruation wurden gehindert hindurchzugehen. [104] Zum zweiten Hof waren alle Juden zugelassen und deren Ehefrauen, sofern sie von aller Verunreinigung frei waren; zum dritten männliche Juden, wenn sie rein und gereinigt waren; zum vierten aber die Priester in ihren priesterlichen Roben; ins Adyton aber allein die Hohenpriester, bekleidet mit der ihnen zugehörigen Robe. [105] So groß ist die Sorgfalt für alle Angelegenheiten des Gottesdienstes, dass der Zugang der Priester festgelegt ist auf bestimmte Stunden. Es war nämlich ihre Pflicht, dass sie morgens hineingehen, wenn der Tempel geöffnet wird, und die von der Tradition vorgeschriebenen Opfer darbringen und mittags wieder, bis der Tempel geschlossen wurde. [106] Und weiter: Kein Gefäß von welcher Art auch immer darf in den Tempel getragen werden, sondern es befanden sich darin nur ein Altar, ein Tisch, ein Weihrauchbrenner und eine Leuchte, die alle auch im Gesetz beschrieben sind. [107] Sonst gibt es nichts; es finden keine unaussprechlichen Mysterien statt, noch werden darin irgendwelche Festmähler ausgerichtet. Das, was zuvor gesagt wurde, wird durch das Zeugnis des ganzen Volkes bestätigt und durch die Deutlichkeit der Handlungen. [108] Da es vier priesterliche Stämme gibt und jeder dieser Stämme mehr als fünftausend Männer hat, geschieht der Dienst jeweils für die feste Dauer von Tagen. Wenn der Dienst einer Gruppe endet, kommen andere, um die Opfer an ihrer statt darzubringen, kommen im Tempel am Mittag zusammen und übernehmen von den Vorigen die Schlüssel des Tempels und die ganze Anzahl seiner Gefäße. Nichts, was zu Speise oder Trank dient, wird in den Tempel gebracht. [109] Keinerlei Gegenstände dieser Art dürfen auf dem Altar dargebracht werden, außer denen, die zum Opfer vorbereitet werden.

Josephus, Gegen Apion 2,102 b–109 a (EÜ nach Thackeray, LCL 186, S. 331–336).

Die Gewänder der Tempelpriester

[228] Männer, die ihrer Abstammung nach Priester waren, aber wegen eines leiblichen Gebrechens keinen Dienst ausüben durften, wurden mit den leiblich ganz Untadeligen in den von der Schranke abgetrennten Bezirk eingelassen und empfingen den ihnen aufgrund ihrer Abstammung zustehenden Opferanteil, trugen aber freilich nur gewöhnliche Kleider. Denn das heilige Gewand durfte nur der diensttuende Priester anlegen. [229] Zum Brandopferaltar und zum Tempelgebäude schritten nur die makellosen Priester hinauf, wobei sie in weißes Linnen gekleidet waren; dabei enthielten sie sich aus Ehrfurcht vor dem Gottesdienst des ungemischten Weines, um bei der Ausführung der heiligen Handlung ja keinen Fehler zu begehen. [230] Auch der Hohepriester stieg mit ihnen hinauf, jedoch nicht immer, sondern an den Sabbaten und Neumonden,

auch wenn eines der althergebrachten Feste oder eine Festversammlung des ganzen Volkes stattfand, wie sie das Jahr hindurch abgehalten wurden. [231] Tat er Dienst, so verhüllte er seine Oberschenkel bis zur Hüfte durch ein Lendentuch. An seinem Leibe trug er ein linnenes Unterkleid und darüber ein purpurblaues, bis zu den Füßen reichendes Obergewand, das weit und mit Fransen versehen war, an denen abwechselnd goldene Glöckchen und Granatäpfel angebracht waren; die Glöckchen sollten ein Bild des Donners, die Granatäpfel ein Zeichen des Blitzes sein. [232] Das Band, das das Obergewand an der Brust befestigte, bestand aus fünf verschiedenfarbigen und schön geschmückten Streifen, und zwar aus Gold, Purpur und Scharlachrot, dazu weißes Linnen und Purpurblau, Farben, aus denen auch, wie wir schon sagten, die Tempelvorhänge gewoben waren. [233] Aus dem gleichen buntfarbenen Material war auch das Schulterkleid, das der Hohepriester trug, verfertigt, jedoch befand sich an ihm mehr Gold. Es hatte das Aussehen eines Panzerhemdes, das zwei goldene Schildspangen befestigten, in die sehr schöne und große Sardonyxsteine eingesetzt waren. Auf diesen standen die Namen der Männer, nach denen die Stämme des Volkes benannt waren. [234] An der vorderen Seite waren, auf vier Reihen mit je drei Steinen verteilt, 12 weitere Steine befestigt: ein Sarder, Topas und Smaragd; ein Karfunkel, Jaspis und Saphir; ein Achat, Amethyst und Ligurer; ein Onyx, Beryll und Chrysolith. Auf jedem stand wieder ein Name der Stammeshäupter. [235] Den Kopf des Hohenpriesters bedeckte ein Turban aus Leinen, der mit einem purpurblauen Streifen umwunden war; um ihn ging ein zweiter Kranz aus Gold, der die heiligen Buchstaben aufgeprägt trug: es sind dies vier Vokale. [236] Diese Tracht trug der Hohepriester nun freilich nicht für gewöhnlich, sondern er legte einfachere Kleidung an, zumal dann, wenn er das Allerheiligste betrat. Dorthin ging er nur einmal im Jahr ganz allein, und zwar an dem Tag, an welchem alle zur Ehre Gottes zu fasten pflegten.
Josephus, Jüdischer Krieg 7,228–236 (Michel/Bauernfeind, Bd. 2.1, S. 142f).

Kosmologische Assoziationen beim Tempelinventar

[179] Man muss sich über den beständigen Hass der Menschen gegen uns wundern, so als ob wir die Gottheit in den Schmutz ziehen, die sie selbst zu verehren vorgeben. [180] Wenn man nämlich die Struktur der Hütte [*scil.* des Heiligtums] bedenkt und die Robe des Hohenpriesters betrachtet und die Geräte, die wir für die heiligen Handlungen benutzen, wird man einsehen, dass der Gesetzgeber ein göttlicher Mann war und dass wir zu Unrecht die gotteslästerlichen Vorwürfe von den anderen zu hören bekommen. Denn dann, wenn man wirklich ohne Falsch sein will und mit Verstand prüft, wird man einsehen, dass jedes dieser Dinge zur Nachbildung und zum Abbild des Alls geschaffen ist. [181] Wenn man nämlich die Hütte, dreißig Ellen lang, in drei Teile teilt und zwei an die Priester gibt, eben wie ein offener und allen gemeinsamer Ort, bezeichnet er [*scil.* der Gesetzgeber] damit die Erde und das Wasser, denn sie sind für alle zugänglich. Denn den dritten Teil behielt er allein Gott vor, denn auch der Himmel ist für Menschen

unzugänglich. [182] Indem er die zwölf Brote auf den (Schaubrot-)Tisch legte, machte er deutlich, dass auch das Jahr in ebenso viele Monate geteilt ist. Indem er den Leuchter aus siebzig Teilen machte, deutete er hin auf die Dekane der Planeten [*scil.* die je zehn Grad breiten Zonen des Zodiak], und durch die sieben Lichter auf dem Leuchter auf den Kurs der Planeten selbst, denn solches ist ihre Zahl. [183] Die aus vier Farben gewobenen Wandbehänge verdeutlichen die Natur der Elemente: der Byssos steht für die Erde, denn aus ihr entsteht der Flachs, der Purpur steht für das Meer, das durch das Blut der Fische rot gefärbt ist, die Luft will das Hyazinth vergegenwärtigen und der Scharlach ist das Symbol des Feuers. [184] Die Robe des Hohenpriesters vergegenwärtigt die Erde, weil sie aus Leinen ist, das Blau das Himmelsgewölbe, während es die Blitze durch seine Granatäpfel bezeichnet, den Donner durch den Klang der Schellen. Das Obergewand [*scil.* Ephod] bezeichnet die Natur des Alls, das Gott seinem Beschluss nach aus vier (Dingen) geschaffen hat; dass es mit Gold durchwirkt ist, verdeutlicht meiner Einsicht nach das alldurchflutende Sonnenlicht. [185] Das Essen [*scil.* Brustschild] aber setzte er in die Mitte des Ephod ganz nach der Art der Erde, die ja den Platz ganz in der Mitte einnimmt; und durch den Gürtel, mit dem er es umfasst, bezeichnet er den Ozean, der das All umfasst hält. Sonne und Mond sind durch die beiden Sardonyxe angedeutet, die die Robe des Hohenpriesters zusammenheften. [186] In den zwölf Steinen kann man entweder die Monate sehen oder die gleiche Anzahl von Sternbildern, die die Griechen Kreis des Zodiak nennen, und wird dabei jenes [*scil.* des Gesetzgebers] Intention nicht verfehlen. Ferner scheint mir der Kopfputz ein Symbol des Himmels zu sein, [187] anders trüge er nicht den Namen Gottes strahlend auf der Krone, die wiederum golden ist, wegen des Glanzes, an dem sich die Gottheit am meisten erfreut.
Josephus, Jüdische Altertümer 3,179–187 (EÜ nach Thackeray, LCL 242, S. 401–406).

Sammlungen für den Tempel in der Diaspora

[110] Niemand soll sich wundern, dass sich ein so großer Reichtum in unserem Tempel befand, denn alle Juden und all die, die Gott verehren, aus der gesamten bewohnten Welt sowohl aus Asia als auch aus Europa haben schon seit sehr langer Zeit dazu beigetragen. [111] Weder ist Mangel an Zeugen für die gerade erwähnte große Menge Geld, noch sind sie durch unsere Prahlerei und Übertreibung zu solch einer Höhe angewachsen, sondern viele verschiedene Schriftsteller zeugen für uns, vor allem der Kappadokier Strabon, der Folgendes sagt: [112] »Mithridates sandte nach Kos und nahm das Geld, das Königin Kleopatra dort hinterlegt hatte, und die achthundert Talente der Juden«. [113] Nun besitzen wir kein anderes öffentliches Geld als allein das, was Gott gehört, und es ist deutlich, dass die Juden aus Asia dieses Geld nach Kos mitgebracht hatten aus Furcht vor Mithridates. Denn es ist nicht wahrscheinlich, dass die Juden in Judäa, die ja doch eine befestigte Stadt und den Tempel haben, Geld nach Kos geschickt haben sollten, noch ist es denkbar, dass die in Alexandria ansässigen Juden solches getan haben, denn diese fürchteten Mithridates nicht.

[114] An anderer Stelle bezeugt derselbe Strabon, dass zur Zeit, als Sulla nach Griechenland zog, um gegen Mithridates Krieg zu führen, und Lucullus sandte, um den Aufstand unseres Volkes in Kyrene niederzuschlagen, die ganze Welt voller Juden war, denn er schreibt wie folgt: [115] »Es gab vier Gruppen in der Stadt der Kyrener: die eine bestand aus Bürgern, die andere aus Bauern, die dritte aus Beisassen und die vierte aus Juden. Dieses Volk hat schon seinen Weg in jede Stadt gefunden, und es ist nicht leicht, überhaupt nur einen Ort in der bewohnten Welt zu finden, der diesen Stamm nicht aufgenommen hätte, und der von ihm nicht in Besitz genommen wäre. [116] Und so kam es, dass Kyrenaia, das dieselben Herrscher hatte wie Ägypten, dieses auf vielfältige Weise nachahmte, besonders im Ermutigen und Unterstützen der Ausbreitung von jüdischen Gemeinden, die die väterlichen Gesetze der Juden befolgen. [117] In Ägypten, zum Beispiel, wurde Land für eine Wohnstatt der Juden ausgewiesen, und ein großer Teil der Stadt der Alexandrier ist für dieses Volk reserviert. Und auch ein eigener Ethnarch wurde eingesetzt, der das Volk regiert, Recht spricht und ihre Verträge und Anordnungen überwacht, so als wenn er der Herrscher eines unabhängigen Staates wäre. [118] In Ägypten aber hat dieses Volk eine so große Macht, weil die Juden zu Beginn Ägypter waren und weil die, die das Land verlassen haben, sich ganz in der Nähe niederließen. Nach Kyrenaia zog das Volk hinüber, weil dieses Land an das Reich der Ägypter grenzt wie auch Judäa – vielmehr letzteres früher noch zu jenem Reich gehört hatte«. Strabon selbst sagt dies.
Josephus, Jüdische Altertümer 14,110–118 (EÜ nach Marcus, LCL 365, S. 504–511).

Stiftung für den Jerusalemer Tempel

[…] Jahr 20 [*scil.* des Königs Herodes] unter dem Hohen Priester / [… Simon Sohn des Boethos] … [S?]paris Sohn des Akeson / [… wohnen]d in Rhodos / [hat gespendet f]ü(r) die Pflasterung / […] Drachmen […]
EÜ nach CIIP I/1, Nr. 3, S. 45–47.

Warninschrift am Tempel

[1] Kein Andersstämmiger darf hineinge[2]hen innerhalb den u[3]m das Heiligtum (gehenden) Zaun und die [4] Umschrankung. Wer aber ergriffen [5] wird: Selbst ist er schuld[6]ig wegen des daraus folgen[7]den Todes.
Übersetzung des 1871 von Charles Clermont-Ganneau in Jerusalem gefundenen und nun in Istanbul befindlichen vollständigen Exemplars von Max Küchler
CIIP I/1, Nr. 2, S. 42–45, Übersetzung von Max Küchler.

Gebet des Hohenpriesters am Yom Kipur

[8] Er trat neben seinen Stier. Und sein Stier stand zwischen Halle und Altar, sein Kopf nach Süden, das Gesicht nach Westen gerichtet. Und der Hohepriester stand im Osten vom Stier und sein Gesicht war nach Westen gerichtet, und er

legte seine beiden Hände auf ihn und sprach das Sündenbekenntnis. Und so sagte er: »Ach, Herr, ich habe mich vor dir vergangen, verfehlt, versündigt, ich und mein Haus. Vergib, doch, ach Herr, die Vergehen, Verfehlungen, Versündigungen, mit denen ich mich vergangen, verfehlt, versündigt habe vor dir, ich und mein Haus, wie geschrieben ist im Gesetzbuch des Mose, deines Knechtes: *Denn an diesem Tag wird man euch Sühne erwirken* (Lev 16,30).« Und die hinter ihm Stehenden antworteten: »Gesegnet sei der Name der Herrlichkeit seines Reiches immer und ewig!«
mYom 3,8 (Correns, S. 224).

Kosmologisierung des Tempels

[66] Als das höchste und wahrhafte Heiligtum der Gottheit ist das ganze Weltall zu betrachten, das zum Tempelraum den heiligsten Bestandteil der Welt, den Himmel, hat, dessen Weihgeschenke die Sterne, dessen Priester die Unterdiener der göttlichen Kräfte, die Engel, sind, körperlose Seelenwesen, nicht wie unsere Seelen Mischungen aus vernünftiger und vernunftloser Natur, sondern ganz bar des vernunftlosen Teils, vollkommen von Vernunft erfüllt, reine, der höchsten Einheit gleichkommende Verstandeswesen.

[67] Außerdem aber gibt es ein von Menschenhand erbautes Heiligtum; denn der Drang der Menschen, die zu frommen Zwecken beitragen und durch Opfer der Gottheit ihren Dank für das Gute, das sie betroffen, aussprechen oder für ihre Sünden Verzeihung und Vergebung erbitten wollen, durfte in seiner Betätigung nicht gehemmt werden. Der Gesetzgeber hat aber angeordnet (Dtn 12,4–7), dass weder an mehreren Orten Heiligtümer errichtet werden dürfen noch mehrere an demselben Orte, in der richtigen Erkenntnis, dass es nur ein Heiligtum geben dürfe, da es auch nur einen Gott gibt. [68] Er hat auch denen, die zu Hause opfern wollen, dies nicht gestattet, gebietet ihnen vielmehr, sich aufzumachen von den Enden der Erde her und dies Heiligtum aufzusuchen. Damit unterwirft er auch ihre Sinnesart einer durchaus sicheren Probe: denn wer das Opfer nicht reinen Sinnes bringen will, der brächte es auch kaum über sich, Vaterland, Freunde und Verwandte zu verlassen und in die Fremde zu gehen; vielmehr kann er nur, weil ihn der Zug zur Frömmigkeit mächtig fortreißt, die Entfernung von den Menschen ertragen, die durch Bande der Freundschaft und des Blutes aufs engste mit ihm verbunden und zu Teilen seines eigenen Ichs geworden sind. [69] Den besten Beweis hierfür gibt das, was täglich geschieht: denn viele Tausende strömen aus Tausenden von Städten, zu Wasser und zu Lande, von Ost und West, von Nord und Süd, zu jedem Feste zum Heiligtum wie zu einem allgemeinen, sicheren Zufluchts- und Rettungsort vor den Händeln und Unruhen des Lebens, um hier Ruhe zu finden und ein wenig frei von den Sorgen, unter deren drückendem Joche sie von frühester Jugend an schmachteten, eine kurze Spanne Zeit in heiterem Frohsinn zu verleben. [70] Von schönen Hoffnungen erfüllt, geben sie sich in Frömmigkeit und Gottesverehrung unentbehrlicher Erholung hin; dabei schließen sie Freundschaft auch mit Männern, die sie bis dahin nicht

gekannt, und fesseln bei Schlacht- und Trankopfern die Herzen durch unzertrennliche Bande der Treue und Eintracht aneinander.

Philo, Über die Einzelgesetze 1,66–70 (Cohn, Bd. 2, S. 29–31).

Sicherung der genealogischen Reinheit der Priester

[28] Dass nun bei Ägyptern und Babyloniern seit sehr langer Zeit die Priester das Bemühen um Aufzeichnung der Ereignisse auf sich genommen hatten und darüber philosophierten, bei den Babyloniern aber die Chaldäer und dass am häufigsten von allen Völkern, mit denen die Griechen verkehrten, die Phönizier zur Verwaltung des Lebens und zur Überlieferung der öffentlichen Vorgänge sich der Schrift bedienten, meine ich, weil alle darin übereinstimmen, übergehen zu können.

[29] Dass unsere Vorfahren aber ein ähnliches, um nicht zu sagen größeres Bemühen um schriftliche Aufzeichnungen an den Tag legten als die Genannten, indem sie diese den Hohenpriestern und den Propheten übertrugen, und wie sie bis in unsere Zeit hinein mit großer Sorgfalt fortgeführt wurden, wenn man nicht kühner sagen muss: auch in Zukunft fortgeführt werden, will ich nun kurz versuchen darzutun. [30] Sie setzten nämlich nicht nur von Anfang an die tüchtigsten Männer dafür ein, die sich beharrlich dem Dienst für Gott widmeten, sondern sie sorgten auch dafür, dass das Geschlecht der Priester unvermischt und rein blieb.

[31] Denn einer, der das Priesteramt innehat, muss mit einer demselben Stamm angehörenden Frau Kinder zeugen und darf bei ihr nicht auf Geld oder andere Werte sehen, sondern muss ihre Abstammung prüfen, indem er die Ahnenreihe in den Archiven in Augenschein nimmt und viele Zeugen beibringt. [32] Und so halten wir es nicht allein in Judäa, sondern wo immer eine Gruppe unseres Volkes ist, wird ebenfalls die Korrektheit bezüglich der Eheschließungen von Priestern bewahrt – [33] ich meine aber in Ägypten und Babylon und wo immer in der übrigen Welt einige aus dem Geschlecht der Priester verstreut sind – denn sie schicken eine Nachricht nach Jerusalem, nachdem sie den Namen der Gattin unter Hinzufügung des Vaternamens und den der älteren Vorfahren und einige Zeugen aufgeschrieben haben. [34] Wenn aber ein Krieg ausbrach, wie es schon oft geschah, zum Beispiel als Antiochos Epiphanes in das Land einfiel, oder Pompeius Magnus oder Quinctilius Varus, am meisten aber in unserer Zeit, [35] stellen die übriggebliebenen Priester aus den alten Urkunden wieder neue Ahnenreihen zusammen und prüfen die verbliebenen Frauen, denn sie lassen die kriegsgefangenen Frauen nicht zu, weil sie bei ihnen vermuten, dass sie, wie es oft geschehen ist, Geschlechtsverkehr mit einem Fremden hatten. [36] Der größte Beweis der Sorgfalt ist, dass nämlich die Hohenpriester bei uns seit 2.000 Jahren jeweils mit der Abstammung der Kinder vom Vater in den Aufzeichnungen namentlich genannt sind. Wenn sie aber welche auch immer der genannten Übertretungen des Gesetzes begangen haben, ist es ihnen untersagt, sowohl an den Altar zu treten als auch an einer anderen heiligen Handlung teilzunehmen.

Josephus, Gegen Apion 1,28–36 (Labow, S. 26–31).

Bewahrung der Heiligkeit des Heiligtums

[7b] Und hat einer einen nächtlichen Samenerguss, dann komme er nicht zum [8] ganzen Heiligtum, bis er drei Tage vollendet. Und hat er seine Kleider gewaschen und sich gebadet – [9] am ersten Tag und am dritten Tag wasche er seine Kleider – und hat er gebadet und die Sonne ist untergegangen, dann [10] komme er zum Heiligtum; doch dürfen sie nicht in der Befleckung ihrer Unreinheit zu meinem Heiligtum kommen und es verunreinigen.

[11] Und ein Mann, wenn er Beischlaf mit Samenerguss ausübt mit seiner Frau, komme nicht zur gesamten Stadt [12] des Heiligtums, in der ich meinen Namen einwohnen lasse, (und zwar für) drei Tage. [(*leer*)]

All die blinden Leute [13] dürfen nicht zu ihr kommen alle ihre Tage, damit sie nicht die Stadt verunreinigen, da ich einwohne [14] in ihr; denn ich, JHWH, wohne ein inmitten der Söhne Israels für immer und ewig. [(*leer*)]

[15] Jedermann, der von seinem Ausfluss rein wird und sich für sich sieben Tage für seine Reinigung abgezählt hat, wasche am siebten [16] Tag seine Kleider; und hat er sein ganzes Fleisch in lebendigem Wasser gewaschen, dann komme er zur Stadt [17] des Heiligtums.

Und jeder Unreine durch einen Leichnam – nicht dürfen sie zu ihr hinkommen, bevor sie gereinigt sind.

Und jeder Aussätzige [18] und (mit Hautkrankheit) Geschlagene – sie dürfen nicht zu ihr hinkommen, bis dass sie gereinigt sind; und wenn er gereinigt ist, dann opfert er. (*unterer Kolumnenrand*)
11Q19 45,7b–18 (Maier, Tempelrolle, S. 190–194).

C. Kalender, Opfer und Feste

Der 364-Tage-Kalender

[32] Und du gebiete den Kindern Israels, und sie sollen bewahren die Jahre nach dieser Zahl: 364 Tage! Und es wird ein vollständiges Jahr sein. Und sie sollen seine Zeit nicht verderben von seinen Tagen und von seinen Festen her. Denn alles wird kommen entsprechend ihrem Zeugnis. Und sie sollen keinen Tag auslassen, und sie sollen kein Fest vernichten.

[33] Und wenn sie abweichen und nicht tun, wie es ihnen dann von ihm geboten wurde, so werden sie alle ihre Zeiten verderben, und auch die Jahre werden sich entfernen davon (von dieser Ordnung). Und die Zeiten werden sie verderben und auch die Jahre. Sie werden übertreten ihre Ordnung. [34] Und alle Kinder Israels werden vergessen und nicht finden den Weg der Jahre. Und sie werden vergessen den Neumond und die Zeit und den Sabbat. Und in aller Ordnung der Jahre werden sie irren. [35] Denn ich weiß, und von jetzt an will ich es dich wissen lassen – und nicht aus meinem Herzen, sondern so, wie ein Buch vor mir geschrieben ist und angeordnet ist auf den Tafeln des Himmels die

Einteilung der Tage, damit sie nicht vergessen die Feste des Bundes und wandeln in den Festen der Heiden, hinter ihrem Irrtum und hinter ihrer Unkenntnis. [36] Und es wird Leute geben, die den Mond genau beobachten unter Beachtung des Mondes. Denn er verdirbt die Zeiten und geht von Jahr zu Jahr zehn Tage vor. [37] Deswegen werden für sie Jahre kommen, wo sie verderben werden den Tag des Zeugnisses und ihn zum verachteten machen werden und einen unreinen Tag zum Fest. Und alle werden vermengen sowohl heilige Tage mit unreinen wie den unreinen Tag statt des heiligen. Den sie werden irren in Bezug auf Monate und Sabbate und Feste und Jubiläen. [38] Und deswegen gebiete ich dir und bezeuge ich dir, dass du ihnen bezeugst. Denn nach deinem Tode werden deine Kinder verderbt handeln, dass sie das Jahr nicht halten zu nur 364 Tagen. Und deswegen werden sie irren in Bezug auf Neumond und Zeit und Sabbate und Feste. Und sie werden alle Blut essen mit allem Fleisch.
Jubiläen 6,32–38 (Berger, JSHRZ 2.3, S. 360f).

Opferanordnungen Abrahams

[1] Und im sechsten Jahr der siebenten Jahrwoche dieses Jubiläums rief Abraham den Isaak, seinen Sohn, und gebot ihm, indem er sagte: »Ich bin alt geworden und weiß nicht den Tag meines Todes, denn ich bin satt an Tagen. [2] Und siehe, ich bin 175 Jahre alt, und in allen Tagen meines Lebens war ich eingedenk des Herrn, und dabei habe ich gesucht mit meinem ganzen Herzen, dass ich seinen Willen tat und dass ich recht tat zu wandeln auf allen seinen Wegen. [3] Götzen hat meine Seele gehasst, dass ich darauf achtete, den Willen meines Schöpfers zu tun. [4] Denn ein lebendiger Gott ist er, und heilig ist er, und treu und gerecht ist er vor allen, und es gibt bei ihm kein Ansehen der Person oder Nehmen von Bestechungsgeschenken. Denn ein gerechter Gott ist er, und Gericht übt er an allen, die sein Gebot übertreten, und an denen, die seinen Bund verwerfen.

[5] Und auch du, mein Sohn, bewahre sein Gebot und seine Ordnung und sein Gericht und gehe nicht hinter den Unreinen her und hinter den Skulpturen und hinter den Metallgussen! [6] Und esst kein Blut, nicht irgendetwas, von Tieren und von Vieh und von jedem Vogel, der am Himmel fliegt! [7] Und wenn du ein Schlachttier schlachtest zum Friedensopfer, das (von Gott) angenommen werden soll, schlachtet es und gießt sein Blut auf den Altar! Und alles Fett des Brandopfers bringe auf den Altar mit Feinmehl, und das Opfer in Öl geknetet! Mit seinem Trankopfer bringe alles gemeinsam dar auf dem Altar als Brandopfer, als schönen Geruch vor dem Herrn! [8] Wie das Fett des Opfers für die Rettung sollst du es auf das Feuer legen, das auf dem Altar ist, wie das Fett, das auf dem Bauch ist, und alles Fett, das auf den inneren Gefäßen (Eingeweiden) ist, und die beiden Nieren und alles Fett, das auf ihnen ist, und das auf den Schenkeln ist, und die Leber mit den Nieren verknüpft. [9] Und du sollst darbringen dieses alles zu schönem Geruch, der angenommen sein wird vor dem Herrn mit seinem Brandopfer und mit seinem Trankopfer zu schönem Geruch – als Speise des Brandopfers für den Herrn. [10] Und sein Fleisch iss an diesem Tag und am folgenden, und Sonne soll nicht darüber aufgehen am zweiten (Tag), bis dass

es gegessen ist! Und es soll nicht bleiben bis zum dritten Tag; denn er nimmt es nicht an, denn es ist nicht angenehm. Und du sollst es nicht mehr essen. Und alle, die es essen, nehmen Sünde auf sich. Denn so habe ich es geschrieben gefunden in dem Buch meiner Väter vordem, in den Worten Henochs und in den Worten Noahs. [11] Auf alle deine Opfer streue Salz! Und der Bund des Salzes soll nicht aufhören bei allen deinen Opfern vor dem Herrn. [12] Und hüte dich bei den Hölzern des Opfers, dass du keine Hölzer heranbringst auf den Altar außer diesen wie Zypresse, Tanne, Mandel, Fichte, Kiefer, Zeder, Sebenbaum, Palme, Ölbaum, Myrte, Lorbeer, Zeder mit dem Namen Wacholderbusch, Juniperus und Balsambaum! [13] Und von diesen Bäumen lege unter das Ganzbrandopfer auf den Altar diejenigen, die geprüft sind in ihrem Aussehen! Und du sollst nicht hinlegen alle wurmstichigen Hölzer und schwärzliche, (sondern) feste Hölzer, und zwar festes, das keinen Makel hat, eine vollkommene und frische Pflanze. Und lege nicht altes Holz hin, denn sein Geruch ist herausgegangen, denn es ist kein Geruch mehr an ihm wie zuerst! [14] Außer diesen Hölzern soll es kein anderes geben, das du hinlegst, denn sein Geruch ist fort, und es wird der Geruch seines Duftes zum Himmel steigen. [15] Beachte dieses Gebot und tue es, mein Sohn, damit du gerecht seiet in all deinem Tun!

[16] Und zu aller Zeit sei rein an deinem Fleisch! Und wasche dich mit Wasser, bevor du hingehst, darzubringen auf dem Altar! Und wasche deine Hände und deine Füße, bevor du dich dem Altar näherst! Wenn du fertig bist mit Darbringen, wasche dir wiederum deine Hände und deine Füße! [17] Und nicht soll erscheinen an euch jegliches Blut, noch an euren Kleidern. Hüte dich, mein Sohn, mit dem Blut! Hüte dich sehr, begrabe es in der Erde! [18] Und ihr sollt kein Blut mehr essen, denn Blut ist die Seele. Und iss nicht irgend etwas Blut! [19] Und nimm keinen Geldersatz für jegliches Blut eines Menschen, damit es nicht vergossen werde für nichts ohne Strafe! Denn das Blut, das vergossen wird, macht die Erde sündigen. Und das Blut kann nicht rein sein vom Blut eines Menschen, außer durch das Blut dessen, der es vergossen hat. [20] Und du sollst kein Bestechungsgeschenk noch Geschenke nehmen für das Blut eines Menschen: Blut für Blut. Und es wird angenommen sein vor dem höchsten Gott. Und er wird ein Bewahrer des Guten sein, dass du bewahrt wirst vor allem Bösen und dass er dich rette aus allem Tod.

[21] Ich sehe, mein Sohn, alles Werk der Menschenkinder, dass es Sünde ist und böse. Und alle ihre Werke sind Unreinheit und Nichtigkeit und Befleckung. Und Gerechtigkeit ist nicht bei ihnen. [22] Hüte dich! Du sollst nicht auf ihrem Weg gehen und den Fuß in ihre Spuren setzen. Und du sollst keine Sünde zum Tode begehen vor dem höchsten Gott, und er wird sein Antlitz vor dir verbergen und dich zurückgeben in die Hand deiner Sünde und dich ausrotten von der Erde und auch deinen Samen unter dem Himmel, und dein Name und dein Gedenken wird vernichtet werden von der ganzen Erde. [23] Entferne dich von all ihrem Tun und von aller ihrer Unreinheit und bewahre das zu Bewahrende des höchsten Gottes und tue seinen Willen und handle in allem recht! [24] Und er wird dich segnen in all deinem Tun und wird aufrichten aus dir eine Pflanze

der Gerechtigkeit auf der ganzen Erde für jedes Geschlecht der Erde. Und mein Name und dein Name wird nicht schweigend übergangen werden unter dem Himmel in allen Tagen. [25] Gehe, mein Sohn, in Frieden! Der höchste Gott stärke dich, mein Gott und dein Gott, seinen Willen zu tun. Und er segne allen Samen, den Rest deines Samens für die Nachkommenschaft, die in Ewigkeit (ist), mit allem Segen der Gerechtigkeit, damit du ein Segen bist auf der ganzen Erde.« [26] Und er ging weg von ihm, indem er sich freute.
Jubiläen 21,1–26 (Berger, JSHRZ 2.3, S. 429–434).

Das Passah

[1] Du sollst dich an das Gebot erinnern, das dir der Herr geboten hat über das Passah, dass du es zu seiner Zeit machst, am 14. des ersten Monats, dass du es schlachtest, bevor es Abend wird, und dass ihr es in der Nacht esst, am Abend des 15., von der Zeit des Untergangs der Sonne an. [2] Denn in dieser Nacht – der Anfang des Festes und der Anfang der Freude ist sie – saßet ihr, dass ihr das Passah in Ägypten aßet. Und alle Mächte Mastemas waren geschickt, dass sie jede Erstgeburt im Lande Ägypten töteten, vom Erstgeborenen Pharaos bis zum Erstgeborenen der Kriegsgefangenen Sklavin, die eine Mühle bewohnt, und auch bis zum Vieh. [3] Und dieses ist es, was der Herr ihnen gab: In jedes Haus, an dessen Tür sie das Blut eines Schafes von einem Jahr sahen, in dessen Haus sollten sie nicht hineingehen zu töten, sondern sie sollten vorübergehen, damit alle im Hause gerettet würden. Denn das Zeichen des Blutes war an seiner Tür [...]

[12] Und seine Schlachtung soll nicht zu jeder Zeit des Lichtes sein, ausgenommen in der Zeit der Grenze des Abends. Und sie sollen es essen in der Zeit des Abends bis zum dritten Teil der Nacht. Und was übriggelassen wird von all seinem Fleisch vom dritten Teil der Nacht an und darüber hinaus, sollen sie mit Feuer verbrennen. [13] Und es soll nicht sein, dass sie es mit Wasser kochen, und sie sollen es nicht roh essen, außer gebraten in Feuer, gekocht im Feuer mit Eifer. Den Kopf mit seinen Eingeweiden und mit seinen Füßen sollen sie im Feuer braten. Und es gibt kein Zerbrechen irgendeines Knochens aus ihm. Denn nicht wird zerbrochen werden aus den Kinder Israels irgendein Knochen [...]

[16] Und es soll nicht länger erlaubt sein zu essen außerhalb des Hauses des Heiligtums des Herrn und des Bereiches des Hauses des Heiligtums des Herrn. Und das ganze Volk in der Versammlung Israels, sie sollen es halten in seiner Zeit. [17] Und jeder Mensch, der an seinem Tage kommt, soll es essen im Hause des Heiligtums eures Gottes vor dem Herrn – wer von zwanzig Jahren an und darüber ist. Denn so ist es geschrieben und angeordnet, dass sie essen im Haus des Heiligtums des Herrn. [18] Und wenn die Kinder Israels in das Land kommen, das sie in Besitz nehmen werden, in das Land Kanaan, und wenn sie das Zelt des Herrn aufstellen inmitten des Landes in einem von ihren Heerhaufen, bis das Heiligtum des Herrn gebaut wird im Land, wird es sein, dass sie kommen und Passah halten mitten im Zelt des Herrn. Und sie sollen es schlachten vor dem Herrn von Jahr zu Jahr. [19] Und in den Tagen, wenn ein Haus im Namen des

Herrn gebaut ist im Lande ihres Erbes, sollen sie dorthin ziehen und das Passah abends schlachten, wenn die Sonne untergeht, im dritten Teil des Tages. [20] Und sie werden sein Blut hinaufbringen an die Schwelle des Altares. Und das Fett sollen sie auf das Feuer legen, das auf dem Altar ist. Und sein Fleisch sollen sie essen, gebraten im Feuer, das im Hof des Hauses ist, das geheiligt ist im Namen des Herrn. [21] Und sie werden das Passah nicht halten können in ihren Städten und an allen Orten, außer vor dem Zelt des Herrn – und wenn nicht, dann vor seinem Haus, wo sein Name wohnt. Und sie sollen nicht abirren vom Herrn.
Jubiläen 49,1–3.12f.16–21 (Berger, JSHRZ 2.3, S. 546–550).

Aufruhr beim Passahfest unter Archelaos

[10] Und wirklich stand gerade das Fest der ungesäuerten Brote unmittelbar bevor, das bei den Juden Passahfest genannt wird und eine große Anzahl Opfer erwarten lässt. Dabei kam aus dem Land eine unübersehbare Menge zum Gottesdienst, und die, die um die Gelehrten trauerten, standen gruppenweise im Tempel herum, um dem Aufstand neue Nahrung zu geben. [11] Archelaos wurde nun angst und bange; so sandte er, bevor das Fieber der Empörung die ganze Menge anstecken würde, einen Obersten mit einer Kohorte und gab ihm den Auftrag, die Rädelsführer des Aufstands gewaltsam festzunehmen. Gegen sie geriet der Volkshaufe erst recht in Wut und tötete durch einen Steinhagel den größten Teil der Kohorte, der Oberst selbst wurde verwundet und entkam mit knapper Not. [12] Hierauf wandten sich die Täter, als wenn nichts Arges geschehen wäre, dem Opfer zu; Archelaos aber wurde es jetzt deutlich, dass die Menge ohne Blutvergießen auf keinen Fall mehr niederzuhalten war. Er ließ das ganze Heer gegen sie ausrücken, die Fußtruppen in geschlossener Ordnung durch die Stadt, die Reiterei über die Ebene hin. [13] Sie fielen plötzlich über alle Opfernden her und töteten an die 3.000; die übrigen zerstreuten sie in das nahe Bergland. Darauf folgten Herolde des Archelaos mit dem Befehl, ein jeder solle nach Hause zurückkehren, und so verließen alle das Fest und zogen heim.
Josephus, Jüdischer Krieg 2,10–13 (Michel/Bauernfeind, Bd. 1, S. 183).

D. Frömmigkeit im Alltag

1. Beschneidung

Abraham wird beschnitten und beschneidet Ismael

[23] Und Abraham tat, wie ihm der Herr gesagt. Und er nahm den Ismael, seinen Sohn, und alle Söhne seines Hauses und auch die er mit Geld gekauft, und alles Männliche, das in seinem Hause war. Und er beschnitt das Fleisch ihrer Vorhaut. [24] Und in der Zeit dieses Tages wurde Abraham beschnitten und die Menschen

seines Hauses und alle, die mit Geld gekauft waren, und auch die aus der Nachkommenschaft von Fremden, sie wurden beschnitten mit ihm. [25] Und dieses Gebot ist für alle Nachkommenschaft, die in Ewigkeit sind. Und es gibt kein Abschließen der Tage, und es gibt kein Überschreiten eines einzigen Tages von den acht Tagen. Denn eine Ordnung für die Ewigkeit ist es, angeordnet und geschrieben auf den Tafeln des Himmels. [26] Und alles, was geboren ist und dessen Fleisch der Scham nicht beschnitten ist bis zum achten Tag, wird nicht sein von den Kindern der Ordnung, die der Herr dem Abraham als Bund gesetzt, denn von den Kindern des Verderbens ist es. Und das Zeichen ist nicht mehr an ihm, dass er dem Herrn gehört, denn zu seinem Verderben und zu seiner Vernichtung von der Erde (ist er), denn den Bund des Herrn, unseres Gottes, hat er gebrochen. [27] Denn alle Engel des Angesichts und alle heiligen Engel – so ist ihr Geschaffensein vom Tage ihrer Schöpfung an. Und vor den Engeln des Angesichts und den heiligen Engeln hat er Israel geheiligt, dass sie mit ihm seien und mit seinen heiligen Engeln. [28] Und du gebiete den Kindern Israels, und sie sollen bewahren das Zeichen dieses Bundes für ihre Geschlechter zu einer Ordnung für Ewigkeit! Und nicht werden sie ausgerottet von der Erde. [29] Denn geboten ist die Ordnung des Bundes, dass sie sie bewahren in Ewigkeit bei allen Kindern Israels. [30] Denn den Ismael und seine Kinder und Brüder und Esau hat der Herr nicht nahegebracht zu sich und nicht ausgewählt aus ihnen, weil sie aus den Kindern Abrahams sind, weil er sie kannte. Aber Israel hat er erwählt, dass sie ihm zum Volk seien. [31] Und er hat es geheiligt und gesammelt aus allen Menschenkindern. Denn es gibt viele Völker und viel Volk, und alle sind sein. Und über alle lässt er Geister herrschen, damit sie sie weg von ihm verführen. [32] Aber über Israel lässt er sie nicht herrschen, niemand, weder Engel noch Geister. Denn er allein ist ihr Herrscher. Und er bewahrt sie, und er wird sie fordern für sich aus der Hand seiner Engel und von seinen Geistern und aus der Hand aller und aller seiner Gewalten, damit er sie bewahre und er sie segne und sie ihm gehören und er ihnen gehöre von jetzt an und bis in Ewigkeit.

[33] Und jetzt will ich dir mitteilen, dass die Kinder Israels in dieser Ordnung das Vertrauen enttäuschen werden und ihre Kinder nicht beschneiden werden gemäß diesem ganzen Gesetz. Denn in Bezug auf das Fleisch ihrer Beschneidung werden sie Auslasser sein in der Beschneidung ihrer Söhne. Und alle Söhne Beliars werden ihre Söhne ohne Beschneidung lassen, wie sie geboren wurden. [34] Und es wird ein großer Zorn sein über die Kinder Israels vom Herrn her, weil sie seinen Bund verlassen haben und von seinem Wort abgewichen sind. Und sie haben gereizt und sie haben gelästert, weil sie nicht die Ordnung dieses Zeichens taten. Denn sie haben ihre Glieder wie die Heiden gemacht, zum Verschwinden und zum Ausgerottetwerden von der Erde. Und sie haben keine Vergebung und Verzeihung mehr, dass er ihnen vergebe und dass ihnen verziehen würde von aller Sünde dieser Verirrung, die in Ewigkeit ist.
Jubiläen 15,23–34 (Berger, JSHRZ 2.3, S. 407–409).

Beschneidung als Charakteristikum der Juden

»[13] Wir müssen erst noch irgendeinen Weg zu unserer Rettung ausfindig machen. Prüft, was mir eingefallen ist: Eumolpus hat als Schriftsteller jedenfalls Tinte bei sich. Mit diesem Mittel wollen wir also unsere Hautfarbe wechseln, vom Scheitel bis zur Sohle! So werden wir dir als Mohrensklaven ohne Folterqualen vergnügt aufwarten und zugleich mit dem Farbwechsel unsere Feinde hinters Licht führen.« [14] »Das fehlte noch«, sagte Giton: »beschneide uns auch, damit wir wie Juden aussehen, und durchbohre uns die Ohren, damit wir Arabern gleichen, und mach uns mit Kreide die Gesichter weiß, damit Gallien uns für Landeskinder hält […]«
Petronius, Satiren 102,13–14 (Müller / Ehlers, S. 218 f).

Beschneidung als Kastration

Modestus schreibt im sechsten Buch seiner *Regeln*: »Es ist den Juden erlaubt durch ein Dekret des vergöttlichten Pius, allein ihre Söhne zu beschneiden. Falls irgendein Jude diese Handlung an jemandem vollzieht, der nicht derselben Religion angehört, soll die Strafe für Kastration angewendet werden.«
Ulpian, Digesten 48,8,11 (EÜ nach Linder, Nr. 1, S. 100).

Beschneidung als Charakteristikum der Juden und Verbindung zu den Ägyptern

Eine der am eifrigsten beachteten Sitten bei den Ägyptern ist, dass sie jedes Kind, das geboren wird, aufziehen und – sofern es ein Junge ist – es umschneiden (περιτέμνειν), und – sofern es ein Mädchen ist – es ausschneiden (ἐκτέμνειν), wie es auch Brauch ist bei den Juden, die ja eigentlich Ägypter sind, wie ich in meinem Bericht über sie gesagt habe.
Strabo, Geographia 17,2,5 (EÜ nach Stern, Bd. 1, Nr. 124, S. 315).

Menophilus verbirgt seine Beschneidung

[82] Den Penis des Menophilus verhüllt eine so große Fibel,
dass sie allein für sämtliche Komödianten ausreichte.
Ich hatte von ihm geglaubt – wir baden ja öfter zusammen –
er schone nur besorgt seine Stimme, Flaccus.
Doch als er mitten auf dem Ringplatz spielte und die Leute zuschauten,
glitt dem Armen die Fibel zu Boden – er war ein Beschnittener.
Martial, Epigramme 7,82 (Barié, S. 513).

2. Sabbat

Sabbatgebote

[6] Und siehe, auch die Gebote der Sabbate habe ich für dich aufgeschrieben und alle Bestimmungen seiner Gesetze. [7] Sechs Tage sollst du die Arbeit tun, am siebenten Tag ist der Sabbat des Herrn, eures Gottes. Tut keinerlei Arbeit an ihm, ihr und eure Kinder und eure Sklaven und eure Sklavinnen und all euer Vieh und auch der Fremde, der bei euch ist! [8] Und ein Mensch, der irgendeine Arbeit an ihm tut, soll sterben.

Jeder Mensch, der diesen Tag befleckt, der mit einer Frau liegt und auch der, der eine Sache beredet, dass er sie an ihm tun werde,

dass er an ihm eine Reise machen werde,

und auch wegen allen Kaufens und Verkaufens

und auch wer Wasser schöpft an ihm, das er für dich nicht am sechsten Tag vorbereitet hat,

und auch wer jegliches aufhebt, dass er es trage, dass er es aus seinem Zelt herausbringe,

und auch wer aus seinem Haus, der soll sterben.

[9] Und tut am Tage des Sabbats keinerlei Arbeit, die ihr nicht für euch vorbereitet habt am sechsten Tag, zu essen und zu trinken und zu ruhen und Sabbat zu halten von aller Arbeit an diesem Tag und zu segnen den Herrn, euren Gott, der euch gegeben hat den Tag des Festes und einen heiligen Tag! Und ein Tag des heiligen Königreiches für ganz Israel ist dieser Tag unter euren Tagen, unter allen Tagen. [10] Denn groß ist die Ehre, die der Herr Israel gegeben hat, zu essen und zu trinken und satt zu werden an diesem Tag des Festes und zu ruhen an ihm vor aller Arbeit, die aus der Arbeit der Menschenkinder ist – außer Weihrauch zu räuchern und Opfer darzubringen und Brandopfer vor dem Herrn an den Tagen und an den Sabbaten. [11] Diese Arbeit allein soll getan werden an den Tagen der Sabbate im Hause des Heiligtums des Herrn, eures Gottes, damit sie Sühnopfer darbringen in Israel beständig, Tag für Tag, zum Gedächtnisopfer, das angenommen sein wird vor dem Herrn und die er annimmt in Ewigkeit, Tag für Tag, wie es dir geboten ist.

[12] Und jeder Mensch, der eine Arbeit tut,
und auch der, der einen Weg geht,
und auch der, der den Acker bebaut,
sowohl wenn es in seinem Hause als auch wenn es an jedem Ort ist,
und auch der, der Feuer anzündet,
und auch der, der Lasten lädt auf jegliches Tier,
und auch der, der im Schiff das Meer bereist,
und jeder Mensch, der jemanden schlägt und tötet,
und auch der, der ein Vieh schlachtet und einen Vogel,
und auch der, der fängt, wenn es ein Tier und ein Vogel und wenn es ein Fisch ist, und auch der, der fastet und Krieg macht am Tage des Sabbats,

[13] und ein Mensch, der jegliches davon tut am Tage des Sabbats, soll sterben, damit die Kinder Israels Sabbat feiern gemäß den Geboten der Sabbate des Landes – gleichwie es geschrieben ist auf den Tafeln, die er mir in meine Hände gegeben hat, damit ich dir aufschreibe die Gesetze der Zeit und dabei jedes einzelne nach der Einteilung seiner Tage.
Jubiläen 50,6–13 (Berger, JSHRZ 2.3, S. 552–556).

Der Sabbat als Tag von Versammlungen

[276] Ich [*scil.* Josephus] zog arglos ab nach Tarichaeae, wobei ich jedoch in der Stadt einige Leute zurückließ, die auskundschaften sollten, was über uns geredet würde. Den ganzen Weg entlang, der von Tarichaeae nach Tiberias führt, postierte ich zahlreiche Leute, die mir stafettenweise hinterbringen sollten, was sie von den in der Stadt Zurückgelassenen erführen. [277] Am folgenden Tag nun kamen alle im Bethaus zusammen, einem mächtigen Gebäude, das eine große Menge aufzunehmen vermochte. Dort eintretend, wagte Jonatan nicht, offen von Abfall zu reden, sagte aber, ihre Stadt habe einen besseren Kommandanten nötig. [278] Jesus indes, der Ratsvorsteher, verheimlichte nichts, sondern sagte geradeheraus: »Es ist besser, Mitbürger, wenn wir vier Männern gehorchen als nur einem, zumal sie von edler Abkunft sind und hochberühmt für ihre Verstandeskraft« – damit meinte er Jonatan und seine Leute. [279] Als Jesus das gesagt hatte, trat Justus vor, stimmte ihm bei und überzeugte damit auch einige aus dem versammelten Volk. Die Mehrheit jedoch stimmte diesen Worten nicht zu und wäre bestimmt in Aufruhr geraten, wenn der Versammlung nicht das Herannahen der sechsten Stunde ein Ende gesetzt hätte, zu welcher es bei uns am Sabbat vorgeschrieben ist, das Mittagsessen einzunehmen. So vertagten Jonatan und seine Leute die Beratungen auf den nächsten Tag und zogen unverrichteter Dinge ab.
Josephus, Aus meinem Leben 276–279 (Siegert, S. 112–115).

3. Speisegesetze

Vorsetzen von Schweinefleisch bei der Verfolgung in Alexandria

[96b] Im anderen Falle ließ man Schweinefleisch bringen und es ihnen vorsetzen – aus Zuschauern waren Tyrannen und Despoten geworden. Alle, die nun aus Furcht vor Quälereien davon aßen, wurden also frei, und danach geschah ihnen nichts Schlimmes mehr. Die Standhafteren aber kamen zu unmenschlichen Martern in die Hände der Folterknechte und erwiesen damit aufs Bestimmteste ihre Unschuld.
Philo, Gegen Flaccus 96b (Cohn, Bd. 7, S. 148f).

Verzicht auf Schweinefleisch nach Sextus Empiricus

[222] Ein ähnliches Verhalten kann man im Hinblick auf Speisegebote bei der Gottesverehrung der Menschen finden. [223] Ein Jude oder ein ägyptischer Priester würde lieber auf der Stelle sterben als Schweinefleisch zu essen, während der Genuss von Lammfleisch in den Augen eines Libyers abscheulich zu sein scheint und einige Syrer dasselbe bezüglich Tauben, andere über Rinder denken.
Sextus Empiricus, Hypotyposaies 3,222f (EÜ nach Stern, Bd. 2, Nr. 334, S. 159).

4. Rein und Unrein

Unreine Gegenstände

[16b] Und alles an Geräten und Kleidern und Häuten und alles (17) Hergestellte aus Ziegenhaar: entsprechend dem Gesetz dieser Tora sollt ihr sie behandeln. [(*leer*)]

Und alle Geräte [18] aus Tonerde soll man zerbrechen, denn unrein sind sie und nie werden sie wieder rein [19] auf Weltzeit (Lev 11,33). [(*leer*)]
11Q19 50,16b–19 (Maier, Tempelrolle, S. 211).

Wiederherstellung der kultischen Reinheit

[4] Und jeder, der etwas aufhebt von ihrem Gebein oder ihrem Kadaver, Haut, Fleisch oder Krallen, wasche [5] seine Kleider, und hat er sich in Wasser gebadet und ist untergegangen die Sonne, so ist er danach rein.
11Q19 51,4–5a (Maier, Tempelrolle, S. 212).

5. Hochzeit und Scheidung

Ehebruch, Inzucht und Fremdverheiratung

[7] Und wenn ein Mann da ist, der in Israel seine Tochter zu geben wünscht, und auch wenn einer da ist, der seine Tochter gibt, und auch wenn es seine Schwester ist – jedem Mann, der aus dem Samen der Heiden ist, er soll des Todes sterben. Und mit Steinen sollen sie ihn steinigen. Denn er hat eine Schandtat in Israel getan. Und auch die Frau sollen sie verbrennen mit Feuer, denn sie hat verunreinigt den Namen des Hauses ihres Vaters. Und sie soll ausgerottet werden aus Israel. [8] Und es soll keine Ehebrecherin und keine Unreinheit gefunden werden in Israel alle Tage der Geschlechter der Erde. Denn heilig ist Israel dem Herrn. Und jeder Mann, der es verunreinigt, soll des Todes sterben. Und mit Steinen sollen sie ihn steinigen. [9] Denn so ist es angeordnet und geschrieben auf den Tafeln des Himmels über allen Samen Israels: Wer verunreinigt, soll des Todes sterben. Mit Steinen sollen sie ihn steinigen. [10] Und es gibt für dieses Gesetz

keine Grenze der Tage, und es gibt keine Vergebung noch jegliche Versöhnung. Sondern vielmehr ausgerottet werden soll der Mann, der seine Tochter verunreinigt hat, inmitten von ganz Israel. Denn von seinem Samen hat er dem Moloch gegeben, und er hat gesündigt, es zu verunreinigen.

[11] Und du, Mose, gebiete den Kindern Israels und bezeuge über ihnen, dass sie von ihren Töchtern nicht den Heiden geben und dass sie nicht nehmen von den Töchtern der Heiden! Denn verwerflich ist dies vor dem Herrn. [12] Deswegen habe ich dir aufgeschrieben im Wort des Gesetzes alles Werk der Sichemiter, das sie an Dina getan haben, und wie die Kinder Jakobs redeten, indem sie sagten: »Wir werden unsere Tochter keinem Mann geben, an dem eine Vorhaut ist, denn das ist eine Schande für uns.« [13] Und eine Schande ist jenes für Israel, für die, die geben, und für die nehmen aus den Töchtern der Heiden. Denn dies ist unrein, und verwerflich ist es für Israel. [14] Und Israel wird nicht rein werden von dieser Unreinheit, wenn in ihm eine Frau aus den Töchtern der Heiden ist und wenn von seinen Töchtern eine ist, die er einem Mann gegeben hat, der aus jeglichen Heidenvölkern ist. [15] Denn Züchtigung über Züchtigung bedeutet dieses und Fluch über Fluch, und alles Gericht und Plage und Fluch wird kommen. Und sowohl wenn einer diese Sache tut als auch wenn er seine Augen blind macht vor diesen, wenn sie die Unreinheit tun und wenn sie das Heiligtum des Herrn verunreinigen und sie seinen heiligen Namen beflecken – sie werden alle gerichtet werden, das ganze Volk gemeinsam wegen aller Unreinheit und Befleckung von diesem Mann. [16] Und es gibt kein Ansehen der Person, und es gibt kein Begünstigen der Person, und es gibt aus seiner Hand kein Annehmen von Frucht und Opfer und Brandopfer und Fett und Räucherung schönen Geruchs, dass er [*scil.* Gott] es annehme. Und so wird sein jeder Mann und jede Frau in Israel, der verunreinigt Geheiligtes. [17] Deswegen habe ich dir geboten, indem ich sagte: Bezeuge dieses Zeugnis über Israel: Sieh, wie es geschehen ist über den Sichemiten und ihren Kindern, wie sie in die Hand der beiden Söhne Jakobs gegeben wurden und sie sie mit Martern töteten, und es wurde ihnen Gerechtigkeit, und es wurde ihnen zur Gerechtigkeit aufgeschrieben.
Jubiläen 30,7–17 (Berger, JSHRZ 2.3, S. 471–473).

Josephus lässt sich von seiner Frau scheiden und heiratet erneut

[426] Zu dieser Zeit entließ ich meine Frau, deren Charaktereigenschaften mir missfielen; sie war Mutter dreier Kinder geworden, von denen zwei starben; eines aber, das ich Hyrkanos genannt habe, lebt noch. [427] Danach nahm ich eine Frau, die in Kreta zu Hause, von Geburt aber Jüdin war, ihre Eltern waren überaus vornehm und zählten zu den Angesehensten im Lande; ihr Charakter zeichnete sie vor allen Frauen aus, wie ihr weiteres Leben unter Beweis stellte. Von ihr nun habe ich zwei Kinder: Der Ältere ist Justus, nach diesem kommt Simonides, der auch Agrippa genannt wird.
Josephus, Aus meinem Leben 426–427 (Siegert, S. 157).

6. Die Synagoge

a) In Palästina

Theodotus-Inschrift

[1] Theodotos, des Vettenos (Sohn), Priester und [2] Synagogenvorsteher (ἀρχισυνάγωγος), Sohn eines Synagogenvorste[3]hers, eines Sohnes eines Synagogenvorstehers, er[4]baute die Synagoge zur Vorle[5]sung des Gesetzes und zur Lehre der Gebote und [6] das Fremdenhaus und die Kammern und die An[7]lagen der Wasser für d[8]ie es Gebrauchenden aus der Fremde; diese (Synagoge) hatten grund[9]gelegt seine Väter und die Pre[10]sbyter und Simonides.
Übersetzung der 1913/14 von R. Weill im römischen Steinbruch auf dem Jerusalemer Südosthügel gefundenen Inschrift von Max Küchler.
CIIP I/1, Nr. 9, S. 53–56.

b) In der Diaspora

Stifterinschrift einer Synagoge aus Krokodilopolis (246–221 v. Chr.)

Im Namen von König / Ptolemaios Sohn des / Ptolemaios, und / Königin / Berenike, seiner / Frau und / Schwester, und ihrer / Kinder, haben die Juden von Kroko / dilopolis / das Gebetshaus (προσευχή) (geweiht) […]
EÜ nach Horbury, Inscriptions, Nr. 117, S. 201–203 = CIJ II Nr. 1532 a.

Proklamation einer Synagoge als Asylort

Fundort unbekannt, 145–116 v. Chr.
(*In Griechisch*) Auf Befehl der Königin und des Königs: Anstelle der vorherigen Tafel über die Stiftung des Gebetshauses (προσευχή) lass das, was unten geschrieben ist, eingeschrieben sein. (*leer*)

König Ptolemaios Euergetes (erklärte) das Gebetshaus (προσευχή) für unverletzlich (ἄσυλον).

(*In Latein*) Die Königin und der König haben (es) befohlen.
EÜ nach Horbury, Inscriptions, Nr. 125, S. 212–214.= CIJ II Nr. 1449.

Stifterliste aus Berenike / Benghazi (55/56 n. Chr.)

(Erste Spalte)
Im zweiten Jahr des Nero Claudius Caesar Drusus
Germanicus Imperator, am 6. (?) Choiach:
Es gefiel der Gemeinde (συναγωγή) der Juden in Berenike,
die Spender für die Ausbesse-
rung der Synagoge (συναγωγή), sie aufzuschreiben auf eine Ste-
le aus parischem Stein:
Zenion des Zoilus (Sohn), ἄρχων, – 10 Drachmen

Eisidoros des Dositheos (Sohn), ἄρχων – 10 Drachmen
Doseitheos des Ammonios (Sohn), ἄρχων – 10 Drachmen
Pratis des Ionathas (Sohn), ἄρχων – 10 Drachmen
Karnedas des Kornelios (Sohn), ἄρχων – 10 Drachmen
Herakleides des Heraklides (Sohn), ἄρχων – 10 Drachmen
Thaliarchos des Dositheos (Sohn), ἄρχων – 10 Drachmen
Sosibios des Iason (Sohn), ἄρχων – 10 Drachmen
Pratomedes des Sokrates (Sohn), ἄρχων – 10 Drachmen
Antigon<o>s des Straton (Sohn), ἄρχων – 10 Drachmen
Kartisthenes des Archias (Sohn), Priester – 10 Drachmen
Lysanias des Lysanias (Sohn) – 25 Drachmen
Zenodoros Sohn des Theuphilos – 28 Drachmen
Mar[…] – 25 Drachmen

(Zweite Spalte)
Alexander / des Euphranor (Sohn) – 5 Drachmen
Eisidora / des Serap(i)on (Tochter) – 5 Drachmen
Zosime des Ter/polios (Tochter) – 5 Drachmen
Polon / des Dositheos (Sohn) – 5 Drachmen
EÜ nach Lüderitz, Nr. 72, S. 156–158.

Die Synagoge

Das Wort Synagoge (συναγωγή, wörtl. »Zusammenführung«, »Versammlung«; lat. synagoga) kann sowohl die versammelte Gemeinde als auch das Gebäude bezeichnen, in der diese Versammlung stattfindet.

Die **Ursprünge** der Synagoge sind undeutlich und mit methodischen Problemen belastet, sowohl was deren Funktion als Ort der Schriftlesung und des Gebets als auch ihre architektonische Form betrifft. Jüdische Versammlungsgebäude sind erstmals inschriftlich in Ägypten des 3. Jh. v. Chr. belegt, wo sie freilich als προσευχαί (Gebetsräume) bezeichnet werden. Keines dieser Gebäude selbst konnte bisher identifiziert werden. Erste, als Synagogen identifizierbare Gebäude sind hingegen aus Palästina bekannt: aus der Zeit vor 70 n. Chr. sind etwa die Synagogen von Gamla, Magdala, Horvat Etri oder Qiryat Sefer, sowie die sekundären Phasen in Masada oder Herodion zu nennen. Die **Theodotusinschrift** aus Jerusalem erwähnt neben dem Studium des Gesetzes weitere Aufgaben einer Synagoge (das Gebäude selbst ist nicht erhalten), die zu dieser Zeit wohl nicht allein spezifisch religiöse, sondern auch politische Funktionen erfüllte. Während die palästinischen Synagogen aufgrund ihrer Form relativ leicht zu erkennen sind (meist rechteckige, freistehende Gebäude mit Säulen und umlaufenden Bänken ohne interne Dekoration), ist die Identifikation früher Diasporasynagogen schwieriger. Die Architektur von Synagogen in der mediterranen Diaspora scheint weitaus flexibler gewesen zu sein und lehnt sich oft an Hausarchitektur oder Vereinsgebäude an (Delos, Ostia Phase I). Aus schriftlichen Quellen sind zahlreiche weitere Diasporasynagogen bekannt (Halikarnassos, Rom, Ephesus).

Die Katastrophen des Ersten und Zweiten Jüdischen Krieges haben den **Synagogenbau** in Palästina jäh unterbrochen. Die erste nachweisbare Synagoge stammt aus Nabratein (2. Jh., jedoch umstritten), neuerdings wurde eine weitere Synagoge des 2. Jh. in Khirbet Hammam gefunden, doch erst ab dem 4. Jh.

nimmt der Bau von Synagogen – wohl in Konkurrenz und mit wechselseitiger Beeinflussung durch christliche Kirchen – vor allem in Galiläa, dem Golan und Südjudäa massiv zu (z.B. Kapernaum, Horvat Kur, Meiron, Khirbet Shema, Hammat Tiberias). Breitraumtypen werden im Lauf der Zeit durch basilikale Grundrisse abgelöst; meist sind die Bauten nach Jerusalem ausgerichtet. Im Zuge vermehrten Synagogenbaus gewinnt auch das **Innere des Baus** erkennbar an Bedeutung. Fussbodenmosaiken bestehen aus zum Teil aufwendigen Kombinationen aus paganen (z.B. Zodiak, Jahreszeiten, Himmelsrichtungen) und jüdischen Symbolen (z.B. Aqedah, Menorah, Toraschrein, Lulav, Etrog). Wandmalereien sind bisher nur aus Dura Europos bekannt, sie stellen Szenen der biblischen Heilsgeschichte dar, Malereien sind aber auch anderenorts nicht auszuschließen (siehe unten die Inschrift aus Akmoneia). Der Toraschrein erhält einen festen, architektonisch meist reich gestalteten Platz (oft neben dem Eingang). Die Motivik der Mosaiken macht deutlich, dass die Synagoge mehr und mehr die Heiligkeit des verlorenen Tempels an sich genommen hat und durch Kunst und Liturgie die kosmische Ordnung und Heilsgeschichte verdeutlicht, die in der Tora geoffenbart ist. Parallel mit jüdischen Synagogen entwickeln sich in spätrömischer und byzantinischer Zeit auch samaritanische Synagogen, die sich architektonisch kaum voneinander unterscheiden.

Über die frühe **Synagogenliturgie** ist wenig bekannt, eine einfache Rückprojektion rabbinischer Texte in die Zeit vor 70 n. Chr. ist nicht zulässig. Gebet und Schriftlesung waren sicher die Hauptelemente, Schriftauslegung hat wohl ebenso eine Rolle gespielt, ohne dass Details erkennbar wären oder regionale Unterschiede auszuschließen wären. Aus Inschriften sind Ämter und Funktionen (z.B. Ältester, Vorsteher) und ein ausgeprägtes Stiftungswesen zu erkennen, in jüdischen Diasporagemeinden haben immer wieder auch Frauen als Stifterinnen und Patroninnen eine Rolle gespielt.

Weiterführende Literatur

Runesson, A. / Binder, D.D. / Olsson, B. (Hgg.), The Ancient Synagogue from its Origins to 200 C.E. A Source Book, Leiden / Boston 2008.

Levine, L.L., The Ancient Synagogue. The First Thousand Years, New Haven 2000.

Olsson, B. / Zetterholm, M. (Hgg.), The Ancient Synagogue from its Origins until 200 C.E., Stockholm 2003.

Claussen, C., Versammlung, Gemeinde, Synagoge. Das hellenistisch-jüdische Umfeld der frühchristlichen Gemeinden, Göttingen 2002 (StUNT 27).

Fine, S. (Hg.), The Sacred Realm. The Emergence of the Synagogue in the Ancient World, New York / Oxford 1996.

Reparatur der Synagoge aus Akmoneia

2. Jh. n. Chr.; setzt frühere Synagoge voraus

P. Tyrronius Klados, Synagogenvorsteher (ἀρχισυναγωγός) auf Lebenszeit, und Lucius Sohn des Lucius, ἀρχισυναγωγός, und Popilius Zotikos, ἄρχων, restaurierten das von Julia Severa erbaute Haus aus eigenen und den von der Gemeinde zusammengebrachten Mitteln und ließen die Wände und die Decke bemalen und die Sicherheit der Fenster herstellen und den ganzen übrigen Schmuck. Diese erwähnten Männer ehrte die Gemeinde (συναγωγή) mit einem vergoldeten Schild wegen ihrer hervorragenden Haltung und wegen ihres Wohlwollens und ihres Eifers der Gemeinde (συναγωγή) gegenüber.

EÜ nach Ameling, IJO, Bd. 2, S. 354f.

Freilassungsurkunden von Sklaven aus dem Schwarzmeergebiet

Unter der Regierung des Königs Tiberius Julius Rescuporis, Freund des Kaisers und der Römer, im Jahre 377 [*scil.* 80 n. Chr.], am zwölften Tage des Monats Peritios. Ich, Chreste, Witwe des Drusus, entlasse zugunsten der Synagoge meinen im Hause aufgezogenen Sklaven Herakles als Freien, gemäß meinem Gelübde, sodass er nicht beansprucht und belästigt werden darf von Seiten meiner Erben. Er kann ungehindert gehen, wohin er will, entsprechend meinem Gelübde, ausgenommen dienstbeflissene Ergebenheit und Beständigkeit gegenüber der Synagoge. Unter Zustimmung meiner Erben Heraklidos und Helikonias und unter der Aufsicht der jüdischen Gemeinde.
Pantikapeion / Kertsch (EÜ nach Noy, IJO, Bd. 1, S. 268–275).

Unter der Regierung des Königs Kotys, im Jahr 348 [*scil.* 51 n. Chr.], am ersten des Monats Xandikos. Psycharion, Sogos (und) Anos seine Söhne. Karsandanos und Karagos und Metroteimos sind freigelassen an das Gebetshaus, unangreifbar (und) ungehindert, allein dass sie dem Gebetshaus (προ[σ]ευχή) noch dienen und ihm Respekt erweisen. Und steht ihnen zu frei zu sein. (Geschehen) unter der gemeinsamen Vormundschaft der Gemeinschaft (συναγωγή) der Juden.
Phanagori / Sennaya (EÜ nach Noy, IJO, Bd. 1, S. 299–301).

Stifterinschrift der Synagoge von Stobi

Zwischen 180 und 230 n. Chr.
[Claudius] Tiberius Polycharmus, auch Achyrios (genannt), Vater der Gemeinde (συναγωγή) in Stobi, der ich das ganze Leben als Bürger der (jüdischen Gemeinschaft) gemäß (den Vorschriften) des Judentums (Ιουδαϊσμός) geführt habe, (habe) in Erfüllung eines Gelübdes (gestiftet) die Häuser (Räume?) an den heiligen Ort und das Triklinion mit der Vierhalle (τετράστοα) aus eigenen Mitteln ohne dafür von den heiligen (Geldern der Gemeinde?) auch nur etwas anzutasten. Die ganze Verfügungsgewalt über alle oberen Räume und das Eigentum soll bei mir bleiben, Claudius Tiberius Polycharmus, und bei meinen Erben lebenslang. Falls jemand etwas erneuern will über das von mir Festgelegte hinaus, soll er dem Patriarchen 250.000 Denare geben. Denn so habe ich es beschlossen. Für den Unterhalt des Ziegeldaches der oberen Räume werden ich und meine Erben sorgen.
EÜ nach Noy, IJO, Bd. 1, S. 62–71.

Gottesdienst in der Synagoge

[56] Nächst dem beständigen, ununterbrochen fortdauernden Fest wird als Zweiter der immer nach sechs Tagen wiederkehrende heilige Sabbat gefeiert. (Die Zahl Sieben) haben die einen Jungfrau genannt im Hinblick auf ihre unvergleichliche Heiligkeit, ebenso auch mutterlos, weil sie nur vom Vater aller Dinge erzeugt wurde, als Idee der Männlichkeit, ohne Anteil am Weiblichen;

denn überaus mannhaft und stark ist die Zahl, zum Herrschen und Gebieten wohl geschaffen. Manche haben sie »die entscheidende Zeit« genannt, indem sie aus der Sinnenwelt auf ihr begriffliches Wesen schlossen. [57] Denn alles, was zum Besten der Sinnenwelt gehört, was die Jahreszeiten und den Wechsel der Zeitabschnitte in der vorgeschriebenen Ordnung hervorbringt, hat Anteil an der Sieben: ich meine die sieben Planeten, den Bären, die Pleiade, die Kreisbewegung des zu- und abnehmenden Mondes und die harmonischen, über alle Beschreibung erhabenen Umläufe der anderen Himmelskörper. [58] Moses aber nannte sie wegen einer wichtigeren Bewandtnis Vollendung und Vollkommenheit (Gen 2), indem er der Sechs die Entstehung der Teile der Welt zuwies, der Sieben aber deren Vollendung. Denn die Sechs ist eine gerade-ungerade Zahl, da sie durch Multiplikation von zwei und drei entsteht, und enthält in ihrem ungeraden [Faktor] einen männlichen, in dem geraden einen weiblichen Bestandteil, deren Zusammenwirken nach unveränderlichen Naturgesetzen zur Zeugung führt. [59] Die Sieben ist dagegen völlig unvermischt und, um die Wahrheit zu sagen, das Licht der Sechs; denn was die Sechs hat werden lassen, das zeigt die Sieben in vollendeter Reife. Daher darf der siebente Tag auch mit Recht als Geburtstag der Welt bezeichnet werden, an welchem des Vaters Werk, vollkommen und aus vollkommenen Teilen bestehend, in die Erscheinung trat. [60] An ihm ist Enthaltung von jeglicher Arbeit vorgeschrieben, nicht etwa weil das Gesetz zum Leichtsinn erziehen will; denn fortgesetzt sucht es an die Ertragung von Mühsal zu gewöhnen und zu schwerer Arbeit zu erziehen und verwirft Arbeitsscheu und Neigung zum Müßiggang – heißt es doch ausdrücklich: sechs Tage sollst du arbeiten (Ex 20,9; 23,12; 35,2; Dtn 5,13) –; sondern um den Druck der beständigen, ununterbrochenen Arbeit zu lindern und den Körper durch Gewährung einer angemessenen Erholungszeit zu gleicher Arbeitsleistung neu zu stärken; denn durch die Erholung sammeln nicht nur gewöhnliche Menschen, sondern auch Berufskämpfer neue Kraft und unterziehen sich alsdann mit gesteigertem Leistungsvermögen unverzüglich voll Widerstandskraft allen ihren Aufgaben.

[61] Während es nun aber körperliche Arbeit am siebenten Tage verbot, gestattete es die edleren Beschäftigungen, die in tugendhaften Reden und Belehrungen bestehen: es ermahnt sie nämlich, sich an ihm mit Philosophie zu befassen zur Veredlung der Seele und des in uns herrschenden Geistes. [62] Es stehen nämlich an den Sabbaten in allen Städten zahllose Lehrhäuser der Einsicht, der Besonnenheit, der Tapferkeit, der Gerechtigkeit und der anderen Tugenden offen; darin sitzen die einen in Ordnung und Ruhe gespitzten Ohres da, mit gespannter Aufmerksamkeit, weil sie nach dem erquickenden Worte dürsten; einer der erfahrensten Männer aber erhebt sich und erteilt ihnen Belehrung über die guten und nützlichen Dinge, durch die das ganze Leben veredelt werden kann. [63] Und es gibt sozusagen zwei Grundlehren, denen die zahllosen Einzellehren und -sätze untergeordnet sind: in Bezug auf Gott das Gebot der Gottesverehrung und Frömmigkeit, in Bezug auf Menschen das der Nächstenliebe und Gerechtigkeit; jedes dieser beiden zerfällt wieder in vielfache, durchweg rühmenswerte Unterarten. [64] Daraus ergibt sich deutlich, dass Moses die

Anhänger seiner heiligen Lehren keinen Augenblick müßig sein lässt; vielmehr hat er, da wir aus Leib und Seele bestehen, dem Leibe die ihm zukommende und der Seele die für sie geeignete Beschäftigung zugewiesen und es so eingerichtet, dass beide einander ablösen, sodass die Seele während der Arbeit des Körpers ruht und in dessen Erholungszeit arbeitet, dass somit die trefflichsten Arten der Lebensführung, die theoretische und die praktische, miteinander abwechseln und einander Platz machen; dem praktischen Leben ist dabei die Sechs für die körperliche Arbeit zugewiesen, dem theoretischen die Sieben zur Förderung der Erkenntnis und Vervollkommnung der Seele.
Philo, Über die Einzelgesetze 2,56–64 (Cohn, Bd. 2, S. 124–126).

Synagoge als Unheilszeichen im Traum

Eine Synagoge, Bettler, alle möglichen Landstreicher, Jammergestalten und Hungerleider zeigen sowohl einem Mann wie auch einer Frau Kummer, Sorgen und seelische Pein an; denn einerseits betritt niemand eine Synagoge, der nicht voller Sorgen ist, andererseits sind Bettler überaus garstig, mittellos und haben nichts Gesundes an sich und vereiteln deshalb jedes Vorhaben.
Artemidor, Traumbuch 3,53 (Brackertz, S. 233).

7. Gebete

Gebet Abrahams um Rettung vor den Götzen

[19] Und er [*scil.* Abraham] betete in dieser ganzen Nacht und sagte: »Mein Gott, mein höchster Gott. Du allein bist für mich Gott. Und du hast alles erschaffen. Und Werk deiner Hände ist alles, was ist. Und dich und dein Reich habe ich erwählt. [20] Rette mich aus der Hand der bösen Geister, die in dem Denken des Herzens der Menschen herrschen. Und sie sollen mich nicht weg von dir, mein Gott, in die Irre führen. Und mache, dass ich und mein Same nicht in die Irre gehen, von jetzt an bis in Ewigkeit.«
Jubiläen 12,19–20 (Berger, JSHRZ 2.3, S. 394f).

Dankgebet Davids

[4] Da begann David diesen Psalm zu singen und sprach: »Von den Enden der Erde her will ich anfangen zu rühmen und von den (ersten) Tagen der Welt an will ich einen Lobgesang sprechen. Als Abel zuerst das Vieh weidete, war sein Opfer wohlgefälliger als (das) seines Bruders, und sein Bruder eiferte gegen ihn und erschlug ihn. Mich aber nicht so, weil mich Gott bewacht hat und weil er mich seinen Engeln übergeben wird und seinen Wächtern, dass sie mich bewachen; denn meine Brüder eiferten gegen mich, und mein Vater und meine Mutter haben mich übersehen. Und als der Prophet kam, riefen sie mich nicht, und als der Gesalbte genannt wurde, haben sie mich vergessen. Gott aber hat sich

mir genaht mit seiner Rechten und seiner Barmherzigkeit, deswegen werde ich nicht aufhören zu lobsingen an diesen Tagen meines Lebens.«
Pseudo-Philo, LAB 59,4 (Dietzfelbinger, JSHRZ 2.2, S. 252f).

Psalm Davids für Saul als Beschwörung

[1] Und in jener Zeit wurde der heilige Geist von Saul genommen, und es würgte ihn ein sehr böser Geist. Da sandte Saul aus und führte David herbei, und er sang auf seiner Zither einen Psalm in der Nacht. Und dies ist der Psalm, den er für Saul sang, damit der böse Geist von ihm weiche: [2] »Finsternis und Schweigen war, bevor die Welt wurde, und es sprach das Schweigen, und die Finsternis wurde sichtbar. Und damals wurde dein Name geschaffen bei der Zusammenziehung der Ausdehnung, wobei das Obere Himmel genannt und das Untere Erde gerufen wurde. Und es wurde dem Oberen befohlen, dass es regnen lasse gemäß seiner Zeit, und dem Unteren wurde befohlen, dass es Nahrung hervorbringe für den Menschen, der geschaffen wurde. Und danach wurde der Stamm eurer Geister geschaffen. [3] Und jetzt sei nicht unwillig als zweites Geschöpf. Wenn nicht, so gedenke des Tartarus, in dem du wandelst. Oder genügt es dir nicht zu hören, dass ich durch das, was klingt, vor deinem Angesicht vielfach singe? Oder bist du dessen uneingedenk, dass aus dem Widerhall im Chaos eure Art geboren worden ist? Überführen aber wird dich der neue Mutterschoß, aus dem ich geboren worden bin, von dem nach einer Zeit aus meinen Seiten der geboren werden wird, der euch bezwingen wird.« Und als David den Lobgesang sprach, verschonte der böse Geist Saul.
Pseudo-Philo, LAB 60,1–3 (Dietzfelbinger, JSHRZ 2.2, S. 253f).

Hymnus der Aseneth

[11,19] Und es stand auf Aseneth wiederum von der Wand, wo sie saß, und richtete sich auf auf ihre Knie und breitete aus ihre Hände nach Osten und blickte auf (mit) ihren Augen in den Himmel und tat auf ihren Mund zu Gott und sprach:
[12,1] »Herr, der Gott der Ewigkeiten,
Der (da) schuf die (Dinge) alle und lebendig machte,
der (da) gab Odem (des) Lebens all deiner Schöpfung,
der (da) herausbrachte die unsichtbaren (Dinge) in das Licht,
[2] der (da) machte die seienden und die erscheinenden (Dinge)
aus den erscheinungslosen und nicht seienden,
der (da) hoch machte den Himmel
und ihn gründete in (einer) Feste auf den Rücken der Winde,
der (da) gründete die Erde auf den Wassern,
der (da) legte große Steine auf dem Abgrund des Wassers,
und die Steine werden nicht sinken,
sondern sind wie Blätter (von) Eiche oben auf den Wassern,
und sie sind lebende Steine.
Und deine Stimme hören sie, Herr,

und hüten deine Gebote, die du gebotest ihnen,
und deine Anordnungen nie (und) nimmer übertreten sie,
sondern sind bis zu(m) Ende tuend deinen Willen,
da du (selbst), Herr, redetest
und alle (Geschöpfe) wurden zum Leben gebracht,
da dein Wort, Herr, Leben ist all deiner Geschöpfe:
[3] Zu dir nehme ich Zuflucht, Herr,
und zu dir werde ich schreien, Herr,
dir werde ich (her)zuschütten meine Bitte,
dir werde ich bekennen meine Sünden,
und zu dir werde ich offenbaren meine Ungesetzlichkeiten.
[4] Verschone mich, Herr, da ich sündigte vor dir viele (Male),
ich tat Ungesetzlichkeit und verunehrte
und habe geredet arge und unaussprechliche (Dinge) vor dir.
[5] Befleckt ist mein Mund von den Opfern der (Götzen)bilder
und von dem Tisch der Götter der Ägypter.
Ich sündigte, Herr, vor dir
viele (Male) sündigte ich in Unwissenheit
und ehrte (Götzen)bilder tot und stumm.
Und jetzt, nicht bin ich wert, auf(zu)tun meinen Mund zu dir, Herr.
Und ich (selbst), Aseneth, Tochter Pentephres' des Priesters,
die Jungfrau und Königin,
die vormals prunkende und hoffärtige
und prangende in meinem Reichtum über alle Menschen (hinaus),
jetzt aber stelle ich dar eine Waise und Einsame
und Zurückgelassene von allen Menschen.
[6] (Zu) dir fliehe ich (her)zu, Herr,
und dir bringe ich dar meine Bitte,
und zu dir werde ich schreien.
[7] Erlöse mich, bevor ich ergriffen werde
von den(en, die da) verfolgen mich.
[8] Wie nämlich ein unmündiges Kindchen,
sich fürchtend, flieht zu seinem Vater,
und der Vater, ausstreckend seine Hände,
reißt es (weg) von der Erde und umarmt es an seiner Brust,
und das Kindchen schlingt seine Hände um den Nacken seines Vaters
und atmet auf von seiner Furcht und ruht aus an der Brust seines Vaters,
der Vater aber lächelt über die Bestürzung seiner Unmündigkeit,
so auch du (selbst), Herr, strecke aus deine Hände auf mich
wie ein kinderlieber Vater und reiß mich (weg) von der Erde.
[9] Siehe nämlich, der Löwe der wilde der alte verfolgt mich,
denn er (selbst) ist Vater der Götter der Ägypter,
und seine Kinder sind die Götter der (Götzen)bildwahnsinnigen.
Und ich (selbst) habe Hass gefasst (auf) sie,

da sie Kinder des Löwen sind,
und warf alle von mir und verdarb sie.
[10] Und der Löwe, ihr Vater, ergrimmt, verfolgt mich.
[11] Doch du, Herr, erlöse mich aus seinen Händen,
und aus seinem Mund hole heraus mich,
dass nicht etwa er (weg)reiße mich wie ein Löwe
und zerstückele mich und werfe mich in die Flamme des Feuers,
und das Feuer wird hineinwerfen mich in den Sturmwind,
und der Sturmwind wird umwinden mich in Dunkelheit
und hinauswerfen mich in die Tiefe des Meeres,
und verschlingen wird mich das Seeungeheuer, das große, das von Ewigkeit, und werde verderben in die Ewigkeit-Zeit.
[12] Erlöse mich, Herr, bevor (dass) kommen über mich diese (Dinge) alle. Erlöse mich, Herr, die Einsame und Anhangslose,
denn mein Vater und meine Mutter (ver)leugneten mich
und sprachen: »Nicht ist (von) uns eine Tochter Aseneth«,
denn ich verdarb und zertrümmerte ihre Götter
und habe Hass gefasst (auf) sie.
[13] Und ich bin jetzt Waise und einsam,
und andere Hoffnung nicht ist mir, wenn nicht auf dich, Herr,
und nicht weitere Zuflucht außer deinem Erbarmen, Herr,
denn du (selbst) bist der Vater der Waisen und der(er, die da) verfolgt sind, ein Beschirmer und der(er, die da) betrübt sind, ein Helfer.
[14] Erbarme dich mein, Herr,
und hüte mich, die Jungfrau keusch, die Zurückgelassene und Waise.
Denn du (selbst) bist, Herr, ein Vater süß und gut und gelinde.
[15] Welcher Vater ist so süß wie du, Herr,
und welcher so schnell in Erbarmen wie du, Herr,
und welcher langmütig über unseren Sünden wie du, Herr?«
Siehe nämlich, all die Gaben meines Vaters Pentephres,
die er hat gegeben mir zu(m) Erbteil, sind zeitlich und unscheinbar;
Die Gaben aber deines Erbteils, Herr, sind unverweslich und ewig.
[13,1] Suche heim, Herr, meine (Selbst)erniedrigung und erbarme dich mein,
blicke hin auf meinen Waisenstand
und habe Mitleid (mit) mir, die (da) betrübt ist.
Siehe nämlich, ich (selbst) floh weg aus allen,
und zu dir nahm ich Zuflucht, Herr, dem allein(ig)en Menschenfreund.
[2] Siehe, all die guten (Dinge) der Erde verließ ich,
und zu dir nahm ich Zuflucht, Herr,
in diesem Sack(tuch) und dem Staube,
nackt und waise und (ganz) alleingelassen.
[3] Siehe, ich legte ab mein königliches Gewand,
das von (weißem) Byssus aus Hyazinth(garn) gold(durch)wirkt,
und zog an einen Leibrock schwarz und leid(voll).

[4] Siehe, ich habe gelöst meinen Gürtel, den goldenen,
und warf ihn von mir und umgürtete
(um) mich Strick und Sack(tuch).
[5] Siehe, meine Tiara und mein Diadem warf ich von meinem Haupte
und habe hingebreitet Asche.
[6] Siehe, der Boden meines Gemachs,
der (da) ausgelegt war (mit) Steinen bunt und purpurn,
der war zuvor besprengt (mit) Salben
und ward abgewischt (mit) leuchtenden Tüchern,
jetzo wird besprengt (mit) meinen Tränen
und ward entwürdigt, (da er) (mit Asche) bestaubt ist.
[7] Siehe, mein Herr, aus meinen Tränen und der Asche
ist viel Kot geworden in meinem Gemach wie in einem breiten Wege.
[8] Siehe, Herr, mein Mahl das königliche und die Mehlspeisen
habe ich gegeben den Hunden, den fremden.
[9] Und siehe ich (selbst) sieben Tage und sieben Nächte war nüchtern,
und Brot nicht aß ich und Wasser nicht trank ich,
und mein Mund ist geworden trocken wie eine Pauke
und meine Zunge wie ein Horn
und meine Lippen wie eine Scherbe,
und mein Angesicht ist zusammengefallen,
und meine Augen waren in Schande (der) Entzündung
von meinen Tränen, den vielen,
und alle meine Kraft ist am Ende.
[11] (*sic*) Siehe nun, die Götter alle, die ich verehrte zuvor unwissend,
jetzt erkannte ich, dass sie waren (Götzen)bilder stumm und tot,
und habe gegeben sie zertreten (zu) werden von den Menschen,
und die Diebe rissen an sich sie, welche waren silbern und golden.
[12] Und zu dir nahm ich Zuflucht, Herr mein Gott.
Doch du (selbst), erlöse mich von meinen vielen Unwissenheitstaten
[13] und verzeih mir, denn ich sündigte (gegenüber) dir in Unwissenheit,
Jungfrau, (die ich) bin, und unerfahren habe ich mich verirrt
und habe geredet lästerliche (Worte) gegen meinen Herrn Joseph,
denn ich wusste nicht, ich (selbst) die Unglückliche,
dass er (ein) Sohn (von) dir ist,
weil doch sprachen (zu) mir die Menschen,
dass Joseph Sohn des Hirten ist aus Land Kanaan,
und ich (selbst), die Unglückliche, habe geglaubt ihnen
und habe mich verirrt und verachtete ihn
und habe geredet über ihn arge (Dinge)
und wusste nicht, dass er (ein) Sohn (von) dir ist.
[14] Wer nämlich der Menschen wird gebären solche Schönheit
und so große Weisheit und Tugend und Stärke wie der allschöne Joseph?
[15] Herr, ich befehle dir ihn,

da ich ihn (selbst) liebe über meine Seele (hinaus),
bewahre ihn in der Weisheit deiner Gnade,
und du, Herr, befiehl mich ihm zu(r) Magd und Sklavin,
und ich (selbst) werde zurechtmachen sein Bett
und waschen seine Füße und aufwarten ihm
und werde sein ihm Sklavin
und (als Sklavin) dienen ihm in die Ewigkeit-Zeit.«
Joseph und Aseneth 11,19–13,15 (Burchard, JSHRZ 2.4, S. 662–671).

Sündenbekenntnis der Aseneth und Lob der Umkehr

[11] Ich sündigte, Herr, ich sündigte,
vor dir viele (Male) sündigte ich,
ich (selbst) Aseneth, Tochter Pentephres', Priester Heliopolis,
der ist Aufseher über alle.
[12] Ich sündigte, Herr, ich sündigte,
vor dir viele (Male) sündigte ich.
Ich (selbst) war prangend im Hause meines Vaters
Und war eine Jungfrau ruhmredig und hoffärtig.
[13] Ich sündigte, Herr, ich sündigte,
vor dir viele (Male) sündigte ich.
Und ich verehrte fremde Götter, deren nicht war eine Zahl,
und aß Brot aus ihren Opfern.
[14] Ich sündigte, Herr, ich sündigte,
vor dir viele (Male) sündigte ich.
Brot (der) Erwürgung aß ich
und Kelch (des) Hinterhalts trank ich vom Tisch des Todes.
[15] Ich sündigte, Herr, ich sündigte,
vor dir viele (Male) sündigte ich.
Und ich wusste nicht Herr, den Gott des Himmels,
und nicht vertraute ich auf Gott, den Höchsten des Lebens.
[16] Ich sündigte, Herr, ich sündigte,
vor dir viele (Male) sündigte ich.
Ich vertraute nämlich auf den Reichtum meiner Herrlichkeit
und auf meine Schönheit
und war ruhmredig und hoffärtig.
[17] Ich sündigte, Herr, ich sündigte,
vor dir viele (Male) sündigte ich.
Und ich verachtete einen jeglichen Mann auf der Erde,
und nicht war ein Mensch, der da irgendetwas tun wird vor mir.
[18] Ich sündigte, Herr, ich sündigte,
vor dir viele (Male) sündigte ich.
Und ich habe Hass gefasst (auf) alle, die (da) gefreit haben (um) mich,
und verachtete sie und verabscheute sie.

[19] Ich sündigte, Herr, ich sündigte,
vor dir viele (Male) sündigte ich.
Und ich habe geredet dreiste (Dinge) in Nichtigkeit
und sprach, dass ›Nicht ist ein Mann-Gewaltiger auf der Erde,
der da löse den Gürtel meiner Jungfrauschaft‹.
[20] Ich sündigte, Herr, ich sündigte,
vor dir viele (Male) sündigte ich.
Aber ich (selbst) werde sein Braut
des Sohnes des großen Königs des Erstgeborenen.
[21] Ich sündigte, Herr, ich sündigte,
vor dir viele (Male) sündigte ich,
bis dass kam Joseph, der Starke Gottes;
er (selbst) stieß herab mich von meiner Gewaltigkeit
und erniedrigte mich von meiner Hoffart,
und (durch) seine Schönheit fing er mich,
und (durch) seine Weisheit fasste er mich wie einen Fisch auf einem Haken,
und (durch) seinen Geist (wie) mit Lockspeise (des) Lebens lockte er mich, und
(durch) seine Stärke festigte er mich
und führte mich (zu) dem Gott der Ewigkeiten
und dem Herrscher des Hauses des Höchsten,
und er gab mir (zu) essen Brot (des) Lebens
und (zu) trinken Kelch (der) Weisheit,
und ich wurde seine Braut in die Ewigkeiten der Ewigkeiten.«
Joseph und Aseneth 21,11–21 (Burchard, JSHRZ 2.4, S. 698–701).

Grabstein der Heraklea mit Fluch

vor 88 v. Chr.

Ich flehe an und bitte den höchsten Gott, Herr der Geister und allen Fleisches, gegen die, die heimtückisch ermordet oder vergiftet haben die erbarmenswerte und allzu früh verstorbene Heraklea und verbrecherisch ihr unschuldiges Blut vergossen haben, dass ihnen dasselbe widerfahre, die sie heimtückisch ermordet oder vergiftet haben, und ihren Kindern. O Herr, der du auf alles blickst, und die Engel Gottes, vor dem sich jedes Wesen (πᾶσα ψυχή) an diesem heutigen Tage erniedrigt in Anbetung, dass Du das unschuldige Blut rächst, (sie) heimsuchst, und das schnellstens.
Rheneia auf Delos (EÜ nach Noy, IJO, Bd. 1, S. 235–239).

Gebetsvorschriften

[1] (a) Das Morgengebet spreche man bis zum Mittag. Rabbi Jehuda sagt: »Bis vier Stunden nach Sonnenaufgang.«

(b) Das Nachmittagsgebet spreche man bis zum Nachmittag. Rabbi Jehuda sagt: »Bis zur Hälfte des Nachmittags.«

(c) Das Abendgebet hat keine feste Zeit.

(d) Und das Zusatzgebet darf man den ganzen Tag beten. Rabbi Jehuda sagt: »Bis zur siebten Stunde.«

[2] Rabbi Nehunja ben ha-Kana betete bei seinem Hineingehen in das Lehrhaus und bei seinem Herausgehen ein kurzes Gebet. Sie sagten zu ihm: »Warum betest Du?« Er sagte zu ihnen: »Bei meinem Hineingehen bete ich, dass durch mich nicht Anstoß erregt werde, und beim Herausgehen danke ich für mein Los.«

[3] Rabban Gamliel sagt: »An jedem Tag bete jedermann das Achtzehngebet.« Rabbi Jehoschua sagt: »Ein Gebet nach Art des Achtzehngebets.« Rabbi Aqiba sagt: »Wenn er das Gebet fließend sprechen kann, bete er das Achtzehngebet, aber wenn nicht, bete er nach Art des Achtzehngebets.«

[4] (a) Rabbi Eliezer sagt: »Wer sein Gebet verrichtet hat als eine Verpflichtung, dessen Gebet findet keine Gnade.« (b) Rabbi Jehoschua sagt: »Wer an einen gefährlichen Ort geht, sage ein kurzes Gebet: ›Hilf, Herr, deinem Volk, dem Rest Israels, auf jedem Abschnitt der Reise seien seine Nöte vor dir. Gepriesen seist Du, Gott, der Gebete erhört‹.

[5] Wer auf einem Esel reitet, steige ab zum Gebet, aber wenn er nicht absteigen kann, wende er sein Gesicht nach Jerusalem, aber wenn er sein Gesicht nicht dahin wenden kann, richte er sein Herz auf das Haus des Allerheiligsten.

[6] Wer auf einem Schiff fährt, auf einem Wagen oder auf einem Floß, richte sein Herz auf das Haus des Allerheiligsten.«
mBer 4,1–6 (Correns, S. 7).

Gebetsvorbereitungen

Raba-bar-Rab Huna hat Lederschuhe angezogen und dann gebetet. Er hat gesagt: »Bereite dich zu begegnen (Am 4,12).«

Raba hat seine Übergewänder abgelegt, seine Hände gefaltet und dann gebetet. Er hat gesagt: »Wie der Sklave vor seinem Herrn.«

Rab Aschi hat gesagt: »Ich habe Rab Kahana gesehen. Wenn Unglück in der Welt gewesen ist, hat er seine Obergewänder abgelegt, seine Hände gefaltet und dann gebetet. Er hat gesagt: ›Wie der Slave vor dem Herrn.‹ Wenn Frieden in der Welt gewesen ist, hat er sich angekleidet, bedeckt und verhüllt und dann gebetet. Er hat gesagt: ›Bereite dich, deinem Gott zu begegnen, Israel (Am 4,12)‹.«
bShab 10 a (Kippenberg, S. 140).

Rabbinische Tagesgebete

Wer sich ins Bett schlafen legt, lese von »Höre Israel« bis »Wenn ihr hören werdet«; sodann spreche er: »Gepriesen sei er, der die Bande des Schlafes auf meine Augen und den Schlummer auf meine Lider fallen lässt, und dem Augapfel Licht gewährt. Möge es dein Wille sein, o Herr, mein Gott, dass du mich zum Frieden hinlegen lassest, und gib mir Anteil an deiner Tora. Gewöhne mich zu gottgefälligen Handlungen und gewöhne mich nicht zur Übertretung, lass mich nicht zur Sünde kommen noch zur Versuchung noch zur Schmach. Lass den bösen Trieb mich nicht beherrschen, und schütze mich vor bösem Begebnis und vor bösen Krankheiten. Mögen schlechte Träume und böse Gedanken mich nicht beunruhigen, mein Lager sei makellos vor dir, und erleuchte meine Augen, damit ich nicht des Todes entschlafe. Gepriesen seist du, o Herr, der die ganze Welt mit seiner Herrlichkeit erleuchtet.«

Wenn man aufwacht, spreche man: »Mein Gott, die Seele, die du mir gegeben, ist rein; du hast sie gebildet, du hast sie mir eingehaucht und du bewahrst sie in mir; du wirst sie einst von mir nehmen, und du wirst sie mir in Zukunft wiedergeben. Solange die Seele in mir ist, danke ich dir, o Herr, mein Gott und Gott meiner Väter, Gebieter aller Welten und Herr aller Seelen. Gepriesen seist du, o Herr, der den toten Körpern die Seele wiedergibt.«

Wenn man das Krähen des Hahnes hört, spreche man: »Gepriesen sei er, der dem Hahn Verstand verliehen, zwischen Tag und Nacht zu unterscheiden.«

Wenn man die Augen öffnet, spreche man: »Gepriesen sei er, der die Blinden sehend macht.«

Wenn man sich aufrichtet und hinsetzt, spreche man: »Gepriesen sei er, der die Gefesselten löst.«

Wenn man sich ankleidet, spreche man: »Gepriesen sei er, der die Nackten bekleidet.«

Wenn man sich hinstellt, spreche man: »Gepriesen sei er, der die Gebeugten aufrichtet.« Wenn man den Boden betritt, spreche man: »Gepriesen sei er, der die Erde auf dem Wasser ausspannt.«

Wenn man einen Schritt macht, spreche man: »Gepriesen sei er, der die Schritte des Menschen richtet.«

Wenn man die Schuhe anzieht, spreche man: »Gepriesen sei er, der mir all meinen Bedarf gewährt.«

Wenn man sich den Gürtel umlegt, spreche man: »Gepriesen sei er, der Israel mit Stärke umgürtet.«

Wenn man das Tuch um das Haupt windet, spreche man: »Gepriesen sei er, der Israel mit Herrlichkeit krönt.«

Wenn man sich in das Zizitgewand hüllt, spreche man: »Gepriesen sei er, der uns durch seine Gebote geheiligt und uns geboten hat, sich in die Zizit zu hüllen.«

Wenn man die Tefillin an den Arm anlegt, spreche man: »Gepriesen sei er, der uns durch seine Gebote geheiligt und uns Tefillin anzulegen befohlen hat.«

Wenn man die Tefillin an sein Haupt anlegt, spreche man: »Gepriesen sei er, der uns durch seine Gebote geheiligt und uns das Tefillingebot anbefohlen hat.«

Wenn man die Hände wäscht, spreche man: »Gepriesen sei er, der uns durch seine Gebote geheiligt und uns das Händewaschen befohlen hat.«

Wenn man das Gesicht wäscht, spreche man: »Gepriesen sei er, der Schlaf von meinen Augen und Schlummer von meinen Lidern entfernt. Möge es auch dein Wille sein, o Herr, mein Gott, dass du mich an deine Tora gewöhnest; lass mich an deiner Tora und an deinen Geboten festhalten. Lass mich nicht zur Vergehung kommen, noch zur Versuchung, noch zur Schmach, und beuge meinen Trieb,

sich dir zu unterwerfen. Halte mich fern von bösen Menschen und böser Gesellschaft; lass mich festhalten an dem guten Trieb und an guter Gesellschaft; lass mich heute und jeden Tag Gunst, Wohlwollen und Erbarmen finden in deinen Augen und in den Augen aller, die mich sehen; und lass mir (gute) Wohltaten angedeihen. Gepriesen seist du, o Herr, der seinem Volke Israel gütiges Wohlwollen angedeihen lässt.«
bBer 60b (Goldschmidt, Bd. 1, S. 271f).

Gebetsandacht

(a) Man stellt sich zum Gebet nur mit gesenktem Kopf hin.

(b) Die ersten Frommen warteten eine Stunde und beteten (dann erst), um ihr Herz auf Gott zu richten.

(c) Selbst wenn ein König einen grüßt, soll man ihm (den Gruß) nicht erwidern. Und selbst wenn eine Schlange sich um seine Ferse gewunden hat, soll man (sein Gebet) nicht unterbrechen.
mBer 5,1 (Correns, S. 8).

Das Achtzehngebet (שמנה עשרה – *Shemoneh Esreh*)

[1] Gepriesen seist du, Jahwe, unser Gott und Gott unserer Väter, Gott Abrahams, Gott Isaaks und Gott Jakobs, großer, mächtiger und furchtbarer Gott, höchster Gott, Schöpfer des Himmels und der Erde, unser Schild und Schild unserer Väter, unser Vertrauen in allen Geschlechtern! Gepriesen seist du, Jahwe, Schild Abrahams!

[2] Du bist ein Held, der Hohe erniedrigt, der Starke, der die Gewalttätigen richtet, der ewig Lebende, der die Toten auferstehn lässt, der den Wind wehen lässt und den Tau herniederfallen, der die Lebenden versorgt und die Toten lebendig macht, in einem Augenblick möge uns Hilfe sprossen. Gepriesen seist du, Jahwe, der die Toten lebendig macht!

[3] Heilig bist du und furchtbar dein Name, und kein Gott ist außer dir. Gepriesen seist du, Jahwe, heiliger Gott!

[4] Verleihe uns, unser Vater, Erkenntnis von dir her und Einsicht und Verstand aus deiner Tora. Gepriesen seist du, Jahwe, der Erkenntnis verleiht!

[5] Bringe uns zurück, Jahwe, zu dir, dass wir umkehren in Buße; erneuere unsere Tage wie vordem. Gepriesen seist du, Jahwe, der Wohlgefallen an Buße hat!

[6] Vergib uns, unser Vater, denn wir haben gesündigt gegen dich; tilge und entferne unsere Verfehlungen vor deinen Augen weg, denn groß ist deine Barmherzigkeit. Gepriesen seist du, Jahwe, der viel vergibt!

[7] Sieh an unser Elend und führe unsere Sache und erlöse uns um deines Namens willen. Gepriesen seist du, Jahwe, Erlöser Israels!

[8] Heile uns, Jahwe, unser Gott, von dem Schmerz unseres Herzens und Seufzen und Stöhnen entferne von uns und bringe Heilung unseren Wunden. Gepriesen seist du, der die Kranken seines Volkes heilt!

[9] Segne an uns, Jahwe, unser Gott, dieses Jahr zum Guten bei allen Arten seiner Gewächse und bringe eilends herbei das Jahr des Termins unserer Erlösung und gib Tau und Regen auf den Erdboden und sättige die Welt aus den Schätzen deines Guten und gib Segen auf das Werk unserer Hände. Gepriesen seist du, Jahwe, der die Jahre segnet!

[10] Stoße in die große Posaune zu unserer Freiheit und erhebe ein Panier zur Sammlung unserer Verbannten. Gepriesen seist du, Jahwe, der die Vertriebenen seines Volks Israel sammelt!

[11] Bringe wieder unsere Richter wie vordem und unsere Ratsherrn wie zu Anfang, und sei König über uns, du allein. Gepriesen seist du, Jahwe, der das Recht liebhat!

[12] Den Abtrünnigen sei keine Hoffnung, und die freche Regierung mögest du eilends ausrotten in unseren Tagen, und die Nazarener und die Ketzer mögen umkommen in einem Augenblick, ausgelöscht zu werden aus dem Buch des Lebens und mit den Gerechten nicht aufgeschrieben werden. Gepriesen seist du, Jahwe, der Freche beugt!

[13] Über die Proselyten der Gerechtigkeit möge sich dein Erbarmen regen und gib uns guten Lohn mit denen, die deinen Willen tun. Gepriesen seist du, Jahwe, Zuversicht der Gerechten!

[14] Erbarme dich, Jahwe, unser Gott, in deiner großen Barmherzigkeit über Israel, dein Volk, und über Jerusalem, deine Stadt, und über Zion, die Wohnung deiner Herrlichkeit, und über deinen Tempel und über deine Wohnung und über das Königtum des Hauses David, des Messias deiner Gerechtigkeit. Gepriesen seist du, Jahwe, Gott Davids, der Jerusalem erbaut!

[15] Höre, Jahwe, unser Gott, auf die Stimme unseres Gebets und erbarme dich über uns; denn ein gnädiger und barmherziger Gott bist du. Gepriesen seist du, Jahwe, der Gebete erhört!

[16] Es gefalle Jahwe, unserem Gott, wohl zu wohnen in Zion, dass deine Knechte dir dienen in Jerusalem. Gepriesen seist du, Jahwe, dass wir dir dienen werden in Furcht!

[17] Wir danken dir, du bist Jahwe, unser Gott und Gott unserer Väter, für alles Gute, die Liebe und die Barmherzigkeit, die du uns erwiesen und die du an uns getan hast und an unseren Vätern vor uns; und wenn wir sagten, unser Fuß wanke, hat deine Liebe, Jahwe, uns gestützt. Gepriesen seist du, Jahwe, Allgütiger, dir muss man danken!

[18] Lege deinen Frieden auf dein Volk Israel und auf deine Stadt und auf dein Eigentum und segne uns alle allzumal. Gepriesen seist du, Jahwe, der den Frieden schafft!

Kippenberg, S. 141–143.

Kaddisch

Erhoben und geheiligt werde sein großer Name in der Welt, die er nach seinem Willen erschaffen hat, und sein Reich erstehe in eurem Leben und in euren Tagen und dem Leben des ganzen Hauses Israel schnell und in naher Zeit. Sprechet: Amen.

Sein großer Name sei gepriesen in Ewigkeit und Ewigkeit der Ewigkeiten!
Barrett / Thornton, S. 239.

Hanina ben-Dosa und das Gebet über Kranke

[5] (a) Wer betet und sich irrt, dem ist es ein böses Vorzeichen. Und wenn er der Beauftragte der Gemeinde ist, ist es ein böses Vorzeichen für die, die ihn beauftragt haben, denn der Beauftragte eines Menschen ist wie dieser selbst.

(b) Sie sagten darüber von Rabbi Hanina ben-Dosa, dass er über die Kranken betete und sagte: »Der bleibt am Leben«, oder »Der stirbt«. Sie sagten zu ihm: »Woher weißt du das?« Er sagte zu ihnen: »Wenn ich mein Gebet fließend sprechen kann, weiß ich, dass dieser angenommen ist, aber wenn nicht, weiß ich, dass dieser verworfen ist«.
mBer 5,5 (Correns, S. 8f).

Hymnus an Gott

[1] Und es geschah nach dem siebten Tag: Ich betete vor dem Mächtigen und sagte:

[2] »O Herr, du rufst das Kommen der Zeiten, und sie stehen vor dir; du lässt die Macht der Welt vergehen, und sie widerstehen dir nicht; du ordnest den Lauf der Perioden an und sie gehorchen dir.

[3] Du allein kennst die Dauer der Generationen, und nicht offenbarst du deine Geheimnisse den Vielen.

[4] Du lässt erkennen die Menge des Feuers, und die Leichtigkeit des Windes wägst du ab.

[5] Du erforschst das Ende der Himmelshöhen, und die Tiefen der Finsternis ergründest du.

[6] Du befiehlst der Zahl, die vergeht und aufbewahrt wird, und du bereitest eine Wohnstätte für die, die sein werden.

[7] Du erinnerst den Anfang, den du gemacht hast, und den Untergang, der kommt, vergisst du nicht.

[8] Du befiehlst mit Winken der Furcht und des Drohens den Flammen, und sie verwandeln sich in Winde. Und durch *ein* Wort stellst du auf, was nicht da war, und hältst fest das, was noch nicht gekommen ist, mit großer Kraft.

[9] Du lehrst die Geschöpfe durch deine Klugheit und du machst die Sphären weise, dass sie nach ihren Ordnungen dienstbar sind.

[10] Heerscharen ohne Zahl stehen vor dir und dienen nach ihren Ordnungen still deinem Wink.

[11] Höre auf deinen Sklaven und achte auf mein Flehen!

[12] Denn innerhalb einer kurzen Zeit sind wir geboren worden, und innerhalb einer kurzen Zeit kehren wir zurück.

[13] Bei dir aber sind Stunden wie die Zeit und Tage wie Generationen.

[14] Zürne also nicht über den Menschen, weil er nichts ist, und stelle nicht in Rechnung unsere Werke?

[15] Denn was sind wir? Denn siehe, durch dein Geschenk sind wir in die Welt gekommen und ohne unseren Willen gehen wir.

[16] Denn nicht haben wir unseren Eltern gesagt: Zeugt uns!, haben auch nicht zur Unterwelt hingesandt und gesagt: Nimm uns auf!

[17] Was ist nun unsere Kraft, dass wir deinen Zorn ertrügen, und was sind wir, dass wir dein Gericht aushielten?

[18] Beschütze du uns in deiner Barmherzigkeit und in deiner Gnade hilf uns!

[19] Blicke hin auf die Kleinen, die sich dir unterworfen haben, und rette alle, die sich dir nahen. Und nimm nicht alle Hoffnung unseres Volkes weg und verkürze nicht die Zeiten unserer Hilfe.

[20] Denn dies ist das Volk, das du erwählt hast, und diese sind das Volk, dem gleich du keines gefunden hast!

[21] Aber reden will ich jetzt vor dir und sagen, wie mein Herz denkt.

[22] Denn auf dich vertrauen wir. Denn siehe: Dein Gesetz ist bei uns. Und wir wissen, dass wir nicht fallen, so lange, als wir an deinem Bundesvorschriften festhalten.

[23] Zu aller Zeit sind wir selig auch dadurch, dass wir nicht mit den Völkern vermischt sind.

[24] Denn wir alle sind ein berühmtes Volk, die wir ein Gesetz empfangen haben von dem einen. Und jenes Gesetz, das unter uns ist, hilft uns, und die großartige Weisheit, die in uns ist, unterstützt uns.«

[25] Und als ich gebetet und dies gesagt hatte, war ich sehr geschwächt. [26] Und er antwortete und sagte zu mir: Du hast ehrlich gebetet, Baruch, und alle deine Worte sind vernommen worden.

Syrische Baruch-Apokalypse 48,1–26 (Berger, Synopse, S. 209–213).

8. Bestattung

Pflicht zur Totenpflege im Judentum

Unser Gesetz sorgte im Voraus für die Ehrfurcht den Verstorbenen gegenüber, nicht durch verschwenderische Pracht der Beerdigungsfeier oder durch künstlerische Gestaltung der sichtbaren Grabmäler, sondern es verordnete betreffs der Bestattung einerseits den nächsten Angehörigen, sie zu vollziehen, andererseits machte es für alle, die vorbeikommen, während jemand beerdigt wird, zum Gesetz, hinzuzukommen und mitzuklagen. Zu reinigen heißt es aber sowohl das Haus als auch die Bewohner nach dem Todesfall.

Josephus, Gegen Apion 2,205 (EÜ nach Thackeray, LCL 186, S. 373–376).

Bestattungspraktiken

Gräber sind das hochkomplexe Resultat von Werten und Einstellungen einer Gesellschaft, die sich angesichts des Todes eines Angehörigen über zahlreiche Stufen als archäologisch fassbarer Grabbefund gleichsam vergegenständlichen. Wie zum Beispiel Josephus (Gegen Apion 2,205) zeigt, ist Bestattung eine göttlich sanktionierte Verpflichtung vor allem der Familie. Neben der Familie spielen Freunde und Nachbarn sowie professionelle »Trauerdienstleister« (Klageweiber, Musikanten) ihre je unverwechselbare Rolle (z. B. Klage; Tob 2,1–10; 4,13; Sir 38,16 b). Ziel der Bestattung ist, den Toten zu ehren und sein Andenken zu bewahren. In all dem unterscheidet sich das Judentum nicht von vielen anderen Kulturen der östlichen Mittelmeerwelt.

Bis heute ist die Kremation im Judentum (und im Islam) untersagt, aufgrund der Auffassung, dass der Körper für die Auferstehung intakt sein muss. Als Begründung für das Verbot wird Gen 3,20 herangezogen.

Der **Bestattungsvorgang** beginnt bereits im Haus mit dem Waschen, Salben, Bekleiden bzw. Einwickeln und Aufbahren der Leiche oder dem Sprechen von Gebeten. Textilfragmente, Schließen und Knöpfe sowie gelegentlich Sandalen bezeugen diese Vorgänge. Zudem finden sich oft persönliche Gegenstände wie Schmuck. Zur Überführung wurde der Tote auf ein Brett oder in einen Holzsarg gelegt und unter Begleitung der Trauergemeinde (Sir 7,33 f) aus der Stadt auf den Friedhof getragen (Lk 7,12; Joh 11,31). Die Lage des Körpers im Grab imitiert gewöhnlich die Haltung eines Schlafenden. Die Schlafmetaphorik spielt unter anderem auch darin eine Rolle, dass der Übergang vom Totsein zu einem neuen Leben immer wieder metaphorisch als »aufstehen« oder »aufgeweckt werden« bezeichnet wird.

Weit verbreitet war das **Kammergrab**, bestehend aus einer rechteckigen Haupt- und zuweilen einigen Nebenkammern, die durch einen Eingang betreten werden konnten (z. B. Jerusalem, Jericho, En-Gedi). In der Grabkammer befanden sich entlang der Wand laufende Bänke oder auch in die Wand geschlagene »Schiebestollen« (sog. **loculi** oder **כוכים – kochim**). In Kammergräbern lassen sich drei wichtige Anliegen verwirklichen: 1.) sie bieten einen individuellen Ort für jeden einzelnen Toten, 2.) die gemeinsame Kammer unterstreicht die Zusammengehörigkeit der Bestatteten 3.) die Fassade ermöglicht eine monumentale Gestaltung. Freilich hat dieser Grabtyp einen entscheidenden Nachteil: Seine Kapazität ist begrenzt. Benötigte man Platz, dann räumte man die nach der Verwesung der Leiche übrig gebliebenen Knochen ab und bestattete sie ein zweites Mal (sog. Zweit- oder Sekundärbestattung). Im Laufe des 1. Jh. v. Chr. kam dafür das Ossuar auf, eine bis zu 1 m lange, aus weichem Kalkstein gefertigte Knochenkiste.

Daneben existierte ein weiterer Grabtyp, das **Senkgrab**. Am Boden eines bis zu 2 m in die Erde getieften Schachtes befindet sich die Grablege, entweder in direkter Verlängerung des Schachtes oder als flache, nach rechts oder links versetzte Seitennische. Die Grablege ist zumeist mit Stein- oder Lehmziegelplatten abgedeckt, wodurch wie in den Schiebestollen der Kammergräber eine Art »Kiste« entsteht, in die der Tote gebettet werden kann. Wie auch Kammergräber begegnen Senkgräber in regelrechten Gräberfeldern mit z. T. mehreren Hundert Exemplaren (z. B. Qumran, Khirbet Qazone).

Keiner dieser Grabtypen ist mit spezifischen Vorstellungen über die postmortale Existenz verbunden, noch mit einer besonderen Gruppe des damaligen Judentums. Der Tote bedarf besonderer Pflege durch die Hinterbliebenen. Abgesehen von persönlichen Gegenständen finden sich auffallend viele Kochtöpfe und Schüsseln (vermutlich z. T. zur Aufbewahrung von Speise für die Toten, vgl. Dtn 26,14; Tob 4,17; Bar 6,26 b; Sir 30,18 oder als Reste von Totenmählern der Hinterbliebenen). Zahlreiche Fläschchen aus Ton oder Glas enthielten Duftstoffe, die besonders im Falle der Kammergräber den unerträglichen Verwesungsgeruch mildern sollten und halfen, den Toten zu ehren (Mk 14,3–9; 16,1).

Inschrift vom Grab der Sippe Hesir im Kidrontal

50 v. Chr.–0

(*Hebräisch*) Das ist das Grab (קבר – *qeber*) und das Denkmal (נפש – *nefesh*) des Ela'azar, Hanjah, Jo'ezer, Jehudah, Schim'on, Johanan / Söhne des Josef, des Sohnes des Obed und des Josef und Eleazar, Söhne des Hanjah / [Pr]iester aus den Söhnen Hezirs (*bene hezir*).

Küchler, Jerusalem, S. 716 (mit Abbildung).

Inschrift aus dem Grab des Jason

1. Hälfte 1. Jh. v. Chr.

(*Griechisch*) Freut euch, ihr Lebenden / [D]as (übri)g[e ist tr]inken wie es[sen]!

Küchler, Jerusalem, S. 1031 (mit Abbildung und Transkription).

Inschrift aus einem Grab in Jerusalem (Giv'at ha-Mivtar)

1. Jh. v. / n. Chr.

[1] Ich, Abba, der Sohn des Priesters E[2]leaz[ar], des Sohnes Aarons des Großen, i[3]ch, ich, Abba, der Gedemütigte und Vertrie[4]bene, der in Jerusalem geboren wurde, [5] und auswanderte nach Babel und heraufbrachte den Mattat[6]j[a], den Sohn des Jehud(a). Und ich begrub ihn in der H[7]öhle, die ich durch den Kaufvertrag gekauft habe.

Küchler, Jerusalem, S. 1012 (mit Abbildung und Transkription).

Inschrift auf dem Ossuar des Nikanor

1. Hälfte 1. Jh. n. Chr.

(*Griechisch*) Gebeine der (Familie) des Nika / nor aus Alexandria / der gemacht hat die Tore

(*Hebräisch*) Nikanor Alexa[ndriner]

Küchler, Jerusalem, S. 912 (mit Abbildung und Transkription).

Aufschriften auf Ossuaren aus Jerusalem

Alle 1. Jh. v. / n. Chr.

a) Johannes Sohn des Jesus
Griechisch. EÜ nach Rahmani, Nr. 89, S. 100.

b) Sara Tochter des Simon aus Ptolemais
Griechisch. EÜ nach Rahmani, Nr. 99, S. 102.

c) Schalom, Tochter des Saul, die nicht gebären konnte. Friede, Tochter!
Aramäisch. EÜ nach Rahmani, Nr. 226, S. 132.

d) Simon, Erbauer des Heiligtums
Aramäisch. EÜ nach Rahmani, Nr. 200, S. 124.

e) Maryame, Frau Mathia; wer (immer) diese Knochen entfernt, möge Blindheit ihn schlagen.
Griechisch. EÜ nach Rahmani, Nr. 559, S. 197.

f) Yehohana Tochter des Yehohanan Sohn des Thophlos des Hohenpriesters
Aramäisch. EÜ nach Rahmani, Nr. 871, S. 259.

Auf einem Sarkophag aus dem Grab der Königin Helena von Adiabene

Sarkophag datiert ins 1. Jh. v. / n. Chr.
(*Syrisch-aramäisch*) Königin Zad / ran (*Zad / ran malkata'*)
(*Palästinisch-aramäisch*) Königin Zad / rah (*Zad / rah malkatah*).
Küchler, Jerusalem, S. 987 (mit Abbildung und Transkription).
Zur Beschreibung des Grabes der Helena von Adiabene von Josephus siehe unten S. 508f.

Aufschrift auf einem Ossuar aus Jericho

Erste Hälfte 1. Jh. n. Chr.
Ossuar des Theodotos, Freigelassener von Königin Agrippina
EÜ nach Rahmani, S. 239.

Grabinschrift (Epithalamion) der Arsinoë aus Leontopolis

Mitte 2. Jh. v. Chr. – frühes 2. Jh. n. Chr.
Die Stele legt Zeugnis ab: »Wer bist du, die du liegst im dunklen Grab? Nenne mir dein Land und deinen Vater (γενετής).« »Arsinoë, Tochter der Aline und des Theodosios, und das Land, das uns nährte, heißt Land des Onias.« »Wie alt warst du, als du hinwegsankst in das Schattenland der Lethe?« »Im Alter von 20 Jahren ging ich zum traurigen Ort der Toten.« »Warst du verbunden in Ehe?« »Ich war verbunden.« »Hast du ihm ein Kind hinterlassen?« »Kinderlos ging ich ins Haus des Hades.« »Möge die Erde, die Beschützerin der Toten, leicht auf dir liegen!« »Und dir, Fremder, möge sie fruchtbare Ernte tragen!«

Im 16. Jahr, Payni 21.
EÜ nach Horbury, Inscriptions, Nr. 38, S. 90–94 = CIJ II Nr. 1530.

Kaiserliches Edikt über die Unverletzlichkeit von Grabstätten

Das Edikt stammt wohl aus dem 1. Jh., die Zuweisung an einen bestimmten Kaiser ist jedoch offen.
Edikt des Kaisers. Ich habe beschlossen, dass Gräber und Grabhügel, wer auch immer diese zur Verehrung der Vorfahren, Kinder oder Angehörigen errichtet hat, auf ewig unangetastet bleiben. Wenn aber einer jemanden meldet, der ein Grab zerstört oder auf andere Weise die Bestatteten exhumiert oder betrügerisch an einen anderen Platz überführt hat zum Schaden der Bestatteten oder Grabverschlüsse oder Steine versetzt hat, so befehle ich, dass gegen einen solchen Täter

ein Verfahren eröffnet werden soll, ganz so wie im Falle der Götter, so auch in Bezug auf die kultische Verehrung der Menschen. Viel mehr wird man nämlich die Bestatteten ehren müssen; überhaupt soll es niemandem erlaubt sein, sie umzubetten. Wenn aber einer nicht dementsprechend handelt, der soll nach meinem Willen wegen Grabschändung als Kapitalverbrecher abgeurteilt werden.
Die sogenannte »Nazareth-Inschrift« aus SEG VIII 13 (Barrett / Thornton, S. 15f).

Tod und Bestattung Adams

[32,1] Dann stand sie [Eva] auf und ging heraus, und als sie niedergefallen war auf die Erde, sagte sie: [2] »Ich habe gesündigt, Gott. Ich habe gesündigt, Vater des Alls. Ich habe gesündigt. Ich habe gesündigt auch gegen deine auserwählten Engel. Ich habe gesündigt auch gegen die Cherubim. Ich habe gesündigt gegen deinen unerschütterlichen Thron. Ich habe gesündigt, Herr. Ich habe gesündigt. Ich habe gesündigt gegenüber dir, und jede Sünde in der Schöpfung ist durch mich geworden.«

[3] Als sie noch betete, siehe da kam zu ihr der Engel der Menschheit. Und er hieß sie aufstehen, indem er spricht: [4] »Stehe auf, Eva, von deiner Buße. Denn siehe, Adam, dein Mann, ist herausgegangen aus seinem Leib. Stehe auf und sieh seinen Geist hinauffahren zu dem, der ihn geschaffen hat, um vor ihm zu erscheinen.«

[33,1] Als sie aber aufgestanden war, legte sie ihre Hand auf sein Gesicht. [2] Und sie richtete ihren Blick gespannt zum Himmel. Sie sah einen Lichtwagen kommen von vier leuchtenden Adlern, deren Herrlichkeit kein im Mutterleib Geborenes auszusprechen oder ihr Angesicht zu sehen vermochte, und die Engel, die den Wagen anführten. [3] Als sie aber kamen, wo euer Vater Adam lag, stand der Wagen und die Seraphim mitten zwischen dem Vater und dem Wagen. [4] Und ich sah goldene Räucherfässer und drei Schalen. Und siehe, alle Engel kamen mit Weihrauch und Räucherfässern zum Altar, und der Rauch des Räucherwerks verhüllte das Firmament. [5] Und es fielen die Engel nieder, rufen Gott um Hilfe an und sprechen: »Heiliger Jael, verzeih ihm, denn er ist dein Ebenbild und Geschöpf deiner heiligen Hände«.

[34,1] Ich, Eva, sah zwei große und furchtbare Geheimnisse vor Gott; und ich weinte vor Furcht und ich rief meinen Sohn Seth um Hilfe und sagte: »Steh auf vom Leichnam deines Vaters und komme zu mir und siehe, was nicht jemals irgendeiner gesehen hat; und sie beten für deinen Vater Adam.«

[35,1] Darauf erhob sich Seth und kam zu seiner Mutter und spricht zu ihr: »Weshalb weinst du?« [2] Und sie sagt ihm: »Blicke mit deinen Augen hinauf und siehe, die sieben Firmamente sind geöffnet, und siehe den Leichnam deines Vaters, wie er auf dem Angesicht liegt. Und alle Engel mit ihm beten für ihn: Verzeih ihm, o Vater des Alls, denn er ist dein Ebenbild. [3] Nun, mein Kind Seth. Was soll mir dies? Wann wird er (Adam) übergeben werden in die Hände unseres unsichtbaren Gottes? [4] Wer sind, mein Sohn Seth, die zwei Äthiopier, die bereit stehen zum Gebet für deinen Vater?«

[36,1] Es sagt aber Seth seiner Mutter: »Es sind Sonne und Mond. Sogar sind sie niedergefallen und beten für meinen Vater Adam.« [2] Sagt ihm Eva: »Und wo ist ihr Licht und weswegen wurden sie schwarz aussehend?« [3] Und es sagte ihr Seth: »Nicht ist ihr Licht abwesend. Vielmehr kann es nicht scheinen vor dem Licht des Alls, dem Vater der Lichter. Deswegen verbarg sich das Licht vor ihnen.«

[37,1] Während nun Seth dieses seiner Mutter sagt, siehe, blies der Engel die Trompete, und es erhoben sich alle Engel, die auf ihrem Angesicht lagen und riefen mit furchtbarer Stimme, indem sie sagten: [2] »Gepriesen sei die Herrlichkeit des Herrn von seinen Geschöpften, denn er hat sich erbarmt des Gebildes seiner Hände.« [3] Als aber die Engel diese Schreie ausgerufen hatten, siehe, da kam einer der sechsflügeligen Seraphime und raubte Adam und entführte ihn zum acherontischen See und wusch ihn dreimal ab und führte ihn dann vor Gott. [4] Er verbrachte aber drei Stunden liegend, und danach streckte der Vater des Alls, sitzend auf seinem Thron, seine Hand aus und hob Adam auf. Und er gab ihn dem Erzengel Michael und spricht: [5] »Bringe ihn in das Paradies bis zum dritten Himmel und laß ihn dort bis zu jenem Tage meiner abrechnenden Verwaltung, die ich an der Welt vollziehe.« [6] Darauf nahm Michael den Adam und ließ ihn dort, wo Gott ihm gesagt hatte. Und alle Engel priesen Gott mit Engelslobgesang und verwunderten sich über die Verzeihung, die Adam zuteil geworden war.

[38,1] Nach dieser Freude über Adam rief Michael, der Erzengel, seinen Vater laut um Hilfe [*scil.* wegen Adam] an. [2] Und es sprach der Vater zu ihm [*scil.* Michael], dass sich alle Engel versammeln sollten vor dem Angesicht Gottes, jeder nach seiner Ordnung, die einen, die Räucherfässer in ihren Händen halten, und andere, die Trompeten und Schalen tragen. [3] Und siehe, der Herr, der Gewaltige, bestieg den Wagen und die vier Winde zogen ihn. Und die Cherubim lenken sie und die Engel aus dem Himmel gehen ihm voran, und sie kommen auf die Erde, wo der Leichnam Adams war. [4] Und sie kamen in das Paradies, und es bewegten sich alle Gewächse des Paradieses, so dass alle aus Adam Geborenen schliefen von dem Duft, ausgenommen Seth. [Denn er allein war Gott wahrnehmend von Gott her bei dem Leichnam Adams],

[39,1] und war sehr betrübt über ihn. Und es sagt ihm Gott: »Warum hast du dieses gemacht? Wenn du mein Gebot bewahrt hättest, freuten sich die, die dich an diesen Ort herabgebracht haben, nicht. [2] Jedoch ich sage dir: Ihre Freude werde ich kehren in Trauer und deine Trauer werde ich wenden in Freude, und ich will dich hinwenden zu deinem Anfang, und ich will dich setzen auf den Thron dessen, der dich verführt hat.« [3] Jener aber wird hineingeworfen in diesen Ort, damit er dich oben über ihm sitzen sieht. Dann wird er selbst verurteilt werden und die, die auf ihn gehört haben, und er wird betrübt sein, wenn er dich auf seinem Thron sitzen sieht.

[40,1] Danach sagte Gott dem Erzengel Michael: [2] »Bereitet Linnen und bedeckt den Leichnam Adams und bringt Öl von wohlduftendem Öl und gießt es auf ihn aus.« Und die drei großen Engel bereiteten ihn zur Bestattung. [3] Als

sie aber die Bereitung Adams zur Bestattung abgeschlossen hatten, sagte Gott, sie sollten auch den Leichnam Abels bringen. Und sie brachten andere Linnen und bereiteten ihn zur Bestattung. [4] Denn er war nicht zur Bestattung bereitet seit dem Tage, an welchem ihn Kain, sein Bruder, der Böse, tötete. Und viele Male wollte Kain ihn verbergen, aber er vermochte es nicht, denn sein Leichnam sprang von der Erde hoch, und es kam aus der Erde eine Stimme, die sprach: [5] »Nicht soll ein anderes Gebilde in der Erde verborgen werden, bis das erste Gebilde, das vom Boden in die Höhe gehoben wurde, mir den Staub lässt, aus welcher [*scil.* Erde] es genommen wurde.« Die Engel aber nahmen ihn [*scil.* Abel] zu jenem Zeitpunkt und legten ihn in eine Grotte, bis Adam, sein Vater, bestattet wurde. [6] Dazu befahl Gott, nachdem Abel zur Bestattung gerichtet war, dass sie ihn in den Teil des Paradieses an den Ort brächten, wo Gott den Staub fand und Adam gebildet hatte. Und er ließ den Ort aufgraben für zwei Leichname. [7] Und Gott sandte sieben Engel in das Paradies, damit sie die beiden in der Erde bestatteten. Und danach nahmen sie die beiden Leichname und legten die in den Ort, welchen sie ausgegraben und gebaut hatten.

[41,1] Es rief aber Gott und sprach: »Adam, Adam.« Es antwortete der Leichnam aus der Erde und sagte: »Siehe, hier bin ich, Herr.« [2] Und Gott sprach: »Ich sagte dir: du bist durch Erde und gehst zur Erde hin. Wiederum verheiße ich dir die Auferstehung. Ich werde dich auferstehen lassen bei der Auferstehung mit dem ganzen Menschengeschlecht, das aus deinem Samen stammt.«

[42,1] Nach diesen Worten machte Gott ein Siegel und versiegelte das Grab, damit niemand an ihm etwas mache in den sechs Tagen, bis er in sechs Tagen seine Seite zu ihm zurückbringe. [2] Darauf gingen der Herr und die Engel an ihren Ort.

Apokalypse des Mose 32,1–42,2 (Merk / Meiser, JSHRZ 2.5, S. 846–860).

Überführung und Bestattung des Herodes

[670] Sofort erhob sich ein lautes Rufen, mit dem man Archelaos beglückwünschte; gruppenweise zogen die Soldaten, zusammen mit dem Volk, vorbei, versprachen ihrerseits treues Verhalten und erflehten Gottes Segen; dann wandte man sich dem Begräbnis des Königs zu. [671] Archelaos sah darauf, dass es an äußerem Glanz nicht fehle; er ließ vielmehr die ganze königliche Pracht bei dem Leichenzug mit in Erscheinung treten. Die Bahre war von massivem Gold, mit Edelsteinen besetzt, die Decke aus Meerpurpur und bunt bestickt, auch der Leichnam darauf war in Purpur gehüllt; das königliche Diadem ruhte auf seinem Haupte, darüber die goldene Krone, das Szepter hielt er in seiner Rechten. [672] Die Bahre war von den Söhnen und der großen Schar der Verwandten umgeben, ihnen folgten die königlichen Lanzenträger, die thrakische Truppe, die Germanen und die Gallier, alle in voller Kriegsrüstung. [673] Voran zog das übrige Heer in Wehr und Waffen und guter Ordnung, geführt von den Obersten und Hauptleuten; auf sie folgten 500 Sklaven und Freigelassene, die wohlriechende Spezereien trugen. Der Leichnam wurde 70 Stadien weit zum Herodeion geleitet

und dort nach ausdrücklicher Verfügung beigesetzt. So fand die Herrschaft des Herodes ein Ende.
Josephus, Jüdischer Krieg 1,670–673 (Michel/Bauernfeind, Bd. 1, S. 179).

Die Maße eines Felsgrabes

[6,8] Verkauft jemand einem anderen einen Platz, damit er sich darauf eine Grabstätte anlege; und ebenso: Übernimmt jemand von jemand anderem, eine Grabstätte anzulegen, so mache er das Innere der Grabkammer im Ausmaß von vier Ellen zu sechs. Und er breche darin acht Nischen; drei an der einen und drei an der anderen Seite, und zwei an der Rückwand zwischen ihnen. Die Länge der Nischen beträgt vier Ellen; ihre Höhe sieben Handbreiten und ihre Breite sechs Handbreiten. Rabbi Simon sagt: »Er mache das Innere der Kammer im Ausmaß von sechs zu acht Ellen. Und er breche darin dreizehn Nischen; vier an der einen und vier an der anderen Seite; und drei an der Rückwand zwischen ihnen. Dazu zwei andere: eine rechts vom Eingang, und eine zur Linken«. Auch mache er einen Vorraum am Eingang der Kammer im Ausmaß von sechs zu sechs Ellen als entsprechenden Raum für die Bahre. Er kann auch von ihm aus zwei Kammern brechen, eine an der einen und eine an der anderen Seite. Rabbi Simon sagt: »Vier nach seinen Seiten hin.« Rabban Simon ben Gamliel sagt: »Alles richte sich nach dem Felsen«.
mBB 6,8 (Windfuhr, S. 64f).

Gräber außerhalb der Stadt

[9] Man muss mit Aas, Gräbern und einer Gerberei von einer Stadt fünfzig Ellen entfernt bleiben. Man darf eine Gerberei nur im Osten einer Stadt anlegen. Rabbi Aqiba sagt: »An jeder Seite darf man sie anlegen außer an der Westseite, aber man muss fünfzig Ellen von der Stadt entfernt bleiben.«
mBB 2,9 (Correns, S. 486).

Die ordentliche Totenpflege auf gesonderten Friedhöfen

[11b] Ihr sollt es nicht tun wie die Völker: an jedem Ort pflegen sie [12] ihre Toten (zu) begraben, selbst in ihren Häusern begraben sie, sondern ihr sollt Plätze [13] absondern in eurem Land, an denen ihr eure Toten begrabt. Unter je vier [14] Städten sollt ihr einrichten, um dort zu begraben.
11Q19 48,11b–14a (Maier, Tempelrolle, S. 204f).

Die Verunreinigung durch einen Toten

[5] Und ein Mensch, der in euren Städten stirbt: das Ganze eines Hauses, in dem der Tote stirbt, ist unrein [6] sieben Tage lang; alles, was im Hause ist, und alles, was ins Haus kommt, ist unrein [7] sieben Tage lang; und jede Nahrung, auf die Wasser gegossen wurde, ist unrein, das ganze Getränk [8] ist unrein. Und irdene Gefäße sind unrein und alles, was in ihnen ist, für jeden reinen Mann [9]

unrein, und die offenen Gefäße sind unrein für jedermann aus Israel, auch jedes Getränk, [10] das in ihnen ist. [*(leer)*]
11Q19 49,5–10 (Maier, Tempelrolle, S. 207).

Hinrichtung und Bestattung von Hochverrätern

[6 b] Wenn [7] ein verräterischer Mann in <meinem Volk> vorhanden sein sollte und er <mein> Volk an ein fremdes Volk ausliefert und <meinem> Volk Böses zufügt, [8] dann hängt ihr ihn ans Holz, so dass er stirbt. Auf Grund von zwei Zeugen und auf Grund von drei Zeugen [9] soll er getötet werden, und (zwar) soll man ihn ans Holz hängen. [...] *Aber es bleibe ihr Leichnam nicht über Nacht am Holz (hängen), sondern du sollst* <sie> *bestimmt noch am selben Tag begraben, denn* [12] <von Verfluchenden / Verfluchten> *Gottes (/ von Richtern)* und Menschen *ist ein* ans Holz *Gehängter, und du sollst den Erdboden nicht verunreinigen, den* <ich> [13] *dir als Erbbesitz* <gebe> [*(leer)*] (vgl. Dtn 21,33).
11Q19 64,6 b–13 a (Maier, Tempelrolle, S. 280 f).

Beschreibung des Makkabäergrabs von Mode^{c}in

[210] Simon schickte in die Stadt Baska, ließ die Knochen des Bruders umbetten und bestattete sie im heimatlichen Modein; das ganze Volk hielt für ihn eine große Trauerfeier ab.

[211] Simon aber erbaute ein sehr großes Monument für den Vater und die Brüder aus weißem und poliertem Stein. Nachdem er es hoch und weit sichtbar aufgerichtet hatte, setzte er Säulenhallen darum herum und stellte monolithische Pfeiler auf, ein Ding wunderbar anzusehen. Zusätzlich dazu errichtete er den Eltern und den Brüder sieben Pyramiden, für jeden eine, um durch deren Größe und Schönheit Erstaunen zu erregen. [212] Diese sind bis heute erhalten geblieben.
Josephus, Jüdische Altertümer 13,210–212 (EÜ nach Marcus, LCL 365, S. 330–333).

Das Grab der Helena von Adiabene

[92] Nicht lange darauf starb Izates im sechsundfünfzigsten Lebensjahr und im fünfundzwanzigsten Jahr seiner Regierung, er hinterließ vierundzwanzig Söhne und vierundzwanzig Töchter. [93] Er ordnete an, dass sein Bruder Monobazos die Herrschaft übernehmen soll als dankbare Gegenleistung dafür, dass dieser den Thron für den Bruder während dessen Abwesenheit nach dem Tod des Vaters treu bewahrt hatte. [94] Seine Mutter Helena war schwer bestürzt, als sie vom Tod ihres Kindes erfuhr, wie man es erwarten kann von einer Mutter, der ihr so frommer Sohn entrissen wurde. Sie tröstete sich aber daran, dass die Nachfolge an ihren ältesten Sohn übergegangen ist, und eilte zu ihm. Als sie in Adiabene angekommen war, überlebte sie ihren Sohn Izates aber nur kurze Zeit und tat, niedergedrückt durch Alter und Schmerz, alsbald ihren letzten Atemzug. [95]

Monobazos aber sandte ihre Knochen und die seines Bruders nach Jerusalem mit der Anweisung, sie in den Pyramiden zu bestatten, die seine Mutter drei Stadien entfernt von der Stadt Jerusalem hatte errichten lassen.
Josephus, Jüdische Altertümer 20,92–95 (EÜ nach Feldman, LCL 433, S. 48–51). Zur Inschrift aus den gewöhnlich als Helenagrab gedeuteten »Königsgräbern« aus Jerusalem siehe oben S. 503.

Beschreibung des Grabs der Helena von Adiabene bei Pausanias

[16,4] Ich kenne viele bewunderungswürdige Gräber und will zwei davon erwähnen, das eine in Halikarnassos, das andere bei den Hebräern. Dasjenige in Halikarnassos wurde für Mausolos errichtet, der über die Halikarnassener als König herrschte, und es ist von so unermesslicher Größe und so ansehnlich in all seinem Schmuck, dass sogar die Römer in ihrer Bewunderung dafür prachtvolle Gräber bei ihnen selbst Mausolea nennen. [5] Die Hebräer haben ein Grab der Helena, einer einheimischen Frau, in der Stadt Solyma, die der römische Kaiser dem Erdboden gleichgemacht hatte. Es gibt eine Einrichtung im Grab, durch die die Tür, die wie alles am Grab aus Stein ist, sich nicht öffnet bis das Jahr denselben Tag und dieselbe Stunde zurückbringt. Dann öffnet der Mechanismus allein durch sich selbst die Tür, die sich nach Kurzem wieder schließt. Das geschieht so zu dieser Zeit, wenn du aber zu einer anderen Zeit versuchst sie zu öffnen, vermagst du das nicht. Eher wirst du sie zerbrechen, als mit Gewalt zu öffnen.
Pausanias, Beschreibung Griechenlands 8,16,4–5 (EÜ nach Jones, LCL 272, S. 425–428).

E. Gruppen und Strömungen im palästinischen Judentum

1. Die Pharisäer

Die Pharisäer als jüdische Philosophenschule

[162] Von den beiden früher genannten Gruppen stehen die Pharisäer in dem Ruf gewissenhafter Gesetzesauslegung; sie stellen die erste Schule dar. Sie schreiben dem Schicksal und Gott alles zu; [163] Rechtes zu tun oder nicht hänge zwar vor allem von den Menschen selbst ab, es helfe aber auch zu jedem Handeln das Schicksal mit. Zwar sei jede Seele unsterblich, es gehen aber nur die der Guten in einen anderen Leib über, die der Schlechten jedoch würden durch ewige Bestrafung gezüchtigt.
Josephus, Jüdischer Krieg 2,162f (Michel/Bauernfeind, Bd. 1, S. 212–215).

Die Tugend und der Einfluss der Pharisäer

[12] Die Pharisäer führen ein genügsames Leben und machen keine Zugeständnisse an den Luxus. Sie folgen dem, was ihre Lehre als Gut erkannt und überliefert hat, und weisen die Hauptbedeutung der Führung der unablässigen Beachtung der Dinge zu, die die Tradition angeben wollte. Sie erweisen ihren Ältesten Respekt und maßen sich nicht an, ihren Auslegungen rasch zu widersprechen. [13] Obwohl sie der Meinung sind, dass alles durch das Schicksal zustande komme, berauben sie den menschlichen Willen dennoch nicht der Gewalt über das, was in seiner Macht steht, da es Gott gefiel, dass eine Mischung entsteht zwischen dem Ratschluss des Schicksals und den Menschen, die sich diesem anschließen wollen mit Tugend oder Schlechtigkeit. [14] Sie glauben, dass den Seelen eine unsterbliche Kraft innewohnt, und dass unter der Erde Lohn und Strafe sind für die, die einen tugendhaften oder schlechten Lebenswandel geführt haben, wobei den einen ewiger Kerker droht, die anderen aber leicht wieder zum Leben zurück kommen. [15] Wegen dieser Lehren sind sie außerordentlich einflussreich im Volk, und was es auch an Gebeten und heiligen Riten gibt, das wird gemäß ihrer Auslegung ausgeführt. Ein so großes Zeugnis der Tugend gaben ihnen die Städte, weil man glaubte, dass ihre Haltung sowohl im Lebenswandel als auch in der Lehre allen anderen überlegen ist.
Josephus, Jüdische Altertümer 18,12–15 (EÜ nach Feldman, LCL 433, S. 9–12).

Die familiäre Abkunft und der Werdegang des Josephus

[1] Ich stamme übrigens aus einer keineswegs unbedeutenden Familie, sondern aus einer, die seit Urzeiten von Priestern herkommt. Wie aber bei den einzelnen Völkern die Voraussetzung für Adel jeweils eine andere ist, so ist bei uns die Zugehörigkeit zur Priesterschaft Kennzeichen für Prominenz einer Familie. [2] Meine Familie stammt jedoch nicht nur von Priestern, sondern sogar von der ersten der vierundzwanzig Priesterklassen – auch darin liegt ein großer Unterschied – und von den Sippen in dieser auch wieder von der vornehmsten. Ich gehöre aber auch zum königlichen Geschlecht von der Mutter her, denn die Söhne des Haschmon, deren Nachkomme sie ist, waren über sehr lange Zeit Hohepriester und Könige unseres Volkes. [3] Ich will aber die Generationenfolge nennen: Unser Urgroßvater war Schim'on, mit dem Beinamen Stammler. Dieser lebte zu der Zeit, als der Sohn des Hohenpriesters Schim'on Hohepriester war – nämlich Hyrkanos, der erste Hohepriester dieses Namens. [4] Es wurden aber dem Stammler Schim'on neun Kinder geboren; zu diesen gehört Matja, der Sohn des Efai genannt wurde. Dieser heiratete eine Tochter des Hohepriesters Jonatan, der als Erster aus der Hasmonäerfamilie Hohepriester geworden war – er war Bruder des Schim'on, der auch Hohepriester wurde–; und es wurde ihm ein Sohn geboren, Matja, genannt der Bucklige, im ersten Jahr der Herrschaft des Hyrkanos. [5] Diesem wurde ein Josef geboren im neunten Jahr der Herrschaft der Alexandra, und dem Josef ein Matja im zehnten Jahr des Königtums des Ar-

chelaos, dem Matja schließlich ich im ersten Jahr des Kaisertums des Gaius [*scil.* Caligula]. Ich aber habe drei Kinder: Hyrkanos, der älteste, wurde geboren im vierten Jahr des Kaisertums Vespasians, im siebten Justus, im neunten Agrippa. [6] Und zwar führe ich den Stammbaum unseres Geschlechts hier so an, wie ich ihn in den öffentlichen Registern aufgeschrieben fand, ohne mich um die, die versuchen, uns zu verleumden, weiter zu kümmern.

[7] Mein Vater Matja war nicht seiner vornehmen Abstammung wegen bedeutend; sondern mehr noch wurde er seiner Rechtschaffenheit wegen gelobt, hochangesehen in unserer größten Stadt, Jerusalem. [8] Ich aber, während ich gemeinsam mit meinem Bruder Matja erzogen wurde – er war mein leiblicher Bruder von beider Eltern her – machte gewaltige Fortschritte in meiner Ausbildung und stand im Ruf überragender Gedächtnis- und Verstandeskraft. [9] Noch als Jugendlicher, so um das vierzehnte Jahr – erhielt ich Lob von allen für meine Stoffkenntnis; die Hohepriester und die Vornehmsten der Stadt trafen sich immer wieder, um von mir genauere Auskunft über die Gesetzesbestimmungen zu erhalten. [10] Mit etwa sechzehn Jahren wollte ich aber die bei uns vorhandenen Schulrichtungen durch Erfahrung kennen lernen. Es gibt deren drei, erstens die Pharisäer, zweitens die Sadduzäer und drittens die Essener, wie ich schon oft gesagt habe; denn so glaubte ich schließlich die beste wählen zu können, wenn ich sie alle genau kennen lernte. [11] Unter strenger Selbstzucht und mit vielen Mühen durchlief ich alle drei; und als ich auch die dabei gewonnene Erfahrung für nicht genügend erachtet hatte, erfuhr ich, dass ein gewisser Bannus in der Einöde sein Leben verbrachte: dass er aus Baumrinde verfertigte Kleidung gebrauchte und sich nur diejenige Nahrung zuführte, die von selbst wuchs, dass er sich häufig – bei Tag und bei Nacht – mit kalten Wasser wusch um der Reinheit willen: Dessen Nacheiferer wurde ich. [12] Und nachdem ich bei ihm drei Jahre zugebracht und mein Verlangen gestillt hatte, kehrte ich vollends wieder in die Stadt zurück. Im Alter von neunzehn Jahren begann ich, am öffentlichen Leben teilzunehmen, und zwar indem ich mich an der Sondergruppe der Pharisäer orientierte, die etwa derjenigen entspricht, die bei den Griechen »die stoische« heißt.

Josephus, Aus meinem Leben 1–12 (Siegert, S. 22–27).

2. Die Sadduzäer

Die Sadduzäer als jüdische Philosophenschule

[164] Die Sadduzäer, der zweite Verband, streichen das Schicksal vollständig; von Gott aber nehmen sie an, er stehe jenseits davon, etwas Böses zu tun oder auch nur mit anzusehen. [165] Sie behaupten vielmehr, der Wahl der Menschen sei das Gute und das Schlechte anheimgegeben, und nur auf Grund einer von jedem Einzelnen zu treffenden Entscheidung trete der Mensch dem einen wie dem anderen bei. Die Fortdauer der Seele und die Strafen und Belohnungen

im Hades lehnen sie ab. [166] Auch die Pharisäer sind einander zugetan und halten die Einigkeit zum gemeinsamen Besten hoch; bei den Sadduzäern aber ist auch untereinander das Benehmen gröber, und die Verkehrsformen mit den Volksgenossen schroff wie mit Fremden. Das also ist es, was ich über die Philosophenschulen im jüdischen Volk sagen wollte.
Josephus, Jüdischer Krieg 2,164–166 (Michel / Bauernfeind, Bd. 1, S. 215).

[16] Die Lehre der Sadduzäer besagt, dass die Seelen zusammen mit den Körpern vergehen. Sie beachten keinerlei Gebote abgesehen vom Gesetz. Vielmehr rechnen sie es als Tugend an, mit den Lehrern der Weisheit, der sie folgen, zu disputieren. Allein wenigen Männern ist diese Lehre zu eigen, diese aber sind die ersten an Rang und Ehre. Sie richten aber sozusagen nichts aus, denn wenn immer sie zu einem Amt kommen, geben sie unfreiwillig und gezwungenermaßen dem nach, was die Pharisäer sagen, denn sonst würden die Massen sie nicht tolerieren.
Josephus, Jüdische Altertümer 18,16 f (EÜ nach Feldman, LCL 433, S. 11–14).

3. Die Essener

Die Essener als Vorbilder für »Heiligkeit«

[75] Es ist aber auch das palästinische Syrien nicht unfruchtbar an sittlicher Vortrefflichkeit. In diesem Land wohnt ein nicht geringer Teil des sehr menschenreichen jüdischen Volkes. Einige unter ihnen werden Essener (Ἐσσαίοι) genannt, über viertausend an der Zahl. Ihr Name ist meiner Meinung nach – einer ungenauen Wortprägung der griechischen Sprache – von ὁσιότης (Heiligkeit) abgeleitet, da sie im höchsten Maße zu Dienern Gottes wurden, nicht durch Tieropfer, sondern dadurch, dass sie es für ihre Pflicht halten, ihren Geist zu heiligen. [76] Das erste, was an ihnen hervorsticht, ist, dass sie in Dörfern wohnen und vermeiden, in Städte zu kommen wegen der Ruchlosigkeit, die den Bewohnern der Städte zur Gewohnheit wurde. Sie wissen nämlich, dass der Umgang mit Ruchlosen die Seelen unheilbar infiziert wie eine Krankheit, die durch todbringende Luft hervorgerufen wird. Einige von ihnen bearbeiten das Land, andere befassen sich mit Künsten, welche den Frieden fördern, und so bringen sie sich selbst und ihrer Umgebung Nutzen. Sie verwahren weder Silber und Gold in der Schatzkammer noch erwerben sie große Ländereien aus Gier nach Einkünften, sondern beschaffen sich lediglich, was zum notwendigen Lebensbedarf gehört. [77] Sie sind fast die einzigen von allen Menschen, die nicht aus Mangel an Glücksgütern, sondern vielmehr mit Absicht weder Geld noch Land besitzen und dabei doch für sehr reich gehalten werden, weil sie es als ein Übermaß an Reichtum – was es ja auch ist – betrachten, wenig zu bedürfen und genügsam zu sein. [78] Man kann bei ihnen niemand finden, der Pfeile, Speere, Dolche, Helme, Brustpanzer oder Schilde herstellt sowie überhaupt keinen Waffenschmied, Kriegsmaschinenbauer oder sonst jemand, der Dinge

anfertigt, die im Krieg gebraucht werden. Sie betreiben aber auch nichts, was zwar dem Frieden dient, jedoch leicht zur Bosheit verleiten kann. Denn Großhandel, Krämerei und Reederbetrieb kennen sie nicht einmal im Traum, da sie alles verabscheuen, was Anlass zur Habsucht geben kann. [79] Sklaven gibt es bei ihnen überhaupt nicht, sondern alle sind frei und leisten einander Gegendienste. Herren, die Sklaven haben, beurteilen sie geringschätzig nicht nur als ungerecht, weil sie die Gleichheit verletzen, sondern auch als gottlos, weil sie die Satzung der Natur zerstören, die alle in gleicher Weise gebar und nährte wie eine Mutter und sie zu wirklichen Brüdern machte, und das nicht nur dem Namen nach, sondern tatsächlich. Diese Verwandtschaft wurde durch die immer mehr sich ausbreitende gefährliche Habsucht erschüttert, welche anstelle freundschaftlicher Vertrautheit Entfremdung und anstelle der Freundschaft Feindschaft herbeiführte. [80] Aus dem Bereich der Philosophie überlassen sie die Logik denen, die nach Worten jagen, weil sie ihrer Ansicht nach nichts zum Erwerb der Tüchtigkeit beiträgt, und die Naturphilosophie solchen, die von hohen Dingen schwätzen, weil sie glauben, dass sie über die Kräfte der menschlichen Natur hinausgeht. Ausgenommen hiervon ist lediglich der Teil, in welchem die Existenz Gottes und die Entstehung des Alls philosophisch behandelt wird. Mit dem Studium der Ethik jedoch befassen sie sich sehr, wobei sie als Lehrmeister ihre väterlichen Gesetze verwenden, welche die menschliche Seele ohne göttliche Inspiration nicht ersonnen haben kann. [81] In diesen Gesetzen werden sie zwar täglich unterrichtet, vornehmlich aber jeweils am siebten Wochentag. Der siebte Wochentag nämlich gilt als heilig. An ihm enthalten sie sich der sonstigen Verrichtungen und begeben sich zu geheiligten Orten, welche Synagogen genannt werden. Dort nehmen die Jüngeren zu Füßen der Älteren Platz; und so sitzen sie dann reihenweise, altersmäßig geordnet, mit dem gebührenden Anstand und sind bereit, die heiligen Worte zu hören. [82] Dann nimmt einer die Bücher und liest vor, ein anderer aber, der zu den Erfahrensten gehört, tritt auf und erklärt, was nicht verstanden wurde. Der größte Teil ihrer Philosophie nämlich hat nach althergebrachter Sitte die Form der Allegorie. [83] Unterwiesen werden sie in der Frömmigkeit, Heiligkeit, Gerechtigkeit, in der Verwaltung von Haus und Staat, in dem Wissen um das wahre Gut und Übel sowie um das Indifferente, in der Wahl des Notwendigen und der Flucht vor dem Gegenteil. Hierbei lassen sie sich von einem dreifachen Maß und Vorbild leiten, der Liebe zu Gott, der Liebe zur Tüchtigkeit und der Liebe zu den Menschen. [84] Von ihrer Liebe zu Gott geben sie unzählige Beweise: ihre das ganze Leben dauernde, beständige Reinheit, ihre Ablehnung des Eides, ihre Wahrheitsliebe, ihren Glauben, die Gottheit sei Ursache von allem Guten, aber von nichts Schlechtem. Beweise für ihre Liebe zur Tüchtigkeit sind ihre Verachtung von Reichtum, Ruhm und Vergnügen, ihre Beherrschtheit, Geduld, Bedürfnislosigkeit, Einfachheit und Zufriedenheit, ihre Freiheit von Hochmut, ihre Achtung des Gesetzes und ihre innere Ruhe sowie alles, was diesem ähnlich ist. Ihre Liebe zum Menschen wird bewiesen durch ihr Wohlwollen, ihre Achtung der Gleichheit und ihr Gemeinschaftsempfinden, das über jede Darstellung hinausgeht. Es ist nicht unpassend, hierüber einiges wenige zu sagen. [85] Zunächst, niemand besitzt ein Haus so zu eigen, dass es nicht auch allen gemeinsam gehörte. Denn abgesehen davon, dass sie in Gemeinschaften zusammen wohnen, steht jedem Gleichgesinnten, der anderswoher zu ihnen kommt, die Tür offen. [86] Sodann haben sie alle nur eine Vorratskammer und allen gemeinsam gehörendes Geld zum Ausgeben; allen gemeinsam gehören auch die Kleider sowie die Speisen, wenn sie gemeinschaftliche Mahlzeiten veranstalten. Die Gemeinsamkeit von Haus, Lebensweise oder Tisch findet man nämlich wohl bei keiner anderen Gemeinschaft in höherem Maße durch die Tat bekräftigt. Und vielleicht ist das natürlich. Denn was sie als Lohn für ihre tägliche Arbeit erhalten, das bewahren sie nicht als ihr persönliches Eigentum, sondern stellen es der Gemeinschaft zur Verfügung und lassen den daraus sich ergebenden Nutzen allen zukommen, die von ihm Gebrauch machen wollen. [87] Wenn einer krank wird und nichts beischaffen kann, wird er deshalb nicht vernachlässigt, sondern kann die Kosten für seine Behandlung den gemeinsamen Mitteln entnehmen und hat sie so bereit. Daher kann er ohne jede Besorgnis aus ziemlichem Überfluss schöpfen. Die Älteren werden geehrt und gepflegt. Sie werden wie Eltern von ihren ehelichen Kindern mit unzähligen Händen und Gedanken im Alter auf das reichlichste versorgt.

[88] Solche Meister der Tüchtigkeit bringt die Philosophie hervor, welche ohne die Pedanterie griechischer Termini betrieben wird. Sie macht lobenswerte Taten zur Aufgabe, wodurch die nicht zu knechtende Freiheit fest begründet wird. [89] Ein Beweis hierfür ist: Bei bestimmten Gelegenheiten erhoben sich im Land viele Machthaber, verschieden an Natur und Gesinnung. Die einen von ihnen bemühten sich, die ungezähmte Wildheit von Tieren zu übertreffen und ließen keine Art von Grausamkeit unausgeführt. Scharenweise schlachteten sie ihre Untertanen oder zerhackten sie, während sie noch lebten, stück- und gliedweise, wie Köche es mit Fleisch tun. Von diesen Untaten ließen sie nicht ab, bis sie von der Gerechtigkeit, die über menschlichem Handeln waltet, dasselbe Schicksal erlitten. [90] Andere ließen ihre Tollheit und ihren Wahnwitz in eine andere Art von Bosheit umschlagen. Sie befleißigten sich unaussprechlicher Grausamkeit, doch sprachen sie mit ruhiger Stimme, obschon der trügerische Schein einer friedlichen Sprechweise dennoch ihren hasserfüllten Charakter zeigte. Sie schmeichelten wie giftspeiende Hunde, verursachten heilloses Übel und hinterließen in den Städten als Denkmal ihrer Gottlosigkeit und ihres Menschenhasses das unvergessliche Leid ihrer Opfer. [91] Keiner aber, weder die völlig Verrohten noch die höchst Heimtückischen und Verschlagenen, brachte es fertig, der von uns geschilderten Schar der Essaier oder der Heiligen eine Schuld vorzuwerfen. Vielmehr waren alle der sittlichen Vortrefflichkeit dieser Männer nicht gewachsen und behandelten sie wie Unabhängige und von Natur aus Freie, priesen ihre Gastmähler und ihren unaussprechlichen Gemeinschaftsgeist, welcher der deutlichste Hinweis auf ein vollkommenes und sehr glückliches Leben ist.

Philo, Über die Freiheit des Tüchtigen 75–91 (Cohn, Bd. 7, S. 23–27).

Die Ἐσσαῖοι als Vorbild für gemeinschaftliches Leben

[11,1] Tausende seiner Schüler hat unser Gesetzgeber ausgebildet zu gemeinschaftlichem Leben. Diese heißen Ἐσσαίοι, wie mir scheint als Anerkennung für ihre Heiligkeit (ὁσιότης). Sie wohnen in vielen Städten Judäas und vielen Dörfern und zwar in großen Gemeinschaften mit vielen Mitgliedern. [2] Ihre Parteiung gründet nicht auf Abstammung – Abstammung zählt nämlich nicht als Ding der Wahl –, sondern auf der Suche nach Tugend und dem Streben nach Menschenliebe. [3] Keiner der Essaier ist also lediglich noch ein Kind, ein Jugendlicher oder einer mit dem ersten Bartflaum, denn deren Charakter ist noch nicht gefestigt und gemäß ihrer Jugend allzeit aus auf Neuerungen, sondern sie sind erwachsene Männer und solche, die sich bereits dem Greisenalter annähern, nicht länger der Flut körperlicher Bedürfnisse ausgesetzt oder getrieben von den Leidenschaften, sondern solche, die genießen von den Früchten der einzigen und wahren Freiheit. [4] Ihre Lebensweise zeugt von dieser Freiheit. Niemand gestattet sich auch nur den geringsten eigenen Besitz, sei es ein Haus, einen Sklaven, ein Gehöft, Vieh oder irgendetwas anderes, was Reichtum schafft und erwirbt. Stattdessen legen sie alles in die Mitte zusammen und genießen gemeinsam von dessen Früchten. [5] Sie wohnen beieinander in der Form von Kultgemeinschaften (θιάσους ἑταῖρος καὶ συσσίτια), Clubs mit gemeinsamer Mahlzeit, und verrichten all ihre Tätigkeiten zum gemeinsamen Nutzen. [6] Jeder hat aber seinen eigenen Beruf, dem sie sich mit unablässigem Fleiß widmen und dem sie sich nie wegen Kälte, Hitze oder dergleichen Klimawechsel zu entziehen versuchen. Noch bevor die Sonne aufgegangen ist, begeben sie sich zu ihren vertrauten Aufgaben, und kehren erst zurück, wenn sie untergeht, denn sie erfreuen sich daran [*scil.* an den Aufgaben] nicht weniger als die, die als Teilnehmer an sportlichen Wettkämpfen trainieren. [7] Denn sie sind der Überzeugung, dass die Übungen, die sie tun, viel nützlicher für das Leben, viel angenehmer für Seele und Körper und in ihrer Wirkung viel länger anhaltend sind als die der Athleten, und dies umso mehr, wenn die Kraft des Körpers nachlässt. [8] Einige von ihnen arbeiten auf dem Land, erfahren im Säen und Ernten, andere als Hirten, verantwortlich für alle Arten von Tieren, und wieder andere als Aufseher über Schwärme von Bienen. [9] Andere aber sind Handwerker, geschickt in allen Fertigkeiten, damit sie nicht leiden müssen unter der Not, die uns durch die unvermeidlichen Bedürfnisse aufgezwungen wird, und schrecken nicht davor zurück, sich einen ehrlichen Lebensunterhalt zu verdienen. [10] Jeder, der auf diese verschiedenen Weisen seinen Lohn empfangen hat, gibt sie dem einen, der durch Handauflegung zum Schatzmeister ernannt ist. Jener nimmt es und kauft sofort das, was für den Tag nötig ist, und teilt Speise im Überfluss aus und alles andere, was der Mensch zum Leben braucht. [11] Weil sie ihr Essen und ihren Tisch gemeinsam haben an jedem Tag, bescheiden sie sich gern mit dem, was sie haben, lieben es wenige Bedürfnisse zu haben und meiden Verschwendung wie eine Krankheit der Seele und des Körpers. [12] Freilich haben sie nicht allein den Tisch gemeinsam, sondern auch ihre Kleidung. Für den Winter halten sie nämlich einen

Vorrat fester Mäntel bereit und für den Sommer billige Gewänder, sodass jeder, der will, sich mühelos ein Kleidungsstück nach Wunsch nehmen kann, denn was einer hat, gehört allen, und was alle haben, steht wiederum jedem Einzelnen zur Verfügung. [13] Ferner, wenn einer von ihnen krank ist, wird er auf Kosten der Gemeinschaft versorgt und wird mit Sorgfalt und Bedacht von allen gepflegt. Auch die Alten, selbst wenn sie kinderlos geblieben sind, werden nicht allein behandelt wie solche, die mit vielen Kindern gesegnet sind, sondern mit sehr wohlgeratenen Kindern, und pflegen ihr Leben regelmäßig in höchst gesegnetem und sattem Alter zu beschließen […]

[14] Ferner scheuen sie die Ehe, weil sie sie aufs Klarste als einzige oder größte Gefahr für die Gemeinschaft erkannt haben und weil sie mehr als alles andere Beherrschung üben. Niemand von den Essaiern nimmt sich nämlich eine Frau, weil die Frau nur sich selbst liebt, außerordentlich eifersüchtig ist und die Kraft hat, den Charakter ihres Mannes zu verderben und ihn zu verführen durch ihre ständige Angeberei. [15] Denn durch ihre schmeichlerischen Worte, die sie gebraucht, und dazu ihre Schauspielerei, so als ob sie auf einer Bühne auftritt, macht sie sich erst Auge und Ohr gefügig, und wenn diese dann durch und durch getäuscht sind, verblendet sie den Herrscher, die Vernunft. [16] Und wenn dann Kinder geboren werden, dann spricht sie – voll von Dünkel und frecher Rede – nun mit größerem Mut und Hartnäckigkeit aus, was sie zuvor nur unter einem Vorwand betrügerisch angedeutet hat, und, wenn sie einmal alle Scham verloren hat, zwingt sie ihren Mann Dinge zu tun, die allesamt der Gemeinschaft Feind sind. [17] Wer nämlich entweder durch den Liebeszauber einer Frau gefangen ist oder unter dem Zwang der Natur sich vor allem um die Kinder kümmert, ist nicht mehr er selbst für andere, sondern wird unbewusst ein anderer Mensch, ein Sklave statt eines Freien.

[18] So gefeiert ist also ihr Leben, dass nicht allein Privatleute, sondern die größten Könige mit Bewunderung und Anerkennung auf diese Männer blicken, und ihr Ruhm wird durch die Respekt- und Ehrenbezeugungen noch ruhmvoller.

Philo, Hypothetika 11,1–18 in Euseb, Praeparatio Evangelica (EÜ nach Colson, LCL 363, S. 436–443).

Judas der Essener

[78] Staunen könnte man dabei auch über Judas, der zu den Essenern (Ἐσσαῖοι) gehörte; er hatte noch in keinem Fall bei seinen Vorhersagen etwas verfehlt oder sich getäuscht gesehen. Als er damals den Antigonos durch den Tempel schreiten sah, rief er seinen Vertrauten – es weilten nicht wenige seiner Schüler um ihn – mit lauter Stimme zu: [79] »Wehe, jetzt wäre es für mich besser, zu sterben, weil die Wahrheit vor mir gestorben ist, und etwas von mir Vorausgesagtes sich als Täuschung erwiesen hat. Denn es lebt dieser Antigonos da, der heute hätte getötet werden müssen. Als Stätte zur Ermordung aber ist ihm Stratonsturm bestimmt, und das ist 600 Stadien von hier, vier Stunden des Tages jedoch sind

schon vergangen. Diese bereits verstrichene Zeit vereitelt die Weissagung.« [80] Nach diesen Worten verharrte der alte Mann traurig in Nachsinnen. Da wurde nach kurzer Frist gemeldet, Antigonos sei ermordet worden, und zwar an dem unterirdischen Platz, der ja auch Stratonsturm genannt wurde und den gleichen Namen trug wie Caesarea am Meer. Das also war es, was den Seher verwirrt hatte.

Josephus, Jüdischer Krieg 1,78–80 (Michel / Bauernfeind, Bd. 1, S. 22f).

Die Beschreibung der Essener nach Josephus

[119] Es treiben nämlich bei den Juden drei Gruppen Philosophie: die Anhänger der ersten heißen Pharisäer, die der zweiten Sadduzäer; die dritte Gruppe aber, die sich in der Tat nach allgemeinem Urteil eines besonders heiligen Wandels befleißigt, heißt »Essener« (Ἐσσαῖοι); [120] sie sind gebürtige Juden, untereinander aber noch enger in Liebe verbunden als die anderen. Diese verwerfen die sinnlichen Freuden als Frevel, erachten aber die Enthaltsamkeit und das Sich-nicht-von-der-Leidenschaft-Beherrschen-lassen als Tugend. [121] Und über die Ehe herrscht bei ihnen ein geringschätziges Urteil, die fremden Kinder aber, die sie in einem für die Bildung aufnahmefähigen Alter aufnehmen, schätzen sie als Angehörige und prägen sie nach ihren Sitten; die Heirat und die eheliche Nachkommenschaft lehnen sie zwar nicht grundsätzlich ab, sie scheuen aber die Begehrlichkeit der Weiber und sind überzeugt, dass keines von ihnen einem Mann allein die Treue halte.

[122] Sie sind Verächter des Reichtums, und bewundernswert ist bei ihnen der Gemeinschaftssinn; es ist auch unter ihnen niemand zu finden, der an Besitz hervorrage; denn es ist Gesetz, dass die in die Sekte Eintretenden ihr Vermögen der Gruppe übereignen, sodass bei ihnen insgesamt weder die Niedrigkeit der Armut noch ein Vorrang des Reichtums in Erscheinung tritt, sondern nach Zusammenlegung des Besitzes der Einzelnen nur ein Vermögen für alle als Brüder vorhanden ist. [123] Für Schmutz halten sie das Öl, und wenn jemand wider seinen Willen gesalbt worden ist, dann wischt er seinen Körper ab, denn sie halten es für wohlanständig, eine rauhe Haut zu haben und allezeit weiße Kleidung zu tragen. Gewählt sind die Verwalter des gemeinsamen Vermögens, und unterschiedslos ist jeder Einzelne für alle zur Dienstleistung verpflichtet.

[124] Es ist aber nicht eine einzelne Stadt die ihrige, sondern in jeder wohnen viele. Den von auswärts kommenden Angehörigen der Sekte steht deren ganzer Besitz zur Verfügung gleich wie eigener, und bei Menschen, die sie nie vorher sahen, treten sie ein wie bei längst Vertrauten. [125] Deshalb nehmen sie auch bei ihren Reisen gar nichts mit, außer Waffen zum Schutz gegen Räuber. Ein Fürsorger aber wird in jeder Stadt eigens für die Gäste des Ordens eingesetzt, der Kleider und das sonst Notwendige bewirtschaftet. [126] Kleidung und Körperhaltung sind wie bei den Knaben, die von einem Pädagogen in Furcht gehalten werden. Weder Kleider noch Schuhe wechseln sie, ehe das bisherige Stück ganz und gar zerrissen oder mit der Zeit verbraucht ist. [127] Nichts aber kaufen oder

verkaufen sie untereinander, sondern dem, der Bedarf hat, gibt jeder seinen Besitz und empfängt umgekehrt von jenem das, was er brauchen kann; ja auch ohne Gegenleistung ist die Entnahme von Gütern, bei wem man will, unverwehrt.

[128] Der Gottheit gegenüber sind sie auf eigenartige Weise fromm. Bevor nämlich die Sonne aufgeht, sprechen sie nichts Unheiliges aus, vielmehr einige altherkömmliche Gebete an sie, gleichsam bittend, dass sie aufgehe. [129] Und danach werden sie von den Aufsehern entlassen, ein jeder zu dem Gewerbe, das er versteht. Und wenn sie bis zur fünften Stunde angespannt gearbeitet haben, sammeln sie sich wieder an einem Platz, schürzen ein Leinentuch um und waschen so den Leib mit kaltem Wasser. Und nach dieser Reinigung begeben sie sich gemeinsam in ein besonderes Gebäude, zu dem keiner von den Andersgesinnten Zutritt hat; sie selbst betreten als Reine wie einen heiligen Bezirk den Speisesaal. [130] Und wenn sie unter Schweigen Platz genommen haben, setzt der Bäcker ihnen der Reihe nach die Brote vor, und der Koch setzt jedem ein Gefäß mit einem einzigen Gericht vor. [131] Es spricht aber der Priester vor der Mahlzeit ein Gebet, und vor dem Gebet zu essen ist wider das Gesetz. Nach der Mahlzeit betet er wieder; zu Anfang und am Schluss ehren sie Gott als Spender des Lebens. Sodann legen sie die Gewänder als heilige ab und wenden sich wieder der Arbeit zu bis zum Abend. [132] Sie speisen aber in gleicher Weise nach ihrer Rückkehr, diesmal in Tischgemeinschaft mit den Fremden, falls solche bei ihnen sind. Weder Geschrei noch Lärm entweiht jemals das Haus, sie gewähren einander, der Ordnung nach zu sprechen. [133] Und denen, die sich draußen befinden, erscheint die Stille derer, die drinnen sind, wie ein schauerliches Mysterium; der Grund dafür ist aber die ständige Nüchternheit und die Tatsache, dass sie sich Speise und Trank nur bis zur Sättigung zumessen.

[134] Von den sonstigen Dingen setzen sie nichts ohne Anordnung der Aufseher ins Werk; nur dies beides ist bei ihnen der eigenen Entscheidung anheim gegeben: Hilfeleistung und Erbarmen. Denen nämlich zu helfen, die es wert sind, wenn sie es nötig haben, ist ihnen selbst überlassen, und den Bedürftigen Nahrung darzureichen. Den Verwandten etwas zuzuwenden ist ihnen jedoch nur mit Zustimmung der Aufseher gestattet. [135] Des Zornes gerechte Verwalter, der Aufwallung Bezwinger, der Treue Vorkämpfer, des Friedens Diener. Alles, was sie sagen, ist gewisser als ein Eid; zu schwören aber lehnen sie ab, da sie es für schlimmer halten als den Meineid. Denn es sei schon verurteilt, wer unglaubwürdig ist, auch ohne Anrufung Gottes. [136] Sie bemühen sich aber in außergewöhnlicher Weise um die Schriftwerke der Alten; dabei wählen sie vor allem das aus, was Seele und Leib fördert. Aus diesen Schriften erforschen sie zur Heilung von Krankheiten heilkräftige Wurzeln und Eigenschaften von Steinen.

[137] Denen aber, die sich um die Aufnahme in die Sekte bewerben, steht der Eintritt nicht sogleich frei, sondern man macht dem Bewerber, während er ein Jahr lang außerhalb der Gemeinschaft bleibt, dieselbe Lebensweise zur Aufgabe und gibt ihm eine kleine Axt, den oben erwähnten Schurz und ein weißes Gewand. [138] Wenn er in dieser Zeit die Probe der Enthaltsamkeit besteht, tritt er der essenischen Lebensweise näher und nimmt an reineren Läuterungsbädern

teil; zugelassen zu den Betätigungen des Gemeinschaftslebens wird er indes noch nicht. Denn nach dem Erweis der Standhaftigkeit wird während weiterer zwei Jahre sein charakterliches Verhalten erprobt, und nur wenn er sich würdig zeigt, wird er in die Schar eingereiht. [139] Bevor er jedoch die gemeinsame Speise anrührt, schwört er ihnen furchtbare Eide, erstlich die Gottheit zu verehren, dann das, was den Menschen gegenüber gerecht ist, zu bewahren und weder aus freiem Entschluss jemandem Schaden zuzufügen noch auf Befehl, immer aber die Ungerechten zu hassen und auf der Seite der Gerechten zu kämpfen, [140] stets allen die Treue zu halten, allermeist aber der Obrigkeit, denn ohne Gott erwachse niemandem eine Herrscherstellung. Und falls er selbst zu befehlen habe, so werde er niemals gegen die Vollmacht durch mutwilligen Missbrauch verstoßen und die Untergebenen auch nicht durch Kleidung oder durch irgendein Mehr an Schmuck überstrahlen. [141] Er werde die Wahrheit immer lieben und es sich zur Aufgabe machen, die Lügner zu überführen. Er werde die Hände vor Diebstahl und die Seele rein von unrechtem Gewinn bewahren und weder vor den Anhängern der Sekte etwas verheimlichen noch anderen etwas von ihnen verraten, sollte man auch bis zum Tode Gewalt anwenden. [142] Außerdem schwört er, niemandem die Satzungen anders mitzuteilen als wie er selbst sie empfing, keinen Raub zu begehen und die Bücher der Sekte in gleicher Weise wie die Namen der Engel sorgfältig zu bewahren. Mit solchen Eiden versichern sie sich der neu Eintretenden.

[143] Diejenigen aber, die bei bedeutenden Verfehlungen ergriffen werden, stoßen sie aus der Gruppe aus. Der Ausgeschlossene geht oft, von erbärmlichstem Geschick getroffen, zugrunde; denn durch Eide und Verpflichtungen gebunden, kann er auch von Fremden keine Nahrung annehmen, nur von Kräutern lebend nimmt er durch Hunger körperlich an Kräften ab und geht zugrunde. [144] Aus diesem Grunde offenbar haben sie mitleidig viele, die in den letzten Zügen lagen, wieder aufgenommen, indem sie die bis zur Todesgrenze erlittene Qual als hinreichende Sühne für ihre Verfehlungen erachteten.

[145] Bei den gerichtlichen Entscheidungen sind sie höchst gewissenhaft und gerecht und sie fällen einen Spruch erst, wenn nicht weniger als hundert zusammengekommen sind; der Beschluss ist dann unantastbar. Höchste Verehrung aber zollen sie nächst Gott dem Namen des Gesetzgebers, und wenn jemand diesen lästert, wird er mit dem Tode bestraft. [146] Den Älteren aber wie auch der Mehrzahl sich zu fügen, halten sie für löblich; wenn also zehn beieinander sitzen, könnte niemand das Wort gegen den Willen der neun ergreifen. [147] Das Ausspeien in die Mitte der Versammlung oder nach der rechten Seite hin meiden sie; auch scheuen sie sich – am entschiedensten unter allen Juden – am siebten Wochentag eine Arbeit anzugreifen. Sie bereiten nämlich nicht nur ihre Verpflegung einen Tag früher vor, um an jenem Tag kein Feuer anzünden zu müssen, nein, sie wagen an jenem Tag auch nicht ein Gerät anders zu stellen, nicht einmal auszutreten. [148] An den anderen Tagen aber heben sie eine einen Fuß tiefe Grube aus mit ihrer Hacke – etwas derartiges ist nämlich die kleine Axt, die von ihnen den neu Eintretenden gegeben wird – hüllen ihren Mantel herum,

um die Strahlen Gottes nicht zu beleidigen und verrichten dort ihre Notdurft. [149] Dann scharren sie die aufgeworfene Erde wieder in die Grube; bei diesen Verrichtungen suchen sie entlegenere Plätze aus. Obwohl ja die Ausscheidung der Exkremente etwas Natürliches ist, haben sie den Brauch, sich danach zu waschen, als wenn sie sich verunreinigt hätten.

[150] Sie sind je nach der Dauer ihrer frommen Übung in vier Stände geteilt; und so sehr stehen die später Eingetretenen den früheren nach, dass, wenn sie die früher Eingetretenen berührt haben, diese sich waschen, wie wenn sie mit einem Fremdstämmigen zusammengekommen wären. [151] Und sie sind langlebig, sodass die Mehrzahl es auf über hundert Jahre bringt infolge der Einfachheit ihrer Lebensführung, wie mir scheint, und ihrer guten Ordnung; sie verachten, was Schrecken erregt, und der Schmerzen werden sie Herr durch Seelenstärke, und den Tod erachten sie, wenn er sich mit Ruhm naht, für besser als endloses Leben. [152] Deutlich in jeder Beziehung brachte ihren Charakter der Krieg gegen die Römer ans Licht, in dem sie gemartert und gefoltert, gebrannt und zerbrochen wurden und ihr Weg durch sämtliche Folterkammern führte, damit sie entweder den Gesetzgeber schmähen oder etwas Verbotenes essen sollten, und doch blieben sie fest, weder das eine noch das andere auf sich zu nehmen, auch nicht dazu, ihren Peinigern zu schmeicheln oder Tränen zu vergießen. [153] Unter Schmerzen lächelnd und der Folterknechte spottend, gaben sie freudig ihr Leben dahin in der Zuversicht, es wieder zu empfangen.

[154] Denn kräftig lebt bei ihnen die Überzeugung: vergänglich seien zwar die Leiber und ihr Stoff sei nichts Bleibendes, die Seelen aber seien unsterblich und würden immer bestehen; sie seien zwar, nachdem sie, aus feinstem Äther bestehend, in einem Schwebezustand waren, mit den Leibern wie mit Gefängnissen verbunden, durch einen sinnlichen Liebeszauber herabgezogen; [155] wenn sie aber aus den fleischlichen Fesseln befreit seien, wie aus langer Knechtschaft erlöst, dann würden sie Freude haben und sich in die Höhe schwingen. In Übereinstimmung mit den Söhnen der Griechen tun sie dar, dass den guten Seelen ein Leben jenseits des Ozeans beschieden sei und ein Ort, der von Regen und Schnee und Hitze nicht belästigt wird, dem vielmehr vom Ozean her ein ständig sanft wehender Zephir Frische spendet. Den schlechten dagegen sprechen sie eine dunkle und winterliche Schlucht zu, voll von unablässigen Strafen. [156] Es scheint mir die gleiche Vorstellung zu sein, der entsprechend die Griechen ihren Tapferen, die sie Heroen und Halbgötter nennen, die Inseln der Seligen zuweisen, den Seelen der Schlechten aber im Hades den Ort der Frevler, wo nach ihrem Mythos gewisse Personen gezüchtigt werden, Männer wie Sisyphus und Tantalus, Ixion und Tityus. So setzen sie erstlich die Lehre von der ewigen Dauer der Seelen voraus, und spornen dann damit die Menschen zur Tugend und zur Abwehr des Schlechten an. [157] Sie meinen nämlich, die Guten würden zu Lebzeiten noch besser werden durch die Hoffnung auf Ehre auch nach dem Tod, die Triebkräfte der Schlechten würden durch Furcht gehemmt, da sie erwarten, dass sie, selbst wenn sie zu Lebzeiten unentdeckt blieben, ewigen Strafen verfallen würden. [158] Dies ist also die heilige Lehre der Essener über die Seele; in die

Herzen derer, die einmal von ihrer Weisheit gekostet haben, senken sie damit eine Idee wie einen Köder ein, von dem sich fürder niemand mehr freimachen kann.

[159] Unter ihnen finden sich aber auch solche, die sich anheischig machen, das Zukünftige vorauszuwissen; geschult haben sie sich an heiligen Büchern, verschiedenen Reinigungszeremonien und Prophetensprüchen, und es geschieht selten, dass sie in ihren Vorhersagen fehlgehen.

[160] Es besteht aber auch ein anderer Verband der Essener, der in Lebensführung, Sitten und Gesetzen mit den übrigen übereinstimmt und sich nur in der Ansicht über die Ehe von ihnen scheidet. Sie glauben nämlich, dass diejenigen, die nicht heiraten, ein wichtiges Stück des Lebens außer Acht lassen, die Nachkommenschaft, vor allem aber, dass das Menschengeschlecht baldigst erlöschen würde, wenn alle ebenso dächten. [161] Sie erproben jedoch drei Jahre lang die zukünftigen Gattinnen; wenn sie sich einer dreimaligen Reinigung unterzogen haben zum Erweis dafür, dass sie imstande sind, zu gebären, so führen sie sie heim. Während der Schwangerschaft ihrer Frau aber enthalten sie sich des ehelichen Verkehrs, ein Beweis dafür, dass sie nicht um der Lust, sondern um der Kinder willen heiraten. Bei den Reinigungsbädern umhüllen sich die Frauen mit einem Gewand wie die Männer mit einem Schurz. Das ist das Brauchtum der Essener.

Josephus, Jüdischer Krieg 2,119–161 (Michel / Bauernfeind, Bd. 1, S. 204–213).

[18] Die Lehre der Essener will alles Gott überlassen; sie glauben, dass die Seelen unsterblich seien und dass sie besonders eifrig den Weg der Rechtschaffenheit beschreiten müssen. [19] Sie senden Weihegeschenke an den Tempel, bringen aber ihre Opfer dar mit einem Unterschied in den Reinigungsriten und sind darum auch ausgeschlossen vom gemeinsamen Teil des Tempelbezirks, und bringen darum auch ihre Opfer selbst dar. Sonst sind sie Menschen von bestem Charakter, die sich ganz dem Landbau widmen. [20] Sie verdienen bewundert zu werden gegenüber allen, die Tugendhaftigkeit vorgeben, denn eine solche wie bei ihnen gab es noch nie bei irgendeinem Griechen oder Barbaren, nicht einmal kurzzeitig. Bei ihnen [*scil.* den Essenern] aber war das seit alters her ungehindert und in stetiger Praxis. Der Besitz ist bei ihnen Allgemeingut, und der Reiche hat an seinem Besitz nicht mehr Freude als der, der nichts besitzt. Die Männer, die sich so verhalten, sind mehr als 4.000 an Zahl. [21] Sie bringen weder Ehefrauen in die Gemeinschaft noch erwerben sie Sklaven als Besitz, denn sie glauben, dass das eine Unrecht mit sich bringt und das andere zum Entstehen von Uneinigkeit beiträgt. Sie aber leben ganz für sich und dienen sich gegenseitig. [22] Sie bestimmen durch Handauflegung gute Männer, die die Einkünfte erhalten und all das, was die Erde hervorbringt, Priester aber, um Brot und Nahrung zuzubereiten. Sie leben ohne alle Unterschiede; am meisten aber gleichen sie noch den sogenannten κτίσται (»Gründer« / »Stifter«) bei den Dakern.

Josephus, Jüdische Altertümer 18,18–22 (EÜ nach Feldman, LCL 433, S. 13–20).

Die Essener als Beispiel für glückverheißendes Leben

Sehen wir ab von einem Diogenes, einem Sokrates, die in so vielen Büchern vorkommen und von denen man den Eindruck einer außergewöhnlichen Naturanlage hatte (es ist nicht jedermanns Sache, diesen beiden nachzueifern, sondern nur dessen, der von vornherein eine bestimmte Neigung zu philosophischen Dingen hat erkennen lassen), und fragen wir nach einem der gewöhnlichen Menschennatur entsprechenden Leben, das allen Raum gibt, gerecht, fromm, arbeitsam, nach Vermögen freigiebig, so könnten wir kein anderes glückverheißendes Leben nennen als das des Euböers. Daneben preist Dion an einer Stelle auch die Essener (Εσσαίοι), eine ganze glückliche Gemeinde, die am Toten Meer im Inneren Palästinas liegt, ganz in der Nähe von Sodom.
Synhesius von Kyrene, Dion Chrysostomos 3,2 (Treu, S. 14f).

4. Die Samaritaner

Ein Summarium über die Bewohner des Nordreichs

[340] Nachdem Alexander diese Angelegenheiten in Jerusalem geregelt hatte, zog er mit dem Heer in die benachbarten Städte. Alle, zu denen er gelangte, nahmen ihn in freundlicher Gesinnung auf. Als nun die Samaritaner, die die Metropolis Sichem besaßen, die beim Berg Garizim lag und von den Abtrünnigen des jüdischen Volkes bewohnt war, sahen, dass Alexander die Juden derart glanzvoll geehrt hatte, beschlossen sie, sich für Juden auszugeben. [341] Denn die Samaritaner sind von Natur aus so, wie wir schon vorher beschrieben haben: wenn die Juden in Schwierigkeiten stecken, leugnen sie, mit ihnen verwandt zu sein, und bekennen damit durchaus die Wahrheit. Sobald sie jedoch bemerken, dass ihnen [*scil.* den Juden] vom Schicksal irgendetwas Vorteilhaftes zuteil wird, sind sie sofort da und biedern sich an und sagen, dies komme ihnen zu, und berufen sich auf die Abstammung von Ephraim und Manasse, den Nachkommen Josefs. [342] Mit Pomp und indem sie große Begeisterung für ihn an den Tag legten, kamen sie also dem König entgegen, kaum da er aus der Stadt gekommen war.

Als Alexander sie gelobt hatte, kamen die Sichemiten zu ihm heran und brachten auch die Soldaten mit, die Sanballat ihm geschickt hatte. Sie luden ihn ein, bei einem Besuch in ihrer Stadt auch ihrem Tempel Ehre abzustatten. [343] Jener versprach, später auf dem Rückweg zu ihnen zu kommen. Als sie darum baten, er möge ihnen die Steuer des siebten Jahres erlassen, weil sie ja in diesem Jahr nicht säten, fragte er nach, wer sie denn seien, wenn sie Derartiges forderten. [344] Als sie sagten, sie seien zwar Hebräer, würden jedoch die Sidonier in Sichem genannt, fragte er sie nochmals, ob sie nicht vielleicht Juden seien. Als sie sagten, sie seien keine, antwortete er: »Aber ich habe dies [*scil.* die Steuerfreiheit an jedem siebten Jahr] den Juden gewährt. Wenn ich aber zurückkomme und genauer über euch unterrichtet bin, werde ich eine Entscheidung treffen.«

Mit diesen Worten entließ er die Sichemiten. [345] Den Soldaten des Sanballat befahl er aber, ihm nach Ägypten zu folgen. Dort würde er ihnen nämlich Land zuweisen. Dies tat er nach kurzer Zeit in der Thebais, indem er sie anwies, das Land zu bewachen.

[346] Nach dem Tod des Alexander wurde das Reich unter seinen Nachfolgern verteilt, das Heiligtum auf dem Berg Garizim blieb aber bestehen. Wer immer nun von den Jerusalemern beschuldigt wurde, unreines Fleisch gegessen, den Sabbat gebrochen oder irgendein anderes derartiges Verbrechen begangen zu haben, pflegte zu den Sichemiten zu fliehen und sagte, er sei zu Unrecht vertrieben worden.

Josephus, Jüdische Altertümer 11,340–346 (EÜ nach Marcus, LCL 326, S. 478–483).

Die Samaritaner, die Stadt Samaria und das Heiligtum auf dem Garizim

Der Garizim liegt nur ca. 30 km nördlich von Jerusalem und 40 km östlich des Mittelmeers und bildet zusammen mit dem Ebal, dem unmittelbar nördlich gelegenen, mit 938 m über NN noch etwas höheren Nachbarberg, einen strategisch wichtigen Durchlass durch das samarische Bergland. Am östlichen Eingang der schmalen Ebene zwischen den beiden Bergen lag seit der Mittelbronzezeit eines der bedeutendsten städtischen Zentren Palästinas: das auch aus der Bibel bekannte **Sichem** (Gen 34; Jos 24; Ri 9; 1Kön 12). Direkt am Fuß des Tells erstreckt sich die Ebene von al-Askar, dem antiken Sychar (Joh 4,4), eine wasserreiche, sehr fruchtbare Region. Unmittelbar im Durchlass zwischen Garizim und Ebal gründeten die Römer im Jahre 73 n. Chr. über der Vorgängersiedlung Mabartha eine Stadt namens Flavia Neapolis und siedelten dort Veteranen der siegreichen Legionen des Jüdischen Krieges an (Plinius, Naturgeschichte 5,69). Nur gut 12 km vom Garizim entfernt liegt **Samaria**, die Hauptstadt des Nordreichs Israel, persische Residenz und hellenistische Stadt, später durch Herodes zu Ehren des Augustus neu gegründet und umbenannt in Sebaste.

Der Garizim ist in sich gegliedert. Der flache, nur ca. 807 m hohe Westhügel spielte in der Bebauungsgeschichte des Berges keine erkennbare Rolle. Auf der ca. 120 × 80 m großen kegelförmigen Kuppe des ca. 831 m hohen Nebengipfels (Tell er-Ras) befand sich ein zweiphasiger Podientempel klassischen Stils, der dem Zeus geweiht war (2Makk 6,2 f; Josephus, Jüdische Altertümer 12,257–264) und eher von den paganen Bewohnern der Siedlungen Sichem bzw. Neapolis in der Ebene aufgesucht wurde als dass er etwas mit den Bauten auf dem breit ausladenden Hauptgipfel zu tun hatte. Der Hauptgipfel erhebt sich 881 m über NN und ist bis heute das Zentrum der samaritanischen Religionsgemeinschaft. Bei den **Samaritanern** handelt es sich nicht um direkte Nachkommen der ehemaligen Nordreichsbevölkerung, sondern um eine neue, durch maßgebliche Impulse aus Jerusalem (Form des Pentateuch, Kultzentralisation, Priesterschaft) beeinflusste, selbständige Gruppe des nachexilischen Judentums, die aufgrund biblischer Traditionen den Garizim anstatt Jerusalems als zentralen, von Gott erwählten Kultort ansah. Die Wurzeln dieser Gruppe sind schwer zu fassen, stehen aber sicher in Korrelation mit der Geschichte der Besiedlung des Hauptgipfels des Garizim. Entgegen einem Bericht des Josephus (Jüdische Altertümer 11,302 f. und 306–312 spätes 4. Jh. v. Chr.) geht Yizhak Magen, der Ausgräber des Garizim, davon aus, dass bereits die von ihm identifizierte früheste Phase eines groß angelegten Heiligen Bezirks mit 98 × 96 m Seitenlänge aus spätpersischer Zeit mit der Entstehung der Samaritaner in Verbindung gebracht werden kann. Die Mauer ist im Westen von Ecke zu Ecke über gut 80 m ganz erhalten, im Norden wurde ein sechskammeriges Tor ganz in eisenzeitlicher Tradition gefunden. Im Osten und Süden ist die Einfriedung aufgrund späterer Überbauung nicht gut erhalten, allein im Westen sind einige Mauerzüge von Anbauten und Kammern auszumachen; zwei weitere Tore werden dort vermutet. In der Nähe der Ostmauer, verborgen unter den Resten eines hellenistischen Tores, hat Magen Reste eines Altars festgestellt, den er ebenfalls der Perserzeit zuweist.

Um 200 v. Chr. explodiert die Besiedlung auf dem Hauptgipfel geradezu. Nicht nur wurde der Temenos auf der Hügelkuppe erneuert und ausgebaut; man bebaute den Hügel zudem mit zum Teil recht großen und luxuriösen Wohnhäusern und schützte ihn mit einer Stadtmauer. Viele Residenzen waren mit Sitzbadewannen griechischen Typs ausgestattet, die sowohl den Reichtum der Bewohner dokumentieren als auch möglicherweise deren besondere Sorge für rituelle Reinheit. Viele Häuser besaßen zudem Einrichtungen zur Weiterverarbeitung landwirtschaftlicher Produkte (Ölpresse o.ä.).

Trotz Josephus' enigmatischer Nachricht, dass das samaritanische Heiligtum »nach dem Modell Jerusalems« gebaut sei (Jüdische Altertümer 11,302), **fehlen** – entgegen Magen – jegliche **Reste eines Tempels**. Nach allem, was wir derzeit wissen, war der sorgfältig gepflasterte Hof leer und beherbergte kein Tempelgebäude (freilich sind die dortigen archäologischen Befunde durch die direkt darüber errichtete byzantinische Oktogonalkirche stark zerstört). Damit unterschied sich das **Garizimheiligtum** deutlich von Jerusalem, wo der Temenosbereich seit frühester Zeit Raum für ein regelrechtes Tempelgebäude gab. Als »tempelloses Heiligtum« stand der Garizim gleichwohl nicht allein. Aus herodianischer Zeit kennen wir ähnliche »sacred precincts« aus Mamre oder Hebron. Funktional jedoch haben wir auf dem Garizim in der Tat ein Konkurrenzheiligtum zu Jerusalem. Ein großes Korpus von fast 400 Inschriften in Quadratschrift und althebräischer Schrift von verschiedenen Stellen des Heiligtums mit ihrem faszinierend »biblischen« Onomastikon und priesterlich geprägter Terminologie, Reste von Opferhandlungen (Knochen von Kapriden, wenig Rind und Taube; Keramik) und andere Befunde zeigen die große Übereinstimmung samaritanischer Religiosität in hellenistischer Zeit mit derjenigen der Jerusalemer Konkurrenten.

All diese Pracht ging gegen Ende des 2. Jh. v. Chr. durch eine verheerende Feuersbrunst in Schutt und Asche unter. Die Hasmonäer unternahmen mehrere Vorstöße nach Samarien, um die Region der verhassten Konkurrenten und Abtrünnigen unter ihre Kontrolle zu bringen. Während Samaria bereits um 128 v. Chr. dem Erdboden gleich gemacht worden war, hielten Sichem und die Stadt auf dem Garizim noch einige Jahre aus. Ihr Ende kam nach dem Ausweis der Münzfunde nicht vor 111 v. Chr. Heiligtum und Stadt wurden niedergebrannt. Bis dahin war die Zeit des Zweiten Tempels eigentlich eine Periode zweier Tempel.

Für mehrere Jahrhunderte blieb der Gipfel unbebaut, möglicherweise gab es seit dem 3. Jh. n. Chr. eine Synagoge, doch sind die Hinweise darauf spärlich. Was jedoch weiter ging, war die Verehrung des Berges selbst: er, nicht ein Gebäude darauf, war von Gott erwählt worden und daher heilig zu halten (Joh 4,20). So haben wir aus römischer und frühbyzantinischer Zeit zahlreiche Inschriften, die regelmäßige Pilgerfahrten von Samaritanern – etwa aus Caesarea – erwähnen. Obwohl der Tempel zerstört war, wurden weiterhin Opfer abgehalten, und der Priesterstand behielt seine angestammte religiöse und soziale Stellung. Noch heute ist dies nicht anders.

Weiterführende Literatur

Magen, Y. / Misgav, H. / Tsfania, L., Mount Gerizim Excavations I. The Aramaic, Hebrew and Samaritan Inscriptions, Jerusalem 2004 (Judaea and Samaria Publications 4).

Magen, Y., Mount Gerizim Excavations II. A Temple City, Jerusalem 2008 (Judaea and Samaria Publications 8).

Magen, Y., The History of the Samaritans from

the Destruction of Samaria to the Destruction of Mount Gerizim, in: ders., The Samaritans and the Good Samaritan, Jerusalem 2008 (Judaea and Samaria Publications 7).

Zangenberg, J., Between Jerusalem and the Galilee. Samaria in the Time of Jesus, in: J.H. Charlesworth (Hg.), Jesus and Archaeology, Grand Rapids 2006, S. 393–432.

Die Gründung des samaritanischen Heiligtums auf dem Garizim

[306] Die Ältesten Jerusalems aber, denen die Ehe des Bruders des Hohenpriesters Jaddus mit einer Fremdstämmigen ein Greuel war, während er an der Hohepriesterwürde Anteil hatte, begehrten gegen ihn auf. [307] Sie glaubten nämlich, dass diese Ehe zu einem Sprungbrett werde für diejenigen, die das Gesetz hinsichtlich des Verhaltens gegenüber Frauen zu übertreten wünschten, und schließlich zum Beginn ihrer Gemeinschaft mit Fremdstämmigen werde. [308] Ferner glaubten sie, dass der Grund auch ihrer früheren Gefangenschaft und der Übel darin bestehe, dass sich manche bezüglich der Ehe vergangen haben und keine einheimischen Frauen geheiratet haben. Sie befahlen also dem Manasse, sich entweder von seiner Frau zu scheiden oder nicht mehr vor den Opferaltar zu treten. [309] Weil aber der Hohepriester den Ärger des Volkes teilte und den Bruder vom Altar fernhielt, begab sich Manasse zu seinem Schwiegervater Sanballat und sagte ihm, dass er zwar dessen Tochter Nikaso sehr liebe, ihretwegen jedoch nicht die priesterliche Würde, die höchste im Volk und schon immer in der Familie, verlieren wolle. [310] Sanballat aber versprach ihm nicht nur, dass er ihm die Priesterwürde sichern, sondern auch das Amt und die Würde des Hohenpriesters verschaffen und ihn zum Herrscher über alle Gebiete ernennen werde, die er selbst verwalte, wenn er nur weiterhin mit seiner Tochter zusammenleben wolle. Ferner sagte er, er wolle einen Tempel gleich dem in Jerusalem auf dem Gebirge Garizim errichten, dem höchsten der Berge bei Samaria, [311] und dies wolle er tun mit der Zustimmung des Königs Darius. Gestärkt durch diese Versprechungen blieb Manasse bei Sanballat und meinte, von Darius das Hohepriesteramt zu erhalten, denn es traf sich, dass Sanballat schon in ziemlich vorgerücktem Alter war. [312] Da freilich viele Priester und Israeliten derartige Ehen eingegangen waren, herrschte nicht geringe Unruhe in Jerusalem. Denn sie alle schlossen sich Manasse an, während Sanballat sie mit Geld versorgte und für sie Land zur Bewirtschaftung und Ansiedlung abtrennte und so seinen Sohn hingebungsvoll in jeglicher Weise unterstützte […]

[321] Da Sanballat nun glaubte, dass der Zeitpunkt günstig für seinen Plan sei, verließ er Dareios, nahm achttausend seiner Untergebenen und kam zu Alexander. Er traf ihn, als er gerade die Belagerung von Tyros begann, und sagte ihm, er wolle ihm die Orte übergeben, die er verwalte, und ihn gern als Herrscher haben statt des Königs Dareios. [322] Weil er ihn freundlich empfangen hatte, fasste Sanballat bereits Mut, wandte sich mit einer Rede über die Anliegen an ihn und offenbarte ihm, dass er einen Schwiegersohn (namens) Manasse habe, den Bruder des Jaddus, des Hochpriesters der Juden, und dass viele andere seiner Landsleute auf seiner Seite stünden, die ein Heiligtum auf dem ihm unter-

stellten Gebiet erbauen wollten. [323] Es sei auch für den König von Vorteil, dass die Macht der Juden in zwei Teile geteilt werde, damit das Volk nicht eines Sinnes sei oder zusammenhalte, wenn es irgendwann zu Unruhen kommen sollte und den Königen Schwierigkeiten bereite, wie es schon früher gewesen sei unter der Herrschaft der Assyrer. [324] Nachdem Alexander zugestimmt hatte, wandte Sanballat alle Energie für den Bau des Tempels auf und setzte Manasse als Priester ein im Glauben, damit den Kindern seiner Tochter die größte Ehre erwiesen zu haben. [325] Sanballat starb aber, nachdem sieben Monate bei der Belagerung von Tyros und zwei Monate bei der Gazas vergangen waren. Alexander aber eilte nach der Einnahme Gazas sofort in die Stadt der Jerusalemer.
Josephus, Jüdische Altertümer 11,306–312.321–326 (EÜ nach Marcus, LCL 326, S. 462–465.468–473).

Die Samarier unter Antiochus IV. Epiphanes

[257] Als nun die Samarier die Juden leiden sahen, gaben sie nicht mehr vor, dass sie deren Verwandte seien oder der Tempel auf dem Garizim dem Höchsten Gott gehöre, und folgten darin ihrer Natur, die wir schon enthüllt haben. Sie sagten, sie seien Kolonisten der Meder und Perser, und sie sind ja auch deren Kolonisten. [258] Sie schickten Gesandte zu Antiochus mit einem Brief, in dem sie Folgendes erklärten: »Denkschrift für den König Antiochos Theos Epiphanes von den Sidoniern in Sichem. [259] Unsere Vorfahren haben wegen bestimmter Dürreperioden im Lande einer gewissen abergläubischen Neigung folgend einen Brauch eingeführt, den Tag heilig zu halten, der bei den Juden Sabbat heißt, und haben auf einem Berg namens Garizim ein namenloses Heiligtum eingerichtet und dort die gebührenden Opfer dargebracht. [260] Nachdem du mit den Juden umgegangen bist, wie es ihrer Schlechtigkeit würdig ist, bezichtigen uns die königlichen Beamten in der Meinung, wir würden aufgrund verwandtschaftlicher Bindung dasselbe tun wie jene, mit den gleichen Anschuldigungen, wo wir doch von alters her Sidonier sind. Dies wird auch in unseren staatlichen Dokumenten deutlich. [261] Wir ersuchen dich daher als unseren Wohltäter und Retter, den Distriktsgouverneur Apollonios und den königlichen Agenten Nikarchos anzuweisen, uns in nichts zu belästigen, indem sie uns mit den Anschuldigungen gegen die Juden bezichtigen, weil wir sowohl der Abstammung nach als auch den Gebräuchen nach [*scil.* von den Juden] unterschieden sind. Ferner ersuchen wir dich, dass das namenlose Heiligtum nach Zeus Hellenios benannt werde. Wenn dies alles so geschehen ist, werden wir nicht mehr belästigt sein, können unserer Arbeit in Sicherheit nachgehen und dir die Einkünfte vergrößern.« [262] Auf diese Bitten der Samaritaner schrieb der König Folgendes: »König Antiochus dem Nikanor [einen Gruß]. Die Sidonier in Sichem reichten eine Denkschrift ein, die archiviert wurde. [263] Da nun ihre Gesandten in unserer Beratung mit den Freunden bewiesen haben, dass sie nichts an den Beschwerden gegen die Juden trifft, sondern dass sie sich entschieden haben, ihr Leben nach griechischen Sitten zu führen, sprechen wir sie frei von den Vorwürfen. Ferner soll,

wie sie es erbeten haben, ihr Heiligtum nach Zeus Hellenios benannt werden.« [264] Dies schrieb er auch an den Distriktsgouverneur Apollonios im 146. Jahr am achtzehnten des Monats Hekatombaion Hyrkanios.
Josephus, Jüdische Altertümer 12,257–264 (EÜ nach Marcus, LCL 365, S. 132–137).

Ein Anschlag auf den Jerusalemer Tempel

[29] Während der Statthalterschaft des Coponius über Judäa, der zusammen mit Quirinius abgeordert war, ereignete sich folgende Begebenheit. Wenn das Fest der ungesäuerten Brote abgehalten wird, das sie Pascha nennen, ist es Sitte der Priester, mitten in der Nacht die Tore des Tempels zu öffnen. [30] Diesmal nun, als das Öffnen der Tore zum ersten Mal geschah, begannen samarische Männer, die heimlich nach Jerusalem gekommen waren, menschliche Knochen in den Hallen und überall im Heiligtum zu verstreuen. Obwohl die Priester vorher nie solches beobachtet hatten, schlossen sie daraufhin jeden vom Tempel aus, darüberhinaus ergriffen sie andere Maßnahmen zum besseren Schutz des Heiligtums.
Josephus, Jüdische Altertümer 18,29f (EÜ nach Feldman, LCL 433, S. 24–27).

Pilatus schlägt Unruhen bei den Samaritanern nieder

[85] Auch das Volk der Samaritaner war nicht frei von Aufruhr. Ein Mann sammelte sie nämlich zusammen, der sich aus Lügen nichts machte und alles unternahm, um die Gunst des Volkes zu erlangen, und befahl ihnen, sich auf dem Berg Garizim einzufinden, der ihnen als der heiligste Berg gilt. Er versprach, er werde ihnen in ihrer Anwesenheit die heiligen Geräte zeigen, die Moses vergraben hatte, wo er sie deponiert hatte. [86] Sie aber hielten seine Geschichte für glaubwürdig, ergriffen die Waffen, lagerten sich in einem gewissen Dorf namens Tirathana und, da sie die Hinzukommenden freudig aufnahmen, schickten sich an, mit einer großen Menschenmenge auf den Berg zu steigen. [87] Pilatus aber kam ihnen zuvor und vereitelte ihren Aufstieg mit einer Abteilung Kavallerie und schwer bewaffneter Infanterie, die, als sie mit denen, die sich schon im Dorf versammelt hatten, zusammentrafen, in offener Feldschlacht einige töteten, die anderen in die Flucht schlugen. Sie nahmen viele gefangen, von denen Pilatus die wichtigsten Anführer und die Einflussreichsten unter den Flüchtenden umbringen ließ.

[88] Als der Aufruhr niedergeschlagen worden war, ging der Rat der Samaritaner zu Vitellius, einem Mann von konsularischem Rang und Statthalter von Syrien, und klagten Pilatus an wegen des Gemetzels an den Opfern. Schließlich wären sie nicht nach Tirathana zusammengekommen, um von den Römern abzufallen, sondern um sich vor dem Übermut des Pilatus in Sicherheit zu bringen. [89] Da sandte Vitellius seinen Freund Marcellus, um die Verwaltung Judäas zu übernehmen, und beorderte Pilatus zurück nach Rom, um dem Imperator von den Anschuldigungen der Samaritaner Bericht zu erstatten. So musste sich also Pilatus den Anordnungen des Vitellius fügen und machte sich, nachdem er zehn

Jahre in Judäa verbracht hatte, nach Rom auf. Bevor er jedoch in Rom eintraf, war Tiberius schon verschieden.
Josephus, Jüdische Altertümer 18,85–89 (EÜ nach Feldman, LCL 433, S. 60–65).

Unruhen zwischen Galiläern und Samariern

[232] Ein weiterer Zusammenstoß erfolgte zwischen Galiläern und Samariern. Bei dem Dorfe Gema nämlich, das in der großen Ebene Samariens liegt, wurde aus der großen Zahl der Juden, die zum Fest hinaufzogen, ein Galiläer ermordet. [232] Darauf rotteten sich zahlreiche Galiläer zusammen, um gegen die Samarier Krieg zu führen. Die Angesehenen unter ihnen eilten jedoch zu Cumanus und baten ihn inständigst, er möchte, bevor ein nicht wieder gutzumachender Schaden entstehe, nach Galiläa hinüberkommen und die am Mord Schuldigen bestrafen. Denn so allein könne die Menge, ohne dass es zum Krieg komme, zerstreut werden. Cumanus stellte freilich ihre dringenden Bitten hinter die im Augenblick vorliegenden Geschäfte zurück und schickte die Bittsteller unverrichteter Dinge nach Hause.

[234] Als die Kunde von dem traurigen Geschick des Ermordeten in Jerusalem bekannt wurde, gerieten die Massen in Weißglut; sie verließen das Fest, stürmten ohne Führer auf Samarien zu und wenn einer ihrer Volkshäupter sie aufhalten wollte, verweigerten sie den Gehorsam. [235] An die Spitze ihres räuberischen und aufrührerischen Haufens stellte sich ein gewisser Eleazar, Sohn des Dinaeus, und Alexander; sie fielen in das an den Bezirk von Akrabatene angrenzende Gebiet ein, mordeten ohne Rücksicht auf das Alter und brannten die Dörfer nieder.

[236] Cumanus kam mit einer Reiterschar aus Caesarea, ›Sebastener‹ genannt, den Hartbedrängten zu Hilfe, nahm von den Leuten des Eleazar viele gefangen, eine noch größere Zahl tötete er. [237] Zu der übrigen Menge, die zum Kampf gegen die Samarier hinausgeeilt war, kamen die führenden Männer aus Jerusalem heraus. Sie waren in Säcke gekleidet, streuten sich Asche auf ihr Haupt und baten flehentlich, sie möchten umkehren und die Römer nicht wegen der Rache an den Samariern gegen Jerusalem aufbringen; sie möchten sich doch ihrer Vaterstadt, des Tempels und ihrer eigenen Frauen und Kinder erbarmen. Das alles laufe Gefahr, zugrunde zu gehen, weil man sich für einen einzigen Galiläer rächen wolle. [238] Diesen Vorstellungen gaben die Juden nach und zerstreuten sich. Viele verlegten sich aber auf das Räuberhandwerk, weil es ziemlich ungefährlich erschien; über das ganze Land ereigneten sich Raubüberfälle, und die Wagemutigsten unternahmen gar offene Empörungsversuche. [239] Auch die Vornehmsten der Samarier kamen nach Tyrus zu Ummidius Quadratus, dem Stadthalter Syriens, und drängten auf Bestrafung derer, die ihr Land verwüstet hatten. [240] Es stellten sich aber auch die Führer der Juden und der Hohepriester Jonathan, Sohn des Ananos, ein und bezeichneten die Samarier wegen des von ihnen begangenen Mordes als Urheber der Unruhen. Für den weiteren Verlauf sei jedoch Cumanus verantwortlich, der es unterlassen habe, die Mörder zu bestrafen.

[241] Quadratus vertröstete nun beide Teile, indem er erklärte, wenn er in die Gegend komme, werde er alles genau untersuchen; als er darauf nach Caesarea

kam, ließ er alle von Cumanus gefangenen Juden kreuzigen. Von dort reiste er nach Lydda und verhörte die Samarier erneut; [242] auch ließ er achtzehn Juden, deren Teilnahme am Kampf er erfahren hatte, durchs Beil hinrichten. [243] Zwei andere Juden in hoher Stellung, die Hohenpriester Jonathan und Ananias, dessen Sohn Ananos sowie einige andere vornehme Juden sandte er zum Kaiser, ebenso die angesehensten Samarier. [244] Er gab aber auch dem Cumanus und dem Obersten Celer den Befehl, nach Rom zu gehen, um dem Claudius über das Vorgefallene Rechenschaft zu geben. Als er das erledigt hatte, reiste er von Lydda nach Jerusalem herauf, traf die Menge bei der Feier der ungesäuerten Brote in voller Ruhe an und kehrte nach Antiochien zurück.

[245] In Rom hörte der Kaiser Cumanus und die Samarier an; es war aber auch Agrippa anwesend, der sich mit großem Eifer für die Juden einsetzte, während Cumanus bei vielen der vornehmsten Römer Beistand fand. Die Samarier erklärte er als schuldig und befahl, die drei einflussreichsten hinzurichten, den Cumanus schickte er in die Verbannung. [246] Den Celer sandte er gefesselt nach Jerusalem, ließ ihn den Juden zur Peinigung ausliefern, er solle durch die Stadt geschleppt und dann enthauptet werden.

[247] Danach sandte er Felix, den Bruder des Pallas, als Statthalter Judäas, sowie Samarias, Galiläas und Peräas ab […]
Josephus, Jüdischer Krieg 2,232–247 (Michel / Bauernfeind, Bd. 1, S. 226–231).

Die Eroberung Samariens und des Garizim durch die Römer

[307] Auch die Bewohner Samariens blieben nicht von Schicksalsschlägen verschont. Sie zogen sich auf dem ihnen heiligen Berg, dem Garizim, zusammen; dort blieben sie zwar an Ort und Stelle, aber die Versammlung an sich und ihre Absichten hatten den Charakter einer Kriegsdrohung. [308] Sie ließen sich nicht einmal durch die schlimmen Erfahrungen der Nachbarn zur Vernunft bringen, und ohne die römischen Erfolge ihrer eigenen Schwäche gegenüber richtig abzuwägen, wurden sie unruhig und warteten gespannt auf die Möglichkeit zum Aufruhr. [309] Vespasian beschloss, der Bewegung zuvorzukommen und ihre Bestrebungen zu vereiteln. Denn über ganz Samarien waren zwar Besatzungen verteilt, aber die Masse der Zusammengeströmten und ihre Aufstellung waren bedrohlich. [310] Er sandte darum Cerealius, den Führer der 5. Legion, mit 600 Reitern und 3.000 Fußsoldaten ab. [311] Diesem schien es nicht sicher, auf den Berg hinaufzurücken und sich auf ein Gefecht einzulassen, weil so viele Gegner droben ihre Stellung bezogen hatten; darum schloss er mit seiner Streitmacht den ganzen Fuß des Berges ein und behielt den Feind den ganzen Tag hindurch im Auge. [312] Zum Unglück für alle Samaritaner, denen es ohnehin an Wasser mangelte, brannte gerade damals auch noch eine furchtbare Hitze, denn es war Sommerzeit, und die Menge war mit den nötigsten Lebensmitteln nicht versehen. [313] So starben noch am selben Tag die einen vor Durst, viele andere zogen die Sklaverei einem solchen Ende vor und flohen zu den Römern. [314] Als Cerealius von ihnen erfahren hatte, dass auch die Zurückgebliebenen durch ihre Leiden ganz zermürbt waren, zog er den Berg hinauf und stellte sein Heer

rings um die Feinde auf; er bot ihnen zunächst an, zu verhandeln und ermahnte sie, auf ihre Rettung bedacht zu sein, indem er versprach, sie zu schonen, falls sie die Waffen wegwürfen. [315] Da er sie nicht überreden konnte, griff er sie an und tötete alle, insgesamt 11.600 Mann. Das geschah am 27. des Monats Daesios. Solche Schicksalsschläge trafen die Samaritaner.
Josephus, Jüdischer Krieg 3,307–315 (Michel/Bauernfeind, Bd. 1, S. 362–365).

Inschriften aus Delos

Um 250–175 v. Chr.
Die Israeliten [*scil.* von Delos], die Opfer darbringen zum heiligen, geweihten Berg Garizim (Γαριζείν) ehrten [*leer*] Menippos Sohn des Artemidoros aus Heraklion, ihn und seine Nachkommen, weil er aus eigenen Mitteln aufgrund eines Gebets an Gott hat herstellen und weihen lassen einen [… und bekrönte] mit einem goldenen Kranz und […]
EÜ nach Noy, IJO, Bd. 1, S. 228–232.

Um 150–50 v. Chr
Die Israeliten auf Delos, die Opfer darbringen zum heiligen Berg Garizim (Γαριζείν) bekrönen mit einen goldenen Kranz Serapion Sohn des Jason aus Knossos wegen der ihnen erwiesenen Wohltat.
EÜ nach Noy, IJO, Bd. 1, S. 233f.

Samaritanische Inschriften vom Garizim

Vor 110 v. Chr.
[Das was] Josef [Sohn des N.N.] geweiht/geopfert hat
[für] seine [Fr]au und für seine Söhne
[vor dem He]rrn (לפני אדון – *lifne adonai: kein Tetragramm!*) im Tempel (מקדש – *miqdash*)
EÜ nach Magen, Mount Gerizim Excavations I, S. 141, Inschrift 150.

Vor 110 v. Chr.
… N.N.] Sohn des Pinhas, Pr[iester …
…] ihre [Br]üder [die] Priest[er …
EÜ nach Magen, Mount Gerizim Excavations I, S. 259, Inschrift 389.

Grabinschrift der Samarierin Ammia aus Athen

Ammia
(Tochter) des Philo
Samarierin/Samaritanerin (Σαμαρῖτις)
des Euremon
aus Antiochia
Frau
EÜ nach Noy, IJO, Bd. 1, S. 158–160.

5. Zeloten und andere religiös motivierte Aufrührer

Die »vierte Philosophie«

[23] Für die vierte Philosophenschule steht Judas der Galiläer als Anführer. Sie stimmen in allen übrigen Punkten mit der Meinung der Pharisäer überein, haben aber einen unstillbaren Eifer nach Freiheit und erkennen allein Gott als Herr und Meister an. Sie machen sich wenig daraus, den Tod auf ungewöhnliche Formen zu erleiden und bringen Vergeltung über Volksgenossen und Freunde dafür, dass sie keine Menschen als Herr ansprechen müssen.
Josephus, Jüdische Altertümer 20,23 (EÜ nach Feldman, LCL 456, S. 19–22).

Nach dem Tod des Herodes stürzt Judäa ins Chaos

[269] Inzwischen hatten noch unzählige andere Unruhen Judäa erfasst, und an vielen Orten erhoben sich viele entweder aus Hoffnung auf Beute oder aus Hass gegen die Juden zum Krieg. [270] So versammelten sich etwa zweitausend von denen, die einst unter Herodes im Heer gedient hatten und entlassen waren, in Judäa und kämpften gegen die Königlichen. Diese wurden gegen die Aufständischen ins Feld geführt von Achiab, einen Vetter des Herodes. Er aber wurde vom Feind, der sehr erfahren war in der Kriegführung, aus der Ebene ins höhere Bergland hinausgedrängt und rettete, was er konnte, durch den Rückzug in unwegsames Gelände.

[271] Weiterhin war da Judas, der Sohn des Räuberhauptmanns Ezechias, der große Macht besaß und von Herodes nur mit großer Mühe gefangen werden konnte. Dieser Judas also versammelte eine große Menge entwurzelter Männer bei Sepphoris in Galiläa und wagte einen Angriff auf den königlichen Palast und bewaffnete jeden Einzelnen seiner Männer, nachdem er sich aller Waffen bemächtigt hatte, die dort gelagert waren, und machte sich fort mit allem Besitz, den er geraubt hatte. [272] Alle fürchteten ihn, weil er jeden gefangen nahm und verschleppte, dem er in seiner Gier nach noch mehr Besitz und in seiner Sucht nach königlicher Würde entgegen kam, die er zu erreichen hoffte nicht durch tugendhafte Leistungen, sondern durch ein Übermaß an Grausamkeit gegenüber anderen.

[273] Auch gab es Simon, einen Sklaven des Königs Herodes, andererseits auch ein gut aussehender Mann, der in Größe als auch Körperkraft viele übertraf, und überzeugt war, es noch weit bringen zu können. Angestachelt von der allgemeinen Unsicherheit wagte es dieser, sich das Diadem aufzusetzen und, [274] nachdem er eine Schar von Männern zusammenbekommen hatte, ließ sich durch diesen tumben Haufen zum König ausrufen und hielt sich für würdiger als alle anderen. Er brannte den Königspalast von Jericho nieder und schleppte alles mit sich, was er dort an sich gerissen hatte. Er zündete auch viele andere königliche Residenzen an zahlreichen Orten des Landes an und zerstörte sie, nachdem er seinen Kumpanen die Erlaubnis gegeben hatte, mitzuschleppen, was darin an sich zu reißen war. [275] Er hätte noch viel Schlimmeres anrichten

können, wäre man nicht rasch auf ihn aufmerksam geworden. Gratus nämlich, der Befehlshaber über die königlichen Truppen, schloss sich mit den Römern zusammen und zog mit allem, was er hatte, Simon entgegen. [276] Eine lange und schwere Schlacht entbrannte zwischen ihnen, und die meisten der Peräer, die ungeordnet waren und mehr mit Rücksichtslosigkeit als mit taktischer Einsicht kämpften, wurden vernichtet. Simon versuchte sich durch eine Schlucht hindurch zu retten, wurde aber von Gratus gestellt und enthauptet. [277] Der königliche Palast in Ammatha am Jordan wurde auch von Rebellen niedergebrannt, die denen des Simon ähnelten. So groß war der Wahnsinn, der sich im Volk breit gemacht hatte, weil es keinen eigenen König hatte, der das Volk durch seine Autorität hätte im Zaum halten können, und weil die Fremden, die ins Land zu ihnen kamen, um die Aufstände nieder zu schlagen, ihrerseits Grund zur Provokation gaben durch ihre Arroganz und ihre Habgier.

[278] Dann gab es einen gewissen Athronges, einen Mann, der weder durch die Leistungen seiner Vorfahren noch durch seinen Charakter besonders ausgezeichnet war oder durch herausragenden Reichtum, sondern Schafhirt war, jedem völlig unbekannt, allein auffällig jedoch aufgrund der schieren Größe seines Körpers und die gewaltige Kraft seiner Hände. Dieser nun griff nach der Königsherrschaft, um dann – sobald er sie gewonnen hatte – die Freiheit zu haben sich noch maßloser aufzuführen. Was den Tod anbelangte, gab er nicht viel darauf, um dieser Ziele willen das Leben zu verlieren. [279] Er hatte auch vier Brüder, auch sie waren groß und voll Zuversicht, durch ihre Stärke ihrer Hände sehr erfolgreich sein zu können, und hielt sie für eine große Stütze bei seinem Griff nach der Königsherrschaft. Jeder von ihnen befehligte eine bewaffnete Bande, denn eine große Menge Menschen hatte sich um sie geschart. [280] Obwohl sie selbst Kommandanten waren, handelten sie unter seinem Befehl, wann immer sie auf Raubzug gingen und für sich kämpften. Obwohl Athronges sich das Diadem aufgesetzt hatte und Rat darüber abhielt, was zu tun sei, hing alles von seiner eigenen Entscheidung ab. [281] Dieser Mann konnte sich lange an der Macht halten, denn er trug den Titel »König« und nichts hielt ihn davon ab zu tun, was er wollte. Außerdem strengten er und seine Brüder sich außerordentlich an, Römer und Männer des Königs zu töten, gegen die sie den gleicher Hass hegten: gegen letztere wegen der Arroganz, die sie während der Herrschaft des Herodes gezeigt hätten, und gegen die Römer wegen der Verbrechen, die sie angeblich bis zur Gegenwart begangen hätten. [282] Doch als die Zeit voranschritt, wurden sie immer tollkühner gleichermaßen gegen alle, und nie gab es auch nur für einen einzigen eine Möglichkeit zu entkommen, denn einmal mordeten die Rebellen aus Hoffnung auf Gewinn, ein andermal aus purer Gewöhnung ans Töten. Eines Tages griffen sie bei Emmaus sogar eine römische Zenturie aus dem Hinterhalt an, die Getreide und Waffen zu ihrer Einheit brachten. Nachdem sie den Zenturion Arius, der die Abteilung kommandierte, mit vierzig seiner tapfersten Soldaten umzingelt hatten, schossen sie sie alle mit Pfeilen nieder. [283] Die Übrigen waren in panischer Angst um ihr Schicksal, konnten sich aber unter Zurücklassung ihrer Toten retten, nachdem ihnen Gratus mit den

Königlichen, die bei ihm waren, zu Hilfe geeilt war. In dieser Weise trieben die Rebellen noch lange Zeit ihr Unwesen und bereiteten den Römern große Probleme, fügten aber auch ihrem eigenen Volk keinen geringen Schaden zu. [284] Die Brüder aber wurden nach und nach bezwungen, einer in einem Gefecht mit Gratus, ein anderer in einem gegen Ptolemaios. Und als Archelaos den ältesten fing, entwaffnete der jüngste Bruder seine Truppe aus Schmerz über das Schicksal des anderen und aus Einsicht in die Ausweglosigkeit seiner Lage, da er nun allein und völlig erschöpft sei, und ergab sich dem Archelaos auf den Eid und den Glauben an Gott hin, dass ihm nichts geschehen würde. Doch geschah dies erst später.

[285] So war Judäa also eine wahre Räuberhöhle. Jeder Anführer einer Rebellenbande, die sich ihm angeschlossen hatte, konnte sich gleich zum König erklären und sich daran machen, das Gemeinwesen zu zerstören, wobei er wenigen Römern nur geringen Schaden zufügte, seinen eigenen Volksgenossen aber allerhöchstes Verderben brachte.
Josephus, Jüdische Altertümer 17,269–285 (EÜ nach Marcus, LCL 410, S. 496–505).

Felix geht gegen Räuber, Sikarier, Aufrührer und Wundertäter vor

[252] Die Herrschaft über Kleinarmenien übertrug er [*scil.* Nero] an Aristobulos, den Sohn des Herodes; dem Königreich Agrippas fügte er vier Städte samt ihrem Hinterland hinzu: Abila und Julias in Peräa, Tarichea und Tiberias in Galiläa. Für das übrige Gebiet, die Provinz Judäa, bestätigte er Felix als Statthalter. [253] Dieser fing den Räuberhauptmann Eleazar, der 20 Jahre lang das Land heimgesucht hatte, lebendig mit vielen seiner Spießgesellen und sandte sie nach Rom. Die Zahl der von ihm gekreuzigten Räuber und der Einwohner, denen eine Verbindung mit diesen nachgewiesen werden konnte und die er darum bestrafte, stieg ins Ungeheure.

[254] Kaum war das Land gesäubert, da wuchs in Jerusalem eine neue Gattung von Räubern empor, die sogenannten Sikarier. Am hellichten Tag und mitten in der Stadt mordeten sie Menschen, [255] besonders an den Festen mischten sie sich unter die Menge und stachen mit kleinen Dolchen, die sie unter ihren Kleidern verborgen hatten, ihre Gegner nieder. Brachen diese dann zusammen, so verwandelten sich die Mörder in einen Teil der aufgebrachten Menge, schienen sie doch allenthalben auf Grund ihrer Biederkeit völlig unverdächtig. [256] Ihr erstes Opfer war der Hohepriester Jonathan, nach ihm wurden täglich viele umgebracht; aber noch schlimmer als die Mordfälle selbst war die Furcht davor, denn jeder erwartete, wie im Krieg, stündlich seinen Tod. [257] Man erspähte schon von ferne die etwaigen Gegner, und auch den Freunden, die herantraten, traute man nicht mehr; trotz allen Argwohns und aller Vorsichtsmaßnahmen geschahen Morde, so rasch handelten die Meuchelmörder und so wohl verstanden sie, verborgen zu bleiben.

[258] Außerdem bildete sich eine weitere Bande von nichtswürdigen Menschen, deren Hände zwar reiner, deren Gesinnung aber umso gottloser waren,

die nicht weniger als die Meuchelmörder zur Zerstörung des Glückes der Stadt beitrugen. [259] Sie waren nämlich Schwarmgeister und Betrüger, die unter dem Vorwand göttlicher Eingebung Unruhe und Aufruhr hervorriefen und die Menge durch ihr Wort in dämonische Begeisterung versetzten. Schließlich führten sie das Volk in die Wüste hinaus, dort wolle ihnen Gott Wunderzeichen zeigen, die die Freiheit ankündigen. [260] Auf Felix machte dies den Eindruck, als handle es sich um den ersten Schritt zum Aufruhr, er sandte deshalb Reiter und Schwerbewaffnete aus und ließ eine große Menschenmenge töten.

[261] Einen noch größeren Schaden fügte den Juden der falsche Prophet aus Ägypten zu. Es kam nämlich ein betrügerischer Wundertäter ins Land, der sich selbst für einen Propheten ausgab und 30.000 Opfer seines Betruges um sich sammelte. [262] Er führte sie auf Umwegen von der Wüste auf den sogenannten Ölberg, von dort hätte er mit Hilfe seiner bewaffneten Begleiter gewaltsam in Jerusalem eindringen, die römische Besatzung überrumpeln und sich zum Herrscher über das Volk aufwerfen können. [263] Felix aber kam seinem Angriff zuvor und trat ihm mit den römischen Soldaten entgegen; auch das ganze Volk beteiligte sich an der Abwehr, so dass der Ägypter in dem folgenden Gefecht zwar mit Wenigen entfliehen konnte, die meisten seiner Anhänger aber getötet oder gefangen wurden. Der Rest zerstreute sich und jeder suchte sich zu Hause zu verbergen.

[264] Als auch hier Ruhe geschaffen worden war, trat die Entzündung, wie in einem kranken Körper, an anderer Stelle wieder auf. Denn die Wundertäter und Räuber schlossen sich zusammen, verführten viele zum Abfall und ermutigten sie zum Freiheitskampf; diejenigen, die der römischen Herrschaft weiterhin gehorchen wollten, bedrohten sie mit dem Tode und behaupteten, man müsse die, die freiwillig die Knechtschaft vorziehen, mit Gewalt befreien. [265] Sie verteilten sich in einzelnen Banden über das Land, raubten die Häuser der Vornehmen aus, töteten diese selbst und brannten die Dörfer nieder, so dass von ihrem Wahnsinn ganz Judäa erfüllt wurde. Und dieser Krieg entbrannte mit jedem Tag von neuem.
Josephus, Jüdischer Krieg 2,252–265 (Michel / Bauernfeind, Bd. 1, S. 230–235).

Der Zelotenführer Menahem, Sohn von Judas dem Galiläer

[433] Zu gleicher Zeit war ein gewisser Manaem – der Sohn des Judas, der der »Galiläer« genannt wurde, ein sehr bedeutender Gelehrter, der einst zur Zeit des Quirinius die Juden geschmäht hatte, dass sie nicht nur Gott, sondern auch noch den Römern untertan sein wollten – mit seinen nächsten Freunden nach Masada gezogen, [434] hatte dort das Zeughaus des Herodes aufgebrochen und außer seinen Landsleuten auch noch andere Räuber bewaffnet, um diese als Leibgarde zu verwenden. Nun kam er wie ein König nach Jerusalem zurück, wurde Führer des Aufstandes und übernahm den Oberbefehl bei der Belagerung. [...]

[441] Am folgenden Tag wurde der Hohepriester Ananias, der sich im Wasserkanal der Königsburg versteckt hatte, von den Räubern hervorgezogen mitsamt seinem Bruder Ezechias hingerichtet; auch hatten die Aufrührer die Türme um-

stellt und hielten strenge Wacht, dass keiner der Soldaten entkäme. [442] Manaem aber stieg die Bezwingung der festen Plätze und der Tod des Hohenpriesters Ananias so sehr in den Kopf, dass er grausam wurde, und da er glaubte, dass er keinen Gegner habe, der ihm die Herrschaft streitig machen könnte, zeigte er sich als unerträglicher Tyrann. [443] Die Männer um Eleazar jedoch empörten sich gegen Manaem und machten untereinander Bemerkungen in der Weise: Sie seien aus Liebe zur Freiheit von den Römern abgefallen und dürften diese deshalb nicht einem einfachen Mann aus dem Volk preisgeben und einen Gewaltherrscher dulden, der, selbst wenn er keine Gewalttat beginge, doch seiner Herkunft nach weit unter ihnen stünde. Denn wenn es auch notwendig sei, dass einer die Führung des Ganzen in die Hand nehme, so komme sie doch jedem anderen mehr als diesem Menschen zu. [444] Sie trafen nun eine Verabredung und griffen ihn im Tempel an, als er stolz und im Schmuck königlicher Kleidung zum Gebet hinaufschritt, wobei ihm eine Schar bewaffneter Eiferer folgte. [445] Wie nun die Anhänger Eleazars auf ihn eindrangen, hob auch das übrige Volk, um seiner Erbitterung Ausdruck zu verleihen, Steine auf und begann, auf den wortgewandten Volksverführer zu werfen; sie glaubten, durch seine Ermordung dem ganzen Aufruhr ein Ende machen zu können. [446] Die Leibwache des Manaem leistete kurze Zeit Widerstand, als sie aber sah, dass das ganze Volk auf sie losstürmte, ergriff sie die Flucht; jeder floh, wohin er konnte. Die, welche man ergreifen konnte, wurden getötet, die, welche sich versteckt hielten, spürte man auf. [447] Nur wenige konnten sich dadurch retten, dass sie heimlich nach Masada entkamen, unter ihnen war Eleazar, der Sohn Jairs, ein Verwandter Manaems, der später den Oberbefehl in Masada führte. [448] Auch Manaem selbst war zum sogenannten Ophel geflohen; dort hatte er sich feige versteckt, doch man fing ihn lebendig, zog ihn ans Licht und tötete ihn unter vielen Foltern, ebenso auch die unter ihm stehenden Anführer und den schlimmsten Handlanger der Schreckensherrschaft, Absalom.

Josephus, Jüdischer Krieg 2,433f.441–448 (Michel/Bauernfeind, Bd. 1, S. 268–271).

Ein Betrüger namens Theudas

[97] Während Fadus Prokurator von Judäa war, verleitete ein Betrüger mit Namen Theudas die Mehrheit der Massen, ihre Habseligkeiten zu packen und ihm an den Jordan zu folgen. Er behauptete nämlich, er sei ein Prophet und sagte, er könne durch seinen Befehl den Fluss spalten und ihnen einen leichten Durchzug bereiten. Durch solche Reden täuschte er viele. [98] Fadus aber ließ nicht zu, dass ihr Wahnsinn Erfolg hätte, sondern schickte eine Schwadron Reiter zu ihnen hinaus, die völlig unerwartet über sie herfiel, viele von ihnen niedermachte, andere aber lebend gefangen nahm. Theudas selbst aber geriet ebenfalls in Gefangenschaft, worauf sie ihm das Haupt abschlugen und es nach Jerusalem schickten.

Josephus, Jüdische Altertümer 20,97f (EÜ nach Feldman, LCL 456, S. 51–54).

Josephus weist den Aufständischen die Schuld am Untergang Jerusalems zu

[442] Bis ins Einzelne ihre Gesetzlosigkeit darzulegen, ist unmöglich. Kurz gesagt, hat keine andere Stadt solches gelitten, und ist kein Geschlecht jemals zu solchen Untaten fähig gewesen. [443] Zum Schluss beschimpften die Aufrührer auch noch das Volk der Hebräer, damit ihre Verruchtheit weniger groß erscheinen sollte, als hätten sie sie nur gegen Fremde vergangen. Damit gaben sie aber gerade zu, das zu sein, was sie in Wirklichkeit waren: Sklaven, Gesindel, Bastarde, der Abschaum des Volkes. [444] Sie haben die Stadt zugrunde gerichtet, sie haben die Römer gegen deren eigenen Willen gezwungen, diesem düsteren Sieg ihren Namen zu leihen, sie haben das Feuer, das durchaus nicht brennen wollte, fast mit Gewalt bis an den Tempel gezerrt. [445] Als sie ihn dann von der Oberstadt aus brennen sahen, traten nicht ihnen vor Schmerz Tränen in die Augen, das ist ganz gewiss, sondern den Römern merkte man diese Gefühle an. Doch dies werden wir später noch an geeigneter Stelle ausführlich belegen.
Josephus, Jüdischer Krieg 5,442–445 (Michel / Bauernfeind, Bd. 2.1, S. 178 f).

Zeloten in Masada und zusammenfassende Anklage des Josephus

[252] Inzwischen war Bassus in Judäa gestorben und Flavius Silva hatte die Befehlsgewalt übernommen. Als er sah, dass das ganze Land durch den Krieg unterworfen worden war und nur eine einzige Festung noch im Abfall beharrte, sammelte er die an den verschiedenen Plätzen gelegene Streitmacht und zog gegen diese Festung. Ihr Name war Masada. [253] An der Spitze der Sikarier, die die Festung besetzt hielten, stand Eleazar, ein machtvoller Mann. Er war ein Nachkomme jenes Judas, von dem bereits weiter oben berichtet wurde, dass er zu der Zeit, als Quirinius zur Festsetzung der Steuer nach Judäa gesandt worden war, eine nicht geringe Zahl von Juden dazu verleitet hatte, sich der Schätzung zu widersetzen. [254] Damals hatten sich nämlich die Sikarier geschlossen gegen diejenigen gestellt, die bereit waren, sich den Römern zu unterwerfen. Sie verfuhren mit ihnen ganz in der Weise, als seien sie Feinde, indem sie ihren Besitz raubten und davonschleppten und ihre Häuser in Brand steckten. [255] Dabei behaupteten sie, dass sich diese Volksgenossen nicht von den Heiden unterschieden in der Weise, wie sie unwürdig die von den Juden so heftig umkämpfte Freiheit fahren ließen und eingestandenermaßen die Knechtschaft unter den Römern hinnahmen. [256] Tatsächlich aber wurde solches von ihnen nur als Vorwand gesagt zur Verhüllung ihrer Grausamkeit und Habsucht; das erwiesen sie deutlich in ihren Handlungen. [257] Denn gerade gegen diejenigen Mitbürger, die sich ihnen beim Abfall angeschlossen und sie im Kriege gegen die Römer unterstützt hatten, richteten sich von seiten der Sikarier besonders schlimme Schandtaten. [258] Und wiederum, wenn sie darin überführt wurden, dass der Vorwand erlogen war, behandelten sie die Volksgenossen, die ihnen um ihrer Schlechtigkeit willen nur allzu gerechte Vorwürfe machten, noch schändlicher. [259] Überhaupt war jene Periode der jüdischen Geschichte recht reich

an Bosheit aller Art, so dass kein niederträchtiges Werk ungetan blieb; niemand, selbst wenn er vorsätzlich etwas hätte anstellen wollen, würde es fertiggebracht haben, noch etwas ganz Neues ausfindig zu machen. [260] So waren alle in einem Krankheitszustand, der Einzelne ebenso wie die Gemeinschaft. Man wetteiferte geradezu untereinander, sich gegenseitig in Beweisen der Ruchlosigkeit gegen Gott und der Ungerechtigkeit gegen die Nächsten zu überbieten. [261] Während die Mächtigen die Volksmenge misshandelten, war die Masse ihrerseits mit Eifer darauf aus, die Mächtigen zu vernichten; die einen drängten leidenschaftlich danach, die Herrschaft in die Hand zu bekommen, die anderen, Gewalt zu brauchen und die Güter der Reichen an sich zu raffen.

[262] Als Erste nun begannen die Sikarier mit Gesetzlosigkeit und Grausamkeit den Volksgenossen gegenüber; kein Wort, das der Beleidigung dienen konnte, blieb unausgesprochen, und kein Werk, das zum Verderben der Verfolgten führte, blieb unversucht. [263] Indes bewies Johannes, dass sogar die Sikarier noch gemäßigter waren als etwa er selbst; denn nicht genug war es, dass er alle diejenigen, welche stets zu dem rechten und vorteilhaften Weg geraten hatten, ermordete – sie gleichsam als die ärgsten Feinde unter allen Bürgern behandelnd – sondern er stürzte darüber hinaus durch seine öffentliche Wirksamkeit das Vaterland in unendliche Leiden. Er verhielt sich in einer Weise, wie es nur ein Mensch konnte, der bereits gewagt hatte, selbst Gott entgegenzutreten. [264] Auf den Tisch ließ er nämlich verbotene Speisen bringen und wich überhaupt in seiner Lebensführung von den väterlichen Reinheitsvorschriften ab. So konnte es nicht weiter verwundern, dass jemand, der so wahnwitzig der Ehrfurcht vor Gott zuwidergehandelt hatte, auch gegenüber den Menschen Mäßigung und rechten Umgang nicht beachtete. [265] Und nun endlich Simon, der Sohn des Giora, welche Greueltat beging er nicht? Oder welcher Zügellosigkeit enthielt er sich jenen freien Menschen gegenüber, die ihn zum Machthaber bestimmt hatten? [266] Gab es denn irgendeine Freundschaft oder Verwandtschaft, die ihn und seine Leute nicht Tag für Tag zu noch brutaleren Mordtaten trieb? Sie meinten doch, dass es nur die Leistung landläufiger Schurkerei sei, allein Fremde schändlich zu behandeln; einen besonders glänzenden Ausweis dagegen brachte nach ihrer Überzeugung die Grausamkeit gegen die nächsten Angehörigen. [267] Und im Wettkampf übertraf die Raserei der Idumäer noch den Wahnsinn dieser Männer. Diese wirklich übelsten Scheusale schlachteten die Hohenpriester ab, damit auch nicht der geringste Rest von Ehrfurcht gegen Gott gewahrt bliebe. [268] Alles, was an staatlicher Ordnung übrig war, beseitigten sie gewaltsam und führten die in allen Stücken vollendete Gesetzlosigkeit ein, auf Grund derer sich die Gruppe der sogenannten Zeloten zu voller Kraft entfaltete. Die Zeloten waren Männer, die die Berechtigung ihres Beinamens in entsprechenden Handlungen erwiesen. [269] Denn sie ahmten ausnahmslos jede Greueltat aufs Getreueste nach; nicht einmal solche, die in längst vergangener Zeit geschehen waren und nur die Erinnerung noch zu berichten wusste, übergingen sie; und so bewiesen sie auch hier ihren leidenschaftlichen Eifer. [270] Indes legten sie sich den Beinamen zu um des erstrebten Gutes willen – sei es, dass sie es taten, um derer zu spotten,

die wegen der tierischen Natur der Zeloten Unrecht erlitten hatten, sei es, dass sie tatsächlich die größten Greuel für gute Werke hielten. [271] Auf jeden Fall fand ein jeder von ihnen das verdiente Ende, da Gott über sie alle die gerechte Strafe verhängte. [272] Alles nämlich, was nur immer die menschliche Natur an Züchtigungen ertragen kann, brach über sie herein, selbst bis zum letzten Augenblick ihres Sterbens, das sie unter vielfachen Qualen durchzustehen hatten. [273] Und trotzdem könnte man sagen, dass sie im Verhältnis zu ihren Taten noch zu wenig gelitten haben; denn das Leiden, das ihnen angemessen gewesen wäre, gab es überhaupt nicht. [274] Diejenigen aber, die der Grausamkeit jener Zeloten zum Opfer fielen, gebührend zu beklagen, möchte gegenwärtig nicht der geeignete Augenblick sein. Also kehre ich wieder zu dem noch verbliebenen Teile der Erzählung zurück.
Josephus, Jüdischer Krieg 7,253–274 (Michel / Bauernfeind, Bd. 2.2, S. 120–125).

6. Texte aus den Höhlen bei Qumran

Qumran und die Schriftrollen vom Toten Meer
Seit der Entdeckung der ersten »Schriftrollen vom Toten Meer« im Winter 1946/47 hält Qumran unzählige Wissenschaftler unterschiedlicher Disziplinen in Atem. Die Texte vom Toten Meer, zu denen keinesfalls nur die bei Qumran gefundenen Fragmente gehören, haben unsere Kenntnis der Religions- und Kulturgeschichte des palästinischen Judentums – und damit des unmittelbaren Wurzelbodens des frühesten palästinischen Christentums – sowie der Entstehung der Hebräischen Bibel so grundlegend erweitert, dass man getrost von einem Jahrhundertfund sprechen kann. Allenfalls die frühchristlich-gnostischen Codices aus dem ägyptischen Nag Hammadi kommen dem noch nahe.

Obwohl die zu Beginn der Qumranforschung verfügbaren Texte bzw. Textfragmente noch recht gering war, haben schon bald inhaltliche Übereinstimmungen zwischen Aussagen mancher Schriftrollen (vor allem 1QS, 1QM und 1QSa) mit Berichten antiker Schriftsteller wie Philo von Alexandrien, Plinius dem Älteren oder Flavius Josephus über die jüdische »Sekte« der Essener die Pioniere der Qumranforschung in den 40er und 50er Jahren des 20. Jh. dazu veranlasst, die zwischen 1949 und 1955 ausgegrabenen Ruinen von **Qumran als Siedlung der Essener** zu interpretierten, derselben Menschen also, die sie als diejenigen ansahen, die die Schriftrollen kopiert, benutzt und vor Anrücken der Römer im Jahre 68 n. Chr. verborgen hatten, die unweit der Siedlung in elf Höhlen gefunden worden waren. Damit war das **»Qumran-Essener«-Modell** geboren, das bis heute mit zunehmender Differenzierung und zahlreichen Modifikationen von der Mehrheit der Forschung vertreten wird (»Konsensmodell«). Demnach interpretieren sich Ruinen, Schriftrollen und antike Texte **gegenseitig**, das heißt, Lücken oder Unklarheiten in der einen Datenkategorie können durch Angaben aus der anderen ergänzt werden, um so ein möglichst umfassendes und widerspruchsfreies Bild der dahinter liegenden, religiös interpretierten Gemeinschaft zu erlangen. Eine Minderheit der Forschung steht dieser Lösung jedoch skeptisch gegenüber, betont stattdessen die Zufälligkeit dessen, was nach 2000 Jahren an Fragmenten erhalten geblieben ist und insofern kaum ausreichende Aussagen über die Gesamtheit der ursprünglich deponierten Manuskripte, sondern allenfalls über Einzeltexte zulässt. Diese Minderheit möchte die Ruinen von Qumran daher auch primär aus der materiellen Kultur der Region heraus interpretieren.

Abgesehen von der heftig umstrittenen Frage nach der Art der **Zusammengehörigkeit von Textfunden und Ruine** stellen beide für sich einzigartige Zeugnisse des palästinischen Judentums dar. Die Hauptsiedlung ist wohl zu Beginn des 1. Jh. v. Chr. auf eisenzeitlichen Resten entstanden, hat am Ende des 1. Jh. eine massive Ausbauphase durchlaufen und wurde 68 n. Chr. durch römische Soldaten zerstört. Eine kurze römische Nachbesiedlung existierte bis zum Anfang des 2. Jh. n. Chr. Möglich ist, dass während des Bar Kochba-Aufstands für eine kurze Zeit Rebellen für kurze Zeit Zuflucht in Qumran genommen haben, doch sind die archäologischen Hinweise dafür sehr vage. Östlich der Hauptsiedlung lag ein großer Friedhof mit mehr als 1200 erhaltenen Gräbern, sowie während der letzten Ausbauphase eine landwirtschaftliche Nebensiedlung in der benachbarten Oase Ein-Feshkha.

Die elf **»Schriftrollenhöhlen«** 1Q bis 11Q stellen nur einen kleinen Ausschnitt Dutzender Höhlen dar, die sich meist am Abhang des Kalksteingebirges durch Erosion gebildet haben und von Menschen seit dem Chalkolithikum (ca. 4500 v. Chr.) immer wieder als Verstecke und Zufluchtsorte genutzt wurden. Ebenso ist unter dem Stichwort »Schriftrollen vom Toten Meer« eine Vielzahl unterschiedlicher Texte zusammengefasst, die seit 1946/47 an verschiedenen Orten am Westufer des Toten Meeres gefunden wurden. Die Texte, geschrieben auf Papyrus, Pergament und zu einem sehr geringen Teil auf Scherben (Ostraka), decken die Zeitperiode vom 7. Jh. v. Chr. (ein Text aus Wadi Murabba'at) über das 4. Jh. v. Chr. (kleine Anzahl Texte aus Wadi ed-Daliyeh, Ketef Yericho), das 3. Jh. v. bis 1. Jh. n. Chr. (Qumran-Region, weitere regionale Höhlen, Masada) über das 2. Jh. n. Chr. (Höhlen bei En-Gedi, aufgesucht von Flüchtlingen während des Bar Kochba-Aufstands; römische Soldaten auf Masada) bis ins 8. Jh. n. Chr. (Hirbet Mird) ab. Die spätrömisch-byzantinische Epoche ist bisher nicht unter den Funden vertreten, genauso wenig das Ostufer des Toten Meeres. Die Texte sind zu einem großen Teil nur sehr fragmentarisch erhalten, an Sprachen sind Hebräisch, Aramäisch und Griechisch vertreten, eine geringe Anzahl wurde auch auf Latein oder Nabatäisch, wenige spätere Texte auf Syrisch und Arabisch verfasst (Mird).

Formal und inhaltlich weisen die »Schriftrollen vom Toten Meer« eine außerordentlich große Bandbreite auf. Während für die Funde aus En-Gedi Briefe und persönliche Dokumente (Verträge, Urkunden; dergleichen auch in ed-Daliyeh) charakteristisch sind, repräsentieren die Qumrantexte allermeist **theologisches Schriftgut.** Dort dürften die Überbleibsel von insgesamt ca. 650 Rollen gefunden worden sein, wobei etwa ein Dutzend Rollen noch redlich gut erhalten ist, der Rest jedoch nur in kleinen, oft winzigen Fragmenten überlebt hat. Gut ein Drittel des Materials repräsentiert Abschriften biblischer Bücher (abgesehen vom Estherbuch). Die **Bibelmanuskripte** belegen u.a., dass der Textbestand des Alten Testaments noch bis ins 1. Jh. n. Chr. in Teilen nicht festgelegt war und einige Bücher in mehreren Versionen gleichzeitig umliefen (proto-masoretische, samaritanische und proto-LXX Varianten). Durch Qumran erhalten wir wichtige Einblicke in die Frühgeschichte vieler biblischer Bücher sowie die **Entstehung des Kanons** der Hebräischen Bibel.

Ein weiteres, kleines Drittel der Qumranfragmente besteht aus theologischer Literatur (Traktate, Apokalypsen, Nacherzählungen biblischer Bücher, Hymnen etc.), die zwar zuvor schon in Übersetzungen bekannt waren, nun aber in der hebräischen oder aramäischen Originalsprache und -form greifbar wurden.

Das letzte, größere Drittel bietet bisher völlig unbekannte theologische Literatur. Dazu gehört die berühmte Tempelrolle (11Q19) wie auch die Kupferrolle (3Q15), ein (fiktives?) Verzeichnis von Orten, an denen Schätze verborgen sein sollen. Ein kleiner Teil dieser Texte (z. B. Bibelkommentare wie 4QpHab oder Regeln für eine religiöse Gemeinschaft wie 1QS; 4QD) wird oft aufgrund mancher Gemeinsamkeiten in Terminologie (Stichwort **»Yahad«**) und Weltsicht als »sektarisch« bezeichnet und weist in der Tat punktuelle Affinitäten zur Lebensweise der Essener auf (Gemeinschaftsleben in 1QS; CD), wie sie uns durch antike Schriftsteller wie Philo, Plinius, oder Josephus überliefert sind, ohne dass dabei Unterschiede übersehen werden sollten oder deshalb die Gesamtheit der Qumrantexte sogleich für essenisch erklärt werden müsste. Entgegen mancher Vermutungen zu Fragmenten aus 7Q wurden keine christlichen Texte in Qumran gefunden. Die Frage, inwiefern man aus den »sektarischen« Texten die Geschichte der Gemeinschaft rekonstruieren oder sie gar mit der Besiedlungsgeschichte von Qumran korrelieren könnte, ist sehr umstritten und mit zahlreichen methodischen Problemen belastet. So ist z. B. keineswegs sicher, ob sich hinter dem in der Forschung oft zitierten Titel »Lehrer der Gerechtigkeit« stets eine historische Figur verbirgt, die im positiven Fall dann auch mit dem »Gemeindegründer« identifiziert werden sollte. Deutlich ist jedoch, dass die Texte aus Qumran unschätzbar wertvolle Einblicke in die geistige Kreativität und literarische Vielfalt des palästinischen Judentums gewähren.

Im Folgenden werden einige Ausschnitte aus »sektarischen« Texten wie CD (der Ende des 19. Jh. in Kairo entdeckten mittelalterlichen Abschrift einer bereits in der Antike bei Qumran gefundenen Vereinsordnung, vgl. verschiedene Versionen aus 4QD), 1QS oder 1QSa, sowie aus anderen theologischen Werken wie z. B. 1QH, 1QM oder der Tempelrolle 11QT geboten. Die diesen Abschriften zugrundeliegenden Werke stammen zumeist aus dem 1. Jh. v. Chr./n. Chr., nur die Tempelrolle dürfte zumindest auf das 3. Jh. v. Chr. zurückgehen. Auszüge aus den Bar Kochba-Briefen und dem Babatha-Archiv von En-Gedi sind in Kapitel I 3c aufgenommen, Hintergrundinformationen dazu finden sich im Infokästchen zum Bar-Kochba-Aufstand auf S. 112 f.

Bibliographie

J.J. Collins, Beyond the Qumran Community. The Sectarian Movement of the Dead Sea Scrolls, Grand Rapoids/Cambridge 2010.

Y. Hirschfeld, Qumran – Die ganze Wahrheit. Die Funde der Archäologie neu bewertet, Gütersloh 2006.

W.W. Fields, The Dead Sea Scrolls. A Full History, Volume I: 1947–1960, Leiden/Boston 2009.

E. Tov, Textual Criticism of the Hebrew Bible, Minneapolis/Assen [2]2001.

J. Zangenberg, Zwischen Zufall und Einzigartigkeit. Bemerkungen zur jüngsten Diskussion über die Funktion von Khirbet Qumran und die Rolle einiger ausgewählter archäologischer Befunde, in: J. Frey/C. Claussen/N. Kessler (Hgg.), Qumran und Archäologie. Texte und Kontexte, Tübingen 2011 (WUNT 278), 121–146.

a) Aus der »Damaskusschrift«

Der »Rest des Bundes«

[1,1] Und nun hört, alle, die ihr um Gerechtigkeit wisst, und achtet auf die Werke [2] Gottes. Denn er streitet mit allem Fleisch und hält Gericht über alle, die ihn verachten. [3] Denn wegen ihres Treuebruchs, da sie ihn verließen, hat er sein Angesicht vor Israel und seinem Heiligtum verborgen [4] und sie dem Schwert preisgegeben. Weil er aber des Bundes mit den Vorfahren gedachte, hat er einen Rest übriggelassen [5] in Israel und sie nicht der Vernichtung preisgegeben. Und in der Zeit des Zornes, dreihundert-[6] neunzig Jahre, nachdem er sie in die Hand Nebukadnezars, des Königs von Babel, gegeben hatte, [7] hat er sie heimgesucht. Und er ließ aus Israel und aus Aaron eine Wurzel der Pflanzung sprießen, damit sie in Besitz nehme [8] sein Land und fett würde durch die Güte seines Bodens. Und sie sahen ihr Unrecht ein und erkannten, [9] dass sie schuldige Männer waren. Und sie waren wie Blinde und solche, die nach dem

Weg tasten, [10] zwanzig Jahre lang. Und Gott achtete auf ihre Werke, denn mit vollkommenem Herzen hatten sie ihn gesucht, [11] und erweckte ihnen den Lehrer der Gerechtigkeit, um sie auf den Weg seines Herzens zu führen. Und er machte kund [12] den späteren Geschlechtern, was er im letzten Geschlecht an der Gemeinde der Abtrünigen tun wird, [13] das sind die, welche vom Wege abgewichen sind. Dies ist die Zeit, von der geschrieben steht: *Wie eine störrische Jungkuh,* [14] *so war Israel störrisch* (Hos 4,16); als der Mann des Spottes sich erhob, der Israel predigte [15] Wasser der Lüge und sie in die weglose Wüste irreführte, um ewigen Stolz zu erniedrigen und abzuweichen [16] von den Pfaden der Gerechtigkeit und die Grenze zu verändern, die ihre Vorfahren an ihrem Erbteil gezogen hatten, um [17] ihnen die Flüche seines Bundes anzuheften, sie dem Schwert zu überliefern, das die Rache des Bundes ausübt. [18] Denn sie suchten glatte Dinge und erwählten Täuschungen und spähten aus [19] nach Rissen und erwählten die Schönheit des Halses und sprachen den Gottlosen gerecht, aber erklärten den Gerechten für gottlos. [20] Und sie verursachten Übertretungen des Bundes und brachen die Satzung. Und sie taten sich zusammen gegen das Leben des Gerechten, und alle, die wandeln [21] in Vollkommenheit, verabscheute ihre Seele, und sie verfolgten sie mit dem Schwert und freuten sich am Streit des Volkes. Da entbrannte der Zorn [2,1] Gottes gegen ihre Gemeinde, so dass er ihre gesamte Menge verstörte und ihre Werke Unreinheit vor ihm sind.

[2] Aber jetzt hört auf mich, alle, die ihr in den Bund eingetreten seid, und ich werde euer Ohr öffnen für die Wege [3] der Gottlosen. Gott liebt Erkenntnis, Weisheit und Einsicht hat er vor sich hingestellt, [4] Klugheit und Erkenntnis sind es, die ihm dienen. Langmut ist bei ihm und reiche Vergebung, [5] um Sühne zu schaffen für die, die von der Sünde sich abgewandt haben. [… 9 …] Und er [*scil.* Gott] kennt die Jahre des Bestehens und die Zahl und Bestimmung ihrer Zeiten für alle [10] ewigen Geschehnisse und ewigen Ereignisse, was in ihren Zeiten kommen wird für alle Jahre der Weltzeit. [11] Und in ihnen allen hat er sich namentlich Genannte erweckt, um Entronnene für das Land übrig zu lassen und [12] die Oberfläche des Erdkreises mit ihrem Samen zu füllen. Und er belehrte sie durch die Gesalbten seines heiligen Geistes und die Seher der [13] Wahrheit. Und mit Genauigkeit legte er ihre Namen fest, aber die, welche er hasst, führte er in die Irre.
CD 1,1–2,5; 2,9a–13 (Lohse, S. 66–69).

Die »Bekehrten Israels«

[2] Gott aber gedachte des Bundes mit den Vorfahren und erweckte aus Aaron einsichtige Männer und aus Israel [3] Weise. Und er ließ sie hören, und sie gruben den Brunnen, einen Brunnen, den Fürsten gegraben haben, den ausgeschachtet haben [4] die Edlen des Volkes mit dem Stabe (Num 21,18). Der Brunnen, das ist das Gesetz, und die ihn gegraben haben, [5] das sind die Bekehrten Israels, die aus dem Lande Juda ausgezogen sind und im Lande von Damaskus in der Fremde weilten, [6] die Gott alle Fürsten genannt hat; denn sie haben ihn gesucht, und nicht geschmälert [7] wurde ihr Ruhm durch eines Menschen Mund. Und

der Stab ist der, der das Gesetz erforscht, von dem [8] Jesaja gesagt hat: *Einer, der ein Werkzeug für sein Tun hervorbringt* (Jes 54,16). Und die Edlen des Volkes sind diejenigen, [9] die gekommen sind, um den Brunnen auszuschachten mit Hilfe der ›Stäbe‹, die der ›Stab‹ vorgeschrieben hat, [10] in ihnen zu wandeln während der ganzen Zeit des Frevels. Und ohne sie werden sie nicht erlangen Belehrung bis zum Auftreten [11] eines Lehrers der Gerechtigkeit am Ende der Tage. Aber alle, die in den Bund gebracht worden sind, [12] sollen nicht in das Heiligtum eintreten, auf seinem Altar vergeblich Feuer zu entzünden. Sie sollen die sein, die die Türen verschließen, [13] von denen Gott gesagt hat: *Wer unter euch wird seine Türe verschließen? Und ihr sollt auf meinem Altar nicht vergeblich Feuer anzünden* (Mal 1,10). [14] Wahrlich, sie sollen darauf achten, der Deutung des Gesetzes entsprechend zu handeln zur Zeit der Gottlosigkeit und sich abzusondern [15] von den Söhnen der Grube und sich zu trennen vom Besitz der Gottlosigkeit, der unrein ist durch ein Gelübde oder einen Bannfluch [16] oder Besitz des Tempels; nicht die Armen seines Volkes zu berauben, dass Witwen ihre Beute sind [17] und sie Waisen ermorden. Sie sollen darauf achten, zu unterscheiden zwischen rein und unrein und den Unterschied zwischen [18] dem Heiligen und Profanen zu lehren und den Sabbattag zu halten entsprechend seiner genauen Bestimmung und die Festzeiten [19] und den Tag des Fastens entsprechend dem Finden derer, die in den neuen Bund eingetreten sind im Lande Damaskus.
CD 6,2–19 (Lohse, S. 76–79).

Einhaltung des Sabbat

[10,14] Über den Sabbat, dass man ihn halte entsprechend seiner Anordnung. Niemand soll am [15] sechsten Tage eine Arbeit ausführen von der Zeit an, zu der die Sonnenscheibe [16] vor dem Tor um die Länge ihres Durchmessers entfernt ist. Denn das ist es, was er gesagt hat: *Halte* [17] *den Sabbattag, um ihn zu heiligen* (Dtn 5,12). Und niemand darf am Sabbattag ein [18] törichtes oder eitles Wort sagen. Nicht darf man etwas an seinen Nächsten ausleihen. Nicht soll man über eine Angelegenheit von Besitz und Gewinn richten. [19] Nicht darf man über Fragen der Arbeit sprechen oder das Werk, das am nächsten Tag zu tun ist. [20] Nicht darf man auf das Feld hinausgehen, um eine Arbeit nach seinem Gutdünken zu verrichten [21] am Sabbat. Nicht darf man aus seiner Stadt weiter hinausgehen als tausend Ellen. [22] Niemand soll am Sabbattag etwas essen außer dem, was schon vorbereitet ist, und von dem, was verdirbt [23] auf dem Feld. Man darf nichts essen und nichts trinken außer dem, was sich im Lager befindet.

[11,13] Niemand soll Vieh beim Werfen helfen am Sabbattag. Und wenn es in einen Brunnen fällt [14] oder in eine Grube, so soll er es nicht am Sabbat wieder herausholen. Niemand soll den Sabbat an einem Ort in der Nähe [15] der Heiden verbringen. Niemand darf den Sabbat entweihen wegen Besitz oder Gewinn am Sabbat. [16] Einen lebendigen Menschen, der in ein Wasserloch fällt oder sonst in einen Ort, [17] soll niemand heraufholen mit einer Leiter oder einem Strick oder einem (anderen) Gegenstand.
CD 10,14–23; 11,13–17 a (Lohse, S. 86–89).

b) Aus der »Gemeinderegel«

Die Taufe mit dem Heiligen Geist

[4] [*scil.* Wer den Zutritt zur Gemeinde abgelehnt hat]: Nicht wird er entsühnt durch Sühnungen, und nicht darf er sich reinigen durch Reinigungswasser, und nicht darf er sich heiligen in Meereswasser [5] oder Flüssen, und nicht darf er sich reinigen durch irgendein Wasser der Waschung. Unrein soll er sein alle Tage, da er verwirft die Satzungen [6] Gottes, ohne sich zurechtweisen zu lassen in der Gemeinschaft seines Rates. Denn durch den Geist des wahrhaftigen Rates Gottes werden die Wege eines Mannes entsühnt, alle [7] seine Sünden, so dass er das Licht des Lebens erblicken kann. Und durch den heiligen Geist (, der) der Gemeinschaft in seiner Wahrheit (gegeben ist), wird er gereinigt von allen [8] seinen Sünden, und durch den Geist der Rechtschaffenheit und Demut wird seine Sünde gesühnt. Und wenn er seine Seele demütigt unter alle Gebote Gottes, wird sein Fleisch gereinigt werden, [9] dass man ihn mit Reinigungswasser besprenge und dass er sich heilige durch Wasser der Reinheit. Dann wird er seine Schritte darauf lenken, vollkommen zu wandeln [10] auf allen Wegen Gottes, wie er befohlen hat für die von ihm bestimmten Zeiten, und nicht nach rechts oder links abzuweichen und nicht [11] eines von allen seinen Worten zu übertreten. Dann wird er wohlgefällig sein durch angenehme Sühnungen vor Gott, und das wird ihm werden zum Bund [12] ewiger Gemeinschaft.
1QS 3,4–12 (Lohse, S. 8–11).

Der Mensch und die Geister der Wahrheit und des Frevels

[3,13] Für den Unterweiser, um zu unterweisen und zu belehren alle Söhne des Lichtes über den Ursprung aller Menschenkinder [14] hinsichtlich aller Arten ihrer Geister, über ihre Kennzeichen gemäß ihren Taten in ihren Generationen und hinsichtlich der Heimsuchung ihrer Plagen mit [15] den Zeiten ihres Friedens. Vom Gott der Erkenntnis kommt alles Sein und Geschehen. Ehe sie sind, hat er ihren ganzen Plan festgesetzt. [16] Und wenn sie da sind zu ihrer Bestimmung, so erfüllen sie nach seinem herrlichen Plan ihr Werk, und keine Änderung gibt es. In seiner Hand [17] liegen die Satzungen für alles, und er sorgt für sie in all ihren Geschäften. Und er schuf den Menschen zur Herrschaft [18] über den Erdkreis und bestimmte ihm zwei Geister, darin zu wandeln bis zur vorherbestimmten Zeit seiner Heimsuchung. Das sind die Geister [19] der Wahrheit und des Frevels. An der Quelle des Lichts ist der Ursprung der Wahrheit, aber aus der Quelle der Finsternis kommt der Ursprung des Frevels. [20] In der Hand des Fürsten des Lichts liegt die Herrschaft über alle Söhne der Gerechtigkeit, auf den Wegen des Lichtes wandeln sie. Aber in der Hand des Engels [21] der Finsternis liegt alle Herrschaft über die Söhne des Frevels, und auf den Wegen der Finsternis wandeln sie. Und durch den Engel der Finsternis geschieht Verirrung [22] aller Söhne der Gerechtigkeit, und alle ihre Sünde, Missetaten und Schuld und die Verstöße ihrer Taten kommen durch seine Herrschaft [23] entsprechend den Geheimnissen Gottes bis zu seiner Zeit. Und alle ihre Plagen

und die festgesetzten Zeiten ihrer Drangsal kommen durch die Herrschaft seiner Anfeindung. [24] Und alle Geister seines Loses suchen die Söhne des Lichtes zu Fall zu bringen. Aber der Gott Israels und der Engel seiner Wahrheit helfen allen [25] Söhnen des Lichtes. Und er hat die Geister des Lichtes und der Finsternis geschaffen, und auf sie hat er jedes Werk gegründet [26] und auf ihre Wege jeden Dienst. Den einen Geist liebt Gott in alle [4,1] Ewigkeit, und an allen seine Taten hat er Wohlgefallen für immer.
1QS 3,13–4,1 (Lohse, S. 10–13).

Ordnung für den »Rat der Gemeinschaft«

[1] Im Rat der Gemeinschaft sollen zwölf Männer sein und drei Priester, vollkommen in allem, was offenbart ist aus dem ganzen [2] Gesetz, um Treue zu üben, Gerechtigkeit, Recht, barmherzige Liebe und demütigen Wandel, ein jeder mit seinem Nächsten, [3] Treue zu bewahren im Lande mit festem Sinn und zerbrochenem Geist, Schuld zu sühnen, indem sie Recht tun [4] und Drangsal der Läuterung (ertragen), um mit allen im Maß der Wahrheit und in der Ordnung der Zeit zu wandeln. Wenn dies in Israel geschieht, [5] dann ist der Rat der Gemeinschaft fest [5] gegründet in der Wahrheit für die ewige Pflanzung, ein heiliges Haus für Israel und eine Gründung des Allerheiligsten [6] für Aaron, Zeugen der Wahrheit für das Gericht und Auserwählte des göttlichen Wohlgefallens, um für das Land zu sühnen und [7] den Gottlosen ihre Taten zu vergelten. Dies ist die erprobte Mauer, der köstliche Eckstein, nicht [8] werden seine Fundamente wanken noch von ihrem Platz weichen, eine Stätte des Allerheiligsten [9] für Aaron mit ewiger Erkenntnis für den Bund der Gerechtigkeit, und um darzubringen einen angenehmen Opfergeruch, und ein Haus der Vollkommenheit und Wahrheit in Israel, [10] um den Bund nach den ewigen Gesetzen aufzurichten.
1QS 8,1–10a (Lohse, S. 28–31).

Gebet eines Frommen und sein Gehorsam gegen Gott

[8b] Solange ich bin, ist ein Gesetz eingegraben auf meiner Zunge zur Frucht des Lobpreises und als ein Teil meiner Lippen. [9] Ich will singen in Erkenntnis, und all mein Saitenspiel dient der Ehre Gottes. Und die Saiten meiner Harfe gelten seiner festen heiligen Ordnung, und die Flöte meiner Lippen will ich anlegen nach der Richtschnur seiner Satzung. [10] Wenn der Tag weicht und die Nacht, will ich eingehen in Gottes Bund, und wenn der Abend anbricht und der Morgen, will ich seine Gebote sprechen. Und durch ihr Dasein will ich [11] meine Grenze bestimmen, um nicht wieder abzufallen. Und sein Gericht will ich gerecht heißen entsprechend meiner Verkehrtheit, und meine Sünde sei mir vor Augen wie ein eingegrabenes Gesetz. Aber zu Gott will ich sprechen: Meine Gerechtigkeit, [12] und zum Höchsten: Gründer meines Gutes, Quelle des Wissens und Quelle der Heiligkeit, Höhe der Majestät und Allmacht zu ewiger Verherrlichung. Ich will wählen, was [13] er mich lehrt, und gern annehmen, wie er mich richtet. Wenn meine Hände und meine Füße beginnen sich zu regen, will ich seinen

Namen preisen; zu Beginn von Ausgang und Eingang, [14] wenn ich mich setze oder aufstehe, und wenn ich auf dem Lager liege, will ich ihm jauchzen und ihn preisen als Hebopfer, das von meinen Lippen kommt, aus der Reihe der Männer. [15] Und bevor ich meine Hand erhebe, mich zu sättigen vom reichen Ertrag der Welt, zu Beginn von Furcht und Grauen und am Ort der Trübsal und Ode [16] will ich ihn preisen, weil er überaus wunderbar handelt, und seine Macht will ich bedenken und mich stützen auf seine Gnadenerweise den ganzen Tag. Und ich weiß, dass in seiner Hand [17] das Gericht über alles Lebendige liegt und Wahrheit alle seine Werke sind. Und wenn sich Not auftut, will ich ihn rühmen, und über seine Hilfe will ich gleichfalls jubeln. Nicht will ich jemandem seine böse Tat vergelten, [18] mit Gutem will ich jeden verfolgen. Denn bei Gott ist das Gericht über alles Lebendige, und er vergilt dem Mann seine Tat. Ich will nicht eifern im Geist [19] der Gottlosigkeit, und nach gewaltsam angeeignetem Besitz soll meine Seele nicht trachten. Und Streit mit den Männern der Grube will ich nicht aufnehmen bis zum Tag der Rache. Aber meinen Zorn [20] will ich nicht wenden von den Männern des Frevels, und nicht will ich mich zufrieden geben, bis er das Gericht festgesetzt hat.
1QS 10,8 b–20 (Lohse, S. 36–39).

Gebet der Hoffnung auf Gottes gnadenreiche Gerechtigkeit

[2 b] Was mich betrifft, so steht meine Gerechtigkeit bei Gott, und in seiner Hand liegt die Vollkommenheit meines Wandels mitsamt der Geradheit meines Herzens. [3] Und durch seine Gerechtigkeit wird meine Sünde getilgt. Denn aus der Quelle seiner Erkenntnis hat er sein Licht eröffnet, so dass mein Auge seine Wunder erblickte und das Licht meines Herzens das Geheimnis [4] des Gewordenen. Und ewiges Sein ist die Stütze meiner Rechten, auf einem starken Felsen geht der Weg meiner Schritte, der durch nichts wanken wird. Denn Gottes Wahrheit, sie ist [5] der Fels meiner Schritte, und seine Macht ist die Stütze meiner Rechten. Aus dem Quell seiner Gerechtigkeit kommt mein Recht, Licht ist in meinem Herzen aus seinen wunderbaren Geheimnissen. Auf das, was ewig ist, [6] hat mein Auge geblickt, tiefe Einsicht, die Menschen verborgen ist, Wissen und kluge Gedanken, verborgen vor den Menschen, eine Quelle der Gerechtigkeit und Hort [7] der Kraft mit der Quelle der Herrlichkeit, verborgen vor der Versammlung des Fleisches. Welche Gott erwählt hat, denen hat er sie zu ewigem Besitz gegeben, und Anteil hat er ihnen gegeben am Los [8] der Heiligen, und mit den Söhnen des Himmels hat er ihre Versammlung verbunden zu einem Rat der Gemeinschaft und Kreis des heiligen Gebäudes, zu ewiger Pflanzung für alle [9] künftigen Zeiten. Doch ich gehöre zur ruchlosen Menschheit, zur Menge des frevelnden Fleisches. Meine Sünden, meine Übertretungen, meine Verfehlungen samt der Verderbtheit meines Herzens [10] gehören zur Menge des Gewürms und derer, die in Finsternis wandeln. Denn kein Mensch bestimmt seinen Weg, kein Mensch lenkt seinen Schritt: sondern bei Gott ist die Gerechtigkeit und aus seiner Hand [11] kommt vollkommener Wandel und durch sein Wissen ist alles entstanden. Alles, was ist, lenkt er nach seinem Plan, und ohne ihn ge-

schieht nichts. Ich aber, [12] wenn ich wanke, so sind Gottes Gnadenerweise meine Hilfe auf ewig. Und wenn ich strauchle durch die Bosheit des Fleisches, so besteht meine Gerechtigkeit durch die Gerechtigkeit Gottes in Ewigkeit. [13] Und wenn er meine Bedrängnis löst, so wird er meine Seele aus der Grube ziehen und meine Schritte auf den Weg lenken. Durch sein Erbarmen hat er mich nahe gebracht, und durch seine Gnadenerweise kommt [14] meine Gerechtigkeit. Durch die Gerechtigkeit seiner Wahrheit hat er mich gerichtet, und durch den Reichtum seiner Güte sühnt er alle meine Sünden, und durch seine Gerechtigkeit reinigt er mich von aller Unreinheit [15] des Menschen und von der Sünde der Menschenkinder, Gott zu loben für seine Gerechtigkeit und den Höchsten für seine Majestät. Gepriesen seist du, mein Gott, der du zur Erkenntnis auftust [16] das Herz deines Knechtes. Leite durch Gerechtigkeit all seine Werke und richte den Sohn deiner Wahrheit auf, wie du Wohlgefallen hast an den Auserwählten der Menschheit, dass sie stehen [17] vor dir auf ewig. Denn ohne dich wird kein Wandel vollkommen, und ohne dein Wohlgefallen geschieht nichts. Du hast [18] alle Erkenntnis gelehrt, und alles, was geschehen ist, geschah durch dein Wohlgefallen. Kein anderer ist da außer dir, um auf deinen Ratschluss zu antworten und zu verstehen [19] deinen ganzen heiligen Plan und in die Tiefe deiner Geheimnisse zu blicken und all deine Wunder zu begreifen samt der Macht [20] deiner Stärke. Wer kann deine Herrlichkeit erfassen? Und was, wahrlich, ist es, das Menschenkind, unter deinen wunderbaren Werken? [21] Und der vom Weib Geborene, was soll er vor dir erwidern? Er, seine Form, ist aus Staub, und Speise des Gewürms ist seine Wohnung. Und er […] [22] geformter Lehm, und nach dem Staub steht sein Begehren. Was soll der Lehm erwidern und das von der Hand Geformte, und deinen Ratschluss, wie soll er ihn verstehen?
1QS 11,2b–22 (Lohse, S. 40–43).

c) Aus der »Gemeinschaftsregel«

Das messianische Mahl

[11] [Dies ist die Sit]zung der angesehenen Männer, [geladen] zur Versammlung für den Rat der Gemeinschaft, wenn Gott Erbarmen werden lässt [12] d[en] Messias unter ihnen. Es trete [der Priester] an der Spitze der ganzen Gemeinde Israel ein und alle [13] [seine Brüder, die Söhne] Aarons, die Priester, [die] zur Versammlung [Geladenen], die angesehenen Männer. Und sie sollen sich setzen [14] v[or ihm, jeder] entsprechend seiner Würde. Und danach se[tze sich der Mes]sias Israels. Und es sollen sich vor ihm setzen die Häupter [15] der T[ausendschaften Israels, jed]er entsprechend seiner Würde, nach [seiner Stellung] in ihren Lagern und nach ihren Stationen. Und alle [16] Fa[milien]häupter [der Ge]meinde mit den Weisen [der heiligen Gemeinde] sollen vor ihnen sitzen, jeder entsprechend [17] seiner Würde. Und [wenn] sie sich zusammenfinden zum gemeinsamen [Ti]sch [oder um den Mo]st [zu trinken], und der gemeinsame Tisch ist gerüstet, [18] [und] der Most [ist gemischt] zum Trinken, [so darf keiner] seine Hand [ausstrecken] nach dem Erstling [19] des Brotes und [des

Mostes] vor dem Priester; denn [er soll] den Segen sprechen über dem Erstling des Brotes [20] und des Most[es. Und er soll] zuerst seine Hand [ausstrecken] nach dem Brot, und dana[ch soll] der Messias Israels seine Hände [21] nach dem Brot ausstrecken. [Und danach] sollen sie [den Segen] sprechen, die ganze Gemeinde der Gemeinschaft, je[der entsprechend] seiner Würde. Und nach dieser Ordnung sollen sie handel[n] [22] bei jeder Zu[rüstung, wenn sich] zusammenfinden wenigstens zehn Män[ner].
1QSa 2,11–22 (Lohse, S. 50f).

d) Aus der »Hymnenrolle«

Hymnus eines Gerechten im Angesicht der Feinde

[20] Ich preise dich, Herr! Denn du hast meine Seele in das Bündel des Lebens gelegt [21] und beschütztest mich vor allen Fallen der Grube. Denn Gewalttätige suchten mein Leben, weil ich mich stützte [22] auf deinen Bund. Sie aber sind ein Rat des Trugs und Gemeinde Belials. Sie haben nicht erkannt, dass von dir her mein Stand ist [23] und durch deine Gnade du meiner Seele hilfst, dass von dir her meine Schritte kommen. Sie aber sind mit deiner Zulassung [24] gegen meine Seele versammelt, auf dass du dich verherrlichst durch das Gericht über die Gottlosen und dich mächtig erzeigst an mir [25] vor den Menschenkindern; denn durch deine Gnade ist mein Stand. Ich sprach: Starke haben sich gegen mich gelagert, sie haben mich umzingelt mit all [26] ihren Waffen. Und Pfeile schlagen ein, ohne dass einer heilt, und Flammen der Lanze gleich Feuer, das Bäume verzehrt. [27] Und wie das Tosen gewaltiger Wasser ist das Dröhnen ihres Schalls, prasselnder Sturzregen, um viele zu verderben. Bis zu den Gestirnen brechen hervor [28] Wahn und Trug, wenn ihre Wellen sich erheben. Aber was mich betrifft, wenn auch mein Herz zerschmolz wie Wasser, meine Seele hält an deinem Bund fest. [29] Sie spannten ein Netz gegen mich aus, es fing ihren Fuß. Sie stellten Fallen gegen meine Seele, sie fielen hinein. Aber mein Fuß steht auf ebenem Boden. [30] Mitten aus ihrer Versammlung will ich deinen Namen preisen.
1QH 2,20–30 (Lohse, S. 116–119).

Hymnus eines von Gott Erwählten inmitten endzeitlicher Verwirrung

[19] Ich preise dich, Herr! Denn du hast meine Seele erlöst aus der Grube und aus der Unterwelt des Abgrundes [20] hast du mich hinaufgehoben zu ewiger Höhe. Ich will auf ebener Bahn wandeln, die nicht auszuforschen ist, und erkannte, dass es Hoffnung gibt für den, welchen [21] du aus Staub gebildet hast zu ewigem Rat. Und den verkehrten Geist hast du gereinigt von großer Missetat, dass er sich stelle an den Standort mit [22] dem Heer der Heiligen und in die Gemeinschaft eintrete mit der Gemeinde der Himmelssöhne. Und du warfst dem Mann ein ewiges Los mit den Geistern [23] des Wissens, dass er deinen Namen preise in gemeinsamem J[ub]el und deine Wunder erzähle vor all deinen Werken. Und ich, das Gebilde [24] von Lehm, was bin ich schon? Mit Wasser

Geknetetes. Und was gelte ich schon? Und was an Kraft habe ich schon? Denn ich stehe im Gebiet des Frevels [25] und mit den Bösewichten im selben Los. Und es weilte die Seele des Armen bei großen Verirrungen, und bedrückendes Verderben war mit meinen Schritten; [26] wo alle Fallen der Grube sich auftun und alle Fangschnüre der Gottlosigkeit sich ausbreiten und das Netz der Bösewichte auf dem Wasser ist; [27] wo alle Pfeile der Grube unabwendbar fliegen und hoffnungslos vernichten; wo die Messschnur fällt auf Gericht und Zorneslos [28] auf Verlassene und Ergießen des Grimms auf Verborgene und die Zeit des Zornes anhebt über alles, was Belial heißt, und Stricke des Todes rettungslos umfangen. [29] Und Ströme Belials treten über die hohen Böschungen wie ein verzehrendes Feuer in all ihren Flussarmen (?), um zu venichten jeden grünen Baum [30] und jeden dürren an ihren Bächen. Und es schweift umher mit zuckenden Flammen, bis alle, die von ihnen trinken, nicht mehr da sind. Es frisst an den Fundamenten von Ton [31] und an der Wölbung des Festlandes. Die Grundfesten der Berge verfallen dem Brand und die Wurzeln des Gesteins den Strömen von Pech. Und es frisst sich hindurch bis zur großen Urflut, [32] und es dringen zum Abgrund Belials Ströme, und die Tiefen der Urflut toben unter dem Tosen der schlammigen Strudel. Und die Erde [33] schreit auf wegen des Verderbens, das auf dem Erdkreis geschieht, und alle ihre Tiefen brüllen. Und es rasen alle ihre Bewohner [34] und wanken durch das gr[oß]e Verderben. Denn Gott donnert in der Fülle seiner Kraft, und seine heilige Wohnstatt hallt wider von seiner herrlichen Wahrheit, [35] und die Heerschar des Himmels erhebt ihre Stimme, [und] es wanken und beben ewige Fundamente. Und der Krieg der Helden [36] des Himmels rast über den Erdkreis und hört nicht auf bis zur Vernichtung und ewigem Strafgericht, das unvergleichlich sein wird.
1QH 3,19–36 (Lohse, S. 120–123).

Hymnus eines von Gott Gelehrten über Anfechtung und Hoffnung

[26] Du legst Furcht vor ihnen auf dein Volk und Zerschmetterung auf alle Völker der Länder, um auszurotten im Gericht alle, [27] die dein Wort übertreten. Und durch mich hast du das Angesicht vieler erleuchtet und dich stark erwiesen zu unzähligen Malen. Denn du hattest mich unterwiesen in deinen wunderbaren Geheimnissen, [28] und durch dein wunderbares Geheimnis hast du dich stark an mir erwiesen, wunderbar zu handeln vor vielen um deiner Ehre willen und kundzutun [29] deine Machttaten allen Lebendigen. Was ist Fleisch im Vergleich dazu? Und was ist ein Lehmgebilde, um Wundertaten groß zu machen? Es ist in Sünde [30] von Mutterleib an und bis zum Alter in der Schuld der Treulosigkeit. Und ich erkannte, dass beim Menschen keine Gerechtigkeit ist und nicht beim Menschenkind vollkommener Wandel. [31] Beim höchsten Gott sind alle Werke der Gerechtigkeit, aber der Wandel des Menschen steht nicht fest, es sei denn durch den Geist, den Gott ihm schuf, [32] um den Wandel der Menschenkinder vollkommen zu machen, damit sie alle seine Werke erkennen in der Kraft seiner Stärke und die Fülle seines Erbarmens über alle Söhne [33] seines

Wohlgefallens. Ich aber, mich hatten Zittern und Schrecken ergriffen, und alle meine Gebeine zerbrachen. Es zerfloss mein Herz wie Wachs vor dem Feuer, und meine Knie bewegten sich [34] wie Wasser, das am Abhang hinunterstürzt. Denn ich gedachte meiner Verschuldungen zusammen mit dem Treubruch meiner Väter, als Gottlose gegen deinen Bund aufstanden [35] und Bösewichte gegen dein Wort. Ich sprach: In meiner Sünde bin ich verloren für deinen Bund. Aber als ich der Kraft deiner Hand gedachte mit [36] der Fülle deines Erbarmens, da richtete ich mich auf und erhob mich, und mein Geist gewann wieder Festigkeit gegenüber der Plage; denn [ich] stützte mich [37] auf deine Barmherzigkeit und die Fülle deines Erbarmens. Denn du sühnst Sünde und rei[nigst den Men]schen von Verschuldung durch deine Gerechtigkeit.
1QH 4,26–37 (Lohse, S. 126–129).

Hymnus auf Gottes Erbarmen, seine Wahrheit und Größe

[26] Ich preise dich, Herr! Denn du hast mich unterwiesen in deiner Wahrheit [27] und in deinen wunderbaren Geheimnissen mir Wissen gegeben, und durch deine Barmherzigkeit gegen den Mann [...], durch dein reiches Erbarmen mit denen, die ein verkehrtes Herz haben. [28] Wer ist wie du unter den Göttlichen, Herr? Und wer ist deiner Wahrheit gleich? Und wer ist ge[re]cht vor dir, wenn er gerichtet wird? Und nichts [29] ist zu erwidern auf deine Züchtigung. Alle Herrlichkeit ist Wind, und nicht kann einer bestehen vor deinem Zorn. Aber alle Söhne [30] deiner Wahrheit führst du durch Vergebung vor dich, sie [zu reinig] en von ihren Sünden in deiner reichen Güte und in der Fülle deines Er[ba]r-mens, [31] sie hinzustellen vor dich in alle Ewigkeit. Denn ein ewiger Gott bist du, und alle deine Wege stehen fest für immer [32] und [e]w[ig], und keiner ist außer dir. Aber was ist der Mensch, ein Nichts und ein Herr des Hauches, um zu verstehen deine wunderbaren Werke, [33] [die gr]oß[e]n?
1QH 7,26–33 (Lohse, S. 140f).

e) Aus der »Kriegsrolle«

Bestimmungen für den Krieg

[1] Für den Ein[sichtigen: Bestimmung] des Krieges. Der Anfang ist, wenn die Söhne des Lichtes Hand anlegen, um zu beginnen gegen das Los der Söhne der Finsternis, gegen das Heer Belials, gegen die Schar von Edom und Moab und der Söhne Ammons [2] und das Hee[r ...] der Philister und gegen die Scharen der Kittäer von Assur, und mit ihnen sind zur Unterstützung die Frevler am Bunde. Die Söhne Levis und die Söhne Judas und die Söhne Benjamins, die Verbannten der Wüste, kämpfen gegen sie [3] [...] mit all ihren Scharen, wenn die Verbannten der Söhne des Lichtes aus der Wüste der Völker zurückkehren, um in der Wüste von Jerusalem zu lagern. Und nach dem Krieg ziehen sie von dort ge[gen alle Scharen] der Kittäer in Ägypten. Und zu seiner Zeit zieht er aus mit großem Grimm, um zu kämpfen gegen die Könige des Nordens, und sein Zorn

(sucht) zu vernichten und auszurotten das Horn [5] [Belials. Das] ist die Zeit des Heils für das Volk Gottes und die Zeit der Herrschaft für alle Männer seines Loses, aber ewige Vernichtung für das ganze Los Belials. Und es wird g[roße] Bestürzung sein [6] [bei] den Söhnen Japhets. Es fällt Assur, aber keiner ist da, der ihm hilft. Die Herrschaft der Kittäer weicht, damit Gottlosigkeit gedemütigt werde ohne Rest und es Rettung nicht gebe [7] [für alle Söh]ne der Finsternis.

[8] [Erkenntnis und Gerechtig]keit werden alle Enden des Erdkreises erleuchten in immer hellerem Licht, bis alle Zeiten der Finsternis zu Ende sind. Aber zur Zeit Gottes wird seine erhabene Größe leuchten für alle Zeiten [9] [der Ewigkeiten] zu Frieden und Segen, Ehre und Freude und Länge der Tage für alle Söhne des Lichtes. Aber an dem Tage, an dem die Kittäer fallen, gibt es Kampf und gewaltiges Gemetzel vor dem Gott [10] Israels; denn dies ist der Tag, der von ihm seit ehedem bestimmt wurde für den Vernichtungskrieg gegen die Söhne der Finsternis. An ihm kämpfen zu einem großen Gemetzel die Gemeinde der Göttlichen und die Versammlung [11] der Menschen. Die Söhne des Lichtes und das Los der Finsternis kämpfen untereinander für (den Erweis der) Stärke Gottes beim Lärm einer großen Menge und dem Geschrei der Göttlichen und Menschen am Tage des Verderbens. Und dies ist die Zeit [12] der Drangsal für [das ganze] Volk der Erlösung Gottes. Und unter allen ihren Drangsalen war keine wie diese, die ihrem Ende zueilt, zur ewigen Erlösung.
1QM 1,1–12 (Lohse, S. 180–183).

Aufruf zu unerschrockenem Kampf in der Hoffnung auf Gottes Hilfe

[4] Und schreckt nicht [zurück und] seid [ni]cht erschrocken vor ihnen; denn euer Gott geht mit euch, um für euch zu streiten mit euren Feinden, um euch zu erretten. [5] Und unsere [A]mtleute sollen zu allen Kampfbereiten sprechen, zu den von Herzen Willigen, um (sie) durch Gottes Kraft zu stärken, – und damit alle umkehren, [6] deren Herz zerschmolzen ist, – und den Zusammenhalt unter allen starken Helden zu befestigen. Und was du [gesagt] hast durch Mose folgendermaßen: Wenn es zum Kampf kommt [7] in eurem Lande gegen den Gegner, der euch bedrängt, so blas[t] Lärm mit den Trompeten, und es wird euer gedacht werden vor eurem Gott, [8] und *ihr werdet errettet vor euren Feinden* (Num 10,9). Wer ist wie du, Gott Israels, im Hi[mm]el und auf Erden, der es deinen großen Werken gleichtäte [9] und deiner mächtigen Stärke? Und wer […] ist wie dein Volk Israel, das du dir erwählt hast aus allen Völkern der Länder? [10] Das Volk der Heiligen des Bundes und derer, die im Gesetz belehrt sind, der einsichtigen Weisen […], die die Stimme des Geehrten hören und [11] die heiligen Engel schauen, deren Ohr geöffnet ist und die Unergründliches vernehmen […], die Ausbreitung der Himmel, die Heerschar der Lichter [12] und die Last der Geister und die Herrschaft der Heiligen, die Schatzkammern der Herrlich[keit …] der Wolken. Der die Erde geschaffen hat und die Gesetze ihrer Einteilung [13] für Wüste und Steppenland, und alles, was sie hervorbringt […], den Kreis der Meere und die Behälter der Flüsse und die Spaltung der Urfluten, [14] die Geschöpfe der Tiere

und die Vögel, den Bau des Menschen und die Gesch[lechter …], die Verwirrung der Sprachen und die Teilung der Völker, den Wohnsitz der Sippen [15] und das Erbe der Länder […] heilige Festzeiten und Wenden der Jahre und ewige Zeiten.
1QM 10,4–15 (Lohse, S. 202–205).

Gott und seine Heerscharen kämpfen auf der Seite der Gerechten

[1] Denn die Menge der Heiligen ist [bei dir] im Himmel und die Heerscharen der Engel in deiner heiligen Wohnstatt, um deinen [Namen zu preisen]. Und die Erwählten des heiligen Volkes [2] hast du dir gesetzt [… Bu]ch der Namen. Ihre ganze Heerschar ist bei dir an deiner heiligen Stätte […], in deiner herrlichen Wohnstatt. [3] Und die segensreichen Gnadenerweise […] und den Bund deines Heils hast du ihnen eingegraben mit dem Griffel des Lebens, um zu herrschen [über sie] in alle ewigen Zeiten [4] und zu mustern die He[erscharen] deiner [Erwähl]ten nach ihren Tausendschaften und Zehntausendschaften zusammen mit deinen Heiligen [und mit] deinen Engeln zur Machtentfaltung der Hand [5] im Kriege, [um niederzubeugen] die Gegner des Landes durch die Fülle deiner Gerichte, aber mit den Erwählten des Himmels sind [deine] Seg[nungen]. [*leer*] [7] Und du, Gott, bist fur[chtbar] in der Herrlichkeit deiner Königsherrschaft, und die Gemeinde deiner Heiligen ist in unserer Mitte zu ewige[r] Hilfe. Wir [geben] Verachtung den Königen, Spott [8] und Hohn den Helden. Denn der Heilige, der Herr und der König der Herrlichkeit, ist mit uns. Das Volk der heiligen Hel[den und die] Heerschar der Engel ist unter unserem Aufgebot, [9] und der Held des Krie[ges] ist in unserer Gemeinde und das Heer seiner Geister mit unseren Schritten. Und [unsere] Reiter sind [wie] Wolken und Taunebel, die Erde zu bedecken, [10] und wie ein Platzregen, zu tränken mit Gericht alle ihre Gewächse. Erhebe dich, Held, führe deine Gefangenen fort, Mann der Herrlichkeit, und raube [11] deine Beute, der du Macht entfaltest. Lege deine Hand auf den Nacken deiner Feinde und deinen Fuß auf Hügel Erschlagener. Zerschmettere Völker, deine Feinde, und dein Schwert [12] verzehre das schuldige Fleisch. Fülle dein Land mit Herrlichkeit und dein Erbteil mit Segen. Eine Menge von Vieh sei auf deinen Feldern, Silber und Gold und Edelsteine [13] in deinen Pal[ä]sten. Zion, freue dich sehr, strahle auf im Jubel, Jerusalem, und jauchzet, alle Städte Judas. Öffne [14] beständig [deine] To[re], dass man zu dir bringe den Reichtum der Völker. Und ihre Könige sollen dir dienen und dir huldigen alle deine Bedrücker, und den Staub [15] [deiner Füße werden sie lecken. Töchter] meines Volkes, brecht in lauten Jubel aus, legt herrlichen Schmuck an und herrscht in [der Herrschaft …]
1QM 12,1–15 (Lohse, S. 206ff).

Aufruf zur Stärke, weil Gott seinen Erwählten Hilfe schickt

[6] Und er schickt ewige Hilfe dem Lose seiner [Er]lösung durch die Kraft des herrlichen Engels für die Herrschaft Michaels im ewigen Licht; [7] um zu erleuchten durch Freude den B[und I]sraels, Frieden und Segen für das Los Gottes;

um unter den Göttlichen die Herrschaft Michaels zu erhöhen und die Herrschaft [8] Israels unter allem Fleisch. Es freut sich Gerechtigkeit [in den] Höhen, und alle Söhne seiner Wahrheit jauchzen in ewiger Erkenntnis. Und ihr, Söhne seines Bundes, [9] seid stark in der Läuterung Gottes, bis er seine Hand schwingt [und] seine Läuterungen vollendet, seine Geheimnisse für euer Bestehen.
1QM 17,6–9 (Lohse, S. 218f).

f) Aus dem Habakukkommentar

Die Abtrünnigen und die Kittäer als neue Chaldäer

[1,16] [... *Schaut auf die Völker, und sehet*] [17] *[und starrt einander an, erstarret. Denn er wirkt ein Werk in euren Tagen. Ihr glaubt es nicht, wenn* [2,1] *es verkündet wird* (Hab 1,5)]. [Die Deutung des Wortes bezieht sich auf] die Abtrünnigen zusammen mit dem Mann [2] der Lüge; denn nicht [haben sie gehört auf die Worte] des Lehrers der Gerechtigkeit aus dem Munde [3] Gottes; (es bezieht sich auch) auf die Abtrün[nigen von dem]neuen [Bund]; [de]nn n[i]cht [4] haben sie dem Bund Gottes vertraut [und haben entweiht] seinen [hei]ligen [Na]men. [5] Und ebenso bezieht sich die Deutung des Wortes [auf alle Ab]trünnigen am Ende [6] der Tage. Sie sind die Gewalt[tätigen am B]unde, die nicht glauben. [7] Wenn sie alles hören, was kom[men wird über] das letzte Geschlecht aus dem Munde [8] des Priesters, in [dessen Herz] Gott [Einsicht] gegeben hat, um zu deuten alle [9] Worte seiner Knechte, der Propheten, [durch] die Gott verkündigt hat [10] alles, was kommen wird über sein Volk und [sein Land. *D]enn siehe, ich lasse erstehen* [11] *die Chaldäer, das bit[tere und ungestü]me Volk* (Hab 1,6). [12] Seine Deutung bezieht sich auf die Kittäer, d[ie] schnell sind und stark [13] im Kampf, vi[el]e zu verderben, [so dass das Land unterworfen wird] der Herrschaft [14] der Kittäer. Sie haben in Besitz genommen [viele Länd]er und glauben nicht [15] an die Gesetze [Gottes ...]
1QpHab 1,16–2,14 (Lohse, S. 228–231).

Gott legt das Gericht in die Hand seiner gesetzestreuen Erwählten

[1] *Zum Gericht hast du ihn bestimmt, und, Fels, zu seinem Züchtiger hast du ihn bestellt. Mit Augen, zu rein,* [2] *um das Böse anzuschauen, und auf Plage magst du nicht blicken* (Hab 1,12–13). [3] Die Deutung des Wortes ist, dass Gott sein Volk nicht vernichten wird durch die Hand der Völker, [4] sondern in die Hand seiner Auserwählten legt Gott das Gericht über alle Völker, und durch ihre Züchtigung [5] werden alle Frevler seines Volkes büßen, (nämlich durch diejenigen,) die seine Gebote gehalten haben, [6] als sie in der Trübsal waren. Denn das ist gemeint, wenn es heißt: *Mit Augen, zu rein, um anzuschauen [7] das Böse.* Seine Deutung ist, dass sie nicht gehurt haben hinter ihren Augen her in der Zeit [8] des Frevels. *Warum blickt ihr auf die Abtrünnigen, und warum schweigst du, wenn verschlingt* [9] *der Frevler einen, der gerechter ist als er* (Hab 1,13)? Seine Deutung bezieht sich auf das Haus Absalom [10] und die Männer ihres Rates, die stumm blieben bei der

Zurechtweisung des Lehrers der Gerechtigkeit [11] und ihm nicht halfen gegen den Mann der Lüge, der verworfen hat [12] das Gesetz inmitten ihrer ganzen Ge[mein]de.
1QpHab 5,1–12 (Lohse, S. 233).

Die »letzte Zeit« zieht sich nach Gottes Willen in die Länge

[6,12] *Auf meine Wacht will ich treten* [13] *und mich auf meine Warte stellen und will spähen, um zu schauen, was er spricht* [14] *Zu mir, und [was er erwidern wird au]f meine Klage. Und Jahwe antwortete mir* [15] *[und sprach: Schreibe das Gesicht auf und grabe es ein] auf die Tafeln, damit ei[len kann],* [16] *[wer es liest.* (Hab 2,1–2) Seine Deutung …]:

[7,1] Und Gott sprach zu Habakuk, er solle aufschreiben, was kommen wird [2] über das letzte Geschlecht. Aber die Vollendung der Zeit hat er ihm nicht kundgetan. [3] Und wenn es heißt: *Damit eilen kann, wer es liest,* [4] so bezieht sich seine Deutung auf den Lehrer der Gerechtigkeit, dem Gott kundgetan hat [5] alle Geheimnisse der Worte seiner Knechte, der Propheten. *Denn noch ist es eine Schau* [6] *auf Frist, sie eilt dem Ende zu und lügt nicht* (Hab 2,3). [7] Seine Deutung ist, dass sich die letzte Zeit in die Länge zieht und zwar weit hinaus über alles, [8] was die Propheten gesagt haben: denn die Geheimnisse Gottes sind wunderbar [9] *Wenn sie verzieht, so harre auf sie, denn sie wird gewiss kommen, und nicht* [10] *wird sie ausbleiben* (Hab 2,3). Seine Deutung bezieht sich auf die Männer der Wahrheit, [11] die Täter des Gesetzes, deren Hände nicht müde werden vom Dienst [12] der Wahrheit, wenn die letzte Zeit sich über ihnen hinzieht. Denn [13] alle Zeiten Gottes kommen nach ihrer Ordnung, wie er es ihnen festgesetzt hat [14] in den Geheimnissen seiner Klugheit.
1QpHab 6,12–7,14 (Lohse, S. 234–237).

Der Gerechte aus Glauben, die gottlosen Priester und die Kittäer

[7,17] [… *Aber der Gerechte wird durch seine Treue leben]* (Hab 2,4) [8,1] Seine Deutung bezieht sich auf alle Täter des Gesetzes im Hause Juda, die [2] Gott erretten wird aus dem Hause des Gerichtes um ihrer Mühsal und ihrer Treue willen [3] zum Lehrer der Gerechtigkeit. *Vielmehr wird Reichtum den hochmütigen Mann im Stich lassen, so dass er nicht* [4] *Bestand hat, der seinen Rachen weit aufsperrt wie die Hölle und wie der Tod unersättlich ist.* [5] *Und alle Völker versammelten sich bei ihm, und es scharten sich um ihn alle Nationen.* [6] *Werden sie nicht alle ein Spottlied auf ihn anstimmen und in Rätselreden ihn verspotten* [7] *und sagen: Wehe dem, der aufhäuft, was ihm nicht gehörte! Wie lange belastet er sich mit* [8] *Raub* (Hab 2,5–6)? Seine Deutung bezieht sich auf den gottlosen Priester, der [9] nach dem Namen der Wahrheit genannt wurde, als er sein Amt antrat. Aber als er zur Herrschaft gelangt war [10] in Israel, erhob sich sein Herz, und er verließ Gott und handelte t[re]ulos gegen die Gebote um [11] des Reichtums willen. Und er raubte und sammelte Reichtum von Männern der Gewalt, die sich gegen Gott empört haben. [12] Und Reichtum von Völkern nahm er, so dass er die Sünde der Verschuldung auf sich

häufte, und Wege [13] von G[re]ueln machte er in aller schmutzigen Unreinheit. *Wird es nicht plötzlich geschehen, dass sich erheben,* [14] [*die*] *dich* [*bedrücken*], *und erwachen, die dich bedrängen, und du ihnen zur Be*[*u*]*te wirst?* [15] *Denn du selbst hast viele Völker geplündert, darum werden dich plündern alle übrigen Nationen* (Hab 2,7–8). [16] [Die Deutung des Wortes bezieht sich a]uf den Priester, der sich empörte [17] [...] Gebote [Gottes ...] [Kol. 9,1] ihn zu schlagen mit Gerichten der Bosheit. Und Abscheulichkeiten böser [2] Leiden taten sie ihm an und Rachehandlungen an seinem Fleischesleib. Und wenn [3] es heißt: *Denn du hast viele Völker geplündert, darum werden dich plündern alle* [4] *übigen Nationen* (Hab 2,8), so bezieht sich seine Deutung auf die letzten Priester von Jerusalem, [5] die Reichtum und Gewinn aus der Beute der Völker sammeln. [6] Aber am Ende der Tage wird ihr Reichtum mitsamt ihrer Beute in die Hand [7] der Streitmacht der Kittäer gegeben werden. Denn sie sind die übrigen Nationen. [8] *Wegen der Bluttat an den Menschen und der Gewalttat am La*[*n*]*de, an der Stadt und al*[*len*], *die darin wohnen* (Hab 2,8). [9] Seine Deutung bezieht sich auf den [go]ttlosen Priester, den wegen Schul[d] an dem Lehrer [10] der Gerechtigkeit und den Männern seines Rates Gott in die Han[d] seiner [Fe]inde gegeben hat, um ihn zu demütigen [11] durch Plage zur Vernichtung, durch Bitternisse der Seele, [w]eil er gefrevelt hatte an seinen Auserwählten.
1QpHab 7,17–9,11 (Lohse, S. 236–239).

Die Greueltaten des gottlosen Priesters und die Götzenbilder der Völker

[6] Und wenn es heißt: *Wegen der Bluttaten* [7] *an der Stadt und der Gewalttat am Lande,* so ist eine Deutung: Die Stadt, das ist Jerusalem, [8] wo der gottlose Priester Greueltaten verübte und das [9] Heiligtum Gottes verunreinigte. Und die Gewalttat am Lande, das sind die Städte Judas, wo er [10] den Besitz der Armen raubte. *Was nützt ein Götzenbild, dass sein Bildner es schnitzte,* [11] *ein Gussbild und ein Lügenorakel, dass der Bildner seiner Gebilde darauf vertraut,* [12] *indem er stumme Nichtse macht* (Hab 2,18)? Die Deutung des Wortes bezieht sich auf alle [13] Götzenbilder der Völker, die sie gebildet haben, um sie zu verehren und niederzufallen [14] vor ihnen. Aber sie werden sie nicht retten am Tage des Gerichtes.
1QpHab 12,6–14 (Lohse, S. 242f).

g) Weitere Texte aus Qumran

Die »Kupferrolle«

[*Kol.* I 1] In Choraybah in der Talsenke von 'Akor, unter [2] den Stufen, die nach Osten führen, an Ellen [3] (von) Halbziegel(länge) vierzig: Eine Kiste (mit) Silber / Geld, und ihr ganzes [4] Gewicht beträgt (an) Talente(n): siebzehn. *KEN*

[5] Am Grabdenkmal, in der dritten Steinlage, Barren [6] von Gold: 100. In der großen Zisterne, die im Hof [7] des Peristyls (ist), an der Seite seiner Bodenfläche versteckt in einem Hohlraum [8] gegenüber dem oberen Eingang, (sind) Talente: neunhundert.

[9] Im Ruinenhügel von *KHLT*: Gefäße von Priesterabgabe in Flaschen und Amphoren; [10] die Gesamtheit der Priesterabgabe und des Schatz(ort)es, des siebten, Zehnt, [11] zweiter: vom Eingang des Steinwalls am Rand der Wasserleitung von Norden her [12] sechs Ellen bis zur Tauchbadhöhle. *XAG*

[13] Im verputzten Becken von *MNS* am Abgang zur Linken, [14] drei Ellen oberhalb der Grundlinie (ist) [Si]lber: vierzig [15] [Ta]lent(e). [*leer*]

[*Kol.* II 1] In der Zisterne (für) Salz unterhalb der Stufen [2] Talente: 42.

[…]

[*Kol.* IV 13] In der Steinrampe des *SKK'*- Tales grabe [14] <eine?> Elle; Silber-Tal(ente): 12. [Kol. V 1] Am Anfang der Leitung (für) Wasse[r, die da führt in / nach] [2] *S[K]K'*, im Norden, unt[erhalb der …] [3] der großen, grabe (an) Ell[en dr][4]ei; Silber-Ta(lente): 7. [5] In der Schlucht, die in *SKK'*, östlich, [6] beim Becken Salomos: Behälter von [7] Priesterabgaben. Und auf einer Linie bei ihnen [8] oberhalb der Rinne Salom[9]os bis zum großen Steinhaufen, [10] sechzig Ellen, grabe (an) Ellen [11] drei; Silber-Tal(ente): 23.

[*Kol.* X 3] Im *KJRGR* der Kläranlagen (?), die mit Wasser versorgt werden aus dem Fluss [4], dem großen; in seinem Boden (sind) Ta(lente): 12.

[5] Im Becken von Bet ha-Käräm, wenn du hineinkommst [6] zu seiner linken, (an) Ellen (?) zehn, Silber [7] [*leer*] Talente: sechzig und zwei.

[8] Im Teich des Tales *ZJ / WK* (?), an seiner westlichen Seite, [9] (ist) in Stein, welcher […] zwei (?), [10] das ist die Öffnung; Talente: dreihundert [11] [(leer)] Gold [*leer*], und verpichte (?) Behälter: zwanzig.

[12] Unter dem Grabdenkmal Absaloms, an der Seite, [13] der westlichen, grabe […] zwölf Ellen, [14] [*leer*] Ta(lente): 80. [(*leer*)]

[15] Am(/ Im) Tei{ch} der Wasserkammer von […], unterhalb [16] des Zu / Abflusses (?), [*leer*] Ta(lente) 17. [17] […]. in den vier

[*Kol.* XI 1] Winkeln, Gold, Gefäße (für) Priesterabgaben. Auf einer Linie bei ihnen [2] unterhalb der Stoa, der südlichen, [3] im Grab des Zadok unter dem Pfeiler der Vorhalle, [4] Gefäße (für) Priesterabgaben: *swh* (= ?), Priesterabgaben: *snh* (= ?), und auf einer Linie bei ihnen, [5] in der Einebnung des Felsgipfels, der nach Westen blickt, [6] gegenüber dem Garten Zadoks, unterhalb der Steinplatte, der [7] großen, die an seinem Auslauf: Banngut! *B*

[8] Im Grab, das unterhalb des *SKJN* (»Messers«?), Ta(lente): 40.

[9] Im Grab des Benajah ein Behälter, hell ist er (?), [10] darin (sind) Gefäße (für) Priesterabgaben: *'z* (=?), Priesterabgaben: *swh* (=?).

[11] [*Leer*] Auf Linie bei ihnen [12] im »Haus« der Speicherbecken, in dem Speicherbecken [13], wenn du eintrittst zu dem *jmwmjt* (= kleines Becken?) [14] von ihm, Gefäße (für) Priesterabg[aben]: *l'h* (=?). Priesterabg[aben]: *sjr'* (= ?). [*Kol.* XII 4] Am Berg Garizim, unter dem Aufgang der oberen Rinne (/ Sockelterrasse ?), [5] eine Kiste und all ihre Gefäße und Silber(stücke) (ergeben an) Ta(lenten): 60. [6] Am Eingang der Quelle von Bet-Schalem Silber-Gefä<ß(e)>, Gold-Gefäß(e) [7] von Priesterabgaben, und Silber, das Ganze (an) Talente(n): sechs hundert. [8] Im großen Kanal der Festung, fast beim Festungshaus, [9] das Ganze an Gewicht (an) Talenten 71, Minen zwanzig.

[10] In der Rinne (/Sockelterrasse), die in *JNCh*, im Norden von *KHLJT*, (ist eine) Öffnung nördlich. [11] und Gräber (sind) an ihrem Zugang: Eine Zweitschrift dieses Schriftstückes [12] und dessen Erklärung und ihre Maßangaben und die Auflistung aller [13] [(Leer)] Einze[lheiten]. [*leer*]
3Q15 (Maier, Qumran-Essener Bd. 1, S. 289–295).

Der kommende Prophet

[5] *Einen Propheten will ich ihnen erwecken aus der Mitte ihrer Brüder wie dich, und ich will geben meine Worte* [6] *in seinen Mund, und er soll ihnen alles sagen, was ich ihm befehlen werde. Und wenn es einen Mann gibt,* [7] der *nicht hören will auf meine Worte, die der Prophet in meinem Namen sagen wird, so* [8] *werde ich selbst von ihm Rechenschaft fordern* (Dtn 18,18–19). [9] *Und er hob seinen Spruch an und sprach: Ausspruch Bileams, des Sohnes Beors und Ausspruch des Mannes,* [10] *dessen Auge vollkommen ist. So spricht der, der die Worte Gottes hört und die Erkenntnis des Höchsten erkennt, der* [11] *ein Gesicht des Allmächtigen schaut, niederfallend und enthüllten Auges. Ich sehe ihn, aber nicht jetzt,* [12] *ich betrachte ihn, aber nicht in der Nähe. Es geht ein Stern aus Jakob auf, und es erhebt sich ein Szepter aus Israel und zerschmettert* [13] *die Schläfen Moabs und tritt nieder alle Söhne Seths* (Num 24,15–17). [14] *Und über Levi sprach er: Gebt Levi deine Thummim und deine Urim, dem Mann, deinem Frommen, den* [15] *du versucht hast bei Massa und gegen den du gestritten hast an den Wassern von Meriba. Der zu seinem Vater sprach* [16] *und zu seiner Mutter ›ich kenne dich nicht‹, und der seine Brüder nicht ansah und seine Söhne nicht* [17] *kannte. Denn er hielt dein Wort und bewahrte deinen Bund. Und sie erhellen Jakob deine Rechtssatzungen,* [18] *Israel dein Gesetz. Sie bringen Räucherwerk vor deine Nase und Ganzopfer auf deinen Altar.* [19] *Segne, […], seine Stärke und lass dir das Werk seiner Hände gefallen! Zerschlage seinen Gegnern und denen, die ihn hassen, die Hüften,* [20] *dass sie nicht wieder aufstehen* (Dtn 33,8–11).
4QTest 5–20 (Lohse, S. 250f).

Jahwe wird ein Haus bauen

[10] [*Und*] *Jahwe hat dir* [*ku*]*ndgetan, dass er dir ein Haus bauen wird; und ich werde deinen Samen aufrichten nach dir und den Thron seines Königtums* [11] [*in Ewig*]*keit. Ich* [*w*]*er*[*de*] *ihm Vater sein, und er wird mir Sohn sein* (2Sam 7,11–14). Das ist der Spross Davids, der mit dem Erforscher des Gesetzes auftreten wird [12] […] in Zi[on am En]de der Tage, wie geschrieben steht: *Und ich will die zerfallene Hütte Davids wieder aufrichten* (Am 9,11). Das ist die zerfalle[ne] Hütte [13] Davids, [d]ie stehen wird, um Israel zu retten.

[14] Eine Aus[le]gung von: *Wohl dem Manne, der nicht wandelt im Rat der Gottlosen* (Ps 1,1). Die Deutung des Wor[tes bezieht sich auf] diejenigen, die abgewichen sind vom Wege […] [15] wie geschrieben steht im Buch des Propheten Jesaja im Blick auf das Ende [der] Tage: *Und dann, als mich* [*die Hand*] *ergriff,* [*brachte er mich davon ab, zu gehen auf dem Wege*] [16] *dieses Volkes* (Jes 8,11). Sie sind es, über die im Buche des Ezechiel, des Propheten, geschrieben steht, *dass* [*sie sich*] *nicht* [*mehr verunreinigen sollen*] [17] [*durch*] *ihre* [*G*]*ötzen* (Ez 37,23; vgl.

44,10). Dies sind die Söhne Zadoqs und die Mä[nn]er [ihres] Ra[t]es […] nach ihnen dem Rat der Gemeinschaft.
4QFlor 1,10–17 (Lohse, S. 256–259).

Ein Kommentar zu Ps 37,8–11

(*Oberer Kolumnenrand*)
[*Kol.* II frg. 1+2 1] sie zugrunde gehen werden durch Schwert, durch Hunger und durch Pest. *Steh ab von Zorn und lass von Grimm,* [2] *ereifere dich nicht, du tätest nur übel, denn Bösewichte werden ausgerottet* (Ps 37,8). Seine Deutung bezieht sich auf jene, die umkehren [3] zur Tora, die sich nicht weigern, von ihrer Bosheit umzukehren; denn alle, die widerstreben, [4] von ihrer Sünde umzukehren, werden ausgerottet. *Aber die des JHWH harren, sie werden das Land in Besitz nehmen* (Ps 37,9). Seine Deutung: [5] Sie sind die Gemeinde Seiner Erwählten, die Täter Seines Willens. *Noch ein bisschen, und kein Frevler ist mehr.*

[6] [*leer*]

[7] *Da schaue {Ich} hin auf seinen Platz – und er ist nicht mehr* (Ps 37,10). Seine Deutung bezieht sich auf den ganzen Frevel am Ende [8] der vierzig Jahre, dass er vergehen wird, und es findet sich im Land kein Mann, [9] [(der) Fre]vler (ist, mehr) vor. *Aber Demütige werden Land in Besitz nehmen und sich ergötzen an Friedensfülle* (Ps 37,11). Seine Deutung bezieht sich auf [10] die Gemeinde der »Armen«, dass sie die (bestimmte) Zeit der Demütigung auf sich nehmen, jedoch gerettet werden aus allen Fallen [11] Belials. Und danach werden sich ergötzen alle [Demütig]en des Landes und sie werden sich gütlich tun an jeglichem Ergötzen [12] von Fleisch. [*leer*]

[13] *Ränke sinnt ein Frevler gegen einen Gerechten und er fletscht gegen ihn seine Zähne* (Ps 37,12). *JH]WH (aber) lacht seiner, denn Er sieht,* [14] *dass sein Tag kommt* (Ps 37,13). Seine Deutung (geht) auf die Gewalthaber des Bundes, die im Hause Judah sind, da sie [15] darauf sinnen, die Täter der Tora auszutilgen, die im Rat der Einung sind, doch Gott lässt die(se) nicht [16] in ihrer Hand. Ein *Schwert zückten Frevler und sie spannen ihren Bogen, um zu fällen einen Elenden und Armen* [17] *{und} um hinzuschlachten redlich Wandelnde* (Ps 37,14). *Ihr Schwert wird in ihr (eigenes) Herz kommen und ihre Bogen werden zerbrochen* (Ps 37,15). [18] Seine Deutung (geht) auf die Frevler Efraims und Manasses, die Hand anlegen wollen [19] an den Priester und an die Männer seines Rates in der Zeit der Läuterung, welche über sie kommt. Aber Gott wird sie erl[ös]en [20] aus ihrer Hand, und dana[ch] werden sie in die Hand der Gewalthaber der Völker gegeben zum Gericht. [21] [leer]
4Q171 Frg. 1+2 Kol. II (Maier, Qumran-Essener Bd. 2, S. 94f).

Ein astrologisch-physiognomischer Text

(*Oberer Kolumnenrand*)
[*Kol.* I 1] ihre (?) Anordnung. Seine [Au]gen sind zwischen schwarz un[d] gefleckt (?) / glühend (?) und sein Bart [2] str[ähnig(/ gesprenkelt?)] und sie / er ist

…(?) und seine Stimme demütig und seine Zähne [3] dünn und sitzen in ihrer Anordnung. Und er ist nicht lang [4] und nicht kurz und er ist … [und die Finger seiner Hände sind dünn [5] und la[n]g und seine Schenkel glatt und seine Fußsohlen [6] [.. und die Zehen seiner Fü]ß[e] sitzen in ihrer Anordnung. De[r hat] einen Geist(anteil) [7] [ ] zweite Station acht, und ei[n] [8] […] seine Geburtskonstellation, [(auf] deren Hintergrund) er geboren wurde, i[st] [9] [… e]s ist in der Jungf[rau (?)]. [–] [10] […]
4Q186 Frg. 2 Kol. I (Maier, Qumran-Essener Bd. 2, S. 136).

Deutung von Vorgängen aus der Zeit Antiochus IV.

(*Oberer Kolumnenrand*)

[*Kol.* II 1] sein(en) Sohn, da er (der König) »Gott« genannt wird und man ihn als »Sohn des Höchsten« benennen wird. Wie die Sternschnuppen, [2] die du (in der Vision) gesehen, so wird ihre Königsherrschaft sein: Jah[re] werden sie herrschen über [3] die Erde und sie werden alles niedertreten, ein Volk wird ein anderes Volk niedertreten und eine Provinz eine andere Prov[inz.] [4] [*leer*] Bis aufsteht Gottes Volk und allem Ruhe verschafft vor Verwüstung(/ Schwert.) [*leer*] [5] Seine Herrschaft wird eine ewige Herrschaft sein und alle seine Wege sind (der) Wahrheit (gemäß). Es(/ r) rich[tet] [6] die Erde in Wahrheit und wird alles vollkommen ausführen, Verwüstung / Schwert wird von der Erde verschwinden [7] und alle Provinzen huldigen ihm. Der große Gott wird zu seiner Hilfe [8] dasein, Er führt für es Krieg, Völker gibt Er in seine Hand und sie alle [9] wirft Er hin vor ihm. Seine Herrschaft ist eine ewige Herrschaft und alle Gebiete […]
4Q246 Kol. II (Maier, Qumran-Essener Bd. 2, S. 190 f).

Liturgische Verfluchung

(*Oberer Kolumnenrand*)

[*Kol.* II 1] […] (des Rates) der Einung sagen sie alle zusammen: »Amen, Amen!« [(*leer*)] Und danach verdammen sie Belial [2] und das ganze Los seiner Schuld und heben an und sprechen: »Verflucht ist B[e]lial im [De]nken seiner Anfeindung [3] und verdammt ist er in der Herrschaft seiner Schuld, und verflucht sind alle Gei[ster] seines [Lo]ses im Denken ihres Frevels, [4] und verdammt sind sie in den Gedanken ihrer sexuellen [U]nreinheit, denn [sie sind ein] Finsternis-[Lo]s und ihre Heimsuchung erfolgt [5] zu ewigem Verderben. Amen, Amen! [*leer*]

Und verflucht der Frev[ler …] seiner Herrschaftsbereiche und verdammt sind [6] alle Beli[als]-Söhne in allen Verschuldungen ihres Standortes bis aufs Vertilgen [auf immer. Amen, Amen (?)«] [*leer*]
4Q286 Frg. 7 Kol. II (Maier, Qumran-Essener Bd. 2, S. 247 f).

Aus 4QMMT

[7] [… Und ihr wisst, dass] wir uns getrennt haben von der Menge des Vol[kes und von all ihrer Unreinheit] [8] [und] von der Verquickung mit diesen Dingen,

und davon, mit diesen zusammen zu kommen. Und ihr w[isst, dass nicht] [9] zu finden ist an unseren Händen (so etwas wie) Veruntreuung und Betrug und Schlechtigkeit. Denn auf solche Dinge richten wir [unser Herz und zudem] [10] haben wir sie an dich [geschrieb]en, damit du Einblick gewinnst ins Buch Moses [und] in die Büch[er der Pro]pheten und in Davi[ds Psalmen]. [11] [und hinsichtlich der Praktiken] einer jeden Generation.
Text kompiliert aus 4Q397 Frg. 14–21 und 4Q398 Frg. 14–17 (Maier, Qumran-Essener Bd. 2, S. 373).

[1] [...] Denke [an] David, der ein Gnadenmann war, [und] auch [2] er wurde aus vielen Bedrängnissen [er]rettet und ihm wurde verziehen. Und auch wir haben an dich geschrieben [3] etliches von den Tora-Praktiken [*miqsat ma'aseh ha-torah*], die wir als gut für dich und dein Volk befunden haben, da wir ges[e-h]en haben, [4] dass bei dir Klugheit (vorhanden ist) und Tora-Wissen. Betrachte dies alles vor Ihm, damit er zurecht richte [5] deinen Ratschluss, und entferne von dir böse Gedanken und Belialsrat, [6] damit du Freude hast am Ende der Zeit, wenn du findest, dass etwas von unseren Worten (recht) ist, [7] damit es dir zur Gerechtigkeit angerechnet wird, da du das Rechte vor Ihm tust und das Gute zu deinem Besten [8] und für Israel.
Text kompiliert aus 4Q398 Frg. 14 Kol. ii; 4Q399 Kol. i; 4Q399 Kol. ii b (Maier, Qumran-Essener Bd. 2, S. 375f).

Die Auferstehung der Toten nach »Zweiter Ezechiel« (4Q385)

[*Frg.* 2] [»Und sie sollen wissen, dass ich JHWH bin], der ich mein Volk befreie, um ihnen den Bund zu geben.«

[Und ich sprach: »JHWH (?),] ich habe viele aus Israel gesehen, die deinen Namen liebten. Und sie wandelten auf den Wege[n der Gerechtigkeit (?). Und die]se (Dinge), wann werden sie geschehen, und wie wird ihnen ihre Frömmigkeit vergolten werden?« Und JHWH sprach zu mir: »Ich werde die Kinder Israels sehen lassen, und sie sollen wissen, dass ich JHWH bin.«

[Und er sprach:] »Menschensohn, weissage über die Gebeine und sprich: ›[Seid zusammengefügt (?)], Gebein zu seinem Gebein und Gelenk [zu seinem Gelenk.'« Und es gescha]h so. Und er sprach ein zweites Mal: »Weissage, und es sollen auf sie Sehnen kommen, und sie sollen überzogen werden mit Haut [darüber.« Und es gescha]h s[o]. Und er sprach wiederum: »Weissage über die vier Winde der Himmel, und die Wind[e der Himmel] sollen wehen [über sie, und sie sollen wieder aufleben]; und es soll sich erheben ein großes Volk von Menschen, und sie sollen preisen JHWH Zebaot, de[r ... ... Und] ich sprach: »JHWH, wann wird das geschehen?« Und JHWH antwortete mi[r: »...].[... Und] er wird beugen einen Baum und aufrichten (oder: es wird sich beugen ein Baum und aufrecht stehen)[« ...]

[*Frg.* 3] [»...]meine Seele. Und es werden eilen die Tage mit Hast, bis [alle] Menschen[kinder] sagen werden: ›Sind die Tage nicht in Eile, damit die Kinder Israels [ihr Land] in Besitz nehmen?‹« Und JHWH sprach zu mir: »Ich werde

dein Angesicht nicht ab[we]isen, Ezechiel. Sie[h]e, ich werde [mess]en (oder: in die Länge ziehen) [die Zeit, und ich habe abgekürzt] die Tage und die Jahr[e …], wie du gesagt hast zu […; denn] der Mund JHWHs hat das gesagt.« […]
4Q385 (Barrett / Thornton, S. 280f).

Aus den Sabbatliedern

[30] Für den Maskil: Lied des Brandopfers des siebten Sabbat am sechzehnten des Monats:
Lobt den Gott (der) Erhabenheiten,
ihr Hohen über alle [31] Göttlichen von Erkenntnis,
beugt euch Ihm, Heilige Gottes,
dem König der Herrlichkeit,
der da heiligt die Einsicht Seiner Kenner
für all Seine Heiligen!
(Ihr) Häupter von Lobpreisungen [32] aller Gottesengel,
preist den Gott [von Lob]preisungen von Prunk,
und in der Pracht der Lobpreisungen
der Herrlichkeit Seines Königtums.
Dadurch (erfolgen) die Lobpreisungen aller [33] Göttlichen
mit der Pracht all [Seines] König[tums.]

Erhebt, erhebt hoch empor den Gott
über Göttliche von Höhe
und die Göttlichkeit Seiner Herrlichkeit
über [34] alle Erhebenden von Höhe.
Denn E[r ist ein Gott Göttlicher]
für alle Häupter von Erhabenheiten
und ein König von König[en]
für alle Kreise (/ Geheimnisse) von Ewigkeiten.
{durch den Willen von [35] Erkenntnis}
Gemäß den Aussagen Seines Mundes
werden al[le Göttlichen von Höhe (?)],
gemäß dem Ausdruck Seiner Lippen
alle Geister von Ewigkeiten,
[durch den W]illen Seiner Erkenntnis
alle Seine Gebilde [36] in ihrer Sendung.
Jubelt, die ihr [Seine Erkenntnis] bejubelt
[durch] Jubelgesang unter den Gottesengeln
auf wunderbare Weise,
und sprecht aus Seine Herrlichkeit mit der Zunge aller,
die Erkenntnis aussprechen,
Jubelgesänge Seines Wunders [37] durch den Mund aller,
die […] aussprechen,
[…] Gott(es) für alle Jubelnden der Erkenntnis,

Zeuge und Richter in Seiner Macht
für alle Geister von Einsicht.

[38] Bekennt, alle Göttlichen von Majestät,
den Kö[n]ig der Majestät,
denn Seine Herrlichkeit bekennen
alle Göttlichen von Erkenntnis,
und alle Geister der Gerechtigkeit
bekennen Seine Wahrheit
[39] und machen wohlgefällig ihre Erkenntnis
durch die Gesetze Seines Mundes,
und ihre Loblieder beim Rückzug der Hand Seiner Macht
bei Vergeltungs-Gerichtstaten.

Spielt dem Gott der Stärke
[40] mit dem Anteil des Geistes […] mit Freude Gottes und Jauchzen
unter allen Heiligen zu Spielgesängen wunderbarer Art
in Freude von Ewigkei[ten].
[41] Mit diesen loben alle Fu[ndamente vom Aller]heiligsten,
Stützpfeiler des Himmels hoch oben
Und alle Ecken seines Gebäudes.

[42] Spie[let] dem Got[t, fu]rchtbar von Kraft,
[alle Geister der Erkenntnis und des Lichtes,
zum gemeinsamen [Trag]en des Firmaments von Reinheit,
Reine für das Heiligtum [Seiner] Heiligkeit.
[43] [Und preiset I]hn, Geister Gott[es],
damit beken[nen (?) für Ewigkeit von E]wigkeiten
das Firmament, Haupt von Hö[h]en,
alle [seine] B[alken], und seine Mauern,
a[l]l [44] sein [Gebäu]de,
die Ausführungen [seines] Baumodel[ls.

Gei]ster des Allerheiligsten des lebendigen Gottes
[Gei]ster von Heilig[keit von Ewig]keiten
oberhalb [45] [von] allen Heil[igen …] wunderbares Wunder und Prunk
und Pracht und Wunder und Herrlichkeit
im Licht vollkommenen Lichts von Erkennt[nis]
[46] [… in allen Heiligtümern wunderbar
Geister Gottes rings um die Stätte des Königs,
Wahrheit und Gerechtigkeit all seiner Wände.]
4Q403 (Maier, Qumran-Essener Bd. 2, S. 389–393).

Hymnisches Lobgedicht (»Barki Nafschi«)

(*Oberer Kolumnenrand*)
[*Kol.* I 1] Benedeie, meine Seele, meinen Herrn {über} wegen all Seiner Wundererweise auf ewig,
und gepriesen ist Sein Name,
denn Er hat errettet eines Armen Seele
    und einen [2] Elenden hat Er nicht verachtet
    und die Bedrängnis Niedriger nicht vergessen.
Er hat Seine Augen geöffnet auf einen Niedrigen hin
    und Hilferufe von Waisen hat Er gehört
    und Sein Ohr hingeneigt [*leer*] zu [3] ihrem {Rufen}
In der Fülle Seines Erbarmens begnadete Er Demütige / Elende
    und öffnete ihre Augen, um Seine Wege zu sehen,
    und [ih]re O[hr]en, um zu hören [4] Seine Lehre,
und Er beschnitt die Vorhäute ihres Herzens
    und errettete sie Seiner Gnade wegen
    und stellte fest auf den Weg ihren Fuß.
In der Fülle ihrer Bedrängnis hat Er sie nicht verlassen
    [5] und sie nicht in die Hand von Gewalthabern gegeben.
Mit Frevlern zusammen hat Er sie nicht gerichtet
    und Seinen Grimm nicht [entbrennen] lassen gegen sie
    und ihnen nicht den Garaus gemacht [6]
        in Seiner Zornesglut
und Er ließ nicht einherfliegen alle Gluten Seiner Wut
    und mit Eiferfeuer hat Er sie nicht gerichtet. [*leer*]
[7] [Er hat sie gerichtet] in der Fülle des Erbarmens
        des Urteils Seines Auges (?),
    um sie auf die Probe zu stellen.
Und Er häufte (noch) [Sein] Erbarmen:
Er hat sie unter Völker gebracht,
    (doch) aus der Hand (8) eines Menschen
    hat Er sie errettet.
Mit einer Flut von Völkern hat Er [sie] nicht gerichtet
    und inmitten von Nationen sie ni[cht zerstreut].
Er barg sie im […] [9]
    und machte vor ihnen Finsternisse zu Licht
    und Unebenheiten zur Ebene
und Er offenbarte ihnen *Reichtümer von Frieden*
    (Jer 33,6) und Wahrheit,
[Er hat abgemessen] [10] mit Maß ihren Geist
    und ihre Worte hat Er mit Gewichtsmaß festgesetzt
und Er machte sie gerade wie Flöten
    und ein Herz von […] gibt Er ihnen,
damit sie gehen auf dem […].

[11] Auf dem Weg Seines Herzens
hat auch E[r] sie herangebracht,
denn […] ihren Geist sandte Er(?).
Und Er ließ erstehen […]
der Plage befahl Er, dass nicht […]
[12] [*leer*]
[Und Er] gab Seine Engel rings um die Sö[hne Israe]ls,
dass Er sie nicht verderbe […] [13] ihrer Feinde (?) [Feu]er Seines Grimmes,
zu brin[gen über sie] Seine Zornglut […] an ihnen […] [14] hat Er gehasst […]
Seine Herrlichkeit […] [15] […] [*leer*]
(16) [… hast du Woh]lgefallen gehabt […]
4Q434 Frg. 1 Kol. I (Maier, Qumran-Essener Bd. 2, S. 519–521).

Messianische Apokalypse

(*Oberer Kolumnenrand*)
[*Kol.* II + *Frg.* 4 1] [… der(/ s) Himmel(s) und die(/ der) Erde werden hören auf Seine (/ Seinen) Gesalbten, [2] [und alles, w]as in ihnen, wird nicht vom Gebot Heiliger weichen.
[3] Nehmt euch zusammen, Sucher des Herrn, in Seinem Dienst! [*leer*]
[4] Findet ihr nicht darin den Herrn,
alle, die da hoffen in ihrem Herzen,
[5] dass der Herr sich um Fromme kümmert
und Gerechte mit Namen ruft,
[6] über Armen / Demütigen Sein Geist schwebt
und Er Getreue neu stärkt durch Seine Kraft,
[7] dass Er Fromme ehrt
auf einem Thron ewiger Herrschaft,
[8] Gebundene löst, blinde (Augen) öffnet,
G[ebeugte] aufrichtet?

[9] Und (so) will für [im]mer ich anhaf[ten den Ho]ffenden
und auf(/ in) Seine(r) Huld […]
[10] und die Fruch[t guter Ta]t
wird sich einem Mann nicht verzögern,
[(?)] (11) und glorreiche Dinge,
die (so noch) nicht gewesen,
wird der Herr tun, wie Er ges[agt hat.]

[12] Dann heilt Er Durchbohrte und Tote belebt Er,
Armen(/ Demütigen) verkündet Er (Gutes),
[13] und [Niedrig]e (?) wird er sät[tigen,
Ve]rlassene (?) wird Er leiten
und Hungernde rei[ch machen (?)]
4Q521 Frg. 2 Kol. II + Frg. 4 (Maier, Qumran-Essener Bd. 2, S. 683–684).

Gebet um Errettung

(*Oberer Kolumnenrand*)
[1] Denn nicht Gewürm bringt Dank Dir dar
und nicht Maden erzählen Deine Gnade –
[2] ein Lebender, Lebendiger dankt Dir!
Und es danken Dir alle, deren Füße ausgleiten,
tust Du ihnen kund [3] Deine Gnade
und lehrst Du sie Deine Gerechtigkeit.
Denn in Deiner Hand liegt der Odem jedes [4] Lebendigen
und die Seele allen Fleisches hast Du gegeben.
Handle an uns, *JHWH,* [5] gemäß Deiner Güte,
nach der Fülle Deines Erbarmens
und nach der Fülle Deiner Gerechtigkeitserweise!

Gehört hat [6] JHWH auf die Stimme derer,
die Seinen Namen lieben,
und Seine Gnade ließ Er nicht von ihnen.
[7] Gepriesen *JHWH,* der Gerechtes wirkt,
der Seine Frommen krönt
[8] (mit) Gnade und Erbarmen!
Es schrie meine Seele danach, Dein{en} Namen zu loben,
zu bekennen mit Jubel [9] Deine Gnadenerweise,
Deine Treue zu künden –
(doch) gibt es für Dein Lob keine Grenze.
Dem Tod verfallen [10] war ich in meiner Sünde
und meine Verschuldungen lieferten mich
an die Totenwelt aus,
da hast Du mich gerettet, [11] *JHWH,*
nach der Fülle Deines Erbarmens
und nach der Fülle Deiner Gerechtigkeitserweise.
Auch ich habe liebgewonnen [12] Deinen Namen
und berge mich in Deinem Schatten,
denke ich an Deine Stärke,
erstarkt (auch) [13] mein Herz
und ich werde durch Deine Gnadenerweise gestützt.
Verzeih doch, *JHWH,* meine Sünde,
[14] und reinige mich von meiner Verschuldung,
Geist von Treue und Erkenntnis schenk mir!
Nicht möge ich straucheln [15] über Ruinen,
nicht lass über mich herrschen
einen Satan oder unreinen Geist,
damit Schmerz und schlechter [16] Charakter
an mir selbst keinen Erbteil haben,

denn Du, *JHWH*, bist mein Preis
und auf Dich hoffte ich [17] den ganzen Tag!
Mögen mit mir meine Brüder sich freuen
und mein Vaterhaus,
die über Deine Huld staunen
[18] […] will ich fröhlich sein in Dir.
11Q05 XIX (Maier, Qumran-Essener Bd. 1, S. 335f).

Akrostichisches Loblied an Zion

[1] Ich will deiner zum Segen gedenken, Zion,
mit all meinem Vermögen [2] liebe ich dich,
gesegnet dein Gedenken auf ewig!

Groß ist deine Hoffnung, Zion,
Friede [3] und Erwartung sind dein künftiges Heil.
Generation um Generation wird in dir wohnen
und Generationen Frommer sind [4] dein Prunk,
die sich sehnen nach dem Tag deines Heils
und frohlocken in der Fülle deiner Ehre.
Den <Glanz> [5] deiner Herrlichkeit werden sie singen
und auf Plätzen deinen Prunk tanzend klirren.
Die Gnaden deiner Propheten [6] wirst du erwähnen
und mit den Taten deiner Frommen prangen.

Reinige Gewalttat aus deiner Mitte,
Lüge [7] und Unrecht werde aus dir vertilgt,
(dann) jauchzen deine Söhne in deiner Mitte
und deine Freunde gesellen sich zu dir.

[8] Wie sehr hofften auf dein Heil
und trauerten über dich deine Redlichen!
Nicht ist deine Hoffnung verloren, [9] o Zion,
und nicht wird deine Erwartung vergessen!
Ging je einer (in) Gerechtigkeit unter
oder wurde er gerettet [10] durch sein Unrecht? –
Ein Mensch wird nach seinem Wandel geprüft,
einem Mann wird nach seinen Taten vergolten!
Vertilgt werden ringsum [11] deine Bedränger, o Zion,
und zerstreut werden all deine Hasser!

Angenehm duftet dein Lob, o Zion,
[12] hoch über den ganzen Erdenkreis,
Viele Male erwähne ich dich zum Segen,
preise dich mit meinem ganzen Herzen:

[13] Ewige Gerechtigkeit sollst du erlangen
und Segnungen von Würdenträgem empfangen.
Nimm an eine Vision, [14]
die über dich gesagt worden ist,
und Prophetenträume, die du erbittest,
erhebe dich und breite dich aus, o Zion,
[15] preise den Höchsten, deinen Erlöser,
erfreu meine Seele durch deine Ehre!
11Q05 XXII,1–15 (Maier, Qumran-Essener Bd. 1, S. 337f).

Hymne an den Schöpfer

[9] Groß und heilig ist JHWH,
allerheiligst auf Geschlecht um Geschlecht,
vor Ihm kommt [10] Herrlichkeit einher,
hinter Ihm vieler Wasser Getose,
Gnade und Wahrheit flankieren ihn vorn,
Wahrheit, [11] Recht und Gerechtigkeit
sind Seines Thrones Sockel.
Da Er Licht von Dunkelheit scheidet,
Morgenrot bereitet kundigen [12] Sinnes,
sehen es Seine Engel und jubeln,
denn Er zeigte ihnen, was sie nicht gewusst,
[13] da mit Fruchterträgen Er Berge krönt [(leer)]
als gute Speise für alles Lebendige:
Gepriesen, der da gemacht hat
[14] (die) Erde durch Seine Kraft,
mit Seiner Weisheit den Weltkreis gesetzt,
mit Seinem Verständnis die Himmel gespannt,
und herausgeführt [15] […], hat Er gemacht
und zog empor […]
11Q05 XXVI,9–15 (Maier, Qumran-Essener Bd. 1, S. 340).

Die vielen geistgewirkten Werke Davids

[2] [*leer*]

Und David, Isais Sohn, war weise und leuchtete wie das Sonnenlicht, ein Schriftsteller [3] [*leer*] und verständig und redlich auf all seinen Wegen vor Gott und Menschen. Da gab ihm [4] [*leer*] JHWH einen verständigen Geist und Erleuchtung, und er schrieb Psalmen: [5] dreitausend und sechshundert; und Lied(er), um (sie) zu singen vor dem Altar zum Brandopfer [6] des regelmäßigen Opfers für jeden einzelnen Tag, für alle Tage des Jahres: vierundsechzig und drei[7]hundert; und zum Opfer der Sabbate zweiundfünfzig Lied(er); zum Opfer der Anfänge [8] von Monaten und für alle Festtermine sowie für den Versöhnungstag: dreißig Lied(er).

[9] So waren alle Lied(er), die er gesprochen hatte, vierhundertsechsundvierzig. Und Lied(er) [10] zum Spielen zu den *pog^{e}'im* vier. So betrug das Ganze viertausend und fünfzig. [11] Und alle diese sprach er durch Prophetie, die ihm vor dem Höchsten gegeben worden war. [*leer*]
11Q05 XXVII,2–11 (Maier, Qumran-Essener Bd. 1, S. 340f).

Ein nichtkanonischer Davidspsalm

[3] Hallelujah von David, Sohn des Isai.
Kleiner war ich als meine Brüder
    Und jünger als die Söhne meines Vaters,
da setzte er mich ein [4] als Hirten für seine Herde
    und als Herren über seine Böcke.
Meine Hände machten eine Flöte
    und meine Finger eine Lyra,
[5] und ich widme Ehre dem JHWH –
    meine Rede, ich mit meiner Seele.
Die Berge bezeugen ja nichts [6] für Ihn
    und die Hügel verkünden nicht (selber),
doch die Bäume haben mein Wort erhoben
    und die Herde meine Taten,
[7] denn wer kündet und wer spricht und wer erzählt
    die Taten des Herrn von Allem?
Gott hat alles gesehen,
    [8] alles hat Er gehört und Er hat (es) vernommen.
Er sandte Seinen Propheten, um mich zu salben,
    den Samuel, [9] um mich groß zu machen.
Meine Brüder zogen aus, ihm entgegen,
    schönen Aussehens und schönen Anblicks,
hochgewachsen in ihrem Wuchs,
    [10] die schönen [*leer*] mit ihrem Haar.
Doch nicht sie hat Gott *JHWH* erwählt,
    Er sandte hin und
    nahm mich [11] weg von der Herde,
salbte mich mit heiligem Öl,
    machte für Sein Volk mich zum Fürsten
und (zum) {Herrscher}
    über die Söhne [12] Seines Bundes. [*leer*]
11Q05 XXVIII,3–12 = Ps 151A (Maier, Qumran-Essener Bd. 1, S. 341f).

F. Zukunftserwartungen

1. Zukunftsdeutung und individuelle Eschatologie

Der Priester Josephus als Zukunftsdeuter

[350] Als Josephus auch dem Nikanor gegenüber noch schwankend blieb, stürmten die Soldaten im Zorn heran, um die Höhle auszuräuchern; der Feldherr hielt sie jedoch zurück, weil ihm viel daran lag, den Mann lebendig in die Hand zu bekommen. [351] Als nun Nikanor ihn weiterhin beständig bat, und Josephus die Drohungen der feindlichen Menge hören musste, stieg in ihm die Erinnerung an die nächtlichen Träume auf, durch die ihm Gott die über die Juden hereinbrechenden Schicksalsschläge und das künftige Geschick der römischen Kaiser gezeigt hatte. [352] Josephus verstand sich nämlich auf die Deutung von Träumen und auf die Auslegung von Gottessprüchen, die zweideutig geblieben waren. Da er selbst ein Priester war und aus einem priesterlichen Geschlechte stammte, waren ihm die Weissagungen der heiligen Schriften gut bekannt. [353] Als er nun zu derselben Stunde durch diese in das Geheimnis Gottes versenkt war und die furchterregenden Bilder der erst kurz zurückliegenden Träume in sich hervorholte, brachte er Gott insgeheim ein Gebet dar und sprach: [354] »Da es dir gefällt, dass das Volk der Juden, das du geschaffen hast, in die Kniee sinkt, und alles Glück zu den Römern übergegangen ist, und du ferner meine Seele erwählt hast, die Zukunft anzusagen, so übergebe ich mich aus freien Stücken den Römern und bleibe am Leben. Ich rufe dich zum Zeugen an, dass ich diesen Schritt nicht als Verräter, sondern als dein Diener tue.«

[355] Nach diesem Gebet machte er Anstalten, sich dem Nikanor zu übergeben. Als nun die Juden, die mit ihm das Versteck teilten, merkten, dass Josephus dem Zureden der Römer nachgebe, stellten sie sich dicht gedrängt um ihn herum und riefen: [356] »Wahrhaftig, die väterlichen Gesetze würden gewaltig aufseufzen und Gott, der den Juden Herzen geschaffen hat, die den Tod verachten, würde die Augen niederschlagen. [357] Liebst du das Leben so sehr, Josephus, dass du es über dich gewinnst, als Sklave das Licht der Sonne zu schauen? Wie schnell hast du doch dich selbst vergessen! Wieviele Menschen hast du überredet, für die Freiheit zu sterben! [358] Eitel Lüge war also der Ruhm deiner Tapferkeit, eitel Lüge auch der deiner Einsicht! Denn ist es weise, von denen Rettung zu erhoffen, die du so bekämpft hast, und ist es mannhaft, falls sie zugesichert würde, sie aus ihrer Hand anzunehmen? [359] Aber wenn du auch über dem Waffenglück der Römer dich selbst vergessen hast, so müssen wir für den Ruhm der Väter sorgen. Wir leihen dir Arm und Schwert: stirbst du freiwillig, dann als Feldherr der Juden, stirbst du unfreiwillig, dann als Verräter!« [360] Mit diesen Worten zückten sie ihre Schwerter gegen ihn und drohten, ihn niederzustoßen, falls er sich den Römern ergäbe.

Josephus, Jüdischer Krieg 3,350–360 (Michel / Bauernfeind, Bd. 1, S. 368–371).

Josephus' Plädoyer gegen Selbstmord

[361] Da Josephus ihren Angriff fürchtete und es als einen Verrat an den Aufträgen Gottes ansah, wenn er vor ihrer Verkündigung sterbe, begann er in dieser Notlage, ihnen mit philosophischen Beweisgründen zu begegnen. [362] Er sagte: »Freunde, was sind wir doch mordlustig gegen uns selbst! Sollen wir denn das, was am innigsten miteinander verbunden ist, nämlich Leib und Seele, voneinander trennen? Man sagt, ich sei ein anderer geworden. [363] Aber das wissen ja die Römer am besten. Es ist schön, im Krieg zu sterben, aber nach dem Gesetz des Krieges, das heißt, durch die Hand des Siegers. [364] Wenn ich mich dem Schwert der Römer entziehen wollte, hätte ich es wahrhaftig verdient, durch mein eigenes Schwert und meine eigene Hand zu fallen. Wenn aber sie dem Gefühl nachgeben, einen Feind zu schonen, sollten wir dann nicht ein solches Gefühl billigerweise uns selbst gegenüber haben? Denn es wäre töricht, uns das anzutun, was wir im Kampf mit ihnen vermeiden wollen. [365] ›Es ist schön, für die Freiheit zu sterben‹ – das sage auch ich, aber im Kampf und von der Hand derer, die sie uns nehmen wollen. Jetzt aber ziehen sie weder gegen uns in den Krieg noch wollen sie uns ans Leben. Ein Feigling ist, wer nicht sterben will, wenn es notwendig ist, aber in gleicher Weise auch, wer es will, ohne es zu sollen. [366] Was aber fürchten wir denn, wenn wir nicht zu den Römern hinaufgehen? [367] Ist es nicht der Tod? Sollen wir nun das, was wir in unserer Furcht vor den Feinden nur vermuten können, uns selbst unausweichlich zufügen? ›Nein, wir fürchten die Knechtschaft‹, wird einer sagen. Wahrhaftig, wir sind ja jetzt wirklich freie Leute! ›Es ist heldenhaft, sich selbst zu töten‹, wird ein anderer einwenden. [368] Nein, im Gegenteil, sondern es ist das Allerschimpflichste, so wie ich einen Steuermann für besonders feige ansehe, der aus Furcht vor dem Unwetter sein Schiff schon vor dem Sturm aus freien Stücken versenkt. [369] Noch mehr: der Selbstmord ist auch der gemeinsamen Natur aller Lebewesen völlig fremd und zudem ein Frevel gegen Gott, unseren Schöpfer. [370] Bei den Tieren findet sich keines, das mit Vorbedacht den Tod sucht oder ihn sich selbst gibt. Denn es ist ein strenges Naturgesetz bei allen, dass sie leben wollen. Deshalb halten wir auch diejenigen, die uns das Leben offen nehmen, für Feinde und bestrafen die, die es hinterlistig tun. [371] Oder glaubt ihr nicht, Gott werde zürnen, wenn der Mensch an seinem Geschenk frevelt? Denn von ihm haben wir unser Dasein empfangen, und das Ende unseres Lebens stellen wir wiederum ihm anheim. [372] Denn alle haben wir einen sterblichen Leib, der aus vergänglichem Stoff gebildet ist, die Seele aber ist immer unsterblich und wohnt als ein Teil Gottes in unserem Leibe. Wenn jemand ein Gut, das ihm von einem anderen anvertraut ist, vernichtet oder schlecht verwaltet, gilt er als verwerflich und untreu; wenn aber einer das ihm von Gott anvertraute Gut aus seinem eigenen Körper fortschafft, glaubt er dann dem, den er so beleidigt hat, verborgen zu bleiben? [373] Und weiter: Es gilt doch rechtlich für angemessen, entlaufene Sklaven zu bestrafen, auch wenn sie dabei schlechte Herren verlassen; wir aber sollten es für keine Sünde halten, wenn wir Gott, dem besten Herrn,

davongehen? [374] Oder wisst ihr nicht, dass diejenigen, die nach dem Gesetz der Natur aus dem Leben scheiden und so das von Gott empfangene Lehen zurückbezahlen, wenn sein Geber es wieder will, ewigen Ruhm und langen Bestand für Haus und Geschlecht erlangen? Und ihre Seelen bleiben rein und gehorsam, sie erhalten den heiligsten Platz im Himmel, von wo sie im Umlauf der Zeiten wieder heilige Leiber beziehen dürfen. [375] Wer aber im Wahn selbst Hand an sich legt, dessen Seele nimmt ein besonders finsterer Ort in der Unterwelt auf, Gott aber, ihr Vater, straft auch noch an den Nachkommen die Frevler unter den Vätern. [376] Deshalb wird auch das, was bei Gott so verhasst ist, von dem weisesten Gesetzgeber geahndet, [377] denn es ist bei uns bestimmt, Selbstmörder bis zum Sonnenuntergang unbeerdigt draußen liegen zu lassen, während wir es für unsere Pflicht halten, selbst Feinde zu bestatten. [378] Bei anderen Völkern ist sogar befohlen, den toten Selbstmördern die rechte Hand abzuschlagen, die so feindlich am eigenen Leib gehandelt hat, weil man der Meinung ist, dass die Entfremdung zwischen Leib und Seele auch im Verhältnis von Hand und Leib zum Ausdruck kommen müsse. [379] Es ist nun gut, Freunde, das, was recht ist, anzustreben und nicht zum menschlichen Unglück noch den Frevel gegen unseren Schöpfer hinzuzufügen. [380] Wenn sich Gelegenheit zur Rettung bietet, so lasst sie uns ergreifen, denn sie ist keine Schande in den Augen derer, denen wir unsere Tapferkeit mit so vielen Waffentaten bewiesen haben. Ist uns der Tod bestimmt, so ist es richtig, ihn von der Hand der Sieger zu erleiden. [381] Ich werde nicht zum Heer der Feinde übergehen, um an mir selbst zum Verräter zu werden, denn dann wäre ich ja viel törichter als die, die zum Gegner überlaufen, da sie dies zum Zweck ihrer Rettung tun, ich aber zum Untergang, und zwar zu meinem eigenen. Ich wünschte mir freilich, einer Hinterlist der Römer zum Opfer zu fallen; [382] wenn ich nämlich trotz des Ehrenwortes von ihnen beseitigt werde, so sterbe ich getrost, weil die Treulosigkeit der Lügner eine bessere Genugtuung verschafft als selbst ein Sieg.«
Josephus, Jüdischer Krieg 3,361–382 (Michel / Bauernfeind, Bd. 1, S. 370–375).

Jenseitshoffnung in einer Rede des Titus nach Josephus

[46] Ich will es jetzt auch lassen, ein Loblied auf das Sterben im Kriege zu singen und auf die Unsterblichkeit, die denen zuteil wird, die von kriegerischem Mut erfüllt fallen; denen, die anders denken, möchte ich aber wünschen, dass sie in Friedenszeit an einer Krankheit sterben, wobei mit dem Leibe zugleich auch die Seele zum Begräbnis verurteilt wird. [47] Wer von den braven Männern weiß denn nicht, dass die Seelen, die in offener Feldschlacht durch den Stahl vom Fleisch gelöst worden sind, vom reinsten Element, dem Äther, aufgenommen und zu den Gestirnen versetzt werden und als gute Geister und freundliche Heroen ihren Nachfahren erscheinen; [48] dass jene Seelen aber, die in dahinwankenden Leibern sich verzehren, mögen sie auch noch so rein von Flecken und schmutzigen Taten sein, von der unterirdischen Nacht vertilgt und von tiefem Vergessen aufgenommen werden, wobei sie zugleich mit dem Ende von

Leben und Leib auch das des Andenkens hinnehmen müssen. [49] Wenn denn nun einmal für die Menschen das unausweichliche Ende beschlossen ist und der Stahl dabei ein recht geschickter Helfer ist, was anders entspräche da unserer Würde, als zu unserem eigenen Nutzen das hinzugeben, was wir dem Schicksal auch sonst bezahlen müssen? [50] Und dies habe ich bisher so vorgetragen, als könnten die Männer, die den Angriff wagen werden, nicht auch am Leben bleiben: [51] es ist jedoch für diejenigen, die sich mannhaft zeigen, durchaus möglich, sich noch aus den schwierigsten Lagen zu retten. Denn zunächst sind die Trümmer leicht zu besteigen, dann ist auch all das, was noch aufgebaut worden ist, leicht zu zerstören. Wenn ihr in größerer Zahl kühn an die Sache herangeht, werdet ihr euch gegenseitig Antrieb und Hilfe sein, und den Gegnern wird euer entschlossenes Handeln schnell das Selbstvertrauen zerbrechen. [52] Vielleicht wird euch sogar ein ganz unblutiges Gelingen zuteil, wenn ihr nur einmal richtig angefangen habt. Sie werden euch zwar wie gewöhnlich am Aufstieg zu hindern versuchen; wenn ihr aber unbemerkt herangekommen und einmal mit Gewalt vorgebrochen seid, so wird man euch wohl nicht weiter standhalten, auch wenn ihr nur mit wenigen so weit vorgestoßen seid. [53] Der aber, der als Erster voranstürmt – ich müsste mich schämen, wenn ich ihn durch Belohnungen nicht zu einem beneideten Mann machte. Bleibt er am Leben, so soll er die Führung über seine jetzigen Kameraden erhalten. Aber auch den Gefallenen werden hoch zu preisende Ehrungen zuteil werden.«
Josephus, Jüdischer Krieg 6,46–53 (Michel / Bauernfeind, Bd. 2.2, S. 8–11).

Der Tod als Befreiung in der zweiten Rede des Eleazar auf Masada

[337] Das waren Eleazars Worte. Doch traf er nicht auf die Zustimmung aller Anwesenden. Wenn sich auch ein Teil danach drängte, dem Gehörten Folge zu leisten und sich beinahe von Freude erfüllen ließ bei dem Gedanken, dass der Tod die angemessene Lösung sei, [338] so überkam die Weicheren unter den Männern doch Wehmut im Blick auf ihre Frauen und Kinder und zweiffellos auch auf ihr eigenes so nahe gerücktes Ende. Sie schauten unter Tränen einander an und ließen damit den Widerstand ihres Empfindens deutlich werden. [339] Als Eleazar diese Männer sah, wie sie verzagten und ihr Mut angesichts der Größe des Entschlusses allmählich zerbrach, fürchtete er, dass sie im Ende mit ihren Klagen und Tränen auch die noch schwach machen würde, die zuvor mannhaft seine Worte aufgenommen hatten. [340] Daher ließ er keineswegs von der Ermahnung ab, vielmehr raffte er sich zusammen und begann, von zähem Willen gestärkt, mit noch glänzenderer Redegabe über die Unsterblichkeit der Seele zu sprechen. [341] Recht unwillig und den Blick unverwandt auf die Weinenden gerichtet, hob er an: »Fürwahr, erheblich habe ich mich getäuscht, als ich glaubte, im Kampf für die Freiheit mit tapferen Männern verbunden zu sein, die entschlossen sind, entweder ehrenvoll zu leben oder aber zu sterben. [342] Was Tapferkeit und Heldenmut angeht, so unterscheidet ihr euch in nichts von allen anderen; denn ihr fürchtet euch sogar vor dem Tod, der euch zur Befrei-

ung von den schlimmsten Übeln führt, obgleich ihr in diesem Falle doch weder zögern noch auf einen Rat warten solltet. [343] Seit langer Zeit schon, sogleich vom ersten Erkenntnisvermögen an, lehrten uns nämlich ununterbrochen die väterlichen und göttlichen Gebote – und sie wurden durch Werke und Gesinnung seitens unserer Vorfahren darin unterstützt – dass das Leben, nicht der Tod, das Unglück für die Menschen ist. [344] Der Tod nämlich schenkt den Seelen Freiheit und entlässt sie in die heimatlichen und reinen Gefilde. Erlöst von allem Unglück können sie dann ohne Leid sein. Solange die Seelen aber in sterbliche Körper gefesselt sind und auch von allem Übel mit erfüllt werden, sind sie in Wahrheit tot, ist doch die Gemeinschaft mit Göttlichem dem Sterblichen unziemlich. [345] Nun vermag die Seele zwar auch schon viel, solange sie noch im Körper gefesselt ist. Denn sie macht sich diesen zu einem wahrnehmenden Werkzeug: Unsichtbar bewegt sie ihn und treibt ihn zu Taten an, die weit über die sterbliche Natur hinausgehen. [346] Aber sobald die Seele sich gelöst hat von allem, was sie schwer zur Erde hinabzieht und an ihr lastet, erhält sie ihren heimatlichen Ort zurück. Dann endlich hat sie teil an glückseliger Kraft und allseits ungehinderter Macht, unsichtbar für die menschlichen Augen wie Gott selbst. [347] Wird sie doch nicht einmal geschaut, solange sie im Körper weilt; denn unsichtbar kommt sie herein und ungesehen entfernt sie sich wieder. Sie hat nur eine Natur und zwar die unvergängliche, um deretwillen sich der Körper verändert. [348] Denn was auch immer die Seele berühren mag, das lebt und blüht, alles aber, von dem sie sich trennt, welkt dahin und stirbt. So überreich wirkt die Kraft ihrer Unsterblichkeit. [349] Der Schlaf indes soll euch nachdrücklichster Beweis meiner Worte sein. In ihm haben die Seelen angenehmste Ruhe vor dem sie fortwährend beanspruchenden Körper und finden so zu sich selbst. Jedoch gemäß ihrer Verwandtschaft zu Gott treten sie mit ihm in Verbindung, kommen überall herum und sagen vieles voraus von dem, was kommen wird. [350] Warum sollten wir also den Tod fürchten, obgleich wir die im Schlaf gewonnene Ruhe lieben? Wie töricht ist es, dass wir der Freiheit in diesem Leben nachjagen und uns dabei die der Ewigkeit nicht gönnen. [351] Tatsächlich sollten wir, da wir von Hause aus so erzogen sind, den anderen in der Bereitschaft zum Tode ein Beispiel sein. Wenn wir jedoch stattdessen des Glaubens heidnischer Völker bedürfen, so lasst uns auf die Inder schauen: sie rühmen sich, die Weisheit zu üben. [352] Als tapfere Männer ertragen jene die Zeit ihres Lebens doch nur widerwillig, gleichsam als eine Art notwendige Dienstleistung für die Natur. [353] Sie beeilen sich aber, die Seelen von den Körpern zu lösen. Obgleich sie keinerlei Übel dazu drängt oder treibt, verkünden sie doch den anderen, allein aus Sehnsucht nach dem unsterblichen Leben, dass sie beabsichtigen, fortzugehen. Und da ist nicht einer, der sie davon abhalten wollte, sondern alle schätzen sie glücklich, und jeder Einzelne gibt ihnen sogar noch Botschaften für die Verwandten mit. [354] Es ist ihr Glaube, dass das gemeinsame Leben der Seelen so feststehend und unwiderleglich wahr ist. [355] Alsdann, sobald sie ihre Aufträge vernommen haben, übergeben sie ihre Körper dem Feuer, um auf diese Weise die Seele so rein als möglich vom Körper zu scheiden und sterben unter den Lobgesängen der anderen. [356] So geleiten auch die liebsten Freunde sie leichter in den Tod als ein jeglicher unter den anderen Menschen die Mitbürger auf eine sehr lange Reise. Sie weinen über sich selbst, während sie die Sterbenden glücklich preisen, da diese schon jetzt den unsterblichen Rang empfangen. [357] Sollten wir uns nun nicht schämen, dass wir schlechterer Gesinnung sind als die Inder und zudem durch unsere Mutlosigkeit die väterlichen Gesetze, die bei allen Menschen höchste Bewunderung erweckten, derart schändlich entehren? [358] Selbst dann noch, wenn wir von Anfang an in entgegengesetzten Lehren erzogen worden wären – dass nämlich das Leben höchstes Gut für den Menschen sei, der Tod hingegen das Unglück – selbst dann würde uns wenigstens diese Stunde jetzt ermahnen, den Tod standhaft zu ertragen. Sollen wir doch auf Gottes Ratschluss hin und infolge der gegenwärtigen Zwangslage sterben. [359] Denn, wie es scheint, fällte Gott schon lange über das ganze jüdische Volk dies Urteil, so dass wir aus dem Leben zu scheiden haben, da wir nicht in der Lage sind, in der rechten Weise mit ihm umzugehen. [360] Seht also nicht bei euch selbst die Gründe und erkennt es ebensowenig den Römern zu, dass der Krieg gegen sie uns alle zugrunde richtete; denn nicht durch der Römer Kraft konnte sich alles so zutragen, sondern eine höhere Gewalt griff ein und gewährte jenen den äußeren Glanz, Sieger zu sein […]

[380] Haben wir doch Erbarmen mit uns selbst, den Kindern und den Frauen, solange es uns noch möglicht ist, aus der eigenen Hand den Gnadenstoß zu empfangen. [381] Denn auf den Tod hin wurden wir geboren, wir und auch die Kinder, die wir zeugten. Und nicht einmal den Glücklichsten unter uns ist es beschieden, dem Tode zu entkommen. [382] Indes sind Gewalttätigkeit, Sklaverei und das Mit-Ansehen-Müssen dessen, wie die Frauen gemeinsam mit den Kindern zur schandbaren Behandlung abgeführt werden, nicht ein von der Natur her notwendig gegebenes Übel, sondern dies alles müssen eben jene Menschen erdulden, die um ihrer Feigheit willen trotz der Möglichkeit, durch die eigene Hand zu sterben, nicht zum Tode bereit sind. [383] Wir dagegen fielen von den Römern ab, da wir stolz unserer Tapferkeit vertrauten, und haben, als man uns zum letzten Mal aufforderte, um unserer eigenen Rettung willen nachzugeben, erneut den Gehorsam verweigert. [384] Wem nun ist das Wüten der Römer nicht deutlich vor Augen, wenn sie uns lebend in die Gewalt bekommen? Elend dann die Jünglinge, die um ihrer großen Körperkraft willen lange Zeit den Misshandlungen ausgesetzt sein werden! Elend aber auch die, die schon über Manneskraft hinaus sind – um ihres Alters willen werden sie die Unglücksschläge nicht tragen können! [385] Man wird sehen, wie die Feinde die Frau zur Schändung fortschleppen und die Stimme des Kindes vernehmen, wie es nach dem Vater ruft, aber seine Hände werden gebunden sein. [386] Doch jetzt, solange diese Hände noch frei sind und das Schwert noch halten, sollen sie einen edlen Dienst leisten; nicht als Sklaven der Feinde lasst uns sterben, sondern in Freiheit wollen wir gemeinsam mit Frauen und Kindern aus dem Leben scheiden. [387] Das ist es, was die Gesetze uns befehlen, und um das uns Frauen und Kinder anflehen. Die Notwendigkeit dessen führte Gott selbst herbei, während die Römer ihrerseits

gerade das Gegenteil erstreben, ja, sie fürchten sogar, es möchte einer von uns vor der Gefangennahme sterben. [388] Eilen wir also, ihnen anstelle der erhofften Lust an uns das Entsetzen angesichts des Todes und die Bewunderung für solche Kühnheit zu hinterlassen!«

Josephus, Jüdischer Krieg 7,337–360.380 b–388 (Michel/Bauernfeind, Bd. 2.2, S. 136–141.144 f).

Der Tod Abrahams

[1] Da stand Abraham auf und ging in sein Haus. Der Tod folgte ihm bis dorthin. Da stieg Abraham in sein Gemach. Der Tod stieg mit ihm hinauf. Abraham fiel auf sein Bett. Der Tod kam und setzte sich zu seinen Füßen [2] Das sprach Abraham: »Geh weg, geh weg von mir, denn ich will mich auf meinem Bett ausruhen!« [3] Da sprach der Tod: »Ich weiche nicht, bis dass ich deinen Geist von dir nehme!« [4] Da sprach Abraham zu ihm: »Ich ermahne dich beim unsterblichen Gott, dass du mir die Wahrheit sagst! Bist du der Tod?« [5] Da sprach zu ihm der Tod: »Ich bin der Tod. Ich bin der, der die Welt in Trauer bringt.« [6] Da sprach Abraham: »Ich bitte dich, da du ja der Tod bist, verkünde mir, gehst du etwa zu allen Menschen derart in Wohlgestalt und Herrlichkeit und derartiger jugendlicher Schönheit?« [7] Da sprach der Tod: »Nein, mein Herr Abraham, deine gerechten Taten und das unmessbare Meer deiner Gastfreundschaft und die Größe deiner Liebe zu Gott wurden zu einer Krone auf deinem Haupte. In jugendlicher Schönheit und in großer Ruhe und mit Schmeicheln komme ich zu den Gerechten. [8] An die Sünde trete ich in großer Fäulnis und in Grausamkeit und in größter Bitternis und mit grausamem Blick und unbarmherzig heran.« [9] Da sprach Abraham: »Ich bitte dich, erhöre mich und zeige mir deine Grausamkeit und all deine Fäulnis und die Bitterkeit.« [10] Da sprach der Tod: »Du kannst meine Grausamkeit nicht anschauen, gerechtester Abraham.« [11] Da sprach Abraham: »Doch, ich kann deine ganze Grausamkeit anschauen wegen des Namens des lebendigen Gottes, denn die Kraft meines himmlischen Gottes ist mit mir.« [12] Da legte der Tod seine ganze jugendliche Schönheit und die Schönheit und die ganze Herrlichkeit und die Sonnengestalt, mit der er angetan war, ab [13] und warf sich den Tyrannenmantel um. Er machte seinen Anblick finster und grausamer als die vielartigen Tiere und unreiner als alle Unreinheit. [14] Er zeigte dem Abraham sieben feurige Köpfe von Drachen und vierzehn Angesichter, nämlich das des allerflammendsten Feuers und das großer Wildheit, das Antlitz finster vom Aussehen und das dunkelste Antlitz der Schlange und das Antlitz des schauerlichsten Abhanges, das Antlitz wilder als eine Natter und das Antlitz des furchterregenden Löwen und das Antlitz des Widders und des Basilisken. [15] Er zeigte auch das Antlitz des feurigen, großen Schwertes und ein Antlitz, das ein Schwert trug, und ein Antlitz des Blitzes, das furchterregend aufstrahlte, und den Klang eines furchterregenden Gebrülls. [16] Er zeigte auch ein anderes Antlitz des wilden Meeres, dessen Wellen schlugen, und einen wilden, gurgelnden Fluss und einen furchterregenden Drachen mit drei Häuptern und

einen Trank, der voll war von Giftkräutern, [17] und um es einfach zu sagen, er zeigte ihm alle Grausamkeit und unerträgliche Bitterkeit und alle todbringende Krankheit wie der Gestank des Todes. [18] Vor lauter Bitterkeit und Grausamkeit starben die Knaben und Mädchen, an der Zahl ungefähr 7.000. [19] Dem gerechten Abraham kam seine Ohnmacht vor dem Tode zu Bewusstsein, so dass er beinahme seinen Geist aufgab […]

[20,1] Abraham sprach: »Ich bitte dich, gibt es auch einen unvermuteten Tod? Verkünde es mir!« [2] Da sprach der Tod: »Amen, Amen, ich sage dir in der Wahrheit Gottes, dass es zweiundsiebzig Tode gibt. Und ein Tod ist, der gerecht ist, der die rechte Bestimmung hat. Und viele Menschen gehen in einer Stunde zum Tode und werden dem Grabe übergeben. [3] Denn siehe, ich habe dir alles, was du gebeten hast, verkündet. Jetzt sage ich dir, gerechtester Abraham, lass deinen ganzen Willen und unterlass einmal das Fragen nach irgendeiner Sache! Und komm, folge mir, wie Gott, der Richter aller, mir aufgetragen hat!« [4] Da sprach Abraham zu dem Tod: »Geh noch eine Weile von mir, damit ich mich ausruhe auf meinem Bett, denn große Mutlosigkeit hat mich (ergriffen). [5] Denn von dem Augenblick an, da ich dich mit meinen Augen gesehen habe, hat meine Kraft mich verlassen, alle Glieder meines Leibes scheinen mir das Gewicht von Blei zu haben, und mein Geist ist ganz unglücklich. Tritt ein wenig von mir ab! Denn ich sage, ich kann es nicht ertragen, deine Gestalt zu schauen.« [6] Da kam Isaak, sein Sohn, warf sich an seine Brust und weinte. Da kam auch seine Frau Sara, umklammerte seine Füße und klagte bitterlich. [7] Es kamen alle seine Knechte und Mägde und umgaben sein Bett und klagten sehr. Abraham kam seine Ohnmacht vor dem Tode zum Bewusstsein [8] Da sprach der Tod zu Abraham: »Komm, ergreife meine Rechte! Es wird zu dir kommen Fröhlichkeit, Leben und Kraft.«

[9] Denn der Tod hatte Abraham getäuscht. Da ergriff Abraham des Todes Rechte. Und sogleich hing seine Seele in der Hand des Todes. [10] Und sogleich stellte sich Michael, der Erzengel, mit einer Menge der Engel daneben, und sie erhoben seine kostbare Seele in ihren Händen in von Gott gewebtem Leinen. [11] Sie bereiteten den Leib des gerechten Abraham mit köstlichen, von Gott angehauchten Salben und Kräutern bis zum dritten Tage seines Endes. Und sie begruben ihn in dem Lande der Verheißung unter der Eiche von Mamre. [12] Seine kostbare Seele geleiteten die Engel und brachten sie zu dem Himmel und sangen das »Dreimal Heilig« dem Herrn, dem Gott des Alls. Dann stellten sie die Seele zur Anbetung Gottes und des Vaters hin. [13] Nachdem viel Lobgesang und Lobpreis zu dem Herrn dargebracht worden war und Abraham auf seine Knie gesunken war, kam die reine Stimme Gottes und des Vaters, die folgendermaßen sprach: »Hebet nun meinen Freund, den Abraham, auf zum Paradies; dort sind die Zelte meiner Gerechten und die Wohnungen meiner Heiligen Isaak und Jakob, in seinem Schoß, dort ist nicht Leid, nicht Trauer, nicht Seufzen, sondern Frieden, Frohlocken und Leben ohne Ende.«

Mit ihm, dem Patriarchen Abraham, lasst auch uns, meine geliebten Brüder, die Gastfreundschaft nachahmen und sein herrliches Bürgerrecht gewinnen,

damit wir würdig erfunden werden des ewigen Lebens, und wir preisen den Vater und den Sohn und den Heiligen Geist. Ihm sei die Herrlichkeit und die Kraft in Ewigkeit. Amen.
TestAbr Rezension A 17,1–19; 20,1–13 (Janssen, JSHRZ 3.2, S. 244–248.252–254).

2. Eschatologie

Vision Henochs vom Gericht über Gottlose und Heil für die Erwählten

[1,1] Das Segenswort Henochs, wie er die Auserwählten und Gerechten segnete, die am Tage der Bedrängnis da sein werden, damit alle Bösen und Frevler vertilgt werden. [2] Und es redete und sprach Henoch, ein gerechter Mann, dessen Augen von Gott geöffnet worden waren, und er sah eine Vision des Heiligen im Himmel, die mir die Engel zeigten. Und von ihnen hörte ich alles, und ich verstand, was ich sah. Aber nicht für dieses Geschlecht (war sie bestimmt), sondern für das Ferne, das kommen wird. [3] Über die Auserwählten redete ich, und über sie sprach ich die Bilderrede: »Es wird der Heilige und Große heraustreten aus seiner Wohnstätte, [4] und der Gott der Welt, und von dort wird er auf den Berg Sinai treten, und er wird erscheinen mit seinen Heerscharen, und er wird erscheinen in der Stärke seiner Macht. [5] Und alle werden sich fürchten, und die Wächter werden beben, und große Furcht und Zittern wird sie ergreifen bis an die Enden der Erde. [6] Und die hohen Berge werden erschüttert, und die hohen Hügel werden sich senken, und sie werden schmelzen wie Honigwachs vor der Flamme. [7] Und die Erde wird zerbrechen, und alles, was auf der Erde (ist), wird zugrunde gehen. Und ein Gericht über alle Gerechten wird stattfinden. [8] Den Gerechten aber wird er Frieden schaffen, und die Auserwählten wird er behüten, und Gnade wird über ihnen walten, und sie werden alle zu Gott gehören, und es wird ihnen wohl gehen, und sie werden gesegnet werden, und das Licht Gottes wird ihnen leuchten. [9] Und siehe, er kommt mit Myriaden von Heiligen, damit er Gericht über sie halte. Und er wird vertilgen die Frevler, und er wird alles Fleisch überführen wegen aller Dinge, mit denen sie gegen ihn gehandelt und gefrevelt haben, die Sünder und Frevler.

[2,1] Beobachte alle Werke am Himmel, wie sie nicht ihre Bahnen ändern, die Lichter am Himmel, wie sie alle entsprechend ihrer Ordnung aufgehen und untergehen, alle zu ihrer Zeit und nicht von ihrer Ordnung abweichen. [2] Sehet die Erde und achtet auf die Dinge, die auf ihr geschehen vom Anfang bis zum Ende, wie sich kein Werk Gottes verändert in seinem Erscheinen. [3] Und sehet die Trockenzeit und die Regenzeit, wie die ganze Erde gefüllt ist mit Wasser, Gewölk, Tau und Regen, das sich lagert über ihr.

[3,1] Beobachtet und sehet alle Bäume, wie sie aussehen: dürr und all ihrer Blätter beraubt – außer den vierzehn Bäumen, bis die nicht abwerfen, sondern bleiben bei dem alten Laub, bis das neue kommt, zwei bis drei Regenzeiten lang.

[4,1] Und beobachte auch die Tage der Trockenzeit, wie die Sonnen zu ihrem Anfang über ihr [*scil.* der Erde] steht, und ihr sucht einen kühlen Ort und Schatten wegen der Glut der Sonne, und die Erde brennt vor Glut, und ihr werdet weder auf den Erdboden treten noch auf Felsgestein wegen ihrer Glut.

[5,1] Beobachtet, wie sich die Bäume mit dem Grün der Blätter bedecken und Frucht tragen <zu (Gottes) Ehre und Ruhm>. Begreift alles und erkennt, wie das alles der gemacht hat, der da lebt in Ewigkeit, [2] und (wie) seine Werke vor ihm geschehen jedes Jahr und alle seine Werke ihm dienen und sich nicht ändern, sondern wie Gott es geboten hat, so geschieht alles. [3] Und seht, wie die Meere und die Flüsse gemeinsam ihr Werk vollbringen. [4] Aber ihr habt nicht durchgehalten und das Gesetz des Herrn nicht erfüllt, sondern übertreten und habt mit hochmütigen und trotzigen Worten aus eurem unreinen Mund gegen seine Majestät geschmäht. Hartherzige, ihr werdet keinen Frieden haben. [5] Und darum werdet ihr eure Tage verfluchen, und die Jahre eures Lebens werden verloren gehen, und ein ewiger Fluch wird mächtig sein, und ihr werdet keine Gnade finden. [6] In jenen Tagen werdet ihr euren Namen hergeben zu einem ewigen Fluch für alle Gerechten, und euch Frevler, werden sie fortwährend verfluchen, euch zusammen mit den Sündern. [7] Und den Auserwählten wird Licht, Freude und Frieden zuteil werden, und sie werden die Erde in Besitz nehmen. Aber auf euch, Frevlern, wird ein Fluch liegen. [8] Und dann wird den Auserwählten Weisheit verliehen werden, und sie alle werden leben und nicht mehr sündigen, weder aus Pflichtvergessenheit noch aus Überheblichkeit, sondern die weise sind, werden demütig sein. [9] Und sie werden nicht mehr sündigen, und sie werden nicht gerichtet werden alle Tage ihres Lebens, und sie werden nicht sterben durch Plage und Zorngericht, sondern die Zahl ihrer Lebenstage vollenden, und ihr Leben wird zunehmen im Frieden, und die Jahre ihrer Freude werden viele sein in ewiger Freude und Frieden an allen Tagen ihres Lebens.«
Äthiopischer Henoch 1,1–5,9 (Uhlig, JSHRZ 5.6, S. 506–515).

Der Fall der Engel und das Gericht

[6,1] Und als die Menschenkinder zahlreich geworden waren, da wurden ihnen in jenen Tagen schöne, reizvolle Töchter geboren. [2] Und die Engel, die Söhne der Himmel, sahen sie und begehrten sie und sprachen zueinander: »Auf, wir wollen uns Frauen aus den Menschenkindern wählen und uns Kinder zeugen!« [3] Aber Semyāza, der ihr Oberster war, sprach zu ihnen: »Ich fürchte, ihr werdet vielleicht nicht willens sein diese Tat auszuführen, und ich werde allein büßen für ein großes Vergehen.« [4] Und sie antworteten und sprachen zu ihm: »Wir wollen allen einen Eid schwören und uns alle gegenseitig durch Verwünschung verpflichten, dass wir nicht diesen Plan aufgeben, sondern wir wollen dieses Werk ausführen.« [5] Da schworen sie alle zusammen und verpflichteten sich gegenseitig durch Verwünschung dazu. [6] Und es waren insgesamt zweihundert, die herabstiegen <in den Tagen des Jared> auf den Gipfel des Berges Hermon. Und sie nannten ihn den Berg Hermon, weil sie auf ihm geschworen und sich durch

Verwünschung gegenseitig verpflichtet hatten. [7] Und das sind die Namen ihrer Obersten: Semyāza, ihr Anführer, Arakiba, Ramē'ēl, Kokabi'ēl, Tami'ēl, Rami'ēl, Dan'ēl, Ēzēqē'ēl, Barāq'ēl, Asā'ēl, Armāros, Batar'ēl, Anān'ēl, Zaqi'ēl, Samsāpē'ēl, Satre'ēl, Tur'ēl, Yomyā'ēl, Arāzyāl. [8] Das sind die Führer der zehn Engel, und alle anderen waren mit ihnen.

[7,1] Und sie nahmen sich Frauen, und jeder von ihnen wählte sich eine aus, und sie begannen, zu ihnen einzugehen und sich mit ihnen zu vermischen, und sie lehrten sie Zaubermittel und Beschwörungen und zeigten ihnen das Schneiden von Wurzeln und <Pflanzen>. [2] Und jene wurden schwanger und gebaren mächtige Riesen, deren Größe dreitausend Ellen war. [3] Diese verzehrten den ganzen Ertrag der Menschen, bis die Menschen sie nicht mehr zu ernähren vermochten. [4] Da wandten sich die Riesen gegen sie, um die Menschen zu fressen. [5] Und sie begannen, sich an den Vögeln und den Tieren und den Reptilien und den Fischen zu versündigen, und sie fraßen untereinander ihr eigenes Fleisch und tranken das Blut davon. [6] Da klagte die Erde über die Frevler.

[8,1] Und Azāz'ēl lehrte die Menschen Schwerter und Messer, Schilde und Brustpanzer herzustellen, und er zeigte ihnen <die Metalle> und ihre Bearbeitung, Armspangen, Schmuck und den Gebrauch der Augenschminken und der Augenverschönerung und das kostbarste und auserlesenste Gestein und allerlei Farbtinkturen. Und die Welt veränderte sich. [2] Und es herrschte große Gottlosigkeit, und sie trieben viel Unzucht und gingen in die Irre, und all ihre Wege wurden böse. [3] Amizaras lehrte die Beschwörer und Wurzelschneider, Armāros die Lösung der Beschwörungen, Barāq'ēl die Sterndeuter, Kokabi'ēl die Zeichen, Tami'ēl lehrte die Sternbetrachtung und Asdri'ēl lehrte den Lauf des Mondes. [4] Und bei ihrer Vernichtung schrieen die Menschen, und ihre Stimme drang zum Himmel.

[9,1] Da blickten Michael, Suru'ēl, Rufael und Gabriel vom Himmel herab, und sie sahen das viele Blut, das auf der Erde vergossen wurde, und all das Unrecht, das auf der Erde verübt wurde. [2] Und sie sprachen zueinander: »Mit der Stimme ihres [*scil.* der Menschen] Geschreis schreit die entvölkerte Erde bis zu der Pforte des Himmels. [3] Und jetzt klagen zu euch, den Heiligen des Himmels, die Seelen der Menschen, indem sie sprechen: ›Bringt für uns den Rechtsfall vor den Höchsten!‹« [4] Und sie sprachen zu ihrem Herrn, dem Könige: »<Du bist> Herr der Herren, Gott der Götter, König der Könige! Der Thron deiner Herrlichkeit besteht durch alle Generationen der Welt, und dein Name ist heilig und gepriesen und verherrlicht in alle Ewigkeit. [5] Du hast alles geschaffen, und die Macht über alles liegt bei dir; alles ist vor dir enthüllt und offenbar; du siehst alles, und nichts vermag sich vor dir zu verbergen. [6] Du hast gesehen, was Azāz'ēl getan hat, wie er alle Ungerechtigkeit auf Erden gelehrt und die ewigen Geheimnisse preisgegeben hat, die im Himmel bereitet werden; [7] wie Semyāza den Menschen Kenntnis gebracht hat, dem du Vollmacht gegeben hast, dass er herrsche über die, die zu ihm gehören. [8] Und sie sind zu den Töchtern der Menschen auf Erden gegangen und haben mit ihnen, mit jenen Frauen, geschlafen und sich verunreinigt und mit ihnen alle Sünden offenbar gemacht.

[9] Und die Frauen haben Riesen geboren, und dadurch wurde die ganze Erde mit Blut und Unrecht angefüllt. [10] Und nun siehe, die Seelen derer, die tot sind, schreien und klagen bis zu den Pforten des Himmels, und ihr Seufzen ist aufgestiegen und vermag nicht zu entkommen angesichts des Unrechts, das auf Erden geschieht, und du weißt dies und was sie betrifft, und du sprichst nicht zu uns. Und was sollen wir darum mit ihnen tun?«

[10,1] Da hat sich der Höchste, der Große und Heilige, hören lassen, und er sandte Asaryālyur zu dem Sohn Lamechs und sprach zu ihm: [2] »Sprich zu ihm in meinem Namen: ›Verbirg dich!‹ Und offenbare ihm das bevorstehende Ende, denn die ganze Erde wird vernichtet werden, und eine Wasserflut wird über die ganze Erde kommen, und es wird vertilgt werden, was auf ihr ist. [3] Und nun belehre ihn, damit er entkomme und seine Nachkommenschaft erhalten bleibe für alle Generationen.«

Äthiopischer Henoch 6,1–10,3 (Uhlig, JSHRZ 5.6, S. 516–527).

Kosmologische Vision

[17,1] Und sie nahmen mich hinweg an einen Ort, wo die, die dort waren, wie loderndes Feuer sind; und wenn sie wollen, erscheinen sie wie Menschen. [2] Und sie führten mich an den Ort des Sturmes und auf einen Berg, dessen höchster Gipfel bis zum Himmel reichte. [3] Und ich sah die Orte des Lichtes und des Donners an den Enden, in seiner Tiefe, wo ein feuriger Bogen und Pfeile mit ihren Köchern und ein feuriges Schwert und alle Blitze sind. [4] Und sie brachten mich bis zu den sogenannten Wassern des Lebens und bis zu dem Feuer des Westens, das jeden Untergang der Sonne aufnimmt. [5] Und ich kam zu einem Feuerstrom, dessen Feuer wie Wasser fließt, und der sich in das große Meer ergießt, das im Westen liegt. [6] Und ich sah alle großen Ströme, und ich kam zu einer großen Finsternis, und ich ging dorthin, wohin alles Fleisch wandert. [7] Und ich sah die finsteren Berge der Regenzeit und den Ort, wo sich das Wasser des ganzen Abgrundes ergießt. [8] Und ich sah die Mündung aller Ströme der Erde und die Mündung des Abgrundes.

[18,1] Und ich sah die Schatzkammern aller Winde, und ich sah, wie er mit ihnen die ganze Schöpfung geschmückt hat, und ich sah die Grundfesten der Erde. [2] Und ich sah den Eckstein der Erde, und ich sah die vier Winde, die die Erde und das Firmament des Himmels tragen. [3] Und ich sah, wie die Winde die Himmelshöhe ausspannen und sie ihre Stellung zwischen Himmel und Erde haben – sie sind die Säulen des Himmels. [4] Und ich sah die Winde, die den Himmel im Kreise drehen, die die Sonnenbahn und alle Sterne zum Untergehen bringen. [5] Und ich sah die Winde über die Erde, die die Wolken tragen, und ich sah die Wege der Engel, ich sah am Ende der Erde das Firmament des Himmels darüber. [6] Und ich ging nach Süden, und dort brannte es Tag und Nacht, dort, wo die sieben Berge von Edelstein sind, drei nach Osten zu und drei nach Süden zu; [7] und zwar die nach Osten zu: einer von farbigem Stein, einer von einer Perle und einer aus Heilstein; und die nach Süden zu von rotem Stein. [8] Der mitt-

lere aber reichte bis zum Himmel, gleich dem Thron Gottes vor [… *scil.* einem Edelstein], und die Spitze des Thrones war von Saphir. [9] Und ein loderndes Feuer sah ich, das <hinter> diesen Bergen ist. [10] Und ich sah dort einen Ort jenseits des großen Landes, dort werden die Himmel zusammengeführt [*oder:* vollendet]. [11] Und ich sah einen tiefen Abgrund mit Säulen des himmlischen Feuers, und ich sah unter ihnen Feuersäulen, die man weder in der Höhe noch in der Tiefe messen konnte. [12] Und jenseits jenes Abgrundes sah ich einen Ort, der weder das Firmament des Himmels über sich noch das Fundament der Erde unter sich hatte, und es waren kein Wasser darauf und keine Vögel, sondern es war ein wüster und schrecklicher Ort. [13] Ich sah dort sieben Sterne wie große brennende Berge. Als ich darauf fragte, [14] sprach der Engel: »Das ist der Ort, wo Himmel und Erde zu Ende sind; ein Gefängnis wird er für die Sterne und das Heer des Himmels sein. [15] Und die Sterne, die über dem Feuer rollen, sie sind es, die das Gebot Gottes übertreten haben vom Anfang ihres Aufgehens an, weil sie nicht zu ihrer Zeit hervorkamen. [16] Und er wurde zornig über sie und band sie <zehntausend Jahre> bis zur Zeit der Vollendung ihrer Schuld.«

[19,1] Und Uriel sprach zu mir: »Hier werden die Engel stehen, die sich mit Frauen vermischt haben, und ihre Geister, die – viele Gestalten annehmend – die Menschen verunreinigten und verführten, dass sie den Dämonen wie Göttern opferten bis zu dem Tag des großen Gerichtes, an dem sie gerichtet werden, so dass es mit ihnen ein Ende hat. [2] Und ihre Frauen, die die Engel verführten, werden <zu Sirenen> werden.« [3] Und ich, Henoch, ich allein, habe die Erscheinung gesehen, die Enden aller Dinge; und niemand von den Menschen wird das sehen, was ich gesehen habe.

Äthiopischer Henoch 17,1–19,3 (Uhlig, JSHRZ 5.6, S. 546–551).

Doppeltes Gericht

[38,1] Erste Bilderrede. Wenn die Gemeinde der Gerechten sichtbar werden wird und die Sünder wegen ihrer Sünden gerichtet werden und von der Oberfläche des Festlandes vertrieben werden, [2] wenn die Gerechtigkeit erscheinen wird vor dem Angesicht der Gerechten, den Auserwählten, deren Werke gewogen werden von dem Herrn der Geister, und wenn das Licht der Gerechten und Auserwählten erscheinen wird denen, die auf dem Festland wohnen – wo wird dann die Wohnung der Sünder sein und wo der Aufenthaltsort derer, die den Herrn der Geister verleugnet haben? Es wäre für sie besser, wenn sie nicht geboren wären. [3] Wenn seine [*scil.* des Messias] Geheimnisse den Gerechten offenbart werden, werden die Sünder gerichtet, und die Frevler werden weggetrieben vom Angesicht der Gerechten und Auserwählten. [4] Und von nun an werden die, die die Erde besitzen, nicht mehr mächtig und nicht mehr erhaben sein, und sie vermögen nicht das Angesicht der Heiligen zu sehen, denn das Licht des Herrn der Geister ist erschienen auf dem Angesicht der Heiligen, Gerechten und Auserwählten. [5] Und die Könige und Mächtigen werden in dieser Zeit zugrunde gehen, und sie werden in die Hand der Gerechten und Heiligen gegeben werden.

[6] Und von da an wird niemand mehr für sie zu dem Herrn der Geister um Gnade bitten, denn ihr Leben wird zu Ende sein.

[39,1] Und es wird in diesen Tangen geschehen: Die Kinder der Auserwählten und Heiligen werden aus dem hohen Himmel herabsteigen, und ihr Same wird sich vereinigen mit den Menschenkindern. [2] In jenen Tagen erhielt Henoch Bücher des Eifers und des Zorns und Bücher der Unruhe und der Verstoßung. »Und Erbarmen wird ihnen nicht gewährt«, sprach der Herr der Geister.

[3] Und in jenen Tagen riss mich ein Sturmwind von der Erde und setzte mich ab am Ende der Himmel. [4] Und ich sah dort eine andere Vision: die Wohnungen der Heiligen und die Ruheorte der Gerechten. [5] Hier sahen meine Augen ihre Wohnungen bei den Engeln seiner Gerechtigkeit und ihre Ruheorte bei den Heiligen, und sie baten, flehten und beteten für die Menschenkinder, und Gerechtigkeit floss wie Wasser vor ihnen und Barmherzigkeit wie Tau auf der Erde. So ist es unter ihnen für immer und ewig. [6] Und an jenem Ort sahen meine Augen den Erwählten der Gerechtigkeit und der Treue; und Gerechtigkeit wird in seinen Tagen walten, und die Gerechten und Auserwählten werden zahllos vor ihm sein für immer und ewig. [7] Und ich sah ihre Wohnung unter den Fittichen des Herrn der Geister, und alle Gerechten und Auserwählten waren vor ihm stark wie der Schein des Feuers, und ihr Mund war voll von Lob, und ihre Lippen priesen den Namen des Herrn der Geister; und die Gerechtigkeit und das Recht nehmen vor ihm kein Ende. [8] Dort wünschte ich zu wohnen, und mein Geist nach jener Wohnung; hier bestand mein Anteil schon zuvor, denn so ist es für mich bestimmt vor dem Herrn der Geister. [9] Und in jenen Tagen pries und erhob ich den Namen des Herrn der Geister mit Lob und Preis, denn er hat mich zum Segnen und Preisen bestimmt nach dem Willen des Herrn der Geister. [10] Und lange betrachteten meine Augen jenen Ort, und ich pries und lobte ihn, indem ich sprach: »Gepriesen sei er, ja er sei gepriesen vom Anfang und bis in Ewigkeit! [11] Und vor ihm gibt es kein Ende; er weiß, bevor die Welt geschaffen ist, was ewig ist und was sein wird von Generation zu Generation. [12] Dich preisen die, die nicht schlafen, und sie stehen vor deiner Herrlichkeit und preisen, verherrlichen und erheben dich, indem sie sprechen: ›Heilig, heilig, heilig ist der Herr der Geister – er füllt die Erde mit Geistern!‹« [13] Und hier sahen meine Augen all die, die nicht schlafen; sie standen vor ihm, priesen ihn und sprachen: »Gepriesen seiest du, und gepriesen sei der Name des Herrn immer und ewig!« [14] Und ich wandte mein Gesicht um, weil ich nicht mehr sehen konnte.
Äthiopischer Henoch 38,1–39,14 (Uhlig, JSHRZ 5.6, S. 576–580).

Das Gericht des Menschensohns

[48,1] An jenem Ort sah ich die Quelle der Gerechtigkeit, die unerschöpflich war, und ringsum umgaben sie viele Quellen der Weisheit; und alle Durstigen tranken von ihnen und wurden voll Weisheit, und ihre Wohnungen waren bei den Gerechten und Heiligen und Auserwählten. [2] Und in dieser Stunde wurde jener

Menschensohn in Gegenwart des Herrn der Geister genannt, und sein Name vor dem Haupt der Tage. [3] Und bevor die Sonne und die beiden Tierkreiszeichen geschaffen wurden, bevor die Sterne des Himmels geschaffen wurden, ist sein Name vor dem Herrn der Geister genannt. [4] Und er wird für die Gerechten ein Stab sein, damit sie sich auf ihn stützen und nicht fallen, und er wird das Licht der Völker und die Hoffnung derer sein, die in ihrem Herzen Kummer haben. [5] Alle, die auf dem Festland wohnen, werden vor ihm niederfallen und (ihn) anbeten, und sie werden preisen, rühmen und lobsingen den Namen des Herrn. [6] Und darum ist er erwählt worden und verborgen vor ihm, ehe der Äon geschaffen wurde, und bis in Ewigkeit wird er sein. [7] Und die Weisheit des Herrn der Geister hat ihn offenbart den Heiligen und Gerechten; denn er hat das Los der Gerechten bewahrt, weil sie diese Welt der Ungerechtigkeit gehasst und abgewiesen haben und all ihre Werke und Wege gehasst haben im Namen des Herrn der Geister – denn in seinem Namen werden sie gerettet, und er wird der Rächer für ihr Leben sein. [8] Und in jenen Tagen werden die Könige der Erde und die Mächtigen, die das Festland besitzen, niedergeschlagenen Angesichtes sein wegen des Werkes ihrer Hände, denn am Tage ihrer Not und Bedrängnis werden sie ihren Kopf nicht retten. [9] Und ich werde sie in die Hand meiner Auserwählten übergeben: Wie Stroh im Feuer und wie Blei im Wasser – so werden sie brennen vor dem Angesicht der Heiligen und untergehen vor dem Angesicht der Gerechten, und es wird keine Spur von ihnen zu finden sein. [10] Und am Tag ihrer Bedrängnis wird Ruhe auf Erden werden, und sie werden vor ihnen fallen und sich nicht wieder erheben, und niemand wird da sein, der sie mit seiner Hand nimmt und aufrichtet, denn sie haben den Herrn der Geister und seinen Gesalbten verleugnet. Und der Name des Herrn der Geister sei gepriesen!
Äthiopischer Henoch 48,1–10 (Uhlig, JSHRZ 5.6, S. 590–592).

Auferstehung der Toten

[51,1] Und in jenen Tagen wird die Erde zurückgeben, was ihr anvertraut ist, und die Unterwelt wird das zurückgeben, was sie empfangen hat, und die Hölle [*oder:* Vernichtung] wird zurückgeben, wozu sie verpflichtet ist. [2] Und er wird die Gerechten und Heiligen von ihnen auswählen, denn der Tag ist herangerückt, dass sie gerettet werden. [3] Und der Erwählte wird in jenen Tagen auf meinem Thron sitzen, und alle Geheimnisse der Weisheit werden aus dem Urteil seines Mundes hervorgehen, denn der Herr der Geister hat dies ihm gegeben und ihn verherrlicht. [4] In jenen Tagen werden die Berge springen wie Widder und die Hügel hüpfen wie Lämmer, die mit Milch gesättigt sind. [5] Und das Angesicht aller Engel im Himmel wird vor Freude leuchten, denn in jenen Tagen wird sich der Erwählte erhoben haben; und die Erde wird sich freuen, und die Gerechten werden auf ihr wohnen, und die Auserwählten werden auf ihr gehen.
Äthiopischer Henoch 51,1–5 (Uhlig, JSHRZ 5.6, S. 593 f).

Die Gerechten im ewigen Licht

[58,1] Und danach begann ich die dritte Bilderrede zu sprechen über die Gerechten und über die Auserwählten. [2] Glückselig, ihr Gerechten und Auserwählten, denn herrlich wird euer Erbteil sein. [3] Und die Gerechten werden im Licht der Sonne und die Auserwählten im Licht des ewigen Lebens sein, und die Tage ihres Lebens werden ohne Ende und die Tage der Heiligen ohne Zahl sein. [4] Und sie werden das Licht suchen und Gerechtigkeit finden bei dem Herrn der Geister; Frieden werden die Gerechten haben im Namen des Herrn der Welt. [5] Und danach wird den Heiligen im Himmel gesagt, dass sie die Geheimnisse der Gerechtigkeit, das Erbteil der Treue, suchen sollen, denn es ist auf dem Festland hell geworden wie die Sonne, und die Finsternis ist vergangen. [6] Und das Licht wird unaufhörlich sein, und sie werden nicht an eine begrenzte Zahl von Tagen kommen, denn die Finsternis wird vorher vernichtet, und das Licht wird beständig sein vor dem Herrn der Geister, und das Licht der Wahrheit wird für ewig beständig sein vor dem Herrn der Geister.
Äthiopischer Henoch 58,1–6 (Uhlig, JSHRZ 5.6, S. 603).

Kosmische Eide, die den Bestand der Welt sichern

[69,16] Und das sind die Geheimnisse dieses Schwures: Seine Macht liegt in seinem Schwur, und die Himmel wurden aufgehängt, bevor die Welt geschaffen wurde, und bis in Ewigkeit. [17] Und durch ihn wurde die Erde über dem Wasser gegründet, und aus den verborgenen Orten der Berge kommen die herrlichen Gewässer hervor seit der Schöpfung der Welt bis in Ewigkeit. [18] Und durch jenen Schwur wurde das Meer geschaffen, und als sein Fundament für die Zeit des Tobens legte er ihm den Sand, und es kann nicht darüber hinweggehen seit der Schöpfung der Welt und bis in Ewigkeit. [19] Und durch jenen Schwur sind die Tiefen befestigt, und sie stehen und lassen sich nicht von ihrem Ort rücken von Ewigkeit zu Ewigkeit. [20] Und durch diesen Schwur vollenden Sonne und Mond ihren Lauf, und sie überschreiten nicht ihre Bahn von Ewigkeit und bis in Ewigkeit. [21] Und durch diesen Schwur vollenden die Sterne ihre Lauf, und er ruft sie beim Namen, und sie antworten ihm von Ewigkeit und bis in Ewigkeit, [22] und ebenso die Geister des Wassers, der Winde und aller Brisen, und ihre Wege aus allen Bereichen der Geister. [23] Und dort werden die Stimme des Donners und das Licht des Blitzes aufbewahrt; und dort werden die Kammern des Hagels, die Kammern des Reifs, die Kammern des Nebels und die Kammern des Regens und Taues aufbewahrt. [24] Und diese alle preisen und danken vor dem Herrn der Geister, und sie rühmen mit all ihrer Kraft, und ihre Speise besteht aus lauter Loben, und sie loben und verherrlichen und erheben im Namen des Herrn der Geister von Ewigkeit zu Ewigkeit. [25] Und dieser Schwur ist mächtig über sie, und sie werden durch ihn bewahrt, und ihre Wege werden bewahrt, und ihre Bahn wird nicht unterbrochen.
Äthiopischer Henoch 69,16–25 (Uhlig, JSHRZ 5.6, S. 628f).

Der Menschensohn

[69,26] Und es herrschte große Freude unter ihnen, und sie priesen und lobten und erhoben, weil ihnen der Name jenes Menschensohnes offenbart worden war. [27] Und er setzte sich auf den Thron seiner Herrlichkeit, und die Summe des Gerichts wurde ihm, dem Menschensohn, übergeben; und er lässt die Sünder und die, die die Welt verführt haben, verschwinden und vertilgen von der Oberfläche der Erde. [28] Mit Ketten werden sie gebunden und an ihrem Versammlungsort der Vernichtung eingeschlossen, und ihr ganzes Werk wird verschwinden von der Oberfläche der Erde. [29] Und von nun an wird nichts mehr da sein, was verdorben ist, denn der Menschensohn ist erschienen, und er hat sich auf den Thron seiner Herrlichkeit gesetzt, und alles Böse wird vor seinem Angesicht verschwinden und vergehen, und sie werden sprechen zu jenem Menschensohn, und er wird mächtig sein vor dem Herrn der Geister [...]
Äthiopischer Henoch 69,26–29 (Uhlig, JSHRZ 5.6, S. 630).

Vision Gottes und des Menschensohns

[71,1] Und dann geschah es, dass mein Geist entrückt wurde, und er stieg empor in die Himmel, und ich sah die Kinder der heiligen Engel auf Feuerflammen treten, und ihre Gewänder waren weiß, und ihre Kleidung und die Helligkeit ihres Angesichts waren wie Schnee. [2] Und ich sah zwei Feuerströme, und das Licht jenes Feuers strahlte wie Hyazinth. Und ich fiel auf mein Angesicht vor dem Herrn der Geister. [3] Und der Engel Michael, einer von den Erzengeln, fasste mich bei meiner rechten Hand, und er hob mich auf und führte mich hin zu allen Geheimnissen, und er zeigte mir alle Geheimnisse der Barmherzigkeit, und er zeigte mir alle Geheimnisse der Gerechtigkeit. [4] Und er zeigte mir alle Geheimnisse der Enden des Himmels und alle Kammern der Sterne und alle Lichter, von wo sie ausgehen vor das Angesicht der Heiligen. [5] Und er entrückte meinen Geist, und ich, Henoch, war im Himmel der Himmel, und ich sah dort inmitten jenes Lichtes etwas, das wie aus Hagelsteinen erbaut war, und zwischen jenen Steinen lebendige Feuerzungen. [6] Und mein Geist sah den Kreis, der jenes Haus mit Feuer umgab, und an seinen vier Seiten Ströme voll lebendigen Feuers, und sie umgaben jenes Haus. [7] Und ringsum waren Serafim, Kerubim und Ofanim; das sind die, die nicht schlafen und die den Thron seiner Herrlichkeit bewachen. [8] Und ich sah Engel, die nicht zu zählen waren – Tausende von Tausenden und Zehntausende von Zehntausenden –, jenes Haus umgeben; und Michael, Rufael, Gabriel und Fanuel und die heiligen Engel, die oben in den Himmeln sind, gingen heraus: Michael, Rufael, Gabriel und Fanuel und die Fülle der heiligen Engel, die ohne Zahl sind. [10] Und mit ihnen war das Haupt der Tage, und sein Haupt war gleich der Wolle weiß und rein, und sein Gewand war nicht zu beschreiben. [11] Und ich fiel auf mein Angesicht, und mein ganzer Leib schmolz dahin, und mein Geist wurde verwandelt, und ich schrie mit großer Stimme, mit dem Geist der Kraft, und ich pries und verherr-

lichte und erhöhte ihn. [12] Und jene Lobpreisungen, die aus meinem Munde hervorkamen, waren wohlgefällig vor dem Haupt der Tage. [13] Und dieses Haupt der Tage kam mit Michael, Rufael, Gabriel und Fanuel und Tausenden und Zehntausenden von Engeln, die ohne Zahl waren. [14] Und er kam zu mir und grüßte mich mit seiner Stimme und sprach zu mir: »Du bist der Menschensohn, der zur Gerechtigkeit geboren ist, und Gerechtigkeit wohnt über dir, und die Gerechtigkeit des Hauptes der Tage verläßt dich nicht.« [15] Und er sprach zu mir: »Er ruft über dir das Heil aus im Namen des Äons, der kommen wird, denn von da geht das Heil aus seit der Erschaffung der Welt, und so wird es auch dir zuteil werden in Ewigkeit und von Ewigkeit zu Ewigkeit. [16] Und alle werden auf deinem Wege wandeln, da dich die Gerechtigkeit in Ewigkeit nicht verlässt, bei dir werden ihre Wohnungen sein und bei dir ihr Anteil, und sie werden sich von dir nicht trennen bis in Ewigkeit und von Ewigkeit zu Ewigkeit.« [17] Und so wird die Länge der Tage bei jenem Menschensohn sein, und es wird Heil für die Gerechten sein und ein ebener Weg für die Gerechten – im Namen des Herrn der Geister für immer und ewig.
Äthiopischer Henoch 71,1–17 (Uhlig, JSHRZ 5.6, S. 632–634).

Vision der Errichtung des messianischen Königtums

[90,28] Und ich stand auf, um zu schauen, bis er jenes alte Haus entfernte, und man schaffte alle Säulen und alle Holzbalken hinaus, und aller Zierat dieses Hauses wurde mit ihm entfernt, und man schaffte es hinaus und legte es an einem Ort im Süden des Landes nieder. [29] Und ich schaute, bis der Herr der Schafe ein neues Haus brachte, größer und höher als jenes erste, und er stellte es an den Ort des ersten, das entfernt worden war. Und alle seine Säulen waren neu und sein Zierat neu und größer als bei jenem ersten alten, das man hinausgeschafft hatte. Und alle Schafe waren darinnen.

[30] Und ich schaute alle Schafe, die übriggeblieben waren, und alle Tiere, die auf der Erde waren, und alle Vögel des Himmels: Sie fielen nieder und huldigten jenen Schafen, und sie flehten sie an und gehorchten ihnen bei jedem Wort.

[31] Und danach nahmen mich jene drei, die weiß gekleidet waren, und sie nahmen mich bei der Hand, sie, die mich zuvor heraufgebracht hatten, und während mich die Hand jenes Bockes fasste, brachten sie mich nach oben und setzen mich inmitten jener Schafe nieder, bevor das Gericht stattfand. [32] Und jene Schafe waren alle weiß, und ihre Wolle war stark und rein. [33] Und alle, die umgekommen und zerstreut waren, und alle wilden Tiere und alle Vögel des Himmels versammelten sich in jenem Haus; und der Herr der Schafe war von großer Freude erfüllt, denn sie waren alle gut und waren zu seinem Haus zurückgekehrt. [34] Und ich schaute, bis sie jenes Schwert niederlegten, das den Schafen gegeben worden war, und es zu seinem Haus zurückbrachten, und man versiegelte es vor dem Angesicht des Herrn der Schafe. Und alle Schafe wurden in jenem Haus zusammengeschlossen, aber es fasste sie nicht. [35] Und ihnen

allen wurden die Augen geöffnet, und sie sahen gut, und es war nicht eines unter ihnen, das nicht sah.

[36] Und ich schaute, wie jenes Haus groß und weit und überaus voll war. [37] Und ich schaute, wie ein weißer Bulle mit großen Hörnern geboren wurde, und alle wilden Tiere und alle Vögel des Himmels fürchteten ihn und flehten fortwährend zu ihm. [38] Und ich schaute, bis alle ihre Arten [*oder:* Generationen] verwandelt und sie alle weiße Bullen wurden. Und das erste unter ihnen wurde ein <Stier>, und dieser Stier war ein großes Tier, und es hatte an seinem Kopf große schwarze Hörner. Und der Herr der Schafe freute sich über <ihn> und über alle Bullen.

[39] Und ich hatte unter ihnen geschlafen, und ich erwachte und sah alles.

[40] Und dies ist die Vision, die ich schaute, als ich schlief. Und ich erwachte und pries den Herrn der Gerechtigkeit und brachte ihm Lobpreis dar. [41] Und danach weinte ich mit großen Klagen, und meine Tränen standen nicht still, bis ich es nicht mehr aushalten konnte, vielmehr rannen sie herab über das, was ich sah; denn alles wird kommen und sich erfüllen; und alle Taten der Menschen sind mir jeweils der Reihe nach gezeigt worden. [42] In jener Nacht erinnerte ich mich des ersten Traumes und weinte seinetwegen und war erschüttert, weil ich jene Vision geschaut hatte.
Äthiopischer Henoch 90,28–42 (Uhlig, JSHRZ 5.6, S. 702–705).

Die Wochenapokalypse

[93,1] Und danach geschah es: Henoch berichtete aus den Büchern, [2] und Henoch sprach: »Über die Kinder der Gerechtigkeit und über die Auserwählten der Welt und über die Pflanze der Rechtschaffenheit – darüber will ich zu euch reden, und ich habe es euch, meine Kinder, wissen lassen; ich, Henoch, entsprechend dem, was mir in der Vision des Himmels erschienen ist und was ich durch die Rede der heiligen Engel weiß und durch die Tafeln des Himmels erkannt habe.«

[3] Und also fing er an, aus den Büchern zu erzählen, und sprach: »Ich bin als der Siebente in der ersten Woche geboren, solange Recht und Gerechtigkeit noch andauerten.

[4] Und nach mir, in der zweiten Woche, wird sich die große Bosheit erheben, und die Falschheit wächst empor, und in ihr wird das erste Ende sein, und in ihr wird ein Mann gerettet werden. Nachdem sie zu Ende ist, wird die Ungerechtigkeit wachsen, und er wird den Sündern eine Ordnung schaffen.

[5] Und danach, in der dritten Woche, an ihrem Ende, wird ein Mann zur Pflanze des gerechten Gerichtes erwählt werden, und nach ihm wird die Pflanze der Gerechtigkeit für immer und ewig erscheinen.

[6] Und danach, in der vierten Woche, an ihrem Ende, werden die Visionen der Heiligen und Gerechten gesehen werden, und ein Gesetz wird für alle Generationen und ein umfriedeter Raum wird für sie geschaffen werden.

[7] Und danach, in der fünften Woche, an ihrem Ende, wird das Haus der Herrlichkeit und Herrschaft für die Ewigkeit gebaut werden.

[8] Und danach, in der sechsten Woche, werden die, die in ihr leben werden, alle verblendet sein, und die Herzen aller werden die Weisheit vergessen; und in ihr wird ein Mann auffahren, und an ihrem Ende wird das Haus der Herrschaft mit Feuer verbrannt werden, und in ihr wird das ganze Geschlecht der auserwählten Wurzel zerstreut werden.

[9] Und danach, in der siebenten Woche, wird sich ein abtrünniges Geschlecht erheben, und seine Taten werden Abfall sein. [10] An ihrem Ende werden die erwählten Gerechten von der ewigen Pflanze der Gerechtigkeit erwählt werden, denen siebenfache Unterweisung über seine ganze Schöpfung zuteil werden soll. [91,11] Und danach werden die Wurzeln der Ungerechtigkeit abgehauen werden, und die Sünder werden mit dem Schwert vernichtet werden; den Gottlosen [*oder:* Lästerern] werden sie an jedem Ort abgehauen, und die, die Ungerechtigkeit vorhaben und Lästerung begehen, werden mit dem Schwert vernichtet werden.

[12] Und danach wird eine andere Woche sein, die achte Woche, die der Gerechtigkeit, und ein Schwert wird ihr gegeben werden, damit ein gerechtes Gericht an denen vollzogen werde, die Unrecht verüben, und die Sünder werden in die Hände der Gerechten ausgeliefert werden. [13] Und an der Woche Ende werden sie wegen ihrer Gerechtigkeit Häuser erwerben, und ein Haus wird gebaut werden für den großen König zur Herrlichkeit bis in Ewigkeit.

[14] Und danach, in der neunten Woche, wird das gerechte Gericht der ganzen Welt offenbart werden, und alle Werke der Gottlosen werden von der ganzen Erde verschwinden, und die Erde wird zur Vernichtung aufgeschrieben werden; und alle Menschen werden nach dem Weg der Rechtschaffenheit schauen.

[15] Und danach, in der zehnten Woche, im siebenten Teil, wird das ewige Gericht stattfinden, und es wird an den Wächtern des ewigen Himmels vollzogen, das große Gericht, das mitten unter den Engeln ausbrechen wird. [16] Und der erste Himmel wird verschwinden und vergehen, und ein neuer Himmel wird erscheinen, und alle Kräfte der Himmel werden siebenfach leuchten in Ewigkeit […]

[17] Und danach werden viele Wochen – ohne Zahl – in Ewigkeit sein, in Güte und in Gerechtigkeit, und die Sünde wird von da an nicht mehr erwähnt werden bis in Ewigkeit.

[93,11] Denn wo ist unter allen Menschenkindern einer, der die Stimme des Heiligen hören könnte und nicht erschüttert wäre, und wo ist der, der seine Gedanken denken könnte, und wo ist der, der alle Werke des Himmels sehen könnte? [12] Und wie sollte einer da sein, der den Himmel sehen könnte, und wo ist einer, der die Dinge des Himmels verstünde und eine Seele oder einen Geist sähe und davon erzählen könnte, oder aufsteigen könnte und sähe alle ihre Enden und begriffe sie oder könnte handeln gleich ihm? [13] Oder wer ist's unter allen Menschen, der wissen kann, wie die Breite und die Länge der Erde ist, und wem ist das Maß von ihnen allen gezeigt worden? [14] Oder wer ist's

unter alle Menschen, der die Länge des Himmels wissen kann, und wie seine Höhe ist und worauf er gegründet ist und wie groß die Zahl der Sterne ist und wo alle Lichter ruhen?«
Äthiopischer Henoch 93,1–10; 91,11–17; 93,11–14 (Uhlig, JSHRZ 5.6, S. 710–716).

Die Schöpfung lehrt Furcht vor Gott

[101,1] Betrachtet den Himmel, ihr Söhne des Himmels, und jedes Werk des Höchsten, und fürchtet euch vor ihm, dass ihr nicht Böses vor ihm tut. [2] Wenn er die Fenster des Himmels schließt und Regen und Tau zurückhält, dass sie euretwegen nicht auf die Erde kommen, was wollt ihr dann tun? [3] Und wenn er seinen Zorn wegen eurer Werke über euch schickt, könnt ihr ihn nicht anflehen, weil ihr gegen seine Gerechtigkeit hochmütige und verstockte Reden führt. So werdet ihr keinen Frieden haben.

[4] Seht ihr nicht die <Seeleute> der Schiffe, wie ihre Schiffe von den Wogen umhergeworfen und von den Wellen geschaukelt werden und in Not kommen? [5] Und deshalb fürchten sie, dass <sie> ihre kostbare Habe <und ihr Gut> ins Meer <werfen> werden, und sie ahnen in ihrem Herzen, dass das Meer sie verschlingen und sie in ihm vertilgt würden. [6] Ist nicht das ganze Meer, all seine Wasser und all seine Bewegung, ein Werk des Höchsten, und hat er nicht all sein Werk sicher umfangen und es völlig mit Sand eingeschlossen? [7] Bei seinem Drohen fürchtet es sich und vertrocknet, und alle seine Fische sterben und alles, was in ihm ist, aber ihr Sünder, die auf Erden seid, fürchtet ihn nicht. [8] Hat er nicht den Himmel und die Erde gemacht und alles, was in ihnen ist? Wer hat Kenntnis und Weisheit allen, die sich auf Erden und die sich im Meer bewegen, gegeben? [9] Fürchten nicht jene <Seeleute> der Schiffe das Meer? Aber die Sünder fürchten den Höchsten nicht.
Äthiopischer Henoch 101,1–9 (Uhlig, JSHRZ 5.6, S. 732f).

Gott enthüllt sein Geheimnis an Noah: Die Gematrie des Gottesnamens

Ich aber bin, der ich bin – überlege dir das in dem Herzen!
Ziehe den Himmel als Kleid an und lasse vom Meer mich umgeben;
Schemel der Füße ist mir die Erde, den Körper umfließet
Luft, und um mich kreisen im Reihn die zahllosen Sterne.
Neun der Buchstaben hab' ich und bin viersilbig; erkenn mich:
erste drei Silben enthalten der Buchstaben zwei, doch die letzte
hat die übrigen alle; auch sind es fünf Konsonanten.
Aber die Summe der Zahl ergibt acht Hunderter zweimal,
dreimal dreizehn dazu und dreimal noch sieben; erkenne
nun, wer ich bin, eingeweiht in die Weisheit, ein vielbegehrter Mann.
Sibyllinische Weissagungen 1,137–146 (Gauger, S. 26f).

Der Tag des Gerichts

Wenn der vom Schicksal bestimmte Tag vollendet wird
und über die Sterblichen das Gericht des unsterblichen Gottes kommt,
dann wird über die Menschen kommen gesagtes Gericht und auch die Herrschaft.
Die Erde nämlich, die Allmutter, wird den Sterblichen geben beste
und unermessliche Frucht an Weizen, Wein und Öl,
aber den angenehmen Trank süßen Honigs vom Himmel herab,
und die Früchte der Fruchtbäume und fette Schafe
und Rinder und von den Schafen Lämmer und von den Ziegen junge Ziegen;
sie wird süße Quellen weißer Milch aufbrechen lassen.
Die Städte und die fetten Äcker werden voll von Gütern
sein; auf der Erde wird es weder ein Schwert noch Schlachtgetümmel werden.
Es wird wird fernerhin nicht tief aufstöhnend erschüttert die Erde;
nicht Krieg noch auch Dürre wird es auf der Erde geben,
nicht Hungersnot noch Hagel, der die Früchte zerstört;
sondern tiefer Friede wird auf der ganzen Erde herrschen.
Und ein König wird dem anderen König Freund sein bis ans Ende
der Weltzeit, und ein gemeinsames Gesetz auf der ganzen Erde
wird der Unsterbliche im gestirnten Himmel festlegen
für all das, was armselige Sterbliche tun.
Denn er allein ist Gott, und es gibt keinen anderen daneben,
und er wird mit Feuer verbrennen das Geschlecht der schlimmen Männer.
Sibyllinische Weissagungen 3,741–761 (Merkel, JSHRZ 5.8, S. 1105f).

Das eschatologische Königreich

Und dann wird er ein Königreich errichten für alle Zeiten
über alle Menschen, er, der einst das heilige Gesetz gab
den Frommen, denen allen er die Erde zu erschließen versprach
und die Welt und die Pforten der Seligen und alle Freuden,
unsterblichen Geist und ewige Glückseligkeit.
Von der ganzen Erde werden sie Weihrauch und Gaben zum Tempel
des großen Gottes bringen, und es wird kein anderer
Tempel unter den gegenwärtigen und künftigen Menschen zu erfahren sein,
sondern nur derjenige, welchen Gott den gläubigen Männern zu verehren gab;
denn die Sterblichen werden ihn Sohn des großen Gottes nennen.
Und alle Wege in der Ebene und die rauhen Hügel
und die hohen Berge und die wilden Wogen des Meeres
werden in jenen Tagen leicht begehbar und schiffbar sein.
Denn voller Frieden wird über die Erde der Gerechten kommen.
Das Schwert aber werden die Propheten des großen Gottes wegnehmen;
denn sie selbst werden Richter der Sterblichen und gerechten Könige sein.

Es wird auch gerechten Reichtum bei den Menschen geben.
Und dies wird das Gericht und die Herrschaft des großen Gottes sein.
Freue dich, Jungfrau, und juble; denn dir gab er
Freude für ewig, er, der Himmel und Erde gründete.
In deiner Mitte wird er wohnen; er wird unvergängliches Licht für dich sein.
Und Wölfe und Lämmer werden auf den Bergen vereint
grasen, und Panther werden mit Böcklein zusammen weiden,
umherstreifende Bären werden mit Kälbern lagern,
und der fleischfressende Löwe wird Stroh an der Krippe fressen
wie der Ochse; und ganz kleine Kinder werden ihn am Zaum
führen; denn er wird das wilde Getier auf Erden zahm machen.
Mit Säuglingen werden Drachen und Nattern schlafen
und werden ihnen nichts Böses tun; denn die Hand Gottes wird über ihnen sein.
Ich werde dir ein sehr deutliches Zeichen sagen, damit du erkennen kannst,
wann denn das Ende aller Dinge auf Erden kommen wird.
Wenn am gestirnten Himmel Schwerter
nachts erscheinen gegen Westen oder Osten,
und wenn vom Himmel herab eine Staubwolke herabfällt
auf die ganze Erde, und der Glanz der Sonne
gegen Mittag völlig vom Himmel verschwindet und des Mondes
Strahlen sichtbar werden und auf die Erde herabkommen
mit Blutstropfen aus Felsen, wird ein Zeichen geschehen;
in der Wolke werdet ihr sehen einen Kampf von Fußvolk und Reitern
wie eine Hetzjagd auf wilde Tiere, Nebelgebilden vergleichbar.
Dieses Ende des Krieges setzt Gott fest, der den Himmel bewohnt.
Sibyllinische Weissagungen 3,767–807 (Merkel, JSHRZ 5.8, S. 1106f).

Israels Erwählung und Gericht

[7,10] Ich sagte: »So ist es, Herr.« Er sagte zu mir: »So verhält es sich auch mit Israels Erbteil. [11] Denn ihretwegen habe ich die Welt erschaffen. Als aber Adam meine Gebote übertrat, wurde das Geschaffene gerichtet: [12] Da wurden die Zugänge in dieser Welt eng, leidvoll und beschwerlich, wenig und böse, voll von Gefahren und mit großen Nöten behaftet. [13] Die Wege der größeren Welt aber sind breit und sicher und bringen die Frucht der Unsterblichkeit. [14] Wenn also die Lebenden nicht in diese Engpässe und Nöte wirklich hineingegangen sind, können sie nicht erhalten was ihnen aufbewahrt ist. [15] Warum also betrübst du dich nun, da du doch vergänglich bist? Und warum regst du dich auf, da du doch sterblich bist? [16] Warum hast du dir nicht das Künftige zu Herzen genommen, sondern die Gegenwart?«

[17] Ich antwortete und sagte: »Herrscher, Herr, siehe in deinem Gesetz hast du bestimmt, dass die Gerechten dieses Erbe erhalten, die Gottlosen aber umkommen werden. [18] Die Gerechten können die Enge aber wohl ertragen, weil sie auf die Weite hoffen; die Gottlosen aber haben die Enge erduldet und die

Weite doch nicht gesehen.« [19] Er sagte zu mir: »Du bist kein Richter über den Herrn und nicht weiser als der Höchste. [20] Mögen also eher viele der jetzt Lebenden zugrunde gehen, so dass das vorgelegte Gesetz Gottes verachtet werde. [21] Denn der Herr hat den Kommenden, als sie kamen, nachdrücklich geboten, was sie tun sollten, um das Leben zu haben, und was sie beachten sollten, um nicht bestraft zu werden. [22] Sie aber waren ungehorsam und widersetzten sich ihm. Sie machten sich nichtige Pläne [23] und nahmen sich sündhafte Machenschaften vor. Sie sagten darüber hinaus, dass der Höchste nicht existiere, und nahmen seine Wege nicht zur Kenntnis. [24] Sie verachteten sein Gesetz, leugneten seinen Bund, seinen Geboten glaubten sie nicht, und seine Werke taten sie nicht. [25] Deswegen, Esra, das Leere den Leeren und das Volle den Vollkommenen!«
4. Esra 7,10–25 (Schreiner, JSHRZ 5.4, S. 342–344).

Das Gericht

[7,26] Denn siehe, es kommt die Zeit, wenn die Zeichen die ich dir vorausgesagt habe, eintreffen. Dann wird die unsichtbare Stadt erscheinen und das jetzt verborgene Land sich zeigen. [27] Und jeder, der aus den vorher genannten Plagen gerettet wurde, wird meine Wunder schauen. [28] Denn mein Sohn, der Messias, wird sich mir denen offenbaren, die bei ihm sind, und wird die Übriggebliebenen glücklich machen, 400 Jahre lang. [29] Nach diesen Jahren wird mein Sohn, der Messias, sterben und alle, die Menschenodem haben. [30] Die Welt wird in das einstige Schweigen sieben Tage lang zurückkehren, wie es im Uranfang war, so dass niemand übrigbleibt. [31] Nach sieben Tagen aber wird die Welt, die noch nicht wach ist, erweckt werden, und das Vergängliche wird sterben. [32] Die Erde gibt die heraus, die in ihr schlafen, der Staub die, die still in ihm ruhen, und die Kammern geben die Seelen heraus, die ihnen anvertraut sind. [33] Der Höchste offenbart sich auf dem Richterthron; die Barmherzigkeit entfernt sich, die Langmut verschwindet, [34] nur das Gericht bleibt. Die Wahrheit besteht, der Glaube erstarkt, [35] das Werk folgt nach, der Lohn zeigt sich, die gerechten Taten erwachen, die ungerechten schlafen nicht mehr. [36] Dann erscheint die Grube der Pein und gegenüber der Ort der Ruhe. Der Ofen der Hölle zeigt sich und gegenüber das Paradies der Wonne. [37] Dann wird der Höchste zu den auferweckten Völkern sagen: Seht und erkennt den, den ihr geleugnet, dem ihr nicht gedient, dessen Gebot ihr verachtet habt. [38] Schaut nun hinüber und herüber: Hier Wonne und Ruhe, dort Feuer und Pein. Das wird er zu ihnen am Tag des Gerichts sagen. [39] Dieser Tag ist so beschaffen: Er hat nicht Sonne, nicht Mond, nicht Sterne; [40] nicht Wolke, nicht Donner, nicht Blitz; nicht Wind, nicht Wasser, nicht Luft; nicht Dunkel, nicht Abend, nicht Morgen; [41] nicht Sommer, nicht Frühling, nicht Hitze; nicht Winter, nicht Eis, nicht Kälte; nicht Hagel, nicht Regen, nicht Tau; [42] nicht Mittag, nicht Nacht, nicht Dämmerung; nicht Glanz, nicht Helligkeit, nicht Leuchtern, sondern nur den Glanz der Herrlichkeit des Höchsten. Daran sollen alle erkennen, was bevorsteht. [43] Dieser Zeitraum

dauert wohl eine Jahrwoche. [44] Das ist mein Gericht und seine Ordnung, Dir allein habe ich es gezeigt.
4. Esra 7,26–44 (Schreiner, JSHRZ 5.4, S. 344–347).

Keine Fürbitte im Gericht

[7,106] Ich antwortete und sagte: »Wie aber finden wir jetzt, dass zuerst Abraham für Sodomiter betete, Mose für die Väter, die in der Wüste gesündigt haben, [107] Josua nach ihm für Israel in den Tagen Achans, Samuel in den Tagen Sauls, [108] David wegen einer Plage, Salomon für die am Heiligtum, [109] Elias für jene, die den Regen enthielten, und für einen Toten, damit er lebe, [110] Ezechias für das Volk in den Tagen Sanheribs, und viele andere für viele? [111] Wenn also jetzt, da die Verderbnis gewachsen ist und die Ungerechtigkeit viel geworden ist, Gerechte für Sünder gebetet haben, warum soll es dann nicht auch ebenso sein?« [112] Er antwortete mir und sagte: »Die gegenwärtige Welt ist nicht das Ende; ihre Herrlichkeit bleibt nicht dauernd. Darum haben Starke für Schwache gebetet. [113] Der Tag des Gerichtes aber ist das Ende dieser Welt und der Anfang der unsterblichen kommenden Welt, in der die Vergänglichkeit vorüber ist, [114] die Zuchtlosigkeit vertrieben, der Unglaube vertilgt, die Gerechtigkeit aber erwachsen und die Wahrheit entstanden ist. [115] Daher kann sich dann niemand dessen erbarmen, der im Gericht unterlegen ist, noch den stürzen, der gewonnen hat.«
4. Esra 7,106–115 (Schreiner, JSHRZ 5.4, S. 356–358).

Esras Vision vom Adler

[11,1] In der zweiten Nacht sah ich einen Traum:

Siehe, aus dem Meer stieg ein Adler auf, der zwölf Flügel und drei Köpfe hatte. [2] Ich sah, und siehe, er breitete Seine Flügel über die ganze Erde aus, und alle Winde des Himmels wehten ihn an, und die Wolken sammelten sich bei ihm. [3] Und ich sah, wie aus seinen Flügeln Gegenflügel wuchsen; sie wurden zu ganz kleinen und geringen Flügeln. [4] Die Köpfe aber ruhten; der mittlere Kopf war größer als die anderen Köpfe, aber auch dieser ruhte mit ihnen. [5] Ich sah, und siehe, der Adler flog mit seinen Flügeln; er herrschte über die Erde und über die, welche sie bewohnten. [6] Ich sah, wie ihm alles, was unter dem Himmel ist, unterworfen war, und niemand widersprach ihm, auch nicht eines von den Geschöpfen auf der Erde. [7] Ich sah, und siehe, der Adler richtete sich auf seinen Krallen auf, schrie seine Flügel an und sagte: [8] Wacht nicht alle gleichzeitig! Jeder schlafe an seinem Platz und wache zu seiner Zeit. [9] Die Köpfe aber sollen bis zum Ende warten. [10] Ich sah, und siehe, sie Stimme kam nicht aus seinen Köpfen hervor, sondern aus der Mitte seines Körpers. [11] Ich zählte seine Gegenflügel, und siehe, es waren acht. [12] Ich sah, und siehe, auf der rechten Seite erhob sich der eine Flügel und herrschte über die ganze Erde. [13] Als er aber geherrscht hatte, kam das Ende für ihn; er verschwand, so dass auch sein Platz nicht mehr zu sehen war. Da erhob sich der zweite und herrschte; dieser hielt lange Zeit aus. [14] Als er aber geherrscht hatte, kam das Ende für ihn, so dass er nicht mehr zu sehen war wie die erste.

[15] Und siehe, da erscholl eine Stimme, die zu ihm sagte: [16] Höre du, der du während dieser ganzen Zeit die Erde in der Gewalt hieltst! Das verkünde ich dir, bevor du verschwinden wirst: [17] Niemand nach dir wird deine Zeit behaupten, ja nicht einmal die Hälfte.

[18] Dann erhob sich der dritte und führte die Herrschaft wie die früheren; doch auch er verschwand. [19] So wurde es allen einzelnen Flügeln zuteil, die Herrschaft zu führen und dann zu verschwinden. [20] Ich sah, und siehe, zu ihrer Zeit richteten sich auch die folgenden Flügel auf, und zwar auf der rechten Seite, um (ebenfalls) die Herrschaft zu führen; unter ihnen gab es solche, die sie führten, doch sie verschwanden sofort wieder. [21] Und von ihnen erhoben sich einige, führten aber nicht die Herrschaft. [22] Danach sah ich, und siehe, zwölf Flügel und zwei Flügelchen waren verschwunden. [23] Und am Körper des Adlers war nichts übrig außer den drei ruhenden Köpfen und sechs Flügelchen. [24] Ich sah, und siehe, von den sechs Flügelchen sonderten sich zwei ab, gingen hin und blieben bei dem Kopf, der auf der rechten Seite war; die vier jedoch blieben an ihrem Platz. [25] Ich sah, und siehe, diese Nebenflügel gedachten, sich zu erheben und die Herrschaft zu führen. [26] Ich sah, und siehe, der erste erhob sich, verschwand aber sofort; [27] so auch der zweite; er verschwand noch schneller als der erste. [28] Ich sah, und siehe, die zwei, die von ihnen noch übrig waren, gedachten ebenfalls zu herrschen. [29] Während sie aber daran dachten, siehe, da erwachte einer der ruhenden Köpfe; es war der mittlere, der größer war als die beiden (anderen) Köpfe. [30] Ich sah, wie er die beiden Köpfe mit sich verband. [31] Und siehe, der Kopf wandte sich mit denen um, die bei ihm waren, und verschlang die zwei Nebenflügel, die zu herrschen gedachten. [32] Dieser Kopf hielt die ganze Erde in seiner Gewalt, unterdrückte ihre Bewohner mit großer Bedrängnis und führte eine Gewaltherrschaft über den Erdkreis mehr als alle Flügel, die dagewesen waren. [33] Danach sah ich, und siehe, der mittlere Kopf verschwand plötzlich so wie die Flügel. [34] Übrig blieben aber zwei Köpfe, die nun ebenfalls über die Erde und ihre Bewohner herrschten. [35] Ich sah, und siehe, der Kopf auf der rechten Seite verschlang den linken.

[36] Da hörte ich eine Stimme, die mir sagte: Schau geradeaus und betrachte, was du siehst. [37] Ich sah, und siehe, es fuhr etwas wie ein Löwe mit Gebrüll aus dem Wald auf. Ich hörte, wie er Menschenstimme zum Adler hin erschallen ließ und deutlich sagte: [38] Höre du, ich rede zu dir. Der Höchste sagt dir: [39] Bist du es nicht, der von den vier Tieren übriggeblieben ist, die ich gemacht hatte, damit sie in meiner Welt herrschten und damit durch das Ende meiner Zeiten käme? [40] Als viertes bist du gekommen und hast alle vorgegangenen Tiere besiegt; du hast die Gewaltherrschaft geführt über die Welt mit großem Schrecken und über den ganzen Erdkreis mit schlimmer Drangsal; du hast so lange Zeit auf dem Erdkreis mit Hinterlist gewohnt [41] und nicht mit Wahrheit die Erde gerichtet; [42] du hast die Sanften gequält, die Ruhigen verletzt, die Wahrhaftigen gehasst, die Lügner geliebt; du hast die Häuser der Fruchtbringenden

zerstört und die Mauern derer, die dir nichts Böses taten, eingerissen. [43] Deine Schmährede stieg auf zum Höchsten und deine Hochmut zum Gewaltigen. [44] Und der Höchste sah seine Zeiten an, und siehe: sie waren zu Ende, und seine Welten: sie waren vollendet. [45] Darum mußt du ganz sicher verschwinden, du Adler, deinen schrecklichen Flügel, deine schlimmen Nebenflügel, deinen bösen Köpfe, deine schlimmen Krallen und dein ganzer verruchter Körper, [46] damit die ganze Erde sich erholt, befreit von deiner Gewalt zur Ruhe kommt und auf das Gericht und das Erbarmen ihres Schöpfers wartet.
4. Esra 11,1–46 (Schreiner, JSHRZ 5.4, S. 383–387).

Der Mann aus dem Meer

[13,1] Und es geschah nach den sieben Tagen, da träumte ich in der Nacht einen Traum.

[2] Siehe, ein gewaltiger Sturm erhob sich im Meer und erregte alle seine Wogen. [3] Ich sah, und siehe, der Sturm führte aus dem Herzen des Meeres etwas wie die Gestalt eines Menschen herauf. Ich sah, und siehe, dieser Mensch flog auf den Wolken des Himmels. Wohin er sein Gesicht wendete und hinblickte, da zitterte alles, was er ansah. [4] Wohin die Stimme seines Mundes ging, zerschmolzen alle, die seine Stimme hörten, wie das Wachs schmilzt, wenn es Feuer spürt. [5] Danach sah ich, und siehe, eine Menschenmenge, die man nicht zählen konnte, versammelte sich von den vier Winden des Himmels, um den Menschen zu bekämpfen, der vom Meer aufgestiegen war. [6] Ich sah, und siehe, er schlug sich einen großen Berg los und flog auf ihm. [7] Ich versuchte, die Gegend oder die Stelle zu sehen, wo der Berg losgeschlagen wurde, vermochte es jedoch nicht. [8] Danach sah ich, und siehe, alle, die sich gegen ihn versammelt hatten, um ihm zu bekämpfen, gerieten sehr in Furcht, wagten aber doch den Kampf. [9] Und siehe, als er den Ansturm der herankommenden Menge sah, erhob er seine Hand nicht und griff weder zum Schwert noch zu einer anderen Waffe, sondern ich sah nur, [10] wie er aus seinem Mund etwas wie Feuerwogen und von seinen Lippen einen Flammenhauch aussandte; von seiner Zunge sandte er einen Sturm von Funken aus. Alle diese vermischten sich miteinander: die Feuerwogen, der Flammenhauch und der gewaltige Sturm. [11] Es fiel auf die anstürmende Menge, die zum Kampf bereit war, und setze alle in Brand, so dass plötzlich von der unzählbaren Menge nichts mehr zu sehen war außer Aschenstaub und Rauchqualm. Ich sah es und war entsetzt. [12] Danach sah ich jenen Menschen vom Berg herabsteigen und eine andere friedliche Menge zu sich rufen. [13] Da näherten sich ihm Gestalten vieler Menschen, manche freudig, manche traurig, einige gefesselt, einige diejenigen heranbringend, die dargebracht werden sollten.
4. Esra 13,1–13 a (Schreiner, JSHRZ 5.4, S. 393–395).

Endzeitliches Szenario

[26,1] Und ich antwortete und sagte: »Die Drangsal, die dann sein soll, wird doch nicht lange währen, und jene Not wird doch nicht viele Jahre dauern!?«

[27,1] Und er antwortete und sprach zu mir: »In zwölf Abschnitte ist jene Zeit geteilt; und jeglicher davon ist aufbewahrt für das, was für ihn vorgesehen ist:
[2] Im ersten Abschnitt tritt der Beginn der Unruhen ein.
[3] Im zweiten das Hinschlachten der Großen dieser Welt.
[4] Im dritten sinken viele in den Tod.
[5] Im vierten Abschnitt wird das Schwert entsandt.
[6] Im fünften kommt die Hungersnot, und festgehalten wird der Regen.
[7] Im sechsten bebt die Erde, und Spaltungen reißen ein.
[9] Im achten Abschnitt: viel Gespenster und Zulauf von Dämonen.
[10] Im neunten Abschnitt fällt herab das Feuer.
[11] Im zehnten: Vergewaltigung und große Freveltat.
[12] Im elften Abschnitt: Unrecht und Exzess.
[13] Im zwölften dann: Unordnung von Vermischung alles dessen, was vorher genannt ist.

[14] Diese Zeitabschnitte werden zunächst vorbehalten werden; dann werden sie untereinander vermischt werden und einander helfen.

[15] Denn einige halten etwas vom Ihrigen zurück und nehmen dafür von anderen an; andere wiederum werden das Ihrige und was von anderen ist, vollstrecken. So sollen die Bewohner dieser Erde in jenen Tagen nicht bemerken, dass das Ende aller Zeiten gekommen sei.

[28,1] Ein jeder aber, der dies wohl versteht, wird alsdann weise sein. [2] Maß und Berechnung jener Zeit werden in zwei Abschnitte zu teilen sein, die Wochen von je sieben Wochen sind.«

[3] Und ich antwortete und sagte: »Es ist zwar gut, wenn ein Mensch so weit kommt und es sieht; besser aber ist es, dass er es nicht erreicht, dass er nicht falle.« [4] Doch sage ich auch noch dies: [5] »Wird Er, der unvergänglich ist, Vergängliches verachten und was mit dem Vergänglichen geschieht, so dass er nur nach jenen Dingen sieht, die unvergänglich sind? [6] Wenn aber, Herr, die Dinge sicher kommen werden, die du mir vorhergesagt hast, so tu die mir auch kund, wenn ich in deinen Augen nur Gnade gefunden habe. [7] Wird es an *einem* Ort, in *einem* Teil der Erde sich ereignen; wird es die ganze Erde gar verspüren?«

[29,1] Und er antwortete und sprach zu mir: »Was sich alsdann ereignet, bezieht sich auf die ganze Erde. [2] Darum werden alle, die hier leben, es bemerken. In jener Zeit beschütze ich nur die, die sich in diesem Land in jenen Tagen finden. [3] Und dann wird es geschehen: Wenn das vollendet ist, was kommen wird in diesen Zeitabschnitten, wird der Messias dann beginnen offenbar zu werden. [4] Und Behemot wird sich offenbaren aus seinem Ort, und Livjatan wird aus dem Meere kommen, zwei große Ungeheuer, die ich schuf am fünften Tag der Schöpfung, die ich geschaffen habe und bewahrt bis hin auf jene Zeit. Die werden Nahrung sein für alle dann, die übrig sind. [5] Auch wird die Erde ihre Früchte zehntausendfältig bringen. An einem Weinstock werden tausend Reben sein, und eine Rebe trägt dann tausend Trauben und eine Traube tausend Beeren, und eine Beere gibt ein Kor voll Wein. [6] Und die, die Hunger litten, sollen fröhlich sein und sollen weiter dann an jedem Tage neue Wunder sehen.

[7] Denn Winde gehen aus von mir, um jeden Morgen den Geruch duftender Früchte herzutragen, am Ende des Tages aber Wolken, die heilungbringenden Tau herniederträufeln. [8] Es wird zu jener Zeit geschehen, dass aus der Höhe Mannaschätze wiederum herniederkommen; sie werden zehren dann davon in jenen Jahren, weil die es sind, die ans Ende der Zeit gekommen sind.

[30,1] Und danach wird geschehen: Vollendet sich die Zeit der Erscheinung des Messias und kehrt er dann in die Herrlichkeit zurück, dann werden alle jene aufstehen, die in der Hoffnung auf ihn eingeschlafen sind. [2] Und es wird dann zu jener Zeit geschehen, dass jene Schatzkammern geöffnet werden, in denen die bestimmte Zahl der Seelen der Gerechten aufbewahrt ist. Sie werden dann hinausgehen, und all die vielen Seelen werden nun zugleich erscheinen als *eines* Sinnes *eine* Schar. Die Ersten freuen sich, die Letzten aber sind nicht traurig. [3] Sie wissen doch: gekommen ist die Zeit, von der es heißt, dass sie das Ende aller Zeiten sei. [4] Die Seelen der Gottlosen aber werden umso mehr vergehen, wenn sie dies alles schauen werden. [5] Sie wissen ja, dass ihre Peinigung sie jetzt erreicht, ihr Untergang herbeigekommen ist.«
Syrische Baruch-Apokalypse 26,1–30,5 (Klijn, JSHRZ 5.2, S. 140–142).

Wolkenapokalypse

[53,1] Und ich sah ein Gesicht. Und siehe, eine Wolke stieg empor aus dem sehr großen Meer. Ich sah sie an, und siehe, sie war mit weißem und mit schwarzem Wasser angefüllt, und viele Farben waren in dem Wasser. Und etwas wie ein großer Blitzstrahl war an ihrem oberen Rand zu sehen. [2] Und ich sah jene Wolke schnell vorüberziehen in vollem Lauf, und sie bedeckte dann die ganze Erde. [3] Dann ließ ich die Wolke auf die Erde jenes Wasser regnen, das in ihr war. [4] Ich sah, dass jenes Wasser, das aus ihr herniederströmte, nicht einerlei Aussehen hatte. [5] Zu Anfang war's sehr schwarz für eine kleine Zeit. Und danach sah ich, dass das Wasser hell wurde, jedoch war es nicht viel. Und danach wieder sah ich schwarzes Wasser und danach wieder helles und wieder schwarzes und dann wieder helles. [6] Zwölf Mal geschah nun dies alles. Den schwarzen Wassers aber war stets mehr da als des hellen. [7] Und als die Wolke dann verschwand, siehe, da ließ sie schwarzes Wasser regnen, das war viel dunkler noch als alles Wasser, das je zuvor gewesen war. Das Feuer mischte sich damit. Und wo dies Wasser niederkam, da brachte es Zerstörung und Vernichtung.

[8] Und danach sah ich jenen Blitzstrahl, den ich am oberen Wolkensaum gesehen hatte, sie packen und zur Erde niederschleudern. [9] Gewaltiger noch leuchtete der Blitzstrahl, erleuchtete die ganze Erde und hellte auch die Gegenden, auf die die letzen Wasser herabgeströmt waren und wo sie Zerstörung gebracht hatten. [10] Und nahm die ganze Erde in Besitz und herrschte über sie. [11] Und danach sah ich: siehe, zwölf Ströme kamen aus dem Meer hervor, umgaben jenen Blitzstrahl und wurden diesem untertan.

[12] Und ich erwachte, weil mir angst und bange war.
Syrische Baruch-Apokalypse 53,1–12 (Klijn, JSHRZ 5.2, S. 157f).

Endgericht als Verwandlung

[83,1] Der Höchste wird ja seine Zeiten sicherlich beschleunigen und seine Perioden sicher kommen lassen. [2] Gewisslich wird er richten die, die in seiner Welt sind, und wird in Wahrheit alles untersuchen nach allen ihren Werken, die doch Sünde waren. [3] Er wird nachspüren mit Gewissheit ihren heimlichen Gedanken und allem, was in den geheimen Kammern aller (Menschen)glieder in Sünde ruht, und er wird sie vor jedermann mit Tadel offenbaren.

[4] Darum soll keines von den jetzt bestehenden Dingen in euer Herz eindringen. Wir wollen vielmehr ruhig warten, weil das, was uns verheißen ist, kommen wird. [5] Wir wollen nicht schauen auf die Freuden heutiger Völker; wir wollen lieber daran denken, was uns für jenes Ende verheißen ist. [6] Der Zeiten Ende und die Perioden werden sicherlich vorübergehen und alles, was in ihnen ist, zugleich. [7] Das Ende der Welt wird dann ihres Herrschers große Macht zeigen, weil alles in das Gericht kommt. [8] Bereitet darum eure Herzen zu für das, was ihr zuvor geglaubt habt, damit ihr nicht von beiden Welten aufgegriffen werdet, indem ihr hier gefangen weggeführt wurdet und dort gepeinigt werdet.

[9] Denn das, was nun besteht, vorbeiging oder einmal kommen wird, in alledem ist selbst das Böse nicht ganz böse noch ist das Gute selber völlig gut. [10] Denn jegliche Gesundheit, die jetzt ist, verwandelt sich in Krankheiten. [11] Und alle Macht, die jetzt ist, wandelt sich in Schwäche, und alle jetzt bestehende Kraft verwandelt sich in Hinfälligkeiten. [12] Und alle jugendliche Energie verwandelt sich in Greisentum und Abgelebtheit. Und aller Anmut Schönheit, die jetzt ist, verkehrt sich in Welken und Hässlichkeit. [13] Und jeder infantile Stolz, der jetzt ist, wandelt sich dann in Erniedrigung und Schande. Und alle Herrlichkeit der Prahlerei, die jetzt ist, wird zur Schande des Verstummens. [14] Und jeglicher Genuss und alle Pracht, die jetzt sind, wandeln sich in des Verstummens Untergang. [16] Und jeder Stolzen Schreien verwandelt sich in schweigenden Staub. [17] Und jeglicher Besitz des Reichtums, der jetzt ist, verwandelt sich nur in das Totenreich. [18] Und alle Beute der Begierde, die jetzt ist, verwandelt sich in unfreiwilligen Tod, und alle Gier der Leidenschaften verkehrt sich in das Strafgericht. [19] Alle Gewandtheit im Betrug auch, die jetzt ist, verwandelt sich in Widerlegung durch die Wahrheit. [20] Und aller Salben Süße, die jetzt ist, verwandelt sich in das Gericht und in Verwerfung. [21] Und jede Freundschaft verkehrt sich in schweigende Schmähungen. [22] Da alles dies jetzt geschehe ist, meinst du vielleicht, es werde nicht gerächt? [23] Das Ende aber aller Dinge kommt ans Licht.

Syrische Baruch-Apokalypse 83,1–23 (Klijn, JSHRZ 5.2, S. 179f).

Die Vernichtung der Gottlosen I

Ein Psalm Salomos. Über Jerusalem.

[1] In seinem Übermut stürzte der Sünder mit dem Widder ragende Mauern, und du hast es nicht verhindert.

[2] Fremde Völker bestiegen deinen Altar,
mit ihren Schuhen traten sie (ihn) nieder in Übermut,
[3] weil die Söhne Jerusalems das Heilige des Herrn befleckt,
die Gaben Gottes durch Gesetzlosigkeiten geschändet hatten.
[4] Darum sprach er: »Werft sie weit weg von mir,
ich habe an ihnen keinen Gefallen.«
[5] Die Schönheit seiner Herrlichkeit wurde von Gott zum Gegenstand der Verachtung,
sie wurde ganz und gar zuschanden.
[6] Die Söhne und Töchter (gerieten) in unglückliche Gefangenschaft,
ihr Hals war in einer Fessel offen vor den Heiden.
[7] Nach ihren Sünden handelte er an ihnen,
als er sie in die Hände der Machthaber übergab.
[8] Denn er wandte sein Antlitz weg vom Mitleid mit ihnen,
Jüngling und Greis und ihren Kindern zusammen,
denn böse hatten sie gehandelt zusammen, indem sie nicht hörten.
[9] Und den Himmel widerte es an, und die Erde ekelte sich vor ihnen,
denn kein Mensch auf ihr hatte getan, was sie taten.
[10] Aber die Erde <hat> alle deine gerechten Urteile <erkannt>, o Gott!
[11] Sie machten die Söhne Jerusalems zum Spott wegen der Unzucht darin,
jeder, der vorbeiging, ging offen hinein.
[12] Sie spotteten ihrer Schandtaten, die diese zu tun pflegten,
vor der Sonne stellten sie ihre Verbrechen zur Schau.
[13] Und die Töchter Jerusalems wurden entehrt nach deinem Urteil,
weil sie sich selbst in zügelloser Vermischung befleckt hatten.
[14] Darüber leide ich Schmerz in meinem Leib und meinem Inneren.
[15] Ich gebe dir Recht, Gott, aus aufrichtigem Herzen,
denn in deinen Urteilen ist deine Gerechtigkeit, o Gott!
[16] Denn du hast den Sündern nach ihren Werken vergolten
Und nach ihren überaus schweren Sünden.
[17] Du hast ihre Sünden aufgedeckt, damit dein Gericht offenbar werden könne,
du hast ihr Andenken von der Erde getilgt.
[18] Gott ist ein gerechter Richter und sieht die Person nicht an.
[19] Denn Heiden schändeten Jerusalem durch Zertretung,
<sie rissen nieder> seine Schönheit vom Throne der Herrlichkeit.
[20] Sie legte Trauergewand an statt des Prachtkleides,
einen Strick um ihr Haupt anstatt des Kranzes.
[21] Sie nahm ab das herrliche Diadem, das Gott ihr aufgesetzt hatte,
in Schmach wurde ihre Zier zu Boden geworfen.
[22] Und als ich das sah, bat ich den Herrn und sprach:
»Hör auf, Herr, deine Hand auf Jerusalem lasten zu lassen,
indem du Heiden heranführst,
[23] denn in unversöhnlichem Zorn und Groll haben sie Spott getrieben ohne Schonung,

und sie werden vollständig vernichtet werden, wenn nicht du, Herr, sie in deinem Zorn warnst.
[24] Denn sie haben nicht im Eifer gehandelt, sondern in der Lust ihres Herzens,
so dass sie durch Plünderung ihre Wut über uns ergossen.
[25] Zögere nicht, o Gott, die Vergeltung auf ihr Haupt kommen zu lassen,
den Hochmut des Drachen in Schmach <zu verwandeln>.«
[26] Und es dauerte nicht lange, bis Gott mir seinen Übermut zeigte,
durchbohrt auf den Bergen Ägyptens,
geringer geschätzt als der Geringste zu Wasser und zu Land;
[27] sein Leichnam trieb auf den Wellen unter großer Schmach,
und es war keiner, der ihn begrub,
weil er ihn in Schande geringachtete.
[28] Er bedachte nicht, dass er ein Mensch sei,
und er bedachte nicht das Ende.
[29] Er sprach: »Ich will Herr über Erde und Meer sein«,
und er erkannte nicht, dass Gott groß ist,
mächtig in seiner großen Kraft.
[30] Er ist König im Himmel
und richtet Könige und Mächte;
[31] er richtet mich auf zur Herrlichkeit
und beugt die Hochmütigen nieder zu ewigem Verderben in Schande,
weil sie ihn nicht erkannten.
[32] Und seht nun, ihr Mächtigen der Erde, das Gericht Gottes,
denn er ist ein großer und gerechter König, der die Erde richtet.
[33] Preiset Gott, ihr, die ihr den Herrn mit Einsicht fürchtet,
denn denen, die ihn fürchten, ist der Herr barmherzig im Gericht,
[34] dass er trenne zwischen dem Gerechten und dem Sünder,
indem er den Sündern in Ewigkeit vergilt nach ihren Taten.
[35] und sich des Gerechten erbarmt, weg von der Bedrückung durch den Sünder,
und dem Sünder vergilt, was er dem Gerechten getan hat.
[36] Denn der Herr ist denen gütig, die ihn beständig anrufen,
dass er nach seiner Barmherzigkeit an seinen Frommen handle,
dass sie ewiglich vor ihm in Kraft stehen können.
[37] Gelobt sei der Herr in ewigkeit von seinen Knechten.
Psalmen Salomos 2,1–37 (Holm-Nielsen, JSHRZ 4.2, S. 63–67).

Die Vernichtung der Gottlosen II

Ein Psalm Salomos mit Lobgesang. Dem König.
[1] Herr, du selbst bist unser König für immer und ewig;
ja, in dir, o Gott, soll unsere Seele sich rühmen.
[2] Und was ist die Lebenszeit des Menschen auf Erden?
Seiner Zeit entspricht auch seine Hoffnung auf sie.

[3] Wir aber wollen hoffen auf Gott, unseren Retter;
denn die Stärke unseres Gottes ist auf ewig mit Barmherzigkeit,
und das Königtum unseres Gottes
ist in Ewigkeit über den Heiden mit Gericht.
[4] Du, Herr, erwähltest David zum König über Israel,
und du schworst ihm für seinen Samen in Ewigkeit,
dass sein Königtum vor dir nicht aufhöre.
[5] Aber in unseren Sünden standen Sünder auf wider uns,
griffen uns an und stießen uns fort;
<was du nicht verheißen hattest>,
das rissen sie an sich mit Gewalt,
und sie priesen nicht deinen teuren Namen.
[6] In Herrlichkeit errichteten sie ein Königtum aufgrund ihres Hochmuts,
sie verwüsteten Davids Thron in lärmendem Übermut.
[7] Du aber, o Gott, wirst sie niederwerfen
und ihren Samen von der Erde wegnehmen,
indem sich gegen sie ein Mensch, der unserem Geschlechte fremd ist, erhebt.
[8] Nach ihren Sünden wirst du ihnen vergelten, o Gott;
lass ihnen geschehen nach ihren Taten.
[9] Gott <wird> sich ihrer nicht erbarmen;
er wird ihr Geschlecht durchforschen und nicht einen von ihnen zurücklassen.
[10] Treu ist der Herr in allen seinen Urteilen, die er vollzieht auf Erden.
[11] Der Gesetzlose entblößte unser Land von seinen Bewohnern,
sie vertilgten jung und alt mitsamt ihren Kindern;
[12] im Zorn seines […] sandte er sie fort bis zum Westen,
und die Fürsten des Landes machte er zum Spott,
und er zeigte keine Schonung.
[13] In Fremdheit übte der Feind Übermut,
und sein Herz war fremd von unserem Gott.
[14] Und alles, was er in Jerusalem tat,
war so, wie es auch die Heiden in ihren Städten <ihren Göttern> tun.
[15] Aber mitten unter den zusammengewürfelten Völkern
übertrafen die Söhne des Bundes sie;
unter ihnen war keiner, der Barmherzigkeit und Treue in Jerusalem übte
[16] Die da liebten die Versammlungen der Frommen, flohen von ihnen,
wie Vögel wurden sie verstreut von ihrer Wohnung.
[17] Sie irrten in der Wüste umher,
damit ihre Seelen vom Unheil gerettet werden könnten,
und kostbar war in den Augen der Landflüchtigen eine Seele,
die vor ihnen gerettet worden war.
[18] Über die ganze Erde erfolgte ihre Verstreuung durch die Gesetzlosen,
denn der Himmel hörte auf, die Erde mit Regen zu befeuchten;

[19] ewige Quellen aus der Urtiefe wurden zurückgehalten
von den hohen Bergen her,
denn da war keiner unter ihnen, der Recht und Gerechtigkeit übte.
[20] Von ihrem Herrscher an und <bis zum> Geringsten
waren sie in allerlei Sünde,
der König in Gesetzlosigkeit,
der Richter in Ungehorsam
und das Volk in Sünde.
[21] Sieh zu, Herr, und richte ihnen auf ihren König, den Sohn Davids,
zu der Zeit, die du <ausersehen>, o Gott, über Israel,
deinen Knecht, zu herrschen,
[22] und umgürte ihn mit Stärke, zu zermalmen ungerechte Fürsten,
zu reinigen Jerusalem von Heidenvölkern, die vernichtend zertreten,
[23] in Weisheit und in Gerechtigkeit die Sünder vom Erbe zu verstoßen,
des Sünders Übermut zu zerschlagen wie des Töpfers Geschirr,
[24] mit eisernem Stab zu zerschlagen all ihren Bestand,
zu vernichten gesetzlose Völkerschaften durch das Wort seines Mundes,
[25] durch seine Drohung den Feind in die Flucht zu schlagen
fort von seinem Angesicht,
und die Sünder zu züchtigen in ihres Herzens Wort.
[26] Und er wird versammeln ein heiliges Volk,
das er führen wird in Gerechtigkeit,
und er wird richten die Stämme des Volks,
das geheiligt ist vom Herrn, seinem Gott;
[27] und er wird nicht erlauben,
dass Ungerechtigkeit ferner in ihrer Mitte wohnt,
und kein Mensch, der mit Bösem bekannt ist,
wird mit ihnen zusammen wohnen;
denn er wird sie kennen, dass sie alle Söhne ihres Gottes sind.
[28] Und er wird sie in ihren Stämmen im Lande verteilen,
und kein Fremder und Ausländer wird ferner unter ihnen wohnen;
[29] er wird richten Völker und Völkerschaften
in der Weisheit seiner Gerechtigkeit. *Diapsalma.*
[30] Und er wird Heidenvölker ihm fronen lassen unter seinem Joch,
und den Herrn wird er verherrlichen vor den Augen der ganzen Welt,
und er wird reinigen Jerusalem durch Heiligung wie von Anfang an,
[31] so dass Heiden kommen von den Enden der Erde,
um seine Herrlichkeit zu sehen,
als Gaben darbringend seine ermüdeten Söhne,
und zu sehen die Herrlichkeit des Herrn, womit Gott sie verherrlichte.
[32] Und er ist ein gerechter, von Gott gelehrter König über sie;
und in seinen Tagen ist kein Unrecht unter ihnen,
denn alle sind sie heilig, und ihr König ist der Gesalbte <des Herrn>.

[33] Denn er wird nicht auf Pferd und Wagen und Bogen hoffen,
noch wird er sich aufhäufen Gold oder Silber zum Kriege,
und er wird seine Hoffnung für den Tag des Krieges
nicht auf die vielen sammeln.
[34] Der Herr selbst ist sein König,
die Hoffnung des Starken besteht in Hoffnung auf Gott,
und er wird […] alle Völkerschaften vor seinem Angesicht in Furcht.
[35] Denn er wird die Erde schlagen
durch das Wort seines Mundes in Ewigkeit,
und er wird das Volk des Herrn segnen in Weisheit mit Freude,
[36] und er ist rein von Sünde, um über ein großes Volk zu herrschen,
Fürsten zu züchtigen und Sünder auszurotten durch die Macht des Wortes.
[37] Und er wird nicht ermatten in seinen Tagen bei seinem Gott,
denn Gott hat ihn stark gemacht mit heiligem Geist
und weise in einsichtigem Rat samt Stärke und Gerechtigkeit.
[38] Und der Segen des Herrn wird mit ihm sein in Kraft,
und er wird nicht schwach werden.
[39] Sein Vertrauen ist auf den Herrn,
und wer ist mächtig gegen ihn?
[40] Gewaltig in seinen Werken und mächtig durch Gottesfurcht,
indem er die Herde des Herrn weidet in Treue und Gerechtigkeit,
und er wird nicht zulassen, dass einer unter ihnen ermüde auf ihrer Weide.
[41] Ohne Unterschied wird er sie alle führen,
und unter ihnen wird sein kein Hochmut,
dass Unterdrückung bei ihnen geschehe.
[42] Dies ist die Majestät des Königs Israels, <den> Gott auserwählt,
ihn zu setzen über das Haus Israels, um es zu leiten.
[43] Seine Worte sind geläuterter als das allerkostbarste Gold,
in den Versammlungen wird er die Stämme eines geheiligten Volkes richten,
seine Worte sind wie Worte von Heiligen inmitten geheiligter Völker.
[44] Wohl denen, die leben in jenen Tagen,
in der Versammlung der Stämme
zu sehen das Glück Israels, das Gott schaffen wird,
[45] Es beeile sich Gott mit seinem Erbarmen über Israel,
er befreie uns von der Unreinheit unheiliger Feinde.
[46] Der Herr selbst ist unser König für immer und ewig.
Psalmen Salomos 17,1–46 (Holm-Nielsen, JSHRZ 4.2, S. 97–107).

G. Theologie und Frömmigkeit des Diasporajudentums

1. Die Septuaginta

Die Erstellung der Septuaginta nach dem Aristeasbrief

Die Geschichte beginnt mit einer Eingabe an den König und dessen Auftrag an den Hohenpriester Eleazar:

[29] »An den großen König Demetrios! Da du, mein König, in Bezug auf die zur Vervollständigung der Bibliothek noch fehlenden Bücher befohlen hast, dass sie angeschafft werden und dass die beschädigten Buchrollen mit der gebührenden Sorgfalt behandelt werden, habe ich mich nicht ohne Eifer dieser Aufgabe gewidmet und berichte dir Folgendes:

[30] Die Bücher des Gesetzes der Juden fehlen mit einigen wenigen anderen; sie sind nämlich in hebräischen Buchstaben verfasst, und zwar unsorgfältig – und nicht wie es sich gehört – aufgezeichnet, wie von den Sachverständigen berichtet wird; sie hatten nämlich nicht Anteil an der königlichen Fürsorge. [31] Es ist notwendig, dass sich auch diese bei dir (in der Bibliothek) befinden, nachdem sie verbessert sind, da dies eine recht philosophische und reine Gesetzgebung ist, weil sie göttlich ist (διὰ τὰ καὶ φιλοσοφόθερον εἶωαι καὶ ἀκέραιον τῆν νομοτηεσίαν ταύτην, ὡς ἄν οὖσαν θεῖαν). Daher haben auch die Schriftsteller, Dichter und die Menge der Historiker darauf verzichtet, die oben genannten Bücher und die Männer zu erwähnen, die ihnen gemäß Bürger waren, weil sich in ihnen eine heilige und ehrbare Anschauung findet, wie Hekataios von Abdera sagt.

[32] Wenn es gut scheint, dann soll an den Hohepriester in Jerusalem geschrieben werden, er möge Männer mit besonders gutem Lebenswandel und recht hohem Lebensalter entsenden, die Erfahrung haben in ihrem Gesetz, und zwar von jedem Stamm sechs, damit wir den Text, in dem die Mehrheit übereinstimmt, prüfen und eine genaue Übersetzung erhalten; diese wollen wir – würdig ihres Inhalts und deines Vorsatzes – an einem Ehrenplatz einstellen.

Möge es dir immer gut gehen!«

Dies geschieht und Eleazar trifft mit 72 Gelehrten in Alexandria ein.

[301] Drei Tage später zog Demetrios mit ihnen über den sieben Stadien langen Damm zur Insel [*scil.* die Pharosinsel vor Alexandria], überschritt die Brücke und begab sich zum Nordteil der Insel. Dort versammelte er die Männer in einem prachtvollen und ruhig gelegenen Haus am Strand und forderte sie auf, die Übersetzung zu vollenden; alles Nötige stünde ihnen reichlich zu Verfügung. [302] Sie führten sie nun folgendermaßen aus: Zunächst brachten sie einzelne Übersetzungen durch Vergleich in Übereinstimmung; worin sie nun übereingekommen waren, das schrieb Demetrios in diesem Wortlaut ordentlich nieder. [303] Und die Sitzungen dauerten bis zur neunten Stunde; danach gingen sie auseinander, um sich um ihr leibliches Wohl zu kümmern, wobei für alles, was sie sich wünschten, verschwenderisch gesorgt war. [304] Außerdem aber traf De-

metrios täglich für sie die gleichen Zurüstungen wie für den König; denn so war es ihm vom König befohlen worden. Jeden Tag begaben sie sich frühmorgens an den Hof, machten dem König ihre Aufwartung und zogen sich dann an ihren Versammlungsort zurück. [305] Wie es aber bei allen Juden Brauch ist, wuschen sie sich die Hände im Meer und wandten sich, sobald sie zu Gott gebetet hatten, der Lektüre und Interpretation der einzelnen Stellen zu. [306] Dazu stellte ich auch die Frage, warum sie sich erst die Hände waschen und dann beten. Und sie erläuterten, dass sie damit bezeugten, nichts Schlechtes getan zu haben – denn jede Tätigkeit geschieht vermittels der Hände –, indem sie in schöner und frommer Weise alles auf Gerechtigkeit und Wahrheit bezogen. [307] Doch wie schon gesagt, kamen sie täglich an jenem angenehmen, weil ruhigen und hellen Ort zusammen und vollendeten ihr Vorhaben. Es ergab sich aber, dass die Übersetzung in 72 Tagen fertiggestellt wurde, als ob dies absichtlich so geschehen wäre.

[308] Als sie nun fertig war, versammelte Demetrios die jüdische Gemeinde an dem Ort, wo auch die Übersetzung angefertigt worden war, und las sie allen vor. Dabei waren auch die Übersetzer zugegen, denen auch von der Menge herzlicher Beifall dafür zuteil wurde, dass sie ihr große Dienste erwiesen hatten. [309] Ebenso brachten sie dem Demetrios ihre Anerkennung zum Ausdruck und baten ihn, ihren Vorstehern eine Abschrift des ganzen Gesetzes zu geben. [310] Als die Rollen verlesen waren, traten die Priester, die Ältesten der Übersetzer, Vertreter der jüdischen Bürgerschaft und die Vorsteher der Gemeinde zusammen und sprachen: »Da die Übersetzung gut, fromm und völlig genau ist, ist es recht, dass sie so erhalten bleibt und keine Überarbeitung stattfindet.« [311] Da nun alle diesen Worten zustimmen, ließen sie, wie es bei ihnen Sitte ist, den verfluchen, der durch Zusätze, Umstellungen oder Auslassungen die Übersetzung überarbeiten würde. Das taten sie zu Recht, damit sie für alle Zukunft stets unverändert erhalten bleibt.

[312] Als auch dies dem König gemeldet wurde, freute er sich sehr; denn sein Vorsatz schien genau erfüllt zu sein. Auch ihm wurde alles vorgelesen, und er bewunderte die Einsicht des Gesetzgebers sehr. Auch fragte er Demetrios: »Wie kommt es, dass kein Historiker oder Dichter ein so bedeutendes Werk erwähnt hat?« [313] Jener erwiderte: »Weil die Gesetzgebung heilig ist und von Gott stammt! Auch haben manche es schon versucht, doch sie wurden von Gott geschlagen und ließen daraufhin von ihrem Vorhaben ab.« [314] Und er erzählte, er habe von Theopomp gehört, dieser sei länger als 30 Tage von Sinnen gewesen, als er etwas aus dem Gesetz, was schon früher, aber ungenau übersetzt worden war, in seiner Geschichte verwenden wollte. Nach seiner Gesundung habe er Gott angefleht, ihm zu offenbaren, weswegen ihm dies zugestoßen sei. [315] Da wurde ihm in einem Traum bedeutet, dass er vorwitzig Göttliches unreinen Menschen mitteilen wollte; davon ablassend sei er wieder hergestellt worden. [316] »Und von dem Tragödiendichter Theodektes erfuhr ich, er sei erblindet, als er etwas aus dem Buch in einem Drama verwenden wollte. Und weil er vermutete, diese Krankheit habe ihn eben deshalb befallen, habe er Gott angefleht und sei nach vielen Tagen wieder gesundet.«

[317] Als der König wie berichtet von Demetrios Auskünfte darüber eingeholt hatte, verneigte er sich und befahl, die Bücher mit großer Sorgfalt zu behandeln und sie heilig zu halten. [318] Und die Übersetzer bat er, sie möchten ihn nach ihrer Rückkehr nach Judäa doch häufiger besuchen – er hielt es nämlich für gerecht, ihnen die Ausreise zu gestatten. Kämen sie aber wieder, dann werde er sie selbstverständlich als Freunde behandeln und sie höchst freigebig beschenken. [319] Dann ließ er ihre Rückreise vorbereiten und beschenkte die Männer großzügig. Einem jeden gab er nämlich drei von den besten Mänteln, zwei Talente Gold, einen Becher von einem Talent und ein vollständiges Tischlager für drei Personen. [320] Auch für Eleazar gab er ihnen Geschenke auf die Reise mit: 10 Liegen mit silbernen Füßen und alles, was dazugehört; eine Anrichte im Gewicht von 30 Talenten; zehn Mäntel, ein Purpurgewand und einen prächtigen Kranz, 100 feine Leinentücher, Schalen, Teller sowie zwei goldene Mischgefäße als Weihgeschenk. [321] Ferner bat er noch in einem Brief, falls einige von den Männern zu ihm zurückzukehren wünschten, möge er sie nicht hindern; er lege nämlich großen Wert darauf, mit Gebildeten zu verkehren und für solche seinen Reichtum zu verwenden und nicht für leeren Aufwand.
Aristeasbrief 29–32.301–321 (Brodersen, S. 58–61.156–163; Meisner, JSHRZ 2.1, S. 83–85).

Die Übersetzung des Gesetzes nach Philo

[25] Dass aber dem heiligen Charakter seiner [*scil.* des Mose] Gesetzgebung nicht bei den Juden allein, sondern auch bei allen anderen volle Bewunderung gezollt wird, das ist nicht nur aus dem schon Angeführten ersichtlich, sondern auch aus der folgenden Tatsache. [26] Ursprünglich waren die Gesetze in chaldäischer [*scil.* hebräischer] Sprache abgefasst worden, und sie erhielten sich lange Zeit in derselben Fassung, ohne die Sprache zu ändern, solange sie nämlich ihre Schönheit den anderen Menschen noch nicht enthüllt hatten. [27] Als aber infolge der unausgesetzten täglichen Übung und Betätigung durch ihre Beobachter auch andere auf sie aufmerksam wurden und ihr Ruhm überallhin drang – denn das Schöne wird zwar durch Missgunst bisweilen auf kurze Zeit in den Schatten gestellt, erstrahlt aber bald zu geeigneter Zeit dank dem Wohlwollen der Natur wieder –, hielten es manche für einen Übelstand, dass die Gesetze bei der Hälfte des Menschengeschlechts, bei der nichtgriechischen, allein sich finden, der griechische Teil dagegen ihrer für immer unteilhaftig sein sollte, und gingen deshalb daran sie zu übersetzen. [28] Diese Aufgabe war aber, da sie eine hohe und gemeinnützige war, nicht Privatleuten oder Beamten, deren es eine große Zahl gibt, sondern Königen und zwar dem angesehensten König vorbehalten. [29] Ptolemaios mit dem Beinamen Philadelphos war der dritte Herrscher seit Alexander, dem Eroberer Ägyptens, an Herrschertugenden der tüchtigste nicht nur seiner Zeitgenossen, sondern aller, die seit alter Zeit gelebt haben, so dass noch jetzt, so viele Generationen nach ihm, sein Lob gesungen wird; hat er ja viele Beweise und Denkmäler seines hohen Sinnes in Städten und Ländern hin-

terlassen, so dass man seither sogar sprichwörtlich Taten ungewöhnlichen Wohlwollens und große Werke nach ihm philadelphische nennt: Wie überhaupt das Haus der Ptolemäer in hervorragender Weise vor den andern Herrscherhäusern sich auszeichnete, so unter den Ptolemäern besonders Philadelphos; denn was dieser eine Rühmenswertes geleistet, haben kaum alle jene zusammen vollbracht, und so wurde er, wie im Tier das leitende Organ der Kopf ist, gewissermaßen das Haupt der Könige. [31] Dieser König also bekam Interesse und Verlangen nach unserer Gesetzgebung und beschloss den chaldäischen [*scil.* hebräischen] Text in die griechische Sprache zu übertragen. Sofort schickte er Gesandte an den Hohenpriester und König des jüdischen Landes – er war beides in einer Person –, teilte ihm seine Absicht mit und forderte ihn auf, die tüchtigsten Männer auszuwählen, die das Gesetz übersetzen könnten. [32] Dieser, begreiflicherweise erfreut und überzeugt, dass nicht ohne den göttlichen Willen der König sich für ein solches Werk interessiere, sucht die angesehensten seiner Hebräer aus, die neben der einheimischen auch griechische Bildung besaßen, und sendet sie mit Vergnügen dahin. [33] Als sie dort ankamen, wurden sie zum Gastmahl geladen, bei dem sie den Gastgeber zum Entgelt seiner Gastlichkeit mit feinen und weisen Reden bewirteten. Während er nämlich jedes Einzelnen Weisheit durch Aufwerfung von neuen und ungewöhnlichen Fragen zu erforschen suchte, lösten sie die vorgelegten Fragen zielbewusst und treffend, da die Zeit ihnen ausführliche Reden nicht gestattete, gleichsam in kurzen Sinnsprüchen. [34] Nach dieser Prüfung gingen sie sofort daran, die Aufgabe ihrer ehrenvollen Gesandtschaft zu erfüllen. In Erwägung der Größe der Aufgabe, durch göttliche Verkündigung offenbarte Gesetze zu übertragen, wobei man weder etwas hinwegnehmen noch hinzufügen oder ändern kann, sondern ihren ursprünglichen Gedanken und ihren Charakter beibehalten muss, spähten sie außerhalb der Stadt nach dem reinsten Ort in ihrer Umgebung aus. Denn der Raum innerhalb der Mauer war ihnen, da er ja mit lebenden Wesen aller Art angefüllt war, mit Rücksicht auf Krankheiten und Todesfälle und auch wegen der nicht sehr reinlichen Handlungen von Gesunden für ihren Zweck bedenklich. [35] Vor Alexandria liegt die Insel Pharos von der eine Landzunge sich bis zur Stadt erstreckt, die von dem dort nicht sehr tiefen, sondern zumeist seichten Meer umschlossen ist, sodass auch das viele Rauschen und Tosen der Wellenströmung durch die Weite der Entfernung geschwächt wird. [36] Diesen Ort erachteten sie von allen im ganzen Umkreise als den geeignetsten für ruhige und stille Arbeit, in der die Seele sich ungestört dem Verkehr mit den Gesetzen ganz hingeben könnte, und blieben dort. Sie nehmen die heiligen Bücher und erheben zugleich mit ihnen die Hände zum Himmel empor und bitten Gott, dass sie in ihrem Vorhaben nicht fehlgehen mögen. Und Gott erhört ihre Gebete, damit der größte Teil der Menschen oder vielmehr die gesamte Menschheit davon Nutzen habe, indem sie zum Zwecke guter Lebensführung die weisen und herrlichen Gebote beobachte. [37] In Abgeschiedenheit, ohne jeden Zeugen mit Ausnahme der Elemente der Natur, der Erde, des Wassers, der Luft und des Himmels, über deren Schöpfung sie zunächst heilige Offenbarung künden sollten – denn die Erschaffung der

Welt bildet den Anfang der Gesetze –, verdolmetschten sie wie unter göttlicher Eingebung nicht jeder in anderen, sondern alle in den gleichen Ausdrücken für Begriffe und Handlungen, als ob jedem von ihnen unsichtbar ein Lehrer diktierte. [38] Und doch weiß jeder, dass jede Sprache, ganz besonders aber die griechische, an Ausdrucksformen reich ist, und dass man denselben Gedanken verschieden wiederzugeben und zu umschreiben und mannigfach zu gestalten vermag, indem man jedes Mal andere Ausdrücke passend anwendet. Dies soll bei dieser Gesetzgebung nicht geschehen sein, es soll vielmehr der griechische Text mit dem chaldäischen [*scil.* hebräischen] derart in Einklang gebracht worden sein, dass alles in den zutreffenden Ausdrücken wiedergegeben wurde und die Worte den bezeichneten Dingen vollständig entsprachen. [39] Wie nämlich meiner Meinung nach in der Geometrie und in der Logik die einmal gewählte Bezeichnung eine Verschiedenheit der Übertragung nicht zulässt, sondern die von Anfang an für sie gebrauchte unverändert bleiben muss, so haben wahrscheinlich auch diese Übersetzer die mit den Dingen sich deckenden Ausdrücke aufgefunden, die allein oder am deutlichsten die dargelegten Gedanken wiedergeben konnten. Der klarste Beweis dafür ist folgender Umstand. [40] Wenn Chaldäer die griechische Sprache oder Griechen die chaldäische erlernt haben und beide Schriften, die chaldäische und ihre Übersetzung, lesen, so erkennen sie mit Bewunderung und Ehrfurcht, dass sie wie Schwesterschriften oder vielmehr gleichsam eine und dieselbe sind in den Dingen und den Ausdrücken dafür, so dass sie jene Männer nicht Übersetzer, sondern Oberpriester und Propheten nennen, denen es gelungen sei, durch sonnenklares Denken mit Moses' reinem Geisteshauche gleichen Schritt zu halten. [41] Daher wird auch noch bis auf den heutigen Tag alljährlich ein Fest und eine Festversammlung auf der Insel Pharos abgehalten, zu der nicht bloß Juden, sondern auch andere in sehr großer Menge hinüberfahren, um den Ort zu verherrlichen, an dem zum ersten Male das Licht dieser Übersetzung erstrahlte, und um der Gottheit den Dank für die alte, stets jung bleibende Wohltat darzubringen. [42] Nach den Gebeten und den Danksagungen veranstalten die einen in Zelten, die sie am Gestade aufgeschlagen haben, die anderen, in dem Sand am Strande sich lagernd, unter freiem Himmel mit Angehörigen und Freunden ein Festmahl und halten zu dieser Zeit das Gestade für prächtiger als die prächtigste Ausstattung in Palästen.
Philo, Über das Leben Moses 2,25–42 (Cohn, Bd. 1, S. 304–307).

2. Der Tempel von Leontopolis

Die Geschichte des Tempels

[420] Damals [*scil.* 73 n. Chr.] verwaltete Lupus Alexandrien. Er gab so schnell als möglich dem Kaiser Nachricht über diese Unruhen. [421] Der Kaiser freilich hegte den Verdacht, dass die umstürzlerische Gesinnung unter den Juden niemals aufhören werde. Er fürchtete, dass sie sich erneut zu einer einheitlichen

Bewegung zusammenschließen und dabei auch andere noch für sich gewinnen würden. Daher befahl er dem Lupus, den Tempel der Juden in dem sogenannten Oniasbezirk zu zerstören. [422] Das Tempelgebiet aber liegt in Ägypten. Aus folgendem Grunde wurde es angelegt und erhielt auch deshalb seinen besonderen Beinamen: [423] Onias, der Sohn des Simon, war einer der Hohenpriester zu Jerusalem. Als er vor dem syrischen König Antiochus, der mit den Juden Krieg führte, auf der Flucht war, kam er nach Alexandrien. Da ihn Ptolemäus – um dessen eigener Verfeindung mit Antiochus willen – freundlich empfing, bot ihm Onias an, ihm die Bundesgenossenschaft mit dem jüdischen Volk zu erwirken, für den Fall, dass er, Ptolemäus, seinen folgenden Worten Gehör schenke. [424] Der König versprach zu tun, was in seiner Macht stehe, worauf ihn Onias bat, ihm zu gestatten, an irgendeinem Ort in Ägypten einen Tempel zu bauen und dort nach den väterlichen Gesetzen Gott zu verehren. [425] Er sagte außerdem, die Juden würden sich auf diese Weise noch stärker mit Antiochus, der den Tempel in Jerusalem verwüstet hatte, verfeinden, andererseits sich ihm, dem König, gegenüber noch entgegenkommender verhalten und sich in großer Zahl wegen des Schutzes für ihre Gottesverehrung um ihn sammeln.

[426] Ptolemäus ging auf diese Worte ein und gab Onias 180 Stadien von Memphis entfernt Land; der Bezirk aber wird der von Heliopolis genannt. [427] Zunächst legte Onias dort eine Festung an. Erst dann baute er den Tempel, der nicht dem in Jerusalem angeglichen war, sondern einem Turme ähnlich, aus großen Steinen bis zu 60 Ellen hoch. [428] Die Ausstattung des Altars hingegen gestaltete er ganz nach der des heimatlichen Altars, und entsprechend erfolgte auch die Ausschmückung mit Weihegeschenken. Eine Ausnahme machte nur die Art, wie er den Leuchterstock ausstattete. [429] Onias fertigte nämlich überhaupt keinen Leuchterstock an, vielmehr ließ er eigens eine goldene Lampe schmieden, die ein Licht ausstrahlte und an einer goldenen Kette hing. Insgesamt wurde das Tempelgebiet mit einer Mauer aus Ziegelsteinen umgeben; die Tore wurden aus Steinblöcken gebaut. [430] Außerdem überließ der König auch viel Land zur wirtschaftlichen Versorgung, damit es einerseits den Priestern an nichts fehle und andererseits dem Gott viele Gaben zur Verehrung dargebracht werden könnten. [431] Freilich unternahm Onias das alles nicht aus reiner Gesinnung. Es ging ihm vielmehr um einen Machtkampf mit den Juden in Jerusalem. Wegen seiner Flucht, die ihm ununterbrochen vor Augen stand, war er von Hass gegen sie erfüllt. Indem er das Heiligtum errichtete, glaubte er, die Menge von Jerusalem weg hierher abziehen zu können. [432] Es hatte allerdings auch einmal vor ungefähr 600 Jahren eine alte Prophezeiung gegeben. Es war Jesaja, der vorausgesagt hatte, dass einst *ein Tempel in Ägypten entstehen* werde, und zwar als Bau eines jüdischen Mannes (Jes 19,19). Und dies nun war der Tempel, und so war er fertiggestellt worden.

[433] Nach Erhalt des kaiserlichen Schreibens begab sich Lupus zu dem Heiligtum und ließ den Tempel, nachdem er einige Weihgeschenke fortgeschafft hatte, schließen. [434] Bald darauf aber starb Lupus, und Paulinus erhielt die Statthalterschaft. Dieser ließ nun nichts von den Weihegeschenken zurück, son-

dern er drohte den Priestern Strafen an, falls sie nicht alles herausgäben. [435] Desgleichen untersagte er denen, die zur Andachtsübung kommen wollten, den Zugang zum Heiligtum. Als er dann sogar die Tore noch schließen ließ, hatte er das Tempelgebiet ganz und gar unzugänglich gemacht. So blieb auch nicht das geringste Zeichen der einstigen Gottesverehrung an dieser Stelle zurück. [436] Damit zählte die Zeit von der Erbauung des Tempels bis zu seiner Schließung 343 Jahre.
Josephus, Jüdischer Krieg 7,420–436 (Michel / Bauernfeind, Bd. 2.2, S. 150–153).

3. Philo von Alexandria

a) Hermeneutik und Gotteserkenntnis bei Philo

Philo von Alexandria
Über Philos Leben ist sehr wenig bekannt. Wohl kurz vor der Zeitenwende geboren, leitet er im Jahr 40 n. Chr. eine alexandrinische Delegation nach Rom, über die er in seiner Schrift »Legatio ad Gaium« berichtet, um sich bei Kaiser Caligula über Übergriffe griechischer Bürger gegen Juden unter dem Statthalter Flaccus zu beschweren – ohne Erfolg. Die Auseinandersetzung mit den griechischen Bürgern der Stadt entstand durch den Anspruch einiger Juden auf das Bürgerrecht, was ihnen namhafte griechische Kreise vehement verwehrten. Die Römer unterschieden damals nämlich zwischen römischen Bürgern, alexandrinischen Bürgern (zumeist Griechen) und der einheimischen ägyptischen Bevölkerung. Damals war Philo wohl schon im fortgeschrittenen Alter und ist vermutlich nicht lang nach der Romreise gestorben. Philos Familie gehörte zur Elite des jüdischen Alexandria, sein Neffe Tiberius Iulius Alexander wurde später ritterlicher Statthalter von Iudaea und Präfekt von Ägypten.

49 Schriften sind unter Philos Namen (durch christliche Kopisten) meist in griechischer Sprache überliefert. Ein großer Teil davon ist der Auslegung des Pentateuch gewidmet. Im Allgemeinen nimmt man an, dass Philo die LXX als Grundlage verwendete und des Hebräischen nicht mächtig war, jedoch lässt sich dies nicht mit Sicherheit sagen. Aus dem jüdischen Gedächtnis verschwand Philo, was ebenso der Durchsetzung des rabbinischen Judentums und der Verfolgung des ägyptischen Judentums in den Jahren 115–117 zu schulden ist wie auch seiner Benutzung durch christliche Autoren.

Das göttliche Gesetz stimmt mit dem Naturgesetz überein, neben dem Literalsinn ist die allegorische Bedeutung der Schrift zu beachten.

Philo ist sowohl hinsichtlich des Umfangs als auch der Themenfülle des erhaltenen Werkes die wichtigste Quelle für Theologie und Denkformen des griechischsprachigen hellenistischen Judentums, das für die Entfaltung frühchristlicher Reflexion so bedeutsam ist.

Die buchstäbliche und die verborgene Bedeutung der Schrift

[87] Nur Abraham war offenbar anders geartet, er hielt das Leben ohne die Gesellschaft der großen Masse für das Angenehmste. Und das ist ganz natürlich. Denn die, die Gott suchen und ihn finden wollen, lieben das von ihm geliebte Alleinsein und sind bemüht, eben darin zuerst dem glücklichsten und seligsten Wesen ähnlich zu werden. [88] Somit haben wir beide Auffassungen erörtert, die buchstäbliche, die sich auf den Mann, und die verborgene, die sich auf die Seele

bezieht, und haben gezeigt, dass sowohl der Mann als auch der Geist liebenswert ist, der Mann, weil er gehorsam den göttlichen Befehlen aus schwer zu lösenden Banden sich losriss, der Geist, weil er nicht für immer in Selbsttäuschung bei der sinnlich wahrnehmbaren Natur stehen blieb und die sichtbare Welt für die höchste und erste Gottheit hielt, sondern in seinem Denken höher stieg und noch ein anderes Sein, ein besseres als das sichtbare, nämlich das rein geistige wahrnahm und den, der zugleich Schöpfer und Herrscher beider [*scil.* des sichtbaren und des gedachten Seins] ist.
Philo, Über Abraham 87f (Cohn, Bd. 1, S. 115).

Der Weg der Allegorie

[1] *»Es entwich aber Kain vom Angesicht Gottes und wohnte im Lande Nod gegenüber Eden«* (Gen 4,16). Könnte man hier noch zweifeln, ob man das von Moses in den [*scil.* aus göttlicher in menschliche Sprache] umgesetzten Büchern Gesagte, in übertragenem Sinne zu verstehen hat, da doch der in den Worten unmittelbar liegende Sinn weit von der Wahrheit abweicht? [2] Denn wenn Gott ein Angesicht hat und der, der ihn verlassen will, rasch anderswohin seinen Wohnsitz verlegen kann, warum lehnen wir dann die epikureische Ehrfurchtslosigkeit, die Gottlosigkeit der Ägypter oder die mythischen Fiktionen ab, von denen das Leben so voll ist? [3] Ein Angesicht ist ja ein Teil eines lebenden Wesens, Gott aber ist ein Ganzes, nicht ein Teil. Dann müsste man auch die anderen Teile dazu erfinden: einen Nacken, Brust, Hände und Füße, schließlich auch einen Unterleib, die Geschlechtsteile und die übrige unzählbare Fülle von inneren und äußeren Organen. [4] Es folgt aber mit Notwendigkeit aus der Menschenähnlichkeit auch menschliche Bedürftigkeit, weil ja auch diese Organe nichts Überflüssiges und Nebensächliches sind, vielmehr hat sie die Natur aus Rücksicht auf die Schwäche derer, die sie besitzen, geschaffen und danach das, was zum eigenen Gebrauch und zur Hilfeleistung dient, entsprechend eingerichtet. Gott aber braucht nichts, so dass, wenn er den Nutzen aus den Teilen nicht braucht, er überhaupt keine Teile haben dürfte. [5] Er entweicht – aber woraus? Etwa aus dem Palast des Allherrschers? Was aber könnte Gottes sinnlich wahrnehmbares Haus anderes sein als diese unsere Welt, die zu verlassen ganz unmöglich ist? Denn alle Kreatur umschlingt der Himmelskreis und hält sie in sich fest. Werden doch auch die in ihre Elemente zerfallenden Toten wiederum in die Kräfte des Alls aufgelöst, aus denen sie entstanden, indem die Anleihe, die jedem zu ungleichen Terminen gewährt wurde, der Natur als der Gläubigerin zurückgezahlt wird, wenn sie ihr Guthaben einzuziehen wünscht. [6] Und wirklich entweicht er ja nur von einem Orte an einen anderen, als es der ist, der von ihm verlassen wurde. Daraus aber ergäbe sich die Folgerung, dass einzelne Teile, die zur Welt gehören, leer sind, obwohl doch Gott nichts von sich selbst leer und vereinsamt gelassen, sondern alles gänzlich ausgefüllt hat. [7] Wenn aber Gott weder ein Angesicht hat, da er über die speziellen Merkmale aller geschaffenen Wesen erhaben ist, noch sich in einem Teile aufhält, da er der Umfassende, selbst aber

Nicht-Umfasste ist, und es nicht möglich ist, dass aus dieser unserer Welt wie aus einer Stadt irgendeiner ihrer Teile auswandert, da draußen nichts zurückgelassen wurde, so bliebe, da wir zu dem Urteil gekommen sind, dass von den angeführten Worten nichts in eigentlichem Sinn gemeint ist, nur noch übrig, den den Physikern vertrauten Weg der Allegorie einzuschlagen und von hier aus mit der Erklärung zu beginnen: [8] Wenn schon die Entfernung vom Angesicht eines irdischen Königs schwierig ist, wie sollte es nicht ganz schwierig sein, den Anblick Gottes zu verlassen und davonzukommen, dazu entschlossen, seine Schau zu meiden, das heißt: ein Mensch zu werden, der, geblendet auf dem Auge der Seele, keine Vorstellung von ihm hat?
Philo, Über die Nachkommen Kains 1–8 (Heinemann, Bd. 4, S. 4–6).

Über die Schriftauslegung der Therapeuten

[78] Die Auslegung der heiligen Schriften geschieht auf die Weise, dass die in Allegorien verborgene Bedeutung erörtert wird. Denn die gesamten Gesetzesbücher gleichen nach Ansicht dieser Männer einem Lebewesen, das als Körper die wortreichen Anordnungen hat, als Seele aber die in den Worten verborgene unsichtbare Bedeutung besitzt. Hierin besonders beginnt die vernunftbegabte Seele das ihr Verwandte zu schauen. Sie erblickt durch die Worte wie durch einen Spiegel die übermäßige Schönheit der in ihnen sich zeigenden Gedanken; sie faltet die allegorischen Symbole auseinander und entfernt sie und führt die Bedeutung der Worte nackt ans Licht für die, die nur etwas erinnert zu werden brauchen, um das Unsichtbare durch das Sichtbare sehen zu können.
Philo, Über das kontemplative Leben 78 (Cohn, Bd. 7, S. 67f).

Der unsichtbare Sinn und der offene Wortlaut

[88] Wem aber Gott beides schenkt, ein sittlich guter Mensch zu sein und dafür auch zu gelten, der ist in Wirklichkeit glücklich und trägt einen »großen Namen«. Man muss also für einen guten Ruf sorgen, da dieser etwas Gutes und dem körperlichen Leben sehr nützlich ist. Dieser gute Name kommt aber wohl allen zu, die mit den bestehenden Gesetzen zufrieden, nichts an ihnen ändern, sondern achtsam die väterliche Staatsordnung hüten. [89] Es gibt nämlich Leute, die in der Annahme, die verkündeten Gesetze seien nur Symbole von Gedachtem, letzterem [*scil.* dem Gedachten] mit höchsten Eifer nachgehen, erstere leichtsinnig vernachlässigen; diese muss ich wegen ihrer Leichtfertigkeit tadeln. Denn sie hätten an Zwiefaches denken sollen: sowohl das Unsichtbare [*scil.* den Sinn] recht genau zu erforschen, alsdann auch das Offene [*scil.* den Wortlaut] tadellos zu beachten. [90] Jetzt leben sie aber in Wahrheit so, als wären sie in der Einsamkeit für sich, oder als wären sie körperlose Seelen geworden, als wüssten sie nichts von Stadt, Dorf, Haus, überhaupt von menschlicher Gesellschaft, sehen über das hinweg, was die Allgemeinheit billigt, und suchen die nackte Wahrheit für sich allein zu erforschen. Sie belehrt die heilige Schrift, auf eine gute Meinung

zu achten und nichts von den Satzungen aufzuheben, die gottbegnadete, uns überlegene Männer gegeben haben.
Philo, Über die Wanderung Abrahams 88–90 (Heinemann, Bd. 5, S. 175f).

Der verborgene Sinn der Schrift

[119] Soviel sei zur buchstäblichen Erklärung gesagt; nun wollen wir mit dem verborgenen Sinn beginnen. Die wörtlichen Äußerungen sind nur Symbole der im Geiste erfassten Vorstellungen. Wenn nun die Seele gleichsam wie zur Mittagszeit durch Gott erleuchtet wird, wenn sie ganz und gar von dem rein geistigen Licht erfüllt ist, und die ringsum von ihm ausgehenden Strahlen auffängt, bekommt sie eine dreifache Vorstellung eines einzigen Gegenstandes, einmal die, dass er selbst da ist, und dann die, als ob zwei Schatten von ihm ausstrahlten, wie dies auch denen begegnet, die in einem sinnlich wahrnehmbaren Licht weilen; denn häufig fallen doppelte Schatten von ruhenden oder bewegten Dingen zusammen ein. [120] Allerdings darf man nicht glauben, dass bei Gott die Schatten im eigentlichen Sinne gemeint sind; wir gebrauchen diesen Ausdruck nur, um die Sache, die erklärt werden soll, deutlicher zu machen, obgleich sie sich in Wahrheit nicht so verhält. [121] Es ist aber – wie einer, der der Wahrheit sehr nahe kommt, sagen könnte –, der Vater des Weltalls der Mittlere, der in den heiligen Schriften mit seinem eigentlichen Namen *der Seiende* genannt wird, auf beiden Seiten aber sind die höchsten und nächsten Kräfte des Seienden, die schöpferische und die regierende. Die schöpferische heißt *Gott*, denn mit dieser hat er das All (ins Dasein) gesetzt und eingerichtet, die regierende *Herr*, denn es ist billig, dass der Schöpfer über das Geschöpf herrscht und regiert. Begleitet also von diesen beiden Kräften, zeigt der Mittlere dem schauenden Geiste bald die Erscheinung eines Einzigen bald die von dreien; die Vorstellung von den Einen nämlich, wenn er [*scil.* der schauende Menschengeist] im höchsten Grade geläutert ist und nicht nur an der Menge der Zahlen, sondern auch an der Nachbarin der Eins, an der Zwei, vorüberziehend zu der ungemischten, nicht zusammengesetzten, für sich durchaus keines anderen bedürftigen Idee sich emporschwingt, die Vorstellung von dreien dagegen, wenn er noch nicht in die großen Mysterien eingeweiht ist und nur erst die geringeren Grade kennt, und »das Seiende« aus ihm allein ohne Mithilfe eines anderen nicht zu begreifen vermag, sondern nur aus dessen Wirkungen, als ein schaffendes oder regierendes Wesen.
Philo, Über Abraham 119–122 (Cohn, Bd. 1, S. 121f).

Nur das Auge der Seele nimmt Gottes Erscheinung wahr

[2b] Es eilt aber der Mittlere, wenn er mit glücklicher Naturgabe ausgestattet ist, stets zur Höhe; von ihm, heißt es, ist der Herr des Alls gesehen worden. [3] Doch vermeine nicht, körperliche Augen könnten auf ihn stoßen – denn diese sehen bloß das Sinnliche; das Sinnliche aber ist ein Gemisch, bis zu oberst voll von Vergänglichkeit, das Göttliche aber ist ungemischt, ist unvergänglich –, sondern was die göttliche Erscheinung aufnimmt, ist das Auge der Seele. [4] Denn was

überhaupt die leiblichen Augen erschauen, erfassen sie mittels mitwirkenden Lichts, welches vom Gesehenen und Sehenden verschieden ist; was aber die Seele erschaut, erfasst sie allein durch sich ohne Mittätigkeit von etwas anderem. Denn das Intellegible ist sich selber Licht. [5] Auf dieselbe Weise machen wir uns auch mit den Wissenschaften vertraut: der Geist, der sein nie geschlossenes und nie schlummerndes Auge auf die Lehr- und Grundsätze richtet, sieht sie nicht in fremdbürtigem Licht, sondern in echtbürtigem, das er aus sich selber ausstrahlt. [6] Wenn Du nun hörst, Gott sei von einem Menschen gesehen worden, so bedenke, dass dies ohne sinnliches Licht geschieht; denn nur durch den Intellekt kann natürlich das Intellegible erfasst werden. Quelle aber des reinsten Lichtglanzes ist Gott: wenn dieser der Seele erscheint, dann lässt er die schattenlosen hellstleuchtenden Strahlen aufgehen. [7] Doch meine nicht, das Seiende, das wahrhaft seiend ist, würde von irgendeinem Menschen erfasst. Denn ein Organ haben wir nicht in uns, mit dem wir uns jenes vergegenwärtigen könnten, weder Sinneswerkzeug – denn sinnlich wahrnehmbar ist es nicht –, noch Intellekt. Moses nun, der Beschauer der unsichtbaren Natur – denn *in das Dunkel*, berichten die göttlichen Offenbarungen, *ging er hinein* (Ex 20,21) und deuten damit die unsichtbare unkörperliche Wesenheit an – erforschte alles durch und durch und suchte den dreimal Ersehnten, einzig Guten in Klarheit zu sehen […]

[11] Es war folgerichtig, dass auch kein Eigenname dem wahrhaft Seienden zugelegt werden konnte. Beachte nur, dass auf die angelegentliche Frage des Propheten, was er denen entgegnen sollte, die nach seinem Namen fragten, die Antwort lautet: *Ich bin der Seiende* (Ex 3,14), das heißt mein Wesen ist: zu sein, nicht: nennbar zu sein. [12] Auf dass aber nicht gänzlich das Menschengeschlecht der Benennung des höchsten Gutes ermangele, stellte Gott zum uneigentlichen Gebrauch, als wäre es der Eigenname, den Namen zur Verfügung: *Der Herr Gott* der drei Wesenheiten Lehre, Vollendung, Übung, als deren Sinnbilder aufgezeichnet sind Abraham, Isaak, Jakob. *Denn dieses*, sagt er, *ist mein Name in der Zeit* insofern er in unserer Zeit gültig ist, nicht in der Zeit vor der Zeit, *und im Gedenken*, nicht der Name, der jenseits des Gedächtnisses und des Denkens liegt, und wiederum *für die Generationen* (Ex 3,15), nicht für die ungewordenen Naturen. [13] Denn uneigentlicher Gebrauch des Namens ist nötig für die, die ins sterbliche Leben gekommen sind, damit sie, wenn auch nicht an die höchste Wesenheit, so doch wenigstens an den höchsten Namen herangelangen und sich nach ihm richten […]

[18] Wie aber der Herrscher erschienen ist, begnadet er noch mehr den Hörer und Beschauer und sagt: *Ich bin dein Gott* (Ex 20,1). Wovon denn, könnte ich sagen, bist du nicht Gott unter allem, was ins Dasein getreten ist? Aber sein Deuterwort wird mich belehren, dass er nicht über die Welt spricht, deren Schöpfer und Gott er in jeder Beziehung ist, sondern über die menschlichen Seelen, die er nicht der gleichen Bemühung gewürdigt hat. Er beansprucht nämlich, dass er genannt werde der Schlechten Herr und Gebieter, der Fortschreitenden und Sichbessernden Gott, der Besten und Vollkommensten beides, Herr sowohl wie Gott […]

[22] Herr nämlich ist in Wahrheit kein Gewordener, auch wenn er ausgeweitet von den Enden zu den Enden die Herrschaft sich verschafft hat; allein der Ungewordene ist truglos Herrscher. Wer vor seiner Befehlsgewalt Scheu und Bestürzung empfindet, holt den nützlichsten Kampfpreis der Zurechtweisung, den Unbekümmerten fasst auf jeden Fall elendes Verderben [...] [24] Er hält es nämlich für rechtens, dass der Schlechte von ihm als Herrn beherrscht werde, auf dass er unter Sorgen und Seufzen über sich die Angst vor dem Gebieter haben sehe, dass der Fortschreitende Gutes empfange, damit er durch die Wohltaten die Vollkommenheit erreiche, dass der Vollkommene geführt werde von ihm als Herrn und Gutes von ihm empfange als Gott. Denn dieser bleibt für immer wandlungslos, jener [*scil.* der Vollkommene] aber ist jedenfalls Mensch Gottes. [25] Es wird dieses aber besonders am Beispiel des Mose klar. *Dies ist*, heißt es nämlich, *der Segensspruch, den Moses segnend sprach, der Mensch Gottes* (Dtn 33,1). Herrliches, heilighehres Gegengeschenk, dass Gott dem göttlicher Fürsorge würdigen Menschen sich selber schenkt. [26] Glaube aber nicht, auf dieselbe Weise Mensch zu werden und Mensch Gottes: Mensch Gottes als Gottes Besitz, Mensch Gottes als Gottes Behausung und Gegenstand der Fürsorge. Wenn du also Gott als Besitz deines Geistes haben willst, dann werde du selbst zuerst sein würdiger Besitz. Du wirst es werden, wenn du alle künstlichen und alle willkürlichen Gesetze meidest. [27] Aber auch dies müsste man sich merken, dass die Worte: *Ich bin dein Gott* in uneigentlichem, nicht in eigentlichem Sinn gesagt sind. Das Seiende gehört nämlich als Seiendes nicht zu dem Relativen; denn von sich selbst ist es vollständig und sich selbst genug, vor der Entstehung der Welt und nach der Entstehung des Alls in gleicher Weise. [28] Denn es ist wandlungslos und änderungslos, bedarf überhaupt nicht eines anderen, sodass ihm selbst alles angehört, es selbst eigentlich keinem. Von den Kräften aber, die es in die Welt des Werdens spannte zum Heil des Geschaffenen, können einige sozusagen relativ heißen, die königliche, die wohltuende. Denn der König ist König von etwas und der Wohltäter Wohltäter von etwas, wobei jedenfalls ein anderer regiert und begnadet wird. [29] Verwandt mit diesem ist auch die schöpferische Kraft namens Gott. Denn mittels dieser Kraft ordnete alles der zeugende und werkende Vater, sodass die Worte *Ich bin dein Gott* die Bedeutung haben von: Ich bin Schöpfer und Werkmeister. [30] Das größte Geschenk ist es, ihn zum Bauleiter zu erhalten, den auch die ganze Welt erhielt.

Philo, Über den Wandel der Namen 2b–30a in Auswahl (Heinemann, Bd. 6, S. 108–115).

b) Die Logosvorstellung Philos

Der göttliche Logos und seine Mittlerstellung

[61] Was also Haran ist und warum der, der den Brunnen des Eides verlässt, dorthin kommt, ist hiermit erklärt. Als Drittes und Folgendes aber ist zu untersuchen, was unter dem Ort zu verstehen ist, dem er begegnet; denn es heißt: *Er begegnete einem Ort* (Gen 28,11). [62] Der Begriff *Ort* ist dreifach zu verstehen:

einmal als vom Körper erfüllter Raum, auf die zweite Art als der göttliche Logos, den Gott selbst ganz und gar mit unkörperlichen Kräften ausgefüllt hat. Denn *sie sahen*, heißt es, *den Ort, wo der Gott Israels stand* (Ex 24,10), an dem allein er auch den Gottesdienst zu verrichten erlaubt hat, nachdem er es an allen anderen Stellen verboten hatte; er hatte nämlich bestimmt, man solle zu dem Orte hinaufsteigen, den Gott der Herr ausgewählt hätte, und dort die *Ganzopfer* darbringen und die *Dankopfer*, dorthin die übrigen *makellosen Opfertiere* hinaufführen (Dtn 12,4–7). [63] Der dritten Bedeutung entsprechend aber wird Gott selbst *Ort* genannt, weil er das All umfasst, aber von gar nichts umfasst wird, und weil er selbst die Zuflucht aller ist, und weil er selbst der Raum seiner selbst ist, der sich selbst aufgenommen hat und sich selbst in sich allein bewegt. [64] Ich nun bin nicht ein Ort, sondern an einem Ort, und ebenso jedes Ding. Das, was umfasst wird, unterscheidet sich nämlich von dem, was umfasst; Gott aber, der von nichts umfasst wird, ist notwendig selbst sein eigener Ort. Zum Beweis dient mir folgender mit Bezug auf Abraham geoffenbarter Spruch: *Er kam an den Ort, den ihm Gott genannt hatte; und als er seine Augen auftat, sah er den Ort von ferne* (Gen 22,3 f). [65] Was soll das heißen: wer an den Ort kam, sah ihn von ferne? Doch vielleicht ist hier mit einem Worte von zwei verschiedenen Dingen die Rede, von denen das eine der göttliche Logos, das andere aber der dem Logos übergeordnete Gott ist. [66] Wer nämlich, von der Weisheit geleitet, an den ersten Ort kommt, findet als Gipfel und Ende seines Strebens den göttlichen Logos; ist er bei ihm angekommen, so kann er nicht bis zu dem vordringen, der seinem Wesen nach Gott ist, sondern er sieht ihn von ferne; besser gesagt: er ist nicht einmal imstande, ihn selbst von ferne zu schauen, sondern er sieht nur, dass Gott fern von der ganzen Schöpfung ist und dass seine Erkenntnis ganz ferne, jeder Menschenvernunft entzogen ist. [67] Aber vielleicht hat er hier allegorisierend auch gar nicht den Ort auf den Schöpfer bezogen, sondern was er klarmachen will, ist: *Er kam an den Ort, und als er die Augen aufschlug, sah er*, dass der Ort selbst, an den er gekommen war, weit entfernt war von dem unnennbaren, unsagbaren und in jeder Beziehung unerkennbaren Gott.
Philo, Über die Träume 1,61–67 (Heinemann, Bd. 6, S. 185–187).

Der Logos als der »zweite Gott«

[237] Man muss nämlich schon damit zufrieden sein, wenn sie [*scil.* die Frevler] durch die hiermit über sie verhängte Furcht zur Vernunft gebracht werden können. Und es gibt fast nur diese beiden Wege in der ganzen Gesetzgebung, den einen, der sich der Wahrheit zuneigt und durch den bekräftigt wird, *dass Gott nicht wie ein Mensch ist* (Num 23,19), und den anderen, der sich den Vorstellungen der schwer begreifenden zuneigt, zu denen gesagt wird: *Gott der Herr wird dich erziehen, wie ein Mensch seinen Sohn erziehen würde* (Dtn 8,5). [238] Was wundern wir uns also noch, wenn er Engeln gleicht, da er doch auch menschenähnlich erscheint um der Unterstützung derer willen, die welche brauchen? Wenn er daher sagt: *Ich bin der Gott, der von dir gesehen wurde am Orte Gottes* (Gen 31,13),

so bedenke dann, dass er den Platz eines Engels einnahm, wenigstens dem Anschein nach, ohne sich zu verwandeln, zum Nutzen dessen, der den wahren Gott noch nicht erblicken kann. [239] Denn wie diejenigen, die die Sonne nicht sehen können, den reflektierten Sonnenstrahl als Sonne ansehen und den Hof um den Mond, als wäre es dieser selbst, so nehmen sie auch das Abbild Gottes wahr, seinen Engel-Logos, als wäre es er selbst.
Philo, Über die Träume 1,237–239 (Heinemann, Bd. 6, S. 221).

c) Philos Schöpfungstheologie

Das Weltall und die Gestirne sind keine Götter

[13] Manche haben die Sonne, den Mond und die übrigen Himmelskörper für selbständige Wesen gehalten, in denen sie die Urheber alles Gewordenen erblickten. Moses aber war der Meinung, dass die Welt geworden und gleichsam als der größte Staat aufzufassen sei, der Befehlshaber und Untergebene habe, zu Befehlshabern alle Sterne am Himmel, Planeten und Fixsterne, zu Untergebenen die in der Luft unterhalb des Mondes befindlichen Wesen und die die Erde füllenden Geschöpfe; [14] die erwähnten Befehlshaber seien indessen nicht selbständig, sondern dem einen Vater aller Dinge untergeordnet, sie richteten nach Recht und Gesetz jedwedes Geschöpf, dem Beispiele ihres Herrschers nachstrebend; die anderen aber sehen (nach Mose) den Wagenlenker auf seinem Sitze nicht, sie schreiben vielmehr den Zugtieren selbständiges Handeln zu und sehen in ihnen die Urheber des Weltgeschehens. [15] Solche Unwissenheit sucht unser heiliger Gesetzgeber in Erkenntnis zu verwandeln, indem er sagt: *wenn du Sonne, Mond und Sterne und das ganze Heer des Himmels siehst, hüte dich abzuirren und sie anzubeten* (Dtn 4,19). Höchst treffend und richtig ist hier der Glaube an die Göttlichkeit der genannten Himmelskörper als ein Abirren bezeichnet.
Philo, Über die Einzelgesetze 1,13–15 (Cohn, Bd. 2, S. 15f).

Das Gesetz des Mose und die kosmische Ordnung sind in Harmonie

[1] Manche Gesetzgeber haben das, was ihnen als recht galt, in ungeschminkter und einfacher Form angeordnet; andere haben ihre Gedanken in ein schwülstiges Gewand gekleidet und die Volksmassen betört, indem sie mit mythischen Gebilden die Wahrheit verhüllten. [2] Moses aber hat beides vermieden, das eine, weil es unbedacht, bequem und unphilosophisch ist, das andere weil es voll Lug und Trug ist; er hat vielmehr seinen Gesetzen einen sehr schönen und erhabenen Anfang gegeben, indem er weder ohne weiteres angab, was zu tun oder zu unterlassen sei, noch auch – obwohl es nötig gewesen wäre, erst den Geist derer, die sich der Gesetze bedienen sollten, vorzubereiten – Mythen erdichtete oder die von anderen verfassten nacherzählte. [3] Dieser Anfang ist, wie ich sagte, höchst bewunderungswürdig, da er die Weltschöpfung schildert, um gleichsam anzudeuten, dass sowohl die Welt mit dem Gesetz als auch das Gesetz mit der Welt im Einklang steht und dass der gesetzestreue Mann ohne

weiteres ein Weltbürger ist, da er seine Handlungsweise nach dem Willen der Natur regelt, nach dem auch die ganze Welt gelenkt wird. [4] Die Schönheit der Gedanken dieser Weltschöpfung vermöchte kein Dichter und kein Schriftsteller würdig zu preisen; denn sie gehen über das Sprach- und Gehörvermögen hinaus und sind zu groß und zu erhaben, als dass sie mit den Organen eines Sterblichen erfasst werden könnten. [5] Allein deswegen dürfen wir uns nicht schweigend verhalten; wir müssen vielmehr aus Liebe zu Gott selbst über unsere Kraft hinaus sie zu schildern wagen, indem wir zwar eigentlich nichts, statt des vielen aber doch einiges vorbringen, soweit der von Verlangen und Sehnsucht nach Weisheit beherrschte menschliche Geist vorzudringen vermag. [6] Denn wie auch das kleinste Siegel, wenn es geprägt wird, die Abbilder kolossaler Größen aufnimmt, so werden vielleicht auch die außerordentlichen Schönheiten der in den Gesetzen beschriebenen Weltschöpfung, wenn sie mit ihren Strahlen die Seelen der Leser treffen, auch bei schwächerer Darstellung offenbar werden.
Philo, Über die Weltschöpfung 1–6 (Cohn, Bd. 1, S. 28f).

d) Die großen Glaubensgestalten und ihre Bedeutung

Adam, der erste Mensch

[142] Wir werden uns aber ganz wahrheitsgemäß ausdrücken, wenn wir jenen Urahn nicht bloß den ersten Menschen, sondern auch den einzigen Weltbürger nennen. Denn Haus und Stadt war ihm die Welt, da noch kein Gebäude von Menschenhand aus Baumaterial von Stein und Holz gezimmert war; in ihr wohnte er wie in der Heimat mit vollkommener Sicherheit und ohne Furcht, da er der Herrschaft über die Erdenwelt gewürdigt wurde und alle sterblichen Wesen sich vor ihm duckten und belehrt oder gezwungen waren, ihm als ihrem Gebieter zu gehorchen, und sündlos lebte er im frohen Genuss eines kampflosen Friedens. [143] Da aber jeder wohlgeordnete Staat eine Verfassung hat, so musste der Weltbürger natürlich nach derselben Verfassung leben wie die ganze Welt. Diese Verfassung ist das vernünftige Naturgesetz, das man besser göttliche Satzung (θεσμός) nennt, da es göttliches Gesetz ist, nach welchem einem jeden das ihm Gebührende und Zukommende zuteil wird. Dieser Staat und diese Staatsverfassung musste aber schon vor dem Menschen Bürger haben, die mit Recht Großbürger genant werden könnten, da sie dazu bestimmt waren, den größten Umkreis zu bewohnen, und im größten und vollkommensten Staatswesen als Bürger eingetragen waren. [144] Wie anders aber sollte das sein als jene vernünftigen und göttlichen Wesen, die teils unkörperlich und rein geistig, teils – wie die Gestirne – nicht ohne Körper sind? Im Verkehr und im Zusammenleben mit diesen verbrachte er natürlich seine Zeit in ungetrübtem Glück; ganz nahe verwandt mit dem Weltenlenker, da doch der göttliche Hauch voll in ihn geflossen war, bestrebte er sich alles nur zum Wohlgefallen des Vaters und Königs zu reden und zu tun, indem er seinen Spuren auf den Heerstraßen folgte, die die Tugenden bahnen, da nur den Seelen, die als Ziel die Ähnlichkeit mit dem göttlichen Schöpfer ansehen, sich ihm zu nähern gestattet ist.

[145] Wir haben nun über des zuerst geschaffenen Menschen seelische und körperliche Schönheit, wenn auch für ihr wahrhaftes Wesen viel zu wenig, so doch das, was in unseren Kräften stand, gesagt. Seine Nachkommen aber, die seine Eigenart teilen, müssen auch die Merkmale der Verwandtschaft mit dem Ahnherrn, wenn auch getrübt, bewahren. [146] Jeder Mensch ist hinsichtlich seines Geistes der göttlichen Vernunft verwandt, da er ein Abbild, ein Teilchen, ein Abglanz ihres seligen Wesens ist; in dem Bau seines Körpers aber gleicht er der ganzen Welt; denn er ist eine Mischung aus denselben Elementen, aus Erde, Wasser, Luft und Feuer, indem jedes Element seinen Teil beitrug zur vollständigen Herstellung des hinreichenden Stoffes, den der Schöpfer nehmen musste, um dieses sichtbare Abbild zu formen. [147] Ferner lebt er in allen den genannten Elementen wie in eigenen und vertrauten Räumen, er verändert seinen Wohnsitz und betritt bald dieses, bald jenes Element, so dass man wirklich sagen kann: der Mensch ist alles, Land-, Wasser-, Luft- und Himmelsbewohner; denn insofern er auf Erden wohnt und wandelt, ist er ein Lebewesen des Landes, insofern er untertaucht und schwimmt und häufig das Meer befährt, ein Bewohner des Wassers – Kauffahrer, Schiffsherren, Purpurfischer und alle, die auf Austern- und Fischfang ausgehen, sind ein deutlicher Beweis dafür –; insofern aber der Körper von der Erde emporsteigt und sich in die Höhe schwingt, darf man den Menschen einen Luftwanderer nennen; endlich aber ist er auch ein Himmelsbewohner, da er durch das Sehvermögen, den vorzüglichsten der Sinne, der Sonne, dem Mond und jedem anderen Gestirn, den Planeten und Fixsternen, sich nähert.
Philo, Über die Weltschöpfung 142–147 (Cohn, Bd. 1, S. 78–80).

Abraham, Vorbild der Proselyten und Gründer des Gottesvolks

[211] Ich kann aber von anderen sprechen, die im Gegensatz zu ihnen [*scil.* den frevlerischen Menschen] eine bessere Klasse bilden, deren Vorfahren schuldbeladene Menschen waren, die selbst aber ein nachahmenswertes und im besten Ruf stehendes Leben führten. [212] Der Urahn des Volkes der Juden war von Geburt ein Chaldäer, Sohn eines sternenkundigen Vaters, der zu denen gehörte, die sich mit den mathematischen Wissenschaften befassen, die die Gestirne und den ganzen Himmel und die Welt für Götter halten, durch die, wie sie sagen, alles Gute und Schlechte geschieht, was einen jeden trifft, da es nach ihrer Meinung keinen Urgrund außerhalb der mit den Sinnen wahrnehmbaren Dinge gibt. [213] Was aber kann schlimmer sein als dies oder was kann besser den Nichtadel des Geistes erweisen, der durch die Kenntnis dieser vielen, in zweiter Reihe stehenden, geschaffenen Dinge hindurch zur Unkenntnis des Einen, des Ältesten, des Ewigen, des Schöpfers des Alls gelangt, der sowohl aus diesen Gründen der Höchste ist als auch aus vielen anderen, die ob ihrer Größe der menschliche Verstand nicht zu fassen vermag? [214] Nachdem er [*scil.* Abraham] eine Vorstellung davon gewonnen und die göttliche Berufung erhalten hatte, verlässt er Vaterland, Verwandtschaft und väterliches Haus; denn er wusste, wenn er bliebe, würde ihm auch der Irrglaube an die vielen Götter bleiben, der die Entdeckung

des Einen unmöglich mache, der allein der Ewige und Vater des gedachten wie des sinnlich wahrnehmbaren Alls ist, wenn er aber auswanderte, würde auch der Irrglaube aus seiner Seele schwinden, die statt der falschen Vorstellung die Wahrheit empfangen würde. [215] Das Verlangen aber nach Erkenntnis des Seienden, das ihn erfüllte, wurde noch gesteigert durch göttliche Offenbarungen, die ihm zuteil wurden: von ihnen geleitet ging er mit unverdrossenem Eifer an die Erforschung des Einen und ließ nicht eher ab, als bis er klarere Anschauungen gewonnen hatte, nicht von seinem Wesen – denn das ist unmöglich –, sondern von seinem Dasein und seinem fürsorglichen Walten. [216] Daher heißt es auch von ihm zuerst, dass er an Gott glaubte (Gen 15,6), weil er ja zuerst den festen und unerschütterlichen Glauben hatte, dass es *eine* oberste Ursache gibt und dass sie über die Welt und alles in ihr fürsorglich waltet. Nachdem er aber den Glauben, die sicherste der Tugenden, gewonnen hatte, erwarb er auch alle anderen mit, sodass er bei denen, die ihre Mitte aufnahmen, für einen König gehalten wurde (Gen 23,6), nicht nach seinen äußeren Mitteln – denn er war ein einfacher Privatmann –, sondern nach seiner Seelengröße, weil er einen königlichen Sinn besaß. [217] Und in der Tat ehrten sie ihn immer wie Untergebene einen Herrscher in Bewunderung vor der alles überragenden Größe seines Wesens, dessen Vollkommenheit über menschliche Begriffe hinausging. Denn auch im Umgang war er ihnen nicht gleich, sondern meistens ernster, weil göttlicher Geist ihn erfüllte; wenn er nämlich von diesem ergriffen wurde, veränderte sich bei ihm alles zum Besseren, der Blick, die Farbe, die Größe, die Haltung, die Bewegungen, die Stimme, weil der Geist Gottes, der ihm von oben eingehaucht wurde und in seine Seele einzog, seinem Körper besondere Schönheit verlieh, seinen Reden Überzeugungskraft und den Hörern Verständnis. [218] Kann man nun nicht von diesem von allen Verwandten und Freunden verlassenen Auswanderer sagen, dass er hochadlig war, er, der nach der Verwandtschaft mit Gott strebte, der mit aller Kraft bemüht war sein Schüler zu werden, der in die vorzügliche Reihe der Propheten aufgenommen wurde, der an kein Geschöpf so glaubte wie an den ungeschaffenen Vater aller Dinge, der, wie gesagt, bei denen, die ihn aufgenommen hatten, als König galt, der nicht mit Waffen und Heeresmacht, wie sonst gewöhnlich, die Herrschaft erlangte, sondern durch die Berufung Gottes, der die Tugend liebt und die Anhänger der Frömmigkeit mit selbständiger Macht ausstattet zum Heile ihrer Umgebung? [219] Dieser Mann ist ein Muster von Adel für alle Proselyten, die das von unnatürlichen Gebräuchen und frevelhaften Sitten herstammende unedle Wesen aufgegeben, nach welchem Stein und Holz und überhaupt unbeseelte Gegenstände göttliche Ehren erhalten, und dafür der wirklich beseelten, lebendigen Verfassung sich zugewendet haben, die von der Wahrheit geleitet und bewacht wird. [220] Solchen Adel haben nicht nur von Gott geliebte Männer, sondern auch Frauen zu erlangen gesucht, welche die ihnen anerzogene Unkenntnis vergaßen, in der sie nur Göttern von Menschenhand Ehren erwiesen, und die Kenntnis von der Alleinherrschaft Gottes sich aneigneten, durch die die Welt regiert wird. *(Es folgt das Beispiel der Tamar.)*
Philo, Über die Tugenden 211–220 (Cohn, Bd. 2, S. 373–375).

Mose, der perfekte Gesetzgeber und sein Gesetz

[45] Genügt nun schon das Gesagte als großes Lob für den Gesetzgeber, so ist ein anderes noch größer, das die heiligen Schriften selbst enthalten, denen wir uns nunmehr zuzuwenden haben, um die Vortrefflichkeit ihres Verfassers zu erweisen. [46] Von diesen Schriften ist ein Teil geschichtlichen Inhalts, der andere enthält Gebote und Verbote, über den wir in zweiter Reihe sprechen wollen, nachdem wir den ersten der Anordnung nach auch zuerst ausführlich behandelt haben. [47] Von dem geschichtlichen Teil handelt ein Abschnitt von der Schöpfung der Welt, der andere von der Geschichte der einzelnen Geschlechter, und zwar einerseits von der Züchtigung der Gottlosen, andererseits von den Ehren der Gerechten. Weshalb er nun damit seine Gesetzgebung begann und die Gebote und Verbote in die zweite Reihe stellte, davon müssen wir jetzt sprechen. [48] Nicht wie sonst ein Geschichtsschreiber befasste er sich damit, die Aufzeichnung von Ereignissen alter Zeiten der Nachwelt nutzlos nur zur Unterhaltung zu überliefern, sondern er ging auf die allerälteste Zeit zurück und begann mit der Schöpfung des Alls, um zwei sehr wichtige Lehren zu geben: erstens dass der Vater und Schöpfer der Welt und der wahrhafte Gesetzgeber ein und dasselbe Wesen ist, und zweitens dass, wer nach diesen Gesetzen leben will, freudig nach der Übereinstimmung mit der Natur streben und dem Gesetz des Alls gemäß in vollem Einklang seiner Worte mit seinen Handlungen und der Handlungen mit seinen Worten leben wird. [49] Von den anderen Gesetzgebern haben die einen sofort angeordnet, was man tun und was man lassen soll, und Strafen für die Übertreter festgesetzt, die anderen, die sich für die Besseren hielten, haben nicht damit den Anfang gemacht, sondern zuvor in ihrer Darstellung ein fest begründetes Staatsgebäude entworfen, dem sie dann die ihrer Meinung nach am meisten für diese Gründung passende und geziemende Verfassung durch ihre Gesetzgebung verliehen. [50] Moses dagegen, der die zuerst erwähnte Art für tyrannisch und despotisch hielt – wie sie es auch wirklich ist –, die ohne ermunternden Zuspruch befiehlt, als wären die Menschen nicht Freie, sondern Sklaven, die zweite Art zwar für geschickt, aber doch anscheinend nicht völlig tadellos für alle Beurteiler, befolgte einen nach beiden Richtungen von den erwähnten Arten abweichenden Plan. [51] In den Geboten und Verboten gibt er Ratschläge und Ermahnungen als Befehle, indem er es versucht, unter Anwendung von Einleitungs- und Schlussworten die meisten und dringendsten Gebote darzulegen, mehr um anzuleiten als um zu zwingen. Mit der Gründung eines Staatswesens von Menschenhand seine Darstellung zu beginnen, erachtete er als der Würde der Gesetze zu wenig entsprechend, denn mit dem klar schauenden Blick seines Geistes sah er es auf die Größe und Schönheit der gesamten Aufgabe des Gesetzgebers ab, die seiner Ansicht nach zu edel und zu göttlich sei, um in dem Kreise der irdischen Dinge ihre Schranken zu finden. Daher leitete er sein Werk mit der Schöpfung des großen Staatswesens des Weltalls ein in der Überzeugung, dass seine Gesetze das ähnlichste Abbild der Verfassung des Weltalls seien.

Philo, Über das Leben Moses 2,45–51 (Cohn, Bd. 1, S. 308f).

Die grundlegenden Lehren des Mose

[170] In dem hier besprochenen Bericht über die Weltschöpfung gibt uns Moses mancherlei Lehren, die besten und schönsten von allen sind aber die folgenden fünf: die erste, dass Gott existiert und waltet, gibt er uns wegen der Gottlosen, die teils über sein Dasein Zweifel hegen und hin und her schwanken, teils mit großer Keckheit sich erdreisten zu behaupten, dass er überhaupt nicht existiere und dass das nur von Menschen behauptet werde, die die Wahrheit durch mythische Gebilde verdunkeln. [171] Die zweite, dass Gott einzig ist, wegen der Vertreter der Vielgötterei, die so schamlos sind, die schlechteste der schlechten Staatsverfassungen, die Massenherrschaft, von der Erde in den Himmel zu verpflanzen. Die dritte, dass die Welt, wie gesagt, geschaffen ist, mit Rücksicht auf diejenigen, die da meinen, dass die Welt unerschaffen und ewig ist, und Gott gar nichts zuschreiben. Die vierte Lehre ist, dass auch die Welt einzig ist, weil der Schöpfer einzig ist, der durch die Einzigkeit sein Schöpfungswerk sich selbst gleich machte und den ganzen Urstoff zur Erschaffung des Alls verwandte; denn ein Ganzes wäre es nicht, wenn es nicht aus allen Bestandteilen des Urstoffs zusammengefügt und zusammengesetzt wäre; es gibt nämlich manche, die mehrere, ja sogar unendlich viele Welten annehmen, Leute, die in Wahrheit selbst unerfahren und in völliger Unkenntnis der Dinge sind, die zu wissen für sie gut wäre. Die fünfte Lehre ist, dass der Schöpfer für sein Werk Sorge trägt, ist nach den Gesetzen und Bestimmungen der Natur notwendig, denen zufolge auch Eltern für ihre Kinder sorgen. [172] Wer alle diese bewundernswerten und kostbaren Grundsätze nicht mit dem Ohr, sondern vielmehr mit seinem Geiste erfasst und seiner Seele tief eingeprägt hat, dass Gott ist und waltet, dass der wahrhaft Existierende einzig ist, dass er die Welt geschaffen und nur diese eine geschaffen, indem er sie, wie gesagt, sich selbst durch die Einheit gleich machte, und dass er stets für die von ihm geschaffene Welt Sorge trägt, der wird, durchdrungen von den Lehren der Gottesfurcht und Frömmigkeit, ein glückliches und seliges Leben führen.
Philo, Über die Weltschöpfung 170–172 (Cohn, Bd. 1, S. 87–89).

Der Tod des Mose

[288] Einige Zeit später, als er [*scil.* Mose] den Gang von hinnen in den Himmel antreten und nach dem Scheiden aus dem sterblichen Leben zur Unsterblichkeit gelangen sollte, berufen vom Vater, der ihn aus der Zweiheit von Leib und Seele in ein Einheitswesen umschaffen und ihn ganz und gar in einen sonnigen Geist umgestalten wollte, da wurde er ebenso vom göttlichen Geist ergriffen, weissagte aber nun nicht mehr dem ganzen versammelten Volk gemeinsam, sondern prophezeite jedem Stamm gesondert die Zukunft und die künftigen Schicksale. Davon ist ein Teil bereits eingetroffen, der andere wird noch erwartet, denn Zuversicht für die Zukunft ist die Erfüllung der Vergangenheit. [289] Da sie durch Geburt und besonders durch ihre Abkunft von verschiedenen Müttern sowohl in den mannigfachen Richtungen ihres Denkens als auch in deren Betätigungen

im Leben unendlich verschieden voneinander waren, so ziemte es sich, wie bei einer Erbteilung, eine den Einzelnen angemessene Verteilung der Sprüche und Weissagungen zu ersinnen. [290] Ist nun schon dies bewunderungswürdig, so ist doch das Wunderbarste der Schluss heiliger Bücher, der für die ganze Gesetzgebung das ist, was in einem Lebewesen der Kopf. [291] Wie er bereits im Begriff ist hinweggenommen zu werden und unmittelbar auf der Schwelle steht, um im Fluge in den Himmel zu enteilen, kommt der Geist Gottes über ihn, und noch lebend weissagt er in Verzückung genau über seinen Tod noch vor dem Tode: wie er gestorben, wie er begraben wurde, ohne dass jemand dabei war, nämlich nicht von sterblicher Hand, sondern von unsterblichem Wesen, wie er auch nicht in einem Grabe seiner Ahnen bestattet wurde, sondern ein ganz erlesenes Grabmal gefunden, das kein Mensch je gesehen, wie ihn das ganze Volk einen vollen Monat unter Tränen betrauerte und dabei die Trauer als eines jeden persönliche und zugleich allen gemeinsam bekundete wegen seiner unsagbaren Güte und Fürsorge für jeden Einzelnen wie für die Gesamtheit. [292] So war das Leben, so war auch das Ende des Herrschers, Gesetzgebers, Oberpriesters und Propheten Moses, wie es in der heiligen Schrift geschildert wird.
Philo, Über das Leben Moses 2,288–292 (Cohn, Bd. 1, S. 364f).

e) Überlegungen Philos zur Weisheit

Der Weise als Idealfigur und Dolmetscher Gottes

[259] Jedem Weisen aber bezeugt die heilige Schrift prophetische Kraft; ein Prophet kündet ja nichts Eigenes, sondern nur Fremdes, da ein anderer in ihm spricht. Ein Schlechter kann nicht Gottes Dolmetscher werden, weshalb kein Unsittlicher in Gottesbegeisterung gerät und diese nur dem Weisen zukommt, weil er allein ein tönendes Instrument Gottes ist, das von ihm unsichtbar berührt und angeschlagen wird.

[260] Alle wenigstens, die die Schrift als »Gerechte« schildert, lässt sie als Propheten auftreten. Noah ist gerecht, und ist er nicht zugleich ein Prophet? Hat er nicht die Segnungen und Flüche, die er über die nachfolgenden Geschlechter aussprach und die durch die Wahrheit der Tatsachen bestätigt wurden, in Gottesbegeisterung verkündet (Gen 9,25–27)? [261] Und wie ist es mit Isaak? Wie mit Jakob? Denn dass auch diese durch vieles und besonders durch ihre Ansprachen an ihre Kinder sich als Propheten erwiesen haben, darin stimmen alle überein. Das Wort: *Versammelt euch, damit ich verkünde, was euch begegnen wird am Ende der Tage* (Gen 49,1) war ja das eines Gottbegeisterten; denn die Kenntnis der Zukunft ist nicht Sache des Menschen.

[262] Wie ist es aber mit Moses? Wird er nicht allgemein als Prophet gepriesen? Denn so sagt die Schrift: *Wenn einer von euch Prophet des Herrn wäre, würde ich mich ihm in einer Erscheinung zu erkennen geben, dem Moses aber in Gestalt und nicht durch Rätsel* (Num 12,6.8) und ferner: *Nicht stand fürder ein Prophet auf wie Moses, den der Herr erkannte, Angesicht zu Angesicht* (Dtn 34,10). [263] Treffend weist also die Schrift auf den Gottbegeisterten hin mit den Worten: *Gegen Sonnenuntergang*

überfiel ihn eine Ekstase, indem sie unseren Geist symbolisch *Sonne* nennt. Denn was in uns die Vernunft ist, das ist in der Welt die Sonne; beide sind Lichtträger, diese sendet in das All ein wahrnehmbares Licht hinaus und jene gibt uns selbst geistige Lichtstrahlen durch die begriffliche Erfassung. [264] Solange noch unser Geist nach allen Seiten hin leuchtet und eindringt, gleichsam Mittagshelle in unsere ganze Seele ergießt, sind wir in uns und nicht von einem anderen eingenommen; sobald er aber *untergeht*, überfällt uns natürlich eine *Ekstase* [*scil.* Außersichsein], ein gottbegeistertes Eingenommensein und eine Verzückung. Sobald nämlich das göttliche Licht aufstrahlt, geht das menschliche unter; sobald jenes untergeht, erhebt sich dieses und geht auf. [265] Das aber ist bei den Propheten gewöhnlich der Fall. Es entfernt sich der Geist in uns bei der Ankunft des göttlichen Geistes und kommt wieder bei dessen Entfernung; denn Sterbliches kann füglich nicht mit Unsterblichem zusammenwohnen. Deshalb führte der *Untergang* der Vernunft und die sie umgebende Dunkelheit eine Ekstase und gottgetragene Verzückung herbei. [266] Zu dem Bericht wird aber noch Folgendes hinzugefügt: *Es wurde zu Abraham gesprochen* (Gen 15,13), denn fürwahr, tatsächlich schweigt der Prophet, auch wenn er zu reden scheint, da sich seiner Sprachwerkzeuge, seines Mundes und seiner Zunge, ein anderer bedient, um zu offenbaren, was er wünscht; indem er jene mit unsichtbarer feinster Kunst anschlägt, bringt er eine wohlklingende, harmonische, symphonievolle Musik zustande.

Philo, Über den Erben des Göttlichen 259–266 (Heinemann, Bd. 5, S. 282–284).

Weisheit als körperzehrende Übung

[33] Wohlaussehend und strotzend nämlich sind die Athleten: mit dem dienenden Körper haben sie sich die Seele verbaut, bleich aber und eingefallen und in gewissem Sinne reine Skelette sind die Bildungsbeflissenen: sie stellen den Seelenkräften auch die körperlichen Spannkräfte anheim und lösen sich, um die Wahrheit zu sagen, in die eine seelische Wesenheit auf und sind zu körperlosen Gedanken geworden. [34] Es nimmt so notwendigerweise das Erdige ab und löst sich auf, wenn der Geist ganz durch und durch Gott zu gefallen sich vornimmt. Selten ist diese Menschenart und kaum auffindbar, doch trotzdem: Sie kommt vor […] [39] Diese nun wurden, im göttlichen Wahnsinn rasend, wild und abweisend. Es gibt dazu andere, welche Genossen der zahmen und sanften Weisheit sind. Von ihnen wird sowohl Frömmigkeit in hervorragendem Maße geübt, wie auch das Menschliche nicht vernachlässigt.

Philo, Über den Wandel der Namen 33–34.39 (Heinemann, Bd. 6, S. 115–117).

f) Philos Eschatologie

Philos Vorstellung von der Endzeit

[91] Auf diese Weise wird der der Zeit und der Natur nach ältere Krieg sein Ende finden, wenn nämlich die wilden Tiere ihre Wildheit aufgeben und zahm

werden. Der jüngere aber, der mit Absicht geführt wird und aus Habsucht entsteht, wird sich alsdann leicht beseitigen lassen; denn die Menschen werden, wie mir scheint, Scham darüber empfinden, dass sie sich roher zeigen als die vernunftlosen Tiere, nachdem sie den Schädigungen und Verletzungen durch diese entronnen sind. [92] Denn es wird natürlich als große Schande angesehen werden, wenn die giftigen und menschenfressenden und ungeselligen Tiere sich zum Frieden bekehren und versöhnlich werden, das von Natur zahme Geschöpf dagegen, dem geselliger Sinn angeboren ist, der Mensch, von unversöhnlicher Mordgier gegen seinesgleichen sein würde. [93] Entweder also wird, wie es heißt, *Krieg überhaupt nicht durch das Land der Frommen schreiten* (Lev 26,6), sondern in sich selbst zusammenfallen und zunichte werden, da die Gegner merken werden, gegen wen sich der Kampf richten würde, gegen ein Volk nämlich, das des unüberwindlichen Beistandes des gerechten Gottes sicher ist; denn ein herrliches und kostbares Gut ist die Tugend, und sie allein ist in aller Ruhe imstande den Ansturm großen Unheils zu mildern. [94] Oder wenn Feinde in unbändiger und unstillbarer Kampfbegierde wütend heranstürmen sollten, werden sie zwar bis zum Zusammentreffen in ihrer Keckheit sich großtun, wenn es aber zum Handgemenge kommt, werden sie merken, dass es eitle Prahlerei war, weil sie nicht zu siegen imstande sind: *mit stärkerer Gewalt zurückgedrängt werden sie in unaufhaltsame Flucht getrieben werden, Hunderte von Fünfen, Zehntausende von Hunderten* (Lev 26,7–8), und *auf vielen Wegen davoneilen, nachdem sie alle einen Weg gekommen* (Dtn 28,7). [95] Manche werden, auch wenn sie niemand verfolgt außer der eigenen Furcht, ihre Rücken den Gegnern als sicheres Ziel ihrer Geschosse darbieten, sodass es ein Leichtes sein wird, *alle Mann für Mann zu töten und niederzustrecken* (Ex 23,27). *Hervorgehen wird ein Mann* aus diesem Volke, wie es in dem Gottesspruch heißt (Num 24,7), der als Heerführer im Kriege große und volkreiche Nationen unterwerfen wird, da Gott die den Frommen gebührende Hilfen senden wird: sie besteht aber in der unerschrockenen Kühnheit der Seele und in der gewaltigen Kraft des Körpers, Eigenschaften, von denen schon eine allein etwas Furchtbares für die Feinde hat, die aber vereint ganz unwiderstehlich sind. [96] Manche von den Feinden werden, wie es heißt, gar nicht wert sein, dass ihnen von Menschen eine Niederlage bereitet wird: Wespenschwärme wird Gott ihnen entgegenstellen, die *statt der Frommen kämpfen und die Feinde schmählich verderben werden* (Ex 23,28; Dtn 7,20). [97] Die Frommen werden aber nicht nur den im Kriege errungenen unblutigen Sieg festhalten, sondern auch die unüberwindliche Machtherrschaft zum Vorteil für die Unterworfenen, die entweder durch Zuneigung oder durch Furcht oder durch Ehrfrucht gewonnen wird. Denn die Frommen üben drei sehr wichtige Tugenden aus, die zur Erlangung unzerstörbarer Herrschaft beitragen: Würde, Strenge und Wohltun, und aus ihnen ergeben sich die genannten Mittel [*scil.* zur Erhaltung der Herrschaft]; denn die Würde erzeugt Ehrfrucht, die Strenge Furcht, das Wohltun Zuneigung; und wenn diese drei Dinge harmonisch in der Seele verbunden sind, erhalten sie die Untergebenen in Gehorsam gegen die Herrschenden.

Philo, Über die Belohnungen und Strafen 91–97 (Cohn, Bd. 2, S. 405–407).

Israel als Beispiel für endzeitliche Vergebung

[162] Ich habe nun, ohne irgend etwas zu verschweigen, die Flüche und Strafen dargelegt, die von denen erduldet werden sollen, welche die heiligen Gesetze der Gerechtigkeit und Frömmigkeit missachten und von den götzendienerischen Anschauungen sich haben verführen lassen, deren Ziel die Gottlosigkeit ist, indem sie die von ihren Vätern ererbte Lehre vergaßen, in der sie von frühster Jugend an unterrichtet wurden, an das einzige Wesen als den höchsten Gott zu glauben, dem allein anhängen muss, wer ungeschminkter Wahrheit und nicht erdichteten Fabeleien nachjagt. [163] Wenn sie jedoch die angedrohten Strafen nicht so auffassen werden, dass sie ihnen zum Verderben gereichen, sondern dass sie ihnen zur Warnung dienen sollen, und wenn sie aus Scheu vor ihnen mit ganzer Seele sich bekehren, wenn sie sich Vorwürfe machen wegen ihres Irrweges und ihre Sünden laut bekennen werden, zuerst bei sich selbst mit reinem Sinn vor ihrem wahrhaftigen und aufrichtigen Gewissen, aber auch mit dem Munde zum Zwecke der Besserung der sie Anhörenden, dann werden sie Vergebung erlangen, bei dem hilfreichen und gnädigen Gott (Dtn 30,1–3), der dem Menschengeschlecht ein ganz besonderes und bedeutsames Gnadengeschenk gewährt hat, die Verwandtschaft mit der göttlichen Vernunft, nach deren Ebenbild der menschliche Geist geschaffen ist. [164] Und selbst wenn sie an den äußersten Enden der Erde als Knechte dienen werden bei den Feinden, die sie als Kriegsgefangene weggeführt haben, sollen sie wie auf eine Verabredung alle an einem Tage frei werden (Dtn 30,4), weil ihre völlige Bekehrung zur Tugend ihren Herren Schrecken einjagen wird: sie werden sie freilassen, weil sie sich scheuen über Bessere zu herrschen. [165] Wenn sie aber die so unerwartete Freiheit erlangt haben, werden die vorher in Hellas und im Barbarenlande, auf den Inseln und auf den Festländern Zerstreuten mit einem Male sich erheben und von allen Seiten nach einem ihnen angewiesenen Orte hineilen, geleitet von einer göttlichen, übermenschlichen Erscheinung, die für andere unsichtbar und nur für die Wiedergeretteten sichtbar ist, [166] und unterstützt von drei Helfern, um die Versöhnung mit dem himmlischen Vater zu erlangen: der eine ist die Milde und Güte des Angerufenen, der stets die Vergebung der Strafe vorzieht; der zweite ist die Frömmigkeit der Erzväter des Volkes, die mit ihren vom Körper losgelösten Seelen die reine und lautere Verehrung dem Herrn darbringen und die Gebete für ihre Söhne und Töchter an ihn zu richten pflegen, die nicht unerfüllt bleiben, da der Vater ihnen zur Belohnung die Erhörung ihrer Gebete gewährt hat; [167] die dritte Hilfe leistet ihnen das, weshalb ihnen hauptsächlich das Wohlwollen der beiden ersten Helfer vorausgeht, das ist die Besserung der zum Frieden und zur Versöhnung mit Gott Zurückgeführten, die nur mit Mühe von dem Abweg auf jenen Weg gelangen konnten, dessen Ziel kein anderes ist als Gott wohlgefällig zu sein wie ein Sohn dem Vater.

[168] Nach ihrer Rückkehr aber werden die Städte, die eben noch in Trümmer lagen, wieder aufgebaut werden, die Wüste wird bevölkert werden und die unfruchtbar gewordene Erde wird zur früheren Fruchtbarkeit zurückkehren;

die glücklichen Verhältnisse der Väter und Vorfahren werden geringfügig erscheinen im Vergleich zu dem gegenwärtigen Überfluss, der sich, wie aus unversiegbaren Quellen, durch die Gnade Gottes ergießen und jedem Einzelnen wie allen insgesamt reichen Segen bringen wird, an den kein Neid herantritt (Dtn 30,5). [169] Ein Umschwung in allen Dingen wird plötzlich eintreten; denn Gott wird die Flüche gegen die Feinde der Reumütigen kehren (Dtn 30,7), die sich ob der unglücklichen Schicksale unseres Volkes gefreut und es geschmäht und verspottet haben, als ob sie selbst das Glückslos für immer sicher hätten, das sie ihren Kindern und Enkeln als Erbe zu hinterlassen hofften, und als ob sie die Gegner nur immer in beständigem und unwandelbarem Unglück sehen würden, das auch für die späteren Geschlechter aufbewahrt sei: [170] In ihrer Verblendung merkten sie nicht, dass sie auch den früheren Glanz nicht durch eigenes Verdienst genossen hatten, sondern als Züchtigungsmittel für andere, für die darum, weil sie das väterliche Gesetz brachen, ein heilsames Mittel gefunden wurde in der Trauer und in dem Schmerz über das Glück der Feinde. Nachdem sie also ihren Abfall beweint und beklagt haben, werden sie in die frühere, von den Vorfahren ererbte glückliche Lage zurückgelangen, sofern sie nicht ganz und gar ins Verderben geraten sind. [171] Die Feinde aber, die ihre Klagen verspottet und ihre Unglückstage als Volksfeste zu feiern beschlossen hatten, die ihre Trauer zum Anlass von Schmausereien nahmen und überhaupt glücklich waren über das Unglück anderer, sie werden, wenn sie erst den Lohn für ihre Grausamkeit empfangen, dann schon erkennen, dass sie sich nicht gegen ein unansehnliches und verachtetes Volk vergangen haben, sondern gegen ein adliges, in welchem die glimmenden Funken des Adels noch vorhanden sind, nach deren Wiederanfachung der früher verlöschte Ruhm wieder hervorleuchtet. [172] Denn sowie nach Beschneidung der Stämme, wenn nur nicht die Wurzeln ausgerissen werden, neue Schösslinge sprießen, durch die die alten Stämme in den Schatten gestellt werden, ebenso erwachsen auch in der Seele, wenn nur ein kleiner Samenkern zurückbleibt zur Erlangung der Tugend, während die anderen verschwinden, nichtsdestoweniger aus jenem kleinen Kern die schönsten und wertvollsten Eigenschaften unter den Menschen, durch die dann wieder Staaten mit wackeren Männern gegründet werden und Völker zu stattlicher Bürgerzahl anwachsen.

Philo, Über die Belohnungen und Strafen 162–172 (Cohn, Bd. 2, S. 423–426).

Weiterführende Literatur

Borgen, P., Philo of Alexandria. An Exegete for His Time, Leiden 1997.

Van der Horst, P.W., Philo's Flaccus – The First Pogrom. Introduction, Translation and Commentary, Leiden 2003.

Sellin, G., NTAK I (2004), 86–90.

Sellin, G., Eine vorchristliche Christologie. Der Beitrag des alexandrinischen Juden Philon zur Theologie im Neuen Testament, ZNT 4 (1999), 12–21.

Zangenberg, J., Fragile Vielfalt. Beobachtungen zur Sozialgeschichte Alexandrias in hellenistisch-römischer Zeit, BN 147 (2010), 107–126.

4. Pseudo-Phokylides

Die Ethik des Pseudo-Phokylides

Gib dem Armen sogleich und sage nicht, er solle morgen wiederkommen.
Fülle dir deine Hand; gewähre dem Bedürftigen Erbarmen.
Den Obdachlosen nimm in dein Haus auf
und geleite den Blinden auf dem Wege.
Erbarme dich der Schiffbrüchigen;
denn die Seefahrt ist immer eine unsichere Sache.
Reiche dem, der zu Fall kam, die Hand, und steh dem Manne bei,
der niemanden um sich hat.
Wir alle haben gleiche Leiden zu tragen –
das Leben ist ein kreisendes Rad – das Glück ist unbeständig.

Zugewanderte sollen gleichgeachtet sein unter den einheimischen Bürgern.
Wir alle haben doch Erfahrung mit der Not, die unstet macht,
und nirgends gibt es einen sicheren Platz auf Erden für die Menschen.

Lass unbestattete Leichen der Erde teilhaftig werden.
Öffne das Grab der Verblichenen nicht; und was unsichtbar bleiben soll,
das bringe nicht ans Sonnenlicht – errege nicht überirdischen Zorn!
Es ist nicht gut, den Zusammenhalt des menschlichen Körpers aufzulösen.
Wir hoffen ja doch, dass bald aus der Erde ans Licht kommen
die Reste der Dahingeschiedenen – danach sind sie dann Götter.
Denn die Seelen bleiben unversehrt in den Verblichenen.
Denn der Geist ist Gottes Leihgabe für die Sterblichen und sein Abbild.
Denn den Leib haben wir von der Erde, und sofern wir uns hernach wieder zur Erde auflösen, sind wir Staub;
das Luftreich aber hat unseren Geist aufgenommen.
Wenn du reich bist, dann sei nicht geizig – gedenke, dass du sterblich bist.
Unmöglich ist's, sein Glück und Gut in den Hades mitzunehmen.
Wir alle werden gleichermaßen zu Leichnamen;
aber über die Seelen herrscht Gott.
Uns allen ist der Hades gemeinsam als ewiges Obdach und Vaterland,
gemeinschaftlicher Ort für alle, für Bettler wie für Könige.
Wir Menschen leben nicht auf lange Zeit, sondern nur vorübergehend;
doch die Seele ist unsterblich und lebt, ohne zu altern, immerdar.

Bleibe nicht unverehelicht, damit Du nicht ohne Namensträger untergehst.
Gib auch du der Natur das Deine; zeuge auch du wieder Kinder,
wie du selbst einst im Ehebett empfangen wurdest.
Verkupple nicht deine Ehefrau – damit befleckst du die Kinder;
denn aus einem außerehelichen Beilager
gehen nicht ebenbürtige Kinder hervor.

Taste deine Schwiegermutter, die zweite Gattin deines Erzeugers nicht an;
180 ehre vielmehr wie deine Mutter die, die in die Spuren deiner Mutter eintritt.
Hab auch nicht Umgang mit den Nebenfrauen deines Vaters.
Geh nicht zu deiner Schwester in schändliches Bett
und besteig nicht das Lager deiner Schwägerinnen.
Eine Frau bringe das ungeborene Kind im Mutterleib nicht um;
185 und wenn sie geboren hat, werfe sie das Neugeborene nicht den Hunden und Geiern zum Raube vor.
Erhebe nicht deine Hand gegen deine Frau, wenn sie schwanger ist.
Verschneide auch nicht das männliche Glied eines Jünglings, mit dem er noch Kinder zeugen soll.
Vollziehe kein Beilager mit vernunftlosen Tieren.
Demütige nicht (deine?) Frau mit schädlicher Art von Beilager.
190 Weiche nicht ab vom naturgemäßen Lager zu sittenwidriger Wollust –
nicht einmal bei Tieren findet Beischlaf unter Männlichen Beifall.
Auch sollen Frauen nicht das Beilager von Männern nachahmen.
Verströme dich nicht völlig und hemmungslos in Liebe zum Weibe.
Denn Eros ist kein Gott, sondern eine verheerende Leidenschaft aller Menschen.

210 Bei Knaben soll man nicht Locken wellen am Langhaar;
nicht sollst du das Scheitelhaar flechten oder Zöpfe zu Haarknoten winden.
Nicht schickt sich's für Männer, langes Haar zu tragen, vielmehr nur für die schmucken Frauen.
Behüte die Jugendblüte eines wohlgestalteten Knaben;
denn viele sind gierig nach Männer-Liebesgenuss.
215 Behüte auch deine jungfräuliche Tochter in wohlverschlossenen Gemächern;
lass sie bis zur Hochzeit außer Hause nicht gesehen werden.
Schwer zu bewachen ist für die Eltern die Schönheit ihrer Kinder.

228 Rituelle Reinigungen bedeuten die Heiligung der Seele, nicht des Körpers.
Pseudo-Phokylides, 22–27.39–41.99–115.175–194.210–217.228 (Walter, JSHRZ 4.3, S. 199–201.206–208.213–216).

H. Das entstehende rabbinische Judentum

1. Selbstverständnis und Personen

Die Kette der Überlieferung

[1,1 a] Mose empfing die Tora vom Sinai und überlieferte sie Josua, Josua den Ältesten (Jos 24,31) und die Ältesten den Propheten (Jer 7,25). Und die Propheten überlieferten sie den Männern der großen Versammlung [*scil.* unter Esra (Neh

8–10)]. Sie sagten drei Worte: »Seid bedachtsam beim Richten, sorgt für viele Schüler und macht einen Zaun um die Tora«.

[2] Schim'on der Gerechte gehörte zum Rest der großen Versammlung. Er sagte: »Auf drei Dingen ruht die Welt: auf der Tora, auf dem Gottesdienst und auf den Werken der Barmherzigkeit«.

[3] Antigonos aus Socho (Jos 15,35) empfing [*scil.* die Tora] von Schim'on dem Gerechten. Er sagte: »Seid nicht wie die Knechte, die dem Herrn dienen um dafür Lohn zu erhalten, vielmehr seid wie Knechte, die dem Herrn dienen um dafür keinen Lohn zu erhalten, und die Ehrfurcht des Himmels sei mit euch (Dtn 10,20)«.

[4] Jose ben-Jo'ezer aus Sereda und Jose ben-Jochanan empfingen [*scil.* die Tora] von ihnen. Jose ben-Jo'ezer aus Sereda sagt: »Dein Haus sei ein Lehrhaus für die Gerechten, bestäube dich mit dem Staub ihrer Füße und trinke durstig ihre Worte«.

[5 a] Jose ben-Jochanan aus Jerusalem sagt: »Dein Haus sei weit geöffnet, es seien Arme deine Hausgenossen und sprich nicht viel mit einer Frau«. [5 b] Von seiner eigenen Frau haben die Gelehrten das gesagt, um wie viel mehr gilt das von der Frau seines Nachbarn. Von hier aus sagten die Gelehrten: »Jeder Mann, der viel mit einer Frau spricht, zieht Unheil auf sich und hört auf mit dem Studium der Worte der Tora, und am Ende erbt er den Ort der Verdammten«.

[6] Jehoschua ben-Perahja und Nittai aus Arbel empfingen [*scil.* die Tora] von ihnen: Jehoschua ben-Perahja sagt: »Suche dir einen Lehrer, erwirb dir einen Gefährten und beurteile jeden Menschen nach dem Maß des Verdienstes«.

[7] Nittai aus Arbel sagt: »Halte dich von einem bösen Nachbarn fern, geselle dich nicht zu einem Frevler und verzweifle nicht an der Vergeltung«.

[8] Jehuda ben-Tabbai und Schim'on ben-Schetach empfingen [*scil.* die Tora] von ihnen. Jehuda ben-Tabbai sagt: »Mache dich nicht selbst zu einem der Anwälte, wenn Kläger vor dir stehen, seien sie in deinen Augen wie Schuldige, und wenn sie sich von dir verabschieden, seien sie in deinen Augen wie Gerechte, sobald sie das Urteil auf sich genommen haben«.

[9] Schim'on ben-Schetach sagt: »Prüfe die Zeugen gründlich, und sei vorsichtig mit deinen Worten, vielleicht lernen sie aus ihnen zu lügen«.

[10] Schemaja und Abtaljon empfingen [*scil.* die Tora] von ihnen. Schemaja sagt: »Liebe die Arbeit, hasse die Herrschsucht, und suche nicht die Übereinstimmung mit der Obrigkeit«.

[11] Abtaljon sagt: »Ihr Gelehrten, seid vorsichtig mit euren Worten, vielleicht macht ihr euch der Strafe der Verbannung schuldig, und ihr müsst in die Verbannung gehen an einen Ort mit schlechtem Wasser, und die Schüler, die hinter euch herziehen, trinken davon und müssen sterben, und daraus ergibt sich, dass der Name des Himmels entweiht wurde«.

[12] Hillel und Schammai empfingen [*scil.* die Tora] von ihnen. Hillel sagt: »Gehöre zu den Schülern Aarons: Liebe den Frieden und jage dem Frieden nach, liebe die Menschen und bringe ihnen die Tora nahe«.

[13] Derselbe sagt [*die folgende Passage ist in aramäisch*]: »Wer seinen Namen ausbreitet, dessen Name geht zugrunde, wer nicht hinzufügt, der nimmt weg, wer nicht lernt, ist des Todes schuldig, und wer die Krone [*scil.* der Tora] ausnutzt, schwindet dahin«.

[14] Derselbe sagt: »Wenn ich nicht für mich bin, wer ist dann für mich? Und wenn ich nur für mich bin, was bin ich? Und wenn nicht jetzt, wann dann?«

[15] Schammai sagt: »Mache deine Tora zur Bestimmung. Sage wenig, aber tue viel und empfange jeden Menschen freundlich«.

[16] Rabban Gamliel sagt: »Suche dir einen Lehrer, halte dich von Zweifelhaften fern und verzehnte nicht öfter nach Schätzung«.

[17] Schimon, sein Sohn, sagt: »Alle meine Tage bin ich unter Gelehrten aufgewachsen, und ich habe für den Menschen nichts Besseres gefunden als Schweigen. Und die Erforschung [*scil.* der Tora] ist nicht die Hauptsache, sondern die Tat. Und jeder, der viele Worte macht, bewirkt Sünde«.

[18] Rabban Schim'on ben-Gamliel sagt: »Auf drei Dingen ruht die Welt: Auf Recht, auf Wahrheit und auf Frieden, denn es wird gesagt: *Ihr sollt Wahrheit und Recht zum Frieden richten in euren Toren* (Sach 8,16)«.

[2,1] Rabbi [*scil.* Jehuda, der Fürst,] sagt: »Was ist der richtige Weg, den sich ein Mensch wählen soll? Alles, was dem, der es tut, zur Ehre gereicht und ihm vor den Menschen zur Ehre gereicht. Und sei bei einem leichten Gebot ebenso vorsichtig wie bei einem schweren, denn du kennst die Größe seines Lohnes für die Einhaltung eines Gebots gegenüber seinem Lohn und den Lohn einer Übertretung gegenüber ihrem Schaden. Und beachte drei Dinge, und du kommst nicht in eine Übertretung hinein: Wisse, was über dir ist: ein sehendes Auge und ein hörendes Ohr, und wisse: alle deine Taten werden *in das Buch* (Mal 3,16) geschrieben«.

[2 a] Rabban Gamliel, der Sohn des Rabbi Jehuda, des Fürsten, sagt: »Gut ist Studium der Tora mit weltlicher Beschäftigung verbunden, denn die Mühe um sie beide lässt die Sünde vergessen, und jedes Torastudium, das nicht mit Arbeit verbunden ist, geht zugrunde und zieht Sünde nach sich. [2 b] Und alle, die für die Gemeinde tätig sind, sollen für sie tätig sein im Namen des Himmels, denn das Verdienst derer Väter unterstützt sie und deren Gerechtigkeit besteht für ewig. Aber euch will ich, sagt Gott, viel Lohn anrechnen, als ob ihr es selbst getan hättet.

[3] Seid vorsichtig gegenüber der Obrigkeit, denn sie nähern sich einem Menschen nur zu ihrem eigenen Nutzen, sie erscheinen wie Freunde zur Zeit, zu der man ihnen nützt, aber stehen keinem Menschen bei zur Zeit seiner Not«.

[4 a] Derselbe sagt: »Tue seinen, Gottes, Willen wie deinen Willen, damit er deinen Willen tue wie seinen Willen. Mache deinen Willen zunichte vor seinem Willen, damit er den Willen anderer zunichte mache vor deinem Willen«. [4 b] Hillel sagt: »Sondere dich nicht ab von der Gemeinde, glaube nicht an dich selbst bis zum Tag deines Todes, richte deinen Nächsten nicht, bevor du in seine Lage gekommen bist, sage nicht über einen Ausspruch, den man unmöglich verstehen kann, dass man ihn endlich doch verstehen wird, und sage

nicht: ›Wenn ich Muße habe, werde ich [*scil.* Tora] studieren‹, vielleicht wirst Du nie Muße haben«.

[5] Derselbe sagt: »Es gibt keinen Ungebildeten, der die Sünde fürchtet, kein Unzuverlässiger ist fromm, der Schüchterne lernt nichts, der Aufbrausende kann nicht lehren, keiner, der viel Handel treibt, kann weise [*scil.* in der Tora] sein, und dort, wo keine Männer sind, sei bestrebt, ein Mann zu sein«.
mAb 1,1–2,5 (Correns, S. 584–586).

Disput zwischen »Sadduzäern« und »Pharisäern«

[4,6] Es sagten die Sadduzäer: »Wir beanstanden an euch, Pharisäer, dass ihr sagt, die heiligen Schriften machten die Hände unrein, aber die Bücher Homeros machten die Hände nicht unrein«. Es sagte Rabban Jochanan ben-Zakkai: »Haben wir im Streit gegen die Pharisäer nichts anderes außer diesem?« So sagten sie: »Gebeine eines Esels sind rein, aber die Gebeine Jochanans, des Hohenpriesters, sind unrein«. Sie sagten zu ihm: »Wegen ihrer Verehrung halten sie sie für unrein; damit nicht jemand aus den Gebeinen seines Vaters oder seiner Mutter Löffel herstellt«. Er sagte zu ihnen: »Auch heilige Schriften sind wegen Verehrung unrein, aber die Bücher Homers machen, weil sie nicht verehrt werden, die Hände nicht unrein«.

[7 a] Es sagten die Sadduzäer: »Wir beanstanden an euch, Pharisäer, dass ihr den Strahl [*scil.* einer reinen Flüssigkeit, die in unreine gegossen wird,] für rein erklärt«. Es sagten die Pharisäer: »Wir beanstanden an euch, Sadduzäer, dass ihr [mit uns] eine Wasserrinne, die aus einem Gräberfeld kommt, für rein erklärt«. [7 b] Es sagten die Sadduzäer: »Wir beanstanden an euch, Pharisäer, dass ihr sagt: ›Wenn mein Rind und mein Esel Schaden anrichten, sind sie schuldig, wenn mein Knecht und meine Magd Schaden anrichten, sind sie frei‹. Was ist, wenn mein Rind und mein Esel, die nach den Geboten nicht schuldig sind, so bin ich für ihren Schaden haftpflichtig, wenn mein Knecht oder meine Magd, für die ich nach den Geboten haftpflichtig bin, ist es da nicht recht, dass ich für ihren Schaden haftpflichtig bin?« Sie sagten zu ihnen: »Nein. Wenn ihr über mein Rind und über meinen Esel, die ohne Vernunft sind, [das] sagt, wollt ihr [auch] über meinen Knecht und meine Magd, die Vernunft haben, [das] sagen? Denn wenn ich ihn erzürnt habe, könnte er hingehen und eines anderen Getreidehaufen anzünden und ich wäre dann ersatzpflichtig«.
mYad 4,6–7 (Correns, S. 976).

Die Wirkung der Tempelzerstörung

[9,12 a] Als die ersten Propheten gestorben waren, hörten die *Urim und Tummim* (Ex 28,30) auf. [12 b] Als das Heiligtum zerstört wurde, hörte der Diamantwurm und der Honig von Zofim auf, und die Männer des Vertrauens hörten auf, denn es wird gesagt: *Hilf, Herr, denn der Fromme ist dahin*, und weiter (Ps 12,2). [12 c] Rabban Schim'on ben-Gamliel sagt im Namen von Rabbi Jehoschua: »Seit dem Tag, an dem das Heiligtum zerstört wurde, gibt es keinen Tag, an dem es nicht

einen Fluch gibt, und der Tau kommt nicht zum Segen herab, und der Geschmack der Früchte wurde weggenommen«.

[14] Im Krieg gegen Vespasian [*scil.* dem Ersten Jüdischen Krieg 66–73/4] fassten die Gelehrten einen Beschluss über die Kronen der Bräutigame und über die Hochzeitspauke. Im Krieg des Quietus [*scil.* dem Aufstand in Ägypten ca. 116–117) fassten sie einen Beschluss über die Kronen der Braut und dass niemand seinen Sohn Griechisch lehrt. Im letzten Krieg [*scil.* dem Bar-Kochba-Aufstand 132–135/6] fassten sie den Beschluss, dass die Braut nicht in einer Sänfte in die Stadt hinausgeht. Aber unsere Rabbinen erlaubten, dass die Braut in einer Sänfte in die Stadt hinausgeht.
mSot 9,12.14 (Correns, S. 405).

Honi, der Kreiszieher, ein rabbinischer Wundertäter

[3,8] Über jede Not, die über die Allgemeinheit kommt, trompetet man, außer bei einem Überfluss an Regen. Es geschah, dass man zu Honi, dem Kreiszieher, sagte: »Bete, dass Regen falle!« Er sagte zu ihnen: »Geht und holt die Öfen für Passa herein, damit sie nicht aufweichen!« Und er betete, aber es fiel kein Regen. Was tat er? Er zog einen Kreis und stellte sich hinein und sagte vor ihm: »Herr des Himmels, deine Söhne haben sich an mich gewandt, denn ich bin wie ein Sohn des Hauses vor dir. Ich schwöre bei deinem großen Namen, dass ich nicht von hier weiche, bis dass du dich über deine Kinder erbarmst!« Es begann der Regen zu tröpfeln. Er sagte: »Nicht darum habe ich dich gebeten, sondern um Regen für Gruben, Zisternen und Höhlen«. Er fiel mit Macht. Er sagte: »Nicht darum habe ich dich gebeten, sondern [um] Regen des Erbarmens, des Segens und der Ergiebigkeit.« Er fiel ordentlich, bis die Israeliten von Jerusalem zum Tempelberg wegen des Regens hinausgingen. Sie kamen und sagten zu ihm: »Wie du um ihn gebeten hast, dass er falle, so bete jetzt, dass er aufhöre!« Er sagte zu ihnen: »Geht und seht, ob der Stein der Irrenden sich aufgelöst hat!« Es sandte zu ihm Schim'on ben-Schetach: »Wenn du nicht Honi wärest, müsste ich über dich einen Bann anordnen, aber kann ich dir das antun? Denn du verhältst dich vor Gott, wie sich ein Sohn seinem Vater gegenüber verhält, und er tut ihm seinen Willen. Und über dich sagt die Schrift: *Es freue sich dein Vater und deine Mutter, und es frohlocke deine Gebärerin!* (Prov 23,25).«
mTaan 3,8 (Correns, S. 267).

Der 9. Ab

[4,6] Fünf Ereignisse widerfuhren unseren Vätern am siebzehnten Tammuz und fünf am neunten Ab: am siebzehnten Tammuz wurden die Gesetzestafeln zerbrochen (Ex 32,19), das Brandopfer hörte auf, die Stadt wurde aufgebrochen. Apostomos [*scil.* Antiochus IV. Epiphanes?] verbrannte die Tora und stellte ein Bild im Heiligtum auf. (1Makk 1,54) Am neunten Ab wurde über unsere Väter beschlossen, dass sie nicht in das Land einziehen dürfen (Num 14,26–35), der Tempel wurde zum ersten (2Kön 25,8) und zum zweiten Mal zerstört, Beit-Ter

wurde eingenommen und die Stadt Jerusalem umgepflügt. Vom Beginn des Ab an soll man sich von Freuden zurückhalten.

[7 a] In der Woche, in die der neunte Ab fällt, ist es verboten, sich zu scheren und seine Kleider zu waschen, aber am fünften Tag sind diese Arbeiten erlaubt wegen der Würde des Sabbat. [7 b] Am Vortag des neunten Ab soll niemand zwei Speisen essen, man soll nicht Fleisch essen und nicht Wein trinken. Rabban Schmi'on ben-Gamliel sagt: »Man soll seine Gewohnheiten ändern. Rabbi Jehuda erklärt einen schuldig, das Bett aufzustellen«, aber die Gelehrten stimmen ihm nicht zu.

mTaan 4,6f (Correns, S. 269).

Die »Männer der Tora« und das Kommen des Messias

[9,15 a] (1) Als Rabbi Me'ir gestorben war, hörten die Erzähler von Gleichnissen auf. (2) Als Ben-Azzai gestorben war, hörten die Eifrigen auf. (3) Als Ben-Zoma gestorben war, hörten die Ausleger auf. (4) Als Rabbi Jehoschua gestorben war, hörte die Güte in der Welt auf. (5) Als Rabban Schim'on ben-Gamliel gestorben war, kamen Heuschrecken und viel Leiden. (6) Als Rabbi Eleazar ben-Azarja gestorben war, hörte der Reichtum der Gelehrten auf. (7) Als Rabbi Aqiba gestorben war, hörte die Ehre der Tora auf. (8) Als Rabbi Hanina ben-Dosa gestorben war, hörten die Männer der Tat auf. (9) Als Rabbi Jose Qatnuta gestorben war, verschwanden die Frommen. Und warum war sein Name Qatnuta? Weil er der Kleinste (*qatan*) der Frommen war. (10) Als Rabban ben-Zakkai gestorben war, hörte der Glanz der Weisheit auf. (11) Als Rabban Gamliel der Alte gestorben war, hörte die Ehre der Tora auf, und Reinheit und Enthaltsamkeit starben. (12) Als Rabbi Jischma'el ben-Pabi gestorben war, hörte der Glanz des Priestertums auf. (13) Als Rabbi gestorben war, hörten Demut und Furcht vor Sünde auf.

[15 b] Rabbi Pinhas ben-Ja'ir sagt: »Als das Heiligtum zerstört wurde, schämten sich die Genossen und die Freien und verhüllten ihr Haupt. Und die Männer der Tat wurden schwach in ihren Taten, aber stark wurden die Leute der Gewalt und die Leute mit [böser] Zunge. Und keiner forscht, keiner sucht und keiner fragt, auf wen sollen wir uns verlassen? Auf unseren Vater im Himmel!«

[15 c] Rabbi Eli'ezer der Große [*scil.* ben-Hyrkanos] sagt: »Seit dem Tag, als das Heiligtum zerstört wurde, fingen die Gelehrten an zu werden wie die Lehrer und die Lehrer wie die Schüler und die Schüler wie das Volk des Landes, und das Volk des Landes wird immer schwächer, und keiner fragt und keiner sucht, auf wen sollen wir uns verlassen? Auf unseren Vater im Himmel!«.

[15 d] Unmittelbar vor dem Kommen des Messias wird die Frechheit groß werden, und die Teuerung überhand nehmen. Der Weinstock gibt seine Frucht, aber der Wein wird teuer sein. Und das Königreich wird sich zur Häresie wenden, und es gibt keine Zurechtweisung. Das Versammlungshaus wird zum Hurenhaus werden. Und Galiläa wird zerstört sein und Gablan [*scil.* Gaulanitis] verwüstet, und die Männer von Galiläa werden von Stadt zu Stadt herumziehen und kein Erbarmen finden. Und die Gelehrsamkeit der Weisen wird verderben, und die

die Sünde Fürchtenden werden verworfen werden, und die Wahrheit wird wegbleiben. Knaben werden Alte erbleichen sehen, Alte werden vor Unmündigen aufstehen. *Der Sohn verachtet den Vater, die Tochter steht auf gegen ihre Mutter, die Schwiegertochter gegen ihre Schwiegermutter, die Feinde des Mannes sind die Leute seines Hauses* (Mi 7,6; vgl. Mt 10,35 f). Das Gesicht des Geschlechts gleicht dem Gesicht eines Hundes, und der Sohn wird nicht verleumdet durch seinen Vater. Und auf wen sollen wir uns verlassen? Auf unseren Vater im Himmel.

[15 e] Rabbi Pinhas ben-Ja'ir sagt: »Eifer führt zur Reinlichkeit, Reinlichkeit führt zur [kultischen] Reinheit, Reinheit führt zur Absonderung, Absonderung führt zur Heiligkeit, Heiligkeit führt zur Demut, Demut führt zur Furcht vor Sünde, Furcht vor Sünde führt zur Frömmigkeit, Frömmigkeit führt zum heiligen Geist, der heilige Geist führt zur Auferstehung der Toten, die Auferstehung der Toten bringt zu Elias, gedacht sei ihm zum Guten.«
mSot 9,15 (Correns, S. 405–407).

Hillel als vorbildlich geduldiger Toralehrer

Die Rabbanan lehrten: »Stets sei der Mensch sanft wie Hillel und nicht reizbar wie Schammai. Einst gingen zwei Männer eine Wette ein, indem sie sprachen: ›Wer hingeht und Hillel erzürnt, erhält vierhundert Zuz.‹ Da sprach der eine: ›Ich bringe ihn in Zorn.‹ Es war gerade an einem Vorabend des Sabbats, und als Hillel gerade den Kopf reinigte, ging er an seiner Tür vorüber und fragte: ›Ist Hillel anwesend? Ist Hillel anwesend?‹ Dieser umhüllte sich, kam ihm entgegen und sprach zu ihm: ›Mein Sohn, was ist dein Begehr?‹ Jener erwiderte: ›Ich habe eine Frage zu stellen.‹ Dieser sprach: ›Frage, mein Sohn.‹ Da fragte jener: ›Weshalb sind die Köpfe der Babylonier rund?‹ Dieser erwiderte: ›Mein Sohn, du hast eine wichtige Frage gestellt; weil sie keine vernünftigen Hebammen haben.‹ Er ging fort und wartete eine Zeitlang, dann kam er wieder und fragte: ›Ist Hillel anwesend? Ist Hillel anwesend?‹ Dieser umhüllte sich, kam ihm entgegen und sprach zu ihm: ›Mein Sohn, was ist dein Begehr?‹ Jener erwiderte: ›Ich habe eine Frage zu stellen.‹ Dieser sprach: ›Frage, mein Sohn.‹ Da fragte jener: ›Weshalb sind die Augen der Palmyrener triefig?‹ Dieser erwiderte: ›Mein Sohn, du hast eine wichtige Frage gestellt: weil sie auf sandigem Boden wohnen.‹ Er ging fort und wartete eine Zeitlang, dann kam er wieder und fragte: ›Ist Hillel anwesend? Ist Hillel anwesend?‹ Dieser umhüllte sich, kam ihm entgegen und fragte: ›Mein Sohn, was ist dein Begehr?‹ Jener erwiderte: ›Ich habe eine Frage zu stellen.‹ Dieser sprach: ›Frage, mein Sohn.‹ Da fragte er: ›Weshalb sind die Füße der Afrikaner breit?‹ Dieser erwiderte: ›Mein Sohn, du hast eine wichtige Frage gestellt; weil sie zwischen Sümpfen wohnen.‹ Darauf sprach jener: ›Ich habe noch viele Fragen zu stellen, jedoch fürchte ich, du könntest zornig werden.‹ Dieser umhüllte sich, setzte sich vor ihm nieder und sprach zu ihm: ›Du kannst nun alle Fragen, die du noch hast, vorbringen.‹ Da sprach jener: ›Bist du der Hillel, den man Fürst Israels nennt?‹ Dieser erwiderte: ›Jawohl.‹ Darauf versetzte jener: ›Wenn du es bist, so möge es in Israel nicht viele deinesgleichen geben!‹ Dieser

fragte: ›Weshalb, mein Sohn?‹ Jener antwortete: ›Weil ich durch dich vierhundert Zuz verloren habe.‹ Da sprach er zu ihm: ›Sei vorsichtig, Hillel bringt es fertig, dass du durch ihn vierhundert Zuz verlierst und noch vierhundert Zuz; Hillel aber ist nicht zu reizen.‹«
bShab 31a (Goldschmidt, Bd. 1, S. 520f).

2. Das Gesetz und seine Auslegung

a) Gesetz und Gerechtigkeit

Das Lob der Tora

[5] Größer ist die Tora als Priestertum und Königtum, denn das Königtum wird erworben durch dreißig Vorzüge und das Priestertum durch vierundzwanzig, aber die Tora wird erworben durch achtundvierzig Dinge: (1) durch Studium durch Hören mit dem Ohr, (2) durch Ordnen der Lippen, (3) durch Verstand des Herzens, (4) durch Einsicht des Herzens, (5) durch Scheu, (6) durch Furcht, (7) Demut, (8) Freude, (9) durch Bedienen der Gelehrten, (10) durch Genauigkeit beim Studium mit den Gefährten, (11) durch Diskutieren mit den Schülern, (12) durch Sitzen bei der Schrift, bei der Mischna, (13) wenig Schlaf, (14) wenig Gespräch, (15) wenig Vergnügen, (16) wenig Scherz, (17) wenig weltliche Beschäftigung, (18) durch Langmut, (19) durch ein gutes Herz, (20) durch Glauben an die Gelehrten, (21) durch Hinnehmen der Züchtigungen.

[6] (22) Wer seine Stelle kennt, (23) wer sich an seinem Anteil freut, (24) wer einen Zaun macht um seine Worte (25) und sich selbst kein Verdienst anrechnet, (26) geliebt wird, (27) wer die Gegenwart Gottes liebt, (28) die Menschen liebt, (29) Almosen liebt, (30) Zurechtweisungen liebt, (31) Redlichkeit liebt, (32) sich von der Ehre fernhält, (33) sich nicht in seinem Herzen überhebt wegen seiner Gelehrsamkeit, (34) sich nicht freut an Entscheidungen, (35) das Joch zusammen mit seinem Nächsten trägt, (36) ihn nach seiner Seite des Verdienstes hin beurteilt, (37) ihn in der Wahrheit bestärkt, (38) ihn zum Frieden bringt, (39) wer bleibt bei seinem Studium, (40) fragt, (41) antwortet, (42) hört und (43) hinzufügt, (44) wer lernt in der Absicht zu lehren, (45) wer lernt in der Absicht zu tun, (46) wer seinen Lehrer weise macht, (47) wer genau auf das achtet, was er gehört hat, (48) wer einen Ausspruch sagt im Namen dessen, der ihn gesagt hat. Dies hast Du gelernt: Jeder, der einen Ausspruch sagt im Namen dessen, der ihn gesagt hat, bringt Erlösung für die Welt, denn es wird gesagt: *Und es sprach Esther zum König im Namen des Mordechai* (Esth 2,22).

[7] Groß ist die Tora, denn sie gibt Leben denen, die sie tun, in dieser Welt und in der zukünftigen Welt, denn es wird gesagt: *Denn Leben ist sie denen, die sie finden, und seinem ganzen Leib Heilung* (Prov 4,22). Und sie sagt weiter: *Eine Heilung wird sie sein deinem Leib und ein Saft für deine Gebeine* (Prov 3,8). Und sie sagt weiter: *Ein Baum des Lebens ist sie denen, die an ihr festhalten, und die sie erfassen,*

seien selig gepriesen (Prov 3,18). Und sie sagt weiter: *Denn ein anmutiger Kranz sind sie für dein Haupt und ein Geschmeide für deinen Hals* (Prov 1,9). Und sie sagt weiter: *Sie wird auf dein Haupt setzen einen anmutigen Kranz, mit einer zierenden Krone wird sie dich umgeben* (Prov 4,9). Und sie sagt weiter: *Langes Leben ist in ihrer Rechten, in ihrer Linken Reichtum und Ehre* (Prov 3,16). Und sie sagt weiter: *Denn langes Leben, lebendige Jahre und Frieden werden sie dir mehren* (Prov 3,2).
mAb 6,5–7 (Correns, S. 600 f).

»Viel Tora – viel Leben«

[7 a] Derselbe [*scil.* Rabbi Hillel] sagt: »Viel Fleisch – viel Maden, viele Güter – viel Sorge, viele Frauen – viel Zauberei, viele Mägde – viel Unzucht, viele Knechte – viel Raub, viel Tora – viel Leben, viel Sitzen – viel Weisheit, viel Beratung – viel Einsicht, viel Almosen – viel Friede. [7 b] Hat einer einen guten Namen erworben, hat er ihn für sich erworben, hat einer Worte der Tora erworben, hat er sich das Leben der zukünftigen Welt erworben«.
mAb 2,7 (Correns, S. 587).

Das Joch der Tora

[5] Rabbi Nehunja ben-HaKana sagt: »Jeder, der das Joch der Tora auf sich nimmt, von dem wird das Joch der Regierungsmacht genommen und das Joch der weltlichen Sorge. Aber jedem, der das Joch der Tora von sich abschüttelt, dem wird das Joch der Regierungsmacht auferlegt und das Joch der weltlichen Sorge«.
mAb 3,5 (Correns, S. 589).

Wie viele Personen zum Studium der Tora nötig sind

[6] Rabbi Halafta aus Kefar Hananja sagt: »Sitzen zehn zusammen und beschäftigen sich mit der Tora, weilt die Gegenwart Gottes unter ihnen, denn es wird gesagt: *Gott steht in der Gemeinde Gottes* aus mindestens zehn Personen (Ps 82,1). Und woher weiß ich, dass das auch für fünf gilt? Daher: Denn es wird gesagt: *Und sein Bündel* aus fünf Stäben *hat er auf Erden gegründet* (Am 9,6; Ex 12,22). Und woher weiß ich, dass das auch für drei gilt? Daher: Denn es wird gesagt: *Inmitten von Göttern richtet er*, dazu gehören drei Richter (Ps 82,1). Und woher weiß ich, dass das auch für zwei gilt? Daher: Denn es wird gesagt: *Da redeten die, die den Herrn fürchteten, einer mit dem anderen, und der Herr merkte darauf und hörte* und weiter (Mal 3,16). Und woher weiß ich, dass das auch für einen gilt? Daher: Denn es wird gesagt: *An jedem Ort, an dem ich meines Namens gedenken lasse, werde ich zu dir kommen und dich segnen* (Ex 20,24)«.
mAb 3,6 (Correns, S. 589 f).

Das geeignete Lebensalter zum Studium

[21] Jehuda ben-Tema sagte: »Mit fünf Jahren ist man geeignet zum Bibellesen, mit zehn Jahren zur Mischna, mit dreizehn Jahren für die Gebote, mit fünfzehn

Jahren für den Talmud, mit achtzehn Jahren für das Brautgemach, mit zwanzig Jahren einen Beruf zu erstreben, mit dreißig Jahren zur Stärke, mit vierzig Jahren zur Einsicht, mit fünfzig Jahren zum Ratgeben, mit sechzig Jahren zum Alter, mit siebzig Jahren zum Greisenalter, mit achtzig Jahren zum Greisenalter, mit neunzig Jahren zum Gebeugtsein, mit hundert Jahren ist man wie ein Toter, fortgegangen und verschwunden aus der Welt«.
mAb 5,21 (Correns, S. 598).

Die Mühe des Torastudiums

[22] Ben-Bag Bag sagt: »Wende die Tora hin und wende sie her, denn alles ist in ihr, schaue in sie hinein und werde grau und alt in ihr und weiche nicht von ihr, denn du hast kein besseres Maß als sie«.

[23] Ben-He He: »Der Mühe entspricht der Lohn«.
mAb 5,22f (Correns, S. 599).

Die Regeln des Rabbi ben-Azzai

[2] Ben-Azzai sagt: »Jage der Erfüllung eines leichten Gebotes nach wie der eines schweren und fliehe vor einer Übertretung, denn eine Gebotserfüllung bringt eine weitere Gebotserfüllung mit sich und eine Übertretung bringt eine weitere Übertretung mit sich, denn der Lohn der Erfüllung eines Gebotes ist ein Gebot und der Lohn einer Übertretung ist eine Übertretung«.

[3] Derselbe sagt: »Verachte keinen Menschen und halte nichts für unmöglich, denn es gibt für dich keinen Menschen, der nicht seine Stunde hat, und es gibt für dich kein Ding, das nicht seine Stätte hat«.
mAb 4,2f (Correns, S. 592).

Das ganze Gesetz auf einem Bein

Die Rabbanan lehrten: »Einst trat ein Nichtjude vor Schammai und sprach zu ihm: ›Wieviel Torot habt Ihr?‹ Dieser erwiderte: ›Zwei; eine schriftliche und eine mündliche‹. Da sprach jener: ›Die schriftliche glaube ich dir, die mündliche glaube ich dir nicht; mache mich zum Proselyten unter der Bedingung, dass du mich nur die schriftliche Tora lehrst‹. Dieser schrie ihn an und entfernte ihn mit einem Verweis. Darauf trat er vor Hillel und dieser machte ihn zum Proselyten. Am ersten Tage lehrte er ihn *Aleph, Beth, Gimel, Daleth,* am folgenden Tage aber lehrte er ihn umgekehrt. Da sprach jener: ›Gestern hast du mich ja anders gelehrt!‹ Dieser erwiderte: ›Wenn du dich auf mich verlässt, so verlasse dich auch auf mich bezüglich der mündlichen Tora‹.

Abermals ereignete es sich, dass ein Nichtjude vor Schammai trat und zu ihm sprach: ›Mache mich zum Proselyten unter der Bedingung, dass du mich die ganze Tora lehrst, während ich auf einem Fuß stehe‹. Da stieß er ihn fort mit der Elle, die er in der Hand hatte. Darauf kam er zu Hillel und dieser machte ihn zum Proselyten und sprach zu ihm: ›Was dir nicht lieb ist, das tue auch deinem

Nächsten nicht. Das ist die ganze Tora und alles andere ist nur die Erläuterung; geh und lerne sie‹.
bShab 31a (Goldschmidt, Bd. 1, S. 521f).

Für das Studium der Tora gibt es kein Maß

[1 a] Dies sind die Dinge, für die es kein Maß gibt: die Pea [*scil.* Ackerecke], die Erstlinge, das Erscheinen [*scil.* im Tempel], die Liebeserweise und das Studium der Tora.

[1 b] Das sind die Dinge, von deren Zinsen der Mensch in dieser Welt zehrt, während ihm das Kapital in der kommenden Welt stehen bleibt: die Ehrerbietung gegen Vater und Mutter, die Liebeserweise, das Friedenstiften zwischen den Menschen. Das Studium der Tora aber übertrifft sie alle.
mPea 1,1 (Bauer, S. 10f).

Der Vorrang des Toralehrers gegenüber dem Vater

[2,11 c] Befindet sich sein Vater und sein Lehrer in Gefangenschaft, so löse er zuerst seinen Lehrer aus, und danach löse er seinen Vater aus. Wenn aber sein Vater ein Gelehrter ist, so löse er zuerst seinen Vater aus, und danach löse er seinen Lehrer aus.
mBM 2,11 (Windfuhr, S. 36f).

Die Tora als Geschenk Gottes an Israel

[3,16] Rabbi Hananja ben Aqaschja sagt: »Gott, gelobt sei er, wollte Israel zu Verdiensten bringen, deswegen hat er ihnen viel Tora und Gebote erteilt, denn es heißt: *Jahwe beliebte es, um seiner Gerechtigkeit willen* (Jes 42,21); er macht groß die Tora und verherrlicht sie«.
mMakk 3,16 (Krauß, S. 378f).

b) Hermeneutik

Die Auslegungsregeln Hillel des Älteren

[7,12] Von den Ältesten des Petera-Geschlechts stellte Hillel der Alte die folgenden sieben Auslegungsregeln auf: Schluss *a minori ad maius*, Analogieschluss, Verallgemeinerung von einer Schriftstelle aus, Verallgemeinerung von zwei Schriftstellen aus, Schluss vom Generellen auf das Spezielle und vom Speziellen auf das Generelle, Schluss aus anderen Stellen der Schrift und Schluss vom Kontext her. Diese sieben Auslegungsregeln stellte Hillel der Alte gegenüber den Ältesten des Petera-Geschlechts auf.
tSanh 7,12 (Barrett / Thornton, S. 217).

Begründung aus Bibel und Halakha

Die Lösung der Gelübde schwebt in der Luft und sie hat nichts, worauf sie sich stützen kann. Aber ein Weiser löst entsprechend seiner Weisheit. Die Halakhot des Sabbats, der Festopfer und der Veruntreuungen sind wenig Bibel und viele Halakhot. Sie sind wie Berge, die an einem Haar aufgehängt sind und haben nichts, worauf sie sich stützen können. Von da aus pflegte Rabbi Jehoschua zu sagen: »Eine Zange wird vermittels einer Zange gemacht; die erste Zange – wie entstand sie? Vielmehr: Sie wurde erschaffen. Aber die Rechtsangelegenheiten und die Dienste [*scil.* die Opfervorschriften] und die reinen Dinge und die unreinen Dinge und die verbotenen Verbindungen, zusätzlich die Schätzungen, die Banngüter und die Grundstücke und der Zweite Zehnt – sie haben, worauf sie sich stützen können: viel Bibel, Auslegung und wenige Halakhot«. Abba Jose ben-Hanin sagt: »Das sind die acht Ecksteine der Tora: Hauptstücke der Halakhot«.
tHag 1,9 (Mayer, Bd. 4.3, S. 69–71).

Ein ständiges Leben in Buße

Dort haben wir gelernt: Rabbi Eliezer sagte: »Tue Buße einen Tag vor deinem Tode«. Die Schüler sprachen zu Rabbi Eliezer: »Weiß denn der Mensch, an welchem Tage er sterben wird?« Dieser erwiderte: »Umso mehr muss er heute Buße tun, vielleicht stirbt er morgen; es ergibt sich also, dass er all seine Tage in Buße verbringt. Ebenso sagte Salomo in seiner Weisheit (Qoh 9,8): *Zu jeder Zeit mögen deine Kleider weiß sein, und deinem Haupte mangele es nie an Öl.*

Rabbi Jochanan ben Zakkai sagte ein Gleichnis: »Einst lud ein König seine Diener zur Mahlzeit und setzte ihnen keine Zeit fest. Die Klugen schmückten sich und setzten sich vor die Tür des Königs, indem sie sprachen: ›Fehlt denn etwas im Hause des Königs?‹ Die Toren dagegen gingen zur Arbeit fort, indem sie sprachen: ›Gibt es denn eine Mahlzeit ohne Vorbereitung?‹ Als der König plötzlich nach seinen Dienern verlangte, traten die Klugen geschmückt ein, die Toren dagegen traten in ihrem Schmutze ein. Da freute sich der König über die Klugen und zürnte über die Toren und sprach: ›Diese da, die sich zur Mahlzeit geschmückt haben, mögen sich setzen und essen und trinken; jene aber, die sich zur Mahlzeit nicht geschmückt haben, mögen stehen bleiben und zuschauen‹.«

Der Schwiegersohn Rabbi Me'irs sagte im Namen Rabbi Me'irs: »Auch jene könnten noch wie Diensttuende aussehen. Vielmehr sollen diese und jene sitzen; diese jedoch werden essen, jene aber hungern, diese werden trinken, jene aber dürsten, wie es heißt (Jes 65,13 f): *Der Herr spricht also: Siehe, meine Knechte werden essen, ihr aber sollt hungern; siehe, meine Knechte werden trinken, ihr aber sollt dürsten; siehe, meine Knechte werden vor Fröhlichkeit jubeln, ihr aber sollt vor Herzensweh aufschreien.*«
bShab 153a (Goldschmidt, Bd. 1, S. 927 f).

Dokumentation der Minderheitsentscheidungen

[4] Und warum erwähnt man die Worte des Schammai und des Hillel, wenn sie annulliert sind? Um die kommenden Geschlechter zu lehren, dass niemand auf seinen Worten bestehen soll, weil doch »die ewigen Väter« nicht auf ihren Worten bestanden.

[5] Und warum erwähnt man die Worte eines einzelnen Gelehrten gegen die der Mehrheit, wenn doch die Halakha nur nach den Worten der Mehrheit entschieden wird? Damit, wenn einem Gericht die Worte eines Einzelnen einleuchten und es sich darauf stützt, denn ein Gericht kann nicht die Worte eines anderen Gerichtes annullieren, es sei denn, dass es größer als das andere an Weisheit und Anzahl ist. Ist es größer an Weisheit, kann es seine Worte nicht annullieren, sondern nur, wenn es größer als das andere an Weisheit und Anzahl ist.

[6] Es sagt Rabbi Jehuda: »Wenn das so ist, warum erwähnt man die Worte eines einzelnen Gelehrten gegen die der Mehrheit, wenn sie annulliert wurden? Damit, wenn jemand sagt: ›So ist mir überliefert worden!‹, man ihm sagen kann: ›Du hast deine Ansicht als die Worte des und des Mannes gehört‹.«
mEdu 1,4–6 (Correns, S. 555).

c) Reinheit, Unreinheit und rituelle Tauchbäder

Die Quellen der Unreinheit

[1] Ursprüngliche Unreinheiten sind: Ein totes Kriechtier, männlicher Samen, ein von Leichen Unreiner, ein Aussätziger in den sieben Tagen seines Auszählens (Lev 14,8) und Reinigungswasser (Num 19,9–22), das nicht das zur Besprengung nötige Maß hat, so verunreinigen diese Mensch und Gefäße durch Berührung, und Gefäße aus Ton auch in ihrem Hohlraum (Lev 11,33), aber sie verunreinigen nicht durch Tragen.

[2] Schlimmer als diese Unreinheiten ist: Aas und Reinigungswasser, das das zur Besprengung nötige Maß hat, denn sie verunreinigen den Menschen auch durch Tragen, so dass er Kleider durch Berühren verunreinigt, aber die Kleider selbst werden nicht allein durch Berühren unrein gemacht.

[3] Schlimmer als diese Unreinheiten ist: Wer einer Menstruierenden beiwohnt, denn er verunreinigt das Lager unter ihm wie das, was über [ihm] ist. Schlimmer als diese Unreinheit ist: Der Ausfluss eines Ausflussbehafteten, sein Speichel, sein Samenerguss, sein Urin und Blut der Menstruierenden, denn sie verunreinigen durch Berühren und Tragen. Schlimmer als diese Unreinheit ist: Der Sattel eines Ausflussbehafteten, denn er verunreinigt sogar unter einer Steinplatte. Schlimmer als die Unreinheit des Sattels ist die des Lagers, denn seine Berührung gleicht seinem Tragen. Schlimmer als die Unreinheit des Lagers ist die eines Ausflussbehafteten, denn der Ausflussbehaftete macht das Lager unrein, aber ein Lager kann ein anderes Lager nicht unrein machen.

[4] Schlimmer als die Unreinheit eines Ausflussbehafteten ist die einer Ausflussbehafteten, denn sie verunreinigt den, der ihr beiwohnt. Schlimmer als die Unreinheit einer Ausflussbehafteten ist die eines Aussätzigen, denn er verunreinigt durch Eintreten in ein Haus. Schlimmer als die Unreinheit eines Aussätzigen ist die eines gerstenkorngroßen Knochens einer Leiche, denn er verunreinigt sieben Tage. Schwerer als sie alle ist die Unreinheit eines Toten, denn er verunreinigt durch Überdachung (Num 19,14), wodurch alle anderen nicht verunreinigen.
mKel 1,1–4 (Correns, S. 773f).

Abstufungen von Reinheit

[6] Zehn Grade des Heiligen sind diese: (1) Das Land Israel ist heiliger als alle Länder. Und was ist seine Heiligkeit? Dass man daraus die Erstlingsgarbe (Lev 23,10f), die Erstlinge (Dtn 26), und die zwei Brote (Lev 23,17) darbringt, aber aus allen anderen Ländern bringt man sie nicht dar. [7] (2) Die »ummauerten Städte« sind heiliger als das Land, denn aus ihrer Mitte schickt man Aussätzige heraus, aber man darf in ihrer Mitte Tote herumtragen, solange man will. Ist er herausgegangen, darf man ihn nicht wieder hineintragen. [8] (3) Innerhalb der Mauer Jerusalems ist es heiliger als die Städte, denn dort darf man Minderheiliges und zweiten Zehnten essen. (4) Der Tempelberg ist heiliger als dieses, denn ausflussbehaftete Männer, ausflussbehaftete Frauen, Menstruierende und Wöchnerinnen dürfen dort nicht hinein. (5) Der Rundgang ist heiliger als dieser, denn Nichtjuden und Leichenunreine dürfen dort nicht hinein. (6) Der Vorhof der Frauen ist heiliger als dieser, denn keiner, dem Versöhnung fehlt, darf dort hinein, und man ist ein Sündopfer schuldig. (8) Der Vorhof der Priester ist heiliger als dieser, denn kein Israelit darf dort hinein, außer wenn er dazu verpflichtet ist: zur Handauflegung (Lev 3,2), zur Schlachtung, und zum Schwingen der Opferstücke (Lev 7,30). [9a] (9) Der Platz zwischen Vorhalle und Altar ist heiliger als dieser, denn mit Makel behaftete Priester oder mit frei wachsendem Haar dürfen dort nicht hinein. (10) Das Tempelhaus ist heiliger als dieser, denn dort darf keiner hinein, der Hände und Füße nicht gewaschen hat. (11) Das Allerheiligste ist heiliger als sie alle, denn dort darf nur der Hohepriester am Versöhnungstag hinein zur Zeit des Tempeldienstes.
mKel 1,6–9a (Correns, S. 774f).

Unreine Tongefäße

[1a] Gefäße aus Holz, Gefäße aus Leder, Gefäße aus Knochen und Gefäße aus Glas, die flach sind, sind rein, aber die etwas aufnehmen können, sind verunreinigungsfähig. Zerbrechen sie, sind sie rein. Macht man wieder Gefäße aus ihnen, sind sie von da an und weiter verunreinigungsfähig.

[1b] Gefäße aus Ton oder Gefäße aus Alaunerde sind gleich in Bezug auf ihre Unreinheit, sie werden unrein und machen unrein durch ihren Hohlraum, sie

werden unrein durch ihre Unterseite, aber nicht durch ihre Vorderseite, und durch ihr Zerbrechen werden sie rein.
mKel 2,1 (Correns, S. 775 f).

Totenunreinheit

[1 a] Zwei Dinge können durch einen Toten unrein werden, eins wird sieben Tage lang unrein, und eins wird nur bis zum Abend unrein. Drei Dinge können durch einen Toten unrein werden, zwei werden sieben Tage lang unrein, und eins wird nur bis zum Abend unrein. Vier Dinge können durch einen Toten unrein werden, drei werden sieben Tage lang unrein, und eins wird nur bis zum Abend unrein.

[1 b] Wieso können zwei Dinge unrein werden? Ein Mensch, der einen Toten berührt, wird für sieben Tage unrein, und ein Mensch, der diesen dann berührt, wird unrein bis zum Abend.

[2] Wieso können drei Dinge unrein werden? Gefäße, die einen Toten berühren, und Gefäße, die dann diese Gefäße berühren, werden für sieben Tage unrein, das dritte, das, ob Mensch, ob Gerät, diese berührt, wird unrein bis zum Abend.

[3 a] Wieso können vier Dinge unrein werden? Gefäße, die einen Toten berühren, und ein Mensch, der dann Gefäße berührt, und diese Gefäße, die dann einen Menschen berühren, werden für sieben Tage unrein, das vierte, das, ob Mensch oder Gerät, diese berührt, wird unrein bis zum Abend.
mOhal 1,1–3 a (Correns, S. 823).

Unreinheit verschiedener Frauen

[1 b] Jeder Frau, die eine regelmäßige Periode hat, genügt die Zeit ihrer Periode zu kennen. Benutzt eine Frau ein Tuch zur Feststellung der Menstruation, so ist das wie eine Untersuchung, sie kann entweder die Unreinheit für einen ganzen Tag kürzen oder die von einer Untersuchung bis zur nächsten Untersuchung.

[2] Wie ist das gemeint: »Es genügt ihr, die Zeit ihrer Periode zu kennen«? Sitzt sie im Bett und beschäftigt sich mit reinen Gegenständen, entfernt sie sich vom Bett und nimmt Blut wahr, ist sie unrein, aber alle Gegenstände und das Bett sind rein. Obwohl sie sagten: »Sie gelten als unrein für einen ganzen Tag«, zählt sie die unreinen Tage (Lev 15,19) erst von der Zeit an, als sie Blut fand.

[3] Rabbi Eli'ezer sagt: »Vier Frauen genügt die Zeit ihrer Kenntnis: Einer Jungfrau, einer Schwangeren, einer Stillenden und einer Alten.« Rabbi Jehoschua sagt: »Ich hörte das nur von einer Jungfrau.« Aber die Halacha richtet sich nach den Worten des Rabbi Eli'ezer.

[4] Welche Frau ist eine Jungfrau? Jede, die in ihren Tagen kein Menstruationsblut gesehen hat, auch wenn sie verheiratet ist. Welche Frau ist eine Schwangere? Sobald sie ihre Schwangerschaft erkennt. Welche Frau ist eine Stillende? Solange bis sie ihr Kind entwöhnt hat. Hat sie ihr Kind einer Amme gegeben, entwöhnte sie es früher, oder starb es, gehen die Meinungen auseinander: Rabbi Me'ir sagt:

»Sie verunreinigt rückwirkend einen ganzen Tag«, aber die Gelehrten sagen: »Es genügt ihre Zeit ihre Periode zu kennen.«

[5] Welche Frau ist eine Alte? Jede, bei der drei Menstruationsperioden nahe dem Altern ohne Blutung vergangen sind.

mNid 1,1b–5 (Correns, S. 930f).

Unreinheit der Hände durch heilige Schriften

[3,3] Riemen der Gebetsriemen mit den Kapseln machen Hände unrein. Rabbi Schim'on sagt: »Riemen der Gebetsriemen machen die Hände nicht unrein.«

[4] Der Rand einer Buchrolle der Schrift, sei es der obere, der untere, der am Anfang oder der am Ende macht Hände solange nicht unrein, bis man den Stab der Rolle an ihm angebracht hat.

[5a] Eine Buchrolle der Schrift, die abgeschabt wurde, aber von der 85 Buchstaben stehen blieben gemäß der Buchstabenzahl des Abschnittes *Und wenn die Lade aufbrach* (Num 10,35f), macht Hände unrein. Eine Rolle, auf der 85 Buchstaben geschrieben sind gemäß der Buchstabenzahl des Abschnittes: *Und wenn die Lade aufbrach*, macht Hände unrein.

[5b] Alle heiligen Schriften machen Hände unrein, auch Hoheslied und Qohelet machen Hände unrein. Rabbi Jehuda sagt: »Hoheslied macht Hände unrein, aber über Qohelet ist man verschiedener Meinung.« Rabbi Jose sagt: »Qohelet macht die Hände nicht unrein, aber über Hohelied ist man verschiedener Meinung.« Rabbi Schim'on sagt: »Qohelet gehört zu den Erleichterungen der Schule Schammais und zu den Erschwerungen der Schule Hillels.« Es sagt Rabbi Schim'on ben-Azzai: »Mir wurde als Ausspruch der 72 Ältesten am Tag, als sie Rabbi Eleazar ben-Azarja in der Akademie als Vorsteher einsetzen, überliefert, dass sowohl Hoheslied wie auch Qohelet die Hände unrein machen.« Es sagt Rabbi Aqiba: »Gott behüte! Kein Mensch in Israel streitet dem Hohenlied ab, dass es Hände unrein mache, denn nie war die ganze Welt würdiger als an dem Tag, da das Hohelied Israel gegeben wurde, denn alle Schriften sind heilig, aber das Hohelied ist hochheilig, und wenn Streit besteht, dann nur um Qohelet.« Es sagt Rabbi Johanan ben-Jehoschua, Sohn des Schwiegervaters des Rabbi Aqiba als Worte des Ben-Azzai: »Und so stritten sie und so entschieden sie.«

[4,5] Die aramäischen Übersetzungen, die in Esra und Daniel sind, machen Hände unrein. Eine Übersetzung in Esra und Daniel, deren Schrift althebräisch ist, und eine hebräische Stelle, deren Schrift aramäische Übersetzung oder althebräisch geschrieben ist, machen Hände niemals unrein. Unrein macht die heilige Schrift nur, wenn sie in Quadratschrift auf Leder und mit Tusche geschrieben ist.

mYad 3,3–5; 4,5 (Correns, S. 973.976).

Wie man einen Aussätzigen für rein oder unrein erklärt

[1a] Alle können sich verunreinigen am Aussatz, außer Heiden und ansässige Proselyten. Alle sind tauglich Aussatzzeichen zu untersuchen, aber die Erklä-

rung der Unreinheit oder der Reinheit liegt in den Händen eines Priesters. Die Kundigen sagen zu dem Priester: Sage »unrein«! und er sagt »unrein!«, oder sage »rein«!, und er sagt »rein«. Sie dürfen nicht zwei Aussatzzeichen auf einmal untersuchen, ob bei einem Mann, oder ob bei zwei Männern, vielmehr untersucht man den einen, und schließt ihn aus, erklärt ihn endgültig für unrein oder entlässt ihn als rein, und wendet sich dem zweiten zu. [1 b] Wegen eines zweiten Aussatzzeichens können sie einen Ausgeschlossenen nicht ausschließen, und einen endgültig für unrein Erklärten ausschließen. Aber am Anfang, am Ende einer Woche kann der Priester einen Ausgeschlossenen wegen eines zweiten Zeichens ausschließen, und einen für unrein Erklärten deswegen für unrein erklären, einen ausschließen und einen anderen als rein entlassen, einen für unrein erklären und einen anderen als rein entlassen.
mNeg 3,1 (Correns, S. 854).

Reinigung eines Aussätzigen

[1] Wie reinigt man einen Aussätzigen? Man bringt eine neue irdene Schale und gibt ein Viertel Log Quellwasser hinein, und er bringt zwei freifliegende Vögel. Der Priester schlachtet einen von ihnen über der irdenen Schale und über dem Quellwasser. Er gräbt ein Loch und beerdigt ihn in seiner Gegenwart. Er nimmt Zedernholz, Ysop und Purpurwolle und bindet sie zusammen mit den Resten der Streifen der Wolle, und bringt dazu die Flügelspitzen und die Schwanzspitze des zweiten Vogels. Er taucht sie in das Blut des geschlachteten Vogels und sprengt das Blut siebenmal auf den Rücken der Hand des Aussätzigen. Aber es gibt einige, die sagen: »Auf seine Stirn.« Und ebenso besprengte man die Oberschwelle eines Hauses von außen.

[2] Er kommt dann, den lebenden Vogel freizulassen. Er wendet sein Gesicht nicht dem Meer, nicht der Stadt und nicht der Wüste zu, denn es wird gesagt: *Und er soll den lebenden Vogel freilassen außerhalb ins freie Feld* (Lev 14,53). Er kommt dann, das Haar des Aussätzigen zu schneiden, er lässt das Rasiermesser über seinen ganzen Körper gehen, wäscht seine Kleider und taucht selbst unter. Er ist vom Aussatz beim Eintreten in ein Haus rein, aber so verunreinigt er noch wie Gewürm (Lev 11,29–31). Er darf innerhalb der Mauer einer Stadt gehen, er ist verbannt von seinem Haus für sieben Tage (Lev 14,8), und der Beischlaf ist verboten.

[3] Am siebten Tag schneidet er sich das Haar zum zweiten Mal (Lev 14,9) wie beim ersten Mal. Er wäscht seine Kleider und taucht unter. Er ist rein von der Verunreinigung wie Gewürm und so ist er ein Untergetauchter, der noch den Abend abwarten muss, um ganz rein zu sein (Lev 15,5–11). Er darf vom zweiten Zehnt essen. Ist die Sonne untergegangen, darf er, falls er Priester ist, von der Hebe essen. Hat er sein Sühneopfer dargebracht, darf er vom Heiligen essen. Es ergeben sich drei Stufen der Reinheit bei einem Aussätzigen, wie drei Stufen der Reinheit bei einer Wöchnerin (Lev 12,1–8).
mNeg 14,1–3 (Correns, S. 874f).

Taugliche und untaugliche Tauchbäder

[1] Das Land Israel ist rein, und seine Tauchbäder sind rein. Tauchbäder der Heiden außerhalb des Landes Israel sind tauglich für die, die eine Pollution hatten, selbst wenn sie mit Wasser eines Brunnens gefüllt sind. Denn die im Land Israel außerhalb der Tore befindlichen Tauchbäder sind auch für Menstruierende tauglich. Sind sie innerhalb der Tore, sind sie tauglich für die, die eine Pollution hatten, aber untauglich für alle anderen Unreinheiten. Rabbi Eli'ezer sagt: »Die nahe bei einer Stadt oder einer Straße leben, sind unrein wegen Waschens der Kleider, aber die Fernen sind rein.«
mMiqw 8,1 (Correns, S. 925f).

40 Sea Wasser

[7] Wichtiger als diese [*scil.* bestimmten Wasserarten] ist ein Tauchbad, das 40 Sea Wasser enthält, denn in ihm kann man selbst untertauchen und andere untertauchen. Wichtiger als diese ist eine Quelle, deren Wasser an Menge gering ist, aber die durch geschöpftes Wasser größer wird. Sie ist gleich einem Tauchbad, das durch Eintauchen rein macht, und einer Quelle, in die man Gefäße eintauchen kann, wie groß die Menge auch ist.

[8] Wichtiger als diese sind *aus Fels geschlagene* Wasser (Num 20,11; mPara 8,9), denn sie reinigen im Fließen. Wichtiger als diese sind lebendige Wasser, denn in ihnen tauchen Ausflussbehaftete ein, man sprengt Aussätzige damit, und sie sind zum Heiligen des Sündopferwassers geeignet.
mMiqw 1,7f (Correns, S. 916).

d) Beschneidung

Beschneidung und Sabbat

[2a] Man darf [am Sabbat] das zur Beschneidung Nötige tun: Man darf beschneiden, man darf [die Eichel] entblößen, man darf [das Blut] absaugen, und man darf ein Pflaster und Kümmel auflegen. Wenn man [den Kümmel] nicht am Vorabend des Sabbat zerstoßen hatte, darf man [ihn] mit seinen Zähnen kauen und auflegen.
mShab 19,2a (Correns, S. 162).

Segenssprüche bei der Beschneidung

Der Beschneider benötigt einen Segensspruch für sich selbst. Er spricht: »Gepriesen seist Du, Herr, unser Gott, Schöpfer der Welt, der uns durch seine Gebote geheiligt hat und uns die Beschneidung geboten hat!« Der Vater des Sohns benötigt einen Segensspruch für sich selbst: »Gepriesen seist Du, der uns durch seine Gebote geheiligt hat und uns geboten hat, den Jungen in den Bund unseres Vaters Abraham eintreten zu lassen!« Und die Umherstehenden sprechen: »Wie er in den Bund eingetreten ist, so möge er in das Studium der Tora und unter den

Traubaldachin treten!« Der den Segen spricht, spricht: »Gepriesen seist Du, Herr, unser Gott, Schöpfer der Welt, der den Liebling von Mutterleib an geheiligt hat, ein Gesetz an seinem Fleisch gesetzt hat, der seine Nachfolger mit dem Zeichen des heiligen Bundes versiegelt hat! Darum, wegen dieser Verdiensthandlung, lebendiger Gott, unser Anteil, unser Schöpfer, gebiete, die Lieblinge unseres Fleisches vor der Hölle zu retten! Um des Bundes willen, der an unser Fleisch gesetzt ist! Gepriesen sei der, der den Bund schloss!«
tBer 7,12f (Kippenberg, S. 180).

Das Lob der Beschneidung

[11b] Rabbi Eleazar ben-Azarja sagt: »Verachtet ist Unbeschnittensein, denn die Frevler werden damit beschimpft, denn es wird gesagt: *denn alle Heiden sind unbeschnitten* (Jer 9,25)«. Rabbi Jischma'el sagt: »Groß ist die Beschneidung, denn dreizehn Mal gedenkt man des Bundes (Gen 17)«. Rabbi Jose sagt: »Groß ist die Beschneidung, denn sie verdrängt selbst den strengsten Sabbat.« Rabbi Joschua ben-Korha sagt: »Groß ist die Beschneidung, denn Moses, dem Gerechten, wurde ihretwegen keine Stunde Aufschub gewährt« (Ex 4,24–26). Rabbi Nehemja sagt: »Groß ist die Beschneidung, denn sie verdrängt selbst die Aussatzvorschriften.« Rabbi sagt: »Groß ist die Beschneidung, denn obwohl unser Vater Abraham alle Gebote Gottes einhielt, wurde er doch erst *vollendet* genannt, nachdem er sich beschnitten hatte, denn es wird gesagt: *Wandle vor mir und sei vollkommen* (Gen 17,1).« Eine andere Erklärung lautet: »Groß ist die Beschneidung, denn wenn sie nicht wäre, hätte der Heilige, gelobt sei er, seine Welt nicht geschaffen, denn es wird gesagt: *So sagt der Herr: Wenn nicht mein Bund Tag und Nacht bestünde, hätte ich die Ordnungen des Himmels und der Erde nicht gemacht* (Jer 33,25)«.
mNed 3,11b (Correns, S. 356f).

Erziehungspflichten

Welches ist jenes Gebot des Vaters gegenüber dem Sohn? Er ist verpflichtet, ihn zu beschneiden, ihn freizukaufen, ihn die Tora zu lehren, ihn ein Handwerk zu lehren und ihm eine Frau zu besorgen.

Und manche sagen: »Auch ihn im Fluss schwimmen (lernen) zu lassen.«

Rabbi Jehuda sagt: »Jeder, der seinen Sohn nicht ein Handwerk lehrt, wird ihn das Räuberhandwerk lehren.«
tQid 1,11b (Kippenberg, S. 182).

e) Ehe- und Familienrecht

Wie man eine Ehe schließt und sie wieder auflöst

[1] Eine Frau wird erworben auf drei Arten, und sie erwirbt sich selbst auf zwei Arten: Sie wird erworben durch Geld, durch Urkunde oder durch Beischlaf. Wie wird sie durch Geld erworben? Die Schule Schammais sagt: »Durch einen Denar oder den Wert eines Denars«, aber die Schule Hillels sagt: »Durch eine

Peruta oder den Wert einer Peruta«. Und was ist eine Peruta? Ein Achtel eines italischen Asses. Und sie erwirbt sich selbst durch einen Scheidebrief oder den Tod ihres Ehemannes.

Eine Schwägerin wird erworben durch Beischlaf, und sie erwirbt sich selbst durch Ablehnung oder den Tod des Schwagers.
mQid 1,1 (Correns, S. 427).

Ein Mann darf nicht mit zwei Frauen allein sein

[12 a] Ein Mann darf nicht mit zwei Frauen allein sein, aber eine Frau darf mit zwei Männern allein sein. Rabbi Schim'on sagt: »Ein Mann darf auch allein sein mit zwei Frauen, solange seine Frau dabei ist. Er darf mit ihnen in einer Herberge schlafen, weil seine Frau ihn bewahrt.

[12 b] Ein Mann darf mit seiner Mutter und mit seiner Tochter allein sein und bei ihnen in leiblicher Nähe schlafen. Ist sie herangewachsen, schläft jeder in seinem Gewand«.
mQid 4,12 (Correns, S. 436).

Die eheliche Pflicht

[6 a] Was ist mit einem, der seine Frau durch ein Gelübde zwingt, seiner Beiwohnung zu entsagen? Die Schule Schammais sagt: »Zwei Wochen muss sie das hinnehmen«, die Schule Hillels sagt: »Nur eine Woche«.

[6 b] Die Schüler dürfen zum Torastudium ohne Einwilligung ihrer Frauen dreißig Tage lang fortbleiben, die Arbeiter eine Woche.

[6 c] Die Zeiten der ehelichen Pflicht, die in der Tora (Ex 21,10?) gesagt werden, sind: Die Unbeschäftigten jeden Tag, die Arbeiter zweimal in der Woche, die Eseltreiber einmal in der Woche, die Kameltreiber einmal in dreißig Tagen, die Schiffer einmal in sechs Monaten, sind die Worte des Rabbi Eli'ezer.
mKet 5,6 (Correns, S. 335).

Die Pflicht zur Fortpflanzung

[6 a] Es soll sich niemand von der Fortpflanzung und Vermehrung fernhalten, außer wenn er schon Kinder hat. Die Schule Schammais sagt: »Zwei Söhne«, während die Schule Hillels sagt: »Einen Sohn und eine Tochter, denn es wird gesagt: *Männlich und weiblich schuf er sie* (Gen 5,2).«

[6 b] Heiratet einer eine Frau und lebt zehn Jahre mit ihr zusammen und gebiert sie in dieser Zeit nicht, ist er nicht berechtigt, sich noch länger von ihr fernzuhalten. Scheidet er sich von ihr, darf sie einen anderen heiraten. Und der zweite ist wiederum berechtigt, zehn Jahre mit ihr zusammenzuleben. Und wenn sie eine Fehlgeburt hat, zählt man von dem Zeitpunkt ab, an dem sie die Fehlgeburt gehabt hat.

[6c] Auf dem Mann liegt das Gebot zur Fortpflanzung und Vermehrung, aber nicht auf der Frau. Rabbi Johanan ben-Beroka sagt: »Von beiden sagt die Schrift: *Und Gott segnete sie und sprach zu ihnen: ›Seid fruchtbar und mehret euch‹* (Gen 1,28).«
mJeb 6,6 (Correns, S. 303).

Gründe für eine Scheidung

[10] Die Schule Schammais sagt: »Jemand darf sich von seiner Frau nur scheiden lassen, wenn er an ihr etwas Schändliches gefunden hat, denn es wird gesagt: *Weil er an ihr etwas Schändliches gefunden hat* (Dtn 24,1)«. Aber die Schule Hillels sagt: »Auch wenn sie seine Speise anbrennen ließ, denn es steht geschrieben: *Weil er an ihr etwas Schändliches gefunden hat* (Dtn 24,1)«. Und Rabbi Aqiba sagt: »Selbst wenn er eine andere schöner findet, denn es steht geschrieben: *Wenn sie keine Gunst in seinen Augen findet* (Dtn 24,1)«.
mGit 9,10 (Correns, S. 426).

Der Scheidebrief

[1] Jeder Scheidebrief, der nicht auf den Namen der Frau geschrieben wurde, ist ungültig. Wie ist das gemeint? Einer geht auf dem Markt vorüber und hört die Stimme der Schreiber vorlesen: »Der Mann N. N. scheidet sich von der Frau N. N. von Ort N. N.« und sagt: »Das ist mein Name und das ist der Name meiner Frau«, ist er für seine Scheidung ungültig. Mehr als das: Hat einer einen Scheidebrief geschrieben, um sich von seiner Frau zu scheiden und überlegt es sich, trifft ihn einer aus seiner Stadt und sagt zu ihm: »Mein Name ist wie dein Name und der Name meiner Frau ist wie der Name deiner Frau«, ist er für dessen Scheidung ungültig. Mehr als das: Hat einer zwei Frauen, deren Namen gleich sind, einen Scheidebrief geschrieben, um sich von der größeren [*scil.* älteren] zu scheiden, darf er sich nicht von der kleineren [*scil.* jüngeren] scheiden. Mehr als das: Hat einer zu einem amtlichen Schreiber gesagt: »Schreibe mir einen Scheidebrief. Von derjenigen, von der es mir gefällt, will ich mich scheiden!«, ist er für seine Scheidung ungültig.
mGit 3,1 (Correns, S. 411f).

Die Arbeiten einer Frau

[5] Das sind die Arbeiten, die eine Frau für ihren Mann tun muss: Sie muss mahlen, backen, waschen, kochen, ihr Kind säugen, ihm das Bett machen und Wolle verarbeiten. Hat sie ihm eine Sklavin [in die Ehe] mitgebracht, braucht sie nicht zu waschen. [Hat sie] zwei [mitgebracht], braucht sie nicht zu waschen und nicht zu säugen. [Hat sie] drei [mitgebracht], braucht sie ihm nicht das Bett zu machen und nicht Wolle zu verarbeiten. [Hat sie ihm] vier [mitgebracht], kann sie im Lehnstuhl sitzen.

Rabbi Eli'ezer sagt: »Selbst wenn sie ihm hundert Mägde mitgebracht hat, kann er sie zwingen, Wolle zu verarbeiten, denn Untätigkeit führt zur Unzucht.«

Rabban Schim'on ben-Gamliel sagt: »Auch wenn einer seine Frau durch ein Gelübde zwingt, sich der Arbeit zu enthalten, muss er sie entlassen und ihr die Hochzeitsgabe geben, denn Untätigkeit führt zum Wahnsinn.«
mKet 5,5 (Correns, S. 335).

Die väterliche Gewalt über die Tochter

[4] Ein Vater hat die Vollmacht über seine minderjährige Tochter bei ihrer Verlobung, über das Geld, über das Geschriebene und über die Beiwohnung, auch hat er das Recht an ihrem Fund und an ihrem Arbeit[slohn], sowie ihre Gelübde aufzulösen. Und er nimmt ihren Scheidebrief in Empfang, aber hat nicht die Nutznießung ihres Vermögens zu ihren Lebzeiten. Ist sie verheiratet, hat der Mann vor ihm den Vorzug, dass er auch die Nutznießung ihres Vermögens zu ihren Lebzeiten hat, und er ist verpflichtet, sie zu ernähren, sie loszukaufen und sie zu beerdigen. Rabbi Jehuda sagt: »Selbst der Ärmste in Israel soll nicht weniger als zwei Flöten und ein Klageweib anheuern.«

[5] Eine Tochter bleibt solange in der Gewalt des Vaters, bis sie in die Gewalt des Mannes bei der Hochzeit kommt. Übergibt sie der Vater den Boten des Mannes, so ist sie in der Gewalt des Mannes, aber geht der Vater mit den Boten des Mannes oder gehen die Boten des Vaters mit denen des Mannes, so ist sie noch in der Gewalt des Vaters. Übergeben sie die Boten des Vaters den Boten des Mannes, so ist sie in der Gewalt des Mannes.
mKet 4,4f (Correns, S. 332).

f) Tod und Bestattung

Herrichten des Toten vor der Bestattung

[5 a] Man darf alles für einen Toten Nötige tun: man darf ihn salben und waschen, aber nur wenn kein Glied von ihm bewegt wird. Man darf die Matratze unter ihm wegziehen und ihn auf Sand gleiten lassen, damit er länger erhalten bleibt. [5 b] Man darf das Kinn binden, nicht damit es aufgeht, sondern damit es nicht weiter aufgeht. Und ebenso darf man einen eingebrochenen Balken mit einer Bank oder mit Seitenbrettern eines Brettes stützen, nicht damit er aufgeht, sondern damit er nicht weiter bricht. [5 c] Man darf einem Toten am Sabbat nicht die Augen zudrücken und am Werktag nicht beim Entweichen der Seele, und wer die Augen zudrückt beim Entweichen der Seele, siehe, der vergießt Blut.
mShab 23,5 (Correns, S. 167).

Die Trauerfeier

[5] Wenn einer seinen Toten drei Tage vor einem Wallfahrtsfest beerdigt hat, ist die Pflicht der siebentägigen Trauer für ihn aufgehoben; waren es acht Tage vorher, ist die Pflicht der dreißigtägigen Trauer für ihn aufgehoben, weil sie gesagt haben: Der Sabbat wird dazugerechnet, ohne die Trauer aufzuheben; die Wallfahrtsfeste heben sie auf, ohne dazugerechnet zu werden […]

[7 a] Niemand darf das Gewand zerreißen, noch die Schulter entblößen, noch das Trauermahl reichen, außer den nächsten Verwandten des Toten, und man darf das Trauermahl nur bei aufgerichteten Betten reichen. [7 b] Man darf Speisen für das Trauerhaus nicht auf einem Tablett noch in einer Schüssel, noch in einem Rohrkorb, sondern nur in Körben bringen. [7 c] Und man darf den Trauersegen nicht an einem Halbfeiertag sprechen, aber man stellt sich in einer Reihe auf, spricht Tröstungen und entlässt die Menge.

[8 a] Man darf eine Bahre nicht auf einem öffentlichen Platz aufstellen, damit man die Trauerklage nicht herbeiführt, diejenige von Frauen überhaupt nicht wegen der Würde. [8 b] Frauen dürfen am Halbfeiertag Klagelieder singen, aber nicht die Hände zusammenschlagen. Rabbi Jischma'el sagt: »Die nahe an der Bahre stehen, dürfen die Hände zusammenschlagen.«

[9 a] An Neumonden, an Hanukka und an Purim dürfen sie Klagelieder singen und die Hände zusammenschlagen, aber an keinem die Totenklage anstimmen. Ist der Tote bestattet, dürfen sie weder Klagelieder singen, noch die Hände zusammenschlagen. [9 b] Worin besteht der Klagegesang? Darin, dass alle zugleich singen. Worin das Klagelied? Darin, dass eine vorsingt und alle nach ihr antworten, denn es wird gesagt: *Und lehrt eure Töchter Klagegesang, und eine Vorsängerin die anderen ein Klagelied!* (Jer 9,19). Aber für die kommende Zeit sagt die Schrift: *Vernichten wird er den Tod für immer und der Herr Gott wird die Tränen von jedem Angesicht abwischen!* (Jes 25,8) und so weiter.
mMQ 3,5.7–9 (Correns, S. 282 f).

Unterhalt und Begräbnis für eine Witwe

[1] Eine Witwe wird aus dem Vermögen der Waisen unterhalten, der Ertrag ihrer Handarbeit gehört ihnen, und sie sind nicht zu ihrer Beerdigung verpflichtet. Ihre Erben und zwar die Erben ihrer Hochzeitsgabe, sind zu ihrer Beerdigung verpflichtet.
mKet 11,1 (Correns, S. 345).

g) Strafrecht

Die Sitzordnung im Sanhedrin

Der Sanhedrin war wie eine halbe runde Tenne angeordnet, damit seine Mitglieder einander sehen könnten. Der Vorsitzende sitzt in der Mitte; die Ältesten sitzen zu seiner Rechten und zu seiner Linken. Rabbi Eleazar ben-Rabbi Zadok sagte: »Als Rabban Gamliel Vorsitzender des Gerichts in Jabne war, saßen mein Vater und noch ein anderer zu seiner Rechten, während die übrigen Ältesten zu seiner Linken saßen.« Warum sitzt noch einer rechts neben dem Ältesten? Wegen der Würde des Ältesten.
tSanh 8,1 b (Mayer, Bd. 4.3, S. 127 f).

Die Mitgliederzahl des Sanhedrin

[6 a] Der große Sanhedrin hatte einundsiebzig Richter und der kleine dreiundzwanzig. Woraus folgt für das große, dass es einundsiebzig Richter hatte? Denn es wird gesagt: *Sammle mir siebzig Männer von den Ältesten Israels* (Num 11,16) und Moses über ihnen, so sind es einundsiebzig. Rabbi Jehuda sagt: »siebzig.«
mSanh 1,6 a (Correns, S. 506).

Das Gericht des Hohen Rates

[4 c] Die Quaderzelle: »Dort saß der Hohe Rat Israels und richtete die Priesterschaft, und ein Priester, an dem ein Makel erfunden wurde, kleidete sich in Schwarz und hüllte sich in Schwarz und ging weg und hinaus; und an wem kein Makel erfunden wurde, der kleidete sich in Weiß und hüllte sich in Weiß und kam und diente mit seinen Brüdern, den Priestern; und sie hielten einen Freudentag, weil kein Makel am Samen Aarons erfunden wurde, und so sprachen sie: »Gepriesen sei der Himmel, gepriesen sei Er, weil kein Makel am Samen Aarons erfunden wurde!«.
mMidd 5,4 c (Holtzmann, S. 102–105).

Der Zeitpunkt der Urteilsverkündung

[1 h] Geldsachen beendet man am selben Tag, sei es zur Freisprechung, sei es zur Schuldsprechung; Kapitalsachen aber beendet man an demselben Tag zur Freisprechung, aber erst am folgenden Tag zur Schuldsprechung. Darum richtete man weder am Rüsttag des Sabbats noch am Rüsttag eines Feiertags.
mSanh 4,1 h (Krauß, S. 144–147).

Die Qualifikation zum Richter

[2 b] Alle sind geeignet zu richten bei Geldsachen, aber nicht alle sind geeignet zu richten bei Kapitalsachen, sondern nur Priester, Leviten und solche Israeliten, die ihre Töchter in den Priesterstand verheirateten.
mSanh 4,2 b (Krauß, S. 148 f).

Der Wert eines Menschenlebens

[5 b] Wissen sollt ihr, dass nicht wie Geldsachen die Kapitalsachen sind. Bei Geldsachen ist es so: Der Mensch gibt Geld, und es wird ihm der Fehltritt verziehen; bei Kapitalsachen jedoch: sein Blut und das Blut seiner möglichen Nachkommenschaft haftet an ihm bis ans Weltende.

[5 c] Denn also finden wir es bei Kain, der seinen Bruder erschlagen hat. Denn es heißt: *Die Stimme der Blutspuren deines Bruders* (Gen 4,10); er sagt nicht: »Blut deines Bruders«, sondern *Blutspuren deines Bruders*, das heißt sein Blut und das Blut seiner möglichen Nachkommenschaft.

[5d] Ein anderes Wort: *Die Blutspuren deines Bruders*, dass nämlich sein Blut hingeworfen war auf Holzstücke und Steine.

[5e] Deshalb ist der Mensch als Einziger in der Welt geschaffen worden, um dich zu lehren, dass wer immer *eine* Seele vernichtet – dem wird es angerechnet, als hätte er eine vollständige Welt vernichtet; wer immer aber *eine* Seele bewahrt – dem wird es angerechnet, als hätte er eine vollständige Welt bewahrt. Auch ist es wegen des Friedens der Geschöpfe, auf dass nicht ein Mensch zum andern sage: »Mein Vater ist größer als dein Vater«. Und damit die Ketzer nicht sagen: »Mehrere Mächte gibt es im Himmel«. Und zu künden den Ruhm des Königs aller Könige, des Heiligen, gelobt sei er, dass nämlich ein Mensch hundert Münzen prägt mit einem Stempel, und sie alle gleichen einander, wo hingegen der König aller Könige, der Heilige, gelobt sei er, alle Menschen geprägt hat mit dem Stempel des *ersten* Menschen, und nicht ist einer dem anderen gleich.

[5f] Daher ist jeder Einzelne verpflichtet zu sagen: »Um meinetwillen ist die Welt erschaffen worden«.

mSanh 4,5 b-f (Krauß, S. 160–167).

Der Vollzug der Steinigung

[1a] War das Urteil beendet, so führte man ihn hinaus, um ihn zu steinigen. Der Ort der Steinigung aber war außerhalb des Gerichtshofes, denn es heißt: *Führe den Lästerer hinaus an eine Stätte außerhalb des Lagers* (Lev 24,14) [...] [1c] Und der Ausrufer geht vor ihm einher und ruft: »Der Mann so und so, Sohn eines Mannes so und so, geht hinaus, um gesteinigt zu werden, weil er das und das Verbrechen begangen hat, und der und der sind seine Zeugen. Jeder, der für ihn etwas zum Freispruch weiß, komme und beantrage es für ihn!«

[2a] War er vom Orte der Steinigung 10 Ellen entfernt, spricht man zu ihm: »Bekenne!«, denn also ist es die Art der Hingerichteten, dass sie vorher bekennen, denn jeder, der bekennt, hat Teil an der zukünftigen Welt.

[3] War er vom Ort der Steinigung vier Ellen entfernt, so zog man ihm seine Kleider aus. »Den Mann bedeckt man an seiner Vorderseite, die Frau aber bedeckt man eine Stelle weit an ihrer Vorder- und Hinterseite«, das sind die Worte Rabbi Judas; die Weisen aber sagten: »Der Mann wird nackt gesteinigt, nicht aber wird die Frau nackt gesteinigt.«

[4] Der Ort der Steinigung war zwei Manneshöhen hoch, und einer der Zeugen stößt ihn auf seine Hüften, so dass er auf das Herz umgewandt zu liegen kam; dann wendet er ihn auf die Hüften um; stirbt er daran, hat er der Pflicht genügt; wo nicht, nimmt er den Stein und gibt ihn ihm auf das Herz; stirbt er daran, hat er der Pflicht genügt, wo nicht, nimmt der zweite Zeuge den Stein und gibt ihn ihm auf sein Herz; stirbt er daran, hat er der Pflicht genügt; wo nicht, geschieht seine Steinbewerfung durch ganz Israel, denn es heißt: *Die Hand des Zeugen soll zuerst an ihm sein, ihn zu töten*; und dann heißt es: *Und die Hand des ganzen Volkes zuletzt* (Dtn 17,17).

mSanh 6,1 a.c; 6,2; 6,3f (Krauß, S. 180f.184–195).

Das »Hängen«

[5a] »Alle Gesteinigten werden gehängt«, das sind die Worte Rabbi Eli'ezers. Die Weisen aber sagen: »Gehängt wird nur der Lästerer und der fremden Dienst treibt«.

[5b] Den Mann hängt man mit dem Gesicht gegen das Volk, die Frau aber mit dem Gesicht gegen das Holz. Die Weisen aber sagen: »Der Mann wird gehängt, aber die Frau wird nicht gehängt.«

[5c] Da sprach zu ihnen Rabbi Eli'ezer: »Es war doch ein Fall mit Schim'on ben-Schetach, dass er achtzig Weiber in Askalon hängte.« Sie sprachen zu ihm: »achtzig Weiber hängte er, wo man doch nicht zwei Personen an einem Tage richten darf.«

[6] Wie hängte man ihn? Man senkte den Balken in die Erde, von dem ein Querholz ausging, worauf er seine beiden Hände eine über die andere bog und ihn hängte. Rabbi Jose sagte: »Der Balken war an die Wand gelehnt, und daran hängte er ihn, so wie die Schlächter das Vieh hängen«. Und man löst ihn sogleich ab, wo aber nicht, übertritt man deshalb ein Verbot, denn es heißt: *Du sollst seinen Leichnam nicht über Nacht am Holze lassen* (Dtn 21,23) usw. als ob man dadurch sagen würde: Warum wurde dieser gehängt? Weil er den Namen geflucht hat. Und es ergibt sich, dass der Name Gottes entweiht wird.
mSanh 6,5–6 (Krauß, S. 194–199).

Die Bestattung Hingerichteter

[7b] Und nicht dies allein, sondern jeder, der seinen Toten über Nacht liegen lässt, übertritt deshalb ein Verbot. Hat er ihn zu seiner Ehre über Nacht liegen lassen, um ihm nämlich einen Sarg und Totengewänder zu beschaffen, so übertritt er deshalb nicht.

[7c] Man begrub sie aber nicht in den Gräbern ihrer Väter, sondern zwei Begräbnisplätze waren seitens des Gerichtshofes eingerichtet: das der eine für die Gesteinigten und Verbrannten, das der andere für die mittels Schwert Hingerichteten und Erdrosselten.

[8] War das Fleisch verwest, sammelte man die Gebeine ein und begrub sie an ihrem Orte, und die Verwandten kamen und fragten nach dem Wohle der Zeugen und dem Wohle der Richter, wie zu sagen: »In unserem Herzen ist nichts gegen euch, denn wahres Gericht habt ihr gefällt«. Und sie hielten keine Trauer, sondern verhielten sich wie Leidtragende, denn Leidtragen gibt es nur im Herzen.
mSanh 6,7b–8 (Krauß, S. 202–205).

Die vier gerichtlichen Todesarten

[1] Vier Todesarten sind dem Gerichtshof übergeben worden: Steinigung, Verbrennung, Enthauptung und Erdrosselung.
mSanh 7,1 (Krauß, S. 206f).

Verbrechen, die mit Steinigung geahndet werden

[4 a] Das sind die, die gesteinigt werden: Wer der Mutter oder dem Weibe des Vaters oder der Schwiegertochter beiwohnt. Wer einer Mannsperson oder einem Vieh beiwohnt, oder eine Frau, die ein Vieh über sich kommen lässt, und der Lästerer und wer fremden Dienst treibt, und wer von seinem Samen dem Moloch gibt, und der Totenbeschwörer und der Wahrsager und wer den Sabbat entweiht, und wer einer verlobten Frau beiwohnt, und der Verleiter und Verführer zum Götzendienst, der Zauberer und der unbändige und widerspenstige Sohn.
mSanh 7,4 a (Krauß, S. 214–217).

Die Geißelstrafe

[10] Wie viel Geißelhiebe lässt man ihn erleiden? Vierzig weniger eins, denn es heißt: *An der Zahl vierzig* (Dtn 25,2–3), eine Zahl nämlich, die nahe an vierzig ist. Rabbi Jehuda sagt: »vierzig vollständig.« Und wo erleidet er den überschüssigen Schlag? Zwischen den Schultern […]

[12] Auf welche Weise lässt man ihn die Geißelhiebe erleiden? Er bindet ihm beide Hände an eine Säule dahin und dorthin; und der Diener der Synagoge (חזן הכנסת – *hazzan ha-knesset*) packt seine Kleider an – werden sie zerrissen, so sei's; werden sie zerfetzt, so sei's – bis er an ihm das Herz entblößt. Und der Stein ist hinter ihm angebracht gewesen, auf dem steht nun der Wächter der Synagoge, mit einem doppelt gelegten Riemen aus Kalbshaut in der Hand, einer zu zwei und zwei zu vier, in welchem zwei andere andere Riemen auf und abgehen.
mMakk 3,10.12 (Krauß, S. 368.372 f).

h) Privatrecht

Sklaverei

[2] Ein hebräischer Sklave wird erworben durch Geld oder Urkunde, und erwirbt sich selbst durch die Jahre (Ex 21,2), durch das Jubeljahr oder durch Minderung des Geldwertes wegen Annäherung an den Erlass. Überlegen ist ihm eine hebräische Magd, denn sie erwirbt sich selbst durch die Pubertätszeichen. Ein am Ohr durchstochener Sklave (Ex 21,6) wird erworben durch das Durchstechen, und erwirbt sich selbst durch das Jubeljahr oder den Tod des Herrn.

[3] »Ein kanaanäischer Sklave wird erworben durch Geld, durch Urkunde oder durch Inbesitznahme, und erwirbt sich selbst durch Geld von anderen oder durch Urkunde von ihm selbst«, sind die Worte des Rabbi Me'ir, aber die Gelehrten sagen: »Durch Geld von sich selbst oder durch Urkunde von anderen, aber das Geld darf nur von einem anderen sein.«
mQid 1,2 f (Correns, S. 427).

Auszahlung des Arbeitslohns

[11] Ein Tagarbeiter soll noch während der Nacht seinen Lohn einstreichen. Ein Nachtarbeiter soll noch während des Tages seinen Lohn einstreichen. Einer, der in Stundenlohn steht, soll noch während der Nacht oder noch während des Tages seinen Lohn einstreichen. Einer, der in Wochenlohn, Monatslohn, Jahreslohn oder Jahrwochenlohn steht, soll, wenn er am Tage aufhört, noch während des Tages seinen Lohn einstreichen. Hört er nachts auf, soll er seinen Lohn noch während der Nacht oder während des darauffolgenden Tages einstreichen.
mBM 9,11 (Windfuhr, S. 102f).

i) Weitere Einzelbestimmungen

Zum Ansehen von verschiedenen Berufen

[14b] Rabbi Me'ir sagt: »Immer lehre ein Mensch seinen Sohn nur ein sauberes und leichtes Handwerk, und lässt ihn beten zu dem, dem Reichtum und Besitz gehört, denn es gibt kein Handwerk, bei dem es Armut oder Reichtum gibt, denn Armut kommt nicht durch Handwerk und der Reichtum kommt nicht durch das Handwerk, vielmehr wird alles dem Verdienst des Menschen gemäß bestimmt.« Rabbi Schim'on ben-Eleazar sagt: »Hast du zu deiner Zeit ein Tier oder einen Vogel gesehen, die ein Handwerk ausübten? Und sie werden ohne Mühe ernährt. Und wurden sie nicht nur geschaffen, um mir zu dienen, und wurde ich nicht geschaffen, um meinem Besitzer zu dienen, wieviel mehr müsste ich mich ohne Mühsal ernähren können? Vielmehr waren meine Taten böse und dadurch habe ich meinen Unterhalt beeinträchtigt.«

[14d] Rabbi Nehorai sagt: »Ich lasse für immer alles Handwerk weg und lasse meinen Sohn nur die Tora lernen, denn ein Mensch isst von seinem Lohn in dieser Welt, und der Grundstock bleibt für die zukünftige Welt. Aber mit den übrigen Handwerken ist es nicht so. Denn wenn ein Mensch krank wird oder alt oder leidend wird, und sich nicht mehr mit seiner Arbeit beschäftigen kann, so stirbt er vor Hunger. Aber mit der Tora ist es nicht so, sondern sie bewahrt einen vor allem Bösen in seiner Jugend und gibt ihm Zukunft und Hoffnung in seinem Alter.«
mQid 4,14b.d (Correns, S. 436f).

Die Armenfürsorge

[7a] Man soll dem Armen, der von Ort zu Ort wandert, nicht weniger geben als einen Brotlaib im Werte eines פונדיון – *pondion* […]. Bleibt er über Nacht, so soll man ihm geben, was zum Übernachten nötig ist. Am Sabbat soll man ihm Speise für drei Mahlzeiten geben.

[7b] Wer Speise für zwei Mahlzeiten hat, der soll nichts aus der Armenschüssel nehmen. Hat er Speise für vierzehn Mahlzeiten, so soll er nichts von der Armensteuer nehmen.

[9 b] Und jeder, der nicht zu nehmen nötig hat und doch nimmt, stirbt nicht im Greisenalter, bevor er nicht die Menschheit nötig gehabt hat. Und jeder, der zu nehmen nötig hat und doch nicht nimmt, der stirbt nicht im Greisenalter, bevor er nicht andere aus seinem Vermögen versorgt hat. Von ihm heißt es: *Gesegnet der Man, der auf Jahwe vertraut und dessen Zuversicht Jahwe ist* (Jer 17,7).
mPea 8,7 a-b.9 b (Bauer, S. 54f.62f).

Die Grundregel der Verzehntung

[1 a] Eine Regel sagt man von dem Zehnten: Alles, was zur Nahrung dient, aufbewahrt wird und aus der Erde wächst, ist zehntpflichtig. [1 b] Und noch eine andere Regel sagt man: Alles, was von dem Anfang seines Wachstums an und bis zu seinem Ende zur Nahrung dient, obwohl man es wachsen lässt, damit es mehr Nahrung bringt, ist zehntpflichtig, ob klein oder groß. Aber alles, was nicht von seinem Anfang an Nahrung ist, sondern erst am Ende seines Wachstums Nahrung wird, ist erst dann zehntpflichtig, wenn es als Nahrung zu verwerten ist.
mMaas 1,1 (Correns, S. 94).

Nicht Fleisch mit Milch kochen

[1 a] Verboten ist, *Fleisch jeder Art mit Milch zu kochen* (Ex 23,19), außer dem Fleisch von Fischen und Heuschrecken. Und verboten ist, es mit Käse zusammen auf den Tisch zu bringen, außer dem Fleisch von Fischen und Heuschrecken. Wer gelobt, sich vom Fleisch fernzuhalten, dem ist das Fleisch von Fischen und Heuschrecken erlaubt. [1 b] Geflügel darf mit Käse auf den Tisch gebracht, aber nicht zusammen gegessen werden nach den Worten der Schule Schammais, aber die Schule Hillels sagt: »Es darf weder zusammen gebracht, noch zusammen gegessen werden.« Es sagt Rabbi Jose: »Das ist eine der Erleichterungen der Schule Schammais und der Erschwerungen der Schule Hillels«. Von welchem Tisch reden sie hier? Von einem Tisch, von dem man isst, aber auf einem Tisch, auf den man Speisen stellt, darf man das eine wie das andere stellen und braucht deswegen nicht besorgt sein.
mHul 8,1 (Correns, S. 676).

3. Das Land

Tabus in der Viehzucht

Man züchtet kein Kleinvieh im Land Israel, aber man züchtet es in Syrien und in den Steppen im Land Israel. Man züchtet keine Hühner in Jerusalem wegen der heiligen Dinge; und die Priester züchten sie nicht einmal im Land Israel wegen der Reinheitsvorschriften. Schweine züchtet man nirgends. Und niemand

soll den Hund züchten, es sei denn, dass er an der Kette liegt. Man legt keine Schlingen für die Tauben, es sei denn dreißig Res von der Wohnstätte entfernt.
mBQ 7,7 (Windfuhr, S. 56–59).

Die Gültigkeit des Gebotes im Land

[9] Jedes Gebot, das an das Land Israel gebunden ist, gilt nur im Land, aber jedes, das nicht ausdrücklich an das Land Israel gebunden ist, gilt im Land und im Ausland, außer »Vorfrucht« (Orla) und »Zweierlei« (Kilajim). Rabi Eli'ezer sagt: »*auch das Neue* (Lev 23,14).«

[10 a] Jedem, der nur ein Gebot tut, wird Gutes gegeben, und seine Tage werden vermehrt, und er erbt das Land. Aber jedem, der nur ein Gebot nicht tut, wird Gutes nicht gegeben, und seine Tage nicht vermehrt, und er erbt nicht das Land. [10 b] Jeder, der in der Schrift, in der Überlieferung und nach der Sitte des Landes lebt, fällt nicht in Sünde, denn es wird gesagt: *Und die dreifache Schnur reißt nicht* (Qoh 4,12). Aber jeder, der nicht in der Schrift, nicht in der Überlieferung und nicht nach der Sitte des Landes lebt, der gehört nicht zur Gemeinschaft des Volkes Israel.
mQid 1,9f (Correns, S. 428f).

4. Feste

a) Tempelkult

Die Schlachtung des Lammes zu Tagesbeginn

[3,1 a] Der Beamte (ממנה – *memuneh*) sagte ihnen: »Kommt und lost, wer schlachtet, wer sprengt, wer den inneren Altar entfettet, wer den Leuchter entfettet, wer Glieder die Steige hinaufträgt: den Kopf und den Hinterfuß, die zwei Vorderfüße, das Schwanzstück und den Hinterfuß, die Brust und den Hals, die zwei Rückenstücke, die Eingeweide, das Mehl und die Fladen, den Wein«.

[1 b] Sie losten. Da gewann, wer gewann.

[2] Er sprach zu ihnen: »Geht hinaus und schaut, ob die Zeit der Schlachtung gekommen ist«. Wenn sie gekommen ist, ruft, der es sieht: »Der Morgenstern!« Mattia ben-Schemuel, sagte: »Erleuchtet er den ganzen Osten bis Hebron?« Und er sagte: »Ja«.

[3] Er sagte ihnen: »Geht weg und holt ein Lamm aus der Lämmerzelle«. Die Lämmerzelle war in der Nordwestecke; vier Zellen waren dort: eine die Lämmerzelle, eine die Siegelzelle, eine die Zelle des Warmhauses und eine Zelle, worin man Schaubrot herstellte.

[4 a] Sie traten in die Gerätezelle und nahmen von da 93 Silber- und Goldgeräte und tränkten das Tagesopfer aus goldenem Becher.

[4 b] Auch wenn es schon abends untersucht war, untersuchten sie es beim Fackellicht.

Die Menora

Eines der bedeutendsten Kultobjekte des Zweiten Tempels war der siebenarmige Leuchter. Das in neutestamentlicher Zeit gebräuchliche Exemplar wurde von den Makkabäern nach der Verwüstung des Tempels unter Antiochus IV. gefertigt (1Makk 1,21; 4,49; Josephus, Jüdische Altertümer 12,318). Obwohl keiner der textlichen Belege (vgl. Ex 25,33.37; 1Kön 7,49; 2Chr 4,7) eine zuverlässige Rekonstruktion des Aussehens des siebenarmigen Leuchters am Ende des Zweiten Tempels erlaubt, erhalten wir einen recht genauen Eindruck durch eine Reihe zeitgenössischer Darstellungen.

Die älteste Abbildung der Menora findet sich auf einer **Münze** des letzten Hasmonäerkönigs Mattathias Antigonos (40–37 v. Chr.). Bisher einzigartig ist das fragmentarische **Graffito** des siebenarmigen Leuchters, die Nahman Avigad 1969 im Areal A der Jewish Quarter Excavations gefunden hat. Das Graffito war zusammen mit anderen Putzstücken Bestandteil einer Füllschicht, die den Fußboden eines in den 30er-Jahren des 1. Jh. n. Chr. errichteten Hauses stützte. Es stammte ursprünglich von der Dekoration eines abgebrochenen Gebäudes; wo und wann genau das Graffito in dem abgebrochenen Haus angebracht war, bleibt unbekannt und damit auch dessen Funktion, sowie die Identität der Bewohner. Der Fundort in der Oberstadt Jerusalems legt jedoch nahe, dass die Familie zur priesterlichen Oberschicht gehörte. Das Graffito ist in zwei Teile von ca. 25,5 × 15 cm Größe zerbrochen und unvollständig. Die rechten drei der sieben Arme, der mittlere Schaft sowie das stilisierte dreifüßige Podest sind erkennbar, dazu rechts davon Reste zweier rechteckiger Objekte, die zumeist als Schaubrottisch und Altar interpretiert werden. Die Leuchter sind mit Knospen und Blüten verziert.

Vor wenigen Jahren kam ein bisher einzigartiges **Relief** hinzu, das in der Mitte der Synagoge von Magdala in situ gefunden wurde (vor 70 n. Chr.). Neben der Menora waren noch Gefäße und florale Motive abgebildet. Möglicherweise diente der Reliefstein als Postament für ein Pult zum Verlesen der Tora oder zum Abstellen des Toraschreins.

2 Relief der Menora vom Titusbogen in Rom

Nicht aus Palästina stammt die detaillierteste Darstellung der Menora, diejenige auf dem **Titusbogen**. Sie stimmt in vielen Details mit dem Jerusalemer Graffito überein. Ein besonderes Problem ist jedoch der Fuß: Während er auf dem Jerusalemer Exemplar als anikonisch verzierter Dreifuß dargestellt ist, zeigt die Abbildung in Rom ein stufiges Podest, das mit Fabelwesen (κῆτοι) dekoriert ist. Wegen des Bilderverbots wird zumeist behauptet, dass das Podest nicht zum ursprünglichen Leuchter gehört, sondern nach der Verbringung aus dem Tempel hinzugefügt wurde. Diesen Eindruck bestätigen wenige weitere zeitgenössische, teilweise sehr stilisierte Graffiti auf Ossuaren oder einer aus Stein geschnittenen Sonnenuhr aus Jerusalem.

Die Seltenheit der Darstellung der Menora in der Periode des Zweiten Tempels legt in jedem Fall nahe, dass es sich damals noch nicht um ein nationales Symbol handelte, sondern der kultische Kontext noch stets bestimmend war. Der Fund in Magdala zeigt aber, dass stets neue, überraschende Funde hinzu kommen können.

Während des späten 1. Jh. n. Chr. beginnt die Menora auf jüdischen Tonlampen aufzutauchen (nicht jedoch – wie andere Kultsymbole – auf Münzen des Ersten oder Zweiten Aufstands). Im Lauf des 4. Jh. gehört die Menora zum Standardrepertoire sowohl von jüdischer Kleinkunst als auch auf Synagogenmosaiken und unterstreicht den sakralen Charakter des Gebetsraums; seit dem 3. Jh. ist sie (neben noch früheren Lampen) auch in der Diaspora nachzuweisen (Dura Europos). In der Spätantike begegnet die Menora auch bei den Samaritanern.

Weiterführende Literatur

Habas, L., An Incised Depiction of the Temple Menorah and Other Cult Objects of the Second Temple Period, in: H. Geva (Hg.), Jewish Quarter Excavations in the Old City of Jerusalem Conducted by Nahman Avigad 1969–1982. Volume II: The Finds from Areas A, W and X-2 Final Report, Jerusalem 2003, 329–342.

Hachlili, R., The Menorah, the Ancient Seven-Armed Candelabrum. Origin, Form and Significance, Leiden / Boston 2001 (JSJ.Sup 68).

Pfanner, M., Der Titusbogen, Mainz 1983.

Zangenberg, J., Archaeological News from the Galilee. Tiberias, Magdala and Rural Galilee, EC 1 (2010), 471–484.

[5 a] Wer beim Tagesopfer gewonnen hatte, zog es und ging zur Schlachtstätte, und die bei den Gliedern gewonnen hatten, folgten ihm.

[5 b] Und die Schlachtstätte lag im Norden des Altars; auf ihr standen acht Zwergsäulen und zederne Vierecke auf ihnen. An ihnen waren eiserne Haken befestigt, drei Gruppen bei jeder einzelnen; denn an ihnen hängten sie auf und zogen ab, und Marmortische standen zwischen den Säulen.

[4,1 a] Man band das Lamm nicht, sondern bog es zurecht. Die bei den Gliedern gewonnen hatten, die fassten es an. Und so bog man es zurecht: seinen Kopf nach Süden und sein Gesicht nach Westen.

[1 b] Der Schlächter stand im Osten und sein Gesicht war nach Westen.

[1 c] Das Morgenlamm ward geschlachtet bei der Nordwestecke beim zweiten Ring; das Abendopfer ward geschlachtet bei der Nordwestecke beim zweiten Ring.

[1 d] Der Schlächter schlachtete; der auffassen sollte, fasste es auf, kam zur Nordostecke, gab es nach Ost und Nord; zur Südwestecke, gab es nach West und Süd; den Rest des Blutes goss er auf den Grund im Süden.

[2 a] Er zerbrach an ihm den Hinterfuß nicht, aber durchstach ihn in seinem Gelenk und hängte es daran. Er zog es ab und ging hinab, bis er zur Brust kam.

[2 b] Kam er zur Brust, so schnitt er den Kopf ab und gab ihn dem, der dabei gewonnen hatte.

[2 c] Er schnitt die Unterschenkel ab und gab sie dem, der dabei gewonnen hatte. Er vollendete das Abziehen, zerriss das Herz, ließ sein Blut heraus, schnitt die Vorderfüße ab und gab sie dem, der bei ihnen gewonnen hatte.

[3] Er ging hinauf zum rechten Hinterfuß, schnitt ihn ab und gab ihn dem, der bei ihm gewonnen hatte, und die zwei Hoden mit ihm. Er riss es auf, da lag alles offen vor ihm. Er nahm das Fett und legte es an die Schnittstelle des Kopfes oben. Er nahm die Eingeweide und gab sie dem, der bei ihnen gewonnen hatte,

dass man sie wasche. Den Magen wusch man an dem Platz der Wäscher ganz wie er es brauchte; und die Eingeweide wusch man mindestens dreimal auf den Marmortischen zwischen den Säulen.

[4 a] Er nahm das Messer und trennte die Lunge von der Leber und den Leberfinger von der Leber, doch rückte er ihn nicht von seiner Stelle; er durchstach die Brust und gab sie dem, der bei ihr gewonnen hatte.

[4 b] Er ging hinauf zum rechten Rückenstück und schnitt es ab und ging hinab mit dem Wirbel, ohne ihn zu berühren, bis er an zwei dünne Rippen kam; er schnitt es ab und gab es dem, der dabei gewonnen hatte; und die Leber hing daran.

[5] Er kam zum Hals und ließ an ihm zwei Rippen da und zwei Rippen da; er schnitt ihn ab und gab ihn dem, der dabei gewonnen hatte, und die Röhre, das Herz und die Lunge hingen daran.

[6] Er kam zum linken Rückenstück und ließ dabei zwei dünne Rippen oben und zwei dünne Rippen unten; so hatte er es auch bei dem anderen gelassen: er ließ bei beiden je zwei oben und je zwei unten. Er schnitt es ab und gab es dem, der dabei gewonnen hatte, und der Wirbel war dabei und die Milz hing daran. Und dies Rückenstück war groß; aber das rechts nannte man groß, weil die Leber daran hing.

[7 a] Er kam zum Schwanzstück, schnitt es ab und gab es dem, der dabei gewonnen hatte; der Fettschwanz, der Finger der Leber und beide Nieren waren dabei. Jetzt nahm er den linken Hinterfuß und gab ihn dem, der dabei gewonnen hatte.

[7 b] Und nun standen sie alle in einer Reihe und hatten die Glieder in ihrer Hand.

[8] Der erste mit Kopf und Hinterfuß: den Kopf in der Rechten, das Maul nach seinem Arme hin, die Hörner zwischen seinen Fingern, die Schnittstelle nach oben und das Fett darauf, den rechten Hinterfuß in der Linken und seine Fellseite nach außen.

[9] Der zweite mit beiden Vorderfüßen, den rechts in der Rechten, den links in der Linken, die Fellseite nach außen.

[10] Der dritte mit Schwanzstück und Hinterfuß, in der rechten das Schwanzstück, den Schwanz baumelnd zwischen den Fingern, den Finger der Leber und beide Nieren dabei, in der Linken den linken Hinterfuß, seine Fellseite nach außen.

[11 a] Der vierte mit Brust und Hals, die Brust in der Rechten, den Hals in der Linken, die Rippen zwischen den Fingern.

[11 b] Der fünfte mit den zwei Rückenstücken, das rechts in der Rechten, das links in der Linken, ihre Fellseite nach außen.

[12 a] Der sechste mit den Eingeweiden in einer Schale und die Unterschenkel oben auf ihnen.

[12 b] Der siebte mit dem Feinmehl, der achte mit den Opferfladen, der neunte mit dem Wein.

[12 c] Sie gingen und legten es vor der Hälfte der Steige an ihrer Wertseite abwärts nieder und salzten es ein;

[12 d] dann gingen sie hinab, kamen zur Quaderzeile, um das »Höre Israel« zu sprechen.

[7,3 a] Wenn der Hohepriester das Feueropfer bringen wollte, so ging er die Steige hinauf und der Hauptmann zu seiner Rechten. Nahte er der Hälfte der Steige, so fasste der Hauptmann seine Rechte und führte ihn hinauf.

[3 b] Da reichte ihm der erste den Kopf und den Hinterfuß; er stemmte auf sie und warf.

[3 c] Nun reichte der zweite dem ersten die zwei Vorderfüße; der gab sie dem Hohepriester; der stemmte auf sie und warf. Der zweite machte sich fort und ging.

[3 d] Und so reichten sie ihm den Rest aller Glieder; und er stemmte auf sie und warf sie. Wenn er wollte, so stemmte er, und andere warfen.

[3 e] Da kam er, den Altar zu umkreisen. Wo begann er? In der Südostecke, Nordostecke, Nordwestecke und Südwestecke.
mTam 3,1–5; 4,1–12; 7,3 (Holtzmann, S. 40–43.48–57.70 f).

Die Morgengebete der Priester

[1] Der Beamte sagte zu ihnen: »Sprecht einen Segensspruch«. Da segneten sie, sagten die Zehngebote, das »Höre«, das »Und wenn ihr hört« und das »Und er sprach«. Und sie segneten das Volk mit drei Sprüchen, mit »Wahr und fest«, dem »Dienst« und dem Priestersegen. Am Sabbat fügten sie einen Segen für die abgehende Tempelwache hinzu.
mTam 5,1 (Holtzmann, S. 56–59).

Das morgendliche Öffnen der Tempeltore

[8] Von Jericho hörte man das Knarren des großen Tors, das sich öffnete; von Jericho hörte man den Klang der Schippe; von Jericho hörte man das Knarren des Holzes, das der Sohn Qatins als Einrichtung bei dem Becken angebracht hatte; von Jericho hörte man die Stimme des Ausrufers Gebini; von Jericho hörte man den Ton der Flöte; von Jericho hörte man den Ton der Cymbel; von Jericho hörte man den Schall des Lieds; von Jericho hörte man den Ton der Posaune, und manche sagen, auch die Stimme des Hohenpriesters, zur Stunde da er am Versöhnungstag den »Namen« aussprach. Von Jericho roch man den Duft des Weihrauchfettes.

Rabbi Eleazar ben-Dilgais sprach: »Vater hatte Ziegen in den Bergen von Machärus; diese mussten niesen vom Duft des Weihrauchfettes«.
mTam 3,8 (Holtzmann, S. 46 f).

Die Psalmen der Wochentage

[4] Das Lied, das die Leviten im Haus des Heiligtums sprachen: Am ersten Tag sprachen sie: »*Jahwe gehört die Erde und ihre Fülle* (Ps 24)«; am zweiten sprachen sie: »*Groß ist Jahwe und hochgepriesen* (Ps 48)«; am dritten sprechen sie: »*Gott steht in der Gottesgemeinde, inmitten von Göttern richtet er* (Ps 82)«; am vierten sprachen sie: »*Gott der Rache, Jahwe, Gott der Rache, erscheine!* (Ps 94).« Am fünften sprachen sie: »*Jauchzet Gott, unserer Stärke, jubelt dem Gott Jakobs!* (Ps 81).« Am sechsten sprachen sie: »*Jahwe ward König; in Hoheit hat er sich gekleidet, hat sich gekleidet in Kraft; er hat sich gegürtet* (Ps 93).« Am Sabbattag sprachen sie: »*Ein Psalm, ein Lied für den Sabbattag. Ein Psalm, ein Lied für die Zukunft, für die Welt, die ganz Sabbat ist, ein Ausruhen zum ewigen Leben* (Ps 92).«
mTam 7,4 (Holtzmann, S. 72–75).

Die Tempelsteuer

[1 a] Zu drei Zeiten im Jahr erhebt man den Tempelschatz, einen halben Monat vor dem Passahfest, einen halben Monat vor dem Wochenfest, einen halben Monat vor dem Laubhüttenfest.
mSheq 3,1 a (Correns, S. 211).

Die Verwendung der Tempelsteuer

[1 a] Was machte man mit der Tempelsteuer? Man kaufte davon für die täglichen Opfer, die Zusatzopfer und die Weinspende, die Erstlingsgarbe (Lev 23,9–14), die zwei Brote (Lev 23,16 f), das Schaubrot (Ex 25,30) und alle übrigen öffentlichen Opfer. [1 b] Die Wächter über den Nachwuchs im Sabbatjahr erhielten ihren Lohn aus der Steuer des Tempelschatzes. Rabbi Jose sagt: »Wer will, kann das auch freiwillig ohne Lohn tun«. Sie sagten zu ihm: »Auch du sagst doch, dass das alles nur aus öffentlichen Mitteln bezahlt werden darf«.

[2 a] Die rote Kuh (Num 19,2–10), der Sündenbock (Lev 16,10.20–22) und das karmesinrote Band [*scil.* zur Unterscheidung der zwei Böcke, Lev 16,5–10] werden aus der Steuer des Tempelschatzes bezahlt. Der Brückengang für die Kuh, der Brückengang für den Sündenbock [*scil.* vom Tempelberg zum Zionshügel, mPar 2,6; mYom 4,6] und das karmesinrote Band zwischen seinen Hörnern (Yom 4,6), der Wasserkanal [*scil.* über den Tempelplatz, mYom 5,6], die Stadtmauer, ihre Türme und alles, was die Stadt nötig hat, werden aus Überschüssen des Tempelschatzes bezahlt. Abba Scha'ul sagt: »Den Brückengang für die Kuh bauten die Hohenpriester von eigenem Geld.«

[3] Was machte man mit dem Rest der Überschüsse des Tempelschatzes? »Man verwandte ihn zum Ankauf von Wein, Öl und Mehl, und der Erlös gehörte dem Heiligtum«, sind die Worte des Rabbi Jischma'el. Rabbi Aqiba sagt: »Man handelt weder mit dem Tempelgut noch mit Armengeld.«

[4] Was machte man mit dem Rest der Tempelsteuer? Goldplatten als Überzug für das Allerheiligste. Rabi Jischma'el sagt: »Die Reste der Früchte sind für die

Nachkost des Altars bestimmt und der Rest der Tempelsteuer für den Kauf von Dienstgeräten.« Rabbi Aqiba sagt: »Der Rest der Tempelsteuer für die Nachkost des Altars und der Rest der Weinopfer für Dienstgeräte.« Rabbi Hananja, der Priestervorsteher, sagt: »Der Rest der Weinopfer für die Nachkost des Altars und der Rest der Tempelsteuer für Dienstgeräte.« Sowohl dieser wie jener gestatten einen Handel mit Früchten nicht.
mSheq 4,1–5 (Correns, S. 212f).

Verpflichtung zur Wallfahrt

[1a] Alle sind verpflichtet zum Besuch im Tempel (Dtn 16,16), außer Taubstummen, Geisteskranken und Minderjährigen, Geschlechtslosen und Zwittern, Frauen und noch nicht freigelassenen Sklaven, Lahmen und Blinden, Kranken, Greisen und denen, die nicht zu Fuss hinaufziehen können. [1b] Wer ist ein Minderjähriger? »Jeder, der nicht auf den Schultern seines Vaters reiten kann, um von Jerusalem auf den Tempelberg hinaufzuziehen«, sind die Worte der Schule Schammais, aber die Schule Hillels sagt: »Jeder, der die Hand des Vaters nicht fassen kann, um von Jerusalem auf den Tempelberg hinaufzuziehen, denn es wird gesagt: *Drei Mal zu Fuß* (Ex 23,14).«
mHag 1,1 (Correns, S. 284).

Das Tünchen der Altarsteine

[4b] Und man weißte sie zweimal im Jahr, einmal am Passah und einmal beim Fest; und das Tempelhaus einmal am Passah. Rabbi sagt: »Jeden Freitag weißelt man es mit einem Tuch wegen des Blutes.«
mMidd 3,4b (Holtzmann, S. 82f).

Der Priester, der in Unreinheit amtiert

[6b] Ein Priester, der in Unreinheit amtiert – den bringen seine Brüder, die [anderen] Priester, nicht zum Gerichtshof, sondern die Priesterjünglinge führen ihn zum Vorhof und zerschmettern ihm das Gehirn mit Holzscheiten.
mSanh 9,6b (Krauß, S. 378f).

Die 24 Abgaben für Priester

Vierundzwanzig Abgaben werden den Priestern gegeben: zehn im Tempel und vier in Jerusalem und zehn innerhalb der Grenzen des Landes Israel. Das sind die zehn Abgaben, die ihnen im Tempel gegeben werden: Sündopfer, Vogelopfer, das bedingungslose und das aufhebende Schuldopfer, die öffentlichen Brandopfer, das Log Öl des Aussätzigen, der Rest der Erstlingsgarbe, die zwei Laibe, das Schaubrot und die Reste der Opfergaben. Und das sind die vier Abgaben, die ihnen in Jerusalem gegeben werden: Die Erstlinge, die Erstlingsfrüchte, die Priesterhebe von den Dankopfern, der Widder eines Geweihten und das Vogelopfer von den geheiligten Dingen. Und das sind die zehn Abgaben, die ihnen

innerhalb der Grenzen des Landes gegeben werden: Priesterhebe, Priesterhebe von den Zehnten, Teighebe, das Erste der Schafschur, der Priesteranteil an dem Schlachtvieh, das Lösegeld für den erstgeborenen Sohn, das Lösegeld für den erstgeborenen Esel, das Feld der Besitzung, ein geheiligtes Feld und eines, das fälschlich von einem Proselyten erhalten wurde. Kein Priester, der nicht in diesen Dingen unterrichtet ist, darf diese Dinge erhalten.
Zusatz zu mHal 4,11 (Correns, S. 123).

Die Aufseher im Tempel

[5,1] Dies sind die Aufseher (1Chr 9,19), die es im Heiligtum gab: Johanan ben-Pinchas war verantwortlich für die Siegel, Achija für die Weinopfer, Mattitja ben-Schemu'el für die Auslosungen, Petachja für die Vogelopfer. – Petachja ist Mordechai. Warum wurde er Petachja genannt? Weil er die Worte »öffnen« konnte und sie auslegte, denn er sprach siebzig Sprachen. Ben-Achija war für Krankheiten der Eingeweide der Opfertiere zuständig, Nechunja war Brunnengräber, Gebini war Herold, Ben-Geber war verantwortlich für die Schließung der Tore, Ben-Bebai für die Lampen, Ben-Arza für die Musik, Hygros ben-Levi für den Gesang, das Haus Garmu für das Anfertigen des Schaubrotes, das Haus Abtinos für die Herstellung des Räucherwerks, Eleazar für die Vorhänge und Pinchas für die Kleidung.

[5,2 a] Es gab nicht weniger als drei Schatzmeister und nicht weniger als sieben Priestervorsteher. [5 b] Und man setzte nicht eine Behörde über die Gemeinde zur Geldverwaltung aus weniger als zwei Personen zusammen, ausgenommen Ben-Achijja, zuständig für Krankheiten der Eingeweide, und Eleazar, verantwortlich für die Vorhänge, denn die Mehrheit der Gemeinde war mit ihnen einverstanden.
mSheq 5,1 f (Correns, S. 214).

Opferbüchsen im Tempel

[6,5] Dreizehn Opferbüchsen waren im Heiligtum und es stand auf ihnen geschrieben: »neue Schekelsteuern«, »alte Schekelsteuern«, »Vogelopfer«, »Tauben zum Brandopfer«, »Holz«, »Weihrauch«, »Gold zum Deckel« und sechs mit der Aufschrift »Spende«.

»Neue Schekelsteuern«: die Jahr für Jahr zu entrichtenden, »alte«: wer im vergangenen Jahr keine entrichtet hat, entrichtet sie im nächsten Jahr. »›Vogelopfer‹ sind Turteltauben und ›Tauben zum Brandopfer‹ sind junge Tauben, aber beides Brandopfer«, sind die Worte des Rabbi Jehuda. Aber die Gelehrten sagen: »Vogelopfer bestehen aus je einem Sündopfer und einem Brandopfer, ›Tauben zum Brandopfer‹ sind alle Brandopfer«.
mSheq 6,5 f (Correns, S. 216).

Schaubrote

[11,1] […] Die Schaubrote (Lev 24,5) wurden jedes einzeln geknetet, aber zu je zweien gebacken. Sie wurden in eine Form getan und wenn sie vom Backofen abgenommen wurden, gab man sie in eine Form, damit sie keinen Schaden nehmen.

[11,5] »Die Tische waren zehn Handbreit lang und fünf breit. Die Schaubrote waren zehn Handbreit lang und fünf breit, jedes Brot wurde der Länge nach über die Breite des Tisches gelegt, und zwei und zwei und eine halbe Handbreit wurden auf jeder Seite umgeschlagen, es ergab sich, dass ihre Länge die ganze Breite des Tisches füllte«, sind die Worte des Rabbi Jehuda. Rabbi Me'ir sagt: »Die Tische waren zwölf Handbreit lang und sechs breit, und die Schaubrote waren zehn lang und fünf breit, jedes Brot wurde der Länge nach über die Breite des Tisches gelegt, zwei Handbreit wurden auf jeder Seite umgeschlagen, und zwei Handbreit Platz blieb in der Mitte, so dass der Wind zwischen ihnen wehen konnte.« Abba Scha'ul sagt: »Dorthin legten sie zwei Schalen Weihrauch neben die Schaubrote.« Sie sagten zu ihm: »Aber steht nicht längst geschrieben: *Und du sollst reinen Weihrauch auf die Reihe legen* (Lev 24,7)?« Er sagte: »Aber steht nicht längst auch geschrieben: *Und neben ihm soll der Stand Manasse sein* (Num 2,20).«
mMen 11,1.5 (Correns, S. 657f).

b) Sabbat

Die am Sabbat verbotenen Arbeiten

[7,2] Die am Sabbat verbotenen Hauptarbeiten sind vierzig weniger eine: wer sät, pflügt, erntet oder Garben bindet, wer drischt oder worfelt, wer ausliest, wer mahlt, siebt, knetet oder backt, wer Wolle schert, sie bleicht, sie hechelt oder sie färbt, wer spinnt, wer webt, oder wer zwei Fäden schlingt, zwei Fäden webt oder zwei Fäden trennt, wer einen Knoten knüpft oder löst, wer zwei Stiche näht oder aufreißt in der Absicht, zwei andere Stiche zu nähen, wer eine Gazelle jagt, sie schlachtet, ihr Fell abzieht, es einsalzt, es gerbt, abschabt oder es zerschneidet, wer zwei Buchstaben schreibt oder auswischt in der Absicht, zwei andere Buchstaben zu schreiben, wer baut oder niederreißt, wer löscht oder anzündet, wer mit dem Hammer schlägt oder wer etwas aus einem Gebiet in ein anderes trägt. Siehe, das sind die Hauptarbeiten, vierzig weniger eine.
mShab 7,2 (Correns, S. 149).

Was ein Mann am Vorabend des Sabbat sagen muss

[2,7 a] Dreierlei muss ein Mann in seinem Haus am Abend vor dem Sabbat bei Anbruch der Dunkelheit sagen: »Habt ihr verzehntet?« (mDam 7,1.5), »Habt ihr einen Erub hergestellt?« (mEr 3,1), »Zündet die Lampe an!«. [7 b] Ist es zweifelhaft, ob es schon dunkel ist, oder noch nicht, darf man das sicher Unverzehntete nicht verzehnten, noch Gefäße untertauchen, noch Lampen anzünden,

aber man darf das Zweifelhafte verzehnten und den Erub herstellen und warme Speisen einpacken.
mShab 2,7 (Correns, S. 144).

Der Sabbat ist Israel gegeben, nicht Israel dem Sabbat

Rabbi Shim'on ben-Menasia sagt: »Siehe, es heißt *Und ihr sollt halten den Sabbat; denn heilig ist er euch* (Ex 31,14). Euch ist der Sabbat übergeben, und nicht seid ihr dem Sabbat übergeben«.
Mekhilta de Rabbi Yishmael, Shabbat § 1 (Barrett/Thornton, S. 226, Nr. 192).

c) Passah

Passahopfer im Tempel

[5 a] Das Passa wurde in drei Abteilungen geschlachtet, denn es wird gesagt: *Und schlachten soll es die ganze Gemeinde der Versammlung Israels zwischen den Abenden* (Ex 12,6): Das bedeutet Gemeinde, Versammlung und Israel. [5 b] Ging die erste Abteilung hinein und füllte sich der Tempelvorhof, schloß man die Türen zum Tempelvorhof. Es wurden die Posaunen geblasen, trompetet und wieder die Posaunen geblasen. Und die Priester standen reihenweise und hielten in ihren Händen silberne Schalen und goldene Schalen. Eine Reihe hatte nur silberne Schalen und eine Reihe hatte nur goldene, sie waren nicht gemischt. Und die Schalen hatten keine flachen Böden, damit sie sie nicht absetzen konnten und das Blut nicht gerinnt.

[6] Hatte ein Israelit geschlachtet und der Priester das Blut in seiner Schale aufgefangen, gab er sie seinem Nachbarn und sein Nachbar seinem Nachbarn, jeder nahm die volle Schale in Empfang und gab die leere zurück. Der Priester, der am nächsten neben dem Altar stand, sprengte sie mit einer Sprengung gegen das Fundament des Altars.

[7] Kam die erste Abteilung heraus, ging die zweite hinein. Kam die zweite heraus, ging die dritte hinein. Wie es die erste Abteilung machte, so machte es die zweite und die dritte. Sie sagten das Hallel (Ps 113–118) auf. Wenn sie zu Ende waren, so wiederholten sie es, und wenn sie es wiederholt hatten, sagten sie es zum drittenmal auf, obwohl sie es zum drittenmal niemals ganz aufsagten. Rabbi Jehuda sagt: »Niemals kam die dritte Abteilung bis zu den Worten: *Ich liebe (den Herrn), denn der Herr erhört* (Ps 116,1), weil bei dem Volk in dieser Gruppe nur wenige Leute waren.«

[8 a] Wie sie es am Werktag machten, so machten sie es am Sabbat, nur dass die Priester am Ende den Tempelvorhof abspülten. Das war nicht nach dem Willen der Gelehrten. [8 b] Rabbi Jehuda sagt: »Einen Becher hatte der Priester mit vermengtem Blut gefüllt. Er sprengte ihn mit einer Sprengung gegen den Altar«, aber die Gelehrten stimmten ihm nicht bei.

[9] Wie hängten sie die geschlachteten Passalämmer auf und häuteten sie sie ab? Haken aus Eisen waren in die Wände eingeschlagen und in die Säulen, an

denen sie sie aufhängten und abhäuteten. Und für jeden, der keinen Platz hatte, aufzuhängen und abzuhäuten, waren dünne, glatte Stäbe da und man legte einen auf seine Schulter und auf die Schulter seines Nachbarn und hängte daran auf und häutete ab. Rabbi Eli'ezer sagt: »Fiel der 14. Nisan auf einen Sabbat, legte einer seine Hand auf die Schulter seines Nachbarn und die Hand seines Nachbarn auf seine Schulter und hängte daran auf und häutete ab.«

[10 a] Man riss das Passalamm dann auf und nahm seine Opferteile heraus, legte sie in eine Schüssel und ließ sie auf dem Altar in Rauch aufgehen. [10 b] Ging die erste Abteilung heraus, ließ sie sich auf dem Tempelberg nieder, die zweite auf dem Vorplatz (vgl. mMidd 2,3), und die dritte blieb auf ihrem Platz im Tempelvorhof stehen. Bei Anbruch der Dunkelheit gingen sie alle weg und brieten ihre Passalämmer.

mPes 5,5–10 (Correns, 196f).

Häusliche Passahfeier

[1 a] Am Vorabend des Passafestes nahe dem Nachmittagsopfer darf niemand etwas essen, bevor es dunkel wird. [1 b] Und selbst der Ärmste in Israel darf nicht eher essen, bevor er sich zu Tisch setzt. Und man gibt ihm nicht weniger als vier Becher Wein, auch wenn sie aus dem Armentisch kommen.

[2] Man mischt dem Armen den ersten Becher. Die Schule Schammais sagt: »Er spricht den Segen über den Tag, und danach spricht er den Segen über den Wein.« Aber die Schule Hillels sagt: »Er spricht den Segen über den Wein, und danach spricht er den Segen über den Tag.«

[3 a] Man bringt vor ihm Speise herein. Er taucht mit dem Lattich ein, bis er zum Brechen des Brotes kommt. [3 b] Man bringt vor ihm herein ungesäuertes Brot, Lattich und Fruchtmus und zwei gekochte Speisen, obwohl das Fruchtmus kein Gebot ist. Rabbi Eleazar bar-Sadok sagt: »Es ist ein Gebot. Aber zur Zeit des Tempels brachte man vor ihm das Passalamm selbst herein.«

[4] Man mischt ihm den zweiten Becher. Und dann fragt der Sohn seinen Vater. Aber wenn noch kein Verständnis bei dem Sohn vorhanden ist, belehrt ihn sein Vater: »Worin unterscheidet sich diese Nacht von allen anderen Nächten? In allen anderen Nächten essen wir Gesäuertes und Ungesäuertes, diese ganze Nacht aber nur Ungesäuertes. In allen anderen Nächten essen wir alle Kräuter, diese ganze Nacht aber nur Bitterkraut. In allen anderen Nächten essen wir Fleisch gebraten, gesotten oder gekocht, diese ganze Nacht aber nur gebraten. In allen anderen Nächten tauchen wir Nahrung einmal ein, in dieser Nacht aber zweimal«? Und gemäß dem Verständnis des Sohnes belehrt ihn sein Vater. Er beginnt mit dem Schändlichen und endet mit dem Lobenswerten. Und er trägt auslegend vor von den Worten: *Ein umherirrender Aramäer war mein Vater* (Dtn 26,5) an, bis er den ganzen Abschnitt beendet hat.

[5] Rabban Gamliel pflegte zu sagen: »Jeder, der nicht drei Ereignisse des Passa bespricht, hat sich seiner Pflicht nicht entledigt.« Welche sind das? Passalamm (Ex 12,26f), ungesäuertes Brot (Ex 13,6–8) und Bitterkraut (Ex 12,8). Passa:

weil Gott an den Häusern unserer Väter in Ägypten vorübergegangen ist. Ungesäuertes Brot: weil unsere Väter in Ägypten erlöst wurden. Bitterkraut: weil die Ägypter das Leben unserer Väter in Ägypten verbitterten. [8 b] In jedem einzelnen Geschlecht ist jedermann verpflichtet, sich selbst anzusehen, als ob er aus Ägypten ausgezogen wäre. Denn es wird gesagt: *Und du sollst deinem Sohn an jenem Tag folgendes erzählen: Das geschieht um dessetwillen, was der Herr mir bei meinem Auszug aus Ägypten getan hat* (Ex 13,8). [8 c] Darum sind wir verpflichtet, zu danken, zu preisen, zu loben, zu verherrlichen, zu erheben, zu erhöhen den, der an unseren Vätern und an uns alle diese Wunder getan hat, und er hat uns hinausgeführt aus Knechtschaft zur Freiheit, aus der Trauer zur Freude, aus dem Kummer zum Feiertag, aus der Dunkelheit zum großen Licht und aus der Sklaverei zur Erlösung und wir wollen sagen vor ihm: »Halleluja!« (Ps 113–118)

[6] Wie weit sagt man es auf? Die Schule Schammais sagt: »Bis zu den Worten: *Die Mutter der Söhne freut sich* (Ps 113,9)«, aber die Schule Hillels sagt: »Bis zu den Worten: *Den Kieselstein in einem Wasserquell* (Ps 114,8).« Und man endet mit der Erlösungsformel. Rabbi Tarfon sagt: »Der uns erlöst hat und unsere Väter erlöst hat aus Ägypten.« Und es gab keine weitere Schlussformel. Rabbi Aqiba sagt: »So möge der Herr, unser Gott und der Gott unserer Väter uns zu den anderen kommenden Festen und Wallfahrtsfesten gelangen lassen, um Frieden zu rufen, uns freuen über den Wiederaufbau deiner Stadt und jubeln über deinen Tempeldienst, und wir werden dort essen von den Schlachtopfern und von den Passaopfern« und weiter bis »Gesegnet seist du, Herr, der Erlöser Israels.«

[7 a] Man mischt ihm den dritten Becher. Er spricht den Segen über seine Mahlzeit. [7 b] Dann mischt man ihm den vierten. Er beendet das Hallel und sagt über ihn den Liedsegen. [7 c] Zwischen den Bechern darf man, wenn man trinken will, trinken. Zwischen dem dritten und vierten Becher darf man nicht trinken.

[8] Man entlässt die Gesellschaft nicht nach dem Passamahl mit einem ἐπικόμιον. Sind einige eingeschlafen, dürfen sie wieder essen, sind aber alle eingeschlafen, dürfen sie nicht wieder essen. Rabbi Jose sagt: »Wenn sie nur dösen, dürfen sie wieder essen, aber wenn sie fest eingeschlafen sind, dürfen sie nicht wieder essen.«
mPes 10,1–8 (Correns, S. 205 f).

d) Das Wochenfest

[68 b] Rabbi Eliezer sagte: »Am Feste tue man nichts als nur essen und trinken, oder nur sitzen und lernen«; Rabbi Jehoschua sagte: »Man teile ihn: die Hälfte für das Essen und Trinken und die Hälfte für das Lehrhaus.« Rabbi Jochanan sagte: »Beide folgern sie es aus denselben Schriftversen; ein Schriftvers lautet: *eine Festversammlung für den Herrn, deinen Gott* (Dtn 8,16), dagegen lautet ein anderer: eine *Festversammlung für euch* (Num 29,35)«. Rabbi Eliezer erklärt: »Entweder ausschließlich für den Herrn oder ausschließlich für euch«. Und Rabbi Jehoschua erklärt: »Man teile ihn, die Hälfte für den Herrn und die Hälfte für euch.«

Rabbi Eleazar sagte: »Alle stimmen überein, dass man sich am Wochenfeste auch der eigenen Freude hingeben müsse, weil an diesem Tage die Tora verliehen wurde«. Rabba sagte: »Alle stimmen überein, dass man sich am Sabbat auch der eigenen Freude hingeben müsse, denn es heißt: »Du *sollst den Sabbat eine Wonne nennen* (Jes 58,13).« Rabbi Joseph sagte: »Alle stimmen überein, dass man sich am Purimfest auch der eigenen Freude hingeben müsse, denn es heißt von diesem *Tage der Gasterei und Freude* (Est 9,22).«

Mar, der Sohn Rabinas, pflegte das ganze Jahr in Fasten zu verweilen, nur nicht am Wochenfeste, am Purimfeste und am Vorabend des Versöhnungstages. Am Wochenfeste, weil an diesem Tage die Tora verliehen wurde; am Purimfest, weil es von diesem heißt: *Tage der Gasterei und der Freude* (Est 9,22); am Vorabend des Versöhnungstages, denn Hija ben-Rab aus Diphte lehrte: *Ihr sollt am neunten des Monats euere Leiber kasteien* (Lev 23,32); fastet man etwa am neunten, man fastet ja am zehnten? Dies besagt dir vielmehr, dass die Schrift jedem, der am neunten isst und trinkt, es anrechnet, als faste er am neunten und am zehnten. Rabbi Joseph pflegte am Wochenfeste zu bestimmen, dass man ihm ein Drittlingskalb herrichte, denn er sagte: »Wenn nicht das Ereignis dieses Tages, wie viele Joseph gibt es auf der Straße.« Rabbi Scheschet wiederholte alle dreißig Tage sein Studium, lehnte sich dann an den Türriegel und sprach: »Freue dich, meine Seele, freue dich, meine Seele, für dich habe ich die Schrift gelesen, für dich habe ich die Mischna gelernt.« Dem ist ja aber nicht so. Rabbi Eleazar sagte: »Ja, wenn nicht die Tora, würden Himmel und Erde nicht bestehen, denn es heißt: *wenn nicht mein Bund bei Tage und bei Nacht, so würde ich die Gesetze des Himmels und der Erde nicht gemacht haben* (Jer 33,25).« Zunächst tut dies jeder für sich.
bPes 68 b (Goldschmidt, Bd. 2, S. 518).

e) Laubhüttenfest

Festbetrieb

[1] Das Flötenspiel dauert fünf oder sechs Tage. Damit ist das Flötenspiel am *Ort des Wasserschöpfens* (Jes 12,3) gemeint, das weder den Sabbat noch den Feiertag verdrängt. Sie sagen: Wer die Freude des *Ortes des Wasserschöpfens* nicht gesehen hat, hat sein Leben lang keine Freude gesehen.

[2] Nach Ende des ersten Feiertages des Laubhüttenfestes stiegen sie in den Frauenvorhof hinab und rüsteten dort eine wichtige Verbesserung zu. Und goldene Leuchter waren dort, vier goldene Schalen auf ihren Spitzen und vier Leitern führten zu jedem einzelnen Leuchter, und vier Jungen aus der Jugendabteilung der Priesterschaft standen bereit, und in ihren Händen waren Ölkrüge zu 120 Log, denn sie gossen Öl in jede einzelne Schale.

[3] Aus den abgetragenen Beinkleidern der Priester und aus ihren Gürteln machte man Dochte und nahm sie zum Anzünden. Es gab keinen Hof in Jerusalem, der nicht vom Licht des *Ortes des Wasserschöpfens* hell wurde.

[4] Die Frommen und Männer der Tat tanzten vor ihnen mit brennenden Fackeln in ihren Händen und sangen vor ihnen Worte von Liedern und Lobge-

sängen. Und die Leviten standen mit Zithern, mit Harfen, mit Zimbeln und mit allen anderen Arten von Musikinstrumenten ohne Zahl auf den fünfzehn Stufen, die vom Vorhof Israels in den Frauenvorhof hinabführen, entsprechend den fünfzehn Stufenliedern in den Psalmen (Ps 120–134). Auf ihnen also standen die Leviten mit ihren Musikinstrumenten und sangen Lieder: Zwei Priester standen im oberen Tor, das aus dem Vorhof Israels in den Frauenvorhof hinabführt, und zwei Trompeten waren in ihrer Hand. Krähte der Hahn, posaunten sie getragen, trompeteten schmetternd und posaunten wieder getragen. Gelangten sie auf die zehnte Stufe, posaunten sie getragen, trompeteten schmetternd und posaunten wieder getragen. Gelangten sie in den Frauenvorhof, posaunten sie getragen, trompeteten schmetternd und posaunten wieder getragen. Sie bliesen immer weiter, bis sie zu dem Tor kamen, das nach Osten hinausführt. Kamen sie zu dem Tor, das nach Osten hinausführt, wendeten sie ihr Gesicht nach Westen und sagten: »Unsere Väter waren an diesem Ort, *ihren Rücken kehrten sie gegen das Heiligtum des Herrn, und ihr Gesicht richteten sie nach Osten, und sie warfen sich nach Osten zu vor der Sonne nieder* (Ez 8,16). Aber wir richten auf den Herrn unsere Augen.« Rabbi Jehuda sagt: »Sie wiederholten sie und sagten: ›Wir werfen uns vor dem Herrn nieder, und richten auf den Herrn unsere Augen‹.«

[5] Man blies nicht weniger als einundzwanzig Posaunenstöße im Heiligtum und nicht mehr als achtundvierzig. An jedem gewöhnlichen Tag waren es dort einundzwanzig Posaunenstöße im Heiligtum: Drei zum Öffnen der Tore, neun zum täglichen Ganzopfer am Morgen, neun zum täglichen Ganzopfer zwischen den Abenden, und bei den Zusatzopfern fügte man noch neun hinzu. Und am Rüsttag des Sabbats fügte man noch sechs hinzu: drei, um das Volk mit der Arbeit aufhören zu lassen, und drei, um zwischen heilig und profan zu unterscheiden. Am Rüsttag eines Sabbats, der mitten in das Laubhüttenfest fällt, waren es dort achtundvierzig Posaunenstöße: drei beim Öffnen der Tore, drei am oberen Tor und drei am unteren Tor, drei beim Schöpfen des Wassers, drei beim Altar und neun zum täglichen Ganzopfer am Morgen und neun zum täglichen Ganzopfer zwischen den Abenden und neun zu den Zusatzopfern und drei, um das Volk mit der Arbeit aufhören zu lassen, drei um zwischen heilig und profan zu unterscheiden.
mSuk 5,1–5 (Correns, S. 243f).

f) Der Versöhnungstag (Jom Kippur)

Die zwei Böcke des Versöhnungstags

[1] Er [*scil.* der Hohepriester] schüttelte die Urne und nahm zwei Lose heraus, auf dem einen war geschrieben: »für den Herrn«, und auf dem anderen war geschrieben: »für Azazel«. Der Vorsteher der Priester stand zu seiner Rechten und das Haupt des Vaterhauses zu seiner Linken. Wenn das Los des »Namens« in seine Rechte kam, sagte der Vorsteher zu ihm: »Mein Herr Hoherpriester, erhebe deine Rechte!«, aber wenn das Los des »Namens« in seine Linke kam, sagte das Haupt des Vaterhauses zu ihm: »Mein Herr Hoherpriester, erhebe deine

Linke!« Er legte die Lose auf die beiden Böcke und sagte: »Ein Sündopfer für den Herrn!« – Rabbi Yischmael sagt: Er brauchte nicht zu sagen »Ein Sündopfer«, sondern nur »für den Herrn«. – Und die hinter ihm stehenden antworteten: »Gesegnet sei der Name der Herrlichkeit seines Reiches immer und ewig!«

[2] Er [*scil.* der Hohepriester] band einen karmesinroten Streifen an den Kopf des Bockes, der fortgeschickt werden sollte, und brachte ihn an den Ort, von dem aus er fortgeschickt wurde. Aber den zu schlachtenden Bock brachte er an den Ort, an dem er geschlachtet wurde. Er trat zu seinem zweiten Farren, legte seine beiden Hände auf ihn, und sprach das Sündenbekenntnis. Und so sagte er: »Ach Herr, ich habe mich vor dir vergangen, verfehlt, versündigt, ich und mein Haus und die Söhne Aarons, dein heiliges Volk. Ach Herr, vergib doch, die Vergehen, Verfehlungen, Versündigungen, mit denen ich mich vergangen, verfehlt, versündigt habe, ich und mein Haus und die Söhne Aarons, dein heiliges Volk, wie geschrieben ist im Gesetzbuch des Mose, deines Knechtes: *Denn an diesem Tag wird man euch Sühne erwirken, euch zu reinigen, von allen euren Sünden vor dem Herrn werdet ihr rein* (Lev 16,30)«. Und die hinter ihm Stehenden antworteten: »Gesegnet sei der Name der Herrlichkeit seines Reiches immer und ewig!«.

[3] Er [*scil.* der Hohepriester] schlachtete ihn, fing sein Blut in der Schwenkschale auf, gab sie einem auf der vierten Terrasse des Tempels zum Umrühren, damit es nicht gerinnt. Er nahm eine Kohlenpfanne, stieg mit ihr auf den Altar hinauf, nahm von da und dort Kohlen fort, schaufelte glühende Kohlen von innen, ging hinunter und legte sie auf die vierte Terrasse im Tempelhof.

[4] An gewöhnlichen Tagen schaufelte er mit einer silbernen Schaufel und leerte in eine goldene aus, aber an dem Tag [*scil.* dem Versöhnungstag] schaufelte er mit der goldenen und brachte in ihr die Kohlen herein. An gewöhnlichen Tagen schaufelte er mit einer vier Kab fassenden Schaufel und leerte sie in eine drei Kab fassende aus, aber an dem Tag schaufelte er mit einer drei Kab fassenden Schaufel und brachte in ihr die Kohlen herein. Rabbi Jose sagt: »An gewöhnlichen Tagen schaufelte er mit einer einen Sea fassenden Schaufel und leerte sie in eine drei Kab fassende aus, an dem Tag aber schlaufelte er mit einer drei Kab fassenden Schaufel und brachte in ihr die Kohlen herein«. – »An gewöhnlichen Tagen war die Schaufel schwer, aber an dem Tag leicht. An gewöhnlichen Tagen war ihr Griff kurz, aber an dem Tag lang. An gewöhnlichen Tagen war ihr Gold gelb, aber an dem Tag rot«, sind die Worte des Rabbi Menachem. An gewöhnlichen Tagen brachte er morgens und abends je eine halbe Mine Räucherwerk dar, aber an dem Tag fügte er zwei Hände voll hinzu. An gewöhnlichen Tagen war es fein, heute das feinste vom feinen Räucherwerk.
mYom 4,1–4 (Correns, S. 225f).

Der Bock, der weggebracht wird

[2] Der Hohepriester trat zu dem wegzubringenden Bock, legte seine beiden Hände auf ihn und sprach das Sündenbekenntnis. Und so sagte er: »Ach Herr, sie haben sich vor dir vergangen, verfehlt, versündigt, dein Volk, das Haus

Israel. Ach Herr, vergib doch, die Vergehen, Verfehlungen, Versündigungen, mit denen sie sich vergangen, verfehlt, versündigt haben, dein Volk, das Haus Israel, wie geschrieben ist im Gesetzbuch des Mose, deines Knechtes: *Denn an diesem Tag wird man euch Sühne erwirken, euich zu reinigen, von allen euren Sünden vor dem Herrn werdet ihr rein* (Lev 16,30)«. Und die Priester und das Volk, die im Vorhof standen, verbeugen sich, sobald sie deutlich den Namen des Herrn aus dem Mund des Hohenpriesters hörten, warfen sich nieder und fielen auf ihr Angesicht und sagten: »Gesegnet sei der Name der Herrlichkeit seines Reiches immer und ewig!«.

[8] Sie meldeten dem Hohenpriester: »Der Bock hat die Wüste erreicht«. Und wie erfuhren sie, dass der Bock die Wüste erreicht hatte? Sie stellten Wachtposten auf und diese winkten mit Tüchern und so wussten sie, dass der Bock die Wüste erreicht hatte. Es sagt Rabbi Jehuda: »Gewiss hatte man ein besseres Zeichen! Von Jerusalem bis Bet-Hiddudu waren es drei Mil [*scil.* Meilen]. Ein Mil ging man auf diesem Weg hin, ein Mil wieder zurück, wartete dann die Zeit, die man für ein Mil brauchte, und wusste, dass der Bock die Wüste erreicht hatte«. Rabbi Jischmael sagt: »Dazu hatten sie noch ein anderes Zeichen: Ein Streifen karmesinroten Tuchs war an der Tür des Tempels befestigt, und sobald der Bock die Wüste erreicht hatte, wurde dieser Streifen weiß, denn es wird gesagt: *Wenn eure Sünden auch wie Karmesinrot sind, werden sie doch weiß wie Schnee* (Jes 1,18)«.
mYom 6,2.8 (Correns, S. 228–230).

Die Schriftlesung am Versöhnungstag

[1 a] Es kam der Hohepriester zur Schriftlesung. Wenn er wollte, konnte er in den Kleidern aus Byssos lesen, aber wenn nicht, las er in seinem eigenen weißen Obergewand. [7 b] Der Synagogendiener brachte das Torabuch und gab es dem Synagogenvorsteher, und der Synagogenvorsteher gab es dem Priestervorsteher, und der Priestervorsteher gab es dem Hohenpriester. Und der Hohepriester empfing es stehend (und las stehend) die Abschnitte *Nach dem Tod* (Lev 16,1–34) und *Am zehnten Tag* (Lev 23,27–32) vor. Und er rollte die Tora zusammen, steckte sie in sein Obergewand und sagte: »Es steht dort noch mehr davon geschrieben, als was ich vor euch vorgelesen habe.« *Und am zehnten*, das in dem vierten Buch Mose steht (Num 29,7–11), trug er auswendig vor und sprach danach acht Segenssprüche: (1) für die Tora, (2) für den Gottesdienst. (3) für die Danksagung, (4) für die Vergebung der Sünden, (5) für den Tempel besonders, (6) für Israel besonders, für Jerusalem besonders, (7) für die Priester besonders und (8) für den Rest ein allgemeines Gebet.
mYom 7,1 (Correns, S. 230).

Das Fasten am Versöhnungstag

[8,1 a] Am Versöhnungstag ist es verboten zu essen, zu trinken, sich zu waschen, zu salben, die Sandalen anzulegen und das Bett zu benutzen. [1 b] »Doch der König und die Neuvermählte dürfen sich das Gesicht waschen, und die Wöchnerin

darf Sandalen anlegen«, sind die Worte des Rabbi Eleazar, aber die Gelehrten verbieten es.
mYom 8,1 (Correns, S. 231).

Sünde und Versöhnung

[9 a] Wer sagt: »Ich will sündigen und Buße tun, wieder sündigen und Buße tun!«, dem wird von Gott nicht genügend Zeit gegeben, Buße zu tun. Sagt er: »Ich will sündigen und der Versöhnungstag sühnt das!«, sühnt der Versöhnungstag nicht. [9 b] Übertretungen zwischen einem Menschen und Gott sühnt der Versöhnungstag. Übertretungen zwischen einem Menschen und seinem Nächsten sühnt der Versöhnungstag nur, wenn er sich mit einem Nächsten vorher versöhnt hat. Dies erklärt Rabbi Eleazar ben Azarja: »*Von allen euren Sünden sollt ihr vor dem Herrn rein sein* (Lev 16,30) heißt: Übertretungen zwischen einem Menschen und Gott sühnt der Versöhnungstag, Übertretungen zwischen einem Menschen und seinem Nächsten sühnt das Versöhnungsfest nur, wenn er sich mit seinem Nächsten vorher versöhnt hat.«

[9 c] Es sagt Rabbi Aqiba: »Selig seid ihr, Israel! Vor wem werdet ihr gereinigt? Wer reinigt euch? Euer Vater im Himmel! Denn es wird gesagt: *Und ich besprenge euch mit reinem Wasser und ihr werdet rein* (Ez 36,25). Und die Schrift sagt: *Die Hoffnung Israels ist der Herr* (Jer 17,13). Was ist das Tauchbad? Es reinigt die Unreinen. So reinigt der Heilige – gepriesen sei er – Israel.«
mYom 8,9 (Correns, S. 232f).

5. Theologie: der Mensch, der Messias, die Zukunft

Was ist der Mensch?

[3,1] Aqabja ben-Mahalalel sagt: »Bedenke drei Dinge und du wirst nicht in eine Übertretung geraten: Wisse, woher du gekommen bist, wohin du gehst und vor wem du künftig Rechenschaft und Rechnung abzulegen hast. Woher bist du gekommen? Aus einem übelriechenden Tropfen. Und wohin gehst du? An einen Ort des Staubes, der Made und des Wurms. Und vor wem legst du künftig Rechenschaft und Rechnung ab? Vor dem König der Könige, dem Heiligen, gepriesen sei er.«
mAb 3,1 (Correns, S. 588).

Der Vorzug der zukünftigen Welt

[4,16] Rabbi Jakob sagt: »Diese Welt gleicht einem Vorzimmer zu der künftigen Welt, bereite dich im Vorzimmer vor, damit du in den Speisesaal eintreten kannst.«

[17] Derselbe sagt: »Schöner ist eine Stunde mit Buße und guten Werken in dieser Welt als das ganze Leben der zukünftigen Welt, und schöner ist eine Stunde der Erquickung in der zukünftigen Welt als das ganze Leben in dieser Welt.«
mAb 4,16f (Correns, S. 594).

Vier Arten von Menschen

[5,10] Vier Arten gibt es unter Menschen: (1) Wer sagt: »Was mein ist, ist auch mein, und was dein ist, ist dein«, das ist eine mittlere Art, und einige sagen, das sei die Art Sodoms. (2) Wer sagt: »Was mein ist, ist dein, und was dein ist, ist mein«, das ist die Art eines Ungebildeten. (3) Wer sagt: »Was mein ist, ist dein, und was dein ist, ist dein«, das ist die Art eines Frommen. (4) Wer sagt: »Was dein ist, ist mein, und was mein ist, ist mein«, das ist die Art eines Frevlers.
mAb 5,10 (Correns, S. 596f).

Den Willen des Vaters tun

[5,20 a] Jehuda ben-Tema sagt: »Sei stark wie ein Leopard, leicht wie ein Adler, schnell wie ein Hirsch und tapfer wie ein Löwe, zu tun den Willen deines Vaters im Himmel.« [20 b] Derselbe sagte: »Ein Schamloser kommt in die Hölle, aber ein Schamhafter in den Garten Eden. Es sei Wohlgefallen vor Dir, Herr, unser Gott, dass gebaut werde das Haus des Heiligtums bald in unseren Tagen, und gib uns Anteil an deiner Lehre!«
mAb 5,20 (Correns, S. 598).

Die Präexistenz des Messias

[54 a] Ist denn das Feuer am Ausgang des Sabbats erschaffen worden, es wird ja gelehrt: »Zehn Dinge wurden am Vorabend des Sabbats bei Dämmerung erschaffen, und zwar: der Brunnen, das Manna, der Regenbogen, die Schrift, die Inschrift, die Bundestafeln, das Grab Moses, die Höhle, in der Mose und Elijahu gestanden haben, das Maul der Eselin und der Schlund der Erde, um die Frevler zu verschlingen«. Rabbi Nehemja sagt im Namen seines Vaters: »auch das Feuer und das Maultier«. Rabbi Josija sagt im Namen seines Vaters: »auch der Widder und der Schamir«. Rabbi Jehuda sagt: »auch die erste Zange«. Er sagte nämlich: »Eine Zange kann nur mit Hilfe einer anderen Zange gefertigt werden; wer aber fertigte die erste Zange? Sie war also eine Schöpfung des Himmels«. Sie entgegneten ihm: »Man kann sie in einer Gussform herstellen und zusammensetzen; sie war also eine menschliche Schöpfung«. – »Das ist kein Widerspruch; eines gilt von unserem Feuer, und eines gilt vom Feuer des Fegefeuers. Unser Feuer wurde am Ausgang des Sabbats erschaffen, das Feuer des Fegefeuers wurde am Vorabend des Sabbats erschaffen«. – Wurde denn das Feuer des Fegefeuers am Vorabend des Sabbats erschaffen? Es wird ja gelehrt: »Sieben Dinge wurden vor der Weltschöpfung erschaffen, und zwar: die Tora, die Buße, der Edengarten, das Fegefeuer, der Thron der Herrlichkeit, der Tempel und der Name des Messias.

Die Tora, denn es heißt: *der Herr schuf mich als Erstling seines Weges* (Spr 8,22). Die Buße, denn es heißt: *ehe die Berge geboren wurden* (Ps 90,2), und darauf folgt: *du bringst den Sterblichen zur Zerknirschung und sprichst: kehret zurück, Menschenkinder* (Ps 90,3). Der Edengarten, denn es heißt: der *Herr, Gott, hatte einen Garten in Eden gepflanzt von früher her* (Gen 2,8). Das Fegefeuer, denn es heißt: *denn gerüstet seit gestern ist eine Brandstätte* (Jes 30,33). Der Thron der Herrlichkeit und der Tempel, denn es heißt: ein *Thron der Herrlichkeit, eine Höhe von Anbeginn, Stätte unseres Heiligtums* (Jer 17,12). Der Name des Messias, denn es heißt: *sein Name wird ewig währen, vor der Sonne sproßt sein Name* (Ps 72,17)?« – »Ich will dir sagen, sein Raum wurde vor der Weltschöpfung erschaffen, sein Feuer aber erst am Vorabend des Sabbats«. – »Ist denn sein Feuer am Vorabend des Sabbats erschaffen worden? Es wird ja gelehrt: Rabbi Jose sagte: ›Für das Feuer, das der Heilige, gepriesen sei er, am zweiten Schöpfungstage erschaffen hat, gibt es ewig kein Erlöschen, denn es heißt: *und sie werden hinausgehen und die Leichname der Männer ansehen, die von mir abtrünnig geworden sind; denn ihr Wurm wird nicht sterben und ihr Feuer nicht erlöschen* (Jes 66,24)‹ «. Ferner sagte Rabbi Banaa, Sohn des Rabbi Ula: »Weshalb heißt es nicht *gut* beim zweiten Schöpfungstag (im Gegensatz zu Gen 1,4.10.12.18.21.31)? Weil an diesem das Feuer des Fegefeuers erschaffen wurde«. Hierzu sagte Rabbi Eleazar: »Obgleich es beim zweiten Schöpfungstage nicht *g u t* heißt, so wird er dennoch beim sechsten mit einbegriffen, denn es heißt: *und Gott sah, dass alles, was er gemacht, sehr gut sei* (Gen 1,31).« – Vielmehr, sein Raum wurde vor der Weltschöpfung und sein Feuer am zweiten Schöpfungstage erschaffen; unser Feuer aber gedachte er am Vorabend des Sabbats zu erschaffen, jedoch wurde es erst am Ausgang des Sabbats erschaffen. Es wird nämlich gelehrt: »An zwei Dinge dachte der Heilige, gepriesen sei er, am Vorabend des Sabbats, sie zu erschaffen, jedoch wurden sie erst am Ausgang des Sabbats erschaffen. Am Ausgang des Sabbats gab der Heilige, gepriesen sei er, Adam dem Urmenschen Verstand ein, etwas von dem des himmlischen; er holte zwei Steine und rieb sie aneinander, wodurch das Feuer hervorkam; und ferner holte er zwei Tiere und kreuzte sie miteinander, woraus das Maultier hervorging«. Rabbi Simon ben-Gamliel sagte: »Das Maultier ist zur Zeit des Ana entstanden, denn es heißt: *das ist derselbe Ana, der die Maultiere in der Steppe hervorbrachte* (Gen 36,24)«.

[…] Die Rabbanan lehrten: »Zehn Dinge wurden am Vorabend des Sabbats bei Dämmerung erschaffen, und zwar: Der Brunnen, das Manna, der Regenbogen, die Schrift, die Inschrift, die Bundestafeln, das Grab Moses, die Höhle, in der Mose und Elijahu gestanden haben, das Maul der Eselin und der Schlund der Erde, um die Frevler zu verschlingen«. Manche sagen, auch der Stab Aarons mit seinen Mandeln und Blüten. [54 b] Manche sagen, auch die Dämonen. Manche sagen, auch das Gewand Adams des Urmenschen.

Die Rabbanan lehrten: »Sieben Dinge sind dem Menschen verborgen, und zwar: der Tag seines Todes, der Tag seines Trostes, der Verlauf des Gerichtes, (niemand weiß,) was im Herzen seines Nächsten, (niemand weiß,) wobei er

verdienen werde, wann das Reich Davids wiederkehren werde, und wann das schuldbeladene Reich stürzen werde«.
bPes 54a.b (Goldschmidt, Bd. 2, S. 469–471).

Wer erhält Anteil an der zukünftigen Welt?

[10,1 a] Ganz Israel hat Anteil an der zukünftigen Welt, denn es wird gesagt: *Und dein Volk sind alle Gerechte, für immer werden sie das Land besitzen als Spross meiner Pflanzung, als Werk meiner Hände, damit ich verherrlicht werde* (Jes 60,21). [1 b] Und diese haben keinen Anteil an der zukünftigen Welt. Wer sagt: »Es gibt keine Auferstehung der Toten nach der Tora«, und: »Es gibt keine Tora vom Himmel« und ein Epikureer. Rabbi Aqiba sagt: »Auch einer, der außerkanonische Bücher liest, und der über eine Wunde flüstert und sagt: *All die Krankheit, die ich auf Ägypten gelegt, werde ich nicht auf dich legen* (Ex 15,26)«. Abba Scha'ul sagt: »Auch wer den Gottesnamen mit seinen Buchstaben ausspricht«.
mSanh 10,1 (Correns, S. 523).

Der Messias im Targum Jesaja

[1] Wehe ihm, der die Krone dem Stolzen gibt, dem törichten Lehrer Israels, und gibt den Turban dem Gottlosen des Heiligtums seines Lobes, das auf dem Gipfel über dem fruchtbaren Tal derer ist, die der Wein verwundet hat. [2] Seht, starke und harte Schläge kommen vom Herrn; wie ein Hagelsturm im Wirbelwind, wie ein Sturm von starkem, überströmendem Wasser, so werden die Heiden über sie kommen und sie aus ihrem Land weg in ein anderes Land führen mit den Sünden, die an ihren Händen sind. [3] Die Krone des Stolzen, des törichten Lehrers in Israel werden mit den Füßen niedergetrampelt; [4] und der, der den Turban dem Gottlosen des Heiligtums seines Lobes gibt, das auf dem Gipfel über dem fruchtbaren Tal ist, wird wie eine erstgereifte Feige vor dem Sommer sein: Wer sie erblickt, der verschlingt sie, kaum dass er sie in der Hand hat.

[5] Zu jener Zeit wird der Messias des Herr der Heerscharen für den Rest seines Volkes zu einem Diadem von Freude und eine Krone des Lobes; [6] und ein Befehl zu wahrem Gericht an die, die im Gerichtshaus sitzen, um recht zu richten und denen den Sieg zu geben, die hinausgehen in die Schlacht, um sie in Frieden zurückkehren zu lassen in ihre Häuser. [7] Sogar diese sind betrunken vom Wein und kraftlos vom alten Wein (*scil.* Bier?): Priester und Schreiber sind betrunken vom alten Wein, sie sind kraftlos vom Wein, sie taumeln vom alten Wein; ihre Richter haben sich der süßen Speise zugewendet, sie sind in die Irre gelaufen. [8] Denn all ihre Tische bersten über von unreiner Speise und gottloser Nahrung, keiner ihrer Orte ist nicht schuldig an Unterdrückung. [9] Wem war das Gesetz gegeben, und wer war aufgefordert Weisheit zu begreifen? War es nicht das Haus Israel, das mehr geliebt war als alle Völker, und mehr wertgeschätzt als alle Königreiche? [10] Ihnen war befohlen, das Gesetz zu tun, aber was ihnen aufgetragen war, wollten sie nicht tun. Die Propheten prophezeiten aus sich heraus, dass wenn sie umkehrten […] aber sie hörten nicht auf die

Worte der Propheten; sie folgten ihrem eigenen Wohlgefallen und begehrten nicht danach, nach meinem Wohlgefallen zu tun; sie hofften dass der Götzendienst für sie aufgerichtet würde, aber sie hofften nicht auf den Dienst in meinem Heiligtum. Mein Heiligtum galt zu wenig in ihren Augen um dort zu dienen. Meine Schechina war zu gering in ihren Augen dort. [11] Denn mit unsinniger Rede und äffender Zunge spottete dieses Volk der Propheten, die zu ihnen prophezeiten; [12] zu denen, denen die Propheten sagten: »Dies ist das Heiligtum, dient darin! Und dies ist das Erbe des Hauses der Ruhe«; sie aber hörten nicht auf Belehrung. [13] Und dies wird der Kelch ihrer Vergeltung sein, weil sie das Wort des Herrn übertreten haben, genauso weil ihnen befohlen war, das Gesetz zu tun, aber was ihnen befohlen war, wollten sie nicht tun. Darum werden sie den Heiden übergeben, die das Gesetz nicht kennen. Und weil sie ihrem eigenen Wohlgefallen folgten und nicht begehrten, nach meinem Wohlgefallen zu tun, werden sie auf Hilfe hoffen in der Zeit, wenn ich Not über sie bringen werde, aber es wird weder Hilfe noch Rettung geben. Und weil mein Heiligtum zu gering war in ihren Augen, um dort zu dienen, darum werden sie zurückgelassen werden als Geringe inmitten der Heiden, bei denen sie im Exil leben; damit sie gehen und hintenüber fallen, und gebrochen werden, und gefasst und gefangen. [14] Darum hört das Wort des Herrn, ihr gottlosen Männer, Herrscher dieses Volkes in Jerusalem! [15] Weil ihr gesagt habt, »Wir haben einen Bund mit dem Tod geschlossen, und mit dem Zerstörer haben wir Frieden gemacht«, wird der Schlag des Widersachers über euch kommen wie ein anschwellender Fluss. Weil ihr sagt: »Es wird nicht über uns kommen; denn wir haben unsere Sicherheit auf einer Lüge aufgebaut, und uns verborgen in einem Schutzmantel von Falschheit«; [16] darum sagt der Herr Gott: »Siehe ich ernenne in Zion einen König, einen starken, mächtigen und furchterregenden König. Ich will ihn stärken und hart machen«, sagt der Prophet, »und die Gerechten, die an diese Dinge glauben, werden nicht erschüttert, wenn die Not kommt. [17] Und ich will Recht sprechen gerade wie eine Fundament und Gerechtigkeit wie ein Senkblei; und mein Zorn wird eure Sicherheit aus Lügen verbrennen, und weil ihr euch verborgen habt vor dem, der die Not bringt, werden euch Heiden ins Exil führen. [18] Und euer Bund mit dem Tod wird leer und nichtig sein, und euer Frieden mit dem Zerstörer wird nicht geschlossen werden; wenn der Schlag des Widersachers über euch kommen wird wie ein anschwellender Fluss, wirst du durch ihn niedergeworfen. [19] In dem Moment, in dem er hindurchkommt, wird er euch wegführen, denn Morgen für Morgen wird er hindurchkommen, bei Tag und bei Nacht. Und es wird geschehen, bevor der Zeitpunkt des Fluches kommt, dass du dich der Worte der Propheten erinnerst. [20] Denn ihre Kraft wird verkürzt werden durch harte Sklaverei, und ein brutaler Herrscher wird seine Herrschaft vergrößern. [21] Denn wie das Gebirge erzitterte, als die Herrlichkeit des Herrn geoffenbart wurde in den Tagen König Uzias, und wie die Wunder, die er für Josua in der Ebene Gibeon tat, um Rache an den Gottlosen zu nehmen, die seine Memra übertraten, so wird auch er geoffenbart werden, um von denen Vergeltung zu nehmen, die Taten tun – seltsam sind ihre Taten –, und von denen, die einen Dienst tun, ihren Dienst der Götzen. [22] Darum nun seid nicht gottlos, sonst werden eure Fesseln noch fester; denn ich habe gehört von Auslöschung und Zerstörung vor dem Herrn Gott der Heerscharen über alle Einwohner der Erde. [23] Der Prophet sagte: »Auf dein Ohr und höre meine Stimme: Kehre um und achte auf meine Memra!« [24] Die Propheten prophezeien zu jeder Zeit um zu belehren – was wäre, wenn die Ohren der Sünder offen wären und sie hörten auf die Belehrung? [25] Wenn das Haus Israel ihr Trachten richten würde auf das Tun des Gesetzes, würde es ihn nicht reuen und würde er sie nicht von den Heiden wegsammeln, unter die sie verstreut sind – siehe, wie Dill und Kümmel, das verstreut ist? Und er wird sie nahe hinzu bringen Familie für Familie zu ihren Stämmen – siehe, wie Weizensamen in Reihen und Gerste an ihrem rechten Ort und am Rande den Dinkel. [26] Siehe, all diese Dinge sind für sie eine Belehrung über das Gericht, damit sie wissen, dass Gott ihnen den rechten Weg weist, auf dem sie gehen sollen. [27] Denn man drischt Dill nicht mit eisernen Dreschschlitten, noch dreht man die Räder eines Wagens über dem Kümmel; vielmehr schlägt man Dill mit einem Stock und Kümmel mit einer Rute. [28] Man drischt aber tatsächlich Getreide, aber man drischt es nicht für immer; und man lenkt die Räder seines Wagens und trennt das Getreide und lässt den Staub fliegen. [29] Auch die kommt vom Herrn der Heerscharen, der die Welt bereitet hat mit den Gedanken seines großen Wissens, die Taten der Schöpfung vermehrt hat mit der Unerschöpflichkeit seiner Weisheit.

Targum Jesaja 28 (EÜ nach Sperber, Bd. 3, S. 54–57)

Der Gottesknecht von Jesaja 52,13–53,12 im Targum Jonathan

[52,13] Siehe, mein Knecht, der Gesalbte, wird erfolgreich sein. Er wird erhöht werden und größer werden und äußerst stark sein. [14] Geradeso wie das Haus Israel auf ihn hoffte zahlreiche Tage – dunkel waren ihre Erscheinungen unter den Völkern, und ihr Glanz jenseits der Menschenkinder –, so wird er zerstreuen zahlreiche Völker. [15] Seinetwegen werden Könige schweigen, sie werden ihre Hände auf ihren Mund legen; denn was man ihnen nicht erzählt hat, haben sie gesehen, und was sie nicht gehört haben, haben sie bedacht.

[53,1] Wer hat diesen unseren guten Neuigkeiten Glauben geschenkt? Und die Stärke des Arms der Kraft JHWHs, wem wurde sie so geoffenbart? [2] Und die Gerechten sollen vor ihm erhoben werden; wie Knospen, die aufsprießen, und wie ein Baum, der seine Wurzeln zu Wasserströmen sendet, so werden heilige Geschlechter zunehmen auf der Erde, die ihn brauchte. [3] Nicht eine gewöhnliche Erscheinung ist seine Erscheinung, und sein ehrfurchtgebietendes Wesen ist nicht das ehrfurchtgebietende Wesen eines normalen Menschen. Und heiliger Glanz wird sein Glanz sein, so dass jeder, der ihn sieht, ihn bedenkt. Dann wird verächtlich sein und zu Ende kommen die Würde aller Königreiche; sie werden schwach und niedergeschlagen sein: [4] siehe, wie ein Mann der Schmerzen und wie einer, der ausersehen ist für Krankheiten. Und wie wenn das Angesicht der Schechina weggenommen wurde von uns, so sind sie verachtet

und nicht respektabel. Dann wird er bezüglich unserer Sünde bitten, und unsere Ungerechtigkeiten werden um seinetwillen vergeben. [5] Aber wir wurden als Geschlagene betrachtet, zerschlagen vor JHWH und geplagt. Und er wird das Heiligtum aufbauen, das entweiht wurde wegen unserer Sünde, ausgeliefert wegen unserer Ungerechtigkeiten. Und durch seine Lehren wird sein Friede zunehmen über uns, und dadurch, dass er seine Worte eifrig befolgt, wird uns unsere Sünde vergeben. [6] Wir alle wurden wie eine Schafherde zerstreut; ein jeder auf seinem Weg gingen wir ins Exil. Aber vor JHWH war es ein Wohlgefallen, all unsere Sünden zu vergeben um seinetwillen. Er bittet, und schon wird ihm geantwortet; und bevor er seinen Mund öffnet, ist er angenommen. [7] Die Starken der Völker wird er wie ein Lamm dem Schlächter übergeben und wie ein Mutterschaf, das vor seinen Scherern verstummt, und keiner öffnet seinen Mund, um aufzuschreien, und sagt etwas. [8–12] Aus Ketten und Vergeltung bringt er unsere Exulanten nahe. Die Wunder, die getan werden für uns in seinen Tagen, wer kann sie zählen? Denn er wird die Herrschaft der Völker wegnehmen vom Land Israel. Die Sünden, mit denen sich mein Volk versündigt hat, wird er auf sie bringen. Und er wird die Bösen in die Gehenna übergeben und die reich sind an Besitztümern, die sie geraubt haben im Tod der Zerstörung, damit die Freveltäter nicht aufgerichtet werden und die Besitzenden nicht sprechen mit ihrem Mund. Aber vor JHWH war es ein Wohlgefallen, den Rest seines Volkes zu läutern und zu säubern, um ihre Seele von Sünden zu reinigen. Sie werden das Königreich ihres Gesalbten sehen, sie werden zunehmen an Söhnen und Töchtern, sie werden lange leben. Und die das Gesetz JHWHs tun, werden in seinem Wohlgefallen erfolgreich sein. Aus der Knechtschaft der Völker wird er ihre Seele befreien; sie werden Vergeltung sehen an ihren Hassern. Sie werden satt werden am Raub ihrer Könige. In seiner Weisheit wird er die Unschuldigen freisprechen, um viele dem Gesetz zu unterwerfen, und bezüglich ihrer Sünden wird er bitten. Dann werde ich ihm den Raub vieler Völker zuteilen und die Besitztümer starker Hauptstädte, und er wird die Beute verteilen, dafür, dass er in den Tod gegeben hat seine Seele und die Rebellen dem Gesetz unterworfen hat. Er aber, er wird bezüglich vieler Sünden bitten, und den Rebellen wird vergeben werden um seinetwillen.
TJon zu Jes 52,13–53,12 (Barret / Thornton, S. 353–355).

6. Beispiele für »Außenseiter« und zweifelhafte Gruppen

Der »Genosse« (חבר – *haber*) und der »Gesetzesunkundige« (עם הארץ – *»Volk des Landes«*)

[3 a] Wer es auf sich nimmt, Genosse (חבר – *haber*) zu sein, der darf einem Gesetzesunkundigen (עם הארץ – *am-haaretz*) weder Frisches noch Trockenes verkaufen und darf von ihm nichts Frisches kaufen und darf bei keinem Ge-

setzesunkundigen einkehren und darf keinen solchen in seiner Bekleidung bei sich aufnehmen.

[3b] Rabbi Jehuda sagt: »Er darf auch kein Kleinvieh aufziehen und soll nicht ausarten in Gelübden und in Schmerzen und soll sich nicht verunreinigen an den Toten und soll vielmehr den Gelehrten Dienste im Lehrhaus (בית מדרש – *bet-midrasch*) leisten«.

[3c] Man entgegnete ihm: »Das gehört nicht zur allgemeinen Regel über den Genossen«.
mDam 2,3 (Bauer, S. 20–23).

Wer gehört zum עם הארץ – *Am-Haaretz*?

Es wurde gelehrt: »Wenn jemand die Schrift gelesen, die Mischna studiert und nicht bei Schriftgelehrten famuliert hat, so ist er, wie Rabbi Eleazar sagt, ein Mensch aus dem gemeinen Volke [*scil.* עם הארץ – *am-haaretz*], wie Rabbi Samuel ben-Nachmani sagt, ein leerer Mensch, wie Rabbi Yannai sagt, ein Samaritaner, und wie Rabbi Acha ben-Ya'aqob sagt, ein Magier«. Rabbi Nachman ben-Yitzhaq sagte: »Die Ansicht des Rabbi Acha ben-Ya'aqob ist einleuchtend, denn die Leute pflegen zu sagen: Der Magier murmelt und weiß nicht, was er redet, der Jünger lehrt und weiß nicht, was er spricht«.

Die Rabbanan lehrten: »Ein Mensch aus dem gemeinen Volk ist derjenige, der nicht morgens und abends das Shema' mit den dazu gehörigen Segensprüchen liest« – so Rabbi Me'ir. Die Weisen sagen: der keine Tefillin anlegt. Ben-Azai sagt: »Der keine Zizit an seinem Gewand hat«. Rabbi Jonathan ben Josef sagt: »Der Söhne hat und sie nicht für das Studium der Tora erzieht«. Manche sagen: »Selbst wenn einer die Schrift gelesen, die Mischna studiert, aber nicht bei Schriftgelehrten famuliert hat, sei er ein Mensch aus dem gemeinen Volke. Wer die Schrift gelesen, aber die Mischna nicht studiert hat, ist ein leerer Mensch. Wer aber weder die Schrift gelesen noch die Mischna studiert hat, über den spricht die Schrift: *ich will das Haus Israel und das Haus Juda säen, Menschensamen und Viehsamen* (Jer 31,27)«.
bSot 22a (Goldschmidt, Bd. 6, S. 79f).

Das gemeine Volk (עם הארץ – *Am-Haaretz*)

[49b] Es wird gelehrt: »Rabbi sagte: Ein Mann aus dem gemeinen Volke [*scil.* עם הארץ – *am-haaretz*] darf kein Fleisch essen, denn es heißt: *das ist die Lehre inbetreff des Viehs und des Geflügels* (Lev 11,46); wer sich mit der Tora befasst, darf Fleisch von Vieh und Geflügel essen, wer sich mit der Tora nicht befasst, darf kein Fleisch von Vieh und Geflügel essen«.

Rabbi Eleazar sagte: »Einen Mann aus dem gemeinen Volke darf man metzeln an einem Versöhnungstage, der auf einen Sabbat fällt«. Seine Schüler sprachen zu ihm: »Meister, sage doch: schlachten!« Dieser erwiderte: »Dies erfordert einen Segensspruch, jenes erfordert keinen Segensspruch«.

Rabbi Eleazar sagte: »Es ist verboten, sich einem Manne aus dem gemeinen Volke auf der Reise anzuschließen, denn es heißt: *denn sie ist dein Leben und die Verlängerang deiner Tage* (Dtn 30,20); und wenn er sein eigenes Leben nicht schont, um wieviel weniger das Leben seines Nächsten«.

Rabbi Schemu'el ben-Nahmani sagte im Namen Rabbi Johanans: »Einen Mann aus dem gemeinen Volk darf man wie einen Fisch zerreißen«. Rabbi Schemu'el ben Jitzhaq sagte: »Vom Rücken aus«.

Es wird gelehrt: »Rabbi Aqiba erzählte: Als ich noch ein Mann aus dem gemeinen Volke war, sprach ich: Wer gibt mir einen Schriftgelehrten her, ich würde ihn wie ein Esel beißen«. Seine Schüler sprachen zu ihm: »Meister, sage doch: wie ein Hund«. Dieser erwiderte: »Jener beißt und zerbricht auch den Knochen, dieser beißt und zerbricht den Knochen nicht«.

Es wird gelehrt: »Rabbi Meir sagte: Wenn jemand seine Tochter an einen Mann aus dem gemeinen Volk verheiratet, so ist es ebenso, als würde er sie binden und vor einen Löwen legen; wie der Löwe auf sein Opfer, tritt und frisst, ohne Scham zu haben, ebenso verfährt ein Mann aus dem gemeinen Volke; er schlägt sie und vollzieht den Beischlaf, ohne Scham zu haben«.

Es wird gelehrt: Rabbi Eliezer sagte: »Brauchten sie uns nicht geschäftlich, so würden sie uns erschlagen haben«. Rabbi Hija lehrte: »Wenn jemand in Gegenwart eines Mannes aus dem gemeinen Volke sich mit der Tora befasst, so ist es ebenso, als würde er seiner Verlobten in seiner Gegenwart beiwohnen, denn es heißt: die *Tora hat uns Mose anbefohlen, ein Erbteil* (Dtn 33,4), und man lese nicht מורשה – *morascha* [*scil.* Erbteil], sondern מאורסה – *meorasa* [*scil.* Verlobte]. Größer ist der Hass der Leute aus dem gemeinen Volke gegen einen Schriftgelehrten, als der Hass der weltlichen Völker gegen Israel, und noch größer als ihrer ist der ihrer Frauen«. Es wird gelehrt: »Schlimmer ist als jene, wer die Tora studiert und sich von ihr zurückgezogen hat«. Die Rabbanan lehrten: »Sechserlei sagten sie von den Leuten aus dem gemeinen Volke; man vertraue ihm keine Zeugenaussage an, man nehme von ihm keine Zeugenaussage entgegen, man vertraue ihm kein Geheimnis an, man wähle ihn nicht zum Vormund für Waisen, man wähle ihn nicht zum Vorsteher einer Almosenkasse und man schließe sich ihm nicht auf der Reise an; manche sagen, man mache auch einen ihm gehörenden Fund nicht bekannt«. Und der erste Tanna? – Es kann vorkommen, dass von ihm geratene Kinder hervorgehen, die davon genießen würden, wie es heißt: *der Frevler speichert auf, aber der Fromme kleidet sich* (Hi 27,17).
bPes 49b (Goldschmidt, Bd. 2, S. 453–455).

Der Fremdling

[4,10] Wie es Übervorteilung gibt beim Kauf und Verkauf, so gibt es auch Übervorteilung durch Worte. Man darf nicht jemanden fragen: »Was kostet diese Sache?«, wenn man nicht die Absicht hat, sie zu kaufen. Zu jemandem, der Reue empfindet, soll man nicht sagen: »Denk an deine früheren Taten!« Zu einem Mann von nichtjüdischer Herkunft (בן־תשובה – *ben-teshuva*) soll man nicht

sagen: »Denk an das Verhalten Deiner Vorfahren!«, denn es heißt: *Den Fremdling sollst Du nicht drücken und sollst ihn nicht hart behandeln* (Ex 22,20).
mBM 4,10 (Windfuhr, S. 56f).

Was man wissen muss, wenn man Proselyt werden will

Die Rabbanan lehrten: »Wenn jemand in der Jetztzeit Proselyt werden will, so spreche man zu ihm: ›Was veranlasst dich, Proselyt zu werden; weißt du denn nicht, dass die Israeliten in der Jetztzeit gequält, gestoßen, gedemütigt und gerupft werden und Leiden über sie kommen!?‹ Wenn er sagt, er wisse dies, und sei dessen gar nicht würdig, so nehme man ihn sofort auf und mache ihn mit manchen der leichteren und manchen der strengeren Gebote bekannt. Ferner erkläre man ihm die Sünde betreffs der Nachlese, des Vergessenen, des Eckenlassens (Lev 19,9; 23,22; Dtn 24,19) und des Armenzehnten. Auch teile man ihm die Bestrafung wegen Übertretung der Gebote mit und spreche zu ihm: ›Wisse, dass du bisher Talg gegessen hast, ohne mit der Ausrottung bestraft zu werden, den Sabbat entweiht hast, ohne mit der Steinigung bestraft zu werden; wenn du aber von jetzt ab Talg isst, wirst du mit der Ausrottung bestraft, wenn du den Sabbat einweihst, wirst du mit der Steinigung bestraft.‹ Und wie man ihm die Bestrafung wegen der Gebote mitteilt, so teile man ihm ihre Belohnung mit und spreche zu ihm: ›Wisse, dass die zukünftige Welt nur für die Frommen erschaffen worden ist. Die Israeliten können auf dieser Welt weder übermäßig Güte noch übermäßig Leiden ertragen.‹ Jedoch rede man auf ihn nicht zuviel ein und nehme es mit ihm nicht allzu genau. Ist er einverstanden, so beschneide man ihn sofort, bleiben die Beschneidung ungültig machende Fäserchen zurück, so beschneide man ihn nochmals, und sofort nach seiner Genesung lasse man ihn untertauchen. Zwei Schriftgelehrte stehen neben ihm und machen ihn mit manchen der leichteren und manchen der strengeren Gebote bekannt. Nachdem er untergetaucht und heraufgestiegen ist, gilt er in jeder Beziehung als Israelit. Eine Frau setzen Frauen bis an den Hals ins Wasser, und zwei draußen stehende Schriftgelehrte machen sie mit manchen der leichteren und manchen der strengeren Gebote bekannt. Einerlei, ob ein Proselyt oder ein freigelassener Sklave! Wo eine Menstruierende untertaucht, tauchen auch der Proselyt und der freigelassene Sklave unter, und alles, was beim Untertauchen als Trennung gilt, gilt auch beim Proselyten, dem freigelassenen Sklaven und der Menstruierenden als Trennung.«

Der Meister sagte: »Wenn jemand Proselyt werden will, so spreche man zu ihm: Was veranlasst dich Proselyt zu werden? Und man mache ihn mit manchen der leichteren und manchen der strengeren Gebote bekannt. Aus welchem Grunde? Wenn er zurücktreten will, mag er nur zurücktreten.« Rabbi Helbo sagte nämlich: »Proselyten sind für Israel unangenehm wie ein Ausschlag, denn es heißt: *es schließt sich ihnen der Fremdling an, und sie schlagen sich zum Hause Ya'aqobs* (Jes 14,1).«
bYeb 47a.b (Goldschmidt, Bd. 4, S. 473f).

Samaritaner

[8,10] Und noch einmal sagte man von ihm [*scil.* Rabbi Aqiba]: »Hat Rabbi Eli'ezer gesagt: Wer Brot der Samaritaner isst, ist wie einer, der Schweinefleisch isst? Er sagte zu ihnen: Schweigt! Nicht sage ich euch, was Rabbi Eli'ezer darüber gesagt hat.«
mSheb 8,10 (Correns, S. 69).

Zeloten

[9,6 a] Wer eine Opferschale stiehlt, wer bei einem Qosem [*scil.* Götzen?] flucht oder wer einer Aramäerin beiwohnt (Num 25,6–9), über den können Eiferer herfallen.
mSanh 9,6 a (Correns, S. 523).

Fremdkult (עבודה זרה – *Awoda Zara*)

[3,1] Alle Götzenbilder sind verboten, weil ihnen einmal im Jahr gedient wird, [sind die] Worte des Rabbi Me'ir, aber die Gelehrten sagen: Sie sind nicht verboten, außer jedem, das in seiner Hand einen Stab, Vogel oder Kugel hält. Rabbi Schim'on ben-Gamli'el sagt: Jedes, das irgendetwas in seiner Hand hält.

[3] Findet einer Geräte und auf ihnen ein Bild der Sonne, ein Bild des Mondes, das Bild eines Drachen, soll er sie in das Salzmeer werfen. Rabban Schim'on ben-Gamli'el sagt: »Auf wertvollen Geräten sind sie verboten, auf minderwertigen erlaubt.« Rabbi Jose sagt: »Man zerbricht sie und streut sie in den Wind oder wirft sie ins Meer.«

[4] Es fragte Proklos, der Sohn eines Philosophen, Rabban Gamli'el in Akko, als er im Bad der Aphrodite war. Er sagte zu ihm: »In eurem Gesetz steht geschrieben: *Und an deiner Hand soll nicht irgend etwas vom Bann kleben* (Dtn 13,18). Warum badest Du im Bad der Aphrodite?« Er sagte zu ihm: »Man antwortet nicht im Bad.« Und als er herausgegangen war, sagte er zu ihm: »Ich bin nicht in ihr Gebiet gekommen, sie ist in mein Gebiet gekommen. Man sagt nicht: Dies Bad ist zur Zierde der Aphrodite gemacht, sondern man sagt: Die Aphrodite ist zur Zierde für das Bad gemacht. Eine andere Antwort: Wenn man dir viel Geld gäbe, würdest du nicht nackt in deinen Tempel gehen, nach einer Pollution oder um vor ihm dem Götzen das Wasser zu lassen, aber sie steht hier am Abflusskanal und jedermann lässt das Wasser vor ihr. Es wird nur gesagt: *ihre Götter* (Dtn 12,2). Das, was man als Gottheit betrachtet, ist verboten, aber was man nicht als Gottheit behandelt, ist erlaubt.«
mAZ 3,1.3f (Correns, S. 576f).

[7,6 a] »Wer fremden Dienst treibt«. Es ist einerlei, ob er dient, ein Opfer schlachtet, räuchert, Trankopfer spendet, sich niederwirft oder ihn für sich als Gott annimmt, oder zu ihm sagt: Du bist mein Gott. Aber der, der herzt, küsst, ehrt, umarmt, vor ihm aufspritzt, ihn badet, salbt, bekleidet oder beschuht, übertritt

ein Verbot. Wer in seinem Namen ein Gelübde tut oder in seinem Namen erfüllt, übertritt ein Verbot.
mSanh 7,6 a (Krauß, S. 222f).

Zöllner

[10,1 b] Man lässt sich nicht Geld wechseln weder aus dem Kasten der Zolleinnehmer, noch aus dem Beutel der Steuererheber. Auch nimmt man daraus kein Almosen an. Aber man darf Geld aus seinem Hause oder vom Markte von ihm annehmen.
mBQ 10,1 (Windfuhr, S. 78f).

Kapitel VI: Gnosis

Einführung

Der Begriff »Gnosis« bedeutet eigentlich »Erkenntnis«. Eine besondere Verwendung findet er in philosophischen und religiösen Texten, die damit auf die Erkenntnis der Welt und ihrer Ordnungen sowie auf das dahinter erkennbare göttliche Prinzip rekurrieren. Vor diesem Hintergrund hat der Begriff dann auch in jüdischen und christlichen Texten Verwendung gefunden.

Seit dem 2. Jahrhundert n. Chr. gewinnen die Begriffe »Gnosis«, »Gnostiker« und »gnostisch« eine eigene Bedeutung innerhalb der christlichen Theologie. So verwendet sie etwa Clemens von Alexandria, bei dem die Wortgruppe in auffallend häufiger Zahl begegnet, zur Bezeichnung der wahren Erkenntnis der christlichen Lehre und des darauf aufbauenden Lebens. Der »wahre Gnostiker« ist für ihn demzufolge derjenige, der die Wahrheit der christlichen Lehre erkannt hat und danach lebt.

Der Anspruch auf »Gnosis« wurde aber offenbar auch von solchen Gruppen erhoben, die von den kirchlichen Theologen als »Häretiker« bekämpft wurden und deren Anspruch, »Gnostiker« zu sein, deshalb kirchlicherseits bestritten wurde. Das wird zum ersten Mal in der Formulierung »fälschlich sogenannte Gnosis« in 1Tim 6,20 erkennbar, die dann sowohl von Clemens als auch von Irenäus von Lyon aufgenommen wird. Irenäus verwendet sie sogar in der Überschrift seines großen Werkes »Entlarvung und Widerlegung der fälschlich sogenannten Gnosis«. Es geht in dieser Kontroverse demnach nicht um die Alternative »Gnostiker oder Christ«, vielmehr wurde der Anspruch, wahre Erkenntnis zu besitzen, von verschiedenen, sich als christlich verstehenden Gruppen erhoben. Der Konflikt entzündete sich demzufolge an der Frage, wer diesen Anspruch legitimerweise erhebt und wer als »Häretiker« zu betrachten ist.

Dem entspricht, dass die kirchlichen Theologen keineswegs alle der bekämpften Gruppen als »Gnostiker« bezeichneten. So charakterisiert etwa Clemens nur eine einzige Gruppe, nämlich die Anhänger des Prodikos, als solche, die sich fälschlicherweise »Gnostiker« nennen, wogegen Irenäus dasselbe von den Anhängern des Markos und den Karpokratianern, Hippolyt dagegen von den Naassenern berichtet. Wenn Irenäus gleichwohl »Gnostiker« als Oberbegriff für die bekämpften Gruppen insgesamt verwendet, Valentin als »ersten der sogenannten gnostischen Häresie« bezeichnet und eine gemeinsame Wurzel der »Gnosis«, nämlich die Lehren des in der neutestamentlichen Apostelgeschichte erwähnten Simon Magus, behauptet, handelt es sich dabei um Verallgemeinerungen, die dem Ziel einer deutlichen Unterscheidung zwischen »rechtgläubigen« und »häretischen« Gruppen und Lehren dienen sollten.

Tatsächlich wurden die unter dem Begriff »Gnosis« subsumierten Lehren und Systeme dagegen offenbar von einzelnen Lehrerpersönlichkeiten entwickelt, die eigene Schulen nach Analogie der Philosophenschulen gründeten, in denen diese Lehren dann weiterentwickelt wurden. Zu den wichtigen Einsichten der neueren Gnosisforschung gehört deshalb die Differenzierung zwischen Lehrern wie Basilides und Valentin und den in ihren Schulen weiterentwickelten Systemen. Neuere Untersuchungen haben dabei dafür plädiert, die Lehren der Schulgründer selbst (insoweit sich diese aus den erhaltenen Fragmenten rekonstruieren lassen) noch nicht zur »Gnosis« zu rechnen, sondern erst die in ihren Schulen entwickelten Systeme. Da zudem offenbar kein soziologischer Zusammenhang der gnostischen Schulen untereinander bestand, kann von antiker »Gnosis« nicht im Sinne eines lehrmäßig und soziologisch klar umrissenen Phänomens gesprochen werden, sondern eher von verschiedenen Ansätzen, christlichen Glauben mit Hilfe philosophischer Topoi und mythologischer Vorstellungen zu interpretieren.

Dabei sind bestimmte Merkmale zu erkennen, die die zur »Gnosis« gerechneten Texte miteinander teilen und die es trotz gelegentlicher Infragestellung auch weiterhin als sinnvoll erscheinen lassen, diesen Begriff zu verwenden. Dazu gehört zunächst ein ausgeprägtes Erlösungsbewusstsein, das auf »Erkenntnis« basiert, die durch die entsprechenden Texte vermittelt wird. Die Überzeugung, als Gnostiker bereits in Verbindung mit der oberen Welt (dem Pleroma) zu stehen, führt des Weiteren zu einer negativen Bewertung der irdischen Welt (des Kosmos). Dieses Gegenüber kann in gnostischen Texten mit Hilfe von Schöpfungsmythen erklärt werden, die die Entstehung der Welt auf einen niederen, häufiger als »Demiurg« bezeichneten Gott zurückführen. Der oberste Gott (der auch » unsichtbarer Geist« oder »Urgrund« [*Bythos*] heißen kann), dem oft ein weibliches Wesen zugeordnet ist, bleibt dagegen unerkennbar und ist nicht mit dem Schöpfergott identisch. Seine Verbindung zur Welt wird durch verschiedene göttliche Emanationen und Zwischenwesen hergestellt. Diese mythologischen Vorstellungen können in gnostischen Texten anhand einer Uminterpretation der biblischen Schöpfungsgeschichte entfaltet werden. Die Verbindung zwischen dem göttlichen und dem irdischen Bereich wird durch den Fall eines göttlichen Teils in die untere Welt erklärt, das im menschlichen Körper eingeschlossen ist und durch Erkenntnis daraus befreit werden kann. Diese Motive können in gnostischen Texten in verschiedener Kombination und mit unterschiedlicher Terminologie auftauchen. Es handelt sich also um ein Ensemble vergleichbarer Vorstellungen, die allerdings nicht zu einem »Grundmythos« verdichtet wurden, sondern flexibel verwendet werden konnten.

Die Gnosis ist, entgegen einer in der Forschung längere Zeit vertretenen Auffassung, vermutlich nicht vorchristlich entstanden. Auch im Neuen Testament lässt sich noch keine »Gnosis« im eigentlichen Sinn nachweisen. Allenfalls begegnen dort einzelne Termini und Motive, die später in gnostischen Systemen

Verwendung fanden. Die Gnosis ist dagegen als Versuch zu verstehen, christlichen Erlösungsglauben mit paganer antiker Philosophie, vornehmlich platonischer Provenienz, zu vermitteln und dadurch das Christentum für heidnische Hörer zugänglich und attraktiv zu machen. Dies geschieht in Form verschiedener Lehrsysteme, die innerhalb der gnostischen Schulen entwickelt werden. Deren wichtigste sind Basilides und seine Schule, Valentin und die Valentinianer sowie eine als »sethianische Gnosis« bezeichnete Richtung, die manchmal auch mit dem von Irenäus entlehnten Terminus »Barbelo-Gnostiker« bezeichnet wird. Deren Profil ist allerdings weniger eindeutig, so dass hier nicht mit derselben Sicherheit von einem Schulzusammenhang ausgegangen werden kann, sondern eher von Texten, die gemeinsame Merkmale besitzen, ohne dass sich daraus ein einheitliches Lehrsystem ergeben würde. Ob auch Markion und die Markioniten zur »Gnosis« gerechnet werden sollten, ist in der Forschung umstritten.

Zu einem großen Systementwurf ist die Gnosis im 3. Jahrhundert von dem Perser Mani ausgebildet worden, der die nach ihm als »Manichäismus« bezeichnete Religion begründete. Die manichäischen Texte sind in verschiedenen Sprachen (etwa koptisch, chinesisch und persisch) verfasst und behandeln das Leben Manis und seine Lehren. Erst 1969 wurde der sogenannte »Kölner Mani-Codex« bekannt, das kleinste aus der Antike erhaltene Buch (3,5 × 4,5 cm) und zugleich der einzige manichäische Text in griechischer Sprache. Der 192 seitige Pergamentcodex stammt vermutlich aus dem 5. Jahrhundert und enthält eine Lebensbeschreibung Manis, aus der auch seine Lehren erkennbar werden.

Mani, der ursprünglich einer Täufergemeinde angehörte, entwickelte eine Lehre, die von einem schroffen Dualismus von Gut und Böse geprägt ist, die miteinander im Widerstreit liegen. Ziel ist die Trennung beider Bereiche, um den Urzustand wieder herzustellen. Dazu muss der Mensch die in ihm befindlichen Seelenteile bewahren, um sie ihrer ursprünglichen Bestimmung zuzuführen. Er bedarf hierfür der Anleitung durch »Lichtapostel«, zu denen Mani Buddha, Jesus, Paulus und sich selbst rechnete. Der Manichäismus stand anfänglich in schroffer Konkurrenz zum Christentum. Der bedeutende antike christliche Theologe und spätere Bischof von Hippo, Augustinus, gehörte eine zeitlang selbst zu den Manichäern.

Eine eigene Ausprägung »gnostischer« Lehren findet sich bei den Mandäern, deren Name von dem aramäischen Wort *manda* (für »Erkenntnis«, also eine Entsprechung zu »Gnosis«) abgeleitet ist. Die bis in die Gegenwart existierende mandäische Religion, deren Anhänger heute in ihrer Mehrheit im Irak leben, führt sich auf Johannes den Täufer zurück und misst der Taufe zentrale Bedeutung bei. Ihre wichtigsten Lehren und Lieder sind in einem Buch mit dem Titel *Ginza* (für »Schatz«) zusammengestellt, der sich in einen rechten und einen linken Teil gliedert, wobei Ersterer die zumeist in Form mythologischer Erzählungen gefassten Lehren, Letzterer dagegen Lieder enthält.

Um die oft fließenden Übergänge philosophisch-mythologischer zu gnostischen Lehren zu demonstrieren, werden im Folgenden auch einige Passagen aus dem *Corpus Hermeticum* dokumentiert, einer Sammlung von 18 griechischen

Traktaten und einem lateinischen Text aus dem 2. und 3. Jahrhundert, die sich als Lehren des *Hermes Trismegistos* (»dreimalgrößter Hermes«) präsentieren. Zu dem Corpus werden außerdem einige weitere, zum Teil aus dem Fund von Nag Hammadi stammende Texte gerechnet.

Bei Hermes handelt es sich um eine Gestalt, die Züge des griechischen Gottes Hermes (daher der Name der Sammlung) mit solchen des ägyptischen Gottes der Weisheit, Thot, vereint. Die Traktate tragen den Charakter philosophischer Lehren neuplatonisch-mystischen Charakters, mitunter in Dialogform (so etwa der erste Traktat *Poimandres*), des Öfteren aber auch in Form von Lehren des Hermes an seine Schüler. Eine Analogie hierzu findet sich im Nag-Hammadi-Traktat *Asklepios* (NHC VI,8), der einen Lehrdialog zwischen Hermes und seinen Schülern darstellt. Manche Traktate des *Corpus Hermeticum* haben eine Affinität zur Gnosis und haben deren Entwicklung befördert. Das ursprünglich überwiegend griechische *Corpus Hermeticum* wurde im 15. Jahrhundert in einer lateinischen Übersetzung von Marsilio Ficino publiziert. Eine deutsche Übersetzung in zwei Bänden wurde 1997 durch Carsten Colpe und Jens Holzhausen publiziert, ein dritter Band mit Forschungsgeschichte, Einzelkommentierungen und Gesamtdarstellungen ist in Vorbereitung.

Die **Nag-Hammadi-Codices** (NHC) sind nach dem kleinen oberägyptischen Ort Nag Hammadi benannt, in dessen Nähe im Jahr 1945 per Zufall 13 Codices durch zwei Brüder, ägyptische Fellachen, in einem Tonkrug entdeckt wurden. Ein Teil des Fundes ging verloren, da die Mutter der Bauern ihn aus Angst vor negativen Wirkungen der geheimnisvollen Texte verbrannte. Der heute als Codex I gezählte Band wurde dagegen außer Landes gebracht und 1951 durch eine Stiftung für das C.G. Jung-Institut in Zürich angekauft. Dieser Codex wird deshalb auch gelegentlich als »Codex Jung« bezeichnet. Nach dem Tode Jungs gelangte er in das Koptische Museum in Kairo. In den Besitz dieses Museums gingen nach einigen Umwegen auch die übrigen Codices über. Der dort aufbewahrte Nag-Hammadi-Fund besteht aus elf nahezu vollständigen Codices sowie Fragmenten von zwei weiteren mit insgesamt über 1000 beschriebenen Seiten. Es handelt sich um aus dem 4. Jahrhundert stammende koptische Übersetzungen ursprünglich griechischer Texte, die selbst nicht erhalten sind.

Das literarische und inhaltliche Spektrum der Texte ist sehr breit und reicht von Spruchsammlungen wie dem »Evangelium nach Thomas« und dem »Evangelium nach Philippus« über Offenbarungsschriften, Gebete, philosophische und mythologische Abhandlungen bis hin zu einem Stück aus Platons »Staat«. Es handelt sich also nicht um die bewusste Zusammenstellung eines Corpus, etwa in Analogie zur Bibel, sondern eher um eine zufällig zustande gekommene Sammlung von Texten, bei denen nicht einmal sicher ist, ob sie jemals gemeinsam benutzt wurden.

Die Erforschung der Literatur- und Theologiegeschichte des frühen Christentums wurde durch den Fund von Nag Hammadi auf eine neue Basis gestellt, da seither gnostische Originaltexte in größerem Umfang zugänglich sind. Zuvor waren dagegen nur die häresiologischen Texte kirchlicher Theologen sowie einige wenige Originaltexte bekannt. Dies sind im Wesentlichen der **Codex Askewianus** mit der »Pistis Sophia«, der **Codex Brucianus** mit den Büchern des Jeû und einer weiteren koptisch-gnostischen Schrift sowie der **Papyrus Berolinensis Gnosticus** (BG) mit dem »Evangelium nach Maria«, dem »Apokryphon des Johannes«, der »Sophia Jesu Christi« sowie der »Tat des Petrus«.

Der zuletzt genannte Codex ist mit den Texten aus Nag Hammadi eng verwandt. Zwei der in ihm enthaltenen Schriften sind auch in den Nag-Hammadi-Codices überliefert: Das Apokryphon des Johannes begegnet dort gleich dreimal, jeweils als erste Schrift von Codex II, III und IV, die »Sophia Jesu Christi« ist in einer weitgehend identischen Fassung als vierte Schrift von Codex III aus Nag Hammadi überliefert. Diese Schrift steht zudem in enger Beziehung zum Eugnostosbrief, der in NHC III,3 und V,1 begegnet.

In neuerer Zeit ist ein weiterer Codex aufgetaucht, der nach seiner Besitzerin, der Schweizer Antiquitätenhändlerin Frieda Nussberger-Tchacos, als **Codex Tchacos** (CT) bezeichnet wird. Der Entdeckung im Jahr 1978 in Ägypten folgte eine aufregende und verwickelte Geschichte, bis der Codex schließlich für die wissenschaftliche Erforschung zur Verfügung stand. Eine erste kritische Edition erfolgte im Jahr 2007, seither ist der Textbestand durch weitere Fragmente ergänzt worden.

Der Codex enthält vier Schriften: eine Version des Briefs des Petrus an Philippus, der auch als NHC VIII,2 überliefert ist, die erste Apokalypse des Jakobus in einer von der als NHC V,3 überlieferten Schrift häufig abweichenden Fassung, das Judasevangelium sowie eine in der Forschung bislang als »Allogenes« bezeichnete, fragmentarisch erhaltene Schrift.

Auch der »Codex Tchacos« gehört demnach in den Umkreis der Nag-Hammadi-Schriften. Die folgende Liste stellt deshalb die in diesen Codices enthaltenen Schriften in einer Liste zusammen.

Liste der Nag-Hammadi-Schriften, des *Papyrus Berolinensis Gnosticus* sowie des *Codex Tchacos*

Die Titel der Nag-Hammadi-Schriften und des BG sowie die Abkürzungen folgen der von Hans-Martin Schenke, Hans-Gebhard Bethge und Ursula Ulrike Kaiser herausgegebenen Ausgabe **Nag Hammadi Deutsch** (NHD).

Titel	Codex, Traktat	Abkürzung
Das Gebet des Apostels Paulus (Precatio Pauli)	I,1	PrecPl
Der Brief des Jakobus (Epistula Jacobi)	I,2	EpJac
Evangelium Veritatis	I,3	EV
Der Brief an Rheginus (Die Abhandlung über die Auferstehung)	I,4	Rheg
Tractatus Tripartitus	I,5	TractTrip
Das Apokryphon des Johannes	II,1	AJ
Das Evangelium nach Thomas	II,2	EvThom
Das Evangelium nach Philippus	II,3	EvPhil
Die Hypostase der Archonten	II,4	HA
Vom Ursprung der Welt	II,5	UW
Die Erzählung über die Seele (Exegesis de Anima)	II,6	ExAn
Das Buch des Thomas	II,7	LibThom
Das Apokryphon des Johannes	III,1	AJ
Das heilige Buch des großen unsichtbaren Geistes (Das ägyptische Evangelium)	III,2	ÄgEv

Titel	Codex, Traktat	Abkürzung
Eugnostos	III,3	Eug
Die Weisheit Jesu Christi (Die Sophia Jesu Christi)	III,4	SJC
Der Dialog des Erlösers	III,5	Dial
Das Apokryphon des Johannes	IV,1	AJ
Das heilige Buch des großen unsichtbaren Geistes (Das ägyptische Evangelium)	IV,2	ÄgEv
Eugnostos	V,1	Eug
Die Apokalypse des Paulus	V,2	ApcPl
Die (erste) Apokalypse des Jakobus	V,3	1ApcJac
Die (zweite) Apokalypse des Jakobus	V,4	2ApcJac
Die Apokalypse des Adam	V,5	ApcAd
Die Taten des Petrus und der zwölf Apostel (Acta Petri et XII Apostolorum)	VI,1	ActPt
Die Brontê – Vollkommener Verstand	VI,2	Brontê
Authentikos Logos	VI,3	AuthLog
Das Verständnis unserer großen Kraft	VI,4	Noêma
Plato, Politeia 588A-589B	VI,5	NHC VI,5
Über die Achtheit und die Neunheit (De Ogdoade et Enneade)	VI,6	OgdEnn
Hermetisches Dankgebet (Precatio Hermetica)	VI,7	PrecHerm
Asklepios	VI,8	Askl
Die Paraphrase des Sêem	VII,1	ParSem
Der zweite Logos des großen Seth	VII,2	2LogSeth
Die Apokalypse des Petrus	VII,3	ApcPt
Die Lehren des Silvanus	VII,4	Silv
Die drei Stelen des Seth	VII,5	StelSeth
Zostrianos	VIII,1	Zostr
Der Brief des Petrus an Philippus (Epistula Petri ad Philippum)	VIII,2	EpPt
Melchisedek	IX,1	Melch
Die Ode über Norea	IX,2	OdNor
Das Zeugnis der Wahrheit (Testimonium Veritatis)	IX,3	TestVer
Marsanes	X	Mar
Die Auslegung der Erkenntnis (Die Interpretation der Gnosis)	XI,1	Inter
Valentinianische Abhandlung (Expositio Valentiniana)	XI,2	ExpVal
Allogenes	XI,3	Allog

Titel	Codex, Traktat	Abkürzung
Hypsiphrone	XI,4	Hyps
Die Sextussprüche	XII,1	Sextus
Evangelium Veritatis	XII,2	EV
Die dreigestaltige Protennoia	XIII,1	Protennoia
Vom Ursprung der Welt	XIII,2	UW
Das Evangelium nach Maria	BG 1	EvMar
Das Apokryphon des Johannes	BG 2	AJ
Die Weisheit Jesu Christi (Die Sophia Jesu Christi)	BG 3	SJC
Die Tat des Petrus (Actus Petri)	BG 4	ActusPt
Der Brief des Petrus an Philippus	CT 1	EpPt
Die (erste) Apokalypse des Jakobus	CT 2	1ApcJac
Das Judasevangelium	CT 3	EvJud
(Allogenes)	CT 4	

Gattungen der Nag-Hammadi-Schriften
Eine Übersicht über die dreizehn Codices aus Nag Hammadi mit ihren 52 Schriften zeigt, dass innerhalb der Bibliothek sehr verschiedene Gattungen vertreten sind und ihre Ordnung zufällig wirkt. Manche Texte lehnen sich mit ihren Gattungen oder zumindest ihren Titeln an neutestamentliche Schriften an. Dementsprechend finden sich Evangelien, Briefe, Apokalypsen und Acta (Taten). Zu den Evangelien gehören etwa das Evangelium nach Thomas (NHC II,2) und das Evangelium nach Philippus (NHC II,3). Es handelt sich in beiden Fällen um »Spruchevangelien«, eine Gattung, die sich im Neuen Testament nicht findet, aber mitunter mit der hypothetisch rekonstruierten Logienquelle Q in Verbindung gebracht wird. Sodann finden sich zwei Briefe, die den Aposteln Jakobus und Petrus zugeschrieben werden (NHC I,2; NHC VIII,2). Eine gewisse Analogie zur Apostelgeschichte (deren antiker Titel »Taten der Apostel« lautete) stellen die »Taten des Petrus und der zwölf Apostel« dar (NHC VI,1). Hier wird von einer mythischen (Schiffs)Reise der Apostel erzählt, an deren Ende sich Jesus offenbart und die Jünger in die Welt entsendet. Anders als bei der neutestamentlichen Apostelgeschichte handelt sich dabei allerdings nicht um eine der antiken Geschichtsschreibung zuzurechnende Schrift.

Einen großen Raum nehmen ferner Apokalypsen (Offenbarungen) ein, eine im Judentum entstandene Literaturgattung, zu der auch die neutestamentliche Johannesoffenbarung gehört. So findet sich unter den Nag-Hammadi-Schriften eine »Apokalypse des Paulus« (NHC V,2), die von einer Reise des Paulus durch die Himmelssphären und dem ihm dabei Offenbarten erzählt.

Des Weiteren gibt es in der Bibliothek von Nag Hammadi Gebete wie das »Gebet des Paulus« (NHC I,1), ein »Hermetisches Dankgebet« (NHC VI,7) sowie valentinianische Gebete in Codex XI.

Obwohl das Nag-Hammadi-Corpus überwiegend christlich geprägt ist, finden sich darin auch nicht-christliche Texte, etwa der »Eugnostosbrief« (NHC III,3; V,1), die Traktate »Zostrianos« (VIII,1) und »Marsanes« (X), der Dialog »Über die Achtheit und die Neunheit« zwischen Hermes Trismegistos und seinem Sohn (NHC VI,6) oder die »Sextussprüche« (XII,1). Daraus ist allerdings nicht sofort auf eine nicht- oder gar vorchristliche Gnosis zu schließen. Vielmehr kann es sich auch um religiöse und philosophische Texte im Umfeld der »christlichen Gnosis« handeln.

»Das Zeugnis der Wahrheit«

Der wahre Gläubige

Und nachdem er sich [dorthin] zurückgezogen hatte, schwieg er – nachdem er von Geschwätzigkeit und Streitereien abgelassen hatte. [p.69] Wer aber den [lebensspendenden Logos] gefunden hat [und wer den Vater der Wahrheit] erkannt hat, [ist zur Ruhe gelangt] und hat abgelassen [zu suchen] – nachdem er [gefunden] hat. Als er gefunden hatte, hat er geschwiegen. Weniges aber ist es, was er den [...] sagt in ihrem verständigen, [...] Sinn.

Es gibt einige, die zum Glauben kommen, indem sie eine Taufe, die »das [Siegel]« genannt wird, [empfangen], gewissermaßen als Heilshoffnung, da sie nicht [wissen], dass die Väter der Welt dort (d.h. in der Taufe) offenbar sind. [Aber] er selbst [weiß, dass] er versiegelt wird. Denn [der Menschen]sohn hat keinen seiner Jünger getauft [...] würden aber [die], die getauft werden, zum Leben gelangen, würde [die] Welt sich (bald) leeren. Und die Väter der Taufe wären besudelt.

Etwas anderes aber ist die Taufe der Wahrheit! Durch die Absage [an die Welt] wird sie gefunden. [Aber die, die nur] mit dem Munde bekennen, [dass sie ihr] absagen, [lügen] und kommen an den schrecklichen [Ort]. Weiterhin sind sie darin verachtet. Denen entsprechend, die [ihnen] gegeben haben, [werden sie], nachdem sie verurteilt wurden, etwas empfangen. Sie werden schlecht durch ihr Tun.
NHC IX,3, p.68,27–69,32 (NHD, S. 496).

A. Valentin und der Valentinianismus

Valentin war ein theologischer Lehrer, der um 140 nach Rom kam, dort für längere Zeit wirkte und eine Schule gründete. Die Lehre Valentins lässt sich ansatzweise anhand von Fragmenten bei Clemens von Alexandria und Hippolyt erschließen. Demzufolge vertrat Valentin die Auffassung, dass die irdische Welt als Abbild der vollkommenen oberen Welt geschaffen wurde. Die Menschen sind als unsterblich und »Kinder des Lebens« erschaffen. Sie müssten jedoch selbst den Tod überwinden, um über die vergängliche Schöpfung zu herrschen. Dies geschieht durch ein von Gott geheiligtes Herz, durch das der Mensch von bösen Leidenschaften befreit wird. Hier wird ein ethischer Zug der Lehre Valentins erkennbar. Valentin kann aber auch schreiben, dass die Menschen von Engeln geschaffen wurden und deshalb unvollkommene Abbilder des oberen, vollkommenen Menschen sind. Über Jesus bemerkt Valentin, dass sich seine Göttlichkeit darin verwirklichte, dass er aß und trank, aber nicht ausschied. Dies ist offenbar eine ganz eigene Weise, die Verbindung von Gottheit und Menschheit in Jesus auszudrücken.

Die Anhänger Valentins werden **Valentinianer** genannt. Zu ihren wichtigsten Vertretern gehören Ptolemäus, vermutlich Herakleon und Theodotos. Eine ausführliche Beschreibung des valentinianischen Systems findet sich zudem bei Irenäus, »Adversus Haereses« I,1–7. Demnach steht an der Spitze des valentinianischen Systems der unergründliche, ewige und ungezeugte Uranfang (Proarchê), Vorvater (Propater) bzw. Urgrund (Bythos). Das weibliche Prinzip heißt Gedanke (Ennoia), Gnade (Charis) und Sigê (Schweigen). Aus diesen gehen Emanationen hervor: Vernunft (Nous) bzw.

Einziggeborener (Monogenês) und Wahrheit (Alêtheia). Diese formen gemeinsam die erste Vierheit (Tetraktys). Der Monogenês emaniert sodann Wort (Logos) und Leben (Zoê), aus denen wiederum Mensch (Anthropos) und Gemeinde (Ekklesia) hervorgehen. Dies ist die ursprüngliche Achtheit (Ogdoas). Darauf entstehen dann weitere Äonenpaare, die eine Zehnheit und eine Zwölfheit bilden. Die Weisheit (Sophia) versucht, den unerkennbaren Vater zu erkennen, was zu ihrem Fall führt, in deren Folge sie eine formlose Kreatur hervorbringt.

Im Menschen gibt es nach dem valentinianischen System drei Elemente: das Materielle, das Psychische und das Pneumatische. Dementsprechend gibt es auch **drei Menschenklassen**: Hyliker, Psychiker und Pneumatiker. Die **Hyliker** sind verdammt, die **Pneumatiker** werden vom in die Welt kommenden Retter, der auch »Christus« genannt werden kann, versammelt, die **Psychiker** haben noch die Möglichkeit, sich zu Pneumatikern zu entwickeln. Das Weltende wird bei der Vollendung alles Pneumatischen durch Gnosis eintreffen.

Mit diesem System vertraten die Valentinianer eine eigene Form von Erlösungslehre, die christliche Vorstellungen mit platonischen Gedanken verband und durch einen eigenen Mythos erklärte.

1. Fragmente Valentins

a) Clemens von Alexandria

[2] Es scheint aber auch Valentin in einem Brief etwas Derartiges im Sinn zu haben, wenn er wörtlich schreibt:

»Und genauso wie die Engel Furcht wegen jenes Gebildes befiel, als es Größeres von sich gab, als es der Bildung entsprach, dessentwegen, der unsichtbar in es den Samen der oberen Ousia gegeben hatte und offen sprach,

[3] so wurden auch in den Geschlechtern der irdischen Menschen die Werke der Menschen für die Schaffenden Schrecknisse,

wie Statuen und Standbilder und alles, was Hände auf den Namen eines Gottes herstellen.

[4] Denn der auf den Namen eines Menschen hergestellte Adam verursachte Furcht vor dem präexistenten Menschen, weil er ja in ihm vorhanden war,

und sie erschraken und verdarben geschwind das Werk.«

Clemens von Alexandria, Teppiche 3,36,2–4 (Markschies, S. 11).

Clemens von Alexandria (ca. 140–220) war ein christlicher Lehrer, der seine philosophischen Werke um das Jahr 200 verfasste. Sein Hauptwerk, die »Stromateis« (»Teppiche«, so genannt aufgrund der Vielfalt und unsystematischen Darstellung der behandelten Themen), wird im vollen Titel charakterisiert als »Gnostische Darlegungen gemäß der wahren Philosophie«. Clemens verwendet die Begriffe »Gnosis« und »Gnostiker« überaus häufig, in der Regel in positivem Sinn zur Bezeichnung der »wahren Erkenntnis«, die der christliche Glaube vermittelt, bzw. zur Bezeichnung des Christen. Konkurrierende Lehren bezeichnet Clemens dagegen als »fälschlich so genannte Erkenntnis« oder auch »unheilige Erkenntnis«.

Bei Clemens sind auch die meisten der Fragmente überliefert, die über die Lehre Valentins Auskunft geben. In einem weiteren Werk, den sogenannten »Exzerpten aus Theodotos« finden sich weitere wichtige Informationen über die Gnosis, insbesondere über die Schule Valentins, zu der auch der genannte Theodotos gehörte.

[3] Valentinus sagt aber in dem Brief an Agathopus: »Während er alles ertrug, war er enthaltsam: Jesus verwirklichte seine Gottheit, er aß und trank auf eigentümliche Weise, weil er die Speisen nicht ausschied.

So groß war die Kraft seiner Enthaltsamkeit, dass die Nahrung in ihm auch nicht aufgelöst wurde, weil er keine Auflösung hatte.«
Clemens von Alexandria, Teppiche 3,59,3 (Markschies, S. 83).

[1] Valentinus aber schreibt in einer Predigt wörtlich:

[2] »Von Anfang an seid ihr unsterblich und seid Kinder des ewigen Lebens, und ihr wolltet den Tod unter euch aufteilen, damit ihr ihn aufreibt und vernichtet und damit der Tod in euch und durch euch stürbe.

[3] Denn wenn ihr den Kosmos auflöst, ihr selbst aber nicht aufgelöst werdet, so seid ihr Herren über die Schöpfung und über die ganze Vergänglichkeit.«
Clemens von Alexandria, Teppiche 4,89,1–3 (Markschies, S. 118).

b) Hippolyt von Rom

[4] Er will, dass die Sarx nicht gerettet werden soll, er nennt sie den »ledernen Leibrock«* und den »verdorbenen Menschen«.
Hippolyt von Rom, Widerlegung sämtlicher Häresien 10,13,4 (Markschies, S. 276).

2. Der Valentinianismus

[2] […] Nun soll es nicht meine Schuld sein, wenn manche zur Beute werden wie Schafe von Wölfen, weil sie die in ihrem äußeren Kleid aus Schaffell nicht erkennen (Mt 7,15), vor denen wir uns nach der Weisung des Herrn in acht nehmen müssen. Der Herr hat uns befohlen, uns vor ihnen in acht zu nehmen, weil sie ähnlich wie wir reden, aber ganz anders denken. Darum habe ich es für notwendig gehalten, nachdem ich auf die Schriften der Leute gestoßen bin, die nach eigener Aussage Schüler Valentins sind, und auch mit einigen von ihnen zusammengetroffen bin und ihre Ansichten gründlich durchschaut habe, dir, mein Liebster, die bedeutungsvollen und tiefsinnigen Mysterien zu zeigen, die »nicht alle fassen« (Mt 19,11), da nicht alle ihr Gehirn verloren haben. Auch du sollst sie kennenlernen und allen, die bei dir sind, offen legen. Ermahne sie, sich vor dem Abgrund des Unsinns und der Blasphemie gegen Gott zu hüten. Und so weit meine Kraft reicht, will ich über die Ansichten der augenblicklich aktuellen Falschlehren kurz und klar berichten, nämlich über die Schule des Ptolemäus, eines Ablegers der Schule Valentins […]
Irenäus, Gegen die Häresien 1, Vorwort 2 (Brox, S. 124f).

* Übersetzung von K. Graf Preysing (BKV Hippolyt, 274).

a) Ptolemäus

Irenäus über Ptolemäus

[1] Sie behaupten nämlich: Es gibt in unsichtbaren und unnennbaren Höhen einen vollkommenen, präexistenten Äon. Sie nennen ihn auch Proarche (Vor-, Uranfang), Propator (Vor-, Urvater) und Bythos (Abgrund). Er ist unfassbar und unsichtbar, ewig und ungezeugt, existierte in Ruhe und tiefer Einsamkeit grenzenloser Äonen. Mit ihm zusammen ist Ennoia (Gedanke), die sie auch Charis (Gnade) und Sige (Schweigen) nennen. Irgendwann wollte der Bythos eine Arche (Anfang) von allem aus sich emanieren. Und diese Emanation, die er emanieren wollte, legte er, wie einen Samen, gleichsam in den Mutterschoß der mit ihm existierenden Sige. Sie empfing diesen Samen, wurde schwanger und gebar den Nous (Vernunft), der dem, der ihn emaniert hatte, ähnlich und gleich war und als einziger die Größe des Vaters begriff. Diesen Nous nennen sie auch Monogenes (Eingeborener), Pater (Vater) und Arche (Anfang) aller Dinge. Zusammen mit ihm wurde aber die Aletheia (Wahrheit) emaniert. Und das ist die erste und uranfängliche pythagoreische Tetraktys (Vierheit), die sie auch Wurzel aller Dinge nennen: Bythos und Sige, ferner Nous und Aletheia.

Als dieser Monogenes merkte, wozu er emaniert worden war, emanierte er seinerseits Logos (Wort) und Zoe (Leben), den Vater aller Dinge, die nach ihm kommen würden, und Anfang und Gestalt des gesamten Pleroma (Fülle). Aus dem Logos und der Zoe wurden entsprechend der Form der Syzygie (des Paares) Anthropos (Mensch) und Ekklesia (Kirche) emaniert. Und das ist die ursprüngliche Ogdoas (Achtheit), Wurzel und Substanz aller Dinge, für die sie vier Namen haben: Bythos, Nous, Logos und Anthropos; denn jedes von ihnen ist ja auf folgende Art mann-weiblich: Zuerst hat sich der Propator entsprechend der Form der Syzygie mit seiner Ennoia vereint, die sie auch Charis und Sige nennen, dann der Monogenes, das heißt der Nous, mit der Aletheia, der Logos mit der Zoe und der Anthropos mit der Ekklesia.
Irenäus, Gegen die Häresien 1,1,1 (Brox, S. 128–131).

[3] Etliche von ihnen fabulieren folgendermaßen über die Leidenschaft der Sophia und ihre Umkehr. Da sie sich an eine unmögliche und unerreichbare Sache gemacht hatte, gebar sie ein formloses Wesen, eine Kreatur, wie sie ein weibliches Wesen (ohne männliche Mitwirkung) eben nur hervorbringen kann. Als sie das sah, wurde sie zunächst traurig, weil ihr Geschöpf so unvollkommen war; dann bekam sie Angst, es möchte nicht überleben; schließlich geriet sie außer sich und in Ratlosigkeit, da sie nach der Ursache suchte und nach einer Möglichkeit, die Kreatur zu verbergen. Dann hat sie sich mit ihren Leidenschaften beschäftigt und sich zur Umkehr entschlossen und versucht, wieder zum Vater hinaufzugehen. Nachdem sie einige Zeit ausgehalten hatte, war sie erschöpft und suchte Hilfe beim Vater. Ihrer Bitte schlossen sich die übrigen Äonen an, besonders der

Nous. Von hier aus, sagen sie, hat die Substanz der Materie ihren ersten Anfang genommen: aus Unwissenheit, Trauer, Angst und Bestürzung.
Irenäus, Gegen die Häresien 1,2,3 (Brox, S. 134–137).

[6] So waren die Unterschiede zwischen ihnen aufgehoben. Da lehrte das heilige Pneuma sie alle zu danken, und es führte die wahre Ruhe ein. Und so, sagen sie, wurden die Äonen nach Gestalt und Denken einander gleich. Jeder wurde zu einem Nous, jeder zu einem Logos, jeder zu einem Anthropos, jeder zu einem Christos; und entsprechend wurden die weiblichen Äonen jede zu einer Aletheia, jede zu einer Zoe, einem Pneuma und einer Ekklesia. Als sie alle auf diese Weise gefestigt und zur vollkommenen Ruhe gekommen waren, haben sie, heißt es, den Propator in großer Freude besungen, der an (ihrem) Jubel Anteil hatte. Und wegen dieser Wohltat hat das ganze Pleroma der Äonen einhellig und übereinstimmend unter Zustimmung des Christos und des Pneuma und unter Gutheißen ihres Vaters das Schönste und Blühendste zusammengetragen und eingesammelt, das jeder Äon in sich hatte; und das haben sie passend zusammengefügt und harmonisch vereint und emanierten eine Emanation zu Ehre und Ruhm des Bythos – vollkommenste Schönheit und Gestirn des Pleroma, vollkommene Frucht: Jesus, der auch Soter (Erlöser) heißt und Christos und Logos, nach dem Vater, und das All, weil er ja von allen abstammt. Und als Begleiter für ihn haben sie zu ihrer Ehre ebenbürtige Engel emaniert.
Irenäus, Gegen die Häresien 1,2,6 (Brox, S. 138–141).

Brief des Ptolemäus an Flora

Epiphanius von Salamis (ca. 315–403) war ab 366 bis zu seinem Tod Bischof von Salamis auf Zypern. Sein wichtigstes Werk ist das »Arzneikästchen gegen alle Häresien«. Epiphanius stellt hier 80 häretische Lehren philosophischer, jüdischer und christlicher Provenienz, einschließlich ihrer Widerlegung, zusammen. Dazu gehören auch solche Lehren, die heute zur Gnosis gerechnet werden. In dem Werk finden sich viele wichtige Originaltexte der betreffenden Gruppen, die Epiphanius mitunter wörtlich zitiert.

[3,2] Die einen sagen nämlich, dass es [*scil.* das Gesetz] von Gott, dem Vater, erlassen ist, andere dagegen, die den entgegengesetzten Weg einschlagen, behaupten steif und fest, dass es von dem Widersacher, dem verderbenstiftenden Teufel, erlassen worden sei, wie sie ihm auch die Schöpfung dieser Welt zuschreiben, da er nach ihnen Vater und Schöpfer dieses Alls ist. [3,3] Auf jeden Fall haben diese geirrt, da sie miteinander nicht übereinstimmen, und jeder von beiden hat auch bei sich selbst die Wahrheit, um die es geht, verfehlt [...] [3,7] Es ist dir also aus dem Gesagten klar, dass diese die Wahrheit verfehlt haben. Beide haben dieses auf eigene Weise erfahren, die einen, weil sie den Gott der Gerechtigkeit nicht kennen, die anderen, weil sie den Vater des Alls nicht kannten, den allein der eine, der ihn kannte, bei seinem Kommen offenbart hat [...] [7,2] Es bleibt noch (die Frage) über, wer wohl dieser Gott ist, der das Gesetz erlassen hat. Aber auch das habe ich, glaube ich, dir mit dem vorher Gesagten gezeigt, wenn du sorgfältig

zugehört hast. [7,3] Denn wenn dieses (Gesetz) weder von dem vollkommenen Gott selbst erlassen ist, noch von dem Teufel, was nicht einmal zu sagen gestattet ist, dann ist dieser, der das Gesetz erlassen hat, ein anderer als diese. [7,4] Er ist Gestalter* und Verfertiger dieser ganzen Welt und des, was in ihr ist. Er ist ein anderer als die Wesenheiten jener. Er steht in der Mitte zwischen ihnen. Mit Recht trägt er auch den Namen der »Mitte«.

Epiphanius, Arzneikästchen 33,3,2–7; 7,2–4 (Haenchen / Krause, Gnosis Bd. I, S. 206–212).

b) Markos, der Magier

Irenäus über den Magier Markos

[1] Einer von ihnen prahlt damit, dass er seinen Lehrer (Valentin?) verbessert. Das ist Markos, ein Mann mit großer Erfahrung in Betrug und Zauberei, durch die er viele Männer und nicht wenige Frauen dazu verführt hat, sich ihm anzuschließen, weil er tiefste Erkenntnis und höchste Vollkommenheit besitzt und die stärkste Kraft aus den unsichtbaren und unnennbaren Regionen. In Wirklichkeit ist er ein Vorläufer des Antichristen. Er vermischt die schlechten Späße des Anaxilaos mit der Verschlagenheit der sogenannten Magier, und dafür gilt er bei denen, die nicht recht bei Sinnen sind und den Verstand verloren haben, als einer, der über (Zauber-)Kräfte verfügt.

[2] Er tut so, als würde er über einen Kelch mit Mischwein den Dank sprechen, und zieht den Text der Anrufung (Epiklese) ganz erheblich in die Länge. Dabei macht er, dass der Wein ganz rot aussieht, und man soll glauben, dass die aus den allerobersten Räumen stammende Charis (Gnade) ihr Blut auf seine Anrufung hin in seinen Kelch tröpfeln lässt, und die Anwesenden sollen ganz versessen darauf werden, von diesem Trank zu kosten, damit die von diesem Magier beschworene Charis auch auf sie herabregnet. Oder er gibt auch Frauen solche Becher mit Mischwein und lässt sie den Dank darüber sprechen, während er dabeisteht. Danach nimmt er selbst dann einen anderen Kelch, der sehr viel größer ist als der, über den die hinters Licht geführte Frau den Dank gesprochen hat, leert den Wein aus dem kleineren Becher, über den von der Frau der Dank gesprochen worden war, in den von ihm herbeigebrachten und sagt dazu: »Die Charis, die vor allem war, unausdenkbar, unsagbar, erfülle deinen inneren Menschen (vgl. Eph 3,16) und vermehre in dir ihre Erkenntnis (Gnosis), indem sie das Senfkorn (vgl. Mk 4,31 par) in die gute Erde (vgl. Mk 4,8 par) senkt.« Mit solchen Redensarten bringt er die unglückliche Frau völlig durcheinander und spielt den Wundertäter, da der größere Kelch aus dem kleineren so voll wurde, dass er überfloss. Mit lauter solchen Sachen hat er viele hinters Licht geführt und an sich gebunden.

Irenäus, Gegen die Häresien 1,13,1 f (Brox, S. 216–219).

* »Demiurg«.

Der »homerische Helm des Hades«

Der »Helm des Hades« ist in der griechischen Mythologie eine Tarnkappe, die ihrem Träger Unsichtbarkeit verleiht. Ihrer bedienen sich in den griechischen Sagen verschiedene Götter und Helden. Irenäus greift dieses Motiv in seiner Darstellung der Schüler des Magiers Markos auf.

[6] Auch einige seiner Schüler ziehen wie er durch die Gegend und haben schon viele Frauenzimmer betrogen und verdorben. Sie ernennen sich selbst zu Vollkommenen, als ob niemand sie an Größe der Erkenntnis (Gnosis) erreichen könnte, wen du auch nennst: kein Paulus, kein Petrus, kein anderer Apostel. Sie wollen mehr als alle wissen und haben die Größe der Erkenntnis der unsagbaren Kraft getrunken. Sie sind in der Höhe, noch über aller Kraft. Deswegen haben sie auch die Freiheit, alles zu tun, ohne irgendwelche Angst wegen irgendwas haben zu müssen. Denn durch die Erlösung sind sie für den Richter (den Demiurgen) ungreifbar und unsichtbar geworden. Aber auch wenn er sie ergreifen sollte, dann würden sie sich mit der Erlösung zu ihm stellen und sagen: »Du Beisitzerin Gottes und der mystischen Sige (Stille) vor den Äonen, durch die die Größen, die ständig das Angesicht des Vaters sehen (Mt 18,10), unter deiner Leitung und Führung ihre Gestalten hinaufziehen; diese Gestalten – das sind wir – hat jene Kühne, die auftrat, durch die Güte des Propator als Bilder (der Größen) emaniert, wobei sie wie im Traum eine Vorstellung von der Welt oben präsent hatte. Sieh, der Richter ist nah, und sein Herold befiehlt mir, meine Verteidigung vorzubringen. Du kennst beide Seiten in ihrem Zustand. Präsentiere dem Richter die Rechtfertigung für uns beide als eine einzige!« Wenn die Mutter das hört, setzt sie ihnen schnell den homerischen Helm des Hades auf, damit sie ungesehen dem Richter entkommen. Und sofort zieht sie sie hinauf, führt sie in das Brautgemach und übergibt sie ihren Bräutigamen.
Irenäus, Gegen die Häresien 1,13,6 (Brox, S. 224f).

Ab Kapitel 13 des ersten Buches von »Adversus Haereses« wendet sich Irenäus den Lehren Markos des Magiers und seiner Schüler zu. Vermutlich hat er dabei eine Quelle des Markos benutzt.

In Anknüpfung an den Johannesprolog setzt Markos der Magier den Logos mit Christus gleich. Mit seinem Einsatz bei der Schöpfung und seiner Gegenüberstellung von Licht und Finsternis bzw. Gott und Welt bot das Johannesevangelium einen wichtigen Ausgangspunkt für gnostische Lehren, auch wenn es dabei in einer Weise interpretiert wurde, die über seine eigenen Aussagen deutlich hinausgeht.

Die **Tetraktys** (Vierheit) war bereits bei den Valentinianern für die erste Gruppe der Äonenpaare im Pleroma begegnet. Der Begriff stammt ursprünglich aus der pythagoreischen Zahlenlehre und bezeichnet dort die Reihe der ersten vier Zahlen, die für die Pythagoreer die Harmonie des Kosmos begründet und geradezu mystische Bedeutung erlangte.

Die Gestalt der Tetraktys als Offenbarungsvermittlerin stellt eine Besonderheit der Lehre des Markos dar. Möglicherweise orientierte er sich dabei an pythagoreischen Vorbildern.

Die Zahlensymbolik des Markos Magos

[1] Dieser Markos behauptet, ganz allein Schoß und Gefäß der Sige (Stille) des Kolarbasos zu sein, da er der Monogenes ist. Den Samen, der in ihn gelegt war, hat er etwa folgendermaßen zur Welt gebracht. Die allerhöchste Tetras stieg von den unsichtbaren und unnennbaren Orten selbst zu ihm herab, und zwar in weiblicher Gestalt, da die Welt, so sagt er, ihr männliches Element nicht tragen konnte. Sie hat ihm ihr Wesen mitgeteilt und die Entstehung aller Dinge, die sie niemals jemand unter den Göttern oder den Menschen offenbarte. Ihm ganz allein hat sie das mit diesen Worten dargestellt: Als am Anfang der Vater, der keinen Vater hat, der Unausdenkbare, Wesenlose, Geschlechtslose wollte, dass sein unsagbares Wesen ausgesprochen würde und das unsichtbare gestaltet würde, öffnete er den Mund und brachte einen Logos hervor, der ihm gleich war. Er trat zu ihm und zeigte ihm, was er war, indem er als die Form des Unsichtbaren erschien […] Obwohl nämlich jeder von ihnen [*scil.* den Buchstaben] nur ein Teil des Alls ist, nennt er doch seinen Ton das Ganze und hört nicht auf zu tönen, bis er beim letzten Zeichen des letzten Buchstabens angekommen ist, wobei er in einer einzigen Sprache bleibt. Dann, sagt er, ist auch die Vollendung aller Dinge eingetroffen, wenn alles auf den einen Buchstaben trifft und ein und dieselbe Aussprache tönt. Er behauptet, dass ein Bild dieser Aussprache das gemeinsame Amen ist, das wir sprechen. Die Klänge sind es, die den wesenlosen und ungezeugten Äon gestalten; und sie sind die Gestalten, die der Herr Engel nannte, die fortgesetzt das Angesicht des Vaters schauen (vgl. Mt 18,10).

[3] Nach dieser Erläuterung soll die Tetraktys (Vierheit) zu ihm (Markos) gesagt haben: Ich will dir auch die Aletheia (Wahrheit) selbst zeigen. Ich habe sie nämlich aus den Wohnungen oben herabkommen lassen, damit du sie unverhüllt siehst und ihre Schönheit kennenlernst, aber sie auch reden hörst und ihre Weisheit bewunderst. Sieh oben ihren Kopf, das α und das ω; den Hals, β und ψ; die Schultern mit den Händen, γ und χ; die Brüste, δ und φ; das Zwerchfell, ε und υ; den Bauch, ζ und τ; die Scham, η und σ; die Schenkel, θ und ρ; die Knie, ι und π; die Schienbeine, κ und ο; die Knöchel, λ und ξ; die Füße, μ und ν. So beschreibt der Magier den Leib der Aletheia, das ist das Buchstaben-Schema und das Wesen des Schriftzeichens. Und er nennt diesen Buchstaben Anthropos. Der ist, sagt er, die Quelle aller Worte, der Ursprung aller Laute, das Sagen alles Unsagbaren, der Mund der verschwiegenen Stille (Sige). Das ist also ihr (*scil.* der Aletheia) Leib. Richte das Denken des Verstandes nach oben und vernimm aus dem Mund der Aletheia das Wort, das selbst zeugt und das den Vater schenkt.

[4] Als die Tetraktys das gesagt hatte, hat die Aletheia ihn (*scil.* Markos) angeblickt, den Mund geöffnet und ein Wort fallen lassen. Das Wort wurde zum Namen, und dieser Name ist der, den wir kennen und aussprechen, Christus Jesus; als sie ihn genannt hatte, schwieg sie sofort. Markos wartete darauf, dass sie noch mehr reden würde; da trat wieder die Tetraktys dazwischen und sagte: Du unterschätzt das Wort, das du aus dem Mund der Aletheia vernommen hast. Es ist nicht, was du kennst und zu besitzen glaubst, sondern der alte Name. Du

hast nämlich bloß seinen Klang, aber seine Kraft kennst du nicht. Jesous ist ein ausgezeichneter Name. Er besteht aus 6 Schriftzeichen und ist allen Berufenen bekannt. Aber der (Name) bei den Äonen im Pleroma besteht aus vielen Teilen und hat andere Gestalt und anderes Gepräge und ist nur denen bekannt, die ihm wesensverwandt sind und deren Größen immer bei ihm sind.
Irenäus, Gegen die Häresien 1,14,1.3 f (Brox, S. 226–229.230–233).

Die **Buchstabensymbolik** scheint eine charakteristische Tendenz im valentinianischen Lehrsystem des Markos gewesen zu sein.

Die Zahlen- und Buchstabensymbolik geht auf ein recht einfaches Prinzip zurück: Sie basiert auf der Übereinstimmung von Buchstaben und Zahlzeichen im Griechischen, das keine eigenen Zeichen zum Schreiben der Zahlen kannte, sondern jedem Buchstaben des Alphabets einen Zahlwert zuwies (ebenso im Hebräischen und Lateinischen). So ließen sich Worte in Zahlwerte umrechnen (indem die einzelnen Buchstaben-Ziffern des Namens addiert wurden) und umgekehrt dieser Zahlwert auf andere Worte anwenden, um deren Bedeutung zu parallelisieren. Die heute verwendeten Zahlzeichen entstanden dagegen erst im Mittelalter.

[1] […] Und der aussprechbare Name des Soter, Jesous, besteht aus 6 Schriftzeichen, sein unaussprechlicher Name aus 24 Schriftzeichen. Υἱὸς Χρειστός (Sohn Christos) hat 12 Schriftzeichen und das Unsagbare in Christos 30 Schriftzeichen. Deshalb nennt er ihn α und ω, um auf die Taube (vgl. Mk 1,10 par) zu verweisen, den Vogel mit genau dieser Zahl.

[2] Jesus, sagt er, hat folgende unsagbare Entstehung. Aus der Mutter des All, der ersten Tetras, ist nämlich nach Art einer Tochter die zweite Tetras hervorgegangen, und es entstand eine Ogdoas (Achtheit), aus der eine Dekas (Zehnheit) hervorging. So gab es eine Dekas und eine Ogdoas. Die Dekas vereinigte sich mit der Ogdoas, verzehnfachte sie und brachte es so zur Zahl 80. Und die 80 verzehnfachte sie noch einmal und brachte damit die Zahl 800 hervor, so dass die Gesamtzahl der Schriftzeichen, die (bei der Vereinigung) aus der Ogdoas in die Dekas gelangte, 8 und 80 und 800 lautet, was Jesus bedeutet. Der Name Jesus ist nämlich nach dem Zahlenwert seiner Schriftzeichen 888. Damit weißt du verlässlich, wie man sich die überirdische Entstehung Jesu nach ihrer Lehre vorzustellen hat. Und deshalb enthält auch das Alphabet der Griechen 8 Monaden (Einer), 8 Dekaden (Zehner) und 8 Hekatontaden (Hundertheiten / Hunderter), um auf die Rechnung mit 888 hinzuweisen, das heißt auf Jesus, der aus all den Zahlen besteht. Und deshalb wird er auch α und ω genannt, weil das seine Entstehung aus allen anzeigt. Oder auch so: Wenn man die Zahlenreihe der ersten Tetras (Vierheit) addiert, dann kommt die Zahl 10 heraus, denn 1 und 2 und 3 und 4 ergeben zusammengezählt 10, die man als ι (Jota) schreibt, und das bedeutet nach seiner Ansicht Jesus. Und außerdem, sagt er, verweist der Christos mit seinen 8 Buchstaben auf die erste Ogdoas, die in enger Verbindung mit der 10 (Zehnheit) Jesus hervorgebracht hat. Markos verweist darauf, dass er auch Υἱὸς Χρειστός (Sohn Christos) genannt wird, was die Dodekas (Zwölfheit) bedeutet, weil der Name Sohn aus 4 Buchstaben und Christos aus 8 besteht, die zusammen die Größe der Dodekas ausmachen.

Er sagt: Bevor nun das Kennzeichen dieses Namens, das heißt, den Söhnen erschien, da lebten die Menschen in großer Unwissenheit und Verirrung. Als der Name mit 6 Buchstaben aber erschien, und zwar vom Leib umgeben, um hinabzusteigen und vom Menschen wahrgenommen werden zu können, die Zahl 6 und die 24 in sich tragend, da erkannten sie ihn, waren ihre Unwissenheit los und gingen vom Tod zum Leben hinauf, da ihnen der Name Weg geworden war zum Vater der Aletheia (vgl. Joh 14,6). Denn der Vater aller Dinge hat die Unwissenheit auflösen und den Tod aufheben wollen. Die Auflösung der Unwissenheit war die Erkenntnis des Vaters. Und darum wurde nach seinem Willen der Mensch erwählt (vgl. Lk 9,35), der nach dem Bild der Kraft in der Höhe für die Heilsordnung bestimmt war.

[3] Aus einer Tetras (Vierheit) gingen die Äonen hervor. In der Tetras befanden sich Anthropos und Ekklesia, Logos und Zoe. Von ihnen gingen Kräfte aus, heißt es (bei Markus), die den auf der Erde erschienenen Jesus geschaffen haben. Die Stelle des Logos hat der Engel Gabriel eingenommen, die der Zoe das heilige Pneuma, die des Anthropos die Kraft des Höchsten; die Stelle der Ekklesia hat die Jungfrau angezeigt (vgl. Lk 1,26.35). Und so ist nach ihm durch Maria der Mensch geboren, der zur Heilsordnung gehört und den bei seinem Durchgang durch den Mutterschoß der Allvater durch den Logos zur Erkenntnis seiner selbst erwählt hat. Als der ins Wasser (des Jordan) stieg, da kam auf ihn in Gestalt einer Taube (vgl. Mk 1,10 par) der herab, der in die Höhe hinaufgestiegen ist und die Zahl 12 aufgefüllt hat. In ihm war der Same derer, die zusammen mit ihm gesät worden waren und mit ihm herab- und wieder hinaufgestiegen sind. Von der Kraft, die herabstieg, sagt er, es sei Same des Vaters, der auch den Vater und den Sohn in sich enthält und die unnennbare Kraft der Sige (Stille), die nur von diesen beiden erkannt wird, und sämtliche Äonen. Und das ist das Pneuma, das durch den Mund Jesu gesprochen hat, sich als Menschensohn bekannte und den Vater offenbarte. Es ist auf Jesus herabgestiegen und hat sich mit ihm vereinigt. Der Soter, der zur Heilsordnung gehört, hat den Tod aufgehoben, sagt er, und den Vater Christos hat er offenbart. Jesus ist der Name für den Menschen, der zur Heilsordnung gehört, sagt er. Er wurde ihm aber im Hinblick auf die Ähnlichkeit und Gestalt des Anthropos beigelegt, der auf ihn herabkommen sollte. Als er ihn aufgenommen hatte, hat er außer ihm also in sich gehabt den Anthropos selbst, weiter den Logos selbst und den Pater, den Unsagbaren (Arretos), die Sige, die Aletheia, die Ekklesia und die Zoe.

Irenäus, Gegen die Häresien 1,15,1–3 (Brox, S. 240–247).

c) Herakleon

In seinem fragmentarisch erhaltenen Kommentar zum Johannesevangelium setzt sich Origenes (ca. 185–254) intensiv mit der Auslegung des Valentinschülers Herakleon auseinander, der dieses Evangelium bereits zuvor kommentiert hatte. Die Auslegung Herakleons ist nur aus dieser Verarbeitung bei Origenes bekannt. Offenbar war Herakleons Auslegung durch eine sorgfältige Orientierung an den philologischen Prinzipien zeitgenössischer Textauslegung gekennzeichnet.

Der bei Herakleon genannte **Demiurg**

(Handwerker) begegnet bereits bei Platon und bezeichnet dort den »Baumeister« des Kosmos nach einem himmlischen Urbild. Die gnostischen Texte übernehmen diese Idee von Platon und formen sie in eigener Weise um. Der Demiurg wird mit dem Gott des Alten Testaments gleichgesetzt, der die Welt erschaffen hat und die Menschen in Unkenntnis belässt. Diese Welt und ihr Schöpfer sind erlösungsbedürftig, da sie im unvollkommenen Bereich gefangen sind. Der Schöpfergott ist deshalb eine untere, unwissende Figur, die dem obersten Gott antagonistisch gegenübersteht.

Bei Herakleon gibt es entsprechend einen Unterschied zwischen dem Äon als dem Urbild und dem Kosmos als dessen von dem Demiurgen geschaffenes, unvollkommenes Abbild, das nach dem Plan des Logos geschaffen wurde.

Der Logos als Schöpfer

[100] Ich meine, dass Herakleon, über den gesagt wird, dass er ein Schüler Valentins sei, bei seiner Erklärung der Worte *»Alles ist durch ihn geworden«* (Joh 1,3) das *»Alles«* gewaltsam und ohne Beleg als *den Kosmos und das, was er enthält*, aufgefasst hat; und er hat von dem *»Alles«* das ausgeschlossen, soweit es in seiner ›Hypothesis‹ (steht), was sich gegenüber dem Kosmos und dem, was er enthält, auszeichnet. Er sagt nämlich: *»der Äon oder das, was im Äon existiert, sei nicht durch den Logos geworden«*, von welchem er glaubt, dass es vor dem Logos geworden sei. Schamloser stellt er sich zu dem *»Und ohne ihn ist nicht eines geworden«* (Joh 1,3). Er missachtet (dabei) das »Füge seinen Worten nichts hinzu, damit du nicht überführt werdest oder zum Lügner wirst« (Spr 24,29), und fügt dem *»Nicht eines«* hinzu: *»von dem im Kosmos und in der Schöpfung«*.

[101] Was er sagt, ist offensichtlich sehr gewaltsam und gegen die Klarheit des Textes gedeutet, wenn das, was von ihm für göttlich gehalten wird, von »Allem« ausgeschlossen wird; das aber, was – wie jener glaubt – vollständig verdorben ist, im eigentlichen Sinn »Alles« genannt wird, dann muss man nicht bei der Widerlegung dessen verweilen, was von selbst (seine) Haltlosigkeit zeigt. Wo er doch, obwohl die Schrift liest: *»Ohne ihn ist nicht eines geworden«*, ohne Erklärung aus der Schrift hinzufügt: *»von dem, was im Kosmos und in der Schöpfung ist«*; ohne Plausibilität gibt er vor, dass er glaubt, genauso würdig wie Propheten oder Apostel zu sein, welche mit Vollmacht und untadelbar ihren Zeitgenossen und Nachkommen heilbringende Schriften hinterlassen haben.

[102] Weiterhin hat er das *»Alles ist durch ihn geworden«* eigenwillig verstanden, indem er sagt: *der dem Demiurgen den Grund für die Entstehung des Kosmos geboten habe, sei der Logos gewesen, (der Logos) sei nicht der, von dem her oder der, von dem (alles geschaffen worden sei), sondern der, dessentwegen (alles geschaffen worden sei)*, so fasst er das Geschriebene gegen den gewohnten Sprachgebrauch auf. Wenn nämlich der wahre Ausdruck wäre, wie er es versteht, müsste geschrieben stehen, »von dem Logos sei alles durch den Demiurgen« geworden, nicht aber umgekehrt »durch den Logos von dem Demiurgen«.

[103] Und wir, die wir das »durch den« der Gewohnheit entsprechend verwendet haben, haben (unsere) Auffassung nicht unbelegt gelassen. Jener aber außer, dass sein Verständnis nicht von den göttlichen Schriften her belegt wird,

scheint auch noch das Wahre zu vermuten und ihm schamlos zu widerstehen. Er sagt nämlich: *»Es ist nicht so, als ob von einem anderen bewirkt der Logos selbst geschaffen hätte, so dass das ›durch ihn‹ so verstanden werden (müsste), sondern durch seine Einwirkung hat ein anderer geschaffen.«*
Origenes, Johanneskommentar 2,14,100–103 (Wucherpfennig, S. 110–112).

Interpretation des Herakleon von Joh 1,26 f

[198] Viel zu wörtlich aber hat er das: *»Ich bin nicht würdig, dass ich die Riemen seiner Sandale löse«* (Joh 1,27) erklärt: *»der Täufer bekennt mit diesen Worten, dass er auch nicht des wertlosesten Dienstes an Christus würdig sei.«* Jedoch nach dieser Auffassung hat er nicht unglaubwürdig vorgebracht: *»Ich bin nicht geeignet, dass er meinetwegen von (seiner) Majestät herabkommt und Fleisch annimmt wie eine Sandale, wofür ich keinen Sinn angeben kann und auch die planvolle Anordnung nicht erklären oder auflösen kann.«*

[199] Nachdem er so erhaben und ausgereift *die Sandale als die Welt* erklärt hat, geht derselbe Herakleon zur Respektlosigkeit über und gibt vor, dies alles müsse auch verstanden werden über die Person, die mit Johannes gemeint sei.

[200] Er glaubt nämlich, *dass der Demiurg des Kosmos, der geringer ist als Christus, dies mit diesen Worten bekannt habe,* was vollkommen respektlos ist.
Origenes, Johanneskommentar 6,39,198–200 (Wucherpfennig, S. 191 f).

Interpretation des Herakleon von Joh 1,29

[306] Herakleon wiederum erklärt, an dieser Stelle angelangt, ohne jeden Beleg oder eine Nebeneinanderstellung der Zeugnisse: *»›Das Lamm Gottes‹ (Joh 1,29) sagt Johannes als ein Prophet, das ›der wegnimmt die Sünde der Welt‹ (Joh 1,29) sagt er als einer, der mehr als ein Prophet ist.«* Und er glaubt, *das erste sei über seinen Leib gesagt, das zweite über das, was in seinem Leib ist, weil das Lamm noch unausgewachsen ist, in der Gattung der Schafe, so auch der Leib verglichen mit dem, der in ihm wohnt. [307] »Das Vollendete, wenn er es über den Leib hätte bezeugen wollen,«* – sagt er, – *»hätte er ihn einen ›Widder‹ genannt, der geschlachtet werden soll.«*
Origenes, Johanneskommentar 6,60,306 f (Wucherpfennig, S. 192).

Das Reich des Demiurgen (Joh 4,46–53)

[416] Herakleon scheint den Demiurgen als Königlichen zu bezeichnen, *denn auch dieser herrschte als König über die Seinen. »Weil [aber] sein Reich nur klein und vorübergehend war«,* – *sagt er* –, *»wurde er ›Königlicher‹ genannt, wie ein kleiner König, der von einem allgemeinen König über ein kleines Reich eingesetzt worden ist.«* Seinen Sohn in Kapharnaum aber erklärt er in dem Sinn, dass er sich in dem unteren Teil der mittleren Region befindet, der zum Wasser ausgerichtet ist, das bedeutet mit dem Stofflichen verbunden. Und er sagt: *»Sein eigener Mensch war krank, das bedeutet: Er verhielt sich nicht der Physis entsprechend und war in Unkenntnis und Sünden«.*

[417] Und darauf: *»Das ›Von Judäa nach Galiläa‹ stände anstelle von aus dem oberen Judäa« (...)* Ich verstehe nicht, was ihn bewegt hat, dass er zu dem »er lag im

Sterben« glaubt, *es widerlege die Lehren derer, die vermuten, dass die Seele unsterblich sei, und er nimmt an, dasselbe würden auch die Worte »Seele und Leib verderben in der Geenna« (Mt 10,28) meinen.*

[418] Herakleon meint auch, dass *die Seele nicht unsterblich sei, sondern sie sei fähig zur Erlösung, sie sei* – sagt er – *»das Verderbliche, das das Unverderbliche, und das Sterbliche, das die Unsterblichkeit« anzieht, wenn »ihr Tod in den Sieg verschlungen ist« (1Kor 15,54).*

[419] Außerdem sagt er, auch das *»Wenn ihr nicht Zeichen und Wunder seht, werdet ihr nicht glauben« sei wesensgemäß gesagt zu einer solchen Person, die eine Physis durch Werke hat: sich durch Wahrnehmung überzeugen zu lassen, (aber) nicht einem Wort zu glauben.*

[420] *Das »Steig hinab, bevor mein Kind stirbt«*, vermutet er, *sei gesagt, weil der Tod das Ende des Gesetzes sei, denn es vernichtet durch die Sünden. »Bevor er endgültig seinen Sünden entsprechend sterbe,«* – sagt er, – *»bittet nun der Vater den einzigen Erlöser, dass er dem Sohn helfe, das heißt einer solchen Physis«.*

[421] Außerdem nimmt er an, *das »Dein Sohn lebt« sei vom Erlöser aus Bescheidenheit gesagt, denn er hat nicht gesagt: ›Er soll leben‹, und auch hat er nicht gezeigt, dass er das Leben gebe.* Er sagt aber: *»Nachdem er zu dem Sterbenden hinabgestiegen war und ihn von der Krankheit geheilt hatte, das bedeutet, von den Sünden, und <ihn> durch die Vergebung lebendig gemacht habe, sprach er: ›Dein Sohn lebt‹ «.*

[422] Und zu den Worten *»Der Mann glaubte«* fügt er hinzu: *auch der Demiurg ist bereit zu glauben, dass der Erlöser heilen kann, auch wenn er nicht anwesend ist.*

[423] *Die Sklaven des Königlichen* erklärt er als *die Engel des Demiurgen, die mit dem »Dein Sohn lebt« verkünden, dass er sich wesensgemäß und nach (seiner) Art verhält, und nichts Wesensfremdes mehr tut.* Und er vermutet, *dass die Sklaven den Königlichen über die Erlösung seines Sohnes informieren, weil auch die Engel* – glaubt er – *als erste die Handlungen der Menschen in der Welt sehen, wenn sie sich nach dem Aufenthalt des Erlösers gefestigt und rein verhalten.*

[424] Außerdem *»Zu der siebten Stunde«* sagt er: *»durch die Stunde wird die Physis des Geheilten veranschaulicht«.* Zu allem erklärte er die Worte *»Er selbst und sein ganzes Haus kam zum Glauben«* seien *über die Ordnung der Engel gesagt und über Menschen, die ihm (dem Demiurgen) wesensverwandter sind.*

[425] *»Über gewisse Engel, die zu den Menschentöchtern hinabgestiegen sind, ist zu forschen,«* – sagt er, – *»ob sie gerettet werden. Das Verderben der Menschen des Demiurgen sei offensichtlich,«* – nimmt er an, – *»durch die Worte ›Die Söhne des Reichs gehen hinaus in die Finsternis draußen‹ (Mt 8,12)«.*

[426] *Und über diese habe Jesaja prophezeit »Ich habe Söhne gezeugt und erhöht, sie aber haben mich verstoßen« (Jes 1,2), welche er »fremde Söhne« und »bösen und gesetzlosen Samen« (Jes 1,4) nennt, und »einen Weinberg, der Dornen hervorbringt« (Jes 5,1–2).*
Origenes, Johanneskommentar 13,60,416–426 (Wucherpfennig, S. 250–252).

3. Texte aus Nag Hammadi

a) Tractatus Tripartitus

Beim **Tractatus Tripartitus** (»Dreiteilige Abhandlung«; NHC I,5) handelt es sich um eine umfassende theologische Abhandlung, die der valentinianischen Gnosis zugerechnet wird. Die Bezeichnung der selbst titellosen Schrift geht auf zwei deutliche graphische Einschnitte im Manuskript zurück. Wie bei den meisten Nag-Hammadi-Schriften ist auch hier ein griechisches Original anzunehmen. Die Entstehungszeit des griechischen Textes wird in das 3. Jh. datiert, für die koptische Übersetzung wird das 4. Jh. angenommen. Die Schrift stellt eine umfassende Darlegung des Mythos von Weltentstehung und Erlösung im Rahmen des Valentinianismus dar.

Über den Vater

[p.66] […] Der also, der aus ihm aufgestrahlt ist, dadurch dass er sich ausdehnte, um das All zu erzeugen und zur Erkenntnis zu bringen, er […] wahrhaftig all diese Namen, und er ist in Wirklichkeit allein der erste Mensch des Vaters, nämlich der, den ich (folgendermaßen) [nenne]:
Die Gestalt des Gestaltlosen,
der Körper des Unkörperlichen,
das Aussehen des Unsichtbaren,
das Wort des Unaussprechlichen,
der Verstand des Unverstehbaren,
die Quelle, die aus ihm geflossen ist,
die Wurzel derer, die gepflanzt sind,
der Gott derer, die vorhanden sind,
das Licht derer, die er erleuchtet,
die Liebe zu denen, die er geliebt hat,
die Vorsehung für die, die er zuvor ersieht,
die Weisheit für die, die er weise gemacht hat,
die Kraft für die, denen er Kraft gibt,
die Versammlung derer, bei denen er anwesend ist,
die Enthüllung dessen, wonach gesucht wird,
das Auge der Sehenden,
der Atem der Atmenden,
das Leben der Lebendigen,
die Einheit derer, die mit allem vermischt sind […]
NHC I,5, p.66 (NHD, S. 43f).

Über den Logos

[p.76] […] Die Bestrebung dieses Logos war also etwas Gutes, sofern er sich daran machte, dem Vater Lobpreis zu spenden. Und doch wagte er sich an ein Unternehmen, das größer war als die Kraft (, die er besaß), weil er etwas, das vollkommen ist, hervorbringen wollte durch eine Übereinstimmung, in der er nicht war, und ohne dass er den Befehl dazu hatte.

Dieser Äon war ein letzter, <den> <sie> hervorgebracht hatten entsprechend einer gegenseitigen Hilfe, und ein kleiner, was sein Ausmaß betrifft. Und bevor er etwas anderes erzeugte zum Lobpreis des Willens und unter Übereinstimmung von allen, handelte er hochsinnig aus überschwänglicher Liebe (und) begab er sich zu dieser (Grenze (Horus)), die um die vollkommene Herrlichkeit herum gezogen ist.

Es ist nicht ohne den Willen des Vaters geschehen, dass dieser Logos hervorgebracht worden ist, noch wird er sich ohne ihn an sein Werk machen. Vielmehr hatte der Vater ihn hervorgebracht für die (Werke), von denen er weiß, dass sie entstehen müssen.

Der Vater und das All zogen sich also von ihm zurück, damit die Grenze (Horus), die der Vater bestimmt hatte, fest werde.

Er stammt nicht aus dem Erreichen (?) der Unerreichbarkeit, sondern aus dem Willen [p.77] des Vaters, und zwar damit auch die Werke entstünden, die entstanden sind in Bezug zu einer zukünftigen Heilsordnung – wenn sie <nicht> nötig gewesen <wäre>, wäre sie nicht entstanden –, in der Offenbarung (des Reiches) der Fülle. Also deswegen dürfen (wir) nicht die Unruhe, die <die> des Logos ist, anklagen, sondern wir müssen über [die] Unruhe des Logos sagen, dass sie der Anlass einer Heilsordnung, die kommen soll, ist […]
NHC I,5, p.76f (NHD, S. 48).

Über die geistige Gattung

[p.118] […] Die geistige Gattung, da sie wie Licht von Licht und wie Geist von Geist ist, ist, als ihr Haupt erschien, sogleich zu ihm geeilt, ist sogleich zum Leib für ihr Haupt geworden und empfing sogleich die Erkenntnis aus der Offenbarung. [Die] seelische Gattung aber, da sie (nur) Licht von Feuer ist, ließ sich Zeit mit der Erkenntnis [p.119] dessen, der sich ihr offenbarte, erst recht {…} damit, im Glauben zu ihm zu eilen. Obgleich sie vielmehr durch eine Stimme belehrt wurde, <war> sie damit zufrieden, gemäß der Verheißung nicht weit von der Hoffnung entfernt zu sein, nachdem sie gewissermaßen wie ein Angeld die Gewissheit des Zukünftigen empfangen hatte. Die materielle Gattung aber ist in jeder Hinsicht etwas Fremdes, da sie Finsternis ist, die sich vom Schein des Lichtes abwendet, weil seine Erscheinung sie auflöst; da sie seine <…> nicht annahm, ist sie vielmehr <…> und Hass gegenüber dem Herrn, der sich (als solcher) entlarven sollte.

Die geistige Gattung wird die Erlösung gänzlich (und) in jeder Hinsicht empfangen. Die materielle (Gattung) aber wird das Verderben in jeder Hinsicht empfangen (und zwar) wie einer, der sich ihm (*scil.* dem Verderben) widersetzt. Die seelische Gattung aber, da sie etwas in der Mitte Befindliches ist, (sowohl) hinsichtlich ihrer Entstehung als auch (hinsichtlich) ihrer Existenz, ist von doppelter Beschaffenheit entsprechend ihrer Bestimmung zum Guten und Bösen.

Sie nimmt jene Hervorbringung auf sich als etwas, das zweideutig ist <…> und auch das volle Streben nach den guten (Dingen). Diejenigen, die der Logos nach dem Bilde des Präexistenten hervorgebracht hatte, (die Geschöpfe) seiner Erinnerung, als er sich an den Erhabenen erinnerte und um die Erlösung bat, <die> haben die Erlösung auf unzweideutige Weise. Sie werden gänzlich gerettet werden [wegen] der erlösenden Erinnerung, dementsprechend, was aus ihm hervorgebracht wurde. Ebenso ist es auch mit [denen], die diese aus [sich] hervorgebracht haben, [p.120] sei es Engelschaft, sei es Menschheit. Entsprechend dem Bekenntnis, dass es einen gibt, der viel erhabener ist als sie, und entsprechend der Bitte und der Suche nach ihm werden auch sie die Erlösung derer, die <sie> hervorgebracht haben, erreichen, weil diese aus dieser guten Verfassung stammen. Sie wurden eingesetzt zum Dienst an der Verkündigung, dass die Ankunft des Erlösers bevorsteht und dass seine Offenbarung schon gekommen ist. Ob Engel oder Mensch, nachdem <sie> zum Dienst an diesen (Dingen) gesandt worden <waren>, empfingen sie die Substanz ihres Seins im Werk […]
NHC I,5, p.118–120 (NHD, S. 66f).

Über die Erlösung

[p.124] […] Nicht nur die Irdischen bedürfen der Erlösung, sondern auch die Engel bedürfen der Erlösung und des Bildes, und auch die Wesen der Fülle der Äonen und die wunderbaren, leuchtenden Kräfte. (Das sei gesagt,) damit wir nicht in Verlegenheit kommen hinsichtlich von etwas anderem! Ja sogar der Sohn, der als [Vorbild] der Erlösung des Alls eingesetzt ist, [bedurfte] der Erlösung, [p.125] (er,) der der Menschgewordene ist und sich selbst einem jeden gegeben hat (als) das, dessen wir bedürfen – wir im Fleisch, die (wir) seine Kirche sind. Dieser nun –, als er zuvor die Erlösung durch den Logos empfing, der auf ihn herabgekommen war, empfingen auch alle übrigen, die ihn annahmen, die Erlösung durch ihn. Denn die, die den empfangen haben, der empfangen hat, haben auch das empfangen, was in ihm ist.

Von den Menschen, die im Fleisch sind, ausgehend begann er, die Erlösung zu spenden, (nämlich) seinen Erstgeborenen und seine Liebe, den Sohn, der ins Fleisch gekommen ist, während die Engel im Himmel gewürdigt worden sind, Glieder einer Gemeinschaft zu sein, um in ihm unten auf der Erde eine Gemeinschaft zu bilden. Deswegen wird er »die engelhafte Erlösung des Vaters« genannt, er, der die getröstet hat, die um seiner Erkenntnis willen für das All gelitten haben. Denn ihm war diese Gnade zuteil geworden vor einem jeden (anderen) […]
NHC I,5, p.124f (NHD, S. 68f).

b) Das Evangelium nach Philippus

Das »Evangelium nach Philippus« (NHC II,3) trägt diesen Namen vermutlich deshalb, weil Philippus der einzige Apostel ist, dessen Name im Text (wenn auch nur einmal) genannt wird. Der Gattung nach handelt es sich um lose aneinandergereihte Sentenzen bzw. kürzere

Szenen, so dass man auch von einem **Florilegium** gesprochen hat.

Auch beim EvPhil handelt es sich um einen valentinianischen Text, wobei nicht alle darin begegnenden Motive und Vorstellungen im engeren Sinn »valentinianischen« Charakter aufweisen. Auffällig ist das Interesse an den Sakramenten, zu denen auf jeden Fall Taufe, Salbung und Eucharistie gehören, evtl. ist auch die Rede vom »Brautgemach« auf einen sakramentalen Vollzug zu beziehen.

Heiden sterben nicht

4a Ein heidnischer Mensch stirbt nicht. Denn er hat niemals gelebt, so dass er sterben könnte. Wer zum Glauben an die Wahrheit gekommen ist, der hat das Leben gefunden. Und ein solcher schwebt in der Gefahr zu sterben.
NHC II,3, p.52,15–18 (NHD, S. 143).

Die Erlösung durch den Christus

9a Christus ist gekommen, um die einen loszukaufen, andere zu retten, (wieder) andere zu erlösen. Die fremd waren, sind es, die er loskaufte. Er machte sie zu den Seinigen.
9b Und er nahm das Seinige zurück, das er freiwillig als Pfand hinterlegt hatte.
9c Nicht nur, dass er, als er erschien, die Seele dahingab – als er es wollte. Sondern, solange die Welt besteht, gab er die Seele dahin. Zum Zeitpunkt, da er es wollte, da erst trat er hervor, um sie zurückzunehmen.
9d Weil sie als Pfand hinterlegt worden war, war sie unter die Räuber geraten und gefangen genommen worden. Er aber rettete sie.
9e Sowohl die Guten in der Welt erlöste er als auch die Bösen.
NHC II,3, p.52,35–53,14 (NHD, S. 143).

Texte zu verschiedenen Themen

12c Aber die Wahrheit ließ Namen in der Welt entstehen um unseretwillen, die wir sie nicht erkennen können ohne die Namen. Eine einzige ist die Wahrheit. Und doch ist sie vielgestaltig – und zwar unseretwegen, um (uns) diesen einen, so weit wie möglich, erkennen zu lassen durch vieles.
13 Die Archonten wollten den Menschen verführen, weil sie sahen, dass er eine Verwandtschaft mit dem wahrhaft Guten besaß. Sie nahmen den Namen des Guten und legten ihn dem Unguten bei, um ihn durch die Namen zu verführen und sie an das Ungute zu binden und dann, als ob sie ihnen eine Gnade erwiesen, sie zu veranlassen, sich aus dem »Unguten« zu entfernen und sich in das »Gute« zu begeben, das sie dafür hielten. Denn sie wollten den Freien nehmen und ihn sich zum Sklaven bis in Ewigkeit machen.
14a Es gibt Mächte, die dem Menschen [Nutzen] bringen, ohne zu wollen, dass er [gerettet wird], damit ihr Bestand von [Dauer] sei. Denn wenn der Mensch [gerettet] wird, finden [keine] Opfer mehr statt.
NHC II,3, p.54,13–35 (NHD, S. 144).

16 a Die Archonten dachten, dass sie durch ihre Kraft und ihren Willen täten, was sie tun. Aber der Heilige Geist bewirkte heimlich alles durch sie, wie er wollte.
16 b Die Wahrheit wird überall gesät, sie, die von Anfang an existiert. Und viele sehen, wie sie gesät wird. Wenige aber sind es, die sehen, wie sie geerntet wird.
17 a Einige sagten: »Maria ist schwanger geworden vom Heiligen Geist«. Sie irren sich! Sie wissen nicht, was sie sagen! Wann wäre jemals ein Weib von einem Weibe schwanger geworden?
17 b Maria ist die Jungfrau, die keine Macht besudelt hat.
Für die Hebräer, das heißt (für) die Apostel und die Apostelanhänger, ist es in höchstem Maße verdammungswürdig.
Diese Jungfrau, die keine Macht besudelt hat, [ist] eine […]. Die Mächte haben sich (selbst) besudelt.
17 c Und der Herr [hätte] nicht gesagt: »Mein [Vater, der da ist im] Himmel«, wenn [er] nicht (noch) einen anderen Vater gehabt hätte; sondern er hätte einfach gesagt [: »Mein Vater«].
18 Der Herr sagte zu den Jüngern[: »Ihr sollt wegnehmen] aus jedem Haus und sollt einbringen in das Haus des Vaters! Im Hause des Vaters aber dürft ihr nicht stehlen und wegnehmen!«
19 »Jesus« ist ein verborgener Name. »Christus« ist ein offenbarer Name. Deswegen gibt es (das Wort) »Jesus« in keiner Sprache, sondern ist (in jeder Sprache) sein Name »Jesus«, so wie er (eben) genannt wird. Was »Christus« dagegen betrifft, so lautet sein Name auf Syrisch »Messias«, auf Griechisch aber lautet er »Christus«. Überhaupt haben alle anderen (Völker) ihn entsprechend der Sprache eines jeden von ihnen. »Der Nazarener« ist der offenbare (Name) des (in ihm enthaltenen) verborgenen (Namens).
20 Christus hat alle in sich: sowohl Mensch, als auch Engel, als auch Geheimnis, und den Vater.
21 Diejenigen, die behaupten, dass der Herr zuerst gestorben und (dann) auferstanden sei, irren sich. Denn er ist zuerst auferstanden und (dann) gestorben. Wenn einer nicht zuerst die Auferstehung erlangt, muss er dann nicht sterben? So wahr Gott lebt, würde jener (sterben)!
NHC II,3, p.55,14–56,20 (NHD, S. 145).

Die zwei Bäume des Paradieses und ihre Folgen

84 Zwei Bäume wachsen im Paradies. Der eine macht zu [Tieren]; der andere macht zu Menschen. Adam [aß] von dem Baum, der zu Tieren machte. [Er] wurde zum Tier und zeugte Tiere. Deswegen verehren die Kinder Adams die [Tiere]. Der Baum, [dessen] Frucht [er aß], ist der [Baum der Erkenntnis]. Des[wegen] wurden [die Sünden zahlreich. Hätte er] die [Frucht des anderen Baumes] gegessen, [die] Frucht vom [Baum des Lebens, der] zu Menschen macht, [würden die Tiere] den Menschen verehren.
NHC II,3, p.71,22–34 (NHD, S. 155).

Salbung ist besser als Taufe

95 a Die Salbung ist der Taufe überlegen. Denn auf Grund der Salbung wurden wir »Christen« genannt, nicht wegen der Taufe. Auch Christus ist wegen der Salbung (so) genannt worden. Denn: Der Vater salbte den Sohn. Der Sohn aber salbte die Apostel. Die Apostel aber salbten uns.
95 b Wer gesalbt ist, besitzt alles. Er besitzt die Auferstehung, das Licht und das Kreuz.
NHC II,3, p.74,12–20 (NHD, S. 156).

Der Unfall der Schöpfung, der Blutkelch und das lebendige Wasser

99 a Die Welt entstand durch ein Versehen. Denn der, der sie geschaffen hat, wollte sie unvergänglich und unsterblich schaffen. Er scheiterte und erreichte nicht, was er gehofft hatte. Denn die Unvergänglichkeit ist nicht der Welt zu Eigen, wie die Unvergänglichkeit auch dem, der die Welt geschaffen hat, nicht zu eigen ist.
100 Der Kelch des Gebets <, über dem gedankt wird,> enthält sowohl Wein als auch Wasser. Er ist als Zeichen *des Blutes* {…} eingesetzt und füllt sich mit Heiligem Geist. Und zwar ist es das (*Blut*) des ganz vollkommenen Menschen. Wenn wir dies trinken, werden wir uns den vollkommenen Menschen aneignen.
101 Das lebendige Wasser ist ein Leib. Es ist nötig, dass wir den lebendigen Menschen anziehen. *Zu dem Zweck* entkleidet sich, wer zum Wasser herabsteigt, *dass* er jenen anziehe.
NHC II,3, p.75,2–10.14–25 (NHD, S. 157).

Die Erkenntnis der Wahrheit macht frei

110 a Wer die Erkenntnis der Wahrheit besitzt, ist frei. Der Freie aber sündigt nicht. Denn (es heißt): »Wer die Sünde tut, der ist der Sklave der Sünde.« Mutter (des Freien) ist die Wahrheit, die Erkenntnis aber ist der <Vater>. Die, denen es nicht erlaubt ist zu sündigen, sind es, die die Welt <»Sklaven«> nennt. Solche, denen es {…} *erlaubt* ist zu sündigen, <sind es, die die Welt> »Freie« <nennt>.

»Die Erkenntnis« der Wahrheit »erhebt«, das heißt: sie macht sie frei und bewirkt, dass sie sich über alles hinwegsetzen. »Die Liebe aber erbaut.« Wer aber freigeworden ist durch die Erkenntnis, ist um der Liebe willen ein Sklave für die, die [die] Freiheit der Erkenntnis noch nicht aufnehmen konnten. Die Erkenntnis [aber] macht sie tauglich (dazu), indem sie [sie] frei werden [lässt].
NHC II,3, p.77,15–31 (NHD, S. 158).

Befreiung von unfreiwilliger und freiwilliger Sklaverei

114 Wer gegen seinen Willen Sklave ist, kann frei werden. Wer frei geworden ist durch die Gnade seines Herrn und sich selbst in die Sklaverei verkauft hat, kann nicht mehr frei werden.
NHC II,3, p.79,13–18 (NHD, S. 159).

Jünger Gottes teilen jedem die richtige Speise zu

119 Ein Hausherr hatte jeglichen Besitz erworben: Kinder, Sklaven, Vieh, Hunde, Schweine, Weizen, Gerste, Spreu, Gras, […], Fleisch und Eicheln. Er war [aber] klug und kannte die Nahrung von jedem. Den Kindern legte er [fertiges] Brot [und Fleisch] vor. [Den] Sklaven aber legte er [… und] Mehl [vor]. Und dem Vieh [warf er Gerste], Spreu und Gras vor. [Den] Hunden warf er Knochen vor. [Und den Schweinen] warf er Eicheln vor und Pampe. Ebenso verhält es sich mit dem Jünger Gottes. Wenn er klug ist und sich auf die Jüngerschaft versteht, werden ihn die körperlichen Erscheinungsformen nicht täuschen, sondern wird er auf die Beschaffenheit der Seele eines jeden blicken und (entsprechend) mit ihnen reden. Es gibt viele Tiere in der Welt, die menschengestaltig sind. Wenn er diese erkennt, wird er den Schweinen Eicheln zuwerfen. Dem Vieh aber wird er Gerste, Spreu und Gras zuwerfen. Den Hunden wird er Knochen zuwerfen. Den Sklaven wird er das Vorläufige geben. Den Kindern wird er das Vollkommene geben.
NHC II,3, p.80,23–81,14 (NHD, S. 160).

Die Beschneidung als Vernichtung des Fleisches

123 a Als Abraham [aber erlangt] hatte zu sehen, was er sehen sollte, beschnitt [er] das Fleisch der Vorhaut, wodurch er uns zeigt, dass es nötig ist, das Fleisch zu vernichten.
NHC II,3, p.82,26–29 (NHD, S. 161).

c) Valentinianische Abhandlung

Anhang: Liturgische Stücke – B. Lehrstück zur Ersten Taufe

[Dies] ist die Fülle des Hauptstücks der Gnosis; dieses, was uns offenbart wurde durch unseren Herrn Jesus Christus, den Monogenen. Dies sind die sicheren und notwendigen (Gegebenheiten), in denen wir wandeln sollen.

Und dies sind die (Punkte) der Ersten Taufe, [p.41] [… (es fehlen mehrere Sätze) … die Erste (?)] Taufe. [Dies ist (?) die Vergebung] der Sünden.

[…] der, der gesagt hat: »[Ich (?) taufe (?)] euch zur [Vergebung] eurer Sünden.« Dieser […] ist Typus für das [… Werk (?)] des Christus […] gleich den […] durch (?) ihn […]. Denn das [Werk] Jesu […].

Die Erste Taufe nun, das ist die [Ver]gebung [der Sünden (?)]. [Durch jene] werden [wir] geführt von [denen zur Linken] zu denen zur Rechten, von [dem Verderben] zur [Unvergänglich]keit – [welches (?)] ist der Jordan, […] dieser Ort ist das [… der] Welt (?). Wir wurden also aus der Welt heraus zum Äon geführt – denn die Auslegung von ›Johannes‹ ist der Äon, die Auslegung von jenem aber, welcher der Jordan ist, ist der Abstieg, welcher der [Aufgang] ist, welches ist das Heraus[gehen] aus der Welt, [hin] zum Äon.
NHC XI,2, p.40,30–41,38 (NHD, S. 527).

B. Sethianismus

Neben der valentinianischen Gnosis wird in der Forschung mit einem weiteren als »sethianische Gnosis« oder »Sethianismus« bezeichneten Lehrsystem gerechnet. Eine derartige Ausprägung der Gnosis wird bei Pseudo-Tertullian, Hippolyt und Epiphanius erwähnt. Die von diesen Autoren geschilderte Lehre der »Sethianer« stimmt allerdings nicht mit dem System überein, das sich aus den Schriften rekonstruieren lässt, die der »sethianischen Gnosis« zugerechnet werden. Ein Referat der Lehre dieser Richtung findet sich bei Irenäus in Adversus Haereses I,29. Allerdings bezeichnet Irenäus die entsprechende Gruppe nicht als »Sethianer«, sondern als »Barbelo-Gnostiker«. Die Bezeichnung der aus den entsprechenden Texten rekonstruierten gnostischen Richtung als »Sethianismus« ist demnach eine in der Forschung aufgekommene Einteilung, die auf Hans-Martin Schenke zurückgeht und seither verschiedentlich modifiziert wurde. Das zeitliche Verhältnis dieser Richtung zum Valentinianismus ist in der Forschung umstritten und bislang nicht geklärt.

Zu den Schriften, die dieser Ausprägung der Gnosis zugerechnet werden, gehören u.a. Das Apokryphon des Johannes (NHC II,1; III,1; IV,1; BG 2), Die Hypostase der Archonten (NHC II,4), Das ägyptische Evangelium (NHC III,2; IV,2), Die Apokalypse des Adam (NHC V,5), Die drei Stelen des Seth (NHC VII,5), Zostrianus (NHC VIII,1), Die Ode über Norea (NHC IX,2) und Allogenes (NHC XI,3). Auch das Judasevangelium aus dem Codex Tchacos lässt sich den sethianischen Texten zurechnen.

Der Name **»Seth«**, von dem die Bezeichnung abgeleitet ist, bezieht sich auf den dritten Sohn von Adam und Eva, der ihnen Gen 4,25 zufolge nach Kain und Abel geboren wird. In den Texten der »sethianischen Gnosis« wird Seth häufiger als derjenige bezeichnet, auf den sich das »auserwählte Geschlecht«, das auch »das Geschlecht, das nicht wankt«, heißen kann, gründet.

Kennzeichnend für das sethianische System ist eine Dreiheit von »höchstem unsichtbarem Geist« (der auch »Vater« heißen kann), Barbelo (dem obersten weiblichen Prinzip, der Mutter) und dem Autogenês. Dieser kann auch Christus heißen. Es werden sodann weitere Wesen hervorgebracht, die der oberen Welt (dem Pleroma) angehören. Dazu gehört auch Adamas, der erste Mensch, der Seth erzeugt. Der irdische Mensch wird dagegen von dem Demiurgen Jaldabaoth in Unwissenheit nach dem Bild des ersten, oberen Menschen erschaffen. Die Erlösung besteht darin, das von Seth abstammende Geschlecht aus dem irdischen Bereich zu befreien. Dazu wird der Erlöser (Jesus oder Seth, mitunter auch beide) in die Welt gesandt.

1. Irenäus

Jaldabaoth hält sich für den einzigen Gott

[5] Und sie haben in ihrer Lügengeschichte Namen folgender Art verwendet: Der erste, der von der Mutter stammt, heißt Jaldabaoth; der von ihm abstammt, heißt Jao; und der von ihm stammt, heißt Sabaoth; der vierte heißt Adonai, der fünfte Elohim, der sechste Horeus, der siebte und letzte von allen Astaphaeus. Diese Himmel, Mächte, Kräfte, Engel und Schöpfer haben, so unterstellen sie, ihre Plätze im Himmel nach genauer Ordnung, nämlich nach ihrer Zeugung. Sie regieren unsichtbar über Himmlisches und Irdisches. Der erste von ihnen,

Jaldabaoth, gab seiner Verachtung der Mutter Ausdruck, indem er ohne jegliche Erlaubnis Söhne und Töchter machte und sogar auch Engel, Erzengel, Kräfte, Mächte und Herrschaften. Daraufhin haben seine Söhne Streit und Zank mit ihm begonnen um die Vorherrschaft. Das machte Jaldabaoth traurig und verzweifelt; er blickte auf den Bodensatz der Materie unten und richtete seine Begier darauf. Sie sagen, dass daraus ein Sohn entstand, und zwar der Nous (Verstand) selbst, in Gestalt einer gewundenen Schlange. Weiter entstanden auch Geist, Seele und alles Kosmische, und daraus alles Vergessen, Bosheit, Eifersucht, Neid und Tod. Dieser ihr schlangenförmiger, gewundener Nous hat, sagen sie, den Vater (*scil.* Jaldabaoth) durch seine List umso tiefer gestürzt, als er ihrem Vater (*scil.* Adam) im Himmel und im Paradies geholfen hat.

[6] Dann frohlockte Jaldabaoth, brüstete sich mit allem, was sich unter ihm befand, und sprach: »Ich bin Vater und Gott, und über mir ist niemand« (vgl. Jes 45,5 f; 46,9). Das hörte aber die Mutter, widersprach ihm und rief: »Lüg nicht, Jaldabaoth, denn über dir ist der Vater aller, der Erste Anthropos, und der Anthropos, der Sohn des Menschen!« […]
Irenäus, Gegen die Häresien 1,30,5 f (Brox, S. 336–339).

Die Prounikos

[9] Adam und Eva hatten anfangs leichte, leuchtende und gleichsam pneumatische Leiber, wie sie auch geschaffen waren. Als sie hierher kamen, wandelten sie sich und wurden dunkler, schwerfälliger und träger. Aber auch die Seele war liederlich und schlaff, da sie (*scil.* Adam und Eva) vom Schöpfer bloß ein weltliches Einhauchen besaßen, bis die Prounikos [auch ›Sophia‹ oder ›untere Mutter‹] sich ihrer erbarmte und ihnen wieder den Duft der Süße der Lichtfeuchtigkeit gab. Durch sie erinnerten sie sich wieder ihrer selbst, und sie erkannten, dass sie nackt waren (vgl. Gen 3,7) und dass ihr Leib Materie war; und sie erkannten auch, dass sie das Todesschicksal trugen und doch guten Mutes waren, weil sie erkannten, dass der Leib sie nur eine Zeitlang umschließt. Unter Führung der Sophia fanden sie auch Nahrung. Und als sie satt waren, hatten sie miteinander fleischlichen Verkehr und zeugten den Kain, den die gestürzte Schlange zusammen mit ihren Söhnen sofort erfasste, verdarb und mit der Vergessenheit in der Welt erfüllte und in Torheit und Vermessenheit trieb, so dass er beim Mord an seinem Bruder Abel als erster Eifersucht und Tod aufwies. Nach ihnen wurde entsprechend der Vorsehung der Prounikos Set gezeugt und dann Norea, sagen sie; von ihnen stammt die übrige Menschenmasse ab, sagen sie. Sie wurde von der unteren Hebdomas in alle mögliche Schlechtigkeit verwickelt und in den Abfall von der oberen heiligen Hebdomas, in Götzendienst und alle sonstige Mißachtung, während die Mutter unsichtbarerweise immer gegen sie arbeitete und (nur) ihr Eigentum rettete, nämlich die Lichtfeuchtigkeit. Die heilige Hebdomas besteht nach ihnen aus sieben Sternen, die sie Planeten nennen, und die gestürzte Schlange hat nach ihrer Lehre zwei Namen: Michael und Samael.

[10] Jaldabaoth war aber zornig auf die Menschen, weil sie ihn nicht als Vater und Gott anbeteten und verehrten. Er schickte ihnen eine Wasserflut, um sie alle mit einem Schlag zu vernichten. Aber die Sophia arbeitete auch diesmal gegen ihn (vgl. Weish 10,4). Die mit Noach in der Arche waren, wurden wegen der Feuchtigkeit des Lichtes, das von ihr stammte, gerettet. Durch sie wurde die Welt wieder mit Menschen gefüllt […]
Irenäus, Gegen die Häresien 1,30,9 f (Brox, S. 340–343).

2. »Sethianische« Texte aus Nag Hammadi

Die Hypostase der Archonten
Wie fast alle Nag-Hammadi-Schriften ist auch HA (NHC II,4) eine koptische Übersetzung aus dem Griechischen. Die Originalfassung entstand vermutlich im 3. Jahrhundert. Der Text erzählt einen Mythos von der Erschaffung der Welt und des Menschen und greift dabei besonders in der ersten Hälfte auf biblisches Material zurück (Gen 1–4 und 6). Die biblische Urgeschichte wird dahingehend umgestaltet, dass die Schöpfung als Werk des unteren Gottes und der Archonten erscheint. Eine besondere Rolle spielen dabei die beiden himmlischen Kinder, die Adam und Eva nach Kain und Abel zeugen: Seth und Norea. Letztere wird von dem Engel Eleleth über Ursprung, Wesen und Macht der Archonten belehrt.

Das heilige Buch des großen unsichtbaren Geistes bzw. Das ägyptische Evangelium
Die Schrift ist in zwei voneinander unabhängigen Übersetzungen aus dem Griechischen ins Koptische bezeugt (NHC III,2; IV,2). Aus dem Untertitel »ägyptisches Evangelium« lässt sich zwar nicht auf den Herkunftsort, wohl aber auf die Beliebtheit der Schrift in Ägypten schließen. Mythologischer Verfasser des Buches ist Seth. Erzählt wird ein Mythos von der Entstehung der oberen Welt, wobei die Figur des Seth eine besondere Rolle spielt. Der zweite Teil enthält liturgische Texte, vor allem zur sethianischen Taufe.

Apokalypse des Adam
Die Apokalypse des Adam (NHC V,5) ist in der Mitte des 4. Jahrhunderts entstanden. Die griechische Vorlage des koptischen Textes entstand evtl. im Diasporajudentum in Alexandria. Eindeutige christliche Bezüge lassen sich nicht feststellen, da die Taufe offenbar auch in der »sethianischen« Gemeinschaft, der die ApcAd zugerechnet werden kann, praktiziert wurde.

Die ApcAd handelt von Offenbarungen Adams an seinen Sohn Seth über den Ablauf der Weltgeschichte, in denen etliche biblische Motive verarbeitet sind. Der niedere Schöpfergott will das Geschlecht Seths durch Sintflut und Feuer vernichten. Es werden sodann 13 Königreiche geschildert, die für bestimmte Lehren stehen. Am Ende bringt der Logos dem »königlosen Geschlecht« die rettende Erkenntnis.

Zostrianus
Von einer Apokalypse des Zostrianus wusste man vor der Auffindung einer koptischen Übersetzung mit diesem Titel in Nag Hammadi (NHC VIII,1) bereits dem Namen nach durch eine Notiz bei Porphyrius in der Vita Plotini. Daraus lässt sich auf eine Entstehungszeit vermutlich in der zweiten Hälfte des 2. Jhs. schließen. Die Übersetzung aus Nag Hammadi stammt dagegen aus dem 4. Jh.

Die nur fragmentarisch erhaltene Schrift ist eine pseudepigraphe Apokalypse. Zostrianus, ein Vorfahre Zarathustras, durchläuft eine Seelenreise, bei der er auf jeder Stufe Offenbarungen erhält und Taufen empfängt. Ihm wird in Form einer Berufungsvision mitgeteilt, was er später auf der Erde verkünden soll. Begriffe wie Unsichtbarer Geist, Barbelo, und

Autogenes weisen die Schrift einem nicht-christlichen philosophisch orientierten Sethianismus zu.

Allogenes
Die Schrift Allogenes (NHC XI,3) berichtet von Offenbarungen an den »Fremden« (Allogenes). Im ersten Teil werden ihm durch die himmlische Figur des Juël Offenbarungen über den Barbelo-Äon und die Unteräonen mitgeteilt. Im zweiten Teil wird Allogenes entrückt und erhält eine Offenbarung über den »Dreifach Kräftigen«. Am Ende steht die Aufforderung an Allogenes, das Geschaute niederzuschreiben.

a) Das Apokryphon des Johannes

Der Sohn: Zeugung, liturgischer Dienst und Salbung

NHC III,1	BG 2	NHC II,1/NHC IV,1
[…] Barbelon schaute inständig in das reine Licht hinein. Sie wandte sich ihm zu und gebar einen Funken von Licht nach der Erscheinung des seligen Lichtes, aber er ist nicht gleich an Größe. Das ist der Einziggeborene (Monogenen), der aus dem Vater in Erscheinung trat, der göttliche Selbsterzeugte (Autogenes), der erstgeborene Sohn aller (Söhne) des Vaters.	[…] Barbelo schaute inständig in ihn, das reine Licht, hinein. [p.30] Sie wandte sich ihm zu und gebar einen Funken von seligem Licht, aber er ist ihr nicht gleich an Größe. Das ist der Einziggeborene (Monogenen), der aus dem Vater in Erscheinung trat, der göttliche Selbsterzeugte (Autogenes), der erstgeborene Sohn des Alls des Geistes des reinen Lichtes.	[…] Er schaute in Barbelo hinein mit dem reinen Licht, das den unsichtbaren Geist und seinen Glanz umgibt, und sie empfing von ihm. Er zeugte einen Funken von Licht in einem Licht, das der Seligkeit ähnlich ist, das aber nicht gleich ist an Größe. Das war ein Einziggeborener von Metropator, der in Erscheinung getreten war, nämlich sein Einziggeborener, das reine Licht.
Da jubelte der große unsichtbare Geist über das Licht, das aus der ersten Macht – die seine Vorsehung (Pronoia), Barbelon, ist – in Erscheinung getreten war. Er salbte ihn mit seiner eigenen Salbung/Güte, [p.10] so dass er vollkommen wurde und kein Mangel an Salbung/Güte vorhanden war, da er mit der Salbung/Güte des unsichtbaren Geistes, der (diese Salbung/Güte) über ihn ausgegossen hatte, gesalbt worden war. Er empfing die Salbung von dem jungfräulichen Geist <der> Salbung, und er stand ihm zu Diensten, indem er den unsichtbaren Geist und den, aus dem er in Erscheinung getreten war, verherrlichte.	Der unsichtbare Geist jubelte über das Licht, das entstanden war, das zuerst aus der ersten Macht – die seine Vorsehung (Pronoia), Barbelo, ist – in Erscheinung getreten war. Er salbte ihn mit seiner Salbung/Güte, so dass er vollkommen wurde und kein Mangel an Salbung/Güte in ihm war, da er ihn mit seiner Salbung/Güte gesalbt hatte – der des unsichtbaren Geistes, den er über ihn ausgegossen hatte. Er empfing die Salbung von dem jungfräulichen [p.31] Geist, und er stand ihm zu Diensten, indem er den unsichtbaren Geist, aus dem er in Erscheinung getreten war, mit der vollkommenen Vorsehung (Pronoia) verherrlichte.	Der unsichtbare jungfräuliche Geist jubelte über das Licht, das entstanden war, das zuerst aus der ersten Macht seiner Vorsehung (Pronoia), die Barbelo ist, in Erscheinung getreten war. Er salbte ihn mit seiner Salbung/Güte, bis er vollkommen wurde und keiner Salbung/Güte ermangelte, da er ihn mit der Salbung/Güte des unsichtbaren Geistes gesalbt hatte. Er stand ihm zu Diensten, während er über ihn ausgoss. Sogleich, als er vom Geist empfangen hatte, verherrlichte er den heiligen Geist und die vollkommene Vorsehung (Pronoia), durch die (sing.) er in Erscheinung getreten war.
Da bat er, ihm einen Mitarbeiter zu geben, den Verstand.	Da bat er, ihm ein Ding zu geben, den Verstand. Der un-	Da bat er, ihm einen Mitarbeiter zu geben, nämlich den

NHC III,1	BG 2	NHC II,1/NHC IV,1
Der unsichtbare Geist nickte zustimmend. Der Verstand trat in Erscheinung.	sichtbare Geist nickte zustimmend. Der Verstand trat in Erscheinung.	Verstand, und er gab gerne einen zustimmenden Blick. Während der unsichtbare Geist den zustimmenden Blick gab, [p.7] wurde der Verstand offenbar und stand
Er stand zusammen mit dem Gesalbten/Guten/Christus zu Diensten, indem er ihn und Barbelon verherrlichte.	Er stand zusammen mit dem Gesalbten/Guten/Christus zu Diensten, indem er ihn und Barbelo verherrlichte.	zusammen mit dem Gesalbten/Guten/Christus zu Diensten, indem er ihn und Barbelo verherrlichte.
Alle diese entstanden in Schweigen und Gedanken […]	Alle diese entstanden in Schweigen und Gedanken […]	Alle diese entstanden in Schweigen und Gedanken […]

NHC II,1, p.6f; III,1, p.9f; IV,1, p.6f und BG 2, p.29–31 (NHD, S. 84f).

Jaldabaoth vergewaltigt Eva und zeugt Jave (Kain) und Eloim (Abel)

NHC III,1	BG 2	NHC II,1/NHC IV,1
[…] Dann sah er die Jungfrau bei Adam stehen.	[…] Dann sah Jaldabaoth die Jungfrau, die bei Adam stand.	[…] Da sah der erste Herrscher die Jungfrau, die bei Adam stand, und (er sah), dass die Nachsehung (Epinoia) des Lebenslichtes in ihr in Erscheinung trat.
Jaldabaoth war voll Unwissenheit und wollte einen Samen aus ihr erwecken.	Er war voll Unwissenheit, so dass er einen Samen aus ihr erwecken wollte.	Aldabaoth war voll Unwissenheit. Als die Vorsehung (Pronoia) des Alls (das) erkannte, sandte sie einige, und sie rissen ›das Leben (Zoe)‹ aus Eva heraus.
[Da] schändete er sie und zeugte den [ersten] Sohn und ebenso den [zweiten]: Javai, das Bärengesicht, und Eloim, [das Katzengesicht]. Einer [ist] gerecht, [der andere] ist ungerecht. [Eloim ist der] Gerechte, Javai ist der [Ungerechte. Den] Gerechten setzte er über Feuer und [Lufthauch], und den Ungerechten setzte er über Erde und [Wasser]. Diese werden [bei] allen Geschlechtern Abel und [Kain] genannt.	Er schändete sie und zeugte den ersten Sohn und ebenso den zweiten: Jave, das Bärengesicht, und Eloim, das Katzengesicht. Einer ist gerecht, der andere ist ungerecht. Eloim ist der Gerechte, Jave ist der Ungerechte. Den Gerechten setzte er über Feuer und Lufthauch, und den Ungerechten setzte er über Wasser und Erde. Diese werden bei allen Geschlechtern der Menschen [p.63] Kain und Abel genannt.	Da schändete sie der erste Herrscher und zeugte in ihr zwei Söhne, den ersten und den zweiten, Eloim und Jave. Eloim ist ein Bärengesicht und Jave ein Katzengesicht. Der eine ist gerecht, der andere ist ungerecht. Jave ist gerecht, Eloim ist ungerecht. Jave setzte er über Feuer und Wind und Eloim setzte er über Wasser und Erde. Er benannte diese aber mit den Namen Kain und Abel mit Absicht auf Betrug.
Bis auf den heutigen Tag blieb der [Geschlechtsverkehr] infolge des ersten Herrschers bestehen. In Adam hinein [pflanzte] er begierliche Sexualität, [p.32] so dass sie (pl.,	Bis auf den heutigen Tag entstand der eheliche Geschlechtsverkehr infolge des ersten Herrschers. In Adam pflanzte er sexuelle Begierde, so dass sie (sg., *scil.* die Be-	Bis auf den heutigen Tag blieb also der Geschlechtsverkehr infolge des ersten Herrschers. In der zu Adam Gehörenden (*scil.* Eva) pflanzte er begierliche Sexualität. Durch Ge-

NHC III,1	BG 2	NHC II,1/NHC IV,1
scil. Jave und Eloim) aus diesem Wesen durch ihren gefälschten Geist ihr Bild zeugten.	gierde) aus seinem Wesen (stammt), das aus ihrem (pl.) gefälschten <Geist> ein Bild zeugt.	schlechtsverkehr aber erweckte er die Zeugung des Bildes der Leiber, und er versorgte sie (pl.) mit seinem gefälschten Geist.
Die zwei Herrscher setzte er über Ursprünge, so dass sie über das Grab herrschen […]	Die zwei Herrscher setzte er über die Ursprünge, so dass sie über das Grab herrschen […]	Die zwei Herrscher setzte er über viele Ursprünge, so dass sie über das Grab herrschten. […]

NHC II,1, p.24; III,1, p.31f; IV,1, p.24 und BG 2, p.62f (NHD, S. 112f).

b) Die Hypostase der Archonten

Sophias eigenmächtiges Werk

Oben, in grenzenlosen Äonen ist die Unvergänglichkeit. Die Sophia, die die Pistis genannt wird, wollte allein, ohne ihren Gefährten, etwas vollbringen. Und ihr Werk wurde ein himmlisches Abbild.

Es gibt einen Vorhang zwischen denen, die nach oben gehören, und den Äonen, die unten sind. Und es entstand ein Schatten unterhalb des Vorhangs. Und dieser Schatten wurde zu Materie.

Und jener Schatten wurde in einen Teil von einer Region (des Chaos) geworfen. Und das von ihm Geformte wurde zu einem Werk in der Materie gleich einem Fehlgeborenen. Er nahm Gestalt an aus dem Schatten. Er wurde zu einem anmaßenden Ungeheuer, einem Löwen ähnlich – androgyn ist er, wie ich zuvor gesagt habe –, denn er ist aus der Materie hervorgegangen.
NHC II,4, p.94,4–19 (NHD, S. 171f).

Samaels Hochmut und Fall

Er öffnete seine Augen und sah große, grenzenlose Materie. Und er wurde überheblich und sagte: »Ich bin Gott, und es gibt keinen anderen außer mir.« Als er dies sagte, sündigte er gegen das All. Und eine Stimme kam von oberhalb der eigenmächtigen Herrschaft und sprach: »Du irrst, Samael.«, das heißt: Gott der Blinden.

Und er sprach: »Wenn es einen anderen vor mir gibt, soll er sich mir offenbaren!« Und sogleich streckte die Sophia ihren Finger aus und brachte das Licht hinein in die Materie. Und sie verfolgte es bis hinunter zu den Regionen des Chaos. Und sie kehrte zurück, hinauf [zu ihrem] Licht. Wieder [vereinigte sich] die Finsternis [mit] der Materie.

Jener Archont erschuf sich, da er andro[gyn] ist, (selbst) einen großen Äon, [p.95] eine grenzen[lose] Größe. Und er gedachte, sich Kinder zu erschaffen, und erschuf sich sieben Kinder, androgyn wie ihr Vater. Und er sagte seinen Kindern: »Ich bin der Gott des Alls!« Und Zoe, die Tochter der Pistis Sophia rief ihm zu: »Du irrst, Sakla.«, dessen Deutung Jaldabaoth ist.

Sie blies in sein Gesicht hinein und ihr Atem wurde ihr zu einem feurigen Engel. Und jener Engel band Jaldabaoth und warf ihn hinunter in den Tartaros unterhalb des Abgrunds.
NHC II,4, p.94,19–95,13 (NHD, S. 172).

c) Das heilige Buch des großen unsichtbaren Geistes (»Das ägyptische Evangelium«)

Die vier Erleuchter

NHC III,2	NHC IV,2
[…] Dann priesen der große Logos, der Autogenes, und das Wort des Pleroma der vier Lichter den großen, unsichtbaren, unanrufbaren, jungfräulichen Geist und die männliche Jungfrau und den großen Doxomedon-Äon samt den Thronen in ihnen und die Kräfte, die sie umgeben, und Herrlichkeiten und Mächte, und die Kräfte des dreifach männlichen Kindes und die männliche Jungfrau Jouël und Esephech, [p.54] der die [Herrlichkeit] umfasst, [das Kind] des Kindes und die Krone seiner Herrlichkeit, das ganze Pleroma und all jene Herrlichkeiten (und) jene unendlichen Pleromata und jene unbenennbaren Äonen, damit sie (erst) den Vater benennen, denn er ist der vierte, und (dann) das unvergängliche Geschlecht, um den Samen des Vaters zu nennen: »Der Same des großen Seth«.	[… Dann brachten] das große, [selbstentstandene] Wort und das ganze Pleroma [der vier] Erleuchter Lobpreis dar dem [großen, unsichtbaren] und un[vergänglichen, unbenennbaren, jungfräulichen Geist] und der männlichen [Jungfrau] und den großen [Doxomedon-]Äonen und den Thronen, die [in] ihnen sind, und den Kräften, die sie umgeben samt Herrlichkeiten und [Kräften] und Mächten, und dem dreifach [männlichen Kind] und der männlichen [Jungfrau] Jouël und Esephech, [dem Besitzer] der Herrlichkeit, und [der Krone] seiner Herrlichkeit und [dem] ganzen [Pleroma] und [allen] Herrlichkeiten, die in den [un]ermesslichen Pleromata sind, und [den] unbenennbaren [Äonen, damit] sie [den Vater »der Vierte«] nennen, und das [nicht wankende, unvergängliche] Geschlecht [des Vaters, und (zwar)], damit sie [es] nennen: »[Der] Same des großen [Seth«.
Da wankte alles, und Zittern ergriff die Unvergänglichen […]	Da wankten] all diese, [p.66] [und] Verwirrung ergriff die Un[vergänglichen] […]

NHC III,2, p.53 f; IV,2, p.65 f (NHD, S. 226).

Seth und sein Same

NHC III,2	NHC IV,2
[…] Da pries der große Seth, der Sohn des unvergänglichen Menschen Adamas, den großen, unsichtbaren, unanrufbaren, unbenennbaren, jungfräulichen Geist und die <männ>liche <Jungfrau und das dreifach männliche Kind und die männliche> Jungfrau Jouël und Esephech, der die Herrlichkeit umfasst, und die Krone seiner Herrlichkeit, das Kind des Kindes [p.56] und die großen Doxomedon-Äonen und das Pleroma, das ich zuvor genannt habe. <Und> er erbat seinen Samen […]	[…] Da [brachte] der große Seth, der Sohn [des] unvergänglichen Menschen Adamas, [Lobpreis dar] dem [großen], unsichtbaren [und unvergänglichen und] unbenennbaren, [jungfräulichen] Geist und der männlichen [Jungfrau] und dem dreifach männlichen [Kind und der] männlichen Jungfrau [Jouël … […]

NHC III,2, p.55 f; IV,2, p.67 (NHD, S. 227).

Seths Sendung

NHC III,2

[…] Dann wurde der große Seth von den vier Lichtern ausgesandt nach dem Willen des Autogenes [p.63] und des ganzen Pleroma nach der <Maßgabe> und dem Ratschluss des großen unsichtbaren Geistes und der fünf Siegel und des ganzen Pleroma.

Er durchmaß die drei Ankünfte, von denen ich zuvor gesprochen habe, sowohl die Sintflut als auch den (Welten-)Brand als auch die Verurteilung der Archonten und Kräfte und Gewalten, zu retten jenes irregeleitete (Geschlecht) durch das Abtöten der Welt und die Taufe, (d.h.) durch einen logosgezeugten Leib, den sich der große Seth geheimnisvoll bereitet hat aus der Jungfrau, damit die Heiligen mittels des heiligen Geistes (wieder)geboren würden durch verborgene, unsichtbare Zeichen in einem Abtöten der Welt wider die Welt, durch die Absage an die Welt und den Gott der dreizehn Äonen und (durch) die Anrufungen der Heiligen und der Unsagbaren und der Unvergänglichen <im> Schoß <des> großen Lichtes des Vaters, der zuvor entstanden war mit seiner Voraussicht (Pronoia). Und er setzte durch sie (sg.) die heilige, den Himmel übertreffende Taufe ein vermittels des unvergänglichen [p.64] Logosgezeugten, und (zwar) des lebendigen Jesu, und (zwar) dessen, den der große Seth angezogen hatte.

Und er nagelte die Kräfte der dreizehn Äonen an. Und er setzte durch sie (sg., *scil.* die Taufe) die Wandelnden und die Heimkehrenden ein und rüstete sie mit einer Erkenntnisrüstung dieser Wahrheit (und) mit einer unbesiegbaren Kraft der Unvergänglichkeit […]

NHC IV,2

[…] Dann wurde der [große Seth] von den [vier] großen Erleuchtern ausgesandt [nach] dem Willen des Autogenes [und ihres] ganzen Pleroma nach Maßgabe von ihm und Zustimmung [des] großen unsichtbaren Geistes und der fünf Siegel und des ganzen Pleroma.

<Er> durchschritt die drei Ankünfte, [von denen ich] zuvor gesprochen habe, und zwar [die Sintflut] und den (Welten-)Brand und die Verurteilung der Archonten und Gewalten und Kräfte, zu retten jenes verirrte (Geschlecht) durch Welt-Abtötung und die [Taufe eines] Leibes, (d.h.) durch [den] wortgezeugten (Leib), den der große Seth geheimnisvoll bereitet hat aus der Jungfrau zur Wiedergeburt der [Heiligen] durch [den] heiligen [Geist] [p.75] und unsichtbare und verborgene Zeichen, durch Abtöten von Welt wider Welt, durch Absage an Welt und den Gott der dreizehn Äonen, durch Anrufung durch die Heiligen und die Unsagbaren und die Unvergänglichen im Schoße des großen Lichtes, des zuvor in Voraussicht (Pronoia) entstandenen. Und er setzte durch sie (sing.) die Heilige ein, und (zwar) die die Himmel überragende Taufe durch den Heiligen und Unvergänglichen, und (zwar) Jesus, den durch ein lebendiges Wort Gezeugten, den der große Seth angezogen hatte.

Und er nagelte die Kräfte der dreizehn Äonen an und machte sie dadurch untätig. Sie werden (weg)gebracht und sie werden (zurück)geholt. Sie werden ausgerüstet mit einer Erkenntnisrüstung der Wahrheit, mit einer unvergänglichen und unbesiegbaren Kraft […]

NHC III,2, p.62f; IV,2, p.74f (NHD, S. 232f).

Abfassungsnotiz

NHC III,2

[p.68] […] Dies ist das Buch, das der große Seth geschrieben und auf einem hohen Gebirge niedergelegt hat, über dem die Sonne nicht aufging, noch dies (überhaupt) möglich ist.

Und seit den Tagen der Propheten, Apostel und Verkündiger ist nicht einmal der Name ihnen in den Sinn gekommen, noch ist das (überhaupt) möglich; und ihre Ohren haben ihn nicht vernommen […]

NHC IV,2

[p.80] […] Dieses Buch hat der große Seth] geschrieben, [und] er hat es auf [einem] hohen [Berg] niedergelegt, [über dem die Sonne nicht aufgeht], noch […].

Und [seit den Tagen der] Propheten [und der … und der] Apostel […(zwei Zeilen weitgehend zerstört) … und ihre Ohren haben] es [nicht vernommen […]

NHC III,2, p.68; IV,2, p.80 (NHD, S. 238).

d) Die Apokalypse des Adam

Die Nachkommen Seths werden gerettet

[…] Wiederum – zum dritten Male – wird der Erleuchter der Gnosis vorübergehen in großer Herrlichkeit, damit er von dem Samen des Noah und den Söhnen Hams und Japhets einen Rest erhalte und sich fruchtbringende Bäume übrig lasse. Und er wird ihre Seelen am Tage ihres Todes retten, denn alle Geschöpfe, die aus der toten Erde entstanden sind, werden unter die Macht des Todes kommen. Die aber die Gnosis des ewigen Gottes in ihrem Herzen denken, die werden nicht vergehen, weil sie den Geist nicht aus diesem gleichen Königreich erhalten haben, sondern sie haben (ihn) empfangen von einem […] ewigen Engel […] die Erleuchter […] werden kommen über [… die] tot sind […] [p.77] […] des Seth und er wird Zeichen und Wunder tun, damit er die Kräfte und ihren Archonten beschämt. Dann wird der Gott der Kräfte verstört sein, indem er sagt: »Was ist die Kraft dieses Menschen, der höher ist als wir?« Dann wird er einen großen Zorn gegen jenen Menschen erregen […]
NHC V,5, p.76f (NHD, S. 322).

Die Nachkommen Seths haben die »Erkenntnis«

[…] Ihr seid voll von Werken, die nicht die der Wahrheit sind, sondern eure Wege sind voll von Frohlocken und Jubel, nachdem ihr das Wasser des Lebens besudelt habt, und habt es unter den Willen der Kräfte gezogen, in deren Hände ihr gegeben seid, damit ihr ihnen dient. Und euer Denken gleicht nicht dem jener Menschen, die ihr verfolgt [habt …] Begierde […]. [p.85] Ihre Frucht wird nicht vergehen. Sondern man wird sie kennen bis zu den großen Äonen: Denn die Worte des Gottes der Äonen, die sie bewahrt haben, wurden nicht in ein Buch gebracht, noch sind sie (anderswo) geschrieben, sondern Engelartige werden sie bringen, die alle Generationen der Menschen nicht kennen werden. Sie werden nämlich auf einem hohen Berge, auf einem Felsen der Wahrheit sein. Deshalb wird man sie nennen die Worte der Unvergänglichkeit [und] der Wahrheit derer, die den ewigen Gott in einer Weisheit der Gnosis und einer Lehre der ewigen Engel kennen. {Denn er weiß alle Dinge.}

Dies sind die Offenbarungen, welche Adam seinem Sohn Seth offenbart hat, <denn er weiß alle Dinge>, und sein Sohn hat seinen Samen darüber unterrichtet: Das ist die verborgene Gnosis Adams, die er Seth gegeben hat, das ist die heilige Taufe derer, die die ewige Gnosis durch die Logosgeborenen und die unvergänglichen Erleuchter kennen, die hervorgegangen sind aus dem heiligen Samen, Jesseus, Mazareus, Jessedekeus, [das lebendige] Wasser.
NHC V,5, p.84f (NHD, S. 324).

e) Zostrianus

Sethianisches »Vaterunser«

[p.51] […] [Wir aber] priesen, Name für Name, [den, der] sich selbst sieht, den, der die [Herrlichkeit] umfasst, das dreimal dreimal männliche Kind […] Größe, indem wir sagten:

»Du bist einer, du bist [einer], du bist einer, o Kind [p.52] des [Kindes …] o Jatomenos […] existiert […], nachdem sie gekommen ist […] dich […] du bist einer, du bist [einer …] Semelel […] Telmachael […]omothem[…] männlich, der [… der] Erzeuger [… der, der] die [Herrlichkeit] umfasst, [der,] der geliebt werden muss, der, der als ganz [vollkommener] bei allen ganz Vollkommenen ist: Akron […], o dreifach Männlicher: aaaaa ooooo, zwei drei [eins] (?), du bist Geist aus Geist, du bist Licht aus Licht, du bist [Schweigen] aus Schweigen, [du bist ein] Gedanke aus einem Gedanken, o [vollkommener] Sohn Gottes 7 80 400 (?) (Zauberzeichen).«
NHC VIII,1, p.51,24–52,25 (NHD, S. 454).

f) Allogenes

Das Dreikräftige und die Seinsklassen

[Wiederum] sprach zu mir [die mit den großen] Herrlichkeiten, Juël: »[Allogen]es, wisse mit Gewissheit, dass das [Drei]kräftige existiert [vor]:
[den] Nichtseienden,
den Seienden, die [nicht wahrhaft] sind,
den Seienden,
[und den] wahrhaft Seienden.
[Dabei] ist es [in Göttlichkeit, Selig]keit [und] Existenz, [ja in] Wesenlosig[keit] und seinsloser [Existenz], dass [alle diese] sind.«
NHC XI,3, p.55,17–34 (NHD, S. 535).

Belehrung über den Unerkennbaren

[…] Er ist weder eine Gottheit noch Seligkeit noch Vollkommenheit,
sondern etwas Unerkennbares.
Nicht das, was ihm zu eigen ist,
sondern (er existiert) vielmehr so, dass er etwas anderes ist,
das besser als Seligkeit und Gottheit und Vollkommenheit ist.
Auch ist er nicht etwas Vollkommenes,
sondern (er existiert) so, dass er [p.63] etwas anderes, Besseres ist.
Er ist auch nicht unbegrenzt,
noch wird er durch einen anderen begrenzt,
vielmehr (existiert er) als etwas, das besser ist.
Er ist weder körperlich noch unkörperlich,
weder groß noch klein,

weder Quantität noch <Qualität>.
Auch ist er nicht etwas, das vorhanden ist
(und) das einer begreifen kann,
sondern (er existiert) so, dass er vielmehr etwas anderes, Besseres ist,
etwas, von dem es nicht möglich ist, dass einer es begreift.
Auch wenn Uroffenbarung und Gnosis von ihm bestehen,
ist es doch er allein, der sich begreift.
Denn er ist nichts von dem, was ist,
sondern (existiert) als etwas anderes, das besser als das Beste ist,
selbst im Verhältnis zu dem, was ihm zu eigen ist
und dem, was ihm nicht zu eigen ist.
Weder hat er Anteil an Ewigkeit,
noch hat er Anteil an Zeit(lichkeit),
noch empfängt er irgend etwas von einem anderen.
Weder (existiert er) so, dass er eingeschränkt wird,
noch so, dass er etwas einschränkt,
noch ist er unbeschränkbar.
Vielmehr ist er sein eigenes Erfassen,
gleichsam etwas Unerkennbares,
gleichsam besser als das Gute,
in Unerkennbarkeit […]
NHC XI,3, p.62f (NHD, S. 538f).

3. Das Judasevangelium

a) Irenäus über das Judasevangelium

Wieder andere vertreten die Lehre, dass Kain von der oberen Herrschaft (abstammt). Sie bekennen sich zu Esau, zu Kore, den Sodomitern und allen Leuten solchen Schlages als zu ihren Verwandten. Und deshalb seien sie vom Schöpfer angefeindet, aber keinem von ihnen sei Schaden entstanden. Die Sophia nahm nämlich von ihnen, was ihr Eigentum war, an sich. Und das, sagen sie, hat auch der Verräter Judas sehr genau gewusst. Und da er als einziger von allen (Jüngern) die Wahrheit erkannt hat, vollbrachte er das Mysterium des Verrats. Er war die Ursache der Auflösung alles Irdischen und Himmlischen. – Sie legen ein Machwerk mit diesem Inhalt vor und nennen es das »Evangelium des Judas«.
Irenäus, Gegen die Häresien 1,31,1 (Brox, S. 350f).

b) Aus dem Judasevangelium

Das Judasevangelium war bis zur Entdeckung des Codex Tchacos im Jahr 1978 nur durch die hier zitierte Notiz bei Irenäus von Lyon bekannt. Aus dieser kann auf eine griechische Version dieser Schrift im 2. Jh. geschlossen werden. Der koptische Text im Codex Tchacos stammt dagegen aus dem 4. Jh. In welchem Verhältnis beide Fassungen zueinander stehen, ist nicht ganz deutlich. Es ist jedoch damit zu rechnen, dass der Irenäus vorliegende Text von demjenigen, der durch den Codex Tchacos bekannt geworden ist, unterschieden war.

Die im EvJud begegnenden Bezeichnungen »großer unsichtbarer Geist«, »unsterblicher Äon der Barbelo«, »unvergängliches [Geschlecht] Seths« bzw. »Geschlecht, das Bestand haben wird« sowie »Autogenês« weisen, gemeinsam mit dem in der Schrift enthaltenen Schöpfungsmythos, darauf hin, dass das Judasevangelium gemeinsame Merkmale mit derjenigen Ausprägung der Gnosis teilt, die als »sethianisch« bezeichnet wird.

In der Schrift wird Judas von den übrigen, unwissenden Jüngern dadurch unterschieden, dass er zumindest ansatzweise eine Erkenntnis über das Wesen Jesu besitzt. Er wird deshalb von Jesus in einer Offenbarung in die obere Welt und die Entstehung der Welt und des Menschen eingeweiht. Allerdings ist auch Judas nicht einfach eine positive Figur. Gegen Ende der Schrift sagt Jesus zu ihm, »den Menschen, der mich trägt, wirst du opfern«. »Opfern« ist an früherer Stelle als negatives, frevelhaftes Tun charakterisiert worden, worin Judas nunmehr alle anderen Menschen sogar übertreffen wird.

[p.33] Das geheime Wort der Offenbarung, mit welchem Jesus mit Judas Iscariot gesprochen hat, während acht Tagen, drei Tage, bevor er das Pascha gefeiert hat.

Als er auf der Erde erschienen war, hat er Zeichen und große Wunder getan für das Heil der Menschheit. Und da zwar einige auf dem Weg der Gerechtigkeit wan[delten] und andere in ihrer Übertretung wandelten, wurden die zwölf [Jün]ger beru[fen]. Er fing an, mit ihnen über die innerweltlichen Geheimnisse zu sprechen sowie über die Dinge, die am Ende geschehen werden. Mehrmals aber zeigt er sich seinen Jüngern nicht, sondern … findest du ihn in ihrer Mitte.

Und eines Tages war er in Judaea bei seinen Jüngern, und er fand sie, wie sie versammelt dasaßen und sich in der Frömmigkeit übten. Als er seine Jünger getroffen hatte, [p. 34] wie sie versammelt dasaßen und Dank sagt[en] über dem Brot, lachte er. Die Jünger [aber] sprachen [zu ihm]: »Meister, warum lachst du über [unsere] Danksagung? Oder was haben wir getan? [Dies] ist es (doch), was sich ziemt (zu tun)!«

Er antwortete und sprach zu ihnen: »Über euch lache ich nicht, ihr tut dies (ja) auch nicht a[us eu]rem (eigenen) Willen, sondern (weil) dadurch euer Gott Lobpreis [empfangen wird].«

Sie sprachen: »Meister, Du bist […] der Sohn unseres Gottes.«

Jesus sprach zu ihnen: »Woran erkennt ihr mich? Amen, ich sage euch: Kein Geschlecht wird mich erkennen von den Menschen, die unter euch sind.«

Als seine Jünger aber dies gehört hatten, begannen sie sich zu erregen und zu zürnen und ihn zu lästern in ihrem Herzen.

Als Jesus aber ihr Unverständnis sah, [sprach er] zu ihnen: »Weshalb hat die Aufregung den Zorn herbeigeführt? Euer Gott, der in euch ist, und s[eine …], [p. 35] sie haben sich zusammen mit euren Seelen aufgeregt. Wer von euch stark (genug) ist von den Menschen, [der] s[oll] den vollkommenen Men[schen] auftreten lassen und sich vor mein Angesicht stellen«.

Und sie sagten alle: »Wir sind stark (genug)«. Ihr Geist aber konnte es nicht wagen, sich vor sein Angesicht zu stellen, bis auf Judas Iscariot. Er konnte sich zwar vor sein Angesicht stellen, aber er konnte ihm nicht in seine Augen blicken, sondern er wandte sein Gesicht ab.

Judas sprach zu ihm: »Ich weiß, wer du bist und von welchem Ort du gekommen bist. Du bist aus dem unsterblichen Äon der Barbêlô gekommen; und derjenige, der dich gesandt hat, ist es, dessen Namen auszusprechen ich nicht würdig bin.«

Da Jesus aber wußte, daß er an das übrige Erhabene dachte, sprach er zu ihm: »Trenne dich von ihnen, und ich werde dir die Geheimnisse des Königreiches sagen, nicht damit Du dort hin gehst, aber du wirst mehr seufzen. [p. 36] Denn ein anderer wird an deinem Platz sein, damit die zwölf [Jünger] wieder vollendet werden durch ihren Gott.«

Und Judas sprach zu ihm: »An welchem Tag wirst du mir dies sagen, und (wann) wird der große Tag des Lichts dem […] Geschlecht erscheinen?«

Als er aber dies gesagt hatte, entfernte sich Jesus von ihm.

Als es aber Morgen geworden war, [zeigte] er sich seinen Jüngern (erneut), und sie sprachen zu ihm: »Meister, wohin bist du gegangen und was hast du getan, als du dich von uns entfernt hast?«

Jesus sprach zu ihnen: »Zu einem anderen großen, heiligen Geschlecht bin ich gegangen.«

Seine Jünger sprachen zu ihm: »Herr, was für ein großes Geschlecht ist das, das erhabener ist als wir und heilig(er), und das jetzt nicht in diesen Äonen ist?«

Und als Jesus dies gehört hatte, lachte er und sprach zu ihnen: »Weshalb denkt ihr in eurem Herzen über das starke und heilige Geschlecht nach? [p. 37] Amen, ich sage euch: Kein Geschöpf dieses Äons wird jenes [Geschlecht] sehen, und es wird keine Engelsheerschar der Sterne herrschen über jenes Geschlecht, und es wird kein Geschöpf sterblicher Menschen mit ihm gehen können, denn jenes [Geschlecht] stammt nicht aus […] der entstanden ist, [… das Ge]schlecht der Mensch[en, die unter euch sind,] sondern es stammt aus dem Geschlecht der großen Menschen, das (?) [keine] mächtige Gewalt […] und keine Kraft der [Äo]nen, diese, durch die ihr herrscht.«

Als seine Jünger dies gehört hatten, erschraken sie in [ihrem] Geist, jeder einzelne. Sie fanden nichts mehr zu sagen.

An einem anderen Tag kam Jesus (wieder) zu ihnen.

Sie sprachen zu ihm: »Meister, wir haben dich in einem [Traum] gesehen, denn wir haben große Träu[me] gesehen [in dieser] vergangenen Nacht.«

[Er sprach:] »Weshalb habt [ihr … und] habt euch versteckt?«

[p. 38] Sie aber [sprachen: »Wir haben] ein großes [Haus gesehen, in dem sich ein gro]ßer Altar [befindet, un]d zwölf Menschen – wir (würden) sagen, (daß es Priester sind –, und ein Name <…>. Eine Menge (Menschen) aber harrt aus an jenem Altar, [bis] die Priester [die Darbringung] der Opfer [vollendet haben. Wir aber harrten aus.«

J[esus sprach:] »Von welcher [Art sind …?]«

Sie aber [sagten:] »Einige nun fas[ten] zwei Wochen [lang. Andere] aber opfern ihre eigenen Kinder, andere ihre Frauen, sich segnend [und] in gegenseitiger Demut; andere schlafen mit Männern, andere sind dabei zu morden, wieder andere begehen viele Sünden und Ungerechtigkeiten. Und die Menschen, die an dem

Altar stehen, rufen deinen Namen an. [p. 39] Und während sie [in] all den Werken ihrer Opferung (befangen) sind, füllt sich jener Al[tar (mit Opfergaben)].«

Und nachdem sie dies gesagt hatten, schwiegen sie vor Verwirrung.

Jesus sprach zu ihnen: »Weshalb seit ihr in Verwirrung geraten? Amen, ich sage euch: Alle die Priester, die bei jenem Altar stehen, rufen meinen Namen an. Und wie[derum] sage ich euch: Mein Name wurde auf dies […] der Geschlechter der Sterne [von] den Geschlechtern der Menschen geschrieben. [Und sie haben] in meinem Namen fruchtlose [Bäume] gepflanzt, und (zwar) in Schande.«

Jesus sprach zu ihnen: »Ihr seid es, die die Opfer auf jenem Altar darbringen, den ihr gesehen habt. Jener ist der Gott, dem ihr dient; und die zwölf Menschen, die ihr gesehen habt, das seid ihr; und die Tiere, die hereingeführt werden, sind die Opfer, die ihr gesehen habt, das heißt die vielen (Menschen), die ihr in die Irre führt [p.40] an jenem Altar.

CT, p.33–40 (Wurst in Markschies / Schröter, Teilbd. 2, S. 1226–1228).

Jesus lehrt Judas über die Schöpfung

[p. 47] … Jesus sprach: »[Komm,] damit ich dich belehre über die […] sie (pl.) sehen wird das menschliche Ge[schlecht]. Denn es existiert ein großer und unendlicher Äon, dessen Maß (noch) kein Engelsgeschlecht gesehen hat, [in dem der] große, unsichtbare [Geist ist,] den kein Engelsauge je gesehen und kein Herzensgedanke je erfaßt hat und der mit keinem Namen je benannt worden ist.« Und es offenbarte sich an jenem Ort eine Lichtwolke. Und er (*scil.* der Geist) sprach: »Es möge ein Engel entstehen zu meinem Beistand.« Und ein großer Engel kam heraus aus der Wolke, der Autogenes, der Gott des Lichts, und es entstanden seinetwegen vier weitere Engel aus einer anderen Wolke. Und sie entstanden zum Beistand des Engels Autogenes. Und [p. 48] der Autogenes sprach: »Es möge A[damas] entstehen.« Und es geschah, [wie er gesagt hatte]. Und er erschuf den ersten Erleuchter, um über ihn zu herrschen. Und er sprach: »Es mögen Engel entstehen zu seiner Verehrung.« Und es entstanden zehntausende ohne Zahl. Und er [sprach]: »Es möge entstehen ein lichter Äon!« Und er entstand. Er errichtete den zweiten Erleuchter, um über ihn zu herrschen, und zehntausende von Engeln ohne Zahl zur Verehrung. Und auf diese Weise hat er die übrigen Äonen des Lichts erschaffen und ließ sie über sie herrschen. Und er erschuf für sie zehntausende von Engeln ohne Zahl zu ihrer Unterstützung.

Und Adamas war in der ersten Wolke des Lichts, welche kein Engel je gesehen hat unter all jenen, die »Gott« genannt werden. Und er hat [p. 49] […] jenes [… nach] dem Bild […] und nach dem Gleichnis [dieses] Engels offenbarte er das unvergängliche [Geschlecht] des Seth den zwölf Er[leuchtern]; die 24 […]. Er offenbarte 72 Erleuchter in dem unvergänglichen Geschlecht nach dem Willen des Geistes. Die 72 Erleuchter aber offenbarten 360 Erleuchter in dem unvergänglichen Geschlecht nach dem Willen des Geistes, damit ihre Zahl fünf für jeden einzelnen sei. Und ihr Vater sind die zwölf Äonen der zwölf Erleuchter, und für jeden Äon sechs Himmel, so daß 72 Himmel für die 72 Erleuchter entstehen, und für jeden einzelnen [p. 50] [von ihnen fünf] Firmamente, [so daß]

360 [Firmamente entstehen.] Ihnen wurde Macht gegeben und eine [große] Heerschar von Engeln ohne Zahl zu Ruhm und Unter[stützung], und auch jungfräuliche Geister zu Ruhm und [Unterstützung] für all die Äonen und die Himmel mitsamt ihren Firmamenten.

Die Menge aber jener Unsterblichen wird »Kosmos«, das heißt »Verderben«, genannt durch den Vater und die 72 Erleuchter, die bei ihm, dem Autogenes, und seinen 72 Äonen sind, dort, wo sich der erste Mensch mitsamt seinen unvergänglichen Kräften offenbart hat. Den Äon aber, der sich mit seinem Geschlecht offenbart hat, in welchem sich die Wolke der Erkenntnis sowie der Engel (befinden), ihn nennt man [p. 51] Êl. [… … … Ä]on [… Da]nach sprach […]: »Es mögen entstehen zwölf Engel, [um zu] herrschen über das Chaos und die [Unterwelt].«

Und siehe, es erschien ein [Engel] aus der Wolke, dessen Gesicht Feuer sprühte, seine Gestalt aber war von Blut be[fleckt], wobei er den Namen »Nebro« trug, welchen man mit »Abgefallener« übersetzt hat, andere aber mit »Ialdabaôth«. Und noch ein weiterer Engel namens Saklas kam aus der Wolke.

Nebro also erschuf sechs Engel, und Saklas (tat ebenso?), zum Beistand. Und diese brachten zwölf Engel in den Himmeln hervor, und sie empfingen jeder ihren Teil in den Himmeln.

Und die zwölf Archonten sprachen mit den zwölf Engeln: »Möge ein jeder von euch [p. 52] […] und mögen sie […] Geschlecht […«. … fünf] Engel: Der erste [ist Se]th, den man »Christus« nennt; der zweite ist Harmathôth, das [bedeutet (?) …]; der [dritte ist] Galila; der vierte ist Jôbêl; der fünfte ist Adonaios. Dies sind die fünf Engel, die zur Herrschaft kamen über die Unterwelt und zuerst über das Chaos. Daraufhin sprach Saklas zu seinen Engeln: »Laßt uns einen Menschen erschaffen nach dem Gleichnis und dem Bild.« Und sie formten Adam und seine Frau Eva. In der Wolke aber wird sie ζωή genannt. Unter diesem Namen nämlich suchen alle Geschlechter nach ihm (*scil.* Adam), und ein jeder (*sic!*) von ihnen benennt sie (*scil.* Eva) mit ihren (eigenen Namen).
CT, p.47–52 (Wurst in Markschies / Schröter, Teilbd. 2, S. 1230–1232).

C. Mani und Manichäismus

1. Kölner Mani-Kodex

Baraies der Lehrer

[Wiederum] schrieb [und] (p. 66) sagte er in dem Evangelium seiner heiligsten Hoffnung:

Ich, Mani, Apostel Jesu Christi durch den Willen Gottes, des Vaters der Wahrheit, aus dem ich bin, der lebt und bleibt in alle Ewigkeit, der vor allem war und der nach allem sein wird. Alles, was geworden ist und was werden wird, besteht durch seine Kraft. Aus ihm bin ich geworden, und ich bin aus seinem Willen. Aus ihm wurde mir alles Wahre enthüllt, und ich bin aus seiner Wahrheit. Die [Wahrheit der Aeonen, die er mir enthüllte], habe ich gesehen. Ich habe die Wahrheit (p. 67) meinen Mitreisenden gezeigt, den Frieden habe ich den Kindern des Friedens verkündet; die Hoffnung habe ich dem unsterblichen Geschlecht gepredigt; die Auswahl habe ich erwählt und den Weg, der in die Höhe führt, habe ich denen gezeigt, die gemäß dieser Wahrheit hinaufsteigen. Die Hoffnung habe ich gepredigt, die Offenbarung offenbart und dieses unsterbliche Evangelium aufgeschrieben, in das ich diese alles Maß übersteigenden Mysterien und die größten Werke eingeschlossen und in ihm aufgezeigt habe, die größten nämlich und erhabensten der hochmächtigen, [alles Maß übersteigenden] Werke. Was [er offenbart hat], das habe ich denen gezeigt, (p. 68) die [leben] aus der Schau voller Wahrheit, die ich geschaut habe, und aus der herrlichsten Offenbarung, die mir offenbart worden ist.

Ferner sagte er:

Alle Geheimnisse, die mir mein Vater geschenkt hat, habe ich vor den Sekten und Heiden, ferner auch vor der Welt verborgen und verhüllt, euch aber nach dem Wohlgefallen meines glückseligen Vaters offenbart. Wenn es ihm abermals gefallen sollte, gebe ich euch wieder eine Offenbarung; denn die Gabe, die mir mein Vater gegeben hat, ist sehr groß und [reich]. Wenn nämlich die [ganze] Welt und alle (p. 69) Menschen sich ihm unterordneten, dann wäre ich genug, mit ebendiesem Besitz und Gewinn, den mir mein Vater geschenkt hat, sie reich zu machen und dafür zu sorgen, dass die Weisheit für die ganze Welt ausreicht.

Wiederum sagte er:

Als es meinem Vater gefiel und er mich in sein Erbarmen und seine Fürsorge aufnahm, da sandte er von dort meinen Syzygos, der höchst zuverlässig, der die umfassende Frucht des ewigen Lebens ist, damit mich dieser aus diesen Irrungen der Anhänger jenes Gesetzes loskaufte und erlöste. Er ist zu mir gekommen und hat mir die beste Hoffnung, die Erlösung (p. 70) zum ewigen Leben, die Lehren der Wahrheit und die von meinem Vater herabkommende Handauflegung gebracht. Durch sein Kommen wählte er mich vor den anderen aus und, mich zu sich ziehend, trennte er mich von den Anhängern jenes Gesetzes, in dem ich aufgewachsen war.

Kölner Mani-Kodex, p.66–70 (Koenen / Römer, S. 45–49).

Auch das aber (p. 83) hat keinen Wert, dass ihr euch jeden Tag im Wasser tauft. Warum tauft ihr euch denn erneut jeden Tag, nachdem ihr einmal getauft und gereinigt seid? Gerade dadurch wird ja deutlich, dass ihr euch jeden Tag vor euch ekelt und euch wegen des Ekels tauft, ohne je rein werden zu können. Gerade dadurch zeigt sich ja aufs deutlichste, dass die Ekelhaftigkeit vom Leib kommt. Siehe, auch ihr seid damit bekleidet.

Daher betrachtet an euch selbst, [was es] mit eurer Reinheit [auf sich hat]. Es ist nämlich unmöglich, (p. 84) euren Leib ganz rein zu machen; denn jeden Tag gerät der Leib in Bewegung und kommt (wieder) zur Ruhe, weil die Nahrungsstücke ausgeschieden sind. Folglich handelt ihr in dieser Sache ohne das Gebot des Heilands. Die Reinheit, von der geschrieben steht, ist also die Reinheit durch

die Gnosis, d. i. die Trennung des Lichts von der Finsternis, des Todes vom Leben und der lebendigen Wasser von den erstarrten. [Ihr] sollt deshalb erkennen, dass ein jedes von seinem Gegensatz [wesensverschieden] ist, und [dann werdet ihr] die Gebote des Heilands [halten], damit er [eure] Seele von der [Vernichtung] und dem (p. 85) Verderben erlöst. Das ist die in Wahrheit rechte Reinheit, die zu verwirklichen euch aufgegeben ist. Ihr seid jedoch davon abgewichen, habt die Waschungen eingeführt und praktiziert die Reinigung des Leibes, der sehr unrein und in Ekelhaftigkeit geformt worden ist: durch sie gerann er, wurde errichtet, und bekam Bescheid.
Kölner Mani-Kodex, p.83–85 (Koenen / Römer, S. 57–59).

2. Kephalaia

Die früheren Religionsstifter: Jesus, Zarathustra, Buddha

Zu der Zeit, als [Jesus]
erschienen ist (?), im] Lande des Westens, da hat [er] ….
….. [und hat] gepredigt seine Hoffnung ….
…….. seine Jünger ….
…….. den Jesus verkündigt hat ….
….. Nach seinem Tode (wörtl. »nach ihm«) haben sie geschrieben …
…….. seine Parabeln (παραβολή) …….
…….. und die Zeichen und Wunder ….
…….. sie schrieben ein Buch entsprechend seiner …
[Der Apostel] des Lichtes, der glänzende Φωστήρ
[ist gekommen nach] Persien (Περσίς) zu dem König Hystapes
[er hat ausgewählt] gerechte (δίκαιος) und wahrhafte Jünger
[und hat gepredigt] seine Hoffnung in Persien (Περσίς), aber
.. [nicht hat] Zarathustra (Ζαράδης) Bücher geschrieben, sondern seine
Jünger nach seinem Tode erinnerten sich und schrieben …
[die Bücher], die sie heute lesen …
……. Als Buddha seinerseits gekommen war, haben die

…. über ihn, dass auch er gepredigt hat [seine Hoffnung]
…. [und] viel Weisheit. Er hat seine Kirchen ausgewählt
[und hat] vollendet seine Kirchen und offenbart ihnen
[seine Hoffnung]. Aber nur dies ist es, dass [er] nicht geschrieben hat seine
Weisheit [in] Bücher. Seine Jünger, welche nach ihm kamen, sie sind es, die
[sich erinnerten] an das Etwas von Weisheit, das sie von Buddha gehört hatten,
und
[schrieben es in] Schriften (γραφή) –. Dies aber ist es, dass die Väter der Gerechtigkeit (δικαιοσύνη) ihre Weisheit nicht in Bücher geschrieben haben ….
…. wussten, dass ihre Gerechtigkeit (δικαιοσύνη) und ihre Kirche

[vergehen werden] aus (? in) der Welt deswegen haben sie nicht geschrieben
….. Denn wenn sie sie (*scil.* Weisheit) in Bücher geschrieben hätten,
[so wäre ….. nicht] verloren (oder in die Irre) gegangen (πλανᾶσθαι)
… fallen …
Kephalaia (Böhlig / Polotsky / Schmidt, S. 7f).

Über das Kommen des Apostels

[…] Denn ihr wisst
selbst, dass die viele Weisheit, die [ich verkündigt habe in]
jeglicher Stadt, in jeglichem Lande abgesehen von (χωρίς) dem, was [ich geschrieben habe]
in Büchern, kein Menschenmund reicht aus, [es] zu schreiben.
Aber ihr nach eurem Vermögen und so wie ihr es
könnt, erinnert euch (daran) und schreibt kein kleines Bisschen von der vielen
Weisheit, die ihr von mir gehört habt. Wenn (?)
ihr es schreibt und es bewundert, [so werden ……]
erleuchtet werden gar sehr und Nutzen haben und frei werden …..
der Wahrheit.

[…] Vom [Kommen]
des Buddha und Aurentes bis zum Kommen des Zarathustra (Ζαράδης) nach Persien (Περσίς), damals als er gekommen ist zum König
Hystapes, vom Kommen des Zarathustra (Ζαράδης) bis zum Kommen Jesu
[Christi], des Sohnes der Größe.
[Das Kommen] Jesu Christi, unseres Herrn. Er ist gekommen (?) …..
… in einem Geistigen (πνευματικόν), in einem Leibe (σῶμα)….
so wie ich über ihn zu euch gesprochen habe ……
Er kam ohne Leib (χωρὶς σώματος). Seine Apostel wiederum haben verkündet
über ihn, dass er eine Knechts-Gestalt (μορφή) angenommen habe, ein Aussehen (σχῆμα) wie
Menschen. Er kam herab und offenbarte sich der Welt in
der Sekte (δόγμα) der Juden. Er erwählte seine Zwölfe
[und] seine Zweiundsiebzig und erfüllt den Willen des Vaters, der
ihn in die Welt gesandt hat. Darauf erweckte der Böse (πονηρός)
Neid (φθόνος) gegen die Sekte (δόγμα) der Juden. Der Satan (σατανᾶς) ist gegangen
hinein in Judas Ischariot, einen von den Zwölfen
Jesu. Er verklagte (κατηγορεῖν) ihn bei der Sekte (δόγμα) [der Juden],
durch einen Kuss (ἀσπασμός) überlieferte (παραδιδόναι) er [ihn in die Hände]
der Juden und der Kohorte (σπεῖρα) der Soldaten. [Die Ju-]
[den?] (Ἰουδαῖος) ihrerseits ergriffen den Sohn Gottes [, richteten]
ihn in Gesetzeslosigkeit (ἀνομία) in einer Versammlung (συναγωγή) und verurteilten ihn in

Ungerechtigkeit, obwohl er keine Sünde getan hatte. Sie erhoben ihn auf das Holz des
Kreuzes (σταυρός), sie kreuzigten (σταυροῦν) ihn zusammen mit Räubern (λῃστής) am Kreuze.
Sie holten ihn herab vom Kreuze und legten ihn in das Grab (τάφος), [und]
nach drei Tagen stand er auf von den Toten und er
kam zu seinen Jüngern und erschien ihnen, er bekleidete sie
mit Kraft und blies ihnen seinen heiligen Geist ein, [er sandte]
sie aus in die ganze Welt, damit sie predigten [die]
Größe. Er aber seinerseits erhob sich [zur Höhe].....

[...] Die Welt blieb zurück ohne (χωρίς)
Kirche, wie ein Baum, von dem man abpflückt und wegnimmt die
Früchte, die an ihm sind, so dass er ohne (χωρίς) Frucht bleibt.
[Als?] die Kirche des Heilands (σωτήρ) sich zur Höhe erhoben hatte, da geschah mein
Apostelamt (ἀποστολή), nach dem ihr mich gefragt habt. Von jener Zeit an
wurde der Paraklet (παράκλητος), der Geist der Wahrheit, entsandt, der
zu euch gekommen ist in dieser letzten Generation (γενεά), wie der Heiland (σωτήρ)
gesagt hat: Wenn ich gehen werde, werde ich euch den Parakleten schicken
[und wenn] der Paraklet kommen wird, wird er die Welt überführen [über]
[die Sünde und] wird mit euch reden über die Gerechtigkeit (δικαιοσύνη) und
[über die Sünde und über das] Gericht.

[...] Als aber die Kirche
das Fleisch angelegt (φορεῖν) hatte, da war die Zeit (καιρός) gekommen, die Seelen zu erlösen, wie
der [Monat] Pharmuti, in welchem das Kraut soweit ist,
dass es abgeerntet (gemäht) wird. In dieser selben Zeit [bildete?] er
mein Bild (εἰκών), welches ich trage (φοβεῖν), in den Jahren des Artabanes,
des Königs von Parthien (Πάρθια). In den Jahren des Ardaschir aber, des
Königs von Persien (Πέρσις), wuchs ich auf und wurde größer und gelangte zur
[Vollendung] der Zeit.
In diesem selben Jahre, als Ardaschir der König (?) [im Begriff war?],
die Krone [zu empfangen], da kam der lebendige Paraklet herab [zu mir] und redete
mit mir. Er offenbarte mir das verborgene Mysterium,
das verborgen ist (od. war) vor den Welten und den Generationen (γενεά), das Mysterium der Tiefe
und der Höhe. Er offenbarte mir das Mysterium des Lichtes
und der Finsternis, das Mysterium des Kampfes und des Krieges (? πόλεμος)
und des großen Krieges – ..., den die Finsternis angestiftet hat. [Darnach?]
offenbarte er mir auch, wie das Licht hat .....

die Finsternis durch ihre Vermischung und wie diese Welt aufgerichtet worden ist.
Er klärte mich auch darüber auf, wie die Schiffe befestigt worden sind, damit
[die Götter] des Lichtes sich in ihnen nieder lassen, um das Licht auszuläutern [aus]
der Schöpfung, den Bodensatz und den Abfluss (? ἀπόρρια) [zu werfen in den]
Abgrund; das Mysterium der Apostel, die in die Welt gesandt werden, [damit sie]
die Kirchen auswählen; das Mysterium der Electi [und ihrer]
Gebote (ἐντολή); das Mysterium der Sünder und ihrer Werke;
das Mysterium der Katechumenen, ihrer Helfer (βοηθός) und [ihrer]
Gebote (ἐντολή), das Mysterium der Sünder und ihrer Werke
und der Strafe (κόλασις), die ihnen bevorsteht (?). Auf diese Weise ist alles, was geschehen ist
und was geschehen wird, mir durch den Parakleten offenbart worden …
Alles, was das Auge sieht und das Ohr hört und das Denken
denkt und ……… ich habe durch ihn erkannt
alles. Ich habe gesehen das All (alles) durch ihn und wurde e i n Körper
und e i n Geist. – Am Ende der Jahre des Ardaschir,
des Königs, zog ich aus, um zu predigen. Ich fuhr (zu Schiff) nach dem Lande der Inder und
predigte ihnen die Hoffnung des Lebens und wählte dort aus
eine gute Auslese. – In dem Jahre aber, da
der König Ardaschir starb und sein Sohn Schâpûr König wurde, da [sandte?] er [nach mir?].
Ich fuhr von dem Lande der Inder nach dem Lande der Perser (Πέρσης), vom
Lande wiederum Persiens (Πέρσις) kam ich nach dem Lande Babylon (Βαβυλών),
Mesene (Μαισανος)
und Susiana. Ich erschien vor dem König Schâpûr, er empfing (ὑποδέχεσθαι)
mich in großer Ehre und erlaubte mir, dass ich wanderte in [seinen]
[Gebieten und] predigte das Wort des Lebens. Ich verbrachte weitere Jahre in
…. [mit] ihm im Gefolge (κομιτᾶτον), viele Jahre in

Persien (Πέρσις), im Land der Perser (Πέρσης) bis hinaus nach Adiabene und
den Grenzbezirken (μεθόριον) des Gebietes des Reiches der Römer (Ῥωμαῖος)
[Ich habe auserwählt(?)] euch, die gute Auslese, die heilige
Kirche, zu der ich gesandt worden bin vom Vater. Ich habe
[gesät das] Korn des Lebens und habe …………
.. vom Osten nach dem Westen, wie ihr seht,
[ist meine] Hoffnung gegangen nach dem Osten (ἀνατολή) der Welt und (nach) den Gegenden
[allen?] des Erdkreises (οἰκουμένη), nach der nördlichen Himmelsrichtung (κλίμα) und der
[südlichen?]. Nicht einer von den Aposteln hat jemals solches getan …

.... nach der ihr mich gefragt habt.
[Denn der] Geist des Parakleten ist es, der zu mir gesandt worden ist von
[dem Vater der Größe (?) Was] geschehen [ist] und was geschehen wird,
[ist] mir offenbart [worden]. Ich habe euch darüber ausführlich geschrieben in meinen
Büchern früher. Jetzt habt ihr mich wiederum gefragt, siehe ich habe verkündigt
die Sache euch in Kürze (συντομία). – Darauf, [als seine]
Jünger alles dies von ihm gehört hatten, freuten sie sich sehr.
Ihr Sinn (νοῦς) ward erleuchtet, und sie sprachen vor ihm vor Freude: »Wir danken
Dir, o Herr, dass Du uns über Dein Kommen geschrieben hast in den
Schriften (γραφή). So wie es geschehen ist, haben wir es angenommen und daran geglaubt,
aber Du hast es uns hier in kurzer Zusammenfassung verkündigt, wie
[aber] haben es ausführlich angenommen und geglaubt, dass Du bist der
[Paraklet], der aus dem Vater (kommt), der Offenbarer
aller Geheimnisse.«
Kephalaia (Böhlig / Polotsky / Schmidt, S. 9.12–16).

D. Mandäische Texte

Die Mandäer (»Wissende«, von aram. **manda**, »Wissen, Gnosis«) sind eine noch heute existierende Religionsgemeinschaft, die im südlichen Irak und im südwestlichen Iran schon in vorislamischer Zeit ansässig war. Die Mandäer sprechen einen eigenen ost-aramäischen Dialekt, in dem auch ihre Literatur überliefert ist, die der Gnosis zuzuordnen ist.

Vermutlich sind die Mandäer aus judenchristlichen Täufergruppen im syrisch-palästinischen Bereich hervorgegangen. Entsprechend spielt die Figur Johannes des Täufers bei ihnen eine zentrale Rolle.

Das wichtigste Buch der Mandäer ist der **Ginza** (Schatz, auch **Sidra Rabba**, großes Buch, genannt), der in einen rechten und einen linken Teil untergliedert ist. Er ist ein Sammelwerk aus erzählenden und theologisch-mythologischen Traktaten sowie Liedern für die Totenmesse. Weiter zu nennen sind das Johannesbuch mit Erzählungen über Johannes den Täufer sowie das Gebetbuch **Qolasta** (Preisung, Sammlung religiöser Lieder) mit liturgischen Texten.

Der Lichtkönig

[13] Der König der Stadt des Lebens, der in den Wohnorten des Königreichs wohnt; und er ist gefestigt und sein Glanz geht auf und erleuchtet, der ohne Ende, Maß und Zahl ist. [14] Er freut sich in seiner Freude ohne Gram, und sein ganzes Königtum freut sich in ihr. Ein Bild, eine Zier und eine Pracht (ist er), so dass es keine Schönheit gibt, die ihm gleich wäre. [15] Die Wahrheit (*Kušta*) (ist er), die in den oberen Höhen weilt; der Herr der Größe (ist er), der Herr

aller gewaltigen Dinge. Niemand kann seine Macht und die aller seiner Welten bestimmen und ausdrücken, und (ebenso) seine Škinas, in denen er lagert, und die Uthras und Könige, die in ihnen weilen. [16] Jener hohe Lichtkönig steht fest in seiner Wohnung und ist höher als alle Welten, so wie die Erde (größer ist) als ihre Bewohner; und er überragt alle, so wie der Himmel die Berge, und er ist leuchtender als alle, so wie die Sonne (leuchtender ist) als die Lampen, und er ist heller als alle, so wie der Mond (heller ist) als die Sterne. [17] Er hat Eigenschaften, an denen kein Fehl ist. Ihm sind gewaltige Kronen aufgesetzt, so dass seine Macht und seine Größe keine Grenze hat, und auch durch Zahl und Berechnung ist er nicht begrenzt. [18] Und die Funken seiner Krone gehen aus nach jedem Ort, und die Strahlen des Glanzes des Lichtes und der Herrlichkeit dringen aus seinem Angesicht und zwischen den Blättern seines Kranzes hervor. Und alle Uthras und Könige, alle Welten (Wesen) stehen mit Gebet und Lobpreis da und preisen jenen hohen Lichtkönig. [19] Aus ihm gehen fünf gewaltige und große Eigenschaften hervor. Die erste (Eigenschaft) ist das Licht, das über ihnen (den Lichtwesen) aufgeht, und die zweite (ist) der Wohlgeruch, der über ihnen weht, die dritte (ist) die Süße seines Rufes, durch den sie frohlocken, die vierte (ist) die Rede seines Mundes, durch die er sie pflanzt und wirken lässt, die fünfte ist die Schönheit seines Abbildes (oder: seiner Gestalt), durch das sie wachsen, wie Früchte in der Sonne …
GR I, § 13–19 (Krause / Rudolph, Bd. 2, S. 207).

Welt der Lichtwesen

[66] Jener Ort ist ein Ort des Lebens, der Wahrheit (Kušta), der Ruhe, der Sicherheit, des Friedens und des Glaubens, dem jedermann entgegensieht und auf den er sein Vertrauen setzt. [67] Der König freut sich der Kinder des Lichts, und sie rühmen sich seiner. Ihre Bauten und Škinas sind aus Glanz und Licht gebaut […]

[68] Ihr Glanz ist wundersamer als der Glanz der Sonne und des Mondes; und ihre Helligkeit ist heller als die Helligkeit dieser Welt. In dem Glanz dieser Welt ist Mischung, (doch) der Glanz jener (Welt) ist Helligkeit, an der keine Trübung ist. Der Glanz dieser Welt ist nach dem Abbild jenes Glanzes gepflanzt, (aber) so wie kleine Muscheln und Steinchen gleich Perlen sind. [69] Ihre Erde ruht nicht auf Ambossen (= Stützen), ihr Firmament rotiert nicht durch Räder, die sieben Sterne wandeln nicht über ihnen, und die Fünf und die Zwölf leiten nicht ihr Geschick.
GR I, § 66–69 (Krause / Rudolph, Bd. 2, S. 211).

Das höchste Wesen

Gepriesen sei das Erste Leben
und gepriesen sei das Wort des Ersten Lebens.
Gepriesen sei jener Glanz, das Licht und die Herrlichkeit.
Gepriesen sei jenes Licht, für das keine Grenze und
für das kein Ende entstand und von dem nicht bekannt

wurde, wann es entstand.
Gepriesen sei der Herr der Größe, gepriesen seien alle Uthras,
die an der Rechten und Linken des Herrn der Größe stehen
und den Herrn der Größe preisen […]
Gepriesen sei jener große erste Jordan, in dem das Erste
Leben getauft wurde.
Gepriesen seien alle Jordane lebenden Wassers.
Gepriesen seien alle Früchte, Trauben und Bäume,
die an ihnen stehen.
Gepriesen seien alle gewaltigen, oberen Lichtwelten.
Gepriesen seien alle jene verborgenen Škinas. In jeder einzelnen
Škina sitzen tausend mal tausend Uthras ohne Ende und
zehntausend mal zehntausend Škinas ohne Zahl.
Qolasta 58 (Krause / Rudolph, Bd. 2, S. 212).

1. Schöpfung

Dualistische Kosmogonievorstellung

[…] Als ich, Ptahil, gebildet wurde und entstand,
    entstand ich aus der Quelle des großen Glanzes.
Als mein Vater nachdachte und mich hervorrief,
    rief er mich aus der Quelle des Glanzes hervor.
Er bekleidete mich mit einem Glanzgewand
    und umhüllte mich mit einer Lichthülle.
Er gab mir eine große Krone,
    in deren Glanz die Welten leuchten.
Er sprach:
»O Sohn! Steh auf, geh und begib dich zur Tibilerde
    und dichte eine Verdichtung im schwarzen Wasser.
Verdichte die Tibilerde
    und zerteile in ihr Jordane und Kanäle.« […]
Ich breche auf und komme
    bis an die Grenzen der Tibilerde.
Meine Augen füllten sich mit schwarzem Wasser.
Bis an meine Knie stand ich im Wasser,
    und das Wasser verdichtete sich nicht.
Bis an meine Oberschenkel stand ich im Wasser,
    und das Wasser verdichtete sich nicht.
Bis an meinen ersten Mund stand ich im Wasser,
    und das Wasser verdichtete sich nicht.
Bis an meinen letzten Mund stand ich im Wasser,
    und das Wasser verdichtete sich nicht.

Ich sprach den Namen des Lebens und des Manila dHaijê
über dem Wasser aus,
und das Wasser verdichtete sich nicht.
Von den sieben Gewändern des Glanzes, des Lichtes und der
Herrlichkeit,
die mir mein Vater gegeben, warf ich (einige) aufs Wasser,
und das Wasser verdichtete sich nicht […]
Ich stieg aus dem schwarzen Wasser empor,
und stellte mich vor Abathur.
Ich ging zu meinem Vater Abathur,
um zu ihm über die Mysterien dieser Welt zu sprechen.
Als Abathur mich sah,
fragte er mich aus.
Er sprach:
»Die Welt, die du hervorgerufen, wem gleicht sie,
und deine Werke, wie hast du sie in ihr aufgerichtet?«
Da sagte ich zu meinem Vater Abathur und sprach:
»Du sandtest mich zu der Welt, die ganz Gestank ist,
in der kein Strahl des Lichts ist,
zu den Wassern, die einander verzehren,
die den Namen des Lebens nicht aufnehmen wollen.« […]
Als ich so zu meinem Vater Abathur sprach,
stellte er sich zu Gebet und Lobpreisung auf.
Zu Gebet und Lobpreisung stellte er sich auf,
fiel nieder und pries das Leben in hohem Maße.
Er stieg zum Leben, seinem Vater, empor,
um zu ihm über die Werke dieser Welt zu sprechen.
Es rief Hibil-Ziwa
und sandte ihn an die Flanke des Hengstes,
von ihm nahm er die Verdichtung.
Die Verdichtung nahm er von ihm,
und er kam, gab sie Abathur.
Abathur wickelte sie in seine reine Decke ein,
brachte sie seinem Sohn Ptahil und gab sie ihm.
Er sprach zu ihm:
»Geh, verdichte die Tibilerde
und spanne das Firmament in vollkommener Weise aus.«
Ich erhob mich von meinem Vater Abathur
und erreichte die Grenzen der Tibilerde.
Ich warf die Verdichtung, die mein Vater mir gegeben,
aufs Wasser, und das Wasser verdichtete sich.

GR XV,13 (Krause / Rudolph, Bd. 2, S. 240–242).

Die Wortschöpfung Ptahils

Durch meinen (Ptahils) ersten Ruf dichtete ich die Erde
und spannte das Firmament in vollkommener Weise aus.
Durch meinen zweiten Ruf zerteilte ich in ihr Jordane und Kanäle.
Durch meinen dritten Ruf rief ich die Fische im Meere
und die gefiederten Vögel jeder Gattung und Art hervor.
Durch meinen vierten Ruf [schuf ich] alle Kräuter und Sämereien,
jedes einzelne vom anderen verschieden.
Durch meinen fünften Ruf entstand alles böse Gewürm.
Durch meinen sechsten Ruf entstand die ganze Bildung der Finsternis.
Durch meinen siebenten Ruf entstanden Ruha und ihre sieben Söhne.
Ruha und ihre sieben Söhne entstanden,
und sie kamen und stellten sich vor mir auf.
Als ich sie erblickte,
fiel mir mein Herz von der Stütze herab.
GR XV,13 (Krause / Rudolph, Bd. 2, S. 242).

2. Finsterniswelt

Der Finsterniskönig

Im Namen des großen Lebens! Euch rufe ich und belehre ich und sage ich: (ihr) wahrhaftigen und gläubigen Männer, (ihr) Sehenden und Abgesonderten: sondert euch von der Welt des Mangels ab, die voller Wirrsal und angefüllt mit Irrtum ist. Zuerst habe ich euch über den Lichtkönig belehrt, der in alle Ewigkeit gesegnet sei. Und ich sprach zu euch über die gesegneten Lichtwelten, an denen keine Vergänglichkeit ist, über die Uthras, Jordane und Škinas, die wundersam und leuchtend sind. Nun werde ich zu euch über die Finsterniswelten und das, was darinnen ist, sprechen, die hässlich und furchtbar sind und deren Gestalt nicht in Ordnung ist:

Außerhalb der Lichterde nach unten und außerhalb der Erde Tibil nach Süden existiert jene Finsterniserde. Sie ist von einer Gestalt, die verschieden und abweichend ist von der Lichterde, weil sie (beide) in jeder Eigenart und Gestalt voneinander abweichen. Die Finsternis existiert durch ihre eigene böse Natur, (ist) heulende Finsternis, öde Dunkelheit, und sie weiß weder das Erste noch das Letzte. Aber der Lichtkönig weiß und erkennt das Erste und das Letzte, das, was gewesen ist, und das, was werden wird. Und er wusste und erkannte, dass der Böse existiert, und er wollte ihm nichts Schlechtes zufügen, gemäß dem, was er gesagt hat: »Füge dem Bösen und dem Feind nichts Schlechtes zu, bis er selbst Schlechtes getan hat.« Seine böse Natur existiert von Anfang an und in alle Ewigkeit. Die Finsterniswelten sind ausgedehnt und endlos. Er (der Lichtkönig, oder: man) sagte: »Ausgedehnt und tief ist die Behausung der Bösen, deren Völker keinen Glauben an dem Ort besaßen, an dem ihre endlose Behausung ist, deren Königreich von ihnen selber entstanden ist. Ihre Erde ist schwarzes Wasser und ihre Höhen finstere Finsternis.«

Aus dem schwarzen Wasser wurde gebildet und kam hervor der Finsterniskönig durch seine eigene böse Natur, und er wurde groß, mächtig und gewaltig, und er rief hervor und verbreitete tausend mal tausend böse Geschlechter ohne Ende und 10 000 mal 10 000 hässliche Geschöpfe ohne Zahl. Die Finsternis wurde mächtig und dehnte sich aus durch die Dämonen, Dews, Genien, Geister, Hmurthas, Liliths, Tempel- und Kapellengeister, Götzen, Archonten, Engel, Vampire, Kobolde, Unheilsgeister, Schlagflussdämonen (?), Unholde, Netz- und Lockengeister und Satane, die ganzen hässlichen Gestalten der Finsternis jeder Art und Gattung, männliche und weibliche der Finsternis; finstere, schwarze, dumme, rebellische, zornige, wütende, giftige, widerspenstige, törichte, faulige, greuliche, schmutzige und stinkende. Einige unter ihnen sind stumm, taub, zugestopft, dumpf, stotternd, gehörlos, sprachlos, taubstumm, verwirrt, unwissend; einige unter ihnen frech, hitzig, stark, scharf, jähzornig, wollüstig, Kinder des Blutes, des sprühenden Feuers und fressenden Brandes. Einige unter ihnen sind Zauberer, Betrüger, Lügner, Fälscher, Räuber, Arglistige, Beschwörer, Chaldäer, Wahrsager. Sie sind Baumeister aller Bosheiten, Anstifter von Bedrängnis, die Mord begehen und Blut vergießen ohne Mitleid und Erbarmen. Sie sind Künstler in allen Hässlichkeiten und kennen zahllose Sprachen und verstehen, was vor ihrem Angesicht ist. Sie besitzen allerlei Gestalt: einige unter ihnen kriechen auf dem Bauch, einige bewegen sich im Wasser, einige unter ihnen fliegen, einige unter ihnen haben viele Füße wie das Gewürm der Erde, und einige unter ihnen tragen hundert .... Sie haben Backen- und Schneidezähne in ihrem Maule. Der Geschmack ihrer Bäume ist (wie) Gift und Galle, ihr Saft ist (wie) Naphtha und Pech.

GR XII, 6 (Krause / Rudolph, Bd. 2, S. 219–221).

Die Finsternis und ihr Untergang

[...] Wasser mischt sich nicht mit Pech,
    und die Finsternis wird nicht zum Licht gerechnet.
Nicht wird gerechnet die Finsternis zum Licht,
    die finstere Behausung nicht erleuchtet.
Nicht wird die finstere Behausung erleuchtet,
    und das trübe Wasser prangt nicht.
Es erweitert sich die Finsternis,
    und es bildeten sich ihre Insassen.
Es bildete sich die Finsternis
    und es bildeten sich ihre Insassen.
Es bildete sich die Finsternis
    und als sie gebildet war, sogleich erprobte sie ihre Macht.
Wegen ihrer Bosheit, die sie ersann,
    wird sie in ihrem eigenen Kanna gefangen.

Sie wird gefangen in ihrem eigenen Kanna,
  und alle ihre Werke werden zunichte.
Die Söhne der Finsternis werden zunichte,
  und die Söhne des Gewaltigen (Lebens) bleiben bestehen.
Das Haus der Bösen wird zunichte,
  und das fressende Feuer verlöscht.
Ihre Zauberei stirbt und erlischt,
  weil sie nicht von jeher existierte.
Ihre Werke nehmen ein Ende,
  aber die Geschlechter des Lebens bleiben immerdar bestehen.
Die lebendige Lehre entsteht
  und erleuchtet die nichtige Behausung.
GR III (Krause / Rudolph, Bd. 2, S. 227f).

3. Soteriologie

[…] Da sprach das Leben zu mir, Jawar: »Was sitzt du jetzt herum, Jawar-Hibil, Bote? Steh auf, geh zu Ur, dem hochmütigen Herrn der Finsternis.« Ich, Jawar, wich nicht vom Wort meines Vaters ab und ging und kam zu Ur, ich und die Uthras, die mit mir sind, und meine Helfer, die mein Vater für mich gepflanzt.

Als Ur, der Herr der Finsternis, mich und meine Gestalt erblickte, vergrub er sich in das schwarze Wasser. Ich nahm ihm die Krone von seinem Haupt und legte sie in sieben Gewänder und eilte meines Wegs.

Und Ur kam aus dem schwarzen Wasser hervor und sprach zu seiner Mutter: »Wer war dieser, der wider mich hergegangen ist?« Sie sagte zu ihm: »Dieser, der wider dich hergegangen ist, ist gegangen, um dich zu unterwerfen.« Er sagte zu seiner Mutter: »Gibt es einen, der mich zu unterwerfen vermag?« Darauf sagte seine Mutter zu ihm: »Wenn du diesem Manne, dessen Kraft sein Glanz ist, ebenbürtig bist, warum vermagst du ihm nicht deine Krone wegzunehmen?« Als seine Mutter so zu ihm sprach, schlug er seine Hände über sein Haupt und sagte: »Wehe, wehe über mich.« Er ringelte sich zusammen und streckte sich nicht aus und sagte zu seiner Mutter: »Er packte mich, dass mir mein Rückenwirbel zerbrach.« Als er so zu seiner Mutter sprach, weinte und stöhnte sie über ihn. Darauf sprang er und stand von seinem Throne auf und sprach zu ihr: »All das, was mir geschehen soll, es mag geschehen.« Und er stand auf und kam mit Wut und Zorn, er und die tausend Dämonen, die bei ihm sind. Als sie mich sahen, starben sie und vergingen, und sie wurden, als ob sie nie gewesen wären. Er stand auf mit Wut und eilte seines Weges, ging in das schwarze Wasser hinein und rief endlose Dämonen hervor; er rief einen Dämon [165] hervor, der so groß wie er war, und trat erneut gegen mich an. Als (aber) die Dämonen mich sahen, starben sie und alle, die mit ihm waren. Er sah hinter sich und vor sich und sprach: »Was soll ich anfangen?« Seine Mutter sprach zu ihm: »Du vermagst nichts wider dieses Licht.« Er sprach zu ihr: »Vermag ich nichts, obwohl meine Kraft groß ist?« Sie sprach zu ihm: »Wenn du vermagst, steh auf, wir werden zu den Mauern gehen, und rücke sie von ihrer Stelle weg.« Darauf sprach er zu seiner Mutter: »Steh auf, wir wollen hingehen.«

Sie gingen hin. Als er die Mauern wegbewegen wollte, wurden sie von ihm nicht wegbewegt, und er schämte sich vor seiner Mutter. Und sie sprach zu ihm: »Es gibt keinen, der durch seine Kraft diese Mauern von ihrer Stelle wegzubewegen vermag, denn ich habe viele Jahre Zauberformeln gemurmelt, und die Mauer ist nicht zerschmolzen.« Er sprach zu seiner Mutter: »Was soll ich anfangen?« Sie sprach zu ihm: »Dir gehört eine Perle (*marganita*), richte sie auf deinem Haupt auf, damit deine Kraft (wieder) groß werde.« Als sie die Perle brachte und sie ihm auf dem Haupt aufrichtete, schrie er in das schwarze Wasser. Und das schwarze Wasser wirbelte auf und floh vor ihm. Dann sprach er: »Ich will zum Licht und zur großen Quelle des Wassers aufsteigen.«

Aber ich, Jawar, erschien ihm in jenem Gewande, und er zog sich zusammen und fiel vor mich hin. Ich nahm jene Perle, die seine Mutter ihm gegeben, mit der er sich brüstete, und ich hob sie hoch. Ich verließ ihn und ging zu meinen Vätern (oder: Eltern), die mit mir (zusammen) wohnten […]
GR IV,1 (Krause / Rudolph, Bd. 2, S. 286–288).

Der Gesandte des Lichts

Im Namen des Großen Lebens!
Als ich kam, ich, der Gesandte (*šliha*) des Lichts,
 der König, der ich vom Licht hierher ging,
(da) kam ich, Laufa und Glanz in der Hand,
 Licht und Lobpreis (oder: Glanz) auf mir,
Pracht und Erleuchtung auf mir.
 Ruf (*qala*) und Verkündigung (*kaluza*) auf mir,
das Zeichen auf mir und die Taufe,
 und ich mache die finsteren Herzen licht.
Mit meinem Ruf und meiner Verkündigung
 rief ich einen Ruf in die Welt.
Einen Ruf rief ich in die Welt,
 von den Anfängen und den Enden der Welt.
Ich rief einen Ruf in die Welt:
 ein jeder gebe auf sich selbst acht.
Ein jeder, der auf sich selbst acht gibt,
 wird aus dem fressenden Feuer gerettet werden.
Heil sei den Sklaven der Kušta,
 den Vollkommenen und Gläubigen.
Heil sei den Vollkommenen,
 die sich von allem Bösen abkehren.
Der Gesandte des Lichts bin ich,
 den der Große in diese Welt geschickt hat.

Der wahrhaftige (*kuštana*) Gesandte bin ich,
    an dem keine Lüge ist,
der Wahrhaftige (*kuštana*), an dem keine Lüge ist,
    und nicht ist bei ihm Mangel und Fehl.
Der Gesandte des Lichts bin ich:
    ein jeder, der seinen Duft riecht, wird belebt.
Ein jeder, der seine Rede (oder: Lehre) empfängt,
    dessen Augen füllen sich mit Licht.
Mit Licht füllen sich seine Augen,
    und sein Mund füllt sich mit Lobpreis.
Mit Lobpreis füllt sich sein Mund,
    und sein Herz füllt sich mit Weisheit.
Die Ehebrecher rochen mich,
    (da) ließen sie ihre Ehebrecherei fahren.
Ihre Ehebrecherei ließen sie fahren,
    kamen und umgaben sich mit meinem Duft.
Sie sprachen:
»Als wir unwissend waren, trieben wir Ehebruch,
    jetzt, da wir wissend sind, brechen wir nicht (mehr) die Ehe.«
Der wahrhaftige Gesandte bin ich,
    an dem keine Lüge ist. […]
Die Lügner rochen ihn,
    (da) ließen sie ihre Lügnerei fahren.
Sie ließen fahren ihre Lügnerei,
    kamen und umgaben sich mit meinem Duft.
Sie sprachen:
»Unser Herr! Als wir unwissend waren, redeten wir Lüge,
    jetzt, da wir wissend sind, redeten wir nicht (mehr) so.«
Der Gesandte des Lebens bin ich,
    der Wahrhaftige (*kuštana*), an dem keine Lüge ist,
der Wahrhaftige, an dem keine Lüge ist,
    und nicht ist bei ihm Mangel und Fehl.
Der Baum des Lobpreises,
    von dem jeder, der an ihm riecht, lebendig wird.
Ein jeder, der an ihm riecht,
    dessen Augen füllen sich mit Licht […]
Die Mörder rochen an ihm,
    (da) ließen sie ihre Mörderei fahren.
Ihre Mörderei ließen sie fahren,
    sie kamen und umgaben sich mit meinem Duft.
Sie sprachen:
»Unser Herr! Als wir unwissend waren, verübten wir Mord,
    jetzt, da wir wissend sind, morden wir nicht (mehr).«

Die Zauberer rochen ihn,
(da) ließen sie ihre Zauberei fahren.
Ihre Zauberei ließen sie fahren,
sie kamen und umgaben sich mit meinem Duft.
Sie sprachen:
»Unser Herr! Als wir unwissend waren, trieben wir Zauberei,
jetzt, da wir wissend sind, treiben wir sie nicht (mehr).«
Ein Weinstock bin ich, ein Weinstock des Lebens,
ein Baum, an dem keine Lüge ist.
Der Baum des Lobpreises,
von dem jeder, der an ihm riecht, lebendig wird.
Ein jeder, der seine Rede (oder: Lehre) hört,
dessen Augen füllen sich mit Licht.
Mit Licht füllen sich seine Augen,
sein Mund füllt sich mit Lobpreis.
Mit Lobpreis füllt sich sein Mund
und sein Herz füllt sich mit Kušta.
Die Zwinkerer rochen ihn,
(da) ließen sie ihre Zwinkerei fahren.
Ihre Zwinkerei ließen sie fahren,
sie kamen und umgaben sich mit meinem Duft.
Sie sprachen:
»Als wir ohne Wissen waren, zwinkerten wir (unkeusch),
jetzt, da wir Wissen haben, zwinkern wir nicht (mehr).«
»Von dem Tage an, da wir dich sahen,
und von dem Tage an, da wir deine Rede hörten,
von dem Tage an, da wir dich sahen,
füllte sich unser Herz mit Ruhe.
Wir glaubten an dich, Guter,
wir sahen dein Licht und werden dich nicht vergessen.
Wir werden dich all unsere Tage nicht vergessen
und dich nicht eine Stunde aus unserem Herz lassen,
weil unser Herz nicht blind werden soll
und diese Seelen nicht (am Aufstieg) gehindert werden sollen.«
Ich sprach zu ihnen:
»Ein jeder, der bereut,
dessen Seele soll nicht (vom Licht) abgeschnitten werden,
und nicht wird der Herr ihn abschneiden (oder: verdammen).«
Aber die Bösen, sie, die Lügner,
schneiden sich selbst (vom Licht) ab,
da man ihnen zeigt, und sie nicht sehen wollen,
und man ihnen zuruft, und sie weder hören noch gläubig werden wollen.
Die Bösen fallen durch ihren Willen
in das große Suf-Meer.

Sie werden in der Finsternis eine Wohnung erhalten,
und der Finsternisberg wird sie aufnehmen,
bis zu dem Tag, dem Gerichtstag,
und bis zu der Stunde, den Stunden der Rettung.
Uns, die wir (dich) preisen, unser Herr,
wirst du unsere Sünde und Schuld vergeben.
Gepriesen seist du, König des Lichts,
der du <uns>, deinen Geliebten, die Wahrheit (*šrara*) gesandt hast.
Siegreich warst du, Manila dHaijê,
und du führst alle deine Geliebten zum Sieg.
Und das Leben siegt über alle (bösen) Werke.
GR II,3 (Krause / Rudolph, Bd. 2, S. 297–300).

Die aufsteigende Seele am Wachthaus der Verfluchten

Als Geist und Seele aus dem Körper, aus dem Kleid von Blut und Fleisch, aus dem kochenden Kessel, aus dem glühenden Ofen, aus den Gräbern, den Gesteinen und Fallgruben (?) herauskam, eilte diese Seele dahin und traf auf ein Wachthaus, in dem Folterwerkzeuge, Marter und Quälerei niedergelegt sind und in dem mit ungerechtem Gericht die sündigen Seelen gerichtet werden. Mit einer Feuergeißel peinigt man die [Zauberer und] Hexen, wie Ungeziefer schickt man sie in die Öffnungen der Öfen. Wie diese Seele dasteht, zittert und bebt sie, und ihre ganze Gestalt zittert in ihrem Gewande, und sie ruft nach dem großen und erhabenen Leben und spricht: »Wo ist das Leben, das ich geliebt? Wo ist Kušta, die in meinem Herzen weilte? Wo ist das Almosen (*zidqa*), das ich in meiner Tasche trage?« Und man sagt (oder: sie [die Wachthäusler] sagen) zu ihr: »O Seele! Du steigst zum Lichtort auf, weshalb rufst du nach dem großen und erhabenen Leben? Gib deinen Namen und dein Zeichen her, die du aus den Wasserwogen, aus den Schätzen (oder: dem Inneren) des Glanzes, aus dem großen und erhabenen Krater (*? mariba*), aus dem großen Jordan der Heilkräfte und aus den gewaltigen Sprudeln (*mambugê*) des Lichts genommen hast.« Als diese Seele an ihrem Ort steht, öffnet sie (den Mund), ruft und zeigt vor und gibt her ihren Namen, ihr Zeichen, ihren Segen und ihre Taufe (*masbuta*) und das, was diese Seele noch aus den Wasserwogen […] und vom großen und erhabenen Leben genommen hat. Und die Verfluchten fielen auf ihr Angesicht und sprachen zu ihr: »Gehe hin, Seele, eile und gelange hin, fliehe, steige auf, führe deinen Rechtsstreit und siege (darin), sprich und werde erhört, vor dem großen und erhabenen Leben gedenke unser.« Sie spricht zu ihnen: »Wer soll euer (deiner) vor dem Großen Leben gedenken? Ihr seid Riesen (oder: Gewalttätige), wir sind Niedrige, ihr seid Götter (*alahê*) und wir sind Menschen, eure Werke und eure Taten werden euer gedenken.«
GL I,4 (Krause / Rudolph, Gnosis, Bd. 2, S. 319f).

4. Kult

Aufforderung zu Taufe und Mahl des Sündenerlasses

[123] Lasst den Jordan frei fließen und tauft euch. Tauft eure Seele mit der lebendigen Taufe, die ich (Hibil-Ziwa) euch aus den Lichtwelten gebracht habe, mit der alle Vollkommenen und Gläubigen getauft sind. Und sprecht den Segen über das Pihta und verzehrt es, und sprecht den Lobpreis über das Mambuha und trinkt es, damit euch ein Erlasser der Sünden und Schulden (zuteil) sei. [124] Jeder, der mit dem »Zeichen des Lebens« gezeichnet und über den der Name des Lichtkönigs genannt ist, und (jeder) der standhaft und gefestigt in der (oder: durch die) Taufe ist und gute und wohlgefällige Werke vollbringt, (den) wird keiner auf seinem Weg (zum Lichtort) hindern.
GR I, § 123 f (Krause / Rudolph, Bd. 2, S. 355).

Taufformel

Du bist mit dem Zeichen des Lebens gezeichnet, der Name des Lebens und der Name des Manda dHaijê ist über dir genannt. Du bist mit der Taufe des Bihram Rabba, des Sohnes des Gewaltigen (Lebens) getauft. Deine Taufe behüte dich und führe zum Erfolg. Der Name des Lebens und der Name des Manda dHaijê ist über dir genannt.
Qolasta 18 (Krause / Rudolph, Bd. 2, S. 357).

5. Mahnung

Verhalten der Erleuchteten in der Welt

[153] Vertraut nicht der Schönheit der Körper, die unerwartet in Verderbnis geraten […] [154], […] weil alles, was geboren wird, stirbt, und alles, was mit Händen gemacht ist, verdirbt. Die ganze Welt geht zu Ende, und das Götzentum wird zunichte. [155] Meine Auserwählten: Habt kein Vertrauen auf die Welt, in der ihr dasteht, denn sie ist euch nicht eigen. Habt Vertrauen auf die wohlgefälligen Werke, die ihr tut. Wenn ihr aus einem Körper scheidet, (so) könnt ihr euch auf die Werke eurer Hände stützen.

[163] Lobpreist nicht die Sieben und die Zwölf, die Anführer der Welt, die Tag und Nacht wandern, sie, die den Stamm (*Kanna*) der Seelen, der aus dem Lebenshaus hierher versetzt wurde, verführen. [164] Lobpreist nicht Sonne und Mond, die Erleuchter dieser Welt, denn dieser Glanz ist ihnen nicht eigen: er wurde ihnen (nur) gegeben, um den finsteren Wohnort zu erleuchten. Sie sind die Engel des hinfälligen Hauses; sie riefen einen nichtigen Ruf. [165] Lobpreist nicht die Sonne, deren Name Adonai, deren Name Qadoš, deren Name El-El ist, ferner hat sie (noch) verborgene und in der Welt nicht enthüllte Namen.
GR I, § 153–155.163–165 (Krause / Rudolph, Bd. 2, S. 369 f).

E. Corpus Hermeticum

Das **Corpus Hermeticum** (CH) ist eine Sammlung von Traktaten philosophisch-mythologischer Provenienz, die im 2. und 3. Jh. entstanden sind. Sie werden auf den Gott Hermes Trismegistos zurückgeführt, in dem sich Züge griechischer und ägyptischer Religiosität verbinden. Das Corpus im engeren Sinn besteht aus 18 griechischen Traktaten und einem lateinischen Traktat (»Asclepius«). Dazu kommen drei Texte und eine Schreibernotiz in Codex VI aus Nag Hammadi (NHC VI,6–8) sowie weitere Exzerpte und Testimonien. Die Traktate nehmen zum Teil die Form des philosophischen Dialogs, zum Teil diejenige der Belehrung des Schülers durch seinen Meister auf, andere haben den Charakter allgemeiner philosophischer Lehren des Hermes ohne eine Gesprächssituation. Sie behandeln klassische Themen der Philosophie: Weltentstehung, Verhältnis von göttlichem und menschlichem Bereich, ein der menschlichen Natur entsprechendes Leben, Fragen konkreter Ethik. Ihrem Charakter nach stehen sie zumeist auf der Grenze neuplatonisch-mystischen Denkens zur Gnosis.

Weiterführende Literatur

Colpe, C. / Holzhausen, J. (Hgg.), Das Corpus Hermeticum Deutsch. Übersetzung, Darstellung und Kommentierung in drei Teilen. Teil 1: Die griechischen Traktate und der lateinische »Asclepius«, übers. und eingel. von J. Holzhausen, Stuttgart / Bad Canstatt 1997; Teil 2: Exzerpte, Nag-Hammadi-Texte, Testimonien, übers. und eingel. von J. Holzhausen, Stuttgart / Bad Canstatt 1997.

Hermes Trismegistos: Poimandres

1. Als ich einmal in Gedanken über das Seiende war und mein Denken sich in große Höhen erhob, während meine sinnlichen Wahrnehmungen ausgeschaltet waren wie bei Menschen, die wegen Übersättigung an Speisen oder körperlicher Ermüdung von Schlaf überwältigt sind, da glaubte ich, eine übergroße Gestalt von unermeßlicher Größe riefe meinen Namen und sagte zu mir: »Was willst du hören und sehen und im Geiste begreifen und erkennen?«

2. Ich sagte: »Wer bist denn du?«

Er antwortet: »Ich bin Poimandres, der Geist, der die höchste Macht hat. Ich weiß, was du willst, und stehe dir stets zur Seite.«

3. Ich entgegne: »Ich möchte das Seiende begreifen und seine Natur verstehen und Gott erkennen. Wie (gerne), sagte ich, möchte ich darüber hören.«

Er erwidert mir: »Behalte alles in deinem Sinn, was du begreifen willst, und ich werde es dich lehren.«

4. Nachdem er dies gesagt hatte, verwandelte er sich in seiner Gestalt, und sofort lag alles mit einem Schlag offen vor mir, und ich habe eine unendliche Vision; alles ist Licht, ein klares und angenehmes, und mich ergriff ein Verlangen danach, als ich es sah. Und kurz darauf war eine Finsternis da, die nach unten strebte, in einem Teil [des Lichtes] entstanden, furchtbar und schrecklich in Krümmungen gewunden, wenn ich es so bildlich sagen darf. Danach verwandelte sich, wie ich sah, die Finsternis in eine feuchte Natur, die unsagbar verworren war und Rauch wie von Feuer aufsteigen ließ und einen unaussprechlich jammervollen Laut von sich gab. Dann war ein unartikuliertes Schreien von ihr zu hören, soweit man das

mit einer Stimme vergleichen kann. **5.** Aus dem Licht näherte sich ein heiliger Logos der Natur, und reines Feuer sprang aus der feuchten Natur nach oben in die Höhe; geschwind war es und schnell, zugleich aber voller Kraft, und die Luft folgte dem Pneuma, leicht wie sie war, indem sie von Erde und Wasser bis zum Feuer aufstieg, so dass es schien, dass sie an ihm hinge. Erde und Wasser blieben aber für sich allein, miteinander vermischt, so dass man [die Erde] infolge des Wassers nicht sehen konnte. Bewegt waren sie durch den pneumatischen Logos, der darüber hin schwebte, so dass man es hören konnte.

6. Und Poimandres sagte zu mir: »Hast du verstanden, was diese Vision [aussagen] will?«

Und ich antwortete: »Ich werde es erkennen.«

Er erklärte: »Jenes Licht bin ich, der Geist, dein Gott, der vor der feuchten Natur war, die aus der Dunkelheit in Erscheinung trat; der lichthafte Logos aus dem Geist ist der Sohn Gottes.«

Ich frage: »Was soll das bedeuten?«

Poimandres: »Erkenne es so: was in dir sieht und hört, ist der Logos des Herrn, der Geist (in dir) ist Gott-Vater. Denn sie trennen sich nicht voneinander. Ihre Einheit ist das Leben.«

Ich erwiderte: »Ich danke dir.«

Poimandres: »Aber konzentrier dich auf das Licht und erkenne folgendes.«

7. Als er dies gesagt hatte, blickte er mir über längere Zeit in die Augen, so dass ich vor seiner Erscheinung erzitterte. Doch ich blicke wieder auf und sehe in meinem Geist, dass das Licht in unzähligen Kräften besteht, dass es ein unbegrenzter Kosmos ist und dass das Feuer von einer sehr gewaltigen Kraft rings umschlossen wird und, (von ihr) überwunden, zur Ruhe geokommen ist.

Dies konnte ich gedanklich erfassen, als ich aufgrund der Worte des Poimandres eine Vision hatte.

8. Und während ich noch wie erschüttert bin, sagt er wieder zu mir: »Du hast in deinem Geist das Urbild der Formen gesehen, den Voranfang des Anfangs, der kein Ende hat.« […]

9. Der Geist, Gott, der mannweiblich und das Leben und Licht ist, gebar durch das Wort einen zweiten Geist, den Demiurgen, der als Gott des Feuers und Pneumas eine Art von Verwaltern, sieben an der Zahl, schuf, die in Kreisen den sichtbaren Kosmos umgeben; und ihre Verwaltungstätigkeit wird Schicksal (Εἱμαρμένη) genannt.

CH I (Holzhausen, S. 10–13).

Allein in Gott ist das Gute, sonst aber nirgendwo

1. *Hermes*: »Das Gute, Asklepios, ist in niemandem außer in Gott allein, oder besser: das Gute ist Gott selbst in Ewigkeit. Wenn das so ist, dann muss das Gute der wesenhafte Ursprung jeder Bewegung und jeden Werdens sein – nichts aber gibt es ohne ihn; dieser Ursprung hat um sich eine Energie, die in Ruhe verharrt, er ist ohne Mangel und ohne Übermaß, vollkommen und ganz, trägt Sorge für

alles und steht am Anfang aller Dinge. Denn wenn ich behaupte, dass alles, was für anderes Sorge trägt, gut ist, dann ist er in jeder Hinsicht und immer gut […]

4. Und ich danke Gott, dass er meinen Geist damit beschenkt hat, das Gute zu erkennen, wenn auch nur, dass es im Kosmos nicht sein kann. Denn der Kosmos ist die Fülle des Schlechten, Gott aber die des Guten oder das Gute die Fülle Gottes. Denn das herausragend Schöne befindet sich beim Sein an sich. Noch reiner und klarer erscheint vielleicht sogar das herausragend Schöne selbst, das ihn ausmacht. Denn man muss es auszusprechen wagen, Asklepios, dass das Sein Gottes, wenn er denn ein Sein besitzt, das Schöne ist; das Schöne und Gute aber ist in nichts von dem anzutreffen, was im Kosmos ist. Denn alles, was mit dem Gesichtssinn erfasst werden kann, ist Abbild und gleichsam ein Schattenriss. Was aber nicht mit dem Auge erfasst wird, besonders die […] des Schönen und Guten […] Und wie das Auge Gott nicht sehen kann, so auch nicht das Schöne und das Gute. Sie beide sind die Teile Gottes, die sein Ganzes ausmachen, allein ihm eigen, ihm zugehörig, untrennbar von ihm, seiner Liebe im höchsten Maß sicher; Gott selbst liebt sie oder sie lieben Gott.

5. Wenn du Gott geistig erfassen kannst, wirst du das Schöne und Gute erfassen, das, was alles andere überstrahlt, was [allein] von Gott überstrahlt wird. Denn jene Schönheit ist unvergleichlich, jenes Gute ist unnachahmlich, wie auch Gott selbst. Wie du also Gott geistig erfasst, so erfasse auch das Schöne und Gute. Denn sie haben nichts gemein mit dem, was die Lebewesen sonst ausmacht, weil sie von Gott nicht getrennt werden können. Wenn du nach Gott suchst, suchst du auch nach dem Schönen. Denn nur einen einzigen Weg gibt es, der dahin führt, die Frömmigkeit, die von Erkenntnis begleitet wird. 6. Daher wagen diejenigen, die unwissend sind und nicht auf dem Weg der Frömmigkeit voranschreiten, den Menschen schön und gut zu nennen, obwohl dieser nicht einmal im Traum gesehen hat, ob etwas gut ist, sondern von allem Schlechten bereits beherrscht ist und glaubt, das Schlechte sei gut, und so immer unersättlicher sich dessen bedient und fürchtet, seiner beraubt zu werden, und nicht nur alle Anstrengungen unternimmt, um es zu besitzen, sondern um es sogar noch zu vermehren. So steht es um das, was den Menschen schön und gut gilt, Asklepios, das wir weder meiden noch hassen können. Denn das allerschlimmste ist, dass wir es brauchen und ohne es nicht leben können.«

CH VI (Holzhausen, S. 66f.69–71).

Geheimes Gespräch des Hermes Trismegistos mit seinem Sohn Tat in der Wüste: Über die Wiedergeburt und die Aufforderung zum Schweigen

»[…] Jetzt bin ich bereit und habe mich endgültig von dem Trug der Welt innerlich abgewandt und an Stärke gewonnen. Du aber ergänze nun, was mir an Erkenntnis fehlt, mit den Belehrungen über die Wiedergeburt, die du mir anvertrauen wolltest, indem du sie mir offen oder verschlüsselt darlegst.

Ich weiß nicht, Trismegistos, aus welchem Mutterschoß ein Mensch [bei der Wiedergeburt] geboren wurde und aus welchem Samen.«

2. *Hermes*: »[Der Mutterschoß], mein Sohn, ist die geistige Weisheit, die im Schweigen liegt, und der Samen ist das wahrhaft Gute.«

Tat: »Wer gibt den Samen, Vater? Ich verstehe das Ganze nicht.«

Hermes: »Der Wille Gottes, mein Sohn.«

Tat: »Und wie ist der [Wieder-]Geborene beschaffen, Vater? Denn er hat keinen Anteil an meiner Natur, auch nicht an meiner geistigen.«

Hermes: »Ein anderer wird der [Wieder-]Geborene sein: ein Gott, das Kind Gottes, ein All-Wesen im All, aus allen Kräften bestehend.«

Tat: »In Rätseln sprichst du zu mir, Vater, und nicht, wie ein Vater sich mit seinem Sohn unterredet.«

Hermes: »Dieses Geschehen der [Wieder-]Geburt ist keine Sache lehrhafter Unterweisung, mein Sohn, sondern es vollzieht sich durch Gott, wenn er es will, in der Wiedererinnerung.«

3. *Tat*: »Unbegreifliches sagst du mir und Willkürliches; deshalb will ich dir angemessen darauf erwidern: Bin ich ein Fremder unter den Söhnen aus deinem väterlichen Geschlecht? Neide es mir nicht, Vater; ich bin ein rechtmäßiger Sohn. Erkläre mir die Art der Wiedergeburt!«

Hermes: »Was soll ich sagen, mein Sohn? Nichts kann ich sagen außer folgendem: ich sehe in mir eine Vision, die jenseits aller Körperlichkeit durch Gottes Barmherzigkeit entstanden ist, und ich bin aus mir selbst herausgetreten in einen unsterblichen Körper und bin jetzt nicht mehr der, der ich war, sondern wurde im Geist geboren. In dieser Sache kann man nicht lehrhaft unterwiesen werden, auch nicht durch dieses materielle Element, durch welches wir sehen können. Deshalb bedeutet auch die erste zusammengesetzte Gestalt für mich nichts mehr; ich habe keine Oberfläche und Farbe mehr, man kann mich nicht anfassen, und ich habe keine Körpermaße; diese Dinge gehören nicht zu mir. Jetzt versuchst du mich, mein Sohn, mit deinen Augen zu sehen; was du aber auch wahrnimmst, wenn du mit dem körperlichen Sehvermögen schaust, mit diesen Augen kann ich jetzt nicht geschaut werden.«

4. *Tat*: »In nicht geringe Erregung und Verwirrung meines Verstandes hast du mich gestürzt, Vater. Denn ich sehe mich jetzt selbst nicht mehr.«

Hermes. »Wärst du doch auch, mein Sohn, [schon] aus dir selbst herausgetreten, wie jene, die im Schlaf Träume haben, jedoch ohne Schlaf.«

Tat: »Sage mir doch dies: Wer ist derjenige, der die Wiedergeburt bewirkt?«

Hermes. »Das Kind Gottes, der eine Mensch, nach dem Willen Gottes.«

5. *Tat*: »Jetzt endlich, Vater, hast du mich sprachlos gemacht, weil du dich von deinem früheren Verstand entfernt hast; ich sehe nämlich deine Gestalt in ihrem Erscheinungsbild unverändert, Vater.«

Hermes: »Auch darin täuschst du dich. Denn die sterbliche Form verändert sich Tag für Tag; durch die Zeit nämlich unterliegt sie dem Prozess des Wachsens und Schwindens, gleichsam ein Truggebilde.«

CH XIII (Holzhausen, S. 174–178).

F. Jesus in gnostischen Texten

1. Das Evangelium nach Thomas

Das einzige nahezu vollständige Exemplar des **Thomasevangeliums** stammt aus dem 4. Jh. und findet sich in Nag-Hammadi-Codex II,2. Fragmente griechischer Exemplare aus dem 3. Jh. sind bereits an der Wende vom 19. zum 20. Jh. in Oxyrhynchos entdeckt worden. Ebenfalls aus dem 3. Jh. stammen Erwähnungen bei Hippolyt und Origenes. Im EvThom finden sich Überlieferungen, die zum ältesten Bestand der Jesusüberlieferung gerechnet werden; z.B. die Seligpreisung der Armen, Verfolgten und Hungrigen in Logion 54; 68 und 69, das Wort über den Verwandtenhass (Logion 55; vgl. 101), die Bitte um Sendung der Arbeiter in die Ernte (Logion 73) oder das Wort über den blinden Blindenführer (Logion 34). Daneben stehen jüngere Jesusüberlieferungen, etwa die Rede vom »Brautgemach«, von der Welt als einer »Leiche« (Logion 56; 80) und der Herkunft des Menschen aus dem Licht (Logion 50; vgl. auch Logion 83).

Eine erste derartige Zusammenstellung unter der Autorität des Thomas könnte im 2. Jh. erfolgt sein. Aufgrund seiner Nähe zur syrischen Textüberlieferung liegt eine Entstehung im syrischen Raum nahe. Thomas (griechisch für »Zwilling«) tritt paradigmatisch als Zwilling Jesu, der seine Worte aufgeschrieben hat, auf. Das EvThom präsentiert sich als eine Sammlung von Einzelworten. Es fällt dabei auf, dass mythologische Elemente wie die Emanation oder der für die Gnosis typische Dualismus fehlen.

Incipit »Logion 1« Dies sind die verborgenen Worte, die der lebendige Jesus sagte, und Didymos Judas Thomas schrieb sie auf. Und er sagte: »Wer die Deutung dieser Worte findet, wird den Tod nicht schmecken.«

Logion 2: [1] Jesus spricht: »Wer sucht, soll nicht aufhören zu suchen, bis er findet. [2] Und wenn er findet, wird er bestürzt sein. [3] Und wenn er bestürzt ist, wird er erstaunt sein. [4] Und er wird König sein über das All.«

Logion 3: [1] Jesus spricht: »Wenn die, die euch vorangehen, zu euch sagen: ›Siehe, im Himmel ist das Königreich!‹, dann werden euch die Vögel des Himmels zuvorkommen. [2] Wenn sie zu euch sagen: ›Es ist im Meer‹, dann werden euch die Fische zuvorkommen. [3] Vielmehr: Das Königreich ist innerhalb von euch und außerhalb von euch.« […]

Logion 11: [1] Jesus spricht: »Dieser Himmel wird vergehen, und der (Himmel) oberhalb von ihm wird vergehen. [2] Und die Toten leben nicht, und die Lebenden werden nicht sterben. [3] In den Tagen, als ihr Totes verzehrt habt, habt ihr es lebendig gemacht. Wenn ihr im Licht seid, was werdet ihr tun? [4] An dem Tage, als ihr einer wart, seid ihr zwei geworden. Wenn ihr aber zwei geworden seid, was werdet ihr tun?«

Logion 12: [1] Die Jünger sprachen zu Jesus: »Wir wissen, dass du von uns gehen wirst. Wer ist es, der (dann) über uns herrschen wird?« [2] Jesus sprach zu ihnen:

»Woher auch immer ihr gekommen seid – zu Jakobus dem Gerechten sollt ihr gehen, um dessentwillen der Himmel und die Erde entstanden sind.«

Logion 13: [1] Jesus sprach zu seinen Jüngern. »Vergleicht mich (und) sagt mir, wem ich gleiche.« [2] Simon Petrus sprach zu ihm: »Du gleichst einem gerechten Boten.« [3] Matthäus sprach zu ihm: »Du gleichst einem (besonders) klugen Philosophen.« [4] Thomas sprach zu ihm: »Lehrer, mein Mund vermag es ganz und gar nicht zu ertragen zu sagen, wem du gleichst.« [5] Jesus sprach: »Ich bin nicht dein Lehrer. Denn du hast getrunken, du hast dich berauscht an der sprudelnden Quelle, die ich ausgemessen habe.« [6] Und er nahm ihn, (und) er zog sich zurück, (und) er sagte ihm drei Worte. [7] Als Thomas aber zu seinen Gefährten kam, befragten sie ihn: »Was hat dir Jesus gesagt?« [8] Thomas sprach zu ihnen: »Wenn ich euch eines von den Worten sage, die er mir gesagt hat, werdet ihr Steine aufheben (und) auf mich werfen, und Feuer wird aus den Steinen herauskommen (und) euch verbrennen.«

Logion 22: [1] Jesus sah kleine (Kinder), die gestillt wurden. [2] Er sprach zu seinen Jüngern: »Diese Kleinen, die gestillt werden, gleichen denen, die in das Königreich eingehen.« [3] Sie sprachen zu ihm: »Werden wir denn als Kleine in das Königreich eingehen?« [4] Jesus sprach zu ihnen: »Wenn ihr die zwei zu einem macht und wenn ihr das Innere wie das Äußere macht und das Äußere wie das Innere und das Obere wie das Untere, – [5] und zwar damit ihr das Männliche und das Weibliche zu einem einzigen macht, auf dass das Männliche nicht männlich und das Weibliche nicht weiblich sein wird – [6] wenn ihr Augen macht anstelle eines Auges und eine Hand anstelle einer Hand und einen Fuß anstelle eines Fußes, eine Gestalt anstelle einer Gestalt, [7] dann werdet ihr eingehen in [das Königreich].«

Logion 24: [1] Seine Jünger sprachen: »Zeige uns den Ort, an dem du bist, weil es für uns nötig ist, dass wir nach ihm suchen.« [2] Er sprach zu ihnen: »Wer Ohren hat, soll hören! [3] Es existiert Licht im Inneren eines Lichtmenschen, und er erleuchtet die ganze Welt. Wenn er nicht leuchtet, ist Finsternis.«

Logion 34: Jesus spricht: »Wenn ein Blinder einen Blinden führt, fallen beide hinab in eine Grube.«

Logion 37: [1] Seine Jünger sprachen: »Wann wirst du uns erscheinen, und wann werden wir dich sehen?« [2] Jesus sprach: »Wenn ihr euch entkleidet, ohne dass ihr euch geschämt habt und nehmt eure Kleider (und) legt sie unter eure Füße wie kleine Kinder (und) trampelt darauf, [3] dann werdet [ihr] den Sohn des Lebendigen sehen, und ihr werdet euch nicht fürchten.«

Logion 42: Jesus spricht: »Werdet Vorübergehende.«

Logion 50: [1] Jesus spricht: »Wenn sie zu euch sagen: ›Woher stammt ihr?‹, (dann) sagt ihnen: ›Wir sind aus dem Licht gekommen, dem Ort, wo das Licht entstanden ist aus sich selbst, [sich] hingestellt hat und in ihrem Bild erschienen ist.‹ [2] Wenn sie zu euch sagen: ›Seid ihr es?‹, (dann) sagt: ›Wir sind seine Kinder, und wir sind die Erwählten des lebendigen Vaters.‹ [3] Wenn sie euch fragen: ›Was ist das Zeichen eures Vaters unter euch?‹, (dann) sagt ihnen: ›Bewegung ist es und Ruhe.‹ «

Logion 54: Jesus spricht: »Selig sind die Armen. Denn euch gehört das Königreich der Himmel.«

Logion 56: [1] Jesus spricht: »Wer die Welt erkannt hat, hat eine Leiche gefunden. [2] Und wer die(se) Leiche gefunden hat, dessen ist die Welt nicht würdig.«

Logion 68: [1] Jesus spricht: »Selig seid ihr, wenn sie euch hassen (und) euch verfolgen.

[2] Doch sie (selbst) werden keinen Platz finden an dem Ort, an dem sie euch verfolgt haben.«

Logion 69: [1] Jesus spricht: »Selig sind die, die verfolgt wurden in ihrem Herzen. Jene sind es, die den Vater wahrhaft erkannt haben.«

Logion 73: Jesus spricht: »Die Ernte ist zwar groß, es sind aber wenige Arbeiter da. Bittet aber den Herrn, dass er Arbeiter zur Ernte aussende.«

Logion 77: [1] Jesus spricht: »Ich bin das Licht, das über allem ist. Ich bin das All. Aus mir ist das All hervorgegangen. Und zu mir ist das All gelangt.« [2] »Spaltet ein Stück Holz – ich bin da. [3] Hebt einen Stein auf, und ihr werdet mich dort finden.«

Logion 80: [1] Jesus spricht: »Wer die Welt erkannt hat, hat den Leichnam gefunden. [2] Wer aber den Leichnam gefunden hat, dessen ist die Welt nicht wert.«

Logion 83: [1] Jesus spricht: »Die Bilder sind dem Menschen sichtbar, aber das Licht in ihnen ist verborgen im Bild. [2] […] Das Licht des Vaters wird sich offenbaren, aber sein Bild ist verborgen durch sein Licht.

Logion 97: [1] Jesus spricht: »Das Königreich des [Vaters] gleicht einer Frau, die einen [Krug] trägt, angefüllt mit Mehl. [2] Während sie auf [dem] Weg ging und weit entfernt (von zu Hause) war, brach der Henkel des Kruges, (und) das Mehl rieselte hinter ihr [auf] den Weg. [3] Sie (jedoch) wusste (es) nicht; sie hatte nichts bemerkt, während <sie sich> abmühte. [4] Als sie in ihr Haus gelangt war, stellte sie den Krug auf den Boden, (und) fand ihn leer.«

Logion 108: [1] Jesus spricht: »Wer von meinem Mund trinken wird, wird werden wie ich. [2] Ich selbst werde zu ihm werden, [3] und was verborgen ist, wird sich ihm offenbaren.«

Logion 113: [1] Seine Jünger sprachen zu ihm: »Das Königreich – an welchem Tage wird es kommen?« [2] »Nicht im Erwarten wird es kommen! [3] Sie werden nicht sagen: ›Siehe, hier!‹ oder ›Siehe, dort!‹ [4] Vielmehr ist das Königreich des Vaters ausgebreitet über die Erde, und die Menschen sehen es nicht.«

Logion 114: [1] Simon Petrus sprach zu ihnen: »Maria soll von uns weggehen, denn die Frauen sind des Lebens nicht wert.« [2] Jesus sprach: »Siehe, ich werde sie ziehen, auf dass ich sie männlich mache, damit auch sie ein lebendiger, euch gleichender, männlicher Geist werde.« [3] (Ich sage euch aber): »Jede Frau, die sich männlich macht, wird eingehen in das Königreich der Himmel.«
NHC II,2 in Auswahl (NHD, S. 126–139).

2. Die Apokalypse des Petrus

Die ApkPt (NHC VII,3) hat mit der griechisch-äthiopischen Apokalypse des Petrus bis auf den Titel nichts gemein. Die Schrift lässt sich ins 3./4. Jh. datieren. Möglicher Entstehungsort ist Syrien. Petrus ist Empfänger und Vermittler der Offenbarung. Der Erlöser ist der **angelus interpres** (der interpretierende Engel), der Petrus mittels Visionen und Auditionen die wahre Bedeutung der Kreuzigung enthüllt. Die gnostische Interpretation der Passion bildet den Rahmen der Schrift, wobei neutestamentliche Texte verarbeitet und interpretiert werden. Der Text enthält außerdem Polemik gegen das kirchliche Christentum. Ähnlich wie im EvThom fehlen auch hier viele gnostische Elemente.

[…] Nachdem er dies gesagt hatte, sah ich ihn, als ob er von ihnen ergriffen würde, und ich sagte: »Was sehe ich, Herr? Bist du es selbst, den sie festnehmen, und greifst du nach mir? Oder wer ist der, der heiter ist und lacht neben dem Holz, und schlagen sie einem anderen auf die Füße und auf die Hände?«

Der Erlöser sagte zu mir: »Der, den du heiter und lachend neben dem Holz siehst, das ist der lebendige Jesus. Der aber, in dessen Hände und Füße sie die Nägel schlagen, das ist sein Fleischesleib, der Ersatz. Sie machen (nur) das zuschanden, was nach seinem Bild entstanden ist. Aber sieh ihn und mich doch an.«

Als ich aber gesehen hatte, sagte ich: »Herr, niemand sieht dich, lass uns von diesem Ort fliehen.«

Aber er sagte zu mir: »Ich habe dir gesagt, lass Blinde in Ruhe. Und du, sieh, wie sie nicht wissen, was sie reden. [p.82] Denn den Sohn ihrer Herrlichkeit haben sie anstelle meines Dieners zuschanden gemacht.«

Ich aber sah einen, der dabei war sich uns zu nähern, und der ihm, und dem, der lachte oben auf dem Holz, glich. Er war gewebt in heiligem Geist, und er ist der Erlöser. Und es gab ein großes unaussprechliches Licht, das sie umgab, und die Menge unaussprechlicher und unsichtbarer Engel, die sie priesen. Und ich sah, dass der, der verherrlicht, offenbart wurde.

Er aber sagte zu mir: »Sei stark, weil du es bist, dem diese Mysterien gegeben sind, um sie öffentlich zu erkennen, dass jener, der angenagelt war, der Erstgeborene und das Haus der Dämonen ist; und der Steinkrug, in dem sie wohnen <…> – des Elohim, des Kreuzes, unter dem Gesetz. Aber jener, der in seiner Nähe steht, ist der lebendige Erlöser, der zuvor in ihm war, in dem, den sie ergriffen, und er wurde freigelassen, während er heiter dasteht, weil er sieht, dass die, die ihn gewalttätig behandelt haben, untereinander zerspalten sind. [p.83] Deswegen: Er lacht über ihr Unvermögen zu sehen. Denn er weiß, dass sie Blindgeborene sind. Der Leidende nun sei verflucht, weil sein Leib eine Art von Ersatz ist. Der aber, der freigelassen wird, ist mein leiblicher Leib. Ich <bin> der vernünftige Geist, der erfüllt ist von strahlendem Licht. Der, den du auf mich zukommen sahst, ist unser vernünftiges Pleroma, das das vollkommene Licht verbindet mit meinem heiligen Geist. Also sollst du die Dinge, die du gesehen hast, den Fremden geben, die nicht aus diesem Äon stammen. Denn es wird keine Ehre geben in einem sterblichen Menschen, sondern nur für diejenigen, die erwählt sind aus einer unsterblichen Substanz, die gezeigt hat, dass sie den, der seinen Überfluss gibt, fassen kann. Darum habe ich gesagt: ›Wer hat, dem wird gegeben werden, und er wird Überfluss haben. Wer aber nicht hat – das ist der Mensch dieses Ortes, der ganz tot ist, der aus der natürlichen Neigung zur Fortpflanzung stammt, [p.84] der, wenn einer aus der unsterblichen Substanz erscheint, denkt, dass sie ihn greifen können – dem wird es weggenommen werden und es wird dem Existierenden hinzugefügt werden.‹ Du nun, sei stark und fürchte nichts, denn ich werde bei dir sein, damit keiner deiner Feinde dich verletzen wird. Friede sei mit dir, sei stark!«

Als er diese Dinge gesagt hatte, kam er (*scil.* Petrus) wieder zu sich.

NHC VII,3, p.81,3–84,13 (NHD, S. 415f).

3. Melchisedek

Der Traktat Melchisedek (Melch, NHC IX,1) ist eine sehr fragmentarisch erhaltene Schrift. Vor der Entdeckung des Codex war die Schrift gänzlich unbekannt. Wie alle NH-Codices stammt Melch aus der Mitte des 4. Jh. Auch diese Schrift wurde ursprünglich auf Griechisch verfasst. Der Text besteht aus zwei Melchisedek widerfahrenen Offenbarungen und einem Zwischenstück, das Melchisedeks Reaktion auf die Offenbarung enthält. Offenbarungsmittler ist der Engel Gamaliel, der von Jesus Christus, dem Sohn Gottes, gesandt wurde. Als Vermittler oder Zeugen der zweiten Offenbarung werden »Brüder« genannt, die am Ende in den Himmel zurückkehren. Im Zwischenteil wird Melchisedek durch eine Taufe zum wahren Priestertum bekehrt, in dem nicht Tiere geschlachtet, sondern Menschen getauft und so näher zu Gott gebracht werden. Melchisedek wird so zum Vorläufer Christi wie ein weit in die Vergangenheit gerückter »Johannes der Täufer«. Melch ist dem christlichen Sethianismus zuzuordnen. Im Hintergrund stehen der Bezug zwischen Melchisedek und Christus im Hebräerbrief sowie jüdische und samaritanische Melchisedektraditionen.

[p.5] [was] geschehen wird in seinem Namen. <Und> | sie werden [a]uch von ihm sagen, er sei
einer, der nicht | als Mensch geboren wurde,
obgleich er doch als Mensch geboren worden ist,
einer, der nicht | isst,
obgleich er doch isst,
einer, der nicht trinkt,

obgleich er doch trinkt,
einer, der keine Beschneidung kennt, |
obgleich er doch beschnitten worden ist,
einer, der kein Fleisch | trägt,
obgleich er doch im Fleisch Wohnung genommen hat,
einer, der nicht | dem Leiden unterworfen war,
obgleich er doch dem Leiden unterworfen wurde, |
einer, der nicht von den Toten aufzuerstehen brauchte,
obgleich er doch von den Toten auferstanden | ist […]
NHC IX,1, p.5 (NHD, S. 477).

4. Die dreigestaltige Protennoia

Die dreigestaltige Protennoia (NHC XIII,1) ist eine göttliche Offenbarungsrede, in der die Protennoia (»der erste Gedanke«) ihre Identität und Rolle bei der Schöpfung und Erlösung der Welt deutlich macht. Die Dreiheit der Protennoia besteht darin, dass sie außer sich selbst als Mutter auch den Vater und den Sohn repräsentiert. Sie steigt insgesamt dreimal in einer dieser Instanzen auf die Welt hinab. Als Vater wirkte sie die Entstehung des Alls, als Mutter belehrt sie ihre Kinder in kontinuierlicher Offenbarung über das Vergehen der Welt und als Sohn ist die Soteriologie ihr zentrales Thema.

Nun also […] [p.49] […*(fünf Zeilen fehlen)*…]
[war ich] (mitten) unter ihnen,
[nachdem ich angelegt hatte die Art eines] jeden:
    [Die Archonten] dachten,
    [dass ich] ihr Christus wäre.
        Ich [bin] zwar [in einem] jeden,
        aber (nur) für die, in die [ich eine] Lichtkraft
        [zur Demütigung] der Archonten [gelegt] hatte,
    bin ich der Geliebte.
Denn an jenem Ort legte ich an die [Art des]
    Sohnes des Archigenetors
        und ward ihm gleich bis zum Ende des Gesetzes,
        das da ist (das Ende) der Unwissenheit des Chaos.
Unter den Engeln
    zeigte ich mich in ihrer Gestalt,
und unter den Kräften,
    als ob ich einer von ihnen wäre;
unter den Menschensöhnen aber,
    als ob ich ein Menschensohn wäre,
    obgleich ich (doch) der Vater eines jeden bin.
Ich verbarg mich unter allen,
    bis ich mich in meinen eigenen Gliedern offenbart haben werde.

Und ich belehrte sie
über die unaussprechlichen Bestimmungen
und über die Brüder.
Sie sind aber (nur) unaussprechbar für
jedwede Gewalt und jedwede archontische Macht,
doch nicht für die Kinder des Lichtes,
(denn es) sind ja die Bestimmungen des Vaters.
Dies sind die Herrlichkeiten,
erhabener als jede Herrlichkeit;
sie, die da sind [die] fünf vollkommenen Siegel,
(erkannt) durch Verstand.
Wer die fünf Siegel dieser Namen besitzt,
der hat ausgezogen <die> Gewänder der Unwissenheit
und hat angezogen strahlendes Licht;
so wird [er] für niemanden sichtbar sein,
der zu den Mächten der Archonten gehört.
In solchen (Menschen)
wird sich die Finsternis auflösen,
und wird die [Unwissenheit] sterben;
und der in der Schöpfung [zerteilte] Gedanke
[wird] (wieder) zu einer Einheit gestaltet sein,
und [das finstere Chaos]
wird aufgelöst werden;
und [p.50] [… *(fünf Zeilen weitgehend zerstört)*…

… (Und niemand wird mich erkennen,)]
bis ich mich offenbart haben werde
[in der Kraft meiner Herrlichkeit,]
und bis ich versammelt habe alle [meine] Brüder
in meinem [ewigen Reich].
Ja, ich verkündigte ihnen die [fünf] unaussprechlichen Siegel,
damit [ich] in ihnen sei,
und auch sie in mir.

Ich lud Jesus auf mich,
trug ihn fort von dem verfluchten Holz
und versetzte ihn in die Wohnungen seines Vaters.

Und nicht erkannten mich die,
die da wachen über ihre Wohnungen,
denn ich bin ungreifbar samt meinem Samen.
Ja, meinen Samen werde ich überantworten
dem lauteren Licht in unerreichbarem Schweigen.
Amen.
NHC XIII,1, p.49f (NHD, S. 567–569).

5. Das Evangelium nach Maria

Vom Mariaevangelium (BG 1) sind auf dem Papyrus Berolinensis Gnosticus die Seiten 7–10 und 15–19 in koptischer Sprache erhalten. Dazu kommen zwei griechische Fragmente, die von unterschiedlichen Manuskripten aus dem 3. Jh. stammen (POxy 3525 sowie PRyl 463). Die Schrift wurde demnach im 2. Jh. auf Griechisch verfasst. Der erhaltene Bestand setzt mit einem Dialog Jesu (vermutlich ist der Auferstandene gemeint) mit seinen Jüngern und Maria ein. Nach Jesu Weggang tröstet Maria die Jünger und berichtet sodann von einer Vision über den Aufstieg der Seele, die ihr durch den Herrn zuteil wurde. Daran schließt sich ein Streit zwischen Maria und Petrus an, in dem Petrus ihr die Autorität zu lehren absprechen will, weil sie eine Frau ist. Dies wird jedoch von Levi zurückgewiesen, woraufhin sich alle zur Verkündigung des Evangeliums entschließen.

Abschließende Anordnungen Jesu

Als der Selige dies gesagt hatte, küsste er sie alle und sprach: »Friede sei mit euch! Bringt euch meinen Frieden hervor! Passt auf, dass niemand euch irreführt, indem er sagt: ›Siehe hier‹ oder ›siehe dort‹. Denn in eurem Innern existiert der Menschensohn. Folgt ihr ihm nach! Die nach ihm suchen, werden ihn finden. Geht also und predigt das Evangelium vom Reich! Legt keine [p.9] Regel fest über das hinaus, was ich euch angeordnet habe, und erlasst kein Gesetz wie der Gesetzgeber, damit ihr nicht dadurch ergriffen werdet.«

Jesu Weggang und Marias Trost

Als er dies gesagt hatte, ging er. Sie aber waren traurig und weinten sehr und sagten: »Wie sollen wir zu den Völkern gehen und das Evangelium vom Reich des Menschensohnes predigen? Wenn jener nicht verschont wurde, wie sollen wir verschont werden?«

Da stand Maria auf, küsste sie alle und sprach zu ihren Geschwistern: »Weint nicht und seid nicht traurig und zweifelt auch nicht! Denn seine Gnade wird mit euch allen sein und euch beschützen. Vielmehr lasst uns seine Größe preisen, denn er hat uns vorbereitet und uns zu Menschen gemacht.«

Maria übermittelt Worte Jesu

Als Maria dies gesagt hatte, wandte sie ihr (pl.) Herz zum Guten, und sie begannen, über die Worte des [Erlösers] zu diskutieren.

[p.10] Petrus sprach zu Maria: »Schwester, wir wissen, dass der Erlöser dich mehr liebte als die übrigen Frauen. Sage uns die Worte des Erlösers, an die du dich erinnerst, die du kennst, wir (aber) nicht, und die wir auch nicht gehört haben.«

Maria antwortete und sprach: »Was euch verborgen ist, werde ich euch verkündigen.« Und sie begann, ihnen diese Worte zu sagen: »<Ich>«, sprach sie, »ich sah den Herrn in einer Vision. Und ich sagte zu ihm: ›Herr, ich sah dich heute in einer Vision.‹ Er antwortete und sprach zu mir: ›Selig bist du, weil du nicht wankst, wenn du mich siehst! Denn wo der Verstand ist, dort ist der Schatz.‹ Ich sprach zu ihm: ›Herr, jetzt (sage mir): Wer die Vision sieht, sieht er sie <mit> der Seele <oder> dem Geist?‹ Der Erlöser antwortete und sprach: ›Er sieht sie nicht mit der Seele und nicht mit dem Geist, sondern der Verstand, der in der Mitte von diesen beiden ist, er ist es, der die Vision sieht und er ist es, der …

(p. 11–14 fehlen)

Gespräche unter den Jüngerinnen und Jüngern und Abschluss

[p. 15] Als Maria dies gesagt hatte, schwieg sie, so dass der Erlöser bis hierher mit ihr gesprochen hatte.

Andreas aber antwortete und sprach zu den Geschwistern: »Sagt, was ihr meint über das, was sie gesagt hat! Ich nämlich glaube nicht, dass der Erlöser dies gesagt hat, denn diese Lehren sind wahrhaftig andere Gedanken!«

Petrus antwortete und sprach über diese derartigen Dinge, er fragte sie (pl.) wegen des Erlösers: »Hat er etwa mit einer Frau heimlich vor uns gesprochen und nicht öffentlich? Sollen auch wir umkehren und alle auf sie hören? Hat er sie mehr als uns erwählt?«

[p.18] Da weinte Maria, sie sprach zu Petrus: »Mein Bruder Petrus, was denkst du? Denkst du, dass ich mir dies allein in meinem Herzen ausgedacht habe und dass ich über den Erlöser lüge?«

Levi antwortete und sprach zu Petrus: »Petrus, schon immer bist du jähzornig. Jetzt sehe ich dich, wie du gegen die Frau streitest wie die Feinde. Wenn der Erlöser sie aber würdig gemacht hat, wer bist dann du, sie zu verwerfen? Sicherlich kennt der Erlöser sie ganz genau, deshalb hat er sie mehr als uns geliebt. Vielmehr lasst uns uns schämen und den vollkommenen Menschen anziehen, ihn uns hervorbringen, wie er uns aufgetragen hat, und das Evangelium predigen, ohne eine andere Regel oder ein anderes Gesetz zu erlassen als das, was der Erlöser gesagt hat.«

Als [p.19] [Levi aber dies gesagt] hatte, da begannen sie zu gehen, um zu verkündigen und zu predigen.

BG 1, p.8,11–19,2 (NHD, S. 571–573).

Literaturverzeichnis

Das Literaturverzeichnis ist nach Kapiteln geordnet. Die Literaturangaben zu den einzelnen Kapiteln sind jeweils vollständig aufgeführt.

Kapitel I

1. Antike Quellen und Übersetzungen

Die Romrede des Aelius Aristides (De laudibus urbis Romae), herausgegeben, übersetzt und mit Erläuterungen versehen von Richard Klein, TzF 45, Darmstadt 1983.

Das Äthiopische Henochbuch, hg. v. Siegbert Uhlig (JSHRZ 5.6), Gütersloh 1984.

Augustus, Meine Taten. Res Gestae Divi Augusti nach dem Monumentum Ancyranum, Apolloniense und Antiochenum, lat.-griech.-dt., hg. u. übers. v. Ekkehard Weber (Tusculum 27.6), Darmstadt [6]1999.

Aurelius Augustinus, Vom Gottesstaat, Bd. 1: Buch I–X, übers. v. Wilhelm Thimme, eingel. u. komm. v. Carl Andresen, München 1977.

Appian von Alexandrien, Römische Geschichte, Bd. 1: Die römische Reichsbildung, durchges., eingel. u. erl. v. Kai Brodersen, übers. v. Otto Veh (BGrL 23), Stuttgart 1987.

Cassius Dio, Römische Geschichte, Bd. 5: Epitome der Bücher 61–80, übers. v. Otto Veh (BAW), Zürich / München 2007.

Ders., Roman History, Volume 8: Books LXI–LXX, hg. u. übers. v. Earnest Cary / Herbert B. Foster (LCL 176), Cambridge, Mass. [4]1982, Reprint der Erstausgabe 1925.

Corpus Papyrorum Judaicarum, hg. v. Victor Tcherikover u. a., Bd. 2: The Early Roman Period, Cambridge, Mass. 1960.

The Documents from the Bar Kokhba Period in the Cave of Letters. Greek Papyri, Aramaic and Nabatean Signatures and Subscriptions, hg. v. Naphtali Lewis u. a., Jerusalem 1989.

The Documents from the Bar Kokhba Period in the Cave of Letters, hg. v. Yigael Yadin (JDS 2), Jerusalem 2002.

The Documents from the Bar Kokhba Period in the Cave of Letters. Hebrew, Aramaic and Nabatean-Aramaic Papyri, hg. v. Yigael Yadin (JDS 3), Jerusalem 2002.

Eusebius von Caesarea, Kirchengeschichte, übers. v. Heinrich Kraft, München 1981.

The Finds from the Bar Kokhba Period of Letters, hg. v. Yigael Yadin (JDS 1), Jerusalem 1963.

Flavius Josephus, Aus meinem Leben [Vita], hg., übers. u. komm. v. Folker Siegert / Heinz Schreckenberg / Manuel Vogel, Tübingen 2001.

Ders., Jewish Antiquities [Antiquitates Judaicae], Books I–IV, hg. u. übers. v. Henry St. John Thackeray (LCL 242), Cambridge, Mass. u. a. 1978, Reprint der Erstausgabe 1930.

Ders., Jewish Antiquities [Antiquitates Judaicae], Books IX–XI, hg. u. übers. v. Ralph Marcus (LCL 326), Cambridge, Mass. u. a. 1987, Reprint der Erstausgabe 1937.

Ders., Jewish Antiquities [Antiquitates Judaicae], Books XII–XIV, hg. u. übers. v. Ralph Marcus (LCL 365), Cambridge, Mass. u. a. 1986, Reprint der Erstausgabe 1933.

Ders., Jewish Antiquities, [Antiquitates Judaicae], Books XV–XVII, hg. v. Allen Wikgren, übers. v. Ralph Marcus (LCL 410), Cambridge, Mass. u. a. 1976, Reprint der Erstausgabe 1969.

DERS., Jewish Antiquities [Antiquitates Judaicae], Books XVIII–XIX, hg. u. übers. v. Louis H. Feldman (LCL 433), Cambridge, Mass. u. a. 1981, Reprint der Erstausgabe 1965.

DERS., Jewish Antiquities [Antiquitates Judaicae], Book XX. General Index, hg. u. übers. v. Louis H. Feldman (LCL 456), Cambridge, Mass. u. a. 1981, Reprint der Erstausgabe 1965.

DERS., Der Jüdische Krieg [De bello Judaico], Bd. 1: Buch I–III, hg. u. übers. v. Otto Michel / Otto Bauernfeind, Darmstadt [3]1982.

DERS., Der Jüdische Krieg [De bello Judaico], Bd. 2.1: Buch IV–V, hg. u. übers. v. Otto Michel / Otto Bauernfeind, Darmstadt 1963.

DERS., Der Jüdische Krieg [De bello Judaico], Bd. 2.2: Buch VI–VII, hg. u. übers. v. Otto Michel / Otto Bauernfeind, Darmstadt 1969.

DERS., Kleinere Schriften, hg. u. übers. v. Heinrich Clementz, Wiesbaden 1993.

FLORUS, LUCIUS ANNAEUS, Römische Geschichte, lat.–dt., eingel., übers. u. komm. v. Günter Laser (Edition Antike), Darmstadt 2005.

GREEK AND LATIN AUTHORS ON JEWS AND JUDAISM, Bd. 1: From Herodotus to Plutarch, hg. v. Menahem Stern, Jerusalem 1974.

GREEK AND LATIN AUTHORS ON JEWS AND JUDAISM, Bd. 2: From Tacitus to Simplicius, hg. v. Menahem Stern, Jerusalem 1980.

HIMMELFAHRT MOSES. DIE GRIECHISCHE ESRA-APOKALYPSE. DIE SYRISCHE BARUCH-APOKALYPSE, hg. v. Egon Brandenburger / Ulrich Müller / A. F. Johannes Klijn (JSHRZ 5.2), Gütersloh 1976.

HORATIUS FLACCUS, Sämtliche Werke, lat.–dt., hg. u. übers. v. Hans Färber (Tusculum 95.9), München / Zürich [9]1982.

INSCRIPTIONES JUDAICAE ORIENTIS, Bd. 1: Eastern Europe, hg. v. Dov Noy u. a. (TSAJ 101), Tübingen 2004.

PHILO VON ALEXANDRIEN, Die Werke in deutscher Übersetzung, Bd. 1, hg. v. Leopold Cohn (Schriften der jüdisch-hellenistischen Literatur in deutscher Übersetzung 1), Berlin [2]1962, Reprint der Erstausgabe 1909.

DERS., Die Werke in deutscher Übersetzung, Bd. 7, hg. v. Leopold Cohn (Schriften der jüdisch-hellenistischen Literatur in deutscher Übersetzung 7), Berlin 1964.

PLINIUS SECUNDUS MAIOR (DER ÄLTERE), Naturkunde [Naturalis historiae], Bd. 4: Geographie: Afrika und Asien, hg. u. übers. v. Gerhard Winkler / Roderich König (Tusculum 148.4), München 1993.

PLINIUS SECUNDUS MINOR (DER JÜNGERE), Der Briefwechsel mit Kaiser Trajan. Das 10. Buch der Briefe, lat.–dt., hg. u. übers. v. Marion Giebel, Stuttgart 1985.

DERS., Panegyrikus. Lobrede auf den Kaiser Trajan (TzF 51), hg. u. übers. v. Werner Kühn, Darmstadt 1985.

RÖMISCHE INSCHRIFTEN, lat.–dt., hg. v. Leonhard Schumacher, Stuttgart 1988.

The SCRIPTORES HISTORIAE AUGUSTAE, Bd. 1, hg. v. David Magie (LCL 139), Cambridge, Mass. 1991.

SIBYLLINEN, hg. v. HELMUT MERKEL (JSHRZ 5.8), Gütersloh 1998.

SIBYLLINISCHE WEISSAGUNGEN, griech.–dt., auf der Grundlage der Ausgabe v. Alfons Kurfeß neu übers. u. hg. v. Jörg-Dieter Gauger (Tusculum 171), Düsseldorf / Zürich 1998.

SUETONIUS TRANQUILLUS, lat.–dt., hg. u. übers. v. Dietmar Schmitz, Stuttgart 1988.

DERS., Kaiserviten [De vita Caesarum], lat.–dt., hg. u. übers. v. Hans Martinet (Tusculum 177), Düsseldorf / Zürich 1997.

TACITUS, PUBLIUS CORNELIUS, Annalen [Annales], lat.–dt., hg. u. übers. v. Erich Heller (Tusculum 180.1), München / Zürich 1982.

DERS., Historien [Historiae], lat.–dt., hg. u. übers. v. Joseph Borst / Helmut Hross / Helmut Borst (Tusculum 183.4), München [4]1979.
DERS., Das Leben des Iulius Agricola [De vitae Agricolae], lat.–dt., hg. u. übers. v. Rudolf Till (SQAW 8), Berlin [5]1988.
Die TOSEFTA, Übersetzung und Erklärung, Bd. 2.5: Moed, hg. v. Günter Mayer, Stuttgart 1993.

2. Sekundärliteratur und Sammelwerke

ALFÖLDY, GÉZA, Eine Bauinschrift aus dem Colosseum, ZPE 109 (1995), 195–226.
BARCELÓ, PEDRO, Alexander der Große, Darmstadt 2007.
BARCLAY, JOHN, Jews in the Mediterranean Diaspora. From Alexander to Trajan (323 BCE – 117 CE), Edinburgh 1996.
BAR-KOCHVA, BEZALEL, Judas Maccabaeus. The Jewish Struggle against the Seleucids, Cambridge 1989.
BARRETT, CHARLES KINGSLEY / THORNTON, CLAUS-JÜRGEN, Texte zur Umwelt des Neuen Testaments (UTB 1591), Tübingen [2]1991.
BERLIN, ANDREA U. A. (Hg.), The First Jewish Revolt. Archaeology, History and Ideology. London / New York 2002.
BÖTTRICH, CHRISTFRIED U. A. (Hg.), Josephus und das Neue Testament. Wechselseitige Wahrnehmungen. II. Internationales Symposium zum Corpus-Judaeo-Hellenisticum 25.–28. Mai 2006, Greifswald (WUNT 209), Tübingen 2007.
BOYLE, ANTHONY U. A. (Hg.), Flavian Rome. Culture, Image, Text, Leiden / Boston 2003.
BRINGMAN, KLAUS, Hellenistische Reform und Religionsverfolgung in Judäa: Eine Untersuchung zur jüdisch-hellenistischen Geschichte (175–163 v. Chr.), Göttingen 1983.
COLLINS, JOHN J., Between Athens and Jerusalem. Jewish Identity in the Hellenistic Diaspora, Grand Rapids, Mi. 2000.
COTTON, HANNAH M. / GEIGER, JOSEPH, The Latin and Greek Documents. The Yigael Yadin Excavations 1963–1965. Final Reports, Bd. 2, Jerusalem 1989.
COTTON, HANNAH M., Some Aspects of the Roman Administration of Judaea / Syria-Palaestina, in: Werner Eck / Elisabeth Müller-Luckner (Hg.), Lokale Autonomie und römische Ordnungsmacht in den kaiserzeitlichen Provinzen vom 1. bis 3. Jahrhundert, München 1999, 75–91.
DABROWA, EDWARD, The Hasmoneans and Their State. A Study in History, Ideology and the Institutions, Kraków 2010.
DEMANDT, ALEXANDER, Alexander der Große. Leben und Legende, München 2009.
DÖPP, SIEGMAR, Alexander in spätlateinischer Literatur, GFA Beihefte NF 2 (1999), 193–216.
ECK, WERNER, Rom und Judaea. Fünf Vorträge zur römischen Herrschaft in Palaestina, Tübingen 2007.
DERS., Rom herausfordern. Bar Kochba im Kampf gegen das Imperium Romanum. Das Bild des Bar Kochba-Aufstandes im Spiegel der neuen epigrafischen Überlieferung, Rom 2007.
DERS., The Bar Kokhba Revolt: The Roman Point of View, JRS 89 (1999), 76–89.
EDMONDSON, JONATHAN U. A. (Hg.), Flavius Josephus and Flavian Rome, Oxford 2005.
EFFE, BERND (Hg.), Hellenismus, in: Herwig Görgemanns (Hg.), Die Griechische Literatur in Text und Darstellung, Bd. 4: Hellenismus, Stuttgart 1985.
ENGELS, JOHANNES, Philipp II. und Alexander der Große, Darmstadt 2006.
FELDMAN, LOUIS H., Financing the Colosseum, BArR 27.4 (2001), 20–31.

DERS., Jews in a Graeco-Roman World, Oxford 1998.

DERS., The Ruling Class of Judea. The Origins of the Jewish Revolt against Rome, A.D. 66–70, Cambridge 1987.

GEHRKE, HANS-JOACHIM, Geschichte des Hellenismus, München [4]2008.

GOODMAN, MARTIN, Rome and Jerusalem. The Clash of Ancient Civilizations, London/New York 2007.

GRUEN, ERICH, Diaspora. Jews Amidst Greeks and Romans, Cambridge, Mass. 2004.

HAAG, ERNST, Das hellenistische Zeitalter. Israel und die Bibel im 4. bis 1. Jahrhundert v.Chr. (BE 9), Stuttgart 2003.

HENGEL, MARTIN, Jerusalem als jüdische und hellenistische Stadt, in: Bernd Funck (Hg.), Hellenismus. Beiträge zur Erforschung von Akkulturation und politischer Ordnung in den Staaten des hellenistischen Zeitalters. Akten des Internationalen Hellenismus-Kolloquiums, 9.–14. März 1994 in Berlin, Tübingen 1996, 296–306.

DERS., Judentum und Hellenismus. Studien zu ihrer Begegnung unter besonderer Berücksichtigung Palästinas bis zur Mitte des 2. Jh. v.Chr. (WUNT 10), Tübingen [3]1988.

JACOBSON, DAVID M. U.A. (Hg.), Herod and Augustus. Papers Presented at the IJS Conference, 21st–23rd June 2005 (IJS Studies in Judaica 6), Leiden/Boston 2009.

KNELL, HEINER, Bescheidung, Fortschritt und Macht in Bauprogrammen flavischer Kaiser (69–98 n.Chr.), in: Ders., Bauprogramme römischer Kaiser, Mainz 2004, 125–167.

KOFFMAHN, ELISABETH, Die Doppelurkunden aus der Wüste Juda. Recht und Praxis der jüdischen Papyri des 1. und 2. Jahrhunderts n.Chr. samt Übertragung der Texte und deutscher Übersetzung (STDJ 5), Leiden 1968.

KREITZER, LARRY J., Striking New Images. Roman Imperial Coinage and the New Testament World (JSNT.S 134), Sheffield 1996.

KUHNEN, HANS-PETER U.A. (Hg.), Mit Thora und Todesmut. Judäa im Widerstand gegen die Römer von Herodes bis Bar-Kochba, Stuttgart 1994.

LEHNARD, PIERRE/VON DER OSTEN-SACKEN, PETER, Rabbi Akiva. Texte und Interpretationen zum rabbinischen Judentum und Neuen Testament (ANTZ 1), Berlin 1987.

MENDELS, DORON, The Rise and Fall of Jewish Nationalism, New York 1992.

MENEGHINI, ROBERTO/VALENZANI, RICCARDO S., I Fori Imperiali. Gli scavi del Commune di Roma (1991–2007), Rom 2007.

MILLAR, FERGUS, Last Year in Jerusalem. Monuments of the Jewish War in Rome, in: Jonathan Edmondson/Steve Mason/James Rives (Hg.), Flavius Josephus and Flavian Rome, Oxford 2005, 101–128.

NAGEL, TILMAN, Alexander der Große in der frühislamischen Volksliteratur (Beiträge zur Sprach- und Kulturgeschichte des Orients 28), Walldorf 1978.

NETZER, EHUD, The Architecture of Herod, the Great Builder (TSAJ 117), Tübingen 2006.

NOETHLICHS, KARL-LEO, Das Judentum und der römische Staat. Minderheitenpolitik im antiken Rom, Darmstadt 1996.

ROCCA, SAMUEL, Herod's Judaea. A Mediterranean State in the Classical World (TSAJ 122), Tübingen 2008.

RODGERS, ZULEIKA (Hg.), Making History. Josephus and Historical Method (JSJ.S 110), Leiden 2007.

RUTGERS, LEONARD, The Hidden Heritage of Diaspora Judaism (CBET 20), Leuven [2]1998.

SASSE, MARKUS, Geschichte Israels in der Zeit des Zweiten Tempels. Historische Ereignisse. Archäologie. Sozialgeschichte. Religions- und Geistesgeschichte, Neukirchen-Vluyn 2004.

SCHÄFER, PETER (Hg.), Der Bar Kokhba-Aufstand. Studien zum zweiten jüdischen Krieg gegen Rom (TSAJ 1), Tübingen 1981.

DERS., The Bar Kokhba War Reconsidered. New Perspectives on the Second Jewish Revolt against Rome (TSAJ 100), Tübingen 2003.

SHATZMAN, ISRAEL, The Integration of Judaea into the Roman Empire, SCI 18 (1999), 49–84.

SCHIMANOWSKI, GOTTFRIED, Juden und Nichtjuden in Alexandrien. Koexistenz und Konflikte bis zum Pogrom unter Trajan (117 n. Chr.) (MJSt), Münster 2006.

STEGEMANN, WOLFGANG, Jesus und seine Zeit (BE 10), Stuttgart 2010.

THEISSEN, GERD / MERZ, ANNETTE, Der historische Jesus. Ein Lehrbuch, Göttingen 1996.

WALSER, GEROLD (Hg.), Die Einsiedler Inschriftensammlung und der Pilgerführer durch Rom (Codex Einsidlensis 326), Stuttgart 1987.

VOGEL, MANUEL, Flavius Josephus, in: Kurt Erlemann / Karl-Leo Noethlichs / Klaus Scherberich / Jürgen Zangenberg (Hg.), Neues Testament und Antike Kultur, Bd. 1: Prolegomena – Quellen – Geschichte – Recht, Neukirchen-Vluyn 2004, 90–93.

DERS., Herodes. König der Juden, Freund der Römer (Biblische Gestalten 5), Leipzig 2002.

Kapitel II

1. Antike Quellen und Übersetzungen

AELIUS ARISTIDES, Die Romrede [De laudibus urbis Romae], hg., übers. u. mit Erl. vers. v. Richard Klein (TzF 45), Darmstadt 1983.

ARISTOTELES, Oikonomikos. Das erste Buch der Ökonomik. Handschriften, Text, Übersetzung und Kommentar und seine Beziehungen zur Ökonomikliteratur, hg. u. übers. v. Ulrich Victor (BKP 147), Königstein / Ts. 1983.

ARTEMIDORUS VON DALDIANUS, Das Traumbuch, übers. u. mit Anm. vers. v. Karl Brackertz (BAW), Zürich 1979.

CASSIUS DIO, Römische Geschichte, Bd. 5: Epitome der Bücher 61–80, übers. v. Otto Veh (BAW), Zürich / München 2007.

CICERO, MARCUS TULLIUS, Briefe an den Bruder Quintus [Ad Quintum fratrem epistularum libri II], hg. u. übers. v. Ursula Blank-Sangmeister, Stuttgart 1993.

DERS., Cato der Ältere. Über das Alter [Cato Maior de senectute], hg. u. übers. v. Max Faltner (Tusculum 40.2), München [2]1980.

DERS., Die Reden gegen Verres, in: Ders., Sämtliche Reden, Bd. 2, lat.–dt., hg., übers. u. erl. v. Manfred Fuhrmann (Tusculum 58.2), Zürich 1995.

DERS., Für Flaccus, in: Ders., Sämtliche Reden, Bd. 5, eingel., übers. u. erl. v. Manfred Fuhrmann (BAW), Zürich / München 1978.

DERS., Gespräche in Tusculum, eingel. u. übers. v. Karl Büchner, München 1984.

DIO CHRYSOSTOMOS, Discourses, Bd. 1: 1–11, hg. u. übers. v. James W. Cohoon (LCL 257), Cambridge, Mass. u. a. 1932.

DERS., Discourses, Bd. 2: 12–30, hg. u. übers. v. James W. Cohoon (LCL 339), London 1977.

The EPIGRAPHIC COLLECTION OF THE MUSEO NAZIONALE ROMANO AT THE BATHS OF DIOCLETIAN, hg. v. Rosanna Friggeri, Rom 2004.

FLAVIUS JOSEPHUS, Contra Apionem, Buch I, Einl., Text, textkritischer Apparat, Übersetzung u. Kommentar v. Dagmar Labow (BWANT 167), Stuttgart u. a. 2005.

DERS., Jewish Antiquities [Antiquitates Judaicae], Books I–IV, hg. u. übers. v. Henry St. John Thackeray (LCL 242), Cambridge, Mass. u. a. 1978, Reprint der Erstausgabe 1930.

Ders., Jewish Antiquities [Antiquitates Judaicae], Books XII–XIV, hg. u. übers. v. Ralph Marcus (LCL 365), Cambridge, Mass. u. a. 1986, Reprint der Erstausgabe 1933.

Ders., Jewish Antiquities [Antiquitates Judaicae], Books XV–XVII, hg. v. Allen Wikgren, übers. v. Ralph Marcus (LCL 410), Cambridge, Mass. u. a. 1976, Reprint der Erstausgabe 1969.

Ders., Jewish Antiquities [Antiquitates Judaicae], Book XX. General Index, hg. u. übers. v. Louis H. Feldman (LCL 456), Cambridge, Mass. u. a. 1981, Reprint der Erstausgabe 1965.

Ders., Der Jüdische Krieg [De bello Judaico], Bd. 1: Buch I–III, hg. u. übers. v. Otto Michel / Otto Bauernfeind, Darmstadt [3]1982.

Ders., Der Jüdische Krieg [De bello Judaico], Bd. 2.2: Buch VI–VII, hg. u. übers. v. Otto Michel / Otto Bauernfeind, Darmstadt 1969.

Ders., Kleinere Schriften, hg. u. übers. v. Heinrich Clementz, Wiesbaden 1993.

Florus, Lucius Anneaus, Römische Geschichte, lat.–dt., eingel., übers. u. komm. v. Günter Laser (Edition Antike), Darmstadt 2005.

Gaius, Institutes [Institutiones], hg. u. übers. v. William M. Gordon / Olivia Robinson, London 1988.

Greek and Latin Authors on Jews and Judaism, Bd. 1: From Herodotus to Plutarch, hg. v. Menahem Stern, Jerusalem 1974.

Greek and Latin Authors on Jews and Judaism, Bd. 2: From Tacitus zu Simplicius, hg. v. Menahem Stern, Jerusalem 1980.

A Review of the Greek Inscriptions and Papyri Published 1984–85, hg. v. S. R. Llewelyn (NewDocs 8), Grand Rapids, Mi. 1998.

Griechische Inschriften als Zeugnisse des privaten und öffentlichen Lebens, hg. v. Gerhard Pfohl (Tusculum 82.2), München [2]1980.

Herodot, Historien, Bd. 1: Bücher I–V, griech.–dt., hg. u. übers. v. Josef Feix (Tusculum 85,1.6), Düsseldorf / Zürich [6]2000.

Homer, Odyssee, griech.–dt., übers. v. Anton Weiher. Mit Urtext, Anh., Reg. u. Einf. v. Alfred Heubeck (Tusculum 89.10), München / Zürich [10]1994.

Inscriptiones Judaicae Orientis, Bd. 1: Eastern Europe, hg. v. Dov Noy (TSAJ 101), Tübingen 2004.

Inscriptiones Judaicae Orientis, Bd. 2: Kleinasien, hg. v. Walter Ameling (TSAJ 99), Tübingen 2004.

Inscriptiones Latinae Selectae, Bd. 1, hg. v. Herrman Dessau, Berlin 1892.

Das Buch der Jubiläen, hg. v. Klaus Berger (JSHRZ 2.3), Gütersloh 1981.

Juvenalis, Decimus Iunius, Satiren, lat.–dt., hg. u. übers. v. Joachim Adamietz (Tusculum 89.10), Darmstadt 1993.

Kallimachos, Werke, hg. u. übers. v. Markus Asper, Darmstadt 2004.

Laudatio Turiae, hg. v. Dieter Flach (TzF 58), Darmstadt 1991.

Livius, Titus, Römische Geschichte, Bd. 1: Buch I–III, lat.–dt., hg. v. Hans J. Hillen (Tusculum 102,1.1), München / Zürich 1987.

Nepos, Cornelius, Biographien berühmter Männer [De viris illustribus], hg. u. übers. v. Peter Krafft / Felicitas Olef-Krafft, Stuttgart 1993.

Paterculus, Marcus Velleius, Römische Geschichte [Historia Romana], hg. u. übers. v. Marion Giebel, Stuttgart 1989.

Petronius Arbiter, Satiren. Schelmenszenen [Satyrica], hg. u. übers. v. Konrad Müller / Wilhelm Ehlers (Tusculum 133.3), München / Zürich [3]1983.

PHILO VON ALEXANDRIEN, Die Werke in deutscher Übersetzung, Bd. 1, hg. v. Leopold Cohn (Schriften der jüdisch-hellenistischen Literatur in deutscher Übersetzung 1), Berlin ²1962, Reprint der Erstausgabe 1909.

DERS., Die Werke in deutscher Übersetzung, Bd. 2, hg. v. Leopold Cohn (Schriften der jüdisch-hellenistischen Literatur in deutscher Übersetzung 2), Berlin ²1962, Reprint der Erstausgabe 1910.

DERS., Die Werke in deutscher Übersetzung, Bd. 7, hg. v. Leopold Cohn (Schriften der jüdisch-hellenistischen Literatur in deutscher Übersetzung 7), Berlin 1964.

PLATON, Gesetze, Buch VII–XII, bearb. v. Klaus Schöpsdau u. a., in: Gunther Eigler (Hg.), Platon. Werke in acht Bänden, Bd. 8.2: Gesetze Buch VII–XII. Minos, Darmstadt ²1990.

PLAUTUS, TITUS MACCIUS, Komödien, Bd. 4: Miles gloriosus, Mostallaria, Persa, lat.–dt., hg. u. übers. v. Peter Rau (Edition Antike), Darmstadt 2008.

PLINIUS SECUNDUS MAIOR (DER ÄLTERE), Naturkunde [Naturalis historiae], Buch 12/13: Botanik: Bäume, hg. u. übers. v. Roderich König in Zusammenarbeit mit Gerhard Winkler (Tusculum 148.11), München 2007.

PLINIUS SECUNDUS MINOR (DER JÜNGERE), Epistulae, hg. u. übers. v. Helmut Kasten (SQAW 35), Berlin 1982.

PLUTARCH VON CHAIRONEIA, Lebensbeschreibungen, Bd. 1: Theseus-Romulus, Lykurgos-Numa, Solon-Poplicola, Themistokles-Camillus, Perikles-Fabius Maximus. Gesamtausgabe übers. v. J. Friedrich Kaltwasser / Hanns Floerke / Ludwig Kröner, mit einer Einl. v. Otto Seel, München 1964.

DERS., Über Liebe und Ehe. Eine Auswahl aus den Moralia, griech.–dt., hg. u. übers. v. Wilhelm Sieveking (Tusculum 153), München 1940.

POLYBIOS, Historien. Auswahl, Übersetzung, Anm. u. Nachw. v. Karl F. Eisen, Stuttgart 1990.

POMPEIUS TROGUS, Weltgeschichte von den Anfängen bis Augustus: im Auszug des Justin, eingel., übers. u. erl. v. Otto Seel, Zürich / München 1972.

QUINTILIANUS, MARCUS FABIUS, Ausbildung des Redners [Institutionis oratoriae libri XII], Bd. 1: Buch I–VI, hg. u. übers. v. Helmut Rahn (TzF 2), Darmstadt ²1988.

RÖMISCHE INSCHRIFTEN, lat.–dt., hg. v. Leonhard Schumacher, Stuttgart 1988.

SENECA, LUCIUS ANNAEUS, Apocolocyntosis. Die Verkürbissung des Kaisers Claudius, übers. v. Anton Bauer, Stuttgart 1981.

DERS., Epistulae morales ad Lucilium, Bd. 5, hg. u. übers. v. Franz Loretto, Stuttgart 1988.

SIBYLLINEN, hg. v. Helmut Merkel (JSHRZ 5.8), Gütersloh 1998.

SIBYLLINISCHE WEISSAGUNGEN, griech.–dt., auf der Grundlage der Ausgabe v. Alfons Kurfeß neu hg. u. übers. v. Jörg-Dieter Gauger (Tusculum 171), Düsseldorf / Zürich 1998.

STRABO, Geography, Bd. 7: Books XV–XVI, hg. u. übers. v. Horace L. Jones (LCL 241), Cambridge, Mass. 1980.

SUETONIUS TRANQUILLUS, Kaiserviten [De vita Caesarum], lat.–dt., hg. u. übers. v. Hans Martinet (Tusculum 177), Düsseldorf / Zürich 1997.

TACITUS, PUBLIUS CORNELIUS, Annalen [Annales], lat.–dt., hg. u. übers. v. Erich Heller (Tusculum 180.1), München / Zürich 1982.

DERS., Dialog über die Redner [Dialogus de oratoribus], lat.–dt., hg. v. Dietrich Klose nach der Ausgabe v. Helmut Gugel, Stuttgart.

DERS., Historien [Historiae], lat.–dt., hg. u. übers. v. Joseph Borst / Helmut Hross / Helmut Borst (Tusculum 183.4), München ⁴1979.

DERS., Das Leben des Iulius Agricola [De vitae Agricolae], lat.–dt., hg. u. übers. v. Rudolf Till (SQAW 8), Berlin ⁵1988.

The TOSEFTA. Translated from the Hebrew, Bd. 4: Niziqin, hg. v. Jacob Neusner, New York 1981.

VALERIUS MAXIMUS, Denkwürdige Taten und Worte [Facta et dicta memorabilia], hg. u. übers. v. Ursula Blank-Sangmeister, Stuttgart 1991.

VERGILIUS, PUBLIUS MARO, Aeneis, in Zusammenarbeit mit Maria Götte hg. u. übers. v. Johannes Götte (Tusculum 192.8), Zürich ⁸1994.

VITRUV, Zehn Bücher über Architektur, lat.–dt., übersetzt, eingel. u. mit Anm. vers. v. Curt Fensterbusch, Darmstadt 1981.

Das ZWÖLFTAFELGESETZ. Texte, Übersetzung und Erläuterung v. Rudolf Düll (Tusculum 204), Darmstadt 1995.

2. Sekundärliteratur und Sammelwerke

ALFÖLDY, GÉZA, Römische Sozialgeschichte, Wiesbaden ³1984.

BACKE-DAHMEN, ANNIKA, Die Welt der Kinder in der Antike, Mainz 2008.

BARTON, IAN M. (Hg.), Roman Public Buildings, Exeter 1989.

BAUER, FRANZ, Stadt, Platz und Denkmal in der Spätantike. Untersuchungen zur Ausstattung des öffentlichen Raums in den spätantiken Städten Rom, Konstantinopel und Ephesos, Mainz 1996.

BERGER, KLAUS. U. A. (Hg.), Religionsgeschichtliches Textbuch zum Neuen Testament (NTD.T 1), Göttingen 1987.

BLANK-SANGMEISTER, URSULA, Römische Frauen. Ausgewählte Texte, lat.–dt., Stuttgart 2001.

BRADLEY, KEITH, Discovering the Roman Family, New York 1991.

BRANDT, HARTWIN, Wird auch silbern mein Haar. Eine Geschichte des Alters in der Antike, Darmstadt 2003.

BROWN, FRANK E., Cosa. The Making of a Roman Town, Ann Arbor, Mi. 1980.

CANTARELLA, EVA, Pandora's Daughters. The Role and Status of Woman in Greek and Roman Antiquities, Baltimore / London ⁴1993.

CARROLL, MAUREEN, Spirits of the Dead. Roman Funerary Commemoration in Western Europe, Oxford 2006.

COTTON, HANNAH M. / ECK, WERNER / ISAAC, BENJAMIN, A Newly Discovered Governor of Judaea in a Military Diploma from 90 CE, Israel Museum Studies in Archeology 2 (2003), 17–29.

D'AMBRA, EVE, Roman Women, Cambridge 2007.

DEISSMANN, GUSTAV A., Licht vom Osten. Das Neue Testament und die neuentdeckten Texte der hellenistisch-römischen Welt, Tübingen ⁴1923.

DETTENHOFER, MARIA H. (Hg.), Reine Männersache? Frauen in Männerdomänen der antiken Welt, Wien / Köln / Weimar 1994.

DIXON, SUZANNE, The Roman Family, Baltimore / London 1992.

ECK, WERNER / HEINRICHS, JOHANNES, Sklaven und Freigelassene in der Gesellschaft der römischen Kaiserzeit (TzF 61), Darmstadt 1993.

ECK, WERNER, Rom und Judaea. Fünf Vorträge zur römischen Herrschaft in Palaestina, Tübingen 2007.

EDER, WALTER, Who Rules? Power and Participation in Athens and Rom, in: Anthony Molho / Kurt Raaflaub / Julia Emlen (Hg.), City States in Classical Antiquity, Ann Arbor, Mi. 1992, 169–196.

ERLEMANN, KURT U. A. (Hg.), Neues Testament und Antike Kultur, Bd. 5: Texte und Urkunden, Neukirchen-Vluyn 2008.

FALKNER, THOMAS U. A. (Hg.), Old Age in Greek and Latin Literature, New York 1989.

FANTHAM, ELAINE U. A. (Hg.), Women in the Classical World. Image and Text, Oxford / New York 1994.

GARDNER, JANE F., Women in Roman Law and Society, Bloomington 1986.

GNILKA, CHRISTIAN, Art. Greisenalter, in: Theodor Klauser u. a. (Hg.), RAC 12 (1983), 995–1094.

HÜBNER, ULRICH, Spiele und Spielzeug im antiken Palästina (OBO 121), Fribourg / Göttingen 1992.

LANDSCHAFTSVERBAND RHEINLAND (Hg.), Alter in der Antike. Die Blüte des Alters aber ist die Weisheit. Katalog zur Ausstellung im LVR-Landesmuseum Bonn 25.2.2009–7.6.2009, Mainz 2009.

LEIPOLDT, JOHANNES / GRUNDMANN, WALTER, Umwelt des Urchristentums, Bd. 2: Texte zum neutestamentlichen Zeitalter, Berlin [5]1979.

LORENZ, THURI, Römische Städte, Darmstadt 1987.

MÜLLER, PETER, In der Mitte der Gemeinde. Kinder im Neuen Testament, Neukirchen-Vluyn 1992.

OWENS, EDDIE J., The City in the Greek and Roman World, London / New York 1991.

PEEK, WERNER, Griechische Grabgedichte (SQAW 7), Berlin 1960.

POMEROY, SARAH B., Women in Hellenistic Egypt. From Alexander to Cleopatra, Detroit 1990.

RAWSON, BERYL, Children and Childhood in Roman Italy, Oxford 2005.

DIES. (Hg.), Marriage, Divorce and Children in Ancient Rome, Canberra / Oxford 1996.

ROWLANDSON, JANE U. A. (Hg.), Women and Society in Greek and Roman Egypt. A Sourcebook, Cambridge / New York 1998.

SCHMITT-PANTEL, PAULINE (Hg.), Geschichte der Frauen, Bd. 1: Antike, Frankfurt a. M. / New York 1993.

SCHUBERT, CHARLOTTE, Land und Raum in der römischen Republik: die Kunst des Teilens, Darmstadt 1996.

STRAUSS, LEO / KOJEVE, ALEXANDRE, Über Tyrannis. Eine Interpretation von Xenophons „Hieron“ mit einem Essay über Tyrannis und Weisheit, Neuwied / Berlin 1963.

SZAIVERT, WOLFGANG / WOLTERS, REINHARD (Hg.), Löhne, Preise, Werte. Quellen zur römischen Geldwirtschaft, Darmstadt 2005.

TUOR-KURTH, CHRISTINA, Kinderaussetzung und Moral in der Antike. Jüdische und christliche Kritik am Nichtaufziehen und Töten neugeborener Kinder, Göttingen 2010.

WEEBER, KARL-WILHELM (Hg.), Decius war hier … Das Beste aus der römischen Graffiti-Szene (Antike Aktuell), Zürich / Düsseldorf 1996.

WIEDEMANN, THOMAS, Adults and Children in the Roman Empire, London 1989.

ZANGENBERG, JÜRGEN K. / VAN DE ZANDE, DIANNE, Urbanization, in: Catherine Hezser (Hg.), The Oxford Handbook of Jewish Daily Life in Roman Palestine, Oxford 2010, 165–188.

Kapitel III

1. Antike Quellen und Übersetzungen

Der Platoniker ALBINOS und sein sogenannter Prologos. Prolegomena, Überlieferungsgeschichte, kritische Edition u. Übersetzung, hg. v. Burkhard Reis (Serta Graeca 7), Wiesbaden 2000.

Apuleius, Platon und seine Lehren, hg. u. komm. v. Paolo Siniscalco, eingel. u. übers. v. Karl Albert (Texte zur Philosophie 4), St. Augustin 1981.

Ders., Über den Gott des Sokrates [De deo Socratis], eingel., übers. u. mit interpr. Essays vers. v. Matthias Baltes / Marie-Luise Lakmann / John M. Dillon / Pierluigi Donini / Ralph Häfner / Lenka Karfikova (SAPERE 7), Darmstadt 2004.

Aristoteles, Metaphysik, 1. Halbband, griech.-dt., Nearbeitung der Übersetzung v. Hermann Bonitz, mit Einl. u. Komm. hg. v. Horst Seidl (PhB 307.3), Hamburg [3]1989.

Ders., Metaphysik, 2. Halbband, griech.-dt., Neubearbeitung der Übersetzung v. Hermann Bonitz, mit Einl. u. Komm. hg. v. Horst Seidl (PhB 308.3), Hamburg [3]1991.

Ders., Organon, Bd. 2: Kategorien. Hermeneutik oder vom sprachlichen Ausdruck, griech.-dt., hg., übers., mit Einl. u. Anm. vers. v. Hans G. Zekl (PhB 493), Hamburg 1998.

Ders., Organon, Bd. 3: Erste Analytik, griech.-dt., hg., übers., mit Einl. u. Anm. vers. v. Hans G. Zekl (PhB 494), Hamburg 1998.

Ders., Physik. Vorlesung über Natur, 1. Halbband, griech.-dt., übers. u. mit Einl. u. Anm. hg. v. Hans G. Zekl (PhB 380), Hamburg 1987.

Ders., Politik, übers. u. mit erkl. Anm. vers. v. Eugen Rolfes, mit einer Einl. v. Günther Bien (PhB 7.4), Hamburg [4]1990.

Ders., Über die Seele, griech.-dt., übers. v. Willy Theiler, mit Einl. u. Komm. hg. v. Horst Seidl (PhB 476), Hamburg 1995.

Ders., Werke in deutscher Übersetzung, Bd. 6: Nikomachische Ethik, übers. u. komm. v. Franz Dirlmeier, Berlin [7]1979.

Ders., Werke in deutscher Übersetzung, Bd. 7: Eudemische Ethik, übers. u. komm. v. Franz Dirlmeier, Berlin [3]1979.

Ders., Werke in deutscher Übersetzung, Bd. 12.3: Über den Himmel, übers. u. erl. v. Alberto Jori, Darmstadt 2009.

Cicero, Marcus Tullius, Gespräche in Tusculum, lat.-dt., mit ausführlichen Anm. neu hg. v. Olof Gigon (Tusculum 48.6), München / Zürich [6]1992.

Ders., Über die Ziele des menschlichen Handelns [De finibus bonorum et malorum], hg., übers. u. komm. v. Olof Gigon / Laila Straume-Zimmermann (Tusculum 46.1), München / Zürich 1988.

Diogenes Laertius, Leben und Meinungen berühmter Philosophen, Bd. 2, übers. v. Otto Apelt, unter Mitarbeit v. Hans. G. Zekl, neu hg., mit Vorw., Einl. u. neuen Anm. zu Text und Übersetzung vers. v. Klaus Reich (PhB 53/54), Hamburg [3]1990.

Diogenes von Oinoanda, Fragmente 26.1.2–3.8, in: Anthony A. Long / David N. Sedley, Die hellenistischen Philosophen. Texte und Kommentare, übers. v. Karlheiz Hülser, Stuttgart / Weimar 2000.

Dion von Prusa, Menschliche Gemeinschaft und göttliche Ordnung: Die Borysthenes-Rede, eingel., übers. u. mit interpretierenden Essays vers. v. Heinz-Günther Nesselrath / Balbina Bäbler / Maximilian Forschner / Albert de Jong (SAPERE 6), Darmstadt 2003.

Ders., Olympische Rede oder über die erste Erkenntnis Gottes, eingel., übers. u. interpr. v. Hans-Josef Klauck, mit einem archäologischen Beitrag v. Balbina Bäbler (SAPERE 2), Darmstadt 2000.

Epiktet, Handbuch der Moral, in: Epiktet / Teles / Musonius: Ausgewählte Schriften, griech.-dt., hg. u. übers. v. Rainer Nickel (Tusculum 70), München 1994.

Epikur, ΚΥΡΙΑΙ ΔΟΞΑΙ (Entscheidende Lehrsätze), in: Ders., Briefe. Sprüche. Werkfragmente, griech.-dt., hg. u. übers. v. Hans-Wolfgang Krautz, Stuttgart 2000.

Eusebius von Caesarea, Praeparatio Evangelica, zit. nach Friedo Ricken, Antike Skeptiker, München 1994.

HERAKLIT, Fragmente, griech.–dt., hg. v. Bruno Snell (Tusculum 84.11), München / Zürich [11]1995.

HERODOT, Historien, Bd. 2: Bücher VI–IX, hg. u. übers. v. Josef Feix (Tusculum 85,2.4), München / Zürich [4]1988.

JAMBLICH, Leben des Pythagoras, übers. v. Michael von Albrecht, in: Ders., Pythagoras: Legende – Lehre – Lebensgestaltung, eingel., übers. und mit interpr. Essays vers. v. Michael von Albrecht / John Dillon / Martin George / Michael Lurie / David S. du Toit (SAPERE 4), Darmstadt 2002, 120–123.

Die Bildtafel des KEBES (Pinax). Allegorie des Lebens, eingel., übers. u. m. interpret. Essays vers. v. Rainer Hirsch-Luipold / Reinhard Feldmeier / Barbara Hirsch / Lutz Koch / Heinz-Günther Nesselrath (SAPERE 8), Darmstadt 2005.

KLEANTHES, Hymnus auf Zeus, in: Wilhelm Nestle (Hg.), Die Nachsokratiker. In Auswahl übers. u. hg., Bd. 2, Jena 1923.

LUKREZ, TITUS, Von der Natur, lat.–dt., hg. u. übers. v. Hermann Diels, mit einer Einführung und Erläuterung v. Ernst Günther Schmidt (Tusculum 108), München 1993.

MARCUS AURELIUS, Selbstbetrachtungen, übers. v. Albert Wittstock, Durchsicht der Übersicht, Nachw. u. Anm. v. Hans J. Diesner, Leipzig [3]1979.

ORIGENES, Gegen Kelsos, übers. v. Paul Koetschau, ausgew. u. bearb. v. Karl Pichler (Schriften der Kirchenväter 6), München 1986.

OVID, PUBLIUS NASO, Metamorphosen, lat.–dt., hg. v. Niklas Holzberg, in dt. Hexameter übertr. v. Erich Rösch (Tusculum 126.14), Zürich / Düsseldorf [14]1996.

PHILO VON ALEXANDRIEN, Die Werke in deutscher Übersetzung, Bd. 1, hg. v. Leopold Cohn (Schriften der jüdisch-hellenistischen Literatur in deutscher Übersetzung 1), Berlin [2]1962, Reprint der Erstausgabe 1909.

DERS., Die Werke in deutscher Übersetzung, Bd. 2, übers. v. Leopold Cohn (Schriften der jüdisch-hellenistischen Literatur in deutscher Übersetzung 2), Berlin 1910.

DERS., Die Werke in deutscher Übersetzung, Bd. 4, hg. v. Isaak Heinemann (Schriften der jüdisch-hellenistischen Literatur in deutscher Übersetzung 4), Berlin [2]1962, Reprint der Erstausgabe 1923.

DERS., Die Werke in deutscher Übersetzung, Bd. 5, hg. v. Isaak Heinemann (Schriften der jüdisch-hellenistischen Literatur in deutscher Übersetzung 5), Berlin [2]1962, Reprint der Erstausgabe 1929.

DERS., Die Werke in deutscher Übersetzung, Bd. 6, hg. v. Isaak Heinemann (Schriften der jüdisch-hellenistischen Literatur in deutscher Übersetzung 6), Berlin [2]1962, Reprint der Erstausgabe 1938.

PLATON, Phaidros, übersetzt, erl. u. mit ausführlichen Reg. vers. v. Constantin Ritter, Leipzig [2]1922, in: Platon, Sämtliche Dialoge, Bd. 2: Timaios und Kritias. Sophistes. Politikos. Briefe, hg. u. mit Einl., Literaturübersicht, Anm. u. Reg. vers. v. Otto Apelt (PhB 174), Hamburg 1998.

DERS., Staat. Über das Gerechte, übers. u. erl. v. Otto Apelt, durchges. u. mit ausführlicher Literaturübersicht, Anm. u. Reg. vers. v. Karl Bormann, mit Einl. v. Paul Wilpert (PhB 80.11), Hamburg [11]1989.

DERS., Timaios, griech.–dt., hg., übers. u. mit Einl. u. Anm. vers. v. Hans G. Zekl (PhB 444), Hamburg 1992.

PLUTARCH VON CHAIRONEIA, Über die Seele, in: Ders., Moralphilosophische Schriften, ausgew., übers. u. hg. v. Hans-Josef Klauck, Stuttgart 1997.

DERS., Über die späte Strafe der Gottheit, in: Ders., Drei religionsphilosophische Schriften, griech.–dt., hg. u. übers. v. Herwig Görgemanns / Reinhard Feldmeier / Jan Assmann (Tusculum 150), Düsseldorf / Zürich 2003.

SENECA, LUCIUS ANNAEUS, Naturwissenschaftliche Untersuchungen, lat.–dt., hg. u. übers. v. Martinus F. A. Brok, Darmstadt 1995.

DERS., Philosophische Schriften, Bd. 1: Dialoge I–VI, lat.–dt., übers., eingel. u. mit Anm. vers. v. Manfred Rosenbach, Darmstadt Sonderausgabe 1999 (= [5]1995).

DERS., Philosophische Schriften, Bd. 2: Dialoge VII–XII, lat.–dt., übers., eingel. u. mit Anm. vers. v. Manfred Rosenbach, Darmstadt Sonderausgabe 1999 (= [4]1993).

DERS., Philosophische Schriften, Bd. 3: An Lucilius – Briefe über Ethik 1–69, lat.–dt., übers., eingel. u. mit Anm. vers. v. Manfred Rosenbach, Darmstadt Sonderausgabe1999 (= [4]1995).

DERS., Philosophische Schriften, Bd. 4: An Lucilius – Briefe über Ethik 70–124, [125], lat.–dt., übers., eingel. u. mit Anm. vers. v. Manfred Rosenbach, Darmstadt Sonderausgabe 1999 (= [2]1987).

SEXTUS EMPIRICUS, Grundriß der pyrrhonischen Skepsis, eingel. u. übers. v. Malte Hossenfelder, Frankfurt a. M. 1968

XENOPHANES, Fragment 7, in: Die Vorsokratiker. Die Fragmente und Quellenberichte, hg., übers. u. mit einer Vorbemerkung vers. v. Wilhelm Capelle, Berlin [2]1961.

2. Sekundärliteratur und Sammelwerke

BARTLING, HEINZ-MICHAEL, Epikur. Theorie der Lebenskunst, Cuxhaven 1994.

BLUM, WILHELM, Höhlengleichnisse. Thema mit Variationen, Bielefeld 2004.

BORDT, MICHAEL, Platon, Freiburg u. a. 1999.

DETEL, WOLFGANG, Grundkurs Philosophie (5 Bde.), Stuttgart 2007.

ERLER, MICHAEL, Kleines Werklexikon Platon, Stuttgart 2007.

DERS., Platon, München 2006.

FISCHER, SUSANNA E., Seneca als Theologe. Studien zum Verhältnis von Philosophie und Tragödiendichtung (BzA 259), Berlin 2008.

FORSCHNER, MAXIMILIAN, Die stoische Ethik. Über den Zusammenhang von Natur-, Sprach- und Moralphilosophie im altstoischen System, Darmstadt [2]1995.

HALFWASSEN, JENS, Aufstieg zum Einen. Untersuchungen zu Platon und Plotin, Stuttgart 1992.

HOBERT, ERHARD, Stoische Philosophie. Tradition und Aktualität. Ein Lehr- und Arbeitsbuch, Frankfurt a. M. 1992.

HÖFFE, OTFRIED, Aristoteles, München 1996.

DERS., Aristoteles. Die Hauptwerke – Ein Lesebuch, Tübingen 2009.

DERS., Klassiker der Philosophie (2 Bde.), München 2008.

DERS., Kleine Geschichte der Philosophie, München [2]2008.

HOSSENFELDER, MALTE, Antike Glückslehren. Kynismus und Kyrenaismus, Stoa, Epikureismus und Skepsis. Quellen in deutscher Übersetzung mit Einführungen, Stuttgart 1996.

DERS., Stoa, Epikureismus und Skepsis, München 1985.

KUNZMANN, Peter / Burkard, Franz-Peter / Wiedmann, Franz, dtv-Atlas Philosophie, München [14]2009.

MAURACH, GREGOR, Seneca. Leben und Werk, Darmstadt [2]1996.

RAPP, CHRISTOF, Aristoteles zur Einführung, Hamburg [3]2007.

RICKEN, FRIEDO, Antike Skeptiker, München 1994.

RIEDWEG, CHRISTOPH, Pythagoras. Leben, Lehre, Nachwirkung. Eine Einführung, München [2]2007.

SØRENSEN, VILLY, Seneca. Ein Humanist an Neros Hof, München [3]1995.

WEINKAUF, WOLFGANG, Die Philosophie der Stoa. Ausgewählte Texte, Stuttgart 2001.

Kapitel IV

1. Antike Quellen und Übersetzungen

AISCHYLOS, Agamemnon, in: Ders., Tragödien und Fragmente, hg. v. Bernhard Zimmermann, übers. v. Oskar Werner (Tusculum 5.6), Düsseldorf/Zürich [6]2005.

APULEIUS, De Magia, eingel., übers. u. mit interpr. Essays vers. v. Jürgen Hammerstaedt/Peter Habermehl/Francesca Lamberti/Adolf M. Ritter/Peter Schenk (SAPERE 5), Darmstadt 2002.

DERS., Metamorphosen oder Der Goldene Esel, übers. v. Rudolf Helm (SQAW 1), Berlin 1956.

AUDOLLENT, AUGUSTE, Defixionum tabellae quotquot innotuerunt tam in Graecis, Orientis quam in totius Occidentis partibus praeter Atticas in corpore Inscriptionum Atticarum editas, Paris 1904.

ARTEMIDORUS VON DALDIANUS, Das Traumbuch, übers. u. mit Anm. vers. v. Karl Brackertz (BAW), Zürich 1979.

CICERO, MARCUS TULLIUS, Gespräche in Tusculum, lat.-dt., mit ausführlichen Anm. neu hg. v. Olof Gigon (Tusculum 48.6), München/Zürich [6]1992.

DERS., Die Reden gegen Verres, in: Ders., Sämtliche Reden, Bd. 2, lat.-dt., hg., übers. u.erl. v. Manfred Fuhrmann (Tusculum 58.2), Zürich 1995.

DION VON PRUSA, Olympische Rede oder über die erste Erkenntnis Gottes, eingel., übers. u. interpr. v. Hans-Josef Klauck, mit einem archäologischen Beitrag v. Balbina Bäbler (SAPERE 2), Darmstadt 2000.

FLAVIUS JOSEPHUS, Jüdische Altertümer. Mit Paragraphenzählung nach Flavii Josephi Opera recognovit Benedictus Niese (Editio minor), Berlin 1888–1895, übers. u. mit Einl. u. Anm. vers. v. Heinrich Clementz, Wiesbaden [2]2006.

FLAVIUS PHILOSTRATUS, Das Leben des Apollonios von Tyana, griech.-dt., hg., übers. u. erl. v. Vroni Mumprecht, München/Zürich 1983.

HERODOT, Historien, Bd. 1: Bücher I–V, griech.-dt., hg. u. übers. v. Josef Feix (Tusculum 85,1.6), Düsseldorf/Zürich [6]2000.

HESIOD, Theogonie. Werke und Tage, griech.-dt., hg. u. übers. v. Albert v. Schirnding, mit einer Einf. u. einem Reg. v. Ernst G. Schmidt (Tusculum 86.1), München/Zürich 1991.

HOMER, Ilias, griech.-dt., übers. v. Hans Rupé, mit Urtext, Anh. u. Reg. (Tusculum 88.11), Düsseldorf/Zürich [12]2004.

DERS., Odyssee, griech.-dt., übers. v. Anton Weiher. Mit Urtext, Anh., Reg. u. Einf. v. Alfred Heubeck (Tusculum 89.10), München/Zürich [10]1994.

JAMBLICH, Leben des Pythagoras, übers. v. Michael von Albrecht, in: Ders., Pythagoras: Legende – Lehre – Lebensgestaltung, eingel., übers. u. mit interpr. Essays vers. v. Michael von Albrecht/John Dillon/Martin George/Michael Lurie/David S. du Toit (SAPERE 4), Darmstadt 2002, 120–123.

LIVIUS, TITUS, Römische Geschichte, Bd. 1: Buch I–III, lat.-dt., hg. v. Hans J. Hillen (Tusculum 102,1.1), München/Zürich 1987.

DERS., Römische Geschichte, Bd. 2: Buch IV–VI, lat.-dt., hg. v. Hans J. Hillen (Tusculum 102,2.2), Zürich/Düsseldorf [2]1997.

DERS., Römische Geschichte, Bd. 9: Buch XXXIX–XLI, lat.-dt., hg. v. Hans J. Hillen (Tusculum 102,9.1), München/Zürich 1983.

LUKIAN VON SAMOSATA, Alexandros oder der Lügenprophet, eingel., hg., übers. u. erkl. v. Ulrich Victor (RGRW 132), Leiden/New York/Köln 1997.

DERS., Der Tod des Peregrinos. Ein Scharlatan auf dem Scheiterhaufen, hg., übers. u. mit Beitr. vers. v. Peter Pilhofer / Manuel Baumbach / Jens Gerlach / Dirk Uwe Hansen (SAPERE 9), Darmstadt 2005.

DERS., Die Lügenfreunde oder der Ungläubige, griech.–dt., eingel. übers. u. mit interpret. Essays vers. v. Martin Ebner / Holger Gzella / Heinz-Günther Nesselrath / Ernst Ribbath (SAPERE 3), Darmstadt [2]2002.

LUKREZ, Über die Natur der Dinge, Lat. u. Dt. v. Josef Martin (SQAW 32), Berlin 1972.

ORPHEUS, Altgriechische Mysterien, aus dem Urtext übertr. u. erl. v. Joseph O. Plassmann, mit einem Nachw. v. Fritz Graf, Köln 1982.

OVID, PUBLIUS NASO, Festkalender [Fasti], lat.–dt., hg. u. übers. v. Niklas Holzberg (Tusculum 120.1), München / Zürich 1995.

DERS., Gedichte der Trauer, in: Ders., Werke in zwei Bänden, Bd. 2: Liebeselegien. Briefe berühmter Frauen. Die Liebeskunst. Heilmittel gegen die Liebe. Gedichte der Trauer, übers. v. Wilhelm Hertzberg / E. F. Mezger / Alexander Berg / Reinhart Suchier. Die Übersetzungen wurden bearbeitet Liselot Huchthausen (Bibliothek der Antike, Römische Reihe), Berlin / Weimar [2]1973.

DERS., Metamorphosen, lat.–dt., hg. v. Niklas Holzberg, in dt. Hexameter übertr. v. Erich Rösch (Tusculum 126.14), Zürich / Düsseldorf [14]1996.

PAPYRI GRAECAE MAGICAE. Die griechischen Zauberpapyri, Bd. 1, hg. u. übers. v. Karl Preisendanz, mit Erg. v. Karl Preisendanz, durchges. u. hg. v. Albert Henrichs, Stuttgart [2]1973.

PAUSANIAS, Beschreibung Griechenlands. Ein Reise- und Kulturführer aus der Antike, hg. u. aus dem Griech. übertr. v. Jacques Laager, Zürich 1999.

PHILO VON ALEXANDRIEN, Die Werke in deutscher Übersetzung, Bd. 7, hg. v. Leopold Cohn (Schriften der jüdisch-hellenistischen Literatur in deutscher Übersetzung 7), Berlin 1964.

PINDAR, Siegeslieder, griech.–dt., hg., übers. u. mit einer Einf. vers. v. Dieter Bremer (Tusculum 139.1), München 1992.

PLATON, Phaidon, griech.–dt., hg. u. übers. v. Barbara Zehnpfennig (PhB 431), Hamburg 1991.

PLINIUS SECUNDUS MAIOR (DER ÄLTERE), Naturkunde [Naturalis historiae], Bd. 2: Kosmologie, lat.–dt., hg. u. übers. v. Gerhard Winkler / Roderich König (Tusculum 148.2), Darmstadt [2]1997.

DERS., NATURKUNDE [Naturalis historiae], Bd. 18: Ackerbau, lat.–dt., hg. u. übers. v. Roderich König / Joachim Hopp / Wolfgang Glöckner (Tusculum 148.15), Darmstadt 1995.

PLINIUS SECUNDUS MINOR (DER JÜNGERE), Epistulae, hg. u. übers. v. Helmut Kasten (SQAW 35), Berlin 1982.

PLUTARCH VON CHAIRONEIA, Drei religionsphilosophische Schriften, griech.–dt., hg. u. übers. v. Herwig Görgemanns / Reinhard Feldmeier / Jan Assmann (Tusculum 150), Düsseldorf / Zürich 2003.

RÖMISCHE GRABINSCHRIFTEN, gesammelt u. ins Dt. übertr. v. Hieronymus Geist (Tusculum 161), München, [2]1976.

RÖMISCHE INSCHRIFTEN, lat.–dt., hg. v. Leonhard Schumacher, Stuttgart 1988.

SENECA, LUCIUS ANNAEUS, Die Verkürbissung des Kaisers Claudius [Apokolokyntosis], lat.–dt., hg. u. übers. v. Gerhard Binder (Tusculum 168), Düsseldorf / Zürich 1999.

VALERIUS MAXIMUS, Denkwürdige Taten und Worte [Facta et dicta memorabilia], hg. u. übers. v. Ursula Blank-Sangmeister, Stuttgart 1991.

VERGILIUS, PUBLIS MARO, Aeneis, in Zusammenarbeit mit Maria Götte hg. u. übers. v. Johannes Götte (Tusculum 192.8), Zürich [8]1994.

2. Sekundärliteratur und Sammelwerke

ABENSTEIN, RAINER, Griechische Mythologie, Paderborn 2005.

AUFFAHRT, CHRISTOPH, Herrscherkult und Christuskult, in: Hubert Cancik / Konrad Hitzl (Hg.), Die Praxis der Herrscherverehrung in Rom und seinen Provinzen, Tübingen 2003, 283–318.

BARRETT, CHARLES KINGSLEY / THORNTON, CLAUS-JÜRGEN, Texte zur Umwelt des Neuen Testaments (UTB 1591), Tübingen [2]1991.

BRASHEAR, WILLIAM M., Vereine im griechisch-römischen Ägypten (Xenia 34), Konstanz 1993.

BUSCH, PETER / ZANGENBERG, JÜRGEN (Hg.), Lucius Annaeus Cornutus: Einführung in die griechische Götterlehre (TzF 95), Darmstadt 2010.

BUXTON, RICHARD, Das große Buch der griechischen Mythologie, übers. v. Thomas Bertram, Stuttgart 2005.

CANCIK, HUBERT, Der Kaiser-Eid. Zur Praxis der römischen Herrscherverehrung, in: Ders. / Konrad Hitzl (Hg.), Die Praxis der Herrscherverehrung in Rom und seinen Pro- vinzen, Tübingen 2003, 29–45.

DERS. U.A. (Hg.), Die Praxis der Herrscherverehrung in Rom und seinen Provinzen, Tübingen 2003.

CODINO, FAUSTO, Einführung in Homer, Berlin 1970.

ENGELMANN, HELMUT / DREYER, BORIS, Augustus und Germanicus im ionischen Metropolis, ZPE 158 (2006), 173–182.

GRAF, FRITZ, Gottesnähe und Schadenzauber. Die Magie in der griechisch-römischen Antike, München 1996.

HERZ, PETER, Herrscherverehrung und lokale Festkultur im Osten des Römischen Reiches, in: Hubert Cancik / Jörg Rüpke (Hg.), Römische Reichsreligion und Provinzialreligion, Tübingen 1997, 239–264.

HERZOG, RUDOLF, Die Wunderheilungen von Epidauros. Ein Beitrag zur Geschichte der Medizin und der Religion, Leipzig 1931.

KLAUCK, HANS-JOSEF, Die religiöse Umwelt des Urchristentums, Bd. 1: Stadtreligion und Hausreligion, Mysterienkulte, Stuttgart 1995.

DERS., Religion und Gesellschaft im frühen Christentum. Neutestamentliche Studien (WUNT 152), Tübingen 2003.

LATACZ, JOACHIM, Troia und Homer. Der Weg zur Lösung eines Rätsels, Leipzig [6]2010.

LAUM, BERNHARD, Stiftungen in der griechischen und römischen Antike, Bd. 1: Darstellung, Bd. 2: Urkunden, Leipzig / Berlin 1914.

PEPPEL, MATTHIAS, Gott oder Mensch? Kaiserverehrung und Herrschaftskontrolle, in: Hubert Cancik / Konrad Hitzl (Hg.), Die Praxis der Herrscherverehrung in Rom und seinen Provinzen, Tübingen 2003, 69–95.

QUANDT, WILHELM, Orphei hymni, Hildesheim [5]2005.

ROBERTS, COLLIN / SKEAT, THEODORE C. / NOCK, ARTHUS D., The Gild of Zeus Hypsistos, HThR 29 (1936), 39–88.

SCHENKE, HANS-MARTIN / FISCHER, KARL MARTIN, Einleitung in die Schriften des Neuen Testaments, Bd. 1: Die Briefe des Paulus und die Schriften des Paulinismus, Berlin 1978.

SCHMELLER, THOMAS, Hierarchie und Egalität. Eine sozialgeschichtliche Untersuchung paulinischer Gemeinden und griechisch-römischer Vereine (SBS 162), Stuttgart 1995.

SEECK, GUSTAV A., Homer. Eine Einführung, Stuttgart 2004.

SIMON, ERIKA, Die Götter der Griechen, München 1969.

DIES., Die Götter der Römer, München 1990.

SOULI, SOFIA, Griechische Mythologie. Weltentstehung – Die Götter – Die Heroen – Trojanischer Krieg – Die Odyssee, Athen 1995.
WITTENBURG, ANDREAS, Il testamento di Epikteta, Triest 1990.
WOLTER, MICHAEL, Theologie und Ethos im frühen Christentum. Studien zu Jesus, Paulus und Lukas (WUNT 236), Tübingen 2009.

Kapitel V

1. Antike Quellen und Übersetzungen

DAS ÄTHIOPISCHE HENOCHBUCH, hg. v. Siegbert Uhlig (JSHRZ 5.6), Gütersloh 1984.
ARISTEAS, Der König und die Bibel, griech.-dt., hg. u. übers. v. Kai Brodersen, Stuttgart 2008.
ARISTEASBRIEF, hg. v. Norbert Meisner (JSHRZ 2.1), Gütersloh [2]1977.
ARTEMIDORUS VON DALDIANUS, Das Traumbuch, übers. u. mit Anm. vers. v. Karl Brackertz (BAW), Zürich 1979.
CORPUS INSCRIPTORUM IUDAEAE / PALAESTINAE. Volume 1: Jerusalem, Part 1, hg. v. Hannah M. Cotton / L. DiSegni / W. Eck u. a., Berlin u. a. 2010.
CORPUS JÜDISCHER ZEUGNISSE AUS DER CYRENAICA, hg. v. Gert Lüderitz (BTAVO.B 53), Wiesbaden 1983.
Das 4. Buch ESRA, hg. v. Josef Schreiner (JSHRZ 5.4), Gütersloh 1981.
FLAVIUS JOSEPHUS, Aus meinem Leben [Vita], hg., übers. u. komm. v. Folker Siegert / Heinz Schreckenberg / Manuel Vogel, Tübingen 2001.
DERS., Contra Apionem, Buch I, Einl., Text, textkritischer Apparat, Übersetzung u. Kommentar v. Dagmar Labow (BWANT 167), Stuttgart u. a. 2005.
DERS., Jewish Antiquities [Antiquitates Judaicae], Books I–IV, hg. u. übers. v. Henry St. John Thackeray (LCL 242), Cambridge, Mass. u. a. 1978, Reprint der Erstausgabe 1930.
DERS., Jewish Antiquities [Antiquitates Judaicae], Books V–VIII, hg. u. übers. v. Henry St. John Thackeray / Ralph Marcus (LCL 281), Cambridge, Mass. u. a. 1988, Reprint der Erstausgabe 1934.
DERS., Jewish Antiquities [Antiquitates Judaicae], Books IX–XI, hg. u. übers. v. Ralph Marcus (LCL 326), Cambridge, Mass. u. a. 1987, Reprint der Erstausgabe 1937.
DERS., Jewish Antiquities [Antiquitates Judaicae], XII–XIV, hg. u. übers. v. Ralph Marcus (LCL 365), Cambridge, Mass. u. a. 1986, Reprint der Erstausgabe 1933.
DERS., Jewish Antiquities [Antiquitates Judaicae], Books XV–XVII, hg. v. Allen Wikgren, übers. v. Ralph Marcus (LCL 410), Cambridge, Mass. u. a. 1976, Reprint der Erstausgabe 1969.
DERS., Jewish Antiquities [Antiquitates Judaicae], Books XVIII–XIX, hg. u. übers. v. Louis H. Feldman (LCL 433), Cambridge, Mass. u. a. 1981, Reprint der Erstausgabe 1965.
DERS., Jewish Antiquities [Antiquitates Judaicae], Book XX. General Index, hg. u. übers. v. Louis H. Feldman (LCL 456), Cambridge, Mass. u. a. 1981, Reprint der Erstausgabe 1965.
DERS., Der Jüdische Krieg [De bello Judaico], Bd. 1: Buch I–III, hg. u. übers. v. Otto Michel / Otto Bauernfeind, Darmstadt [3]1982.
DERS., Der Jüdische Krieg [De bello Judaico], Bd. 2.1: Buch IV–V, hg. u. übers. v. Otto Michel / Otto Bauernfeind, Darmstadt 1963.
DERS., Der Jüdische Krieg [De bello Judaico], Bd. 2.2: Buch VI–VII, hg. u. übers. v. Otto Michel / Otto Bauernfeind, Darmstadt 1969.

DERS., The Life. Against Apion, hg. u. übers. v. Henry St. John Thackeray (LCL 186), Cambridge, Mass. u. a. 1976, Reprint der Erstausgabe 1926.

GREEK AND LATIN AUTHORS ON JEWS AND JUDAISM, Bd. 1: From Herodotus to Plutarch, hg. v. Menahem Stern, Jerusalem 1974.

GREEK AND LATIN AUTHORS ON JEWS AND JUDAISM, Bd. 2: From Tacitus to Simplicius, hg. v. Menahem Stern, Jerusalem 1980.

HIMMELFAHRT MOSES. DIE GRIECHISCHE ESRA-APOKALYPSE. DIE SYRISCHE BARUCH-APOKALYPSE, hg. v. Egon Brandenburger / Ulrich Müller / A. F. Johannes Klijn (JSHRZ 5.2), Gütersloh 1976.

INSCRIPTIONES JUDAICAE ORIENTIS, Bd. 1: Eastern Europe, hg. v. Dov Noy, u. a. (TSAJ 101), Tübingen 2004.

INSCRIPTIONES JUDAICAE ORIENTIS, Bd. 2: Kleinasien, hg. v. Walter Ameling (TSAJ 99), Tübingen 2004.

JEWISH INSCRIPTIONS OF GRECO–ROMAN EGYPT, hg. v. William Horbury u. a., Cambridge 1992.

A Catalogue of JEWISH OSSUARIES in the Collection of the State of Israel, hg. v. Levi Y. Rahmani, Jerusalem 1994.

JOSEPH UND ASENETH, hg. v. Christoph Burchard (JSHRZ 2.4), Gütersloh 1983.

Das Buch der JUBILÄEN, hg. v. Klaus Berger (JSHRZ 2.3), Gütersloh 1981.

The LATER PROPHETS ACCORDING TO TARGUM JONATHAN, hg. v. Alexander Sperber, The Bible in Aramaic. Based on Old Manuscripts and Printed Texts, Bd. 3, Leiden 1962.

Das LEBEN ADAMS UND EVAS, hg. v. Otto Merk / Martin Meiser (JSHRZ 2.5), Gütersloh 1998.

MARTIALIS, MARCUS VALERIUS, Epigramme, hg. u. übers. v. Paul Barié / Winfried Schindler (Tusculum 111.1), Düsseldorf / Zürich 1999.

MEIER, JOHANN, Die Qumran-Essener: Die Texte vom Toten Meer. Bd. 1: Die Texte der Höhlen 1–3 und 5–11, München / Basel 1995.

DERS., Die Qumran-Essener: Die Texte vom Toten Meer. Bd. 2: Die Texte der Höhle 4, München / Basel 1995.

DERS., Die Tempelrolle vom Toten Meer und das „Neue Jerusalem". 11Q19 und 11Q20; 1Q32, 2Q24, 4Q554–555, 5Q15 und 11Q18. Übersetzung und Erläuterung. Mit Grundrissen der Tempelhofanlage und Skizzen zur Stadtplanung, München / Basel [3]1997.

Die MISCHNA. Das grundlegende enzyklopädische Regelwerk rabbinischer Tradition, hg. v. Dietrich Correns (StUNT 27), Wiesbaden 2005.

Die MISCHNA, Bd. 1: Seder Zeraim, Traktat 2, Pea (Vom Ackerwinkel),Text, Übers. u. Erkl. nebst einem textkrit. Anh. v. Walter Bauer, Gießen 1915.

Die MISCHNA, Bd. 4: Seder Nezikin, Traktat 2, Baba Mezia („Mittlere Pforte" des Zivilrechts), Text, Übers. u. Erkl. nebst einem textkrit. Anh. v. Walter Windfuhr, Gießen 1923.

Die MISCHNA, Bd. 5: Seder Kodaschim, Traktat 10, Middot (Von den Maßen des Tempels), Text, Übers. u. Erkl. nebst einem textkrit. Anh. v. Oscar Holtzmann, Gießen 1913.

Die MISCHNA, Bd. 4 u. 5: Seder Nezikin, Sanhedrin – Makkot (Hoher Rat – Prügelstrafe), Text, Übers. u. Erkl. nebst einem textkrit. Anh. v. Samuel Krauß, Gießen 1933.

PAUSANIAS, Description of Greece, hg. u. übers. v. William Jones / Ormerod Henry (LCL 272), Cambridge, Mass. u. a. 1918.

PETRONIUS ARBITER, Satiren. Schelmenszenen [Satyrica], hg. u. übers. v. Konrad Müller / Wilhelm Ehlers (Tusculum 133.3), München [3]1983.

PHILO VON ALEXANDRIEN, Die Werke in deutscher Übersetzung, Bd. 1, hg. v. Leopold Cohn (Schriften der jüdisch-hellenistischen Literatur in deutscher Übersetzung 1), Berlin [2]1962, Reprint der Erstausgabe 1909.

DERS., Die Werke in deutscher Übersetzung, Bd. 2, hg. v. Leopold Cohn u. a. (Schriften der jüdisch-hellenistischen Literatur in deutscher Übersetzung 2), Berlin ²1962, Reprint der Erstausgabe 1910.

DERS., Die Werke in deutscher Übersetzung, Bd. 4, hg. v. Isaak Heinemann (Schriften der jüdisch-hellenistischen Literatur in deutscher Übersetzung 4), Berlin ²1962, Reprint der Erstausgabe 1923.

DERS., Die Werke in deutscher Übersetzung, Bd. 5, hg. v. Isaak Heinemann (Schriften der jüdisch-hellenistischen Literatur in deutscher Übersetzung 5), Berlin ²1962, Reprint der Erstausgabe 1929.

DERS., Die Werke in deutscher Übersetzung, Bd. 6, hg. v. Isaak Heinemann (Schriften der jüdisch-hellenistischen Literatur in deutscher Übersetzung 6), Berlin ²1962, Reprint der Erstausgabe 1938.

DERS., Die Werke in deutscher Übersetzung, Bd. 7, übers. v. Leopold Cohn u. a. (Schriften der jüdisch-hellenistischen Literatur in deutscher Übersetzung 7), Berlin 1964.

DERS., Volume IX (LCL 363), griech.–engl., übers. v. Francis H. Colson, Cambridge, Mass. 2007.

PHILO'S FLACCUS. – The First Pogrom. Introduction, Translation and Commentary, hg. v. Pieter W. van der Horst, Leiden 2003.

Die PSALMEN SALOMOS, hg. v. Svend Holm-Nielsen (JSHRZ 4.2), Gütersloh 1977.

PSEUDO-PHILO, Liber Antiquitatum Biblicarum, hg. v. Christian Dietzfelbinger (JSHRZ 2.2), Gütersloh ²1979.

Die Texte aus QUMRAN, hg. v. Eduard Lohse, Darmstadt ³1981.

SIBYLLINEN, hg. v. Helmut Merkel (JSHRZ 5.8), Gütersloh 1998.

Christliche SIBYLLINEN, übers. v. Ursuala Treu, in: Wilhelm Schneemelcher (Hg.), Neutestamentliche Apokryphen in deutscher Übersetzung, Bd. 2: Apostolisches, Apokalypsen und Verwandtes, Tübingen ⁶1999, 591–619.

SIBYLLINISCHE WEISSAGUNGEN, griech.–dt., hg. v. Jörg-Dieter Gauger, Düsseldorf 1998.

The SIBYLLINE ORACLES. With Introduction, Translation, and Commentary on the First and Second Books, hg. v. Jane L. Lightfoot, New York 2007.

Book III of the SIBYLLINE ORACLES and Its Social Setting. With an Introduction, Translation and Commentary, hg. v. Rieuwerd Buitenwerf, Leiden 2003.

SYNHESIOS VON KYRENE, Dion Chrysostomos oder vom Leben nach seinem Vorbild, griech.–dt., hg. u. übers. v. Kurt Treu (SQAW 5), Berlin 1959.

SYNOPSE DES VIERTEN BUCHES ESRA UND DER SYRISCHEN BARUCH-APOKALYPSE, hg. v. Klaus Berger (TANZ 8), Tübingen 1992.

Der Babylonische TALMUD, Bd. 1: Berakhoth, Zeraim, Sabbath, hg. v. Lazarus Goldschmidt, Berlin 1929.

Der Babylonische TALMUD, Bd. 2: Erubin, Pesachim, Schekalim, hg. v. Lazarus Goldschmidt, Berlin 1930.

Der Babylonische TALMUD, Bd. 4: Megilla, Moed Qatan, Hagiga, Jabmuth, hg. v. Lazarus Goldschmidt, Berlin 1931.

Der Babylonische TALMUD, Bd. 6: Sota, Gittin, Qiddusin, hg. v. Lazarus Goldschmidt, Berlin 1932.

TESTAMENT ABRAHAMS, hg. v. Enno Janssen (JSHRZ 3.2), Gütersloh ²1980.

Die TOSEFTA, Übersetzung und Erklärung v. Michael Tilly, Bd. 4.3: Nezikin, hg. v. Günter Mayer, Stuttgart 1976.

TRAGIKER EZECHIEL. FRAGMENTE: PHILON, THEODOTOS. PSEUDEPIGRAPHISCHE DICHTUNG: PSEUDO-PHOKYLIDES, PSEUDO-ORPHEUS, GEFÄLSCHTE VERSE AUF NAMEN GRIECHISCHER DICHTER, hg. von Ernst Vogt / Nikolaus Walter (JSHRZ 4.3), Gütersloh 1983.

2. Sekundärliteratur und Sammelwerke

BARRETT, CHARLES KINGSLEY / THORNTON, CLAUS-JÜRGEN, Texte zur Umwelt des Neuen Testaments (UTB 1591), Tübingen [2]1991.

BERGER, KLAUS U.A. (Hg.), Religionsgeschichtliches Textbuch zum Neuen Testament (NTD.T 1), Göttingen 1987.

BORGEN, PEDER, Philo of Alexandria. An Exegete for His Time, Leiden 1997.

CLAUSSEN, CARSTEN, Versammlung, Gemeinde, Synagoge. Das hellenistisch-jüdische Umfeld der frühchristlichen Gemeinden, Göttingen 2002.

FINE, STEVEN (Hg.), The Sacred Realm. The Emergence of the Synagogue in the Ancient World, New York / Oxford 1996.

GUSSMANN, OLIVER, Das Priesterverständnis des Flavius Josephus (TSAJ 124), Tübingen 2008.

HABAS, LI-HI, An Incised Depiction of the Temple Menorah and Other Cult Objects of the Second Temple Period, in: Hillel Geva (Hg.), Jewish Quarter Excavations in the Old City of Jerusalem Conducted by Nahman Avigad 1969–1982. Volume 2: The Finds from Areas A, W and X-2 Final Report, Jerusalem 2003, 329–342.

HACHLILI, RACHEL, The Menorah, the Ancient Seven-Armed Candelabrum. Origin, Form and Significance (JSJ.S 68), Leiden / Boston 2001.

HENGEL, MARTIN, Judentum und Hellenismus. Studien zu ihrer Begegnung unter besonderer Berücksichtigung Palästinas bis zur Mitte des 2. Jh. v. Chr. (WUNT 10), Tübingen [3]1988.

KIPPENBERG, HANS G. U.A. (Hg.), Textbuch zur neutestamentlichen Zeitgeschichte (GNT 8), Göttingen 1979.

KÜCHLER, MAX, Jerusalem. Ein Handbuch und Studienreiseführer zur Heiligen Stadt, mit Beiträgen v. Klaus Bieberstein / Damian Lazarek / Siegfried Ostermann / Ronny Reich / Christoph Uehlinger (OLB 4.2), Göttingen 2007.

LEVINE, LEE L., The Ancient Synagogue. The First Thousand Years, New Haven 2000.

LINDER, AMNON (Hg.), The Jews in Roman Imperial Legislation, Detroit / Jerusalem 1987.

MAGEN, YITZHAK / MISGAV, HAGGAI / TSFANIA, LEVANA, Mount Gerizim Excavations I. The Aramaic, Hebrew and Samaritan Inscriptions (Judaea and Samaria Publications 4), Jerusalem 2004.

MAGEN, YITZHAK, The History of the Samaritans from the Destruction of Samaria to the Destruction of Mount Gerizim, in: ders., The Samaritans and the Good Samaritan (Judaea and Samaria Publications 7), Jerusalem 2008.

DERS., Mount Gerizim Excavations II. A Temple City (Judaea and Samaria Publications 8), Jerusalem 2008.

MEIER, JOHANN, Zwischen den Testamenten. Geschichte und Religion in der Zeit des Zweiten Tempels (NEB.E 3), Würzburg [3]1990.

PFANNER, MICHAEL, Der Titusbogen, Mainz 1983.

RUNESSON, ANDERS / BINDER, DONALD D. / OLSSON, BIRGER (Hg.), The Ancient Synagogue from its Origins to 200 C.E. A Sourcebook, Leiden / Boston 2008.

SANDERS, ED P., Judaism. Practice and Belief 63 B.C.E.–66 C.E., London / Philadelphia 1992.

SELLIN, GERHARD, Eine vorchristliche Christologie. Der Beitrag des alexandrinischen Juden Philon zur Theologie im Neuen Testament, ZNT 4 (1999), 12–21.

DERS., Philo von Alexandria, in: Kurt Erlemann / Karl-Leo Noethlichs / Klaus Scherberich / Jürgen K. Zangenberg (Hg.), Neues Testament und Antike Kultur, Bd. 1: Prolegomena – Quellen – Geschichte – Recht, Neukirchen-Vluyn 2004, 86–90.

VanderKam, James C., From Joshua to Caiaphas. High Priests after the Exile, Minneapolis 2004.

Zangenberg, Jürgen K., Archaeological News from the Galilee. Tiberias, Magdala and Rural Galilee, EC 1 (2010), 471–484.

Ders., Between Jerusalem and the Galilee. Samaria in the Time of Jesus, in: James H. Charlesworth (Hg.), Jesus and Archaeology, Grand Rapids, Mi. 2006, 393–432.

Ders., Fragile Vielfalt. Beobachtungen zur Sozialgeschichte Alexandrias in hellenistisch-römischer Zeit, BN 147 (2010), 107–126.

Kapitel VI

1. Antike Quellen und Übersetzungen

Antike christliche Apokryphen in deutscher Übersetzung. I. Band: Evangelien und Verwandtes. 2 Teilbände, 7. Auflage der von Edgar Hennecke begründeten und von Wilhelm Schneemelcher fortgeführten Sammlung der neutestamentlichen Apokryphen, hg. v. Christoph Markschies / Jens Schröter in Verbindung mit Andreas Heiser, Tübingen 2012.

Corpus Hermeticum Deutsch, hg. v. Carsten Colpe / Jens Holzhausen, Übersetzung, Darstellung und Kommentierung in 3 Teilen, übers. u. eingel. v. Jens Holzhausen (Clavis Pansophiae 7,1), Stuttgart / Bad Cannstatt 1997.

Ginza. Der Schatz oder das grosse Buch der Mandäer, hg. v. Mark Lidzbarski, Göttingen 1925.

Die Gnosis, Bd. 1: Zeugnisse der Kirchenväter, unter Mitwirkung v. Ernst Haenchen und Martin Krause, eingel., übers. u. erl. v. Werner Förster, München / Zürich, 1995.

Die Gnosis, Bd. 2: Koptische und mandäische Quellen, eingel., übers. u. erl. v. Martin Krause und Kurt Rudolph, hg. v. Werner Förster, München / Zürich 1995.

Irenäus von Lyon, Gegen die Häresien I, übers. u. eingel. v. Norbert Brox, in: Irenäus von Lyon, Darlegung der apostolischen Verkündigung / Gegen die Häresien I, griech.-lat.-dt. (FC 8/1), Freiburg i. Br. 1993.

Mani, Kephalaia, kopt.-dt., hg. v. Alexander Böhlig / Hans J. Polotsky / Carl Schmidt, mit einem Beitrag v. Hugo Ibscher (Manichäische Handschriften der staatlichen Museen Berlin 1), Stuttgart 1935–1940.

Der Kölner Mani-Kodex. Über das Werden seines Leibes, hg. v. Ludwig Koenen / Cornelia Römer (PapyCol 14), Opladen 1988.

Nag Hammadi Deutsch (Studienausgabe), eingel. u. übers. v. Mitgliedern des Berliner Arbeitskreises für Koptisch-Gnostische Schriften, hg. v. Hans-Martin Schenke / Hans-Gebhard Bethge / Ursula Ulrike Kaiser unter Mitarbeit v. Katharina Schwarz, Berlin / New York 2007.

2. Sekundärliteratur und Sammelwerke

Markschies, Christoph, Valentinus Gnosticus? Untersuchungen zur valentinianischen Gnosis mit einem Kommentar zu den Fragmenten Valentins (WUNT 65), Tübingen 1992.

Plisch, Uwe-Karsten, Was nicht in der Bibel steht. Apokryphe Schriften des frühen Christentums, Stuttgart 2006.

Wucherpfennig, Ansgar, Heracleon Philologus. Gnostische Johannesexegese im zweiten Jahrhundert (WUNT 142), Tübingen 2002.

Verlagsnachweise

Bei einigen Quellenübersetzungen konnten trotz intensiver Recherchen die Urheber- und Veröffentlichungsrechte nicht ermittelt werden. Eventuelle Rechteinhaber wenden sich bitte an den Mohr Siebeck Verlag.

Academia Verlag

Apuleius, Platon und seine Lehren, hg. u. komm. v. Paolo Siniscalco, eingel. u. übers. v. Karl Albert (Texte zur Philosophie 4), St. Augustin 1981.

Akademie-Verlag

Apuleius, Metamorphosen oder Der Goldene Esel, übers. v. Rudolf Helm (SQAW 1), Berlin 1956.

Aristoteles, Werke in deutscher Übersetzung, Bd. 6: Nikomachische Ethik, übers. u. komm. v. Franz Dirlmeier, Berlin [7]1979.

Ders., Werke in deutscher Übersetzung, Bd. 7: Eudemische Ethik, übers. u. komm. v. Franz Dirlmeier, Berlin [3]1979.

Lukrez, Über die Natur der Dinge, Lat. u. Dt. v. Josef Martin (SQAW 32), Berlin 1972.

Peek, Werner, Griechische Grabgedichte (SQAW 7), Berlin 1960.

Plinius Secundus Minor (der Jüngere), Epistulae, hg. u. übers. v. Helmut Kasten (SQAW 35), Berlin 1982.

Synhesios von Kyrene, Dion Chrysostomos oder vom Leben nach seinem Vorbild, griech.–dt., hg. u. übers. v. Kurt Treu (SQAW 5), Berlin 1959.

Tacitus, Das Leben des Iulius Agricola [De vitae Agricolae], lat.–dt., hg. u. übers. v. Rudolf Till (SQAW 8), Berlin [5]1988.

Anton Hain

Aristoteles, Oikonomikos. Das erste Buch der Ökonomik. Handschriften, Text, Übersetzung und Kommentar und seine Beziehungen zur Ökonomikliteratur, hg. u. übers. v. Ulrich Victor (BKP 147), Königstein / Ts. 1983.

Artemis & Winkler

Aischylos, Agamemnon, in: Ders., Tragödien und Fragmente, hg. v. Bernhard Zimmermann, übers. v. Oskar Werner (Tusculum 5.6), Düsseldorf / Zürich [6]2005.

Artemidorus von Daldianus, Das Traumbuch, übers. u. mit Anm. vers. v. Karl Brackertz (BAW), Zürich 1979.

Augustus, Meine Taten. Res Gestae Divi Augusti nach dem Monumentum Ancyranum, Apolloniense und Antiochenum, lat.–griech.–dt., hg. u. übers. v. Ekkehard Weber (Tusculum 27.6), Darmstadt [6]1999.

Aurelius Augustinus, Vom Gottesstaat, Bd. 1: Buch I–X, übers. v. Wilhelm Thimme, eingel. u. komm. v. Carl Andresen, München 1977.

Cassius Dio, Römische Geschichte, Bd. 5: Epitome der Bücher 61–80, übers. v. Otto Veh (BAW), Zürich / München 2007.

Cicero, Marcus Tullius, Cato der Ältere. Über das Alter [Cato Maior de senectute], hg. u. übers. v. Max Faltner (Tusculum 40.2), München [2]1980.

Ders., Die Reden gegen Verres, in: Ders., Sämtliche Reden, Bd. 2, lat.–dt., hg., übers. u. erl. v. Manfred Fuhrmann (Tusculum 58.2), Zürich 1995.

Ders., Für Flaccus, in: Ders., Sämtliche Reden, Bd. 5, lat.–dt., eingel., übers. u. erl. v. Manfred Fuhrmann (BAW) Zürich / München 1978.

Ders., Gespräche in Tusculum, lat. –dt., mit ausführlichen Anm. neu hg. v. Olof Gigon (Tusculum 48.6), München / Zürich [6]1992.

Ders., Über die Ziele des menschlichen Handelns [De finibus bonorum et malorum], hg., übers. u. komm. v. Olof Gigon / Laila Straume-Zimmermann (Tusculum 46.1), München / Zürich 1988.

Epiktet, Handbuch der Moral, in: Epiktet / Teles / Musonius: Ausgewählte Schriften, griech.–dt., hg. u. übers. v. Rainer Nickel (Tusculum 70), München 1994.

Flavius Philostratus, Das Leben des Apollonius von Tyana, griech.–dt., hg., übers. u. erl. v. Vroni Mumprecht, München / Zürich 1983.

Heraklit, Fragmente, griech.–dt., hg. v. Bruno Snell (Tusculum 84.11), München / Zürich [11]1995.

Herodot, Historien, Bd. 1: Bücher I–V, griech.–dt., hg. u. übers. v. Josef Feix (Tusculum 85,1.6), Düsseldorf / Zürich [6]2000.

Ders., Historien, Bd. 2: Bücher VI–IX, griech.–dt., hg. u. übers. v. Josef Feix (Tusculum 85,2.4), München / Zürich [4]1988.

Hesiod, Theogonie. Werke und Tage, griech.–dt., hg. u. übers. v. Albert v. Schirnding, mit einer Einf. u. einem Reg. v. Ernst G. Schmidt (Tusculum 86.1), München / Zürich 1991.

Homer, Ilias, griech.–dt., übers. v. Hans Rupé, mit Urtext, Anh. u. Reg. (Tusculum 88.11), Düsseldorf / Zürich [12]2004.

Ders., Odyssee, griech.–dt., übers. v. Anton Weiher. Mit Urtext, Anh., Reg. u. Einf. v. Alfred Heubeck (Tusculum 89.10), München / Zürich [10]1994.

Horatius Flaccus, Sämtliche Werke, lat.–dt., hg. u. übers. v. Hans Färber (Tusculum 95.9), München / Zürich [9]1982.

Juvenalis, Decimus Iunius, Satiren, lat.–dt., hg. u. übers. v. Joachim Adamietz (Tusculum 89.10), Darmstadt 1993.

Livius, Titus, Römische Geschichte, Bd. 1: Buch I–III, lat.–dt., hg. v. Hans J. Hillen (Tusculum 102,1.1), München / Zürich 1987.

Ders., Römische Geschichte, Bd. 2: Buch IV–VI, lat.–dt., hg. v. Hans J. Hillen (Tusculum 102,2.2), Zürich / Düsseldorf [2]1997.

Ders., Römische Geschichte, Bd. 9: Buch XXXIX–XLI, lat.–dt., hg. v. Hans J. Hillen (Tusculum 102,9.1), München / Zürich 1983.

Lukrez, Titus, Von der Natur, lat.–dt., hg. u. übers. v. Hermann Diels, mit einer Einführung und Erläuterung v. Ernst Günther Schmidt (Tusculum 108), München 1993.

Martialis, Marcus Valerius, Epigramme, hg. u. übers. v. Paul Barié / Winfried Schindler (Tusculum 111.1), Düsseldorf / Zürich 1999.

Ovid, Publius Naso, Festkalender [Fasti], lat.–dt., hg. u. übers. v. Niklas Holzberg (Tusculum 120.1), München / Zürich 1995.

Ders., Publius Naso, Metamorphosen, lat.–dt., hg. v. Niklas Holzberg, in dt. Hexameter übertr. v. Erich Rösch (Tusculum 126.14), Zürich / Düsseldorf [14]1996.

Petronius Arbiter, Satiren. Schelmenszenen [Satyrica], hg. u. übers. v. Konrad Müller / Wilhelm Ehlers (Tusculum 133.3), München [3]1983.

Pindar, Siegeslieder, griech.–dt., hg., übers. u. mit einer Einf. vers. v. Dieter Bremer (Tusculum 139.1), München 1992 .

Plinius Secundus Maior (der Ältere), Naturkunde [Naturalis historiae], Buch 12/13: Botanik: Bäume, hg. u. übers. v. Roderich König in Zusammenarbeit mit Gerhard Winkler (Tusculum 148.11), München 2007.

Ders., Naturkunde [Naturalis historiae], Bd. 2: Kosmologie, lat,–dt., hg. u. übers. v. Gerhard Winkler / Roderich König (Tusculum 148.2), Darmstadt ^{2}1997.

Ders., Naturkunde [Naturalis historiae], Bd. 4: Geographie: Afrika und Asien, hg. u. übers. v. Gerhard Winkler / Roderich König (Tusculum 148.4), München 1993.

Ders., Naturkunde [Naturalis historiae], Bd. 18: Ackerbau, lat.–dt., hg. u. übers. v. Roderich König / Joachim Hopp / Wolfgang Glöckner (Tusculum 148.15), Darmstadt 1995.

Plutarch von Chaironeia, Drei religionsphilosophische Schriften, griech.–dt., hg. u. übers. v. Herwig Görgemanns / Reinhard Feldmeier / Jan Assmann (Tusculum 150), Düsseldorf / Zürich 2003.

Pompeius Trogus, Weltgeschichte von den Anfängen bis Augustus: im Auszug des Justin, eingel., übers. u. erl. v. Otto Seel, Zürich / München 1972.

Sibyllinische Weissagungen, griech.–dt., auf der Grundlage der Ausgabe v. Alfons Kurfeß neu hg. u. übers. v. Jörg-Dieter Gauger (Tusculum 171), Düsseldorf / Zürich 1998.

Suetonius Tranquillus, Kaiserviten [De vita Caesarum], lat.–dt., hg. u. übers. v. Hans Martinet (Tusculum 177), Düsseldorf / Zürich 1997.

Tacitus, Publius Cornelius, Annalen [Annales], lat.–dt., hg. u. übers. v. Erich Heller (Tusculum 180.1), München / Zürich 1982.

Ders., Historien [Historiae], lat.–dt., hg. u. übers. v. Joseph Borst / Helmut Hross / Helmut Borst (Tusculum 183.4), München ^{4}1979.

Vergilius, Publis Maro, Aeneis, in Zusammenarbeit mit Maria Götte hg. u. übers. v. Johannes Götte (Tusculum 192.8), Zürich ^{8}1994.

Weeber, Karl-Wilhelm (Hg.), Decius war hier … : Das Beste aus der römischen Graffiti-Szene (Antike Aktuell), Zürich / Düsseldorf 1996.

Aufbau-Verlag

Ovid, Werke in zwei Bänden, Bd. 2: Liebeselegien. Briefe berühmter Frauen. Die Liebeskunst. Heilmittel gegen die Liebe. Gedichte der Trauer, übers. v. Wilhelm Hertzberg / E. F. Mezger / Alexander Berg / Reinhart Suchier. Die Übersetzungen wurden bearbeitet Liselot Huchthausen (Bibliothek der Antike, Römische Reihe), Berlin / Weimar ^{2}1973.

Beck

Graf, Fritz, Gottesnähe und Schadenzauber. Die Magie in der griechisch-römischen Antike, München 1996.

Ricken, Friedo, Antike Skeptiker, München 1994.

Riedweg, Christoph, Pythagoras. Leben, Lehre, Nachwirkung. Eine Einführung, München ^{2}2007.

Brill

Koffmahn, Elisabeth, Die Doppelurkunden aus der Wüste Juda. Recht und Praxis der jüdischen Papyri des 1. und 2. Jahrhunderts n. Chr. Samt Übertragung der Texte und deutscher Übersetzung (STDJ 5), Leiden 1968.

Lukian von Samosata, Alexandros oder der Lügenprophet, eingel., hg., übers. u. erkl. v. Ulrich Victor (RGRW 132), Leiden / New York / Köln 1997.

Sperber, Alexander, The Bible in Aramaic. Based on Old Manuscripts and Printed Texts, Bd. 3: The Later Prophets According to Targum Jonathan, Leiden 1962.

De Gruyter

Die Mischna, Bd. 1: Seder Zeraim, Traktat 2, Pea (Vom Ackerwinkel),Text, Übers. u. Erkl. nebst einem textkrit. Anh. v. Walter Bauer, Gießen 1915.

Die Mischna, Bd. 4: Seder Nezikin, Traktat 2, Baba Mezia („Mittlere Pforte" des Zivilrechts), Text, Übers. u. Erkl. nebst einem textkrit. Anh. v. Walter Windfuhr, Gießen 1923.

Die Mischna, Bd. 5: Seder Kodaschim, Traktat 10, Middot (Von den Maßen des Tempels), Text, Übers. u. Erkl. nebst einem textkrit. Anh. v. Oscar Holtzmann, Gießen 1913.

Nag Hammadi Deutsch (Studienausgabe), eingel. u. übers. v. Mitgliedern des Berliner Arbeitskreises für Koptisch-Gnostische Schriften, hg. v. Hans-Martin Schenke / Hans-Gebhard Bethge / Ursula Ulrike Kaiser unter Mitarbeit v. Katharina Schwarz, Berlin / New York 2007.

Papyri Graecae Magicae. Die griechischen Zauberpapryi, Bd. 1, hg. und übers. v. Karl Preisendanz, mit Erg. v. Karl Preisendanz, durchges. u. hg. v. Albert Henrichs, Stuttgart ^{2}1973.

Philo von Alexandrien, Die Werke in deutscher Übersetzung, Bd. 1, hg. v. Leopold Cohn (Schriften der jüdisch-hellenistischen Literatur in deutscher Übersetzung 1), Berlin ^{2}1962, Reprint der Erstausgabe 1909.

Ders., Die Werke in deutscher Übersetzung, Bd. 2, hg. v. Leopold Cohn (Schriften der jüdisch-hellenistischen Literatur in deutscher Übersetzung 2), Berlin ^{2}1962, Reprint der Erstausgabe 1910.

Ders., Die Werke in deutscher Übersetzung, Bd. 4, hg. v. Isaak Heinemann (Schriften der jüdisch-hellenistischen Literatur in deutscher Übersetzung 4), Berlin ^{2}1962, Reprint der Erstausgabe 1923.

Ders., Die Werke in deutscher Übersetzung, Bd. 5, hg. v. Isaak Heinemann (Schriften der jüdisch-hellenistischen Literatur in deutscher Übersetzung 5), Berlin ^{2}1962, Reprint der Erstausgabe 1929.

Ders., Die Werke in deutscher Übersetzung, Bd. 6, hg. v. Isaak Heinemann (Schriften der jüdisch-hellenistischen Literatur in deutscher Übersetzung 6), Berlin ^{2}1962, Reprint der Erstausgabe 1938.

Ders., Die Werke in deutscher Übersetzung, Bd. 7, hg. v. Leopold Cohn u. a. (Schriften der jüdisch-hellenistischen Literatur in deutscher Übersetzung 7), Berlin 1964.

Diederichs (Verlagsgruppe Random House)

Nestle, Wilhelm, Die Nachsokratiker. In Auswahl übersetzt und herausgegeben, Bd. 2, Jena 1923.

Orpheus, Altgriechische Mysterien, aus dem Urtext übertr. u. erl. v. Joseph O. Plassmann, mit einem Nachw. v. Fritz Graf, Köln 1982.

Dieterich

Herzog, Rudolf, Die Wunderheilungen von Epidauros. Ein Beitrag zur Geschichte der Medizin und der Religion, Leipzig 1931.

Dtv

Cicero, Gespräche in Tusculum, eingel. u. übers. v. Karl Büchner, München 1984.

Elekta

The Epigraphic Collection of the Museo Nazionale Romano at the Baths of Diocletian, hg. v. Rosanna Friggeri, Rom 2004.

Evangelische Verlagsanstalt

Leipoldt, Johannes / Grundmann, Walter, Umwelt des Urchristentums, Bd. 2: Texte zum neutestamentlichen Zeitalter, Berlin [5]1979.

Fourier

Flavius Josephus, Kleinere Schriften, hg. u. übers. v. Heinrich Clementz, Wiesbaden 1993.

Frommann-Holzboog

Corpus Hermeticum Deutsch, hg. v. Carsten Colpe / Jens Holzhausen, Übersetzung, Darstellung und Kommentierung in 3 Teilen, übers. u. eingel. v. Jens Holzhausen (Clavis Pansophiae 7,1), Stuttgart / Bad Cannstatt 1997.

Goldmann (Verlagsgruppe Random House)

Plutarch von Chaironeia, Lebensbeschreibungen, Bd. 1: Theseus-Romulus, Lykurgos-Numa, Solon-Poplicola, Themistokles-Camillus, Perikles-Fabius Maximus. Gesamtausgabe übers. v. J. Friedrich Kaltwasser / Hanns Floerke / Ludwig Kröner, mit einer Einl. v. Otto Seel, München 1964.

Gütersloher Verlagshaus

Aristeasbrief, hg. v. Norbert Meisner (JSHRZ 2.1), Gütersloh [2]1977.

Das 4. Buch Esra, hg. v. Josef Schreiner (JSHRZ 5.4), Gütersloh 1981.

Das äthiopische Henochbuch, hg. v. Siegbert Uhlig (JSHRZ 5.6), Gütersloh 1984.

Das Buch der Jubiläen, hg. v. Klaus Berger (JSHRZ 2.3), Gütersloh 1981.

Das Leben Adams und Evas, hg. v. Otto Merk / Martin Meiser (JSHRZ 2.5), Gütersloh 1998.

Die Psalmen Salomos, hg. v. Svend Holm-Nielsen (JSHRZ 4.2), Gütersloh 1977.

Himmelfahrt Moses. Die griechische Esra-Apokalypse. Die syrische Baruch-Apokalypse, hg. v. Egon Brandenburger / Ulrich Müller / A. F. Johannes Klijn (JSHRZ 5.2), Gütersloh 1976.

Joseph und Aseneth, hg. v. Christoph Burchard (JSHRZ 2.4), Gütersloh 1983.

Pseudo-Philo, Liber Antiquitatum Biblicarum, hg. v. Christian Dietzfelbinger (JSHRZ 2.2), Gütersloh [2]1979.

Sibyllinen, hg. v. Helmut Merkel (JSHRZ 5.8), Gütersloh 1998.

Testament Abrahams, hg. v. Enno Janssen (JSHRZ 3.2), Gütersloh [2]1980.

Tragiker Ezechiel. Fragmente: Philon, Theodotos. Pseudepigraphische Dichtung: Pseudo-Phokylides, Pseudo-Orpheus, Gefälschte Verse auf Namen griechischer Dichter, hg. v. Ernst Vogt / Nikolaus Walter (JSHRZ 4.3), Gütersloh 1983.

Habelt

Alföldy, Géza, Eine Bauinschrift aus dem Colosseum, ZPE 109 (1995), 195–226.

Engelmann, Helmut / Dreyer, Boris, Augustus und Germanicus im ionischen Metropolis, ZPE 158 (2006), 173–182.

Heimeran (Patmos Verlagsgruppe)

Griechische Inschriften als Zeugnisse des privaten und öffentlichen Lebens, hg. v. Gerhard Pfohl (Tusculum 82.2), München [2]1980.

Römische Grabinschriften, gesammelt und ins Dt. übertragen v. Hieronymus Geist, (Tusculum 161), München, [2]1976.

Plutarch, Über Liebe und Ehe. Eine Auswahl aus den Moralia, griech.–dt., hg. u. übers. v. Wilhelm Sieveking (Tusculum 153), München 1940.

Hierseman

Appian von Alexandrien, Römische Geschichte, Bd. 1: Die römische Reichsbildung, durchges., eingel. u. erl. v. Kai Brodersen, übers. v. Otto Veh (BGrL 23), Stuttgart 1987.

Herder

Irenäus von Lyon, Gegen die Häresien I, übers. u. eingel. v. Norbert Brox, in: Irenäus von Lyon, Darlegung der apostolischen Verkündigung / Gegen die Häresien I, griech.–lat.–dt. (FC 8/1), Freiburg i. Br. 1993.

Institut für Kirche und Judentum

Lehnard, Pierre / von der Osten-Sacken, Peter, Rabbi Akiva. Texte und Interpretationen zum rabbinischen Judentum und Neuen Testament (ANTZ 1), Berlin 1987.

Israel Academy of Sciences and Humanities

Greek and Latin Authors on Jews and Judaism, Bd. 2: From Tacitus to Simplicius, hg. v. Menahem Stern, Jerusalem 1980.

Kohlhammer

Die Tosefta, Übersetzung und Erklärung, Bd. 2.5: Moed, hg. v. Günter Mayer, Stuttgart 1993.

Die Tosefta, Übersetzung und Erklärung v. Michael Tilly, Bd. 4.3: Nezikin, hg. v. Günter Mayer, Stuttgart 1976.

Flavius Josephus, Contra Apionem, Buch I, Einl., Text, textkritischer Apparat, Übersetzung u. Kommentar v. Dagmar Labow (BWANT 167), Stuttgart u. a. 2005.

Klauck, Hans-Josef, Die religiöse Umwelt des Urchristentums, Bd. 1: Stadtreligion und Hausreligion, Mysterienkulte, Stuttgart 1995.

Mani, Kephalaia, kopt.–dt., hg. v. Alexander Böhlig / Hans J. Polotsky / Carl Schmidt, mit einem Beitrag v. Hugo Ibscher (Manichäische Handschriften der staatlichen Museen Berlin 1), Stuttgart 1935–1940.

Kösel

Lohse, Eduard, Die Texte aus Qumran, Darmstadt [3]1981.

Origenes, Gegen Kelsos, übers. v. Paul Koetschau, ausgew. u. bearb. v. Karl Pichler, (Schriften der Kirchenväter 6), München 1986.

Kröner

Hossenfelder, Malte, Antike Glückslehren. Kynismus und Kyrenaismus, Stoa, Epikureismus und Skepsis. Quellen in deutscher Übersetzung mit Einführungen, Stuttgart 1996.

Ders., Stoa, Epikureismus und Skepsis, München 1985.

Xenophanes, Fragment 7, in: Die Vorsokratiker. Die Fragmente und Quellenberichte, hg., übers. u. mit einer Vorbemerkung vers. v. Wilhelm Capelle, Berlin [2]1961.

LIT Verlag

Schimanowski, Gottfried, Juden und Nichtjuden in Alexandrien. Koexistenz und Konflikte bis zum Pogrom unter Trajan (117 n. Chr.) (MJSt 18), Münster 2006.

Manesse (Verlagsgruppe Random House)

Pausanias, Beschreibung Griechenlands. Ein Reise- und Kulturführer aus der Antike, hg. und aus dem Griech. übertr. v. Jacques Laager, Zürich 1999.

Marix Verlag

Die Mischna. Das grundlegende enzyklopädische Regelwerk rabbinischer Tradition, hg. v. Dietrich Correns (StUNT 27), Wiesbaden 2005.

Flavius Josephus, Jüdische Altertümer. Mit Paragraphenzahlung nach Flavii Josephi Opera recognovit Benedictus Niese (Editio minor), Berlin 1888–1895, übers. u. mit Einl. u. Anm. vers. v. Heinrich Clementz, Wiesbaden [2]2006.

Felix Meiner Verlag

Aristoteles, Metaphysik, 1. Halbband, griech.–dt., Neubearbeitung der Übersetzung v. Hermann Bonitz, mit Einl. u. Komm. hg. v. Horst Seidl (PhB 307.3), Hamburg [3]1989.

Ders., Metaphysik, 2. Halbband, griech.–dt., Neubearbeitung der Übersetzung v. Hermann Bonitz, mit Einl. u. Komm. hg. v. Horst Seidl (PhB 308.3), Hamburg [3]1991.

Ders., Organon, Bd. 2: Kategorien. Hermeneutik oder vom sprachlichen Ausdruck, griech.–dt., hg., übers., mit Einl. u. Anm. vers. v. Hans G. Zekl (PhB 493), Hamburg 1998.

Ders., Organon, Bd. 3: Erste Analytik, griech.–dt., hg., übers., mit Einl. u. Anm. vers. v. Hans G. Zekl (PhB 494), Hamburg 1998.

Ders., Physik. Vorlesung über Natur, 1. Halbband, griech.–dt., übers. u. mit Einl. u. Anm. hg. v. Hans G. Zekl (PhB 380), Hamburg 1987.

Ders., Politik, übers. u. mit erkl. Anm. vers. v. Eugen Rolfes, mit einer Einl. v. Günther Bien (PhB 7.4), Hamburg [4]1990.

Ders., Über die Seele, griech.–dt., übers. v. Willy Theiler, mit Einl. u. Komm. hg. v. Horst Seidl (PhB 476), Hamburg 1995.

Diogenes Laertius, Leben und Meinungen berühmter Philosophen, Bd. 2, übers. v. Otto Apelt, unter Mitarbeit v. Hans. G. Zekl, neu hg., mit Vorw., Einl. u. neuen Anm. zu Text und Übersetzung vers. v. Klaus Reich (PhB 53/54), Hamburg [3]1990.

Platon, Phaidon, griech.–dt., hg. u. übers. v. Barbara Zehnpfennig (PhB 431), Hamburg 1991.

Ders, Phaidros, übersetzt, erl. u. mit ausführlichen Reg. vers. v. Constantin Ritter, Leipzig [2]1922, in: Platon, Sämtliche Dialoge, Bd. 2: Timaios und Kritias. Sophistes. Politikos. Briefe, hg. u. mit Einl., Literaturübersicht, Anm. u. Reg. vers. v. Otto Apelt (PhB 174), Hamburg 1998.

Ders., Staat. Über das Gerechte, übers. u. erl. v. Otto Apelt, durchges. u. mit ausführlicher Literaturübersicht, Anm. u. Reg. vers. v. Karl Bormann, mit Einl. v. Paul Wilpert (PhB 80.11), Hamburg [11]1989.

Ders., Timaios, griech.–dt., hg., übers. u. mit Einl. u. Anm. vers. v. Hans G. Zekl (PhB 444), Hamburg 1992.

Metzler

Diogenes von Oinoanda, Fragmente 26.1.2–3.8, in: Anthony A. Long / David N. Sedley, Die hellenistischen Philosophen. Texte und Kommentare, übers. v. Karlheinz Hülser, Stuttgart / Weimar 2000.

Neukirchener

Erlemann, Kurt u. a. (Hg.), Neues Testament und Antike Kultur, Bd. 5: Texte und Urkunden, Neukirchen-Vluyn 2008.

Reclam

Aristeas, Der König und die Bibel, gr.–dt., hg. u. übers. v. Kai Brodersen, Stuttgart 2008.

Blank-Sangmeister, Ursula, Römische Frauen. Ausgewählte Texte, lat.–dt., Stuttgart 2001.

Cicero, Marcus Tullius, Briefe an den Bruder Quintus [Ad Quintum fratrem epistularum libri II], hg. u. übers. v. Ursula Blank-Sangmeister, Stuttgart 1993.
Effe, Bernd (Hg.), Hellenismus, in: Herwig Gorgemanns (Hg.), Die Griechische Literatur in Text und Darstellung, Bd. 4: Hellenismus, Stuttgart 1985.
Epikur, ΚΥΡΙΑΙ ΔΟΞΑΙ (Entscheidende Lehrsätze), in: Ders, Briefe. Sprüche. Werkfragmente, griech.–dt., übers. u. hg. v. Hans-Wolfgang Krautz, Stuttgart 2000.
Marcus Aurelius, Selbstbetrachtungen, übers. v. Albert Wittstock, Durchsicht der Übersicht, Nachw. u. Anm. v. Hans J. Diesner, Leipzig [3]1979.
Nepos, Cornelius, Biographien berühmter Manner [De viris illustribus], hg. u. übers. v. Peter Krafft / Felicitas Olef-Krafft, Stuttgart 1993.
Paterculus, Marcus Velleius, Römische Geschichte [Historia Romana], hg. u. übers. v. Marion Giebel, Stuttgart 1989.
Plinius Secundus Minor (der Jüngere), Der Briefwechsel mit Kaiser Trajan. Das 10. Buch der Briefe, lat.–dt., hg. u. übers. v. Marion Giebel, Stuttgart 1985.
Plutarch von Chaironeia, Über die Seele, in: Ders., Moralphilosophische Schriften, ausgew., übers. u. hg. v. Hans-Josef Klauck, Stuttgart 1997.
Polybios, Historien. Auswahl, Übersetzung, Anm. u. v. Nachw. Karl F. Eisen, Stuttgart 1990.
Römische Inschriften, lat.–dt., hg. v. Leonhard Schumacher, Stuttgart 1988.
Seneca, Lucius Annaeus, Apocolocyntosis. Die Verkürbissung des Kaisers Claudius, übers. v. Anton Bauer, Stuttgart 1981.
Ders., Epistulae morales ad Lucilium, Bd. 5, hg. u. übers. v. Franz Loretto, Stuttgart 1988.
Suetonius Tranquillus, lat.–dt., hg. u. übers. v. Dietmar Schmitz, Stuttgart 1988.
Tacitus, Publius Cornelius, Dialog über die Redner [Dialogus de oratoribus], lat.–dt., hg. v. Dietrich Klose nach der Ausgabe v. Helmut Gugel, Stuttgart 1981.
Valerius Maximus, Denkwürdige Taten und Worte [Facta et dicta memorabilia], hg. u. übers. v. Ursula Blank-Sangmeister, Stuttgart 1991.

Reichert
Corpus jüdischer Zeugnisse aus der Cyrenaica, hg. v. Gert Lüderitz (BTAVO.B 53), Wiesbaden 1983.
Der Platoniker Albinos und sein sogenannter Prologos. Prolegomena, Überlieferungsgeschichte, kritische Edition u. Übersetzung, hg. v. Burkhard Reis (Serta Graeca 7), Wiesbaden 2000.

Reinhardt
Maier, Johann, Die Qumran-Essener: Die Texte vom Toten Meer. Bd. 1: Die Texte der Höhlen 1–3 und 5–11, München / Basel 1995.
Ders., Die Qumran-Essener: Die Texte vom Toten Meer. Bd. 2: Die Texte der Höhle 4, München / Basel 1995.
Ders., Die Tempelrolle vom Toten Meer und das „Neue Jerusalem". 11Q19 und 11Q20; 1Q32, 2Q24, 4Q554–555, 5Q15 und 11Q18. Übersetzung und Erläuterung. Mit Grundrissen der Tempelhofanlage und Skizzen zur Stadtplanung, München / Basel [3]1997.

Schwaben Verlag
Die Gnosis, Bd. 1: Zeugnisse der Kirchenväter, unter Mitwirkung v. Ernst Haenchen und Martin Krause, eingel., übers. u. erl. v. Werner Förster, München / Zürich, 1995.
Die Gnosis, Bd. 2: Koptische und mandäische Quellen, eingel., übers. u. erl. v. Martin Krause und Kurt Rudolph, hg. v. Werner Förster, München / Zürich 1995.

Suhrkamp

Der Babylonische Talmud, Bd. 1: Berakhoth, Zeraim, Sabbath, hg. v. Lazarus Goldschmidt, Berlin 1929.

Der Babylonische Talmud, Bd. 2: Erubin, Pesachim, Schekalim, hg. v. Lazarus Goldschmidt, Berlin 1930.

Der Babylonische Talmud, Bd. 4: Megilla, Moed Qatan, Hagiga, Jabmuth, hg. v. Lazarus Goldschmidt, Berlin 1931.

Der Babylonische Talmud, Bd. 6: Sota, Gittin, Qiddusin, hg. v. Lazarus Goldschmidt, Berlin 1932.

Sextus Empiricus, Grundriß. der pyrrhonischen Skepsis, eingel. u. übers. v. Malte Hossenfelder, Frankfurt a. M. 1968.

Vandenhoeck & Ruprecht

Berger, Klaus. u. a. (Hg.), Religionsgeschichtliches Textbuch zum Neuen Testament (NTD.T 1), Göttingen 1987.

Kippenberg, Hans G. u. a. (Hg.), Textbuch zur neutestamentlichen Zeitgeschichte (GNT 8), Göttingen 1979.

Küchler, Max, Jerusalem. Ein Handbuch und Studienreiseführer zur Heiligen Stadt, mit Beiträgen v. Klaus Bieberstein / Damian Lazarek / Siegfried Ostermann / Ronny Reich / Christoph Uehlinger (OLB 4.2), Göttingen 2007.

Theißen, Gerd / Merz, Annette, Der historische Jesus. Ein Lehrbuch, Göttingen 1996.

Verlag Katholisches Bibelwerk

Schmeller, Thomas, Hierarchie und Egalität. Eine sozialgeschichtliche Untersuchung paulinischer Gemeinden und griechisch-römischer Vereine (SBS 162), Stuttgart 1995.

WBG

Aelius Aristides, Die Romrede [De laudibus urbis Romae], hg., übers. u. mit Erl. vers. v. Richard Klein (TzF 45), Darmstadt 1983.

Apuleius, De Magia, eingel., übers. u. mit interpr. Essays versehen v. Jürgen Hammerstaedt / Peter Habermehl / Francesca Lamberti / Adolf M. Ritter / Peter Schenk (SAPERE 5), Darmstadt 2002.

Ders., Über den Gott des Sokrates [De deo Socratis], eingel., übers. u. mit interpr. Essays vers. v. Matthias Baltes / Marie-Luise Lakmann / John M. Dillon / Pierluigi Donini / Ralph Hafner / Lenka Karfikova (SAPERE 7), Darmstadt 2004.

Aristoteles, Werke in deutscher Übersetzung, Bd. 12.3: Über den Himmel, übers. u. erl. v. Alberto Jori, Darmstadt 2009.

Das Zwölftafelgesetz. Texte, Übersetzung und Erläuterung v. Rudolf Düll (Tusculum 204) Darmstadt 1995.

Die Bildtafel des Kebes (Pinax). Allegorie des Lebens, eingel., übers. u. m. interpret. Essays vers. v. Rainer Hirsch-Luipold / Reinhard Feldmeier / Barbara Hirsch / Lutz Koch / Heinz-Günther Nesselrath (SAPERE 8), Darmstadt 2005.

Dion von Prusa, Menschliche Gemeinschaft und göttliche Ordnung: Die Borysthenes-Rede, eingel., übers. u. mit interpr. Essays vers. v. Heinz-Günther Nesselrath / Balbina Bäbler / Maximilian Forschner / Albert de Jong (SAPERE 6), Darmstadt 2003.

Ders., Olympische Rede oder über die erste Erkenntnis Gottes, eingel., übers. u. interpr. v. Hans-Josef Klauck, mit einem archäologischen Beitrag v. Balbina Bäbler (SAPERE 2), Darmstadt 2000.

Eck, Werner / Heinrichs, Johannes, Sklaven und Freigelassene in der Gesellschaft der römischen Kaiserzeit (TzF 61), Darmstadt 1993.

Eusebius von Caesarea, Kirchengeschichte, übers. v. Heinrich Kraft, München 1981.

Flavius Josephus, Der Jüdische Krieg [De bello Judaico], Bd. 1: Buch I–III, hg. u. übers. v. Otto Michel / Otto Bauernfeind, Darmstadt [3]1982.

Ders., Der Jüdische Krieg [De bello Judaico], Bd. 2.1: Buch IV–V, hg. u. übers. v. Otto Michel / Otto Bauernfeind, Darmstadt 1963.

Ders., Der Jüdische Krieg [De bello Judaico], Bd. 2.2: Buch VI–VII, hg. u. übers. v. Otto Michel / Otto Bauernfeind, Darmstadt 1969.

Florus, Lucius Annaeus, Römische Geschichte, lat.–dt., eingel., übers. u. komm. v. Günter Laser (Edition Antike), Darmstadt 2005.

Jamblich, Leben des Pythagoras, übers. v. Michael von Albrecht, in: Ders., Pythagoras: Legende – Lehre – Lebensgestaltung, eingel., übers. und mit interpr. Essays vers. v. Michael von Albrecht / John Dillon / Martin George / Michael Lurie / David S. du Toit (SAPERE 4), Darmstadt 2002.

Kallimachos, Werke, hg. u. übers. v. Markus Asper, Darmstadt 2004.

Laudatio Turiae, hg. v. Dieter Flach (TzF 58), Darmstadt 1991.

Lukian von Samosata, Der Tod des Peregrinos. Ein Scharlatan auf dem Scheiterhaufen, hg., übers. u. mit Beitr. vers. v. Peter Pilhofer / Manuel Baumbach / Jens Gerlach / Dirk Uwe Hansen (SAPERE 9), Darmstadt 2005.

Ders., Die Lügenfreunde oder der Ungläubige, griech.–dt., eingel. übers. u. mit interpret. Essays vers. v. Martin Ebner / Holger Gzella / Heinz-Günther Nesselrath / Ernst Ribbath (SAPERE 3), Darmstadt [2]2002.

Platon, Gesetze, Buch VII–XII, bearb. v. Klaus Schöpsdau u. a., in: Günther Eigler (Hg.), Platon. Werke in acht Bänden, Bd. 8.2: Gesetze Buch VII–XII. Minos, Darmstadt [2]1990.

Plautus, Titus Maccius, Komödien, Bd. 4: Miles gloriosus, Mostallaria, Persa, lat.–dt., hg. u. übers. v. Peter Rau (Edition Antike), Darmstadt 2008.

Plinius Secundus Minor (der Jüngere), Panegyrikus. Lobrede auf den Kaiser Trajan (TzF 51), hg. u. übers. v. Werner Kühn, Darmstadt 1985.

Quintilianus, Marcus Fabius, Ausbildung des Redners [Institutionis oratoriae libri XII], Bd. 1: Buch I–VI, hg. u. übers. v. Helmut Rahn (TzF 2), Darmstadt [2]1988.

Seneca, Lucius Annaeus, Naturwissenschaftliche Untersuchungen, lat.–dt., hg. u. übers. v. Martinus F. A. Brok, Darmstadt 1995.

Ders., Philosophische Schriften, Bd. 1: Dialoge I–VI, lat.–dt., übers., eingel. u. mit Anm. vers. v. Manfred Rosenbach, Darmstadt Sonderausgabe 1999 (= [5]1995).

Ders., Philosophische Schriften, Bd. 2: Dialoge VII–XII, lat.–dt., übers., eingel. u. mit Anm. vers. v. Manfred Rosenbach, Darmstadt Sonderausgabe 1999 (= [4]1993).

Ders., Philosophische Schriften, Bd. 3: An Lucilius – Briefe über Ethik 1–69, lat.–dt., übers., eingel. u. mit Anm. vers. v. Manfred Rosenbach, Darmstadt Sonderausgabe1999 (= [4]1995).

Ders., Philosophische Schriften, Bd. 4: An Lucilius – Briefe über Ethik 70–124, [125] lat.–dt., übers., eingel. u. mit Anm. vers. v. Manfred Rosenbach, Darmstadt Sonderausgabe 1999 (= [2]1987).

Vitruv, Zehn Bücher über Architektur, lat.–dt., übersetzt, eingel. u. mit Anm. vers. v. Curt Fensterbusch, Darmstadt 1981.

Westdeutscher Verlag Opladen / Springer VS

Der Kölner Mani-Kodex. Über das Werden seines Leibes, hg. v. Ludwig Koenen / Cornelia Römera (PapyCol 14), Opladen 1988.

Abbildungsnachweise

Kapitel. I

Abb. 1: Alexander im Schlachtgetümmel, Detail der sogenannten »Alexanderschlacht« (Mosaik, Pompeji, ca. 150–100 v. Chr.), gemeinfrei

Abb. 2: Münze »Adventus Augusti« , (RIC II 893 var). Kreitzer, L.J., Striking New Images. Roman Imperial Coinage and the The New Testament World, Sheffield 1996 (JSNT.SS 134), 176 Fig. 32 und 33, 216 Fig. 2.

Abb. 3/4: Schekelmünze aus den Jahren 68/69 n.Chr. Inschrift auf der Vorderseite: »Shekel Israels«, Rückseite: »Jerusalem, die Heilige«, gemeinfrei

Abb. 5: Der Tempel des vergöttlichten Vespasianus und Titus auf dem Forum Romanum (Vordergrund). J.K. Zangenberg, eigene Fotografie

Abb. 6: IVDEA CAPTA Münze Vespasians (RIC 424). http://www. wikimedia.org/wikipedia/commons/thumb/b/ba/Sestertius_-_Vespasiano_-_Iudaea_Capta-RIC_0424.jpg/300px-Sestertius_-_Vespasiano_-_Iudaea_Capta-RIC_0424.jpg

Abb. 7: Titusbogen-Relief. J.K. Zangenberg, eigene Fotografie

Abb. 8/9: 4 Sus-Münze Bar-Kokhbas mit palaeohebräischer Inschrift. Vorderseite: »Für die Freiheit Jerusalems«; Rückseite: »Zweites Jahr der Freiheit Israels«, gemeinfrei

Kapitel II

Abb. 1: Relief aus Amiternum. Leichenzug eines vornehmen Römers mit Klageweibern, Musikanten und dem Verstorbenen auf einer Bahre (aus Amiternum, spätrepublikanische Zeit). http://www.storiadimilano.it/Miti_e_leggende/funerale_amiterno.jpg

Abb. 2: Vespasians Siegermünze (RIC Vespasian 424)

Abb. 3: Münze des Kaisers Nerva (RIC II 58)

Kapitel III

Abb. 1: Bildnis des Platon. Kopf des Platon, römische Kopie. Das Original war bald nach dem Tod (348 v. Chr.) in der Akademie aufgestellt worden. Glyptothek München. gemeinfrei

Abb. 2: Statuette des Sokrates. Kopf des Sokrates (um 470–399 v. Chr.). Römische Kopie eines griechischen Originals, das vom Bildhauer Lysipp um 320 v. Chr. gefertigt wurde. Glyptothek München. gemeinfrei

Abb. 3: Höhlengleichnis. Kunzmann, P. / Burkard, F.-P. / Wiedmann, F. (Hgg.), dtv-Atlas zur Philosophie. Tafeln und Texte, 3. Aufl. München 1993, 40

Abb. 4: Büste von Aristoteles. Marmor. Römische Kopie nach dem griechischen Bronze-Original von Lysippos, um 330 v. Chr. Der Alabaster-Mantel ist eine Ergänzung in der Moderne. gemeinfrei

Abb. 5: Bildnisbüste des Epikur. Göttingen
Abb. 6: Rekonstruktion der Sitzstatue des Epikur. Göttingen
Abb. 7: Büste des Cicero. Göttingen
Abb. 8: Marc Aurel, Kopf. Göttingen
Abb. 9: Büste des Marc Aurel. Göttingen
Abb. 10: Marc-Aurel-Säule auf der Piazza Colonna in Rom. Göttingen
Abb. 11: Bildnis des Seneca. Göttingen
Abb. 12: Büste des Pythagoras. Göttingen
(Göttingen = Georg-August-Universität Göttingen, Archäologisches Institut, Fotos: Stephan Eckardt)

Kapitel IV

Abb. 1: Götterstammbaum (erstellt von D. Jacobs)
Abb. 2: Die drei Chariten. Statue der linksstehenden Grazie aus der Gruppe der drei Grazien, Rom, Musei Vaticani, Museo Pio Clementino, Gabinetto delle Maschere. http://arachne.uni-koeln.de/item/objekt/20940
Abb. 3: Die kapitolinische Trias. RLM Trier; Foto Th. Zühmer
Abb. 4: Asklepios. 20065: Unterlebensgoße Statue des Asklepios, Rom, Musei Vaticani, Galleria Chiaramonti. http://arachne.unikoeln.de/item/objekt/20065
Abb. 5: Epidauros. 8002764: Heiligtum des Asklepios, Epidauros. http://arachne.uni-koeln.de/item/topographie/8002764
Abb. 6: Votivtäfelchen. Fragment eines Votivtäfelchen aus Terrakotta, Aigina, Archäologisches Museum http://arachne.uni-koeln.de/item/objekt/134177
Abb. 7: Apollonius. Apollonius von Tyana; Münzabbildung aus Baumeister: Denkmäler des klassischen Altertums. Band I. 1885, S. 109. gemeinfrei
Abb. 8: Tafel mit der Inschrift der Lex Cornelia de XX Quaestoribus, Neapel, Museo Archeologico Nazionale. http://arachne.uni-koeln.de/item/objekt/54565
Abb. 9: Bankett-Szene mit Sol (m.) und Mithras (r.), Relief (recto), 2.–3. Jhr., Louvre, gemeinfrei.

Kapitel V

Abb. 1: Die delphische Sibylle von Michelangelo. gemeinfrei
Abb. 2: Relief einer Menora (Titusbogen). gemeinfrei

Stellenregister

A. Bibel

1. Altes Testament (einschließlich Apokryphen und Pseudepigraphen)

Die Anordnung der biblischen Bücher folgt der Septuaginta.

Genesis
1 436
1,1 316
1,4.10.12.18.21.31 675
1,26 246
1,28 648
1–4 714
2 487
2,8 675
3,7 713
3,20 501
4,10 651
4,16 610
4,25 712
5,2 647
6 714
9,25–27 622
15,6 619
15,13 623
17 646
17,1 646
18,11 248
18,33 250
20,12 249
22 458
22,3 f 615
23,6 619
28,11 614
28,12 250
31,13 615
34 523
36,24 675
49,1 622

Exodus
3,14 f 613
4,24–26 646
12,6 666
12,8 667
12,22 636
12,26 667
13,6–8 667 f
15,26 676
19,17 250
20,1 613
20,9 487
20,21 613
21,2.6 654
21,10 647
22,20 682
23,12 487
23,14 663
23,19 656
23,27 f 624
24,10 615
25,30 662
25,33.37 658
28,30 631
31,14 666
32,19 632
35,2 487

Leviticus
3,2 641
7,30 641
11,29–31 644
11,33 481, 640
11,46 680
12,1–8 644
14,8 640, 644
14,9 644
14,53 644
15,5–11 644
15,19 642

16,1–34 672
16,5–10 662
16,10.20–22 662
16,30 470, 671 f, 673
19,9 682
19,33 f 217
23,9–14 662
23,10 f 641
23,14 657
23,16 f 662
23,17 641
23,22 682
23,27–32 672
23,32 669
24,5 665
24,7 665
24,14 652
26,6 624
26,7 f 624
26,12 251

Numeri
2,20 665
10,9 548
10,35 643
11,16 651
12,6.8 622
14,26–35 632
19,2–10 662
19,9–22 640
19,14 640
20,11 645
21,18 539
23,19 615
24,7 624
24,15–17 556
24,17 112, 120
25,6–9 683
26 641
29,7–11 672
29,35 668

Deuteronomium
4,19 616
5,12 540
5,13 487
6,4 308
7,20 624
8,5 615
8,16 668
10,19 217
10,20 629
12,2 683
12,4–7 470, 615
13,18 683
16,16 663
17,17 652
18,18 f 556
21,23 653
21,33 501
22,5 247
24,1 648
24,19 682
25,2 f 654
26,5 667
26,14 501
28,7 624
30,1–3 625
30,4 625
30,5 626
30,7 626
30,20 681
33,1 614
33,4 681
33,8–11 556
34,10 622

Josua
15,35 629
24,31 628

Richter
9 523

1. Könige
7,49 658
12 523

2. Könige
25,8 632

1. Chronik
9,19 664
24,7 50

2. Chronik
4,7 658

Esther
2,22 635
9,22 669

Tobit
2,1–10 501
4,13 501
4,17 501

1. Makkabäerbuch
1,21 658
1,54 632
1,57 7
2,1 50
4,36–54 50
6,7 7
12,1–23 50
13,41 f 50

2. Makkabäerbuch
6,2 f 523

Psalmen
1,1 556
9,17 215
12,2 631
24 662
37,8–15 557
48 662
72,17 675
81 662
82 662
82,1 636
90,2 f 675
92 662
93 662
94 662
113–118 666, 668
114,8 668
116,1 666
120–134 670
151 567

Psalmen Salomos
2,1–37 598 f
17,1–46 599–602

Proverbien
1,9 635
3,2 636
3,8 635
3,16 636
3,18 635
4,9 635
4,22 635
23,25 632

Qohelet
4,12 657
9,8 639

Hiob
27,17 681

Weisheit Salomos
10,4 71

Jesus Sirach
7,33 501
30,16.18 501

Hosea
4,16 538

Amos
9,6 636

Habakuk
1,6 550
1,13 550
2,1–8 550, 552
2,18 552

Sacharja
8,16 630

Maleachi
1,10 539
3,16 630

Jesaja
1,2 704
1,4 704
1,18 672
5,1 f 704
8,11 556
12,3 669
14,1 682

19,19 608
25,8 650
30,33 675
42,21 638
45,5 f 713
46,9 713
52,13–53,12 679
54,16 539
58,13 669
60,21 676
65,13 f 639
66,24 675

Jeremia
7,25 628
9,19 650
9,25 646
17,7 656
17,12 675
17,13 673
31,27 680
33,6 562
33,25 646, 669

Baruch
6,26b 501

Daniel
9,27 7
11,31 7
12,11 7

2. Neues Testament

Matthäus
7,15 694
8,12 704
10,28 704
10,35 f 634
18,10 698
19,11 694
35,f 534

Markus
1,10 700 f
4,8 697
4,31 697
11,15–19 457
14,3–9 501
16,1 501

Lukas
1,26.35 701
2,1–3 66
7,12 501
9,35 701

Johannes
1,3 702
1,26 f 703
1,29 703
4,4 523
4,20 524
4,46–53 703
11,31 501
14,6 701

Apostelgeschichte
17 381
17,18 223
17,28 224
18,12 284

Römerbrief
1,19 239

1. Korintherbrief
8,6 308
15,54 704

Kolosserbrief
9,1 552

B. Frühjüdische Literatur

1. Philo von Alexandrien

Gegen Flaccus
36–48.53–57 101–103
43–48 95–97
73–75 104
83–85 140
96b 480
136f 364

Hypothetika
11,1–18 516

Gesandtschaft an Gajus
4–6 440
74–85.93–102 23–26
144–147.150–159 16
155.157 130

Über Abraham
87–88 609f
119–122 612

Über das kontemplative Leben
78 611

Über das Leben Moses
2,25–42 605–607
2,41–44 215
2,45–51 618–620
2,288–292 621

Über den Dekalog
76–80 216f

Über den Erben des Göttlichen
259–266 622

Über den Wandel der Namen
2b–30a 612–614
33–34.39 623

Über die Belohnungen und Strafen
91–97 623f
162–172 625f

Über die Einzelgesetze
1,13–15 616
1,66–70 470f
2,56–64 486–488
3,110–113 177

Über die Freiheit des Tüchtigen
75–91 515

Über die Riesen
60–61 248

Über die Nachkommen Kains
1–8 610f

Über die Wanderung Abrahams
88–90 612

Über die Weltschöpfung
1–6 616f
7–10 245
16 245
22–24 245f
69–71 246
142–147 617f
165 246
170–172 620

Über die Träume
1,61–67 614f
1,69–71 249f
1,138–141 250
1,146–148 250f
1,237–239 615f

Über die Trunkenheit
59–63 248f
187 249

Über die Tugenden
11–12 247
18–21 247f
102–104.181–182 217f
211–220 618f

2. Flavius Josephus

Jüdische Altertümer

1,18–23	448
1,67–71	439 f
1,154–160	218 f
3,179–187	467 f
8,46–49	353
8,111–119	459 f
11,306–312.321–326	525 f
11,329–339	5
11,340–346	522–525
12,7	5
12,137–146	8
12,147–153	106
12,257–264	526 f
13,175–177.180 f	156 f
13,210–212	508
13,363	134
14,110–118	468 f
14,117 f	101
14,213–216	97
14,223–227	97 f
14,228	208
14,247–255	98 f
14,256–258	99
14,259–261	99
14,402–404	54–56
14,429	134
15,296–298	61 f
16,160–165	207 f
17,269–285	531–533
18,12–15	510
18,16 f	512
18,18–22	521
18,29 f	527
18,63–64	68 f
18,65–80	414 f
18,85–89	527 f
18,116–119	68
19,328–331	67 f
19,356–361.364–366	70
20,17–19.34 f.38–53	63–65
20,23	351
20,92–95	509
20,97 f	535
20,194 f	222
20,200 f	69

Jüdischer Krieg

1,34–43	51 f
1,78–80	516 f
1,148–157	52 f
1,282–285	60
1,403–430	57–60
1,648–653	450 f
1,670–673	506 f
2,10–13	476
2,93–100	62 f
2,117–118	65
2,119–161	517–521
2,162 f	509
2,169–177	65–67
2,184–187.192–203	26 f
2,223–227	69 f
2,228–231	449 f
2,232–247	528 f
2,252–265	533 f
2,266–270	74 f
2,305–308	131
2,408–421	73 f
2,433 f.441–448	534 f
2,477–480	75
3,35–43	45 f
3,70–109	158–161
3,307–315	529 f
3,350–360	568
3,361–382	569 f
3,392–408	75 f
4,326–333	77
4,453–485	46–48
4,530–533	49
4,622–629	35
5,15–20	77 f
5,184–227	462–466
5,228–236	466 f
5,442–445	536
5,448–451	78
6,46–53	570 f
6,193–213	78–80
6,249–270	80–82
6,296–315	82–84
6,387–391	88 f
6,414–420	133 f
7,13–17	89

7,70–74 36
7,123–162 89–92
7,218 209
7,253–274 536–538
7,337–360.380b–388 571–574
7,420–436 608 f
7,437–442 110

Gegen Apion
1,18 218,
1,28–36 471
1,37–45 448 f
1,60–62 452

2,79–85 214
2,89.91–96 100
2,102b–109a 466
2,164–171 451 f
2,205 500

Aus meinem Leben
1–12 511
25–27a 74
112–113 453
276–279 480
426–427 482

3. Weitere jüdisch-hellenistische Literatur

4 Esra
7,10–25 590 f
7,26–44 591 f
7,106–115 592
11,1–46 592–594
13,1–13a 594

Äthiopischer Henoch
1,1–5,9 576 f
6,1–10,3 578 f
17,1–19,3 579 f
26 49
33 49
38,1–39,14 580 f
48,1–10 581 f
51,1–5 582
58,1–6 583
69,16–25 583
69,26–29 583
71,1–17 584 f
90,28–42 585 f
93,1–10; 91,11–17; 93,11–14 586–88
101,1–9 588

Apokalypse des Mose
32,1–42,2 504–506

Aristeasbrief
29–32; 301–321 603–605

83–99 460–462
131–139 437

Himmelfahrt des Mose
6,1–9 56

Joseph und Aseneth
11,19–13,15 489–493
15,2–8 452 f
21,11–21 493

Jubiläen
1,7–25 443 f
6,1–16; 7,26–33 444–446
6,32–38 472 f
10,1–14 454 f
12,1–8 219
12,19–20 488
15,23–34 476 f
20,6–10 446
21,1–26 473–475
30,7–17 482
49,1–3.12 f.16–21 475 f
50,6–13 479 f

Pseudo-Philo
Liber Antiquitatum Biblicarum
32,1–4 446 f
32,7 f 447
32,13–17 450
34,1–5 453 f

59,4 488 f
60,1–3 489

Pseudo-Phocylides
22–27.39–41.
99–115.175–194.
210–215.228 627 f

Sibyllinische Weissagungen
1,137–146 588
3,8–45 439
3,218–247 441
3,381–400 5
3,573–600 441 f
3,624–634 216
3,702–724 442
3,732–735.762–766 218
3,741–761 589
3,762–766 177
3,767–807 590
4,115–124 33 f
4,125–127 36
5,137–154 33 f
5,214–227.361–385 32 f
5,484–511 220
11,261–276 10

Syrische Baruchapokalypse (= 2 Baruch)
26,1–30,5 594–596
48,1–26 499 f
53,1–12 596
83,1–23 597

Testament Abrahams
Rezension A
17,1–19; 20,1–13 574–576

4. Qumran

1QH 2,20–30 547
1QH 3,19–36 547 f
1QH 4,26–37 548 f
1QH 7,26–33 549
1QM 1,1–12 549 f
1QM 10,4–15 550 f
1QM 12,1–15 551
1QM 17,6–9 551 f
1QpHab 1,16–2,14 552
1QpHab 5,1–12 552 f
1QpHab 6,12–7,14 553
1QpHab 7,19–9,11 554
1QpHab 12,6–10 554
1QS 3,4–12 543
1QS 3,13–4,1 543 f
1QS 8,1–10a 544
1QS 10,8b–20 544 f
1QS 11,2b–22 545 f
1QSa 2,11–22 546 f
3Q15 554–556
4Q171 Frg. 1+2 Kol. II 557
4Q186 Frg. 2 Kol. I 557 f
4Q246 Kol. II 558
4Q286 Frg. 7 Kol. II 558
4Q385 559 f
4Q398 Frg. 14 Kol. II;
4Q399 Kol. I; 4Q399
Kol. IIb 558 f
4Q403 559–561
4Q434 Frg. 1 Kol. I 562 f
4Q521 Frg. 2 Kol. II
+ Frg. 4 563
4QFlor 1,10–17 556 f
4QTest 5–20 556
11Q05 XIX 565 f
11Q05 XXII,1–15 565 f
11Q05 XXVI,9–15 566
11Q05 XXVII 2–11 567
11Q05 XXVIII 3–12 567
11Q19 45,7b–18 472
11Q19 48,11 b–14a 507
11Q19 49,5–19 507 f
11Q19 50,16b–19 481
11Q19 51,4–5a 481
11Q19 64,6 b–13a 508
CD 1,1–2,5; 2,9a–13 541
CD 6,2–19 541 f
CD 10,14–23;
11,13–17a 542

5. Rabbinisches Schrifttum

bBer 60b 495–497
bPes 49b 680 f
bPes 54ab 675 f
bPes 68b 668 f
bSot 22a 680
bShab 10a 495
bShab31a 634 f, 638
bShab 153a 639
bYeb 47ab 682
mAb 1,1–2,5 630 f
mAb 3,1 673
mAb 3,5–6 636
mAb 4,2 f 637
mAb 4,16 f 673 f
mAb 5,10 674
mAb 5,20 674
mAb 5,21–23 636 f
mAb 6,5–7 635 f
mAZ 3,1.3 f 683
mBB 2,9 507
mBer 4,1–6 495
mBer 5,1 497
mBer 5,5 499
mBB 6,8 507
mBM 2,11 638
mBM 4,10 681 f
mBM 9,11 655
mBQ 7,7 656 f
mBQ 10,1 684
mDam 2,3 679 f
mEdu 1,4–6 640
mGit 3,1 648
mGit 9,10 648
mHag 1,1 663
mHal 4,11 664
mHul 8,1 656
mMidd 3,4b 663
mMidd 5,4c 651
mMiqw 1,7 f 645
mMakk 3,10.12 654
mMakk 3,16 638
mMiqw 8,1 645
mNed 3,11b 646
mNeg 3,1 644
mNeg 14,1–3 644
mNid 1,1b–5 643
mJeb 6,6 647 f
mKel 1,1–4 640 f
mKel 1,6–9a 641
mKel 2,1 641 f
mKet 4,4 f 649
mKet 5,5 649
mKet 5,6 647
mKet 11,1 650
mMaas 1,1 656
mMen 11,1.5 665
mMQ 3,5.7–9 649 f
mOhal 1,1–3a 642
mPea 8,7a–b.9b 655 f
mPes 5,5–10 666 f
mPes 10,1–8 667 f
mPea 1,1 638
mSanh 1,6a 651
mSanh 4,1h 651
mSanh 4,2b 651
mSanh 4,5b-f 651 f
mSanh 6,1 a.c; 6,2;
6,3–4 652
mSanh 6,5–6 653
mSanh 6,7b–8 653
mSanh 7,1 653
mSanh 7,4a 654
mSanh 7,6a 683 f
mSanh 9,6a 683
mSanh 9,6b 663
mSanh 10,1 676
mShab 2,7 665 f
mShab 7,2 665
mShab 19,2a 645
mShab 23,5 649
mSheb 8,10 683
mSheq 3,1a 662
mSheq 5,1 f 664
mSheq 4,1–5 662 f
mSheq 6,5 f 664
mSot 9,12.14 631 f
mSot 9,15 633 f
mSuk 5,1–5 669 f
mTam 3,1–5; 4,1–12;
7,3 657–661
mTam 3,8 661
mTam 5,1 661

mTam 7,4 662
mTaan 3,8 632
mTaan 4,6 f 632 f
mYad 3,3–5; 4,5 f 643
mYad 4,6–7 631
mYom 3,8 469 f
mYom 4,1–4 670 f
mYom 6,2.8 671 f
mYom 7,1 672
mYom 8,1 672 f
mYom 8,9 673
mQid 1,1 646 f
mQid 1,2 f 654
mQid 1,9 f 657
mQid 4,12 647
mQid 4,14b.d 655
tBer 7,12–13 646
tHag 1,9 639
tSuk 4,6 105
tSanh 13,2 215
tSanh 7,11–12 638
tSanh 8,1b 650
tQid 1,11b 646
Mekhilta de Rabbi Yishmael, Shabbat § 1 665 f
Talmud Yerushalmi Taan 4,8/68d 120
Targum Jesaja 28 678
TJon zu Jes 52,13–53,12 679
Targum Pseudo-Jonathan zu Gen 1 435 f
Targum Pseudo-Jonathan zu Gen 22 455–459

C. Nichtliterarische Texte

1. Papyri

CPJ II 153,73–104 104
PFouad 76 427
PMur 19 119
PMur 115 118 f
POxy I 110 185, 427
POxy 523 427
POxy 2777 134 f
PYadin 11 116
PYadin 15 116 f
PYadin 16 117 f
PYadin 49 114
PYadin 52 115
PYadin 54 114 f
SB XVI 12504 157
Zauberpapyri 1,1–42 355 f
Zauberpapyri 4, 1227–1264 354
Zauberpapyri 5,96–171 354 f

2. Inschriften

Altertümer Pergamons 374 402
AE 1957,19 402
AE 2001,1969 143
Bildtafel des Kebes 30,1–32,5 294 f
CE 243 390
CE 431 389
CE 439 390
CE 543 390
CE 960 390
CE 1240 391
CE 1493 390
CE 1499 390
CE 1500 390
CIIP I/1, Nr. 2, S. 42-45 496
CIIP I/1, Nr. 3, S. 45-47 469
CIIP I/1, Nr. 9, S. 53-56 483
CIJ II 748 222
CIJ II Nr. 1449 483
CIJ II Nr. 1530 503
CIJ II Nr. 1532a 483
CIL I2 581 28, 422 f

CIL III 1 686; Philippi II, Nr. 439 / L078 426
CIL III 6998 139
CIL VI 944 (=ILS 264) 107
CIL VI 974 (= 40524) 114
CIL VI 15346 182 f
CIL VI 19474 360
CIL VI 34060 183
CIL VI 40454 a (=AE 1995, 111b) 107
CIL IX 2689 155
CIL IX 5400 139
CIL XIII 7113 172
CIL XV 7194 138
DE 8190 391
DE 8195a 391
DE 8203 391
Epidauros, W1 346
Epidauros, W2 347
Epidauros, W4 347 f
Epidauros, W5 348
Epidauros, W10 348
Epidauros, W15 346
Epidauros, W16 348
Epidauros, W22 348
GV 1365 = GG 476 391
ICaes 43 67
IG IV,1, Nr. 125 346
IG XII,3 Nr. 330 364–370
ILS 1977 128
ILS II/2 7212 370–373
ILS 7478 155
ILS 8444 183
ILS 8794 406
IJO Bd. 1, S. 62–71 486
IJO Bd. 1, S. 158–160 530
IJO Bd. 1, S. 163 f 61
IJO Bd. 1, S. 228–232 530
IJO Bd. 1, S. 233 f 530
IJO Bd. 1, S. 234 f 65
IJO Bd. 1, S. 235–239 494
IJO Bd. 1, S. 268–275 486
IJO Bd. 1, S. 299–301 486
IJO Bd. 2, S. 75 f 221
IJO Bd. 2, S. 354–355 483–485
IJO Bd. 2, S. 472–480 213
Inschrift von Oinoanda 401
Masada 2, Nr. 804–813 61
PLond 2193 373 f
SEG IV 516 402 f
SEG VIII 13 503 f
SEG XI 922–3 400 f
SIG III 985 427 f
SIG III 1109 423–426
Syll.[3] 1258 = IG XII 1,656 391

D. Pagane griechische und römische Literatur

Aelius Aristides

Romrede
10–13 140–142
30 122
36–39 122 f
59 f 132
65–70 123 f
97–101 124 f

Aischylos

Agamemnon
160–183 325

Albinos
6 240 f

Appian

Mithridatische Kriege
114 65

Apuleius

Der Goldene Esel
11,22–26 428–431

Über den Gott des Sokrates
6–7 235–237
16 237

Über die Magie
25,5–26,9 359 f

Platon
1,11 237

1,13 238
2,23 238 f

Aristoteles

Analytik
1,1,24a 252

Eudemische Ethik
8,3,1249a21–b25 261 f

Kategorien
4,1b–2a 252

Metaphysik
1,5,985b 300
4,1,1003a 253
5,1,1013a 253
9,7,1049a 253 f
12,7,1072a.b 254 f

Nikomachische Ethik
1,1,1094a 259 f
2,5,1106a.b 258 f
10,7,1177a.b 260 f

Physik
1,7,191a 254

Politik
1,2,1252b–1253a 262

Über den Himmel
2,12,292b 258

Über die Seele
1,3, 407b 297
2,4,415a–416a 255–257
3,4,429b–430a 247 f

Artemidor

Traumbuch
3,46–56 392–394
3,53 488
5,82 186

Cassius Dio

Epitome
65,7,2 209
67,14,1–3 39 f

Römische Geschichte
49,15, 3 130
66,19,3 32
69,9–14 111–114

Cato

Über den Ackerbau
160 356 f

Cicero

An Quintus
1,33–34 155 f

Cato
3,7–4,10 191–193
7,25 150
11,36–38 194 f
15,51–16,56 148–150
19,70–71 193 f
21,77–23,85 195–198

Gespräche in Tusculum
1,31 171
1,40–43 384 f
1,72 385
2,17 273 f

Reden gegen Verres
4,110–115 338 f
5,170 140

Für Flaccus
66–67 210

Über die Ziele
1,22 274 f
1,29–31 275 f
2,9 f 276 f

Über sein eigenes Haus
41,109 363

Columella

De re rustica
1,8,1–13 144–146

Cornelius Nepos

Biographien berühmter Männer
Vorwort 3–7 187

Damokritus

Über die Juden
214

Diodorus Siculus

Historische Bibliothek
34–35,1,1–5 9

Diogenes

Fragmente
26.1.2–3.8 278

Leben und Meinungen
8,9–10 302 f
8,13 301
8,14 297
8,14–15.17 303
8,19.22.33–35 301 f
8,22–24 306
8,24–25 301
8,28.30 298 f
10,122–135 266–271
36 297

Dion von Prusa

Rede 36 (Borysthenes-Rede)
54–58 286 f

Rede 12 (Olympische Rede)
27–29 395 f
47 280
58–61 396 f

Weitere Reden
3,97 186
15,24 133

Dionysios von Halikarnassos

Römische Altertümer
2,15,2 176 f

Epiktet

Handbuch der Moral
1–3 289 f

Lehrgespräche
2,8 288

Epikur

Entscheidende Lehrsätze
1–33 272 f

Weisungen 273

Florus

Römische Geschichte
2,30,29 122
2,34,64–66 22

Gaius

Institutiones
1,9–12.55 127
1,17 138
1,52–53 133

Gellius

Attische Nächte
1,6,1 f 182
10,23,1–5 183 f

Heraklit

Fragmente
282

Herodot

Historien
1,134 188
2,50,1–3 324
2,53,1–3 325
2,54,1–55,3 339 f
2,58,1–59,3 340
2,123 295

Hesiod

Theogonie
108–210 319–323
453–506 323 f
535–557 341 f

Homer

Ilias
1,493–513 310–312
1,605–611 312

4,1–29 313
5,290–296 313
5,753–766 313 f
6,119–143 314
7,433–453 314 f
8,1–29 315 f
8,198–211 316
8,397–424 316 f
14,312–328 317 f
20,4–25.31–78 318 f
24,64–70 341

Odyssee
8,541–545 189
11,11–13.20–26.34–50 382
11,147–165.204–222 383
11,628–640 383 f
17,483–487 190

(Pseudo-)Homerischer Hymnus auf Demeter
256–274.470–482 415 f

Horaz

Carmen Saeculare
16–18

Briefe
2,1,15–17 404

Johannes Stobaios

Eklogen
4,7,61 404
4,7,64 404 f

Julius Paulus Prudentissimus

Sentenzen
2,17,11–12 138
5,1,1 134
5,26,1 f 131

Justin

Apologie
1,66,3 f 427

Epitome
36,2–3 212 f

Kleanthes

Hymnus auf Zeus
282 f

Lob der Turia
1,27–41; 2,25–69 179–182

Konstantinos Porphyrogenetos

Excerpta de Virtutibus et Vitiis
1 56

Livius

Römische Geschichte
1,16,1–8 361
2,32,5–12 143
5,13,4–8 380
6,41,4–12 336–338
39,13,8–14 411 f

Lukian

Alexander, der Lügenprophet
12–13,38 351 f

Die Lügenfreunde oder: Der Ungläubige
16 353

Der Tod des Peregrinos
11–16 375 f
39 f 361 f

Lukrez

Von der Natur
1,61a–79 277
3,966–971 277
5,1161–1217 334 f

Macrobius

Saturnalia
2,4,11 62

Marcus Aurelius

Selbstbetrachtungen
7,9 281

Martial

Epigramme
7,82 478

Monumentum Ancyranum
17,32.34.35 12 f

Nikolaos von Damaskus

De vita sua
56

Orphischer Hymnus
422

Ovid

Festkalender
2,533–638 377–379
3,295–326 333 f
6,303–336 376 f

Gedichte der Trauer
1,3,27–70 335 f

Metamorphosen
1,151–215 328 f
3,316–338 329
15,127–142 297 f
15,237–258 298

Pausanias

Beschreibung Griechenlands
1,14,6 334
1,18,6 f 342
2,11,7 342
2,26–28 344–346
7,21,12 339
8,16,4–5 509
8,19,2 343

Petronius

Satiren
42,5–6 138
74,8–17 178
102,13–14 478
111–113 203–205

Philostratus

Das Leben des Apollonios
3,38 f 350 f
4,10 349 f
8,30–31 362 f

Pindar

Siegeslieder
14 325 f
68–77 380 f

Platon

Gesetze
952d 188 f

Phaidon
15 381
57 381 f

Phaidros
245c–249d 231–235

Staat
7,514a–517c 227–231

Timaios
28c–30b 225–227

Plautus

Aulularia Prolog
1–5.21–23 363

Der glorreiche Hauptmann
672–678 189
741–744 189 f

Plinius der Ältere

Naturkunde
2,5,14–26 329–331
5,66–74 93–95
13,21(68)–26(83) 146–148
18,41–43 358
33,134–135 138 f

Plinius der Jüngere

Briefe
1,9 151
2,17 151–154

4,8,1–6 340 f
5,16 175 f
7,27 201–203
8,8,1–7 332 f
8,16 136 f
10,5–7.10 129 f
10,33,3–34,1 364
10,52 f 403
10,96,1–97,2 42 f

Panegyrikos
4,1–5,9 42

Plutarch

Über die Seele
15,313–325 241 f

Über Isis und Osiris
12–19 417–421
27 421

Über die späte Strafe der Gottheit
5; 18 243 f
11–12.14 242 f

Romulus
8,11–13 167

Moralia
5,781F 405
139F–140A 182
140D 182

Panegyrikos
4,1–5,9 40–42

Polybios

Historien
6,53,1–54,3 198 f

Prudentius

Peristephanon
10,1011–1050 412–414

Pseudo-Aristoteles

Oikonomikos
43 a25–43 b7 144
44 a7–15 178 f
44 a23–29 133

Quintilian

Ausbildung des Redners
1,1,4–5.8 135
2–15 172–174
6,2,27–31 205 f

Scriptores Historiae Augustae Hadrianus
13,5–6 43 f

Seneca

Apocolocyntosis
3,1–3 132
4,1–5,3 408 f
9,4–10,4 409 f
12,1–3 410

Briefe
41,1.4 f 285
47,1–2.10.12–13 136
47,5.7–8 137
73,16 286

De superstitione
106

Naturwissenschaftliche Untersuchungen
1,13–17 285
2,59 291

Über das glückliche Leben
2,1 f; 3,1–4; 4,2.4 f 292 f

Über den Zorn
3,15,4 291 f

Sextus Empiricus

Hypotyposai
3,222–223 481

Skepsis
1,7 f.15.22 263
3,94 f.194 f 263 f
3,3–6.190.202–204.
280 f. 254–156

Strabo

Geographie
14,4,26 184
17,2,5 478

Sueton

Augustus
25,1–5 28 f
30,2–31,4 14
47 f 122
49,1–2 158
60 61
70 185
94,1–9 12
97,1–101,4 22

Claudius
16,1–2 130

Titus
7,1 f 36

Domitian
12,1–2 209
12,3–13,3 37

Galba
9,1 131

Nero
16,1–2 30 f
57,1–2 31

Tiberius
36 23
37,3 131

Vespasian
4,5–6 34 f
5,6 93

Synhesius von Kyrene

Dion Chrysostomos
3,2 522

Tacitus

Agricola
29,3–32,4 37–39
30,4–31,2 127

Annalen
1,16,3–17,6 162 f
2,85,4 23
4,44,1–5 29 f
6,51,1–3 23

Dialog
28,4–6 176
29,1 135

Historien
2,8 f 32
2,78,1–4 92 f
4,74,1 126
5,1–5.9.11–13 84–88
5,5,3 215

Ulpian

Digesten
48,8,11 478
50,2,3,3 208
50,17,32 132

Valerius Maximus

Denkwürdige Taten und Worte
Vorrede I 399
1,1 379 f
1,3,3 105
4,7 190 f

Varro

Res Divinae
211

Velleius Paterculus

Römische Geschichte
2,104,3–4 161 f

Vergil

Aeneis
1,275–292 125 f
4,268–281.295–330 385 f
4,415–421.424–444 386 f
4,540–543.548–581.608–617 387 f
4,637–647.651–665 388 f
4,735–751 389
5,72–103 343
6,847–853 125 f

Bucolica
4,1–63 397–399
8,64–72 356

Vitruv

Architektur
3,1,1–4.9 167 f
4,5,1–2 169
4,9 169
5,3,1–2.5–8 169 f

Xenophanes

Fragment
7 297

Xenophon

Hieron
1,27 178
3,2–5 191
7,2–4 186 f

Zwölftafelgesetz
Leg XII Tab 8 185
Leg XII Tab 10 199

E. Antikes Christentum

Augustinus

De Consensu Evangelistarum
1,22,30 211

Vom Gottesstaat
4,31 210 f
6,11 106

Clemens von Alexandria

Teppiche
3,36,2–4 693
4,89,1–3 694

Epiphanius

Arzneikästchen
33,3,2–7,4 696 f

Euseb

Kirchengeschichte
1,7,11.13 54
4,2,1–5 110 f

Praeparatio Evangelica
14,18,2–4 266

Hippolyt von Rom

Widerlegung sämtlicher Häresien
10,13,4 964

Irenäus

Gegen die Häresien
1, Vorwort 2 694
1,1,1 695
1,2,3 695
1,2,6 695 f
1,13,1–2 697
1,13,6 698
1,14,1.3–4 699 f
1,15,1–3 700 f
1,30,5 f 712 f
1,30,9 f 714
1,31,1 722

Laktanz

Göttliche Unterweisungen
3,17,8 279

Über den Zorn Gottes
13,19 279

Sulpicius Severus

Chronik
2,29 31

Origenes

Gegen Kelsos
6,3 239
7,42 240

Johanneskommentar
2,14,100–103 702 f
6,39,198–200 703
6,60,306–307 703
13,60,416–426 703 f

F. Gnostisches Schrifttum

1. Nag Hammadi

NHC I,5, p.66 705
NHC I,5, p.76 f 705 f
NHC I,5, p.118–120 706 f
NHC I,5, p.124 f 707
NHC II,1, p.6 f; III,1, p.9 f; IV,1, p.6 f 715 f
NHC II,1, p.24; III,1, p.31 f; IV,1, p.24 716 f
NHC II,3, p.52,15–18 708
NHC II,3, p.52,35–53,14 708
NHC II,3, p.54,13–35 708
NHC II,3, p.55,14–56,20 709
NHC II,3, p.71,22–34 709
NHC II,3, p.74,12–20 710
NHC II,3, p.75,2–10.14–25 710
NHC II,3, p.77,15–31 710
NHC II,3, p.79,13–18 710
NHC II,3, p.80,23–81,14 711
NHC II,3, p.82,26–29 711
NHC II,4, p.94,4–19 717
NHC II,4, p.94,19–95,13 717 f
NHC II,2 748–751
NHC III,2, p.53; IV,2, p.65 f 718
NHC III,2, p.55 f; IV,2, p.67 718
NHC III,2, p.62 f; IV,2, p.74 f 719
NHC III,2, p.68; IV,2, p.80 719 f
NHC V,5, p.76 f 720
NHC V,5, p.84 f 720
NHC VII,3, p.81,3–84,13 751 f
NHC VIII,1, p.51,24–52,25 721
NHC IX,1, p.5 752 f
NHC IX,3, p.68,27–69,32 692
NHC XI,2, p.40,30–41,38 711
NHC XI,3, p.55,17–34 721
NHC XI,3, p.62 f 721 f
NHC XIII,1, p.49 f 753 f

2. Weitere Schriften

BG 1, p.8,11–19,2 755 f
BG 2, p.29–31 715 f
BG 2, p.62 f 716 f
CT, p.33–40 723–725
CT, p.47–52 725 f
CH I 744 f
CH VI 745 f
CH XIII 746 f
GL I,4 742
GR I, § 13–19 732
GR I, § 66–69 733
GR I, § 123–124 743
GR I, § 153–155.163–165 743
GR II,3 739–742
GR III 737
GR IV,1 738 f
GR XII, 6 736 f
GR XV,13 734–736
Kölner Mani-Kodex, p.66–70 726 f
Kölner Mani-Kodex, p.83–85 727 f
Qolasta 58 734

Namens- und Sachregister

Antike Autoren sind nur im Stellenregister aufgeführt, sofern sie nicht selbst behandelt werden.

Abel
- Judentum 439, 488, 506, 651
- Sethianismus 712–714, 716
Abendmahl 413, 427, 708, 710
Aberglaube 30 f, 182, 208, 242 f, 309
Abraham
- bei Philo 609 f, 618 f
- Beschneidung 476 f, 646, 711
- Bindung Isaaks 446 f, 455, 458 f
- gegen Polytheismus 218 f, 488
- in magischen Texten 354
- Tod / Begräbnis 49, 574–576
Abstinenz 183, 430, 517 f, 694
Achtzehngebet 497 f
Adam
- als Prophet 440, 720
- Gnosis 693, 709, 713, 726
- Philo 617 f
- Schöpfung 435 f, 439, 618, 652, 675, 726
- Sündenfall 590, 709
- Tod und Bestattung 504–506
Adamas (Sethianismus) 712, 718, 725
Adiabene 63–65, 503, 508 f
Adler 11, 18, 397, 592 f, 674
- am Tempel 451, 456
Adventus Augusti s. Münzen
Aeneas
- Ahnenopfer 343, 377
- Reise 17, 309, 385–389
Affekte 265, 288, 304, 307
Agrippa s. Herodes Agrippa
Ägypten s. a. Alexandria
- Diasporajudentum 95, 100–105, 110, 212, 433 f, 469, 607–609
- Geschichte 7, 54, 65, 129, 146 f, 605, 632
- Religion 23, 85 f, 169, 216, 220, 295, 324, 340, 417 f, 420, 478, 714
»Ägypter« (falscher Prophet) 534, s. a. Prophetie
Ägypterevangelium 714
Akademie 223, 226, 235, 251, 263, 280
Albinus (röm. Statthalter von Judäa) 69, 83
Alêtheia (Valentinianismus) 693, 695 f, 699, 701
Alexander der Große 1–5, 11, 279, 310
- Einführung 1–4
- in Jerusalem 2–5, 522
- Samaritaner 522, 525
Alexander Jannaeus 50 f
Alexandria s. a. Diasporajudentum, Judenfeindschaft, Synagoge
- Ältestenrat 104
- Geschichte 3, 146, 606, 609
- Jüdischer Ethnarch 100 f
- Vereine 363 f
Allegorie / Allegorese 294, 513, 609–614
Allogenes (gnostischer Traktat) 715, 721 f
Almosen s. Armenfürsorge
Alter 191–198
Am-Haaretz 679–681
Ananos (Hoherpriester) 69, 529
Anfang s. Prinzip
Angst (philosophisch) 242, 268 f, 272, 291, 698
Anthropologie
- freier Wille (Epikur) 269, 271
- Gottebenbildlichkeit 246, 436, 504, 618, 625, 627, 652, 726
- Mensch als Staatswesen 260, 262, 617 f
- Menschenklassen (Valentinianismus) 693
- Rabbinen über A. 652, 673 f
Anthropomorphismus 311, 330, 396, 610
Antigoniden 4, 7
Antigonos s. Mattathias
Antiochus III. 6–8, 106
Antiochus IV. Epiphanes
- Qumrantexte 558
- Samarier 526 f
- Unterdrückung des Judentums 7–9, 51 f, 608, 632
Antipas s. Herodes Antipas
Antipater (Vater des Herodes) 50, 54 f, 60
Aod (Zauberer) 453 f, s. a. Magie

Äonen
- Sethianismus 715, 717–726
- Valentiniansimus 693, 695 f, 698–702, 706 f, 711
Aphrodite 287, 311 f
- Göttermutter 342
- Theogonie 322 f
Apion 45, 100, 214
Apokalypse des Adam 714, 720
Apokalypse des Paulus 691
Apokalypse des Petrus 751
Apokalypsen 434, 438, 691
Apokalyptik s..Eschatologie
Apokolokyntosis 408–410
Apokryphon des Johannes 688, 715–717
Apollo 10 f, 54, 65, 185, 351, 380, 397, 408
Apollonios Molon s. Judenfeindschaft
Apollonios von Tyana 349–351, 362 f
Aporie 263, s. a. Skepsis
Apuleius von Madaura 235–239, 358–360, 428–431
Aqedah (»Bindung Isaaks«) 446 f, 455, 458 f
Aqiba, Rabbi
- Lehren 495, 507, 633, 643, 648, 662 f, 668, 673, 676, 681, 683
- über Bar Kochba 112, 120
Arbeit s. Wirtschaft
Archelaos (Sohn des Herodes) 62, 65 f, 476, 533
Archtitektur 151–154, 167 f, 344
Archont (Amt) 220, 400, 423
Archonten (Gnosis) 708 f, 714, 717, 719 f, 726, 753 f, s. a. Hypostase der A.
Aristeasbrief 460–462, 603–605
Aristobulos II. (Hasmonäer) 51, 53 f
Aristobulos (Sohn des Herodes Agrippa) 533
Aristoteles 251–262
- Einführung 251
- Ethik 258–262
- Logik 252, 267
- Metaphysik 253–258
Armenfürsorge 627, 655 f, 684
Arzt 64, 138 f, 194, 240, 261, 348, s. a. Medizin
Aesculapius s. Asklepios
Aseneth 452 f, 489–494
Asia s. Provinzen, römische
Asklepios (Corpus Hermeticum) 688, 744–746
Asklepios (Gott) 310, 344–346, 352
- Einführung 345, 348
Astronomie / Astrologie 93, 105, 395, 468, s. a. Sterne
- Abraham 218 f
- Pythagoreer 297, 299 f
Ataraxia (Unerschütterlichkeit, Seelenruhe)
- Ergebnis der Skepsis 263, 265 f
- Höchstes Ziel / Gut 272, 288, 293
- Teil der Lust 266, 269 f
Athen 43, 61, 65, 164, 223 f, 226, 279, 342, 423
Athene
- Eingriff in den Kampf um Troja 311, 313 f, 318 f
- Kampf mit Zeus 317
- Statue 334
Atome 267, 272, 279, s. a. Materie
Auferstehung der Toten s. Eschatologie
Auguren s. Mantik
Augusteum 15
Augustinus 106, 211, 687
Augustus 10–22, s. a. Herrscher- und Kaiserkult
- Geburt und Kindheit 10–12
- Kultlied (Horaz) 16–18
- Militär 158
- Namensursprung 12 f, 22
- *Pax Augusta* 96, 399, 456
- Persönlichkeit 10–12, 184 f
- Privilegien für Juden 14–16, 96, 103 f, 208
- Provinzialverwaltung 121 f
- Restitution 13 f
- Tod 18–22, 406
- Verehrung durch Herodes 57 f
- Vergöttlichung 15, 18, 22, 206, 328, 331, 397, 399 f, 404, 407 f, 409
Auspizien s. Mantik
Autarkie (Philosophie) 261 f, 270, 280
Autonomie gegenüber den Göttern 267, 272 f, 277
Aventin (Berg in Rom) 18, 333

Babatha 112, 116–118
Babylonien 3–5, 96, 106, 316, 471, 731, s. a. Diasporajudentum
Bakchanalien s. Mysterien
Barbelo 712, 714–716, 723 f
Barbelo-Gnostiker s. Sethianismus
Bar-Kochba / Bar-Kosiba 112–115, s. a. Zweiter Jüdischer Krieg
Baruch 499 f, 594–597
Basilides / Basilidianer 686 f
Ben-Azzai s. Schim'on
Begierden 192, 238
– Epikur 269, 273
– Pythagoreer 304, 307
Begräbnis s. Tod und Begräbnis
Berenike 36, 483
Beschneidung 433
– Abraham 476 f, 711
– aus Sicht der Valentinianer 711
– pagane Polemik 86, 478
– Rabbinisches Judentum 645 f, 682
Besitz / Güter
– Aristoteles 261 f
– Essener 512–515, 517 f, 521
– Pythagoreer 296, 303
Bestattung s. Tod und Begräbnis
Bewegung
– Kreis-B. göttlichen Ursprungs 254 f
– sich selbst Bewegendes 231 f, 254 f
Beweis s. Logik
Bilderverbot s. Juden
Böse, das 244, 283, 359, s. a. Theodizee
Buddha 687, 728 f
Bund
– Judentum 443–445, 472–474, 477
– Qumran 540 f, 543, 547, 552
Bürgerrecht 127–132
– Christen 42
– Einführung 128
– Freigelassene 15, 127–129, 138
– in den Provinzen 128–130
– in den Städten 164
– Juden 15 f, 96, 130 f, 207
– Kreuzigung 131, 140
– Lateinkenntnisse 130
– *Peregrini* 128 f
– unter Claudius 130, 132
– Veteranen 161
Bythos (Urgrund) 686, 692, 695 f
Caesar, Gaius Iulius 9 f, 13 f, 397
Caesarea Maritima 57 f, 66, 70, 74, 94, 517
Calgacus 37–39, 126 f
Caligula, Gaius 23–28
– Alexandrienkonflikt 244
– Eid auf C. 28
– Religionsprogramm 26 f
– Selbstvergöttlichung 23–26
Cassius Dio s. Stellenregister
Celsus s. Kelsos
Chaos s. Theogonie
Chariten (Grazien) 326, 427
Christen 29 f, 42, 352, 375, 710
– *Testimonium Flavianum* 69
Christenverfolgung
– Nero 29–31
– Plinius d. J. 42 f
Christus s. Jesus Christus
Cicero 12, 148, 155 f, s. a. Stellenregister
– Kritik an Epikur 273–277
Claudius
– Alexandrienkonflikt 103 f
– Ausweisung von Juden aus Rom 29
– Herodes Agrippa II. bei C. 70
– Innen- und Religionspolitik 28 f
– Römisches Bürgerrecht 130, 132
– Verkürbissung (Satire) 408–410
Clemens von Alexandrien 685, 692–694
Clitumnus-Quelle 332 f
Codex Tchacos 689, 691
Coponius (röm. Statthalter von Judäa) 65, 527
Corpus Hermeticum 687, 744–747
Cumanus (röm. Statthalter von Judäa) 69 f, 449, 528 f
Cyrene 110, 207, 469

Damnatio memoriae 397
Dämonen s. Engel
– Austreibung s. a. Exorzismen
– *Daimonion* 294 f, 382
– gute Wächter der Seele 237
– Judentum 454 f
– mittlere Götter 236 f, 306 f
– Mittlerfunktion 235–237, 250
David 488 f, 556, 559, 566 f, 592, 600 f
Deboralied 450
Dekalog 217, 613 f
Demeter 6, 309, 318, 323, 340, 415 f

- Einführung 416
Demiurg s. a. Schöpfer, Gott
- Einführung 225, 701 f
- Gnosis 686, 696–698, 702–704, 722, 745
- Jaldabaoth 712–714, 716–718, 726
- Platon 225–227, 240
- Saklas 717, 726
Demokrit 329
Determinismus s. Notwendigkeit
Diadochen 4, 7, 96
Dialoge, Platonische s. Platon
Diasporajudentum s. a. Synagoge
- Ägypten 220, 434, 469
- Alexandria 7, 95 f, 100–105, 603, 607, 609, 714
- Babylonien 5, 96, 471
- Befreiung vom Militärdienst 96–98, 208
- Einführung 96, 434
- Ethnarch in Alexandria 100 f
- freie Religionsausübung 96 f, 99, 208
- Gottesfürchtige 220–222
- Kleinasien 96 f, 102, 106, 207 f, 468
- Kyrene 110, 207, 469
- Leontopolis 607–609
- Privilegien 98 f, 103 f, 106, 207 f
- Rom (Stadt) 23, 29, 96, 105
- Steuerprivilegien 208
Diodorus Siculus 8 f
Diogenes Laertios 271 f, 279, s. a. Stellenregister
Dion von Prusa 395–397
Diotogenes 405
Dogmatiker s. Skepsis
Domitian 37–42
- Ende der Herrschaft 40–42
- Regierung 37, 40, 161, 209, 288
- Vergöttlichung 37
Dreigestaltige Protennoia (Traktat) 753 f
Dualismus 359, 748
- Manichäismus 687, 734 f, 741–743

Ehe 178–184, 646–649, s. a. Frauen, Kinder
- Ehebruch 184, 191, 218, 428, 481 f
- Ehelosigkeit 516 f, 521, 627
- Ehevertrag 118 f
- Jüdisch 119, 481 f, 627 f, 646–649
- Mischehenverbot 86, 141, 481 f, 681
- Scheidung 119, 179 f, 183 f, 482, 646–649
Ehre 186–188
Einheit
- Monade 300 f
- von Welt, Gott, Vernunft s. Weltordnung
Ekklesia 693, 695 f, 701, 707, 730
Eleazar (Exorzist) 353
Eleazar ben-Anania (Tempelhauptmann) 71–73, 88
Eleazar ben-Dinäus (Räuberhauptmann) 528
Eleazar ben-Ja'ir (Zelotenanführer auf Masada) 535 f, 571–574
Eleazar (Räuberhauptmann) 533
Eleazar (Bruder des Judas Makkabäus) 52
Elemente, vier 256, 290, 298, 384, 618
Elia 47, 592, 634, 674
Eli'ezer ben-Hyrkanos (Rabbi) 633, 642, 645, 647 f, 653, 657, 667, 673, 683
Elisa 47
Elysium s. Jenseitsvorstellungen
Emanation 686, 692 f, 695 f, 748
Empirie
- Epikur 267, 275–277
- Ablehnung 247 f
Engel 250 f, 577–580, 584 f, s. a. Dämonen
- erlösungsbedürftig 707
- Gabriel 701
- Gamaliel 752
- Gnosis 692 f, 696, 699, 704, 707, 713, 718, 725 f
- Michael 505, 552, 575, 578, 584 f, 713
Epheben 367, 400–403
Ephesus 97, 208, 349, 402
Epidauros (Heilstätte) 344–346
Epikur 266–273
- Allmacht Gottes s. Theodizee
- Ethik 269 f, 273, 278 f
- Leugnung der Vorsehung s. Vorsehung
- Lust als Höchstes Gut 269 f, 275 f, 278
- Politikfeindlichkeit 273
- Theologie 268, 272, 277
Epikureer 273–279
- Ablehnung / Polemik 352, 610, 676
- Streit mit Stoikern 273–277
Epiphanius von Salamis 696 f, 712
Erinnerung s. Ideen

Erkenntnis / Einsicht (philosophisch)
- als höchstes Gut 260 f, 270 f, 273
Erkenntnistheorie
- Aristoteles 253 f
- Epikur 267
- Platon 225, 231, s. a. Ideen
- Skepsis 262–264, 266
Erlösung
- Ablösung der Seele vom Körper 241
- Gnosis 704, 706–708, 712, 727
- Judentum 490–492, 497 f, 668
Eros s. Theogonie
Erster Jüdischer Krieg 71–92
- Ausbruch 71–74
- Gründe 71, 83 f
- Kreuzigungen 78
- Pogrome gegen Juden 74
- Spannungen zwischen Juden und Syrern 74 f
- Unruhen nach dem Krieg 78, 110
- Zerstörung des Tempels 80–82, 87 f, 432
Eschatologie 568–602, s. a. Gericht
- Erwählung 552, 577, 581, 596
- Königsherrschaft 551, 560 f, 578, 585 f, 589 f, 599–602
- Menschensohn 581 f, 584 f
- Messias 546, 556, 566, 585 f, 591, 596, 601, 633, 674–679, 709
- Philo 623–626
- Rabbinen 676–679
- Totenerweckung / -auferstehung 381, 559, 582, 596, 634, 676
- Verwandlung 597
- Wochenapokalypse 586–588
Esra 590–594
Essener 94, 512–522
Ethik s. a. Besitz / Güter
- Aristoteles 258–262
- Epikur 269 f, 273, 278 f
- Judentum 213, 215, 627 f, s. a. Juden
- Platon 234 f
- Pythagoreer 301–308
- Stoa 280, 289–294
Eucharistie 413, 427, 708, 710
Eugnostosbrief 689–691
Eva 504 f, 713
Evangelium
- Apokryphen 688, 691
- pagan 405 f, 408
Exegese
- Allegorese (Philo) 244, 250 f, 609–614
- Hermeneutik (Rabbinen) 638
- Herakleon 701–704
Exodus s. Mose
Exorzismen 349 f, 353–355
Expositio Valentiniana (gnostischer Text) 690, 711
Ezechias (Räuberhauptmann) 534 f

Falsifikation s. Widerlegung
Fasten
- Mysterien 429 f
- Jom Kippur 467, 672
- Judentum 542, 669
Felix (Prokurator) 75, 529, 533 f
Feriale Duranum s. Feste
Feste s. a. Kalender
- ägyptischer Ursprung (Herodot) 340
- Feralien 378
- *Feriale Duranum* 403
- Festkalender (pagan) 376–379
- Gefangenenfreilassung 380
- Hanukka 50, 650
- Jom Kippur 467, 469 f, 661 f, 669–673
- Neunter Ab (Tag der Tempelzerstörung) 632 f
- Passah 475 f, 527, 529, 662 f, 666–668
- Purim 650, 669
- Sukkot 115, 662, 669 f
- Wochenfest 662, 668 f
- zu Ehren des Kaisers 400–403
Festus 69, 222
Feuer s. Elemente
Fiscus Iudaicus s. Steuern
Flaccus, Aulus s. Judenfeindschaft
Flamen Dialis (röm. oberster Staatspriester des Jupiter) 337
Fleisch s. Körper
Florus (röm. Statthalter von Judäa) 22, 70, 73 f
Forum 337, 358
Frauen 178–184, s. a. Ehe, Geschlecht
- aus Sicht der Rabbinen 629, 641–643, 647–649, 653 f, 663, 682
- Ehefrauen 174 f, 187
- in der Gnosis 697 f, 751, 755 f
- rechtliche Stellung 179, 183 f, 191, 648 f

- Reinheit 472, 640–643
- Schwangerschaft / Geburt 344, 346 f, 641, 644, 672
- Sinnlichkeit als Weiblichkeit 247, 249
- Witwen 187, 203–205, 441, 650
- Zulassung zu Vereinen 366, 370, 427

Freigelassene s. Sklaverei
Freiheit s. Autarkie
Freitod s. Tod und Begräbnis – Suizid
Fremde 102, 188 f, 479, 483, s. a. Allogenes, Nichtjuden
Freundschaft 190 f, 470
- philosophisch 273 f, 296, 301, 303

Frevel (religiös) 65, 73, 177, 338 f, 363, 541

Gaia s. Theogonie
Galiläa
- Beschreibung 45 f, 94
- Geschichte 26, 50 f, 62, 65 f, 72, 112, 528 f, 531, 533, 633

Gallio (Statthalter) 284, 334
Gamliel, Rabban 495, 507, 630, 633, 667
- Vorsitz des Sanhedrin 650

Garizim 522–526, 529 f
Gastfreundschaft 60, 188–190, 574 f
Gebete 488–500, s. a. Psalmen
- Achtzehngebet 497 f
- Gnosis 721, 732
- Kaddisch 498 f
- Qumrantexte 542–547, 560–567
- rabbinisch 497 f, 643
- Shema' Jisrael 495, 661, 680
- Vorschriften 494–497

Gebote s. Dekalog, Noachidische G., Speiseg.
Geburt s. Seele
Geburtstag
- Feier 371–373
- Kaiser 10, 20, 139 f, 402, 406–408
- Mysterien 430
- philosophisch 241

Gedächtnis 306 f
Geist s. a. Dämonen
- göttlicher G. 245, 285–287
- heiliger G. 696, 709 f, 751 f
- menschlicher G. 233, 238, 246–248, 260
- Paraklet 730–732
- Pneuma (Gnosis) 286, 696, 701, 745

Geld s. Münzen, Wirtschaft
Gematrie s. Zahlensymbolik
Genügsamkeit 270, 273, 301, 512, s. a. Autarkie
Gericht
- Judentum 439, 445, 454 f, 473, 576–582, 584, 587, 589–592, 597–602
- Qumrantexte 544 f, 548, 552, 554
- Rabbinen 497 f, 673

Gerechtigkeit
- als gegenseitiger Vertrag 273
- Herrschaft der Götter 306 f
- Judentum 446, 473, 482, 489, 544–546, 553, 559, 564

Geschlecht s. a. Frauen, Männer
- Androgynie 695, 717, 745, 749
- gesellschaftliche Rollen 247 f, 648
- Kleidung 247 f, 628
- Schmuck 179, 265
- Umwandlung 329

Gesetz, natürliches 292, s. a. Logos
Gesetz (Tora) 5, 432, 449, 512 s. a. Mose
- aus Sicht der Gnosis 696, 704, 727, 751, 753, 755 f
- mündliche Tora 637
- rabbinisches Judentum 628–631, 634–638, 672, 675 f
- Speise s. Speisegebote
- Torarolle 91, 105, 604, 672
- Torastudium 636–638, 645, 647, 655, 680 f
- Übergabe am Sinai 447 f, 669
- Übersetzung 603–607

Gewissen 237
Ginza s. Mandäer
Gleichnis 249, 639, 711, 728, 750, s. a. Ideen
Glück s. a. Jenseitsvorstellungen
- Aristoteles 260 f
- Fortuna 331
- Judentum 440, 627
- Mittelplatonismus 238 f
- Stoa 262 f
- Tugend als Quelle des G. 239

Glückseligkeit 260, 265, 267
- G. Gottes 268, 272
- Höchstes Gut 239, 258, 260
- Steigerung der Lust (Epikur) 266 f, 269
- Streit um G. 278

Gnosis 685–756
– Einführung 685–688, 693
– G. / Erkenntnis befreit 710
Gott s. a. Demiurg, Schöpfer
– affektlos 244, 272
– Allmacht 331, s. a. Theodizee
– als Vater 249 f, 497, 633 f
– als Weltvernunft s. Logos
– anthropomorph 311, 330, 396, 610, 721
– Endzweck sittlicher Handlungen 258, 261
– Existenz G. 265, 268, 306 f
– ganz Seele und Vernunft 329
– glückselig 264, 268, 272, 721
– im Menschen 283, 285, 288
– Nag Hammadi 721 f
– Name Gottes 612–614
– negative Theologie 721 f
– unbewegter Beweger s. Bewegung
– Uneinigkeit in der Lehre von G. 264
– unvergänglich 264, 268
– Urvater (Propator) 695 f, 698 f, 705
Götter s. a. Theogonie
– Arten (nach Platon) 237
– Götternamen 324, 329–331
– Götterstatuen 395–397
– Götterversammlung 312 f, 327–329
– Herkunft der G. 325, 334 f, 340
– Kampf der G. 316, 318 f
– Sorge für den Menschen 273, 330 f
– Transzendenz 237
– unsterblich 150, 232, 280, 315, 331, 403
»Gottesfürchtige« s. Nichtjuden
Gottesherrschaft s. Eschatologie
Gottesknecht 678 f
Götzen s. Polytheismus, Opfer
Grab s. Tod und Begräbnis
Grabinschriften (Auswahl) 389–391, 426, 502 f
Grazien 326, 427
Gute, das 288, 708
– ist nur relativ 249, 265, 270, 293
– liegt in Gott 243 f, 745 f
– Platon 226, 228, 231, s. a. Ideen
Güter s. Besitz
Gut, höchstes s. Glückseligkeit
– *Ataraxia* (Seelenruhe) 288, 293
– durch Einübung 239
– Endziel allen Strebens (Aristoteles) 259–262
– Leben (Josephus) 573
– Lust (Epikur) 269 f, 275 f, 278
– Selbstgenügsamkeit 261 f, 270, 280

Hades s. Jenseitsvorstellungen
Hadrian
– Bar-Kochba-Aufstand 111–114
– Beschneidungsverbot 44, 112
– Reisetätigkeit 43 f
Halacha s. rabbinisches Judentum
Hanina ben-Dosa 499, 633
Harmonie des Alls 296, 299–301
Hasmonäer 55, 510, 524, 658
– Einführung 50 f
Haupt s. Kopf
Hauskult 363
Hebräerbrief 224
Heilungen
– Apollonios von Tyana 349–351
– eines Besessenen s. Exorzismus
– Hanina ben-Dosa 499, 633
– Heilschlaf 344–348
– Pythagoras 351
Helena von Adiabene 63–65, 503, 508 f
Hellenismus 4, 7, 310
Hellenisierung 50 f, 55, 74
Hellseherei s. Mantik
Henoch 576–588
Hera 287, 309, 311–313, 316–318, 341
Herakleon 692, 701–704
Heraklit 282
Hermes Trismegistos 688, 744–747
Herodes Agrippa I. 66, 68–70, 529
Herodes Agrippa II. 69 f, 72–74, 453
Herodes Antipas 62, 65 f
– und Johannes der Täufer 68
Herodes der Große
– Abstammung 51, 54–56
– Bautätigkeit 55, 57–62, 74, 456 f, 462
– Dankinschrift in Athen 61
– Einführung 55
– Ernennung zum König von Judäa 51, 55, 60 f
– Morde 56, 62
– Persönlichkeit 56, 60, 68
– Tod 450 f, 506 f
– Testament 62 f, 66

Herrscher- und Kaiserkult 397–410
- als Erfindung der Römer 399
- Augustus 404, 406–409
- Einführung 310, 397
- Feste und Opfer 400–403
- *Flamen Dialis* 337
- Geburt eines Kaisers 397–399, s. a. Geburtstag
- Göttlichkeit des Herrschers 404–406
- Kaisereid 403 f
- »Vater des Vaterlandes« 13, 22, 107, 114, 161, 210, 379, 400

Hesiod 308, 319–325
Hillel, Rabbi
- Lehren 629 f, 636–638
- Person 634 f
- Schule 643, 646–648, 656, 663, 667 f

Himmel
- Göttersitz 334 f

Himmel / Paradies s. Jenseitsvorstellungen
Himmelfahrten 360–363
Hippolyt von Rom 685, 692, 694, 748
Höchstes Gut s. Gut, höchstes
Homer 309–319, 325
Homosexualität 628
Horaz 16–18, 352, 404
Hylemorphismus 253 f
Hypostase der Archonten (Schrift) 714, 717 f
Hyrkanos II. 51, 53–55, 97 f

Ideen
- als Urbilder der Welt 225–228, 245 f, 248, 745
- Höhlengleichnis 227–231
- Idee des Göttlichen 395
- Idee des Guten 228, 231
- Wiedererinnerung der Seele 196, 230, 235, 258, 395, 707, 747

Idumäer 50, 54 f, 62, 77, 93 f
Inschriften (Auswahl) 107, s. a. Stellenregister
- Akraiphiai 405 f
- Gallio-I. 334
- Grab-I. 389–391, 426, 502 f
- jüdische 222, 483–486
- Meilensteine 127
- Milet 222
- samaritanische 530
- Theodotus-Inschrift 483 f
- Warninschrift am Tempel 469

Iobakchen s. Mysterien
Irenäus von Lyon
- *Adversus haereses* (Schrift) 694–701, 712–714, 722
- Einführung 685, 687, 692, 712, 722 f

Isaak 248, s. a. Aqedah
Isis 340, s. a. Mysterienkulte
Ismael 455, 476 f
Israel s. a. Juden
- als Gottesvolk 440, 477, 481 f, 496–499, 590 f, 672, 676
- Einführung 432
- »Fürst Israels« 112, 114
- Qumran 538 f, 544, 548
- Rabbinen 638, 641, 645, 651, 656 f, 666, 672 f, 676, 680, 682
- Samaritaner 530

Italien 23, 105, 128, 130, 162
Izates von Adiabene 63–65

Jakobus 69, 745
Jaldabaoth s. Demiurg
Jenseitsvorstellungen 380–389
- Elysium 381, 387–389, 426
- Gehenna / Hölle 215, 591, 674 f, 679
- Hades 290, 316, 381–384, 520, 627
- Inseln der Seligen 380 f, 520
- Paradies 505 f, 674 f, 709
- Tartarus 277, 315, 718
- Totenreich 200 f, 381 f, 385–389

Jericho 46–48, 50, 57 f, 503, 531
Jerusalem s. a. Tempel
- Aelia Capitolina 111–113
- Beschreibung 94
- Eroberung durch Pompeius 86 f
- Rabbinen 641, 656, 672
- visionäre Beschreibung 49
- Zerstörung 78, 80–82, 86, 107, 598, 633

Jesus Bar-Anania 82–84
Jesus Christus
- Chrestos (Sueton) 29
- Erlösung durch C. 693, 708, 751, 756
- Geburt 399, 413
- Gottheit 694
- in gnostischen Texten 723–726, 748–756
- Josephus 68 f

- Kreuzigung 30, 69, 375, 719, 730, 751, 754
- Lästerung Christi 42
- *Logos* 696, 698, 719
- Magie 354
- Menschensohn 692, 755
- Name 699 f, 709, s. a. Zahlensymbolik
- Offenbarung durch J. C. 711, 723–726, 728
- Seth 712, 719, 726
- *Soter* (Erlöser) 696, 701
- Tacitus 30
- Taufe 701, 703

Jochanan ben-Zakkai, Rabban 631, 633, 639, 668

Johannes der Täufer
- Josephus 68
- Mandäer 687, 732
- Valentinianismus 703, 711

Johannes Hyrcanus 50

Johannes von Gischala 72

Johannesevangelium
- Herakleon 701–704
- Gnosis 698

Jom Kippur s. Feste

Joseph 211 f, 492, 494

Josephus, Flavius
- Apion 45, 100, 214
- Befreiung durch Vespasian 35, 45
- Beschreibung Palästinas 45–48, 452
- Einführung 45
- Erster Jüdischer Krieg 72, 75 f
- Gefangennahme 45, 568–570
- jüdische Gruppen / Strömungen 509–511, 516–522, 524–538
- Klage über Jerusalem 77 f
- Prophezeiung der Kaiserwürde für Vespasian 35, 45, 76, 84, 93
- Scheidung 482
- über Jakobus 69
- über Jesus (*Testimonium Flavianum*) 68 f
- über Johannes den Täufer 68
- über Thukydides 218

Jotapata 35, 76

Jubiläen 473, s. a. Stellenregister

Judäa
- Geographie 54, 93–95, 452
- rechtlicher Status 65 f, 72, 207

Judas Aristobulos 50

Judas der Essener 516 f

Judas der Galiläer 65, 531, 534 f

Judas Iskariot 723–725, 729

Judas Makkabäus 52

Judasevangelium 689, 722–726

Juden s. a. Diasporajudentum, rabbinisches Judentum
- Abstammungslegenden 84 f, 211–213, 478
- Bilderverbot 210 f, 219 f, 437, 439, 442, 450 f, 490, 554, 683
- *Fiscus Iudaicus* 209 f
- Gottesvolk 440–443, s. a. Israel
- Mischehenverbot 86, 141, 481 f, 681
- Privilegien unter Augustus 14–16, 96, 103 f, 208
- Speisegebote 51, 85, 474, 480 f, 656, s. a. Speisegebote
- Zwangskonversion 50, 453

Judenfeindschaft / -verfolgung
- Alexandria 101–104, 110 f
- Antiochus IV. 9 f, 214, s. a. Antiochus IV.
- Apion 45, 100, 214
- Ausweisung aus Rom 29, 105
- Beschneidung 86, 478
- Flaccus, Aulus 95, 101–104, 140
- Kannibalismusvorwurf 7, 100, 214
- Kritik an jüdischer Ethik 85 f, 213
- Pogrome 74 f, 101–104, 110
- Verehrung eines Eselskopfes 7, 9, 214
- durch Florus 131
- unter Cumanus 69 f, 449, 528 f
- Zwang zum Schweinefleischverzehr 51, 85, 480

Jüdischer Krieg s. Erster J. K., Zweiter J. K.

Juno 327, 329 f, 379, s. a. Hera

Jupiter 11, 169, 211, 310, 327, 329 f, 337, 379, 385, s. a. Zeus
- J. Capitolinus 91, 209

Justin der Märtyrer 286, 427

Kaddisch 498 f

Kain 722, s. a. Abel

Kaisereid s. Herrscher- und Kaiserkult
- auf Caligula 28

Kaiserkult s. Herrscher- und Kaiserkult

Kalender s. a. Feste
- 364 Tage 472 f
- Julianischer K. 13 f
- Opferordnung 473–475
Kanon 539, 643
Kapitol 211, 327, 330, 335
Kapitolinische Trias 327
Kategorien s. Logik
Kebes, Bildtafel des 293–295
Kelsos 380
Kêpos 223, 267
Kinder 171–177, 192
- Abtreibung 427, 628
- Einführung 171
- Erziehung 135, 171, 305, 642
- Kinderlosigkeit 176, 180 f, 503, 516
- Kindstod 172–176, 183
- Kindstötung / -aussetzung 86, 176 f, 215, 218, 360, 427, 628
- rabbinisches Judentum 642, 646–649
- Rechtsstatus 127
- Waisenunterhalt 116
Kirche / *Ekklesia* 693, 695 f, 701, 707, 730
Kittäer s. Qumrantexte
Kleidung s. Geschlecht
Königsherrschaft 532 f, 748–751, s. a. Eschatologie
Konversion s. Nichtjuden
Kopf (Philosophie) 238, 256
Korinth 32, 334, 342, 405
Körper s. Seele
Kosmos
- Begriff 297
- Gnosis 686, 694
- Philosophie 225 f, 235, 243, 280, 286–288
Kosmologie
- Philosophie 286, 296 f
- Jerusalemer Tempel 467 f, 470
- eschatologisch 579 f
Kosmogonie s. Schöpfung
Kreislauf der Materie 277
Kreuzigung 139 f
- Christen 30 f
- Aufständische 56, 78, 204 f, 529
- Jesu 30, 69, 375, 719, 730, 751, 754
- Juden 131, 140
- Sklaven 138–140
Kybele 352, 376
Kynismus 223, 280, 288
Kyrene / Kyrenaika 110, 207, 469

Landwirtschaft s. Wirtschaft
Laren 336, 363, 379
Leib s. Körper
Leibmetaphorik 143, 238
Leviathan 436
Lichtkönig s. Mandäer
Liebe 118, 191, 200, 283
Liebeszauber 356
Logik
- aristotelische L. 251 f, 266
- Beweis 252, 264 f, 274 f
- Kategorien 252
- Methoden 253
- Schluss / Syllogismus 251 f, 264, 275
- zweiter Teil der Philosophie (Epikur) 274 f
Logos
- als ewiges Weltgesetz 280, 282–285, 288
- als Vernunft(-ordnung) 282 f
- Erlösung durch den L. 705–707
- Gnosis 692 f, 695, 699, 702 f, 705–707, 718, 745
- L. spermatikos 286
- Philo von Alexandria 249–251, 614–616
Lukas 224
Lust
- durch Philosophie 273
- höchstes Gut 269 f, 275 f, 278
- Schmerzfreiheit 269 f, 272, 275–277
- Sinnenlust als Verblendung 283
- Vorwurf ungenauer Definition 276 f

Mäeutik 240
Magie 354–360
- Anklage wegen M. 238, 358 f
- Aod (Zauberer) 453 f
- aus jüdischer Sicht 453 f, 636, 680
- Begriff 356, 358
- Heilungszauber 356 f
- Schadenszauber 427, 557
Mandäer 732–743
- Einführung 687, 732
- Finsterniskönig 736–738
- Lichtkönig 732 f, 739 f, 742

Manen (Totengötter) 173, 183, 203, 309, 343, 379
Mani / Manichäismus 726–732
- Einführung 687
Männer s. a. Frauen, Geschlecht
- Reinheit 465, 472, 640, s. a. Reinheit
- Vernunft als männlich 247, 249
Mantik
- Auguren 337, 340 f, 380
- Eingeweide 93, 145, 236, 331, 380
- Vogelschau / Auspizien 236, 331, 336 f
Makkabäer 7, 50–52
- Judas Makkabäus 52
- Matthias 50–52
Markos Magos 685, 697–701
Maria (Mutter Jesu) 701, 709
Maria von Bethezuba 79 f
Maria von Magdala 751,
Mariaevangelium 688, 755 f
Mariamme 51, 55
Marc Aurel 281 f
Masada 50, 55, 61, 71 f, 95, 119, 484, 534–536, 571
Materialismus 277
Materie 284 f, s. a. Elemente
- Einheit der Materie s. Einheit
- ewiger Kreislauf der M. 277
- wird vergehen 706
Mathematik 223, 296 f, 299–301, 384, 618
Mattathias Antigonos (»letzter Hasmonäer«) 51, 54 f, 60, 516 f, 658
Matthias (Makkabäus) 50–52
Medizin 194, 348, s. a. Heilungen
Meilensteine 11, 127, 151
Me'ir, Rabbi 633, 639, 642, 651, 655 f, 680, 683
Melchisedek 752 f, s. a. Qumran
Menahem / Manaem 534 f
Menora 658 f
Mensch s. Anthropologie
Menschensohn 581 f, 584 f, s. a. Eschatologie
Messias s. Eschatologie
Metamorphosen 238, 358, 429
Metaphysik 253–258
Methoden s. Logik
Minerva 13, 327, s. a. Athene
Milet 222
Militär 158–163
- Befreiung vom Militärdienst 96–98, 208
- im Jüdischen Krieg 84, 87, 529
- in Judäa 66
- Legionen 66, 127, 163, 167, 529
- unter Augustus 158
Mithridates 131, 468 f
Mittelplatonismus 235–251
Monumentum Ancyranum 12 f
Monogenês (Einziggeborener) 693, 695, 699, 711, 715
Monotheismus
- Abraham 218
- aus Sicht der Römer 86, 211
- Christentum 308
- Gnosis 713, 717
- Judentum 308, 437, 439
- paganer M. 329 f
Mose
- Exodus 49, 85, 212, 444, 592, 668
- Gesetzgeber 213, 437, 443 f, 447 f, 451 f, 616 f, 620–622
- Gottesherrschaft 451 f
- Philosoph / Weiser 245, 448, 614
- Prophet 622 f
- Tod 448 f, 621 f, 674 f
Münzen
- *Adventus Augusti* (Hadrian) 44
- Bar-Kochba 112 f
- Erster Jüdischer Krieg 71 f
- *Iudaea Capta* 108 f, 207
Musen / *Museion* 364–367, 370
Musik s. Harmonie
Mysterien 411–431
- Ablehnung durch Christen 413, 427, 429
- Bakchanalien 422 f
- Demeter-Mythos 415 f
- Dionysos 411 f, 422
- Einführung 411
- Eleusinische M. 29, 416
- Initiation 412, 414, 428–431
- Iobakchen 423
- Isis und Osiris 412, 414 f, 417–421
- Kultvereine 427 f
- Mithras 413, 427
- Polemik 352
- Verbot von M. 422 f

Nächstenliebe 487, 637 f
Nag Hammadi s. Stellenregister F.1
- Einführung 688–691
Natur s. Logos
Naturrecht 292
Nero
- Biographie 31 f, 284, 413
- Brand Roms 29 f
- Christenverfolgung 29–31
- Inschrift von Akraiphiai 405 f
- Orakel (Sibyllinen) 32–34
- Pseudo-Neros 32
Neuschöpfung s. Schöpfung
Nichtjuden s. a. Polytheismus
- aus jüdischer Sicht 215–220, 681 f
- Anteil am Heil 215
- Gottesfürchtige 220–222
- Kindstötung s. Kinder
- Konversion 216, 220
- Proselyten 217 f, 220 f, 452 f, 498, 618 f, 637, 682
- Zutrittsverbot zum Tempel 457, 463, 469, 641
Nikolaos von Damaskus 56
Noachidische Gebote 444–446
Noah 444–446, 454 f, 579, 622, 714
Norea 712–714
Notwendigkeit 271, 280, 291, 297
Nous s. Vernunft

Octavianus s. Augustus
Odysseus 382–384
Offenbarung
- natürliche O. s. Logos
- O. Gottes an Heiden 239
Ogdoas (Achtheit) 691, 693, 700
Olymp 309, 311, 313, 327 f
Opfer
- am Dionysostempel 343
- für Musen und Heroen 365–368
- für Zeus 341 f
- gnostische Polemik 708, 723–725
- griechisch / römisch 309, 341–343
- Kaiserkult 400 f, 403
- Mysterien 411, 416, 425, 428
- Opferbestimmungen (jüdisch) 657, 659–661
- Opferkritik (Philosophie) 296 f, 306, 349
- Opfermähler 426 f
- Ursprungslegenden 341 f
Orakel 332
- des Ammon 3, 340
- des Apollo 195
- Herkunft 339 f
- Krankenorakel 339
Ordnung s. Logos
Origenes 239 f, 701, 748
Osiris s. Mysterienkulte
Ossuar s. Tod und Begräbnis

Palästina
- Beschreibung 45–48, 452
- Judentum 509–567
Palatin 328, 330
Papyrus Berolinensis Gnosticus 688 f, 691
Papyrusherstellung 146–148
Paradies s. Jenseitsvorstellungen
Parhedros 355 f
Parther 12, 22, 31, 51, 55, 60, 163
Passah s. Feste
Paulus 31, 223 f, 334
Pax Augusta 96, 399, 456
Pax Romana 37, 96, 124–126, 156, 165
Pergamon 98, 147, 402
Peripatos 223, 251 f,
Petrus, Simon 31, 688, 749, 751 f, 755 f
Pharisäer 509–511, 517, 631
Philippus (Sohn des Herodes) 62, 66
Philippusevangelium 688, 707–711
Philo von Alexandrien 244–251, 609–626
- Abraham 609 f, 618 f
- Adam 617 f
- Einführung 244, 609
- Eschatologie 623–626
- Essener 512–516
- Exegese 609–614
- Logos 249–251, 614–616
- Mose 614, 616 f, 620–62 f
- Schöpfung 614, 616 f, 620 f
Philosophie
- Einführung 223 f
- fördert Seelengesundheit 261, 266, 273
- Selbstzweck 261, 273
Philostratus, Flavius 349–351
Pilatus, Pontius (röm. Statthalter von Judäa)
- bei Josephus 65, 67, 69, 527
- bei Tacitus 30

- Inschrift in Caesarea 67
Platon 225–235, s. a. Ideen
- Dialogarten (Albinos) 240 f
- Einführung 226
- Erkenntnistheorie 227–231
- Kosmogonie 225–227
- über die Seele 231–235, 381
Platonismus 235–251
Pleroma 686, 695 f, 698, 700, 712, 718 f, 752
Plinius (der Ältere) 456, 523, s. a. Stellenregister
- Beschreibung der Levante 93–95
- Religionsphilosophie 329–331
- über Papyrusherstellung 146–148
Plinius (der Jüngere) 129 f, 136 f, 175 f, 400, 403, s. a. Stellenregister
- Augurat 340 f
- Christenverhöre 42 f, 400
- Religiosität 201–203, 332 f
- über das Leben auf dem Land 150–154
Plutarch 241–244, 417–421
Poimandres 688, 744 f
Politik
- Mensch als Staatswesen 260, 262, 617 f
- Politikfeindlichkeit 273
Polytheismus s. a. Monotheismus
- aus Sicht der Juden 216, 218 f, 437
- griechisch / römisch 308, 330
- Warnung vor Götzenkult 216 f, 437, 439, 446
Pompeius
- Eroberung des Ostens 65
- Eroberung Jerusalems 51–54, 86 f
Pompeius Trogus 211–213
Poppaea 222
Präexistenz
- Äon 695
- des Menschen (Gnosis) 693, 707
- des Messias (rabbinisches Judentum) 674–676
Prämisse s. Erkenntnistheorie
Priester
- *Collegium pontificum* 337
- griechisch / römisch 340 f, 351, 365, 379
- jüdisch 461 f, 466 f, 469–471, 546, 644, 663 f
- Mysterien 412 f, 423–425, 429 f
Prinzipien
- »das Eine« (Platon) 235
- erstes P. (Aristoteles) 253–255
- Logos 282, s. a. Logos
- Seele als P. Lebender 231 f, 256–258, 279
- Zahlen als P. 300
Prometheus 341
Pronoia (Vorsehung) 715 f, 719
Propator (Urvater) 695 f, 698
Prophetie
- »Ägypter« (falscher P.) 534
- in Palästina 534 f
- Judentum 448 f, 521, 556, 622 f, 677 f
- pagan 351 f
- Sibylle 385–387, 438
Proselyten s. Nichtjuden
Protennoia 753 f
Prounikos 713
Provinzen, römische
- Asia 97, 156, 163, 207 f, 374, 404, 407
- Gallien 66, 108, 126, 478
- Grundsätze 121 f
- Hispania 131
- Judäa s. Judäa
- Syrien 66, 70, 93–96, 206
Psalmen 221, 662, 666, 668, 670
- Davids 488 f, 559, 566 f
- Salomos 597–602
Pseudo-Phokylides 627 f
Ptolemäer 4, 7, 50, 605 f
Ptolemäus I. 6 f
Ptolemäus (Valentinianer) 692, 695–697
Publicani s. Steuern – Steuerpacht
Pyrrhon von Elis 262 f
Pythagoras / Pythagoreer 295–305
- Ethik 301–307
- P. als Wundertäter 349, 351
- Rezeption 452, 695, 698
- Seelenlehre 195, 295–299
- Zahlenlehre 299–301

Qumrantexte 538–567
- Antiochus IV. 558
- der gottlose Priester 551 f
- Einführung 538–540
- Heiliger Geist 543
- Kittäer 550, 552 f
- Lehrer der Gerechtigkeit 540 f, 553 f

- Prophet 556
- Sabbat 542, 560

Rabbinisches Judentum
- Am-Haaretz 679–681
- Halacha 639 f, 642
- Israel 638, 641, 645, 651, 656 f, 666, 672 f, 676, 680, 682
- Reinheit 631, 640–644
- Sabbat 649, 662 f, 665
- Sanhedrin 650 f
- Tora 628–631, 634–638, 672, 675 f
- Torastudium 636–638, 645, 647, 655, 680 f

Reich Gottes s. Eschatologie – Königsherrschaft
Reinheit / Unreinheit
- Frauen 472, 640–643
- Krankheit 643 f
- kultische 472, 481, 513
- Manichäismus 726
- Männer 465, 472, 640
- Priester 663
- rabbinisches Judentum 631, 640–644, 663
- Reinigungsbäder 301, 518, 521, 645, 682
- Sachen 481, 631, 641 f
- Tempel 472, 641
- U. durch Tote 500, 507 f, 640, 642

Relativismus (Skepsis) 265 f
Religion (Begriff) 309
Religionskritik (Philosophie) 264 f, 268, 271, 277
Rom (Stadt) 165–167
Romulus
- Gründung Roms 126, 165–167, 141, 176 f, 409
- Himmelfahrt 361

Römisches Reich s. a. Provinzen
- Ausbeutung im R.R. 126 f
- Herrschaftsideologie 122–127, 132, 140–142
- Sozialstruktur 141, 143, 150 f, 192

Ruhe s. *Ataraxia* (Seelenruhe)

Sabbat 662 f
- Essener 513, 519
- römische Spendenverteilung am S. 16
- Polemik 105 f, 213
- Qumran 542, 560
- rabbinisches Judentum 649, 662 f, 665
- Strafen 654, 682
- Ursprung 85, 486 f
- verbotene / erlaubte Arbeiten 479 f, 487 f, 526, 649, 662 f, 665

Sadduzäer 511 f, 631
Salbung 367, 708, 710, 715
Salome Alexandra 51
Salome (Schwester des Herodes) 62, 66
Salomo
- als Magier 210, 353
- Psalmen S. 597–602
- Tempelweihe 459 f, 462

Samaria (Sebaste) 55, 57, 61 f, 70, 523 f
Samaria (Gebiet) 66, 522 f, 529 f
Samaritaner 522–530
- aus rabbinischer Sicht 680, 683
- aus Sicht des Josephus 3, 522, 524–530
- Einführung 523 f

Samael 713, 717
Sanhedrin 45, 69, 650 f
Sarah 248 f
Satire 352
- über den Herrscherkult 408–410
- über einen Wundertäter 351 f

Schammai 629 f, 637, 640
- Schule 643, 646–648, 656, 663, 667 f

Scheidung s. Ehe
Schicksal 285, 293 f, 331, 510 f, 745
- unerbittlich s. Notwendigkeit

Schim'on bar-Kosiba s. Zweiter Jüdischer Krieg
Schim'on ben-Azzai, Rabbi 633, 637, 643
Schim'on ben-Gamliel, Rabban 630 f, 633, 649, 675, 683
Schim'on ben-Schetach 629, 632, 653
Schlussfolgerung s. Logik
Schmerz (Epikur) 267 f
- Lust als Freiheit von S. 269 f, 272, 276
- schlimmstes Übel 275 f

Schmuck s. Geschlecht
Schöpfer 245 f, s. a. Demiurg
Schöpfung 588 s. a. Präexistenz
- Adam 435 f, s. a. Adam
- als Zufall 279, 284
- aus Unfall / Überheblichkeit 710, 713, 717

– Chaos s. Theogonie
– durch den unteren Gott 714, s. a. Demiurg
– Judasevangelium 725
– Logos 284, 286, s. a. Logos
– Mandäische Kosmogonie 734–736
– Neuschöpfung 286 f, 452 f
– Philo von Alexandria 245 f, 616–618, 620 f
– Platon 225, 227
– Targum Pseudo-Jonathan 435 f
Schriftauslegung s. Exegese
Schriften, heilige 448 f, 631, 643, s. a. Gesetz (Tora)
Schwur 28, 306, 423, 445, 583
Sebaste s. Samaria
Seele
– Abstieg der S. vor der Geburt 195 f, 235, 241, 285
– Aufstieg der S. nach dem Tod 196 f, 241, 742
– Beschaffenheit 272, 384
– Erlösung der S. 241, 706 f
– Gesundheit der S. 286, 292
– Herrin des Körpers 232–234, 238, 286
– Körper als Gefängnis der S. 242, 250
– S. Christi 708
– Seelenteile 238, 255, 260, 262, 299
– Seelenwanderung 234 f, 295, 297–299, 385
– Unsterblichkeit (pagan) 195–197, 231–235, 239, 295, 299, 362 f, 381
– Unsterblichkeit (Judentum) 215, 509–12, 520 f, 569–573, 627
– Unsterblichkeit (Gnosis) 704
– Ursache / Prinzip des Körpers 195, 231 f, 256
– vergänglich 267, 272
– vernunftbegabt 227, 238, 256, 260, 299, 301, 318, 611
– wahrnehmungsfähig 256, 272
Seher s. Mantik
Sein s. Metaphysik
Seinsklassen (sethianisch) 721
Selbstgenügsamkeit s. Autarkie
Seleukiden 4, 7, 50
Seleukus I. 96
Seligkeit s. Glückseligkeit
Seneca 105 f, 280, 283–286, 291–293
Septuaginta 96, 223
– Aristeasbrief 603–605
– Philo 605–607
Seth
– »Christus« 712, 719, 726
– Nachkommen des S. 718, 720, 723
– Offenbarung durch S. 719 f
– Sohn Adams und Evas 438 f, 504 f, 712–714, 720
Sethianismus 712–726
– Einführung 687, 712
Sexualität 304 f, s. a. Ehe
Shema' Jisrael 495, 661, 661, 680
Shemoneh Esreh 497 f
Sibyllinische Bücher (pagan) 29, 237, 380
Sibyllinische Weissagungen 13, 29, 588–590
– Einführung 438
Sibylle 385 f, 438
Sigê (Schweigen) 692, 695, 698 f, 701
Sikarier 110, 533, 536 f, s. a. Zeloten
Simon bar-Giora 72, 92, 537
Simon Magus 685
Simon s. a. Schim'on
Sinnesorgane s. Empirie
Skepsis 262–266
– Agnostizismus 264 f
– die drei Fragen der S. 266
– Methoden 263 f
– Streit der Dogmatiker 264 f
Sklaven / Sklaverei 132–139
– Ablehnung 513, 521
– als Strafe 133 f, 568, 573
– Aufgaben 133 f, 144–146
– Behandlung 136 f
– Definition 127, 132 f
– Freigelassene 15, 127, 136, 138 f, 141, 184 f, 372, 682
– Judentum 486, 654, 663
– Kindererziehung 135, 171
– Kreuzigung 138–140
– metaphorisch 710 f
– Rechtsstatus 132 f, 135 f, 141
– Sklavenverkauf 134 f
– Zulassung zu Vereinen 370, 372
Sokrates 195, 226–231, 235 f, 240, 381, s. a. Platon
Sophia 713 f, 717
– Fall der S. 693, 695

Sophia Jesu Christi 688 f
Sophisten 234, 241, 375
Speisegebote 98 f, 432 f
– Blutgenussverbot 444–446, 474
– Fleisch und Milch 656
– Pythagoreer (Fleisch, Bohnen) 301 f, 306
– Schweinefleischverbot 51, 85, 480 f
Sprache
– gottgegeben 282
– Lateinkenntnisse 130
Staat
– Mensch als Staatswesen 260, 262, 617 f
– naturgegeben 262
– Theokratie 451 f
Stadt, römische 163–170
– Einführung 164 f
– Sozialstruktur 164, 167
– Theater 13, 24, 107, 140, 165, 169 f
Sterne s. a. Astronomie
– als Götter 237, 323, 385, 396, 470, 616
– Apokalyptik 579 f, 583, 591
– Sethianismus 713, 724 f
Steuern 155–157
– *Fiscus Iudaicus* 209 f
– römischer Zensus 141
– Steuererhebung 117
– Steuererlass 130
– Steuerpacht 155–157
– Steuerprivilegien 405, 522, s. a. Diasporajudentum
– Steuerschätzung (Lk 2,1–3) 65, 206
– Tempelsteuer 86, 210, 468 f, 662 f
– Zöllner / Steuerpächter (*publicani*) 156, 684
Stoa 279–295
– Ethik 288–295
– Logos / Vernunft 281–288, s. a. Logos
Strafrecht 650–654, s. a. Todesstrafe
Sueton s. Stellenregister
Suizid s. Tod
Syllogismus s. Logik
Synagoge 483–488
– Alexandria 95, 102, 105
– Akmoneia 484 f
– Aphrodisias 220 f
– Bau 99, 658 f
– Einführung 484 f, 658 f
– Gottesdienst 105, 480, 513, 672, 680
– in Palästina 433, 483
– Rom (Stadt) 15 f
Synhedrion s. Sanhedrin

Tacitus s. Stellenregister
Tagelöhner 142, 655, s. a. Wirtschaft
Talmud 51, 96, 637, s. a. Stellenregister
Tartarus s. Jenseitsvorstellungen, Theogonie
Taten des Petrus und der zwölf Apostel (Schrift) 691
Tätowierung Neugeborener 265
Taufe
– Johannes der Täufer 68, 687, 703, 711, 732
– Mandäer 687, 732, 743
– Manichäismus 687, 727
– Nag Hammadi 692, 710 f, 719
– Qumran 543
– T. Jesu 701, 703
– Waschungen 511, 520
Teleologie 244, 255, 258, 284
Tempel (griechisch / römisch) 167–169, 332–334, 342 f
– Errichtung 13, 15, 29, 43 f, 57, 92, 108, 111
– in Athen 43 f, 342
– in Korinth 342
– Lage 164, 169
– Rundtempel (Tholos) 344 f
– Zeus-T. 44, 61, 111, 342
Tempel (Judentum) 455–472, 657–665, s. a. Feste
– Antiochus IV. 52
– Beschreibung 87, 460–467
– Einführung 456 f
– Endzeit 589
– Garizim 522–526, 529 f
– Herodes 55, 456
– Inventar 85, 88 f, 91, 658 f, 664 f
– Kosmologie 467 f, 470 f
– Kult 85, 460–462, 466 f, 657–667
– Leontopolis 607–609
– Pompeius 53, 86 f
– Reinheit 472, 641
– Schaubrote 665
– Stiftung 469
– Tempelsteuer s. Steuern
– Wallfahrt 649, 663

- Weihung 459 f
- Zerstörung 80–82, 87 f, 631–633, 677

Tetraktys / Tetras 299, 693, 695, 698 f
Teufel s. a. Dämonen
- Belial 547–549, 557–559
- Gnosis 696
- Satan 354, 455, 564, 729, 737
- Widersacher 677

Theater s. Stadt
Theodizee 243 f, 246, 278 f
Theodotos (Valentinianer) 692 f
Theodotus-Inschrift 483 f
Theogonie 308, 319–324
Theologie s. Gott
- philosophisch 254 f, 264 f, 268, 280, 283–285
- natürliche T. s. Logos

Theomachie (Götterkampf) 316, 318 f
Theudas (Prophet) 535
Thomasevangelium 748–751
- Einführung 688, 748

Thukydides 218
Tiberieum (Caesarea) 67
Tiberius 22 f, 29 f, 157, 400
- Entsendung des Pilatus 65
- Religionspolitik 23
- Senatsbeschluss gegen Juden 23

Tiresias (Seher) 329
Titus
- Erster Jüdischer Krieg 72, 75 f, 87–89
- Inschriften 107–109, 127
- Orakel (Sibyllinen) 36
- Titusbogen 107, 109, 658
- Triumphzug 89–92
- und Berenike 36
- Vergöttlichung 108
- Zerstörung Jerusalems 80–82, 87 f, 432

Tod und Bestattung 198–206, 500–509, 649 f
- B. außerhalb der Stadt 199
- B. Hingerichteter 204, 508, 653
- B. im Judentum 500–509, 627
- Begräbnisvereine 340–373
- Felsengrab 501, 507
- Grabinschrift s. Inschriften
- Kremation 86, 197, 199, 370, 397, 501
- rabbinisches Judentum 649 f
- Suizid 239, 269, 372, 569–574
- T. als bedeutungslos 268, 272, 290 f
- T. als Befreiung 290–292, 571–574
- T. als Ende aller Mühsal 197, 200 f, 241, 269
- T. als Trennung von Körper und Seele 291, 570 f
- Totenerweckung s. Eschatologie
- Totengeister 201–203, 377, s. a. Manen
- Totenklage 200, 204, 500 f, 649 f
- Totenreich s. Jenseitsvorstellungen
- Verein zum Totengedächtnis 364–370

Todesstrafe 652–654, s. a. Kreuzigung
- Androhung am Jerusalemer Tempel 469
- Kapitalgerichtsbarkeit in Judäa 65 f
- Steinigung 69, 349 f, 392, 481 f, 652–654, 682
- Verfahren 651

Tractatus Tripartitus (Schrift) 689, 705–707
Trajan 40–43
- an Plinius d. J. 43, 129, 364, 403
- Aufstand in Ägypten 110 f
- Aufstieg 40–42
- Kaisereid 403
- über Christen 42 f
- Vergöttlichung 117, 402

Traumdeutung 391–394, 488
Tugend
- das Mittlere (Aristoteles) 258–260
- entspringt der Erkenntnis 243 f, 270
- ethische Tugend 179
- Höchstes Gut 259 f
- inneres Heiligtum 238 f
- Mittel zur Glückseligkeit 238 f, 278
- Selbstgenügsamkeit 262, s. a. Autarkie

Tun-Ergehen-Zusammenhang 243 f, 268
Tyche s. Schicksal

Übersetzung s. Septuaginta
Unabhängigkeit s. Autarkie
Unsterblichkeit s. Seele
Uranos 308, 320–324
Urbild – Abbild s. Ideen
Ursache
- Ablehnung der Vorsehung als U. (Epikur) 278
- Begriff, U. als Prinzip 253, s. a. Prinzipien
- Gott (Demiurg) als U. 225–227, 240
- Seele als U. 195, 231 f, 256

Unterwelt s. Jenseitsvorstellungen

Valentinianische Abhandlung (Schrift) 690, 711
Valentinianismus 694–711
– Einführung 687, 692
Valentin 685–687, 692–694
Varro, Marcus Terentius 146 f, 166, 210 f, 438
Vater
– Demiurg als V. 225, 237, 240
– Gott als Vater 245, 249 f, 497, 633 f
– Zeus als V. 283, 311–315, 319, 327–329, 341
Vereine 184–186, 363–376
– Christentum (Satire) 374–376
– Mysterien 427 f
– Zeus Hypsistos 373 f
– Zulassung von Frauen 366, 370, 427
– zum Totengedächtnis 364–370
Vergil 309, 311, 397–399
Verkehr 125
– Schifffahrt 57 f, 143
Verkürbissung 408–410
Vernunft
– als ewiges Weltgesetz s. Logos
– durchdringt alles 257, 283
– Einheit der V. s. Logos
– erkennt überirdische Ideen 225, 248
– Intelligible, das 254, 257
– leidensunfähig 257
– *Nous* (Gnosis) 693, 695 f, 713, 716, 732
– Teil der Seele 227, 233, s. a. Seele
Vespasian 34–36, s. a. Münzen
– in Judäa 34 f, 48, 72, 87, 353, 529, 632
– Meilenstein 127
– Prophezeiung des Josephus 35, 76, 84, 93
– Regierung 70, 92 f, 108 f
– Rückkehr nach Rom 72, 89 f
– Vergöttlichung 330
Vesta (Hestia) 337, 376 f
Vogelschau s. Mantik
Vorsehung 244 f, 278 f, s. a. Logos
– ethische Ausrichtung an der V. 281
– Leugnung der V. 278 s. Schicksal
Votivgaben 347

Wahrheit
– als »Siegesbeute« (Epikur) 277
– Verlust der W.-Kriterien 264, s. a. Skepsis
– vom Guten / Göttlichen vermittelt 231, 233 f, 281, 286
– W. nicht für alle zugänglich 240
Wahrnehmung, sinnliche 274 f
– Einzel-W. vs. Ideen 235, 247, 249, 744
– Ausgangspunkt der Philosophie 267, 275 f
– Fähigkeit der Seele 256, 272
Wahrsager s. Mantik
Wallfahrt (Judentum) 649, 663
Wanderphilosophen 280
Waschungen 604, 640, s. a. Taufe
Weiblichkeit s. Frauen
Weise, der s. a. Philosophie
– autark s. Autarkie
– erstrebt geistige Schau 261
– Mose als W. 245, 448, 614
– ohne Todesangst 268 f, 272
– Seelenruhe des W. s. Ataraxie
Weisheit s. a. Sophia
– bei Philo 622 f
– göttlicher Herkunft 212, 249, 283, 539, 566, 581
– im Alter 192, 196
Weltbild s. a. Schöpfung
– Enden der Erde im Osten 49
– ummauert 277, 335
– unendliches Weltall 277
– Welt als beseelt 256, 283, 301
– Welt als ewig 298
Weltenbrand 286
Weltordnung s. a. Ideen, Logos
– Beweis für Vorsehung 243 f
– der W. entsprechende Ethik 280
– Einheit von W. und Vernunft 281, 283
Wettkampf, Leben als W. 244
Wiedererinnerung s. Ideen
Wille, frei / unfrei 271, 289 f
Wirtschaft 140–157
– Arbeit und Muße 144, 150 f
– Berufe 220 f, 646, 655
– Finanzen 115 f, 155, s. a. Steuern
– Gastgewerbe 155, 157, 188
– Handwerkergilden 364
– Landwirtschaft 144–146, 148–150, 358
– Tagelöhner 142, 655
– Verwalter 144–146

Wissenschaft 193, 246, 613
– Einzel-W. 176, 253, 261, 618
– Metaphysik 253, 257
– Philosophie als W. 257
– praktischer Nutzen 193, 272
Wunder 348, 351 f, 534, s. a. Exorzismen, Heilungen
– Honi der Kreiszieher 632
– Pythagoras 349, 351

Zahlensymbolik s. a. Mathematik
– Gematrie 588
– Jesus 699 f
– Marcus Magus 698–701
– Pythagoras / Pythagoreer 299 f
– Sieben 486 f
Zarathustra 359 f, 714, 728 f
Zehnt 433, 656
Zeitrechnung 448 f, s. a. Kalender
Zeloten 531–538
– Beginn der Aufstände 72, 77
– Masada 71 f, 534–536, 571
– Propheten 534 f
– rabbinische Sicht 683
– Sikarier 110, 533, 536 f
Zenon-Papyri 7
Zenon von Kition 279
Zeugnis der Wahrheit 692
Zeus s. a. Jupiter
– als Vater und Schöpfer 282 f, 287, 311–315, 319, 323, 327–329, 341
– Gastfreundschaft 189 f
– Theogonie 323 f
– Z. Ammon 3 f, 340
– Z. Hellenios 526 f
– Z. Hypsistos s. Vereine
Ziel
– das Beste s. Teleologie
– Handlungs-Z. 261 f, 270
Zöllner 156, 684, s. a. Steuern
Zostrianus 714, 721
– Einführung 691
Zufall
– Entstehung der Welt 279, 284
– keine Gottheit 271
– Verachtung des Z. 244, 293 f
Zukunft s. Eschatologie
Zweckmäßigkeit s. Teleologie
Zweiter Jüdischer Krieg
– Ausbruch 44, 111–114
– Bar-Kosiba / Bar-Kochba 112–115
– Einführung 112 f
– Folgen 96
– Papyri 114 f
– Rabbi Aqiba 120
Zwölftafelgesetz 358

Deutungen des Todes Jesu im Neuen Testament

Herausgegeben von Jörg Frey und Jens Schröter

Die Autoren der Beiträge in diesem Sammelband beleuchten die gegenwärtige Diskussion über die theologische Bedeutung des Todes Jesu aus unterschiedlichen Perspektiven. Die zweite Auflage wurde durch eine neue Einleitung der Herausgeber ergänzt.

Mit Beiträgen von:
Friedrich Avemarie, Christfried Böttrich, Cilliers Breytenbach, Jörg Frey, Friedhelm Hartenstein, Jan Willem van Henten, Bernd Janowski, Thomas Knöppler, Hermut Löhr, Winrich A. Löhr, Friederike Nüssel, Enno Edzard Popkes, Christine Schlund, Jens Schröter, Thomas Söding, Philipp Stoellger, Henk Versnel, Michael Wolter, Mirjam Zimmermann, Ruben Zimmermann

Aus Rezensionen zur 1. Auflage:
»Der Band bietet eine Fülle von wertvollen Einsichten und gibt einen repräsentativen Querschnitt durch die gegenwärtige Diskussion.«
Reinhard Feldmeier in *Theologische Beiträge* 40 (2009), S. 61–63

»Der Verlag hat den Band nun als Studienbuch im UTB-Programm präsentiert, dies in der Vermutung, dass es sich dabei um einen Band handelt, der zur orientierenden, auch für Studierende relevanten und zur Anschaffung zu empfehlenden Basisliteratur des NT gehören wird. Dieser Vermutung ist vorbehaltlos zuzustimmen.«
Notger Slenczka in *Marburger Theologische Studien* 107 (2009), S. 152–158

2., durchgesehene und mit einer neuen Einleitung versehenen Auflage 2012.
XXXII, 707 Seiten (UTB M 2953).
ISBN 978-3-8252-3818-6 Broschur

Mohr Siebeck
Tübingen
info@mohr.de
www.mohr.de

Paulus Handbuch

Herausgegeben von Friedrich W. Horn

Paulus ist, um ein berühmtes Votum Rudolf Bultmanns aufzunehmen, zum Begründer einer christlichen Theologie geworden. In diesem Buch stehen die Person des Paulus und sein Werk im Mittelpunkt. Wir blicken heute auf eine rege, mit Ferdinand Christian Baur in der Mitte des 19. Jahrhunderts einsetzende Forschungsgeschichte zurück und befinden uns gegenwärtig in einer recht offenen und von höchst divergenten Ansätzen bestimmten Forschungssituation. Die großen Epochen des vergangenen Jahrhunderts – die Religionsgeschichtliche Schule, die Kerygmatheologie Rudolf Bultmanns und seiner Schüler und die »New Perspective on Paul« – sind keineswegs überholt. Ihren Fragen und Ergebnissen gegenüber ist die Forschung bleibend verpflichtet. Zum Ansatz gegenwärtiger Paulus-Exegese gehört seit einigen Jahrzehnten, dass in einem Dreischritt das Leben des Apostels, seine Briefe und seine Theologie gleichwertig bedacht werden und dass sich aus der Zusammenschau dieser Aspekte erst ein Gesamtbild ergibt. Die jüngere Forschung hat hinsichtlich des Lebens des Apostels auf den bleibenden jüdischen Untergrund aufmerksam gemacht, der vor allem im Schriftgebrauch Ausdruck findet. Paulus entfaltet sein theologisches Denken im Gespräch und in der Auseinandersetzung mit seiner Tradition, mit seinen Mitarbeitern, seinen Gemeinden und den ihn bedrängenden Gegnern, aber auch in möglichst präziser Wahrnehmung der Religiosität und Kultur der Städte seiner Gemeinden. Es ist die konstruktive Aufgabe der Exegese, auf der Grundlage aller vermutlich authentischen Briefe und unter Berücksichtigung des Lebens des Apostels eine Theologie des Paulus zu entwerfen. Gegenwärtig scheint hierfür der Gedanke einer partizipatorischen Christologie leitend zu sein.

Das Paulus Handbuch stellt Leben, Briefe und Theologie des Paulus dar und rahmt diesen Schwerpunkt mit der Forschungsgeschichte und mit einem Ausblick auf Wirkung und Rezeption des Apostels. Mehr als vierzig Autorinnen und Autoren beschreiben den Weg des Pharisäers Paulus zum Heidenapostel, analysieren seine Briefe und rekonstruieren das Werden seiner christlichen Theologie. Eine durchgehende Lektüre des Handbuchs wird die Leserschaft mitnehmen in eine breite, vielleicht für manche in ihren althistorischen, epistolographischen, kultur- und sozialgeschichtlichen Fragestellungen neue und ungewohnte Forschungslandschaft.

2013. Ca. 620 Seiten.
ISBN 978-3-16-150082-4 Broschur;
ISBN 978-3-16-150083-1 Leinen
eBook

Mohr Siebeck
Tübingen
info@mohr.de
www.mohr.de